Bender
Unionsmarke

Unionsmarke

von

Achim Bender
Rechtsanwalt, VOSSIUS & PARTNER, München
Vorsitzender Richter am Bundespatentgericht (BPatG) i.R.
Mitglied der Beschwerdekammern des EUIPO (vormals HABM) von 1997 bis 2007
Lehrbeauftragter der Heinrich-Heine-Universität Düsseldorf bis 2017

6. Auflage

Carl Heymanns Verlag 2025

Zitiervorschlag: Bender, Unionsmarke, 6. Auflage, Kap. 6 Rdn 29

Bibliografische Information der Deutschen Nationalbibliothek

Die Deutsche Nationalbibliothek verzeichnet diese Publikation in der Deutschen Nationalbibliografie; detaillierte bibliografische Daten sind im Internet über http://dnb.d-nb.de abrufbar.

ISBN 978-3-452-30454-4

www.wolterskluwer.com

Umschlagkonzeption: Martina Busch, Homburg Kirrberg
Satz: Datagroup-Int SRL, Timisoara, Romania
Druck und Weiterverarbeitung: Sowa Sp. z o.o., Piaseczno, Polen

Gedruckt auf säurefreiem, alterungsbeständigem und chlorfreiem Papier.

Vorwort zur 6. Auflage

Die Zahl der jährlichen Anmeldungen in Alicante hat sich 2023 wieder auf etwas über 175.000 stabilisiert, nachdem sie im außerordentliche Jahr 2021 fast 200.000 erreicht hatte. Bislang wurden seit 1996 insgesamt knapp 3 Mio. Marken angemeldet. Deutschland hält dabei mit an die 460.000 (15,52 %) die Spitzenposition. Die gebräuchlichste Verfahrenssprache ist Englisch mit 45,18 %, danach folgt Deutsch mit 16,23 %.

Überwiegend werden Wortmarken angemeldet (56,86 %), danach folgen Bildmarken mit 42,55 %. Dagegen spielen die anderen Markenformen kaum eine Rolle: so die dreidimensionalen mit 0,44 %, die Farbmarken mit 0,04 %, die Positions- und Klangmarken mit je 0,02 % und die Bewegungs- und Mustermarken mit 0,01 %. Die übrigen Markenformen sind praktisch irrelevant. 99,86 % der Anmeldungen betreffen Individualmarken, jedoch nur 0,11 % Kollektiv- und 0,03 % Gewährleistungsmarken.

Nach wie vor ist die Unionsmarke das zentrale Thema der Rspr des EuG. Etwa 1/3 der Verfahren vor dem Gericht, regelmäßig über 300 jedes Jahr, sind Entscheidungen im Instanzenzug über dem EUIPO. Im Jahr 2023 haben zB die BK 2.621 Entscheidungen getroffen, von den angefochtenen (etwa 11 %) wurden 87 % in Ex-parte- und 71 % in Inter-partes-Verfahren bestätigt. Dagegen hat sich der EuGH fast vollständig aus der Rspr im Instanzenzug über dem EUIPO zurückgezogen. In bislang über 200 Verfahren wurden die Rechtsmittel nicht zugelassen und lediglich sechs markenrechtliche Fälle konnten diese Hürde überspringen, allesamt zu verfahrensrechtlichen Fragen.

Das EUIPO hat seine Datenbanken kontinuierlich weiter ausgebaut. So sind zB derzeit über 124 Mio. Marken in TMview aufrufbar.

Auf die gewachsenen Anforderungen hat das Amt mit zahlreichen Beschlüssen des Exekutivdirektors sowie des Präsidiums der BK des EUIPO reagiert, die zu teilweise tiefgreifenden Änderungen in der Verwaltungspraxis geführt haben. Die 6. Auflage trägt sowohl diesen Veränderungen der Verwaltungspraxis Rechnung als auch der umfangreichen aktuellen Rspr.

Als Mitglied der Beschwerdekammern (BK) in Alicante war der Autor seit dem Start am Aufbau des europäischen Markensystems beteiligt. Seit dem Anbeginn hat er aktiv dessen Entwicklung mitgestaltet und verfolgt die Weiterentwicklung nunmehr als Rechtsanwalt. Da er sämtliche Entscheidungen aus Luxemburg auswertet, kann er in diesem Praxishandbuch auf die relevanten verfahrens- und materiell-rechtlichen Weichenstellungen verweisen.

Die Gesamtdarstellung gibt angesichts der wachsenden Bedeutung des Markensystems in Europa einen schnellen, klaren und umfassenden Überblick und hebt speziell die erheblichen Abweichungen zum deutschen Verfahrensrecht und die noch immer bestehenden Besonderheiten zum inzwischen harmonisierten deutschen Recht hervor. Sie ist ideal für alle, die sich mit der Unionsmarke als Praktiker befassen, zu Studienzwecken oder zur Spezialisierung einarbeiten wollen.

Vorwort zur 6. Auflage

Für Hinweise und Anregungen zum Buch an »a.bender@vossius.eu« dankt der Autor allen aufmerksamen Lesern.

München und Alicante, im September 2024 Achim Bender

Die Online-Version der 6. Auflage wird mehrmals jährlich aktualisiert.

Inhaltsverzeichnis

Abkürzungsverzeichnis

aA	anderer Ansicht
aaO	am angegebenen Ort
ABl.	Amtsblatt der Europäischen Gemeinschaften bzw der Europäischen Union
ABl.HABM	Amtsblatt des Harmonisierungsamts für den Binnenmarkt (Marken, Muster und Modelle) bis 3/2016, auf der Internetseite des EUIPO
ABl.EUIPO	Amtsblatt des Amts der Europäischen Union für Geistiges Eigentum ab 4/2016, auf der Internetseite des EUIPO
Abs.	Absatz
Abschn.	Abschnitt
AEUV	Vertrag über die Arbeitsweise der Europäischen Union in konsolidierter Fassung von 2016 (Lissabonner Vertrag); ABl. C 202/47
aF	alte(r) Fassung
Art.	Artikel
Aufl	Auflage
Austrittsabk	Abkommen über den Austritt des Vereinigten Königreichs Großbritannien und Nordirland aus der Europäischen Union und der Europäischen Atomgemeinschaft vom 24.1.2020, in Kraft seit 1.2.2020; ABl. L 29/7 vom 31.1.2020
Az.	Aktenzeichen
Bd.	Band
BE	Berichterstatter
BEM	Beschluss Nr EX-23–13 des Exekutivdirektors vom 15.12.2023 betr Mitteilungen durch elektronische Mittel mit Annex 1 über die elektronische Kommunikation samt Nutzungsbedingungen für die User Area; Fassung vom 21.6.2024; ABl.EUIPO 3/2024
BGH	Bundesgerichtshof
BK	Beschwerdekammer(n) des Harmonisierungsamts für den Binnenmarkt (Marken, Muster, Modelle) bzw des Amts der Europäischen Union für Geistiges Eigentum
BKVerfO	Beschluss Nr 2020–1 des Präsidiums der BK vom 27.2.2020 über die Verfahrensordnung vor den BK; idF Nr 2023-22 vom 12.12.2023, in Kraft seit 1.3.2024
BlPMZ	Blatt für Patent-, Muster- und Zeichenwesen
BPatG	Bundespatentgericht
betr	betreffend(e, en)
bzgl	bezüglich(e, en)
bzw	beziehungsweise
dementspr	dementsprechend
ders	derselbe(n)
DesignRL	Europäische Designrichtlinie (bei Redaktionsschluss noch im Gesetzgebungsverfahren: Interinstitutional File:

	2022/0392(COD), s. https://eur-lex.europa.eu/procedure/EN/2022_392)
dh	das heißt
DL	Dienstleistung(en)
DPMA	Deutsches Patent- und Markenamt (seit 1.11.1998)
DVUM	Delegierte VO (EU) 2018/625 der Kommission vom 5.3.2018 zur Ergänzung der VO (EU) 2017/1001 über die Unionsmarke und zur Aufhebung der Delegierten Verordnung (EU) 2017/1430 (der Kommission vom 18.5.2017 zur Ergänzung der VO (EG) 207/2009 des Rates über die Unionsmarke und zur Aufhebung der VO (EG) 2868/95 der Kommission und der VO (EG) 216/96 der Kommission); ABl. L 104/1 vom 24.4.2018.
EDB	Enforcement Database des European Trade Mark and Design Network zur Erkennung von gefälschten Waren von Kommission und EUROPOL (www.tmdn.org)
EFTA	Europäische Freihandelsassoziation (Mitgliedstaaten sind: Island, Liechtenstein, Norwegen und die Schweiz)
EG	Europäische Gemeinschaft
EGMR	Europäischer Gerichtshof für Menschenrechte des Europarats
EGV	Vertrag zur Gründung der Europäische Gemeinschaft (alte Version, zuletzt idF des Nizzaer Vertrags)
einschl	einschließlich
entspr	entsprechend
EU	Europäische Union
EuG	Gericht der Europäischen Union (www.curia.europa.eu)
EuGH	Gerichtshof der Europäischen Union (www.curia.europa.eu)
EuGVVO	VO (EG) 1215/2012 des Europäischen Parlaments und des Rates über die gerichtliche Zuständigkeit und die Anerkennung und Vollstreckung gerichtlicher Entscheidungen in Zivil- und Handelssachen vom 12.12.2012; ABl. L 351/1; idF vom 30.9.2016; ABl. L 264/43
EUIPO	Amt der Europäischen Union für Geistiges Eigentum (seit 23.3.2016, früher HABM) (www.euipo.europa.eu)
EUV	Vertrag über die Europäische Union in konsolidierter Fassung von 2016 (Lissabonner Vertrag); ABl. C 202/13
evt	eventuell(e, en)
EWG	Europäische Wirtschaftsgemeinschaft
EWR	Europäischer Wirtschaftsraum (Er umfasst neben den Mitgliedstaaten der EU derzeitig: Liechtenstein, Norwegen, Island)
f	folgende(r)
ff	folgende
Fn	Fußnote
FS	Festschrift
GA	Generalanwalt beim EuGH

GAV	VO 2024/1143 des Europäischen Parlaments und des Rates vom 23.4.2024 über geografische Angaben für Wein, Spirituosen und landwirtschaftliche Erzeugnisse und über garantiert traditionelle Spezialitäten und fakultative Qualitätsangaben für landwirtschaftliche Erzeugnisse; ABl. L 2024/1143. Diese VO hat ersetzt die VO (EG) 2081/92 des Rates vom 14.7.1992 zum Schutz von geografischen Angaben und Ursprungsbezeichnungen für Agrarerzeugnisse und Lebensmittel; die VO (EU) 1151/2012 des Europäischen Parlaments und des Rates vom 21.11.2012 über Qualitätsregelungen für Agrarerzeugnisse und Lebensmittel; idF der VO (EU) 2017/625 vom 15.3.2017; idF vom 28.12.2018; idF der VO (EU) 2021/2117 vom 2.12.21; die VO (EG) 510/2006 des Rates vom 20.3.2006 zum Schutz von geografischen Angaben und Ursprungsbezeichnungen für Agrarerzeugnisse und Lebensmittel.
g.g.A.	Geschützte geografische Angabe
ggf	gegebenenfalls
GGM	Gemeinschaftsgeschmacksmuster
GGV	VO (EG) 6/2002 des Rates vom 12.12.2001 über das GGM, idF der VO (EG) 1891/2006 vom 18.12.2006; ABl. L 386/14
GMDV	VO (EG) 2868/95 der Kommission vom 13.12.1995 zur Durchführung der VO (EG) 40/94 des Rates über die Gemeinschaftsmarke idF vom 31.3.2009; vollständig aufgehoben durch die UMV; ABl. L 109/3
GMGebV	VO (EG) 2869/95 der Kommission vom 13.12.1995 über die an das HABM zu entrichtenden Gebühren idF vom 31.3.2009; vollständig aufgehoben durch die UMV; ABl. L 109/3
GMitt	Gemeinsame Mitteilungen des HABM/EUIPO und der nationalen Ämter zur Harmonisierung der gemeinsamen Amtspraxis; s. www.euipo.europa.eu, www.dpma.de und www.tmdn.org (Europeantmdn)
GMV	VO (EG) 40/94 des Rates vom 20.12.1993 über die Gemeinschaftsmarke idF 207/2009 der Neukodifizierung vom 26.2.2009; ABl. L 78/1 (aufgehoben durch die UMV, die an ihre Stelle getreten ist)
GRC	Charta der Grundrechte der Europäischen Union; ABl. C 202/389 vom 7.6.2016
grds	grundsätzlich(e, en)
GRUR	Gewerblicher Rechtsschutz und Urheberrecht (Zeitschrift)
GRUR Int	Gewerblicher Rechtsschutz und Urheberrecht, Internationaler Teil (Zeitschrift)
GRUR-Prax	Gewerblicher Rechtsschutz und Urheberrecht, Praxis im Immaterialgüter- und Wettbewerbsrecht (Zeitschrift)
GRUR-RR	Gewerblicher Rechtsschutz und Urheberrecht, Rechtsprechungs-Report (Zeitschrift)

GSortenschutzV	VO (EG) 2100/94 des Rates vom 27.7.1994 über den gemeinschaftlichen Sortenschutz idF der VO 15/2008 des Rates vom 20.12.2007; ABl. L 8/2
g.t.S	Garantiert traditionelle Spezialität
g.U.	Geschützte Ursprungsbezeichnung
HABM	Harmonisierungsamt für den Binnenmarkt (Marken, Muster und Modelle) (vom 1.4.1996 bis 23.3.2016, jetzt EUIPO)
HDB	Harmonisierte Datenbank des EUIPO und der nationalen Ämter zu Waren und DL
HdB Markenpraxis	Fezer, Handbuch der Markenpraxis, 2016
HK-MarkenR	Heidelberger Kommentar zum Markenrecht, 2020
IAK	Impact Assessment (Arbeitspapier der Kommission vom 27.3.2013 zur Folgenabschätzung der Reformvorschläge zur MarkenRL und zur GMV (http://ec.europa.eu/internal_market/indprop/tm/index_de.htm)
idF	in der Fassung
idR	in der Regel
insb	insbesondere
IR-Marke	international registrierte Marke (Internationale Registrierung)
iSd	im Sinne des/der
iSv	im Sinne von
iVm	in Verbindung mit
Kap.	Kapitel
Kl.	Klasse(n)
MarkenG	Markengesetz (Gesetz über den Schutz von Marken und sonstigen Kennzeichen) vom 25.11.1994 idF vom 10.8.2021; BGBl. I S. I 3490
MarkenR	Zeitschrift für deutsches, europäisches und internationales Markenrecht
MarkenRL	Richtlinie (EU) 2015/2436 des Europäischen Parlaments und des Rates vom 16.12.2015 zur Angleichung der Rechtsvorschriften der Mitgliedstaaten über die Marken (Neufassung); ABl. L 336/1
MarkenRL aF	Richtlinie 89/104/EWG des Europäischen Parlaments und des Rates vom 21.12.1998 zur Angleichung der Rechtsvorschriften der Mitgliedstaaten über die Marken idF 2008/95/EG der Neukodifizierung vom 22.10.2008; ABl. L 299/25
mE	meines Erachtens
Mio.	Millionen(en)
Mitt	Mitteilungen der Deutschen Patentanwälte
MMA	Madrider Abkommen über die internationale Registrierung von Marken
MSchG	österreichisches Markenschutzgesetz
mwN	mit weiteren Nachweisen

NBE	Nichtbenutzungseinrede
nF	neue(r) Fassung
NK	Nizzaer Klassifikation, internationale Klassifikation von Waren und Dienstleistungen nach dem Nizzaer Klassifikationsabkommen (NKA), die alle fünf Jahre in aktualisierter Ausgabe erscheint und jährlich neu angepasst wird
NKA	Nizzaer Abkommen über die internationale Klassifikation für die Eintragung von Marken
Nr	Nummer(n)
ÖBl	österreichische Blätter für Gewerblichen Rechtsschutz und Urheberrecht
OGH	Oberster Gerichtshof Österreichs
PAVIS PROMA	PAVIS PROMA Markenentscheidungen (BPatG, BGH, EUIPO, EuG und EuGH) im Internet, bearbeitet von Richtern des Bundespatentgerichts mit fortlaufender Aktualisierung (www.pavis-proma.de)
PA-EuGH	Praktische Anweisungen für die Parteien in den Rechtssachen vor dem EuGH vom 10.12.2019; ABl. 2020 L 42 I/1
PDVerfO-EuG	Praktische Durchführungsbestimmungen zur VerfO-EuG in konsolidierter Fassung vom 1.4.2023; ABl. L 73/58
PMMA	Protokoll zum Madrider Abkommen über die internationale Registrierung von Marken
PräambelRL	Erwägungsgründe der Präambel der aktuellen MarkenRL vom 16.12.2015, ABl. L 336/1
PräambelRL aF	Erwägungsgründe der Präambel der früheren MarkenRL vom 22.8.2008, ABl. L 299/25
PräambelUMV	Erwägungsgründe der Präambel der UMV
PräambelGMV	Erwägungsgründe der Präambel der GMV
PVÜ	Pariser Verbandsübereinkunft zum Schutz des gewerblichen Eigentums
RAL	Deutsches Institut für Gütesicherung und Kennzeichnung e.V.
Rdn	Randnummer(n) innerhalb des Werkes
Rn	Randnummer(n) in Entscheidungen und externen Werken
Rspr	Rechtsprechung
s.	siehe
S.	Satz, Seite
s.a.	siehe auch
Satzung-EuGH	Protokoll (Nr 3) zu EUV und AEUV über die Satzung des Gerichtshofs (EuGH) in konsolidierter Fassung vom 1.5.2019 aufgrund VO (EU, Euratom) 2019/629 vom 17.4.2019; ABl. L 111/1 vom 25.4.2019
Slg.	Sammlung der Rechtsprechung des EuGH und des EuG (bis 2011, danach nur mehr online über www.curia.europa.eu verfügbar)

sog.	sogenannt(e, er, es)
st.	ständig(e, er)
stRspr	ständige Rechtsprechung
TLT	Markenrechtsvertrag, Genf 1994, in Kraft seit 1.8.1996, BGBl. 2002, II/175, idF von 2006 (Singapur), in Kraft seit 16.3.2009; www.wipo.int/treaties
TRIPS	Übereinkommen über handelsbezogene Aspekte der Rechte des geistigen Eigentums vom 15.4.1994; ABl. L 336/213
ua	unter anderem
UD	Unionsdesign
UDV	UnionsdesignVO (bei Redaktionsschluss noch im Gesetzgebungsverfahren: Interinstitutional File: 2022/0391(COD), s. https://eur-lex.europa.eu/procedure/EN/2022_391)
UGM	Unionsgewährleistungsmarke
UKM	Unionskollektivmarke
UMDV	Durchführungs-VO (EU) 2018/626 der Kommission vom 5.3.2018 mit Einzelheiten zur Umsetzung von Bestimmungen der VO (EU) 2017/1001 über die Unionsmarke und zur Aufhebung der UMDV (EU) 2017/1431 (der Kommission vom 18.5.2017 mit Einzelheiten zur Umsetzung von Bestimmungen der VO [EG] 207/2009 des Rates über die Unionsmarke); ABl. L 104/37 vom 24.4.2018.
UMRL	Prüfungsrichtlinien des EUIPO, die ständig aktualisiert werden, verfügbar in den Amtssprachen der Union auf der Internetseite www.euipo.europa.eu
UMV	VO (EU) 2017/1001 des Europäischen Parlaments und des Rates vom 14.6.2017 über die Unionsmarke; ABl. L 154/1; idF von Art. 63 der VO (EU) 2023/2411 vom 18.10.2023; ABl. L 2023/2411; ersetzt die VO (EU) 2015/2424 des Europäischen Parlaments und des Rates vom 16.12.2015 zur Änderung der VO (EG) 207/2009 des Rates über die Gemeinschaftsmarke und der VO (EG) 2868/95 der Kommission zur Durchführung der VO (EG) 40/94 des Rates über die Gemeinschaftsmarke und zur Aufhebung der VO (EG) 2869/95 der Kommission über die an das Harmonisierungsamt für den Binnenmarkt (Marken, Muster und Modelle) zu entrichtenden Gebühren; ABl. L 341/21.
Union	Europäische Union
usw	und so weiter
uU	unter Umständen
VerfO-BK	VO (EG) 216/96 der Kommission vom 5.2.1996 über die Verfahrensordnung vor den BK des HABM idF vom 6.12.2004; vollständig aufgehoben durch die UMV
VerfO-EuG	Verfahrensordnung des Gerichts (EuG) in konsolidierter Fassung vom 1.4.2023; ABl. L 44/8 vom 14.2.2023

VerfO-EuGH	Verfahrensordnung des Gerichtshofs (EuGH) in konsolidierter Fassung vom 26.11.2019; ABl. L 316/103 vom 6.12.2019
Verz.	Verzeichnis
VerzWDL	Verzeichnis der Waren und Dienstleistungen
vgl	vergleiche
VO	Verordnung(en)
WerbungRL	Richtlinie 2006/114/EG des Europäischen Parlaments und des Rates vom 12.12.2006 über irreführende und vergleichende Werbung; ABl. L 376/21
WIPO	Weltorganisation für Geistiges Eigentum
WRP	Wettbewerb in Recht und Praxis (Zeitschrift)
WTO	World Trade Organization (Welthandelsorganisation)
zB	zum Beispiel
Ziff	Ziffer
zutr	zutreffend

Literaturverzeichnis

Berlit	Markenrecht, 11. Aufl 2019
Bingener	Markenrecht, Ein Leitfaden für die Praxis, 4. Aufl 2022
von Bomhard/von Mühlendahl	Concise European Trade Mark and Design Law, 3. Aufl 2018
Büscher/Kochendörfer	Beck'scher Online Kommentar UMV
Büscher/Dittmer/Schiwy	Gewerblicher Rechtsschutz Urheberrecht Medienrecht, 4. Aufl 2022
Eisenführ/Schennen	Unionsmarkenverordnung, 7. Aufl 2023
Entscheidungen der Beschwerdekammern	Jährliche Übersichten über die Entscheidungspraxis der Beschwerdekammern (www.euipo.europa.eu)
Erdmann/Rojahn/Sosnitza	Handbuch des Fachanwalts, Gewerblicher Rechtsschutz, 3. Aufl 2018
EUIPO	20 Years of the Boards of Appeal at EUIPO, 2017
Fezer	Handbuch der Markenpraxis, 3. Aufl 2016, Bender/von Kapff, Gemeinschaftsmarkenverfahren
Fezer	Markenrecht, 5. Aufl 2023
Götting/Meyer/Vormbrock	Gewerblicher Rechtsschutz und Wettbewerbsrecht, Praxishandbuch, 2. Aufl 2020
Hacker	Markenrecht, 5. Aufl 2020
Hasselblatt	Münchener Anwalts Handbuch Gewerblicher Rechtsschutz, 6. Aufl 2022
Hasselblatt	European Union Trade Mark Regulation, 2. Aufl 2018
Heidelberger-Kommentar	Markenrecht (HK-MarkenR), 4. Aufl 2020
Hildebrandt	Marken und andere Kennzeichen, 6. Aufl 2022
Hildebrandt/Sosnitza	UMV, 2021
Hoffmann/Kleespies	Formular-Kommentar Markenrecht, 2. Aufl 2011
Ingerl/Rohnke/Nordemann	Markengesetz, Kommentar, 4. Aufl 2023
Kur/von Bomhard/Albrecht	Markenrecht, 3. Aufl 2020
Lange	Marken- und Kennzeichenrecht, 2. Aufl 2012
Markenentscheidungen	BPatG, BGH, EUIPO, EuG, EuGH, PAVIS PROMA, fortlaufend aktualisiert (www.pavis-proma.de)
Marx	Deutsches, europäisches und internationales Markenrecht, 2. Aufl 2007
Nordemann	Wettbewerbsrecht Markenrecht, 11. Aufl 2012
Pohlmann	Das Recht der Unionsmarke, 2. Aufl 2018
Richter/Stoppel	Die Ähnlichkeit von Waren und Dienstleistungen, 20. Aufl 2024

Schricker/Bastian/Knaak	Gemeinschaftsmarke und Recht der EU-Mitgliedstaaten, GMV, 2006
von Schultz	Markenrecht, Kommentar, 3. Aufl 2012
Sosnitza	Deutsches und europäisches Markenrecht, 3. Aufl 2023
Stöckel	Handbuch Marken- und Designrecht, 3. Aufl 2013
Ströbele/Hacker/Thiering	Markengesetz, Kommentar, 14. Aufl 2024

Zitierhinweis

Dieses Onlinewerk wird regelmäßig aktualisiert. Den derzeitigen Stand entnehmen Sie bitte der Fußzeile im Werk.

Dadurch ergeben sich Abweichungen zur 6. Auflage des Printwerks

Für eine exakte Zitierung bitte die Online-Ausgabe unter Angabe des Bearbeitungsstands wie folgt zitieren:

»Bender, Unionsmarke, 6. Auflage, Kap. 6 Rdn. 31 [August 2025]«

Einführung

Die Unionsmarke[1] ist auch fast 30 Jahre nach ihrer Einführung eine grandiose Erfolgsstory mit jährlich steigenden Anmeldezahlen[2]. Durch den europäischen Gesetzgeber geschaffen, ermöglicht das Amt der Europäischen Union für Geistiges Eigentum (EUIPO) (früher Harmonisierungsamt für den Binnenmarkt [Marken, Muster und Modelle]) in Alicante (Spanien) seit dem 01.04.1996 die Anmeldung von Marken, die auf dem gesamten Gebiet der Union Gültigkeit haben[3]. Deutschland hat noch vor den USA die meisten Marken eingetragen.

Das Unionsmarkensystem existiert neben den weiter bestehenden nationalen Markensystemen der Mitgliedstaaten und der Internationalen Registrierung durch die Weltorganisation für Geistiges Eigentum (WIPO), mit der es durch den Anschluss der Unionsmarke an das Madrider Markensystem ab dem 01.10.2004 verzahnt ist, als eigenes und selbständiges Institut, um es international orientierten Unternehmen zu ermöglichen, mit einer einzigen Anmeldung einen einheitlichen Schutz in allen Mitgliedstaaten zu erlangen[4]. Mit dem Beitritt neuer Staaten zur Europäischen Union wird ihr Schutz automatisch auf die Beitrittsländer ausgedehnt.

1 Dieser Begriff, der mit der ersten umfassenden inhaltlichen Reform von 23.03.2016 eingeführt wurde, wird im Folgenden durchgehend verwendet, auch soweit ergangene Entscheidungen noch die Gemeinschaftsmarke betrafen. Sollten Entscheidungen wegen der Rechtsänderungen nicht mehr oder nur bedingt anwendbar sein, wird in den Fn darauf hingewiesen. Zum Umfang der Reform s. *Bender,* MarkenR 2016, 10; *Marten,* GRUR Int 2016, 116; *Walicka,* GRUR-Prax 2016, 161, 190; *Wirtz,* Mitt 2016, 149.

2 Seit Beginn des Systems am 01.04.1996 wurden über 2,8 Mio. Anmeldungen eingereicht, jährlich sind es im Schnitt etwa 175.000. Deutschland ist der größte Nutzer des Systems. Die aktuellsten Statistiken, Daten und Informationen, Entscheidungen, Formblätter, Hinweise, UMRL, ua auch jährliche Überblicke über die Entscheidungen der BK sind der Internetseite des EUIPO zu entnehmen (www.euipo.europa.eu).

3 Zur Praxis des EUIPO s. insb die UMRL auf seiner Internetseite. Diese sind an die neuen Rechtsvorschriften der UMV angepasst und reflektieren die Praxis des Amts. Sie stellen jedoch nur allgemeine Verwaltungsanweisungen dar, so dass das Gesetz immer vorgeht.

4 Siehe insb die jährlichen Berichterstattungen über die Entwicklung des europäischen Markensystems in Rspr und Praxis seit 1999: zB *Bender,* Die Unionsmarke bleibt ein Erfolgsmodell, MarkenR 2024, 1, 57, 121 und 163; *ders,* Die Unionsmarke trotzt den Krisen, MarkenR 2023, 56, 106 und 154; *ders,* Die Unionsmarke im Höhenflug, MarkenR 2022, 49, 110 und 165; *Bender,* Die Unionsmarke hält stand!, MarkenR 2021, 41, 81 und 121; *Bender,* Freie Bahn der Unionsmarke, MarkenR 2020, 41, 81 und 129; *Bender,* Die Unionsmarke vor der Bewährungsprobe, MarkenR 2019, 41, 89 und 133; *Bender,* Die Unionsmarke in neuem Gewand, MarkenR 2018, 69, 137 und 191; *Bender,* Das europäische Markenrecht in bewegter See, MarkenR 2017, 1, 66 und 98; *Bender,* Auf dem Weg zum neuen Markenrecht in Europa, MarkenR 2016, 65 und 126; *Bender,* Europa gibt den Ton an, MarkenR 2015, 53 und 129.

Dadurch, dass das EUIPO sich dem elektronischen Datenaustausch geöffnet hat, ist es trotz seiner örtlichen Ferne vom Zentrum Europas heute möglich, unmittelbar und ohne Zeitverlust mit ihm zu kommunizieren. Dazu tragen einerseits die stets aktualisierte Internetseite bei, auf der in den fünf Sprachen des Amts (Spanisch, Deutsch, Englisch, Französisch und Italienisch) alle relevanten Informationen (wie zB Online-Datenbanken, konsolidierte Gesetzestexte, Verfahrensvorschriften und Entscheidungen der Amtsinstanzen) verfügbar sind, als auch die Angebote, auf elektronischem Weg mit dem Amt zu kommunizieren. Insbesondere besteht auch eine gebührenfreie Online-Akteneinsicht. Der elektronische Verkehr mit den Nutzern des Systems wird Jahr für Jahr weiter ausgebaut und verbessert bis hin zum Angebot von Videokonferenzen. So konnte das EUIPO zB während der Schließung des Gebäudes in der Coronavirus-Pandemie im Frühjahr 2020 seine Arbeit zu fast 100 % durch seine Beschäftigten im Homeoffice bewältigen.

Mit seinen Datendanken, ua der TMview mit einer Sammlung von über 120 Mio. Marken aus Europa und vielen Staaten der Welt, bietet das EUIPO zentrale kostenlose Informationen für die Öffentlichkeit und erleichtert damit die Arbeit der Nutzer.

Die folgende Einführung soll angesichts der wachsenden Bedeutung einen kurzen Überblick über das europäische Markensystem geben, wobei insb die Abweichungen und Besonderheiten zum deutschen Recht und die Rspr von EuGH und EuG[5] sowie die Neuerungen durch die aktuelle Reform hervorgehoben sind.

Das Buch befindet sich auf dem aktuellen Gesetzesstand, dem ab 01.12.2009 geltenden Vertrag von Lissabon (EUV und AEUV), der seit 23.03.2016 bzw 01.10.2017 in Kraft getretenen Neufassung der die Gemeinschaftsmarkenverordnung (GMV) ersetzenden Unionsmarkenverordnung (UMV)[6] sowie der seit 12.01.2016 geltenden Neufassung der Richtlinie zur Angleichung der Rechtsvorschriften der Mitgliedstaaten über die Marken (MarkenRL)[7]. Aufgrund der veränderten Kompetenzvertei-

5 Siehe hierzu auch jeweils die entspr Kapitel in den Jahresberichten über die Tätigkeit des Gerichts und des Gerichtshofs auf dessen Internetseite www.curia.europa.eu.

6 VO (EU) 2017/1001 vom 14.06.2017 über die Unionsmarke, in Kraft seit 01.10.2017; ABl. L 154/1. Dadurch wurden ersetzt die VO (EU) 2015/2424 vom 16.12.2015 zur Änderung der VO (EG) 207/2009 über die Gemeinschaftsmarke und der VO (EG) 2868/95 zur Durchführung der VO (EG) 40/94 über die Gemeinschaftsmarke und zur Aufhebung der VO (EG) 2869/95 über die an das Harmonisierungsamt für den Binnenmarkt (Marken, Muster und Modelle) zu entrichtenden Gebühren, in Kraft seit 23.03.2016; ABl. L 341/21; und die VO (EG) 40/94 vom 20.12.1993 über die Gemeinschaftsmarke idF Nr 207/2009 der Neukodifizierung vom 26.02.2009; ABl. L 78/1, in Kraft seit 13.04.2009. Alle zitierten VO-Texte und BK-Entscheidungen sowie aktuelle Informationen und Daten, Rechtstexte, Mitteilungen des Exekutivdirektors (früher: Präsidenten), Formulare und Hinweise in jeweils gültiger Fassung sind auf der Internetseite des EUIPO auffindbar. Das monatlich erscheinende »Alicante News« gibt einen aktuellen Überblick über das Amtsgeschehen und die neueste Rspr. Deshalb empfiehlt sich immer ein Kontrollblick auf www.euipo.europa.eu.

7 Richtlinie (EU) 2015/2436 vom 16.12.2015 zur Angleichung der Rechtsvorschriften der Mitgliedstaaten über die Marken; ABl. L 336/1, in Kraft seit 12.01.2016. Diese hat die

lung unter den europäischen Institutionen nach dem AEUV mussten wegen dessen Art. 290 und 291 wesentliche Teile der Durchführungsverordnung (GMDV), der Verfahrensordnung vor den BK (VerfO-BK) und insb die gesamte Gebührenverordnung (GMGebV) in die UMV aufgenommen werden. Ab 01.10.2017 gelten die Delegierte Verordnung (DVUM)[8] und die Durchführungsverordnung (UMDV)[9], die die bisherigen Verfahrensvorschriften aktualisieren und dem Amt einen größeren Spielraum beim Vollzug ermöglichen[10].

Das EUIPO arbeitet zudem im Rahmen des Programms für Zusammenarbeit und Konvergenz an einer Vereinheitlichung der Praxis von nationalen Ämtern und internationalen Institutionen, darunter auch der WIPO, und an einer Verbesserung der wechselseitigen Informationsstrukturen und Datenbanken.

Alle Veröffentlichungszitate von EuGH-, EuG-, BGH- und BPatG-Entscheidungen finden sich in der PAVIS-PROMA-Datei.

---

bisherige MarkenRL aF ersetzt: Richtlinie 89/104/EWG vom 21.12.1988 zur Angleichung der Rechtsvorschriften der Mitgliedstaaten über die Marken idF 2008/95/EG der Neukodifizierung vom 22.10.2008; ABl. L 299/25, in Kraft seit 28.11.2008. S. zu der Reformdiskussion ua Bender, MarkenR 2013, 129 und Fezer, WRP 2013, 1185.

8 Delegierte VO (EU) 2018/625 der Kommission vom 05.03.2018 zur Ergänzung der VO (EU) 2017/1001 über die Unionsmarke und zur Aufhebung der DVUM (EU) 2017/1430; ABl. L 104/1.

9 Durchführungs-VO (EU) 2018/626 der Kommission vom 05.03.2018 mit Einzelheiten zur Umsetzung von Bestimmungen der VO (EU) 2017/1001 über die Unionsmarke und zur Aufhebung der UMDV (EU) 2017/1431; ABl. L 104/37.

10 Hinsichtlich der Rechtslage unter dem alten Recht wird auf die Vorauflagen verwiesen.

A. Überblick über das System der Unionsmarke

Übersicht Rdn.

I. Die Unionsmarkenverordnung und die Durchführungsakte

1 Das Markenrecht hat in den letzten Jahrzehnten eine ungemein *dynamische Entwicklung* erlebt. Dies ist nicht allein bedingt durch die Vielzahl neu entwickelter Waren und neu angebotener DL besonders im Bereich der Telekommunikation und der Computertechnologie, sondern auch und insb durch eine rasche Abfolge von *Reformen* des lange Jahrzehnte eher träge vor sich hin dümpelnden Kennzeichenrechts. Hinzu kommt die wachsende *wirtschaftliche Bedeutung* des Markenschutzes in einem zunehmend globalisierten und internationalen Markt[1].

2 Die in Deutschland im Gefolge des Erstreckungsgesetzes erfolgte Lösung der Marke vom Geschäftsbetrieb sowie die in Umsetzung der europäischen Harmonisierungsrichtlinie (MarkenRL aF) durch das MarkenG erfolgte Öffnung des Registers für neue Markenformen, insb die dreidimensionalen Gestaltungen, die Farben, die Hör-, Bewegungs-, Ausstattungs- oder Positionsmarken, haben die Fantasie der Markenschöpfer und Anmelder sowie ihre ökonomischen Initiativen in nie gekanntem Ausmaß *belebt* und *angeregt*.

3 Da die Vielzahl von teilweise völlig unterschiedlichen nationalen Markensystemen der einzelnen europäischen Staaten bei zunehmendem Wachstum des Binnenhandels aber auch des internationalen Geschäftsverkehrs zu einem ernsten Hindernis für den freien Waren- und DL-Austauschs geführt hatte, hat der europäische Gesetzgeber durch die Angleichung der Rechtsvorschriften der Mitgliedstaaten mittels beider *MarkenRL* ein Instrument zur *Vollendung und zum reibungslosen Funktionieren des Binnenmarkts* geschaffen, um ein *System des unverfälschten Wettbewerbs* zu errichten[2].

4 Das Markenrecht ist nämlich nach stRspr des EuGH[3] ein *wesentlicher Bestandteil des Wettbewerbssystems in der Union*[4]. In diesem System muss jedes Unternehmen, um

1 Siehe hierzu detaillierte Angaben in der IAK, S. 12–14; und die interessanten und wichtigen Studien der ins EUIPO integrierten Beobachtungsstelle zur Bekämpfung der Produktpiraterie: https://euipo.europa.eu/ohimportal/de/web/observatory/ip-studies.

2 PräambelRL 8 und PräambelRL aF 2; EuGH, 22.03.2012, C-190/10 – Rizo's/Rizo (Génesis), Rn 31.

3 EuGH, 14.09.2010, C-48/09 P– Lego-Stein, Rn 38 mwN.

4 EuGH, 16.04.2013, C-274/11 und C-295/11 – Spanien und Italien/Rat, Rn 22. Die Regeln im Bereich des geistigen Eigentums sind zwar für die Aufrechterhaltung eines unverfälschten Wettbewerbs im Binnenmarkt wesentlich, stellen deshalb aber keine »Wettbewerbsregeln« iSv Art. 3 Abs. 1b AEUV dar.

die Kunden durch die Qualität seiner Waren oder DL an sich zu binden, Zeichen als Marken eintragen lassen können, die es dem Verbraucher ermöglichen, diese Waren oder DL ohne Verwechslungsgefahr von denen anderer Herkunft zu unterscheiden. Die MarkenRL sollen zwar nicht zu einer vollständigen Angleichung der Markenrechte der Mitgliedstaaten führen, doch enthalten sie eine umfassende Harmonisierung der *zentralen innerstaatlichen Rechtsvorschriften*, die sich am unmittelbarsten auf das Funktionieren des Binnenmarkts auswirken[5].

5 Als Höhepunkt, wenn auch noch lange nicht als Schlusspunkt dieser Entwicklung gilt die auf der Grundlage der Verträge zur Gründung der Europäischen Gemeinschaften (EGV), jetzt des Vertrags über die Europäische Union (EUV) und des Vertrags über die Arbeitsweise der Europäischen Union (AEUV), erfolgte Schaffung der *Gemeinschaftsmarke* ab 01.04.1996 durch die GMV, die ein vollständig neues gewerbliches Schutzrecht mit einem einheitlichen Schutz für das gesamte Gebiet der Union begründet hat, das in der Europäischen Union als eigenständiges Markensystem neben den nationalen Marken und der Internationalen Registrierung bei der WIPO in Genf und in Koexistenz mit diesen[6] besteht.

6 Ergänzt wurde diese Grundverordnung durch die – jeweils inzwischen aufgehobenen – *Durchführungsverordnung* (GMDV)[7], die Gebührenverordnung (GMGebV)[8] und die *Verfahrensordnung vor den BK* (VerfO-BK)[9]. An deren Stelle sind teilweise die UMV mit Wirkung vom 23.03.2016 (insb hinsichtlich der GMGebV) und mit Wirkung vom 01.10.2017 die *Delegierte Verordnung* (DVUM) und die *Durchführungsverordnung* (UMDV) getreten. Sonstigen Materialien, wie zB den Gemeinsamen Erklärungen von Rat und Kommission zur MarkenRL und zur GMV[10] und den (in regelmäßi-

5 PräambelRL 9, 12, 14 und 42 sowie PräambelRL aF 4; EuGH, 22.03.2012, C-190/10 – Rizo's/Rizo (Génesis), Rn 32 mwN. Um den Zugang zum Markenschutz zu verbessern und die Rechtssicherheit und Berechenbarkeit zu erhöhen, soll das Verfahren für die Eintragung von Marken in den Mitgliedstaaten effizient und transparent sein und ähnlichen Regeln wie denen folgen, die für Unionsmarken gelten (PräambelRL 36).

6 PräambelUMV 3, 6 bis 8; EuGH, 22.03.2012, C-190/10 – Rizo's/Rizo (Génesis), Rn 30, 34.

7 VO (EG) 2868/95 vom 13.12.1995 zur Durchführung der GMV idF vom 31.03.2009; ABl. L 303/1, ABl. L 172/4 und ABl. L 109/3, in Kraft seit 01.05.2009.

8 VO (EG) 2869/95 vom 13.12.1995 über die an das HABM zu entrichtenden Gebühren idF vom 31.03.2009; ABl. L 303/33 und ABl. L 109/3, in Kraft seit 01.05.2009 und aufgehoben durch die neue UMV mit Wirkung vom 23.03.2017; Art. 3 ÄnderungsVO, siehe Entsprechungstabelle in Anlage II der UMV. So sind die einzelnen Gebühren (bisher Art. 2, 11 und 12 GMGebV) nunmehr in Anlage I der UMV geregelt, während die übrigen Bestimmungen über Gebühren und Entgelte, ihre Fälligkeit und Zahlung, den maßgeblichen Zahlungstag, unzureichende Zahlungen und die Erstattung geringfügiger Beträge in Art. 178 bis 181 UMV umgesetzt wurden.

9 VO (EG) 216/96 vom 05.02.1996 über die Verfahrensordnung vor den BK des HABM idF vom 06.12.2004; ABl. L 28/11 und ABl. L 360/8.

10 Diese Erklärungen (ABl.HABM 1996, 606, 612) sind für die Auslegung der GMV nicht verbindlich. Ihnen kommt keine rechtliche Bedeutung zu; EuGH, 06.05.2003, C-104/01 – Libertel-Orange, Rn 24, 25.

gem Abstand aktualisierten) Prüfungsrichtlinien des EUIPO (UMRL)[11], die nur die Amtspraxis reflektieren, kommt demgegenüber kein rechtlich verbindlicher Charakter zu, auch wenn sie oft als *ergänzendes Material* zur Auslegung beigezogen werden[12].

Nach fast 20 Jahren ihres Bestehens hat der europäische Gesetzgeber sowohl die GMV als auch die MarkenRL aF einer grds *Revision* unterworfen, so dass ab dem 23.03.2016 die *neue Unionsmarke* die Gemeinschaftsmarke ersetzt hat und die *Neufassung der MarkenRL* zu einer weiteren Harmonisierung der nationalen Markenrechte der Mitgliedstaaten geführt hat. 7

II. Übergangsregelung

Die neue UMV ist zwar am 23.03.2016 in Kraft getreten, zahlreiche Vorschriften wurden jedoch erst ab dem 01.10.2017 wirksam. Dies führte dazu, dass in der Zeit vom 23.03.2016 bis 30.09.2017 die GMDV (mit Ausnahme von wenigen aufgehobenen Vorschriften[13]) noch neben der UMV weiter bestand. 8

Die gültigen *Fassungen von UMV* sowie *DVUM* und *UMDV*[14] sind (samt Entsprechungstabellen zum alten Recht) auf der Internetseite des EUIPO verfügbar. Bei Unklarheiten geht natürlich vom höheren Gesetzesrang her die Regelung der UMV vor. 9

Übergangsvorschriften enthält die ÄnderungsVO nicht. Es gilt der Grundsatz, dass die neuen Bestimmungen am Tag ihres Inkrafttretens, also am 23.03.2016 bzw 01.10.2017, *unmittelbar wirksam* werden. Um die Anwendung in der Praxis für die Nutzer überschaubar zu machen, hat das EUIPO ein Papier über seine Praxis veröffentlicht[15]. 10

So werden die *neuen absoluten Zurückweisungsgründe* (Art. 7 Abs. 1e, Abs. 1j und Abs. 1m UMV) nicht auf Anmeldungen angewandt, die vor dem 23.03.2016 erfolgt waren. Für diese gelten die alten, die in der GMV und in anderen VO der Union 11

11 Aktuelle Version vom 31.03.2024. Beschluss Nr EX-24-2 des Exekutivdirektors vom 28.03.2024; ABl.EUIPO 4/2024. Die UMRL sind in allen Amtssprachen der Union verfügbar.

12 EuGH, 16.01.2019, C-162/17 P – LUBELSKA/Lubeca, Rn 59 mwN. Die UMRL stellen nach stRspr keine verbindlichen Rechtsakte zur Auslegung von Unionsrechtsvorschriften dar, sie führen aber vorbehaltlich ihrer Vereinbarkeit mit höherrangigem Recht zu einer Selbstbeschränkung des EUIPO, da dieses sich an selbst auferlegte Regeln halten muss; EuG, Urteil vom 08.06.2022, T-293/21 – UM, Rn 37–45. Diese Bindung gilt aber nicht für die BK, die wegen Art. 166 Abs. 7 UMV keinerlei Weisungen des Amts unterliegen.

13 Art. 2 VO [EU] 2015/2424 vom 16.12.2015 zur Änderung der GMV.

14 Die Neufassungen der DVUM und UMDV vom 05.03.2018 beziehen sich nunmehr exakt auf die konsolidierte Version der UMV.

15 Temporal scope of the application of the new grounds for refusal of EUTMR.

enthalten waren (zu traditionellen Bezeichnungen von Weinen[16], zu g.t.S.[17] und zu Sortenschutzrechten[18]).

12 War die Anmeldung, gegen die sich der Widerspruch richtet, vor dem Inkrafttreten der UMV erfolgt, sind für das *Widerspruchsverfahren* noch die Vorschriften der GMV anzuwenden, soweit sie nicht rein verfahrensrechtlicher Art sind[19]. Der *neue Widerspruchsgrund* von Art. 8 Abs. 6 UMV soll nach Ansicht des EUIPO jedoch – unabhängig vom Anmelde- oder Prioritätstag der angegriffenen Anmeldung – auf Widersprüche anwendbar sein, die am 23.03.2016 oder danach eingelegt wurden[20].

13 Bei *Nichtigkeitsverfahren* aus *absoluten Gründen* ist auf die Rechtslage am Anmeldetag der angegriffenen Marke abzustellen[21] und bei solchen aus *relativen Gründen* auf die Rechtslage zum Zeitpunkt der Nichtigkeitsantragsstellung, unabhängig vom Anmelde- oder Prioritätstag der angegriffenen Marke.

14 Schließlich gelten *GMDV* und *VerfO-BK* für *laufende Verfahren* bis zu deren Abschluss jedoch wegen Art. 80 DVUM und Art. 37 UMDV als *Übergangsmaßnahmen* noch weiter. Ansonsten sind *DVUM und UMDV ab dem 01.10.2017* vorbehaltlich bestimmter in Art. 82 DVUM und Art. 39 UMDV im Einzelnen definierter *Ausnahmen* anzuwenden, zB in Bezug auf vor dem 01.10.2017 angemeldete Unionsmarken oder eingereichte Widerspruchsschriften sowie auf Widerspruchsverfahren, deren kontradiktorischer Teil davor begonnen hat, und auf davor eingereichte Beschwerden sowie davor gestellte Nichtigkeits- und Verfallsanträge[22].

15 Im Übrigen gelten nach stRspr *Verfahrensregeln* idR zu dem Zeitpunkt, zu dem sie in Kraft treten, im Gegensatz zu den *materiellen Vorschriften*, die idR so ausgelegt werden, dass sie für vor ihrem Inkrafttreten bestehende Sachverhalte nur insoweit gelten, als sich aus ihren Bestimmungen, ihren Zwecken oder ihrem allgemeinen Konzept eindeutig ergibt, dass ihnen diese Rechtswirkung zuerkannt werden muss. Die UMV ist am 23.03.2016 in Kraft getreten, und es ist aus ihren Bestimmungen, ihren Zwecken oder ihrer allgemeinen Konzeption *nicht* ersichtlich, dass zB Art. 7

16 Art. 113 Abs. 2 VO (EU) 1308/2013 vom 17.12.2013 über eine gemeinsame Marktorganisation für landwirtschaftliche Erzeugnisse (Weine); ABl. L 347/671; geändert durch Art. 84 GAV; iVm Art. 40. und 41 VO (EG) 607/2009. vom 14.07.2009 hinsichtlich der g.U. und geografischen Angaben, der traditionellen Begriffe sowie der Kennzeichnung und Aufmachung bestimmter Weinbauerzeugnisse; ABl. L 193/60.

17 Art. 24 VO (EU) 1151/2012 vom 21.11.2012 über Qualitätsregelungen für Agrarerzeugnisse und Lebensmittel; ABl. L 343/1; aufgehoben durch Art. 94 GAV.

18 VO (EG) 2100/94 vom 27.07.1994 über den gemeinschaftlichen Sortenschutz; ABl. L 227/1.

19 EuG, 30.01.2020, T-598/18 – BROWNIE/BROWNIES, Rn 17, 18.

20 Dies erscheint aber problematisch, weil es gegen das Vertrauensschutzinteresse des Anmelders verstößt, der zum Anmeldezeitpunkt mit einem derart erweiterten Widerspruchsrecht noch nicht zu rechnen brauchte, zumal er ja nicht wusste, wann die Reform in Kraft tritt.

21 EuGH, 14.03.2019, C-21/18 – MANHATTAN (Svenskt Tenn/Textilis), Rn 29–33.

22 EuG, 11.04.2019, T-323/18 – Schmetterling, Rn 15–18.

GMV in der Fassung der UMV *auf Situationen Anwendung finden sollte, die vor ihrem Inkrafttreten bestanden* haben[23].

Wendet die Ausgangsinstanz irrtümlich statt der GMV schon die UMV an (oder umgekehrt), so ist dieser *Fehler* jedenfalls dann *unschädlich*, wenn die für den Fall relevanten Normen inhaltlich nicht voneinander abweichen[24]. 16

III. Das EUIPO und seine Informationsangebote

Das *EUIPO* (früher HABM) ist ein *Amt der europäischen Union* und besitzt eigene Rechtspersönlichkeit gemäß Art. 2 und 142 UMV. Es hat die harmonische Entwicklung des Wirtschaftslebens innerhalb der Union und eine beständige und ausgewogene Wirtschaftsausweitung durch die Vollendung und das reibungslose Funktionieren des Binnenmarktes zu fördern (s. Rdn 579 ff). 17

Zuständig ist das Amt nicht nur für die *Unionsmarke*, sondern auch für das *GGM*[25]. Zudem beherbergt es die *Europäische Beobachtungsstelle für die Verletzung von geistigem Eigentum*[26] und ist neuerdings auch für den *Schutz geografischer Angaben für Handwerks- und Industrieerzeugnisse*[27] zuständig. Aufgrund der neuen GAV ist das EUIPO zusätzlich mit der Einrichtung und Pflege des *Unionsregisters für geografische Angaben* (in Bezug auf Eintragungen, Änderungen und Löschungen) und mit der Einrichtung und Verwaltung eines *Informations- und Warnsystems für Domänennamen* betraut, das dem Antragsteller bei der Einreichung eines Antrags auf Eintragung einer geografischen Angabe Auskunft über deren Verfügbarkeit als Domänenname und auf Wunsch über die Registrierung eines mit der geografischen Angabe identischen Domänennamens erteilt[28]. 18

23 EuG, 24.10.2018, T-447/16 – L-förmige Rille (Pirelli), Rn 18, 20–22 mwN; bestätigt durch EuGH, 03.06.2021, C-818/18 P und C-6/19 P.

24 EuG, 05.10.2020, T-847/19 – PAX/SPAX, Rn 22 mwN.

25 Art. 2 GGV. Geschmacksmuster ist die Erscheinungsform eines Erzeugnisses oder eines Teils davon, die sich insb aus den Merkmalen der Linien, Konturen, Farben, der Gestalt, Oberflächenstruktur und/oder der Werkstoffe des Erzeugnisses selbst und/oder seiner Verzierung ergibt; Art. 3 a GGV. Demnächst gilt für das UD die UDV.

26 VO (EU) Nr. 386/2012 des Europäischen Parlaments und des Rates vom 19.04.2012; ABl. L 129/1.Sie beruht auf einer Plattform, die Sachverständige aus dem öffentlichen und dem privaten Sektor zum Austausch in einem dynamischen Netzwerk zusammenführt. Als Thinktank sammelt sie wichtige Informationen, überwacht sie, und stellt sie politischen Entscheidungsträgern und Behörden, die mit dem Schutz und der Durchsetzung von Rechten des geistigen Eigentums befasst sind, in Berichtsform zur Verfügung.

27 VO (EU) 2023/2411 vom 18.10.2023 des Europäischen Parlaments und des Rates zum Schutz geografischer Angaben für Handwerks- und Industrieerzeugnisse und zur Änderung der Verordnungen (EU) 2017/1001 und (EU) 2019/1753; ABl. L 2023/2411. Dadurch wird der Schutz geografischer Angaben auf nicht-landwirtschaftliche Produkte erweitert, wie zB Natursteine, Textilien, Schmuck, Porzellan und Holzkunstwerke.

28 Art. 22 Abs. 2, Art. 35 Abs. 2 GAV.

19 Das EUIPO wird von seinem *Exekutivdirektor* (früher Präsident) rechtlich vertreten und nach Art. 157 UMV geleitet. Dort sind auch seine Aufgaben detailliert festgelegt. Er wird – wie auch eine im Einzelnen festzulegende Zahl von stellvertretenden Exekutivdirektoren (derzeit zwei) – nach Art. 157 Abs. 5, 158 UMV vom Rat der Union auf Vorschlag des Verwaltungsrats des EUIPO ernannt. Die Amtszeit beträgt fünf Jahre und kann einmal um höchstens fünf Jahre verlängert werden.

20 Der *Verwaltungsrat* (Art. 153 ff UMV) und der *Haushaltsausschuss* (Art. 171 ff UMV) setzen sich aus je einem Vertreter der Mitgliedstaaten, zwei Vertretern der Kommission und einem des Europäischen Parlaments zusammen[29].

21 Der *Verwaltungsrat* verabschiedet das Jahresarbeitsprogramm, den strategischen Mehrjahresplan, den Jahresbericht sowie den Personalentwicklungsplan des Amtes und berät den Exekutivdirektor, zB vor dem Erlass von UMRL. Er schlägt insb neben dem Exekutivdirektor und seinen Stellvertretern auch den Präsidenten und die Vorsitzenden der BK vor, die vom Rat ernannt werden, und bestimmt die Mitglieder der BK.

22 Der *Haushaltsausschuss* nimmt den Haushaltsplan des EUIPO an und entlastet nach Prüfung durch den Rechnungshof den Exekutivdirektor.

23 Für die *Durchführung der Verfahren* im Amt sind nach Art. 159 ff UMV iVm Art. 27 UMDV die Prüfer, die Widerspruchsabteilungen, die Registerabteilung, die Nichtigkeitsabteilungen, eine Stelle oder ein Bediensteter für sonstige allgemeine Zuständigkeit und die BK zuständig. Das EUIPO ist immer wieder Objekt von *Umstrukturierungsmaßnahmen* seitens der Amtsleitung, um den gewandelten und st. gestiegenen Anforderungen zu entsprechen. Das jeweils aktuelle Organigramm lässt sich seiner Internetseite entnehmen[30].

24 Als amtsinterne, *gerichtsmäßig ausgestaltete Kontrollinstanzen* entscheiden die *BK* auf Beschwerden über Entscheidungen der Ausgangsinstanzen des Amts. Sie definieren letztlich seine maßgebliche Markenpolitik (Art. 165 ff UMV).

25 Gegen die Entscheidungen der BK kann von dem oder den unterlegenen Beteiligten nach Art. 72 UMV *Klage* zum Gericht der Europäischen Union (EuG) erhoben werden, dessen Urteile wiederum durch *Rechtsmittel* zum Gerichtshof der Europäischen Union (EuGH) anfechtbar sind.

26 *Informationsquelle* für die Entwicklung der Unionsmarke sowohl in rechtlicher als auch in praktischer Hinsicht ist die *Internetseite* des EUIPO (www.euipo.europa.eu). Dort sind (zumeist) in den fünf Sprachen des Amts (Spanisch, Deutsch, Englisch, Französisch und Italienisch) alle relevanten Daten im jeweils aktuellsten Stand enthalten (Art. 112, 113 UMV[31]). Auf der Internetseite werden aktuelle Informationen präsentiert, insb Änderungen in der Gesetzgebung oder der Praxis des Amts sowie aktuelle Ereignisse und Hinweise auf zukünftige Entwicklungen.

---

29 Während der Geltung der GMV waren nur die Vertreter der Mitgliedstaaten stimmberechtigt.

30 Siehe zB Beschluss Nr ADM-20–31 des Exekutivdirektors vom 10.07.2020.

31 Art. 112, 113, 114 und 115 UMV ersetzen die bisherigen Regeln 87 bis 91 GMDV.

Außerdem enthält bereits die Eingangsseite ua einen direkten Zugang zu *Datenbanken* und *Online-Diensten*, zum Nutzerbereich (*User area*) für häufige Nutzer (nach Einloggen), zu Rechtstexten und Rspr, zur alternativen Streitbeilegung und zu Veranstaltungen, wie den Webinars der EUIPO-Akademie, zu Jahresberichten und den im Monatsrhythmus auf der Internetseite elektronisch erscheinenden *Alicante News* mit aktuellen Informationen und Auszügen aus der Rspr von EuGH, EuG und den BK. 27

Das Informationsangebot umfasst einerseits die relevanten *Rechtstexte*, nämlich ua alle VO zur Unionsmarke und die MarkenRL samt Änderungen sowie internationale Verträge, alle Beschlüsse und Mitteilungen des Exekutivdirektors/Präsidenten, die UMRL und die Beschlüsse des Präsidiums der BK. 28

Andererseits ist auf der Internetseite *eSearch Case Law* die *Markenrechtsprechung* enthalten, also die Urteile des EuGH und des EuG zu Unionsmarken[32], die Urteile des EuGH zu einschlägigen Vorabentscheidungsverfahren, weiter alle Entscheidungen der Prüfer des EUIPO zu zurückgewiesenen Marken, alle Entscheidungen der Widerspruchs- und Nichtigkeitsabteilungen sowie der BK in der jeweiligen Verfahrenssprache (letztere auch zusätzlich auf Englisch), sowie auch Entscheidungen der nationalen Unionsmarkengerichte in der jeweiligen Originalsprache. 29

Auf der weiteren Internetseite *Marken* sind nützliche Basisinformationen über Marken und die Unionsmarke enthalten. Das nur noch auf der Internetseite des Amts erscheinende *Blatt für Unionsmarken* enthält Veröffentlichungen von Eintragungen und Einträgen im Register sowie weitere Angaben, die von der UMV vorgeschrieben sind (*eSearch plus*: Tägliche Veröffentlichung)[33]. Auch das *Amtsblatt* (ABl.EUIPO, früher ABl.HABM) wird nur als Online-Ausgabe publiziert[34]. Öffentliche Zustellungen (Art. 59 DVUM) werden ebenfalls im Internet veröffentlicht[35]. Die Eingangsseite des 30

32 Dies ermöglicht die Datenbank *eSearch Case Law.* (eSearch-Rechtsprechung). Leider werden Beschlüsse von EuG und EuGH zumeist verspätet eingestellt. Auch sind nicht mehr alle Urteile und Beschlüsse übersetzt, sondern nur in der Verfahrenssprache und der französischen Arbeitssprache des Gerichts zugänglich. Die deutschen Nutzer können sich jedoch insoweit mit der vollständigen und st. aktualisierten PAVIS-PROMA-Datei (www. pavis-proma.de.) behelfen. Eine weitere kostenlose, derzeit noch im Aufbau befindliche Datenbank, die Gerichtsentscheidungen zu Fragen des geistigen Eigentums aus der ganzen Welt enthält, bietet seit September 2020 die WIPO auf dem Portal WIPO LEX an: https://wipolex.wipo.int/en/main/judgments.

33 Werden Angaben, deren Veröffentlichung die UMV oder die GMDV vorschreiben, im Blatt für Unionsmarken veröffentlicht, so ist gemäß Art. 19 UMDV das auf dem Blatt angegebene Datum der Ausgabe des Blatts als das Datum der Veröffentlichung der Angaben anzusehen. Beinhalten die Eintragungen im Zusammenhang mit der Eintragung einer Marke keine Änderungen im Vergleich zu der Veröffentlichung der Anmeldung, so werden diese Eintragungen wegen Abs. 2 unter Hinweis auf die in der Veröffentlichung der Anmeldung enthaltenen Angaben veröffentlicht. S. Beschluss Nr EX-18–3 des Exekutivdirektors vom 03.09.2018; ABl.EUIPO 11/2018.

34 Auf der Internetseite des Amts unter der Rubrik »Recht«.

35 Beschluss Nr EX-18–4 des Exekutivdirektors vom 03.09.2018; ABl.EUIPO 11/2018.

Internetportals des EUIPO enthält schließlich rechts oben (etwas versteckt) neben einer stilisierten Lupe ein *Suchfeld.*

31 Ein weiteres interessantes Informationsangebot ist das *Netzwerk der Europäischen Union für geistiges Eigentum* (EUIPN), das über die aktuellen Entwicklungen im europäischen Markenrecht bei der EUIPO und den Markenämtern der Mitgliedstaaten berichtet (www.tmdn.org).

B. Die Unionsmarke im Rechtssystem

Übersicht Rdn.

I. Die Unionsmarke als europäisches Recht

Die Unionsmarke stellt gemäß Art. 1 UMV ein *einheitliches europäisches Recht* dar, das in allen – nach der letzten Erweiterung der Europäischen Union durch Kroatien am 01.07.2013 und dem Austritt Großbritanniens am 31.01.2020[36] derzeit 27 – Mitgliedstaaten denselben rechtlichen Schutzumfang genießt wie eine nationale Marke (Art. 19 UMV). Aus dem Grundsatz der *Einheitlichkeit* ergibt sich, dass sie einheitliche Wirkung für die gesamte Union entfaltet. Sie kann daher nur insgesamt eingetragen oder zurückgewiesen werden. Dasselbe gilt für Verfall oder Nichtigkeit, Übertragung, Benutzung und Bekanntheit[37]. Im Unterschied zum deutschen Recht wird eine Unionsmarke wegen Art. 6 UMV nur durch Eintragung erworben. 32

Der Unionsgesetzgeber hat Mechanismen geschaffen, mit denen der *einheitliche Schutz der Unionsmarke* im gesamten Unionsgebiet gewährleistet werden soll, und damit den einheitlichen Charakter der Unionsmarke bestätigt. Hierzu hat er die *Unionsmarkengerichte* vorgesehen, die ua gemäß Art. 123 Abs. 1 UMV, Art. 124 Nr a, c, d UMV und Art. 128 Abs. 1, 2, 6 und 7 UMV dafür zuständig sind, sich auf das gesamte Gebiet der Union erstreckende Verbote zur Fortsetzung von Handlungen auszusprechen, die eine Unionsmarke verletzen oder zu verletzen drohen[38]. 33

Die Benutzung der Unionsmarke kann jedoch *aufgrund älterer nationaler Rechte* für das Gebiet eines Mitgliedstaats oder eines Teils von ihm *untersagt* werden (Art. 137, 138 UMV). Denn die UMV lässt (soweit nichts anderes bestimmt ist) das nach dem Recht der Mitgliedstaaten bestehende Recht unberührt, Ansprüche wegen Verletzung älterer Rechte iSv Art. 8 UMV oder Art. 60 Abs. 2 UMV gegenüber der Benutzung einer jüngeren Unionsmarke geltend zu machen. Ansprüche wegen Verletzung älterer Rechte iSv Art. 8 Abs. 2 und 4 UMV können jedoch nicht mehr geltend gemacht werden, wenn der Inhaber des älteren Rechts nach Art. 61 Abs. 2 UMV nicht mehr die Nichtigerklärung der Unionsmarke verlangen kann. 34

Die UMV lässt (soweit nichts anderes bestimmt ist) das *Recht unberührt*, aufgrund des Zivil-, Verwaltungs- oder Strafrechts eines Mitgliedstaats oder aufgrund von Bestimmungen des Unionsrechts Klagen oder Verfahren zum Zweck der Untersagung der 35

36 Bis zum Ende des Übergangszeitraums am 31.12.2020 waren jedoch die UMV, die DVUM und die UMDV in vollem Umfang anzuwenden; s. Rdn 36.

37 EuGH, 03.09.2015, C-125/14 – be impulsive/Impulse (Iron & Smith Kft./Unilever NV), Rn 20, 26–34.

38 EuGH, 21.07.2016, C-226/15 P – English pink/PINK LADY, Rn 49.

Benutzung einer Unionsmarke anhängig zu machen, soweit nach dem Recht dieses Mitgliedstaats oder dem Unionsrecht die Benutzung einer nationalen Marke untersagt werden kann (Art. 137 UMV).

36 Der Inhaber eines *älteren Rechts von örtlicher Bedeutung* kann sich wegen Art. 138 UMV der Benutzung der Unionsmarke in dem Gebiet, in dem dieses ältere Recht geschützt ist, widersetzen, sofern dies nach dem Recht des betr Mitgliedstaats zulässig ist. Dies gilt nicht, wenn der Inhaber des älteren Rechts die Benutzung der Unionsmarke in dem Gebiet, in dem dieses ältere Recht geschützt ist, während fünf aufeinander folgender Jahre in Kenntnis dieser Benutzung geduldet hat, es sei denn, dass die Anmeldung der Unionsmarke bösgläubig vorgenommen worden ist. Der Inhaber der Unionsmarke kann sich der Benutzung des älteren Rechts nicht widersetzen, auch wenn dieses ältere Recht gegenüber der Unionsmarke nicht mehr geltend gemacht werden kann.

37 Ab dem Tag des *Beitritts neuer Mitgliedstaaten* wird nach Art. 209 UMV eine vor dem Tag des Beitritts eingetragene oder angemeldete Unionsmarke (ohne gesonderte Antragstellung oder zusätzliche Gebühr) auf das Hoheitsgebiet dieser neuen Mitgliedstaaten erstreckt, damit sie dieselbe Wirkung in der gesamten Union hat[39]. Nach Art. 209 Abs. 5 UMV kann die Benutzung einer Unionsmarke gemäß Art. 137 und Art. 138 untersagt werden, wenn die ältere Marke oder das sonstige ältere Recht in dem neuen Mitgliedstaat vor dem Tag des Beitritts dieses Staats eingetragen, angemeldet oder gutgläubig erworben wurde (oder ein Prioritätsdatum von vor dem Beitrittstag aufweist).

38 Dieses *Benutzungsverbot* stellt eine Ausnahme von dem allgemeinen Prinzip der Einheitlichkeit der Unionsmarke nach Art. 1 UMV dar, die notwendig geworden war, um nicht bestehende ältere nationale Markenrechte beim Beitritt eines neuen Mitgliedstaats zu enteignen.

39 Für den *Austritt eines Mitgliedstaats* sieht die UMV *keine Regelungen* vor. Die Folgen des Ausscheidens von Großbritannien (*BREXIT*) werden aber durch das *Austrittsabk* bestimmt[40]. So waren wegen dessen Art. 126, 127 Abs. 1 und 3 nach dem Austritt am 31.01.2020 *bis zum Ende des Übergangszeitraums am 31.12.2020 die UMV, die DVUM und die UMDV in vollem Umfang anzuwenden*[41]. Während des Übergangszeitraums

39 EuG, 22.04.2015, T-337/14 – mobile.de proMotor/mobile, Rn 29–33; bestätigt durch EuGH, 28.02.2018, C-418/16 P.

40 S.a. EUIPO-Internetseite: Recht und Praxis – Brexit, insb Mitteilung der Kommission und des EUIPO vom 18.06.2020; Mitteilung Nr. 2/20 des Exekutivdirektors vom 10.09.2020 samt Q&A-Dokument; www.euipo.europa.eu; und Guidance EU trade mark protection and comparable UK trade marks from 1 January 2021 des britischen Amts; https://www.gov.uk/guidance/eu-trademark-protection-and-comparable-uk-trademarks; s.a. *Bogatz*, GRUR-Prax 2021, 130; Schwienhorst, GRUR-Prax 2021, 72.

41 EuGH, 29.11.2018, C-340/17 P – ALCOLOCK/ALCOLOCK, Rn 115–119. Die bloße Mitteilung eines Mitgliedstaats über seine Absicht, die Union gemäß Art. 50 EUV zu verlassen, hat nicht die Wirkung, die Anwendung des Unionsrechts in diesem Mitglied-

entfaltete nämlich das für und in Großbritannien geltende Unionsrecht *die gleichen Rechtswirkungen* wie innerhalb der Union und ihrer Mitgliedstaaten und wurde nach denselben Methoden und allgemeinen Grundsätzen auslegt und angewendet, die auch innerhalb der Union gelten. Dabei ist im Klageverfahren vor dem EuG der *Zeitpunkt der angefochtenen Entscheidung* relevant. Da die Klage beim EuG auf die Kontrolle der Rechtmäßigkeit der von der BK erlassenen Entscheidung iSv Art. 72 UMV gerichtet ist, hat das Gericht bei der Beurteilung dieser Rechtmäßigkeit grds auf den Zeitpunkt der angefochtenen Entscheidung abzustellen. Der Streitgegenstand gerät also nicht in Wegfall, wenn im Laufe des Gerichtsverfahrens ein Ereignis eintritt, in dessen Folge eine ältere Marke insb wegen eines etwaigen Austritts des betr Mitgliedstaats aus der Union den Status eines geschützten älteren Rechts verliert[42].

Nach dem Ende des Übergangszeitraums ab 01.01.2021 beschränkt sich jedoch der Schutzumfang aller eingetragenen Unionsmarken nur noch auf die verbleibenden Mitgliedstaaten. Danach ist für Widersprüche und relative Nichtigkeitsverfahren aufgrund von nationalen Marken des ausgetretenen Mitgliedstaats die rechtliche Grundlage 40

staat auszusetzen, so dass das Unionsrecht in ihm bis zum Zeitpunkt seines tatsächlichen Austritts in vollem Umfang in Kraft bleibt. Auch der zukünftige Austritt von Großbritannien aus der Union konnte nicht berücksichtigt werden, zumal zum Entscheidungszeitpunkt hypothetisch war, dass dieser Austritt den Ausgang eines Nichtigkeitsverfahrens aufgrund einer älteren Marke des Austrittsstaats rückwirkend beeinflussen könnte. S.a. EuG, 23.09.2020, T-421/18 – MUSIKISS/KISS, Rn 36–38. Aus Art. 127 Austrittsabk ergibt sich, dass die UMV weiterhin auf britische Marken Anwendung findet und die älteren, in diesem Staat eingetragenen Marken weiterhin bis zum Ende des Übergangszeitraums den gleichen Schutz genießen wie denjenigen, den sie ohne einen Austritt Großbritanniens aus der Union genossen hätten. Folglich waren die älteren britischen Marken noch zur Stützung des Widerspruchs gegen die Eintragung der Anmeldung geeignet. S.a. EuG, 01.09.2021, T-463/20 – GT RACING/GT, Rn 117–120; Rechtsmittel nicht zugelassen, EuGH, 24.02.2022, C-678/21 P.

42 EuGH, 20.06.2024, C-801/21 P – Abresham Super Basmati Selaa Grade One World's Best Rice/BASMATI III, Rn 57–87. Damit wurde der EuG, 06.10.2021, T-342/20, bestätigt (Rechtsmittel *zugelassen* durch EuGH, 07.04.2022, C-801/21 P). Zwar hält der EuGH mit diesem Urteil an seiner Auffassung fest, dass das EuG nur eine historische Überprüfung der BK-Entscheidung zum Zeitpunkt ihres Erlasses vornehmen kann, also neue Tatsachen, wie den Wegfall einer Widerspruchsmarke nicht mehr berücksichtigen darf, weil dies den Streitgegenstand vor Gericht verändern würde. Aber er stellt jedenfalls in Rn 91–96 klar, dass die BK den zurückverwiesenen Streit aufgrund der aktuellen, zum neuen Entscheidungszeitpunkt relevanten Verfahrenssituation zu prüfen hat, also einen zwischenzeitlich erfolgten Wegfall des älteren Rechts berücksichtigen muss, und nicht, wie das angefochtene EuG-Urteil in Rn 27 zu verstehen war, wieder auf der Grundlage des ursprünglichen Verfahrensstands der vorherigen, aufgehobenen Entscheidung. Das führt zumindest zu einem materiell gerechtfertigten Ergebnis, wenn auch über mehrere Ecken. Sinnvoller wäre es gewesen, das Verfahren bereits beim EuG zu beenden. Da die stRspr wohl langfristig nicht zu ändern ist, bleibt der Gesetzgeber aufgerufen, bei der nächsten Reform der UMV eine entspr Bestimmung aufzunehmen, die es dem EuG erlaubt, wesentliche Verfahrensveränderungen, wie den Wegfall des Widerspruchsrechts, auch dann zu berücksichtigen, wenn er nach der Entscheidung der BK eintritt. S. auch aA EuG in Rdn 1373.1.

entfallen[43], und das Recht an der Unionsmarke ist nicht mehr nach Art. 15 Abs. 1 UMV erschöpft, wenn eine durch dieses Recht geschützte Ware in Großbritannien rechtmäßig auf den Markt gebracht worden ist. Jedoch bleiben gemäß Art. 61 Austrittsabk Rechte des geistigen Eigentums, die vor dem Ablauf des Übergangszeitraums nach den Bedingungen des Unionsrechts sowohl in der Union als auch in Großbritannien erschöpft waren, sowohl in der Union als auch in Großbritannien erschöpft.[44]

41 Gemäß Art. 54 Abs. 1a, Art. 55 Austrittsabk werden nach dem Ende des Übergangszeitraums (ab 01.01.2021) *bestehende Unionsmarken, da sie von nun an keine Schutzwirkungen in Großbritannien mehr entfalten,* unter Verwendung der Daten des EUIPO-Registers automatisch, ohne erneute Prüfung und zusätzliche Gebühren, also ohne Antragstellung und ohne ein besonderes Verwaltungsverfahren, *in nationale Marken* des ausscheidenden Mitgliedstaats *umgewandelt,* die die bisherigen, den Unionsmarken zustehenden Rechte behalten (in umgekehrter Anwendung des

43 S. zB BK, 30.06.2021, R 461/19-5 – Pi/Pi supply, Rn 16–26. Der Schlussfolgerung des EuG, 01.12.2021, T-467/20 – ZARA/LE DELIZIE ZARA, Rn 58–63 (Das Rechtsmittel, das sich aber mit dieser Frage nicht befasste, wurde nicht zugelassen, EuGH, 06.05.2022, C-65/22 P), und EuG, 16.03.2022, T-281/21 – APE TEES/Affendarstellung, Rn 28–30 (Rechtsmittel hier jedoch zugelassen EuGH, 16.11.2022, C-337/22 P), wonach der Umstand, dass die ältere Marke den Status einer in einem Mitgliedstaat eingetragenen Marke zu einem Zeitpunkt nach der Anmeldung der Unionsmarke verlieren könnte, insb infolge eines Austritts des betr Mitgliedstaats aus der Union, für den Ausgang des Widerspruchsverfahrens grds unerheblich sei, da für die Prüfung des Widerspruchs allein der Tag maßgeblich sein soll, an dem die Anmeldung eingereicht wurde (und an dem in den entschiedenen Fällen Großbritannien noch Mitglied der Union war), kann mE nicht gefolgt werden (so auch EuG in Rdn 1373.1). Soweit sie sich auf EuG, 30.01.2020, T-598/18 – BROWNIE/BROWNIES, Rn 19, und EuG, 23.09.2020 T-421/18 – MUSIKISS/KISS, Rn 35, 36, berufen, ist die dortige Rspr nicht anwendbar, weil sie noch vor Ende des Übergangszeitraums am 31.12.2020 ergangen ist, als Großbritannien noch am Unionsmarkensystem teilnahm, und sich daher nur auf einen potentiellen Schutzrechtsverlust in der Zukunft bezog, der logischerweise zum Entscheidungszeitpunkt nicht berücksichtigt werden durfte. Im obigen Urteil Abresham Super Basmati Selaa Grade One World's Best Rice/BASMATI, hat der EuGH vielmehr klargestellt, dass das Gericht bei der Beurteilung der Rechtmäßigkeit einer angefochtenen Entscheidung der BK grds auf den Zeitpunkt von deren Erlass abzustellen hat. Nur wenn zu diesem Zeitpunkt noch ein wirksames älteres Recht bestand, kann inhaltlich über den Widerspruch entschieden werden. Das entspricht auch stRspr und Praxis, wonach keine inhaltliche Entscheidung über den Widerspruch mehr ergehen kann, wenn das ältere Widerspruchsrecht während des Verfahrens vor dem Amt oder der BK wegfällt, sei es durch Erlöschen wegen Verzicht oder fehlender Verlängerung, wegen Nichtigkeitserklärung oder aus sonstigen Gründen wie dem Wirksamwerden des Austritts des betr Mitgliedstaats, in dem es Schutz genießt (s. zB EuG, 13.09.2006, T-191/04 – METRO/METRO, Rn 29 ff; EuG, 12.10.2022, T-222/21 – Shoppi/SHOPIFY, Rn 91–104; Rechtsmittel zugelassen, EuGH, 18.04.2023, C-751/22 P).

44 Siehe EUIPO-Internetseite: Recht und Praxis – Brexit, insb Mitteilungen der Kommission vom 25.06.2020 und vom 09.07.2020, G. 1.; www.euipo.europa.eu.

Senioritätsgrundsatzes)[45]. Inhaber von Unionsmarken sind ab 01.01.2021 drei Jahre lang nicht dazu verpflichtet, über eine Postanschrift in Großbritannien zu verfügen.

Wird in der Union infolge eines am 31.12.2020 noch laufenden Verwaltungs- oder Gerichtsverfahrens eine Unionsmarke für ungültig erklärt oder widerrufen, so ist das entspr Recht in Großbritannien ebenfalls für ungültig zu erklären oder zu widerrufen. Die Erklärung der Ungültigkeit oder der Widerruf wird in Großbritannien am selben Tag wirksam wie in der Union. Abweichend davon besteht für Großbritannien dann keine Verpflichtung, das entspr Recht in Großbritannien für ungültig zu erklären oder zu widerrufen, wenn die Gründe für die Ungültigkeit oder den Widerruf der Unionsmarke auf Großbritannien nicht zutreffen (Art. 54 Abs. 3 Austrittsabk). 42

Wegen Art. 54 Abs. 4 Austrittsabk wird ein in Großbritannien gemäß Art. 54 Abs. 1a Austrittsabk begründetes Markenrecht (ohne erneute Prüfung, aber wohl gebührenpflichtig) erstmals an dem Tag *verlängert*, an dem die nach dem Unionsrecht eingetragene Unionsmarke verlängert wird. Denn Art. 55 Abs. 4 Austrittsabk lässt *Verlängerungsgebühren*, die bei der Verlängerung von Markenrechten fällig werden könnten, sowie die für die betroffenen Inhaber bestehende Möglichkeit unberührt, in Großbritannien nach britischem Recht auf ihre Markenrechte zu *verzichten*. 43

Für die in Art. 54 Abs. 1a genannten Marken gilt in Großbritannien nach Art. 54 Abs. 5 Austrittsabk, dass erstens der Marke das *Datum der Anmeldung* oder das *Prioritätsdatum* der Unionsmarke und ggf die *Seniorität* einer britischen Anmeldung nach den Art. 39 oder 40 UMV zugutekommt, dass zweitens die Marke nicht mit der Begründung widerrufen werden darf, die *Nutzung* der entspr Unionsmarke habe vor dem Ablauf des Übergangszeitraums in Großbritannien *nicht ernsthaft* begonnen, und dass drittens der Inhaber einer Unionsmarke, die *in der Union Bekanntheit* erworben hat, berechtigt ist, in Bezug auf die entspr Marke aufgrund der bis zum Ablauf des Übergangszeitraums in der Union erworbenen Bekanntheit in Großbritannien Rechte auszuüben, die denen gemäß Art. 9 Abs. 2c UMV und Art. 5 Abs. 3a MarkenRL gleichwertig sind, und dass danach die weitere Bekanntheit dieser Marke auf ihrer Verwendung in Großbritannien gründet. Jedoch gilt *nach dem Ende des Übergangszeitraums* ab 01.01.2021 die Benutzung einer Unionsmarke in Großbritannien (auch für Exportzwecke) nicht mehr als Benutzung in der Union zum Zwecke der Aufrechterhaltung der Rechte aus der Unionsmarke. Auch werden nach dem Ende des Übergangszeitraums ab 01.01.2021 alle bestehenden *Senioritätsansprüche* in Unionsmarken, die auf nationalen britischen Markenrechten beruhen, keine Wirkung mehr in der Union haben. 44

45 Denn keinesfalls darf es zu einem rückwirkenden Schutzrechtsverlust für das Gebiet des ausscheidenden Mitgliedstaats kommen, da dies ein verfassungswidriger enteignender Eingriff wäre; EGMR, 11.01.2007, No. 73049/01 – Anheuser-Busch v. Portugal, Rn 62–78; und EGMR, 16.04.2019 – No. 19965/06 – Özlenen Gazete Vatan. Die hier aufgestellten Grundsätze für die Anmeldung und die eingetragene Marke sind auch für einen ausgetretenen Mitgliedstaat zwingend. So muss insb die rückwirkende Schutzlosstellung einer Marke aufgrund eines neuen Gesetzes durch ein öffentliches Interesse gerechtfertigt sein.

45 Einer Person, die vor dem Ablauf des Übergangszeitraums am 31.12.2020 nach dem Unionsrecht einen *Unionsmarkenantrag* gestellt hat, dem ein Anmeldetag zuerkannt wurde, steht wegen Art. 59 Abs. 1 Austrittsabk für dieselbe Marke in Bezug auf Waren oder DL, die mit denen, auf die sich der in der Union gestellte Antrag bezieht, identisch oder in ihnen enthalten sind, das Recht zu, *binnen neun Monaten ab dem Ende des Übergangszeitraums* (ab 01.01.2021) einen entspr (kostenpflichtigen) Antrag in Großbritannien zu stellen. Ein solcher Antrag gilt als an demselben Anmelde- und Prioritätstag gestellt, an dem der Antrag in der Union gestellt wurde, wobei ihm ggf auch der Zeitrang einer nach Art. 39 oder 40 UMV angemeldeten Marke in Großbritanniens zugutekommt.

46 Wenn eine Person, die im Einklang mit dem Unionsrecht zur *Vertretung* einer natürlichen oder juristischen Person *vor dem EUIPO* befugt ist, eine Partei vor Ende des Übergangszeitraums am 31.12.2020 in einem Verfahren vor diesem vertritt, so darf sie gemäß Art. 97 Austrittsabk diese Partei *weiterhin* in allen Stufen des Verfahrens vor dem Amt *vertreten*[46]. Ansonsten können britische Vertreter wegen Art. 120 UMV ab dem 01.01.2021 vor dem EUIPO nicht mehr auftreten, und alle Personen, die in Großbritannien niedergelassen sind, benötigen dann gemäß Art. 119 Abs. 2 UMV vor dem Amt einen Vertreter aus dem EWR.

47 Im Übrigen gelten in Großbritannien sowie in den Mitgliedstaaten in Fällen, die einen Bezug zu Großbritannien aufweisen, für vor dem Ablauf der Übergangszeit am 31.12.2020 eingeleitete *gerichtliche Verfahren* sowie für damit zusammenhängende Verfahren oder Klagen wegen Art. 67 Abs. 1b Austrittsabk die Zuständigkeitsbestimmungen der UMV weiter. Jedoch kann nach dem Ablauf des Übergangszeitraums am 01.01.2021 ein Anwalt, der berechtigt ist, vor den britischen Gerichten aufzutreten, aber nicht nachgewiesen hat, dass er außerdem berechtigt ist, vor einem Gericht eines Mitgliedstaats oder eines anderen EWR-Vertragsstaats aufzutreten, wegen Art. 91 Abs. 1 und Abs. 2 sowie Art. 95 Abs. 1 Austrittsabk keine Klage mehr gemäß Art. 72 UMV zum EuG erheben, wenn die angefochtene Entscheidung nach dem Ende des Übergangszeitraums erlassen wurde[47].

II. Unionsmarke, nationale Marke, Internationale Registrierung

48 Das *Unionsmarkensystem* ersetzt die nationalen Systeme nicht, sondern tritt *gleichberechtigt* neben sie. Daher kann ein Anmelder sich nicht nur zwischen beiden Systemen entscheiden, sondern seine Marken auch parallel in beiden anmelden, wovon etwa 30 % der Nutzer Gebrauch machen[48]. Konflikte zwischen den verschiedenen Marken werden nach dem, das Markenrecht beherrschenden Prioritätsprinzip ent-

46 S.a. Annex zur Mitteilung Nr 2/20 des Exekutivdirektors vom 10.09.2020 und Beschluss Nr 2020–9 des Präsidiums der BK vom 06.11.2020 betr Vertreter aus dem Vereinigten Königreich vor den BK in laufenden Verfahren; ABl.EUIPO 3/2021.

47 EuG, 07.12.2021, T-422/21 – IQ/EQ.

48 Siehe hierzu IAK, S. 16, 17.

schieden, wonach das ältere Recht immer Vorrang hat, sei es nun eine nationale oder eine Unionsmarke.

Das *Unionsmarkensystem* ist ein *eigenes europäisches*, von den nationalen Systemen der Mitgliedstaaten unabhängiges *Rechtssystem*. 49

Einerseits sind Entscheidungen der BK über die Eintragung eines Zeichens als Unionsmarke nach der UMV *gebundene Entscheidungen* und *keine Ermessensentscheidungen*. Ihre Rechtmäßigkeit ist daher allein auf der Grundlage der UMV und nicht auf der Grundlage einer vorherigen Entscheidungspraxis des EUIPO zu beurteilen. Zwar ist dieses verpflichtet, seine Befugnisse im Einklang mit den allgemeinen Grundsätzen des Unionsrechts, wie dem *Grundsatz der Gleichbehandlung* und dem *Grundsatz der ordnungsgemäßen Verwaltung*, auszuüben. 50

So muss das Amt im Rahmen der Prüfung der Anmeldung die zu ähnlichen Anmeldungen ergangenen Entscheidungen berücksichtigen und besonderes Augenmerk auf die Frage richten, ob im gleichen Sinne zu entscheiden ist oder nicht. Jedoch müssen der Grundsatz der Gleichbehandlung und der Grundsatz der ordnungsgemäßen Verwaltung mit dem *Gebot rechtmäßigen Handelns* in Einklang gebracht werden. Folglich kann sich der Anmelder eines Zeichens als Unionsmarke *nicht auf eine fehlerhafte Rechtsanwendung* zugunsten eines anderen *berufen*, um eine identische Entscheidung zu erlangen[49]. Auch Erklärungen des Vertreters des EUIPO vor EuGH und EuG können die BK nicht binden[50]. 51

Andererseits stellen *in Mitgliedstaaten* bereits *vorliegende Eintragungen* einen Umstand dar, der für die Eintragung einer Unionsmarke lediglich berücksichtigt werden kann, *ohne entscheidend* zu sein. Keine Vorschrift der UMV verpflichtet das EUIPO oder – im Fall einer Klage – das EuG, zu den gleichen Ergebnissen zu gelangen wie die nationalen Ämter oder Gerichte in einem gleichartigen Fall[51]. 52

So darf sich eine BK zB *nicht ohne eigene sorgfältige Überprüfung auf eine nationale Entscheidung stützen*[52]. Auch wenn ein oberstes nationales Gericht entschieden hat, darf dies lediglich als Anhaltspunkt mit Hinweischarakter, jedoch nicht als zwingend angesehen werden[53]. Selbst *rechtskräftige Urteile* von nationalen Unionsmarkengerichten in parallelen Verletzungsverfahren entfalten weder formal Rechtskraftwirkung für das Unionsmarkenverfahren, noch vermögen die Gründe inhaltlich das EUIPO zu 53

49 EuGH, 10.03.2011, C-51/10 P – Zahl 1000, Rn 73–79.

50 EuG, 25.03.2009, T-402/07 – ARCOL/CAPOL II, Rn 98–100; bestätigt durch EuGH, 04.03.2010, C-193/09 P, Rn 72.

51 EuGH, 12.01.2006, C-173/04 P – Standbeutel, Rn 48, 49. S.a. EuG, 24.03.2009, T-318/06 – GENERAL OPTICA/Generalóptica, Rn 20–23.

52 EuG, 15.07.2011, T-108/08 – GOOD LIFE/GOOD LIFE, Rn 21–25.

53 EuG, 18.03.2016, T-501/13 – WINNETOU, Rn 35–79. Die BK hatte die in der BGH-Rspr dargelegten Erwägungen hinsichtlich der Eintragungsfähigkeit, der Wahrnehmung des angegriffenen Zeichens und seines beschreibenden Charakters bzgl der betroffenen Waren und DL übernommen, ohne eine eigenständige Beurteilung im Licht der von den Parteien vorgebrachten Argumente und Beweismittel vorzunehmen.

binden, da die wechselseitigen Verfahren verschiedene Ansprüche zum Gegenstand haben. Angesichts der Alleinzuständigkeit des EUIPO für die Gewährung oder Ablehnung der Eintragung einer Unionsmarke hat jedes bei ihm geführte Markeneintragungs- oder Widerspruchsverfahren nämlich notwendig einen anderen Gegenstand als jedes Verfahren vor einem nationalen Gericht, selbst einem Unionsmarkengericht[54].

54 In Konsequenz berührt vice versa auch die Zurückweisung der Anmeldung einer Unionsmarke durch europäische Instanzen weder die Gültigkeit noch den Schutz von gleichartigen älteren nationalen Eintragungen. Das *Unionsmarkenrecht tritt nämlich nicht an die Stelle der Markenrechte der Mitgliedstaaten.* Es ist daher nicht nur möglich, dass einer Marke wegen sprachlicher, kultureller, sozialer und wirtschaftlicher Unterschiede in einem Mitgliedstaat die Unterscheidungskraft fehlt, in einem anderen aber nicht, sondern ebenso, dass eine Marke auf der Ebene der Union keine Unterscheidungskraft besitzt, wohl aber in einem Mitgliedstaat[55].

55 Diese Grundsätze gelten auch für die *nationalen Markensysteme*. Hier muss der Gleichbehandlungsgrundsatz ebenfalls mit dem Gebot rechtmäßigen Handelns in Einklang gebracht werden, so dass sich niemand auf eine fehlerhafte Rechtsanwendung zugunsten eines anderen berufen kann, um eine identische Entscheidung zu erlangen[56].

56 *TRIPS* und *PVÜ* sind auf die Unionsmarke *nicht unmittelbar anwendbar*. Der *PVÜ* gehört die Union nicht an[57]. Da aber alle Mitgliedstaaten durch PVÜ und TRIPS gebunden sind, müssen sich die Vorschriften der MarkenRL nach PräambelRL 41 mit denen von PVÜ und TRIPS in vollständiger Übereinstimmung befinden, dürfen die Verpflichtungen der Mitgliedstaaten aus beiden Übereinkommen nicht berühren[58]. Daraus ergibt sich in Konsequenz die Verpflichtung, dass die Auslegung nicht nur

54 EuG, 25.03.2015, T-378/13 – English pink/PINK LADY, Rn 56–70 mwN; bestätigt durch EuGH, 21.07.2016, C-226/15 P, Rn 51, 52, 61–63 mwN. Im Übrigen ist der jeweilige Gegenstand von Verletzungs-, Nichtigkeitsklagen und Anträgen im Eintragungsverfahren nach der UMV auch bereits in dem Sinne verschieden, dass die Möglichkeit für den Inhaber einer älteren Unionsmarke, eine Verletzungsklage gegen den Inhaber einer jüngeren Unionsmarke zu erheben, weder einen Antrag auf Nichtigerklärung beim EUIPO noch die im Rahmen des Eintragungsverfahrens für die von Unionsmarken verfügbaren Mechanismen der Vorabkontrolle sinnlos werden lassen kann.

55 EuGH, 25.10.2007, C-238/06 P – Develey-Kunststoffflasche, Rn 56–58.

56 EuGH, 12.02.2009, C-39/08 und EuGH, C-43/08, Rn 16–19, im Vorabentscheidungsersuchen des BPatG auf die Frage, ob Art. 3 MarkenRL aF eine Gleichbehandlung von Anmeldern bei der Markeneintragung zur Sicherung der Gleichheit der Wettbewerbschancen erfordert; BPatG, 19.12.2007, 29 W (pat) 13/06 – Schwabenpost II und BPatG, 19.12.2007, 29 W (pat) 128/05 – Volks-Handy, Volks-Camcorder, Volks-Kredit. S.a. BGH, 17.08.2010, I ZB 59/09 – SUPERgirl; EuG, 22.11.2011, T-290/10 – TENNIS WAREHOUSE, Rn 24.

57 EuGH, 25.10.2007, C-238/06 P– Develey-Kunststoffflasche, Rn 40–43.

58 EuGH, 10.07.2014, C-420/13 – Netto Marken-Discount, Rn 37 mwN.

der durch die MarkenRL harmonisierten nationalen Rechte, sondern auch der UMV den Regelungen der PVÜ nicht widersprechen darf[59].

Dem *TRIPS* gehört die Union zwar an[60], doch entfalten auch diese Vorschriften keine unmittelbaren Wirkungen und begründen für den Einzelnen keine Rechte, auf die er sich nach dem Unionsrecht vor den Gerichten unmittelbar berufen könnte[61]. Aber auch hier gilt der Grundsatz, dass eine Auslegung der UMV nicht den Bestimmungen von TRIPS widersprechen darf. Die Rechtsakte der Union müssen nämlich die im TRIPS enthaltenen Normen betr die Verfügbarkeit, den Umfang und die Ausübung der Rechte des geistigen Eigentums beachten[62]. **57**

Neben der Option, eine nationale Marke und/oder eine Unionsmarke anzumelden, kann ein Interessent auch von der Möglichkeit Gebrauch machen, über das *Madrider Markenprotokoll* (PMMA)[63], dem die Union beigetreten ist, im Rahmen einer *Internationalen Registrierung* eine Schutzerstreckung auf der Basis einer nationalen Anmeldung oder derjenigen einer Unionsmarke zu beantragen. **58**

Das Unionsmarkensystem und das aufgrund des PMMA bestehende internationale Registrierungssystem *ergänzen sich* damit *sinnvoll.* Um nämlich die Vorteile der Unionsmarke im Rahmen des PMMA und umgekehrt zu nutzen, können die Anmelder und Inhaber von Unionsmarken den internationalen Schutz für ihre Marken durch eine Internationale Registrierung im Rahmen des PMMA beantragen, was auf einem *Online*-Formblatt möglich ist. Ferner können Inhaber einer IR-Marken aufgrund PMMA den Schutz für ihre Marken im Rahmen des Unionsmarkensystems beantragen[64]. **59**

59 EuGH, 11.11.2020, C-809/18 P – MINERAL MAGIC/MAGIC MINERALS BY JEROME ALEXANDER, Rn 64 mwN.

60 EuG, 14.07.2015, T-55/14 – Lembergerland, Rn 18.

61 EuGH, 25.10.2007, C-238/06 P– Develey-Kunststoffflasche, Rn 38, 39.

62 EuGH, 16.11.2004, C-245/02 – Budweiser, Rn 42 mwN; EuGH, 18.07.2013, C-414/11 – Daiichi Sankyo und Sanofi-Aventis/DEMO Anonymos, Rn 45–61 mwN.

63 Das Protokoll zum Madrider Abkommen über die Internationale Registrierung von Marken (PMMA) ist mit dem 01.10.2004 für die EU wirksam geworden; VO (EG) 1992/2003 vom 27.10.2003 zur Änderung der GMV, um den Beitritt der Europäischen Gemeinschaft zu dem am 27.06.1989 in Madrid angenommenen PMMA wirksam werden zu lassen, und Beschluss des Rates vom 27.10.2003 über die Genehmigung des Beitritts der Europäischen Gemeinschaft zu dem am 27.06.1989 in Madrid angenommenen PMMA; ABl. L 296/1 und 20; VO (EG) 781 und 782/2004 zur Änderung der GMGebV und der GMDV; ABl. L 123/85 und 88; Informationen über das Inkrafttreten; ABl. L 256/23. Deshalb enthält die UMV in Kapitel XIII die »Internationale Registrierung von Marken«.

64 Ab 01.02.2019 ist eine geänderte Fassung des MMA und des PMMA in Kraft getreten; s. WIPO Information Notice 21/2018 vom 07.11.2018. Vom 01.02.2019 ist es möglich, die Teilung einer Internationalen Registrierung mit Benennung der Union zu beantragen. Der Antrag muss dem EUIPO in der Sprache der Internationalen Registrierung auf dem Formular WIPO MM22 übermittelt werden.

60 Die Vorschriften der UMV und alle ihre Durchführungsrechtsakte gelten auch für Anträge auf *Internationale Registrierung* (Art. 182 UMV), soweit in Art. 183 bis 204 UMV iVm Art. 28 bis 36 UMDV und Art. 76 bis 79 DVUM nichts anderes bestimmt ist[65]. Die Gebühren ergeben sich aus Anhang I Nr B zur UMV und der Anordnung des Generaldirektors der WIPO. Inzwischen gehören alle MMA-Mitglieder dem PMMA an[66].

61 Nach Art. 51 und 52 MarkenRL und Art. 152 UMV iVm Art. 20 UMDV steht es den Markenämtern der Mitgliedstaaten frei, miteinander und mit dem EUIPO *effektiv zusammenzuarbeiten*, insb um die Angleichung von Vorgehensweisen und Instrumenten im Zusammenhang mit der Prüfung und Eintragung von Marken zu fördern (PräambelRL 39).

62 Nach Art. 152 Abs. 2 und 4 UMV definiert und koordiniert der Verwaltungsrat des EUIPO (zu seinem Aufgabenbereich: Art. 153 bis 156 UMV) auf Vorschlag von dessen Exekutivdirektor (zu seiner Kompetenz: Art. 157, 158 UMV) *Projekte*, die im Interesse der Union und der Mitgliedstaaten liegen, und fordert die Ämter der Mitgliedstaaten auf, sich an diesen Projekten mit dem Ziel zu beteiligen, dass sie weiterentwickelt werden, funktionsfähig und interoperabel sind sowie st. aktualisiert werden.

63 In der Projektbeschreibung sind die besonderen *Pflichten* und *Aufgaben* jedes teilnehmenden Amtes darzulegen. Die nationalen Markenämter können ihre Mitarbeit an diesen Projekten jedoch wegen Art. 152 Abs. 3 UMV einstellen, einschränken oder vorübergehend aussetzen. Das EUIPO unterstützt diese Projekte auch mit *Finanzhilfen und Sachleistungen* an die nationalen Ämter mit *jährlich maximal 15 % seiner Einnahmen* (Art. 152 Abs. 5 UMV[67]).

---

65 Siehe ua EuG, 13.04.2011, T-202/09 – Winkel (Deichmann) (mit gestrichelten Linien umsäumt), Rn 24; bestätigt durch EuGH, 26.04.2012, C-307/11 P.

66 Siehe http://www.wipo.int/madrid/en/members/.

67 Zur Förderung besser aufeinander abgestimmter Verfahren und der Entwicklung gemeinsamer Instrumente muss ein angemessener Regelungsrahmen für die Zusammenarbeit zwischen dem EUIPO und den nationalen Ämtern der Mitgliedstaaten geschaffen werden, der die zentralen Bereiche der Zusammenarbeit bestimmt und es dem EUIPO ermöglicht, relevante gemeinsame Projekte, die im Interesse der Union und der Mitgliedstaaten liegen, zu koordinieren und diese Projekte bis zu einem bestimmten Höchstbetrag zu finanzieren. Solche Kooperationsmaßnahmen sollen den Unternehmen zugutekommen, die die Markensysteme in Europa benutzen. Durch die Projekte, insb die Datenbanken zu Recherche- und Konsultationszwecken, sollen den Nutzern zusätzliche, inklusive, effiziente und kostenfreie Instrumente an die Hand gegeben werden, die den spezifischen Erfordernissen Rechnung tragen, die sich aus der Einheitlichkeit der Unionsmarke ergeben (PräambelUMV 34).

C. Allgemeine Verfahrensprinzipien

Übersicht

I. Europäisches Recht

Das Verfahren hinsichtlich der Unionsmarke folgt dem *europäischen Recht*, das in vielen Bereichen von nationalen Rechtsvorschriften *deutlich verschieden* ist. Es lohnt sich daher immer, sich mit europäischen Rechtssätzen, insb UMV, DVUM und UMDV sowie den von EuG und EuGH entwickelten verfahrensrechtlichen Grundprinzipien vertraut zu machen, wenn man mit einer Unionsmarke zu tun hat. Die Berufung auf nationale Rechtsvorschriften oder -grundsätze ist zumeist wenig hilfreich, wenn nicht gar kontraproduktiv. 64

Für die *Auslegung* von europäischen Rechtstexten gelten keine nationalen Grundsätze. Bedeutung und Tragweite von Begriffen, die das Recht der Union nicht definiert, sind entspr ihrem *Sinn* nach dem gewöhnlichen Sprachgebrauch unter Berücksichtigung der *Sprachfassungen in allen Amtssprachen der Union* und unter Berücksichtigung des Zusammenhangs, in dem sie verwendet werden, und der mit der betr Regelung verfolgten *Ziele* zu bestimmen[68] (s. Rdn. 265 ff). 65

Außerdem können die *Erwägungsgründe eines Unionsrechtsakts in der Präambel* dessen Inhalt präzisieren[69]. Gerade die einzelnen Bestimmungen von UMV, DVUM, 66

68 EuG, 21.05.2014, T-61/13 – NUEVA, Rn 20–28, 34 mwN.

69 EuGH, 22.09.2011, C-482/09 – Budweiser/Budweiser II, Rn 50, 51 mwN.

UMDV und MarkenRL werden vom EuGH zumeist im Lichte der Erwägungsgründe der Präambel ausgelegt. *Ausnahmen* von einem allgemeinen Grundsatz oder – spezifischer – von unionsrechtlichen Schutzvorschriften sind eng auszulegen[70].

II. Datenbanken, Formblätter, Schriftsätze und Übersetzungen

67 Die *Datenbanken* des EUIPO auf der Internetseite (www.euipo.europa.eu) ermöglichen einen zentralen Zugriff auf Informationen über Marken, Geschmacksmuster, Neuigkeiten, Veranstaltungen, Recht und Praxis und auf die Suchmodule.

68 So vermitteln *eSearch plus* und das über diese Seite erreichbare *eRegister*[71] Informationen über Marken, Geschmacksmuster, Inhaber, beim Amt registrierte Vertreter und Amtsblätter, *eSearch Case Law* Informationen über Entscheidungen des EUIPO, der BK, des EuG, des EuGH und nationaler Gerichte des geistigen Eigentums, *TMview* Informationen über Marken aller teilnehmender Markenämter auf nationaler, internationaler und EU-Ebene mit einem Bestand von derzeit über 124 Mio. Marken[72]. Die Datenbank *TMclass* bietet eine Hilfe bei der Klassifizierung von Waren und DL an, indem sie einen Vergleich der Klassifikationsdatenbanken der teilnehmenden Ämter ermöglicht und die *Übersetzungen* von Begriffen in derzeit über 35 Sprachen bereit hält, darunter auch in außereuropäische, wie Arabisch, Chinesisch, Hebräisch, Japanisch, Koreanisch, Russisch und Türkisch[73].

---

70 EuGH, 22.12.2008, C-549/07 – Wallentin-Hermann, Rn 17 mwN.

71 Beschluss Nr EX-21–4 des Exekutivdirektors vom 30.03.2021 über das Register für Unionsmarken, das Register für GGM, die Datenbank für Verfahren vor dem Amt und die Rechtsprechungsdatenbank samt Annex I und II; ABl.EUIPO 7/2021; idF des Beschlusses Nr EX-23–3 vom 04.04.2023; ABl.EUIPO 6/2023.

72 Mit der schrittweisen Einbeziehung neuer Ämter bzw Organisationen ist TMview zu einer Plattform geworden, auf der Daten aus allen Mitgliedstaaten zusätzlich zu den Informationen vom EUIPO, der WIPO und anderen internationalen Partnern bereitgestellt werden. Bereits jetzt ist TMview mit über 110 Mio. Marken die größte frei zugängliche Online-Datenbank. So nehmen über 70 Ämter daran teil, darunter das EUIPO und diejenigen der Mitgliedstaaten sowie neben der WIPO, der ARIPO und der OAPI, die jeweils mehrere afrikanische Staaten umfassen, auch die Ämter aus Ägypten, Albanien, Argentinien, Australien, Bosnien-Herzegowina, Brasilien, Brunei, Chile, China, Costa Rica, Georgien, Indien, Island, Israel, Japan, Jordanien, Kanada, Kambodscha, Kolumbien, Korea, Kuba, Laos, Liechtenstein, Malaysia, Marokko, Mexiko, Moldawien, Monaco, Montenegro, Neuseeland, Nordmazedonien, Norwegen, den Philippinen, Russland, der Schweiz, San Marino, Serbien, Thailand, Tunesien, der Türkei, Uruguay und den USA.

73 In TMclass wird angezeigt, bei welchem der teilnehmenden Ämter ein gesuchter Klassifizierungsbegriff in der Datenbank vorkommt. Das VerzWDL kann auf seine Annahme durch die teilnehmenden Ämter geprüft werden. Sollte kein entspr Eintrag gefunden werden, werden ähnliche Begriffe aus den gewählten Kl. angezeigt. Wird ein Begriff aus der Datenbank des EUIPO für die Anmeldung gewählt, so bedeutet das, dass er automatisch vom EUIPO anerkannt wird. Die Anzahl der teilnehmenden Ämter beträgt einschl des EUIPO und derjenigen der Mitgliedstaaten derzeit über 75, darunter neben der WIPO und der ARIPO sowie der OAPI, die jeweils mehrere afrikanische Staaten umfassen, die

Weiter ermöglicht die *Similarity*-Datei eine Ähnlichkeitsprüfung von Waren und DL des EUIPO und der Ämter der Mitgliedstaaten, um festzustellen, ob bestimmte Waren und DL von den teilnehmenden Ämtern als (und bis zu welchem Grad) ähnlich oder als unähnlich eingestuft werden[74]. Außerdem können in der Datenbank *Certified copies* nach Eingabe eines Identifikationscodes beglaubigte Kopien angefordert werden. Schließlich bietet das Amt noch weitere Informationsportale an[75]. 69

Auf der Internetseite des EUIPO können über den Nutzerbereich (*User Area*) gebührenfrei *Online-Formulare* für die Anträge gegenüber dem Amt aufgerufen und ausgefüllt bzw ausgedruckt werden (Art. 65 DVUM). Alle Mitteilungen des ordnungsgemäß bevollmächtigten Vertreters an das Amt haben dieselbe Wirkung, als wären sie von der vertretenen Person an das Amt gerichtet (Art. 66 DVUM). Es empfiehlt sich, die vom EUIPO angebotenen elektronischen Systeme zu verwenden, um Fehler zu vermeiden, soweit diese nicht sowieso wegen Art. 65 Abs. 3b DVUM *verpflichtend* sind, wie die Anträge hinsichtlich Anmeldung, Widerspruch, Verfall, Nichtigkeit, Übertragung, Rechtsübergangseintragung (samt Nachweis gemäß Art. 13 Abs. 3d UMDV), Lizenz, Verlängerung, Beschwerdeeinlegung, Vertreterbevollmächtigung und Internationaler Anmeldung. Die Online-Formulare enthalten nämlich auch umfangreiche Hilfsmodule, die den Nutzer unterstützen und beim Ausfüllen helfen. Darüber hinaus können die Beteiligten auch Formblätter nach dem TLT oder gemäß den Empfehlungen der PVÜ-Versammlung benutzen und mit Ausnahme der oben angegebenen verpflichtenden Formblätter solche desselben Inhalts und Formats wie die vom Amt herausgegebenen. Die traditionellen *Papierformulare* gibt es *nicht* mehr. 70

Bei Zweifelsfragen ist immer ein Blick in die *VO* und die regelmäßig aktualisierten *UMRL* (in der Rubrik *Recht* bzw *Praxis*) angeraten. Letztere spiegeln grds die Amtspraxis wider. 71

Ämter aus Ägypten, Albanien, Argentinien, Australien, Bosnien-Herzegowina, Brasilien, Brunei, Chile, China, Costa Rica, der Dominikanischen Republik, Ecuador, El Salvador, Georgien, Honduras, Indien, Island, Israel, Japan, Jordanien, Kambodscha, Kanada, Kolumbien, Korea, Kuba, Laos, Malaysia, Marokko, Mexiko, Moldawien, Monaco, Montenegro, Namibia, Neuseeland, Nordmazedonien, Norwegen, Panama, den Philippinen, Peru, Russland, San Marino, der Schweiz, Serbien, St. Vincent/Grenadinen, Thailand, Trinidad/Tobago, Tunesien, der Türkei, Uganda, Uruguay und den USA. S.a. das Übersetzungsmodul auf der WIPO-Internetseite: Goods & Services Manager (www.wipo.int/gsmanager/).

74 Allerdings enthält die Datei nur die Amtspraxis, die möglicherweise Urteilen des EuG widersprechen kann, wenn das EUIPO diesen über den entschiedenen Einzelfall hinaus nicht folgt und seine Praxis nicht anpasst.

75 So *DESIGNview* und *DESIGNclass* für Informationen zu eingetragenen Geschmacksmustern von EUIPO und den teilnehmenden nationalen Ämtern bzw zur Suche und Übersetzung von Produktangaben sowie *GIview* mit Daten zu geografischen Angaben innerhalb und außerhalb der Union, wie deren Ursprungsland, Art (g.U., g.g.A., geografische Angabe), Prioritätsdatum, Rechtsstatus, Schutzgrundlage und Schutz durch andere Abkommen, in Bezug auf Weinerzeugnisse, Spirituosen, aromatisierte Weinerzeugnisse sowie Agrarerzeugnisse und Lebensmittel.

72 Das Internetportal des Nutzerbereichs (*User area*)[76] bietet nach dem – in einem einfachen Anmeldeverfahren nach gesondertem Antrag und Zuteilung eines Passworts durch das EUIPO für jeden Nutzer, auch Privatpersonen, sowie Vertreter möglichen – Login einen direkten elektronischen Zugang zu allen Online-Formularen, verschiedenen Untersystemen und Recherchemodulen, insb zu Unterlagen des EUIPO, hauptsächlich zum Ansehen, Ergänzen oder Ändern persönlicher Daten. In diesem Rahmen wird zB der Empfang, die Ansicht und Speicherung von Dokumenten, die Verfahrensbeteiligten vom Amt zugeschickt wurden, und auch die Erwiderung auf erhaltene Zustellungen ermöglicht (Art. 98 Abs. 3 UMV).

73 Eine *klare und übersichtliche Antrags- oder Schriftsatzführung* (mit durchnummerierten und erläuterten Anlagen gemäß Art. 55 Abs. 2 bis 4 DVUM[77]) ist zwingend geboten. *Anhänge* von Mitteilungen, die durch Post oder Kurier überbracht werden, können auf kleinen tragbaren Speichern, wie USB-Sticks, Pen-Drives oder ähnliche Speichereinheiten beigefügt werden (ausgenommen sind jedoch CD-ROMs, DVDs, externe Festplatten, Speicherkarten, andere optische Speicherplatten und Magnetaufzeichnungsträger jeglicher Art)[78]. *Anhänge*, die nicht den obigen technischen Spezifikationen entsprechen[79] oder die angesichts ihrer Unvollständigkeit oder Unlesbarkeit trotz Beanstandung seitens des Amtes nicht erneut eingereicht wurden, gelten *als nicht eingereicht*[80].

74 Bei *nicht elektronischer Übermittlung* ist in Verfahren mit mehreren Beteiligten die entspr *Zahl von Abschriften* beizufügen (Art. 64 Nr 2 DVUM). Beweismittel ohne Kopien will das EUIPO generell zurückweisen und nicht mehr berücksichtigen[81].

76 S. BEM. Verwendet ein Beteiligter das elektronische Verfahren, so hat dieses Vorrang vor einem späteren abweichenden Vorbringen, es sei denn, die elektronische Übermittlung wird am Tag des neuen Vorbringens widerrufen (UMRL, Teil A, Abschn. 1, Kap. 3.1.1).

77 Einen ungeordneten Anhang mit insgesamt mehr als 10.000 Seiten ohne nähere Erläuterung hatte die BK zB als nicht den Erfordernissen der Regel 22 GMDV entspr angesehen; BK, 11.06.2015, R 1840/11-1 – GALILEO, Rn 41–54.

78 Art. 2 Beschluss Nr EX-22-7 des Exekutivdirektors vom 29.11.2022 in Bezug auf technische Spezifikationen für Anhänge, die auf Datenträgern eingereicht werden; ABl.EUIPO 2/2023.

79 In Art. 3 Abs. 1 Beschluss Nr EX-22-7 des Exekutivdirektors vom 29.11.2022 in Bezug auf technische Spezifikationen für Anhänge, die auf Datenträgern eingereicht werden; ABl.EUIPO 2/2023; sind die zulässigen Dateiformate definiert. Nicht statthaft sind nach Art. 3 Abs. 2 insb ausführbare, komprimierte oder verschlüsselte Dateiformate, grafische Darstellungen, Bilder, Fotos im CMYK-Farbmodus oder progressive JPEG-Bilder sowie ausfüllbare PDF-Formulare und -Dateien mit Hinzufügungen wie unkenntlich gemachtem oder hinzugefügtem Text, hervorgehobenem Text oder Pfeilen. Die maximale Größe jeder einzelnen auf dem Datenträger gespeicherten Datei ist wegen Art. 4 auf 20 Megabytes beschränkt.

80 Art. 5, 6 Beschluss Nr EX-22-7 des Exekutivdirektors vom 29.11.2022 in Bezug auf technische Spezifikationen für Anhänge, die auf Datenträgern eingereicht werden; ABl. EUIPO 2/2023.

81 Siehe Mitteilung Nr 5/07 des Präsidenten vom 12.09.2007, Nr 3 (3); ABl.HABM 11/2007.

Es ist immer daran zu denken, dass das *EUIPO eine multinationale Behörde* ist und der entspr Bedienstete, der mit dem Verfahren zu tun hat, uU nicht aus dem deutschen Rechtskreis stammt sowie Deutsch evt nicht so perfekt versteht, wie man das bei einer nationalen Instanz voraussetzt. 75

Hinsichtlich des *Umfangs* der erforderlichen *Übersetzungen*, deren Vorlagepflicht sich aus den für die jeweiligen Verfahren geltenden Spezialvorschriften ergibt, ist zu beachten, dass diese *möglichst vollständig* sein sollen. Art. 25 UMDV stellt *sehr strenge Anforderungen* (s. Rdn 316 ff). 76

Ist die *Übersetzung eines Schriftstücks* einzureichen, so muss darin das Originalschriftstück angegeben[82] und dessen *Aufbau und Inhalt wiedergegeben* werden. Hat ein Beteiligter angegeben, dass nur Teile des Schriftstücks von Belang sind, kann sich die Übersetzung auf diese Teile beschränken. Die Übersetzung muss also dem Original nach Struktur und Inhalt *vollständig entsprechen*. Sie muss in der Form von einem oder mehreren, von dem Originalschriftstück verschiedenen Dokumenten vorgelegt werden und darf nicht aus bloßen Anmerkungen im Original bestehen. Damit soll gewährleistet werden, dass die Übersetzung für die anderen Beteiligten und das EUIPO leicht vom Originalschriftstück zu unterscheiden und hinreichend klar ist, um in Einklang mit dem Grundsatz des kontradiktorischen Verfahrens und der Waffengleichheit die Streitigkeit zwischen den Beteiligten auf einer gesicherten Grundlage austragen zu können[83]. Die Übersetzung, die somit in Form eines *separaten Schriftstücks* einzureichen ist, muss den Inhalt des Originalschriftstücks *originalgetreu wiedergeben*. 77

Bei *Zweifeln* an der Übereinstimmung der Übersetzung mit dem Original ist das EUIPO befugt, von der betr Partei die Vorlage einer entspr Bescheinigung zu verlangen[84]. 78

So wurde zB ein *Widerspruch zurückgewiesen*, weil vergessen wurde, im Datenauszug der älteren Marke die Waren oder DL[85] oder deren Markenform und Rechtsstatus zu übersetzen[86], bzw ein *Nichtigkeitsantrag*, weil nur das VerzWDL übersetzt worden 79

82 Ein ausdrücklicher Hinweis darauf, welches das übersetzte Originalschriftstück ist, ist jedoch nicht erforderlich, wenn das Originalschriftstück und die Übersetzung zusammen vorgelegt werden, insb sich die Übersetzung unmittelbar hinter dem Originalschriftstück befindet; EuG, 05.02.2016, T-135/14 – kicktipp/KICKERS, Rn 72.

83 EuG, 27.06.2012, T-523/10 – my baby/MYBABY, Rn 24, 25. So reichen auf dem Datenbankauszug des nationalen Amts vom Beteiligten angebrachte Übersetzungen nicht aus, Rn 43, 45, 62, 69, 70. S.a. EuG, 30.01.2014, T-495/11 – PARAMETRICA/parameta. Die internationalen INID-Codes brauchen nicht übersetzt zu werden, jedoch die Sachangaben, die sich auf sie beziehen, Rn 37.

84 EuG, 27.06.2012, T-523/10 – my baby/MYBABY, Rn 26.

85 EuG, 27.06.2012, T-523/10 – my baby/MYBABY, Rn 44, 45.

86 EuG, 29.09.2011, T-479/08 – Schuh mit 2 Streifen/Schuh mit 3 Streifen und EuG, 30.01.2014, T-495/11 – PARAMETRICA/parameta, Rn 29–35.

war[87]. Nur völlig irrelevante Hinweise rein administrativer Art oder Inhalte, die keinerlei Beziehungen zum streitigen Fall aufweisen, brauchen nicht übersetzt zu werden[88].

80 Im Zweifel sollte also lieber zu viel als zu wenig übersetzt werden. Das EUIPO kann gemäß Art. 26 S. 2 UMDV innerhalb einer von ihm zu setzenden Frist eine *Beglaubigung* darüber verlangen, dass die Übersetzung dem Ausgangstext entspricht, was aber praktisch nie geschieht.

81 Sofern die UMV, DVUM oder UMDV nichts anderes bestimmen, gilt ein Schriftstück, für das eine Übersetzung einzureichen ist, als *nicht beim Amt eingegangen*, wenn die Übersetzung nach Ablauf der Frist für die Einreichung des Originalschriftstücks oder der Übersetzung eingeht, oder wenn die ggf angeforderten Beglaubigungen nicht innerhalb der gesetzten Frist eingereicht werden (Art. 25 Abs. 2 UMDV).

82 Dieser Grundsatz gilt nicht nur für das Schriftstück insgesamt, sondern auch für – versehentlich oder absichtlich – *unübersetzt gebliebene Teile* davon. Auf diese kann sich somit der zur Übersetzung Verpflichtete im Verfahren nicht mehr berufen. So lässt das EUIPO nach Art. 7 Abs. 5 DVUM bei der Substantiierung des Widerspruchs schriftliche Vorlagen oder Unterlagen oder Teile davon unberücksichtigt, die nicht innerhalb der von ihm gesetzten Frist eingereicht oder in die Verfahrenssprache übersetzt wurden.

83 Diese Vorschrift ist *zwingend* und gesteht dem EUIPO *kein Ermessen* zu[89]. Ab dem 01.10.2017 ist im Widerspruchsverfahren jedoch eine *Weiterbehandlung* gemäß Art. 105 UMV möglich. Es wird *zwingend angeraten*, dieses, nunmehr im erweiterten Umfang anwendbare Institut zu nutzen, das schnell und ohne große Formalien zum Erfolg führt (s. Rdn 160 ff), und auf die fast immer erfolglose Wiedereinsetzung in den vorigen Stand zu verzichten.

84 Grds *vertraut das Amt* den eingereichten Übersetzungen. Denn es kann, sofern nicht der Beweis des Gegenteils erbracht wird oder entspr Hinweise bestehen, davon ausgehen, dass eine Übersetzung mit dem jeweiligen Urtext übereinstimmt (Art. 26 S. 1 UMDV).

III. Übermittlungen an das Amt

85 Mitteilungen an das Amt können nach Art. 100 Abs. 1 UMV auf elektronischem Wege erfolgen (derzeit fast ausschließlich). Wegen Art. 63 Abs. 1 DVUM werden Unionsmarkenanmeldungen sowie alle anderen in der UMV vorgesehenen Anträge und Mitteilungen dem EUIPO entweder auf *elektronischem Wege* übermittelt, wobei

87 EuG, 20.07.2017, T-780/16 – mediaexpert/mediaexpert, Rn 45–53; bestätigt durch EuGH, 13.03.2018, C-560/17 P.

88 BK, 13.01.2010, R 1171/08-4 – MATRIXYL/MATRIX, Rn 23.

89 EuG, 05.02.2016, T-135/14 – kicktipp/KICKERS, Rn 80–93; vgl EuGH, 05.03.2009, C-90/08 P – CORPO Livre/LIVRE, Rn 36–40. S.a. BK, 14.10.2009, R 172/08-G – VISTA/vistar, Rn 49–51.

die Angabe des Namens des Absenders als gleichbedeutend mit der Unterschrift gilt, oder mittels Einreichung des unterzeichneten Originalschriftstücks durch die *Post* oder einen *Kurier*, und zwar an die Adresse: EUIPO, Postannahmestelle, Avenida de Europa, 4, E-03008 Alicante, Spanien. Bei *technischen Problemen* der Online-Übermittlung kann unter der Adresse CustomerCare@euipo.europa.eu eine Auskunft erfragt werden oder an Werktagen, an denen das EUIPO geöffnet ist, zwischen 8.30 Uhr und 18.30 Uhr auch unter der Telefonnummer +34 965 139 100.

Bei der Übermittlung mittels *Post* oder *Kurier* nach Art. 63 Abs. 1b DVUM, die jedoch kaum noch genutzt wird, ist immer sicherzustellen, dass der Zugang vom Beförderungsunternehmen oder Übergeber *dokumentiert* wird, und zwar sowohl nach Ort und Zeit der Übergabe wie nach Umfang und Inhalt der Sendung (zB Widerspruchsschrift von 5 Seiten Schriftsatz und 10 Anlagen mit insg. 25 Seiten), und nach Möglichkeit vom Amt durch einen Eingangsstempel bestätigt wird. Besonders wichtige Dokumente sind dabei immer nach Art und Umfang anzugeben. 86

Eine *eigenhändige Übergabe* oder *Hinterlegung im Abholfach* eines Empfängers im Amt ist, da in Art. 63 Abs. 1 DVUM *nicht mehr* vorgesehen, also nicht weiter möglich. 87

Der Tag, an dem das *Amt eine Mitteilung erhält*, gilt wegen Art. 63 Abs. 2 DVUM als *Tag der Anmeldung* oder *Einreichung*. 88

Ist eine durch elektronische Mittel erhaltene Mitteilung *unvollständig* oder *unleserlich* oder hat das Amt berechtigte Zweifel in Bezug auf die Richtigkeit der Übermittlung, so teilt das Amt dies dem Absender mit und fordert ihn auf, innerhalb einer von ihm festgelegten Frist das Originalschriftstück nochmals zu übermitteln oder es im Original vorzulegen. Wird der Aufforderung fristgerecht nachgekommen, so gilt das Eingangsdatum des nochmals übermittelten Schriftstücks oder des Originals als dasjenige der ursprünglichen Mitteilung. Bezieht sich der Mangel auf die Gewährung eines *Anmeldetags* für eine Unionsmarkenanmeldung, so gelten die Bestimmungen der Art. 31 Abs. 1 UMV und 32 UMV. Wird der Aufforderung nicht fristgemäß nachgekommen, so gilt die Mitteilung als nicht eingegangen (Art. 63 Abs. 3 DVUM). 89

Anhänge von Mitteilungen, die durch Post oder Kurier überbracht werden, können wegen Art. 64 Abs. 1 DVUM gemäß den durch den Exekutivdirektor festgelegten technischen Details auf Datenträgern eingereicht werden[90]. 90

Nach Art. 100 Abs. 1 S. 2 UMV bestimmt der Exekutivdirektor, in welchem Umfang und unter welchen *technischen Bedingungen* Mitteilungen auf elektronischem Wege übermittelt werden können. 91

90 Beschluss Nr EX-22-7 des Exekutivdirektors vom 29.11.2022 in Bezug auf technische Spezifikationen für Anhänge, die auf Datenträgern eingereicht werden. Siehe Rdn 67 f. samt Fn; ABl.EUIPO 2/2023.

92 Für die *elektronische Kommunikation* werden vom EUIPO nach Art. 1 Abs. 1 Beschluss des Exekutivdirektors über Mitteilungen durch elektronische Mittel[91] *elektronische Kommunikationsmittel* über eine sichere elektronische Kommunikationsplattform, die vom Amt verwaltet wird, über die Nutzer Anmeldungen, Anträge und andere Dokumente einreichen, Zustellungen und Dokumente vom Amt erhalten, auf solche Zustellungen antworten und andere Handlungen durchführen können (*User Area* – Nutzerbereich) akzeptiert. Mit *Wirkung vom 01.03.2021* wurde die *Fax-Verbindung zum Amt eingestellt*, und die Fax-Nummern wurden deaktiviert, da das EUIPO den Nutzern bereits zu 100 % eine elektronische Kommunikation über das Nutzerkonto (*User Area*) zur Verfügung stellt[92]

93 Denn Nutzer können über ein persönliches Konto (*Nutzerkonto*) auf den Nutzerbereich (*User Area*) zugreifen, in dem sie sich auf der Internetseite des Amtes registrieren. Dieser Nutzerbereich bietet die Möglichkeit des elektronischen Empfangs aller Mitteilungen des EUIPO. Entscheidet sich der Nutzer dafür, übermittelt das Amt *alle Mitteilungen über den Nutzerbereich*, sofern dies aus technischen Gründen nicht unmöglich ist. *Nutzer können* über den Nutzerbereich auch Anmeldungen, Anträge, Mitteilungen und andere Dokumente beim Amt einreichen und auf dessen elektronisch übermittelte Mitteilungen *antworten.*

94 Ein elektronisches Dokument gilt *zu dem Zeitpunkt als eingereicht*, an dem eine elektronische Empfangsbestätigung vom System des Amtes ausgestellt wurde[93]. Im Falle einer *Störung bei der elektronischen Übertragung* einer Anmeldung, eines Antrages, einer Mitteilung oder eines anderen Dokuments muss die Übermittlung des Schriftstückes erneut unter Verwendung eines anderen akzeptierten Kommunikationsmittels (Post oder Kurier) oder von zwei Datenwiederherstellungsfunktionen (*Back-up-Lösungen*) erfolgen. Die betr Fristen werden davon nicht berührt[94].

95 Jedoch gelten Einreichungen, die durch eine *Back-up-Lösung* erfolgen, *an dem Tag übermittelt*, an dem die betr Anmeldung, Mitteilung oder das sonstige Dokument in die entspr Plattform hochgeladen wurde.

96 Im Falle von *Eintragungs-* und *Verlängerungsanträgen* kann dieser Tag jedoch nur gesichert werden, wenn der Anmelder innerhalb von drei Arbeitstagen die Markenanmel-

91 S. BEM. Eine elektronische Markenanmeldung ist auch über das API-Portal möglich: Beschluss Nr EX-22-6 des Exekutivdirektors vom 01.08.2022 betr Mitteilungen durch elektronische Mittel mit API (Application Programming Interface) samt Annex I (Version 04.07.2023); ABl.EUIPO 9/2022.

92 Art. 2 BEM. Zur früheren Amtspraxis und Rspr hinsichtlich von Fax-Kommunikationen wird auf Rn 89 bis 94 der Druckausgabe der 4. Auflage Bezug genommen.

93 Jedoch reicht eine Vorabdarstellung/Vorschau der Versandbestätigung nicht aus. Zum wirksamen Versand hätte noch die Schaltfläche »Bestätigen«, die sich unten rechts im Fenster »Antwort auf offizielle Mitteilung« befindet, angeklickt werden müssen. Erst danach erhält der Nutzer eine Empfangsbestätigung vom Amt; EuG, 21.11.2018, T-460/17 – Achteckiger blauer Rahmen, Rn 40–43.

94 Art. 6 Abs. 1 und 2 BEM.

dung mit demselben Inhalt über das Formular der User Area erneut einreicht bzw der Markeninhaber den Verlängerungsantrag durch eine Back-up-Lösung innerhalb der letzten drei Arbeitstage vor Ablauf der ursprünglichen oder erweiterten gesetzlichen Verlängerungsfrist einreicht. Kommt er diesen Anforderungen nicht nach, gilt die ursprüngliche Einreichung bzw der durch eine Back-up-Lösung eingereichte Verlängerungsantrag als nicht eingegangen[95].

Bei einer elektronischen Übermittlung in der User-Area ist eine postalische Nachsendung der *Originalschriftsätze* nicht erforderlich, außer das EUIPO fordert diese oder eine Wiederholung der elektronischen Übermittlung wegen *schlechter Qualität* (Unvollständigkeit, Unleserlichkeit oder sonstiger ernster Zweifel) der ersten Übersendung an, wodurch jedoch die Frist der ursprünglichen Mitteilung nicht gewahrt wird, sondern der Tag des Eingangs der nochmaligen Übermittlung als Eingangstag der ursprünglichen Mitteilung gilt. Es werden aber die Vorschriften über den Anmeldetag (Art. 31 Abs. 1 UMV und 32 UMV) angewandt, wenn der Mangel die Zuerkennung eines Anmeldetags betrifft. 97

Unterlässt das Amt im Falle der erkennbaren *Unvollständigkeit oder Unlesbarkeit einer Übermittlung* einen entspr Hinweis, handelt es fehlerhaft und kann sich nicht auf die Mängel in den übermittelten Unterlagen berufen[96]. 98

Ein Fall der *Unvollständigkeit* liegt jedoch *nicht* vor, wenn der Absender eine vollständige und lesbare Übermittlung absichtlich nicht vornimmt, sondern die angekündigten Beweisstücke nur in gesonderter Sendung per Post einreicht. Die Unvollständigkeit oder Unlesbarkeit betrifft nämlich die Fälle, in denen ein *objektives Element*, das mit besonderen oder *anormalen technischen Umständen* zusammenhängt, die nicht dem Willen des fraglichen Beteiligten unterliegen, diesen daran hindert, die Unterlagen in zufriedenstellender Weise elektronisch zu übermitteln, nicht dagegen die Fälle, in denen die Unvollständigkeit oder Unleserlichkeit der elektronischen Mitteilung allein auf dem Willen des Absenders beruht, der eine vollständige und lesbare Übermittlung absichtlich nicht vornimmt, obwohl er hierzu technisch in der Lage wäre[97]. Dasselbe gilt, wenn ein Beschwerdeführer innerhalb der Begründungsfrist eine *elektronische Mitteilung* an das Amt schickt, ohne ihr jedoch die Beschwerdebegründung als Anlage beizufügen, was er aus dem *Fehlerbericht* sofort hätte erkennen können[98]. 99

Bei Fehlermeldungen ist der elektronische Versandvorgang zu wiederholen bzw eine *Back-up-Lösung* zu wählen (Rdn 88, 89). 100

95 Art. 6 Abs. 3 BEM.

96 EuG, 30.05.2013, T-214/10 – DIVINUS/MOSELLAND Divinum, Rn 76–83. Hinsichtlich beschädigter und unlesbarer CD-ROMs: BK, 26.09.2014, R 492/14-2 – FY RD/FJORD, Rn 20, 21.

97 EuG, 15.03.2011, T-50/09 – Dada & Co. kids/DADA, Rn 43–54.

98 EuG, 06.12.2016, T-703/15 – GO SPORT/GO. Der Beschwerdeführer, der im Deckblatt die Anlagen nicht erwähnt hatte, konnte nicht nachweisen, dass ein technischer Fehler des elektronischen Übermittlungssystems des EUIPO vorlag. Das Amt hatte im Gegenteil belegt, dass sein System zu diesem Zeitpunkt problemlos funktionierte.

101 Bei *Zustellungsproblemen* können die betr Dienststellen des Amts kontaktiert werden. Ihre E-Mail-Adressen und Telefonnummern befinden sich auf der Internetseite »Über das EUIPO – Kontaktieren Sie uns«[99].

102 Das Amt nimmt jedoch – außer in den speziell auf seiner Internetseite vorgesehenen Verfahren elektronischer Anträge über Online – *per E-Mail übermittelte Korrespondenz derzeit regelmäßig nicht zu den Akten*. Daher sind alle Anträge und Schriftsätze, die Verfahrensbestandteil werden sollen, weiterhin per Post, per Kurierdienst oder (nur bei *User area*-Nutzern) per elektronischer Mitteilung einzureichen.

103 Zu *Übermittlungsfehlern* gilt auch im europäischen Recht der allgemeine Grundsatz, dass sie demjenigen zugerechnet werden, in dessen Risikosphäre sie fallen. Zwar darf ein Beteiligter in Verfahren vor dem EUIPO grds die ihm für eine Handlung gesetzte Frist voll ausschöpfen[100], er muss aber dennoch alle *notwendigen Maßnahmen* treffen, um sicherzustellen, dass die Handlung rechtzeitig vorgenommen wird, insb dass ein Schriftsatz oder eine Zahlung entspr der von ihm gewählten Modalität fristgerecht beim Amt eingeht, da *Fristversäumnisse* in aller Regel zum *Rechtsverlust* führen. Lediglich bei im Widerspruchsverfahren versäumten Fristen (mit Ausnahme derjenigen zur Widerspruchseinlegung und Zahlung der Widerspruchsgebühr) ist eine Weiterbehandlung gemäß Art. 105 UMV möglich.

104 Vorsorglich ist daher wegen immer wieder eintretender Unwägbarkeiten ein gewisser *Zeitpuffer* mit einzukalkulieren und der Schriftsatz nicht erst im allerletzten Moment auf den Weg zu bringen. Die Anforderungen im europäischen Rechtssystem sind hier nämlich deutlich strenger als im nationalen.

IV. Entscheidungen und Mitteilungen des Amts sowie ihre Zustellung

105 In allen Entscheidungen, Mitteilungen oder Bescheiden des EUIPO sind gemäß Art. 94 Abs. 2 S. 1 UMV die *zuständige Dienststelle* oder Abteilung des Amtes sowie die *Namen* des oder der zuständigen Bediensteten anzugeben. Sie sind von dem oder den betr Bediensteten zu unterzeichnen oder stattdessen mit einem vorgedruckten oder aufgestempelten Dienstsiegel des Amtes zu versehen.

106 Der Exekutivdirektor kann bestimmen, dass *andere Mittel zur Feststellung der zuständigen Dienststelle* oder Abteilung des EUIPO und des oder der zuständigen Bediensteten oder eine andere Identifizierung als das Siegel verwendet werden dürfen, wenn Entscheidungen, Mitteilungen oder Bescheide des Amtes über technische Kommunikationsmittel übermittelt werden (Art. 94 Abs. 2 S. 2 UMV).

---

99 Das EUIPO-Informationszentrum ist an Werktagen, an denen das Amt geöffnet ist, telefonisch von 8.30 bis 18.30 Uhr zu erreichen (Tel. +34 965 139 100, E-Mail: CustomerCare @euipo.europa.eu).

100 EuG, 12.07.2005, T-163/04 – Mike's MEALS ON WHEELS/MIKE'S SANDWICH MARKET, Rn 55.

Entscheidungen des Amtes, die mit der Beschwerde angefochten werden können, sind mit einer *schriftlichen Belehrung* darüber zu versehen, dass jede Beschwerde innerhalb von zwei Monaten nach Zustellung der fraglichen Entscheidung schriftlich beim EUIPO einzulegen ist. Darin sind die Beteiligten auch auf Art. 66 UMV (Beschwerdefähige Entscheidungen), Art. 67 UMV (Beschwerdeberechtigte und Verfahrensbeteiligte) und Art. 68 UMV (Form und Frist) hinzuweisen. Die Beteiligten können aus der Unterlassung der Rechtsmittelbelehrung seitens des Amtes keine Ansprüche herleiten (Art. 94 Abs. 3 S. 2 UMV). 107

Schriftliche Mitteilungen des EUIPO an die Verfahrensbeteiligten sind *zuzustellen. Zustellung* bedeutet, dass das Schriftstück in die *Sphäre des Empfängers* gelangt ist, unabhängig davon, ob dieser das Schriftstück auch tatsächlich zur Kenntnis genommen hat[101]. Eine wirksame Zustellung setzt nämlich nicht die tatsächliche Kenntnisnahme durch die Person voraus, die nach den internen Vorschriften der Empfangseinheit für das jeweilige Gebiet zuständig ist, da eine Entscheidung ordnungsgemäß zugestellt ist, wenn sie ihrem *Adressaten zugegangen* und dieser *in die Lage versetzt* worden ist, von ihr *Kenntnis zu nehmen*. Somit wird für die Beurteilung der Ordnungsmäßigkeit der Zustellung einzig ihr äußerer Aspekt berücksichtigt, dh die ordnungsgemäße Übermittlung an ihren Empfänger, und nicht ihr interner Aspekt, der das interne Funktionieren der Empfangseinheit betrifft[102]. 108

Hat ein Beteiligter eine *offensichtlich unvollständige Version* der BK-Entscheidung (mit erkennbaren Leerstellen bzw Leerzeilen) übermittelt erhalten, jedoch das EUIPO nicht darüber informiert und ihm keine Gelegenheit gegeben, eine vollständige Fassung der Entscheidung zu übersenden, kann er sich mit seiner Klage vor dem EuG *nicht auf Begründungsmängel* hinsichtlich der fehlenden Textstellen, die in der Originalentscheidung enthalten waren und die erforderliche Begründung enthielten, berufen, da er weder die notwendige Sorgfalt aufgewandt noch den ihm obliegenden Treu und Glauben genügt hat[103]. 109

Das EUIPO stellt *von Amts* wegen alle Entscheidungen und Ladungen sowie alle Bescheide und sonstige Mitteilungen zu, durch die eine Frist in Gang gesetzt wird oder die nach UMV, DVUM oder UMDV zuzustellen sind oder für die der Exekutivdirektor des Amts die Zustellung vorgeschrieben hat (Art. 98 Abs. 1 UMV). Der Exekutivdirektor kann bestimmen, dass auch andere Dokumente als Entscheidungen, durch die eine Beschwerdefrist in Gang gesetzt wird, und Ladungen durch eingeschriebenen Brief mit Rückschein zugestellt werden müssen (Art. 98 Abs. 2 UMV). Die Zustellung kann auf verschiedenen Wegen erfolgen, einschl elektronisch (Art. 98 Abs. 3 S. 1 UMV, Art. 57 DVUM). 110

Die Einzelheiten der *elektronischen Zustellung* wurden vom Exekutivdirektor festgelegt (Art. 98 Abs. 3 S. 2 UMV, Art. 57 DVUM)[104]. Erfolgt die Zustellung durch 111

101 EuG, 22.01.2015, T-488/13 – engineering for a better world, Rn 17–24 mwN.
102 EuG, 04.05.2017, T-97/16 – GEOTEK, Rn 39–41 mwN.
103 EuG, 13.06.2019, T-366/18 – SUIMOX/ZYMOX, Rn 17, 30.
104 S. BEM.

öffentliche Bekanntmachung, bestimmt der Exekutivdirektor deren Art und legt den Beginn der einmonatigen Frist fest, nach deren Ablauf die Dokumente als zugestellt gelten (Art. 98 Abs. 4 UMV)[105]. Durch die Neuregelung von UMV, DVUM und UMDV werden die Bestimmungen über die *Zustellung* zwar erweitert, damit wird aber lediglich die bisherige Praxis des Amts gesetzlich abgesichert.

112 Die Zustellung durch das EUIPO besteht in der *Übermittlung der zuzustellenden Unterlagen* an die betr Beteiligten, die auch in Form der *Gewährung elektronischen Zugangs* zu diesem Dokument erfolgen kann (Art. 56 Abs. 1 DVUM).

113 Zustellungen erfolgen durch *elektronische Mittel* gemäß Art. 57 DVUM, durch *Post*[106] oder *Kurier* gemäß Art. 58 DVUM oder durch *öffentliche Zustellung* gemäß Art. 59 DVUM. Hat der Empfänger seine Kontaktdaten für elektronische Kommunikationsmittel angegeben, kann das Amt zwischen diesen Mitteln und der Post- oder Kurierzustellung wählen (Art. 56 Abs. 2 und 3 DVUM). Das EuG hat anerkannt, dass eine streitige Entscheidung im Allgemeinen *per E-Mail zugestellt* werden kann, sofern nachgewiesen werden kann, dass der Adressat sie tatsächlich erhalten hat und von ihr Kenntnis nehmen konnte, so dass zB die Beschwerdefrist ihm gegenüber erst an dem Tag zu laufen beginnt, an dem er durch die E-Mail in vollem Umfang Kenntnis von der Entscheidung erlangt hat[107].

114 Die Zustellung durch elektronische Mittel umfasst die Übermittlung über Kabel, Funk, optische Mittel oder andere elektromagnetische Mittel, einschl das *Internet*, wobei der Exekutivdirektor Einzelheiten für die zu benutzenden elektronischen Mittel, die Art und Weise ihrer Benutzung sowie die Frist für eine Zustellung durch elektronische Mittel festlegt.

115 Für die *elektronische Kommunikation* werden vom EUIPO nach Art. 1 BEM[108] *elektronische Kommunikationsmittel* über eine sichere elektronische Kommunikationsplattform, die vom Amt verwaltet wird, über die Nutzer Anmeldungen, Anträge und

---

105 Beschluss Nr EX-18-4 des Exekutivdirektors vom 03.09.2018; ABl.EUIPO 11/2018.

106 *Private Kurierdienste* fielen nach der früheren GMDV nicht unter den Begriff *Post*. Dies war keine im Gesetz vorgesehene Versandart, da Regel 61 Abs. 2 GMDV eine abschließende Aufzählung enthielt. Somit war für die Zustellung von Entscheidungen durch Kurierdienste nach der Bestimmung über Zustellungsmängel in Regel 68 GMDV ausschließlich der Tag maßgebend, den das EUIPO als Tag des Zugangs nachwies, so dass der betroffene Zustellungsempfänger sich bei der Fristberechnung schlechter stellte, weil ihm die wegen Regel 62 Abs. 3 bzw 5 GMDV pauschal gewährten zehn Tage nach der Aufgabe zur Post fehlten; siehe EuG, 14.12.2006, T-14/06 – Fünf Streifen auf Schuh, Rn 28; bestätigt durch EuGH, 02.10.2008, C-144/07 P, Rn 19–25; EuG, 13.01.2011, T-28/09 – PINE TREE, Rn 26–35.

107 EuG, 08.07.2020, T-305/19 – welmax/valmex, Rn 57, 58. Das Rechtsmittel wurde als unzulässig verworfen; EuGH, 30.10.2020, C-425/20 P.

108 S. BEM. Eine elektronische Markenanmeldung ist auch über das API-Portal möglich: Beschluss Nr EX-22-6 des Exekutivdirektors vom 01.08.2022 betr Mitteilungen durch elektronische Mittel mit API (Application Programming Interface) samt Annex I (Version 04.07.2023); ABl.EUIPO 9/2022.

andere Dokumente einreichen, Zustellungen und Dokumente vom Amt erhalten, auf solche Zustellungen antworten und andere Handlungen durchführen können (Nutzerbereich), akzeptiert.

Nutzer können auch über ein persönliches Konto (*Nutzerkonto*) auf den Nutzerbereich (*User Area*) zugreifen. Dieses bietet die Möglichkeit des elektronischen Empfangs aller Mitteilungen des EUIPO. Entscheidet sich der Nutzer dafür, übermittelt das Amt *alle Mitteilungen über den Nutzerbereich*, sofern dies aus technischen Gründen nicht unmöglich ist. Die Nutzer können sich *zusätzlich* für eine *elektronische Benachrichtigung* über jede durch den Nutzerbereich versandte Mitteilung entscheiden. Mit dieser Benachrichtigung wird lediglich über den Eingang eines Schriftstücks im elektronischen Postfach informiert. Sie ist keine Zustellung. 116

Das Datum, an dem das Schriftstück im Posteingang eines Nutzers abgelegt wird, wird vom EUIPO notiert und im Nutzerbereich angegeben. *Die Zustellung gilt wegen Art. 3 Abs. 4 des obigen Beschlusses*[109] *am fünften Kalendertag nach* dem Tag, an dem das Amt das Schriftstück in das *elektronische Posteingangsfach* des Nutzers *abgelegt* hat, als erfolgt[110]. 117

Der Nutzer kann das bevorzugte Kommunikationsmittel mit dem Amt jederzeit ändern. Jede *Änderung* gilt allerdings erst, wenn sie technisch machbar ist. Weitere Einzelheiten sind im obigen Beschluss sowie den beiliegenden Nutzungsbedingungen für den Nutzerbereich geregelt. 118

Entscheidungen, durch die eine *Beschwerdefrist* in Lauf gesetzt wird, *Ladungen* und andere vom Exekutivdirektor näher bestimmte Schriftstücke werden durch einen *Kurierdienst* oder *per Einschreiben* jeweils mit Empfangsbestätigung zugestellt. Alle anderen Zustellungen erfolgen entweder durch einen Kurierdienst oder per Einschreiben, mit oder ohne Empfangsbestätigung, oder durch einen gewöhnlichen Brief (Art. 58 Abs. 1 DVUM). 119

Stellt aber das EUIPO eine beschwerdefähige Entscheidung *fehlerhaft* mit gewöhnlichem Brief statt mit Einschreiben zu (Art. 58 Abs. 1 DVUM), gilt sie erst zu dem Zeitpunkt als zugegangen, als sie der Zustellungsempfänger vollständig erhält. Dass ihm vom anderen Verfahrensbeteiligten schon vorher der Entscheidungstenor mit der 120

109 Da dies nach der alten Regelung in Art. 3 Abs. 4 des Beschlusses Nr EX-18–1 des Exekutivdirektors vom 15.05.2018 nur unbeschadet der genauen Feststellung des Zustellungsdatums galt, war dann, wenn sich ein genaues Zustellungsdatum vor dem fünften Kalendertag feststellen ließ, zB wenn der betr Nutzer dieses selbst einführte, allein auf dieses für den Fristbeginn abzustellen und nicht mehr auf den fünften Tag nach Einlegung in das elektronische Fach; EuGH, Urteil vom 10.04.2019, C-282/18 P – Formula E.

110 Art. 4 Abs. 5 BEM. S.a. EuG, 02.07.2015, T-657/13 – ALEX/ALEX, Rn 16–23; bestätigt durch EuGH, 07.04.2016, C-480/15 P; BK, 22.02.2008, R 1622/06–1 – eStant, Rn 18–25; BK, 26.03.2007, R 130/07–2 – THE JOHN RITTER FOUNDATION FOR AORTIC HEALTH, Rn 9–18.

Aufforderung übermittelt wurde, diesem die auferlegten Kosten zu erstatten, schadet nicht, weil er die Entscheidung nicht vollständig erhalten hat[111].

121 Zustellungen an *Empfänger*, die weder *ihren Wohnsitz noch ihren Hauptgeschäftssitz* oder eine tatsächliche und wirksame Industrie- oder Handelsniederlassung *im EWR* haben und keinen Vertreter nach Art. 119 Abs. 2 UMV bestellt haben, erfolgen durch Versand der zuzustellenden Unterlage in einem gewöhnlichen Brief (Art. 58 Abs. 2 DVUM).

122 Bei der Zustellung eines Schreibens durch einen *Kurierdienst* oder als *Einschreiben* mit oder ohne Empfangsbestätigung gilt dieses *mit dem zehnten Tag nach der Aufgabe als zugestellt*, es sei denn, das zuzustellende Schriftstück ist überhaupt nicht oder aber an einem späteren Tag beim Empfänger eingegangen. Im Zweifel hat das Amt den Zugang des Schreibens und ggf den Tag des Zugangs nachzuweisen (Art. 58 Abs. 3 DVUM). Die Umstände einer Übergabe sind jedoch dann unklar, wenn das EUIPO weder über eine *Empfangsbestätigung* noch über eine Bestätigung der Zustellung des Einschreibens mit der Unterschrift des Adressaten verfügt, da lediglich ein Auszug aus der Internetseite des betr Postbetreibers, der den Weg der Sendung zurückverfolgt, nicht ausreicht[112].

123 Die Zustellung durch einen Kurierdienst oder als Einschreiben gilt auch dann als bewirkt, wenn der Empfänger die *Annahme des Briefes verweigert* (Art. 58 Abs. 4 DVUM).

124 Eine *Mitteilung durch gewöhnlichen Brief* gilt *zehn Tage nach Aufgabe als zugestellt* (Art. 58 Abs. 5 DVUM). Diese Zugangsfiktion kann nicht durch den Nachweis eines späteren Zugangs widerlegt werden, wie dies bei Einschreiben möglich ist. Dabei ist kein hohes Beweismaß zu fordern, sondern es genügt das *Vorliegen von Indizien*, die einen vernünftigen Zweifel am Empfang der Sendung durch den Empfänger aufkommen lassen, zB das ganz offensichtliche Nichteingehen eines Anmelders auf die ihm angeblich zuvor übersandte Widerspruchsbegründung[113].

125 Ist die Anschrift des Empfängers nicht feststellbar oder hat sich eine Zustellung gemäß Art. 56 Abs. 2a und 2b nach wenigstens einem Versuch des Amtes als unmöglich erwiesen, so wird die Mitteilung wegen Art. 59 DVUM *öffentlich zugestellt*. Der Exekutivdirektor bestimmt die Art der öffentlichen Bekanntmachung und legt den Beginn der einmonatigen Frist fest, nach deren Ablauf die Dokumente als zugestellt

111 BK, 01.06.2011, R 2212/10-1 – ZENSATIONS/ZEN.

112 EuG, 08.07.2020, T-305/19 – welmax/valmex, Rn 46–55. Zudem wäre eine solche Art des Empfangs nicht zuverlässig, da ein derartiges Einschreiben auch an eine dritte, nicht volljährige Person am Wohnsitz des Empfängers zugestellt worden sein könnte. Selbst eine nicht rechtzeitig dem EUIPO mitgeteilte Adressänderung (hier: erst nach 11 Monaten und vor allem nach dem Entscheidungsversand) rechtfertigt keine andere Beurteilung.

113 EuG, 25.10.2012, T-191/11 – Miura/MIURA, Rn 32–35.

gelten (Art. 98 Abs. 4 UMV). Die öffentliche Bekanntmachung erfolgt auf der Internetseite des Amts[114].

Ist ein *Vertreter* bestellt, so erfolgen Zustellungen an den Vertreter. Eine Zustellung oder sonstige Mitteilung des Amtes an den ordnungsgemäß bevollmächtigten Vertreter hat dieselbe Wirkung, als wäre sie an die vertretene Person gerichtet (Art. 60 DVUM). 126

Wenn der Empfänger ein Schriftstück erhalten hat, aber *das Amt nicht nachweisen kann, dass es ordnungsgemäß zugestellt wurde*, oder wenn die Zustellungsvorschriften nicht befolgt wurden, gilt das Schriftstück als an dem Tag zugestellt, der als Tag der Zustellung festgelegt wurde (Art. 61 DVUM). Diese Bestimmung zielt jedoch nicht darauf ab, die *Rechtsstellung der Empfänger* von Dokumenten, die vom EUIPO zugestellt wurden, zu berühren, wenn die *Zustellungsmängel dem Amt* anzulasten sind. Hat dieses einen Fehler begangen, indem es die Zustellung per Einschreiben ohne Empfangsbestätigung vorgenommen hat, obwohl diese Zustellungsart nicht mit Art. 58 Abs. 1 S. 1 DVUM in Einklang steht, weil mit der übersandten Entscheidung eine Beschwerdefrist in Lauf gesetzt wurde, ist Art. 61 iVm Art. 58 Abs. 3 DVUM anzuwenden. Das bedeutet, dass das betr Dokument in einem solchen Fall nur dann an dem als Datum des tatsächlichen Empfangs festgelegten Tag als zugestellt gilt, wenn es den Adressaten nach dem zehnten Tag nach seiner Aufgabe zur Post erreicht hat[115]. 127

Von den Beteiligten vorgelegte Schriftstücke werden den anderen Beteiligten *von Amts wegen zugestellt*. Von der Zustellung kann *abgesehen* werden, wenn das Schriftstück *kein neues Vorbringen* enthält und die Sache entscheidungsreif ist (Art. 62 DVUM). 128

Bis zum 01.10.2017 sind die Zustellungen des EUIPO überwiegend *durch Telefax* erfolgt[116]. 129

V. Fristen

Die Fristberechnung *beginnt* gemäß Art. 101 Abs. 1 S. 2 UMV iVm Art. 67 Abs. 1 DVUM *an dem Tag, der auf den Tag folgt, an dem das relevante Ereignis eingetreten* ist, aufgrund dessen der Fristbeginn festgestellt wird. Dieses Ereignis kann ein Verfahrensschritt oder der Ablauf einer anderen Frist sein. Besteht der Verfahrensschritt in einer Zustellung, so ist das Ereignis der Zugang des zugestellten Schriftstücks, sofern nichts anderes bestimmt ist. Der *Beginn* der vom EUIPO festgesetzten Fristen muss nämlich möglichst *klar feststellbar* sein. 130

Dabei spielt es *keine Rolle*, ob es sich bei dem maßgeblichen Tag, an dem das Ereignis eingetreten oder die Zustellung erfolgt ist, oder dem nachfolgenden Tag, mit dem die Frist beginnt, um einen *Werktag* (einen normalen Wochentag oder Samstag) oder um einen *Sonn- oder Feiertag* handelt. Ist also zB dem Beteiligten am Freitag um 23.45 131

114 Beschluss Nr EX-18–4 des Exekutivdirektors vom 03.09.2018; ABl.EUIPO 11/2018.

115 EuG, 19.01.2022, T-76/21 – POMODORO, Rn 16–31.

116 Zur früheren Amtspraxis und Rspr hinsichtlich von Fax-Kommunikationen wird auf Rn 123 samt Fn der Druckausgabe der 4. Auflage Bezug genommen.

Uhr eine Entscheidung des Amts zugegangen, so beginnt die Frist am folgenden Tag, den Samstag zu laufen.

132 Es gibt zwei Arten von *Fristen*, nämlich vom Gesetz nach ihrer Dauer ausdrücklich bestimmte, sog. *gesetzliche Fristen*, die nicht verlängerbar sind[117], und vom EUIPO im Einzelnen festzulegende, sog. *Amtsfristen*[118].

133 Die Fristen werden nach *vollen Jahren, Monaten, Wochen oder Tagen berechnet* (Art. 101 Abs. 1 S. 1 UMV). Die Dauer der Fristen beträgt *nicht weniger als einen Monat und nicht mehr als sechs Monate* (Art. 101 Abs. 1 S. 3 UMV).

134 Ist als Frist ein *Jahr* oder eine Anzahl von Jahren bestimmt, so *endet die Frist* in dem maßgeblichen folgenden Jahr in dem Monat und an dem Tag, der durch seine Zahl dem Monat oder Tag entspricht, an dem das betr Ereignis eingetreten ist. Hat der betr Monat keinen Tag mit der entspr Zahl, so läuft die Frist am letzten Tag dieses Monats ab (Art. 67 Abs. 2 DVUM). War das Ereignis zB am 26.06.2014 eingetreten, so endete die Fünf-Jahresfrist am 26.06.2019, war es am 29.02.2016 eingetreten, so endete die Jahresfrist am 28.02.2017.

135 Ist als Frist ein *Monat* oder eine Anzahl von Monaten bestimmt, so endet die Frist in dem maßgeblichen nachfolgenden Monat an dem Tag, der durch seine Zahl dem Tag entspricht, an dem das Ereignis eingetreten ist[119]. Hat der betr nachfolgende Monat keinen Tag mit der entspr Zahl, so läuft die Frist am letzten Tag dieses Monats ab (Art. 67 Abs. 3 DVUM). War das Ereignis zB am 26.06.2019 eingetreten, so endete die Zweimonatsfrist am 26.08.2019[120], war es am 31.10.2018 eingetreten, so endete die Monatsfrist schon am 30.11.2018, war es am 28.02.2017 eingetreten, so endete die Monatsfrist aber erst am 31.03.2017.

136 Ist als Frist eine *Woche* oder eine Anzahl von Wochen bestimmt, so endet die Frist in der maßgeblichen Woche an dem Tag, der durch seine Benennung dem Tag entspricht, an dem das Ereignis eingetreten ist (Art. 67 Abs. 4 DVUM), also zB von Mittwoch auf Mittwoch. Jede Frist endet am letzten Tag um 24.00 Uhr, wobei hierfür die Zeit am Empfangsort (Mitteleuropäische Zeit) maßgeblich ist. Wird also eine elektronische Kommunikation in Lissabon (Westeuropäische Zeitzone) am letzten Tag der Frist um 23.30 Uhr abgesandt, so gelangt es nach Mitternacht in Alicante an und ist daher verspätet.

137 In *besonderen Fällen* endet eine Frist aber erst später: Läuft eine Frist an einem Tag ab, an dem das *Amt* zur Entgegennahme von Schriftstücken *nicht geöffnet* ist[121] oder

117 EuG, 16.05.2011, T-145/08 – ATLAS/atlasair, Rn 62, 63; bestätigt durch EuGH, 09.03.2012, C-406/11 P; BK, 18.04.2008, R 1341/07-G – KOSMO/COSMONE, Rn 14, jeweils bzgl der Beschwerdebegründungsfrist.

118 Die Dauer dieser Fristen ist in UMV, DVUM und UMDV nicht abschließend bestimmt.

119 EuGH, 30.01.2014, C-324/13 P – PATRIZIA ROCHA/ROCHAS, Rn 30, 48, 49.

120 EuG, 17.03.2011, T-455/09 – Q/Q quadrata, Rn 29–31.

121 So endet eine Frist, wenn sie an einem Sonntag abläuft, erst am darauf folgenden Montag; EuG, 29.09.2011, T-415/09 – FISHBONE/FISHBONE BEACHWEAR, Rn 29;

an dem gewöhnliche *Postsendungen* aus anderen Gründen als eine allgemeine Unterbrechung der Postzustellung nach Art. 69 Abs. 2 DVUM (zB örtliche Feiertage in Spanien, an denen das EUIPO aber arbeitet) am Sitz des EUIPO *nicht zugestellt* werden, so erstreckt sich die Frist auf den nächstfolgenden Tag, an dem das Amt zur Entgegennahme von Schriftstücken geöffnet ist und an dem gewöhnliche Postsendungen zugestellt werden (Art. 69 Abs. 1 DVUM). So ist das EUIPO an Samstagen und Sonntagen generell nicht für die Öffentlichkeit geöffnet[122]. Vor Beginn eines jeden Kalenderjahres werden die betr Tage dieses Jahres nach Art. 101 Abs. 2 iVm Art. 157 Abs. 4a und 4o UMV durch den Exekutivdirektor festgelegt[123].

Im Falle einer allgemeinen *Unterbrechung der Postzustellung* in dem Mitgliedstaat, in dem das EUIPO seinen Sitz hat (also in Spanien), oder bei einer Störung der Verbindung des Amtes zu den zulässigen *elektronischen Kommunikationsmitteln*[124] stellt der Exekutivdirektor die Dauer der Unterbrechung fest (Art. 101 Abs. 3 UMV). In diesem Fall erstreckt sich gemäß Art. 69 Abs. 2 DVUM die Frist auf den *ersten Tag* nach der Unterbrechung oder Störung, *an dem das EUIPO wieder Schriftstücke entgegennimmt* und an dem gewöhnliche Postsendungen zugestellt werden oder die Verbindung des Amtes zu diesen elektronischen Kommunikationsmitteln wiederhergestellt ist[125]. 138

bestätigt durch EuGH, 18.07.2013, C-621/11 P; wobei diese Frage nicht Verfahrensgegenstand war.

122 Beschluss Nr. ADM-95–23 des Präsidenten vom 22.12.1995; ABl.HABM 1995, 487.

123 Siehe zB für 2024: Beschluss Nr EX-23–11 des Exekutivdirektors vom 20.11.2023; ABl.EUIPO 1/2024; für 2023: Beschluss Nr EX-22–10 des Exekutivdirektors vom 20.12.2022; ABl.EUIPO 3/2023; für 2022: Beschluss Nr EX-21–7 des Exekutivdirektors vom 18.11.2021; ABl.EUIPO 12/2021; für 2021: Beschluss Nr EX-20–8 vom 17.11.2020; ABl.EUIPO 1/2021; für 2020: Beschluss Nr EX-19–3 vom 21.11.2019; ABl.EUIPO 12/2019; für 2019: Beschluss Nr EX-18–8 des Exekutivdirektors vom 18.12.2018; ABl.EUIPO 2/2019; für 2018: Beschluss Nr EX-17–10 des Exekutivdirektors vom 22.12.2017; ABl.EUIPO 3/2018; für 2017: Beschluss Nr EX-16–8 des Exekutivdirektors vom 23.12.2016; ABl.EUIPO 3/2017; für 2016: Beschlüsse Nr EX-15–8 und EX-16–2 des Präsidenten vom 18.12.2015 und 15.03.2016; ABl.EUIPO 4/2016 und ABl.HABM 3/2016; für 2015: Beschluss Nr EX-14–5 des Präsidenten vom 12.12.2014; ABl.HABM 2/2015.

124 Nach Teil A, Abschn. 1, Kap. 4.2 der UMRL muss die Störung mindestens sechs zusammenhängende Stunden am selben Tag andauern.

125 Siehe zB Beschlüsse Nr EX-21–6 des Exekutivdirektors vom 02.07.2021 wegen einer technischen Störung im EUIPO; ABl.EUIPO 10/2021; Nr EX-21–3 vom 18.01.2021 wegen des Sturms Filomena in Spanien; ABl.EUIPO 3/2021; Nr EX-19–2 vom 20.06.2019 wegen regionalen Feiertags in Alicante; ABl.EUIPO 8/2019; Nr EX-18–9 vom 04.12.2018 wegen Poststreiks in Spanien; ABl.EUIPO 2/2019; Beschlüsse Nr EX-15–3 bis EX-15–5 des Präsidenten vom 30.6., 10.7. und 17.07.2015 wegen Beschränkungen des Bankzahlungsverkehrs in Griechenland; ABl.HABM 8 und 9/2015; Nr EX-14–2 des Präsidenten vom 06.06.2014 wegen Störung der elektronischen Kommunikationsmittel des HABM; ABl.HABM 7/2014; Nr EX-13–8 vom 19.12.2013 wegen elektronischer Störungen bei Einführung der neuen Internetseite des HABM; ABl.HABM 3/2014; Nr EX-13–1 vom 07.08.2013 wegen einer Unterbrechung der Faxverbindung des HABM; ABl.HABM

139 Wird die Kommunikation zwischen dem Amt und den Verfahrensbeteiligten durch ein *nicht vorhersehbares Ereignis* wie eine Naturkatastrophe oder einen Streik unterbrochen oder gestört, kann der Exekutivdirektor[126] nach Art. 101 Abs. 4 UMV bestimmen, dass für die Verfahrensbeteiligten, die in dem betr Mitgliedstaat ihren Wohnsitz oder Sitz oder einen Vertreter mit Geschäftssitz in diesem Mitgliedstaat bestellt haben, alle Fristen, die normalerweise am oder nach dem Tag des von ihm festgestellten Ereigniseintritts ablaufen, bis zu einem von ihm festzusetzenden Tag verlängert werden. Bei der Festsetzung dieses Tages berücksichtigt er das voraussichtliche Ende des unvorhersehbaren Ereignisses. Ist der Sitz des Amtes von dem Ereignis betroffen, stellt er fest, dass die Fristverlängerung für alle Verfahrensbeteiligten gilt[127]. So wurden zB wegen der *Coronavirus-Pandemie* alle Fristen, unabhängig davon, ob sie vom EUIPO bestimmt wurden oder gesetzlich vorgeschrieben sind, die zwischen dem 09.03.2020

10/2013; Nr EX-12–6 vom 20.12.2012 wegen einer Stromunterbrechung beim HABM; ABl.HABM 2/2013; und Mitteilungen Nr 7/03 des Präsidenten vom 10.11.2003 über die Unterbrechung der Postzustellung in Großbritannien; ABl.HABM 2004, 92; und Nr 8/02 vom 17.06.2002 über die Unterbrechung der Postzustellung in Spanien; ABl. HABM 2002, 1634.

126 EuG, 06.10.2021, T-635/20 – JUVÉDERM VYBRANCE. Hierfür ist nur dieser und keinesfalls die BK zuständig. Einem Beteiligten bleibt aber die Möglichkeit eines Wiedereinsetzungsantrags.

127 Siehe zB Beschlüsse des Exekutivdirektors/Präsidenten ua Nr EX-24–7 vom 11.09.2024 wegen des Kriegs in der Ukraine; Nr EX-24–6 vom 17.07.2024 wegen des Hurrikans Beryl in der Karibik; Nr EX-24–4 vom 22.05.2024 wegen der Flut in Brasilien; ABl. EUIPO 7/2024; Nr EX-24–1 vom 12.01.2024 wegen des Erdbebens in Japan; ABl. EUIPO 3/2024; Nr EX-23–8 vom 13.10.2023 wegen des Terrorangriffs auf Israel; ABl. EUIPO 12/2023; Nr EX-23–4 vom 10.02.2023 wegen des Erdbebens in der Türkei und Syrien; ABl.EUIPO 3/2023; Nr EX-21–2 vom 08.01.2021 wegen des Erdbebens in Kroatien; ABl.EUIPO 3/2021; Nr EX-20–2 vom 02.03.2020 und Nr EX-20–1 vom 14.02.2020 wegen der Coronavirus-Epidemie in China; ABl.EUIPO 3/2020 und 4/2020; Nr EX-18–6 vom 17.10.2018 wegen Erdbebens und Tsunami in Sulawesi/Indonesien; ABl.EUIPO 2/2019; Nr EX-17–9 vom 10.10.2017 wegen des Hurricans »Irma« bzgl mehrerer amerikanischer Staaten; ABl.EUIPO 12/2017; Nr EX-17–8 vom 07.09.2017 wegen des Hurricans »Harvey« in Teilen der USA; ABl.EUIPO 12/2017; Nr EX-17–2 vom 16.05.2017 wegen eines weltweiten Cyberangriffs mit Erpressungssoftware; ABl.EUIPO 6/2017; Nr EX-16–6 vom 30.08.2016 wegen des Erdbebens in Italien; Nr EX-16–4 vom 19.05.2016 wegen des Erdbebens in Japan; ABl.EUIPO 7/2016; Nr EX-13–6 vom 15.11.2013 wegen des Taifuns »Haiyan«; ABl.HABM 1/2014; Nr EX-12–3 vom 31.10.2012 wegen des Hurrikans »Sandy«; ABl.HABM 12/2012; Nr EX-12–2 vom 29.06.2012 wegen der Erdbeben in Italien; ABl.HABM 8/2012; Nr EX-10–1 vom 23.04.2010 wegen des Vulkanausbruchs in Island; ABl.HABM 5/2010; sowie Nr EX-12–1 und EX-12–4 vom 27.03.2012 bzw 09.11.2012 wegen der Generalstreiks in Spanien am 29.03.2012 bzw 14.11.2012; ABl.HABM 4/2012 und 12/2012.

und einschl dem 17.05.2020 abliefen, die alle Parteien in Verfahren vor dem Amt betrafen, bis zum 18.05.2020 verlängert[128].

Das EUIPO kann vorbehaltlich zwingender oder maximaler Fristen nach der UMV Amtsfristen auf begründeten Antrag *verlängern*, wenn der betr Antrag vor Ablauf der ursprünglichen Frist eingereicht wird und die Verlängerung unter den gegebenen Umständen angezeigt ist (Art. 68 S. 1 und 2 DVUM). 140

Der *Antrag* auf Fristverlängerung ist immer unter Angabe der *konkreten Gründe* zu stellen, warum der betroffene Beteiligte (nicht lediglich sein Vertreter) zur Fristwahrung nicht imstande ist, um die eine Fristverlängerung rechtfertigenden Umstände überprüfen zu können[129]. Unbegründete Anträge werden vom Amt ohne weitere Rückfrage zurückgewiesen[130]. 141

Bei *zwei oder mehreren Verfahrensbeteiligten* kann das EUIPO die Fristverlängerung an die Zustimmung der anderen Beteiligten knüpfen, ohne jedoch hierzu verpflichtet zu sein, wobei es die konkreten Umstände des Antrags zu berücksichtigen hat, insb wenn es die Zustimmung des anderen Beteiligten nicht einholt[131]. In einem solchen Fall empfiehlt es sich aber immer, ein von den Beteiligten gemeinsam unterschriebenes und für den Einzelfall begründetes *Fristverlängerungsgesuch* einzureichen (Art. 68 S. 3 DVUM). 142

Nach *derzeitiger Praxis des Amts*[132] werden alle während Prüfungs-, Widerspruchs- oder Löschungsverfahren fristgerecht eingereichten *Erstanträge* auf Verlängerung bewilligt, *Folgeanträge* auf eine nochmalige Verlängerung jedoch abgelehnt, wenn der Folgeantragsteller nicht nachweist, dass außergewöhnliche Umstände (Änderungen in der Handelsstruktur eines betroffenen Unternehmens, zusätzlicher Zeitbedarf für eine Gutachtenserstellung, zB Meinungsumfrage, höhere Gewalt wie Naturkatastrophen, Todesfälle) vorliegen. 143

Bei Ablehnung eines einseitigen Fristverlängerungsantrags durch das EUIPO (zB nach einer bereits auf Antrag beider Beteiligter gewährten einmaligen und auch als letztmalig deklarierten Fristverlängerung), die idR erst gewisse Zeit nach Eingang des Antrags erfolgt, wird nach derzeitiger Praxis *dem Antragsteller mindestens ein Tag zur Fristwahrung gewährt*, auch wenn der Verlängerungsantrag am letzten Tag der Frist eingegangen ist[133]. 144

128 Beschlüsse Nr EX-20–3 und Nr EX-20–4 des Exekutivdirektors vom 16.03.2020 und 29.04.2020; ABl.EUIPO 4/2020 und 6/2020. S. zu weiteren Details die Internetseite »COVID-19 updates« auf www.euipo.europa.eu.

129 EuG, 12.12.2007, T-86/05 – CORPO Livre/LIVRE, Rn 21–32; bestätigt durch EuGH, Rn 21–25.

130 Siehe *Stürmann,* Verfahren vor dem EUIPO, GRUR-Prax 2016, 120.

131 EuG, 13.02.2015, T-287/13 – HUSKY, Rn 46.

132 Information auf der Internetseite des EUIPO vom 02.08.2010.

133 EuG, 08.06.2022, T-293/21 – UM, Rn 37–45. Zwar haben die UMRL (hier: Teil A, Abschn. 1, Kap. 4.3) keinen verbindlichen Charakter, sie führen aber vorbehaltlich ihrer Vereinbarkeit mit höherrangigem Recht zu einer Selbstbeschränkung des EUIPO, da

145 Maßgebend für die Fristwahrung ist der rechtzeitige *Eingang des relevanten Schriftstücks beim EUIPO* und nicht dessen Absendetag am Ausgangsort[134].

146 Stellt das Amt (versehentlich oder auf Aufforderung des Beteiligten) mehrmals zu, ist nur die *erste erfolgreiche Zustellung* für die Fristberechnung relevant[135].

147 Eine nach verstümmelter Zustellung erfolgte erneute Zustellung mit vollständigen Entscheidungsgründen samt Bildern und anderen Rechtsmittelhinweisen eröffnet jedoch eine neue Beschwerdefrist[136].

VI. Wiedereinsetzung in den vorigen Stand

148 Im Falle der Fristversäumung kann der Anmelder, der Inhaber der Unionsmarke oder jeder andere an einem Verfahren vor dem Amt Beteiligte wegen Art. 104 Abs. 1 UMV mit einem schriftlichen Antrag *Wiedereinsetzung* in den vorigen Stand begehren.

149 Der *Zweck* der Wiedereinsetzung besteht darin, es dem Antragsteller, der trotz Beachtung aller nach den gegebenen Umständen gebotenen Sorgfalt eine Frist vor dem EUIPO[137] versäumt hat, zu erlauben, innerhalb von zwei Monaten nach Wegfall des Hindernisses[138] mittels schriftlichen Antrags die *Wirkungen der Fristversäumung rückgängig* zu machen, wenn die Verhinderung den Verlust eines Rechts oder Rechtsmittels zur unmittelbaren Folge hat (Art. 104 Abs. 1 und 2 S. 1 UMV). Der Antrag ist jedoch nur innerhalb eines Jahres nach Ablauf der versäumten Frist zulässig (Art. 104 Abs. 2 S. 3 UMV).

150 Zum *Wegfall des Hindernisses* ist auf die Zustellung an den ordnungsgemäß bevollmächtigten Vertreter des Betroffenen abzustellen und nicht darauf, wann den Betroffenen dann persönlich die Nachricht über seinen Vertreter erreicht[139]. Es reicht bereits

dieses sich an selbst auferlegte Regeln halten muss. Um die praktische Wirksamkeit zu wahren, ist die neue Frist ab dem Zeitpunkt zu gewähren, zu dem die mit dem Antrag auf Fristverlängerung befasste Stelle des EUIPO ihre Antwort übermittelt.

134 EuGH, 30.01.2014, C-324/13 P – PATRIZIA ROCHA/ROCHAS, Rn 42–53.

135 BK, 17.05.2010, R 303/10-2 – FIRST CHOICE, Rn 16, 17. Hier gilt also der Meistbegünstigungsgrundsatz nicht, wonach es zugunsten des Betroffenen immer auf die letzte Zustellung ankommt. Dies ist aber problematisch, weil das Prinzip des fairen Verfahrens verletzt sein könnte.

136 BK, 02.07.2010, R 1065/09-1 – Ableiter-Gesamtgerät, Rn 18–20.

137 Für die Entscheidung über die Wiedereinsetzung gegen die Versäumung der Klagefrist ist ausschließlich das EuG zuständig; EuG, 08.06.2016, T-585/15 – GREEN BEANS II, Rn 31–50.

138 Die Einhaltung dieser Antragsfrist ist eine Frage der öffentlichen Ordnung und daher zwingend. Da die Wiedereinsetzung geeignet ist, die Rechtssicherheit zu beeinträchtigen, sind ihre Voraussetzungen eng auszulegen; EuG, 20.09.2023, T-616/22 – Kochgerät (GGM).

139 EuG, 23.09.2009, T-20/08 und T-21/08 – DANELECTRO und QWIKTUNE, Rn 19–23; bestätigt durch EuGH, 30.09.2010, C-479/09 P, Rn 36–50.

ein telefonischer Hinweis des Amts auf den Mangel aus, so dass nicht erst auf das spätere Schreiben abgestellt werden kann[140].

Die versäumte Handlung ist zwingend innerhalb der *Zweimonatsfrist nachzuholen* (Art. 104 Abs. 2 S. 2 UMV). 151

Antragsberechtigt ist nur ein Beteiligter des Ausgangsverfahrens[141]. 152

An die Beachtung aller nach den gegebenen Umständen gebotenen Sorgfalt und deren Nachweis werden jedoch regelmäßig *extrem hohe Anforderungen* gestellt, die an die Rspr des EuGH und des EuG zum Vorliegen von *höherer Gewalt* und eines *Zufalls* (unvorhersehbaren Umständen) gemäß Art. 45 Abs. 2 Satzung-EuGH anknüpfen[142], so dass nur in ausgesprochen seltenen Fällen Wiedereinsetzung gewährt wird[143]. 153

Nach stRspr kann von den unionsrechtlichen Vorschriften über die Verfahrensfristen nur unter *ganz außergewöhnlichen Umständen* abgewichen werden, da deren strikte Anwendung dem Erfordernis der *Rechtssicherheit* und der Notwendigkeit entspricht, jede *Diskriminierung oder willkürliche Behandlung* bei der Rechtspflege zu *verhindern*. Unabhängig davon, ob solche Umstände als *Zufall*, *höhere Gewalt* oder *entschuldbarer Irrtum* anzusehen sind, enthalten sie in jedem Fall ein subjektives Merkmal, das mit der Verpflichtung des gutgläubigen Rechtsbürgers zusammenhängt, die *höchste Wachsamkeit* und *Sorgfalt* walten zu lassen, die von einem Wirtschaftsteilnehmer mit normalem Kenntnisstand verlangt werden kann, um den Ablauf des Verfahrens zu überwachen und die vorgesehenen Fristen zu wahren[144]. 154

Menschliche Fehler bei der (technischen) Verwaltung sind nämlich erfahrungsgemäß nicht als außergewöhnliche oder unvorhersehbare Ereignisse anzusehen. Daher erfordert die Beachtung der gebotenen Sorgfalt die Einrichtung eines *Systems zur internen Kontrolle* und Überwachung der Fristen, das deren unbeabsichtigte Versäumnis generell ausschließt. Allein *außergewöhnliche* und damit *nicht kraft Erfahrung vorhersehbare Umstände* können eine Wiedereinsetzung zur Folge haben. Diese kann jedoch bei einer *Verkettung von unglücklichen Umständen* gewährt werden, wenn zwar zwei *Säulen eines an sich ausreichenden anwaltlichen Sicherungssystems* versagt haben, die dritte Sicherheitssäule aber wegen einer fehlerhaften Zustellung seitens des EUIPO nicht mehr aktiviert werden konnte[145]. 155

140 EuG, 17.09.2008, T-218/06 – Neurim/EURIM-PHARM, Rn 70–78.

141 EuG, 12.05.2009, T-410/07 – JURADO, Rn 27.

142 Siehe Rdn 1833 ff.

143 Siehe EuG, 20.06.2001, T-146/00 – DAKOTA; EuG, 31.05.2005, T-373/03 – PARMITALIA/PARMITAL, Rn 60; EuG, 28.06.2005, T-158/04 – UUP'S/UP, Rn 7, 21–23; EuG, 17.09.2003, T-71/02 – BECKETT EXPRESSION/Expression; EuG, 19.04.2005, T-380/02 – PAN & CO/PAN SPEZIALITÄTEN, Rn 86; EuG, 21.04.2021, T-382/20 – Tischmesser, Gabeln, Löffel (GGM).

144 EuG, 21.05.2014, T-61/13 – NUEVA, Rn 38 mwN.

145 EuG, 25.04.2012, T-326/11 – BrainLAB.

156 Der Markeninhaber kann zB seine Verantwortung nicht auf eine von ihm beauftragte Person abwälzen, zB einen *Markenüberwachungsdienst.* Deren Fehlverhalten ist ihm nämlich unmittelbar wie eigenes zuzurechnen[146].

157 *Fehler bei der Übermittlung von Überweisungsaufträgen* an die Bank bzw Fehler der Bank bei deren Ausführung sind *weder selten noch unwahrscheinlich.* Der Kläger hätte sich daher trotz Nichtvorliegens einer Fehlermeldung bei seiner Bank nach der *Ausführung der Überweisung erkundigen* müssen. Beim verwendeten Online-Banking-System wäre es möglich gewesen, seine Konten aus der Ferne einzusehen und sich über die erfolgreiche Ausführung seiner Überweisung zu vergewissern, zumal er während seines Aufenthalts auf den Philippinen mehrere Überweisungen auf diesem Weg getätigt hat[147].

158 Bei der Einschaltung eines *Computersystems* durch ein Fachunternehmen zur Fristenkontrolle erfordert die nach den gegebenen Umständen gebotene Sorgfalt erstens, dass die allgemeine Konzeption dieses Systems die Einhaltung der Fristen gewährleistet, zweitens, dass dieses System die Möglichkeit bietet, jeden vorhersehbaren Fehler bei der Ausführung der den Beschäftigten des Fachunternehmens obliegenden Aufgaben und bei der Arbeit des Computersystems zu erkennen und zu beheben, und drittens, dass die für die Erfassung der erforderlichen Daten und die Anwendung des genannten Systems verantwortlichen Beschäftigten des Fachunternehmens angemessen ausgebildet sind, ihre Tätigkeiten überprüfen müssen und kontrolliert werden[148].

159 Dasselbe gilt für die fehlerhafte Fristberechnung oder irrtümliche Gebührenbezahlung per (nicht mehr statthaften) Scheck durch einen *Mitarbeiter der Anwaltskanzlei,* wenn diese keine ausreichende Gegenkontrolle eingerichtet hat[149].

160 Zwar dürfen Fristen grds *bis zum letzten Tag ausgeschöpft* werden[150]. Dies erhöht aber andererseits auch den an die Sorgfalt zu setzenden Beurteilungsmaßstab. Insb ist Vorsorge zu treffen, dass der vorgesehene Versandweg noch einen rechtzeitigen Eingang der Sendung oder Zahlung erlaubt. Dabei ist zu berücksichtigen, dass es bei Zustellungen ins Ausland (nach Alicante oder Luxemburg) immer zu Verzögerungen kommen kann. Aus diesem Grunde sollte man es grds nicht auf den letztmöglichen Termin ankommen lassen, sondern einen gewissen Zeitpuffer mit einkalkulieren.

146 EuG, 19.09.2012, T-267/11 – VR, Rn 23–40; EuG, 28.06.2012, T-314/10 – COOK'S, Rn 21–31; EuG, 20.04.2010, T-187/08 – Hundebild II, Rn 29–35; EuG, 13.05.2009, T-136/08 – AURELIA, Rn 13–28; EuG, 28.04.2008, T-358/07 – Publicare, Rn 6, 11–13; s.a. EuG, 23.02.2016, T-279/15 bis T-282/15 – Luftreifen für Fahrzeugräder(hinsichtlich der Versäumung der Verlängerung eines GGM), Rn 21–31.

147 EuG, 13.10.2021, T-732/20 – CRYSTAL.

148 EuG, 13.05.2009, T-136/08 – AURELIA, Rn 27; EuG, 28.06.2012, T-314/10 – COOK'S, Rn 29.

149 EuG, 13.09.2011, T-397/10 – A auf Schuh/A, Rn 26, 29; EuG, 15.09.2011, T-271/09 – Romuald Prinz Sobieski zu Schwarzenberg/JAN III SOBIESKI, Rn 53–62.

150 EuG, 12.07.2005, T-163/04 – Mike's MEALS ON WHEELS/MIKE'S SANDWICH MARKET, Rn 55.

So hat zB der EuGH[151] eine *Sorgfaltspflichtverletzung* darin gesehen, dass der Antragsteller seinen Originalschriftsatz nur *sieben Tage vor Fristablauf* nicht direkt dem Postdienst in Spanien, sondern einem privaten spanischen Versanddienst zur Auslieferung nach Luxemburg übergeben hatte, der wiederum zwei Tage benötigte, um den Schriftsatz per eingeschriebenen Brief an die Geschäftsstelle des EuG in Luxemburg zu versenden, wo er dann nach Fristablauf einging. Dasselbe gilt, wenn ein Anwalt das beim EUIPO nicht angekommene Schreiben selbst in den *Briefkasten* geworfen hat und damit über keine Nachweise hinsichtlich des Versands und des Empfangs des Schriftstücks verfügt[152]. 161

Ebenfalls hat das EuG *keinen Fall von außergewöhnlichem Zufall oder höherer Gewalt* angenommen, wenn eine Klageschrift verspätet einging, obwohl sie der Anwalt *15 Tage vor Fristablauf* einem *Kurierdienst* übergeben, aber ihren weiteren Weg nicht verfolgt hatte, obwohl dies möglich gewesen wäre[153]. Selbst auf Angaben im Handbuch der österreichischen *Post*, wonach eine Sendung innerhalb von 5 bis 10 Tagen nach Aufgabe bei ihr in Luxemburg einlangt, kann ein Beteiligter sich nicht verlassen, wenn die Sendung tatsächlich erst am 13. Tag und damit verspätet eingeht[154]. 162

Andererseits hat es das Gericht als *sachgerecht* angesehen, wenn der Antragsteller seinen verspätet eingegangenen Schriftsatz *einen Tag vor Fristablauf* einem privaten Kurierdienst in Spanien übergeben hatte, mit dem er gewöhnlich arbeitete, zu dem er hinreichendes Vertrauen hatte und der ihm eine fristgerechte Übergabe am folgenden Tag beim Amt zugesichert hatte[155]. 163

In *Ausnahmefällen* kann auch eine *plötzliche Erkrankung* ein unvorhersehbares Ereignis darstellen, das die Gewährung einer Wiedereinsetzung in den vorigen Stand rechtfertigt[156]. 164

Angesichts der generellen Zurückhaltung bei der Gewährung von Wiedereinsetzung empfiehlt es sich, bei Vorliegen der Voraussetzungen auf das Rechtsinstitut der *Weiterbehandlung* auszuweichen, zumal dieses nach dem neuen Recht nunmehr hinsichtlich aller im Widerspruchsverfahren versäumter Fristen (mit Ausnahme der Fristen zur Widerspruchseinlegung und Zahlung der Widerspruchsgebühr) anwendbar ist. Dieser Antrag ist auch deshalb einfacher, weil er *keiner Begründung* bedarf (s. Rdn 160 ff.). 165

151 EuGH, 18.01.2005, C-325/03 P – BLUE/BILBAO BLUE, Rn 21–23, 25–27.

152 EuG, 20.01.2021, T-276/20 – Lufterfrischer (GGM). Es ist das charakteristische Merkmal eines per Post verschickten Briefs, dass ihm keine Informationen beigefügt sind, die es ermöglichen, mit Sicherheit festzustellen, ob er gesendet und empfangen wurde. Denn per Post versandte Schreiben können nicht nachverfolgt werden.

153 EuG, 08.05.2012, T-675/11 – MaxCom/MASCOM, Rn 12–16.

154 EuG, 20.02.2013, T-422/12 – THE FUTURE HAS ZERO EMISSIONS, Rn 15–20.

155 EuG, 19.05.2011, T-580/08 – PEPEQUILLO/PEPE, Rn 33–41.

156 EuG, 16.12.2020, T-3/20 – Canoleum/MARMOLEUM, Rn 50. Hier handelte es sich um eine plötzliche schwerwiegende (unfallgleiche) Erkrankung des sachbearbeitenden Anwalts.

166 Generell *ausgeschlossen* von der Wiedereinsetzung sind nur die Versäumung der Frist des Antrags auf Wiedereinsetzung, der Erhebung des Widerspruchs und des Antrags auf Weiterbehandlung (Art. 104 Abs. 5 UMV)[157].

167 Der Wiedereinsetzungsantrag ist zu begründen, wobei die zur *Begründung* dienenden Tatsachen *glaubhaft zu machen* sind (Art. 104 Abs. 3 S. 1 UMV). Es sind die allgemeinen Beweisregeln des Art. 97 UMV entspr anwendbar. Jedoch gelten *strenge Anforderungen*, insb reicht eine eidesstattliche Versicherung des Beteiligten oder seines Vertreters allein nicht aus[158]. Der Antrag gilt erst als gestellt, wenn die Wiedereinsetzungsgebühr von 200 Euro (Anhang I zur UMV Nr A22) entrichtet worden ist (Art. 104 Abs. 3 S. 2 UMV).

168 Über den Antrag entscheidet die *Dienststelle des Amts*, die über die versäumte Handlung zu entscheiden hat (Art. 104 Abs. 4 UMV).

VII. Weiterbehandlung

169 Einem an dem Verfahren vor dem EUIPO Beteiligten, der eine gegenüber dem Amt einzuhaltende Frist versäumt hat, kann auf Antrag *Weiterbehandlung* gewährt werden, wenn mit dem Antrag die versäumte Handlung nachgeholt wird (Art. 105 UMV).

170 Der *Zweck* der Weiterbehandlung besteht darin, es dem Antragsteller, der eine Frist vor dem EUIPO versäumt hat, zu erlauben, gegen Zahlung einer zusätzlichen Gebühr von 400 Euro (Anhang I zur UMV Nr A24) auf Antrag hin ohne weitere Angabe von Gründen innerhalb von zwei Monaten nach Ablauf der versäumten Frist, die exakt einzuhalten ist[159], die *Wirkungen der Fristversäumung rückgängig* zu machen.

171 War der Anwendungsbereich dieser Vorschrift in der GMV noch sehr beschränkt, weil aufgrund Art. 82 Abs. 2 GMV *die meisten typischen Verfahrensfristen*, und zwar neben den gesetzlichen auch vom Amt bestimmte (die auf Antrag verlängerbar sind), von der Weiterbehandlung ausdrücklich *ausgeschlossen* waren[160], so gilt die Weiterbehandlung wegen Art. 105 Abs. 2 UMV nach dem neuen Recht ab 01.10.2017 für *alle Fristen in Widerspruchsverfahren*, mit Ausnahme der in Art. 46 Abs. 1 UMV genannten Frist für die Erhebung eines Widerspruchs und der Frist für die Entrichtung der Widerspruchsgebühr nach Art. 46 Abs. 3 UMV, da der Verweis auf Art. 42 GMV gestrichen wurde. Dies ist besonders wichtig, da für die Wiedereinsetzung in

157 EuG, 07.05.2009, T-277/06 – OMNICARE/OMNICARE.

158 EuG, 16.06.2015, T-585/13 – Gauff JBG Ingenieure/GAUFF. Insoweit gelten keine anderen Grundsätze wie beim Nachweis der Verkehrsdurchsetzung oder der ernsthaften Benutzung (Rdn 810. ff und 1181. ff).

159 EuG, 17.09.2008, T-218/06 – Neurim/EURIM-PHARM, Rn 61–66.

160 Siehe *Bender*, Das neue Rechtsinstitut der Weiterbehandlung im Gemeinschaftsmarkenrecht: ein Danaergeschenk!, Mitt 2006, 63; und *Pfleghar/Schramek*, Das Rechtsinstitut der Weiterbehandlung in Inter-partes-Verfahren vor dem HABM, MarkenR 2007, 288; s.a. BK, 14.10.2009, R 172/08-G – VISTA/vistar, Rn 27.

den vorigen Stand gemäß Art. 104 UMV angesichts der oben dargestellten rigiden Rspr von EuGH und EuG kaum ein Anwendungsbereich bleibt.

Ausgeschlossen ist die Weiterbehandlung aber für die Fristregelung über die Vergabe des Anmeldetags, der (Ausstellungs-)Priorität, für die Frist zur Inanspruchnahme eines Zeitrangs (Senorität) nach Einreichung der Anmeldung, der Mängelbeseitigung bei der Anmeldung, der Verlängerung, der Beschwerde-[161] und Klagefrist, der Wiedereinsetzung und der Umwandlung[162]. 172

Über den Antrag entscheidet die *Dienststelle des EUIPO*, die über die versäumte Handlung zu entscheiden hat (Art. 105 Abs. 3 UMV). 173

Gibt das Amt dem Antrag statt, so gelten die mit der Fristversäumnis verbundenen Folgen als nicht eingetreten. Ist zwischen dem Ablauf der Frist und dem Antrag auf Weiterbehandlung eine Entscheidung ergangen, überprüft die Stelle, die über die versäumte Handlung zu entscheiden hat, die Entscheidung und ändert sie ab, sofern es nur darum geht, die versäumte Handlung nachzuholen (Art. 105 Abs. 4 S. 1 und 2 UMV). 174

Kommt das Amt nach der Überprüfung zu dem Schluss, dass die ursprüngliche Entscheidung nicht abgeändert werden muss, *bestätigt* sie die *Entscheidung* schriftlich (Art. 105 Abs. 4 S. 3 UMV). 175

Weist es den Antrag zurück, so wird die *Gebühr erstattet* (Art. 105 Abs. 5 UMV). 176

VIII. Vertretung vor dem Amt

Die berufsmäßige Vertretung natürlicher oder juristischer Personen vor dem EUIPO kann wegen Art. 120 Abs. 1 UMV nur wahrgenommen werden durch *Rechtsanwälte*, die in einem der Mitgliedstaaten des *EWR* zugelassen sind und dort die Befugnis haben, als Vertreter in Markenangelegenheiten tätig zu sein, und die gleichzeitig ihren Geschäftssitz in der EWR haben, oder durch *zugelassene Vertreter*, die in einer beim EUIPO geführten Liste eingetragen sind. 177

In diese *Liste* können natürliche Person eingetragen werden, die die Staatsangehörigkeit eines Mitgliedstaats des EWR besitzen, dort ihren Geschäftssitz oder Arbeitsplatz haben und befugt sind, natürliche oder juristische Personen auf dem Gebiet des Markenwesens vor den nationalen Ämtern eines Mitgliedstaats des EWR zu vertreten (Art. 120 178

161 Die Beschwerdeerwiderungsfrist ist jedoch der Weiterbehandlung zugänglich; BK, 30.05.2018, R 1935/17-4 – me & lou MUNICH/ME, Rn 12, 13.

162 Da sowohl Art. 25 Abs. 3 GMV (Anmeldung über ein nationales Amt) als auch Art. 62 GMV (Abhilfe in mehrseitigen Verfahren) weggefallen sind, wurden alle Verweise auf diese Artikel aus der Aufzählung der ausgeschlossenen Fristen entfernt.

Abs. 2 UMV)[163]. Dies betrifft zB in Deutschland Patentanwälte[164]. Die Eintragung erfolgt auf *Antrag*, dem eine Bescheinigung des Markenamts des betr Mitgliedstaats beizufügen ist, aus der sich die Erfüllung der oben genannten Voraussetzungen ergibt (Art. 120 Abs. 3 UMV). Zur Änderung in der Liste s. Art. 75 DVUM.

179 Natürliche oder juristische Personen mit Wohnsitz oder Sitz oder einer tatsächlichen und nicht nur zum Schein bestehenden gewerblichen oder Handelsniederlassung im *EWR* können sich vor dem EUIPO durch einen ihrer *Angestellten* vertreten lassen (Art. 119 Abs. 3 UMV iVm Art. 74 DVUM)[165]. Diese Angestellten können auch andere juristische Personen vertreten, die mit ihrem Arbeitgeber wirtschaftlich verbunden sind, selbst wenn diese anderen juristischen Personen keinen Wohnsitz, Sitz oder eine gewerbliche bzw Handelsniederlassung im EWR haben[166].

180 *Verfahrensbeteiligte*, die weder ihren Wohnsitz oder ihren Sitz noch eine tatsächliche und nicht nur zum Schein bestehende gewerbliche oder Handelsniederlassung im EWR haben, müssen – außer für das Einreichen der Anmeldung selber – durch einen Vertreter handeln (Art. 119 Abs. 2 UMV). Hierfür ist die Eintragung der gewerblichen Niederlassung im Handelsregister im EWR erforderlich, Ladenfotos oder eine Internetseite mit Adressenangabe reichen ebenso wenig aus wie eine Niederlassung, die ein Mitarbeiter führt, der als natürliche Person im Handelsregister im eigenen Namen eingetragen ist[167]. Kommt ein derartiger Beteiligter der Aufforderung des EUIPO, einen Vertreter zu bestellen, nicht nach, darf sein Antrag nicht zurückgewiesen werden, sondern das Verfahren wird ausgesetzt[168]. Wenn sich ein Beteiligter durch einen *Zusammenschluss von Vertretern* gemäß Art. 74 Abs. 8 DVUM vertreten lässt, reicht es aus, dass diesem eine Person angehört, die die Voraussetzungen des Art. 120 UMV erfüllt, da die Bestellung oder Bevollmächtigung eines Zusammenschlusses von

163 Auch schon nach der Rechtslage der GMV durfte einem österreichischen Staatsangehörigen, der zur Vertretung vor dem österreichischen Patentamt befugt ist und ein Patentbüro mit Geschäftssitz in Liechtenstein betreibt, nach Art. 36 EWR-Abkommen (Abkommen über den Europäischen Wirtschaftsraum [EWR], das in Liechtenstein am 01.05.1995 durch den Beschluss des EWR-Rates Nr 1/95 vom 10.03.1995 in Kraft getreten ist; ABl. 1995, L 86/58) die Eintragung in die Liste der beim Amt zugelassenen Vertreter nicht verweigert werden, da das EWR-Abkommen die Organe der Union bindet; EuG, 13.07.2017, T-527/14 – Rosenich, mwN.

164 Zu den in den Mitgliedstaaten der Union und des EWR Berechtigten s. die Liste in der UMRL, Teil A, Abschn. 5, Anhang I.

165 Das bisherige Erfordernis, wonach für jede Anmeldung eine unterzeichnete Einzel- oder allgemeine Vollmacht zu den Akten einzureichen war (Regel 76 Abs. 2 GMDV), wurde aufgehoben.

166 *Stürmann,* Verfahren vor dem HABM, GRUR-Prax 2015, 269.

167 EuG, 22.09.2016, T-512/15 – SUN CALI/CaLi co, Rn 21–39.

168 BK, 22.03.2011, R 1629/10–1 – VINATEX. Der Mangel kann auch erst im Beschwerdeverfahren beseitigt werden mit der Konsequenz, dass das Verfahren fortgesetzt und eine Zurückweisung des Widerspruchs durch die Widerspruchsabteilung wegen fehlender Vertreterbestellung vor ihr aufgehoben wird; BK, 22.03.2016, R 2005/15–1 – lambretta/LAMBRETTA, Rn 18, 19, 22.

Vertretern als Bestellung oder Bevollmächtigung jedes einzelnen Vertreters gilt, der in diesem Zusammenschluss tätig ist[169].

Alle anderen Beteiligten können vor dem Amt, einschl der BK, selbst auftreten, bedürfen also keines Vertreters (Art. 119 Abs. 1 und Abs. 2 UMV). Legt in diesem Falle der Vertreter keine, eine fehlerhafte oder verspätete Vollmacht vor, schadet dies nicht, da wegen Art. 74 Abs. 3 DVUM das Verfahren dann mit der vertretenen Person fortgeführt wird[170]. 181

Ist ein *Vertreter* bestellt worden oder gilt der zuerst genannte Anmelder bei einer gemeinsamen Anmeldung als der gemeinsame Vertreter gemäß Art. 73 Abs. 1 DVUM, so erfolgen wegen Art. 60 Abs. 1 DVUM Zustellungen an den bestellten oder an den gemeinsamen Vertreter[171]. Sind mehrere Vertreter für einen Beteiligten bestellt worden, so genügt nach Art. 60 Abs. 2 DVUM die Zustellung an einen von ihnen, sofern eine bestimmte Zustellanschrift gemäß Art. 2 Abs. 1e UMDV angegeben worden ist. Haben mehrere Beteiligte einen gemeinsamen Vertreter bestellt, so genügt die Zustellung nur eines Schriftstücks an den gemeinsamen Vertreter. 182

Erfolgt eine Zustellung seitens des EUIPO versehentlich nicht an den Vertreter, sondern an den Unternehmensberaters, der den Beteiligten im Anmeldeverfahren vertreten hat, kann dies wegen *Verletzung des rechtlichen Gehörs* zur Aufhebung der angefochtenen Entscheidung führen, wenn der Beteiligte nicht rechtzeitig Kenntnis und Stellung nehmen konnte[172]. 183

Jede Zustellung oder andere Mitteilung an den *ordnungsgemäß bevollmächtigten Vertreter* hat nach Art. 60 Abs. 3 DVUM dieselbe Wirkung, als wäre sie an die vertretene Person gerichtet[173]. Umgekehrt haben alle Mitteilungen des Vertreters an das EUIPO dieselbe Wirkung, als wären sie von der vertretenen Person an das Amt gerichtet. 184

Ein *Vertreterwechsel* kann dem Amt auf einem Online-Formular mitgeteilt werden. 185

IX. Zahlungen an das Amt

Alle an das EUIPO *zu zahlenden Gebühren* müssen direkt an das Amt entrichtet werden und dürfen keinesfalls bei oder durch Vermittlung von nationalen Ämtern gezahlt werden. Die Zahlungen müssen in Euro erfolgen (Art. 179 Abs. 1 Unterabs. 1 und 4 UMV), Zahlungen in anderen Währungen sind nicht zulässig. Die laufenden Konten werden in Euro geführt, und alle Kredit- oder Debitkartentransaktionen erfolgen in Euro[174]. 186

169 EuG, 10.04.2024, T-262/23 – Mushie/KUSHIES, Rn 16–26.
170 EuG, 14.03.2017, T-132/15 – popchrono, Rn 53–58.
171 EuG, 25.04.2012, T-326/11 – BrainLAB, Rn 49.
172 EuG, 12.07.2012, T-279/09 – 100 % Capri/CAPRI.
173 EuG, 09.07.2010, T-510/08 – TOCQUEVILLE 13, Rn 57–64.
174 Art. 2 Beschluss Nr EX-21-5 des Exekutivdirektors vom 21.07.2021 bzgl der Zahlungsarten für Gebühren und Entgelte und zur Bestimmung des geringfügigen Betrags einer Gebühr oder eines Entgelts; ABl.EUIPO 10/2021.

187 Für jede Zahlung ist der *Name* des Einzahlers anzugeben, und es sind nach Art. 179 Abs. 2 UMV die erforderlichen *Angaben* zu machen, die es dem Amt ermöglichen, den Zweck der Zahlung ohne weiteres zu erkennen, insb

188 (a) bei Zahlung der *Anmeldegebühr* ihr Zweck, also »Anmeldegebühr«;

189 (b) bei Zahlung der *Widerspruchsgebühr* das Az. der Anmeldung und der Name des Anmelders der Unionsmarke, gegen deren Eintragung Widerspruch eingelegt wird, und der Zweck der Zahlung, also »Widerspruchsgebühr«;

190 (c) bei Zahlung der Gebühr für die Erklärung des *Verfalls* oder der *Nichtigkeit* die Eintragungsnummer und der Name des Inhabers der Unionsmarke, gegen die sich der Antrag richtet, sowie der Zweck der Zahlung, also »Gebühr für die Erklärung des Verfalls« oder »Gebühr für die Erklärung der Nichtigkeit«.

191 Ist der *Zahlungszweck* aus den bei der Zahlung gemachten Angaben *nicht zu erkennen*, so gewährt das EUIPO wegen Art. 179 Abs. 3 UMV eine Frist, dies nachzuholen. Holt der Einzahler die Angabe nicht innerhalb der gesetzten Frist nach, so gilt die Zahlung als nicht erfolgt und der gezahlte Betrag wird zurückerstattet.

192 Zahlungen an das EUIPO können *bewirkt* werden durch *Überweisung* (Art. 179 Abs. 1 Unterabs. 1 UMV), *Belastung eines laufenden Kontos* beim Amt oder, wenn dies für den konkreten Vorgang zugelassen ist, durch *Kreditkartenzahlung*.

193 Bei der *Überweisung* oder Einzahlung in Euro auf ein Bankkonto des Amts (Art. 179 Abs. 1 Unterabs. 1 UMV)[175] gilt der Tag, an dem der eingezahlte oder überwiesene Betrag *tatsächlich einem Bankkonto* des EUIPO *gutgeschrieben* wird, als der *Stichtag*, zu dem die Zahlung an das Amt als erfolgt anzusehen ist (Art. 180 Abs. 1 UMV). Der Auftraggeber muss auch dafür sorgen, dass etwaige Bankgebühren von ihm getragen werden.

194 Die Zahlung kann auch durch Belastung eines *laufenden Kontos* beim Amt erfolgen (Art. 179 Abs. 1 Unterabs. 1 UMV)[176]. Ein derartiges Konto kann von natürlichen oder juristischen Personen sowie Vertretern oder deren Zusammenschlüssen auf schriftlichen Antrag beim EUIPO unter Verwendung der im Nutzerbereich (*User Area*) auf der Internetseite des Amtes bereitgestellten Formulare und Kommunikationsmittel eingerichtet werden[177]. Mit der Errichtung des laufenden Kontos gilt die *Ermächtigung für die Abbuchung aller dem Amt geschuldeten Gebühren* und Entgelte für die Zahlung durch dessen Inhaber oder durch jede Person, die ordnungsgemäß bestellt und zu dessen Nutzung bevollmächtigt ist, als erteilt. Dem Inhaber des laufenden

175 Mitteilung Nr 1/18 des Exekutivdirektors vom 16.02.2018. Danach sind dies derzeit die Konten bei der CaixaBank Alicante, Spanien, ISBN ES03 2100 2353 0107 0000 0888, BIC CAIXESBBXXX, und bei der Banco Santander Alicante, Spanien, ISBN ES08 0049 6659 0121 1622 4792, BIC BSCHESMMXXX.

176 Art. 1, Art. 3 bis 13 Beschluss Nr EX-21-5 des Exekutivdirektors vom 21.07.2021; ABl. EUIPO 10/2021.

177 Bei Eröffnung muss das laufende Konto mit mindestens 1.000 Euro gedeckt sein, jedoch existiert keine Verpflichtung, diesen Mindestsaldo zu halten, sobald das Konto in Gebrauch genommen wurde (Art. 4 Abs. 4 des obigen Beschlusses).

Kontos obliegt es, alle Vorkehrungen zu treffen, damit das Konto eine ausreichende Deckung aufweist. Die mit der Kontoauffüllung verbundenen Bankgebühren und Spesen gehen zu seinen Lasten.

Ab dem Tag der Eröffnung des laufenden Kontos *belastet das Amt* im Rahmen der betr Verfahren *das laufende Konto*, soweit es ausreichend Deckung aufweist, *mit allen fälligen Gebühren und Entgelten* für diese Verfahren – außer der Inhaber hat ausdrücklich schriftlich widersprochen – und gewährt jeweils ein Datum für die entspr Zahlung. So gilt die Zahlung der Gebühr als erfolgt, und zwar für die *Anmelde-* und für die *Klassengebühr* am Tag des Eingangs der Anmeldung oder für *Verlängerungsgebühren* (und evt der Zuschlagsgebühr für die verspätete Antragstellung) an dem Tag, an dem der Verlängerungsantrag eingeht, es sei denn der Markeninhaber beantragt ausdrücklich eine Abbuchung zu einem anderen Zeitpunkt. Für *alle anderen Gebühren und Entgelte* kommt es auf den Tag des Eingangs des Antrags an, für den die Gebühr oder das Entgelt geschuldet wird[178]. 195

Ist zu dem Zeitpunkt, an dem das Amt das laufende Konto belastet, der *Kontostand nicht ausreichend*, um die Zahlung des Gesamtbetrags einer oder mehrerer Gebühren oder Entgelte abzudecken, so wird dies dem Kontoinhaber mitgeteilt, der innerhalb eines Monats unter Zahlung eines Verspätungszuschlags das Konto *ohne Fristverlust wieder auffüllen kann*[179]. 196

Weiter kann die Zahlung mit *Kredit-* oder *Debitkarte* (VISA, MASTERCARD oder EUROCARD) getätigt werden[180]. Dann erfolgt sie ausschließlich auf elektronischem Weg und wird nur akzeptiert, wenn sie für den speziellen Vorgang vorgesehen ist, der über elektronische Systeme abgewickelt und von diesen zugelassen wird. Im jeweiligen Internetformular (zB beim E-Filing für die elektronische Anmeldung) ist 197

178 Art. 8 des obigen Beschlusses.

179 Wird das laufende Konto innerhalb einer Frist von einem Monat nach Zugang der Mitteilung so wiederaufgefüllt, dass die Zahlung der betr Gebühren und des Verspätungszuschlags (20 % des Betrags der verspätet gezahlten Gebühr, jedoch höchstens 500 Euro bzw mindestens 100 Euro) abgedeckt ist, so belastet das Amt automatisch das laufende Konto damit, und die Zahlung gilt als an dem Tag erfolgt, an dem sie ursprünglich geschuldet war. Der Verspätungszuschlag wird jedoch nicht fällig, wenn der Kontoinhaber nachweist, die Zahlung zur Kontoauffüllung vor dem Zeitpunkt veranlasst zu haben, zu dem das EUIPO dessen Belastung vornahm. Wenn das laufende Konto nur so weit aufgefüllt wurde, dass lediglich ein Teil des fälligen Betrags gedeckt werden kann, wird die Abbuchung so vorgenommen, dass zuerst der Verspätungszuschlag abgebucht wird und sodann bei mehreren Gebühren die Abbuchung in chronologischer Reihenfolge unter Berücksichtigung von deren jeweiligen Fälligkeitsdaten erfolgt und nur dann, wenn das Konto mit der vollständigen Gebühr belastet werden kann. Ist aber das laufende Konto nicht ausreichend gedeckt und können Verspätungszuschlag sowie fällige Gebühren nicht rechtzeitig abgebucht werden, gilt die Zahlung dieser Gebühren als nicht erfolgt und alle mit einer fristgerechten Zahlung verbundenen Rechte gehen verloren, worüber das EUIPO den Kontoinhaber informiert (Art. 9 des obigen Beschlusses).

180 Entspr den Bedingungen und Beschränkungen des Beschlusses Nr EX-21–5 des Exekutivdirektors vom 21.07.2021, hier Art. 1 und Art. 14 bis 17; ABl.EUIPO 10/2021.

angegeben, ob eine Gebühr per Kredit- oder Debitkarte entrichtet werden kann. So dürfen Kredit- oder Debitkarten nicht zur Zahlung von durch den Exekutivdirektor gemäß Art. 178 Abs. 1 UMV festgelegten Gebühren und Entgelten und zum Auffüllen eines laufenden Kontos beim Amt verwendet werden.

198 Eine *Zahlung* per Kredit- oder Debitkarte gilt an dem Tag *als erfolgt*, an dem die entspr *elektronische Einreichung* oder der entspr Antrag *erfolgreich über die User Area* (Nutzerbereich) *erfolgte*, und unter der Voraussetzung, dass das Geld als Folge der Transaktion *tatsächlich auf dem Konto des EUIPO eingeht* und nicht zu einem späteren Zeitpunkt widerrufen wird. Wenn diese Bedingungen erfüllt sind, belastet das Amt die Kredit- oder Debitkarte. *Misslingt die Transaktion* aus irgendwelchen Gründen, gilt die *Zahlung als nicht geleistet*. Das Amt übernimmt keine Haftung, selbst dann, wenn der Grund für das Misslingen der Transaktion nicht dem Zahlungsleistenden zuzuschreiben ist.

199 *Scheckzahlungen* sind nicht mehr statthaft[181].

200 Ist die Gebühr *nicht in voller Höhe* gezahlt worden, so wird der gezahlte Betrag nach Ablauf der Zahlungsfrist erstattet. Das Amt kann jedoch, soweit es die laufende Frist noch zulässt, dem Einzahler Gelegenheit geben, den Fehlbetrag nachzuzahlen oder, wenn dies gerechtfertigt erscheint, geringfügige Fehlbeträge ohne Rechtsnachteil für den Einzahler unberücksichtigt lassen (Art. 181 Abs. 2 UMV). Der Exekutivdirektor kann mit Zustimmung des Haushaltsausschusses davon absehen, geschuldete Geldbeträge beizutreiben, wenn der *beizutreibende Betrag unbedeutend* oder der Erfolg der Beitreibung zu ungewiss ist (Art. 181 Abs. 3 UMV). Die Geringfügigkeitsgrenze dürfte hier ebenfalls – obwohl bislang nicht ausdrücklich bestimmt – bei 15 Euro liegen (s. Rdn 192).

201 *Zu viel gezahlte Gebühren oder Entgelte* werden nicht zurückerstattet, wenn der überschüssige Betrag geringfügig ist und der Einzahler die Erstattung nicht ausdrücklich verlangt hat (Art. 181 Abs. 4 UMV). Die Höhe des als geringfügig zu erachtenden Betrags hat der Exekutivdirektor auf 15 Euro festgelegt[182].

202 Generell gilt, dass eine Zahlungsfrist grds nur dann gewahrt ist, wenn der *volle Gebührenbetrag rechtzeitig* gezahlt worden ist (Art. 181 Abs. 1 UMV).

203 Gilt eine Gebührenzahlung *erst nach Ablauf der Frist*, innerhalb deren sie fällig war, als *eingegangen*, so gilt diese Frist als gewahrt, wenn gegenüber dem EUIPO nachgewiesen wird, dass der Einzahler innerhalb der Zahlungsfrist in einem Mitgliedstaat einer Bank einen ordnungsgemäßen Überweisungsauftrag erteilt hat und – innerhalb einer vom Amt festgesetzten Frist – einen Zuschlag von 10 % der entspr Gebühr(en),

181 EuG, 15.09.2011, T-271/09 – Romuald Prinz Sobieski zu Schwarzenberg/JAN III SOBIESKI, Rn 23–46.

182 Art. 18 Beschluss Nr EX-21-5 des Exekutivdirektors vom 21.07.2021; ABl.EUIPO 10/2021.

jedoch nicht mehr als 200 Euro, entrichtet hat[183]. Der Zuschlag entfällt, wenn der entspr Auftrag an die Bank spätestens zehn Tage vor dem Ablauf der Zahlungsfrist erteilt wurde (Art. 180 Abs. 3 UMV).

Kommt der Einzahler der Aufforderung des Amts *nicht vollständig nach*, ist der Zahlungsnachweis unzureichend oder wird der Zuschlag nicht fristgerecht entrichtet, gilt die Zahlungsfrist als versäumt (Art. 180 Abs. 3 und Abs. 4 UMV), und die einbezahlten Beträge werden zurückerstattet (Art. 181 Abs. 1 S. 2 UMV). 204

Das EUIPO versendet *keine Rechnungen*[184], der Einzahler kann jedoch im Einzelfall eine solche bei der Hauptabteilung Finanzen anfordern. 205

Nachdem die *Gebühren* nunmehr in die UMV aufgenommen wurden, sind sie für *längere Zeit stabil*, da Änderungen ein aufwändiges Gesetzgebungsverfahren erfordern. 206

X. Begründungspflicht für Entscheidungen des Amts

Entscheidungen des EUIPO müssen mit schriftlichen Gründen versehen sein (*Begründungspflicht*). Der Begründungsmangel einer BK-Entscheidung ist vom EuG *von Amts wegen* zu prüfen[185]. 207

Die *Begründung* muss die Überlegungen des Urhebers des Rechtsakts so *klar und eindeutig* zum Ausdruck bringen, dass die Betroffenen ihr die Gründe für die erlassene Maßnahme entnehmen können und das zuständige Gericht seine Kontrolle ausüben kann. Es sind keine umfangreichen Ausführungen erforderlich, vielmehr reicht auch eine *knappe Begründung* aus, wenn sie zu allen wesentlichen und entscheidungsrelevanten Argumenten der Beteiligten Stellung nimmt und aus sich heraus schlüssig und verständlich ist, insb keine Widersprüche oder Entstellungen des vorgetragenen Sachverhalts enthält (Art. 94 Abs. 1 S. 1 UMV)[186]. 208

In der Begründung brauchen *nicht alle tatsächlich oder rechtlich einschlägigen Gesichtspunkte genannt* zu werden, da die Frage, ob die Begründung einer Entscheidung den 209

183 Diese beiden Voraussetzungen sind *kumulativ.* erforderlich; EuG, 09.10.2019, T-713/18 – ESIM Chemicals/ESKIM; und EuG, 12.05.2011, T-488/09 – REDTUBE/Redtube, Rn 32–57 (entgegen dem ursprünglichen Wortlaut der alten deutschen Fassung von Art. 8 Abs. 3 GMGebV, die Abs. 3a und 3b durch ein »oder« verband). Diese Frage war nicht Gegenstand des Urteils des EuGH, 18.10.2012, C-402/11 P, mit dem dieses Urteil des EuG aufgehoben wurde.

184 Trifft bei einem Nutzer also unaufgefordert eine Rechnung ein, die einen amtlichen Eindruck hervorruft, darf er diese auf keinen Fall bezahlen, da es um einen betrügerischen Piratenakt handelt. Auf alle Fälle sollte das EUIPO sofort darüber informiert werden, das diese illegalen Machenschaften intensiv bekämpft, auch durch Warnhinweise auf seiner Internetseite.

185 EuG, 02.02.2016, T-169/13 – MOTO B/MOTOBI, Rn 29, 30.

186 Siehe ua EuGH, 06.09.2012, C-96/11 P – Schokoladenmaus, Rn 88, 89; EuG, 15.03.2006, T-129/04 – Develey-Kunststoffflasche, Rn 18; bestätigt durch EuGH, 25.10.2007, C-238/06 P.

Erfordernissen genügt, nicht nur anhand ihres Wortlauts, sondern auch *anhand ihres Kontexts* zu beurteilen ist, zu dem im Beschwerdeverfahren (Art. 32 Nr i DVUM) *auch die angefochtene Entscheidung der Ausgangsinstanz* des Amts gehört, soweit auf sie[187] – evt sogar nur konkludent – Bezug genommen wurde[188]. So kann von den BK nicht verlangt werden, bei ihren Ausführungen alle von den Verfahrensbeteiligten vorgetragenen Argumente nacheinander *erschöpfend* zu behandeln.

210 Die Begründungpflicht des EuG kann grds nicht so weit gehen, dass es die *in einer Rechtssache gewählte Lösung* gegenüber der in einer anderen Sache gewählten rechtfertigt, selbst wenn sie dieselbe Entscheidung betrifft. Dies gilt erst recht, wenn es sich um zwei Entscheidungen handelt, die unterschiedliche Zeichen und DL betreffen[189].

211 Die Begründung kann *auch implizit* erfolgen, sofern sie es den Betroffenen ermöglicht, die Gründe für die Entscheidung zu erfahren, und sie dem zuständigen Gericht ausreichende Angaben an die Hand gibt, damit es seine Kontrolle ausüben kann. Außerdem braucht die BK nicht auf alle Argumente einzugehen, die die Verfahrensbeteiligten geltend gemacht haben. Es genügt, wenn sie die Tatsachen und rechtlichen Erwägungen anführt, denen nach dem Aufbau der Entscheidung *wesentliche Bedeutung* zukommt[190].

212 Die Begründung eines Rechtsakts ist dem Betroffenen jedoch *mit diesem Rechtsakt mitzuteilen*, ehe er ein Rechtsmittel gegen ihn einlegt. Die Nichtbeachtung des Begründungserfordernisses kann nicht dadurch geheilt werden, dass der Betroffene die Gründe für den Rechtsakt während des Verfahrens vor dem Unionsrichter erfährt[191].

213 Hat die BK übersehen, vorgelegte Beweise zu würdigen, diese nur *oberflächlich oder falsch* beurteilt, so stellt dies keinen verfahrensrechtlichen Verstoß gegen Art. 94 Abs. 1 S. 1 UMV dar, sondern einen materiellrechtlichen Irrtum infolge einer unterlassenen oder fehlerhaften Beweiswürdigung[192].

214 Hat die BK zB das ihr übermittelte *rechtskräftige Urteil eines nationalen Unionsmarkengerichts* in einem parallelen Verletzungsverfahren *mit keinem Wort erwähnt*, ohne auch auf die Frage der Verspätung einzugehen, leidet die Entscheidung an einem

---

187 EuG, 18.03.2015, T-250/13 – SMART WATER, Rn 21; bestätigt durch EuGH, 17.03.2016, C-252/15 P.

188 EuGH, 21.10.2004, C-447/02 P – Orange, Rn 63–65; EuG, 11.09.2014, T-450/11 – GALILEO/GALILEO, Rn 35; EuG, 30.06.2010, T-351/08 – MATRATZEN CONCORD/ MATRATZEN, Rn 16–18, 25, 26; EuG, 25.03.2009, T-343/07 – ALLSAFE, Rn 32–37.

189 EuGH, 04.09.2014, C-509/13 P – METRO/GRUPOMETROPOLIS, Rn 50–52.

190 EuG, 18.01.2013, T-137/12 – Vibrator, Rn 61, 42.

191 EuG, 11.12.2014, T-235/12 – Flasche mit Grashalm/Flasche mit Grashalm, Rn 72. Wenn ein Organ oder eine Einrichtung der Union die Möglichkeit hätte, sich zur Ergänzung der in der angefochtenen Entscheidung genannten Gründe auf solche zusätzlichen Gründe zu berufen, würde dies die Verteidigungsrechte des Betroffenen und seinen Anspruch auf effektiven gerichtlichen Rechtsschutz sowie den Grundsatz der Gleichheit der Parteien vor dem Unionsrichter beeinträchtigen.

192 EuG, 06.11.2014, T-53/13 – Wellenlinie, Rn 14–26.

Begründungsmangel und verstößt gegen die Grundsätze der ordnungsgemäßen Verwaltung, weil ihre Prüfung nicht streng und umfassend war[193].

Bei der Entscheidung in einem vom EuG oder EuGH aufgehobenen und *zurückverwiesenen Verfahren* ist die BK weder verpflichtet, die vor den Unionsgerichten vorgetragenen Argumente zu berücksichtigen, noch, darauf eine spezifische Antwort in ihrer Entscheidung zu geben, da die Argumente vor Gericht nicht an das EUIPO gerichtet sind[194]. 215

Die Prüfung der Eintragungshindernisse hat sich zum einen auf alle *beanspruchten Waren oder DL* zu erstrecken, und zum anderen muss die ablehnende Entscheidung grds in Bezug auf jede einzelne von ihnen begründet sein. 216

Wenn allerdings dasselbe Eintragungshindernis einer Gruppe von Waren oder DL entgegensteht, kann sich die zuständige Behörde auf eine *globale Begründung für alle betroffenen Waren oder DL* beschränken[195]. 217

Eine solche *globale Begründung* ist jedoch nur statthaft, wenn zwischen den betr Waren oder DL ein hinreichend direkter und konkreter Zusammenhang besteht. Sie müssen eine derart *homogene Gruppe* bilden, dass die Gesamtheit der globalen tatsächlichen und rechtlichen Erwägungen sich einerseits auf jede der betr Waren oder DL dieser Gruppe hinreichend deutlich bezieht und andererseits ohne Unterschied angewandt werden kann. Es darf also zwischen ihnen keine Heterogenität hinsichtlich ihrer Natur, Merkmale, Bestimmung und Vertriebsart bestehen. 218

Dass die betr Waren oder DL *zur selben Kl. gehören, genügt nicht*, da eine Kl. oft eine große Bandbreite von Waren oder DL umfasst, die oft sehr verschieden sind und nicht zwangsläufig einen hinreichend direkten und konkreten Zusammenhang miteinander aufweisen. Wenn zB das EuG schon selbst die ein und ders Kl. angehörenden Waren nach ihren Vertriebsbedingungen unterschieden hat, muss es seine Entscheidung auch in Bezug auf jede von ihm innerhalb dieser Kl. gebildete Warengruppe begründen[196]. 219

Die Zuordnung der fraglichen Waren und DL zu einer oder zu mehreren Gruppen oder Kategorien hat ua auf der Grundlage der *Eigenschaften* zu erfolgen, die ihnen *gemeinsam* sind, und die für die Beurteilung der Frage, ob der Anmeldung für diese Waren und DL ein bestimmtes absolutes Eintragungshindernis entgegengehalten werden kann, von Bedeutung sind. Eine solche Beurteilung muss konkret für die Prüfung jeder Anmeldung und ggf für jedes der verschiedenen möglicherweise anwendbaren absoluten Eintragungshindernisse erfolgen[197]. 220

193 EuG, 25.03.2015 – T-378/13 – English pink/PINK LADY, Rn 28–49.

194 EuG, 25.03.2009 – T-402/07 – ARCOL/CAPOL II, Rn 94–96, bestätigt durch EuGH, 04.03.2010, C-193/09 P.

195 EuGH, 15.02.2007, C-239/05 – The Kitchen Company, Rn 34, 37.

196 EuGH, 17.10.2013, C-597/12 P – ZEBEXIR/ZEBINIX, Rn 21–30 mwN; EuG, 02.04.2009, T-118/06 – ULTIMATE FIGTHING CHAMPIONSHIP, Rn 28.

197 EuGH, 17.05.2017, C-437/15 P – deluxe, Rn 33 mwN.

221 Jedoch lässt sich nicht von vornherein ausschließen, dass die von einer Anmeldung beanspruchten Waren und DL *sämtlich eine Eigenschaft* aufweisen, die für die Prüfung, ob ein absolutes Eintragungshindernis vorliegt, relevant ist, und dass sie für Zwecke der Prüfung der fraglichen Anmeldung in Bezug auf dieses absolute Eintragungshindernis in einer einzigen hinreichend homogenen Kategorie oder Gruppe zusammengefasst werden können. Dass alle Waren oder DL als solche von *gehobener Qualität* beworben werden können, kann dazu führen, dass sie zum Zwecke der Prüfung eines absoluten Eintragungshindernisses sämtlich zu einer einzigen hinreichend homogenen Kategorie und Gruppe gehören. Sollte der Ausdruck *deluxe* eine Bedeutung in Richtung auf »gehobene Qualität« haben, wäre daher nach Erkenntnis des EuGH zu prüfen, ob die beanspruchten Waren und DL im Hinblick auf diese Bedeutung eine homogene Gruppe bilden, was die Vornahme einer pauschalen Begründung rechtfertigt[198]. Dies hat das EuG im Nachfolgeurteil bestätigt und daher die Zurückweisung der Anmeldung aufrecht erhalten[199].

222 Schließlich muss die beschreibende Aussage einer beanstandeten Anmeldung *vom Amt* durch entspr *Nachweise*, wie Auszüge aus der Fachliteratur, Auskünfte aus Lexika oder Abdrucke von Seiten aus dem Internet, belegt werden, sofern sie nicht völlig selbstverständlich und allgemein bekannt ist. Lediglich Verweise auf die Internetadressen reichen nicht aus, da sich der Inhalt von Internetseiten jederzeit ändern kann[200].

223 Auskünfte aus *Wikipedia* und *Wiktionary* hält das EuG nicht für verwertbar, da sie einer Kollektiv-Enzyklopädie im Internet entstammen, deren Inhalt jederzeit und in bestimmten Fällen von jedem Besucher – selbst anonym – geändert werden kann und daher auf nicht gesicherten Informationen beruht[201].

224 Der *Beteiligte* hat dann die Möglichkeit, Gegenargumente und Beweise vorzutragen, ohne dass dies zu einer Umkehr der Beweislast führt[202].

XI. Wahrung des rechtlichen Gehörs

225 Entscheidungen des EUIPO dürfen nur auf Gründe gestützt werden, zu denen die Beteiligten sich vor ihrem Erlass äußern konnten. Hierbei handelt es sich auch im europäischen System um ein verfahrensrechtliches Grundrecht.

198 EuGH, 17.05.2017, C-437/15 P – deluxe, Rn 34–43.

199 EuG, 04.07.2018, T-222/14 RENV – deluxe II.

200 Siehe EuG, 14.04.2005, T-260/03 – CELLTECH; bestätigt durch EuGH, 19.04.2007, C-273/05 P, Rn 37–46; EuG, 15.11.2011, T-363/10 – RESTORE, Rn 62–70; bestätigt durch EuGH, 17.01.2013, C-21/12 P.

201 EuG, 16.06.2015, T-229/14 – Yorma Eberl/NORMA, Rn 47; EuG, 16.10.2014, T-444/12 – LINEX/LINES PERLA, Rn 47 mwN; EuG, 09.04.2014, T-501/12 – OCTASA/PENTASA, Rn 48; EuG, 18.06.2013, T-338/12 – K9 PRODUCTS/K9, Rn 32 mwN; EuG, 10.02.2010, T-344/07 – Homezone, Rn 46.

202 EuGH, 11.12.2014, C-253/14 P – BigXtra, Rn 47–50.

Der Anspruch auf *rechtliches Gehör* erstreckt sich auf *alle tatsächlichen und rechtlichen Gesichtspunkte*, die die Entscheidungsgrundlage bilden, nicht aber auf den endgültigen Standpunkt, den das Amt einnehmen will[203]. Art. 94 Abs. 1 S. 2 UMV, der einen besonderen Anwendungsfall des in Art. 41 Abs. 2a GRC niedergelegten allgemeinen Grundsatzes darstellt, gewährleistet im Rahmen des Unionsmarkenrechts den *Schutz der Verteidigungsrechte*. Nach diesem allgemeinen Grundsatz des Unionsrechts muss der Adressat einer amtlichen Entscheidung, die seine Interessen spürbar berührt, Gelegenheit erhalten, seinen Standpunkt gebührend darzulegen[204]. 226

Die Verletzung der Verteidigungsrechte führt aber *nur dann zur Nichtigerklärung* des fraglichen Rechtsakts, wenn das Verfahren ohne diese Verletzung zu einem anderen Ergebnis hätte kommen können[205]. 227

Das in der Ausgangsinstanz verletzte rechtliche Gehör kann zudem *in der Beschwerdeinstanz nachgeholt* werden, so dass die BK nicht zwingend aufheben und zurückverweisen muss, sondern aus Gründen der Verfahrensökonomie auch in der Sache durchentscheiden kann[206]. 228

Beruht die Entscheidung einer BK auf von einem Verfahrensbeteiligten dem EUIPO vorgelegten Beweisen, für die nicht nachgewiesen ist, dass sie dem anderen Beteiligten vollständig und ohne Änderungen übermittelt worden sind, verstößt die Entscheidung gegen Art. 94 Abs. 1 S. 2 UMV. Daher müssen *wechselseitige Stellungnahmen* den Verfahrensbeteiligten zur Gegenäußerung innerhalb angemessener Frist zur Verfügung gestellt werden, wie zB Art. 4 DVUM bestimmt. Dabei hat das Amt mit Sicherheit zu gewährleisten, dass den anderen Verfahrensbeteiligten *vollständige und lesbare Kopien* der Eingaben der Gegenseite erreichen. 229

In *Widerspruchsverfahren* soll das EUIPO gemäß Art. 47 Abs. 1 UMV die Beteiligten so oft wie erforderlich auffordern, innerhalb einer von ihm bestimmten Frist eine Stellungnahme zu seinen Bescheiden oder zu den Schriftsätzen anderer Beteiligter einzureichen. Auch dies dient – neben der Förderung der *Vergleichsbereitschaft* nach Art. 47 Abs. 4 UMV, die allerdings vom Amt nicht forciert wird – der Wahrung des rechtlichen Gehörs, zumal die Verfahren vor dem EUIPO praktisch ausschließlich schriftlich ablaufen[207]. 230

Das Amt darf Entscheidungen nicht auf formale Gründe, zB Unzulässigkeit eines Antrags, oder *neue sachliche Erwägungen* stützen, zB dass die Widerspruchsmarke 231

203 EuG, 07.06.2005, T-303/03 – Salvita/SOLEVITA, Rn 62; EuG, 20.04.2005, T-273/02 – CALPICO/CALYPSO, Rn 65, 66; EuG, 07.02.2007, T-317/05 – Gitarrenform, Rn 24, 26, 27 mwN.

204 EuG, 13.04.2011, T-262/09 – FIRST DEFENSE AEROSOL PEPPER PROJECTOR/FIRST DEFENSE II, Rn 79.

205 EuGH, 06.09.2012, C-96/11 P – Schokoladenmaus, Rn 80.

206 EuG, 06.09.2013, T-599/10 – EUROCOOL/EUROCOOL LOGISTICS, Rn 44–62.

207 EuG, 13.06.2012, T-542/10 – CIRCON/CIRCULON, Rn 70–91.

jünger als die angegriffene Anmeldung ist, ohne zuvor die Beteiligten darüber informiert und zur Stellungnahme eingeladen zu haben.

232 Das rechtliche Gehör eines Anmelders ist aber *nicht verletzt*, wenn die BK ihrer Entscheidung eine andere Widerspruchsmarke zugrunde legt als die Widerspruchsabteilung, ohne ihn vorher nochmals zu einer ausdrücklichen Stellungnahme hierzu aufgefordert oder ohne dies in einer Mitteilung an ihn gemäß Art. 28 DVUM angekündigt zu haben[208].

233 Ebenfalls ist das rechtliche Gehör *nicht verletzt*, wenn die BK nach Zurückverweisung des Verfahrens durch das EuG entscheidet, ohne den Beteiligten vorher nochmals Gelegenheit zur Stellungnahme gegeben zu haben, da diese bereits im Rahmen des vorher durchgeführten schriftlichen Verfahrens jede Gelegenheit hatten, Stellung zu den rechtlichen und tatsächlichen Gesichtspunkten zu nehmen, wenn die neue Entscheidung nur auf diesen Gesichtspunkten beruhte[209].

234 Schließlich kann der Kläger *nicht* im Stadium der *Klage vor dem EuG* eine *Verletzung seines Anspruchs auf rechtliches Gehör durch den Prüfer* geltend machen, auf die er sich vor der BK nicht berufen hatte[210].

235 *Offenkundige Tatsachen*[211], wie insb Erkenntnisse aus allgemein zugänglichen Wörterbüchern und Lexika, brauchen den Beteiligten nicht vorgehalten werden[212].

208 EuG, 25.03.2009, T-191/07 – BUDWEISER/BUDWEISER I, Rn 42–49; bestätigt durch EuGH, 29.07.2010, C-214/09 P; EuG, 15.01.2013, T-237/11 – BELLRAM/RAM, Rn 27–34; EuG, 24.11.2015, T-278/10 RENV – WESTERN GOLD/WeserGold, Rn 60–63; EuG, 01.02.2017, T-19/15 – wax by Yuli's/wax, Rn 17–32; EuG, 17.02.2017, T-811/14 – Fair & Lovely/NEW YORK FAIR & LOVELY, Rn 31–43. Vgl auch EuG, 27.06.2013, T-608/11 – Schreibinstrument-Design II, Rn 37, 49–51. Diese eingeschränkte Sichtweise des rechtlichen Gehörs im europäischen Verfahrensrecht ist sehr bedenklich, da damit der BK erlaubt wird, ihre Entscheidung auf ein Widerspruchrecht zu stützen, das vor ihr gar nicht Verfahrensgegenstand war und auf das sie die Beteiligten gar nicht hingewiesen hatte.

209 EuG, 04.05.2017, T-25/16 – GELENKGOLD II/Tigerbild, Rn 54–57; EuG, 03.02.2017, T-509/15 – Premeno/Pramino II, Rn 24–38; EuG, 13.04.2011, T-262/09 – FIRST DEFENSE AEROSOL PEPPER PROJECTOR/FIRST DEFENSE II, Rn 83–88.

210 EuG, 18.01.2013, T-137/12 – Vibrator, Rn 61, 62.

211 Für allgemein bekannt hat das EuG zB angesehen, dass Russisch in den baltischen Staaten verstanden wird; EuG, 20.06.2012, T-357/10 – CORONA/KARUNA, Rn 16 mwN. Das Amt darf zB in einem Nichtigkeitsverfahren aus absoluten Gründen nicht nur den Sachvortrag der Beteiligten, sondern auch allgemein bekannte Tatsachen berücksichtigen, die sich spontan aus geläufigen Lexika ergeben; EuG, 03.05.2018, T-463/17 – RAISE, Rn 21–31.

212 EuG, 08.09.2010, T-64/09 – >packaging, Rn 13–20. Hier hatte das EuG sogar in der Verwendung von Belegen aus Fachwörterbüchern ohne Anhörung des Anmelders keinen Verstoß gegen das rechtliche Gehör gesehen, zumal die Definition des Prüfers die von der BK formulierte fachspezifische Definition bereits umfasste.

Dagegen sind *Suchergebnisse* aus Spezial- und Fachlexika, Enzyklopädien, Fachliteratur oder -zeitschriften sowie aus dem Internet ihnen generell zur Stellungnahme vorzulegen, und zwar nicht nur mit der Zitatstelle oder der Angabe der Internetadresse, sondern auch unter Beifügung der konkreten, entscheidungsrelevanten Passage. 236

Während der EuGH im Orange-Urteil[213] zwar eine Verletzung von Art. 94 Abs. 1 S. 2 GMV konstatierte, diese aber letztlich als für die betroffene Entscheidung nicht kausal ansah, da es sich (in diesem Einzelfall!) lediglich um eine eher belanglose Abrundung bestätigenden Charakters von bereits in das Verfahren eingeführten Dokumenten handelte, stellt das EuG[214] deutlich *strengere Anforderungen* und verlangt, dass alle entscheidungsrelevanten Nachweise den Beteiligten zur Stellungnahme vorgelegt werden müssen, um das *rechtliche Gehör* zu wahren. 237

XII. Grundsätze der guten Verwaltung

Einen Bestandteil des Grundsatzes der guten Verwaltung nach Art. 41 Abs. 1 GRC stellt das Prinzip dar, wonach eine *Entscheidung innerhalb angemessener Frist* zu ergehen hat. Jedoch rechtfertigt ein Verstoß gegen diesen Grundsatz nicht automatisch die Nichtigerklärung der angefochtenen Entscheidung, weil dies das betr Verfahren zum Nachteil der Beteiligten nur weiter verzögern würde. Selbst dass die BK eine vorrangige Prüfung der Beschwerde gemäß Art. 31 DVUM abgelehnt hat, vermag daran nichts zu ändern. Ein evt Schadensersatzanspruch bedürfte aber zumindest der präzisen Darlegung, dass infolge der unverhältnismäßigen Dauer des Verfahrens irgendein *Schaden* entstanden wäre[215]. 238

Das EUIPO und seine Bediensteten haben ebenfalls gemäß Art. 41 Abs. 1 GRC in allen Verfahren *absolute Überparteilichkeit* zu wahren. In mehrseitigen Verfahren müssen sie sich neutral verhalten und dürfen keinen Beteiligten durch über allgemeine Rechts- und Verfahrenshinweise hinausgehende Beratung für den Einzelfall unterstützen. 239

Art. 169 Abs. 1 UMV regelt die *Ausschließung* und *Ablehnung* der Prüfer, Mitglieder der Abteilungen des EUIPO und Mitglieder der BK. Denn diese dürfen nicht an der Erledigung einer Sache mitwirken, an der sie ein *persönliches Interesse* haben oder in der sie *vorher als Vertreter eines Beteiligten tätig* gewesen sind. Die Mitglieder der Nichtigkeitsabteilung dürfen nicht an der Erledigung einer Sache mitwirken, wenn sie an deren abschließender Entscheidung im Eintragungs- oder Widerspruchsverfahren mitgewirkt haben, und die Mitglieder der BK dürfen nicht an einem Beschwerdeverfahren mitwirken, wenn sie an der abschließenden Entscheidung in der Vorinstanz 240

213 EuGH, 21.10.2004, C-447/02 P – Orange, Rn 44–50; EuG, 13.07.2005, T-242/02 – TOP, Rn 60–62, 65.

214 EuG, 07.02.2007, T-317/05 – Gitarrenform; EuG, 04.10.2006, T-188/04; EuG, 18.01.2013, T-137/12 – Freixenet-Flaschen I; EuG, 18.01.2013, T-137/12 – Vibrator, Rn 56–60.

215 EuG, 13.07.2005, T-242/02 – TOP, Rn 51–55, 115, 116; und EuG, 17.01.2024, T-650/22 – ATHLET, Rn 85–89.

mitgewirkt haben, es sei denn, die Große BK entscheidet (Art. 35 Abs. 4 DVUM; s. Rdn 1864).

241 Ein Verstoß gegen die von Art. 169 UMV und in Art. 41 GRC geforderte subjektive oder objektive Unparteilichkeit kann nicht allein aus der Tatsache abgeleitet werden, dass der *Berichterstatter der BK Mitglied einer anderen BK* war, die die Entscheidung in einer anderen Sache erlassen hat, selbst wenn an dieser anderen Sache eine Gesellschaft beteiligt war, deren Geschäftsführer derjenige des Klägers im laufenden Verfahren war. Schließlich ist der angebliche *Interessenkonflikt* des Berichterstatters der BK, der darin bestehen soll, dass er und der Anwalt des Nichtigkeitsantragstellers *Mitglieder der gleichen Vereinigung zur wissenschaftlichen Fortbildung im Bereich geistiges Eigentum* seien, in Ermangelung anderer Hinweise auf eine Voreingenommenheit oder persönliche Vorurteile des betroffenen Berichterstatters gegenüber dem Kläger zugunsten des Nichtigkeitsantragstellers kein Umstand, der, selbst wenn er als erwiesen angesehen wird, geeignet ist, das Vorliegen eines Verstoßes gegen das Unparteilichkeitsgebot zu belegen[216].

242 Zu Recht *zurückgewiesen* wurde auch das *Ablehnungsgesuch* gegen den *Vorsitzenden einer BK*, der *Mitglied der Nichtigkeitsabteilung* gewesen sein soll, die eine Entscheidung in einer anderen Sache getroffen habe, in der er angeblich unwahre und falsche Behauptungen über die Markenagentur des Vertreters des Markeninhabers gemacht habe, nicht realitätsbezogen gewesen sei und die Argumente des Markeninhabers und dessen Anspruch auf rechtliches Gehör ignoriert habe. Da diese Entscheidung aber nicht vom Vorsitzenden der BK allein erlassen worden ist, sondern von der Nichtigkeitsabteilung gemeinsam, die aus drei Personen besteht, kann nicht von einem persönlichen Verhalten des Vorsitzenden der BK die Rede sein[217].

243 Das Verfahren ist in Art. 169 Abs. 2 bis 4 UMV geregelt.

244 Nach Art. 340 Abs. 2 AEUV iVm Art. 145 Abs. 3 UMV ersetzt das Amt im Bereich der *außervertraglichen Haftung* den durch seine Dienststellen oder Bediensteten in Ausübung ihrer Amtstätigkeit verursachten Schaden nach den allgemeinen Rechtsgrundsätzen, die den Rechtsordnungen der Mitgliedstaaten gemeinsam sind. Das EuG ist für Streitsachen über diesen Schadensersatz gemäß Art. 145 Abs. 4 UMV zuständig.

245 Die außervertragliche Haftung der Union für ein rechtswidriges Verhalten ihrer Organe oder Einrichtungen, wie auch der EUIPO, hängt davon ab, dass mehrere Voraussetzungen erfüllt sind, nämlich die *Rechtswidrigkeit* des vorgeworfenen Verhaltens, das tatsächliche Vorliegen eines *Schadens* und das Bestehen eines *Kausalzusammenhangs* zwischen diesem Verhalten und dem geltend gemachten Schaden. Liegt eine dieser Voraussetzungen nicht vor, ist wegen ihres kumulativen Charakters eine Schadens-

216 EuG, 17.01.2024, T-650/22 – ATHLET, Rn 90–93.
217 S. zB EuG, 07.06.2023, T-239/22 – RIALTO, Rn 20–35.

ersatzklage insgesamt abzuweisen, ohne dass die übrigen Voraussetzungen geprüft zu werden brauchen[218].

XIII. Allgemein anerkannte Grundsätze des Verfahrensrechts

Soweit UMV, DVUM oder UMDV Vorschriften über das Verfahren nicht enthalten, gelten die in den Mitgliedstaaten allgemein anerkannten Grundsätze des Verfahrensrechts (Art. 107 UMV[219]). 246

Hierzu gehören insb der Grundsatz des *Vertrauensschutzes* (principle of protection of legitimate expectations), ein Eckpfeiler der ordnungsgemäßen Verwaltung, der dann zum Tragen kommt, wenn ein Unionsorgan (unabhängig von der Form) durch *bestimmte genaue Zusicherungen*, nämlich präzise, klare, nicht an Bedingungen geknüpfte und übereinstimmende Auskünfte von zuständiger und zuverlässiger Seite, *begründete Erwartungen geweckt* hat, durch die bei einem gutgläubigen Bürger, der die erforderliche Sorgfalt eines durchschnittlich informierten Wirtschaftsteilnehmers an den Tag legt, eine verständliche Verwirrung hervorgerufen werden konnte. 247

Ein Beteiligter kann sich aber *nicht* auf das *Schweigen der Verwaltung* berufen, um einen Verstoß gegen den Grundsatz des Vertrauensschutzes einzuwenden[220]. Schließlich können Zusagen, die den anwendbaren Bestimmungen des Unionsrechts nicht entsprechen, beim Betroffenen kein berechtigtes Vertrauen begründen[221]. 248

Auch wenn die *UMRL* als solche keinen Vorrang vor UMV, DVUM und UMDV haben, kann ein *Verstoß gegen einen allgemeinen Rechtsgrundsatz* wie den *Vertrauensschutz* auf sie gestützt werden, sofern insb mit ihnen einem Bürger präzise, nicht an Bedingungen geknüpfte und übereinstimmende Auskünfte erteilt werden und sie mit UMV, DVUM und UMDV in Einklang stehen[222]. Die UMRL stellen nämlich die 249

218 EuG, 17.02.2017, T-726/14 – FLEXPS/FlexES, Rn 24–34. Ist eine anwaltliche Vertretung vor dem EUIPO im Beschwerdeverfahren nicht gesetzlich geboten, so fehlt es schon an der Kausalität zwischen dem angeblich rechtswidrigen Handeln des Amts und den entstandenen Anwaltskosten. Zudem enthält Art. 109 UMV iVm Art. 18 UMDV eine abschließende Regelung über die Kostentragungspflicht; Rn 35–37.

219 Mit der UMV erfolgte endlich die Korrektur eines offensichtlichen Formulierungsfehlers der GMV: Es heißt nun nicht mehr: »die in den Mitgliedstaaten im Allgemeinen anerkannten Grundsätze des Verfahrensrechts«.

220 EuG, 09.09.2011, T-36/09 – dm/dm, Rn 108–116. Auch wenn die Widerspruchsabteilung ankündigt, dass sie eine wegen Widersprüchlichkeiten und Auslassungen offensichtlich fehlerhafte Entscheidung widerrufen will, darf sich ein Beteiligter nicht darauf verlassen, sondern muss gegen diese Entscheidung Beschwerde einlegen, will er nicht riskieren, dass eine erst gegen die spätere korrigierte Entscheidung (auch wenn sie die Widerspruchsabteilung für beschwerdefähig bezeichnete) eingelegte Beschwerde als unzulässig angesehen wird.

221 EuG, 27.06.2012, T-523/10 – my baby/MYBABY, Rn 83, 87.

222 EuG, 27.06.2012, T-523/10 – my baby/MYBABY, Rn 95. Jedenfalls sind die UMRL immer im Lichte von UMV, DVUM und UMDV auszulegen, und es sind auch die Mitteilungen des EUIPO an die Beteiligten zu berücksichtigen, Rn 100–105.

Kodifizierung einer Vorgehensweise dar, der das EUIPO folgen möchte, so dass sich aus ihnen vorbehaltlich ihrer Vereinbarkeit mit höherrangigem Recht eine Selbstbeschränkung des Amts ergibt, da es sich an diese, sich selbst auferlegten Regeln halten muss[223]. Bei fehlerhaftem Verhalten des EUIPO, das zu einem endgültigen Rechtsverlust führt, bleibt dem Betroffenen nur der Schadensersatzanspruch gemäß Art. 145 Abs. 3 UMV.

250 Weiter gehören zu den allgemein gültigen Grundsätzen des Verfahrensrechts der Grundsatz der *Rechtssicherheit*, der als Fundamentalprinzip das Registerverfahren beherrscht, das *Diskriminierungsverbot*, mit dem gerade in der Europäischen Union die Gleichbehandlung vergleichbarer Sachverhalte (auch jenseits von Nationalitäts- und Sprachunterschieden) gewährleistet werden soll, der *Meistbegünstigungsgrundsatz*, wonach fehlerhafte Entscheidungen des EUIPO nicht schon wegen falscher Formwahl unangreifbar werden können, sondern der Betroffene zwischen den möglichen Rechtsbehelfen und Rechtsmitteln wählen darf, und der Grundsatz der *Rechtsschutzgarantie* gegen belastende endgültige Akte des Amts, der verhindern soll, dass ein Beteiligter rechtsschutzlos gestellt wird.

251 So kann ein Anmelder ein Schreiben des EUIPO angreifen, in dem dieses sich weigert, die *Rücknahme der Anmeldung zu akzeptieren*, sondern darauf beharrt, dass diese als zurückgewiesen gilt[224].

252 Außerdem gehört zu den allgemeinen Rechtsgrundsätzen des Unionsrechts das Prinzip der *Gesetzmäßigkeit der Verwaltung*. So darf das Amt zB *nicht rechtsgrundlos Gebühren* erheben[225] und *nicht Eintragungen trotz eines laufenden Beschwerdeverfahrens* und entgegen einem rechtskräftigen Urteil des EuG vornehmen[226].

253 Wendet es aber *irrtümlich bereits die neue Fassung von UMV* oder GMV an, obwohl für den zu entscheidenden Fall noch die alte gegolten hätte, führt dies nicht zur Aufhebung der Entscheidung, wenn die neue Fassung gegenüber der alten keine inhaltlichen Änderungen aufweist[227].

254 *Anträge* von Verfahrensbeteiligten sind immer *in ihrer Gesamtheit* zu sehen und auszulegen. Ein fehlerhaftes Ankreuzen eines falschen Kästchens (zB für den Widerspruchsgrund des Art. 8 Abs. 1a UMV anstelle des richtigen von Abs. 1b oder für den Nichtigkeitsgrund des Art. 59 Abs. 1b UMV – Bösgläubigkeit – anstelle des richtigen von Abs. 1a) schadet dann nicht, wenn in der Antragsbegründung klare und unmissverständliche Ausführungen zum tatsächlich gewünschten Grund (zB Verwechslungsgefahr bzw beschreibende Angabe) gemacht wurden[228].

---

223 EuG, 25.10.2012, T-191/11 – Miura/MIURA, Rn 30, 31.
224 BK, 01.02.2004, R 348/04-2 – BELEBT GEIST UND KÖRPER.
225 BK, 22.07.2005, R 650/05-4 – Umschreibungsgebühr, Rn 25–29.
226 BK, 05.07.2007, R 578/00-1 – HIPOVITON/HIPPOVIT, Rn 51–63.
227 EuG, 23.09.2014, T-341/13 – SO'BiO ētic/SO...?, Rn 17–19 mwN.
228 EuG, 02.02.2012, T-596/10 – EuroBasket/Basket, Rn 17; EuG, 24.03.2011, T-419/09 – AK 47, Rn 15–28.

Andererseits kann das Amt eine *Warenobergruppe* des Anmelders. zB »alkoholische Getränke«, *nicht von Amts wegen in Untergruppen aufspalten*, um bestimmte Warengruppen, zB »alkoholische Getränke, ausgenommen Weine« vom Eintragungsverbot auszunehmen. Dies kann aufgrund der alleinigen Dispositionsbefugnis der Beteiligten nämlich nur der Anmelder beantragen. Tut er dies nicht, ist der gesamte Warenoberbegriff zurückzuweisen, da er eben auch die nicht schutzfähige Untergruppe enthält, hier zB »Weine«[229]. 255

Weiter gehört zu den Grundprinzipien des europäischen Rechts das *Verbot der rechtsmissbräuchlichen oder betrügerischen Geltendmachung von Ansprüchen* seitens der Beteiligten zur Erlangung von ungerechtfertigten Vorteilen. Der Nachweis eines Missbrauchs setzt zum einen voraus, dass eine Gesamtwürdigung der objektiven Umstände ergibt, dass trotz formaler Einhaltung der unionsrechtlichen Bedingungen das Ziel der Regelung nicht erreicht wurde, und zum anderen als subjektives Element die Absicht, sich einen unionsrechtlich vorgesehenen Vorteil dadurch zu verschaffen, dass die entspr Voraussetzungen willkürlich geschaffen werden[230]. So kann zB der *Vergeltungscharakter* des Verfahrens, die rein *virtuelle Natur des Antragstellers*, eine *übermäßige Zahl von Nichtigkeitsverfahren* vor dem EUIPO und anderen Ämtern sowie die exzessive Anzahl von Markenanmeldungen (2.500), Firmennamenregistrierungen (1.100) und Domain-Namen (5.300) zur Annahme eines Rechtsmissbrauchs führen[231]. 256

Jedoch kann ein Anmelder auch ein *schutzfähiges Interesse* daran haben, durch eine höchstgerichtliche Instanz festgestellt zu erhalten, dass eine bestimmte Marke oder Markenart nicht eintragungsfähig ist (sog. *Negativattest*). Das kann der Fall sein, um sich vor multiplen Ansprüchen aus nach seiner Ansicht fehlerhaft eingetragenen (nationalen) Marken zu schützen, wie zB bei Waschmitteltabletten[232]. Jedoch muss er sich dann im Verfahren so verhalten, als wenn er die begehrte Marke tatsächlich beanspruchen möchte, darf also zB keineswegs beantragen, dass die von ihm angefochtene Entscheidung aufrechterhalten bleiben möge. 257

229 EuG, 28.09.2017, T-206/16 – TRES TOROS 3, Rn 19–23, 64–66.

230 EuG, 05.10.2012, T-204/10 – COLOR FOCUS/FOCUS, Rn 59, 60 mwN.

231 BK, 11.02.2020, R 2445/17-G – Sandra Pabst, Rn 29, 33, 37–92.

232 EuG, 19.09.2001, T-118/00 – Tabs, viereckig, Rn 10, 12, 13. Dem Interesse des Klägers daran, dass die seinem Begehren nicht stattgebende Entscheidung der BK aufgehoben wird, steht nicht seine Auffassung darüber entgegen, ob für die Form, die für die angemeldete dreidimensionale Marke gewählt wurde, ein markenrechtlicher Schutz wünschenswert ist. Sein Rechtsschutzbedürfnis kann aus diesem Grund nicht verneint werden. Hier hatte der Kläger nämlich ausgeführt, mit der Klage solle im Wesentlichen eine Klärung der Rechtslage im Hinblick auf die Möglichkeit einer Eintragung der Anmeldung von Waschmitteltabletten herbeigeführt werden, die den Schutz nicht verdienten. Da jedoch zur Erreichung dieses Schutzes bestimmte auf dem Markt tätige Unternehmen Markenanmeldungen für Formen eingereicht hätten, die den hier beanspruchten ähnelten, seien alle Hersteller gezwungen, den Versuch zu unternehmen, für ihre eigenen Erzeugnisse entspr Schutz zu erwirken.

258 Auch das Prinzip der *Waffengleichheit in Inter-partes-Verfahren* vor dem EUIPO gehört zu den allgemeinen Rechtsgrundsätzen des Unionsrechts. Nach stRspr des EuGH gebietet dieser Grundsatz, der eine logische Folge aus dem Begriff des *fairen Verfahrens* ist und der *Wahrung des Gleichgewichts zwischen den Prozessparteien* dient, dass es jeder Partei angemessen ermöglicht wird, ihren Standpunkt sowie ihre Beweise unter Bedingungen vorzutragen, die sie nicht in eine gegenüber ihrem Gegner deutlich nachteilige Position versetzen. Dieser Grundsatz dient der Wahrung des prozeduralen Gleichgewichts zwischen den Parteien eines Verfahrens, indem er ihnen *gleiche Rechte und Pflichten* gewährleistet, insb hinsichtlich der Regeln der Beweisführung und der streitigen Verhandlung sowie der Rechtsbehelfe[233].

259 Schließlich kommt dem *Grundsatz der Rechtskraft* sowohl in der Unionsrechtsordnung als auch in den nationalen Rechtsordnungen Bedeutung zu. Die Frage der Rechtskraft gehört zur öffentlichen Ordnung und ist daher vom Unionsrichter *von Amts wegen zu beachten*. Zur Gewährleistung sowohl des Rechtsfriedens und der Beständigkeit rechtlicher Beziehungen als auch einer geordneten Rechtspflege sollen nämlich nach Ausschöpfung des Rechtswegs oder nach Ablauf der entspr Rechtsmittelfristen unanfechtbar gewordene Gerichtsentscheidungen nicht mehr in Frage gestellt werden können.

260 Die Rechtskraft erstreckt sich lediglich auf diejenigen Tatsachen- und Rechtsfragen, die tatsächlich oder notwendigerweise Gegenstand der betr gerichtlichen Entscheidung waren. Sie umfasst *nicht nur den Tenor* dieser Entscheidung, sondern auch deren *Gründe, die den Tenor tragen* und daher von diesem nicht zu trennen sind[234]. So darf die BK die Gründe, die zur Aufhebung ihrer ersten Entscheidung durch das EuG geführt haben, in der Nachfolgeentscheidung nicht unberücksichtigt lassen[235]. Wird aber eine Entscheidung vom EuG nur deshalb aufgehoben, weil die BK *nicht rechtlich hinreichend nachgewiesen* hatte, dass die Marke für bestimmte Waren beschreibend sei und daher keine Unterscheidungskraft habe, ist sie in der Nachfolgeentscheidung nicht gehindert, die erneute Zurückweisung auf neue Gründe zu stützen[236].

261 Wird jedoch die Entscheidung einer BK vom EuG lediglich wegen eines *Verfahrensmangels* (fehlende Begründung) aufgehoben, beschränkt sich die Rechtskraft des EuG-Urteils nur auf diese formale Frage und erfasst nicht die materielle Rechtmä-

233 EuGH, 10.05.2012, C-100/11 P – BOTOLIST und BOTOCYL/BOTOX, Rn 102 mwN; EuG, 20.10.2021, T-823/19 – GGM eines spiralförmigen Haargummis, Rn 80–82 mwN.

234 EuG, 08.02.2018, T-879/16 – Vieta II, Rn 30, 31; EuG, 04.05.2017, T-25/16 – GELENKGOLD II/Tigerbild, Rn 29, 33, 34 mwN. Zur dieser Problematik bei Wiederholungsanmeldungen s.a. Rdn 509., 1250., 1695. und 1782.

235 EuG, 10.09.2019, T-744/18 – Ellipse (unterbrochen)/Ellipse II, Rn 33–45. Hat das EuG das Fehlen eines beschreibenden Charakters festgestellt, darf sich die Große BK in einer Nachfolgeentscheidung nicht unter Berufung auf neue Beweismittel darüber hinwegsetzen, da sie damit gegen die Rechtskraft des Aufhebungsurteils verstoßen hat, EuG, 01.09.2021, T-96/20 – Limbic® Types II, Rn 37–59.

236 EuG, 11.06.2020, T-553/19 – PERFECT BAR, Rn 28–37; EuG, 08.06.2017, T-326/16 – Tafel II, Rn 20, 25.

ßigkeit der vom EuG als ausreichend begründet angesehenen Elemente der früheren Entscheidung, so dass die BK nicht an materielle Aspekte dieser Entscheidung gebunden ist, sondern eine vollständig neue Prüfung aller für die Anwendung der entspr Norm relevanten Punkte durchzuführen hat[237].

Wenngleich die UMV den Begriff *Rechtskraft* nicht ausdrücklich definiert, ergibt sich insb aus ihren Regelungen in Art. 63 Abs. 3 und Art. 128 Abs. 2, dass sie unanfechtbar gewordenen Entscheidungen eines Gerichts eines Mitgliedstaats oder des EUIPO nur Rechts- oder Bestandskraft und damit eine *Bindungswirkung* gegenüber einem solchen Gericht oder dem EUIPO zuerkennt, wenn die vor dem Gericht oder Amt geführten *Parallelverfahren denselben Anspruch zwischen denselben Parteien* betreffen. Angesichts der Alleinzuständigkeit des EUIPO für die Gewährung oder Ablehnung der Eintragung einer Unionsmarke hat jedes bei ihm geführte Markeneintragungs- oder Widerspruchsverfahren notwendig einen anderen Gegenstand als jedes Verfahren vor einem nationalen Gericht, selbst wenn dieses als Unionsmarkengericht tätig wird, so dass schon wegen verschiedener Ansprüche ein Urteil des nationalen Gerichts keine Rechtskraftwirkung entfalten kann[238]. 262

Weiter findet der Grundsatz der *Rechtskraft* auf das Verhältnis zwischen einer *Entscheidung einer Widerspruchsabteilung* und einem später in einem anderen Verfahren eingereichten Widerspruch insb deshalb *keine Anwendung*, weil die Verfahren vor dem EUIPO Verwaltungsverfahren und keine gerichtlichen Verfahren sind. Erst recht erwachsen die Gründe einer von einer Widerspruchsabteilung im Rahmen eines anderen Widerspruchsverfahrens erlassenen Entscheidung nicht in Rechtskraft. Sie können auch nicht dazu führen, dass für die betr Parteien berechtigte Erwartungen oder nach dem Grundsatz der Rechtssicherheit erworbene Rechte entstehen[239]. 263

Der Grundsatz *ne bis in idem*, dem zufolge die Verhängung einer Sanktion gegen dieselbe Person mehr als einmal wegen desselben rechtswidrigen Verhaltens zum Schutz desselben Rechtsinteresses verboten ist, stellt zwar einen allgemeinen Grundsatz des Unionsrechts dar, dessen Beachtung der Unionsrichter sicherstellt, dieser ist jedoch nur auf Sanktionen anwendbar, *nicht aber bei Entscheidungen des EUIPO* im Rahmen eines Widerspruchsverfahrens[240]. 264

XIV. Allgemeine Auslegungsgrundsätze

Bei der Auslegung einer Bestimmung des Unionsrechts sind nicht nur deren *Wortlaut*, sondern auch der *Zusammenhang*, in den sie sich einfügt, und die *Ziele* zu berücksich- 265

237 EuG, 19.12.2019, T-690/18 – Vita II, Rn 51–59.
238 EuGH, 21.07.2016, C-226/15 P – English pink/PINK LADY, Rn 51, 52, 61, 62.
239 EuG, 07.11.2019, T-380/18 – INTAS/indas, Rn 35, 36.
240 EuG, 07.11.2019, T-380/18 – INTAS/indas, Rn 37.

tigen, die mit der Regelung, zu der sie gehört, verfolgt werden. Ebenfalls kann ihre *Entstehungsgeschichte* relevante Anhaltspunkte für ihre Auslegung liefern[241].

266 Zwar enthalten die VO und Richtlinien *keine Begründung* durch den Gesetzgeber, jedoch ist jeder von ihnen eine *Präambel* vorangestellt, in der der Gesetzgeber *Sinn und Zweck der Regelung* definiert. Diese Präambel ist nicht lediglich als unverbindliche Programmankündigung anzusehen, sondern als *vollwertiger Gesetzestext* zu verstehen, dem sogar *Vorrang* vor den Einzelnormen zukommt, die jeweils im Lichte der Erwägungen der Präambel auszulegen sind[242].

267 Da es *keine offizielle Sprachfassung* für europäisches Recht gibt, sondern alle Sprachfassungen in den Amtssprachen der Union gleichwertig sind[243], stößt eine rein *wörtliche Interpretation* oft auf das Problem von unterschiedlichen Textfassungen, die zu verschiedenartigen Ergebnissen verleiten können. Die Auslegungsschwierigkeiten können keinesfalls formal dadurch gelöst werden, dass man etwa die in einer der Sprachfassungen, zB der Verfahrenssprache, verwendete Formulierung als alleinige Grundlage für die Auslegung einer Vorschrift heranzieht[244] oder gar den Fassungen in den verbreitetsten Sprachen[245] oder der mehrheitlich in den 24 Sprachen der Union verwendeten Version folgt.

241 EuGH, 11.11.2020, C-809/18 P – MINERAL MAGIC/MAGIC MINERALS BY JEROME ALEXANDER, Rn 55, 58–63, 66–70 mwN. So ist zB hinsichtlich der Entstehungsgeschichte von Art. 8 Abs. 3 GMV zu berücksichtigen, dass der Unionsgesetzgeber zwar ausdrücklich davon abgesehen hat, anzugeben, dass diese Vorschrift im Fall der Ähnlichkeit zwischen der älteren Marke und der vom Agenten oder Vertreter des Inhabers der älteren Marke angemeldeten Anwendung findet, jedoch hat er auch die im Vorentwurf der GMV vorgesehene ausdrückliche Bezugnahme auf die Identität der älteren und der vom Agenten oder Vertreter ihres Inhabers angemeldeten Marke nicht beibehalten. Art. 8 Abs. 3 GMV bringt dagegen die Entscheidung des Unionsgesetzgebers zum Ausdruck, im Wesentlichen Art. 6^{septies} Abs. 1 PVÜ wiederzugeben. Zwar wird in Art. 6^{septies} PVÜ in der maßgebenden französischen Fassung zur Bezeichnung der älteren Marke, wenn sie vom Agenten oder Vertreter des Inhabers der älteren Marke auf seinen eigenen Namen angemeldet wird, der Ausdruck »cette marque« (diese Marke) verwendet, jedoch geht aus den Akten der Konferenz von Lissabon, die vom 6. bis 31.10.1958 zur Revision der PVÜ stattfand und in deren Verlauf Art. 6^{septies} eingeführt wurde, hervor, dass unter diese Bestimmung auch eine vom Agenten oder Vertreter des Inhabers der älteren Marke angemeldete Marke fallen kann, wenn diese der älteren ähnlich ist.

242 Siehe. zB EuGH, 29.09.1998, C-39/97 – Canon, Rn 15; EuGH, 22.03.2012, C-190/10 – Rizo's/Rizo (Génesis), Rn 31–35 mwN.

243 EuG, 21.05.2014, T-61/13 – NUEVA, Rn 20 mwN. Nach stRspr, die auf Art. 314 EGV und Art. 55 EUV beruht, sind alle Sprachfassungen einer Bestimmung des Unionsrechts gleichermaßen verbindlich, und es ist ihnen grds der gleiche Wert beizumessen, der nicht je nach der Größe der Bevölkerung der Mitgliedstaaten, die die betr Sprache gebraucht, schwanken kann.

244 EuG, 21.05.2014, T-61/13 – NUEVA, Rn 26 mwN. Ein solcher Ansatz wäre nämlich mit dem Erfordernis einer einheitlichen Anwendung des Unionsrechts unvereinbar.

245 Siehe EuGH, 20.06.2016, C-207/15 P – CVTC, Rn 43–48. Da Französisch sowohl die Arbeitssprache der Kommission wie des Gerichtshofs ist, empfiehlt sich bei Zweifeln

Dies führt dazu, dass im europäischen Recht die *teleologische Auslegungsmethode*, die nach Sinn und Zweck der Norm fragt, Vorrang vor dem rein wörtlichen und grammatikalischen Verständnis hat. Denn nach stRspr müssen die Vorschriften des Unionsrechts im Licht der Fassungen in allen Unionssprachen einheitlich ausgelegt und angewandt werden[246]. Weichen die verschiedenen Sprachfassungen eines Textes des Unionsrechts voneinander ab, muss die fragliche Vorschrift nach der allgemeinen Systematik und dem Zweck der Regelung ausgelegt werden, zu der sie gehört[247]. 268

Aus den Erfordernissen sowohl der *einheitlichen Anwendung des Unionsrechts* als auch dem Grundsatz der *Gleichheit* und *Nichtdiskriminierung* folgt, dass die Begriffe einer Vorschrift des Unionsrechts, die für die Ermittlung ihres Sinns und ihrer Bedeutung nicht auf das Recht der Mitgliedstaaten verweist, idR *in der gesamten Union eine autonome und einheitliche Auslegung* erhalten müssen, die unter Berücksichtigung des Kontexts der Vorschrift und des mit der fraglichen Regelung verfolgten Ziels gefunden werden muss. Diese einheitliche Auslegung ist, da sie auf den Fassungen der relevanten Norm in den anderen Amtssprachen der Union sowie seinem Zusammenhang und Zweck beruht, die einzige, die mit dem Grundsatz der *Rechtssicherheit* in Einklang steht[248]. 269

Daher sind Sinn und Tragweite von Begriffen, die das Recht der Union nicht definiert, entspr ihrem *Sinn* nach dem gewöhnlichen Sprachgebrauch und unter Berücksichtigung des Zusammenhangs, in dem sie verwendet werden, und der mit der Regelung, zu der sie gehören, verfolgten *Ziele* zu bestimmen[249]. 270

Die Auslegung einer Rechtsnorm wird durch die *Unionsgerichte* hinsichtlich ihrer Bedeutung und Tragweite *präzisiert* und erforderlichenfalls *konkretisiert*, wie sie seit ihrem Inkrafttreten verstanden werden muss oder hätte verstanden oder angewandt werden müssen. Daher kann die Auslegung der absoluten Eintragungshindernisse, zB von Art. 7 Abs. 1b und Abs. 1c UMV, durch den EuGH und das EuG auf *Entscheidungen* gestützt werden, die *nach dem Zeitpunkt der Anmeldung* der streitgegenständlichen Marke ergangen sind, da die Unionsgerichte mit diesen Entscheidungen lediglich die zum Zeitpunkt der Anmeldung geltenden materiellen Vorschriften ausgelegt haben[250]. 271

---

immer ein Blick in diese Sprachfassung, ohne dass diese jedoch verbindlich (s. EuGH) wäre. Je nach Sprachkenntnissen lohnt sich auch, die englische, spanische und italienische Version der auszulegenden Norm zu vergleichen.

246 EuGH, 22.03.2012, C-190/10 – Rizo's/Rizo (Génesis), Rn 40–42 mwN. EuG, 21.05.2014, T-61/13 – NUEVA, Rn 27, 28 mwN. Der Text einer Vorschrift darf wegen der Notwendigkeit einer einheitlichen Auslegung des Unionsrechts nicht isoliert betrachtet werden, sondern muss vielmehr im Fall von Zweifeln unter Berücksichtigung ihrer Fassungen in anderen Amtssprachen ausgelegt und angewandt werden.

247 EuGH, 21.07.2016, C-597/14 P – Bugui va/BUGUI, Rn 24 mwN. Diese Auslegungsgrundsätze gelten – ungeachtet der Verfahrenssprache – auch für die Entscheidungen von EuGH und EuG, da die Urversion immer in der französischen Arbeitssprache abgefasst wird.

248 EuG, 21.05.2014, T-61/13 – NUEVA, Rn 34 mwN.

249 EuGH, 22.03.2012, C-190/10 – Rizo's/Rizo (Génesis), Rn 40–42 mwN.

250 EuG, 01.09.2021, T-834/19 – e*message, Rn 32–34.

XV. Amtsermittlungsprinzip und Verhandlungsgrundsatz

272 Das EUIPO ermittelt im Verfahren vor dem Amt den Sachverhalt *von Amts wegen* (Art. 95 Abs. 1 S. 1 UMV). Dieser Grundsatz beinhaltet eine volle Ermittlungs- und Beweisführungslast für das Amt.

273 So hat das Amt zB das Vorhandensein von *absoluten Schutzversagungsgründen nachzuweisen*, und es hat nicht der Anmelder zu beweisen, dass seine Marke eintragungsfähig ist. Bei Beanstandungen seitens des EUIPO hat er jedoch zu den Einzelheiten Stellung zu nehmen und – möglichst unterstützt mit Nachweismaterial – die Argumente des Prüfers zu widerlegen.

274 Lediglich dort, wo es sich um Ausnahmen für gesetzliche Verbote handelt, zB bei der *Verkehrsdurchsetzung* (Art. 7 Abs. 3 UMV), hat der *Anmelder* Argumente und *Nachweismittel* vorzubringen.

275 Der Amtsermittlungsgrundsatz gilt jedoch *nicht* für Verfahren bzgl *relativer Eintragungshindernisse.* Insoweit ist das Amt bei der Ermittlung des Sachverhalts *auf das Vorbringen und die Argumente der Beteiligten beschränkt* (Art. 95 Abs. 1 S. 2 UMV). Auch in *Nichtigkeitsverfahren aus absoluten Gründen* nach Art. 59 UMV beschränkt das Amt seine Prüfung auf die von den Beteiligten angeführten Gründe und Argumente (Art. 95 Abs. 1 S. 3 UMV).

276 Konsequenterweise muss dies – obwohl vom Gesetz nicht ausdrücklich geregelt – in analoger Anwendung auch für Nichtigkeitsverfahren aus *relativen Gründen* nach Art. 60 UMV[251] und *Verfallsverfahren* nach Art. 58 UMV[252] gelten (s. Rdn 1571 ff).

277 Das *EUIPO* ist daher in diesen Verfahren nicht verpflichtet, von Amts wegen Tatsachen zu berücksichtigen, die von den Beteiligten nicht vorgetragen worden sind[253]. Den Umfang des *Streits bestimmen* somit *die Beteiligten*, so dass nicht bestrittene Tatsachen als zugestanden anzusehen sind.

278 So hat in einem *Widerspruchsverfahren*, in dem der Widerspruch zB auf eine Unionsmarke als älteres Recht gestützt ist, der Widersprechende auszuführen, in welchen Sprachräumen der Union aufgrund der dortigen Aussprachegewohnheiten eine klangliche Markenähnlichkeit besteht. Will er sich auf eine durch Benutzung der älteren Marke *gesteigerte Kennzeichnungskraft* berufen, so hat er dies ausdrücklich geltend zu machen, da dies keine Rechtsfrage ist, die die BK notwendig zur Entscheidung des Rechtsstreits prüfen müsste[254].

---

251 EuG, 25.05.2005, T 288/03 – TELETECH GLOBAL VENTURES/TELETECH INTERNATIONAL, Rn 64–67; bestätigt durch EuGH, 27.03.2007, C-312/05 P.

252 EuGH, 26.09.2013, C-610/11 P – CENTROTHERM II, Rn 57–65.

253 Siehe ua EuG, 15.02.2005, T-296/02 – LINDENHOF/LINDERHOF TROCKEN, Rn 31; EuG, 01.03.2005, T-169/03 – SISSI ROSSI/MISS ROSSI, Rn 25; bestätigt durch EuGH, 18.07.2006, C-214/05 P, Rn 23.

254 EuG, 17.05.2013, T-502/11 – Zwei ineinander geflochtene Sicheln/Zwei ineinander verflochtene Bänder, Rn 28, 29.

Die *Tatbestandsvoraussetzungen* eines relativen Eintragungshindernisses sind aber naturgemäß Bestandteil der *rechtlichen Gesichtspunkte*, die der Prüfung des EUIPO unterliegen. Daher kann dieses verpflichtet sein, über eine *Rechtsfrage* zu entscheiden, obgleich sie von den Verfahrensbeteiligten nicht aufgeworfen wurde, wenn eine fehlerfreie Anwendung der UMV im Hinblick auf das Vorbringen und die Anträge der Beteiligten dies zur Entscheidungsfindung erfordert[255]. 279

Zwar ist gemäß Art. 95 Abs. 1 UMV die Prüfung durch das EUIPO auf das Vorbringen und die Anträge der Beteiligten beschränkt, so dass die BK ihre Entscheidung nur auf relative Eintragungshindernisse, die der betr Beteiligte geltend gemacht hat, sowie auf die von den Beteiligten in diesem Zusammenhang vorgebrachten Tatsachen und Beweise stützen kann. Jedoch ist die BK verpflichtet, auf *alle Fragen* einzugehen, die im Hinblick auf das Vorbringen und die Anträge der Beteiligten erforderlich sind, um eine *fehlerfreie Anwendung der UMV* zu gewährleisten, und bei denen sie über alle entscheidungserheblichen Angaben verfügt, selbst wenn von den Beteiligten vor ihr kein sich auf diese Fragen beziehender rechtlicher Aspekt geltend gemacht wurde. 280

So stellt im Rahmen eines Widerspruchsverfahrens die Beurteilung der *originären Kennzeichnungskraft* einer älteren Marke eine *Rechtsfrage* dar, die erforderlich ist, um eine fehlerfreie Anwendung der UMV zu gewährleisten, so dass das EUIPO verpflichtet ist, diese Frage – ggf *von Amts wegen* – zu prüfen. Da für diese Beurteilung kein tatsächlicher Umstand erforderlich ist, der von den Beteiligten vorzutragen wäre, und von den Beteiligten auch keine Gründe oder Argumente zum Nachweis dieser Kennzeichnungskraft auszuführen sind, ist das Amt in der Lage, deren Vorliegen selbst zu bestimmen und zu beurteilen[256]. 281

Stellt sich zB im Laufe des Verfahrens heraus, dass die *ältere Marke*, auf die sich der Widerspruch stützt, *in Wirklichkeit jünger* als die Anmeldung ist, muss das Amt dies berücksichtigen, auch wenn die Beteiligten hierzu nicht argumentiert haben. Natürlich ist ihnen vorher das rechtliche Gehör zu gewähren. 282

Dasselbe gilt, wenn ein *Widerspruchsrecht im Laufe des Verfahrens endet*, sei es durch Zeitablauf oder durch Löschung[257]. 283

Bei einer *Nachfrage der BK beim Personal* des Amts über einen Verfahrensvorgang in der Ausgangsinstanz handelt es sich um eine einfache interne Überprüfung und nicht um die Ausübung einer Amtsermittlungsbefugnis[258]. 284

So sind weiter die *Existenz und der Umfang der älteren (bekannten) Marken* anhand der hierzu vorgelegten Beweise des Widersprechenden zu prüfen, auch wenn die Beteiligten die entspr Feststellungen der Widerspruchsabteilung vor der BK nicht 285

---

255 EuG, 01.02.2005, T-57/03 – HOOLIGAN/OLLY GAN, Rn 21.

256 EuGH, 18.06.2020, C-708/18 P – PRIMART Marek Lukasiewicz/PRIMA, Rn 41–46.

257 EuG, 13.09.2006, T-191/04 – METRO/METRO, Rn 29 ff; BK, 29.05.2013, R 1480/12-1 – MODULA/MODULLER.

258 EuG, 30.05.2013, T-214/10 – DIVINUS/MOSELLAND Divinum, Rn 62.

angezweifelt haben, weil dies keine Umstände sind, die den Beteiligten zur freien Beurteilung überlassen bleiben können[259].

286 Dasselbe gilt für die Feststellung der *angesprochenen Verkehrskreise*, da dies keine Tatsache ist, sondern eine Sachverhaltswürdigung. Im Rahmen der Würdigung des von den Beteiligten vorgetragenen Sachverhalts steht es dem EUIPO nämlich frei, den Sachverhalt anders zu würdigen als dies die Beteiligten tun, und zwar unabhängig davon, ob diese in einer Bewertung übereinstimmen[260].

287 Aber auch die *Warenähnlichkeit* ist vom Amt selbst dann zu prüfen, wenn die Beteiligten sich über deren Beurteilung einig sind. Insb hat die BK diese Frage aufzuwerfen, wenn das EUIPO oder einer der Beteiligten diese Prüfung in der Vorinstanz wegen deutlicher Markenunterschiede für nicht erforderlich hielt[261]. Dies muss umgekehrt auch für eine in der Vorinstanz unterbliebene Prüfung der *Zeichenähnlichkeit* gelten, die dort wegen der Annahme einer Unähnlichkeit von Waren und/oder DL unterlassen wurde.

288 Das Amt hat auch in Verfahren bzgl relativer Eintragungshindernisse alle Umstände des Einzelfalls im Lichte des Rechts zu prüfen, das für die zwischen den Beteiligten bestehenden *Rechts- und Handelsbeziehungen* gilt[262].

289 Art. 95 UMV *verbietet es nicht*, dass die Verfahrensbeteiligten, das Amt und selbst der Unionsrichter in die Auslegung des Unionsrechts Elemente einbeziehen, die sich aus der *Rspr der Unionsgerichte* oder aus der *nationalen oder internationalen Rspr* ergeben. Diese Rspr wird nicht zum Beweis einer bestrittenen Tatsache angeführt, sondern zwecks Einbeziehung in die Auslegung und Anwendung einer Vorschrift der UMV.

290 Auch eine *Unionsrichtlinie* kann nicht als Beweismittel angesehen werden, das die Verfahrensbeteiligten der BK rechtzeitig vorlegen müssten. Eine im Amtsblatt der EU veröffentlichte *Richtlinie ist Teil des Unionsrechts* und gehört somit zu den rechtlichen Grundlagen, die die Verfahrensbeteiligten *in jedem Stadium des Verfahrens vor dem Amt geltend machen* können und die dieses nicht nur berücksichtigen kann, sondern ggf von Amts wegen berücksichtigen muss. Auch wenn eine Unionsrichtlinie sich nicht auf das Recht des geistigen Eigentums bezieht, sondern zB auf die Genehmigung von Kraftfahrzeugen, darf das EUIPO, das nach Art. 142 Abs. 1 S. 1 UMV eine Agentur der Union ist, diese nicht außer Acht lassen[263].

---

259 EuG, 20.03.2013, T-277/12 – Caffè KIMBO/BIMBO, Rn 35; bestätigt durch EuGH, 12.06.2014, C-285/13 P; EuG, 17.06.2008, T-420/03 – BoomerangTV/B BOOMERANG, Rn 77 mwN. S.a. EuG, 25.06.2015, T-186/12 – LUCEA LED/LUCEO, Rn 39, 40; Rechtsmittel unzulässig: EuGH, 14.06.2016, C-43/16 P.

260 EuG, 16.09.2013, T-284/12 – PROSEPT/Pursept, Rn 17–19.

261 EuG, 20.03.2013, T-277/12 – Caffè KIMBO/BIMBO, Rn 40; EuG, 10.10.2006, T-172/05 – ARMAFOAM/NOMAFOAM, Rn 42 mwN.

262 EuG, 06.09.2006, T-6/05 – FIRST DEFENSE AEROSOL PEPPER PROJECTOR/FRIST DEFENSE I, Rn 50.

263 EuG, 15.01.2013, T-413/11 – EUROPEAN DRIVESHAFT SERVICES, Rn 32, 33 mwN.

Das Amt braucht Tatsachen und Beweismittel, die von den Beteiligten *verspätet vorgebracht* wurden, nicht zu berücksichtigen (Art. 95 Abs. 2 UMV). 291

In Verfahren, die nicht relative Eintragungshindernisse betreffen, in denen also das *Amtsermittlungsprinzip* des Art. 95 Abs. 1 S. 1 UMV unbeschränkt gilt, kommt die *Verspätung* kaum zum Tragen, da das EUIPO grds alle Tatsachen und Argumente bis zum Entscheidungserlass berücksichtigen muss. 292

Bei Art. 95 Abs. 2 UMV handelt es sich zwar um eine *Kann- und nicht um eine Muss-Vorschrift*. Nach Art. 27 Abs. 3 DVUM ist in *mehrseitigen Verfahren* die Prüfung der Beschwerde bzw der Anschlussbeschwerde auf die in der Begründung bzw in der Anschlussbeschwerde erhobenen Gründe zu beschränken. *Rechtsgründe*, die nicht von den Beteiligten erhoben wurden, prüft die BK wegen Art. 27 Abs. 2 DVUM lediglich, wenn sie *grundlegende Verfahrenserfordernisse* betreffen oder eine *Klärung nötig* ist, um eine *fehlerfreie Anwendung der UMV* im Hinblick auf von den Beteiligten vorgelegte Tatsachen, Beweismittel und Bemerkungen zu gewährleisten[264]. 293

Die Prüfung der Beschwerde umfasst nach Art. 27 Abs. 3 DVUM auch die folgenden Ansprüche oder Anträge, sofern sie in der *Beschwerdebegründung* bzw der Anschlussbeschwerde *sowie fristgemäß in dem Verfahren vor der Instanz des Amtes*, welche die angefochtene Entscheidung getroffen hat geltend gemacht oder gestellt wurden, und zwar (a) Verkehrsdurchsetzung iSd Art. 7 Abs. 3 und Art. 59 Abs. 2 UMV; (b) durch Benutzung erworbene Bekanntheit der älteren Marke auf dem Markt für die Zwecke des Art. 8 Abs. 1b UMV; (c) Benutzungsnachweis gemäß Art. 47 Abs. 2 und 3 oder Art. 64 Abs. 2 und 3 UMV. Diese Ansprüche oder Anträge werden also nur geprüft, wenn sie *kumulativ* beide Voraussetzungen erfüllen, also fristgerecht im Ausgangsverfahren vor dem EUIPO und in der (Anschluss-)Beschwerdebegründung vor der BK geltend gemacht waren. 294

Gemäß Art. 95 Abs. 2 UMV darf die BK ihr *zum ersten Mal vorgelegte Tatsachen oder Beweismittel* nur dann *berücksichtigen*, wenn diese (a) auf den *ersten Blick für den Ausgang des Verfahrens von Relevanz* erscheinen und (b) sie aus *berechtigten Gründen* 295

264 EuG, 17.04.2024, T-119/23 – in Insajderi/INSAJDERI, Rn 19–24. Nach Art. 7 DVUM sind die Erhärtung eines Widerspruchs durch den Beweis der Existenz, der Gültigkeit und des Schutzumfangs der älteren Widerspruchsmarken sowie die Befugnis des Widersprechenden zur Widerspruchseinlegung gemäß Art. 8 UMV unerlässliche Voraussetzungen für den Erfolg des Widerspruchs. Daher konnte die BK die Frage des Nachweises der älteren Marke gemäß Art 7 DVUM zu Recht von Amts wegen prüfen, da der Beweis der Existenz, der Gültigkeit und des Schutzumfangs der älteren Widerspruchsmarken sowie der Inhaberschaft des Widersprechenden notwendige Voraussetzung für die Anwendung des relativen Eintragungshindernisses nach Art. 8 Abs. 3 UMV ist. Im Übrigen ist die Frage der Authentizität der Übersetzungen eine Rechtsfrage. Die Erfüllung der Obliegenheit, den Widerspruch zu substantiieren und eine Übersetzung der zu diesem Zweck vorgelegten Beweismittel in der Verfahrenssprache vorzulegen, ist nämlich eine Frage, die die BK gemäß Art. 7 DVUM von Amts wegen zu prüfen hat und die geeignet ist, sich auf ihre Beurteilung der bei ihr eingelegten Beschwerde auszuwirken.

nicht fristgemäß vorgelegt wurden, insb wenn sie bereits *fristgemäß vorgelegte einschlägige Tatsachen und Beweismittel lediglich ergänzen*, oder wenn sie der Anfechtung von Feststellungen dienen, die von der ersten Instanz *von Amts wegen* in der angefochtenen Entscheidung ermittelt oder untersucht wurden (Art. 27 Abs. 4 DVUM).

296 Damit folgt die DVUM dem nach langem Dissens zwischen EUIPO und EuG[265] zur Auslegung der Verspätungsregelung ergangene *ARCOL/CAPOL*-Urteil des EuGH[266] und definiert das *weite Ermessen* des Amts, damit dieses unter *entspr Begründung* seiner Entscheidung darüber befinden kann, ob verspätete Tatsachen und Beweismittel zu berücksichtigen sind oder nicht. Jedoch gebieten es der Grundsatz der *ordnungsgemäßen Verwaltung* und das Erfordernis, den *sachgerechten Ablauf* und die *Effizienz des Verfahrens* zu gewährleisten, die praktische Wirksamkeit der Fristen zu wahren, so dass der betroffene Beteiligte *keinen bedingungslosen Anspruch auf Berücksichtigung* verspäteten Vorbringens hat.

297 In Konsequenz dieses Urteils empfiehlt sich dringend für alle Verfahrensbeteiligten eine *strikte Wahrung der Fristen*, um nachfolgende Schwierigkeiten bei der Rechtfertigung der Verspätung und der Durchsetzung neuen Vorbringens zu vermeiden[267] (s. insb Rdn 1141 ff). Etwas entschärft worden ist diese Problematik zudem durch die UMV infolge der erweiterten Anwendbarkeit der *Weiterbehandlung* in Widerspruchsverfahren (s. Rdn 160 ff).

XVI. Unterbrechung des Verfahrens

298 Bei Vorliegen bestimmter Voraussetzungen (*Tod* oder *Geschäftsunfähigkeit* des Anmelders, Markeninhabers oder seines Vertreters sowie Verhinderung aus rechtlichen Grün-

265 In der Vergangenheit wurde das *Fristenregime.* durch das Amt in Verfahren, die *relative Eintragungshindernisse* betrafen, aus Gründen der Verfahrensökonomie und der Gleichbehandlung (Waffengleichheit) der Beteiligten *restriktiv.* angewandt, so dass neuer Sachvortrag, der bereits innerhalb gesetzter und abgelaufener Frist hätte vorgetragen werden können (sog. Alttatsachen) ausnahmslos zurückgewiesen wurde. Nach der Rspr der BK diente auch das Beschwerdeverfahren nicht dazu, eine in erster Instanz abgelaufene Frist neu zu eröffnen. Diese *rigide Praxis.* hatte das EuG in Frage gestellt und verlangt, dass die BK im Anwendungsbereich von Art. 76 Abs. 1 S. 2 GMV ihre Entscheidung auf das gesamte tatsächliche und rechtliche Vorbringen des Beschwerdeführers sowohl im Verfahren vor der Stelle, die in erster Instanz entschieden hat, als auch (eingeschränkt nur durch Art. 76 Abs. 2 GMV.) im Beschwerdeverfahren zu stützen hat; EuG, 23.09.2003, T-308/01 – KLEENCARE/CARCLIN, Rn 26, 28, 29; EuG, 10.11.2004, T-164/02 – ARCOL/CAPOL I, Rn 25–29; EuG, 09.11.2005, T-275/03 – Hi-FOCuS/FOCUS, Rn 37; EuG, 10.07.2006, T-323/03 – LA BARONNIE/BARONIA; EuG, 11.07.2006, T-252/04 – ASETRA/CAVIAR ASTARA.

266 EuGH, 13.03.2007, C-29/05 P – ARCOL/CAPOL, Rn 43, 44.

267 S. *Bender,* Das weite Ermessen des HABM bei der Behandlung verspäteten Vorbringens, MarkenR 2007, 198.

den aufgrund eines gegen sein Vermögen gerichteten Verfahrens, zB *Insolvenz*) wird das Verfahren vor dem EUIPO *unterbrochen* (Art. 106 UMV)[268].

Wurde ein Verfahren unterbrochen, ist das EUIPO über die *Identität der Person* zu unterrichten, die berechtigt ist, *das Verfahren fortzusetzen* (Art. 72 Abs. 1 DVUM). Wurde das Amt drei Monate nach Beginn der Unterbrechung des Verfahrens noch nicht über die Bestellung eines neuen Vertreters informiert, so teilt es dem Anmelder oder Markeninhaber mit, dass (a) im Fall einer zwingenden Vertretung (Art. 119 Abs. 2 UMV) die Anmeldung als *zurückgenommen* gilt, wenn die Anzeige nicht innerhalb von zwei Monaten nach Zustellung der Mitteilung erfolgt; (b) ansonsten, dass das Verfahren vom Tag der Zustellung dieser Mitteilung an mit dem Anmelder oder Markeninhaber *wiederaufgenommen* wird (Art. 72 Abs. 2 DVUM). 299

Die am Tag der Unterbrechung für den Anmelder oder Markeninhaber laufenden Fristen, mit Ausnahme der Frist für die Entrichtung der Verlängerungsgebühren, beginnen gemäß Art. 72 Abs. 3 DVUM am Tag der Wiederaufnahme des Verfahrens *erneut zu laufen*. Wichtigste *Wirkung* der Unterbrechung des Verfahrens ist, dass mit dem Tag der Unterbrechung der Lauf jeder (auch der gesetzlichen) Frist aufhört. 300

Mit der *Wiederaufnahme*, die erfolgt, sobald die Identität der Person, die zur Fortsetzung des Verfahrens berechtigt ist, festgestellt ist (Art. 106 Abs. 2 UMV), beginnen die Fristen von neuem zu laufen, und zwar in ihrer vollständigen ursprünglichen Länge, nicht lediglich mit der vor der Unterbrechung noch nicht abgelaufenen Restlaufzeit. 301

XVII. Aussetzung des Verfahrens

Das Verfahren kann in jedem Stadium und in jeder Instanz *ausgesetzt* werden. Art. 71 DVUM, der nach seinem Wortlaut nur für *Widerspruchs-, Verfalls-, Nichtigkeits- und Beschwerdeverfahren* gilt, dürfte aus Zweckmäßigkeitsgründen auch auf ähnliche Verfahrenssituationen anwendbar sein, denn die *Aussetzung* gehört zu den in den Mitgliedstaaten allgemein anerkannten Grundsätzen des Verfahrensrechts gemäß Art. 107 UMV. 302

Das Amt oder die BK können die genannten Verfahren von Amts wegen aussetzen, wenn eine Aussetzung unter den *gegebenen Umständen angemessen* ist, oder auf begründeten Antrag eines der Beteiligten in mehrseitigen Verfahren, wenn eine Aussetzung unter den gegebenen Umständen unter Berücksichtigung der *Interessen der Beteiligten* und dem *Verfahrensstadium* angemessen ist (Art. 71 Abs. 1 DVUM). 303

Das EUIPO besitzt für seine Anordnung ein *weites Ermessen* und muss im Rahmen eines *fairen Verfahrens* die unterschiedlichen Interessen der Verfahrensbeteiligten gegen- 304

268 Alle Maßnahmen und Entscheidungen, die das EUIPO in Unkenntnis des Todes eines Beteiligten ihm gegenüber erlässt, sollen aber wirksam bleiben und vom Rechtsnachfolger, soweit sie ihn beschweren, angefochten werden können; EuG, 08.03.2012, T-298/10 – BIODANZA/BIODANZA, Rn 32–42; s.a. Rdn 1668.

einander abwägen[269], also nicht nur die Interessen des Beteiligten berücksichtigen, dessen Unionsmarke angegriffen wird, sondern auch diejenigen der anderen[270]. Keinesfalls darf die BK jedoch, nachdem sie eine Aussetzung des Verfahrens für zweckmäßig erachtet hatte, in der Sache selbst über die Beschwerde entscheiden und das Verfahren an das Amt mit der Empfehlung zurückverweisen, das Verfahren auszusetzen. Denn die Prüfung der Frage der Aussetzung muss vor der Prüfung der Verwechslungsgefahr erfolgen[271].

305 Wer die Aussetzung beantragt, hat seinen Antrag zu *begründen* und Nachweismittel beizufügen, zB nicht nur die Löschungsklage gegen die nationale Widerspruchsmarke, sondern auch die Bestätigung von deren Einreichung beim zuständigen Gericht. Da aber nur eine vorläufige Überprüfung der Erfolgsaussichten des Nichtigkeitsantrags durchzuführen ist, kann vom Antragsteller nicht bereits deren zuverlässige Bewertung verlangt werden. Außerdem muss der Aussetzungsgrund *kausal* für eine mögliche zukünftige Entscheidung sein, was nicht der Fall ist, wenn nur eines von mehreren rechtlich gleichwertigen, geltend gemachten Nichtigkeitsrechten in einem nationalen Löschungsverfahren angegriffen ist[272].

306 Keinesfalls darf jedoch mit der *Ablehnung eines Aussetzungsantrags* in anderen Verfahren zu treffenden Entscheidungen in schwerwiegender Weise, noch dazu sachlich und rechtlich fehlerhaft *vorgegriffen* werden, obwohl diese erst am Anfang stehen[273]. Die BK muss alle vorgetragenen Argumente berücksichtigen und ihre Entscheidung sorgfältig begründen[274]. Unbegründete Anträge werden vom Amt ohne weitere Rückfrage zurückgewiesen[275].

---

269 EuG, 25.11.2014, T-556/12 – KAISERHOFF/KAISERHOFF, Rn 29–50. So kann ein nach Beginn eines Widerspruchsverfahrens eingeleitetes Löschungsverfahren meistens Veranlassung zur Aussetzung des Widerspruchsverfahrens geben, da das Widerspruchsverfahren gegenstandslos würde, wenn die ältere Marke gelöscht würde. S.a. EuG, 04.05.2022, T-619/21 – TAXMARC/TAXMAN; EuG, 14.02.2019, T-162/18 – ALTUS/ALTOS; EuG, 01.03.2016, T-40/09 – VOGUE CAFÉ/Vogue und VOGUE studio, Rn 61–66; EuG, 25.05.2016, T-753/14 – ocean beach club ibiza/OCEAN THE GROUP mwN.

270 EuG, 21.10.2015, T-664/13 – PETCO/PETCO, Rn 31–33; EuG, 17.02.2017, T-811/14 – Fair & Lovely/NEW YORK FAIR & LOVELY, Rn 54–70. Dabei hat die BK alle vorgelegten Beweismittel zu berücksichtigen, insb Klageschriften und Gerichtsladungen.

271 EuG, 28.05.2020, T-84/18 ua – We IntelliGence the World/Zwei sich überschneidende Kreise, Rn 67–76.

272 EuG, 13.06.2019, T-392/18 – Innocenti/i INNOCENTI, Rn 30–38; EuG, 12.06.2019, T-346/18 – VOGUE/VOGA, Rn 25–32; EuG, 16.05.2011, T-145/08 – ATLAS/atlasair, Rn 61, 66–77; bestätigt durch EuGH, 09.03.2012, C-406/11 P.

273 EuG, 18.09.2012, T-133/08, T-134/08, T-177/08 und T-242/09 – LEMON SYMPHONY, Rn 242, 243. Der EuGH, 21.05.2015, C-546/12 P, befasst sich bei der Zurückweisung des Rechtsmittels mit dieser Rechtsfrage nicht.

274 EuG, 08.09.2017, T-572/15 – GOURMET/ORIGINE GOURMET, Rn 27–43; EuG, 12.11.2015, T-544/14 – ALETE/ALETA, Rn 26–45.

275 S. *Stürmann*, Verfahren vor dem EUIPO, GRUR-Prax 2016, 120.

Auf Antrag beider Beteiligten in mehrseitigen Verfahren werden die Verfahren für einen Zeitraum ausgesetzt, der *sechs Monate* nicht überschreiten darf. Diese Aussetzung kann auf Antrag beider Beteiligten bis zu einer Gesamtdauer von *zwei Jahren verlängert* werden (Art. 71 Abs. 2 DVUM). 307

Alle Fristen im Zusammenhang mit den betr Verfahren, mit Ausnahme der Frist für die Zahlung der entspr Gebühr, werden – im Gegensatz zur früheren Rechtslage unter der GMV[276] – ab dem Tag der Aussetzung *unterbrochen*. Dies gilt zB auch für die Beschwerdebegründungsfrist vor der BK, wo es nach der alten Rechtslage lästig war, trotz Aussetzung noch fristgerecht eine Beschwerdebegründung abzuliefern, um nicht die Unzulässigkeit zu riskieren. 308

Unbeschadet der Sonderregelung hinsichtlich der Mediation in Art. 170 Abs. 5 S. 2 UMV[277] werden die *Fristen neu berechnet* und *beginnen am Tag der Wiederaufnahme des Verfahrens erneut zu laufen* (Art. 71 Abs. 3 DVUM). 309

Die Beteiligten können zu *Stellungnahmen* in Bezug auf die Aussetzung oder Wiederaufnahme des Verfahrens gebeten werden, wenn dies unter den gegebenen Umständen angemessen ist (Art. 71 Abs. 4 DVUM). 310

XVIII. Sprachen vor dem Amt

Es ist zu unterscheiden einerseits zwischen den *Amtssprachen des EUIPO*. Das sind die fünf Sprachen: Spanisch, Deutsch, Englisch, Französisch und Italienisch (Art. 146 Abs. 2 UMV). Anderseits sind die *Amtssprachen der Europäischen Union* alle offiziellen Sprachen der Mitgliedstaaten, also derzeit 24, nämlich: Bulgarisch, Tschechisch, Dänisch, Deutsch, Estnisch, Griechisch, Englisch, Spanisch, Französisch, Irisch (Gälisch), Kroatisch, Italienisch, Litauisch, Lettisch, Ungarisch, Maltesisch, Niederländisch, Polnisch, Portugiesisch, Rumänisch, Slowakisch, Slowenisch, Finnisch und Schwedisch. Irisch wird derzeit vom EUIPO nicht angewandt[278]. 311

Anmeldungen von Unionsmarken sind in einer der Amtssprachen der Europäischen Union einzureichen (*erste Sprache*). Der Anmelder hat eine davon verschiedene *zweite Sprache*, die eine Sprache des EUIPO ist, anzugeben, mit deren Benutzung als möglicher Verfahrenssprache er in Widerspruchs-, Verfalls- und Nichtigkeitsverfahren einverstanden ist (Art. 146 Abs. 1 und 3 S. 1 UMV). Ist die Anmeldung in einer Sprache, 312

276 EuG, 16.05.2011, T-145/08 – ATLAS/atlasair, Rn 62, 63; BK, 18.04.2008, R 1341/07-G – KOSMO/COSMONE, Rn 14.

277 Dort laufen die Fristen ab dem Tag weiter, an dem das Verfahren wieder aufgenommen wird.

278 VO (EWG-Rat) 1/58 vom 15.04.1958 zur Regelung der Sprachenfrage für die Europäische Wirtschaftsgemeinschaft in der jeweils nach dem Beitritt weiterer Mitgliedsländer erweiterten Fassung (ABl. 17/385 vom 06.10.1958; L 73/14; idF der VO [EU] 517/2013 des Rates vom 13.05.2013; L 158/1 vom 10.06.2013). Die Organe der Union waren bis 31.12.2021 von der Verpflichtung entbunden, alle Rechtsakte in irischer Sprache abzufassen; VO (EG) 920/2005. vom 13.06.2005; ABl. L 156/3; idF der VO (EU, Euratom) 2015/2264. vom 03.12.2015; ABl. L 322/1.

die nicht eine Sprache des Amtes ist, eingereicht worden, so sorgt das EUIPO dafür, dass die Anmeldung nach den Erfordernissen des Art. 31 Abs. 1 UMV in die vom Anmelder angegebene zweite Sprache *übersetzt* wird (Art. 146 Abs. 3 S. 2 UMV).

313 Zwar hat der Gesetzgeber in der UMV die Amtssprachen der Union unterschiedlich behandelt, die von ihm getroffene Wahl, die auf die *in der Union bekanntesten Sprachen beschränkt* war, ist jedoch nach Erkenntnis des EuGH[279] *sachgerecht* und *angemessen.* Aus Art. 4 VO 1/58[280] ergibt sich, dass eine individuelle Entscheidung nicht unbedingt in allen Amtssprachen abgefasst werden muss, auch wenn sie die Rechte eines Unionsbürgers beeinträchtigen könnte, der nicht der Adressat dieser Entscheidung ist, wie zB eines konkurrierenden Wirtschaftsteilnehmers.

314 Ist der *Anmelder* der Unionsmarke in einem Verfahren vor dem EUIPO der einzige Beteiligte, so ist gemäß Art. 146 Abs. 4 UMV Verfahrenssprache die Sprache, in der die Anmeldung der Unionsmarke eingereicht worden ist (*erste Sprache*). Ist die Anmeldung in einer Sprache, die nicht eine Sprache des EUIPO ist, eingereicht worden, so kann das EUIPO für schriftliche Mitteilungen an den Anmelder auch die zweite Sprache wählen, die dieser in der Anmeldung angegeben hat.

315 Der *Begriff der Mitteilungen* ist nach der Rspr des EuGH[281] *sehr eng auszulegen.* Er umfasst keine Verfahrenshandlungen, sondern nur die Schreiben, mit denen das EUIPO Verfahrenshandlungen übermittelt oder den Anmeldern Auskünfte erteilt. Das Amt benutzt in den Fällen, in denen der Anmelder als erste Sprache eine angegeben hat, die keine Sprache des EUIPO ist, diese erste Sprache für den gesamten Schriftverkehr, es sei denn der Anmelder äußert im Anmeldeformular in der entspr Rubrik den ausdrücklichen Wunsch, dass das EUIPO die zweite Sprache verwenden soll.

---

279 EuGH, 09.09.2003, C-361/01 P – Kik, Rn 81–96. Soweit der EGV (jetzt EUV) an mehreren Stellen auf die Verwendung der Sprachen in der Union Bezug nimmt, kann dies nicht als Ausdruck eines allgemeinen Grundsatzes des Unionsrechts angesehen werden, der jedem Bürger einen Anspruch darauf gewährt, dass alles, was seine Interessen berühren könnte, unter allen Umständen in seiner Sprache verfasst sein müsste. Die Sprachenregelung einer Einrichtung wie der EUIPO ist das Ergebnis einer schwierigen Suche nach dem gebotenen Ausgleich zwischen den Interessen der Wirtschaftsteilnehmer und denen der Allgemeinheit, was die Verfahrenskosten betrifft, aber auch zwischen den Interessen der Unionsmarkenanmelder und denen der anderen Wirtschaftsteilnehmer, was den Zugang zu Übersetzungen von Papieren, die Rechte verleihen, oder Verfahren betrifft, die wie die Widerspruchs-, Verfalls- und Nichtigkeitsverfahren in der UMV, mehrere Wirtschaftsteilnehmer betreffen. Der Unionsgesetzgeber hat folglich bei der Festlegung der Amtssprachen, die in den obigen Verfahren als Verfahrenssprache verwendet werden können, wenn sich die Beteiligten nicht über die zu verwendende Sprache einigen können, das legitime Ziel verfolgt, eine Lösung der Sprachenfrage zu finden, die den Schwierigkeiten angemessen ist, die sich aus dem Fehlen einer solchen Vereinbarung ergeben.

280 VO (EWG-Rat) 1/58 vom 15.04.1958 zur Regelung der Sprachenfrage für die Europäische Wirtschaftsgemeinschaft (ABl. 17/385 vom 06.10.1958; L 73/14; idF vom 13.05.2013; L 158/1 vom 10.06.2013).

281 EuGH, 09.09.2003, C-361/01 P – Kik, Rn 45–48.

Widersprüche und Anträge auf Erklärung des *Verfalls* oder der *Nichtigkeit* sind wegen Art. 146 Abs. 5 UMV in einer der fünf Sprachen des EUIPO einzureichen. Unbeschadet dessen gilt jedoch nach Art. 146 Abs. 6 UMV, dass alle Anträge oder Erklärungen, die sich auf die Anmeldung einer Unionsmarke beziehen, in der Sprache der Anmeldung der Unionsmarke oder in der vom Anmelder in seiner Anmeldung angegebenen zweiten Sprache eingereicht werden können und dass alle Anträge oder Erklärungen, die sich auf eine eingetragene Unionsmarke beziehen, in einer der Sprachen des EUIPO eingereicht werden können. 316

Wird die Anmeldung jedoch unter Verwendung eines vom Amt bereitgestellten (*Online-)Formblatts* gemäß Art. 100 Abs. 2 UMV eingereicht, so können diese Formblätter in jeder der Amtssprachen der Union verwendet werden, sofern die Textbestandteile des Formblatts in einer der Sprachen des EUIPO ausgefüllt werden (Art. 146 Abs. 6 S. 2 UMV). 317

Ist die nach Art. 146 Abs. 5 UMV gewählte Sprache des Widerspruchs oder des Verfalls- oder Nichtigkeitsantrags die erste oder die zweite Sprache der angegriffenen Anmeldung der Unionsmarke, so wird diese Sprache wegen Art. 146 Abs. 7 S. 1 UMV Verfahrenssprache. 318

Ist die nach Abs. 5 gewählte Sprache des Widerspruchs oder des Verfalls- oder Nichtigkeitsantrags weder die erste noch die zweite Sprache der Anmeldung, so hat der Widersprechende oder der Antragsteller des Verfalls- oder Nichtigkeitsantrags eine *Übersetzung* des Widerspruchs oder des Antrags auf eigene Kosten entweder in der ersten Sprache – sofern sie eine Sprache des EUIPO ist – oder in der zweiten Sprache vorzulegen. Die Übersetzung ist aus eigenem Antrieb *innerhalb eines Monats* nach Ablauf der Widerspruchsfrist oder nach der Einreichung des Antrags auf Erklärung des Verfalls oder der Nichtigkeit vorzulegen. Die Sprache, in der die Übersetzung vorliegt, wird dann Verfahrenssprache (Art. 146 Abs. 7 S. 2 UMV, Art. 7 Abs. 4 bzw Art. 16 Abs. 2 DVUM). 319

Dies dient dazu, in Inter-partes-Verfahren den Grundsatz des kontradiktorischen Verfahrens und die *Waffengleichheit* zwischen den Beteiligten zu wahren. Ausnahmsweise wird jedoch der andere Verfahrensbeteiligte durch das Fehlen einer Übersetzung in der Ausübung seiner Verteidigungsrechte dann nicht beeinträchtigt, wenn er zugestandenermaßen in der Lage ist, den Inhalt zu verstehen[282]. 320

Die an den Widerspruchs-, Verfalls-, Nichtigkeits- oder Beschwerdeverfahren Beteiligten können gemäß Art. 146 Abs. 8 UMV vereinbaren, dass eine *andere Amtssprache der Europäischen Union* als Verfahrenssprache verwendet wird. Der Widersprechende oder der Anmelder können das Amt vor dem Tag, an dem der kontradiktorische Teil 321

282 EuGH, 10.05.2012, C-100/11 P – BOTOLIST und BOTOCYL/BOTOX, Rn 102–104 zu Regel 38 Abs. 2 GMDV (jetzt Art. 16 Abs. 2 DVUM.), zumal wenn er die fehlende Übersetzung im Verfahren vor dem Amt nicht beanstandet hat und das Klageverfahren vor dem EuG in der Sprache stattfindet, in der die unübersetzten Beweismittel vorgelegt wurden.

des Widerspruchsverfahrens gemäß Art. 6 Abs. 1 DVUM beginnt, darüber unterrichten, dass sich beide Beteiligten auf eine andere Verfahrenssprache geeinigt haben. Wurde die Widerspruchsschrift nicht in dieser Sprache eingereicht, kann der Anmelder verlangen, dass der Widersprechende eine Übersetzung der Widerspruchsschrift in dieser Sprache einreicht. Ein solches Ersuchen muss spätestens an dem Tag beim Amt eingehen, an dem der kontradiktorische Teil des Verfahrens beginnen soll. Das EUIPO legt eine Frist fest, innerhalb der der Widersprechende eine Übersetzung einreichen muss. Wird die Übersetzung nicht oder verspätet eingereicht, bleibt es bei der gemäß Artikel 146 UMV festgelegten Verfahrenssprache (Art. 3 DVUM).

322 Unbeschadet von Art. 146 Abs. 4 und 8 UMV und vorbehaltlich anderslautender Bestimmungen kann jeder Beteiligte im schriftlichen Verfahren vor dem Amt *jede Sprache des EUIPO* benutzen. Ist die von einem Beteiligten gewählte Sprache nicht die Verfahrenssprache, so legt dieser innerhalb eines Monats nach Vorlage des Originalschriftstücks eine Übersetzung in der Verfahrenssprache vor.

323 Ist der Anmelder einer Unionsmarke der einzige Beteiligte an einem Verfahren vor dem Amt und die Sprache, in der die Anmeldung der Unionsmarke eingereicht wurde, nicht eine der Sprachen des EUIPO, so kann die *Übersetzung auch in der zweiten Sprache* vorgelegt werden, die der Anmelder in der Anmeldung angegeben hat (Art. 146 Abs. 9 S. 2 UMV). Die Art der Beglaubigung legt nach Art. 146 Abs. 10 UMV der Exekutivdirektor fest.

324 Sofern in UMV und DVUM nichts anderes bestimmt ist, können in schriftlichen Verfahren vor dem EUIPO zu verwendende Schriftstücke in *jeder Amtssprache der Union* vorgelegt werden. Sind sie nicht in der *Verfahrenssprache* abgefasst, kann das Amt auf eigene Initiative oder auf begründeten Antrag des anderen Beteiligten die Vorlage einer Übersetzung in die Verfahrenssprache innerhalb einer von ihm festgelegten Frist verlangen (Art. 24 UMDV).

325 Die *Sprachenwahl* bei der Anmeldung ist von erheblicher taktischer und verfahrensstrategischer Bedeutung. Widersprüche und Verfalls- oder Nichtigkeitsanträge sind immer in einer der fünf Sprachen des EUIPO einzureichen (Art. 146 Abs. 5 und 7 UMV Art. 146 Abs. 5 und 7 UMV):

326 Hat ein Anmelder als *erste Sprache Polnisch* und als *zweite Sprache Deutsch* angegeben, kann er sicher sein, dass Widerspruchs-, Verfalls- oder Nichtigkeitsverfahren gegen ihn nur auf Deutsch stattfinden können, weil Polnisch keine Sprache des EUIPO ist. Andererseits unterzieht sich ein deutscher Anmelder, der Polnisch als erste Sprache wählt, auch im absoluten Verfahren keinen größeren Schwierigkeiten, da er bereits im Anmeldeantrag durch Ankreuzen der entspr Box verlangen kann, dass das EUIPO auch im absoluten Prüfungsverfahren mit ihm in der zweiten Sprache (im gewählten Beispiel also auf Deutsch) kommuniziert. Er muss lediglich die Anmeldung auf Polnisch einreichen, was auch auf einem deutschen Formblatt erfolgen kann. Letztlich ist dann, da Formalien keiner Übersetzung bedürfen, nur die Liste der Waren und DL sowie ggf eine Beschreibung der Zeichenform auf Polnisch anzugeben, wobei der Anmelder sich der TMclass-Datenbank auf der EUIPO-Internetseite bedienen kann.

Hat er dagegen *Deutsch als erste* und *Spanisch als zweite Sprache* benannt, muss er damit rechnen, dass diese Verfahren entweder in Deutsch oder in Spanisch geführt werden können, weil beides Sprachen des EUIPO sind. Das Amt lässt eine spätere, auch einvernehmliche Änderung der Sprachwahl nicht zu[283]. 327

In *Zweifelsfällen* ist wegen Art. 147 Abs. 3 UMV der Wortlaut in der *Sprache des EUIPO* maßgebend, in der die Anmeldung der Unionsmarke eingereicht wurde[284]. Wurde die Anmeldung in einer Amtssprache der Union eingereicht, die nicht eine Sprache des EUIPO ist, so ist der Wortlaut in der vom Anmelder angegebenen zweiten Sprache verbindlich. 328

In Konsequenz dieser Regelung können dann zB weder die Waren und DL, die lediglich durch einen *Übersetzungsfehler* in einer anderen sprachlichen Version des Verz. auftauchen, Gegenstand des Widerspruchsverfahrens sein, noch diejenigen, die zwar korrekt in der Sprache der Anmeldung eingetragen sind, aber im Widerspruch (aufgrund Auslassung in der fehlerhaften Übersetzung) vom Widersprechenden nicht erwähnt wurden[285]. 329

Das EUIPO trägt gemäß Art. 26 UMDV *jeder vom Anmelder vorgelegten Übersetzung* ohne nähere Überprüfung[286] Rechnung, da es, sofern nicht der Beweis des Gegenteils erbracht wird oder Hinweise auf das Gegenteil bestehen, davon ausgeht, dass eine Übersetzung mit dem jeweiligen Urtext übereinstimmt. Bei Zweifeln kann das Amt die Vorlage einer Beglaubigung, der zufolge die Übersetzung dem Ausgangstext entspricht, innerhalb einer bestimmten Frist verlangen. 330

Die Übersetzungsstandards sind sehr streng. Nach Art. 25 UMDV muss in der beim EUIPO einzureichenden Übersetzung eines Schriftstücks das *Originalschriftstück* angegeben und der *Aufbau und der Inhalt des Originalschriftstücks wiedergeben* werden. Die Übersetzung darf also nicht im Fließtext des Schriftsatzes erfolgen, sondern diesem ist ein *gesondertes Blatt* beizufügen, das die Übersetzung nach Struktur und Aufbau 331

283 Siehe Alicante News 12/2014, S. 7.

284 EuG, 06.04.2017, T-39/16 – NANA FINK/NANA; Rn 42–48. Es muss der Schutzumfang Vorrang haben, wie er durch die Fassung des Wortlauts in der Sprache des EUIPO gewährt wird. Der Markeninhaber darf keinen Nutzen aus einem Verstoß gegen seine Pflicht ziehen, das VerzWDL klar und eindeutig anzugeben. Der betr Wortlaut kann daher nicht zu seinen Gunsten ausgelegt werden.

285 EuG, 21.03.2013, T-353/11 – eventer EVENT MANAGEMENT SYSTEMS/EVENT, Rn 14–18. Mag der 1. Halbsatz noch logisch und konsequent sein, weil sich der Widerspruch nicht gegen eine nicht eingetragene Ware oder DL richten kann, so erscheint der 2. Halbsatz höchst gefährlich, weil dies zum Ergebnis führt, dass eine an sich störende Ware oder DL aufgrund eines (meist tückischen) Übersetzungsfehlers, der nicht in der Verantwortung des Widersprechenden liegt, im Register verbleibt. Um diese Konsequenz zu vermeiden, empfiehlt es sich daher, den Widerspruch immer (durch Ankreuzen des entspr Feldes im Formular) gegen »alle Waren und/oder DL der Anmeldung« zu richten (s. Rdn 1073.).

286 Siehe Alicante News 12/2014, S. 5; *Stürmann*, Verfahren vor dem HABM, GRUR-Prax 2015, 270.

des Originals enthält. Wird versehentlich ein Teil *nicht übersetzt*, so kann dieser im Verfahren *nicht berücksichtigt* werden. Hat ein Beteiligter jedoch angegeben, dass nur Teile des Schriftstücks von Belang sind, kann sich die Übersetzung auf diese Teile beschränken.

332 Sofern in UMV, DVUM und UMDV nichts anderes bestimmt ist, gilt ein Schriftstück, für das eine *Übersetzung* einzureichen ist, *nicht* beim Amt *eingegangen* (a) wenn die Übersetzung *nach Ablauf der Frist* für die Einreichung des Originalschriftstücks oder der Übersetzung beim Amt eingeht; (b) wenn die in Art. 26 UMDV vorgesehene *Beglaubigung* nicht innerhalb der vom Amt festgelegten Frist eingereicht wird.

333 Schließlich erfolgen nach Art. 147 Abs. 1 und 2 UMV alle *Veröffentlichungen*, die in UMV und DVUM vorgeschrieben sind, und sämtliche *Eintragungen* in das Unionsmarkenregister *in allen Amtssprachen der Europäischen Union.*

XIX. Schriftliches Verfahren und mündliche Verhandlung

334 Im Regelfall bearbeitet das EUIPO einschl der BK die Verfahren im *schriftlichen* Verfahren. Bei Unklarheiten oder bei zusätzlichem Informationsbedürfnis hält es schriftlich Nachfrage oder räumt die Möglichkeit zur Stellungnahme ein. Dies geschieht aber nur in sehr seltenen Fällen, da rasche Bearbeitung und Erledigung in Alicante absoluten Vorrang vor der Klärung von Zweifelsfragen haben (Art. 94 Abs. 1 UMV).

335 Nur in besonderen Ausnahmen wird eine *mündliche Verhandlung* angeordnet (Art. 96 UMV und 97 UMV). Diese hat bislang nur in sehr wenigen BK-Verfahren stattgefunden[287]. Jedoch bieten die BK nunmehr mündliche Verhandlungen per *Videokonferenz* an (Art. 46 Abs. 1g, Art. 49 Abs. 2 S. 3 DVUM)[288].

336 Das Amt verfügt nämlich über einen *Ermessensspielraum*, ob es eine mündliche Verhandlung wirklich für sachdienlich hält. Diese ist nicht notwendig, wenn das EUIPO bereits nach der Aktenlage über alle Angaben verfügt, deren es als Grundlage für die Entscheidung bedarf, und der Antragsteller nicht darlegt, inwiefern mündliche Ausführungen zusätzlich zu den bereits vorgelegten Schriftsätzen entscheidungsrelevant sein würden[289], insb warum Zeugenanhörungen die Glaubwürdigkeit des Beweises erhöhen oder warum Zeugen ihre Erklärungen nicht in schriftlicher oder anderer

287 Siehe zB BK, 25.04.2001, R 283/99–3 – HOLLYWOOD/HOLLYWOOD; BK, 15.10.2015, R 279/14–1 – Silverado; BK, 15.10.2015, R 280/14–1 – Goldrush; BK, 15.10.2015, R 528/14–1 – Geisha; BK, 15.10.2015, R 691/14–1 – Wasabi; BK, 15.10.2015, R 894/14–1 – Skyfire; BK, 15.10.2015, R 895/14–1 – Ice Tea; BK, 22.07.2019, R 1849/17–2 – MONOPOLY; am 09.09.2022, R 1613/19-G und R 1238/19-G – ICELAND (die auch online übertragen wurde).

288 Beschluss Nr 2020–2 vom 22.04.2020 des Präsidiums der BK über mündliche Verhandlungen vor den BK per Videokonferenz; ABl.EUIPO 6/2020.

289 EuG, 20.02.2013, T-378/11 – MEDINET, Rn 72–75 mwN; bestätigt durch EuGH, 10.04.2014, C-412/13 P; EuG, 16.07.2014, T-66/13 – Echte Kroatzbeere Flasche, Rn 87–91.

Form abgeben könnten[290]. Findet eine mündliche Verhandlung vor dem Amt statt, was nur in sehr seltenen Fällen geschieht, zB um besondere Branchenüblichkeiten zu überprüfen, so kann die Entscheidung mündlich ergehen. Die Entscheidung wird den Beteiligten anschließend in Schriftform zugestellt (Art. 94 Abs. 1 S. 3 und 4 UMV).

Die Nichtbeachtung der *Mindestladungsfrist von einem Monat* für eine mündliche Verhandlung gemäß Art. 97 Abs. 3 S. 2 UMV stellt einen wesentlichen Verfahrensfehler dar, der geeignet ist, zur Aufhebung der angefochtenen Entscheidungen zu führen, ohne dass darüber hinaus nachzuweisen wäre, dass dem Kläger dadurch ein Schaden entstanden ist. 337

Ein solch wesentlicher Verfahrensfehler kommt nämlich der *Verletzung einer wesentlichen Formvorschrift* gleich, deren Nichtbeachtung unabhängig von den konkreten Folgen der Verletzung zur Nichtigkeit der Rechtshandlung führt. Darüber, dass die Betroffenen nach Art. 97 Abs. 3 S. 2 UMV mit einer *kürzeren Frist* einverstanden sind, muss Gewissheit bestehen, da andernfalls die Gefahr einer Beeinträchtigung des Grundsatzes der Rechtssicherheit bestünde. Eine solches Einverständnis kann daher weder einfach unterstellt noch implizit aus dem Zusammentreffen bestimmter unklarer oder mehrdeutiger Umstände abgeleitet werden. Demgegenüber kann die Weigerung eines Beteiligten, zur mündlichen Verhandlung zu erscheinen, nicht als rechtsmissbräuchlich betrachtet werden. 338

Die Hauptfunktion des *Protokolls* der mündlichen Verhandlung (und ggf der damit verbundenen Beweisaufnahme) besteht darin, dass es die in Art. 53 DVUM vorgeschriebenen wesentlichen Elemente der mündlichen Verhandlung und der Beweisaufnahme enthält. Es handelt sich somit keineswegs um eine Niederschrift oder gar ein erschöpfendes Protokoll der mündlichen Verhandlung[291]. 339

Die Einzelheiten der mündlichen Verhandlung sind in Art. 49 bis 54 DVUM geregelt. 340

Entscheidungen des EUIPO werden *schriftlich abgefasst und begründet.* Entscheidungen, die mit der Beschwerde angefochten werden können, sind mit einer schriftlichen *Rechtsmittelbelehrung* zu versehen. Aus der Unterlassung der Rechtsmittelbelehrung können aber keine Ansprüche hergeleitet werden (Art. 94 Abs. 1 und 3 UMV). 341

XX. Kostenentscheidungen

Nach Art. 33 DVUM wird die *Beschwerdegebühr* auf Anordnung der BK *erstattet,* (a) wenn der Beschwerde wegen Art. 68 Abs. 1 S. 2 UMV als *nicht eingelegt gilt,* 342

---

290 EuG, 18.01.2018, T-178/17 – HYALSTYLE, Rn 23, 24; EuG, 06.03.2024, T-59/23 und T-68/23 – DEC FLEXIBLE TECHNOLOGIES, Rn 70–76; Rechtsmittel nicht zugelassen, EuGH, 03.09.2024, C-334/24 P..

291 EuG, 18.09.2012, T-133/08 – LEMON SYMPHONY, Rn 237, 222, 229–233, 238–244, 190 hinsichtlich einer Klage über eine Entscheidung der BK des Gemeinschaftlichen Sortenamtes. Der EuGH, 21.05.2015, C-546/12 P, befasste sich bei der Zurückweisung des Rechtsmittels mit dieser Rechtsfrage nicht.

weil die Beschwerdegebühr verspätet gezahlt worden ist; (b) wenn ihr gemäß Art. 69 Abs. 1 UMV von der Ausgangsinstanz *abgeholfen* oder die angefochtene Entscheidung nach Art. 103 UMV *widerrufen* wurde; (c) wenn die *angefochtene Anmeldung* nach Wiedereröffnung des Prüfungsverfahrens iSd Art. 45 Abs. 3 UMV gemäß Art. 30 Abs. 2 DVUM mit bestandskräftiger Prüferentscheidung *abgewiesen* wurde und die Beschwerde dadurch gegenstandslos geworden ist; oder (d) wenn die BK die Erstattung wegen eines *wesentlichen Verfahrensmangels* für gerecht erachtet.

343 In *einseitigen Verfahren* (zB Anmeldeverfahren) werden keine *Kostenentscheidungen* getroffen. In diesen trägt der Antragsteller seine eigenen Kosten und Auslagen sowie die Gebühren des EUIPO selbst.

344 In *zweiseitigen Verfahren* wird in der abschließenden Entscheidung grds eine Kostenentscheidung getroffen.

345 Der *unterliegende Beteiligte* trägt gemäß Art. 109 Abs. 1 UMV die von dem anderen Beteiligten entrichteten Gebühren sowie alle für die Durchführung der Verfahren notwendigen Kosten, die dem anderen Beteiligten entstehen, einschl der Reise- und Aufenthaltskosten und der Kosten des Vertreters iSd Art. 120 Abs. 1 UMV, jedoch im Rahmen der Höchstsätze von Art. 18 UMDV. Die vom Unterliegenden zu tragenden Gebühren beschränken sich auf die von dem anderen Beteiligten entrichteten Gebühren für den Widerspruch, für den Antrag auf Erklärung des Verfalls oder der Nichtigkeit der Unionsmarke und für die Beschwerde. Der Unterliegende trägt aber lediglich die Kosten eines einzigen Widersprechenden und ggf eines einzigen Vertreters[292].

346 Soweit jedoch die Beteiligten jeweils in einem oder mehreren Punkten unterliegen oder soweit es die *Billigkeit* erfordert, wird eine andere Kostenverteilung getroffen (Art. 109 Abs. 3 UMV), wobei nach der Rspr des EuG ein *weiter Ermessensspielraum* besteht[293].

347 Der Beteiligte, der ein Verfahren dadurch beendet, dass er die Anmeldung der Unionsmarke, den Widerspruch, den Antrag auf Erklärung des Verfalls oder der Nichtigkeit oder die Beschwerde *zurücknimmt* oder die Eintragung der Unionsmarke nicht verlängert oder auf diese verzichtet, trägt die Gebühren sowie die Kosten der anderen Beteiligten (Art. 109 Abs. 4 UMV). Nehmen beide Beteiligte teilweise zurück, so wird idR eine Kostenaufhebung angeordnet.

348 Im Falle der *Einstellung* des Verfahrens entscheidet das EUIPO über die Kosten nach *freiem Ermessen* aufgrund von Billigkeitsgründen (Art. 109 Abs. 5 UMV)[294]. Diese

292 Dies ist eine abschließende Regelung, die nicht unter Bezugnahme auf Art. 145 Abs. 3 UMV (außervertragliche Haftung des EUIPO) umgangen werden kann; EuG, 17.02.2017, T-726/14 – FLEXPS/FlexES, Rn 35–37.

293 EuG, 28.04.2004, T-124/02 und T-156/02 – VITATASTE/VITAKRAFT und META-BALANCE 44/BALANCE, Rn 54.

294 EuG, 16.11.2006, T-32/04 – Lyco-A/LYCO PROTECT, Rn 17–24. Keinesfalls kann ein Beteiligter verlangen, dass der voraussichtliche hypothetische Verfahrensausgang zugrunde zu legen ist, wäre die Einstellung nicht erfolgt, oder dass gar das Verfahren nur wegen

Norm gestattet ihm aber keinesfalls, sich selbst die Kosten der am Verfahren vor der BK Beteiligten aufzuerlegen[295].

Vereinbaren die Beteiligten eine andere Kostenregelung, so nimmt das EUIPO diese zur Kenntnis (Art. 109 Abs. 6 UMV) und trifft keine eigene Kostenentscheidung mehr. Ein solcher Antrag muss aber einen entspr Nachweis enthalten[296]. 349

Das EUIPO *setzt den Betrag* der zu erstattenden Kosten *in der abschließenden Sachentscheidung fest*, wenn sich diese Kosten auf die an das EUIPO gezahlten Gebühren und die Vertretungskosten iSd Art. 120 Abs. 1 UMV beschränken (Art. 109 Abs. 7 S. 1 UMV). Dies erfolgt in der Praxis des Amts in allen Verfahren ohne nähere Prüfung. 350

Dabei können *Vertretungskosten* in Höhe des vorgesehenen Höchstsatzes den anderen Beteiligten zugesprochen werden, unabhängig davon ob sie tatsächlich entstanden sind (Art. 109 Abs. 7 S. 6 UMV)[297]. Dies gilt jedoch dann nicht, wenn die erfolgreiche Partei nur in geringem Umfang am Verwaltungsverfahren teilgenommen, zB weder vor der Nichtigkeitsabteilung noch vor der BK ein Vorbringen eingereicht hat[298]. 351

Ein *Angestellter* eines Beteiligten iSd Art. 119 Abs. 3 UMV kann jedoch keine Vertreterkosten gemäß Art. 18 Abs. 1c UMDV iVm Art. 120 Abs. 1 UMV geltend machen, selbst wenn er in der Liste der zugelassenen Vertreter nach Art. 120 Abs. 2 bis 5 UMV eingetragen ist[299]. 352

In allen anderen Fällen, also auch in denjenigen, in denen eine Festsetzung in der abschließenden Entscheidung vergessen wurde, setzt die *Geschäftsstelle* der BK oder ein *Mitarbeiter* der Widerspruchs- oder Nichtigkeitsabteilung auf begründeten Antrag innerhalb einer Frist von zwei Monaten, die mit dem Tag beginnt, an dem die Entscheidung, für die Kostenfestsetzung beantragt wird, unanfechtbar wird, den zu erstattenden Betrag fest (Art. 109 Abs. 7 S. 2 und 3 UMV). 353

Für Vertretungskosten reicht eine *Versicherung des Vertreters*, dass diese Kosten entstanden sind. Die sonstigen Kosten müssen *nachvollziehbar* dargelegt werden (Art. 109 Abs. 7 S. 4 und 5 UMV). 354

der Kostenfrage fortgesetzt wird. Dem stehen nämlich schon schwerwiegende Gründe der Verfahrensökonomie entgegen.

295 EuG, 12.07.2005, T-163/04 – Mike's MEALS ON WHEELS/MIKE'S SANDWICH MARKET, Rn 36, 42. Das EUIPO ist nämlich, ohne seine Befugnisse aus Art. 109 UMV zu überschreiten, nicht befugt, über die Verteilung der Verfahrenskosten auf einer anderen Grundlage, z B auf zivilrechtlicher Haftung, als auf der der UMV zu entscheiden.

296 S. *Stürmann,* Verfahren vor dem EUIPO, GRUR-Prax 2016, 120.

297 EuG, 01.02.2017, T-19/15 – wax by Yuli's/wax, Rn 108–114; EuG, 25.09.2008, T-294/07 – GOLF-FASHION MASTERS/The Masters GOLF COMPANY, Rn 32–35.

298 EuG, 27.03.2019, T-265/18 – Formata/Formata, Rn 60–62; EuG, 24.05.2023, T-509/22 – BimboBIKE/BIMBO, Rn 60–68; Rechtsmittel nicht zugelassen, EuGH, 07.11.2023, C-473/23 P, wonach für ein Tätigwerden aber bereits ein Fristverlängerungsantrag ausreichen soll.

299 EuG, 17.07.2012, T-240/11 – MyBeauty TV/BEAUTY TV, Rn 13–18.

355 Gegen diese Kostenfestsetzung ist innerhalb eines Monats ein *Antrag auf Überprüfung* durch die Widerspruchs-, die Nichtigkeitsabteilung oder die BK zulässig. Der Antrag gilt erst als gestellt, wenn die *Gebühr* nach Anlage I zur UMV Nr A32 in Höhe von 100 Euro entrichtet worden ist. Die entspr Abteilung des EUIPO bzw die BK entscheidet ohne mündliche Verhandlung (Art. 109 Abs. 8 UMV).

356 Jede Entscheidung des EUIPO, die *Kosten festsetzt*, ist ein *vollstreckbarer Titel*, dessen Vollstreckung nach den Vorschriften des Zivilprozessrechts des Staates erfolgt, in dessen Hoheitsgebiet sie stattfindet (Art. 110 UMV). Die Vollstreckungsklausel wird nach einer Prüfung, die sich lediglich auf die Echtheit des Titels erstrecken darf, von einer einzigen staatlichen Behörde erteilt, welche die Regierung jedes Mitgliedstaats zu diesem Zweck bestimmt und dem EUIPO, dem EuGH und der Kommission benennt (für Deutschland: das BPatG)[300].

357 Die *Zwangsvollstreckung* kann nur durch eine *Entscheidung des EuGH ausgesetzt* werden. Für die Prüfung der Ordnungsmäßigkeit der Vollstreckungsmaßnahmen sind jedoch die Rechtsprechungsorgane des betr. Staates zuständig (Art. 110 Abs. 4 UMV).

300 S. die für die jeweiligen Mitgliedstaaten zuständigen Gerichte: Mitteilung Nr 1/23 des Exekutivdirektors vom 09.06.2023.

D. Die Anmeldung der Unionsmarke

Übersicht

I. Verfahrensablauf und formale Voraussetzungen

1. Übermittlung der Anmeldung

358 Die Anmeldung einer Unionsmarke wird *direkt beim EUIPO* eingereicht (Art. 30 Abs. 1 UMV). Dies erfolgt schriftlich durch Einreichung des unterzeichneten Originalschriftstücks zB per Post bzw Kurierdienst oder durch *elektronische Mittel*, wovon inzwischen fast alle Anmelder Gebrauch machen (Art. 100 UMV iVm Art. 63 bis 65 DVUM). Die *technischen Anforderungen* an die Wiedergabe einer elektronischen Unionsmarkenanmeldung sind durch BEM[301] geregelt[302]. Die Übermittlung per *Tele-*

301 Art. 8 BEM. Danach muss die elektronische Datei folgenden Größe haben: maximal pro Anhang 2 MB (20 MB für MP4, OBJ, STL und X3D), maximale Gesamtgröße der Anhänge: 20 MB, Beschränkung der Namenslänge von angehängten Dateien: 25 Zeichen. Folgende Formate sind zugelassen: (a) JPEG, (b) MP3, (c) STL-, OBJ- oder X3D und (d) MP4, wobei die Anforderungen im Einzelnen näher definiert sind.

302 Eine elektronische Markenanmeldung ist auch über das API-Portal möglich: Beschluss Nr EX-22–6 des Exekutivdirektors vom 01.08.2022 betr Mitteilungen durch elektronische Mittel mit API (Application Programming Interface) samt Annex I (Version 04.07.2023); ABl.EUIPO 9/2022.

fax ist *nicht* mehr zulässig[303]. Anmeldungen von Unionsmarken können *nicht* mehr bei den *nationalen Ämtern* eingereicht werden[304].

Im Internet bietet das EUIPO neben der individuellen Anmeldung auch ein beschleunigtes Verfahren (*Fast-Track-Version*) an[305]. Wenn der Anmelder jedoch eine komplexere Anmeldung einreichen möchte, kann er über den Nutzerbereich (*User Area*) das erweiterte Formular verwenden[306]. 359

Bei Benutzung des *elektronischen Formulars* erfährt der Anmelder schon bei der Eingabe der einzelnen Waren und DL aufgrund eines einfachen elektronischen Ampelsystems, ob die gewünschten Begriffe in der harmonisierten Datenbank (HDB)[307] gültig sind oder ein Prüfer ihn zur Berichtigung auffordern wird. Ggf werden ähnliche, bereits anerkannte Begriffe und alternative Klassifizierungen vorgeschlagen. Weiter erfährt er auch, wenn eine Bestätigung eines gewünschten Begriffs nicht möglich ist, zB weil er noch unbekannt ist, und ein Prüfer ihn manuell prüfen wird. 360

Anhänge von Mitteilungen, die durch Post oder Kurier überbracht werden, zB die *Wiedergabe* der Marke bei Nichtwortmarken, müssen gemäß Art. 64 DVUM entweder auf *Datenträgern*, wie USB-Speichersticks, Pen-Drives[308], oder *schriftlich* auf einem *gesonderten Einzelblatt* mit der reproduzierten Marke, das alle relevanten Ansichten oder Bilder enthalten muss, und in einem vorgeschriebenen Papierformat eingereicht werden (Art. 3 Abs. 6 bis 8 UMDV). Die Hinterlegung eines Musters oder einer Probe gilt nicht als korrekte Markenwiedergabe (Art. 3 Abs. 9 UMDV). 361

Wird ein Anhang, der durch Post oder Kurier überbracht wird, auf einem *Datenträger* eingereicht, der diesen Anforderungen entspricht, aber nicht lesbar ist oder nicht geöffnet werden kann, wird der Absender entspr vom Amt informiert und aufgefordert, das Original in einem vom Amt festgelegten Zeitraum erneut einzureichen. Wird der Datenträger in mehreren Kopien eingereicht und auf einer der eingereichten Kopien 362

303 Art. 2 BEM.

304 Diese in Art. 25 Abs. 1b, 2 und 3 GMV vorgesehene Möglichkeit ist in der UMV gestrichen worden.

305 Hierfür müssen die beanspruchten Waren und DL aus einer Datenbank mit bereits vom EUIPO akzeptierten Begriffen ausgewählt sein, wobei das Fünf-Schritte-Formular den Anmelder bei der Auswahl unterstützt. Und weiter muss die Zahlung zusammen mit der Einreichung der Anmeldung geleistet werden. In diesem Verfahren kann die Anmeldung in kürzerer Zeit veröffentlicht werden, im Schnitt in vier bis fünf Wochen.

306 Das ist zB dann erforderlich, wenn er sein eigenes VerzWDL verwenden, eine Kollektivmarke anmelden, die Umwandlung einer Internationalen Registrierung beantragen oder mehrsprachige Elemente der Marke in den beiden Sprachen der Anmeldung einreichen will.

307 S. Rdn 383.

308 Art. 2 Abs. 1 Beschluss Nr EX-22-7 des Exekutivdirektors vom 29.11.2022 in Bezug auf technische Spezifikationen für Anhänge, die auf Datenträgern eingereicht werden; ABl.EUIPO 2/2023. S. Rdn 67. f samt Fn.

ist ein Anhang oder eine Datei nicht lesbar, muss der Beteiligte sicherstellen, dass so viele Kopien des Anhangs oder der Datei erneut eingereicht werden wie ursprünglich[309].

363 Bei *Online-Anmeldung* (E-filing) müssen die Anlagen mit dem jeweils im verwendeten Formular vorgeschriebenen Dateityp übermittelt werden.

364 Treten bei der *postalischen Übermittlung* der Anmeldung an das EUIPO *Pannen* auf, so kommt es darauf an, in wessen Gefahrenbereich der Fehler liegt, wobei der Anmelder die Beweislast für die rechtzeitige und vollständige Übermittlung trägt.

365 Das EUIPO prüft unmittelbar nach Eingang der Anmeldung, ob die Mindestvoraussetzungen für die Zuerkennung eines Anmeldetags (mit Ausnahme der Zahlung der Grundgebühr) erfüllt sind[310]. Ist dies der Fall, so teilt es in der *Empfangsbescheinigung* mit, dass das Datum des Eingangs auch der Anmeldetag (Art. 32 UMV) ist, vorausgesetzt, dass die Anmeldegebühr innerhalb eines Monats nach Eingang der Anmeldung entrichtet wird.

366 Das Amt stellt dem Anmelder unverzüglich eine (elektronische) *Empfangsbescheinigung* aus, die mindestens das Az., eine Wiedergabe, eine Beschreibung oder sonstige Identifizierung der Marke, die Art und Zahl der Unterlagen und den Tag ihres Eingangs enthält. Dies erfolgt automatisch auf elektronischem Wege (Art. 30 Abs. 2 UMV).

367 Wird die *Anmeldegebühr* rechtzeitig gezahlt, wird dieser »vorläufige« Anmeldetag automatisch zum »endgültigen«, wird sie nicht rechtzeitig gezahlt, versendet das EUIPO eine Beanstandung mit der Folge, dass die Anmeldung einen späteren oder überhaupt keinen Anmeldetag erhält.

368 Die *Gebühren* sind immer *unmittelbar an das EUIPO* zu zahlen[311].

2. Inhaberschaft

369 Die Voraussetzungen für die *Inhaberschaft* an einer Unionsmarke sind in Art. 5 UMV geregelt. Danach können *alle natürlichen und juristischen Personen* aus der ganzen Welt, einschl Körperschaften öffentlichen Rechts Inhaber sein.

370 Dies gilt selbstverständlich für eine im Gebiet eines Drittstaats ansässige Gesellschaft, aber auch für diesen *Staat* selbst, der, auch wenn es sich bei ihm um ein Völkerrechtssubjekt handelt, dennoch gemäß dem Recht der Union eine juristische Person des öffentlichen Rechts ist. Der Anwendungsbereich des Unionsrechts wird in diesem Fall nämlich nicht auf das Hoheitsgebiet des Fremdstaats erstreckt, sondern vielmehr hat sich dieser freiwillig durch die Beantragung einer Unionsmarke diesem Recht

309 Art. 5 Abs. 2 Beschluss Nr EX-22-7 des Exekütivdirektors vom 29.11.2022 in Bezug auf technische Spezifikationen für Anhänge, die auf Datenträgern eingereicht werden; ABl.EUIPO 2/2023.

310 Mitteilung Nr 4/98 des Präsidenten vom 04.06.1998; ABl.HABM 1998, 884.

311 Mitteilung Nr 2/97 des Präsidenten vom 03.07.1997.

unterstellt. Es gibt zudem kein naturgegebenes Recht einer Anstalt oder Einrichtung öffentlichen Rechts oder eines Regierungsorgans darauf, Inhaber einer Marke zu sein[312].

3. Anforderungen der Anmeldung hinsichtlich Anmelder und Markenwiedergabe

Die Anmeldung muss als *Mindesterfordernis* einen *Antrag* auf Eintragung einer Unionsmarke, Angaben, die es erlauben, die *Identität des Anmelders* festzustellen, ein *VerzWDL*, für die die Eintragung begehrt wird, und eine *Wiedergabe der Marke* enthalten (Art. 31 Abs. 1 UMV, Art. 2 Abs. 1a bis 1d und Art. 3 UMDV). 371

Die Anmeldung kann den Anspruch umfassen, dass das Zeichen nach Art. 7 Abs. 3 UMV *Verkehrsdurchsetzung* erlangt hat sowie eine Angabe, ob es sich dabei um einen Haupt- oder einen Hilfsanspruch handelt. Dieser Anspruch kann auch innerhalb der Stellungnahmefrist nach Beanstandung der Anmeldung durch den Prüfer gemäß Art. 37 Abs. 3 S. 2 UMV eingereicht werden (Art. 2 Abs. 2 UMDV). 372

Die Anmeldung einer UKM oder einer UGM kann auch die *Markensatzungen* enthalten. Sind solche Satzungen nicht in der Anmeldung enthalten, sind sie innerhalb von zwei Monaten nach dem Anmeldetag (Art. 75 Abs. 1 bzw Art. 84 Abs. 1 UMV) vorzulegen (Art. 2 Abs. 3 UMDV). 373

Gibt es mehr als einen Anmelder, so kann die Anmeldung die Benennung eines der Antragsteller oder Vertreter zum *gemeinsamen Vertreter* umfassen (Art. 2 Abs. 4 UMDV). 374

Auch die *Wiedergabe einer Marke* hat präzise zu erfolgen. Sie muss in angemessener Form unter Verwendung allgemein zugänglicher Technologie wiedergegeben werden, soweit die Wiedergabe im Register eindeutig, präzise, abgeschlossen, leicht zugänglich, verständlich, dauerhaft und objektiv dargestellt werden kann, damit die zuständigen Behörden und die Öffentlichkeit in die Lage versetzt werden, klar und präzise festzustellen, für welchen Gegenstand dem Inhaber der Marke Schutz gewährt wird (Art. 3 Abs. 1 UMDV). Das EuG[313] hat dem Anmelder lediglich erlaubt, nachträglich einen Schreibfehler zu berichtigen, zB um seine Anmeldung *TELEYE* in Einklang mit seinen ebenfalls geltend gemachten Prioritätsansprüchen *TELEEYE* zu bringen, weil der Schreibfehler für das EUIPO nach Ansicht des EuG eindeutig erkennbar gewesen war, die begehrte Änderung in diesem Falle nicht missbräuchlich war und keine wesentliche Änderung der Marke mit sich brachte. 375

Die Wiedergabe der Marke *definiert den Gegenstand der Eintragung.* Wird zusätzlich zur Wiedergabe eine *Beschreibung* vorgelegt, muss diese Beschreibung im Einklang mit der Wiedergabe stehen und darf den Anwendungsbereich nicht vergrößern (Art. 3 Abs. 2 UMDV). 376

312 EuG, 15.01.2015, T-197/13 – MONACO, Rn 29–33.
313 EuG, 15.11.2001, T-128/99 – TELEYE, Rn 47–50.

377 Die Anmeldung kann gemäß Art. 3 Abs. 3 UMDV für folgende *Markenformen* erfolgen: Wortmarke, Bildmarke (einschl Wort-/Bildmarke), dreidimensionale Formmarke, Positionsmarke, Wiederholungsmustermarke, Farbmarke, Hörmarke, Bewegungsmarke, Multimediamarke, Hologrammmarke oder sonstige Marke, wobei die letztere – wie auch die vorherigen, selbst wenn dies nicht ausdrücklich erwähnt ist – von einer Beschreibung begleitet werden kann (Art. 3 Abs. 4 UMDV)[314]. Es darf *nur eine Kategorie* gewählt werden. Somit ist weder eine Farb-/Bildmarke zulässig, noch eine Bild-/dreidimensionale Marke. Das EUIPO korrigiert offensichtlich falsche oder widersprüchliche Angaben[315].

378 Eine *Wortmarke* besteht aus einem (möglichst mit Maschine oder Computer) geschriebenen Wort, aus Buchstaben, Ziffern, aus anderen der Standardschrift entnommenen Schriftzeichen oder einer Kombination davon und wird in Standardschrift und normalem Layout ohne grafische Elemente oder Farbe wiedergegeben (Art. 3 Abs. 3a UMDV). Der Gebrauch von Klein- und Großbuchstaben wird entspr bei der Veröffentlichung und Eintragung der Marke übernommen. Dabei können alle in den europäischen Sprachen üblichen und gebräuchlichen Zeichensätze benutzt werden, zB neben den in den skandinavischen oder slawischen Sprachen oder im Spanischen verwandten Sonderzeichen auch griechische (wegen Griechenland und Zypern) oder kyrillische Buchstaben (wegen Bulgarien).

379 Der *Schutz* einer in Standardschrift gehaltenen Wortmarke *umfasst* auch ihre zukünftige Verwendung in *anderen Schreibweisen*, sofern diese nicht so erhebliche Abweichungen zur reinen Wortmarke aufweisen, dass dadurch der kennzeichnungskräftige Charakter der Marke nach Art. 18 Abs. 1 Unterabs. 2a UMV verändert wird. Werden nichteuropäische Zeichensätze verwendet, zB chinesische, indische oder thailändische, dürfte die Marke als Bildmarke zu qualifizieren sein (Art. 3 Abs. 3b UMDV).

380 Eine *Bildmarke* ist eine spezielle grafische Darstellung, die nicht standardisierte Schriftzeichen, Stilisierungen oder besonderes Zeichenlayout aufweist oder grafische Elemente bzw Farben verwendet. Sie besteht entweder ausschließlich aus Bildelementen oder aus einer Kombination von Wort- und Bildelementen mit oder ohne Farbe. Der Begriff der Bildmarke schließt also sog. *Wort-/Bildmarken* mit ein, die aus Wortelementen und bildlichen oder besonderen grafischen Bestandteilen bestehen, zB spezielle Schreibweisen, Anordnungen oder Einfärbungen von Wörtern enthalten. Die Anmeldung wird durch die Wiedergabe des Zeichens mit allen ihren Elementen und ggf Farben dargestellt, was auch für Marken gilt, die ausschließlich aus Bildelementen oder einer Kombination von Wort- und Bildelementen bestehen (Art. 3 Abs. 3b UMDV).

381 Eine *dreidimensionale Marke (Formmarke)* ist eine solche, die aus einer plastischen Form besteht oder sich darauf erstreckt, einschl Behälter, Verpackungen, die Ware selbst oder deren Gestaltung. Sie wird entweder durch die grafische Darstellung der

314 S. Common Communication (8) on the representation of new types of trade marks, Alicante News 12/2017, S. 1.

315 S. Alicante News 12/2014, S. 5.

Form, einschl computergenerierter Bilder, oder eine fotografische Abbildung wiedergegeben. Die grafische oder fotografische Darstellung kann und soll *unterschiedliche Ansichten* enthalten. Erfolgt die Wiedergabe nicht elektronisch, so kann sie bis zu sechs unterschiedliche Perspektiven umfassen, damit die Konturen des Zeichens von allen Seiten erkennbar sind, also oben und unten, rechts und links, sowie vorne und hinten (Art. 3 Abs. 3c UMDV). Wird zB nur eine Abbildung eingereicht, die das beanspruchte Zeichen nicht vollständig erkennen lässt, weil die Ansichten von der Rück- und der unteren Seite fehlen, kann kein Anmeldetag vergeben werden.

Die Anmeldung, die aus der besonderen *Platzierung* oder *Anbringung* der Marke auf 382
dem Produkt besteht (*Positionsmarke*), wird mittels einer Darstellung wiedergegeben, die die Positionierung der Marke und die Größe oder Proportion in Bezug auf die betr Waren angemessen identifiziert. Die Elemente, die nicht Gegenstands der Eintragung sein sollen, sind vorzugsweise durch unterbrochene oder gestrichelte Linien visuell auszuschließen. Die Wiedergabe kann von einer Beschreibung begleitet werden, die Einzelheiten zur Anbringung des Zeichens auf den Waren enthält (Art. 3 Abs. 3d UMDV).

Eine Anmeldung, die ausschließlich aus einer Reihe von Elementen besteht, die 383
regelmäßig wiederholt werden (*Mustermarke*), wird durch eine Darstellung des *Wiederholungsmusters* wiedergegeben, zB *Kennfadenmarken* wie Wendelstreifen auf einem Schlauch. Die Wiedergabe kann von einer Beschreibung begleitet werden, die Einzelheiten zur regelmäßigen Wiederholung der Elemente enthält (Art. 3 Abs. 3e UMDV).

Eine *Farbmarke* ist eine Marke, die unabhängig von jeder spezifischen Form oder 384
Gestalt und ohne räumliche Begrenzung aus einer oder mehreren Farben an sich besteht (Art. 3 Abs. 3f- i UMDV)[316]. Wenn die Marke ausschließlich aus einer einzigen Farbe ohne Umrisse besteht, wird sie durch eine Darstellung der Farbe und einem Hinweis auf diese Farbe unter Bezugnahme auf einen allgemein anerkannten *Farbcode* wiedergegeben. Neben der Vorlage eines Farbmusters und dessen sprachlicher Beschreibung ist daher zusätzlich jeweils der Farbcode eines international anerkannten Kennzeichnungssystems anzugeben, wie PANTONE, RAL, Hex, RGB oder CMYK. Hinsichtlich der Anmeldungen für Farben als solche, die ohne Bezugnahme auf einen Code angemeldet wurden oder bereits eingetragen sind, akzeptiert das EUIPO die klarstellende nachträgliche Hinzufügung eines Farbkennzeichnungscodes[317].

Bei *Farbkombinationsmarken*, also Marken, die aus mehr als einer Farbe bestehen, also 385
wenn die Marke ausschließlich aus einer Farbenkombination ohne Umrisse besteht, wird sie durch eine Darstellung, die die *systematische Anordnung* der Farbenkombination in einer einheitlichen und vorgegebenen Weise zeigt, sowie die Angabe der Farben unter Bezugnahme auf einen allgemein anerkannten *Farbcode* wiedergegeben. Eine Beschreibung der systematischen Anordnung der Farben kann ebenfalls vorgelegt

316 Schwarz, Grau und Weiß werden vom EUIPO als Farben angesehen; *Stürmann*, Verfahren vor dem HABM, GRUR-Prax 2015, 270.

317 Dies ist jedoch nicht unproblematisch. Jedenfalls ist bei Abweichungen die eingetragene Farbe maßgebend und nicht der nachgereichte Code.

werden (Art. 3 Abs. 3f- ii UMDV). Eine konkrete Angabe über die Raumaufteilung ist zwingend, zB »Die Farbe Lichtgrau (RAL 7035) ist über der Farbe Verkehrsrot (RAL 3020), diese wiederum über der Farbe Lichtgrau (RAL 7035) angeordnet; das Verhältnis der Farben beträgt von oben nach unten Lichtgrau: Verkehrsrot: Lichtgrau = 7: 1: 2«[318].

386 Eine *Hörmarke* muss unter Verwendung von Standardmethoden zur grafischen Wiedergabe der Klangfolge, vornehmlich in Form einer Notenschrift, in einer Anlage dargestellt werden (Art. 3 Abs. 3g UMDV)[319]. Sie wird durch eine *Tondatei* (MP3), die den Klang reproduziert, oder durch eine genaue Wiedergabe des Klanges in Notenschrift wiedergegeben[320]. Eine Beschreibung der Töne oder des Geräusches allein reichen genauso wenig aus wie ein Sonagramm oder eine lautmalerische Beschreibung[321]. Das EUIPO besteht auf einer elektronischen Tondatei[322].

387 Eine Anmeldung, die aus einer *Bewegung* oder einer *Positionsänderung* der Elemente der Marke besteht oder sich darauf erstreckt (*Bewegungsmarke*), wird durch eine *Videodatei* oder durch eine Reihe von *aufeinander folgenden Standbildern* (zB Daumenkino) wiedergegeben, die die Bewegung oder die Positionsänderung zeigen (Stummfilm). Werden Standbilder verwendet, so können diese nummeriert sein oder durch eine Beschreibung ergänzt werden, in der die Sequenz erläutert wird (Art. 3 Abs. 3h UMDV).

388 Eine Marke, die aus der *Kombination von Bild und Ton* besteht oder sich darauf erstreckt (*Multimediamarke*), wird durch eine Ton-Bild-Datei, die die Kombination des Bildes und des Tons enthält (Tonfilm oder Tonbild), wiedergegeben (Art. 3 Abs. 3i UMDV).

389 Eine Anmeldung, die aus Elementen mit holografischen Merkmalen besteht (*Hologrammmarke*), wird durch eine *Videodatei* oder eine *grafische oder fotografische Darstellung* mit den Ansichten, die erforderlich sind, um den Hologrammeffekt in vollem Umfang darzustellen, wiedergegeben (Art. 3 Abs. 3j UMDV).

390 Bei *sonstigen Markenformen*, die unter keine der oben ausdrücklich genannten Kategorien fallen, wie zB *Licht- und Tastmarken*[323], muss ihre Wiedergabe den in Art. 3 Abs. 1 UMDV genannten Anforderungen genügen und kann von einer Beschreibung begleitet werden (Art. 3 Abs. 4 UMDV).

318 EuG, 12.11.2010, T-404/09 – Farben Grau und Rot in waagerechter Kombination, Rn 3; bestätigt durch EuGH, 07.12.2011, C-45/11 P.

319 EuG, 13.09.2016, T-408/15 – Klingelton, Rn 32–35.

320 Art. 8 Beschluss Nr EX-23–13 des Exekutivdirektors vom 15.12.2023 betr Mitteilungen durch elektronische Mittel.

321 EuGH, 27.11.2003, C-283/01 – Hörmarke. S.a. Hinweis bei der Internet-Anmeldung.

322 S. Alicante News 12/2021, S. 1, und UMRL, Teil B, Abschn. 2, Kap. 9.3.7.

323 Das sind Marken, bei denen der Schutz der taktilen Wirkung bestimmter Materialien oder Strukturen angestrebt wird, wie zB Angaben in Brailleschrift oder eine bestimmte Oberfläche eines Objektes.

Die *Anforderungen an die Präzision* gelten insb für Bildzeichen und neue Markenformen, da Änderungen nach Vergabe eines Anmeldetags nicht bzw nur unter sehr stark eingeschränkten Voraussetzungen möglich sind (Art. 49 Abs. 2 UMV). 391

Es ist immer daran zu denken, dass die *Anmeldung* (auch für die Rechtsverteidigung, zB im Widerspruchs- oder im nationalen Verletzungsverfahren) *reproduzierbar* sein muss, so dass im Zweifelsfall detaillierte Beschreibungen erfolgen sollten. Schreibfehler in einer Wortmarke sowie falsche oder widersprüchliche Kennzeichnungen sind zu vermeiden. Außerdem kann nach Vergabe des Anmeldetags *nicht* von einer *zu einer anderen Markenform* (zB von der Farb- zur Bildmarke[324] oder von der Bild- zur dreidimensionalen Marke[325]) *übergegangen* werden. 392

Auch das EUIPO darf *nicht von Amts* wegen eine vom Anmelder angegebene Beschreibung *ändern*, selbst wenn diese eindeutig falsch ist oder im Widerspruch zur übermittelten Abbildung steht, sondern hat die Anmeldung dann vor Vergabe eines Anmeldetags insgesamt nach Art. 31 Abs. 1d UMV zu beanstanden[326]. 393

Zwar kann die BK im Beschwerdeverfahren noch die Markenform überprüfen. Maßgeblich ist aber vorrangig der *Wille des Anmelders*, den er *im Anmeldeformular zum Ausdruck gebracht* hat[327]. Dieser ist im Zweifel auszulegen, so wenn trotz Bezeichnung der Anmeldung als Bildmarke aus ihrer grafischen Darstellung (der Fotografie einer Flasche, die deren dreidimensionale Formen eindeutig zeigt) und aus dem Vorbringen im Verfahren (das sich auf eine Flasche als Form oder Verpackung der Ware bezogen hat) hervorgeht, dass der beantragte Schutz in Wirklichkeit nicht für ein zweidimensionales Bildzeichen, sondern für die Form der Flasche selbst begehrt wird[328]. 394

4. Klassifizierungsgrundsätze

Die *Klassifizierung* der von einer Unionsmarkenanmeldung beanspruchten Waren und DL richtet sich nach der NK, derzeit in der seit 01.01.2024 geltenden Version 2024 der 12. Ausgabe[329] (Art. 33 Abs. 1 UMV). Die Klassifizierung nach anderen 395

324 EuG, 09.12.2010, T-329/09 – Brauner Farbton, Rn 14, 15; EuG, 28.01.2015, T-655/13 – Grün in fünf Farbtönen, Rn 16, 17; bestätigt durch EuGH, 21.01.2016, C-170/15 P.

325 BK, 27.06.2000, R 452/99–3 – Flasche mit Strohhalm.

326 BK, 17.01.2013, R 1133/12–1 – Dynasol. So kann das EUIPO die vom Anmelder beanspruchten Farben »orange und blau« nicht in »grau und orange« ändern, auch wenn letzteres eher der übermittelten Abbildung entspricht. S.a. *Stürmann,* Verfahren vor dem HABM, GRUR-Prax 2015, 270.

327 EuG, 12.11.2013, T-245/12 – Verschmelzende Grüntöne I, Rn 20, 34–39. Das Rechtsmittel zum EuGH war offensichtlich unzulässig; EuGH, 12.02.2015, C-35/14 P.

328 EuG, 16.07.2014, T-66/13 – Echte Kroatzbeere Flasche, Rn 21–24.

329 Mitteilung Nr 3/23 des Exekutivdirektors vom 22.12.2023. NKA; wipo.int/madrid/en/notices/. Die NK wird jedes Jahr immer zum 1. Januar neu angepasst. Das EUIPO wendet jeweils die neue Version der NK für alle Anmeldungen an, die ab dem Tag ihres Inkrafttretens eingegangen sind. Zu diesem Zeitpunkt bereits anhängige Anmeldungen und eingetragene Marken werden – auch im Falle der Verlängerung – nicht umklassifiziert.

Vorschriften des Rechts der Europäischen Union oder der Mitgliedstaaten ist für die Zwecke der Eintragung einer Unionsmarke grds nicht maßgeblich[330].

396 Zwar ist die NK rein *administrativer Natur*, jedoch ist auf sie Bezug zu nehmen, um ggf die Art oder Bedeutung der Waren und DL zu bestimmen, für die eine Marke eingetragen ist. Insb dann, wenn die Beschreibung von Waren und DL so allgemein gehalten ist, dass sie sehr unterschiedliche erfassen kann, ist für ihre *Auslegung* die vom Anmelder gewählte *Klasse der NK zu berücksichtigen.* Denn Art. 1 Abs. 2 NKA sieht vor, dass die NK aus einem Verz. der Klassen, ggf mit Erläuterungen, und einem alphabetischen VerzWDL mit Angabe der Klasse besteht, in die die einzelnen Waren oder DL fallen. Dabei wird jede Klasse durch eine oder mehrere allgemeine Beschreibungen definiert, die als *Klassenüberschriften* bezeichnet sind und in allgemeiner Form die Bereiche angeben, zu denen die Waren und DL der betr Klasse grds gehören. Die *Waren und DL* sind daher *unter Berücksichtigung von Logik und Systematik der NK auszulegen*, wobei die Beschreibungen und Erläuterungen für die Bestimmung ihrer Art und ihres Zwecks zu berücksichtigen sind[331].

397 Beantragt der Anmelder eine Eintragung für mehr als eine Kl., so fasst er die *Waren und DL gemäß den Kl. der NK* zusammen, wobei er jeder Gruppe die Nummer der Kl., der diese Gruppe von Waren oder DL angehört, in der Reihenfolge dieser Klassifikation voranstellt (Art. 33 Abs. 6 UMV).

398 Das Verz. ist vom Anmelder so zu formulieren, dass sich die *Art der Waren und DL zweifelsfrei erkennen* lässt und es ihre Klassifizierung in nur jeweils einer Kl. gestattet[332]. Die Einordnung in der entspr Kl. ist jeweils nach dem *Sinn und Zweck* der Ware oder DL sowie in Auslegung der Begriffe und Regeln der NK vorzunehmen[333]. Jedoch kann der bloße Umstand, dass eine Ware fälschlicherweise zB in Klasse 10 statt in

330 EuG, 25.06.2020, T-104/19 – JUVÉDERM, Rn 26–28; Rechtsmittel nicht zugelassen, EuGH, 03.12.2020, C-400/20 P. So kommt es zB bei Arzneimitteln nicht auf die Richtlinie 93/42/EWG vom 14.06.1993 über Medizinprodukte (ABl. L 169/1) an.

331 EuG, 26.04.2023, T-794/21 – MOULDPRO, Rn 21–28. Um den Bereich und die Bedeutung der Waren und DL zu bestimmen, deren Beschreibungen sehr unterschiedliche umfassen können, darf sich daher die Prüfung nicht auf die wörtliche Bedeutung dieser Beschreibungen beschränken, sondern muss auch ihre Klassifizierung berücksichtigen So sind zB in Klasse 17 eingetragene Schläuche nichtmetallischer Art, so dass kein Schutz für Metallschläuche verliehen wird.

332 EuG, 18.11.2020, T-664/19 – JUVEDERM ULTRA, Rn 15; Rechtsmittel nicht zugelassen, EuGH, 29.04.2021, C-41/21 P. Das sah Regel 2 Abs. 2 GMDV noch ausdrücklich vor. Die Klassifizierung und Übersetzung (in derzeit 30 Sprachen, darunter auch Chinesisch, Japanisch, Koreanisch, Marokkanisch, Norwegisch, Russisch und Türkisch) ermöglicht die Suchmaschine TMclass auf der EUIPO-Internetseite.

333 EuG, 23.01.2014, T-221/12 – SUN FRESH/SUNNY FRESH, Rn 30–50. So gehören Nahrungsergänzungsmittel auf der Basis eines Kräuterkonzentrats in Kl. 5 und Kräuter-Getränke, für andere als medizinische Zwecke, in Kl. 32 und sind daher verschieden.

Klasse 5 der NK eingetragen wurde, nicht zum Verfall der angegriffenen Marke für diese Ware führen, wenn sie für sie tatsächlich benutzt wurde[334].

Es empfiehlt sich die Nutzung der vom Amt zur Verfügung gestellten *HDB*, die alle in der Union und den Mitgliedstaaten geprüften und *zulässigen Begriffe* enthält[335]. Wer einen Waren- oder DL-Begriff daraus auswählt, kann sicher sein, dass er bei der Prüfung der Anmeldung akzeptiert wird. Außerdem wurde der Begriff bereits in alle übrigen Unionssprachen (mit Ausnahme von Irisch) übersetzt, so dass die Anmeldung schneller bearbeitet werden kann. Die HDB ist die weltweit größte, in Zusammenarbeit mit der WIPO und nationalen Ämtern erstellte *mehrsprachige Datenbank für Waren und DL* und enthält mehr als 70.000 Begriffe in 23 Sprachen, wobei st. neue aus aktuellen Anmeldungen hinzukommen. Sie ist auch *dynamisch*, so dass jederzeit von potentiellen Anmeldern die Aufnahme zusätzlicher Begriffe beantragt werden kann. Zudem bietet das EUIPO in seinen UMRL einen Beispielskatalog für die Klassifizierung von speziellen Waren und DL an[336]. 399

Bei der *elektronischen Anmeldung* erfährt der Anmelder nach Eingabe von Waren und/oder DL durch ein einfaches *Ampelsystem*, ob sein Begriff akzeptiert oder nicht akzeptiert wird, derzeit unbekannt ist (also bearbeitet wird) oder unklar und damit nicht registrabel ist, wobei das System ihm bei Problemen Alternativformulierungen vorschlägt. Zwar ist er an diese Vorschläge nicht gebunden und kann auf dem Begriff seiner Wahl beharren. Hält er sich jedoch an die Vorgaben, beschleunigt dies den Anmeldevorgang ganz erheblich. 400

Entspricht eine *Angabe im Register*, zB »eine Werbeaussage«, eingetragen für einen Slogan in Kl. 35, *keiner der Waren und DL der NK*, stellt sie weder eine Ware noch eine DL dar und kann auch nicht als »Werbeleistung« ausgelegt werden, ohne in unzulässiger Weise über den Umfang der eingetragenen DL hinauszugehen. Deshalb darf sie iSv Art. 8 Abs. 1b UMV in einem Widerspruchsverfahren *nicht berücksichtigt werden*[337]. Enthält die Anmeldung unklare und ungenaue Begriffe, eröffnet das EUIPO nochmals das Klassifizierungsverfahren, bei eingetragenen Marken kann die Klarstellung durch einen teilweisen Verzicht seitens der Inhaber erfolgen. 401

Waren und DL werden *nicht deswegen als ähnlich angesehen*, weil sie in ders Kl. der NK erscheinen, und sie werden nicht deswegen als verschieden angesehen, weil sie in verschiedenen NK-Kl. erscheinen (Art. 33 Abs. 7 UMV). 402

Die Waren und DL, für die Markenschutz beantragt wird, sind vom Anmelder so *klar* und *eindeutig* anzugeben, dass die *zuständigen Behörden* (also das EUIPO, die 403

334 EuG, 06.10.2021, T-372/20 – JUVEDERM, Rn 50–62. Denn die Einreihung von Waren und DL in der NK dient ausschließlich Verwaltungszwecken. Zudem war die für die angefochtene Marke verwendete Warenbezeichnung hinreichend klar (s.a. Rdn 1590).

335 Derzeit nutzt bereits mehr als die Hälfte der Anmelder beim EUIPO die HDB.

336 S. Teil B, Abschn. 1, Kap. 3.6 (Anhang) UMRL.

337 EuG, 20.03.2013, T-571/11 – El Corte Inglés/OHMI – Chez Gerard (CLUB GOURMET), Rn 24, 32 ff; bestätigt durch EuGH, 06.02.2014, C-301/13 P.

nationalen Markenämter und Gerichte) und die *Wirtschaftsteilnehmer* (insb potentielle Wettbewerber) allein auf dieser Grundlage den beantragten Schutzumfang bestimmen können (Art. 33 Abs. 2 UMV). Dies entspricht den expliziten Anforderungen des EuGH[338].

404 *Oberbegriffe* aus den Klassenüberschriften der NK oder andere allgemeine Begriffe können verwandt werden, sofern diese hinreichend *klar* und *eindeutig* sind (Art. 33 Abs. 3 UMV). Der Grundsatz der *Bestimmtheit* und der *Genauigkeit* sowie *Verlässlichkeit des Registers* verlangt nämlich eine exakte Zuordnung, so dass die Reichweite des der Marke gewährten Schutzes sowie die wesentlichen objektiven Merkmale und Eigenschaften der betr Waren und DL sofort und ohne umfangreiche Recherche erkennbar sind.

405 Bei *unklaren oder nicht eindeutigen Begriffen* weist das EUIPO die Anmeldung zurück, sofern der Anmelder nicht innerhalb einer vom Amt zu diesem Zweck gesetzten Frist eine geeignete zweifelsfreie Formulierung vorschlägt (Art. 33 Abs. 4 UMV).

406 Die Verwendung *allgemeiner Begriffe*, einschl der Oberbegriffe der Klassenüberschriften der NK, ist dahin auszulegen, dass diese alle Waren oder DL einschließen, die *eindeutig von der wörtlichen Bedeutung* des Begriffs *erfasst* sind. Die Verwendung derartiger Begriffe ist nicht so auszulegen, dass Waren oder DL beansprucht werden können, die nicht darunter erfasst werden können (Art. 33 Abs. 5 UMV). Damit ist die Rechtslage durch die neue UMV eindeutig klargestellt.

407 *Der früheren Praxis des HABM*, das alle Klassenüberschriften der NK akzeptiert hatte, wobei es bei deren unterstellter theoretischer Vollständigkeit davon ausging, dass bei Verwendung aller Klassenüberschriften alle in die jeweiligen Waren- oder DL-Kl. fallenden Waren und DL, auch wenn sie sich nicht (zwanglos) unter die Oberbegriffe einordnen lassen (ja nicht einmal in der alphabetischen Liste der NK aufgeführt waren), umfasst sein sollten[339], war bereits mit dem IP TRANSLATOR-Urteil

---

338 EuGH, 19.06.2012, C-307/10 – IP TRANSLATOR, Rn 49, 56 ff. Soweit der EuGH noch verlangt hatte, dass, um den Erfordernissen der Klarheit und der Eindeutigkeit des Registers zu genügen, der Anmelder, der zur Angabe der beanspruchten Waren oder DL alle Oberbegriffe der Überschrift einer bestimmten Kl. der NK verwendet, klarstellen muss, ob sich seine Anmeldung auf alle oder nur auf einige der in der alphabetischen Liste der betr Kl. aufgeführten Waren oder DL bezieht, und weiter dass, falls sie sich nur auf einige davon beziehen soll, er anzugeben hat, welche Waren oder DL dieser Kl. beansprucht werden, da eine Anmeldung, die nicht erkennen lässt, ob der Anmelder durch die Verwendung der Überschrift einer bestimmten Kl. der NK alle oder nur einen Teil der Waren oder DL dieser Kl. beansprucht, nicht als hinreichend klar und eindeutig angesehen werden kann, dürfte diese Anforderung durch den neuen Art. 33 Abs. 2 bis 4 UMV überholt sein, der generell eine klare und eindeutige Angabe verlangt.

339 Um das an einem einfachen Beispiel zu erklären: Hatte ein Anmelder vor dem 22.06.2012 in Alicante die (einzige) Klassenüberschrift von Kl. 15 »Musikinstrumente« beansprucht, besaß er nach Ansicht des Amts Schutz nicht nur für diese, sondern darüber hinaus auch für »Notenständer«, die nicht unter den Wortsinn des Oberbegriffs von Musikinstrumenten fallen, aber nach der alphabetischen Liste der NK in diese Kl. gehören, und konnte

des EuGH endgültig *der Boden entzogen* worden[340], wenn auch EuG[341] und EuGH durch ihre nachfolgende Rspr die Anwendbarkeit dieses Urteils nur auf Anmeldungen beschränkt haben und nicht auf die Bestimmung des Schutzumfangs eingetragener Marken anwenden wollen[342].

---

dies in Widerspruch- und Nichtigkeitsverfahren vor dem HABM geltend machen (jedoch zB nicht in Verfahren vor dem DPMA oder dem BPatG).

340 EuGH, 19.06.2012, C-307/10 – IP TRANSLATOR. S. Mitteilungen Nr 9/02 des Präsidenten vom 16.07.2002; ABl.HABM 2002, 1884; und Nr 4/03 vom 16.06.2003; ABl. HABM 2003, 1646. Die letztere, wonach das HABM keine Einwände gegen die Verwendung auch vager oder ungenauer Oberbegriffe und Klassenüberschriften hatte, sowie die Verwendung aller Klassenoberbegriffe als Beanspruchung aller Waren oder DL der betr Kl. verstand, wurde nach dem IP TRANSLATOR-Urteil des EuGH durch Mitteilung Nr 2/12 des Präsidenten vom 20.06.2012 aufgehoben, in der die neue Amtspraxis erläutert wird; ABl.HABM 7/2012. Im Anmeldeformular kann der Anmelder angeben, dass er für alle oder einzelne Waren oder DL der alphabetischen Liste der NK Schutz beantragen möchte. Er muss diese dann aber ausdrücklich und einzeln aufführen, ein genereller Verweis reicht nicht; s. Mitteilung Nr 1/13 des Präsidenten vom 26.11.2013, Teil II; ABl.HABM 1/2014. Zur Praxis von DPMA und WIPO s. Mitteilung der Präsidentin des DPMA Nr 16/2012 vom 28.10.2012, BlPMZ 2012, 369; bzw Information Notice No. 23/2012 vom 23.11.2012. S.a. GMitt des HABM und der nationalen Ämter zur Umsetzung des IP TRANSLATOR-Urteils vom 02.05.2013 und 20.02.2014 sowie – die aktuelle Version – GMitt zur gemeinsamen Praxis bei den in den Klassenüberschriften der NK enthaltenen Oberbegriffen v1.2 vom 28.10.2015. S.a. BPatG, 15.01.2015, 25 W (pat) 76, 11 – Yosaja/YOSOI.

341 So wurde bis zum Inkrafttreten der UMV einem Markeninhaber, der alle Überschriften einer Kl. der NK im Register eingetragen hatte, auch für alle Waren bzw DL der alphabetischen Liste der entspr Kl. Schutz gewährt, wenn die Anmeldung vor Inkrafttreten der Mitteilung Nr 2/12 des Präsidenten vom 20.06.2012 erfolgt war, auch wenn sich diese Waren bzw DL (die sog. Waisenkinder) nicht unter die Überschriften dieser Kl. einordnen ließen; EuG, 31.01.2013, T-66/11 – babilu/BABIDU, Rn 49–51; EuG, 30.09.2014, T-51/12 – LAMBRETTA I, Rn 19–37; bestätigt durch EuGH, 16.02.2017, C-577/14 P; und EuG, 15.07.2015, T-24/13 – CACTUS OF PEACE CACTUS DE LA PAZ/CACTUS, Rn 31–36; bestätigt durch EuGH, 11.10.2017, C-501/15 P. S.a. EuG, 07.12.2018, T-471/17 – EDISON, Rn 29–33; bestätigt durch EuGH, 16.09.2020, C-121/19 P. Zur Kritik an diesen Entscheidungen s. 2. Aufl., Rn 333–336.

342 Die Bestimmtheitsgrundsätze des IP TRANSLATOR-Urteils sind nämlich nur auf die Anmelder einer Marke anzuwenden, nicht auf Inhaber einer schon eingetragenen Marke. Denn der EuGH beschränkt sich im obigen Urteil darauf, klarzustellen, welchen Anforderungen neue Anmelder nationaler Marken unterliegen, die zur Bezeichnung der beanspruchten Waren und DL die Oberbegriffe einer Klassenüberschrift verwenden. Es kann daher nicht angenommen werden, dass der EuGH durch das IP TRANSLATOR-Urteil die in der Mitteilung Nr 4/03 des Präsidenten dargelegte Herangehensweise an vor diesem Urteil eingetragene Marken in Frage stellen wollte. Deshalb konnte das EuG die Überschrift der Kl. 12 der vor dem IP TRANSLATOR-Urteil eingetragenen Marke LAMBRETTA dahin auslegen, dass sie alle Waren umfassen soll, die in der alphabetischen Liste dieser Kl. enthalten sind; EuGH, 16.02.2017, C-577/14 P – LAMBRETTA; zu den Schlussanträgen des GA: GRUR-Prax 2016, 371 LS. Nach dem CACTUS OF

408 Zur Lösung dieses schwerwiegenden Konfliktes hatte der Gesetzgeber – aus Gründen des Vertrauensschutzes und einer damit (leider nur) einseitig zugunsten des Markeninhabers begründeten Rechtssicherheit – anläßlich der Reform mit *Art. 33 Abs. 8 UMV* eine *Übergangsregelung* eingeführt[343], die es *in der Zeit vom 23.3. bis 24.09.2016* Inhabern von *vor dem 22.06.2012 angemeldeten Unionsmarken* und (wegen Art. 182 und 189 UMV[344]) auch von Internationalen Registrierungen mit Schutzerstreckung auf die Union, die in Bezug *auf die gesamte Überschrift* (also alle Oberbegriffe) einer Kl. der NK[345] *eingetragen* waren[346], erlaubt hatte, schriftlich zu erklären[347], dass es am Anmeldetag ihre Absicht war (was nicht begründet zu werden brauchte), Schutz in Bezug auf Waren oder DL zu beantragen, die *über diejenigen hinausgehen, die von der wörtlichen Bedeutung der Überschrift der betr Kl. erfasst sind*, sofern die so bezeichne-

PEACE CACTUS DE LA PAZ/CACTUS-Urteil des EuGH darf zudem der Schutzumfang der Eintragung der älteren Marken unter Verwendung der Klassenüberschrift nicht allein auf in der alphabetischen Liste dieser Kl. aufgeführte Waren oder DL beschränkt werden; EuGH, 11.10.2017, C-501/15 P – CACTUS OF PEACE CACTUS DE LA PAZ/CACTUS, Rn 38–43.

343 Zur Amtspraxis s. Mitteilung Nr 1/16 des Präsidenten vom 08.02.2016. Diese enthält neben wichtigen Antworten zu Detailfragen (FAQ) auch eine (nicht vollständige!) Beispielsliste von möglichen Registeränderungen nach der jeweils gültigen Fassung der NK. Die Markeninhaber wurden jedoch nicht einzeln angeschrieben und auf das neue Recht sowie die Antragsfrist hingewiesen, sondern mussten von sich aus tätig werden. Es wurden ca. 25.000 Anträge gestellt, von denen jedoch über die Hälfte vom Amt beanstandet wurden.

344 Auch wenn Art. 189 UMV nicht ausdrücklich auf Art. 33 Abs. 8 UMV verweist. Dies ergibt sich aber schon aus dem Gleichbehandlungsgebot von Internationalen Registrierungen mit der Unionsmarke (s.a. FAQ Nr 1 zur Mitteilung des Präsidenten Nr 1/16 vom 08.02.2016).

345 Anwendbar war Art. 33 Abs. 8 UMV auch, wenn neben allen Oberbegriffen einer Kl. noch zusätzliche Waren oder DL angegeben waren. Dasselbe galt, wenn die Oberbegriffe oder einzelne von ihnen Ergänzungen enthielten (zB mit »insb« und »unter anderem«). Unanwendbar war Art. 33 Abs. 8 UMV jedoch, wenn einer oder mehrere Oberbegriffe einer Kl. fehlten oder eingeschränkt waren (zB mit »nämlich« oder »mit Ausnahme von«). Dabei war irrelevant, worauf dies beruhte, sei es durch eine beschränkte Anmeldung, teilweise Rücknahme oder durch eine partielle Zurückweisung in einem Widerspruchs-, Nichtigkeitsverfahren. Unnötig war es aber, Waren und DL nachzumelden, die schon eindeutig von der wörtlichen Bedeutung des Oberbegriffs erfasst waren.

346 Anmelder von vor dem 22.06.2012 angemeldeten Unionsmarken, deren Marken noch nicht eingetragen waren, durften aus Gleichbehandlungsgrundsätzen aber nicht ausgeschlossen bleiben.

347 Dies geschah zB auf dem vom Amt im Internet zur Verfügung gestellten Formular (s. Online-Formulare – Antrag auf sonstige Eintragung – Art der Maßnahme: Eintragung – UM – Erklärung nach Art. 8 Abs. 8). Dort waren für jede betroffene Marke (in einer separaten Erklärung) jeweils für jede einzelne Kl. die zusätzlich begehrten Waren und DL genau anzugeben (s. FAQ Nr 10 zur Mitteilung des Präsidenten Nr 1/16 vom 08.02.2016).

ten Waren oder DL im *alphabetischen Verz.* für diese Kl.[348] in der zum Zeitpunkt der Anmeldung geltenden Fassung der NK[349] aufgeführt waren[350].

In der *Erklärung*, die beim Amt zwingend *bis zum 24.09.2016*[351] kostenfrei und für jede Marke gesondert in den Sprachen des EUIPO (bzw bei Internationalen Registrierungen mit Schutzerstreckung auf die EU in der Sprache der Internationalen Registrierung) einzureichen war[352], mussten *klar, genau und konkret die Waren und DL* angegeben werden, die nicht eindeutig von der wörtlichen Bedeutung der Begriffe in der Klassenüberschrift, unter die sie nach der ursprünglichen Absicht des Inhabers fielen, erfasst waren[353]. 409

348 Es konnten also nur diejenigen Waren und DL beansprucht werden, die ausdrücklich in der zum Zeitpunkt der Anmeldung geltenden Fassung des alphabetischen Verz. der NK aufgeführt sind. Diese wurden vom Amt als hinreichend klar und eindeutig angesehen.

349 Das waren von 1996 bis 2012 immerhin 5 verschiedene Versionen, nämlich die 6. Ausgabe (in Kraft seit Beginn der Gemeinschaftsmarke am 01.04.1996), die 7. Ausgabe (in Kraft seit 01.01.1997), die 8. Ausgabe (in Kraft seit 01.01.2002), die 9. Ausgabe (in Kraft seit 01.01.2007) und die 10. Ausgabe (in Kraft seit 01.01.2012), s.a. Beispielsliste zum Entwurf einer Mitteilung des Exekutivdirektors zu Art. 33 Abs. 8 UMV und WIPO-Internetseite: Previous editions of the Nice Classification http://www.wipo.int/classifications/nice/en/nice_archives.html.

350 Die Erklärung nach Art. 33 Abs. 8 UMV war jedoch zurückzuweisen, wenn die zur Nachtragung beanspruchten Waren oder DL entweder bereits nach ihrer wörtlichen Bedeutung unter die Oberbegriffe der eingetragenen Marke fielen oder nicht in der relevanten Version des alphabetischen Verz. der NK enthalten waren; BK, 04.12.2018, R 676/18-2 – RAPPRESENTAZIONE D'UN FIORE STILIZZATO.

351 Dieses Enddatum war zwingend einzuhalten, auch wenn es auf einen Samstag fiel. Die Vorschrift von Regel 72 GMDV (eine Kommissions-VO) gilt nämlich nur für die vom Amt durch ein Ereignis ins Laufen gesetzten Fristen, aber nicht für die vom Unionsgesetzgeber in Art. 8 Abs. 8 S. 2 UMV (einer VO des Europäischen Parlaments und des Rates) explizit und ausdrücklich bestimmte Frist. Das Amt hat kein Ermessen, einseitig eine gesetzlich bestimmte Ausschlussfrist aufgrund der GMDV, die für andere Fristtypen anwendbar ist, zu verlängern. Nach dem 24.09.2016 eingegangene Anträge waren somit zwingend als unzulässig zurückzuweisen. Sollte das Amt sie trotzdem als zulässig angesehen und bearbeitet haben, kann die Eintragung von Dritten im normalen Amtsverfahren als fehlerhaft beanstandet und in Widerspruchs- oder Nichtigkeitsverfahren angegriffen werden; vgl EuG, 16.05.2013, T-104/12 – VORTEX/VORTEX, Rn 30, 36–49; und EuG, 25.06.2015, T-186/12 – LUCEA LED/LUCEO, Rn 39, 40. Zudem war das Amt am 24.09.2016, auch wenn es am Samstag zur Entgegennahme von Schriftstücken nicht geöffnet ist, problemlos per Fax und online erreichbar.

352 Die Erklärung musste wegen Regel 95 Nr b GMDV in einer der Amtssprachen des Amts (Englisch, Französisch, Deutsch, Italienisch oder Spanisch) abgefasst sein. Sie musste vom Inhaber der betr Marke oder seinem Vertreter stammen und zwingend die Nr der Eintragung, den Namen des Inhabers und seine ID-Nr sowie die von ihm zusätzlich begehrten Waren und DL enthalten. Für die Erklärung war keine Gebühr zu entrichten. Auf der Internetseite des EUIPO stand ein Online-Formular zur Verfügung.

353 Zur Rechtslage bis zum 24.09.2016 s. Rn 379–395 der 3. Aufl.

410 Wurde eine nach den oben genannten Voraussetzungen erfolgreiche Erklärung abgegeben, so hatte das Amt wegen Art. 33 Abs. 8 Unterabs. 2 S. 2 und 3 UMV *angemessene Maßnahmen* zu ergreifen, *um das Register entspr zu ändern*, wobei die Abgabe dieser Erklärung die Anwendung des Art. 18 UMV (Benutzung der Marke), des Art. 47 Abs. 2 UMV (NBE), des Art. 58 Abs. 1a UMV (Verfall wegen Nichtbenutzung) und des Art. 64 Abs. 2 UMV (NBE im Nichtigkeits-, Verfallsverfahren) unberührt ließ.

411 Die *angemessenen Maßnahmen des EUIPO* zur entspr Änderung des Registers bestanden darin, dass die *nachgemeldeten Waren oder DL* (mit einem entspr Änderungsvermerk) ins Register *nachgetragen* wurden[354]. Nach Art. 49 Abs. 2 S. 2 UMV musste die Anmeldung in der geänderten Fassung (*neu) veröffentlicht* werden, da die Änderungen das VerzWDL betrafen, die nach Veröffentlichung der Anmeldung vorgenommen wurden[355].

412 Andererseits hat der Gesetzgeber aber auch ausdrücklich klargestellt, dass Unionsmarken, für die *keine erfolgreiche Erklärung* nach Art. 33 Abs. 8 Unterabs. 1 und 2 UMV zwischen dem 23.3. und dem 24.09.2016 eingereicht worden war, nur für diejenigen Waren und DL gelten, die eindeutig von der *wörtlichen Bedeutung der Begriffe* in der Überschrift der einschlägigen Kl. erfasst sind (Art. 33 Abs. 8 Unterabs. 3 UMV)[356].

413 Damit steht nun ohne jeden Zweifel fest, dass für alle Verfahren ausschließlich die *im VerzWDL im Register enthaltenen Waren und DL* – seien sie unverändert oder gemäß Art. 33 Abs. 8 Unterabs. 1 und 2 UMV nachträglich ergänzt – *maßgeblich* sind. Allgemeine Begriffe und Oberbegriffe der Klassenüberschriften der NK schließen nach Art. 33 Abs. 8 Unterabs. 5 S. 1 UMV nur mehr alle diejenigen Waren oder DL ein, die *eindeutig von ihrer wörtlichen Bedeutung* erfasst sind. Auf im VerzWDL nicht explizit aufgeführte Waren und DL oder solche, die nicht eindeutig unter die angegebenen allgemeinen Begriffe oder Oberbegriffe fallen, kommt es also wegen Art. 33 Abs. 8 Unterabs. 5 S. 2 UMV keinesfalls mehr an.

414 Im Übrigen galt auch noch im *alten Recht* (bis zum 24.09.2016), dass in einem *Widerspruchsverfahren* die Widerspruchsabteilung in ihre Beurteilung *nicht auch Waren und DL* der Anmeldung einbeziehen durfte, die *mit dem Widerspruch gar nicht angegriffen* worden waren. Denn der Widerspruch richtet sich nur gegen die in der Anmeldung aufgeführten Waren und DL und nicht auch gegen solche, die in der alphabetischen

354 Die Erklärung wurde nach der Mitteilung des Präsidenten Nr 1/16 vom 08.02.2016 im Blatt für Unionsmarken in Abschn. C-3.2 veröffentlicht, und zwar mit der Nr der Markeneintragung, der Liste der zusätzlichen Waren und DL nach Art. 33 Abs. 8 UMV, dem Tag und der Nr des Eintrags in das Register, dem Tag der Veröffentlichung des Eintrags im Blatt für Unionsmarken und der Angabe »Art 28(8)« bzw »Art 33(8)« unter INID Code 580. Im obigen Beispielsfall (Rdn 391) der in Kl. 15 für »Musikinstrumente« eingetragenen Marke könnte deren Inhaber nunmehr die Nachtragung von »Notenständern« begehren.

355 Natürlich stehen *Nichtigkeits.-* und *Verfallverfahren.* gegen die nachträglich im VerzWDL erweiterte Marke (auch jenseits der Erweiterung) immer zur Verfügung, wenn die für diese Verfahren notwendigen Voraussetzungen gegeben sind.

356 S. zB BK, 23.11.2020, R 634/20-5 – kradle care planning assistant/Gradle, Rn 15–17.

Liste der NK der jeweiligen Kl. enthalten, aber im Register nicht verzeichnet sind[357]. Auch kann ein *Widerspruch* nur *auf die Waren und DL gestützt* werden, auf die sich *der Widersprechende im Widerspruch ausdrücklich* berufen hat[358].

Allerdings bezog sich eine *Nichtigkeitsentscheidung* einer BK, auch wenn sie zeitlich 415
vor einer (noch zulässigen) Erklärung des Markeninhabers nach Art. 33 Abs. 8 UMV erging, *auf alle Waren und DL*, für die die angegriffene Marke eingetragen wurde, einschl derjenigen in dieser Erklärung aufgeführten, die nicht eindeutig von der wörtlichen Bedeutung der Begriffe in den Klassenüberschriften erfasst wurden, aber im alphabetischen Verzeichnis der NK dieser Klassen enthalten waren[359].

Schließlich werden in Art. 33 Abs. 9 UMV die durch Abs. 8 verliehenen neuen Rechte 416
des Markeninhabers aber durch zwei Bestimmungen *einschränkt*:

Wird das *Register geändert*, so hindern zum einen die durch die Unionsmarke gemäß 417
Art. 9 UMV verliehenen *ausschließlichen Rechte* einen Dritten *nicht daran*, eine Marke weiterhin für Waren oder DL zu benutzen, wenn und soweit die Benutzung der Marke für diese (a) vor Änderung des Registers begann und (b) die Rechte des Inhabers auf der Grundlage der wörtlichen Bedeutung der damaligen Eintragung der Waren und DL im Register nicht verletzte.

Ferner gibt die *Änderung der Liste* der in das Register eingetragenen Waren oder DL 418
dem Inhaber der Unionsmarke zum anderen *nicht* das Recht, sich der *Benutzung einer jüngeren Marke zu widersetzen* oder eine Erklärung der *Nichtigkeit* einer solchen Marke zu *beantragen*, wenn und soweit (a) vor Änderung des Registers die jüngere Marke entweder für die Waren oder DL benutzt wurde oder ein Antrag auf Eintragung der Marke für die Waren oder DL eingereicht worden war, und (b) die Benutzung der Marke für diese Waren oder DL die Rechte des Inhabers auf der Grundlage der wört-

357 EuG, 18.03.2016, T-785/14 – MOTORTOWN/M MOTOR, Rn 28–34.

358 EuG, 24.05.2016, T-126/15 – Supeco/SUPER COR. Der Widersprechende kann sich nicht auf die Mitteilung Nr 2/12 des Präsidenten vom 20.06.2012, Ziff V, stützen, der zufolge Anmeldungen vor dem 21.06.2012, wenn sie alle Oberbegriffe einer Kl. enthalten, auch die nicht unter die wörtliche Bedeutung eines Oberbegriffsfallenden DL erfassen, soweit diese im alphabetischen Verz. der NK aufgeführt sind. Aus dieser Mitteilung ergibt sich nämlich nicht, dass diese weite Auslegung auch für das Widerspruchsverfahren gilt. Dort müssen im Gegenteil aufgrund Art. 2 Abs. 2g DVUM. und der Rspr alle Waren und DL, auf die sich der Widerspruch stützt, klar und eindeutig benannt werden. AA EuG, 15.06.2017, T-457/15 – climaVera/CLIMAVER DECO, Rn 20–24; jedoch ohne sich mit dem vorausgegangenen Urteil auseinanderzusetzen.

359 EuGH, 15.05.2019, C-653/17 P – Vermögensmanufaktur, Rn 48–51. Denn bei der Eintragung der angegriffenen Marke umfasste der ihr verliehene Schutz bereits die DL, auf die sich die spätere Erklärung gemäß Art. 33 Abs. 8 UMV bezog. So ging es bei dieser Erklärung nämlich nicht darum, dem Schutz der angegriffenen Marke neue DL hinzuzufügen, sondern darum, sicherzustellen, dass die von dieser Erklärung erfassten DL nach Ablauf der Frist des Art. 33 Abs. 8 Unterabs. 3 UMV weiterhin von diesem Schutz profitieren, obwohl sie nicht eindeutig von der wörtlichen Bedeutung der Begriffe in den Klassenüberschriften erfasst wurden.

lichen Bedeutung der damaligen Eintragung der Waren und DL im Register nicht verletzte oder verletzt hätte.

419 Das EUIPO hat zusammen mit den nationalen Ämtern der Mitgliedstaaten und der WIPO ein *Taxonomy-System in TMclass* zur Schaffung von *Unterkategorien der Oberbegriffe* entwickelt, das eine bessere und einheitliche Einordnung der Waren und DL in die NK ermöglicht und dem Anmelder bei der elektronischen Anmeldung automatisch angeboten wird. Er erfährt sofort, welche Ware oder DL bereits für eine bestimmte Kl. der NK akzeptiert worden ist. Dadurch ist er aber nicht gehindert, neue Waren oder DL anzumelden oder von den Vorschlägen abzuweichen, worauf eine gesonderte Prüfung erfolgt[360]. Dieses Taxonomie-System dient jedoch nur Verwaltungszwecken und ist *rechtlich nicht bindend*[361].

420 Weiter haben das EUIPO und die nationalen Ämter der Mitgliedstaaten (einschl Norwegens) in einer gemeinsamen Erklärung[362] eine Liste von *fünf Oberbegriffen der aktuellen NK* erstellt, die sie ohne weitere Spezifizierung *nicht mehr als hinreichend klar und eindeutig* ansehen, nämlich in Kl. 7 *Maschinen*, in Kl. 37 *Reparaturwesen; Installationsarbeiten*, in Kl. 40 *Materialbearbeitung* und in Kl. 45 *von Dritten erbrachte persönliche und soziale DL betr individuelle Bedürfnisse.*

421 Anstelle dieser unbestimmten Begriffe muss die konkrete, der jeweiligen Kl. *zugehörige Ware oder DL* angegeben werden, so zB »Melkmaschinen«, »Brillenreparatur«, »Installation von Einbruchalarmanlagen«, »Luftreinigung« oder »Adoptionsagenturleistungen«. Die Anmelder werden dadurch jedoch nicht daran gehindert, individuelle Oberbegriffe anzumelden, die dem Erfordernis der hinreichenden Klarheit und Eindeutigkeit Rechnung tragen[363].

---

360 Mitteilung Nr 1/13 des Präsidenten vom 26.11.2013, Teil I.

361 EuG, 10.12.2015, T-690/14 – Vieta, Rn 63–69. So ist zB der Warenoberbegriff »Geräte zur Wiedergabe von Ton und Bild« nicht ausreichend klar und eng, um nicht noch weiter unterteilt werden zu können.

362 GMitt zur gemeinsamen Praxis bei den in den Klassenüberschriften der NK enthaltenen Oberbegriffen v1.2 vom 28.10.2015. Diese ersetzt die frühere GMitt zur Anwendung von IP TRANSLATOR, zur gemeinsamen Praxis für die Zulässigkeit von Klassifikationsbegriffen und bei den in den Klassenüberschriften der NK enthaltenen Oberbegriffen vom 20.02.2014 (sog. IP Translator Agreement) Darin war im Hinblick auf die damals gültige NK eine Liste von elf Oberbegriffen erstellt worden, die ohne weitere Spezifizierung nicht mehr als hinreichend klar und eindeutig ansehen wurden, nämlich – über die oben nach wie als unklar angegebenen Oberbegriffe hinaus – in Kl. 6 Waren aus Metall, soweit nicht in anderen Kl enthalten, in Kl. 14 Waren aus Edelmetallen oder damit plattiert, in Kl. 16 Waren aus Papier und Pappe in Kl. 17 Waren aus Kautschuk, Guttapercha, Gummi, Asbest und Glimmer, in Kl. 18 Waren aus Leder und Lederimitationen und in Kl. 20 Waren, soweit sie nicht in anderen Kl. enthalten sind, aus Holz, Kork, Rohr, Binsen, Weide, Horn, Knochen, Elfenbein, Fischbein, Schildpatt, Bernstein, Perlmutter, Meerschaum und deren Ersatzstoffen oder aus Kunststoffen.

363 Mitteilung Nr 1/13 des Präsidenten vom 26.11.2013, Teil II.

Für die Zwecke der Eintragung einer Marke für DL, die im Rahmen des *Einzelhandels* erbracht werden, ist es nach der Rspr des EuGH[364] nicht notwendig, die DL zu konkretisieren, für die diese Eintragung beantragt worden ist. Dagegen sind *nähere Angaben* in Bezug auf die *Waren* oder Arten von Waren notwendig, auf die sich die DL beziehen, zB »Einzelhandels-DL im Bereich von Bekleidung«. Dagegen sind »Haushalts-, Elektronikwaren« nicht hinreichend bestimmt, so dass darauf gerichtete Einzelhandels-DL nicht eingetragen werden können[365]. 422

Jedoch betrifft das Praktiker-Urteil des EuGH (wie das IP TRANSLATOR-Urteil[366]) nur Anmeldungen von Unionsmarken und nicht den *Schutzumfang von Marken*, die vor Verkündung des Praktiker-Urteils bereits *eingetragen* waren[367]. Zudem lässt sich aus ihm nicht ableiten, dass, wenn eine *nach dessen Verkündung eingetragene Marke* für Einzelhandels-DL zur Stützung des Widerspruchs geltend gemacht wird, dieser Widerspruchsgrund ohne Weiteres lediglich wegen des *Fehlens genauer Angaben zu den Waren*, auf die sich die Einzelhandels-DL der älteren Marke beziehen können, zurückgewiesen werden könnte[368]. 423

Nach dem Burlington-Urteil kann ein *Widerspruch* nunmehr also auch *auf eine nicht näher nach der vertriebenen Warenart definierte Einzelhandels-DL gestützt* werden, unabhängig davon, ob diese vor oder nach Erlass des Praktiker-Urteils eingetragen wurde. Damit wird der durch das Praktiker-Urteil geschaffene Zwang zur Klarheit und Bestimmtheit des Registers wieder verwischt, da der zentrale und konsequente Anwendungsbereich im Widerspruchsverfahren ausgenommen bleibt. Folglich ist die 424

364 EuGH, 07.07.2005, C-418/02 – Praktiker, Rn 33–35, 39. Mitteilung Nr 3/01 des Präsidenten vom 12.03.2001; ABl.HABM 2001, 1222; und Mitteilung Nr 7/05 vom 31.10.2005; ABl.HABM 2006, 14 sind durch die neue Mitteilung Nr 1/14 vom 19.09.2014 geändert worden. Die Materie ist nunmehr in den neuen UMRL, Teil B, Abschn. 3 und Teil C, Abschn. 2, Kap. 2 geregelt; Mitteilung Nr 1/14 des Präsidenten vom 19.09.2014; ABl. HABM 11/14.

365 EuG, 01.12.2016, T-775/15 – FERLI.

366 EuGH, 19.06.2012, C-307/10 – IP TRANSLATOR.

367 EuGH, 11.10.2017, C-501/15 P – CACTUS OF PEACE CACTUS DE LA PAZ/CACTUS, Rn 44–48. Dies stellt die konsequente Fortsetzung des nicht überzeugenden LAMBRETTA-Urteils des EuGH dar. So auch EuGH, 04.03.2020, C-155/18 P – Burlington/BURLINGTON ARCADE, Rn 131–133.

368 EuGH, 04.03.2020, C-155/18 P – Burlington/BURLINGTON ARCADE, Rn 134–136. Ein solches Vorgehen würde nach Ansicht des EuGH bedeuten, dass der älteren Marke die Fähigkeit abgesprochen wird, im Rahmen eines Widerspruchs geltend gemacht zu werden, um die Eintragung einer identischen oder ähnlichen Marke für ähnliche Waren oder DL zu verhindern, und liefe folglich darauf hinaus, ihr jede Unterscheidungskraft abzusprechen, obwohl diese Marke noch immer eingetragen ist und sie nicht aus einem der in der UMV vorgesehenen Gründe für nichtig erklärt worden ist. Außerdem ist es möglich, durch einen Antrag auf Nachweis der ernsthaften Benutzung der älteren Marke iSv Art. 47 Abs. 2 UMV die genauen Waren zu bestimmen, die von den DL abgedeckt werden, für die die ältere Marke benutzt wurde, und daher für die Zwecke der Prüfung des Widerspruchs nur diese zu berücksichtigen.

alte Rspr überholt, wonach »DL des Einzelhandels in Geschäften« in einer Widerspruchsmarke ohne nähere Angabe der betroffenen Waren(-gruppen) viel zu vage und zu unklar seien, um überhaupt mit DL der Anmeldung verglichen werden zu können[369].

425 Auch eine *DL, die in der Zusammenstellung von DL besteht*, damit der Verbraucher diese bequem vergleichen und erwerben kann, und daher unter den Begriff DL des Art. 3 MarkenRL fallen kann, muss so *klar* und *eindeutig* formuliert werden, dass die zuständigen Behörden und die anderen Wirtschaftsteilnehmer erkennen können, welche DL der Anmelder zusammenzustellen beabsichtigt[370].

426 Einzelhandels-DL erfassen auch solche, die von einer *Einkaufspassage* für den Verbraucher erbracht werden, um diesem im Interesse der Firmen, die die betr Passage belegen, Ansicht und Erwerb der dort angebotenen Waren zu erleichtern[371]. Dagegen kann der Handel *ausschließlich mit eigenen Waren nicht* als Einzelhandels-DL iSd Klasse 35 der NK angesehen werden.

427 Der Anmelder hat daher das VerzWDL während des Anmeldeverfahrens von sich aus entspr zu präzisieren bzw nach Art. 49 Abs. 1 UMV iVm Art. 11 DVUM *einzuschränken*, will er nicht die (teilweise) Zurückweisung riskieren. Eingetragene Unionsmarken können gemäß Art. 57 UMV Gegenstand eines teilweisen *Verzichts* sein, der auch anzuraten ist, um sich nicht evt einem Verfallsverfahren gemäß Art. 58 Abs. 1a UMV auszusetzen.

428 Zwar gestatten die genannten Normen nur eine Teileinschränkung bzw einen Teilverzicht, darunter dürfte jedoch auch eine *Präzisierung* des Verz. fallen, um den Anforderungen der Rspr des EuGH angepasst zu werden, soweit diese Präzisierung nicht zu einer Erweiterung des VerzWDL führt.

429 Hat der Anmelder selbst keine Klassifizierung vorgenommen oder eine, die auf Bedenken des Prüfers stößt, so unterbreitet das EUIPO ihm einen *(Änderungs-)Vorschlag.*

430 Es ist besonders zu beachten, dass eine nachträgliche, also nach Vergabe des Anmeldetags erfolgende *Erweiterung des VerzWDL nicht* mehr *statthaft* ist (Art. 32 UMV, 49

369 EuG, 11.11.2009, T-162/08 – GREEN by missako/MI SA KO, Rn 31; so auch BK, 04.11.2009, R 1716/08-4 – Di DIAMONDS INTERNATIONAL/DI DIAMONDS INTERNATIONAL; aA noch Mitteilung Nr 7/05 des Präsidenten vom 31.10.2005, Nr 6 und 7; ABl.HABM 2006, 14; die durch die neue Mitteilung Nr 1/14 vom 19.09.2014 geändert wurde. Etwas konfus und wenig überzeugend in diesem Zusammenhang: EuG, 06.10.2011, T-247/10 – deutschemedi.de/medi.eu, Rn 25–31, 35–38, wo das EuG aus den weiteren Waren im Verz. der älteren Marke schließt, dass die geschützten DL im Wesentlichen diese zum Gegenstand haben.

370 EuGH, 10.07.2014, C-420/13 – Netto Marken-Discount, Rn 40, 46, 47, 53. Jedoch wird es nach wie vor sinnvoll sein, die betr DL nicht nur in Kl. 35 anzumelden, sondern auch in den Kl., mit denen sich die DL konkret befassen, zB bei Reisevermittlungen in Kl. 43 und bei Kreditverschaffung in Kl. 36.

371 EuGH, 04.03.2020, C-155/18 P – Burlington/BURLINGTON ARCADE, Rn 123–130.

Abs. 1 UMV), mit Ausnahme der oben geschilderten Zulassung nach Art. 33 Abs. 8 UMV, die jedoch nur innerhalb des Zeitfensters vom 23.3. bis 24.09.2016 statthaft war.

5. Anmelde- und Klassengebühren

Für die Anmeldung der Unionsmarke sind die *Anmeldegebühr* (Grundgebühr) für eine (die erste) Kl. von Waren oder DL und ggf eine oder mehrere *Klassengebühren* für jede weitere Kl. von Waren und DL zu entrichten (Art. 31 Abs. 2 UMV). 431

Die *Anmeldegebühr* deckt also nur noch eine Kl. ab. Ab der zweiten Kl. ist *für jede zusätzlich beanspruchte Waren- oder DL-Kl. eine weitere Klassengebühr* zu zahlen[372]. 432

Die *Anmeldegebühr* beträgt 1.000 Euro, bei elektronischer Anmeldung jedoch nur 850 Euro[373] (bei der UKM oder UGM je 1.800 Euro, bei elektronischer Anmeldung 1.500 Euro) und die *Klassengebühr* sowohl bei der Individualmarke wie bei der UKM oder UGM für die zweite Waren- und DL-Kl. 50 Euro sowie für jede weitere Kl. ab der dritten Kl. 150 Euro (Anlage I zur UMV Nr A1 bis 8). 433

Die *Zahlung der Klassengebühr* ist *keine Mindestvoraussetzung* für die Vergabe des Anmeldetags, sondern noch innerhalb von zwei Monaten nach Eingang einer Mängelbeseitigungsaufforderung des EUIPO nachholbar (Art. 41 Abs. 1c, Abs. 2 UMV). 434

6. Mindestanforderungen

Die *Anmeldung* muss folgende *notwendige Daten* enthalten: 435

(a) einen *Antrag* auf Eintragung einer Unionsmarke (Art. 31 Abs. 1a UMV, Art. 2 Abs. 1a UMDV); 436

(b) Angaben, die es erlauben, die *Identität des Anmelders* festzustellen, wie den Namen, die Anschrift und den Staat des Wohnsitzes, des Sitzes oder der Niederlassung des Anmelders[374] (Art. 31 Abs. 1b UMV, Art. 2 Abs. 1b UMDV); 437

---

372 Dies hat deutliche Auswirkungen gezeitigt: Wurden im Jahr 2015 bei 29,3 % der Anmeldungen nur eine Kl. und noch bei 34,3 % eine 3. Kl. angemeldet, waren es zB 2023 jedoch schon 40,6 % für nur eine Kl., 23 % für zwei und nurmehr 16,5 % für drei Kl.

373 Die Ermäßigung gilt jedoch nur, wenn die Anmeldung vollständig elektronisch erfolgt. Fügt der Anmelder aber zB ein VerzWDL seiner Online-Anmeldung als Anlage oder in einer gesonderten Datei bei, so führt dies zu einer manuellen Bearbeitung durch das Amt, so dass die vollständige Gebühr für eine Papier-Anmeldung innerhalb der Monatsfrist des Art. 32 UMV zu zahlen ist (Art. 5 Abs. 2 S. 2 BEM). Zahlt der Anmelder den Unterschied zwischen der vollständigen und der reduzierten Gebühr aber nicht, wird das zusätzliche VerzWDL nicht berücksichtigt, zahlt er verspätet (innerhalb der ihm vom EUIPO mittels eines Aufforderungsschreibens gesetzten Zweimonatsfrist), so verschiebt sich der Anmeldetag auf den Tag des Eingangs der restlichen Zahlung (Alicante News 1/2015, S. 11).

374 Bei natürlichen Personen sind Familienname und Vorname(n) anzugeben, bei Gesellschaften, juristischen Personen und anderen diesen gleichgestellten juristischen Einheiten iSv Art. 3 UMV sind die amtliche Bezeichnung und die Rechtsform anzugeben, wobei deren gewöhnliche Abkürzung ausreicht. Die nationale Identifikationsnummer des Unter-

438 (c) ein Verz. der beanspruchten *Waren und DL* gemäß dem Bestimmtheitsgebot des Art. 33 Abs. 2 UMV (Art. 31 Abs. 1c UMV), wobei es ganz oder teilweise aus einer vom Amt zur Verfügung gestellten Datenbank akzeptierbarer Begriffe (HDB) ausgewählt werden kann (Art. 2 Abs. 1c UMDV); und

439 (d) eine *Wiedergabe der Marke* nach den Erfordernissen von Art. 4 Nr b UMV und Art. 3 UMDV (Art. 31 Abs. 1d UMV, Art. 2 Abs. 1d UMDV). Die Anmeldung muss den in der UMV und der UMDV vorgesehenen Formerfordernissen entsprechen (Art. 31 Abs. 3 UMV)[375].

440 Liegen diese Mindestanforderungen vor, wird ein *Anmeldetag* zuerkannt, sofern *binnen eines Monats* nach Einreichung der Anmeldeunterlagen die *Anmeldegebühr entrichtet* wurde[376]. Wird die Anmeldegebühr jedoch nicht innerhalb dieser Frist beim Amt entrichtet, so wird kein vorläufiger Anmeldetag zuerkannt[377].

441 Diese Bestimmung erlaubt jedoch *nicht*, zusätzlich zum Tag auch die *Stunde* und die *Minute* der Einreichung einer Unionsmarkenanmeldung beim EUIPO zu berücksichtigen, um über den zeitlichen Vorrang einer solchen Marke gegenüber einer am selben Tag angemeldeten nationalen Marke zu entscheiden, selbst wenn nach der nationalen Regelung für die nationale Anmeldung die Stunde und die Minute der Einreichung der Anmeldung zu berücksichtigen sind[378].

---

nehmens kann (sofern vorhanden) ebenfalls angegeben werden. Das Amt kann von dem Antragsteller verlangen, dass er Telefonnummern oder andere Kontaktangaben für die Kommunikation durch elektronische Mittel nach Vorgaben des Exekutivdirektors zur Verfügung stellt. Für jeden Anmelder soll grds nur eine Anschrift angegeben werden. Werden mehrere angegeben, so wird nur die zuerst genannte berücksichtigt, es sei denn, der Anmelder benennt eine Anschrift als Zustellanschrift. Wurde vom Amt bereits eine Identifikationsnummer erteilt, so reicht es aus, wenn der Antragsteller diese Nummer sowie den Namen des Antragstellers angibt.

375 Für die elektronische Wiedergabe gelten wegen Art. 3 Abs. 5 UMDV die Anfordernisse in Art. 8 BEM; s. Rdn 343 samt Fn. S.a. GMitt über die Darstellung neuer Markenformen, mit der eine harmonisierte und einheitliche Umsetzung der Begriffsbestimmungen und Darstellungsmittel für die verschiedenen Markenformen und der zulässigen elektronischen Dateiformate für unkonventionelle Marken durch das EUIPO und die nationalen Markenämter der Mitgliedstaaten unterstützt und ermöglicht werden soll. S. weiter GMitt KP11, Neue Markenformen: Prüfung auf formale Anforderungen und Schutzhindernisse, April 2021, Kap. A, Prüfung der formalen Anforderungen.

376 Das EUIPO nimmt jedoch die Prüfung der Anmeldung erst nach Eingang der Anmeldegebühr auf (Alicante News 10/2014, S. 1). Der ursprüngliche Kommissionsvorschlag, wonach die Zahlung am Anmeldetag erfolgen sollte, hat sich bei der Reform der UMV nicht durchgesetzt.

377 Allerdings kann wegen Art. 180 Abs. 3. und 4 UMV der Anmeldetag beibehalten werden, wenn die dort genannten Voraussetzungen vorliegen (s. Rdn 194).

378 EuGH, 22.03.2012, C-190/10 – Rizo's/Rizo (Génesis), Rn 43–53, 63. Demgemäß war der in einigen Sprachfassungen der GMV in Art. 27 verwendete Begriff »Datum der Anmeldung« als Anmeldetag auszulegen, wie er zB im deutschen Text verwandt wurde.

Der Schutz der eingetragenen Marke entsteht zwar nicht schon mit ihrer Anmeldung, sondern erst mit der Eintragung, ihr für die Rechtswahrung und -verteidigung *maßgeblicher Zeitrang* richtet sich aber nach dem Anmeldetag. 442

7. Weitere Daten der Anmeldung

Das EUIPO prüft gemäß Art. 41 Abs. 1 UMV, ob 443

(a) die Anmeldung der Unionsmarke den Erfordernissen für die *Zuerkennung eines Anmeldetages* nach Art. 32 iVm Art. 31 Abs. 1 UMV genügt; 444

(b) die Anmeldung der Unionsmarke den in Art. 31 Abs. 3 iVm Art. 2 bis 6 UMDV festgelegten Bedingungen und *Formerfordernissen* genügt; 445

(c) ggf die *Klassengebühren* innerhalb der vorgeschriebenen Frist entrichtet worden sind. 446

Die Anmeldung muss wegen Art. 41 Abs. 1b iVm Art. 31 Abs. 3 UMV folgende *weitere Daten* enthalten: 447

(a) falls der Anmelder einen *Vertreter* bestellt hat, dessen Namen und Geschäftsanschrift oder Identifikationsnummer, wobei wenn der Vertreter mehrere Geschäftsanschriften hat oder zwei oder mehr Vertreter mit verschiedenen Geschäftsanschriften bestellt wurden, nur die zuerst genannte Anschrift als Zustellanschrift zu berücksichtigen ist, sofern in dem Antrag nicht angegeben ist, welche Anschrift als Zustellanschrift gelten soll (Art. 31 Abs. 4 UMV, Art. 2 Abs. 1e UMDV); 448

(b) falls die *Priorität* einer früheren Anmeldung (Art. 34 UMV) in Anspruch genommen wird, eine entspr Erklärung, in der der Tag, die Nr[379] und der Staat der früheren Anmeldung angegeben sind (Art. 31 Abs. 4, Art. 35 Abs. 1 UMV, Art. 2 Abs. 1f UMDV); 449

(c) falls die *Priorität* der Zurschaustellung auf einer Ausstellung (Art. 38 Abs. 1 S. 2 UMV) in Anspruch genommen wird, eine entspr Erklärung, in der der Name der Ausstellung und der Tag der ersten Zurschaustellung der Waren oder DL angegeben sind (Art. 31 Abs. 4 UMV, Art. 2 Abs. 1g UMDV); 450

(d) falls der Zeitrang (*Seniorität*) einer oder mehrerer älterer in einem Mitgliedstaat eingetragener Marken, einschl einer im Beneluxgebiet oder einer mit Wirkung für einen Mitgliedstaat international registrierten Marke (Art. 39 Abs. 2 UMV) in Anspruch genommen wird, eine entspr Erklärung, in der der Mitgliedstaat bzw die Mitgliedstaaten, in denen oder für die diese Marken eingetragen sind, der Zeitpunkt von deren Schutzbeginn, die Nr und der Anmeldetag der maßgeblichen Eintragungen sowie die eingetragenen Waren und DL angegeben sind. Dieser Antrag kann aber auch noch innerhalb von zwei Monaten nach dem Anmeldetag eingereicht werden (Art. 31 Abs. 4 UMV, Art. 2 Abs. 1h UMDV); 451

379 Diese Anforderung wird in Art. 3 Abs. 1f UMDV nicht wiederholt, sondern Art. 4 Abs. 1 UMDV gestattet ausdrücklich die Nachholung in einer Frist von drei Monaten nach dem Anmeldetag. Da jedoch die UMV der UMDV ihrem Rechtsrang nach vorgeht, ist die Angabe des Az. zur Vermeidung formaler Probleme zu empfehlen.

452 (e) ggf eine Erklärung, dass die Eintragung als *UKM* (Art. 74 Abs. 3 iVm Art. 31 UMV) oder als *UGM* (Art. 83 Abs. 3 iVm Art. 31 UMV) beantragt wird, wobei die Anmeldung bereits die Markensatzung enthalten kann (Art. 31 Abs. 4 UMV, Art. 2 Abs. 1i und 3 UMDV);

453 (f) die Angabe der *Sprache*, in der die Anmeldung eingereicht wurde, und einer zweiten Sprache (Art. 31 Abs. 4, Art. 146 Abs. 3 UMV, Art. 2 Abs. 1j UMDV);

454 (g) die *Unterschrift* des Anmelders oder seines Vertreters, wobei bei Anmeldung über elektronische Medien die Namensangabe ausreicht (Art. 31 Abs. 4 UMV, Art. 63 Abs. 1 DVUM, Art. 2 Abs. 1k UMDV);

455 (h) ggf die Anforderung eines *Unionsrecherchenberichts* und evt eines Recherchenberichts (Art. 31 Abs. 4, Art. 43 Abs. 1 und 2 UMV, Art. 2 Abs. 1l UMDV).

456 Die Anmeldung kann auch den Anspruch umfassen, dass das Zeichen *Verkehrsdurchsetzung* iSv Art. 7 Abs. 3 UMV erlangt hat sowie eine Angabe, ob es sich bei diesem Anspruch um einen Haupt- oder einen Hilfsanspruch handelt. Dieser Anspruch kann noch innerhalb der vom EUIPO gesetzten Stellungnahmefrist zu einer Beanstandung nach Art. 42 Abs. 2 S. 2 UMV eingereicht werden (Art. 2 Abs. 2 UMDV).

457 Sind *Markensatzungen* nicht in der Anmeldung von UKM bzw UGM enthalten, sind sie innerhalb von zwei Monaten nach dem Anmeldetag (Art. 75 Abs. 1 bzw Art. 84 Abs. 1 UMV) vorzulegen (Art. 2 Abs. 3 UMDV). Wurde eine Satzung übermittelt, die jedoch nicht die in Art. 75 UMV, Art. 16 UMDV bzw Art. 84 UMV, Art. 17 UMDV vorgeschriebenen Angaben enthält, wird vom Amt eine *Mängelmitteilung* versandt, in der eine Frist von zwei Monaten für die Übermittlung der fehlenden Angaben gesetzt wird. Wird der Mangel nicht fristgerecht behoben, so wird die Anmeldung zurückgewiesen.

458 Gibt es mehr als einen Anmelder, so kann die Anmeldung die Benennung eines der Antragsteller oder Vertreter zum *gemeinsamen Vertreter* umfassen (Art. 2 Abs. 4 UMDV).

459 Im Falle der Inanspruchnahme der *Priorität* (Art. 35 Abs. 1 S. 2 UMV, Art. 4 UMDV) ist innerhalb von drei Monaten nach dem Anmeldetag das Az. der früheren Anmeldung anzugeben und eine Kopie von ihr einreichen, auf der der Tag der früheren Anmeldung enthalten ist.

460 Im Falle der Inanspruchnahme der *Ausstellungspriorität* (Art. 36 Abs. 2 UMV, Art. 5 UMDV) ist innerhalb von drei Monaten nach dem Anmeldetag eine Bescheinigung einreichen, die während der Ausstellung von der für den Schutz des gewerblichen Eigentums auf dieser Ausstellung zuständigen Stelle erteilt worden ist, womit bestätigt wird, dass die Marke für Waren oder DL benutzt wurde, die Gegenstand der Anmeldung sind, und in der außerdem das Eröffnungsdatum der Ausstellung und das Datum der ersten öffentlichen Benutzung (falls dieses nicht mit dem Eröffnungsdatum übereinstimmt) anzugeben sind, wobei eine Darstellung über die tatsächliche Markenbenutzung beizufügen ist.

461 Im Fall der Inanspruchnahme des Zeitrangs (*Seniorität*) ist eine Kopie der entspr Eintragung binnen drei Monaten nach dem Eingang des Antrags beim Amt vorzulegen. Die unterstützenden Unterlagen müssen innerhalb von drei Monaten ab dem

Anmeldetag eingereicht werden. Will der Antragsteller die Seniorität nach der Einreichung der Anmeldung in Anspruch nehmen, so müssen diese Unterlagen dem Amt innerhalb von drei Monaten nach Eingang des Senoritätsantrags vorgelegt werden (Art. 39 UMV, Art. 6 UMDV).

Werden die obigen *Prioritätsansprüche nach dem Zeitpunkt der Anmeldung* (bzw bei der Seniorität zwei Monate später) geltend gemacht, setzt das EUIPO den Anmelder über den Rechtsverlust in Kenntnis und gewährt ihm eine Frist von zwei Monaten, in der er eine formale, anfechtbare Entscheidung über den Rechtsverlust beantragen kann. Sind die *Prioritätsnachweise unzureichend*, wird der Anmelder aufgefordert, innerhalb der vom Amt gesetzten Frist den Mangel zu beheben oder eine Stellungnahme abzugeben. Innerhalb von zwei Monaten kann der der Anmelder eine formale, anfechtbare Entscheidung über den Rechtsverlust beantragen. **462**

Ergibt die Prüfung des EUIPO, dass die *Erfordernisse* des Art. 41 Abs. 1 UMV, also diejenigen für die *Zuerkennung eines Anmeldetags* (Art. 32 UMV), die obigen *Formerfordernisse* (Art. 31 Abs. 3 UMV iVm Art. 2 bis 6 UMDV) nicht erfüllt sind, oder die zu zahlende *Klassengebühr* (Art. 31 Abs. 2 UMV) nicht in voller Höhe beim EUIPO eingegangen ist, so fordert es den Anmelder auf, innerhalb einer nicht verlängerbaren Frist von zwei Monaten die festgestellten *Mängel zu beseitigen* oder die ausstehende Zahlung nachzuholen (Art. 41 Abs. 2 UMV). **463**

Werden innerhalb der Zweimonatsfrist die nach Art. 41 Abs. 1a UMV festgestellten *Mängel für die Zuerkennung eines Anmeldetags* nach Art. 32 UMV *nicht beseitigt* oder wird die noch ausstehende *Zahlung der Anmeldegebühr nicht nachgeholt*, so wird die Anmeldung *nicht als Anmeldung einer Unionsmarke behandelt*. Kommt der Anmelder der Aufforderung des Amtes nach, so erkennt dieses der Anmeldung als *Anmeldetag* den Tag zu, an dem *die festgestellten Mängel beseitigt* werden oder die festgestellte ausstehende Zahlung nachgeholt wird (Art. 41 Abs. 3 UMV). **464**

Werden die *Mängel* nach Art. 41 Abs. 1b UMV hinsichtlich der *formalen Anforderungen* des Art. 31 Abs. 3 UMV iVm Art. 2 bis 6 UMDV nicht fristgemäß beseitigt, so weist das EUIPO die *Anmeldung zurück*. **465**

Wird die nach Art. 41 Abs. 1c UMV ausstehende Zahlung von *Klassengebühren* nicht innerhalb der Zweimonatsfrist nachgeholt, so gilt die Anmeldung als zurückgenommen, es sei denn, dass eindeutig ist, welche Waren- oder DL-Kl. durch den gezahlten Gebührenbetrag gedeckt werden sollen. Liegen keine anderen Kriterien vor, um die durch den gezahlten Gebührenbetrag gedeckten Kl. zu bestimmen, so trägt das Amt den Kl. in der Reihenfolge der Klassifikation Rechnung (beginnend mit der niedrigsten Kl.). Die Anmeldung gilt für diejenigen Kl. als zurückgenommen, für die die Kl.-Gebühren nicht oder nicht in voller Höhe gezahlt worden sind (Art. 41 Abs. 5 UMV). **466**

Bei Zurückweisung der Anmeldung bleibt dem Anmelder nur die Möglichkeit einer *vollständigen Neuanmeldung* mit einem neuen Anmeldetag. **467**

Wird den Vorschriften über die Inanspruchnahme der *Priorität* nicht entsprochen, so erlischt der Prioritätsanspruch für die Anmeldung. Sind die Voraussetzungen für **468** die Inanspruchnahme des Zeitrangs einer nationalen Marke (*Seniorität*) nicht erfüllt, so kann deren Zeitrang für die Anmeldung nicht mehr beansprucht werden (Art. 41 Abs. 6 und 7 UMV).

469 Betrifft die Nichterfüllung der in Art. 41 Abs. 1b und 1c UMV genannten Erfordernisse hinsichtlich der Zuerkennung des Anmeldetags und der Entrichtung der Kl.-Gebühren *lediglich einige Waren oder DL*, so weist das Amt die Anmeldung nur in Bezug auf diese zurück, oder es erlischt der Anspruch in Bezug auf die Priorität oder den Zeitrang nur in Bezug auf diese (Art. 41 Abs. 8 UMV).

8. Weiteres Verfahren

470 Das EUIPO erstellt bei Einreichung der Anmeldung wegen Art. 43 Abs. 1 UMV auf *Antrag des Anmelders* einen *Unionsrecherchenbericht*, in dem diejenigen ermittelten älteren Unionsmarken oder -anmeldungen aufgeführt werden, die gemäß Art. 8 UMV gegen die Eintragung der angemeldeten Unionsmarke möglicherweise geltend gemacht werden können[380].

471 Dieser wird weiterhin *von Amts wegen* erstellt, was sich aus Art. 43 Abs. 7 UMV ergibt: Bei der Veröffentlichung der Anmeldung einer Unionsmarke unterrichtet das EUIPO nämlich die Inhaber älterer Unionsmarken oder von deren Anmeldungen, die im Unionsrecherchenbericht genannt sind, von der Veröffentlichung der Anmeldung der Unionsmarke. Letzteres gilt unabhängig davon, ob der Anmelder darum ersucht hat, einen Unionsrecherchenbericht zu erhalten, es sei denn, der Inhaber einer älteren Eintragung oder Anmeldung ersucht darum, die Mitteilung nicht zu erhalten. Deshalb sollte ein Anmelder zur Wahrung der Waffengleichheit immer auf einen Unionsrecherchebericht bestehen, da er sonst – im Gegensatz zu potentiellen Gegner – nicht weiß, mit wem er in Zukunft konfrontiert werden könnte.

472 Zumindest ist aber die *Veröffentlichung der Markenanmeldung* nicht mehr vom Ablauf der bisherigen Monatsfrist nach Übermittlung der Recherchenberichte abhängig (Art. 43 Abs. 6 und 7 UMV). Eine entspr Regelung enthält Art. 195 UMV bei der Internationalen Registrierung, in der die Union benannt ist. Jedoch erfolgt hier eine Unterrichtung von der in Art. 190 Abs. 1 UMV vorgesehenen Veröffentlichung der Internationalen Registrierung[381].

---

380 Bereits bei der Online-Anmeldung wird der Anmelder jedoch schon auf ältere Marken hingewiesen, mit denen ein Konflikt entstehen könnte.

381 Es empfiehlt sich, den Rahmen für Recherchen in Bezug auf Unionsmarken und nationale Marken zu straffen, indem unnötige Verzögerungen bei der Eintragung einer Unionsmarke vermieden werden, und diesen Rahmen in Bezug auf die Bedürfnisse und Präferenzen der Nutzer flexibler zu gestalten, indem die Recherche in Bezug auf Unionsmarken außerdem freigestellt wird. Die optionalen Recherchen in Bezug auf Unionsmarken und nationale Marken sollen ergänzt werden, indem dem Publikum im Rahmen der Zusammenarbeit zwischen dem EUIPO und den nationalen Ämtern der Mitgliedstaaten umfassende, schnelle und leistungsfähige Rechercheinstrumente kostenfrei zur Verfügung gestellt werden (PräambelUMV 26).

Eine *Recherche nach nationalen Marken* erfolgt jedoch wegen Art. 43 Abs. 2 bis 6 UMV nicht in allen Mitgliedstaaten, sondern nur in denen, die für die Recherchenerstellung optiert haben, also derzeit nur noch in fünf (Dänemark, Rumänien, Slowakei, Tschechische Republik und Ungarn), und nur auf gesonderten Antrag sowie nach Entrichtung einer Recherchengebühr von derzeit 60 Euro (Art. 31 Abs. 2 UMV, Anhang I Nr A 9). 473

Jede *Erweiterung der Europäischen Union* um neue Mitgliedstaaten führt – wie bereits bei derjenigen durch zehn Staaten am 01.05.2004, durch zwei zum 01.01.2007 und durch einen am 01.07.2013 – aufgrund einer jeweils erforderlichen Anpassung von Art. 209 Abs. 1 UMV (mit der Benennung der relevanten Staaten) auch in Zukunft zur automatischen Erstreckung der eingetragenen oder angemeldeten Unionsmarken auf die Beitrittsländer. 474

Die Eintragung einer am Tag des Beitritts bereits angemeldeten Unionsmarke darf nicht aufgrund der in Art. 7 Abs. 1 UMV aufgeführten *absoluten Eintragungshindernisse* abgelehnt werden, wenn diese Hindernisse lediglich durch den Beitritt eines neuen Mitgliedstaats entstanden sind (Art. 209 Abs. 2 UMV). 475

Jedoch kann die *Benutzung einer Unionsmarke* untersagt werden (Art. 209 Abs. 5 iVm Art. 137, 138 UMV), wenn die ältere Marke oder das sonstige ältere Recht in dem neuen Mitgliedstaat vor dem Tag des Beitritts dieses Staats eingetragen, angemeldet oder gutgläubig erworben wurde oder ggf ein Prioritätsdatum hat, das vor dem Tag des Beitritts dieses Staates liegt[382]. 476

9. Sprache und Übersetzungen

Der Anmelder muss die *erste Sprache* angeben, die die Sprache des Anmeldeverfahrens bildet. Er hat dabei die freie Wahl zwischen allen Amtssprachen der Europäischen Union (Art. 146 Abs. 1 UMV). Es muss nicht seine eigene Sprache sein, er kann eine beliebige eines Mitgliedstaats wählen (s. Rdn 297). 477

In dieser *ersten Sprache* ergehen seitens des EUIPO gegenüber dem Anmelder im Anmeldeverfahren alle Entscheidungen und Verfahrenshandlungen, also alle Handlungen, die die Unionsvorschriften für die Behandlung der Anmeldung einer Unionsmarke verlangen oder vorsehen, einschl derjenigen, die für diese Behandlung erforderlich sind, wie zB Benachrichtigungen, Berichtigungs- und Auskunftsersuchen, außer der Anmelder hat im Anmeldeformular ausdrücklich angegeben, dass das EUIPO mit ihm in der zweiten Sprache, die eine der fünf des Amts sein muss, korrespondieren soll[383]. 478

382 Art. 208 Abs. 5 UMV; s. Mitteilungen Nr 4/12 des Präsidenten vom 12.12.2012 (wegen des Beitritts Kroatiens am 01.07.2013); ABl.HABM 2/2013; Nr 2/06 vom 19.06.2006; ABl.HABM 2006, 1044; und Nr 5/03 vom 16.10.2003; ABl.HABM 2004, 68.

383 In diese zweite Sprache kann er jedoch nicht mehr wechseln, wenn das EUIPO bereits einen Beanstandungsbescheid erlassen hat; Alicante News 12/2014, S. 7.

479 Ist die Anmeldung in einer Sprache eingereicht worden, die nicht *eine der fünf Sprachen des EUIPO* (Spanisch, Deutsch, Englisch, Französisch oder Italienisch) ist, so kann es für schriftliche Mitteilungen an den Anmelder auch die zweite Sprache wählen, die dieser in der Anmeldung angegeben hat (Art. 146 Abs. 4 UMV). Der *Begriff der Mitteilungen* ist jedoch *sehr eng auszulegen*, er umfasst keine Verfahrenshandlungen (s. Rdn 300)[384].

480 Der Anmelder muss weiter eine *zweite Sprache* angeben, bei der es sich um eine der fünf Sprachen des EUIPO handeln und die von der ersten Sprache verschieden sein muss (s. Rdn 297 ff).

481 Der Anmelder ist nicht verpflichtet, *Übersetzungen* seiner Anmeldung einzureichen. Wird keine Übersetzung eingereicht, so veranlasst das Amt die Übersetzung (Art. 148 UMV). Zwar ist bei Veröffentlichungen und Eintragungen des EUIPO in Zweifelsfällen der Wortlaut in der Sprache des EUIPO maßgebend, in der die Anmeldung der Unionsmarke eingereicht wurde[385]. Wurde die Anmeldung in einer Amtssprache der Europäischen Union eingereicht, die nicht eine Sprache des EUIPO ist, so ist aber der Wortlaut in der vom Anmelder angegebenen zweiten Sprache verbindlich (Art. 147 Abs. 3 UMV) (s. Rdn 313 ff).

10. Priorität

482 Jedermann, der in einem oder mit Wirkung für einen Vertragsstaat der PVÜ oder des WTO-Übereinkommens eine Marke vorschriftsmäßig angemeldet hat, oder sein Rechtsnachfolger genießt hinsichtlich der Anmeldung ders Marke als Unionsmarke für die Waren oder DL, die mit denen identisch sind, für welche die Marke angemeldet ist, oder die von diesen Waren oder DL umfasst werden, während einer Frist von *sechs Monaten* nach Einreichung der ersten Anmeldung ein *Prioritätsrecht* (Art. 34 Abs. 1 UMV). *Erste Anmeldung* bedeutet, dass für die ältere Anmeldung kein Prioritätsanspruch geltend gemacht wurde und dass sich kein Zeitranganspruch bzgl der Unionsmarkenanmeldung auf eine Marke bezieht, deren Einreichungsdatum vor dem Tag der Anmeldung(en) liegt, für Priorität in Anspruch genommen wird.

483 Diese Frist läuft gemäß Art. 4 C Abs. 2 PVÜ vom *Zeitpunkt der Hinterlegung der ersten Anmeldung* an, wobei der Tag der Hinterlegung nicht in die Frist eingerechnet wird. Ist der letzte Tag der Frist ein Tag, an dem das EUIPO zur Entgegennahme von Anmeldungen nicht geöffnet ist, so erstreckt sich die Frist wegen Art. 4 C Abs. 3 PVÜ auf den nächstfolgenden Werktag.

484 Als *prioritätsbegründend* wird wegen Art. 34 Abs. 2 UMV jede Anmeldung anerkannt, der nach dem innerstaatlichen Recht des Staates, in dem sie eingereicht worden ist, oder nach zwei- oder mehrseitigen Verträgen die Bedeutung einer vorschriftsmäßigen nationalen Anmeldung zukommt, dh die zur Festlegung des Tages ausreicht, an dem

384 EuGH, 09.09.2003, C-361/01 P – Kik, Rn 45–48.
385 EuG, 31.01.2013, T-66/11 – babilu/BABIDU, Rn 36.

sie eingereicht worden ist, wobei das spätere Schicksal der Anmeldung ohne Bedeutung ist. Für die Inanspruchnahme der Priorität einer Unionsmarke muss zudem deren Anmeldegebühr entrichtet sein[386].

Eine Inanspruchnahme der Priorität wird *zusammen mit der Anmeldung* einer Unionsmarke beantragt und enthält das Datum, die Nummer und das Land der früheren Anmeldung. Die Unterlagen zur Unterstützung der Inanspruchnahme der Priorität sind innerhalb von drei Monaten nach dem Anmeldetag einzureichen (Art. 35 Abs. 1 UMV). 485

Wird in der Anmeldung die Priorität einer oder mehrerer früherer Anmeldungen in Anspruch genommen, so muss der Anmelder gemäß Art. 4 UMDV innerhalb der obigen Frist das Az. der früheren Anmeldung angeben und eine Kopie von ihr einreichen, die den Anmeldetag der früheren Anmeldung enthalten muss[387]. Stehen die benötigten Angaben dem EUIPO auf der *Internetseite einer Zentralbehörde* für den gewerblichen Rechtsschutz zur Verfügung, der PVÜ- oder WTO-Vertragsstaat ist (zB im DPMAregister des Deutschen Patent- und Markenamts), brauchen sie vom Antragsteller selbst nicht eingereicht zu werden. In diesem Fall prüft das EUIPO selbst, ob die relevanten Angaben auf der betr Internetseite stehen. Andernfalls fordert es den Antragsteller auf, die erforderlichen Unterlagen vorzulegen[388]. Etwa 10 % der Anmelder macht von einem nationalen Prioritätsrecht Gebrauch[389]. 486

Das Prioritätsrecht hat gemäß Art. 36 UMV die *Wirkung*, dass für die Bestimmung des Vorrangs von Rechten der Prioritätstag als Tag der Anmeldung der Unionsmarke gilt. Eine vom EUIPO *fehlerhaft zugestandene Priorität* hat jedoch *keine Wirkung* und 487

386 S. Mitteilung Nr 10/99 des Präsidenten vom 08.12.1999; ABl.HABM 2000, 476.

387 Nach Art. 3 Beschluss Nr EX 17 3 des Exekutivdirektors vom 18.09.2017 über die formalen Voraussetzungen von Prioritätsansprüchen für Unionsmarken oder Zeitranganssprüchen für Unionsmarken oder Benennungen der Europäischen Union nach dem Madrider Protokoll müssen die Prioritätsunterlagen entweder aus einer Kopie der früheren Anmeldung oder einem Auszug aus dem amtlichen Blatt, in dem die frühere Marke veröffentlicht wurde, oder einem Ausdruck aus einer Datenbank, der Daten der zuständigen Zentralbehörde für den gewerblichen Rechtsschutz enthält, bestehen. Die vorgelegten Unterlagen müssen folgende Angaben enthalten: den Staat, das Az., den Anmeldetag der früheren Anmeldung, den Namen des Anmelders bzw Inhabers der Marke, die Wiedergabe der Marke sowie das VerzWDL. Sofern die Marke in der früheren Anmeldung farbig wiedergegeben ist, müssen die Prioritätsunterlagen auch eine farbige Wiedergabe enthalten. Sofern die frühere Anmeldung lediglich eine Angabe der Farbe(n) oder eine Inanspruchnahme von Farben enthält, müssen die Prioritätsunterlagen die gleiche Angabe oder den gleichen Anspruch enthalten. Sofern die Prioritätsunterlagen oder -angaben nicht in einer der Amtssprachen der Union verfasst sind, hat der Anmelder wegen Art. 4 innerhalb einer vom Amt vorgegebenen Frist eine Übersetzung in die erste oder zweite Sprache des Antrags beizubringen.

388 Art. 1 und Art. 2 Beschluss Nr EX-17–3 des Exekutivdirektors vom 18.09.2017.

389 S. IAK, S. 17.

bleibt im Falle des Konflikts mit einer älteren Marke unberücksichtigt[390]. Die eingetragene Priorität kann nämlich im Widerspruchsverfahren vom EUIPO noch *von Amts wegen* überprüft werden[391].

488 Voraussetzung für die Prioritätsgewährung ist die *Identität der wechselseitigen Marken*[392]. So ist zB eine schwarz-weiße Marke, aus der Priorität beansprucht wird, nicht mit demselben Zeichen in Farbe identisch, es sei denn, die Farbunterschiede sind völlig unbedeutend[393]. Und eine Marke in Graustufen, aus der Priorität beansprucht wird, ist nicht mit demselben Zeichen in Farbe oder in Schwarz-Weiß identisch, es sei denn, die Farb- bzw Kontrastunterschiede sind völlig unbedeutend[394].

489 Der Prioritätsanspruch kann vollständig oder teilweise sein. Ein *vollständiger Prioritätsanspruch* liegt in den folgenden zwei Fällen vor:
- Die VerzWDL der Unionsmarkenanmeldung und der älteren Anmeldung sind identisch (Unionsmarkenanmeldung = ältere Anmeldung).
- Die VerzWDL der Unionsmarkenanmeldung enthalten weniger Waren und DL als die älteren Anmeldungen, aber nur Waren und DL, die auch in der älteren Anmeldung enthalten waren (die Unionsmarkenanmeldung ist in der älteren Anmeldung enthalten).

490 Ein *teilweiser Prioritätsanspruch* liegt in den folgenden zwei Fällen vor:
- Das VerzWDL der Unionsmarkenanmeldung enthält alle Waren und DL der älteren Anmeldung und zusätzliche Waren und DL (Unionsmarkenanmeldung = ältere Anmeldung + zusätzliche Waren und DL).
- Das VerzWDL der Unionsmarkenanmeldung enthält nur einige Waren und DL der älteren Anmeldung und zusätzliche Waren und DL.

491 Der Anmelder kann auch eine *Ausstellungspriorität* beanspruchen, die zusammen mit der Anmeldung der Unionsmarke zu beantragen ist (Art. 38 Abs. 1 UMV). Innerhalb

390 BK, 15.03.2010, R 589/09–1 – five four/five four, Rn 17–25; aA OLG Hamburg, 05.01.2009, 5 U 194/07 – Five Four. Erweitert der Markeninhaber nachträglich im Rahmen eines Teilverzichts gemäß Art. 57 Abs. 1. und 2 UMV sein VerzWDL – was zwar nicht statthaft ist, aber fehlerhaft vom EUIPO eingetragen wurde –, können jedenfalls in einem Widerspruchsverfahren nur die ursprünglichen Waren und DL der nationalen Anmeldung, aus der ein Prioritätsrecht geltend gemacht wird, berücksichtigt werden und nicht die durch den »Teilverzicht« fehlerhaft erweiterten der Unionsmarke; EuG, 16.05.2013, T-104/12 – VORTEX/VORTEX, Rn 30, 36–49. Konsequenter wäre aber einem Widersprechenden grds immer zu versagen, sich im Widerspruchsverfahren auf ein nachträglich erweitertes VerzWD zu berufen.

391 EuG, 25.06.2015, T-186/12 – LUCEA LED/LUCEO, Rn 39–58.

392 S. GMitt KP11, Neue Markenformen: Prüfung auf formale Anforderungen und Schutzhindernisse, April 2021, Kap. A 3, Prüfung von Prioritätsansprüchen.

393 EuG, 20.02.2013, T-378/11 – MEDINET, Rn 52, 54; bestätigt durch EuGH, 10.04.2014, C-412/13 P. Diese für die Seniorität aufgestellten Grundsätze gelten natürlich auch für die Priorität.

394 S. GMitt zur Gemeinsamen Praxis zum Schutzbereich von schwarz-weißen Marken vom 15.04.2014, Ziff 2.

von drei Monaten nach dem Anmeldetag hat er Nachweise für die Zurschaustellung der Waren und DL unter der angemeldeten Marke einzureichen (Art. 38 Abs. 2 UMV), also eine während der Ausstellung von der für den Schutz des gewerblichen Eigentums auf dieser Ausstellung zuständigen Stelle erteilte Bescheinigung, die bestätigt, dass die Marke für Waren oder DL benutzt wurde, die Gegenstand der Anmeldung sind, und in der außerdem das Eröffnungsdatum der Ausstellung und das Datum der ersten öffentlichen Benutzung (falls dieses nicht mit dem Eröffnungsdatum übereinstimmt) angegeben sind, wobei eine Darstellung über die tatsächliche Markenbenutzung beizufügen ist (Art. 5 UMDV). Es gibt jedoch nur eine sehr geringe Anzahl von Ausstellungen, insb Weltausstellungen, die unter diese Bestimmung fallen. Das EUIPO wird rechtzeitig im Voraus darüber informieren[395].

11. Seniorität

Der Inhaber einer in einem Mitgliedstaat (einschl Beneluxgebiet) oder einer mit Wirkung für einen Mitgliedstaat international registrierten älteren Marke[396], der eine identische Marke[397] zur Eintragung als Unionsmarke für Waren oder DL anmeldet, die mit denen identisch sind, für welche die ältere Marke eingetragen ist, oder die von diesen Waren oder DL umfasst werden, kann für die Unionsmarke den Zeitrang der älteren Marke (*Seniorität*) in Bezug auf den Mitgliedstaat, in dem oder für den sie eingetragen ist, in Anspruch nehmen. 492

Anträge auf Inanspruchnahme des Zeitrangs müssen nach Art. 39 Abs. 2 UMV entweder zusammen mit der Anmeldung der Unionsmarke oder innerhalb von zwei Monaten nach dem Anmeldetag eingereicht werden und Angaben enthalten zu dem Mitgliedstaat/den Mitgliedstaaten, in dem/denen oder für den/die die Marke eingetragen ist, zur Nummer und zum Anmeldetag der maßgeblichen Eintragung und zu den Waren und DL, für die die Marke eingetragen ist. 493

Der Antragsteller hat eine Kopie der entspr Eintragung binnen drei Monaten nach dem Eingang des Antrags auf Inanspruchnahme des Zeitrangs beim Amt vorzulegen. Die in Art. 39 Abs. 2, Art. 40 Abs. 2, Art. 191 Abs. 2, Art. 192 Abs. 3 UMV, Art. 6, Art. 32 Abs. 1f UMDV geforderten *Nachweise* (Angaben über den Tag der Anmeldung, der Eintragung und ggf der Priorität der früheren Marke, die Nr der früheren 494

---

395 S. Mitteilungen Nr 1/08 des Präsidenten vom 24.01.2008; ABl.HABM 3/2008; Nr 1/05 vom 26.01.2005; ABl.HABM 2005, 948; Nr 1/03 vom 27.01.2003; ABl.HABM 2003, 880; und Nr 3/97 vom 17.12.1997; ABl.HABM 1998, 178. Die Ausstellungen sind auf der Internetseite des Bureau International des Expositions in Paris einzusehen: www.bie-paris.org/site/en.

396 EuG, 06.10.2021, T-32/21 – Muresko, Rn 22–41; Rechtsmittel nicht zugelassen, EuGH, 28.03.2022, C-781/21 P. Die identische ältere nationale Marke, deren Zeitrang zugunsten der Unionsmarke in Anspruch genommen wird, muss nach dem klaren Gesetzeswortlaut zu dem Zeitpunkt eingetragen und in Kraft sein, zu dem die Inanspruchnahme des Zeitrangs beantragt wird.

397 EuG, 19.01.2012, T-103/11 – justing, Rn 17–24.

Eintragung, den Namen des Inhabers der früheren Eintragung, die Wiedergabe der Marke und das VerzWDL, für die die frühere Marke eingetragen ist) braucht er jedoch nicht vorzulegen, sofern sie dem Amt aus anderen Quellen zur Verfügung stehen, wie zB auf der Internetseite einer Zentralbehörde für den gewerblichen Rechtsschutz, der PVÜ- oder WTO-Vertragsstaat ist (zB im DPMAregister des DPMA), oder auf der Internetseite der WIPO. In diesem Fall prüft das EUIPO selbst, ob die relevanten Angaben auf der betr Internetseite stehen. Andernfalls fordert es den Antragsteller auf, die erforderlichen Unterlagen vorzulegen[398].

495 Wird der Zeitrang einer oder mehrerer eingetragener älterer Marken bei der Anmeldung in Anspruch genommen, so müssen die *Unterlagen zur Unterstützung* der beantragten Inanspruchnahme des Zeitrangs innerhalb von drei Monaten ab dem Anmeldetag eingereicht werden. Will der Antragsteller den Zeitrang nach der Einreichung der Anmeldung in Anspruch nehmen, so müssen die Unterlagen zur Unterstützung der beantragten Inanspruchnahme des Zeitrangs dem Amt innerhalb von drei Monaten nach Eingang des Antrags auf Inanspruchnahme des Zeitrangs vorgelegt werden.

496 Der Zeitrang hat die *alleinige Wirkung*, dass dem Inhaber der Unionsmarke, falls er auf die ältere Marke verzichtet oder sie erlöschen lässt, weiter dieselben Rechte zugestanden werden, die er gehabt hätte, wenn die ältere Marke weiterhin eingetragen gewesen wäre (Art. 39 Abs. 3 UMV). So kann zB der Widersprechende, der Widerspruch aus einer nationalen Marke erhoben hat, nach deren Entfallen den Widerspruch aus der beanspruchten Seniorität der Unionsmarke fortsetzen[399].

497 Der Anmelder kann sich aber nicht darauf berufen, dass er mit der Anmeldung die Seniorität einer älteren nationalen Marke in einem Mitgliedstaat beansprucht hat, die

398 Art. 5 bis 7 Beschluss Nr EX-17–3 vom 18.09.2017. Die vorzulegenden Senioritätsunterlagen müssen entweder aus einer Kopie der früheren Eintragung oder einem Auszug aus dem amtlichen Blatt, in dem die frühere Marke veröffentlicht wurde, oder aus einem Ausdruck aus einer Datenbank, der Daten der zuständigen Zentralbehörde für den gewerblichen Rechtsschutz enthält, bestehen. Sie müssen die folgenden Angaben enthalten: den Anmeldetag, den Tag der Eintragung und ggf der Priorität der früheren Marke, die Nr der früheren Eintragung, den Namen des Inhabers der früheren Eintragung, die Wiedergabe der Marke und das VerzWDL, für die die frühere Marke eingetragen ist. Sofern die Marke in der früheren Eintragung farbig wiedergegeben ist, müssen die Unterlagen auch eine farbige Wiedergabe enthalten. Sofern die frühere Eintragung lediglich eine Angabe der Farbe(n) oder eine Inanspruchnahme von Farben enthält, müssen die Unterlagen zum Zeitrang die gleiche Angabe oder den gleichen Anspruch enthalten.

399 BPatG, 20.09.2005, 27 W (pat) 106/04 – JUST/just. Die Gegenmeinung (BPatG, 05.03.2013, 27 W [pat] 43/12 – IPSUM/IPSOS), die die Senioritätsgrundsätze mangels gesetzlicher Grundlage nicht anwenden will, übersieht, dass die UMV unmittelbar in jedem Mitgliedstaat der Union geltendes Recht darstellt und deshalb – im Unterschied zur MarkenRL – keiner Umsetzungsvorschriften in das deutsche Recht bedarf. Ansonsten könnte sich jeder Mitgliedstaat der Anwendung der UMV auf seinem Territorium widersetzen, indem er ihr ganz oder teilweise die Umsetzung in das nationale Recht verweigern würde, die aber gerade nicht erforderlich ist. S.a. Fezer/Bender HdB Markenpraxis I 2 Rn 879 und Risthaus, FS Ahrens 2016, 281.

gegenüber der nationalen Widerspruchsmarke aus einem *anderen Mitgliedstaat* einen älteren Zeitrang aufweist. Dies führt nämlich nicht dazu, dass die Unionsmarke selbst nun insgesamt eine ältere Priorität genießt, sondern die ältere Priorität beschränkt sich allein auf den Mitgliedstaat, in dem das ältere Recht bestand[400]. Es kann der Zeitrang einer oder mehrerer eingetragener älterer Marken in Anspruch genommen werden.

Der Begriff der *Zeichenidentität* ist *eng* und *restriktiv* auszulegen und erstreckt sich 498
keinesfalls auf ähnliche Marken. Die Marken können nämlich nur dann als identisch angesehen werden, wenn die Unterschiede so geringfügig sind, dass sie einem Durchschnittsverbraucher entgehen können. Daran fehlt es schon bei unterschiedlicher Schriftart und verschiedenen Bildelementen[401] sowie dann, wenn die ältere Marke in einer Farbe eingetragen ist, die Unionsmarkenanmeldung dagegen keine spezielle Farbe beansprucht[402].

499

Abb. 1

Eine Inanspruchnahme des Zeitrangs (Seniorität) kann *vollständig* oder *teilweise* erfol- 500
gen (s. oben zur Priorität, Rdn 473 f).

Der für die Unionsmarke in Anspruch genommene Zeitrang *erlischt*, wenn die ältere 501
Marke, deren Zeitrang in Anspruch genommen worden ist, für nichtig oder für verfallen erklärt wird. Wird die ältere Marke für verfallen erklärt, erlischt der Zeitrang, sofern der Verfall vor dem Anmeldetag oder dem Prioritätstag der Unionsmarke eintritt (Art. 39 Abs. 4 UMV)[403]. Das EUIPO unterrichtet die nationalen Ämter der

400 EuG, 19.06.2014, T-382/12 – Nobel/NOBEL, Rn 22–26.

401 EuG, 19.01.2012, T-103/11 – justing, Rn 17, 19, 21–24. Keinesfalls rechtfertigt ein »grafischer Entwicklungsprozess« den Unterschied zwischen den Marken.

402 EuG, 20.02.2013, T-378/11 – MEDINET, Rn 52, 54; bestätigt durch EuGH, 10.04.2014, C-412/13 P. Dies kann nämlich aus der Sicht eines Verbrauchers nicht als ein zu vernachlässigender Gesichtspunkt angesehen werden.

403 Die Ungültigkeit oder der Verfall der älteren nationalen Marke, deren Zeitrang für eine Unionsmarke im Rahmen der Seniorität in Anspruch genommen wird und die Gegenstand eines Verzichts gewesen oder erloschen ist, kann nachträglich festgestellt werden. Mit der fraglichen Prüfung soll nach Art. 14 MarkenRL aF iVm Art. 34 Abs. 2 GMV (Art. 39 Abs. 3 UMV) rückblickend festgestellt werden, ob die Voraussetzungen der Ungültigkeit oder des Verfalls zum Zeitpunkt des Verzichts auf die ältere nationale Marke oder ihres Erlöschens vorlagen. Diese Voraussetzungen müssen nicht auch noch zu dem Zeitpunkt erfüllt sein, zu dem über den Antrag auf nachträgliche Feststellung der Ungültigkeit oder des Verfalls entschieden wird. Bestätigung findet diese Auslegung in Art. 6 MarkenRL, der als einzige Voraussetzung für eine nachträgliche Feststellung der Nichtigkeit oder des Verfalls der älteren nationalen Marke vorsieht, dass die Nichtigkeit oder der Verfall zum Zeitpunkt des Verzichts auf die Marke oder ihres Erlöschens hätte erklärt werden können; EuGH, 19.04.2018, C-148/17 – PUC (Peek & Cloppenburg), Rn 24–32.

betr Mitgliedstaaten über die wirksame Inanspruchnahme des Zeitrangs (Art. 39 Abs. 5 UMV).

502 Die Seniorität kann wegen Art. 40 UMV auch *nachträglich* in Anspruch genommen werden, was sehr häufig geschieht (s. Rdn 1688 f).

503 Die *große Bedeutung* dieses Instituts zeigt die Tatsache, dass 256.056 Senioritätsanträge seit Beginn des Systems bis Mai 2011 gestellt wurden[404].

12. Rücknahme und Einschränkung der Anmeldung

504 Die Anmeldung kann *jederzeit zurückgenommen* werden (Art. 49 Abs. 1 UMV), auch noch in der Beschwerde- oder Klageinstanz. Die Änderung der Anmeldung muss die in Art. 11 DVUM bestimmten Angaben enthalten. Rücknahme ist selbst nach Erlass einer (auch nur teilweise) ablehnenden Entscheidung des Prüfers oder der BK statthaft, solange sie innerhalb noch offener Beschwerde- bzw Klagefrist erfolgt[405]. Jedoch muss die Rücknahmeerklärung entweder in der Sprache der Anmeldung oder der zweiten Sprache erfolgen[406]. Wegen Art. 24 UMDV kann das Amt auf eigene Initiative oder auf begründeten Antrag des anderen Beteiligten die Vorlage einer Übersetzung in die Verfahrenssprache innerhalb einer von ihm festgelegten Frist verlangen.

505 Ebenfalls kann jederzeit das in der Anmeldung enthaltene VerzWDL *eingeschränkt* werden. Die BK muss darüber entscheiden, wenn das Verfahren vor ihr anhängig ist. Diese Verpflichtung besteht unabhängig davon, ob nach dem Einschränkungsantrag eine Beschwerdebegründung gemäß Art. 22 Abs. 1b DVUM eingereicht wurde[407].

506 Eine Einschränkung besteht in der *Streichung* einzelner Waren und/oder DL oder in ihrer inhaltlichen, qualitativen Reduzierung, insb der Einschränkung von Oberbegriffen, z B statt »Obst« nur »Äpfel« oder »Obst, ausgenommen Birnen« oder »Obst, nämlich Bananen«. Dasselbe gilt auch für die Ersetzung des Adverbs »insb« durch »nämlich« im VerzWDL, da der Ausdruck *»nämlich«* die Eintragung auf die anschließend konkret aufgeführten Waren und/oder DL beschränkt[408]. *Nach Feststellung der Klassifizierung* ist eine Einschränkung nicht mehr möglich, wenn sie zu einem Klassenwechsel führen würde, zB statt »Tee« nur »medizinischer Tee«, weil dieser in eine andere Kl. gehört.

---

404 S. IAK, S. 17.

405 BK, 27.09.2006, R 331/06-G – Optima.

406 EuG, 26.10.2011, T-426/09 – BAM/BAM, Rn 20–31.

407 EuG, 07.05.2019, T-629/18 – Auto in einer Sprechblase, Rn 27–30. Da der Anmelder vor Ablauf der Frist für die Einreichung einer Beschwerdebegründung gemäß Art. 68 Abs. 1 letzter S. UMV einen Einschränkungsantrag gestellt hatte, war die BK verpflichtet, ihn zu prüfen.

408 EuG, 05.10.2022, T-168/21 – Farbe Lichtblau, Rn 26–55. Eine Einschränkung ist ebenfalls zulässig, wenn sie den Zweck der beanspruchten Waren beschränkt oder das zur Herstellung der Waren verwendete Material präzisiert.

Nicht zulässig ist dagegen, lediglich auf ein bestimmtes *Merkmal* der fraglichen Waren oder DL *zu verzichten*, da dies zu Rechtsunsicherheiten hinsichtlich des Umfangs des Markenschutzes führen würde. Dritte – insb Konkurrenten – wären im Allgemeinen nicht darüber informiert, dass sich bei bestimmten Waren oder DL der durch die Marke verliehene Schutz nicht auf diejenigen Waren oder DL erstreckt, die ein bestimmtes Merkmal aufweisen, und könnten so dazu veranlasst werden, bei der Beschreibung ihrer eigenen Produkte auf die Verwendung der Zeichen oder Angaben zu verzichten, aus denen die Marke besteht und die dieses Merkmal beschreiben[409]. 507

So lässt zB die *Einschränkung von pharmazeutischen Präparaten* durch den Zusatz »die den Wirkstoff Tamsulosin enthalten« nicht die konkret beanspruchten pharmazeutischen Produkte erkennen. Wegen deren besonderen Charakters ist für die Definition einer Untergruppe nämlich das Kriterium des Zwecks oder der Bestimmung maßgebend, der in seiner therapeutischen Indikation zum Ausdruck kommt[410]. 508

Änderungen, die sich lediglich auf *Vermarktungs- oder Benutzungsbedingungen* beziehen, sind idR nicht statthaft, soweit dadurch nicht der Warencharakter einschränkend verändert wird oder sich die Waren an andere Verkehrskreise richten. Dies ist zB der Fall, wenn sich die beanspruchten Waren nach der Einschränkung nur mehr an den Groß- statt insgesamt den Groß- und Einzelhandel richten. 509

Eine *Einschränkung* nach Erlass der angefochtenen BK-Entscheidung *vor dem EuG* ist jedoch nur dann zulässig, wenn dadurch der vor der BK verhandelte Streitgegenstand im Klageverfahren nicht geändert wird, was Art. 188 VerfO-EuG verbietet. Möglich ist die ersatzlose Streichung einzelner Waren und DL. Dies wird vom Gericht aber als Teilanfechtung bzw Teilklagerücknahme gewertet mit der Konsequenz, dass die Zurückweisung in der Ausgangsentscheidung hinsichtlich der Waren und DL, auf die im Wege der Einschränkung verzichtet wurde, rechtskräftig wird[411]. 510

Nicht statthaft ist jedoch eine *inhaltliche Veränderung* der ursprünglich beanspruchten Waren und DL, ihrer Beschreibung oder die Einschränkung von Oberbegriffen durch den Anmelder, wenn dadurch ein Merkmal, zB die Bestimmung der Waren geändert oder bestimmte unter den Oberbegriff fallende Waren ausgeschlossen werden sollen. 511

So sind zB die *Einschränkungen von Schokoladewaren* durch den Zusatz »nicht in Form von Mozartkugeln«, von *Käse* auf »Ziegenkäse aus den kanarischen Inseln«, von *Versicherungswesen* durch die Ergänzung »nämlich Werbung für und Informationen über von Dritten angebotene Versicherungen ...«, von *Arzneimitteln* durch das Herausnehmen solcher für die Bekämpfung von Würmern und Staubmilben, von *Zeitschriften* durch »Fachzeitschriften auf dem Gebiet des Brauereiwesens«, die Beschränkung von *Zahnbürsten* auf »elektrische« oder die Beschränkung von *Auf-* 512

409 EuGH, 12.02.2004, C-363/99 – Postkantoor, Rn 114, 115.
410 EuG, 14.07.2011, T-222/10 – ZUFAL/ZURCAL, Rn 25–28.
411 EuG, 08.07.2010, T-386/08 – Pferdebild, Rn 12–14; EuG, 09.09.2010, T-505/08 – Hunter, Rn 18; EuG, 17.12.2012, T-522/10 – HELL/Hella, Rn 16–21.

bewahrungsbehältern nicht allein für »Kosmetika« im Allgemeinen, sondern nur für »Lippenpflege« nicht statthaft[412].

513 Andererseits hat das EUIPO noch während des Verfahrens vor dem EuG eine Einschränkung des Verz. akzeptiert und die Beanstandung fallengelassen, worauf der Rechtsstreit vom EuG auf übereinstimmenden Antrag *für erledigt erklärt* wurde[413].

514 Während des Widerspruchsverfahren sind die Widerspruchsabteilung und während des Beschwerdeverfahrens die BK für die *Entscheidung* über den Einschränkungsantrag der Anmeldung *zuständig*, also keine andere Abteilung des EUIPO. Wünscht der Anmelder, die angefochtene Anmeldung zurückzunehmen oder zu beschränken, so hat er dies wegen Art. 8 Abs. 8 S. 2 DVUM mittels eines *gesonderten Schriftstückes* zu tun. Sind die Anforderungen des Antrags nicht erfüllt, so muss dem Anmelder der Mangel mitgeteilt und ihm Frist zur Behebung gesetzt werden. Wird der Antrag ohne Anhörung des Anmelders abgelehnt, wird dessen Anspruch auf rechtliches Gehör nach Art. 94 S. 2 UMV verletzt[414].

515 Die Rücknahme- oder Einschränkungsanträge sind aber auf alle Fälle *klar* und *eindeutig*, *ausdrücklich* und *unbedingt* zu formulieren, dürfen also nicht als bloßes Vergleichsangebot, reiner Diskussionsvorschlag oder als Hilfsantrag verstanden werden[415].

---

412 EuG, 09.07.2008, T-304/06 – Mozart, Rn 24–30; EuG, 25.01.2018, T-765/16 – EL TOFIO El sabor de CANARIAS, Rn 11–28; EuG, 01.12.2021, T-359/20 – Team Beverage/TEAM, Rn 22–27 mwN; EuG, 10.09.2008, T-48/06 – astex TECHNOLOGY/ASTEX, Rn 12, 19–21; EuG, 18.10.2016, T-56/15 – BRAUWELT, Rn 11–14, 100–115; EuG, 10.12.2013, T-467/13 – 360° SONIC ENERGY/SONIC POWER, Rn 14, 16–20; s.a. EuG, 12.09.2007, T-358/04 – Mikrofonkorb, Rn 36; EuG, 20.11.2007, T-458/05 – TEK, Rn 23–27; EuG, 27.02.2008, T-325/04 – WORLDLINK/LINK, Rn 14, 22–31; EuG, 21.01.2009, T-296/07 – PharmaCheck, Rn 8–13; EuG, 15.12.2009, T-412/08 – TRUBION/TriBion Harmonis, Rn 14–19; EuG, 24.03.2010, T-130/09 – eliza/ELISE, Rn 15–21; EuG, 15.06.2010, T-118/08 – TERRAEFFEKT matt & gloss, Rn 12, 13; EuG, 09.09.2010, T-505/08 – Hunter, Rn 19; EuG, 07.07.2011, T-208/10 – TRUEWHITE, Rn 28–30; EuG, 22.05.2012, T-371/09 – RT/RTH, Rn 15–18; EuG, 08.05.2014, T-575/12 – PYROX/PYROT, Rn 18–23; EuG, 25.09.2014, T-171/12 – Spannschloss, Rn 13–25; EuG, 30.04.2015, T-100/14 – TECALAN/TECADUR, Rn 28–34; EuG, 11.03.2016, T-840/14 – Sky BONUS/SKY, Rn 19–26. Stützt sich der Kläger ausschließlich auf das vor dem EuG eingeschränkte VerzWDL und nicht auch alternativ auf das ursprüngliche, ist die Klage unzulässig. S.a. EuG, 08.09.2021, T-489/20 – Kugelförmiger Behälter, Rn 13–20; Rechtsmittel nicht zugelassen, EuGH, 04.02.2022, C-672/20 P. Zur Problematik s. *Bender*, MarkenR 2008, 52.

413 EuG, 25.02.2010, T-316/09 – ANDROID. Dies erscheint zwar dogmatisch sehr problematisch, da damit der BK-Entscheidung ohne ausdrückliche Aufhebung durch das EuG eigenmächtig vom EUIPO ohne jede Rechtsgrundlage die Wirkung entzogen wird, führt aber im Interesse der Beteiligten zu einer pragmatischen Lösung; s. *Bender*, Ein Android vor dem EuG, MarkenR 2010, 193.

414 EuG, 16.03.2017, T-473/15 – APUS/ABUS, Rn 32–40, 54–69.

415 EuGH, 26.04.2007, C-412/05 P – TRAVATAN/TRIVASTAN, Rn 102, 107–110; EuG, 01.02.2006, T-466/04 und T-467/04 – GERONIMO STILTON/stilton, Rn 42–53;

Änderungen und Einschränkungen werden vom EUIPO nur vorgenommen, wenn sie in ihrer Gesamtheit zu 100 % akzeptiert werden können. Das Amt gibt in der Praxis daher Anträgen nicht mehr teilweise statt.

Allein aus der Tatsache, dass der Anmelder einer Unionsmarke sich im Rahmen des Widerspruchs- und Beschwerdeverfahrens vor dem EUIPO *nicht eingelassen* hat, darf auf keinen Fall auf die stillschweigende Zurücknahme seiner Anmeldung geschlossen werden[416]. 516

Nach Art. 6 Abs. 3 S. 1 DVUM hat das EUIPO, wenn der Anmelder das Verz. gemäß Art. 49 Abs. 1 UMV einschränkt, den *Widersprechenden hiervon in Kenntnis* zu setzen und ihn aufzufordern, innerhalb einer von ihm gesetzten Frist zu erklären, ob er den Widerspruch aufrechterhält und, bejahendenfalls, auf welche der verbleibenden Waren und DL er sich bezieht. Unterlässt das Amt diese Mitteilung, so stellt dies – jedenfalls wenn der Widersprechende seine Absicht bekundet hatte, den Widerspruch unabhängig von allen Einschränkungen des Anmelders aufrechtzuerhalten – keinen Verstoß gegen Art. 94 S. 2 UMV dar, zumal weitere Einschränkungen auch noch nach Erlass der Entscheidung der Widerspruchsabteilung erklärt werden können[417]. 517

Nimmt der Widersprechende den *Widerspruch* aufgrund der Einschränkung *zurück*, wird das Widerspruchsverfahren eingestellt (Art. 6 Abs. 3 S. 2 DVUM). 518

Der noch in der GMV vorgesehene sog. *Disclaimer*, der mit der Anmeldung oder ggf der Eintragung veröffentlicht wurde[418], ist in der UMV *entfallen*, da er praktisch bedeutungslos geblieben war. 519

EuG, 10.09.2008, T-48/06 – astex TECHNOLOGY/ASTEX, Rn 19–21. Eine hilfsweise Einschränkung des VerzWDL im Wege eines Hilfsantrags ist danach auch vor dem Amt unstatthaft.

416 EuG, 17.03.2009, T-171/06 – TRENTON/LENTON, Rn 44–46.

417 EuG, 12.05.2016, T-750/14 – ELGO/ERGO; bestätigt durch EuGH, 07.06.2017, C-687/16 P.

418 Der Disclaimer hatte die Funktion, deutlich herauszustellen, dass sich das ausschließliche Recht, das dem Markeninhaber verliehen wurde, nicht auf die nicht unterscheidungskräftigen Markenbestandteile erstreckt. Dadurch können etwaige spätere Anmelder erkennen, dass die nicht unterscheidungskräftigen Bestandteile einer eingetragenen Marke, die Gegenstand einer solchen Erklärung waren, weiterhin verfügbar sind. Diese Erklärung konnte aus eigener Initiative des Anmelders oder auf Aufforderung des Amts abgegeben werden, jedoch nicht mehr vor dem EuG; EuG, 15.12.2011, T-377/09 – PASSIONATELY SWISS, Rn 13. Die Anwendung von Art. 37 Abs. 2 GMV setzte aber voraus, dass zumindest ein Bestandteil der Anmeldung unterscheidungskräftig war. Verblieb ihr bei Aufnahme des Disclaimers kein unterscheidungskräftiger Bestandteil mehr (zB nur banale Farben und/oder Grafiken), so konnte dieser nicht akzeptiert werden; EuG, 07.09.2016, T-4/15 – Q10, Rn 17–25. Brachte der Anmelder die vom HABM geforderte Erklärung nicht fristgemäß bei, konnte das Amt die Anmeldung ganz oder teilweise zurückweisen (Regel 11 Abs. 3 GMDV); EuG, 19.11.2009, T-425/07 – Bildmarke 100; bestätigt durch EuGH, 22.06.2011, C-56/10 P. Die Disclaimer sind jedoch ohne jegliche Bedeutung für die Bestimmung der Markenähnlichkeit und der Verwechslungsgefahr; EuGH,

II. Prüfungsgrundsätze

1. Prüfungsmaßstab und -umfang

520 Die *Prüfung der Anmeldung* darf sich nicht auf ein Mindestmaß beschränken, sondern muss *streng und umfassend* sein, um eine ungerechtfertigte Eintragung von Marken zu verhindern und aus Gründen der *Rechtssicherheit* und der *ordnungsgemäßen Verwaltung* sicherzustellen, dass Marken, deren Benutzung vor Gericht mit Erfolg entgegengetreten werden könnte, nicht eingetragen werden.

521 *Keinesfalls* schützt nämlich Art. 14 Abs. 1b UMV den Wettbewerb bereits so hinreichend, dass eine *großzügige*, den Schutz der Anmeldung im Zweifel zulassende *Eintragungspraxis* gerechtfertigt ist, da Art. 14 UMV nämlich lediglich die Beschränkung der Wirkungen der einmal eingetragenen Marke betrifft, also nicht schon im Eintragungsverfahren anwendbar ist.

522 Ansonsten würde der *zuständigen Behörde* die Aufgabe der Beurteilung der Eintragungshindernisse im Zeitpunkt der Eintragung der Marke genommen und auf die Gerichte übertragen, die die Ausübung der Rechte aus der Marke im Einzelfall zu gewährleisten haben. Dies wäre mit dem *System der MarkenRL* unvereinbar, das auf einer der Eintragung vorausgegangenen und nicht auf einer nachträglichen Kontrolle beruht. Hierfür sprechen schon die Zahl und die ausführliche Beschreibung der Eintragungshindernisse sowie der breite Fächer an Rechtsbehelfen bei Ablehnung der Eintragung[419].

523 Wie sich bereits aus dem Verständnis der vom EuGH gewählten Begriffe und der Urteilsbegründung ergibt, bedeutet dies einerseits, dass der *Prüfungsumfang umfassend* und allgemein, also nicht lediglich oberflächlich oder stichprobenhaft, sein muss, somit alle in Lexika, (Fach-)Wörterbüchern, (Fach-)Publikationen, Datenbanken, insb im Internet[420], oder in anderen Medien auffindbaren Belege sorgfältig erfassen und bewerten muss, und andererseits, dass der *Prüfungsmaßstab streng*, also keinesfalls offen, flexibel oder nachgiebig, sondern strikt und bestimmt sein muss, um sicherzustellen, dass Fehleintragungen, die sich zu einer Behinderung des fairen und unverfälschten Wettbewerbs entwickeln können und dem Allgemeininteresse zuwiderlaufen, vermieden werden.

12.06.2019, C-705/17 – ROSLAGSÖL (Hansson)/ROSLAGS PUNSCH, Rn 46–62; BK, 29.03.2012, R 2499/10-1 – ACETAT Silicon 101E/101.

419 EuGH, 06.05.2003, C-104/01 – Libertel-Orange, Rn 58, 59; EuGH, 21.10.2004, C-64/02 P – Das Prinzip der Bequemlichkeit, Rn 45; EuGH, 09.09.2010, C-265/09 P – Bildmarke, Rn 45.

420 EuG, 17.04.2013, T-383/10 – CONTINENTAL, Rn 34–38. Da die Verbraucher in der Union auch Zugang zu schweizer Internetseiten haben, insb mit Hilfe von Suchmaschinen, sind deren Inhalte für die Beurteilung des Verkehrsverständnisses über den Bedeutungsgehalt einer angemeldeten Unionsmarke nicht unerheblich.

Dies stellt eine klare und eindeutige *Absage an eine großzügige, anmelderfreundliche Prüfungspraxis* dar, wie sie von einigen Mitgliedstaaten vor der Harmonisierung betrieben wurde[421] und teilweise immer noch an- bzw ausklingt[422]. 524

Wird nach rechtskräftiger Zurückweisung einer Anmeldung vom selben Anmelder eine identische Marke für identische Waren und DL neu angemeldet (*Wiederholungsanmeldung*), so bedarf es keiner erneuten Prüfung, wenn sich der Sachverhalt nicht verändert hat und keine relevanten zusätzlichen Tatsachen zugunsten der Neuanmeldung vorgebracht wurden[423]. Die BK sehen sie nämlich als unzulässig an, da für eine lediglich bestätigende Entscheidung kein Rechtsschutzbedürfnis bestehe. Ansonsten könnten durch identisch wiederholte Anmeldungen immer wieder bereits endgültig entschiedene Rechtsfragen neu eröffnet werden[424]. 525

2. Prüfungsreihenfolge

Alle *Eintragungshindernisse* des Art. 7 Abs. 1 UMV sind *voneinander unabhängig* und müssen *gesondert geprüft* werden[425]. 526

Die verschiedenen Eintragungshindernisse sind nämlich im Licht des *Allgemeininteresses* auszulegen, das jedem von ihnen zugrunde liegt. Das bei der Prüfung jedes dieser Eintragungshindernisse berücksichtigte Allgemeininteresse kann oder muss sogar je nach dem betr Eintragungshindernis *in unterschiedlichen Erwägungen zum Ausdruck* kommen. 527

421 So hatte man im Benelux-Amt früher praktisch auf eine inhaltliche Prüfung verzichtet, so dass dort – immer noch – beschreibende Marken eingetragen sind, was sich in Widerspruchsverfahren fatal auswirken kann (s. EuG, 11.12.2013, T-591/11 – SUPER GLUE/ SUPERGLUE, Rn 36–48; bestätigt durch EuGH, 02.10.2014, C-91/14 P; natürlich im Konflikt um Klebstoffe).

422 S. zB BGH, 09.07.2009, I ZB 88/07 – ROCHER-Kugel, Rn 23.

423 EuG, 08.02.2011, T-157/08 – INSULATE FOR LIFE, Rn 39; EuG, 06.10.2015, T-545/14 – engineering for a better world II, Rn 14–33.

424 BK, 16.11.2015, R 1649/11-G – Zylindrische Flaschenform (Voss of Norway) mwN. Dies erscheint nicht unproblematisch. Jedenfalls darf eine Beschwerde nicht wegen entgegenstehender Rechtskraft (res iudicata) als unzulässig zurückgewiesen werden, da auch eine identische Wiederholungsanmeldung einen anderen Anmeldetag aufweist und damit der Sachverhalt schon insoweit verschieden ist. So aber noch zu Unrecht BK, 30.06.2011, R 272/11-2 – DYNAMIC PRECIOUS METALS FUND.

425 EuGH, 08.04.2003, C-53–55/01 – Gabelstapler/Rado-Uhren/Stabtaschenlampen, Rn 67. In diesem Zusammenhang ist darauf hinzuweisen, dass das – allgemein als verunglückt angesehene – Urteil des EuGH, 20.09.2001, C-383/99 P – Baby-dry; im Lichte der nachfolgenden Rspr und daher rechtlich als nicht mehr relevant anzusehen ist. Dies zeigt sich bereits daraus, dass es vom EuGH nie mehr zitiert wurde, auch wenn er sich davon nicht ausdrücklich distanziert hat. S. Schlussanträge des GA Ruiz-Jarabo Colomer vom 15.10.2009, C-408/08 P – COLOR EDITION, Rn 88–98.

528 Auch ein *Staat* ist denselben Anforderungen des Allgemeininteresses unterworfen wie jeder Wirtschaftsteilnehmer, der eine Unionsmarke anmeldet oder dem eine solche Marke entgegengehalten wird[426].

529 In Konsequenz hat der EuGH das *EUROHYPO*-Urteil des EuG insoweit aufgehoben, als dieses die Unterscheidungskraft der Anmeldung ausschließlich anhand einer Prüfung ihres beschreibenden Charakters bewertet hatte[427].

530 Damit hatte nämlich das EuG nach Erkenntnis des EuGH insb versäumt, das durch Art. 7 Abs. 1b UMV speziell geschützte öffentliche Interesse zu berücksichtigen, nämlich die Gewährleistung der *Ursprungsidentität* der mit der Marke gekennzeichneten Ware oder DL. Zudem hatte es ein *falsches Kriterium* angewandt, wonach eine aus beschreibenden Bestandteilen zusammengesetzte Marke die Eintragungsvoraussetzungen erfüllen könnte, wenn das Wort in den allgemeinen Sprachgebrauch eingegangen ist und dort eine ihm eigene Bedeutung erlangt hat.

531 Dieses Kriterium ist zwar im Rahmen des Art. 7 Abs. 1c UMV relevant, es ist jedoch nicht einer Auslegung des Art. 7 Abs. 1b UMV zugrunde zu legen. Auch wenn es dieses Kriterium nämlich ermöglicht, die Benutzung einer Marke zur *Beschreibung* einer Ware oder DL auszuschließen, lässt sich anhand dessen nicht feststellen, ob eine Marke dem Verbraucher oder Endabnehmer die *Ursprungsidentität* der mit der Marke gekennzeichneten Ware oder DL garantieren kann.

532 Die unabhängige und gesonderte Prüfung der einzelnen Eintragungshindernisse bedeutet aber nicht, dass im Einzelfall nicht auch *mehrere Schutzversagungsgründe* für eine Anmeldung zutreffen können (Art. 42 Abs. 1 UMV)[428]. Liegt bereits ein Eintragungshindernis vor, bedarf es aus Gründen der Verfahrensökonomie keiner weiteren Prüfung sonstiger Schutzversagungsgründe mehr.

533 Hinsichtlich der *Prüfungsreihenfolge* hat der EuGH klargestellt, dass Art. 7 Abs. 1e UMV ein spezielles und *vorgreifliches Eintragshindernis* darstellt, das vorrangig zu

426 EuG, 15.01.2015, T-197/13 – MONACO, Rn 43.

427 EuGH, 08.05.2008, C-304/06 P – EUROHYPO, Rn 54–62, 68, 69. Aufgrund eigener Beurteilung kam der EuGH aber letztlich zur Zurückweisung des Rechtsmittels wegen fehlender Unterscheidungskraft der Anmeldung. Die allgemeinen deutschsprachigen Verbraucherkreise verstehen *EUROHYPO* nämlich dahin, dass es sich in seiner Gesamtheit in allgemeiner Weise auf dingliche Sicherheiten erfordernde Finanz-DL und insb auf Hypothekendarlehen bezieht, die in der Währung der Europäischen Wirtschafts- und Währungsunion gezahlt werden. Nachdem kein Zusatzelement die Annahme ermöglicht, dass die Kombination aus den gängigen und üblichen Bestandteilen »EURO« und »HYPO« ungewöhnlich wäre oder eine eigene unterscheidungskräftige Bedeutung erlangt hätte, nehmen die maßgeblichen Verkehrskreise die fragliche Marke in dem Sinne wahr, dass sie Informationen über die Art der mit ihr gekennzeichneten DL vermittelt, nicht aber als Hinweis auf deren Herkunft. S.a. EuG, 10.02.2010, T-344/07 – Homezone, Rn 43.

428 EuGH, 12.02.2004, C 363/99 – Postkantoor, Rn 69 mwN. Umgekehrt lässt nämlich die Tatsache, dass eine Marke nicht unter eines der Eintragungshindernisse des Art. 7 Abs. 1 UMV fällt, nicht den Schluss zu, dass sie nicht unter ein anderes fallen kann.

prüfen ist, zumal es nicht durch die Erlangung von Verkehrsdurchsetzung (Art. 7 Abs. 3 UMV) überwunden werden kann[429].

3. Relevante Verkehrskreise

Bei der Beurteilung der Eintragungsfähigkeit ist immer auf das Verständnis eines *normal informierten, angemessen aufmerksamen und verständigen Durchschnittsverbrauchers* der angesprochenen Verkehrskreise[430] in der Europäischen Union unter Zugrundlegung aller ihrer Amtssprachen abzustellen[431], wobei je nach den beanspruchten Waren und DL zu bestimmen ist, ob diese sich an das breite und allgemeine Publikum richten oder an, auch relativ schmale[432], Spezialverkehrskreise mit besonderen Fachkenntnissen. Danach sind der jeweilige Kenntnisstand und der Aufmerksamkeitsgrad zu bemessen. 534

Dieser ist dann *nicht überdurchschnittlich*, wenn die Waren oder DL weder teuer noch selten sind, ihr Erwerb und ihre Verwendung keine speziellen Kenntnisse erfordern und sie keine schwerwiegenden Auswirkungen auf die Gesundheit, das Budget oder das Leben des Verbrauchers haben[433]. 535

Während also *Allgemeingüter des Massenverkehrs*, die für den täglichen Ge- oder Verbrauch gedacht sind, an das breite allgemeine Publikum mit normalem Verständnisvermögen und eher geringerer Aufmerksamkeit[434] adressiert sind, wenden sich *hochpreisige Waren*, wie zB Kraftfahrzeuge, oder langfristige DL, wie zB Lehrgänge, an regelmäßig aufmerksamere Verkehrskreise sowie Spezialwaren, wie zB chemische 536

429 EuGH, 18.06.2002, C-299/99 – Rasierscherkopf (Philips/Remington), Rn 74–76.

430 EuGH, 16.07.1998, C-210/96 – 6-Korn-Eier (Gut Springenheide), Rn 31 (dort war der Begriff des Durchschnittsverbrauchers noch etwas unscharf als Doppeldurchschnittler übersetzt worden); EuGH, 16.09.2004, C-329/02 P – SAT. 2, Rn 24; EuG, 31.05.2006, T-15/05 – Wurstdarm, Rn 26.

431 So kann sich ein Verfahrensbeteiligter zB nicht auf das Verständnis des schweizer Publikums berufen; EuG, 15.12.2011, T-377/09 – PASSIONATELY SWISS, Rn 18, 19.

432 EuG, 17.09.2008, T-226/07 – PRANAHAUS, Rn 29, 31; bestätigt durch EuGH, 09.12.2009, C-494/08 P. Hier war hinsichtlich der beanspruchten Druckereierzeugnisse sowie Einzelhandels-DL im Versandhandel und im stationären Einzelhandel für Waren des täglichen Bedarfs, nämlich Druckereierzeugnisse, Bekleidungsstücke, Kosmetik- und Körperpflegeartikel, Küchen-, Haushalts- und Einrichtungsgegenstände, Sport- und Musikartikel usw auf ein Spezialpublikum mit guten Kenntnissen der Alternativmedizin, der Esoterik, des Hinduismus, der fernöstlichen Kultur und des Yogas abzustellen, da »PRANA« ein Wort aus der Sanskritsprache darstellt, das auf die Begriffe Leben, Lebenskraft oder Lebensenergie verweist und in der hinduistischen Lehre und im Yoga von realer Bedeutung ist sowie als Prana-Heilung eine Behandlungsmethode der Alternativmedizin darstellt. Es ist zwar noch kein gewöhnliches und geläufiges Wort der deutschen Sprache, aber doch ein, für die an diesen Fächern und Lehren Interessierten ohne weiteres bekannter und wesentlicher Begriff.

433 S. zB EuG, 11.07.2013, T-208/12 – Rote Schnürsenkelenden, Rn 42 mwN, bestätigt durch EuGH, 11.09.2014, C-521/13 P.

434 S. zB EuG, 12.02.2014, T-570/11 – La qualité est la meilleure des recettes, Rn 29–31.

Präparate[435] oder Spezialdienste, wie Geschäftsführung oder Werbung, an das einschlägige und vorgebildete *Fachpublikum mit hoher Aufmerksamkeit.*

537 So können *Spezialbegriffe*, die das allgemeine Publikum nicht kennt, für Fachkreise einen beschreibenden Inhalt haben. Jedoch deutet nichts darauf hin, dass »stille Weine«, die unter *chinesischen Schriftzeichen* vertrieben werden, ausschließlich für Kunden chinesischer und chinesischsprachiger Herkunft bestimmt sind[436].

538 Andererseits folgt aus dem gegenüber Durchschnittsverbrauchern naturgemäß *höheren Aufmerksamkeitsgrad* von Fachverkehrskreisen jedoch nicht zwangsläufig, dass eine geringere Unterscheidungskraft des Zeichens ausreicht, wenn die maßgeblichen Verkehrskreise fachlich spezialisiert sind[437].

539 Wenn sich die relevanten Waren und DL an Verkehrskreise mit unterschiedlicher Aufmerksamkeit richten, reicht es nach stRspr aus, das *Publikum mit dem geringsten Aufmerksamkeitsgrad* zu berücksichtigen[438]. Dieser Grundsatz gilt auch für das Widerspruchsverfahren.

540 Auch wenn beim Vertrieb einer von einer Marke geschützten Ware an den Verbraucher oder Endabnehmer Zwischenhändler beteiligt sind, sind im Allgemeinen *die Verbraucher oder Endabnehmer* relevant. Denn der gesamte Vermarktungsprozess bezweckt den Erwerb der Ware innerhalb dieser Kreise, und die Rolle der Zwischenhändler besteht darin, die Nachfrage danach sowohl zu entdecken und vorauszuschätzen als auch sie zu erweitern oder zu lenken. Je nach den Merkmalen des Marktes für die betr Ware sind jedoch auch der Einfluss der *Zwischenhändler* auf die Kaufentscheidungen und damit deren Wahrnehmung am Markt zu berücksichtigen[439].

541 Bei *verschreibungspflichtigen Arzneimitteln* sind neben den Endverbrauchern weiter die medizinischen Fachleute relevant[440].

4. Eintragungshindernis in einem Teil der Union

542 Bei der Prüfung des Verständnisses der angesprochenen Verkehrskreise ist – abweichend vom nationalen Recht – zu berücksichtigen, dass gemäß Art. 7 Abs. 2 UMV

435 EuG, 25.01.2023, T-351/22 – SCHEIBEL, Rn 23–28. So richten sich zB Flüssig-Flüssig-Extraktionskolonnen nicht nur an Fachleute der Chemie-, Erdöl-, Pharma-, Lebensmittel-, Biotechnologie- und Hydrometallurgiebranche, sondern auch an Wissenschaftler und Forscher.

436 EuG, 19.10.2022, T-323/21 – Chinesische Schriftzeichen, Rn 28–41. Sie richten sich vielmehr an das breite Publikum, zB an Gäste, die regelmäßig chinesische Restaurants besuchen.

437 EuGH, 12.07.2012, C-311/11 P – WIR MACHEN DAS BESONDERE EINFACH, Rn 47, 48.

438 EuG, 08.07.2020, T-20/19 – mediFLEX easystep/Stepeasy, Rn 42 mwN; EuG, 12.12.2019, T-266/19 – Gabel auf grünem Hintergrund/gastivo, Rn 21 mwN.

439 EuGH, 29.04.2004, C-371/02 – Bostongurka (Björnekulla/Procordia), Rn 23–25.

440 EuGH, 26.04.2007, C-412/05 P – TRAVATAN/TRIVASTAN, Rn 56–60. S.a. Rdn 1393.

bereits ein *nur in einem Teil der Union*, also auch in einem Teil eines Mitgliedstaats, zB *in einem Sprachraum*, wie im *finnischen*[441], *griechischen*[442] oder *bulgarischen*[443], aufgrund der dort gebräuchlichen Amtssprache(-n) bestehendes Eintragungshindernis der Schutzfähigkeit der Marke insgesamt entgegensteht, wobei es auf die wirtschaftliche Bedeutung des Staats nicht ankommt.

Auch ein *möglicher Ausschluss der Umwandlung* gemäß Art. 139 Abs. 2b UMV in nationale Marken nach Zurückweisung einer Anmeldung durch das EUIPO wegen ihres nicht schutzfähigen Charakters in einem Teil der Union verpflichtet dieses wegen Art. 94 UMV nicht zu einer Prüfung für alle weiteren Mitgliedstaaten[444]. 543

Daher kann sich die Prüfung der Eintragungshindernisse *auf eine der Sprachen* der Union *beschränken*, insb auf diejenige, aus deren Sprachraum die Begriffe stammen, aus denen sich die Marken zusammensetzen[445]. 544

Bei einem Wort aus der *deutschen Sprache* kommt es auf das deutschsprachige Gebiet der Union, dh das gesamte Gebiet oder einen Teil des Gebiets in Belgien, Dänemark, Deutschland, Italien, Luxemburg und Österreich an[446]. 545

Bei *englischen Begriffen* des Grundwortschatzes ist davon auszugehen, dass diese weit über Irland und Malta hinaus in vielen europäischen Staaten verstanden werden, insb in den skandinavischen Ländern, den Niederlanden sowie Deutschland, Österreich und Zypern (s. Rdn 833). Jedoch sind mit Ausnahme bestimmter Begriffe, die zum englischen Grundwortschatz gehören, englische Begriffe in der Europäischen Union nicht allgemein bekannt[447]. Die englische Sprache ist dabei grds als Einheit zu verstehen, so dass zB auch amerikanische Termini dazu gehören[448]. 546

Das Eintragungsverbot für beschreibende Angaben gilt nicht nur für die Amtssprachen der Union, sondern auch für *Sprachen von Minderheiten* oder *Regionen* in ihr, 547

---

441 EuG, 19.11.2008, T-269/06 – RAUTARUUKKI, Rn 33–37, da der Begriff im Finnischen für Eisenarbeiten steht.

442 EuG, 25.11.2020, T-882/19 – ΑΠΛΑ!, Rn 41–58, weil dies auf Griechisch »einfach, leicht« bedeutet; EuG, 21.02.2013, T-427/11 – BIODERMA, Rn 48–53, da der Begriff im Griechischen den natürlichen Ursprung von Waschmitteln, Kosmetika und Gesundheitspflegeprodukten sowie der entspr DL in Bezug auf die Haut beschreibt; EuG, 16.12.2010, T-281/09 – CHROMA, da die Transliteration des griechischen »χρώμα« die Farbigkeit von Keramikwaren beschreibt, Rn 33–41; EuG, 17.05.2011, T-7/10 – υγεία, Rn 26, 28–30, da das Wort »Gesundheit« für ärztliche DL klar beschreibend ist.

443 EuG, 12.04.2018, T-386/17 – Лидер (Marktführer), Rn 31, 32, da der Begriff im Bulgarischen für die beanspruchten Lebensmittel eine anpreisende und beschreibende Werbeaussage darstellt.

444 EuG, 03.07.2013, T-236/12 – NEO, Rn 56–58.

445 EuG, 11.02.2020, T-732/18 – charantea/CHARITÉ, Rn 21; und EuG, 10.06.2020, T-707/19 – ONE-OFF, Rn 22.

446 EuG, 24.06.2014, T-273/12 – Ab in den Urlaub, Rn 39–41.

447 EuG, 29.04.2020, T-109/19 – TasteSense/MultiSense, Rn 65.

448 S. ua EuG, 15.12.2010, T-380/09 – GASOLINE/GAS, Rn 39–41.

so für *katalanische* Begriffe, weil diese Sprache in einem Teil von Spanien verstanden wird[449], oder für *russische* Wörter, weil besonders in den baltischen Staaten Estland, Lettland, und Litauen Mio. Bürger mit russischer Muttersprache leben[450]. Auch *türkische* Wörter können beschreibend sein, da diese Sprache von einem nicht unwesentlichen Teil der Verbraucher in der Union verstanden und gesprochen wird, zB in Zypern und Deutschland[451].

548 *Nationale Voreintragungen* stellen zwar ein gewisses Indiz für die Schutzfähigkeit dar, insb wenn sie aus dem Sprachraum stammen, in dem das Hindernis besteht, sind aber generell für die Unionsmarke nicht bindend, weil diese auf einem eigenständigen System beruht, das von den nationalen unabhängig ist[452] (s. Rdn 46 f).

549 Für die Schutzversagung können auch nur in einem Teil der Union bestehende *gesetzliche Verbote* oder *sittliche Vorstellungen* maßgebend sein (s. Rdn 920).

5. Relevanter Zeitpunkt

550 *Maßgeblicher Zeitpunkt* für die Prüfung des Vorliegens absoluter Eintragungshindernisse ist der *Anmeldetag*, später eingetretene Hindernisse dürfen nur mehr berücksichtigt

449 EuG, 13.09.2012, T-72/11 – ESPETEC, da dies im Katalanischen ein längliches Würstchen aus gedörrtem Schweinefleisch beschreibt.

450 EuG, 19.07.2017, T-432/16 – медведь (Bär); bestätigt durch EuGH, 16.01.2018, C-570/17 P. Die Prüfung der maßgeblichen Verkehrskreise darf nicht auf die Amtssprachen der Union beschränkt werden, da ansonsten die Besonderheit von mehrsprachigen Regionen unberücksichtigt bliebe, die einen bedeutenden Teil des Hoheitsgebiets der Mitgliedstaaten ausmachen. Ein erheblicher Teil der Bewohner der baltischen Staaten beherrscht Russisch, und für manche von ihnen ist es sogar die Muttersprache. Das hier angemeldete Wort »Bär« weist zudem die Besonderheit auf, dass es auch Verbrauchern, die Russisch als Fremdsprache gelernt haben, bekannt ist, da es zum russischen Grundwortschatz gehört und in der russischen Kultur, ua in der Folklore, der Kunst und der Literatur, sowie im russischen Sport sehr präsent ist. S.a. EuG, Urteil vom 13.11.2018, T-830/16 – PLOMBIR, Rn 55–61, 72–76. Danach ist weiter zu berücksichtigen, dass von der Bevölkerung Deutschlands etwa 3 Mio. der russischen Sprache mächtig sind. Außerdem wird das der russischen Sprache kundige Publikum der Union eher der Transliteration »PLOMBIR« in lateinische Buchstaben als dem entspr Begriff in kyrillischer Schreibweise eine beschreibende Bedeutung für Sahneeis auf Russisch beimessen, weil dieses das lateinische Alphabet beherrscht, aber nicht notwendigerweise das kyrillische. Dieses Urteil wurde vom EuGH (18.06.2020, C-142/19 P, Rn 38–43) bestätigt, auch wenn er die Frage der Kenntnis der russischen Sprache durch deutsche Verkehrskreise offen gelassen hat.

451 EuG, 26.07.2023, T-315/22 – Sütat, Rn 38–43 mwN; Rechtsmittel nicht zugelassen, EuGH, 09.01.2024, C-611/23 P. Auch wenn Türkisch nicht zu den Amtssprachen der Union zählt, ist es eine der Amtssprachen der Republik Zypern. Zudem lebt eine Vielzahl türkischer Staatsangehöriger in der Union, ua in Deutschland.

452 S. EuGH, 19.09.2002, C-104/00 P – Companyline, Rn 39, 40; EuGH, 25.10.2007, C-238/06 P – Develey-Kunststoffflasche, Rn 56–58, 65–73.

werden, wenn sich daraus eindeutige Rückschlüsse ziehen lassen, dass sie bereits zum Anmeldezeitpunkt bestanden, die Anmeldung zB zur Beschreibung geeignet war.

Andernfalls könnte die Erlangung einer Unionsmarke durch *Ereignisse beeinträchtigt* werden, die während des Eintragungsverfahrens eingetreten sind, und hinge von dessen Dauer ab. Da nämlich das Recht aus der Unionsmarke Dritten erst vom Zeitpunkt der Veröffentlichung ihrer Eintragung an entgegengehalten werden kann, könnte der Anmelder nicht verhindern, dass die Marke eine gebräuchliche Gattungsbezeichnung wird und damit von der Eintragung ausgeschlossen ist[453]. 551

Eine solche Verpflichtung schließt jedoch nicht aus, dass das EUIPO ggf *Beweise späteren Datums* als der Anmeldung berücksichtigen kann, soweit diese Rückschlüsse auf die Situation zu diesem Zeitpunkt zulassen, denn das absolute Eintragungshindernis des Art. 7 Abs. 1c UMV setzt nicht voraus, dass ein Zeichen zum Zeitpunkt der Anmeldung tatsächlich beschreibend verwendet wird, sondern dass es beschreibend verwendet werden kann[454]. 552

Auf den Anmeldetag ist auch bei der Geltendmachung der *Verkehrsdurchsetzung* abzustellen[455] (s. Rdn 826). 553

Schließlich darf die Eintragung einer am Tag des *Beitritts eines neuen Mitgliedstaats* bereits angemeldeten Unionsmarke nicht aufgrund der in Art. 7 Abs. 1 UMV aufgeführten absoluten Eintragungshindernisse abgelehnt werden, wenn diese Hindernisse lediglich durch den Beitritt entstanden sind (Art. 209 Abs. 2 UMV). 554

Im *Missbrauchsfalle* können aber zB kurz vor dem Beitritt angemeldete glatt beschreibende Angaben in einer Beitrittssprache wegen Bösgläubigkeit in einem späteren Nichtigkeitsverfahren gelöscht werden. 555

III. Markenfähigkeit

1. Allgemeine Grundsätze

Auch für das Unionsmarkensystem gilt das Grunderfordernis, dass ein Zeichen eine *abstrakte Unterscheidungseignung* aufweisen muss, um als markenfähig angesehen werden zu können. 556

In diesem Prüfstadium ist die Eignung zur Unterscheidung noch *abstrakt*, dh ohne Bezugnahme auf die angemeldeten Waren und DL zu bestimmen. Unionsmarken können nämlich *Zeichen aller Art* sein, insb Wörter, einschl Personennamen[456], oder 557

---

453 EuGH, 23.04.2010, C-332/09 P – FLUGBÖRSE, Rn 47–51.
454 EuG, 21.11.2013, T-313/11 – Matrix-Energertics, Rn 47–51 mwN; EuG, 15.11.2012, T-278/09 – GG, Rn 56, 57; EuG, 06.03.2003, T-128/01 – Jeep-Kühlergrill, Rn 41. Dieser Auffassung hat sich auch die deutsche Rspr angeschlossen; BGH, 18.04.2013, I ZB 71/12 – Aus Akten werden Fakten, Rn 15.
455 EuGH, 23.04.2010, C-332/09 P – FLUGBÖRSE, Rn 52.
456 EuGH, 16.09.2004, C-404/02 – Nichols, Rn 22.

Abbildungen, Buchstaben[457], Zahlen[458], Farben[459] und Farbkombinationen, die Form oder Verpackung[460] der Ware, besondere Markenanbringung auf der Ware (Positionsmarken), Wiederholungsmuster (Mustermarken), Klänge[461], Bewegungsmarken, Multimediamarken, Hologramme oder sonstige Zeichen (Art. 3 Abs. 3 und 4 UMDV), soweit sie geeignet sind, Waren oder DL eines Unternehmens von denjenigen anderer *zu unterscheiden* und in dem Register der Unionsmarken *in einer Weise dargestellt* zu werden, dass die zuständigen Behörden und das Publikum den Gegenstand des dem Inhaber einer solchen Marke gewährten Schutzes *klar* und *eindeutig* bestimmen können[462] (Art. 4 UMV, Art. 7 Abs. 1a UMV, Art. 3 Abs. 1 UMDV)[463].

558 Die in der UMV nicht mehr näher definierte *Darstellung* ist ebenso wie die bislang nach der GMV erforderliche *grafische Darstellbarkeit* iSd hinreichenden *Bestimmtheit* und *Sicherheit des Registers* auszulegen[464]. Denn die Darstellung der Marke muss klar und genau sein, um den Gegenstand des durch die Eintragung verliehenen Schutzes zu definieren. Eine *Beschreibung*, die die Darstellung ggf begleiten kann, muss mit dieser so, wie sie eingetragen wurde, *übereinstimmen* und kann den derart definierten Geltungsbereich der Marke nicht erweitern[465].

559 Insoweit trägt die Neufassung des Gesetzes mit dieser *flexiblen, sehr offenen* und *weiten Formulierung* sowohl der Rspr als auch der technischen Weiterentwicklung der Aufzeichnungsmöglichkeiten in den unterschiedlichsten Speicher-, insb den elektronischen und Internetmedien Rechnung, um bewusst neue und auch erst in der

---

457 EuGH, 09.09.2010, C-265/09 P – Bildmarke α, Rn 28; ua EuG, 13.06.2007, T-441/05 – Bildmarke I, Rn 37, 38, 47; EuG, 09.07.2008, T-302/06 – Buchstabe E (2), Rn 29, 30.

458 S. ua EuG, 19.11.2009, T-298/06 – Zahl 1000, Rn 14, 15; bestätigt durch EuGH, Rn 29–31.

459 EuGH, 06.05.2003, C-104/01 – Libertel-Orange.

460 Die Beispiele »Farben«, »Verpackung« (anstelle von »Aufmachung«) und »Klänge« wurden neu in den Beispielkatalog des Art. 4 UMV aufgenommen, um der dementspr Rspr des EuGH Rechnung zu tragen.

461 EuGH, 27.11.2003, C-283/01 – Hörmarke; EuG, 13.09.2016, T-408/15 – Klingelton, Rn 32–35.

462 Die letztere Anforderung ersetzt das bis 30.09.2017 gültige Erfordernis der *grafischen Darstellbarkeit* in Art. 4 GMV. Angesichts der schon bisherigen weiten Auslegung dieses Begriffes durch den EuGH stellt der neue Gesetzestext jedoch nur eine Bestätigung der gegenwärtigen Praxis dar.

463 Eine identische Vorschrift enthält Art. 3 MarkenRL. (s. PräambelRL 13).

464 S. *Bender,* Die grafische Darstellbarkeit von Marken, FS 50 Jahre BPatG 2011, 491.

465 EuG, 23.09.2020, T-796/16 – Flasche mit Grashalm/Flasche mit Grashalm II, Rn 105–134; Rechtsmittel nicht zugelassen, EuGH, 23.03.2021, C-639/20 P. Hier konnte die Beschreibung der älteren Marke nicht ihrer Klarstellung oder Verdeutlichung dienen, da sie nicht mit der grafischen Darstellung, die eine Linie und nicht – wie in der Beschreibung – einen Grashalm zeigt, übereinstimmt. Denn nur eine realistischere Darstellung eines Grashalms oder die echte Abbildung eines solchen in eine Flasche gesteckten Halms hätte seine Präsenz in dieser Marke klar und deutlich festlegen können. Somit ist ein Grashalm nicht vom Gegenstand des durch die ältere Marke gewährten Schutzes erfasst.

Zukunft entstehende Medien unter Verwendung allgemein zugänglicher Technologie in jeder geeigneten Form zu erfassen[466]. Da das Register der Unionsmarken heute schon ausschließlich im Internet geführt wird, ermöglicht dies ua die Aufnahme von (kurzen) *Ton-* und *Filmsequenzen* (zB für Klang-, Bewegungs- oder Lichtmarken), weil diese problemlos dokumentiert und abgehört bzw gesehen werden können, was früher die allein üblichen Markenblätter in gedruckter Form nicht leisten konnten.

Wird die Wiedergabe des Zeichens *nicht elektronisch* vorgelegt, so ist die Marke 560
getrennt vom Textblatt der Anmeldung auf einem gesonderten Einzelblatt nach den Anforderungen von Art. 3 Abs. 6 bis 8 UMDV wiederzugeben[467]. (s. Rdn 346).

Nur wenn es sich zB um *absolut unbestimmte, unklare* oder *unvollständige Formen* 561
oder ein nicht exakt beschriebenes Geräusch handelt, kann es an dieser Voraussetzung fehlen. So erfüllen weder ein Bildzeichen mit *Platzhalter* für wechselnde Einfügungen (wie Produktname, -abbildung und -beschreibung) noch eine *Vakuumverpackung für einen Bekleidungsartikel in einer Plastikumhüllung* noch ein *Klick-Geräusch* mangels Bestimmtheit die Voraussetzungen der Markenfähigkeit[468]. Dasselbe gilt, wenn die Beschreibung der Anmeldung zu ihrem sicheren Verständnis eines erheblichen intellektuellen Aufwands und enormer Vorstellungskraft bedarf und letztlich ein *mehrdeutiges* und *widersprüchliches Bild* vermittelt[469].

Die Voraussetzung der *Bestimmtheit* erfüllt der Gegenstand einer Anmeldung nicht, 562
wenn er sich auf eine *Vielzahl unterschiedlicher Erscheinungsformen* erstrecken soll, also eine bloße Eigenschaft der betr Ware darstellt, wie zB ein *durchsichtiger Auffangbehälter* als äußerer Teil eines Staubsaugers in allen denkbaren Formen. Die Formen, Dimensionen, Aufmachungen oder Gestaltungen des beanspruchten Gegenstands sind nämlich von den vom Anmelder entwickelten Staubsaugermodellen ebenso abhängig wie von den technischen Entwicklungen, die Durchsichtigkeit lässt zudem verschiedene Einfärbungen zu[470].

466 S. PräambelUMV 9.

467 Es ist jedoch zu empfehlen, neben der Nutzung der neuen Medien die Marke (insb Hör- und Bewegungszeichen) auch immer noch zusätzlich mit Worten, Bildern oder Schriftzeichen (Notenschrift) zu beschreiben. Dies kann bei möglicher Beantragung einer Schutzerstreckung über die WIPO auf Staaten, die noch über kein elektronisches Aufzeichnungssystem verfügen, von Bedeutung sein.

468 BK, 29.04.2010, R 437/09–4 – OASE LIVING WATER; BK, 21.01.1998, R 4/97–2 – Vakuumverpackung; BK, 07.10.1998, R 1/98–2 – déclic.

469 EuG, 14.06.2012, T-293/10 – 7 verschiedenfarbige Quadrate, Rn 3, 4, 62–67. Aufgrund der Beschreibung muss man nicht zwingend zu einem Würfel, sondern kann auch zu einem Quader gelangen. Selbst bei einer eindeutigen Beschreibung würde die Anmeldung einen inneren Widerspruch im Hinblick auf ihre wirkliche Natur enthalten, da sie keine Farbmarke, wie beansprucht, sondern eine dreidimensionale oder Bildmarke darstellt, was auch ihrem äußeren Eindruck als Würfel aus Quadraten in verschiedenen Farben entspricht.

470 EuGH, 25.01.2007, C-321/03 – Dyson Bin, Rn 10, 19, 20, 28, 32, 35, 37–40.

563 Weiter steht der Eintragung einer Marke die mangelnde Markenfähigkeit entgegen, wenn in der Anmeldung ein *Widerspruch* besteht, es insb nicht eindeutig und klar ist, ob eine *Bild- oder Farbmarke begehrt* wird. Die Qualifikation des Zeichens als *Farbmarke* oder *Bildmarke* trägt nämlich insofern zur Konkretisierung von Gegenstand und Reichweite des beantragten markenrechtlichen Schutzes bei, als sie es ermöglicht zu bestimmen, ob die Konturen Teil des Gegenstands der Anmeldung sind[471].

564 Dieses Kriterium der Bestimmtheit spielt insb bei neuen Markenformen eine Rolle. Da es sich bei der Unionsmarke um kein geschlossenes System handelt, ist sie offen für *alle möglichen denkbaren zukünftigen Markenformen.*

565 Der EuGH hat wiederholt darauf hingewiesen, dass Art. 4 UMV *keine abschließende Aufzählung* enthält, so dass keiner Kategorie von Zeichen der Schutz bereits von Haus versagt werden kann, vorausgesetzt, sie sind hinreichend bestimmt darstellbar und können die abstrakte Unterscheidungsfunktion erfüllen. Danach gibt es keine Kategorie von aufgrund ihres Wesens oder ihrer Benutzung unterscheidungskräftigen Marken, die nicht markenfähig wäre. Dass dies speziell auch für »nackte« Warenformen ohne jegliches Beiwerk, wie zB Verzierungen, gilt, hat er ausdrücklich klargestellt[472].

566 Schließlich verhindert das Unionsrecht im Bereich des geistigen Eigentums keinesfalls ein *Nebeneinander mehrerer Schutzrechte.* So ist nicht schon von Haus aus ausgeschlossen, dass ein Patent oder ein Gebrauchs- bzw ein Geschmacksmuster auch eine Marke sein kann. Es müssen aber jeweils die unterschiedlichen Anforderungen an die Eintragung des betr Schutzrechts erfüllt sein[473]. Jedoch werden ein Patent oder Gebrauchsmuster wegen Art. 7 Abs. 1e – ii UMV im Regelfall nicht die Voraussetzungen für eine Markeneintragung erfüllen (s. Rdn 895, 897).

567 Die Prüfung der *Markenfähigkeit* ist *vorrangig.* Die *Schutzfähigkeit eines Zeichens nach Art. 7 Abs. 1b bis 1m UMV* kann nämlich erst dann beurteilt werden, wenn festgestellt worden ist, dass es *markenfähig* nach Art. 4 UMV ist. Denn eine Marke kann im Falle der Art. 7 Abs. 1b, 1c und 1d UMV wegen Art. 7 Abs. 3 UMV infolge ihrer Benutzung Unterscheidungskraft (Verkehrsdurchsetzung) erlangen, während diese Möglichkeit bei einem Zeichen, das nicht markenfähig iSv Art. 4 und Art. 7 Abs. 1a UMV ist, nicht besteht[474].

---

471 EuGH, 27.03.2019, C-578/17 – Farben Blau und Grau (Oy Hartwall Ab), Rn 35, 40, 43.

472 EuGH, 18.06.2002, C-299/99 – Rasierscherkopf (Philips/Remington), Rn 29–39, 48, 49, 73. S.a. EuGH, 08.04.2003, C-53–55/01 – Gabelstapler/Rado-Uhren/Stabtaschenlampen; EuGH, 29.04.2004, C-456, C-457, C-468–474/01 P – Tabs I, II und III; EuGH, 23.09.2004, C-107/03 P – Seifenstück; EuGH, 07.10.2004, C-136/02 P – Stabtaschenlampen; EuGH, 22.06.2006, C-24/05 P – Hellbrauner Bonbon (Werther's).

473 EuGH, 23.04.2020, C-237/19 – Homogener Körper (Gömböc Kutató), Rn 51–60.

474 EuG, 06.10.2021, T-124/20 – Sich wiederholende Kurven II, Rn 41–48.

2. Einzelne Markenformen

Bei *Wortmarken* können alle in den europäischen Sprachen gebräuchlichen Buchstaben, Zeichen und Ziffern verwendet werden. Längere Textpassagen, die sich über mehrere Zeilen oder gar Seiten hinziehen, sind jedoch nicht markenfähig. 568

Bildmarken, die aus nicht standardisierten Schriftzeichen, Stilisierungen, einem besonderen Layout, reinen Bild- oder grafischen Elementen, aber auch aus Wort- und Bildkombinationen mit oder ohne Farbe bestehen können, sind markenfähig (Art. 3 Abs. 3b UMDV). 569

Dasselbe gilt nach Art. 3 Abs. 3c UMDV weiter für *dreidimensionale Gestaltungen*, also Zeichen, die aus einer dreidimensionalen Form bestehen oder sich darauf erstrecken, einschl der *Form* der Ware selbst oder deren Gestaltung sowie der *Verpackung einer Ware*, wie zB Behälter. Dieser Zeichenschutz erfasst sogar die *Darstellung der Ausstattung einer Verkaufsstätte* für Waren allein in der Form einer Zeichnung mittels einer Gesamtheit aus Linien, Konturen und Formen ohne Größen- oder Proportionsangaben für DL, die in Leistungen bestehen, welche sich auf diese Waren beziehen, aber keinen integralen Bestandteil des Verkaufs dieser Waren selbst bilden[475]. 570

Die Tatsache, dass ein Zeichen auch, aber nicht lediglich als *Verzierung*[476] aufgefasst wird, steht für sich genommen dem Zeichenschutz nicht entgegen. Auch bei einem Muster, das in der Aufbringung sich unbegrenzt wiederholender dünner Striche auf der Oberfläche einer Glasplatte besteht, ist der EuGH konkludent von der Markenfähigkeit dieser *Ausstattung* ausgegangen. 571

Positionsmarken sind nämlich *markenfähig* und stehen den Kategorien der Bildmarken und dreidimensionalen Marken nahe, da sie die besondere Platzierung oder Anbringung von Wort-, Bild- oder dreidimensionalen Elementen auf der Produktoberfläche zum Gegenstand haben[477]. Positionsmarken finden nunmehr in der UMDV als spezifische Markenkategorie Erwähnung (Art. 3 Abs. 3d UMDV), so dass ihre Eigenständigkeit gegenüber anderen Markenformen nunmehr außer jeder Diskussion steht[478]. 572

475 EuGH, 10.07.2014, C-421/13 – Apple Flagship Stores, Rn 17–20, 27. Natürlich ist dann später im Einzelnen für jede beanspruchte DL zu prüfen, ob der Anmeldung nicht die Eintragungshindernisse des Art. 7 UMV entgegenstehen, insb muss die abgebildete Ausstattung erheblich von der Branchennorm oder -üblichkeit abweichen; Rn 20–26.

476 EuGH, 23.10.2003, C-408/01 – Drei Streifen/Adidas; EuGH, 28.06.2004, C-445/02 P – Glass Pattern I (Streifen auf Glasscheibe), mit dem das EuG, 09.10.2002, T-36/01, Rn 19, 20 bestätigt wurde.

477 EuG, 16.01.2014, T-433/12 – Knopf im Ohr (Steiff), Rn 24–26; EuG, 16.01.2014, T-434/12 – Fähnchen im Knopf im Ohr (Steiff), Rn 24–26; EuG, 14.03.2014, T-131/13 – Stoffblume im Kragenknopfloch, Rn 3, 13, 19.

478 EuGH, 06.06.2019, C-223/18 P – Kreuz auf der Seite von Sportschuhen, Rn 40–49. Da GMV und GMDV keine »Positionsmarken« definierten, sondern dies erst durch Art. 3 UMDV erfolgte, war unter der alten Rechtslage nach – sehr zweifelhafter Ansicht – des EuGH die Einordnung einer Marke als Bild- oder Positionsmarke nicht von Bedeutung, sondern das EuG konnte eine eigenständige Auslegung des Schutzumfangs des als Bild-

Dies folgt der Konsequenz der bisherigen Rspr des EuGH, zumal Art. 4 UMV keine abschließende Aufzählung der Zeichen enthält, die Unionsmarken sein können[479]. Auch *Tattoos* können Positionsmarken sein[480].

573 Eine konturlose *Farbe* an sich[481], also eine einzige Farbe ohne Umrisse, kann gemäß Art. 3 Abs. 3f UMDV ein Zeichen sein, da ihre Markenfähigkeit nicht generell ausgeschlossen werden darf. Jedoch reicht zur hinreichend bestimmten Darstellung ein bloßes *Farbmuster* mangels Beständigkeit nicht aus. Eine sprachliche Beschreibung ist zwar möglich, aber nur iVm einem Farbmuster ausreichend. Jedenfalls sollten, um dem Erfordernis der Genauigkeit und Dauerhaftigkeit (Bestimmtheitsgrundsatz!) zu genügen, immer *international anerkannte Farbcodes* (PANTONE, RAL, Hex, RGB oder CMYK) mit angegeben werden.

574 Bei *Farbkombinationen* (ebenfalls ohne Umrisse) handelt es sich um Farbmarken, die aus mehr als einer Farbe bestehen. Bei ihnen ist eine konkrete Angabe über die Raumaufteilung zu machen. Eine hinreichend bestimmte Darstellung von zwei oder mehr abstrakt und konturlos beanspruchten Farben ist nämlich nur dann gewährleistet, wenn sie systematisch so angeordnet ist, dass die betr Farben *in vorher festgelegter* und *beständiger Weise verbunden* sind.

575 Die *bloße form-* und *konturlose Zusammenstellung* zweier oder mehrerer Farben oder die Nennung zweier oder mehrerer Farben in jeglichen denkbaren Formen weist *nicht* die erforderlichen Merkmale der *Eindeutigkeit und Beständigkeit* auf[482]. So ist eine Anmeldung nicht markenfähig, die sich als eine Kombination zweier Farben darstellt, deren Verhältnis zueinander veränderlich ist, weil ein Farbton maximal zwei Drittel des Schneidteils eines Bohrers, also eine mehr oder weniger große Oberfläche bis zur Obergrenze von zwei Dritteln (zB ein Drittel, ein Viertel oder sogar ein Fünftel) bede-

---

marke eingetragenen Zeichens vornehmen und den darin dargestellten gestrichelten Schuh nicht als Teil der Marke, sondern nur als Hinweis auf deren übliche Position verstehen, zumal für die Beurteilung der Unterscheidungskraft und der ernsthaften Benutzung angesichts der Ähnlichkeit der Markenformen die Einordnung einer »Positionsmarke« als Bild- oder dreidimensionale Marke irrelevant sei. Leider liefert der EuGH in diesem Urteil keine klare Abgrenzung zwischen der Bild- und der Positionsmarke, die schon nach ihrer Definition deutlich verschieden sind, sondern lässt beide Markenformen in unzulässiger Weise ineinander übergehen, weil es angeblich auf eine nähere Differenzierung nicht ankommen soll. Dies führt zu dem nicht nachvollziehbaren Ergebnis, dass aus einer Bildmarke ein Element (der gestrichelte Sportschuh) herausgelöst wird, weil dieses angeblich nur die Position des Zeichens angeben soll. Dabei ist es für die Unterscheidungskraft und insb für die Markenbenutzung von ganz entscheidender Bedeutung, ob eine Bildmarke nur aus einem Kreuz oder doch aus einem Kreuz in einem gestrichelten Schuh besteht, was der EuGH verkennt.

479 EuG, 26.02.2014, T-331/12 – Gelber Bogen am unteren Anzeigeeinheitsrand, Rn 3, 13, 14, 23.

480 S. Alicante News 12/2021, S. 1, 2.

481 EuGH, 06.05.2003, C-104/01 – Libertel-Orange.

482 EuGH, 24.06.2004, C-49/02 – Farbkombination Blau-Gelb/Heidelberger Bauchemie.

cken soll[483]. Dasselbe gilt für Farbkombinationsmarken, die nicht eindeutig und klar oder sogar im *Widerspruch zur grafischen Abbildung* (von zwei ungefähr gleich großen vertikal angeordneten Farbblöcken) beschrieben sind. Eine zusätzliche Beschreibung reicht für die hinreichende Bestimmtheit zudem nicht aus, wenn sie unterschiedliche Kombinationsmöglichkeiten nicht ausschließt. Insb darf in der Beschreibung kein umfassenderer Schutz beansprucht werden als in der grafischen Darstellung[484].

Jedoch ist eine *Farbkombinationsmarke hinreichend bestimmt* und damit markenfähig, **576**
wenn die beanspruchten Farben *Grau und Orange* nach ihrer Beschreibung auf der Form eines Teils einer Ware, nämlich eines *Kettensägengehäuses*, derart aufgebracht sind, dass der obere Teil dieses Gehäuses orange und der untere Teil grau ist. Dies gilt selbst dann, wenn die Kettensägengehäuse verschiedene Formen aufweisen. Denn bei den Unterschieden zwischen den Gehäusen in ihrem äußeren Erscheinungsbild handelt es sich um solche in der Gestaltung, die es dem Verbraucher nicht verwehren, einen einzigen Gegenstand zu erkennen[485].

Nach der Rspr des EuGH[486] zu Art. 4 GMV kann auch ein Zeichen, das als solches **577**
nicht visuell wahrnehmbar ist, eine Marke sein, sofern es *insb mit Hilfe von Figuren, Linien oder Schriftzeichen grafisch dargestellt* werden kann und die Darstellung *klar, eindeutig, in sich abgeschlossen, leicht zugänglich, verständlich, dauerhaft und objektiv* ist. Dies gilt besonders für allen *neuen, unkonventionellen Markenformen*. Diese Grundsätze gelten natürlich für Art. 4 UMV weiter[487].

Klangzeichen[488], die aus einem Klang oder einer Kombination von Klängen bestehen, **578**
sind – wie die neue UMV bestätigt – nicht von Natur aus ungeeignet, Waren oder

---

483 EuG, 03.02.2011, T-299/09 und T-300/09 – Farben Ginstergelb bzw Ockergelb und Silbergrau, Rn 65.

484 EuG, 30.11.2017, T-101/15 und T-102/15 – Blau und Silber; bestätigt durch EuGH, 29.07.2019, C-124/18 P. Die grafische Darstellung besteht nämlich aus einem bloßen Nebeneinander von zwei Farben ohne Form oder Konturen, die daher mehrere verschiedene Kombinationen zulassen. Dass eine aus einer Farbkombination bestehende Marke eine systematische Anordnung der Farben aufweisen muss, kann nicht dazu führen, diese Markenart als Bildmarke anzusehen, da diese Anforderung nicht bedeutet, dass die Farben durch Konturen definiert werden müssen.

485 EuG, 24.03.2021, T-193/18 – Grau und Orange; EuGH, 26.11.2021, C-327/21 P. Aus der Beschreibung der Marke geht hervor, dass die Farbkombination nicht irgendeine Form eines Kettensägengehäuses annimmt, sondern die Form eines Gehäuses, das sichtbar in zwei Teile, einen oberen und einen unteren, unterteilt ist. Diese Klarstellung setzt den Formen, die das Kettensägengehäuse annehmen kann, eine größere Grenze. Es dürfte sich mE hier aber eher um eine Positions- als eine Farbmarke handeln.

486 EuGH, 12.12.2002, C-273/00 – Riechmarke/Sieckmann; EuGH, Hörmarke.

487 S.a. GMitt KP11, Neue Markenformen: Prüfung auf formale Anforderungen und Schutzhindernisse, April 2021, Kap. B 2, Die Beurteilung der klaren und eindeutigen Bestimmbarkeit neuer Markenformen.

488 EuGH, 27.11.2003, C-283/01 – Hörmarke; EuG, 13.09.2016, T-408/15 – Klingelton, Rn 32–35; s. *Bender,* Die grafische Darstellbarkeit bei den neuen Markenformen, FS von Mühlendahl 2005, 157.

DL eines Unternehmens von denen eines anderen Unternehmens zu unterscheiden (Art. 3 Abs. 3g UMDV).

579 Sie sind markenfähig, wenn sie sich klar und eindeutig *darstellen lassen*, also die oben genannten Voraussetzungen (Rdn 559) erfüllen. Während eine Beschreibung in Schriftsprache oder mittels lautmalender Wörter oder eine Notenfolge ohne weitere Erläuterung nicht ausreichen, kann jedoch *ein in Takte gegliedertes Notensystem* mit einem Notenschlüssel (G, F oder C), Noten- und Pausenzeichen, deren Form (für die Noten: Ganze, Halbe, Viertel, Achtel, Sechzehntel usw; für die Pausen: Ganze, Halbe, Viertel, Achtel usw) ihren relativen Wert angibt, und ggf Vorzeichen (Kreuz, b, Auflösungszeichen) – die alle zusammen die Höhe und die Dauer der Töne bestimmen – eine getreue Darstellung der Tonfolge sein, aus der die angemeldete Melodie besteht. Eine solche Darstellung ist zwar nicht unmittelbar, aber doch leicht verständlich. Jedoch sollten auch Instrumentierung und Tempi angegeben werden.

580 Eine Wiedergabe des Tones auf einem *(digitalen) Datenträger (MP3-Datei)*, die eine exakte und getreue Reproduktion darstellt, ist erforderlich, damit das Zeichen unmittelbar in den auf Internet geführten Registern gehört werden kann. Zwar kann auch die genaue *Wiedergabe des Klangs in Notenschrift* ausreichen, aus Gründen Klarheit und Eindeutigkeit der Markenaufzeichnung im Register sollte jedoch auf eine elektronische Tondatei nicht verzichtet werden, auf die das EUIPO besteht[489].

581 Als weitere Markenform definiert Art. 3 Abs. 3e UMDV die *Mustermarke*, die ausschließlich aus einer Reihe von Elementen besteht, die regelmäßig wiederholt werden. Bei ihr handelt es sich also um *Wiederholungsmuster*, wie zB bei Kennfädenmarken oder Wendelstreifen auf einem Schlauch.

582 Hinzu kommen auch die bereits von der Praxis akzeptierten *Bewegungsmarken*, die aus einer Bewegung oder Positionsänderung der Elemente der Marke bestehen, wie zB kurze Film- oder Videosequenzen (Art. 3 Abs. 3h UMDV). So wurde zB einer *roten Flüssigkeit, die sich in einer Reihe von Destillierkolben bewegt*, Markenfähigkeit zuerkannt[490].

489 S. Alicante News 12/2021, S. 1, und UMRL, Teil B, Abschn. 2, Kap. 9.3.7.

490 BK, 23.09.2010, R 443/10-2 – Rote Flüssigkeit, die sich in einer Reihe von Destillierkolben bewegt.

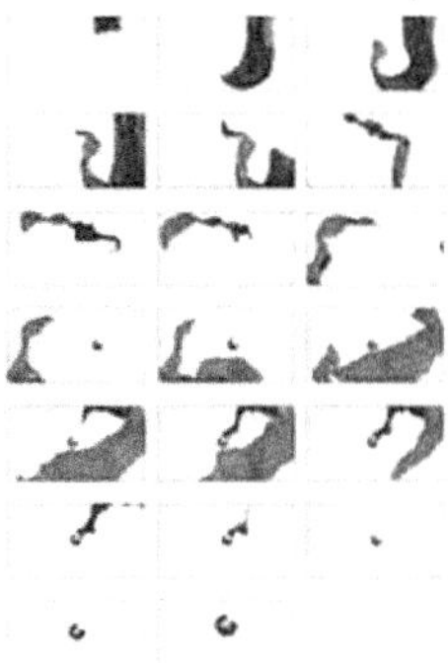 583

Abb. 2

Nach neuem Recht wurde zB die Bewegung eines *Kochs, der einem Stück Fleisch Salz hinzufügt*, als markenfähig, nicht beschreibend und unterscheidungskräftig ua für die Bereitstellung von Getränken, Reservierung von Unterkünften und Gesellschaftsräumen angesehen[491]. 584

 585

Abb. 3

Ein Zeichen, das aus der Kombination von Bild und Ton besteht oder sich darauf erstreckt, ist als *Multimediamarke* eintragbar (Art. 3 Abs. 3i UMDV). Dabei kann es sich sowohl um einen kurzen Tonfilm handeln, also eine Bewegungsmarke mit Ton, als auch um ein mit Ton unterlegtes Bild. Der Begriff Multimediamarke ist jedoch weit zu fassen, so dass unter diese Markenform auch mit Ton ausgestattete Farb-, Positions- und dreidimensionale sowie sonstige Zeichen fallen, zB kurze *Memes*, die im Internet kursieren[492]. So wurde vom EUIPO zB ein *pulsierendes Herz* mit rotierendem Drehorgelgriff und Schlüssel, beweglicher Kameralinse sowie Tönen eines 586

491 BK, 08.06.2018, R 2661/17-5 – Koch, der einem Stück Fleisch Salz hinzufügt. Für die Versorgung mit Lebensmitteln wurde die Zurückweisung mangels Unterscheidungskraft allerdings aufrechterhalten.

492 S. Alicante News 12/2021, S. 2.

schlagenden Herzens aufgrund einer MP4-Datei als Unionsmarke für juristische DL (Nr. 17279704) eingetragen.

587 Schließlich erwähnt Art. 3 Abs. 3j UMDV noch ausdrücklich eine Marke, die aus holografischen Merkmalen besteht, also einen Hologrammeffekt bewirkt (*Hologrammmarke*). Es handelt sich um ein mit holografischen Techniken hergestelltes dreidimensionales Bild mit einer körperlichen Präsenz im realen Raum bzw ein Bild, das einen dreidimensionalen Effekt der Beweglichkeit hervorruft.

588 Daneben muss das Register auch für weitere, *sonstige Markenformen* offenbleiben, wie zB Licht- oder Eventmarken (Art. 3 Abs. 4 UMDV).

589 Sogar *Tastmarken* können markenfähig sein. Dabei handelt es sich um Zeichen, die durch den Tastsinn wahrgenommen werden, also durch *Tastrezeptoren* in der Haut, wie sie sich in besonderer Konzentration etwa in den Fingerspitzen befinden, durch gezielte Berührung der Oberfläche, wie zB durch Überstreichen, Drücken oder Umfassen. Durch den Tastsinn kann eine klare Vorstellung von bestimmten Eigenschaften eines gefühlten Gegenstands erreicht werden.

590 Hierzu gehören insb die *Oberflächentextur, die Konturen, die Größe und der Aggregatzustand*. Ein Muster des beanspruchten Gegenstands kann jedoch nicht eingereicht werden, weil nicht vorgesehen ist, dass eine Marke im Register für Unionsmarken durch einen körperlichen Gegenstand wiedergegeben wird (Art. 3 Abs. 9 UMDV). Dem Erfordernis einer *Darstellung*, die den Schutzgegenstand klar und eindeutig bestimmen lässt, kann aber durch eine wörtliche Beschreibung und eine fotografische Wiedergabe oder einen Film entsprochen werden, wobei alle ertastbaren Details präzis angezeigt werden müssen, insb die Größe und die Materialbeschaffenheit, zB hart oder weich. Zwar kann die Beschreibung eines Zeichens zur Klarstellung von Gegenstand und Reichweite des beantragten markenrechtlichen Schutzes beitragen, sie darf aber weder im Widerspruch zur Darstellung der Marke stehen noch Zweifel in Bezug auf deren Gegenstand und Reichweite wecken[493].

591 So sind die *Tasteindrücke völlig unterschiedlich*, wenn es sich um hartes Plastik, kühles Metall, flexibles Gummi oder weiches Leder handelt. Ferner zählt beim haptischen

493 EuG, 07.12.2022, T-487/21 – Zylindrisches Sanitärteil (Strahlregler), Rn 53–58; Rechtsmittel des EUIPO zugelassen, jedoch nicht dasjenige des Anmelders, EuGH, 11.07.2023, C-93/23 P u. C-64/23 P. Der von der Anmeldung hervorgerufene haptische Eindruck, wonach die elastischen Lamellen mit einem Finger gegen die Unterlage und parallel zu ihr verformbar sind, geht im entschiedenen Fall, für den noch Art. 4 GMV anzuwenden war, allenfalls aus der beigefügten Beschreibung hervor. Diese kann aber Zweifel in Bezug auf Gegenstand und Reichweite der Darstellung wecken, soweit sie versucht, den Gegenstand des beantragten Schutzes zu erweitern. Diese Schlussfolgerung des EuG lässt aber die Auslegung und Anwendung von Art. 4 UMV in den Fällen, die in dessen zeitlichen Anwendungsbereich fallen, unberührt, Rn 59.

Eindruck der Oberfläche des Zeichens, ob die Erhebungen oder das Teil als Ganzes gedrückt, gedreht oder gebogen werden können[494].

Bei einem *Riechzeichen* wird den Anforderungen an die nach der GMV erforderliche grafische Darstellbarkeit nach Erkenntnis des EuGH jedoch weder durch eine chemische Formel noch durch eine Beschreibung in Worten, die Hinterlegung einer Probe des Geruchs oder die Kombination dieser Elemente genügt[495]. 592

Dementspr hat das EuG, auch wenn es einräumt, dass das Gedächtnis für Gerüche wahrscheinlich das zuverlässigste ist, über das der Mensch verfügt, und daher ein offensichtliches Interesse der Wirtschaftsteilnehmer an dieser Zeichenform besteht, den *Duft einer reifen Erdbeere* als nicht markenfähig angesehen, da dieser je nach Sorte unterschiedlich und folglich die Beschreibung nicht eindeutig, präzis und objektiv ist[496]. 593

Diese Rspr zu Riechzeichen gilt auch für den neuen Art. 4 UMV weiter, jedenfalls so lange als keine für das angesprochene Publikum verständlichen, dauerhaften und hinreichend bestimmten Aufzeichnungsmöglichkeiten für Gerüche zur Verfügung stehen. 594

Dieselben Grundsätze gelten für *Geschmacksmarken*, da es an der Möglichkeit einer *präzisen und objektiven Identifizierung fehlt*. Die Identifizierung des Geschmacks eines Lebensmittels beruht nämlich im Wesentlichen auf Geschmacksempfindungen und -erfahrungen, die *subjektiv* und *veränderlich* sind, da sie ua von Faktoren, die mit der Person verbunden sind, die das betr Erzeugnis kostet, wie zB deren Alter, Ernährungsvorlieben und Konsumgewohnheiten, sowie von der Umwelt oder dem Kontext, in dem dieses Erzeugnis gekostet wird, abhängen. Zudem ist beim gegenwärtigen Stand der Wissenschaft eine genaue und objektive Identifizierung des Geschmacks eines Lebensmittels, die es erlaubt, ihn vom Geschmack anderer gleichartiger Erzeugnisse zu unterscheiden, *mit technischen Mitteln nicht möglich*[497]. 595

Die *nicht konventionellen Markenformen* spielen jedoch in der Praxis *keine große Rolle*: So wurden beim EUIPO vom 01.04.1996 bis zum 31.12.2023 nur 12.643 (0,45 %) dreidimensionale Marken, 1.210 (0,04 %) Farbmarken, 506 (0,02 %) Klangmarken, 475 (0,02 %) Positionsmarken, 249 (0,01 %) Bewegungsmarken, 210 (0,01 %) Mus- 596

494 BK, 30.10.2007, R 1174/06-1 – Kraftfahrzeugteil. S.a. BK, 27.05.2015, R 2588/14-2 – Tastmarke; und BK, 18.03.2019, R 925/17-5 – Darstellung von drei Kreisen (Strahlregler). Hier ist die Anmeldung zwar markenfähig, es fehlt aber an der konkreten Unterscheidungskraft, da ihr Tasteindruck nur geringfügig von demjenigen einer herkömmlichen unelastischen Struktur abweicht.

495 EuGH, 12.12.2002, C-273/00 – Riechmarke/Sieckmann.

496 EuG, 27.10.2005, T-305/04 – Duft einer reifen Erdbeere.

497 EuGH, 13.11.2018, C-310/17 – Geschmack eines Lebensmittels (Levola Hengelo/Smilde Foods), Rn 41–45. Da es an der Möglichkeit einer präzisen und objektiven Identifizierung fehlt, kann der Geschmack eines Lebensmittels nicht als »Werk« iSd Richtlinie 2001/29/EG vom 22.05.2001 zur Harmonisierung bestimmter Aspekte des Urheberrechts und der verwandten Schutzrechte in der Informationsgesellschaft (ABl. L 167/10) eingestuft werden und ist deshalb auch keinem urheberrechtlichen Schutz zugänglich.

termarken, 94 Multimediamarken, 15 Hologramme und 49 andere Marken angemeldet, im Vergleich zu 56,94 % Wortmarken und 42,46 % Bildmarken.

IV. Beschreibende Angabe

597 Das europäische Markensystem dient nach PräambelUMV 3 der harmonischen Entwicklung des Wirtschaftslebens innerhalb der Union. Es hat eine beständige und ausgewogene Wirtschaftsausweitung durch die Vollendung und das reibungslose Funktionieren des Binnenmarktes zu fördern, der mit einem einzelstaatlichen Markt vergleichbare Bedingungen bietet. Um einen solchen Markt zu verwirklichen und seine Einheit zu stärken, müssen die *Hindernisse* für den freien Waren- und DL-Verkehr beseitigt und muss ein System des *unverfälschten Wettbewerbs* innerhalb des europäischen Marktes errichtet werden.

598 Durch die Unionsmarke sollen *rechtliche Bedingungen* geschaffen werden, die es den Unternehmen ermöglichen, ihre Tätigkeiten in den Bereichen der Herstellung und der Verteilung von Waren und des DL-Verkehrs an die *Dimensionen eines gemeinsamen Marktes anzupassen.* Eine besonders geeignete rechtliche Möglichkeit hierfür ist die *Verwendung von Marken*, mit denen sie ihre Waren oder DL in der gesamten Union ohne Rücksicht auf Grenzen kennzeichnen können.

599 Das beinhaltet *nicht nur den Abbau administrativer und bürokratischer Hindernisse* in der Union und den einzelnen Mitgliedstaaten, sondern auch die Gewährleistung eines fairen Wettbewerbs aller Marktteilnehmer durch die Verhinderung von Wettbewerbsverzerrungen infolge von *ungerechtfertigten Monopolbildungen.* Denn das EUIPO dient als Amt der Union allen europäischen Bürgern und nicht nur einzelnen Unternehmen oder Interessengruppen.

1. Allgemeininteresse

600 Das Eintragungsverbot für *beschreibende Marken* gemäß Art. 7 Abs. 1c UMV verfolgt das im *Allgemeininteresse* liegende Ziel, dass derartige Zeichen oder Angaben von allen frei verwendet werden können und nicht aufgrund ihrer Eintragung nur einem Unternehmen vorbehalten werden dürfen[498].

601 Es gibt nämlich insb im Hinblick auf die *Notwendigkeit eines unverfälschten Wettbewerbs* Erwägungen des Allgemeininteresses, die es ratsam erscheinen lassen, dass bestimmte Zeichen von allen Wettbewerbern frei verwendet werden können.

602 Dieses *Freihaltungsbedürfnis* ist die *ratio legis*, die bestimmten in Art. 7 UMV aufgeführten Eintragungshindernissen zugrunde liegt[499].

498 Vgl ua zur identischen Bestimmung des Art. 3 Abs. 1c MarkenRL. aF (= Art. 4 Abs. 1c MarkenRL): EuGH, 04.05.1999, C-108/97 und C-109/97 – Chiemsee, Rn 25, 26. S. weiter EuGH, 23.10.2003, C-191/01 P – DOUBLEMINT, Rn 31.

499 EuGH, 10.04.2008, C-102/07 – ADIDAS II, Rn 22, 23.

2. Prüfungsgrundsätze

Art. 7 Abs. 1c UMV setzt nicht voraus, dass das fragliche Zeichen der *üblichen Art und Weise* der Bezeichnung entspricht. 603

Vielmehr sind von der Eintragung diejenigen Marken ausgeschlossen, die ausschließlich aus Zeichen oder Angaben bestehen, welche im Verkehr zur Bezeichnung der *Art*, der *Beschaffenheit*, der *Menge*, der *Bestimmung*, des *Wertes*, der *geografischen Herkunft* oder der *Zeit* der Herstellung der beanspruchten Waren oder der Erbringung der DL oder zur Bezeichnung sonstiger Merkmale der beanspruchten Waren oder der Erbringung der DL dienen können. 604

Durch die Formulierung des Art. 7 Abs. 1c UMV hat der Gesetzgeber zum einen vorgegeben, dass die Art, die Beschaffenheit, die Menge, die Bestimmung, der Wert, die geografische Herkunft oder die Zeit der Herstellung oder der Erbringung allesamt als Merkmale der Waren oder DL anzusehen sind, und zum anderen klargestellt, dass diese Liste nicht abschließend ist und *jedes andere Merkmal* von Waren oder DL ebenfalls berücksichtigt werden kann[500]. 605

Somit werden Zeichen und Angaben, die im Verkehr zur Bezeichnung der Merkmale dieser Waren oder DL dienen können, ihrem Wesen nach als ungeeignet angesehen, die *Herkunftsfunktion* der Marke zu erfüllen[501]. 606

Selbst eine Marke, die *ein in eine Ware integriertes Teil* oder ein Merkmal davon beschreibt, kann für diese Ware beschreibend sein, wenn das Merkmal des Teils in der Wahrnehmung der maßgeblichen Verkehrskreise eine *beachtliche Auswirkung* auf ein wesentliches Merkmal der Ware selbst haben kann. So kann die Besonderheit eines *Ausstattungsteils einer Ware*, die eine bedeutende Eigenschaft von ihr darstellt, zu den beschreibenden Merkmalen zählen[502]. Das gilt jedoch nicht, wenn kein dem Wesen innewohnendes Merkmal der beanspruchten Waren, sondern *ein rein zufälliger und beliebiger Aspekt* bezeichnet wird, den unter Umständen nur ein Bruchteil dieser Waren aufweist und der in keinem direkten und unmittelbaren Zusammenhang mit ihrem Wesen steht[503]. 607

Es ist *nicht* erforderlich, dass *alle Waren einer beanspruchten Warengruppe* in unmittelbaren Zusammenhang mit der Anmeldung gebracht werden können. Es reicht aus, wenn jeder dieser Oberbegriffe Waren enthält, deren Bestimmung das Zeichen angibt[504]. 608

500 EuGH, 10.03.2011, C-51/10 P – Zahl 1000, Rn 40, 49.

501 EuGH, 23.10.2003, C-191/01 P – DOUBLEMINT, Rn 30.

502 EuGH, 10.07.2014, C-126/13 P – ecoDoor, Rn 24–27; s.a. EuG, 22.05.2014, T-95/13 – HIPERDRIVE, Rn 41–43 mwN; bestätigt durch EuGH, 12.02.2015, C-374/14 P.

503 EuG, 07.05.2019, T-423/18 – vita, Rn 34–58. Das gilt für die Farbe »Weiß« (auf Schwedisch) ua bei Küchenmaschinen und Kochgeschirr, da sich der Begriff »weiße Waren« dort ausschließlich auf große Elektrohaushaltsgeräte bezieht.

504 EuG, 26.11.2015, T-50/14 – TURBO DRILL, Rn 31–49 mwN. Ansonsten könnte ein Anmelder, die Ziele und den Gesetzeswortlaut von Art. 7 Abs. 1c UMV umgehen, wenn es zulässig wäre, sich die Benutzung eines Zeichens für umfassende Warengruppen

609 Die Zurückweisung einer Anmeldung setzt nicht voraus, dass die Zeichen und Angaben, aus denen die in Art. 7 Abs. 1c UMV genannte Marke besteht, zum Zeitpunkt der Anmeldung bereits tatsächlich für die beanspruchten Waren oder DL oder für ihre Merkmale im Verkehr beschreibend verwendet werden. Es genügt, wie sich schon aus dem Wortlaut der Bestimmung ergibt, dass die Zeichen oder Angaben zu diesem Zweck *verwendet werden können*[505], dies also vernünftigerweise für die *Zukunft* zu erwarten ist (zukünftiges Freihaltungsbedürfnis).

610 Ein Wortzeichen kann von der Eintragung ausgeschlossen werden, wenn es *zumindest in einer seiner möglichen Bedeutungen* ein Merkmal der in Frage stehenden Waren oder DL bezeichnet[506].

611 Im Übrigen spielt es bei der Beurteilung, ob eine solche Marke unter das Eintragungshindernis des Art. 7 Abs. 1c UMV fällt, keine Rolle, ob es *Synonyme* gibt, mit denen dieselben Merkmale der im Eintragungsantrag aufgeführten Waren oder DL bezeichnet werden können.

612 Ebenfalls ist ohne Bedeutung, ob andere Zeichen oder Angaben, die *gebräuchlicher* sind als die, aus denen die fragliche Marke besteht, zur Bezeichnung ders Merkmale der beanspruchten Waren oder DL existieren.

613 Weiter ist nicht entscheidend, wie groß die Zahl der *Konkurrenten* ist, die ein Interesse an der Verwendung der Zeichen oder Angaben haben können, aus denen die Marke besteht.

614 Schließlich spielt auch keine Rolle, ob die Merkmale der Waren oder DL, die beschrieben werden können, *wirtschaftlich wesentlich* oder *nebensächlich* sind. Tatsächlich muss jedes Unternehmen ein beliebiges Merkmal seiner eigenen Waren oder DL unabhängig von dessen wirtschaftlicher Bedeutung frei beschreiben können[507].

615 Die Wahl des Begriffs *Merkmal* in Art. 7 Abs. 1c UMV durch den Gesetzgeber hebt den Umstand hervor, dass die davon erfassten Zeichen nur solche sind, die dazu dienen, eine *leicht* von den beteiligten Verkehrskreisen *zu erkennende Eigenschaft* der beanspruchten Waren oder DL zu bezeichnen. Somit kann die Eintragung eines Zeichens nur dann verweigert werden, wenn *vernünftigerweise* davon auszugehen ist, dass es von den beteiligten Verkehrskreisen tatsächlich als eine Beschreibung eines dieser Merkmale erkannt werden wird[508].

---

vorzubehalten, die nicht nur Waren einschlössen, mit denen das Zeichen keinen unmittelbaren Zusammenhang aufweist, sondern auch andere, auf deren Art, Beschaffenheit oder Bestimmung das Zeichen hinweist.

505 EuGH, 23.10.2003, C-191/01 P – DOUBLEMINT, Rn 32.

506 EuGH, 23.10.2003, C-191/01 P – DOUBLEMINT, Rn 32; EuGH, 12.02.2004, C-363/99 – Postkantoor, Rn 97, zu der identischen Vorschrift in Art. 3 Abs. 1c MarkenRL. aF (= Art. 4 Abs. 1c MarkenRL).

507 EuGH, 12.02.2004, C-363/99 – Postkantoor, Rn 57, 58 und 101, 102.

508 EuGH, 10.03.2011, C-51/10 P – Zahl 1000, Rn 40, 50.

Für die Beurteilung der Schutzfähigkeit einer Marke ist auf ihre *Gesamtwahrnehmung* durch den angesprochenen Durchschnittsverbraucher abzustellen. Um den Gesamteindruck zu erkennen, ist aber zuerst eine Betrachtung der *einzelnen Elemente* vorzunehmen, wobei jeweils auf das Verständnis in dem Sprachraum der Europäischen Union abzustellen ist, dessen Wortschatz die Bestandteile angehören. 616

Der beschreibende Charakter einer aus mehreren Wörtern zusammengesetzten Marke kann teilweise für jeden ihrer Begriffe oder ihrer Bestandteile getrennt geprüft werden, muss aber auf jeden Fall *auch für die Gesamtheit der Bestandteile*, die sie bilden, festgestellt werden[509]. 617

Denn im Allgemeinen bleibt die *bloße Kombination* von Bestandteilen, von denen jeder Merkmale der beanspruchten Waren oder DL beschreibt, selbst für diese Merkmale beschreibend, auch wenn sie eine sprachliche *Neuschöpfung* darstellt. Die bloße Aneinanderreihung solcher Bestandteile ohne Vornahme einer *ungewöhnlichen Änderung*, insb syntaktischer oder semantischer Art, kann nämlich nur zu einer Marke führen, die ausschließlich aus Zeichen oder Angaben besteht, welche im Verkehr zur Bezeichnung von Merkmalen der genannten Waren oder DL dienen können. 618

Einer solchen *Kombination* kann aber nur dann der beschreibende Charakter fehlen, sofern der von ihr erweckte Eindruck hinreichend weit von dem abweicht, der durch die bloße Zusammenfügung ihrer Bestandteile entsteht. Somit hat eine Marke, die sich aus einem Wort mit mehreren Bestandteilen zusammensetzt, von denen jeder Merkmale der beanspruchten Waren oder DL beschreibt, selbst einen die genannten Merkmale beschreibenden Charakter, es sei denn, dass ein merklicher Unterschied zwischen dem Wort und der bloßen Summe seiner Bestandteile besteht. 619

Dies setzt entweder voraus, dass das Wort aufgrund der *Ungewöhnlichkeit* der Kombination in Bezug auf die beanspruchten Waren oder DL einen Eindruck erweckt, der hinreichend weit von dem abweicht, der bei bloßer Zusammenfügung der seinen Bestandteilen zu entnehmenden Angaben entsteht, und somit über die Summe dieser Bestandteile hinausgeht, oder dass das Wort in den *allgemeinen Sprachgebrauch* eingegangen ist und dort eine ihm eigene Bedeutung erlangt hat, so dass es nunmehr gegenüber seinen Bestandteilen autonom ist, soweit die neue Bedeutung nicht selbst beschreibend ist[510]. 620

3. Buchstaben und Zahlen

Buchstaben und *Zahlen* oder ihren Kombinationen kann nicht bereits von sich aus allgemein und abstrakt der Schutz abgesprochen werden[511]. Es kommt auch hier darauf 621

509 EuGH, 16.09.2004, C-329/02 P – SAT. 2, Rn 28, 35; EuGH, 06.02.2009, C-17/08 P – manufacturing score card, Rn 38.

510 EuGH, 12.02.2004, C-363/99 – Postkantoor, Rn 98–100.

511 EuGH, 09.09.2010, C-265/09 P – Bildmarke α, Rn 34, 37. Die Schwierigkeiten, die wegen der Natur solcher Marken möglicherweise mit der Bestimmung ihrer Unterscheidungskraft (oder ihrer beschreibenden Aussage) verbunden sind und deren Berücksichtigung

an, ob die beanspruchte Marke im Hinblick auf die konkret begehrten Waren und DL und die angesprochenen Verkehrskreise ausschließlich beschreibend ist. Dieser Grundsatz gilt sowohl für *Zweibuchstabenzeichen*[512] wie für *Einzelbuchstaben.*

622 Als *schutzfähig* angesehen wurde deshalb die Marke *HP* für eine ganze Reihe von Waren und DL insb im Bereich von Computern und Telekommunikation, weil ein beschreibender Inhalt dieser Buchstabenkombination nicht nachgewiesen werden konnte[513].

623 Die Eintragungsfähigkeit wurde dagegen zB *verneint* bei der Anmeldung des Buchstabens *E* für Windkraftanlagen und deren Teile, weil »E« als übliche Abkürzung für Energie nachweisbar war[514], sowie bei *TDI* für Kfz und deren Teile sowie Motoren, technische Öle und Reparaturwesen wegen der beschreibenden Bedeutung von »turbo diesel injection« bzw »turbo direct injection«[515], aber auch bei der UKM *GG*, weil diese eine Abkürzung der Qualitätsangabe »Großes Gewächs« für Weine darstellt[516]. Für nichtig erklärt wurde zudem die Buchstabenkombination *EM* für ua chemische Konservierungsmittel und Düngemittel, da sie als Abkürzung für »effektive Mikroorganismen« im Deutschen und Englischen steht[517].

624 Schlichte *Zahlen* können schon als *Mengenangaben* beschreibenden Charakter aufweisen, so zB die Zahl *1000* für Broschüren und Zeitschriften, darunter solche mit Kreuzwort- und Bilderrätseln[518], da diese die Anzahl der Seiten und Werke, der Auflagen und Sammlungen von Angaben und Spielen, die Zahl von Rätseln oder ein Ranking bezeichnen kann. Für nichtig erklärt wurde weiter neben anderen die Zahl 6000 bzgl druckluftbetriebener Farbspritzpistolen wegen ihres Verständnisses als psi-Druckwertangabe[519]. Beschreibend sind auch die Zahlen *350, 250, 150, 222, 333* und *555* für »Zeitschriften, Bücher und Broschüren über Spiele«[520]. Eine Zahl kann zudem lediglich eine Größenangabe darstellen, wie zB *69* für Präservative[521], oder bei *360°* als Bezugnahme auf das mathematische Konzept eines 360-Grad-Winkels

zulässig ist, rechtfertigen es nicht, besondere Kriterien aufzustellen, die das Kriterium der Unterscheidungskraft (oder des beschreibenden Charakters) ersetzen oder von ihm abweichen; s.a. EuG, 09.07.2008, T-302/06 – Buchstabe E (2).

512 BK, 11.03.1998, R 4/98–2 – IX.

513 EuG, 24.04.2018, T-208/17 – HP, Rn 28–33, 46–48. Die zwei Buchstaben sind auch hinreichend eigenartig, um die betriebliche Herkunftshinweisfunktion zu erfüllen. Es ist nämlich möglich, dass das Zeichen vom Verkehr als Hinweis auf die Nachnamen der Firmengründer, verstanden wird.

514 EuG, 21.05.2008, T-329/06 – Buchstabe E (1).

515 EuG, 03.12.2003, T-16/02 – TDI; EuG, 28.01.2009, T-174/07 – TDI II; EuG, 06.07.2011, T-318/09 – TDI III.

516 EuG, 15.11.2012, T-278/09 – GG.

517 EuG, 25.09.2018, T-180/17 – EM; bestätigt durch EuGH, 25.09.2019, C-728/18 P.

518 EuG, 19.11.2009, T-298/06 – Zahl 1000; bestätigt durch EuGH, 10.03.2011, C-51/10 P.

519 EuG, 29.05.2018, T-302/17 – Zahl 6000.

520 EuG, 19.11.2009, T-64/07 bis T-66/07 und T-200/07 bis T-202/07 – Zahlen 350, 250, 150, 222, 333 und 555; bestätigt durch EuGH, 22.06.2011, C-54/10 P und C-55/10 P.

521 EuG, 08.09.2016, T-360/15 – 69.

gerade die Rundum-Einsetzbarkeit für eine komplette und umfassende Anwendbarkeit von Zahnbürsten bezeichnen[522].

4. Einwortzeichen

Bei *Einwortzeichen*, bei denen es sich um Begriffe aus dem Wortschatz von Binnen- **625**
sprachen der Union handeln kann, erfolgt eine Schutzversagung, wenn in Bezug auf die beanspruchten Waren und DL beschreibende Begriffe, insb Beschaffenheits- oder Bestimmungs- oder sonstige Merkmalsangaben beansprucht werden.

Dies gilt zB bei *Caipi* für alkoholische Getränke[523], *CANNABIS* für Bier, Wein und **626**
Spirituosen[524], *Mozart* für Konditor- und Schokoladewaren[525], *NOTFALL* für diätetische Lebens- und Nahrungsergänzungsmittel[526], *essence* für Waren aus (Pflanzen-) Extrakten[527], *Hunter* für Tierlederwaren und Sportbekleidung[528], *FLEX* als Abkürzung von »flexibel« für Hörhilfen und Zubehör hierfür[529], *MEMORY* für Brettspiele[530], *RESTORE* für chirurgische Instrumente[531], *PIPELINE* für medizinische Geräte zur Behandlung von Aneurysmen[532], *STREET*[533] und *CROSS* für ua Landfahrzeuge und ihre Teile[534], *Panorama* für Innenaquarien und -terrarien[535] sowie *Atrium* für Baumaterialien und Bodenbeläge, da diese für die Errichtung oder Ausstattung sowohl des zentralen Raums eines Hauses als auch eines Innenhofs Verwendung finden können[536].

Auch die Wort- und Bildmarken *WATT* wurden für Dienste eines Energie-, Wasser- **627**
versorgungsunternehmens, wirtschaftliche und technische Beratung Dritter auf diesem

---

522 EuG, 07.12.2017, T-332/16 – 360°.

523 EuG, 23.10.2007, T-405/04 – Caipi, da dies die Abkürzung für das alkoholische Getränk »Caipirinha« ist.

524 EuG, 19.11.2009, T-234/06 – CANNABIS, da dieser Zusatz (legal) in minimaler Dosierung in Getränken verwandt wird, bestätigt durch EuGH, 16.05.2011, C-5/10 P.

525 EuG, 09.07.2008, T-304/06 – Mozart, da dies eine besondere Pralinenart in Form einer mit Schokolade überzogenen Kugel aus Marzipan und Nugat bezeichnet.

526 EuG, 12.11.2014, T-188/13 – NOTFALL, da dieser Begriff in einem weiteren Sinne jede problematische Situation erfasst, in der etwas oder eine besondere Handlung dringend benötigt wird, zB auch medizinische Notsituationen, in denen diese Waren eingesetzt werden können.

527 EuG, 03.06.2015, T-448/13 – essence.

528 EuG, 09.09.2010, T-505/08 – Hunter.

529 EuG, 07.10.2015, T-187/14 – FLEX.

530 EuG, 19.05.2010, T-108/09 – MEMORY; bestätigt durch EuGH, 14.03.2011, C-369/10 P.

531 EuG, 15.11.2011, T-363/10 – RESTORE.

532 EuG, 11.10.2011, T-87/10 – PIPELINE. Am beschreibenden Charakter für die Blutdurchleitung im Körper ändert nichts, auch wenn schon Fachbegriffe existieren, wie »Katheder« oder »Stent«.

533 EuG, 10.09.2015, T-321/14 – STREET.

534 EuG, 29.01.2020 T-42/19 – CROSS.

535 EuG, 28.10.2009, T-339/07 – Panorama, wegen des für Aquarien bedeutsamen Rundblicks.

536 EuG, 17.01.2012, T-513/10 – Atrium.

Gebiet, Entwicklung von Energiekonzepten, Energiemanagement gelöscht, da es sich dabei um einen universell verständlichen und international genormten Begriff handelt, der sich nicht ausschließlich auf Elektrizität bezieht, sondern in umfassenderer Weise die Quantifizierung der Leistung eines Energie erzeugenden Systems erlaubt[537].

628 Dies ist weiter anzuwenden bei (abgekürzten) medizinischen Fachbegriffen, zB *Hallux* (anstelle von hallux valgus) für orthopädische Schuhwaren[538], oder selbst bei Rechtschreibfehlern hinsichtlich einer beschreibenden Angabe, wie bei der schlicht gestalteten Bildmarke *pantys* (statt panties) für Damenunterwäsche[539]. Auch die Hinzufügung eines grafischen Elements am Ende eines Wortes, unabhängig davon, ob es als Zahl, als Buchstabe des Alphabets oder als lexikalischer Fehler wahrgenommen wird, vermag die Wahrnehmung des Verbrauchers nicht zu beeinträchtigen, so dass er in *Sustainablel* als Variation von »sustainable« nur eine beschreibende Angabe ua für die Beratung im Bereich globaler nachhaltiger Lösungen sehen wird[540].

629 Ein banaler Begriff, wie *EXACT* für ua Computerartikel, Büromaterial und EDV-Dienste, der eine Eigenschaft einer Ware oder DL bezeichnet, selbst wenn diese für die maßgeblichen Verkehrskreise deren Wesen immanent sein sollte, ist beschreibend, da er die Aufmerksamkeit des Publikums auf das eine oder andere ihrer Merkmale lenkt[541]. Selbstverständlich gilt das auch für die Anmeldung *SCHUTZ* für Koffer, Taschen und Börsen, weil sie den Eindruck vermittelt, dass diese Waren eine Schutzfunktion gegen ua physische Beschädigungen bereitstellen[542], und genauso für die Marke *JUMBO* bei Brühen, Soßen und Würzmitteln, weil damit eine besonders große Packung bezeichnet wird[543].

630 Dieselben Grundsätze sind ebenfalls für lediglich *werbende und anpreisende Angaben* anzuwenden. Aber auch hier gibt es kein generelles und pauschales Allgemeininteresse an der Freihaltung für den allgemeinen Sprachgebrauch, sondern die Anmeldung ist jeweils mit konkretem Bezug auf die beanspruchten Waren und DL zu beurteilen. So wurden zB *BASICS* für Wasserfarben und Lacke[544], *REAL* für Lebensmittel[545], *QUICK* ua für Speisen, Fertigmahlzeiten, Kaffee[546], *Vitality* für Milch, Milchprodukte, alko-

537 EuG, 04.12.2014, T-494/13 und T-495/13 – WATT. Dass zB Glühbirnen mit *Watt.* gekennzeichnet werden, zeigt, dass der Verkehr diese Bezeichnung mit Energie gleichsetzt.
538 EuG, 16.12.2010, T-286/08 – Hallux; für eine Schiefstellung der Großzehe; bestätigt durch EuGH, 21.03.2012, C-87/11 P.
539 EuG, 13.05.2020, T-532/19 – pantys, Rn 26–31.
540 EuG, 16.10.2018, T-644/17 – Sustainablel, Rn 24–28.
541 EuG, 22.05.2014, T-228/13 – EXACT, Rn 32.
542 EuG, 30.01.2019, T-256/18 – SCHUTZ, Rn 25–29.
543 EuG, 26.06.2018, T-78/17 – JUMBO, Rn 34–39.
544 EuG, 12.09.2007, T-164/06 – BASICS.
545 EuG, 30.11.2017, T-798/16 – REAL. Die Aussage, wonach diese keine künstlichen Zusätze oder Ergänzungen enthalten, also nicht in irgendeiner Weise bearbeitet, sondern authentisch und ursprünglich sind, ist bei Lebensmittel ein ganz wesentlicher, anpreisender und lobender Gesichtspunkt.
546 EuG, 27.11.2003, T-348/02 – QUICK.

holfreie Getränke[547], *FRESHHH* für Lebensmittel und Getränke[548] und *GLISTEN* wegen seiner Bedeutung im Englischen von »glitzern, glänzen, funkeln, erstrahlen« für Reinigungsmittel zurückgewiesen[549]. Selbst *FORTIFY* ist für Computersoftware, insb zur Behebung von Schwachstellen, nicht schutzfähig, da es als englisches Wort für »stärken, befestigen, unterstützen« eine Bestimmungsangabe darstellt, nämlich um Computersysteme insb vor Beschädigungen oder Angriffen von Hackern zu schützen[550].

Die Marke *REPOWER* ist *nur teilweise beschreibend*, und zwar für ua elektrische Energie, Geräte, Wartungsdienste, Heizungsbau und Energieberatung, aber nicht für ua Schallschutzkanäle, wissenschaftliche Geräte, Computer, Telekommunikationsberatung und Transport[551]. Auch die Anmeldung *Standardkessel* ist ua für Großbehälter, Maschinen, Rohre, Kesselbau, Materialbearbeitung und Ingenieurdienste beschreibend, nicht aber für ua unedle Metalle, Kräne, Müllverbrennung und Recycling[552]. Dasselbe gilt für die Anmeldung *Cachet*, die für medizinische, pharmazeutische Erzeugnisse beschreibend ist, nicht hingegen für Hygienepräparate für medizinische Zwecke, da dieses Wort im Französischen bzw Englischen eine Tablette oder eine Arzneimittelkapsel bezeichnet, die geschluckt wird, und keinesfalls eine Pastille oder eine Desinfektionstablette, die zu Reinigungszwecken in Wasser aufzulösen ist[553]. 631

Dagegen hat das EuG aber die Schutzversagung von *SCOPE* für Versicherungs- und Finanzwesen aufgehoben, weil ein Wortzeichen nur dann unter Art. 7 Abs. 1c UMV fällt, wenn es dazu dient, die wesentlichen Merkmale der fraglichen DL konkret und nicht lediglich vage oder abstrakt zu bezeichnen. Ein nur anspielender Charakter reicht nicht[554]. Auch *GEO* weist keinen hinreichend direkten und konkreten Zusammenhang mit DL im Bereich von erneuerbaren Energien, insb Windparks, auf, der 632

547 EuG, 17.04.2008, T-294/06 – Vitality. Diese Urteile, wie auch die folgenden werden hier zitiert, da sie sich mit beschreibenden Angaben befassen, obwohl die Zurückweisung teilweise ausschließlich auf fehlende Unterscheidungskraft gestützt wurde. Nachdem sich die Ausgangsinstanzen nur mit diesem Eintragungshindernis befasst hatten, konnte auch das EuG aus rechtlichen Gründen nicht mehr zum tatsächlich vorrangigen Schutzhindernis zurückkehren.

548 EuG, 28.11.2008, T-147/06 – FRESHHH, da die Wiederholung des »H« das Zeichen nicht eintragungsfähig macht.

549 EuG, 10.02.2015, T-648/13 – GLISTEN.

550 EuG, 03.12.2015, T-628/14 – FORTIFY; bestätigt durch EuGH, 26.05.2016, C-77/16 P.

551 EuG, 28.04.2021, T-842/16 und T-872/16 – REPOWER II u. III; Rechtsmittel gegen letzteres nicht zugelassen, EuGH, 08.09.2021, C-417/21 P.

552 EuG, 20.10.2021, T-617/20 – Standardkessel.

553 EuG, 14.07.2021, T-622/20 – Cachet.

554 EuG, 16.03.2016, T-90/15 – SCOPE, Rn 31–35, 46, 47. Der Umstand, dass der Begriff »scope« (»Umfang, Reichweite, Kompetenzbereich, Fassungsvermögen«, auch (»Entfaltungs-)Möglichkeit, Spielraum« oder »Ziel(-setzung)«), wie auch ein beliebiges anderes Substantiv, im Zusammenhang mit finanziellen DL verwendet werden kann, beweist nicht, dass er beschreibend ist. Daher fehlt es der Marke ebenfalls nicht an der Unterscheidungskraft. Dieses Urteil steht aber in einem gewissen Spannungsverhältnis zu der Zurückweisung von *CHOICE.* für Landfahrzeuge, Unterhaltungsgeräte und diesbzgl

es dem betr Publikum ermöglicht, unmittelbar und ohne weitere Überlegungen auf die Einhaltung von geowissenschaftlichen Standards durch diese zu schließen, sondern ist zu vage und indirekt[555]. Dasselbe gilt für *HELL* in Bezug auf Kaffeegetränke, da zwischen diesem Adjektiv in Alleinstellung und leicht gerösteten Kaffeevarianten (»helle Röstung«) nur ein mittelbarer Zusammenhang besteht, der intensive Überlegungen und weiteres Nachdenken erfordert[556].

633 Dasselbe gilt für *AROMA* in Bezug auf elektrische Küchengeräte, da diese Marke bestenfalls andeutend ist. Sie bezeichnet keine Art, Bestimmung oder sonstige Eigenschaft dieser Waren, sondern vermittelt lediglich ein unspezifisches positives Bild. Dass die Geräte zum Kochen oder zur sonstigen Lebensmittelzubereitung bestimmt sind, schafft noch keine ausreichend direkte Beziehung zwischen ihnen und der Bedeutung der Marke, da elektrische Küchengeräte den damit zubereiteten Lebensmitteln kein besonderes Aroma verleihen können[557]. Weil Schönheits- und Körperpflegeprodukte keine Modeartikel sind, fehlt dem Zeichen *VOGUE* nicht die Unterscheidungskraft, da es weder als beschreibende noch anpreisende Angabe noch als Synonym für »fashion« oder »en vogue« gebräuchlich ist[558]. Sogar der Nichtigkeitsantrag gegen die für Geräteetuis, Schmuck, Leder, Textilien, Bekleidung und Einzelhandel damit geschützte Marke *CARACTÈRE* scheiterte, da dieser Begriff für sich allein genommen zwar gebräuchlich ist, aber in Bezug auf die geschützten Waren und DL keine besondere Bedeutung hat[559].

634 Selbst *DAISY* und *MARGARITAS* sind für ua Süßwaren, Gebäck und Bonbons nicht beschreibend, weil die Bezeichnung einer bestimmten Blumenart, nämlich »Gänseblümchen« keine ausreichend direkte und konkrete Beziehung zu den beanspruchten Waren aufweist, obwohl diese gelegentlich auf dem Markt auch in Blumenform angeboten werden[560]. Weiter hielt das EuG bei dem lateinischen Begriff *GARUM*, einem sehr wertvollen Fischgewürz der altrömischen Küche, das für Fische und Fischkonserven angemeldet war, die relevanten Verkehrskreise der gastronomischen Spezialisten doch für zu schmal und hob die Zurückweisung auf[561].

Einzel- und Großhandel, da dieses Wort auch »Auslese«, »erstklassig, hervorragend, vorzüglich« bedeuten kann; EuG, 22.10.2015, T-431/14 – CHOICE, Rn 24–34.

555 EuG, 14.12.2017, T-280/16 – GEO, Rn 39–51.

556 EuG, 21.04.2021, T-323/20 – HELL, Rn 33–51. Der Begriff »hell« erfordert ein gewisses Maß an Interpretation, so dass die Marke in Bezug auf die Waren als überraschend wahrgenommen wird, da die Farbe Schwarz ein wesentliches Merkmal von Zubereitungen auf Kaffeebasis ist. Somit fehlt es auch nicht an Unterscheidungskraft, Rn 60–66.

557 EuG, 12.05.2016, T-749/14 – AROMA; bestätigt durch EuGH, 15.11.2016, C-389/16 P. Das Aroma von Lebensmitteln hängt nämlich im Wesentlichen von ihrer Art und Zubereitung ab, nicht aber von technischen Kochgeräten. Die Marke weist auch eine gewisse Originalität auf, so dass ihr Unterscheidungskraft zukommt.

558 EuG, 15.09.2016, T-453/15 – VOGUE.

559 EuG, 12.12.2018, T-743/17 – CARACTÈRE.

560 EuG, 16.12.2015, T-381/13 und T-382/13 – DAISY und MARGARITAS, Rn 56–72.

561 EuG, 12.03.2008, T-341/06 – GARUM.

Zudem hat das EuG zu Recht den Nichtigkeitsantrag gegen die Wortmarke *COLLEGE*[562] für Tourismus- und Reise- und Speditionsdienste zurückgewiesen, da für das angesprochene Publikum zwischen der Bedeutung der Marke und den geschützten Waren und DL keine ausreichend direkte und unmittelbare Beziehung besteht. »College« bezeichnet nämlich ua im Englischen und Französischen eine Erziehungseinrichtung ohne jeden Bezug zu touristischen oder Hotel-DL. Ein College-Besucher geht nicht in eine derartige Einrichtung, um dort die Nacht zu verbringen. Und ein Hotel-Interessent wird sich nicht in ein College verirren. Auch wenn einige Universitäten Gästehäuser für Dozenten und/oder Studenten anbieten, so richten sich diese doch an ein Spezialpublikum, selbst wenn in Einzelfällen zur Lückenfüllung auch außeruniversitäres Publikum dort untergebracht werden kann[563]. 635

Auch der Nichtigkeitsantrag gegen die Marke *VOODOO* wurde zurückgewiesen, weil sie für Bekleidung, Schuhwaren, Kopfbedeckungen nicht beschreibend ist. Der Verbraucher wird diesen Begriff als reine Phantasiebezeichnung auffassen und ihn bestenfalls mit okkulten Handlungen und schwarzer Magie assoziieren, bei der sog. Voodoo-Puppen, aber keine bestimmten Bekleidungen verwendet werden[564]. Dasselbe gilt für *SCRUFFS* in Bezug auf Schutzbekleidung, -schuhe, -kopfbedeckung, da dieses Wort umgangssprachlich Kleidungsstücke bezeichnet, die aus Gründen der Bequemlichkeit und nicht des Aussehens getragen werden, die ohne Folgen Verschmutzungen ausgesetzt oder zerstört werden können und die keine objektive Bekleidungskategorie darstellen, so dass diese Marke nicht konkret für ein bestimmtes Merkmal beschreibend ist[565]. 636

Der Begriff *CINKCIARZ*, der im Polnischen geheime und *illegale Tätigkeiten* im Bereich des Schwarzhandels bezeichnete und gegenwärtig als *Synonym für einen Betrüger oder Schwindler* verwendet wird, kann im normalen Gebrauch aus der Sicht der maßgeblichen Verkehrskreise nicht zur beschreibenden Bezeichnung von DL des rechtmäßigen Währungsumtauschs verwendet werden und ermöglicht es dem Publikum daher nicht, sofort und ohne weiteres Nachdenken eine Beschreibung von diesen oder eines Unternehmens, das solche DL erbringt, wahrzunehmen. Es ist auch nicht zu erwar- 637

562 EuG, 12.06.2012, T-165/11 – COLLEGE.

563 Auch wenn in bestimmten Fällen ein Motorlandfahrzeug für seinen Fahrer eine Quelle des Vergnügens sein kann, geht nach Ansicht des EuG (02.12.2008, T-67/07 – FUN) das englische Wort *FUN.* mit seiner Bedeutung von »Vergnügen« oder »Quelle des Vergnügens«, auch wenn es der Ware ein positives Image verleiht, nicht über den Bereich der Suggestion hinaus und bleibt zu vage, unbestimmt und subjektiv, um diesem Wort im Zusammenhang mit Motorlandfahrzeugen sowie deren Teile und Zubehör beschreibenden Charakter verleihen zu können. Diese Beurteilung vermag aber nicht zu überzeugen, da auch anpreisende und positive Vorstellungen vermittelnde Begriffe beschreibend sind und für die allgemeine Verwendung durch Mitbewerber freigehalten werden müssen. Die BK hat die Anmeldung daher zutreffend erneut, diesmal wegen fehlender Unterscheidungskraft zurückgewiesen; BK, 30.07.2009, R 1135/06-1 – FUN.

564 EuG, 18.11.2014, T-50/13 – VOODOO.

565 EuG, 30.03.2022, T-720/20 – SCRUFFS.

ten, dass dieser Begriff in den Augen der betr Kreise künftig seine negative Konnotation verliert und sich zu einer Beschreibung der fraglichen DL wandeln könnte[566].

638 Das EUIPO hat einen *unmittelbar beschreibenden Bezug* zu den beanspruchten Waren und DL zu *belegen*. Tut es dies nicht, wird die angefochtene Entscheidung vom EuG aufgehoben, da das Amt vor dem Gericht nicht weitere Gründe nachschieben kann[567]. Daher wurde die Nichtigerklärung der Marke *Tafel* für Einsammeln, Abholen, Transportieren und Verteilen von Gütern des täglichen Bedarfs, insb für Bedürftige, und für persönliche und soziale DL, betr individuelle Bedürfnisse, vom EuG aufgehoben. Die BK hatte sich nämlich nur auf die Bedeutung des Zeichens im Deutschen iSv »großen, für eine festliche Mahlzeit gedeckten Tisch« und »Mahlzeit« gestützt. Diese hat das EuG mangels unmittelbaren, direkten und konkreten Bezugs zu den beanspruchten DL aber nicht als beschreibend angesehen. Auf die andere Bedeutung iSv sozialen Projekten, namentlich zur kostenlosen oder preisgünstigen Versorgung von Bedürftigen mit im Handel unverkauften, aber noch gut erhaltenen Lebensmitteln oder mit zubereiteten Speisen, hatte sich die BK nicht gestützt. Daher konnte das EuG diesen Grund nicht erstmals heranziehen[568]. Die BK hat die Marke daraufhin jedoch erneut für nichtig erklärt, diesmal gestützt auf ihre andere Bedeutung, was vom EuG verfahrensrechtlich[569] und inhaltlich bestätigt wurde[570].

566 EuG, 19.12.2019, T-501/18 – CINKCIARZ; Rechtsmittel nicht zugelassen, EuGH, 28.05.2020, C-101/20 P.

567 So wurde die Zurückweisung von *Complete.* für ua Hygienepräparate, Windeln für die Inkontinenzversorgung sowie orthopädische Artikel aufgehoben, da die BK nicht dargetan hatte, inwieweit dieses Wort für jede beanspruchte Ware einen hinreichend unmittelbaren und konkreten Bezug herstellen könnte, der es den angesprochenen Verkehrskreisen erlaubte, ohne weitere Überlegung diese Ware als Bestandteil einer »vollständigen Inkontinenzversorgung« wahrzunehmen; EuG, 30.11.2011, T-123/10 – Complete.

568 EuG, 18.09.2015, T-710/13 – Tafel.

569 EuG, 08.06.2017, T-326/16 – Tafel II, Rn 20. Stellt das EuG entgegen der Entscheidung des EUIPO fest, dass eine Anmeldung nicht unter eines der absoluten Eintragungshindernisse aus Art. 7 Abs. 1 UMV fällt, führt die Aufhebung der die Eintragung dieser Marke zurückweisenden Entscheidung des EUIPO durch das EuG notwendigerweise dazu, dass das EUIPO, das die Konsequenzen aus dem Tenor und den Gründen des Urteils zu ziehen hat, das Prüfungsverfahren wieder eröffnet und, wenn es feststellt, dass das betr Zeichen unter ein anderes absolutes Eintragungshindernis iSd Vorschrift fällt, die Anmeldung zurückweist.

570 EuG, 08.06.2017, T-326/16 – Tafel II, Rn 40. Alle Argumente, mit denen der Kläger in Zweifel zieht, dass die zweite Bedeutung des von der BK zugrunde gelegten deutschen Wortes »Tafel« maßgeblich ist, sind unzulässig, nachdem das EuG im Urteil vom 18.09.2015, T-710/13, festgestellt hat, dass dieses Wort auch auf den Begriff der Tafeln und sozialen Projekte namentlich zur kostenlosen oder preisgünstigen Versorgung von Bedürftigen mit Lebensmitteln oder Speisen verweist. Unter diesen Umständen ist diese Bewertung endgültig und rechtskräftig geworden und kann nicht mehr in Frage gestellt werden.

5. Mehrwortzeichen

Hinsichtlich von *Mehrwortzeichen* oder Begriffskombinationen – egal ob getrennt oder zusammengeschrieben – kommt es auf den *Gesamteindruck* an. So ist nicht maßgebend, ob die einzelnen Bestandteile an sich, isoliert gesehen, in Bezug auf die beanspruchten Waren und DL für den jeweils angesprochenen Durchschnittsverbraucher beschreibend sind. Entscheidend ist vielmehr, ob das auch für die angemeldete Kombination als Ganzes gilt. 639

So kann eine Zusammenschreibung zu einer ungewöhnlichen, aus sich heraus *nicht verständlichen Wortneuschöpfung* leiten, oder eine ungewöhnliche Kombination von einem beschreibenden Gehalt wegführen[571]. 640

Allerdings kann ein Ausdruck auch dann beschreibend sein, wenn die Sachaussage aus *wissenschaftlicher Sicht unzutreffend* ist, weil das entscheidende Kriterium für die Beurteilung des beschreibenden Charakters die Wahrnehmung durch die maßgeblichen Verkehrskreise und nicht die präzise wissenschaftliche Bewertung ist[572]. 641

Aufgrund dieser Grundsätze wurde zB folgenden Anmeldungen als beschreibend der Schutz versagt: *Universaltelefonbuch* und *Universaltelekommunikationsverzeichnis* für ua Magnetaufzeichnungsträger, Druckereierzeugnisse und Redaktions-DL[573], *CYBERCREDIT, CYBERGESTION, CYBERHOME* für Aufzeichnungsgeräte, Datenträger, Immobilien, Finanzwesen, Telekommunikation[574] aber auch *DigiFilm* für ua Speichermedien, Computer(-software)[575], *map&guide* für Computersoftware, Erstellen von Programmen für die EDV[576], *ilink* für Computersoftware[577], Telekommunikation, *SMILECARD* für Computersoftware, Papierwaren und DL eines Fotolabors[578], *WEISSE SEITEN* für ua Papierwaren, Verlags-DL[579], *BETWIN* für DL im Bereich von Wetten und Gewinnspielen[580], *E-Ship* für ua Schiffsmotoren, Beförderung mit Schiffen[581], *suchen.de* für Verkaufsautomaten, Mechaniken für geldbetätigte Automaten, Büroartikel, Geschäftsführung[582], *SOCIAL.COM* für eine Reihe von Waren und 642

571 EuGH, 16.09.2004, C-329/02 P – SAT. 2, Rn 28, 35.
572 EuG, 16.09.2008, T- 48/07 – BioGeneriX, Rn 29.
573 EuG, 14.06.2001, T-357/99, T-357/99 – Universaltelefonbuch/Universaltelekommunikationsverzeichnis; bestätigt durch EuGH, 05.02.2004, C-326/01 P.
574 EuG, 19.05.2009, T-211/06 ua – CYBERCREDIT, CYBERGESTION, CYBERHOME.
575 EuG, 08.09.2005, T-178/03 und T-179/03 – DigiFilm/DigiFilmMaker.
576 EuG, 10.10.2006, T-302/03 – map&guide; bestätigt durch EuGH, 26.10.2007, C-512/06 P.
577 EuG, 16.12.2010, T-161/09 – ilink.
578 EuG, 25.09.2014, T-484/12 – SMILECARD.
579 EuG, 16.03.2006, T-322/03 – WEISSE SEITEN, Rn 88–112. S.a. zum Gattungsbegriff Rdn 807.
580 EuG, 06.07.2011, T-258/09 – BETWIN. Hinsichtlich weiterer DL, wie Werbung, Unternehmensverwaltung, Telekommunikation, Erziehung und Ausbildung, wurde die Entscheidung der BK wegen Begründungsmangels aufgehoben.
581 EuG, 29.04.2009, T-81/08 – E-Ship.
582 EuG, 12.12.2007, T-117/06 – suchen.de.

DL in Kl. 9, 35, 41, 42 und 45[583], *PURE DIGITAL* für elektronische Geräte und Software, Telekommunikation[584], *PharmaCheck* für elektrische, elektronische Prüfapparate[585] und *PharmaResearch* für elektrische, elektronische Apparate zum Erfassen, Verwalten, Überwachen, Übertragen von Produkt- und Maschinendaten[586].

643 Das galt auch bei *Greenworld* für Brennstoffe sowie Versorgung mit Strom, Heizwärme, Gas oder Wasser[587], *BIOTON* für Baustoffe[588], *MicroGarden* für Maschinen, Werkzeuge für die Landwirtschaft sowie Datenträger[589], *HIPERDRIVE* für Einstellvorrichtungen zur Positionsregelung[590], *ALLSAFE* für Baumaterialien, transportable Bauten aus Metall, Fahrzeuge, Werbung, Unternehmensverwaltung, Transportwesen[591], *KOMPRESSOR PLUS* für Elektrostaubsauger[592] (weil diese durch einen einfachen Schalter in ein Gebläse umgewandelt werden können), *STEAM GLIDE* für Bügeleisen[593] (weil diese über die zu bügelnde Wäsche gleiten), *WIENER WERKSTÄTTE* als Kunststilangabe für Gebrauchs-, Dekorationsgegenstände des Alltags und Schmuckwaren[594], *HAIRTRANSFER* für Haarentfernungs-, Haarverlängerungsgeräte, künstliches, echtes Haar, Fortbildungsseminare, Gesundheits- und Schönheitspflege[595], *Daylong* für Kosmetika und medizinische Geräte[596], *AIRSHOWER* für ua Mischventile, Handbrausen[597] und *BLUE SOFT* für Kontaktlinsen[598] und *FoodSafe* für Lacke wegen seiner Bedeutung von »lebensmittelecht« im Englischen[599].

644 Selbst die Zeichen *Patentconsult* für Unternehmensberatung, Ausbildung, Rechtsanwalts-, Patentanwalts-DL[600], *RadioCom* für Werbung, Ausstrahlung von Rundfunk-

583 EuG, 28.06.2016, T-134/15 – SOCIAL.COM.
584 EuG, 20.09.2007, T-461/04 – PURE DIGITAL; bestätigt durch EuGH, 11.06.2009, C-542/07 P.
585 EuG, 21.01.2009, T-296/07 – PharmaCheck.
586 EuG, 17.06.2009, T-464/07 – PharmaResearch.
587 EuG, 27.02.2015, T-106/14 – Greenworld.
588 EuG, 12.12.2019, T-255/19 – BIOTON.
589 EuG, 23.05.2019, T-364/18 – MicroGarden, da dies als Bezeichnung für den Ort der Gartenarbeit oder der intensiven Bewirtschaftung auf engstem Raum, einschl Dächer, Balkone und bestimmter Plätze innerhalb eines Hauses, verstanden wird.
590 EuG, 22.05.2014, T-95/13 – HIPERDRIVE.
591 EuG, 25.03.2009, T-343/07 – ALLSAFE.
592 EuG, 16.12.2010, T-497/09 – KOMPRESSOR PLUS; bestätigt durch EuGH, 10.11.2011, C-88/11 P.
593 EuG, 16.01.2013, T-544/11 – STEAM GLIDE.
594 EuG, 12.10.2010, T-230/08 und T-231/08 – WIENER WERKSTÄTTE.
595 EuG, 15.02.2007, T-204/04 – HAIRTRANSFER; bestätigt durch EuGH, 13.02.2008, C-212/07 P.
596 EuG, 19.04.2016, T-261/15 – Daylong.
597 EuG, 21.01.2009, T-307/07 – AIRSHOWER.
598 EuG, 10.06.2008, T-330/06 – BLUE SOFT.
599 EuG, 23.11.2015, T-766/14 – FoodSafe; bestätigt durch EuGH, 24.05.2016, C-63/16 P.
600 EuG, 16.12.2008, T-335/07 – Patentconsult; bestätigt durch EuGH, 05.02.2010, C-80/09 P.

programmen[601], *fluege.de* nicht nur für Reisedienste und Transportwesen, sondern auch für Werbung, Geschäftsführung, Unternehmensverwaltung und Büroarbeiten[602], *NORWEGIAN GETAWAY* und *NORWEGIAN BREAKAWAY*[603] für Veranstaltung von Kreuzfahrten, Reisen und Ausflügen, *THE SPIRIT OF CUBA* für kubanischen Rum und dessen Vertrieb[604], *THE COFFEE STORE* für Kaffee, Tee, nichtalkoholische Getränke sowie Gastronomie-DL[605], *EUROPIG* für Fleisch, Geflügel, Wild, Würste[606], *REHABILITATE* für Nahrungsergänzungsmittel, verschiedene Tees und alkoholfreie Getränke[607], *EcoPerfect* und *ecoDoor* für (elektrische) Küchen- und Haushaltsgeräte[608], *FOOTWARE* für Computerhardware, -software, Datenübertragungsdienste, Kommunikation[609], *Golden Toast* für elektrische Haushaltsgeräte und Backwaren[610] sowie *Vektor-Lycopin*[611], *Nutriskin Protection Complex*[612] und *ViruProtect*[613] für pharmazeutische Erzeugnisse wurden zurückgewiesen.

Auch eine Kombination von Wörtern verschiedener europäischer Sprachen, zB der **645**
englischen und französischen, wie *EURO AUTOMATIC PAIEMENT*, wird vom angesprochenen Verkehr als beschreibend verstanden[614].

Dasselbe gilt im Hinblick auf Software und deren Entwicklung auch für *APlan*[615]. **646**
Diesen Begriff wird der Verkehr sofort in »a plan« aufteilen und als Software verstehen, die nach einem genau definierten Plan arbeitet, oder dahin, dass die DL einen Plan aufweisen. Selbst die Kombination *EZMIX*[616] ist für Musikkompositionssoftware, Ton- und Bildverarbeitung beschreibend, weil sie aus der Zusammenschreibung von

601 EuG, 22.05.2008, T-254/06 – RadioCom.

602 EuG, 14.05.2013, T-244/12 – fluege.de.

603 EuG, 23.01.2014, T-513/12 – NORWEGIAN GETAWAY; EuG, 23.01.2014, T-514/12 – NORWEGIAN BREAKAWAY.

604 EuG, 24.06.2014, T-207/13 – THE SPIRIT OF CUBA.

605 EuG, 09.07.2008, T-323/05 – THE COFFEE STORE.

606 EuG, 14.06.2007, T-207/06 – EUROPIG.

607 EuG, 11.12.2014, T-712/13 – REHABILITATE.

608 EuG, 24.04.2012, T-328/11 – EcoPerfect; EuG, 15.01.2013, T-625/11 – ecoDoor; bestätigt durch EuGH, 10.07.2014, C-126/13 P.

609 EuG, 12.06.2024, T-130/23 – FOOTWARE, weil es als Footwear verstanden wird und als Hinweis auf intelligente Schuhe, die ua einen Computer im Schuh, drahtlose Konnektivität und eingebettete Chips mit Tracking-Technologie umfassen.

610 EuG, 19.05.2010, T-163/08 – Golden Toast.

611 EuG, 09.07.2010, T-85/08 – Vektor-Lycopin, da es sich für die Medikamente lediglich um Eigenschaftsangaben handelt.

612 EuG, 08.11.2012, T-415/11 – Nutriskin Protection Complex, da die sprachliche Neuschöpfung »nutriskin«, bestehend aus dem englischen Wort »skin« (Haut) und »nutri« als eine Abkürzung des Wortes »nutrition« (Ernährung), als »Hauternährung« verstanden wird.

613 EuG, 11.02.2020, T-487/18 – ViruProtect. Das Rechtsmittel wurde als unzulässig verworfen; EuGH, 03.09.2020, C-174/20 P.

614 EuG, 05.09.2012, T-497/11 – EURO AUTOMATIC PAIEMENT.

615 EuG, 14.12.2016, T-744/15 – APlan.

616 EuG, 22.11.2017, T-771/16 – EZMIX; bestätigt durch EuGH, 13.11.2018, C-48/18 P.

»MIX« und »EZ« besteht. Letzteres ist im Internet allgegenwärtig und wird häufig im informellen Englisch und im Handel mit der gleichen Bedeutung wie »easy« verwendet. Dasselbe gilt bei Computerwaren und -services für die Kombination der Abkürzungen »insta« (für »instant«) und »site« (für Internetseite) zu der Anmeldung *INSTASITE*, weil der relevante Verkehr die Anmeldung als eine sofort oder schnell hergestellte Internetseite verstehen wird[617]. Auch eine grammatikalisch fehlerhafte Schreibweise macht eine Anmeldung nicht schutzfähig. So bleibt bei der Bildmarke *ZUM wohl* für Lebensmittel und Getränke die positive Beschaffenheitsangabe für den Verkehr leicht erkennbar[618].

647 Ein Begriff, wie *Clampflex*, der mit seiner Bedeutung von »flexibler Klemme« die Endprodukte, zB Schlauchklemmen, beschreibt, ist auch hinsichtlich der Bestimmung der Zwischenprodukte, wie teilweise bearbeitete Kunststoffe, beschreibend[619]. Beschreibend sind weiter sowohl *Cottonfeel* im Hinblick auf Schutzbekleidung für den Rettungs-, Sanitätsdienst und Katastrophenschutz, da der englische Begriff als Baumwollgefühl verstanden wird[620], als auch *MÄNNERSPIELPLATZ* für Bekleidung, Schuhwaren, Kopfbedeckungen, Veranstaltung von Reisen, kulturellen, sportlichen Veranstaltungen und Unterhaltungsshows, da dieser Begriff einen Platz beschreibt, auf dem Männer einer bestimmten Freizeitbeschäftigung nachgehen, wie Baggern oder Panzern, wofür besondere Ausrüstung und Organisation nötig sind[621].

648 Selbst *Rauschbrille* vermittelt im Hinblick auf Brillen nur die Botschaft, dass diese eine Alkoholisierung vermitteln oder vor Alkoholisierung schützen[622]. Und sogar *Vermögensmanufaktur* ist für Werbung, Geschäftsführung; Versicherungs- Finanz- und Immobilienwesen beschreibend, da sich »Manufaktur« nicht nur auf die Erstellung von Waren, sondern auch von DL beziehen kann, jeweils von hoher Qualität[623].

---

617 EuG, 18.05.2017, T-375/16 – INSTASITE.

618 EuG, 22.06.2017, T-236/16 – ZUM wohl, Rn 43–57. Lebensmittel und Getränke sowie ernährungsbezogene DL sind, da sie Ernährungszwecken dienen, geeignet, dem Körper Gutes zu tun und auch auf eine geistige Pflege zu achten, dh sie tragen zur Gesundheit und somit zum körperlichen, aber auch geistigen Wohlbefinden der Verbraucher bei.

619 EuG, 29.11.2012, T-171/11 – Clampflex, Rn 48.

620 EuG, 23.10.2015, T-822/14 – Cottonfeel. Schutzbekleidung muss nämlich gerade bei Einsätzen über Stunden oder Tagen getragen werden. Der dabei vermittelte Komfort ist somit nicht nur eine Frage des persönlichen Wohlbefindens, sondern für die Aufrechterhaltung der Leistungsfähigkeit des Trägers wichtig. Selbst wenn die Schutzbekleidung nicht aus Baumwolle besteht, kann sich der beschreibende Charakter jedenfalls darauf beziehen, dass sie aus einem Stoff gefertigt ist, der dieser ähnelt und daher das Gefühl von Baumwolle vermittelt.

621 EuG, 11.05.2017, T-372/15 – MÄNNERSPIELPLATZ, Rn 25–30.

622 EuG, 16.04.2015, T-319/14 – Rauschbrille, Rn 21–23. Für die übrigen DL in Kl. 41 und 44 fehlt es an Unterscheidungskraft, Rn 34, 35.

623 EuG, 07.09.2017, T-374/15 – Vermögensmanufaktur; bestätigt durch EuGH, 15.05.2019, C-653/17 P.

Auf eine Wortmarke, die aus der *Zusammenfügung einer beschreibenden Wortkombination und einer* – isoliert betrachtet – *nicht beschreibenden Buchstabenfolge* besteht (zB *NAI – Der Natur-Aktien-Index* oder *Multi Markets Fund MMF*), ist Art. 4 Abs. 1b und 1c MarkenRL (Art. 3 Abs. 1b und 1c MarkenRL aF) anwendbar, wenn die Buchstabenfolge vom Verkehr als Abkürzung der Wortkombination wahrgenommen wird, weil sie den Anfangsbuchstaben jedes ihrer Worte wiedergibt, und die Marke in ihrer Gesamtheit betrachtet damit als eine *Kombination beschreibender Angaben oder Abkürzungen* verstanden werden kann. 649

Die *Wortkombination* und die *Buchstabenfolge* sind nämlich dazu bestimmt, sich *gegenseitig* zu *erläutern* und die zwischen ihnen bestehende Verbindung zu unterstreichen. Die Buchstabenfolge soll daher die Wahrnehmung der Wortkombination durch die Verkehrskreise verstärken, indem die Verwendung der Wortkombination vereinfacht und die Erinnerung daran erleichtert wird. Die Buchstabenfolge geht selbst dann nicht über die Summe der Bestandteile der Marke in ihrer Gesamtheit hinaus, wenn sie selbst – isoliert betrachtet – als unterscheidungskräftig angesehen werden kann. Infolgedessen fehlt einer derartigen Marke zwangsläufig auch die Unterscheidungskraft[624]. 650

Selbst die ua für Druckereierzeugnisse, Einzelhandels-DL im Versandhandel und im stationären Einzelhandel für Waren des täglichen Bedarfs, nämlich Druckereierzeugnisse, Bekleidungsstücke, Kosmetik- und Körperpflegeartikel, Küchen-, Haushalts- und Einrichtungsgegenstände, Sport- und Musikartikel beanspruchte Anmeldung *PRANAHAUS* wurde als beschreibend angesehen, da sie zwar einem sehr kleinen aber noch ausreichenden Teil der Bevölkerung als esoterischer Begriff und Terminus der Alternativmedizin bekannt ist[625]. 651

Auch die Marke *SCOMBER MIX* für Fischkonserven wurde für nichtig erklärt, weil das Wort »scomber«, das zwar aus dem Lateinischen stammt und Makrele bedeutet, nicht nur in der Wissenschaftssprache, sondern auch in der Werbung auffindbar ist, dem italienischen »sgombro« klanglich ähnelt und für den italienischsprachigen Verkehr beschreibend ist[626]. 652

Dagegen wurde zwar die Anmeldung *PerfectRoast* für elektrische Haushalts-, Küchenmaschinen, insb Herde, Back-, Brat-, Grill-, Toast-, Mikrowellen- und Frittiergeräte als beschreibend zurückgewiesen, da sie mit ihren beiden Bestandteilen »perfekt, mit allen nötigen Elementen« und »etwas Geröstetes, braten, rösten« auf einen perfekt zubereiteten Braten oder auf die Tätigkeit des perfekten Röstens oder Bratens verweist. Hinsichtlich von »Heißwassergeräten, Tauchsiedern und Eierkochern« war der Zusammenhang für einen beschreibenden Charakter jedoch *nicht hinreichend unmittelbar*. Es reicht nämlich nicht aus, dass zu einem perfekten Braten auch Soßen und 653

624 EuGH, 15.03.2012, C-90/11 und C-91/11 – Multi Markets Fund MMF und NAI – Der Natur-Aktien-Index, Rn 32–40.

625 EuG, 17.09.2008, T-226/07 – PRANAHAUS; bestätigt durch EuGH, 09.12.2009, C-494/08 P (s. Rdn 518).

626 EuG, 21.09.2011, T-201/09 – SCOMBER MIX; bestätigt durch EuGH, 10.07.2012, C-582/11 P.

Beilagen gehörten, die oft mit kochendem Wasser unter Verwendung unterschiedlicher Kochgeräte hergestellt würden[627].

654 Dasselbe gilt für den nur in der kanarischen Variation der spanischen Sprache existierenden Begriff *TOFIO* (braune Schüssel, um Ziegenmilch einer autochthonen Ziegenart aus den kanarischen Inseln Fuerteventura und Lanzarote zu sammeln), da dieser nur dort bekannt, aber nicht in die spanische Sprache eingegangen ist, so dass der Anmeldung der Bildmarke *EL TOFIO El sabor de CANARIAS* nicht der Schutz versagt werden kann[628]. Auch der für Lebensmittel eingetragenen Marke *ANTICO CASALE* wurde in einem Nichtigkeitsverfahren ihr Schutz bestätigt, weil sie keine konkrete geografische Angabe, sondern nur einen vagen, ganz allgemeinen Hinweis auf ein altes Bauernhaus mit bestenfalls andeutendem Charakter und ohne konkrete Beschreibung darstellt[629]. Weiter wurde ein Nichtigkeitsantrag gegen die Marke *NOMAD* zurückgewiesen, weil kein unmittelbarer und konkreter Zusammenhang zwischen diesem Wort und der Herkunft der geschützten Waren, nämlich Koffer und Taschen, für den angesprochenen Verkehr besteht, der gewöhnlich nicht erwartet, dass diese von Nomadenstämmen hergestellt werden. Im Übrigen ist dieser Begriff als solcher jedenfalls zu vage und unbestimmt, um sofort und ohne weiteres Nachdenken als Beschreibung irgendeines spezifischen Warenmerkmals aufgefasst werden zu können[630].

655 Ebenfalls wurde *mangels hinreichend klaren Aussagegehalts* und wegen ihrer originellen und ungewöhnlichen Kombination sowie des Verstoßes gegen die Sprachregeln der eingetragenen Marke *I. T. @MANPOWER* in einem Nichtigkeitsverfahren der Schutz für ua Computersoftware, Druckereierzeugnisse, Telekommunikation, aber auch für Personal-, Stellenvermittlung bestätigt[631]. Dasselbe galt bei der Marke *DECOTEC* für ua Papier, Schreibwaren, Büroartikel, Dachpappe und Teppiche, da der maßgebliche Verkehr aus ihr keine spezifischen Informationen oder hinreichend deutlichen Hinweise auf die Merkmale der Waren ableiten kann[632]. Sogar die Bildanmeldung *OFF-WHITE* wurde ua für Brillen, Uhren, Edelsteine und Kissen als eintragungsfähig angesehen. Denn der bloße Umstand, dass die beanspruchten Waren mehr oder weniger gewöhnlich neben anderen Farben auch in Cremefarben erhältlich sind, reicht

627 EuG, 25.09.2015, T-591/14 – PerfectRoast. Insoweit wurde die Anmeldung auch als unterscheidungskräftig angesehen.

628 EuG, 25.01.2018, T-765/16 – EL TOFIO El sabor de CANARIAS. Die Große BK hat der Anmeldung schließlich für »Ziegenkäse aus den kanarischen Inseln« Schutz gewährt, da sie sie als unterscheidungskräftig und nicht beschreibend befunden hat; BK, 15.02.2023, R 1083/18-G.

629 EuG, 27.06.2017, T-327/16 – ANTICO CASALE, Rn 27, 28.

630 EuG, 30.06.2021, T-285/20 – NOMAD.

631 EuG, 24.09.2008, T-248/05 – I.T.@MANPOWER; bestätigt durch EuGH, 24.09.2009, C-520/08 P.

632 EuG, 29.03.2023, T-308/22 – DECOTEC.

nicht aus, um anzunehmen, dass diese Farbe allein aus diesem Grund vom Verkehr als Beschreibung eines der Natur dieser Waren innewohnenden Merkmals erkannt wird[633].

Weiter wurde die Anmeldung *SIENNA SELECTION* nicht als beschreibend angesehen. **656** Selbst wenn bestimmte *Farben* von der Tabakindustrie traditionell verwendet werden sollten, um ua den Geschmack, das Aroma und den Nikotingehalt von Tabakerzeugnissen und deren Ersatzstoffen zu kennzeichnen, zB bei Zigaretten in einer roten Verpackung, um einen hohen Nikotingehalt, ein intensives Aroma anzugeben, oder bei Verpackungen mit weißen oder hellen Farben, um auf einen leichteren Geschmack und einen geringeren Nikotingehalt hinzuweisen, kann das *Bestehen einer solchen Praxis* in Bezug auf jede andere Farbe, zB auf *rötliche oder gelbliche Brauntöne, nicht als eine bekannte Tatsache* angesehen werden. Der maßgebliche Verkehr wird den Grad der *Intensität des Geschmacks oder des Aromas* von Tabakwaren oder ihren Nikotingehalt nicht sofort und ohne weiteres Nachdenken allein deshalb wahrnehmen, weil die Anmeldung den Wortbestandteil »Sienna« enthält[634].

Schließlich wurde ein Nichtigkeitsantrag gegen die ua für Musikaufzeichnungen **657** geschützte Marke *PAST PERFECT*[635] zurückgewiesen, da diese neue, ungewöhnliche und fantasievolle, gegen die grammatikalischen Regeln gebildete Wortneuschöpfung keinen konkreten beschreibenden Gehalt vermittelt[636]. Dasselbe galt für die Marke *UNSTOPPABLE,* eingetragen ua für Nahrungsergänzungsmittel, alkoholfreie Getränke, da dieser Begriff die Vorstellung von etwas oder von einer Person vermittelt, das oder die nicht gestoppt werden kann. Er *beschreibt* mithin *nicht direkt und*

---

633 EuG, 25.06.2020, T-133/19 – OFF-WHITE, Rn 44–47. Denn die Erwägungen der BK zu ihrem eleganten und diskreten Charakter und zu dem verbesserten optischen Eindruck enthalten, soweit sie sich auf den ästhetischen Wert dieser Farbe beziehen, ein subjektives Element, das je nach den individuellen Vorlieben des einzelnen Verbrauchers sehr unterschiedlich sein kann. Die persönlichen Einschätzungen von Einzelpersonen können jedoch nicht zur Feststellung herangezogen werden, wie ein Zeichen von den Verkehrskreisen insgesamt wahrgenommen werden kann. Diese Farbe wird nur als ein rein zufälliger und beiläufiger Aspekt gesehen, den nur einige dieser Waren haben können und der jedenfalls keinen unmittelbaren und unmittelbaren Zusammenhang mit ihrer Beschaffenheit aufweist. Diese Bewertung erscheint zwar mE als problematisch, das EUIPO will sich aber zukünftig daran orientieren und nur dann die Namen von Farben beanstanden, wenn es sich um ein objektives Merkmal handelt, das mit der Art der Ware zusammenhängt und für diese Ware oder DL untrennbar und dauerhaft ist; Alicante News 2/2021, S. 3.

634 EuG, 09.06.2021, T-130/20 – SIENNA SELECTION. Auch ist die mit »SIENNA« bezeichnete Farbe kein objektives und der Natur von Rauchererzeugnissen innewohnendes und dauerhaftes Merkmal.

635 EuG, 23.10.2008, T-133/06 – PAST PERFECT.

636 Sehr problematisch erscheint dagegen die Akzeptanz der Wortfolge *Deutscher Ring Sachversicherungs-AG* durch das EuG als nicht beschreibend und unterscheidungskräftig, da ihr erster Teil normalerweise nicht als »Vereinigung« oder »Zusammenschluss« zu verstehen sein soll, sondern vage bleibe und eine Fantasiebezeichnung darstelle; EuG, 05.07.2012, T-209/10 – Deutscher Ring Sachversicherungs-AG, Rn 23.

unmittelbar eine physische oder mentale Stimulation bzw. eine Verbesserung der Leistungen, die der Konsum der streitigen Waren hervorrufen könnte. Die Marke fällt daher in den Bereich der *Evokation* und nicht in den einer Beschreibung nach Art. 7 Abs. 1c UMV[637].

6. Slogans

658 Die Eintragungshindernisse für beschreibende Angaben gelten weiter für Anmeldungen, die aus *Wortverbindungen* oder Sätzen, wie *Slogans*, bestehen. Denn die *bloße Kombination* von Bestandteilen, von denen jeder Merkmale der beanspruchten Waren oder DL beschreibt, bleibt selbst für diese Merkmale beschreibend, auch wenn sie eine lexikalisch oder im Internet nicht auffindbare sprachliche *Neuschöpfung* darstellt[638]. Dies gilt insb, wenn die Satz- oder Spruchform bzw der Slogan grammatikalisch korrekt ist und keine ungewöhnliche oder auffallende Zusammenstellung bietet.

659 Dementspr wurde zB den Sprüchen *VOM URSPRUNG HER VOLLKOMMEN* für ua Biere, Mineralwässer und Fruchtsäfte[639], *BUILT TO RESIST* für Papier- und Lederwaren sowie Bekleidung[640], *revolutionary air pulse technology* für ua Vibratoren, Massagegeräte und den Handel damit[641], *HEAR THE WORLD* für ua Hörgeräte[642], *billiger-mietwagen.de* ua für Vermietung von Fahrzeugen[643] und *THE LEADERSHIP COMPANY*[644] ua für Personalbeschaffung, Unternehmensführung sowie psychologische Beratung der Schutz versagt. Die meisten Slogans scheitern aber letztlich an der fehlenden Unterscheidungskraft.

7. Eventmarken

660 Auch sog. *Eventmarken* unterliegen dem Eintragungsverbot, wenn sie ausschließlich beschreibende Angaben enthalten. Das gilt zB für *Telemarkfest* hinsichtlich Unterhaltung und sportlicher Aktivitäten, weil damit ein Fest bzgl einer alpinen Sportart bezeichnet wird, die ihre Existenz einer altertümlichen Ski-Bindungs- und Abfahrtstechnik verdankt[645].

661 Weiter wurden die für eine Vielzahl von Waren und DL der Kl. 1, 3 bis 12, 14 bis 16, 18, 20, 21, 24 bis 42 eingetragenen Marken *WORLD CUP 2006, GERMANY 2006, WM 2006, WORLD CUP GERMANY, WORLD CUP 2006 GERMANY* als

637 EuG, 06.10.2021, T-3/21 – UNSTOPPABLE.
638 EuGH, 12.02.2004, C-363/99 – Postkantoor, Rn 98–100.
639 EuG, 06.11.2007, T-28/06 – VOM URSPRUNG HER VOLLKOMMEN.
640 EuG, 16.09.2009, T-80/07 – BUILT TO RESIST.
641 EuG, 17.09.2019, T-634/18 – revolutionary air pulse technology.
642 EuG, 13.12.2018, T-70/18 – HEAR THE WORLD.
643 EuG, 25.01.2018, T-866/16 – billiger-mietwagen.de.
644 EuG, 12.12.2014, T-43/13 – THE LEADERSHIP COMPANY.
645 EuG, 07.06.2019, T-719/18 – Telemarkfest.

beschreibend für nichtig erklärt, da sie jeweils zur Bezeichnung von deren Merkmalen bzw für Merchandisingwaren dienen können[646].

8. Geografische Herkunftsangaben

Insb *geografische Herkunftsangaben* sind von der Eintragung ausgeschlossen, da sie von den Wettbewerbern zur Kennzeichnung der Herkunft ihrer Waren und DL benötigt werden[647]. 662

Das betrifft nach dem *Chiemsee*-Urteil des EuGH[648] nicht nur geografische Angaben, die von den beteiligten Verkehrskreisen *gegenwärtig* mit der betr Waren- oder DL-Gruppe in Verbindung gebracht werden, weil sie bereits berühmt oder bekannt sind, sondern auch solche, die *zukünftig* von den betroffenen Unternehmen *als Herkunftsangabe verwendet* werden können, bei denen also vernünftigerweise zu erwarten ist, dass damit nach der Verkehrsauffassung die geografische Herkunft dieser Waren oder DL bezeichnet werden kann. 663

Dabei kommt es insb darauf an, inwieweit den beteiligten Verkehrskreisen die betr geografische Angabe *bekannt* ist und welche Eigenschaften der bezeichnete Ort und die betr Waren- oder DL-Gruppe haben, wobei die Verbindung nicht notwendigerweise auf der Herstellung der Ware oder der Erbringung der DL an diesem Ort beruht, sondern auch darauf, dass die Vorlieben der Verbraucher in anderer Weise beeinflusst werden können, zB durch das *Hervorrufen einer positiv besetzten Vorstellung*. Dabei kann der Name eines Sees auch dessen Ufer oder Umgebung mit einschließen. 664

Die Eintragung einer Marke, wie *adegaborba.pt*, die aus einem Wortzeichen besteht, mit dem *Weinbauerzeugnisse bezeichnet* werden (»adega« als portugiesischer Begriff für Kellerei, Weinkeller) und das eine *geografische Angabe* umfasst (wie »Borba« als Bezug auf diese Region in Portugal), ist zu versagen, wenn dieses Zeichen ua einen Begriff enthält, der zum einen gewöhnlich zur Bezeichnung der Einrichtungen oder Räumlichkeiten verwendet wird, in denen diese Art von Erzeugnissen hergestellt wird, und zum anderen auch einer der Wortbestandteile ist, aus denen sich die *Firma der juristischen Person zusammensetzt*, die diese Marke angemeldet hat[649]. 665

---

646 BK, 30.06.2008, R 1466–1470/05-1 – WORLD CUP 2006, GERMANY 2006, WM 2006, WORLD CUP GERMANY, WORLD CUP 2006 GERMANY. Die dagegen erhobenen Klagen wurden zurückgenommen, EuG, 16.12.2010, T-444/08 bis T-448/08.

647 Die Internetseite des EUIPO enthält in der Rubrik BK Rechercheberichte zur Rspr der BK zum beschreibenden Charakter von geografischen Angaben; https://www.euipo.europa.eu/de/the-office/boards-of-appeal/publications/research-reports.

648 EuGH, 04.05.1999, C-108/97 und C-109/97 – Chiemsee, Rn 26–37.

649 EuGH, 06.12.2018, C-629/17 – adegaborba.pt. Dass ein zur Bezeichnung eines Herstellungsortes einer Ware oder einer Einrichtung, in der diese Ware hergestellt wird, dienender Begriff Teil der verschiedenen Wortbestandteile der Firma einer juristischen Person ist, ist nämlich für die Prüfung des beschreibenden Charakters dieses Begriffs unerheblich, da eine solche Prüfung zum einen in Bezug auf die beanspruchte Ware und zum anderen im Hinblick auf die Anschauung der maßgeblichen Verkehrskreise vorzunehmen ist.

666 In Konsequenz wurden daher zutreffend zurückgewiesen: *Oldenburger*[650] für zahlreiche Lebensmittel wegen der Bekanntheit dieser Region für landwirtschaftliche Produkte sowie die Kombinationen *MunichFinancialServices*[651] als Orts- und Gegenstandsangabe für Finanz-DL, *GOLF USA*[652] für Sportschuhe, Sportartikel, insb Golfausstattung und Einzelhandels-DL für Sportwaren wegen der Kombination von Sportart und geografischer Herkunftsangabe sowie *PASSIONATELY SWISS*[653], also »entschieden, äußerst, sehr schweizerisch«, für Papierwaren und zahlreiche DL, da Waren und DL, die aus der Schweiz stammen, allgemein als solche von hoher Qualität wahrgenommen würden und der Bestandteil »swiss« nicht nur eine Information über die geografische Herkunft vermittle, sondern auch eine Qualitätskriterium biete.

667 Auch *SUEDTIROL*[654] ist für zahlreiche DL der Kl. 35, 39, 42 nicht schutzfähig, da es eine gebräuchliche alternative Schreibweise von »Südtirol« darstellt, eine im Deutschen übliche Bezeichnung dieser aufgrund ihrer Geschichte, ihrer geografischen Lage, ihrer Autonomie, ihrer besonderen Sprachregelung und ihrer wirtschaftlichen Bedeutung bei den italienischen sowie den deutschsprachigen Verkehrskreisen bekannten wohlhabenden Region mit einer dynamischen Wirtschaft.

668 Dasselbe gilt für *MONACO*[655] als weltweit bekannter Name eines Fürstentums für verschiedene Waren und DL, selbst wenn es von der monegassischen Regierung angemeldet wurde, da es *kein Sonderrecht für Staaten* gibt. Auch die gering stilisierte Bildmarke *Andorra*[656] ist nicht schutzfähig, da sie jeweils für Fotografien, Tabak, Finanzwesen, Ausbildung, Online-Veröffentlichungen und Schönheitspflege als konkreter Hinweis auf eine geografische Region beschreibend ist.

669 Gelöscht wurde *CASTEL*[657] für alkoholische Getränke, da der angesprochene Durchschnittsverbraucher aufgrund der deutlichen Nähe zwischen der beschreibenden geografischen Angabe »Castell« für einen Weinbauort in Franken denken könnte, dass die unter dieser Marke angebotenen Weine von dort stammten, zumal dieser noch dazu durch bilaterale Abkommen mit einigen Nachbarstaaten als geografische Herkunftsangabe geschützt ist.

670 Weiter scheiterte die Anmeldung von *NIAGARA* für Trinkwasser, weil der angesprochene Verkehr das Zeichen dahin verstehen wird, dass das Wasser aus dem geografischen Gebiet des bekannten Niagara-Wasserfalls stammt, denn auch Flusswasser kann

650 EuG, 15.10.2003, T-295/01 – Oldenburger.
651 EuG, 07.06.2005, T-316/03 – MunichFinancialServices.
652 EuG, 06.03.2007, T-230/05 – GOLF USA.
653 EuG, 15.12.2011, T-377/09 – PASSIONATELY SWISS, Rn 36–45.
654 EuG, 20.07.2016, T-11/15 – SUEDTIROL, Rn 36–47.
655 EuG, 15.01.2015, T-197/13 – MONACO, Rn 43, 52, 55, 58. S.a. BK, 9,.9.2022, R 1613/19-G und R 1238/19-G, ICELAND.
656 EuG, 23.02.2022, T-806/19 – Andorra; Rechtsmittel nicht zugelassen, da kein Zulassungsantrag gestellt, EuGH, 12.05.2022, C-300/22 P.
657 EuG, 13.09.2013, T-320/10 – CASTEL, Rn 51–79; bestätigt durch EuGH, 30.04.2015, C-622/13 P.

nach entspr Behandlung in ein genießbares Trinkwasser verwandelt werden[658]. Auch die Bildmarke *MEISSEN KERAMIK* enthält nur eine direkte und logische, beschreibende Aussage in Bezug auf ua Sanitäranlagen und Baumaterialien[659]. Schließlich ist *KARELIA*, die englische Bezeichnung der ostfinnischen Region Karelien, für technische Öle, Fette und Kraftstoffe beschreibend, weil sie sich auf eine für die Produktion von Biomasse und biologischem Öl in Finnland bekannte Region bezieht[660].

Hinsichtlich von *PORT CHARLOTTE* hat jedoch der Nichtigkeitsantragsteller nicht dargetan, dass dieser Ausdruck einen bei den beteiligten Verkehrskreisen für Whisky bereits berühmten oder bekannten geografischen Ort bezeichnet und dass ein Bedürfnis besteht, diesen Ausdruck für andere Hersteller von Whisky desselben Ursprungs als Angabe der geografischen Herkunft freizuhalten. Ebenso wenig hat er nachgewiesen, dass diese Marke als Bezeichnung eines geografischen Ortes für andere Whiskys verwendet werden oder dass der Verkehr ggf zukünftig eine Verbindung mit diesen Waren herstellen könne[661]. Dasselbe gilt für die Marke *CASSELLAPARK*, da im Nichtigkeitsverfahren nicht nachgewiesen wurde, dass dem Publikum in Deutschland dieser Begriff als Bezeichnung eines Ortes bekannt ist, weil er lediglich einen Gewerbepark in Frankfurt-Fechenheim benennt[662]. *Compton* wiederum ist eine *Kleinstadt* in der Nähe von Los Angeles (USA), die eng mit der Entstehung einer bestimmten Kategorie von Rap-Musik, dem *Gangsta-Rap*, an der Westküste der USA am Ende der 80er und zu Beginn der 90er Jahre *verbunden* ist. Zum Anmeldezeitpunkt der angegriffenen Wort- und Bildmarken *COMPTON*, etwa ein Vierteljahrhundert später, *reicht* jedoch selbst innerhalb des *kleinen Teils des Verkehrs*, der sich für Street Fashion interessiert und über besondere Kenntnisse der Hip-Hop-Kultur und der Rap-Musik verfügt, ihre *Bedeutung allein nicht aus*, um anzunehmen, dass diese *Stadt* über den kleinen Kreis der am Gangsta-Rap interessierten Personen hinaus *bekannt* war, so dass die angegriffene Marke für Bekleidung *nicht beschreibend* ist[663]. 671

658 EuG, 27.04.2016, T-89/15 – NIAGARA, Rn 23–38.

659 EuG, 18.10.2016, T-776/15 – MEISSEN KERAMIK.

660 EuG, 06.10.2017, T-878/16 – KARELIA.

661 EuG, 18.11.2015, T-659/14 – PORT CHARLOTTE, Rn 106, 107; bestätigt durch EuGH, 14.09.2017, C-56/16 P (Insoweit jedoch nicht Gegenstand des Verfahrens).

662 EuG, 23.11.2022, T-701/21 – CASSELLAPARK.

663 EuG, 28.02.2024, T-746/22 und T-747/22 – COMPTON und Compton. Ein Bekleidungsstil wie »Street fashion« stellt ein bloßes Merkmal der betr Waren dar und ist folglich für die Definition einer spezifischen Untergruppe innerhalb dieser unerheblich. Selbst wenn sich Street-Fashion-Artikel an ein spezialisiertes Publikum richten und in speziellen Geschäften oder eigenen Abteilungen verkauft würden, ist dies für die Definition einer selbständigen Warenuntergruppe nicht relevant und kann nur bei der Definition des maßgeblichen Verkehrs berücksichtigt werden; Rn 38–48.

672 Soweit dagegen aber *Cloppenburg*[664] für DL des Einzelhandels und *PORT LOUIS*[665] ua für Bekleidung und Textilien vom EuG Schutz gewährt wurde, lag das an der zu pauschalen und damit unvollständigen Beurteilung der relevanten Verkehrskreise sowie der fehlenden Berücksichtigung des zukünftigen Freihaltungsbedürfnisses im Hinblick auf die beanspruchten Waren und DL seitens des Gerichts. Diese Urteile sind daher nicht maßgeblich, weil sie den *Vorgaben des EuGH* im Chiemsee-Urteil[666] *widersprechen*, wonach an dem als Marke beanspruchten Ort nicht zwingend die begehrten Waren oder DL hergestellt oder erbracht werden müssen, sondern eben gerade auch geografischen Angaben der Schutz fehlt, die die Vorlieben der Verbraucher in anderer Weise, wie zB durch das Hervorrufen einer positiv besetzten Vorstellung beeinflussen können.

673 Entspr. *vorsichtig zu beurteilen* ist auch das EuGH-Urteil, mit dem die Zurückweisung des Nichtigkeitsantrags gegen die für zahlreiche Waren und DL geschützte Marke *NEUSCHWANSTEIN* bestätigt wurde[667]. Hier hatte sich der EuGH einerseits an die unzureichenden Tatsachenfeststellungen des EuG gebunden gefühlt, wonach Neuschwanstein ein erfundener und origineller Name sei und das gleichnamige bayerische Schloss in der Gemeinde Schwangau nicht als geografischer Ort angesehen werden könne, sondern vor allem ein musealer Ort sei, obwohl schon sehr zweifelhaft ist, ob diese Einordnung nicht doch eine von ihm überprüfbare Rechtsfrage ist. Zum anderen weisen nach seiner Ansicht die angegriffenen, für den täglichen Gebrauch bestimmten Waren und DL keine besonderen Merkmale oder speziellen Eigenschaften auf, für die das Schloss Neuschwanstein traditionell bekannt ist und bei denen es wahrscheinlich ist, dass die maßgeblichen Verkehrskreise annehmen könnten, dass sie von diesem Ort stammen oder dort hergestellt oder erbracht werden. Dass einer Ware die Funktion als *Souvenir* zugedacht wird, ist seiner Auffassung nach *kein objektives*, ihrem Wesen innewohnendes *Merkmal*, da diese Funktion vom freien Willen des Käufers abhängt und allein an seinen Intentionen ausgerichtet ist. Dies gibt zu Zweifeln Anlass, werden doch bestimmte Artikel, wie zB Messer, Schmuck, Schirme, Taschen, Tassen, Schals oder T-Shirts, regelmäßig mit Aufprägungen entspr Ortsbe-

---

664 EuG, 25.10.2005, T-379/03 – Cloppenburg. Insb war hier bereits die begehrte DL nach dem PRAKTIKER-Urteil des EuGH (07.07.2005, C-418/02) mangels Konkretisierung so pauschal nicht mehr zulässig.

665 EuG, 15.10.2008, T-230/06 – PORT LOUIS. Angesichts der großen touristischen Bedeutung von Mauritius wurden die noch relevanten Verkehrskreise mit näherer Ortskenntnis nicht angemessen berücksichtigt.

666 EuGH, 04.05.1999, C-108/97 und C-109/97 – Chiemsee, Rn 26–37.

667 EuGH, 06.09.2018, C-488/16 P – NEUSCHWANSTEIN, Rn 29, 30, 42–46, 50, mit dem der EuG, 05.07.2016, T-167/15 – NEUSCHWANSTEIN, Rn 26–31; (s. 3. Aufl. Rn 629) bestätigt wurde. Zu folgen ist jedoch der Erkenntnis des EuGH, wonach der bloße Umstand, dass die betr Waren und DL an einem bestimmten Ort angeboten werden, keine für ihre geografische Herkunft beschreibende Angabe darstellen kann, da der Ort ihres Verkaufs als solcher nicht geeignet ist, eigene Merkmale, Beschaffenheiten oder Besonderheiten zu bezeichnen, die – wie ein Handwerk, eine Tradition oder ein Klima, die einen bestimmten Ort kennzeichnen – mit ihrer geografischen Herkunft verbunden sind.

zeichnungen als Souvenirs vermarket. Souvenirs generell ein objektives, ihrem Wesen innewohnendes Merkmal, zu verweigern, erscheint kühn. Und schließlich hat der EuGH die Aussage des *Chiemsee*-Urteils nicht hinreichend berücksichtigt, wonach eben gerade auch geografischen Angaben der Schutz fehlt, die die Vorlieben der Verbraucher durch das Hervorrufen einer positiv besetzten Vorstellung beeinflussen können, was bei dem Namen eines weltberühmten touristischen Zentrums als Erinnerungsort sicher der Fall ist. Angesichts dessen handelt es sich bei diesem EuGH-Urteil wegen der von ihm nicht überprüften unzureichenden Ausgangsfeststellungen um eine Einzelfall- und keine Grundsatzentscheidung, die die von ihm ausdrücklich bestätigten Chiemsee-Kriterien in Frage zu stellen vermöchte.

Mit der Zurückweisung von *ST ANDREWS*[668] für ua Organisation von Veranstaltungen und Veröffentlichung von Büchern hat jedoch das *EuG seine stRspr fortgeführt*, wonach Anmeldungen, die vom angesprochenen Publikum als klare und eindeutige Angabe der geografischen Herkunft der beanspruchten Waren und DL wahrgenommen werden, beschreibend und nicht schutzfähig sind. Die Stadt St. Andrews in Schottland ist nämlich für den Golfsport berühmt und bei Golfprofis und -enthusiasten sehr bekannt. Auch die ua für Pharmazeutika, Salze und Küchengeräte beanspruchte Bildmarke *Bad Reichenhaller Alpensaline* wurde ebenso wie das Bildzeichen *UNITED STATES SEAFOODS* für Fisch und Fischfilets vom EuG als beschreibend angesehen, woran selbst die grafischen Elemente nicht änderten, die diesen Charakter vielmehr durch eine blau-weiße Raute und die Darstellung eines Salzkristalls bzw eines Designs der US-Flagge in den Konturen von Alaska noch verstärkten[669]. Weiter zurückgewiesen wurden die Anmeldungen *BLACK IRISH* für heiße Schokolade, Bier und alkoholische Getränke[670] sowie *DEUTZER HAFEN* für ua Immobilien-, finanzielle Beratung, Bau-DL und baurechtliche Planung[671]. 674

Letztlich hatte auch der EuGH noch die Zurückweisung der ua für Bezug, Transport, Verteilung von Energie beanspruchten Anmeldungen *berlinGas* und *berlinWärme* als in der Werbesprache übliche Zusammenfassung von Orts- und Warenangabe bestätigt[672]. Gelöscht wurde die für Münzen (nicht für Zahlungszwecke), Trink-, Weingläser und Poliertücher eingetragene Bildmarke *Sw Sophienwald*, weil das Gebiet rund um den Sophienwald spätestens seit Anfang des 19. Jahrhunderts wegen der dort ansässigen Glasfabriken und Glashütten für die Glaskunst bekanntermaßen für das 675

668 EuG, 20.11.2018, T-790/17 – ST ANDREWS, Rn 29, 30, 34–41.

669 EuG, 19.12.2019, T-69/19 – Bad Reichenhaller Alpensaline; und EuG, 17.10.2019, T-10/19 – UNITED STATES SEAFOODS.

670 EuG, 14.09.2022, T-498/21 – BLACK IRISH, weil diese Angabe lediglich über Farbe und geografische Herkunft der Waren informiert.

671 EuG, 17.05.2023, T-656/22 – DEUTZER HAFEN, da der Hafen von Deutz über die Region Köln/Bonn hinaus bekannt ist; ebenso EuG, 17.05.2023, T-657/22 – DEUTZER HAFEN KÖLN.

672 EuG, 20.09.2017, T-402/16 – berlinGas; und T-719/16 – berlinWärme; bestätigt durch EuGH, 31.05.2018, C-656/17 P und C-655/17 P.

österreichische Publikum von besonderer Bedeutung ist[673]. Dasselbe gilt auch für die für Gesundheits- und Schönheitspflege eingetragene Marke *Acapulco*, da es sich um ein in der Union bekanntes internationales Reiseziel in Mexiko handelt[674].

676 Aufgehoben hat das EuG jedoch in Konsequenz des *NEUSCHWANSTEIN*-Urteils des EuGH die Zurückweisung der Anmeldung *WINDSOR-CASTLE* für ua Kaffee, Tee und Backwaren wegen fehlender Unterscheidungskraft. Zwar weist die Bezeichnung auf das berühmte Schloss der britischen Monarchen hin, der Vertriebsort der Waren ist aber kein relevantes Kriterium, da er als solcher nicht geeignet ist, deren Merkmale, Beschaffenheiten oder Besonderheiten zu bezeichnen. Unerheblich ist auch der Umstand, dass diese Waren bei einer Besichtigung des Schlosses als Souvenir verkauft werden können. Zudem ist nicht ersichtlich, dass die Anmeldung eine Werbebotschaft oder Reklame für sie enthält[675].

676.1 Die Marke *Hinterland* ist *nicht beschreibend* und es fehlt ihr auch nicht jegliche Unterscheidungskraft in Bezug auf ua Spirituosen. Der Begriff bezeichnet zwar ein um einen zentralen Ort herum oder hinter einer wichtigen Grenzlinie liegendes Land (besonders in seiner geografischen, verkehrsmäßigen, wirtschaftlichen, kulturellen, politischen oder militärischen Abhängigkeitsbeziehung zu diesem Ort, zu dieser Linie) und ist mit derselben Bedeutung in die englische und die französische Sprache eingegangen. Er definiert aber weder einen bestimmten geografischen Punkt noch ein bestimmtes geografisches Gebiet[676].

9. Bild-, dreidimensionale und andere Marken

677 Das Eintragungshindernis der beschreibenden Angabe ist nicht nur auf Wortzeichen, sondern *auf alle Markenformen anzuwenden*, zumal diese Vorschrift hinreichend offen ist, um eine Vielzahl unterschiedlicher Markenformen zu erfassen, einschl *dreidimensionaler*[677].

---

673 EuG, 03.07.2024, T-597/22 – Sw Sophienwald.

674 EuG, 13.06.2024, T-274/23 – Acapulco.

675 EuG, 24.03.2021, T-93/20 – WINDSOR-CASTLE. Soweit das EUIPO erstmals vor dem EuG anführt, die von der Anmeldung vermittelte positive Botschaft hänge mit einem gewissen Lebensgefühl zusammen, das insb mit der ursprünglich vom britischen Königshaus stammenden Tradition des Nachmittagstees in Verbindung gebracht werde, kann aber dieser neue, in der angefochtenen Entscheidung nicht enthaltene Gesichtspunkt deren Begründung nicht ergänzen und die Beurteilung ihrer Gültigkeit nicht beeinflussen. Dies zeigt bereits, dass die Prüfung der BK unvollständig war, zumal sie auch den beschreibenden Charakter nicht beurteilt hatte, was ggf noch nachzuholen ist, worauf das EuG ausdrücklich hingewiesen hat.

676 EuG, 04.09.2024, T-470/23 – Hinterland. .

677 S.a. GMitt KP11, Neue Markenformen: Prüfung auf formale Anforderungen und Schutzhindernisse, April 2021, Kap. B 4, Neue Markenformen, die zur Beschreibung der Waren bzw DL oder ihrer Merkmale dienen können.

Dies gilt zB auch für Kollektiv-, Kombinations- oder Bildmarken[678]. Beschreibend sind somit Bildmarken, die überwiegend aus einem Wortelement und nur untergeordnet aus einem einfachen, wenig auffälligen grafischen Zusatz ohne fantasievolle Gestaltung oder Kombination bestehen, insb einer nicht unüblichen Schreibweise, Typografie oder der Standardversion von Textverarbeitungsprogrammen. 678

So wurden zB die *Bildmarken Yogurt-Gums* für Süß- und Zuckerwaren, mit Ausnahme von Kaugummi[679], *Choice chocolate & ice cream* für Süßwaren und Schokolade[680], *100 % Pfalz* für Obst und Gemüse sowie Handel damit[681], *PERLE‹* für Weine[682] und *STONE* in einer üblichen Schriftform, deren Farbe und Struktur eine Granitoberfläche (Felswand) imitieren, was unterstreicht, dass die Anmeldung sich auf Stein bezieht, also bzgl Messer, Besteck, Töpfe, Pfannen, Bräter und Glasdeckel hierfür auf aus Stein bestehende, damit beschichtete oder dekorierte Waren[683] zurückgewiesen. 679

Das galt auch bei *natural beauty* für Kosmetika[684], *EFEKT PERLENIA* (polnisch für perlender Effekt) ua für chemische Produkte, Farben und Baustoffe[685], *SAFELOAD* für Führungsschienen, Spannverschlüsse, Landfahrzeuge und deren Anhänger[686], *>packaging* für Papierwaren, Verpackungsmaterial[687], *BIG PAD* für integrierte, interaktive Whiteboards, Flüssigkristallbildschirme[688], *TRIPLE BONUS* ua für Computer(-programme), Spiele und Vergnügungsparks[689], *WORLD OF BINGO* sowohl als Wort- wie auch als Bildmarke für Computer, Hard- und Software, insb für Bingohallen, Spielautomaten[690], *ReValue* für Werbung, Unternehmensverwaltung, Finanz-, Immobilienwesen sowie wissenschaftliche und technologische DL[691], *3D* für endoskopische Videosysteme mit 3D-Prozessoren[692] und *TurboPerformance* für ua Software, Wartung von Fahrzeugen, technologische Dienste, da der beschreibende Charakter noch verstärkt wird durch den Bildbestandteil, nämlich eine schematische Darstellung eines 680

678 EuGH, 08.04.2003, C-53–55/01 – Gabelstapler/Rado-Uhren/Stabtaschenlampen, Rn 66, 69, 70, 73–75.
679 EuG, 15.05.2014, T-366/12 – Yogurt-Gums.
680 EuG, 12.04.2016, T-361/15 – Choice chocolate & ice cream.
681 EuG, 26.04.2018, T-220/17 – 100 % Pfalz.
682 EuG, 01.02.2013, T-104/11 – PERLE‹.
683 EuG, 31.05.2016, T-454/14 – STONE.
684 EuG, 11.07.2012, T-559/10 – natural beauty, Rn 25–27.
685 EuG, 12.05.2016, T-298/15 – EFEKT PERLENIA.
686 EuG, 09.06.2010, T-315/09 – SAFELOAD, Rn 26, da schwarz-weiß schraffierten Buchstaben und eine Schreibweise in Großbuchstaben und Schrägschrift banale grafische Stilmittel sind, die nicht von der beschreibenden Botschaft der Wortfolge ablenken können.
687 EuG, 08.09.2010, T-64/09 – >packaging, Rn 41, 42.
688 EuG, 07.05.2014, T-567/13 – BIG PAD.
689 EuG, 14.01.2016, T-318/15 – TRIPLE BONUS.
690 EuG, 20.11.2015, T-203/15 und T-202/15 – WORLD OF BINGO.
691 EuG, 28.06.2011, T-487/09 – ReValue, Rn 36–40.
692 EuG, 17.12.2015, T-79/15 – 3D.

Drehzahlmessers mit der Zeigerposition im äußersten rechten und dunklen Bereich, um anzugeben, dass die Höchstwerte fast erreicht sind[693].

681 Ebenso wenig schutzfähig waren die Bild-/Wortkombination *MELT WATER Original* für Bier und Mineralwässer mit ihrer Bedeutung von »Originalschmelzwasser«, vor allem vom Gletscher[694], sowie zahlreiche *Rundsiegel* mit beschreibenden Inhaltsangaben, wie zB *BIO organic, BIO PROTEINREICHER PFLANZENKOMPLEX AUS EIGENER HERSTELLUNG* und *BIO MIT PFLANZENFLUID AUS EIGENER HERSTELLUNG* für ua Kosmetika und pharmazeutische Erzeugnisse[695].

682 Zurückgewiesen hat das EuG zudem die Bildanmeldung *ring* ua für Türklingeln, Bewegungsmelder und Überwachungsgeräte, da dieses Wort im Englischen darüber informiert, dass diese Waren ein System enthalten, um einen deutlichen resonanten oder vibrierenden *Klang zu erzeugen*. Dies stellt eine Bestimmungsangabe dar, weil der Zweck der fraglichen Waren darin besteht, ua die Überwachung des Innen- und Außenbereichs von Wohnungen, Einzelhandelsgeschäften oder Büros zu ermöglichen[696].

683 Jedoch selbst ausschließlichen Bildmarken, nämlich den mittels einer Silhouette stilisierten bildlichen Darstellungen eines *Hundes* und eines *Pferdes* ua für Lederwaren und Futtermittel, eines *Pferdekopfes* für Bekleidung und Lederwaren, insb zur Verwendung beim Reiten oder im Zusammenhang mit Pferden, sowie eines *Bodybuilders* für Nahrungsergänzungsmittel, Bekleidung und Online-Einzelhandel damit wurde als beschreibenden Bestimmungsangaben der Schutz versagt[697].

684

Abb. 4

685 *Dagegen* war die schlichte Bildanmeldung von *fluo.* für Mobiltelefone, digitale Tabletts und Fernseher *erfolgreich*, da der Verkehr keine hinreichend direkte und spezifische Beziehung zwischen der Abkürzung von fluoreszierend und den fraglichen Waren herstellen wird[698]. Ebenso scheiterte der Nichtigkeitsantrag gegen die für wasserdichte

693 EuG, 11.07.2019, T-349/18 – TurboPerformance; Rechtsmittel nicht zugelassen, EuGH, 19.12.2019, C-696/19 P.

694 EuG, 14.01.2015, T-69/14 – MELT WATER Original.

695 EuG, 10.09.2015, T-610/14, T-571/14 und T-570/14 – BIO organic ua, Rn 17–24. Dasselbe galt für diese Angaben in anderen Sprachen; T-30/14, T-568/14, T-569/14, T-572/14, T-608/14 und T-609/14.

696 EuG, 19.12.2019, T-270/19 – ring.

697 EuG, 08.07.2010, T-385/08 und T-386/08 – Hundebild, Pferdebild; EuG, 26.09.2017, T-717/16 – Pferdekopfsilhouette; EuG, 29.09.2016, T-335/15 – Bodybuilder.

698 EuG, 11.10.2018, T-120/17 – fluo.

Uhren geschützte einfach gestaltete Bildmarke *AMPHIBIAN*, weil dieser Begriff mit Amphibienfahrzeugen in Verbindung gebracht wird, aber nicht mit Uhren, für die »waterproof« (wasserdicht) gebräuchlich ist[699]. Selbst die Bildmarke *MONTANA* ist damit für Möbel, Einzelhandel, Reparatur und Architektur als beschreibende Angabe zu unkonkret und wird nicht mit dem US-Bundestaat Montana und seine Wälder in Verbindung gebracht[700]. Weiter war der Nichtigkeitsantrag gegen die Bildmarke *BODYSECRETS* erfolglos, weil diese Wörter in ihrer üblichen Bedeutung nicht lobend sind und sich nicht auf eine höhere Qualität beziehen, so dass dieser Ausdruck von den maßgeblichen Verkehrskreisen nicht als Werbeformel für Kosmetika, Desinfektionsmittel, Bekleidung aufgefasst wird[701].

Dasselbe galt für die Bildmarke *AIRSCREEN*, da nichts darauf hindeutet, dass diese – **686** jedenfalls zum Anmeldezeitpunkt im Jahr 2003 – als Bezeichnung für eine »aufblasbare Kinoleinwand« verstanden wurde[702]. Ebenfalls scheiterte ein Nichtigkeitsantrag gegen die ua für zahlreiche elektronische, elektrische Geräte sowie Telekommunikations-, Satelliten- und Unterhaltungs-DL eingetragene Bildmarke *Wi-Fi Powered by The Cloud*, da der Nichtigkeitsantragsteller keine Nachweise erbracht hatte, dass diese in ihrer Gesamtheit vom maßgeblichen Verkehr zum Zeitpunkt der Anmeldung im Jahr 2010 als beschreibend für die Merkmale der angegriffenen Waren und DL aufgefasst worden wäre oder inwieweit der Verkehr alle ihre Elemente unmittelbar und ohne weiteres Nachdenken mit Cloud Computing in Verbindung bringen würde[703].

Weiter konnte sich in einem Nichtigkeitsverfahren eine für Schmuckwaren eingetra- **687** gene Marke behaupten, die durch den dünnen Umriss einer Figur dargestellt wird, die an ihren spezifischen runden und markanten Formen erkennbar ist und als Fantasiegebilde, aber auch als Silhouette eines *Teddybären* interpretiert werden kann, was aber eine gewisse Vorstellungskraft seitens der Verbraucher erfordert, zumal die angegriffene Form in keinem Zusammenhang mit den relevanten Waren, nämlich Schmuckstücken, steht[704].

688

Abb. 5

699 EuG, 04.04.2017, T-215/16 – AMPHIBIAN.

700 EuG, 02.06.2021, T-854/19 bis T-856/19 – MONTANA; Rechtsmittel nicht zugelassen, EuGH, 08.12.2021, C-473/21 P bis C-475 P.

701 EuG, 14.07.2021, T-810/19 – BODYSECRETS.

702 EuG, 22.09.2021, T-250/20 – AIRSCREEN. S.a. EuG, 05.10.2022, T-539/21 – airframe.

703 EuG, 23.09.2020, T-738/19 – Wi-Fi Powered by The Cloud.

704 EuG, 26.07.2023, T-591/21 – Umriss eines Bären I; Rechtsmittel nicht zugelassen, EuGH, 02.02.2024, C-597/23 P.

689 Schließlich wurde die Anmeldung der *dreidimensionalen Form* einer *Blume* für Seifen, Toilettenartikel und Kerzen zurückgewiesen. Zwar gibt die Anmeldung nicht die Art der dargestellten Blume an, jedoch ist eine Blume auch durch ihren *Duft* gekennzeichnet. Der maßgebliche Verkehr wird daher die beanspruchten Waren mit einem *blumigen Duft* in Verbindung bringen, zumal Waren wie Kerzen und Seifen im Allgemeinen dadurch charakterisiert werden können, was eine *Wareneigenschaft* darstellt. Selbst ein möglicher dekorativer Charakter der Marke hindert sie nicht daran, auch ein anderes Merkmal der betr Waren zu bezeichnen, nämlich ihren Duft[705].

V. Fehlende Unterscheidungskraft

690 Die Unterscheidungskraft einer Marke ist zum einen im Hinblick auf die *Waren oder DL*, für die sie angemeldet worden ist, und zum anderen im Hinblick auf die Anschauung der *maßgeblichen Verkehrskreise* zu beurteilen[706].

691 Die Marke muss einen *betrieblichen Herkunftshinweis* darstellen, also die Garantie einer bestimmten *Ursprungsidentität* bieten, um gemäß Art. 7 Abs. 1b UMV eintragungsfähig zu sein. Der Verbraucher kann erwarten, dass die Herstellung der mit der Marke gekennzeichneten Ware unter Kontrolle eines einzigen Unternehmens erfolgt ist.

692 Bei der Beurteilung ist jeweils das beanspruchte Zeichen in seiner *Gesamtheit* unter Berücksichtigung der Auffassung der beteiligten Verkehrskreise zu betrachten. Rein beschreibende Angaben bedürfen eines ganz besonders fantasievollen, zB grafischen Zusatzes, um als unterscheidungskräftig angesehen werden zu können.

693 Für die Eintragungsfähigkeit ist jedoch lediglich ein *Minimum* an Unterscheidungskraft erforderlich[707].

1. Allgemeininteresse

694 In Anbetracht des Umfangs des einer Marke durch die UMV verliehenen Schutzes gehen das *Allgemeininteresse*, das Art. 7 Abs. 1b UMV zugrunde liegt, und die wesentliche Funktion der Marke, die darin besteht, dem Verbraucher oder Endabnehmer die *Ursprungsidentität* der durch die Marke gekennzeichneten Ware oder DL zu garantieren, um diese ohne Verwechslungsgefahr von denjenigen anderer Herkunft zu unterscheiden, offensichtlich ineinander über. Somit geht das Allgemeininteresse bei der Beurteilung der Unterscheidungskraft restlos in der Ursprungsgarantiefunktion der Marke auf und unter[708].

---

705 EuG, 12.12.2019, T-747/18 – Blume, Rn 66–74; Rechtsmittel nicht zugelassen, EuGH, 04.06.2020, C-72/20 P.

706 EuGH, 22.06.2006, C-25/05 P – Goldfarbene Bonbonverpackung (Werther's Wicklerform), Rn 25; EuGH, 29.04.2004, C-456, 457, 468–474/01 P – Tabs I, II und III, Rn 35; EuGH, 08.05.2008, C-304/06 P – EUROHYPO, Rn 67; EuGH, 09.09.2010, C-265/09 P – Bildmarke α, Rn 32.

707 EuGH, 21.01.2010, C-398/08 P – Vorsprung durch Technik, Rn 39.

708 EuGH, 16.09.2004, C-329/02 P – SAT. 2, Rn 25, 27.

2. Prüfungsgrundsätze

Zwar entbehrt eine Marke in Bezug auf bestimmte Waren oder DL allein deshalb 695 nicht der Unterscheidungskraft, weil sie diese *nicht beschreibt* oder weil sie die Merkmale *anderer* Waren oder DL *beschreibt.* Jedoch *fehlt* einer Marke, die Merkmale von Waren oder DL *beschreibt, zwangsläufig* insoweit die *Unterscheidungskraft.*

Einer Marke kann jedoch die Unterscheidungskraft in Bezug auf Waren oder DL 696 auch aus *anderen Gründen* als ihrem etwaigen beschreibenden Charakter fehlen[709].

Der Unterschied zwischen den *Anwendungsvoraussetzungen* von Art. 7 Abs. 1b und 697 Art. 7 Abs. 1c UMV liegt nicht darin, dass Letzterer im Gegensatz zu Ersterem ein potenzielles Element aufwiese (nämlich die Geeignetheit zur Beschreibung), sondern im Umfang ihres Anwendungsbereichs.

Daher genügt bereits die *bloße Möglichkeit oder Wahrscheinlichkeit einer nicht unter-* 698 *scheidungskräftigen Verwendung* der fraglichen Marke, um ihre Unterscheidungskraft abzulehnen. Art. 7 Abs. 1b UMV kann nämlich nicht dahin ausgelegt werden, dass er das EUIPO verpflichtet, die ihm obliegende konkrete Prüfung der Unterscheidungskraft auf andere Verwendungen der Anmeldung zu erstrecken als diejenige, die es mit Hilfe seiner Sachkunde auf diesem Gebiet als die wahrscheinlichste erkennt[710]. So kann das EuG zu Recht das Kriterium der möglichen – und nicht wenig wahrscheinlichen – Verwendung eines Zeichens als Oberflächenmuster heranziehen, um die Rspr des EuGH zu dreidimensionalen Marken, die mit dem Erscheinungsbild der Waren verschmelzen, anzuwenden[711].

Die Unterscheidungskraft ist also unter Berücksichtigung aller relevanten Tatsachen 699 und Umstände, einschl sämtlicher *wahrscheinlicher Verwendungsarten* der Anmeldung, zu prüfen, also solcher, die *im Rahmen der Branchenüblichkeit praktisch bedeutsam* sein können. Dabei sind Verwendungsarten, die in der betr Branche zwar denkbar, aber praktisch nicht bedeutsam sind und somit wenig wahrscheinlich erscheinen, als irrelevant einzustufen, es sei denn, dass im Einzelfall konkrete Anhaltspunkte eine in dieser Branche *unübliche Verwendungsart wahrscheinlich* machen[712].

---

709 EuGH, 12.02.2004, C-363/99 – Postkantoor, Rn 70, 74, 86.

710 EuGH, 26.04.2012, C-307/11 P – Winkel (Deichmann), Rn 33, 48, 55, 57.

711 EuGH, 13.09.2018, C-26/17 P – Sich kreuzende Wellenlinien (Birkenstock), Rn 40–43. Aus dem Wesen eines Zeichens, das aus einer sich wiederholenden Sequenz von Bestandteilen zusammengesetzt ist, folgt eine Wahrscheinlichkeit, als Oberflächenmuster verwendet zu werden und damit mit dem Erscheinungsbild der betr Waren zu verschmelzen.

712 EuGH, 12.09.2019, C-541/18 – #darferdas, Rn 40–43. Mit diesem auf Vorlage des BGH (21.06.2018, I ZB 61/17.) ergangenen Urteil dürfte die Diskrepanz zwischen der Rspr des EuGH und der bisherigen Spruchpraxis des BGH aufgelöst sein, der für die Unterscheidungskraft bereits ausreichen lassen wollte, dass es nicht theoretisch denkbare, sondern praktisch bedeutsame und nahe liegende Einsatzmöglichkeiten des Zeichens gebe, die vom Verkehr ohne weiteres als markenmäßig verstanden würden; BGH, 13.09.2018, I ZB 25/17 – »Pippi Langstrumpf«-Marke II, Rn 22 mwN. Andererseits dürfte es nach

700 Bei der Beurteilung der Unterscheidungskraft einer *zusammengesetzten Marke*, die aus der Kombination verschiedener Elemente besteht, ist auf die *Gesamtwahrnehmung* durch den Durchschnittsverbraucher abzustellen und nicht auf die Vermutung, dass Bestandteile, die isoliert betrachtet nicht unterscheidungskräftig sind, auch im Falle ihrer Kombination nicht unterscheidungskräftig werden können[713].

3. Wortmarken, Buchstaben und Zahlen

701 Die Beurteilung von Unterscheidungskraft macht bei *Wortmarken* regelmäßig keine großen Probleme, da es immer auf den *Gesamteindruck* ankommt[714]. Eine Wortmarke kann in allen üblichen Schreibweisen wiedergegeben werden. Durch die Verwendung einer verbreiteten Schrifttype, zB HELVETICA, wird kein Bild- oder sonstiges Element geschaffen, aufgrund dessen sich ein Zeichen insb im Hinblick auf seinen Verwendungszweck von einer bloßen Wortmarke abheben könnte, auch wenn es als »sonstige Marke« mit dem Zusatz »Schriftzug« angemeldet wurde[715].

702 So kann *Buchstaben* und *Zahlen*[716] oder ihren Kombinationen nicht bereits von sich aus die Unterscheidungskraft abgesprochen werden. Das gilt selbst für Einzelbuchstaben, die ebenfalls konkret in Bezug auf jede beanspruchte Ware und DL zu prüfen sind. Keinesfalls darf das EUIPO sich ohne schlüssige Begründung auf Annahmen, Mutmaßungen oder bloße Zweifel berufen. Das Erfordernis der konkreten Prüfung der absoluten Eintragungshindernisse von Amts wegen kann nämlich weder zum Nachteil des Anmelders relativiert noch umgekehrt werden[717].

703 Selbst häufig gebrauchte *Personennamen* sind unterscheidungskräftig, da für diese keine strengeren allgemeinen Beurteilungskriterien angewandt werden zB durch Beschränkung auf eine im Voraus festgesetzte Zahl von Personen mit demselben Namen, bei deren Überschreitung der Name als keine Unterscheidungskraft besitzend angesehen werden könnte, oder durch Beschränkung auf eine bestimmte Zahl von Unternehmen, die Waren oder DL der gleichen Art, wie die in der Anmeldung beanspruchten,

---

diesem EuGH-Urteil nicht mehr darauf ankommen, dass nur eine rein theoretische Möglichkeit der nicht unterscheidungskräftigen Verwendung besteht.

713 EuGH, 30.06.2005, C-286/04 P – Mexikanische Corona-Bierflasche, Rn 26; EuG, 15.03.2006, T-129/04 – Develey-Kunststoffflasche; bestätigt durch EuGH, 25.10.2007, C-238/06.

714 Die Internetseite des EUIPO enthält in der Rubrik BK Rechercheberichte zur Rspr der BK zur fehlenden Unterscheidungskraft von geografischen Angaben; https://www.euipo.europa.eu/de/the-office/boards-of-appeal/publications/research-reports.

715 EuG, 05.12.2000, T-32/00 – electronica, Rn 30–325.

716 BK, 02.05.2023, R 1967/22-1 – 0 1 2 3 4 5 6 7 8 9 10 11 12 13 14 15 16 17 18 19 20 21 22 23. Jedoch fehlt einer schlichten Bildmarke, die nur aus einer Reihenfolge von Zahlen besteht, jegliche Unterscheidungskraft.

717 EuGH, 09.09.2010, C-265/09 P – Bildmarke α, Rn 45–47; EuG, 13.06.2007, T-441/05 – Bildmarke I (von der BK jedoch am 28.05.2008 erneut mangels Unterscheidungskraft rechtskräftig zurückgewiesen, R 559/04–1).

vertreiben oder durch den Ausschluss von in einem Gewerbebereich häufig verwendeten Nachnamen[718].

Da neben dem *bildlichen* auch auf den *klanglichen Eindruck* abzustellen ist, konnte **704**
ANEW ALTERNATIVE hinsichtlich von Kosmetikartikeln keine Unterscheidungskraft zuerkannt werden, weil die Zusammenschreibung von »anew« normalerweise akustisch nicht hörbar ist[719]. Dementspr musste auch *BigXtra* der Schutz für eine Anzahl von Waren und DL versagt werden, da es in der englischen Sprache üblich ist, »extra« durch die Kurzform »Xtra«, das ebenso ausgesprochen wird, abzukürzen und das große Binnen-X den Effekt einer Aneinanderreihung ohne Zwischenräume vollständig neutralisiert[720].

Dasselbe gilt selbst bei Spezialverkehrskreisen der klinischen Forschung auch für die **705**
falsche Schreibweise eines rein anpreisenden und werbenden Begriffs, wie *RELY-ABLE* (reliable als zuverlässig, sicher, erprobt)[721]. *Pianissimo* wird in Bezug auf ua Motoren, Pumpen, Wasch- und Reinigungsmaschinen nur dahingehend verstanden, dass diese Geräte sehr leise oder geräuschlos funktionieren[722]. Und *Premiere* wird vom französischsprachigen Verkehr ausschließlich als Hinweis auf die erstklassige Qualität oder Premium-Eigenschaft der zahlreichen beanspruchten Waren und DL aufgefasst[723].

Wegen ihres rein anpreisenden und lobenden Charakters gilt dasselbe weiter zB bei **706**
ULTRA für Bier[724], bei *ULTRARANGE* für Bekleidung[725], bei *FREE* für Waren und DL zu Schlankheitskuren, Lebensmitteln und Getränken[726], bei *fit + fun* für veterinärmedizinische Nahrungsergänzungsmittel[727] und bei *ROMANTIK* für Reiseveranstaltungen[728].

Unterscheidungskraft fehlt auch *Begriffen* und *Abkürzungen*, die – ohne beschreibend **707**
zu sein – lediglich über die Natur oder die Bestimmung der beanspruchten Waren und DL informieren, so zB bei *medi* über den Bezug zu medizinischen oder Heilzwecken[729].

718 EuGH, 16.09.2004, C-404/02 – Nichols, Rn 23–31.
719 EuG, 26.11.2008, T-184/07 – ANEW ALTERNATIVE, Rn 24–26.
720 EuG, 21.03.2014, T-81/13 – BigXtra, Rn 27–41; bestätigt durch EuGH EuGH, 11.12.2014, C-253/14 P.
721 EuG, 30.04.2013, T-640/11 – RELY-ABLE, Rn 20–24.
722 EuG, 21.01.2015, T-11/14 – Pianissimo.
723 EuG, 19.06.2019, T-479/18 – Premiere, Rn 32–35.
724 EuG, 12.06.2024, T-170/23 – ULTRA, zumal die bildliche Gestaltung banal ist.
725 EuG, 15.10.2019, T-434/18 – ULTRARANGE.
726 EuG, 12.07.2019, T-113/18 und T-114/18 – FREE.
727 EuG, 13.12.2018, T-94/18 – fit + fun.
728 EuG, 25.04.2018, T-213/17 – ROMANTIK; bestätigt durch EuGH, 03.10.2018, C-411/18 P.
729 EuG, 12.07.2012, T-470/09 – medi, Rn 25, 36; bestätigt durch EuGH, 16.10.2013, C-410/12 P. Die Anmeldung steht als Abkürzung für »medicine« und bildet den Stamm oder den wesentlichen Bestandteil einer Vielzahl von Wörtern, die mit dem medizinischen Bereich verbunden sind. Sie wird also von den maßgeblichen englischsprachigen

708 Ebenso wenig konnte die Aufforderung *SUBSCRIBE* für Computersoftware, Bücher und Computerdienste geschützt werden, da diese alle im Wege eines Abonnements erworben werden können[730].

709 Dasselbe gilt auch für Begriffe der *Umgangssprache* oder aus dem Netzjargon, wie zB *XOXO*, das bei einem jugendlichen Publikum für Umarmungen und Küsse steht, in Bezug auf Schönheitspflegemittel, Schmuckwaren und Bekleidung, die typischerweise bei vielen Gelegenheiten als Geschenk angeboten werden, so dass die Anmeldung nur als eine Werbebotschaft wahrgenommen wird, die Gefühle von Liebe und Zuneigung vermittelt[731].

710 *Dagegen* konnte *MobiPACS* für ua Computersoftware und deren Installation die Unterscheidungskraft nicht abgesprochen werden, weil selbst wenn »mobi« als Kurzform von »mobile« verstanden wird, diese Marke nicht als anpreisender und positiver Werbeslogan angesehen werden kann, da die Abkürzung »pacs«, die auf ein System zur Archivierung und Verwaltung von Bildern in hoher Auflösung (»picture archiving system«) verweist, die die beanspruchten Waren und DL nicht unmittelbar beschreibt[732]. Weiter scheiterte ein Nichtigkeitsantrag gegen die für Aquarienleuchten eingetragene Marke *Wave*, da diesem Begriff an sich die Unterscheidungskraft nicht fehlt, nachdem er mehrere Gedankenschritte erfordert, um einen Zusammenhang zu den Ausdrücken »Welleneffekte« und »Wellenlänge« herzustellen[733]. Ebenso erfolglos war das gegen die für Schreibgeräte einschl Korrekturstifte eingetragene Bildmarke *uni* eingeleitete Nichtigkeitsverfahren, da dieser Begriff als Präfix, wenn er allein verwendet wird, keinerlei Informationen über die fraglichen Waren liefert. Um die Marke als Abkürzung des Wortes »university« auffassen zu können, bedürfte es einer mehrstufigen Denkanstrengung, der sich das Publikum aber regelmäßig nicht unterzieht[734].

4. Slogans und Qualitätshinweise

711 Die *Kriterien für die Beurteilung* der Unterscheidungskraft sind zwar für alle Markenkategorien *dieselben*. So können zB an Slogans keine strengeren Maßstäbe angelegt werden als an sonstige Arten von Zeichen. Für das Erfordernis der Unterscheidungskraft kann zB nicht verlangt werden, dass die Anmeldung fantasievoll sei oder ein begriffliches Spannungsfeld aufweise, das einen Überraschungs- und damit Merkeffekt zur Folge habe[735].

Verkehrskreisen in der Bedeutung »Medizin« oder als Hinweis oder Bezugnahme auf den medizinischen Bereich verstanden.

730 EuG, 15.07.2014, T-404/13 – SUBSCRIBE.

731 EuG, 13.05.2020, T-503/19 – XOXO, Rn 44–53.

732 EuG, 05.06.2019, T-272/18 – MobiPACS.

733 EuG, 23.09.2020, T-869/19 – Wave.

734 EuG, 13.07.2022, T-369/21 – uni.

735 Auf der Internetseite des EUIPO ist in der Rubik *BK* ein Bericht über die Rspr der BK zur Unterscheidungskraft von Slogans veröffentlicht; https://www.euipo.europa.eu/de/the-office/boards-of-appeal/publications/research-reports.

Im Zusammenhang mit der Anwendung dieser Beurteilungskriterien kann sich aber zeigen, dass *nicht jede Markenkategorie* von den maßgeblichen Verkehrskreisen *notwendig in gleicher Weise wahrgenommen* wird, und dass es daher schwieriger sein kann, die Unterscheidungskraft der Marken bestimmter Kategorien nachzuweisen. Die Schwierigkeiten, die wegen der Natur solcher Marken möglicherweise mit der Bestimmung ihrer Unterscheidungskraft verbunden sind und deren Berücksichtigung zulässig ist, rechtfertigen es nicht, besondere Kriterien aufzustellen, die das Kriterium der Unterscheidungskraft ersetzen oder von ihm abweichen. 712

Auch wenn bestimmten Zeichenkategorien schwieriger von vornherein Unterscheidungskraft zuerkannt werden kann, so befreit dies die Markenämter nicht von einer *konkreten Prüfung*[736]. 713

Zwar ist die Eintragung einer Marke, die aus Zeichen oder Angaben besteht, die sonst als *Werbeslogans*, *Qualitätshinweise* oder *Aufforderungen zum Kauf* der beanspruchten Waren oder DL verwendet werden, nicht schon wegen einer solchen Verwendung ausgeschlossen. 714

Jedoch darf die Funktion als Marke, dh die Herkunftsfunktion, gegenüber der Werbefunktion nicht offensichtlich von untergeordneter Bedeutung sein. Denn in einem solchen Fall werden die Durchschnittsverbraucher aus derartigen Slogans gewöhnlich nicht auf die Herkunft der Waren schließen[737]. 715

Zur Aberkennung der Unterscheidungskraft reicht es allein nicht aus, dass eine Marke von den angesprochenen Verkehrskreisen als *Werbeslogan* wahrgenommen wird und dass andere Unternehmen sie sich im Hinblick auf ihren *lobenden Charakter* zu eigen machen könnten. Der *anpreisende Sinn* einer Wortmarke schließt es nicht aus, dass sie geeignet ist, eine Herkunftsfunktion zu erfüllen. Eine solche Marke kann nämlich vom Verkehr gleichzeitig (oder sogar in erster Linie) als *Werbeslogan und* dennoch als *betrieblicher Herkunftshinweis* wahrgenommen werden[738]. 716

Es ist zwar keine notwendige Voraussetzung für die Unterscheidungskraft eines Werbeslogans, dass dieser *mehrere Bedeutungen* haben, ein *Wortspiel* darstellen oder als *fantasievoll, überraschend* und *unerwartet* und damit *merkfähig* aufgefasst werden könnte, diese Merkmale sind aber gleichwohl *geeignet, ihm Unterscheidungskraft zu verleihen.* 717

Soweit Slogans *nicht beschreibend* iSv Art. 7 Abs. 1c UMV sind, können sie eine, und sei es auch einfache *Sachaussage* enthalten und dennoch geeignet sein, den Verbraucher auf die betriebliche Herkunft der fraglichen Waren oder DL hinzuweisen, insb 718

736 EuGH, 09.09.2010, C-265/09 P – Bildmarke α, Rn 34, 37.

737 EuGH, 21.10.2004, C-64/02 P – Das Prinzip der Bequemlichkeit, Rn 31, 32, 34–36, 41. Das HABM hatte versehentlich vor dem EuGH nicht – wie die BK – auf den klar ersichtlichen beschreibenden Charakter dieses Zeichens ua für Polstermöbel abgestellt, sondern nur auf dessen fehlende Unterscheidungskraft.

738 EuGH, 21.01.2010, C-398/08 P – Vorsprung durch Technik, Rn 35–39, 44, 45; mit dem das Urteil des EuG, 09.07.2008, T-70/06 und die zugrunde liegende BK-Entscheidung aufgehoben wurden.

wenn sie nicht nur in einer gewöhnlichen Werbemitteilung bestehen, sondern eine *gewisse Originalität* oder *Prägnanz* aufweisen, ein *Mindestmaß an Interpretationsaufwand* erfordern oder bei den angesprochenen Verkehrskreisen einen *Denkprozess* auslösen[739].

719 Wird ein Zeichen, wie die Bildmarke *BEST BUY*, vom Verbraucher aber *ausschließlich als Hinweis auf das günstige Verhältnis zwischen Qualität und Preis* aufgefasst und darin keinen Hinweis auf die betriebliche Herkunft der fraglichen Waren und DL gesehen, fehlt ihm die Unterscheidungskraft, ohne dass dem EuG der Vorwurf gemacht werden kann, hierbei ein zu strenges Kriterium angewendet zu haben[740].

720

Abb. 6

721 Auch die mit dem Slogan *WIR MACHEN DAS BESONDERE EINFACH* bei zahlreichen Computerwaren konfrontierten spezialisierten Fachkreise werden nicht dazu veranlasst, in dieser Marke über die Werbeaussage hinaus, der zufolge die fraglichen Waren die Ausführung einer komplizierten Aufgabe einfach machen, einen Hinweis auf eine besondere betriebliche Herkunft wahrzunehmen[741].

722 Selbst *executive edition* vermittelt im Handel und im Werbesektor insb für Haushaltsgeräte klar und eindeutig eine anpreisende Aussage oder Werbebotschaft, die dem englischsprachigen Durchschnittsverbraucher signalisiert, dass er sich einer besonderen Warenart mit bestimmten Qualitätsmerkmalen, einer exklusiven Produktlinie oder

739 EuGH, 21.01.2010, C-398/08 P – Vorsprung durch Technik, Rn 47, 57–59. Selbst wenn dieser Slogan eine *Sachaussage.* enthalten sollte, dass die Herstellung und Lieferung besserer Waren und DL durch technische Überlegenheit erreicht wird, könnte ihm dies nicht die Unterscheidungskraft von Haus aus nehmen. Eine solche Aussage, so einfach sie auch wäre, wäre nämlich nicht so gewöhnlich, dass unmittelbar und ohne weitere Prüfung ihre Eignung als betrieblicher Herkunftshinweis ausgeschlossen werden könnte. Zudem geht diese Aussage nicht offenkundig aus dem Slogan hervor. Die Wortfolge lässt zunächst nur einen ursächlichen Zusammenhang erkennen und verlangt vom Publikum einen gewissen Interpretationsaufwand. Zudem weist der Slogan eine gewisse Originalität und Prägnanz auf, die ihn leicht merkfähig machen. Schließlich ist bei einem *berühmten Slogan.* (wie hier), der seit vielen Jahren vom Anmelder verwendet wird, nicht auszuschließen, dass der Umstand, dass die angesprochenen Verkehrskreise daran gewöhnt sind, ihn mit den von diesem Unternehmen hergestellten Autos zu verbinden, es diesem Publikum auch erleichtert, die betriebliche Herkunft zu erkennen. Das letztere Argument ist jedoch systemwidrig, weil es hier um die originäre Unterscheidungskraft geht und nicht die Verkehrsdurchsetzung.

740 EuGH, 13.01.2011, C-92/10 P, Rn 51–53 – BEST BUY.

741 EuGH, 12.07.2012, C-311/11 P – WIR MACHEN DAS BESONDERE EINFACH, Rn 34, 35, 47, 48.

Luxuswaren für anspruchsvollere und gut situierte Verbraucher, gegenüber sieht, die sich von der Standard-, Normal- oder Basisware unterscheidet. Da der Verbraucher diese Bedeutung ohne Interpretationsaufwand erkennt, hat die Marke keinen vagen, unkonkreten, diffusen Begriffsgehalt und weist keinen für das Minimum der Unterscheidungskraft erforderlichen Grad an Originalität oder Prägnanz auf[742].

Nicht unterscheidungskräftig sind somit pure und ausschließliche *Werbeslogans* ohne 723
jedes, ein Unternehmen individualisierendes Moment, wie ua einen Namensbestandteil, oder ohne Originalität oder Prägnanz oder einen sonst merkfähigen Inhalt. Daher wurden zB zurückgewiesen die Anmeldungen von *MEHR FÜR IHR GELD* für ua Waschmittel, Kosmetika, Fleisch, Kaffee[743], *2good* für Süßwaren[744], *THE FUTURE IS PLANT BASED* für ua Nahrungsergänzungsmittel, Backwaren, Kaffee, Kakao[745], *BECAUSE THERE IS NO PLANET B* für ua Kosmetika, Papier-, Lederwaren, Haushaltsbehältnisse, Küchengeräte[746], *PASSION FOR BETTER FOOD* für Pharmazeutika, Lebensmittel und Getränke[747], *Qualität hat Zukunft* für technische Geräte, Papierwaren und Materialbearbeitung[748], *Inspired by efficiency* für technische Waren und Dienste[749], *INNOVATION FOR THE REAL WORLD* für Kfz-Produkte[750], *SAFETY 1ST* für Fahrräder, Fahrzeugsitze, Möbel, Badewannen, Spiel- und Übungsgeräte (jeweils für Kinder)[751], *LIVE RICHLY* sowie *SO WHAT DO I DO WITH MY MONEY* und *INVESTING FOR A NEW WORLD* für verschiedene Finanz- und Investment-DL[752], *Leistung aus Leidenschaft* für ua Werbung, Finanz-, Immobilienwesen, Telekommunikation[753], *BETTER HOMES AND GARDENS* für Finanz- und Immobilien-DL[754] und *SMARTER SCHEDULING* für Business-Management-Systeme[755].

742 EuG, 21.01.2011, T-310/08 – executive edition, Rn 30, 34.

743 EuG, 30.06.2004, T-281/02 – MEHR FÜR IHR GELD. S.a. EuG, 06.12.2013, T-428/12 – VALORES DE FUTURO, Rn 53–55; im Hinblick ua auf Unterhaltung und kulturelle Aktivitäten.

744 EuG, 25.09.2015, T-366/14 – 2good; bestätigt durch EuGH, 11.05.2016, C-636/15 P.

745 EuG, 15.03.2023, T-133/22 – THE FUTURE IS PLANT BASED.

746 EuG, 13.09.2023, T-324/22 – BECAUSE THERE IS NO PLANET B, da es sich um einen umweltaktivistischen Slogan handelt, wonach man sich um das Ökosystem unseres Planeten kümmern und es bewahren müsse, weil es keinen alternativen Planeten gebe.

747 EuG, 23.09.2011, T-251/08 – PASSION FOR BETTER FOOD.

748 EuG, 11.12.2012, T-22/12 – Qualität hat Zukunft.

749 EuG, 06.06.2013, T-126/12 – Inspired by efficiency.

750 EuG, 06.06.2013, T-515/11 – INNOVATION FOR THE REAL WORLD; bestätigt durch EuGH, 12.06.2014, C-448/13 P.

751 EuG, 24.01.2008, T-88/06 – SAFETY 1ST; bestätigt durch EuGH, 30.01.2009, C-131/08 P.

752 EuG, Urteile vom 15.09.2005, T-320/03 – LIVE RICHLY; EuG, 29.01.2015, T-609/13 – SO WHAT DO I DO WITH MY MONEY; EuG, 29.01.2015, T-609/13 – T-59/14 – INVESTING FOR A NEW WORLD.

753 EuG, 25.03.2014, T-539/11 – Leistung aus Leidenschaft.

754 EuG, 07.09.2011, T-524/09 – BETTER HOMES AND GARDENS.

755 EuG, 05.02.2015, T-499/13 – SMARTER SCHEDULING.

724 Das gilt weiter bei *Ab in den Urlaub* für ua Transportwesen, Veranstaltung von Reisen[756], *DREAM IT, DO IT!* für soziale DL[757], *keep it easy* für Transportgeräte, Druckereierzeugnisse, Gepäck und Behälter[758], *CARE TO CARE* für medizinische Dienste für Pflegepersonal von Alzheimer-Patienten[759], *THE SCIENCE OF CARE* für ua Beratungs-, Informationsdienste zu medizinischen Produkten[760], *THINKING AHEAD* für sportliche und kulturelle Aktivitäten, Erziehung, Ausbildung, Unterhaltung[761], *TOGETHER. FORWARD.* für Tabakwaren[762], *Substance for Success* für ua chemische Erzeugnisse sowie technische DL[763], *WE DO SUPPORT* für ua Computersoftware-Beratung, technische Unterstützung[764], *YOUR PERFORMANCE PLUS* für ua Geschäftsführung, -verwaltung einer Fahrzeugflotte[765], *Delivering the essentials of life*[766] und *Pioneering for You*[767] sowie *Sustainability through Quality*[768] für eine ganze Serie von Waren und DL.

725 Den strengen Anforderungen an die Unterscheidungskraft wird selbst *CLIMA COMFORT* in Bezug auf Wärmedämmplatten und Isoliermaterial nicht gerecht, weil die Verbraucher darin eine lobende Aussage in Richtung auf ein behagliches, angenehmes Raumklima und erhöhten Wohnkomfort sehen[769]. Schließlich ist auch *Wash & Coffee* für ua Betrieb eines Waschsalons und Bewirtung von Gästen nicht unterscheidungskräftig, da dieser Slogan die Aussage vermittelt, dass beide DL zusammen angeboten werden[770].

726 Dasselbe gilt auch für Werbeslogans, die beim Publikum lediglich das Positive von Erlebnissen herausstellt, indem sie zB dem Verbraucher bestätigen, dass sich sein Sein und seine Lebensqualität auf seinen Erlebnissen aufbauen. Die Wortfolge *Du bist, was du erlebst.* transportiert eine anpreisende Botschaft, die den Verbraucher zum Konsum auffordert, um seine Selbstverwirklichung zu steigern. Der Konsum der beanspruchten Waren und DL soll sein Wohlbefinden und seine Lebensfreude erhöhen[771].

---

756 EuG, 24.06.2014, T-273/12 – Ab in den Urlaub.
757 EuG, 02.07.2008, T-186/07 – DREAM IT, DO IT!.
758 EuG, 20.07.2016, T-308/15 – keep it easy.
759 EuG, 23.01.2013, T-600/11 – CARE TO CARE. Der Ausdruck werde als Referenz an den Wechsel von einer Art der Pflege zu einer anderen (von der häuslichen zur stationären) wahrgenommen ist daher banal.
760 EuG, 15.11.2023, T-97/23 – THE SCIENCE OF CARE.
761 EuG, 17.11.2009, T-473/08 – THINKING AHEAD.
762 EuG, 05.10.2022, T-500/21 – TOGETHER. FORWARD.
763 EuG, 09.07.2008, T-58/07 – Substance for Success.
764 EuG, 13.07.2022, T-634/21 – WE DO SUPPORT.
765 EuG, 15.11.2023, T-35/23 – YOUR PERFORMANCE PLUS.
766 EuG, 12.03.2008, T-128/07 – Delivering the essentials of life.
767 EuG, 12.12.2014, T-601/13 – Pioneering for You.
768 EuG, 01.02.2023, T-253/22 – Sustainability through Quality.
769 EuG, 16.10.2012, T-371/11 – CLIMA COMFORT.
770 EuG, 14.07.2014, T-5/12 – Wash & Coffee.
771 EuG, 31.05.2016, T-301/15 – Du bist, was du erlebst.

Die Unterscheidungskraft aberkannt wurde zudem banalen Sprüchen wie *Alles wird gut* und *we're on it* jeweils für eine ganze Reihe von Waren und DL[772], *LIKE IT* für ua Kosmetika, Taschen, Textilien Bekleidung[773], *SPÜRBAR ANDERS.* für ua Druckereierzeugnisse, Bekleidung, Ausbildung[774], *See More. Reach More. Treat More.* für Medizinprodukte[775], *Weniger Migräne. Mehr vom Leben.* für Druckwerke und Informationsbereitstellung in Bezug auf Migränebehandlung[776] und *Foto Paradies* für ua fotografische, optische, Unterrichtsapparate und technologische Dienste[777]. 727

Regelmäßig fehlt schließlich die Unterscheidungskraft *rein werbenden Anpreisungen* und *Alleinstellungsbehauptungen*, wie zB *EXTRA* für Fahrzeuge und deren Teile, diesbzgl Groß- und Einzelhandels-DL sowie Spielgeräte[778], *ULTIMATE* für Fahrzeuge und deren Teile, Modellautos, Reparatur sowie Wartung[779], *COMPETITION* für motorisierte Landfahrzeuge sowie deren Teile, Einzel- und Großhandel damit und Modellautos[780], *TOP* für Nahrungsmittel[781], *Genius* sowie *Favorit* für verschiedene Waren und DL[782], *EQUIPMENT* für Seifen, Kosmetika, Brillen, Fernsehgeräte, Schmuck-, Lederwaren, Bekleidung und Werbung[783], *OPTIMUM* für biologisches Genmaterial[784], *UNIQUE* für Telefonapparate, Handys und Telefonkommunikations-DL[785], *BE HAPPY* für zahlreiche Waren[786], *bestpartner* für Versicherungs-, Finanzwesen sowie Internet-DL[787] und *REVOLUTION* für Finanzberatung, da damit lediglich für neue Angebote mit grds, radikalen Änderungen zum bisher Üblichen geworben wird, der Anleger daher von dieser total neuen Methode profitieren soll[788]. 728

Bei einigen von diesen Zurückweisungen dürfte jedoch *auch ein beschreibender Inhalt* anzunehmen sein, der vom EuG nicht geprüft werden konnte, da er nicht Verfahrensgegenstand war. 729

772 EuG, 07.12.2017, T-622/16 – Alles wird gut; und EuG, 13.05.2020, T 156/19 we're on it.
773 EuG, 14.03.2017, T-21/16 – LIKE IT.
774 EuG, 04.10.2017, T-126/16 – SPÜRBAR ANDERS.
775 EuG, 03.04.2019, T-555/18 – See More. Reach More. Treat More.
776 EuG, 08.07.2020, T-697/19 – Weniger Migräne. Mehr vom Leben.
777 EuG, 28.02.2018, T-843/17 – Foto Paradies.
778 EuG, 28.04.2015, T-216/14 – EXTRA.
779 EuG, 30.09.2015, T-385/14 – ULTIMATE.
780 EuG, 17.09.2015, T-550/14 – COMPETITION.
781 EuG, 13.07.2005, T-242/02 – TOP.
782 EuG, 22.03.2017, T-424/16 – Genius; EuG, 08.07.2020, T-729/19 – Favorit.
783 EuG, 16.05.2013, T-356/11 – EQUIPMENT. Es wird nämlich als Referenz auf ein Ensemble von Elementen, eine Ausrüstung verstanden.
784 EuG, 20.01.2009, T-424/07 – OPTIMUM.
785 EuG, 23.09.2009, T-396/07 – UNIQUE.
786 EuG, 30.04.2015, T-707/13 und T-709/13 – BE HAPPY; bestätigt durch EuGH, 25.02.2016, C-346/15 P.
787 EuG, 08.07.2004, T-270/02 – bestpartner.
788 EuG, 02.06.2016, T-654/14 – REVOLUTION.

730 *Dagegen* scheiterte ein Nichtigkeitsantrag gegen die ua für Reinigungsmittel, Reinigungsmaschinen und deren Wartung eingetragene Marke *WET DUST CAN'T FLY*, weil diese Waren und DL nicht dazu dienen, Staub zu befeuchten, sondern um Teppiche, Bodenbeläge, Polstermöbel und Fenster von Schmutz zu reinigen. Außerdem ist diese Kombination sprachlich ungenau, da Staub kein Staub mehr ist, wenn er nass ist[789]. Ebenso konnte sich im Nichtigkeitsverfahren die für Bekleidung, Schuhwaren und Kopfbedeckungen eingetragene Marke *LOVE TO LOUNGE* behaupten, da dieser Begriff mit der Bedeutung von ganzheitlicher Freude am Faulenzen im Hinblick auf die geschützten Waren vage, unklar und höchstenfalls andeutend ist[790]. Schließlich erkannte das EuG dem Spruch *IT'S LIKE MILK BUT MADE FOR HUMANS* Unterscheidungskraft zu, weil die Verbraucher wegen der koordinierenden (wohl eher einschränkenden) Verbindung »but« in der Zeichenmitte einen Gegensatz zwischen dem ersten und dem zweiten Teil wahrnehmen werden und die Anmeldung somit eine Botschaft vermittelt, die geeignet ist, in den Köpfen des von Milchersatzprodukten angesprochenen Publikums einen Erkenntnisprozess auszulösen, der sie einprägsam macht[791].

5. Wortkombinationen

731 Bei *Wortkombinationsmarken* müssen ein etwaiger beschreibender Charakter und fehlende Unterscheidungskraft nicht nur gesondert für jedes Wort, sondern auch für das durch die Wörter gebildete Ganze festgestellt werden.

732 Jede *klar erkennbare Abweichung oder Abwandlung* von der im üblichen Sprachgebrauch der betroffenen Verbraucherkreise für die Bezeichnung der Ware oder der DL oder ihrer wesentlichen Merkmale verwendeten Ausdrucksweise ist geeignet, einer Wortverbindung die erforderliche Schutzfähigkeit zu verleihen, soweit sie nicht lediglich als Hör- oder Schreibfehler erscheint.

733 Handelt es sich also um eine *Wortneuschöpfung*, eine der Struktur nach *ungewöhnliche Kombination*, also das Ergebnis einer lexikalischen Erfindung, die keinen bekannten Ausdruck zur Bezeichnung der Waren oder DL bzw von ihren wesentlichen Elemen-

789 EuG, 22.01.2015, T-133/13 – WET DUST CAN'T FLY. Dies erscheint aber im Hinblick zB auf Dampfstaubsauger nicht überzeugend. Die BK hat zB auch den Slogan *SEE THE UNSEEN.* für zahlreiche Waren und DL der Kl. 9 und 35 als unterscheidungskräftig angesehen; BK, 20.10.2015, R 1073/15–2.

790 EuG, 15.09.2017, T-305/16 – LOVE TO LOUNGE.

791 EuG, 20.01.2021, T-253/20 – IT'S LIKE MILK BUT MADE FOR HUMANS. Folglich vermittelt die Anmeldung nicht nur die Vorstellung, dass die fraglichen Lebensmittel der Milch ähneln und für den menschlichen Verzehr bestimmt sind, sondern auch diejenige, dass sie eben gerade nicht aus Milch selbst bestehen. Damit stellt die Marke die allgemein anerkannte Vorstellung in Frage, dass Milch ein wichtiger Bestandteil der menschlichen Ernährung ist. Die Auffassung des EuG erscheint sehr kreativ. Es bleiben mE doch erhebliche Zweifel, ob die Aussage »Es ist wie Milch, aber für Menschen«, also nicht für Tiere, nicht schlicht eine einfache beschreibende Angabe von Milchersatz für den menschlichen Konsum ist.

ten enthält, so kann die so gebildeten Marke nicht von der Eintragung ausgeschlossen werden[792]. Vorstellbar wäre zB die Akzeptanz von grammatikalisch völlig missgestalteten Begriffen als Marke, wie zB »Brusthuhn« anstelle der geläufigen »Hühnerbrust«.

Jedoch erschien die Aufforderung *TAME IT* für Mittel zur Körper- und Schön- 734
heitspflege sowie Haarwässer als rein verkaufsfördernde Information, um die Haare geschmeidig zu machen, und daher nicht unterscheidungskräftig[793]. Dasselbe galt als lobende Größenangabe für *Premium XL* und *Premium L* für elektrische Apparate und Solaranlagen[794]. Auch *diegesellschafter.de* wird für Werbung, Geschäftsführung, Ausbildung und Veranstaltungen nur als Internetportal und nicht als Angabe der betrieblichen Herkunft verstanden[795]. Selbst *PHOTOS.COM* fehlt die Unterscheidungskraft für Computersoftware, Zeitschriften und elektronische Publikationen, da die Anmeldung in ihrer Gesamtheit nicht fantasievoll ist, sondern nur eine schlichte Internetadresse ohne jeden Zusatz enthält[796].

Zurückgewiesen wurde weiter *2good* für Süß- und Schokoladenwaren, da die Ziff »2« 735
in Kombination mit dem Wort »good« vom englischsprachigen Publikum als »too« mit der Bedeutung von »außerordentlich gut« verstanden wird, so dass das Zeichen nur einen üblichen anpreisenden Werbeslogan enthält[797]. Den strengen Anforderungen an die Unterscheidungskraft von Wortzusammenstellungen wurde sogar die grammatikalisch unkorrekte Kombination *MIGHTY BRIGHT* in Bezug auf tragbare einschaltbare Lese- und Glühlampen nicht gerecht, da sie sofort als »mächtig hell« verstanden wird[798].

Dasselbe gilt für *HOUSE OF CARS* für ua Reparatur, Wartung von Maschinen und 736
Kraftfahrzeugen, da damit ein Haus, ein Gebäude, ein Geschäft von oder für Fahrzeuge bezeichnet wird[799]. Auch *Serviceplan* fehlt die Unterscheidungskraft ua für Werbung, Marketing, Geschäftsführung, Designer-DL, weil dies als DL-Plan verstanden wird, der ein breit gefächertes Angebot verschiedener Einzelleistungen enthält, die möglicherweise nach Umfang oder Zeit gestaffelt werden können[800].

Weiter wurde *IDIRECT24* für Computersoftware, Finanz-, Immobilienwesen und 737
Telekommunikation zurückgewiesen, da sie als Kombination von »I«, »DIRECT« und »24« mit dem Bezug auf Internet als direkte Anwendbarkeit ohne Unterbrechung und den Einsatz rund um die Uhr verstanden wird[801]. Dasselbe galt hinsichtlich von

792 EuGH, 12.02.2004, C-363/99 – Postkantoor, Rn 54 ff, 67 ff, 86, 98 ff; 12.02.2004, C-265/00 – BIOMILD; EuGH, 23.10.2003, C-191/01 P – DOUBLEMINT, Rn 30–32.
793 EuG, 15.09.2009, T-471/07 – TAME IT, Rn 25, 26.
794 EuG, 17.01.2013, T-582/11. und T-583/11– Premium XL und Premium L.
795 EuG, 07.10.2010, T-47/09 – diegesellschafter.de, Rn 30–50.
796 EuG, 21.11.2012, T-338/11 – PHOTOS.COM.
797 EuG, 25.09.2015, T-366/14 – 2good.
798 EuG, 08.09.2015, T-714/13 – MIGHTY BRIGHT.
799 EuG, 17.04.2018, T-364/17 – HOUSE OF CARS.
800 EuG, 25.06.2020, T-379/19 – Serviceplan.
801 EuG, 03.09.2015, T-225/14 – IDIRECT24.

Computersystemen auch für *Netguru*, da sich das Zeichen auf einen Experten in den elektronischen Medien, dem Internet bezieht[802].

738 Dagegen erschien *HOT SOX* als nicht beschreibend und *unterscheidungskräftig* für Strumpfwaren. *SOX* entspricht schon nicht exakt dem englischen Wort »socks« (Socken) und der Begriff »hot« (heiß) hat mehrere Bedeutungen, ua sehr warm, aber auch populär, modisch oder stark nachgefragt und lustvoll, erotisch. Jedoch kann »heiße Socken« nicht als Bezeichnung von warmen oder wärmenden Strumpfwaren verwendet werden, und zum Anmeldezeitpunkt im Jahr 2008 war kein Verständnis in Richtung auf modisch angefragte Socken feststellbar. Es ist auch höchst unwahrscheinlich, dass das Publikum die Marke als erotische oder sexy Socken verstehen wird[803].

739 Ebenso wenig mangelt die Unterscheidungskraft der Anmeldung *real nature* für ua Werbung, Marketing und betriebswirtschaftliche, organisatorische Beratung, da es insoweit an einem hinreichend direkten und konkreten Zusammenhang zwischen diesen DL und einer besonderen Natürlichkeit fehlt[804]. Dasselbe gilt für *CoolTUBE* in Bezug ua auf Schutzvorrichtungen für Stromleitungen, Isolierhüllen zur elektrischen Abschirmung von Kabeln, da es als ambivalente Botschaft, ja sogar als überraschendes und unerwartetes Wortspiel wahrgenommen wird und somit leicht einprägsam ist. Denn die Marke kann den Verkehr an zwei Bedeutungen denken lassen, die sich deutlich voneinander unterscheiden, nämlich an ein Rohr, das kühlt oder kühl bleibt, oder als Hinweis auf ein lässiges oder angenehmes Rohr[805].

6. Bildmarken

740 Eine *Bildmarke* ist eine spezielle grafische Darstellung oder eine Kombination von Wort- und Bildelementen mit oder ohne Farbe. Dieser Begriff schließt also sog. Wort-/Bildmarken mit ein. Soweit die Begriffsbildung des Wortelements nur andeutend, aber nicht eindeutig beschreibend ist, kann ihr der Schutz nicht verweigert werden[806].

741 Jedoch sind Zeichen, die im Wesentlichen einen beschreibenden Begriff enthalten und nur geringfügige oder gewöhnliche grafische Elemente aufweisen, wie häufig verwendete typografische Merkmale, zB eine geläufige (handschriftliche) Schriftart und Buchstaben von unterschiedlicher Strichstärke bzw Größe, eine Fett- oder Kursivschrift, Satzzeichen oder andere üblicherweise im geschäftlichen Verkehr verwendeten

802 EuG, 17.01.2017, T-54/16 – NETGURU.
803 EuG, 26.02.2016, T-543/14 – HOT SOX.
804 EuG, 20.09.2019, T-458/18 – real nature, Rn 30–34, 48–54. Für Nahrungsergänzungsmittel, Spielzeug für Haustiere und Handel damit wurde die Anmeldung allerdings als beschreibend zurückgewiesen; Rn 21–29.
805 EuG, 16.06.2021, T-481/20 – CoolTUBE.
806 EuG, 16.09.2009, T-180/07 – MADRIDEXPORTA.

Symbole, wie das ®-Symbol[807], oder Rahmen, Bänder[808], Etiketten[809] oder Stempel, insb wenn letztere als Rahmen oder Umrandung verwendet werden, nicht unterscheidungskräftig.

Dasselbe gilt bei senkrechter, auf dem Kopf stehend oder in einer oder mehreren Zeilen erfolgter Anordnung von Wortelementen. Auch das bloße *Hinzufügen von Farben* zu einem beschreibenden bzw nicht unterscheidungskräftigen Wortelement, sei es zu den Buchstaben selbst oder als Hintergrund, reicht nicht aus, um einer Marke Unterscheidungskraft zu verleihen, es sei denn, die Farbanordnung ist sehr ungewöhnlich und für den maßgeblichen Verbraucher einprägsam. Wenn nämlich die grafischen Elemente die Aufmerksamkeit des Verbrauchers von der beschreibenden Bedeutung des Wortelements abzulenken vermögen oder in der Lage sind, einen bleibenden Eindruck der Marke zu hinterlassen, ist die Anmeldung eintragungsfähig[810]. 742

Bildmarken ohne beschreibende Elemente verfügen *idR* über die *erforderliche Unterscheidungskraft*, wobei an den Grad einer fantasievollen, auffälligen und merkfähigen Gestaltung nur geringe Ansprüche zu stellen sind. Insb *komplexere Gestaltungen* sind unterscheidungskräftig, zB die Grafik des *Jeep-Kühlergrills*[811], die wegen ihrer Ungewöhnlichkeit, Unüblichkeit, ja ihrer aus früheren Zeiten stammenden Gestaltung zur Erkennung eines Modells, einer Modellpalette und damit verschiedener Fahrzeugmarken dienen kann. Dasselbe gilt für die Abbildungen von *halbmondförmigen Kurven*[812] hinsichtlich von Pharmazeutika. Diese werden nämlich weder als Pillenform verstanden, noch stellen sie eine geometrische Form dar. Mit ihrer Anlehnung an den Buchstaben »C« und einen Halbmond, mit den unterschiedlichen Farbtönen, dem Spiel von Licht und Schatten sowie der verschieden dicken und leicht gedrehten Kurvenlinie verfügen sie über eine gewisse Eigentümlichkeit. 743

744

Abb. 7

807 EuGH, 15.09.2005, C-37/03 P – BioID, Rn 68–75.

808 EuG, 19.11.2009, T-425/07 und T-426/07 – Bildmarken 100 und 300; bestätigt durch EuGH, 22.06.2011, C-56/10 P.

809 EuG, 03.07.2003, T-122/01 – BEST BUY für ua Reparatur- und Wartungs-DL. S.a. EuG, 15.12.2009, T-476/08 – BEST BUY II, für eine Vielzahl unterschiedlichster Waren und DL; bestätigt durch EuGH, 13.01.2011, C-92/10 P.

810 S. hierzu GMitt zur Gemeinsamen Praxis zur Unterscheidungskraft – Wort-/Bildmarken mit beschreibenden/nicht unterscheidungskräftigen Wörtern vom 02.10.2015 (mit Beispielen).

811 EuG, 06.03.2003, T-128/01 – Jeep-Kühlergrill, Rn 41, 42, 46.

812 EuG, 15.12.2016, T-678/15 und T-679/15 – Grauer und Grüner Halbmond.

745 Weiter wird der Durchschnittsverbraucher auch keinen unmittelbaren Zusammenhang zwischen der Darstellung eines roten *Hummers* und den Merkmalen von Süßwaren, Schokoladen und Kaffee herstellen, so dass die in einem Nichtigkeitsverfahren angefochtene Marke als Hinweis auf deren betriebliche Herkunft dienen kann[813]. Dasselbe gilt bei einer *Fledermaus in ovaler Umrandung (Batman)* für ua Hüte, Hemden, Hosen, Kostüme, Schuhe und Scherzartikel[814]. Von der BK wurde das Foto des *Gesichts einer Frau* als unterscheidungskräftig angesehen, da es die einzigartige Darstellung dieser Person einschl. ihrer spezifischen äußeren Merkmale mit ihren Gesichtszügen enthält und daher die Identifizierung einer individuellen Person ermöglicht[815].

746 Im Allgemeinen ist eine Marke jedenfalls dann eintragungsfähig, wenn ein Bildelement, das selbst unterscheidungskräftig ist, einem beschreibenden oder nicht unterscheidungskräftigen Wortelement hinzugefügt ist, sofern das Bildelement aufgrund seiner Größe und Position klar im Zeichen erkennbar, insb dominierend bleibt[816].

747 Ein Bildelement ist jedoch als nicht unterscheidungskräftig anzusehen, wenn es sich um eine *naturgetreue Abbildung* der Waren und DL handelt oder um eine symbolische oder *stilisierte Darstellung*, die nicht wesentlich von deren gebräuchlicher Wiedergabe abweicht oder wenn es eine direkte Verbindung zu den *charakteristischen Merkmalen* der Waren und DL aufweist. Das gilt auch für Bildelemente, die gewöhnlich im geschäftlichen Verkehr im Zusammenhang mit den angemeldeten Waren und/oder DL verwendet werden oder *verkehrsüblich* sind[817].

748 Das *erforderliche Mindestmaß an Unterscheidungskraft* fehlt Bildmarken, wenn sie eine *äußerst einfache,* gewöhnliche und *banale Form* aufweisen, die nicht erheblich von der Norm oder den üblicherweise in der jeweiligen Branche verwendeten Formen abweicht, oder ausschließlich *dekorative Funktion* haben[818], wie zB die *Silhouette eines Wappens* ohne jeden Inhalt für ua Papierwaren und Bekleidung (s. Rdn 724)[819] oder *zwei sich gegenüberliegende Bögen* für eine ganze Reihe von Waren und DL[820] und *zwei gespiegelte schräge rote Linien* für technische Waren und DL (s. Rdn 725)[821].

813 EuG, 06.10.2021, T-254/20 – Hummer.

814 EuG, 07.06.2023, T-735/21 – Fledermaus in ovaler Umrandung (Batman), Rn 32–46. Zwar weist die Marke auf das Batman-Symbol hin, jedoch schließt der Umstand, dass sie mit einer fiktiven Figur in Verbindung gebracht wird, als solcher nicht aus, dass sie auch als Hinweis auf die Herkunft der streitigen Waren dienen kann.

815 BK, 16.11.2017, R 2063/16-4 – Foto des Gesichts einer Frau.

816 S. hierzu GMitt zur Gemeinsamen Praxis zur Unterscheidungskraft – Wort-/Bildmarken mit beschreibenden/nicht unterscheidungskräftigen Wörtern vom 02.10.2015.

817 S. hierzu GMitt zur Gemeinsamen Praxis zur Unterscheidungskraft – Wort-/Bildmarken mit beschreibenden/nicht unterscheidungskräftigen Wörtern vom 02.10.2015.

818 EuGH, 26.04.2012, C-307/11 P – Winkel (Deichmann), Rn 50–53.

819 EuG, 10.12.2015, T-615/14 – Silhouette eines Wappens, Rn 33–41.

820 EuG, 04.04.2019, T-804/17 – Zwei sich gegenüberliegende Bögen; Rechtsmittel nicht zugelassen, EuGH, 01.10.2019, C-460/19 P.

821 EuG, 28.03.2019, T-829/17 – Zwei gespiegelte schräge rote Linien.

 749

Abb. 8

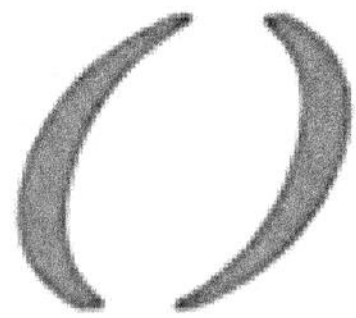 750

Abb. 9

Nicht unterscheidungskräftig sind weiter ein *rot-weiß kariertes Muster*[822] für Milch und Milcherzeugnisse, ein *Smiley-Halbmund*[823] für ua Edelmetalle, Taschen und Bekleidung. 751

Dies gilt ebenso für Zeichen, die nur als *Verzierung* wahrgenommen werden, wie ein mit gestrichelten Linien umsäumter *Winkel*[824] für (orthopädische) Schuhwaren, *fünf parallele Steifen auf der Seite eines Schuhs*[825] (s. Rdn 728) oder eine schlichte *Wellenlinie*[826] für Bekleidung, Schuhwaren und Kopfbedeckungen sowie eine *geschwungene weiße Linie in dunklem Quadrat* für ua Werbung, Marketing, Bauwesen, wissenschaftliche und technologische Dienste[827]. 752

 753

Abb. 10

Auch *sich kreuzende Wellenlinien*[828] sind ua für ärztliche Instrumente, Lederwaren und Bekleidung nicht eintragungsfähig. In Anbetracht der Merkmale, die dem Zeichen 754

822 EuG, 03.12.2015, T-327/14 – Rot-weiß kariertes Muster.
823 EuG, 29.09.2009, T-139/08 – Smiley-Halbmund.
824 EuG, 13.04.2011, T-202/09 – Winkel (Deichmann).
825 EuG, 13.06.2014, T-85/13 – Fünf parallele Streifen auf Schuh I. Auch als Positionsmarke hat eine derartige Anmeldung keine Chance; EuG, 04.12.2015, T-3/15 – Fünf parallele Streifen auf Schuh II.
826 EuG, 06.11.2014, T-53/13 – Wellenlinie.
827 EuG, 13.09.2023, T-745/22 – Geschwungene weiße Linie in dunklem Quadrat.
828 EuG, 09.11.2016, T-579/14 – Sich kreuzende Wellenlinien; bestätigt durch EuGH, 13.09.2018, C-26/17 P, Rn 40, 41.

innewohnen, das sich aus einer Serie von sich regelmäßig wiederholenden Bestandteilen zusammensetzt, und der Art der beanspruchten Waren ist es nämlich grds dafür prädestiniert, auf deren Oberfläche angebracht zu werden. Aus seinem Wesen folgt daher eine *Wahrscheinlichkeit,* als *Oberflächenmuster verwendet* zu werden und damit mit dem Erscheinungsbild der betr Waren zu verschmelzen.

755 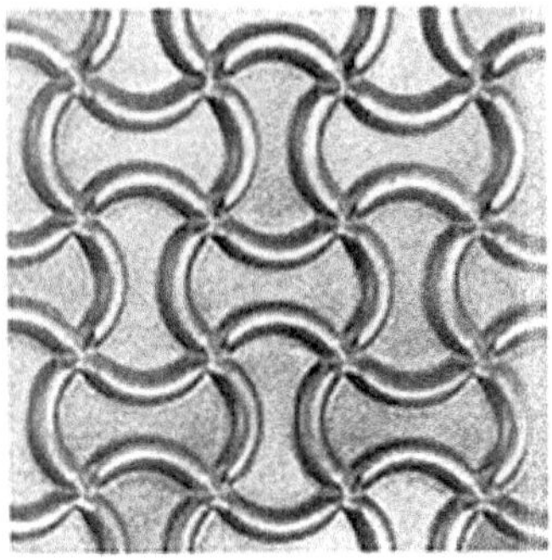

Abb. 11

756 Unterscheidungskraft fehlt ebenfalls, wenn die Zeichen lediglich ein *simples Ausrufezeichen*[829] für Schmuck und Bekleidung beinhalten, das als bloße Anpreisung oder als Blickfang wahrgenommen wird, oder nur *geometrische Grundfiguren,* wie Punkte, Linien, Liniensegmente, Kreise, ein *Dreieck*[830], *Rechteck*[831] darstellen, auch wenn letzteres mit drei Farbstreifen gefüllt ist[832] oder einen weißen Kreis mit Öffnung nach unten enthält[833].

829 EuG, 30.09.2009, T-75/08 –! (Ausrufezeichen) und T-191/08 –! (Ausrufezeichen in einem Rechteck).

830 EuG, 05.04.2006, T-388/04 – Horizontale Linie, die in einem Dreieck endet (für Bekleidung); EuG, 28.06.2017, T-470/16 – Dreieck; selbst wenn das Zeichen als eine aus zwei Dreiecken bestehende Figur angesehen werden kann (für verschiedene Waren); bestätigt durch EuGH, 30.11.2017, C-520/17 P.

831 EuG, 13.07.2011, T-499/09 – Rechteck in Purpur (auf einer Seite nach außen gewölbt) (für Waren und DL der Kl. 1 bis 45).

832 EuG, 20.07.2017, T-612/15 – Drei vertikale Streifen; bestätigt durch EuGH, 07.09.2018, C-547/17 P; EuG, 09.09.2020, T-81/20 – Rechteck mit drei farbigen Segmenten; Rechtsmittel nicht zugelassen, EuGH, 11.02.2021, C-600/20 P.

833 EuG, 03.12.2015, T-695/14 – Schwarzes Rechteck mit weißem Kreis (für ua Waschmittel, Kosmetika, alkoholische und alkoholfreie Getränke).

757

Abb. 12

Das gilt weiter für *Linien in Schwarz und Weiß*[834], für ein im unteren Bereich leicht 758
J-förmig geschwungenes *Parallelogramm*[835], ein *konvexes grünes Quadrat*[836], ein *Fünfeck*[837], einen *achteckigen grünen Rahmen*[838], Trapeze, Ellipsen, für die Ikone einer *Glocke* bei wissenschaftlichen Geräten und Computern, weil ein Klingel- oder Glockenton die besondere Aufmerksamkeit für eine Nachricht, eine Warnung hervorrufen oder einen Anti-Diebstahlsalarm auslösen kann[839], oder für schlichte *Piktogramme*, nämlich eine *Hand, eine Karte haltend*[840], als Gebrauchshinweis zur Vornahme von Transaktionen an Bankautomaten.

759

Abb. 13

Die grafische Stilisierung eines *Herzens* wiederum wird nur als Hinweis auf die bean- 760
spruchten medizinischen DL im Bereich von kardiovaskulären Erkrankungen wahrgenommen[841]. Selbst ein *geschlüpftes Küken* ist für ua Babyüberwachungsgeräte, LED-Lampen, Leuchten und Spielzeug nicht schutzfähig, weil die Marke als bloße Variante von in dieser Branche durchaus üblichen, nicht natürlichen Tierformen erscheint[842]. Auch eine *schwarze Schleife* ist für DL mit Bezug zum Thema Sterben nicht unter-

834 EuG, 05.10.2022, T-501/21 und T-502/21 – Linien in Schwarz und Weiß.
835 EuG, 13.04.2011, T-159/10 – Parallelogramm (für Waren und DL der Kl. 9 bis 45).
836 EuG, 09.12.2010, T-282/09 – Quadrat, konvex und grün (für Parfümeriewaren, Taschen, Restaurant- und Hoteldienste).
837 EuG, 12.09.2007, T-304/05 – Pentagon (für Wein), Rn 22–35.
838 EuG, 25.09.2015, T-209/14 – Achteckiger grüner Rahmen (in Form eines Qualitätssiegels) (für Werbung), Rn 53–60; bestätigt durch EuGH, 07.04.2016, C-635/15 P. S.a. EuG, 21.11.2018, T-460/17 – Achteckiger blauer Rahmen.
839 EuG, 07.11.2019, T-240/19 – Glocke.
840 EuG, 02.07.2009, T-414/07 – Hand, eine Karte haltend, Rn 37–40.
841 EuG, 14.02.2019, T-123/18 – Herz.
842 EuG, 26.06.2024, T-595/23 – Geschlüpftes Küken.

scheidungskräftig, da eine schwarze Schleife allgemein als Ausdruck der Trauer und der Solidarität mit Personen verstanden wird, die einen Angehörigen oder sonstigen Nahestehenden verloren haben[843].

761 

Abb. 14

762 Bildmarken, die in der *naturgetreuen Wiedergabe der Ware oder von Warenteilen* selbst bestehen, kann zwar grds die Unterscheidungskraft nicht abgesprochen werden, ihre Wahrnehmung durch die angesprochenen Verkehrskreise wird aber nicht notwendig die gleiche sein wie bei einer Marke, die nicht die Ware naturgetreu wiedergibt. Bildmarken also, die lediglich die *Abbildung des Erscheinungsbilds* der beanspruchten, nicht erheblich von der Norm oder der Branchenüblichkeit im jeweiligen Sektor abweichenden Waren oder deren Verpackung darstellen, sind nicht schutzfähig[844].

763 Daher sind zB nicht unterscheidungskräftig: eine *schwarze Linie mit Steinen* bzw eine *weiße Linie vor schwarzem Hintergrund*[845] in Bezug auf Halbleiter für Solarzellen, die lediglich als schematische Darstellung einer Reihe von Sonnenkollektoren verstanden werden, *weiße Punkte* vor grauem, blauem, gelben und elfenbeinfarbigem Grund[846] für zahlreiche Waren und DL, verschiedenfarbige *Karomuster*[847] für Leder-, Textilwaren, Bekleidung und Koffer, farbige *Schachbrettmuster*[848] für Lederwaren, *Gesäßtaschen*[849] für Bekleidung, Schuhwaren und Kopfbedeckungen, eine *Handtaschenform* für Handtaschen[850], *Löwenköpfe in einer Panzerkette* für Knöpfe und Edelmetalle[851] sowie *dreilagige Tablettenformen* für Wasch- und Geschirrspülmittelmittel[852].

843 EuG, 09.09.2015, T-530/14 – Schwarze Schleife.

844 EuGH, 22.06.2006, C-25/05 P – Goldfarbene Bonbonverpackung (Werther's Wicklerform), Rn 30–33.

845 EuG, 24.11.2016, T-614/15 – Schwarze Linie mit Steinen, und T-578/15 – Weiße Linie mit Steinen vor schwarzem Hintergrund.

846 EuG, 10.09.2015, T-77/14, T-94/14, T-143/14 und T-144/14 – Weiße Punkte.

847 EuG, 19.09.2012, T-326/10 ua – Karomuster. S.a. EuG, 03.12.2019, T-658/18 – Karomuster (graublau, weiß); Rechtsmittel nicht zugelassen, EuGH, 28.05.2020, C-74/20 P.

848 EuG, 21.04.2015, T-359/12 und T-360/12 – Schachbrettmuster in Braun/Beige und in Grau.

849 EuG, 28.04.2009, T-282/07 und T-283/07 – Gesäßtasche links und rechts.

850 EuG, 21.10.2008, T-73/06 – Sac (Handtasche).

851 EuG, 05.02.2020, T-331/19 und T-332/19 – Löwenkopf in einer Panzerkette.

852 EuG, 17.01.2006, T-398/04 – TABS, Rn 29–39; bestätigt durch EuGH, 04.10.2007, C-144/06 P.

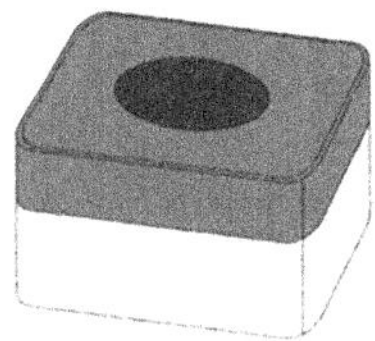 764

Abb. 14.1

Das gilt weiter für die Abbildungen typischer Blätter und Farben eines spanischen *Kartenspiels* für Spielkarten[853] oder die schwarz-weiße Wiedergabe von *Spielbrettern für Gesellschaftsspiele* für ua Computer, Spiele, Unterhaltung[854], *geometrische Felder auf einem Uhrenziffernblatt*[855] für Uhren, *Grüne Facetten eines Gehäuses* für Heizungspumpen[856], oder einen *Gitarrenkopf in Silber, Grau und Braun* für Musikinstrumente[857]. 765

Auch die Abbildung eines *Menstruationstampons* mit Pfeilen seiner Wirkweise lässt nicht auf die betriebliche Herkunft der Waren schließen, da sich der Gesamteindruck des Zeichens auf die Kombination seiner funktionellen Elemente beschränkt. Die Besonderheit, dass mehrere Aspekte der Ware dargestellt werden, hat kein hinreichendes Gewicht, da sie es den maßgeblichen Verkehrskreisen nicht ermöglichen wird, die Anmeldewaren unmittelbar und mit Gewissheit von denen anderer betrieblicher Herkunft zu unterscheiden[858]. 766

Schließlich gilt dasselbe Eintragungshindernis ebenso für *Verpackungsformen*, wie eine viereckige, grüne Flasche mit dem Schriftzug *OLIVE LINE* für Olivenöl[859], eine handelsübliche, normale und traditionelle *goldfarbene Bonbonverpackung* in *Wicklerform* für Bonbons[860], eine *blau-weiße quaderförmige Verpackung* für Süßwaren[861] sowie einen 767

853 EuG, 11.05.2005, T 160/02. bis T 162/02 – Kartenspiel, Rn 42–56; bestätigt durch EuGH, 04.10.2007, C-311/05 P.

854 EuG, 03.03.2015, T-492/13 und T-493/15 – Spielbretter von Gesellschaftsspielen. Im entschiedenen Fall handelte es sich um das »Mensch ärgere Dich nicht«-Spiel. Der Umstand, dass ein Teil des Verkehrs dieses Spiel wiedererkennen kann, belegt nicht die Unterscheidungskraft oder Verkehrsdurchsetzung der Anmeldung als Marke, sondern lediglich die Bekanntheit dieses Spiels (Rn 39, 60.).

855 EuG, 14.09.2009, T-152/07 – Uhrenziffernblatt.

856 EuG, 09.12.2010, T-254/09 – Grüne Facetten eines Gehäuses.

857 EuG, 08.09.2010, T-458/08 – Gitarrenkopf; bestätigt durch EuGH, 13.09.2011, C-546/10 P.

858 EuG, 12.09.2013, T-492/11 – Menstruationstampon, Rn 21–28.

859 EuG, Urteil vom 11.04.2014, T-209/13 – OLIVE LINE.

860 EuG, Urteil vom 10.11.2004, T-402/02 – Goldfarbene Bonbonverpackung (Werther's Wicklerform); Slg. 2004, II-3849; MarkenR 2005, 102; GRUR-RR 2005, 6; GRUR Int 2005, 317; ABl.HABM 2005, 254; bestätigt durch EuGH.

861 EuG, Urteil vom 10.05.2016, T-806/14 – Blau-weiße quaderförmige Verpackung; bestätigt durch EuGH, Urteil vom 04.05.2017, C-417/16 P; MarkenR 2017, 271; GRUR-Prax 2017, 301 LS.

zylindrischen Behälter aus Wellenlinien für Bonbons, Süß- und Backwaren[862]. Denn die Grundsätze, die in der Rspr im Zusammenhang mit dreidimensionalen Marken, die aus dem Erscheinungsbild der Ware selbst oder ihrer Verpackung bestehen, entwickelt wurden, sind auch auf Bildmarken anzuwenden, die aus der zweidimensionalen Darstellung der beanspruchten Ware oder ihrer Verpackung bestehen. Sie gelten nicht nur dann, wenn die zweidimensionale Marke aus einer Fotografie oder einer naturgetreuen und perspektivischen grafischen Wiedergabe der Ware besteht, sondern auch dann, wenn es sich um eine sehr einfache und rein schematische Warendarstellung ohne jegliche Perspektive handelt.

768

Abb. 15

769 Hingegen fehlt einem *Schließmechanismus* die Unterscheidungskraft nur für optische Geräte, Brillen, Schmuckbehälter, Koffer und Taschen, nicht aber für Uhren, Juwelier-, Lederwaren und Schirme[863].

7. Dreidimensionale Marken

770 Eine *dreidimensionale Marke* ist eine solche, die aus einer plastischen Form (einschl Behältern, Verpackung und der Ware selbst) besteht. Die (konkrete) Unterscheidungskraft einer Marke bestimmt sich im Hinblick auf die beanspruchten Waren und DL und auf die Anschauungen der beteiligten Verkehrskreise.

771 Dabei weichen die Kriterien für die Beurteilung der Unterscheidungskraft dreidimensionaler Marken, die aus der Form der Waren bestehen, nicht von denjenigen für andere Markenformen ab, so dass insoweit *keine strengeren Kriterien* angelegt werden müssen. Jedoch wird es in der Praxis schwieriger sein, die Unterscheidungskraft einer aus der Warenform bestehenden Marke nachzuweisen als die einer Wort- oder Bildmarke. Dies schließt jedoch nicht aus, dass dreidimensionale Warenformen infolge Verkehrsdurchsetzung Schutzfähigkeit erlangen können[864].

772 Je mehr sich die angemeldete Form derjenigen annähert, in der die beanspruchte Ware *am wahrscheinlichsten in Erscheinung tritt*, umso eher ist zu erwarten, dass dieser Form die Unterscheidungskraft fehlt. Denn nur eine Marke, die *erheblich von der Norm oder der Branchenüblichkeit abweicht* und deshalb ihre wesentliche herkunfts-

862 EuG, 29.03.2023, T-199/22 – Zylindrischer Behälter aus Wellenlinien, Rn 21–40.

863 EuG, 14.12.2011, T-237/10 – Schließmechanismus; bestätigt durch EuGH, 15.05.2014, C-97/12 P.

864 EuGH, 18.06.2002, C-299/99 – Rasierscherkopf (Philips-Remington), Rn 48–50; EuGH, 08.04.2003, C-53–55/01 – Gabelstapler/Rado-Uhren/Stabtaschenlampen, Rn 42, 46, 48.

hinweisende Funktion erfüllt, es dem Durchschnittsverbraucher der betr Waren also auch *ohne Prüfung, ohne analysierende und vergleichende Betrachtungsweise* sowie *ohne besondere Aufmerksamkeit* ermöglicht, die beanspruchten Waren von denen anderer Herkunft zu unterscheiden, besitzt auch Unterscheidungskraft.

Wenn eine dreidimensionale Marke in der Form der angemeldeten Ware besteht, reicht demnach der bloße Umstand, dass diese Form eine »*Variante*« der üblichen Formen dieser Warengattung ist, nicht aus, um zu belegen, dass es ihr nicht an Unterscheidungskraft fehlt[865]. 773

Diese Grundsätze gelten allgemein und *nicht nur für Massenprodukte*. Wenn der Verbraucher uU daran gewöhnt ist, dass die Formen bestimmter Elemente des Gesamtprodukts als Hinweis auf dessen Herkunft dienen, so nur deshalb, weil das Erscheinungsbild einer ausreichenden Zahl dieser Waren oder ihrer Elemente erheblich von der Branchennorm oder -üblichkeit abweicht[866]. Zudem gelten diese Grundsätze auch für ein *spezialisiertes Publikum*[867]. 774

Nicht schutzfähig sind zB *Wurstkringel* für Wurstwaren[868] oder eine geläufige *hellbraune Bonbonform* für Zuckerwaren[869]. 775

776

Abb. 16

Dasselbe gilt für eine *ovale Form* mit einer sich über die gewölbte Oberfläche erstreckenden Vertiefung für Süßwaren und Verpackung[870], *Goldbarren-* bzw *Zigarrenformen*, einen *Schokoriegel*, einen *Riegel mit vier Kreisen*[871], eine Tafel von *Schokoladenstücken* 777

865 EuGH, 12.02.2004, C-218/01 – Henkelflasche, Rn 49; EuGH, 29.04.2004, C-456/01 P – TABS I, Rn 39; EuGH, 07.10.2004, C-136/02 P – Stabtaschenlampen, Rn 31, 32.
866 EuGH, 13.09.2011, C-546/10 P – Gitarrenkopf, Rn 55, 56.
867 EuG, 25.09.2014, T-171/12 – Spannschloss, Rn 42, 44.
868 EuG, 05.05.2009, T-449/07 – Form einer Anordnung von miteinander verbundenen Würsten.
869 EuGH, 22.06.2006, C-24/05 P – Hellbrauner Bonbon (Werther's).
870 EuG, 12.12.2013, T-156/12 – Ovale Form (Sweet Tec).
871 EuG, 01.06.2016, T-240/15 – Riegel mit vier Kreisen (Bimbo).

in pralinenähnlicher Form und eine *Schokoladenmausform* für Schokoladenwaren[872] sowie für eine *Muschelform* für Hefekuchen[873].

778 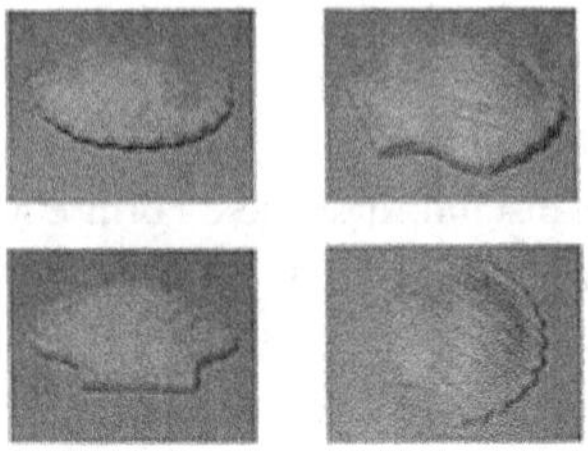

Abb. 17

779 Selbst Käse in Würfeln, Kugeln, als Laib, in Scheiben, Stangen, Strängen, in verdrehten, geflochtenen Strängen sind auf dem Lebensmittelmarkt derart üblich, dass verschiedene Gestaltungen von *geflochtenem Käse* keine betrieblichen Herkunftshinweise vermitteln können[874].

780 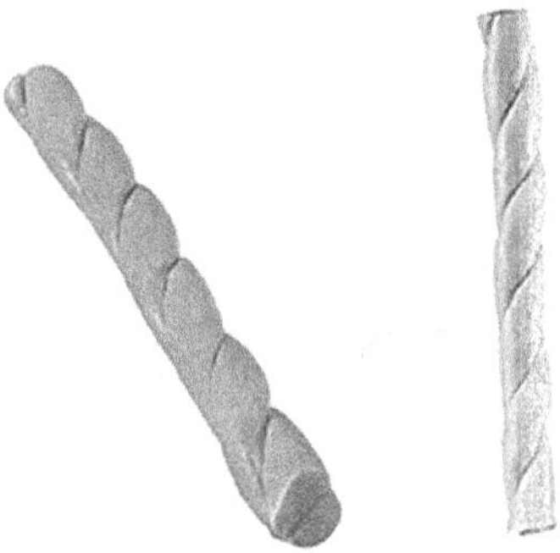

Abb. 18

781 Weiter fehlt die Unterscheidungskraft üblichen Gestaltungen von *Waschmitteltabletten* oder *Seifen*[875] sowie einem *Wischtuch* für Handtücher[876], einem *Stehkragen* für Schnittmuster, Bekleidung, abnehmbare Kragen und Puppenkleider[877], einer *Stiefelform* für

872 EuG, 30.04.2003, T-110/02 und T-324/01 – Goldbarrenform/Zigarrenform; EuG, 08.07.2009, T-28/08 – Schokoriegel Bounty; EuG, 11.12.2014, T-440/13 – Schokoladenstücke (Millano); EuG, 17.12.2010, T-13/09 – Schokoladenmaus; bestätigt durch EuGH, 06.09.2012, C-96/11 P.

873 EuG, 10.03.2009, T-8/08 – Muschelform.

874 EuG, 26.03.2020, T-570/19 bis T-572/19 – Geflochtener Käse.

875 EuGH, 29.04.2004, C-456, 457, 468–474/01 P – Tabs I, II und III; EuGH, 23.09.2004, C-107/03 P – Seifenstück; EuG, 23.05.2007, T-241/05. ua – Tabs mit Blütenmuster.

876 EuG, 17.01.2007, T-283/04 – Wischtuch.

877 EuG, 23.03.2022, T-252/21 – Stehkragen; Rechtsmittel nicht zugelassen, EuGH, 22.09.2022, C-338/22 P.

Schuhe und Schuhsohlen[878], einer *Schuhsohle* für Schuhe und ihre Bestandteile[879], einem *Schuhschnürsenkel* für Schuhverschlüsse[880], einer *Zahnbürste* für Zahnbürsten[881], einem *Handgriff mit Borsten* für Bürsten, Interdentalbürsten[882] und einer *Pinzette mit Lochmuster*[883] für Pinzetten.

782

Abb. 19

Ebenso wenig unterscheidungskräftig sind eine *Stabtaschenlampe*[884] für Taschenlampen, ein *Stabfeuerzeug* für Raucherwaren[885], eine *Uhr mit gezahntem Rand* für Schmuckwaren und Uhren[886], eine *Spielschachtel mit Holzblöcken* für Spiele[887], ein *Triggerball* (Ball mit einer Kantenvielzahl) für medizinische Geräte[888], eine *Autoform* für Landfahrzeuge und Spielzeug[889], ein *Wasserhahn* für Getränkeherstellungsmaschinen und deren Wartung[890] sowie eine *Gitarrenform (Flying-V)* für Musikinstrumente[891]. 783

878 EuG, 19.01.2022, T-483/20 – Stiefelform, Rn 94–101.
879 EuG, 29.03.2019, T-611/17 – Schuhsohle, Rn 117–124; Rechtsmittel nicht zugelassen, EuGH, 30.09.2019, C-461/19 P.
880 EuG, 05.02.2020, T-573/18 – Schuhschnürsenkel.
881 EuG, 14.06.2016, T-385/15 – Zahnbürste.
882 EuG, 30.06.2021, T-624/19 – Handgriff mit Borsten.
883 EuG, 11.06.2009, T-78/08 – Pinzette.
884 EuGH, 07.10.2004, C-136/02 P – Stabtaschenlampen.
885 EuG, 15.12.2005, T-262/04 – BIC-Stabfeuerzeug.
886 EuG, 06.07.2011, T-235/10 – Uhr mit gezahntem Rand; bestätigt durch EuGH, 14.05.2012, C-453/11 P.
887 EuG, 16.03.2016, T-363/15 – Spielschachtel mit Holzblöcken.
888 EuG, 17.05.2018, T-760/16 – Triggerball.
889 EuG, 25.11.2015, T-629/14 – Autoform (Jaguar Land Rover). Für Fahrzeuge zur Beförderung in der Luft oder auf dem Wasser wurde der Form aber Unterscheidungskraft zuerkannt.
890 EuG, 19.06.2019, T-213/18 – Wasserhahn.
891 EuG, 28.06.2019, T-340/18 – Gitarrenform (Flying-V).

784 

Abb. 20

785 Dasselbe gilt für zwei *Taschenformen* für (Hand-)Taschen[892], zwei *Tragetaschen* für Verpackungsmaterial aus Papier oder Kunststoff, einschl Tragetaschen[893], einen *Mikrofonkorb* für Mikrofone[894], einen handbedienten *Fliesenschneider*[895] für eben diese Ware, ein *facettiertes Elektromotorengehäuse* für Heizungspumpen[896], ein *Spannschloss* für Betonverschalungen[897], einen *Farbfilter* für Farbfilter[898], einen *Griff* für handbetätigte Geräte[899], ein *Weißbierglas* für Glaswaren[900], eine durchsichtige doppelwandige *Tasse* mit Henkel, deren »schwebende« Innenwand herzförmig ist, für Glaswaren und alkoholfreie Getränke[901], die *Gondelverkleidung* eines Windenergiekonverters eben dafür[902] und ein *Sonnenschutzdach* eben dafür[903]. Ebenfalls nicht zur Eintragung gelangen kann ein *Smiley mit herzförmigen Augen* für Getreidepräparate, Brot, Back- und Konditorwaren[904].

892 EuG, 22.03.2013, T-409/10 – Sac á main, und 22.03.2013, T-410/10 – Sac (Cabat-Tasche).
893 EuG, 08.11.2023, T-113/23 und T-114/23 – Tragetasche I und II.
894 EuG, 12.09.2007, T-358/04 – Mikrofonkorb.
895 EuG, 29.01.2013, T-25/11 – Fliesenschneider.
896 EuG, 09.12.2010, T-253/09 – Facettiertes Gehäuse.
897 EuG, 25.09.2014, T-171/12 – Spannschloss.
898 EuG, 10.09.2008, T-201/06 – Paint filter.
899 EuG, 16.09.2009, T-391/07 – Griff.
900 EuG, 26.10.2017, T-857/16 – Weißbierglas (Großes Glas).
901 EuG, 17.11.2021, T-658/20 – Tassenform II.
902 EuG, 15.11.2007, T-71/06 – Gondelverkleidung, Rn 36; bestätigt durch EuGH, 09.12.2008, C-20/08 P.
903 EuG, 17.12.2008, T-351/07 – Copertura ombreggiante.
904 EuG, 07.10.2015, T-656/13 – Smiley mit herzförmigen Augen.

786

Abb. 21

Dasselbe gilt bei der Form einer *Zitrusfruchtpresse* für eben diese Ware im Gaststättengewerbe[905]. 787

788

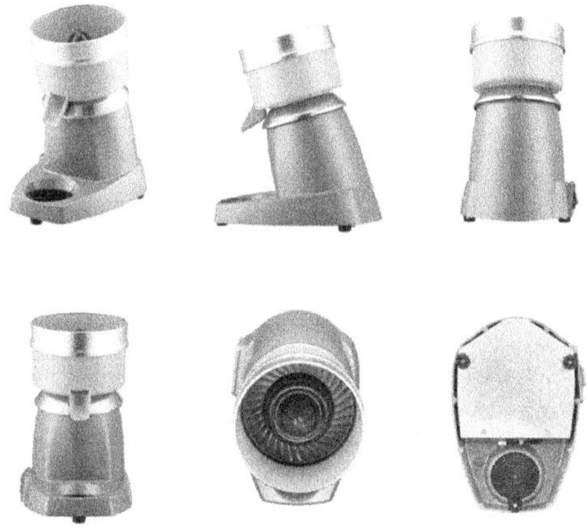

Abb. 22

An der Schutzunfähigkeit ändert auch nichts, wenn die dreidimensionale Form eines branchenüblichen *Vibrators* das für diese Waren beschreibende Wort *fun* und das nicht deutlich lesbare *factory* enthält[906]. 789

Dagegen sind zahlreiche *Gesichtsformen* mit *Hörnern*, *Hut* oder als *Stern* zwar ua für Gelees, Backwaren und Speiseeis nicht schutzfähig, aber für konserviertes, getrocknetes und gekochtes Obst und Gemüse sowie für Milchprodukte unterscheidungskräftig, da letztere Waren nicht in den beanspruchten Formen angeboten werden[907]. 790

905 EuG, 29.07.2022, T-51/22 – Zitrusfruchtpresse II.

906 EuG, 18.01.2013, T-137/12 – Vibrator, Rn 28–38. S.a. zur Praxis der europäischen Ämter die GMitt EUIPN KP9: Unterscheidungskraft dreidimensionaler Marken (Formmarken), die Wort- und/oder Bildbestandteile enthalten und deren Form allein nicht unterscheidungskräftig ist, April 2020; www.dpma.de.

907 EuG, 07.10.2015, T-242/14 bis T-244/14 – Gesichtsformen mit Hörnern, Hut oder als Stern.

791 Wegen erheblicher Abweichung von der Branchenüblichkeit hielt das EuG einen *Lautsprecher* in Zeichenstiftform für unterscheidungskräftig[908]. In einem späteren Urteil hat es jedoch das Eintragungshindernis der wertbedingten Form gemäß Art. 7 Abs. 1e-iii UMV bejaht[909].

792 Diese Grundsätze für die Warenformmarke gelten auch für die *Form einer Verpackung*, jedenfalls in Bezug auf Waren, die keine ihnen innewohnende Form besitzen und deren Vermarktung eine Verpackung verlangt, bei denen die gewählte Verpackung dem Produkt seine Form verleiht, zB bei Waren, die in körniger, puderförmiger oder flüssiger Konsistenz hergestellt werden und bereits ihrer Art nach keine Form haben[910].

793

Abb. 23

794 Da im modernen Wirtschaftsverkehr *die meisten Güter verpackt auf den Markt* kommen, dürften diese Grundsätze jedenfalls für alle Waren gelten, die überwiegend oder üblicherweise den Kunden in einer Verpackung präsentiert werden. Den Verpackungen sind dabei auch deren übliche schmückende *Verzierungen* zuzurechnen.

795 Daher fehlt die Unterscheidungskraft zB allerlei Verpackungsformen von Schokoladenwaren, nämlich *Hasenformen in goldener Verpackung mit oder ohne rotem Band*[911], einer *golden verpackten Rentierform*[912] oder der schlichten *goldenen Glöckchenform mit rotem Band* als typischer Verzierung einer Verpackung[913], aber auch einer *Käseschachtel*[914], *zwei verpackten Kelchgläsern* für Lebensmittel[915], einem *Wurstdarm*[916],

908 EuG, 10.10.2007, T-460/05 – Lautsprecher (Bang & Olufsen). Hier fehlte es allerdings an den erforderlichen Recherchen der Vorinstanzen über Lautsprecherformen, so dass diese Entscheidung nur beschränkte Aussagekraft besitzt.

909 EuG, 06.10.2011, T-508/08 – Lautsprecher II (Bang & Olufsen).

910 EuGH, 12.01.2006, C 173/04 P – Standbeutel; EuGH, 12.02.2004, C-218/01 – Henkelflasche.

911 EuG, 17.12.2010, T-336/08 – Schokoladenhase mit rotem Band; bestätigt durch EuGH, 24.05.2012, C-98/11 P; EuG, 17.12.2010, T-395/08 – Hasenform aus Schokolade.

912 EuG, 17.12.2010, T-337/08 – Rentierform aus Schokolade mit rotem Band.

913 EuG, 17.12.2010, T-346/08 – Glockchenform mit rotem Band.

914 EuG, 23.11.2004, T-360/03 – Käseschachte.

915 EuG, 25.09.2014, T-474/12 – Zwei verpackte Kelchgläse; bestätigt durch EuGH, 02.09.2015, C-531/14 P.

916 EuG, 31.05.2006, T-15/05 – Wurstdarm.

einem *Parfümzerstäuberstift*[917], einer *Blisterverpackung* für zahnmedizinische Präparate und Verpackungsmaterialien[918], einem *zylindrischen, weiß-roten Gefäß* für Körper- und Schönheitspflegemittel, Pharmazeutika und Behältnisse[919], einem *kugelförmigen Behälter* für Lippenbalsam[920], einer *goldenen Schale mit Welle* für Butter[921] und einer *Zigarettenschachtel* mit abgerundeten seitlichen Kanten[922], die jeweils für die darin verpackten Waren bzw die Verpackung an sich beansprucht wurden.

Insb *Getränkeverpackungen* und *-flaschen*, die nicht erheblich von der auf dem Markt üblichen Form abweichen, weisen nach der Rspr des EuGH keine Unterscheidungskraft auf. **796**

Auf dem europäischen Markt allgemein für flüssige Lebensmittel verwendete Verpackungsarten, wie zB *Standbeutel*, ermöglichen es dem Durchschnittsverbraucher von Fruchtgetränken und Fruchtsäften nicht, diese Waren ohne Durchführung einer Analyse oder eines Vergleichs und ohne besondere Aufmerksamkeit von denen anderer Unternehmen zu unterscheiden. Sie stellen lediglich die *arttypische Form*, *Grundform* und das *arttypische Erscheinungsbild* von Standbeuteln dar, was sich anhand der auf dem europäischen Markt für die Vermarktung von flüssigen Lebensmitteln verwendeten Standbeutel bestimmen ließ[923]. **797**

Dasselbe gilt für die mexikanische *Corona-Bierflasche* mit einer Limette im Hals, die nach ihrem durch Form und Farbgebung hervorgerufenen Gesamteindruck der Unterscheidungskraft entbehrt. Denn der Durchschnittsverbraucher nimmt eine Marke normalerweise als Ganzes wahr und achtet nicht auf die verschiedenen Einzelheiten, so dass zur Beurteilung der Unterscheidungskraft auf den von ihr hervorgerufenen Gesamteindruck abzustellen ist, was jedoch nicht bedeutet, dass nicht zunächst die einzelnen Gestaltungselemente der Marke nacheinander geprüft werden können[924]. **798**

Auch die *Develey-Kunststoffflasche* wurde als nicht schutzfähig angesehen. Da für die Beurteilung der Unterscheidungskraft der Gesamteindruck zu berücksichtigen ist, folgt aus der Feststellung, dass sich die Marke durch eines ihrer Merkmale (seitliche Griffmulden) von der üblichen Form abhebt, nicht automatisch deren Bejahung. Selbst dann, wenn dieses *Merkmal als ungewöhnlich* angesehen werden könnte, wäre es *allein nicht ausreichend*, um den Gesamteindruck so stark zu beeinflussen, dass die Marke damit erheblich von der Norm oder der Branchenüblichkeit abwiche[925]. **799**

---

917 EuG, 05.05.2009, T-104/08 – Zerstäuberform.
918 EuG, 21.09.2022, T-700/21 – Blisterverpackung.
919 EuG, 16.06.2015, T-654/23 – Zylindrisches, weiß-rotes Gefäß.
920 EuG, 08.09.2021, T-489/20 – Kugelförmiger Behälter; Rechtsmittel nicht zugelassen, EuGH, 04.02.2022, C-672/20 P.
921 EuG, 02.04.2020, T-546/19 – Goldene Schale mit Welle.
922 EuG, 12.09.2007, T-140/06.– Zigarettenschachtel; bestätigt durch EuGH, 27.06.2008, C-497/07 P.
923 EuGH, 12.01.2006, C 173/04 P – Standbeutel, Rn 30–34, 36, 37.
924 EuGH, 30.06.2005, C-286/04 P – Mexikanische Corona-Bierflasche, Rn 24–32.
925 EuGH, 25.10.2007, C-238/06 P – Develey-Kunststoffflasche, Rn 83–90.

800 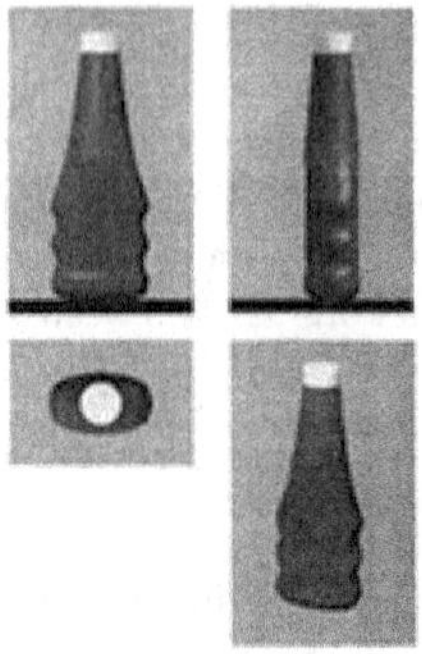

Abb. 24

801 Das EuG hat weiter den Schutz versagt einer für Bier beanspruchten *bernsteinfarbenen Bierflasche* und der *Adelholzener Flasche* für Mineralwasser, jeweils *mit eingeprägtem Relief*, da sie der gebräuchlichen Form entsprechen und die Reliefs, sei es nun ein Inca-Stein oder ein Gebirgszug, vom Verkehr nur als Verzierung verstanden werden[926].

802 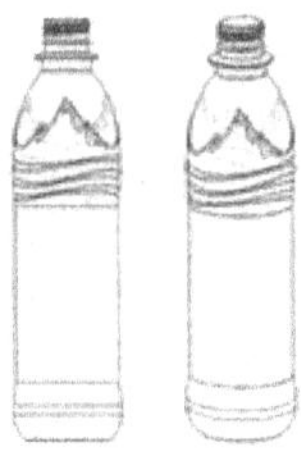

Abb. 25

803 Dasselbe gilt für die *Almdudler Limonadenflasche* und *zylindrische Flaschenformen* sowie eine *Konturflasche ohne Riffelung*, letztere für Flaschen und Getränke[927]. Selbst die Anbringung einer auf ihren Inhalt (Brombeerlikör) hinweisenden Angabe wie *Echte Kroatzbeere* macht eine relativ banale Flaschenform nicht in ihrer Gesamtheit unterscheidungskräftig[928]. Schließlich weicht auch die modernisierte Form der *Bocksbeutelflasche* nicht von der branchenüblichen Gestaltung für Flaschen und Getränkeverpackungen ab[929]. Ebenso wenig vermögen weder ein *Geflecht* auf einer Rumflasche

926 EuG, 12.07.2012, T-323/11 – Bierflasche; EuG, 10.04.2013, T-347/10 – Adelholzener Flasche.

927 EuG, 30.11.2005, T-12/04 – Almdudler Limonadenflasche; EuG, 28.05.2013, T-178/11 – Zylindrische Flaschenform (Voss of Norway); bestätigt durch EuGH, 07.05.2015, C-445/13 P; EuG, 14.01.2015, T-70/14 – Zylindrische Flaschenform mit sechseckiger Spitze; EuG, 24.02.2016, T-411/14 – Konturflasche ohne Riffelung (Coca-Cola).

928 EuG, 16.07.2014, T-66/13 – Echte Kroatzbeere Flasche.

929 EuG, 24.09.2019, T-68/18 – Bocksbeutelflasche.

dieser Form Unterscheidungskraft zu vermitteln noch ein *V-förmiges*, teilweise wie eine Serviette abstehendes *Etikett* einer geläufigen Bierflasche[930].

Dagegen können eine reflektierende bonbonrosa Farbe und der Großbuchstabe »B« einer Flaschenform Unterscheidungskraft für alkoholische Getränke verleihen[931]. Weiter haben EuG und EuGH einem *Gefäß mit Wulst* für Lebensmittel und Getränke Unterscheidungskraft zugesprochen, da die Elemente des Zeichens in ihrer Gesamtheit eine auffällige Form bilden, die sich insgesamt den maßgeblichen Verkehrskreisen leicht einprägt. Die Verbraucher sind nämlich nicht an Behältnisse gewöhnt, die in der Mitte eine markant gekrümmte Form aufweisen. Zudem kann der *ästhetische Aspekt* einer Marke in Form der Warenverpackung neben anderen Gesichtspunkten berücksichtigt werden, um eine erhebliche Abweichung gegenüber der Norm und der Branchenüblichkeit zu ermitteln, sofern er so verstanden wird, dass er auf die objektive und ungewöhnliche visuelle Wirkung verweist, die durch die spezifische Gestaltung der Marke entsteht[932]. Die Anmeldung scheiterte jedoch schließlich als technisch bedingte Form an Art. 7 Abs. 1e-ii UMV[933] (S. Rdn 927). 804

Abb. 26

Auch der Form eines *Autoscheinwerfers* mochte das EuG für ua Beleuchtungseinrichtungen und Fahrzeugscheinwerfer ein Mindestmaß an Unterscheidungskraft nicht absprechen, da sie eine hinreichend ausgeprägte Gestaltung und ein besonderes Erscheinungsbild aufweist, die unter Berücksichtigung des ästhetischen Gesamtergebnis- 805

930 EuG, 13.05.2020, T-172/19 – Geflecht auf einer Flasche; und EuG, 25.11.2020, T-862/19 – Dunkle Flasche mit V-förmigen Etikett.

931 EuG, 08.05.2019, T-325/18 – Rosa Flasche (B), Rn 25–38. Dasselbe gilt für eine goldene Form; EuG, 08.05.2019, T-324/18 – Goldene Flasche (B).

932 EuG, 03.10.2018, T-313/17 – Gefäß mit Wulst (Amphore), Rn 34; bestätigt durch EuGH, 12.12.2019, C-783/18 P, Rn 29–32. Die Kombination der Elemente der Anmeldung ist besonders und kann nicht als völlig alltäglich angesehen werden. Das Behältnis hat einen mit einem Glasdeckel verschließbaren Ausguss und einen auffällig ausgeprägten Wulst. Zudem verjüngt sich der untere Teil deutlich im Vergleich zum darüber liegenden und läuft spitz zu.

933 EuG, 05.07.2023, T-10/22 – Gefäß mit Wulst (Amphore) II, Rn 40–50.

ses geeignet ist, dem angesprochenen Publikum zu ermöglichen, die beanspruchten Waren von denjenigen anderer Scheinwerferformen zu unterscheiden, die üblicherweise auf dem einschlägigen Markt erhältlich sind[934].Dasselbe gilt für die Form eines länglichen, kegelförmigen, zylindrischen *Lippenstifts* gerade für diese Ware wegen der ungewöhnlichen, überraschenden, leicht einprägsamen, an einen Bootsrumpf oder Babytragekorb erinnernden Gestaltung, die erheblich von der Norm und Branchenüblichkeit abweicht[935].

Abb. 27

806 Soweit das EuG in älteren Entscheidungen jedoch noch die *Perrier-Vittel-Mineralwasserflasche* und die weiße durchsichtige *Henkel-Waschmittelflasche* für unterscheidungskräftig angesehen hatte[936], vermögen diese Urteile nicht zu überzeugen und dürften aufgrund der neueren Rspr auch als überholt anzusehen sein.

8. Farben

807 Auch *Farben* an sich sind *idR nicht* als *unterscheidungskräftig* anzusehen, da sie gewöhnlich eine bloße Eigenschaft von Gegenständen sind. Selbst im Handelsverkehr werden Farben und Farbzusammenstellungen im Allgemeinen wegen ihrer Anziehungskraft oder schmückenden Wirkung verwendet, ohne irgendeine Bedeutung zu vermitteln[937].

808 Eine *form- und konturlose Farbe als solche* kann zwar bestimmte gedankliche Verbindungen vermitteln und Gefühle hervorrufen, sie wird aber kaum geeignet sein, eindeutige Informationen zu übermitteln. Dies umso weniger, als sie in der Werbung und

934 EuG, 26.06.2024, T-260/23 – Autoscheinwerfer.

935 EuG, 14.07.2021, T-488/20 – Lippenstift (länglich, kegelförmig, zylindrisch). Die Norm und die Branchenüblichkeit können nicht allein auf die statistisch am häufigsten vorkommenden Formen reduziert werden, sondern umfassen alle, denen der Verbraucher gewöhnlich auf dem Markt begegnet. Es lässt sich aber nicht ausschließen, dass der ästhetische Aspekt einer Marke in Form der Verpackung einer Ware – hier ihres Behältnisses – neben anderen Gesichtspunkten berücksichtigt werden kann, um einen Unterschied gegenüber der Norm und der Branchenüblichkeit zu ermitteln, sofern dieser ästhetische Aspekt so verstanden wird, dass er auf die objektive und ungewöhnliche visuelle Wirkung verweist, die durch die spezifische Gestaltung der Marke entsteht; Rn 43, 44, 48.

936 EuG, 03.12.2003, T-305/02 – Perrier-Vittel-Mineralwasserflasche; EuG, 24.11.2004, T-393/02 – Weiße durchsichtige Henkel-Waschmittelflasche (Kopfflasche).

937 EuGH, 06.05.2003, C-104/01 – Libertel-Orange, Rn 40, 45, 47, 65.

bei der Vermarktung von Waren und DL wegen ihrer Anziehungskraft gewöhnlich in großem Umfang ohne eindeutigen Inhalt verwendet wird. Zwar sind viele Farben mit Hilfe technischer Mittel differenzierbar, der Durchschnittsverbraucher kann aber nur eine *geringere Anzahl tatsächlich unterscheiden*. Zudem ist er auf das unvollkommene Bild in seinem Gedächtnis angewiesen, da sich ihm selten die Gelegenheit zum unmittelbaren Vergleich von Waren mit unterschiedlichen Farbtönen bietet[938].

Die Wahrnehmung einer *Farbmarke* ist nicht notwendig die gleiche wie die einer Wort- 809
oder Bildmarke. Die Verbraucher sind es nämlich nicht gewöhnt, aus der Farbe von Waren oder ihrer Verpackung ohne grafische oder Wortelemente auf die Herkunft der Waren zu schließen, da eine *Farbe* als solche nach den derzeitigen Gepflogenheiten des Handels grds *nicht als Mittel der Identifizierung* verwendet wird. Eine form- und konturlose Farbe als solche ist daher nur bei Vorliegen außergewöhnlicher Umstände als Marke vorstellbar[939].

Dabei ist aber immer auf die *Umstände des Einzelfalles* abzustellen, also auf die kon- 810
kret beanspruchten Waren und DL und die angesprochenen Verkehrskreise[940]. Der Beurteilung der Unterscheidungskraft einer Farbmarke für DL sind keine anderen Kriterien zugrunde zu legen als im Fall von Farbmarken für Waren[941].

Angesichts der geringen Zahl der tatsächlich verfügbaren Farben ist insb das *Allge-* 811
meininteresse (an der Freihaltung) zu berücksichtigen. Die Verfügbarkeit der Farben für andere Wirtschaftsteilnehmer darf nicht ungerechtfertigt beschränkt werden. Die geringe Zahl der verfügbaren Farben hat nämlich zur Folge, dass mit wenigen Eintragungen als Marken für bestimmte Waren oder DL der ganze Bestand an verfügbaren Farben erschöpft werden könnte. Ein derart weites Monopol wäre mit dem System eines unverfälschten Wettbewerbs unvereinbar, insb weil es einem einzelnen Wirtschaftsteilnehmer einen unzulässigen Wettbewerbsvorteil verschaffen könnte. Es wäre auch für die wirtschaftliche Entwicklung und die unternehmerische Initiative nicht förderlich, wenn bereits etablierte Wirtschaftsteilnehmer alle tatsächlich verfügbaren Farben zum Nachteil neuer Wirtschaftsteilnehmer für sich eintragen lassen könnten[942].

---

938 EuGH, 06.05.2003, C-104/01 – Libertel-Orange, Rn 40, 45, 47.

939 EuGH, 06.05.2003, C-104/01 – Libertel-Orange, Rn 65, 66.

940 EuG, 05.10.2022, T-168/21 – Farbe Lichtblau, Rn 66–85. Da die Unterscheidungskraft ua anhand der Anschauung des maßgeblichen Verkehrs zu beurteilen ist, kann der Umstand, dass die BK diesen gar nicht oder mehrdeutig definiert hat, ihre gesamten zur Beurteilung der Unterscheidungskraft angestellten Überlegungen beeinträchtigen. Dies gilt umso mehr, als es nur unter außergewöhnlichen Umständen vorstellbar ist, dass einer Farbe als solcher unabhängig von ihrer Benutzung Unterscheidungskraft zukommt, und zwar insb bei einer sehr begrenzten Zahl von beanspruchten Waren oder DL und einem sehr spezifischen maßgeblichen Markt.

941 EuG, 12.11.2010, T-404/09 und T-405/09 – Farben Grau und Rot in waagerechter bzw senkrechter Kombination, Rn 22, 23; ersteres bestätigt durch EuGH, 07.12.2011, C-45/11 P, Rn 39–43.

942 EuGH, 06.05.2003, C-104/01 – Libertel-Orange, Rn 52, 54, 55, 58, 59.

812 Diese Schutzfähigkeitsvoraussetzungen sind bereits *bei der Anmeldung streng und vollständig zu prüfen*, um eine ungerechtfertigte Eintragung von Marken zu vermeiden. Eine *Verkehrsdurchsetzung* ist jedoch bei Nachweis ausreichender Bekanntheit in den relevanten Teilen des Verkehrs möglich[943].

813 In der Konsequenz wurden weder der *Farbton Orange* für Aufbereitungsanlagen für Saatgut, land-, garten-, und forstwirtschaftliche Erzeugnisse sowie für Gelenkarmroboter zum Handhaben, Bearbeiten und Schweißen noch ein *brauner Farbton* für Kosmetik, Taschen, Hotel-, Restaurant-DL noch die *Farbe Lila* für Medikamente und Inhalatoren zur Behandlung von Lungenerkrankungen als unterscheidungskräftig angesehen[944]. Dagegen wies eine BK einen Nichtigkeitsantrag gegen die für Zitzengummis für Melkanlagen registrierte Farbe *Gelb* angesichts der hohen Spezialisierung der Ware und des Publikums zurück[945].

9. Farbkombinationen

814 Diese Grundsätze gelten auch für *Farbkombinationsmarken*, die den Anforderungen hinreichender Bestimmtheit entsprechen (Rdn 557 f). Hinsichtlich der Berücksichtigung der Notwendigkeit, die Verfügbarkeit der Farben für die konkurrierenden Wirtschaftsteilnehmer nicht ungerechtfertigt zu beschränken, ist nämlich nicht zwischen Marken zu unterscheiden, die aus einer einzigen Farbe, und solchen, die aus Farbzusammenstellungen bestehen[946].

815 Angesichts der strengen Anforderungen an die Eintragbarkeit wurden zwei Kombinationen von *Grau und Rot*[947] mangels wahrnehmbarer Abweichung von den üblicherweise für Eisenbahntransport-DL verwendeten Farben und wegen ihres rein funktionalen oder dekorativen Verständnisses sowie der Kombination von *24 gleich großen Kästchen unterschiedlicher Farben*[948] für ua Computer, Papier und technologische Dienste mangels Merkfähigkeit und Erinnerbarkeit jeweils die Unterscheidungskraft versagt.

816 Ebenso erschienen die Kombinationen der Farben *Ginstergelb* bzw *Ockergelb und Silbergrau* als nicht unterscheidungskräftig, da Bohrwerkzeuge für gewöhnlich gefärbt werden, um auf ihren Verwendungszweck oder ihre besonderen Eigenschaften und die Materialien, für die sie eingesetzt werden können, hinzuweisen[949]. Dasselbe galt für

943 EuGH, 06.05.2003, C-104/01 – Libertel-Orange, Rn 59, 67.

944 EuG, 09.10.2002, T-173/00 – Orange; insoweit bestätigt durch EuGH, 21.10.2004, C-447/02 P; EuG, 13.09.2010, T-97/08 – Farbton Orange; EuG, 09.12.2010, T-329/09 – Brauner Farbton; EuG, 09.09.2020, T-187/19 – Farbe Lila, wobei zudem die beanspruchte Verkehrsdurchsetzung an unzureichenden Umfragewerten scheiterte, insb da diese nur zehn Mitgliedstaaten erfassten.

945 BK, 11.02.2010, R 371/09-2 – Farbe Gelb.

946 EuG, 12.11.2010, T-404/09 und T-405/09 – Farben Grau und Rot, Rn 25.

947 EuG, 12.11.2010, T-404/09 und T-405/09 – Farben Grau und Rot.

948 EuG, 12.11.2008, T-400/07 – Farbkästchen.

949 EuG, 03.02.2011, T-299/09 und T-300/09 – Farben Ginstergelb bzw Ockergelb und Silbergrau, Rn 66–74.

die Farbkombination *Gelb und Grau* bei sanitären Installationen, Röhren, Schläuchen sowie Einzel-, Großhandel damit, weil diese Farben in der Werbung für die beanspruchten Waren und DL auch in ihrer Verbindung keineswegs außergewöhnlich sind und ihre Kombination lediglich an ein dekoratives Element der Ware, der Verpackung oder des Werbematerials denken läßt[950]. Selbst die Kombination von *Grün und Orange* ist für landwirtschaftliche Maschinen, Geräte, insb Feldspritzen, nicht eintragbar, weil sie in diesem Warenbereich häufig verwendet wird und nur einen Hinweis auf die Ökologie bzw eine Warnung enthält[951].

Auch die ua für Windenergieanlagen angemeldete Farb(kombinations)marke *Grün in fünf Farbtönen*, die unmittelbar horizontal aneinandergrenzen, ist nicht unterscheidungskräftig, da sie als dekoratives Element wahrgenommen wird, das eine ausschließlich ästhetische Aufgabe erfüllt, nämlich diejenige, Windenergieanlagen in die Natur zu integrieren, oder bestenfalls als Hinweis auf die Umweltfreundlichkeit dient[952]. 817

Der Antrag auf Nichtigerklärung der Farbkombinationsmarke *Grün und Gelb*, beschrieben als »Der Aufbau bzw Fahrzeugkörper ist grün, die Räder sind gelb.«, für ua landwirtschaftliche Arbeitsmaschinen (Traktoren) wurde *dagegen* zurückgewiesen, da ausreichender Nachweis der *Verkehrsdurchsetzung* in den 15, zur Zeit der Anmeldung relevanten Mitgliedstaaten erbracht worden war[953]. 818

10. Positionsmarken

Für Ausstattungs- oder *Positionsmarken*, die aus der Anbringung oder Anordnung eines Zeichens auf einer Ware oder einem Warenteil an meist gleichbleibender Stelle in etwa gleicher Form und Größe bestehen, gilt ebenfalls die Rspr des EuGH zu dreidimensionalen Marken, welche aus dem Erscheinungsbild der Ware selbst oder ihrer Verpackung bestehen, zB wenn die Anmeldung aus dem besonderen Aussehen der Oberfläche der Ware besteht. Denn auch dann besteht die Marke nicht aus einem Zeichen, das *vom Erscheinungsbild der* mit ihr gekennzeichneten Ware unabhängig ist, sondern mit ihr verschmilzt und sich nicht von ihr trennen lässt, also grds nicht als Mittel zur Identifizierung der betrieblichen Herkunft verwendet werden kann[954]. 819

Zwar wurde die grds Schutzfähigkeit dieser Markenform vom EuG[955] hinsichtlich einer *beschichteten Glasplatte* bestätigt, jedoch ihr die *konkrete Unterscheidungskraft* 820

950 EuG, 27.09.2018, T-595/17 – Gelb und Grau.

951 EuG, 04.05.2023, T-618/22 – Grün und Orange.

952 EuG, 28.01.2015, T-655/13 – Grün in fünf Farbtönen. Dasselbe gilt auch für fünf verschmelzende Grüntöne; EuG, 03.05.2017, T-36/16 – Verschmelzende Grüntöne II; bestätigt durch EuGH, 25.10.2018, C-433/17 P.

953 EuG, 28.10.2009, T-137/08 – Farbkombinationsmarke Grün-Gelb (John Deere).

954 EuGH, 20.10.2011, C-344/10 P und C-345/10 P – Mattierte weiße und mattschwarze Flaschen (Freixenet), Rn 48. Das EUIPO behandelt sie als Bildmarken, was aber nicht korrekt ist; Alicante News 12/2014, S. 7.

955 EuG, 09.10.2002, T-36/01 – Glass Pattern I, Rn 19, 20; bestätigt durch EuGH, 28.06.2004, C-445/02 P.

abgesprochen, da ihre Wahrnehmung durch den Verkehr von derjenigen der üblichen Wort- oder Bildmarken verschieden ist. Das Muster, das in der Aufbringung sich unbegrenzt wiederholender dünner Striche auf der Oberfläche einer Glasplatte besteht, fällt mit dem äußeren Erscheinungsbild der Ware selbst zusammen. Es wird deshalb vor allem als technisches Mittel wahrgenommen, das die Undurchsichtigkeit des Glases garantiert, also als funktionales Element der Ware. Seine Eigenschaften wirken eher so, dass sie einer ästhetischen oder dekorativen Ausarbeitung zuzuschreiben sind, als dass sie auf die betriebliche Herkunft der Waren hinweisen sollten. Zudem ist es aufgrund seiner globalen Komplexität nicht leicht und unmittelbar als unterscheidungskräftiges Zeichen merkfähig, nachdem sein Eindruck nicht beständig ist, sondern je nach Blickwinkel, Lichtintensität oder Beschaffenheit des Glases variieren kann.

821 Auch die Aufmachung eines *Spannfutterteils mit drei Rillen*[956] wurde vom EuG als bloß gewöhnliche Variante dieser Warenform für nicht unterscheidungskräftig angesehen, da der Anmelder keinen Nachweis erbringen konnte, dass die angesprochenen Verkehrskreise die Rillenmotive mit einem Herkunftshinweis verbinden. Dasselbe gilt für *vier ausgefüllte Löcher in einem Lochbild* für Strahlregler, da dieses Zeichen nicht erheblich von der Norm oder Branchenüblichkeit abweicht, sondern allenfalls als rein dekoratives oder funktionelles Element verstanden wird[957].

822 Selbst für ein Fachpublikum mit durchschnittlicher bis erhöhter Aufmerksamkeit verfügt die Positionsmarke eines *gelben Bogens am unteren Rand einer Anzeigeeinheit*[958] auf technischen Spezialgeräten nicht über das notwendige Minimum an Unterscheidungskraft, da ästhetische Gestaltungselemente wie dekorative farbliche Nuancen auch auf elektronischen Anzeigeeinheiten nicht ungewöhnlich sind.

823 Dasselbe gilt für eine, unter einem Schuh angeordnete *Sprungfederform* für Turn- und Sportartikel, die aus einer Summe von vielen Elementen besteht, die lediglich eine technische, funktionale oder dekorative Rolle erfüllen. Zusätzliche Wort- und Buchstabenelemente bringen nichts, wenn sie extrem klein und rein oberflächlicher Natur sind, so dass sie praktisch nicht erkannt werden können[959]. Ebenso wenig eintragungsfähig sind sich *kreuzende Wellenlinien auf einer Schuhsohle (Birkenstock)*, da es sich um einfache Muster handelt, die sich nicht hinreichend von den durch andere Unternehmen in der Schuhbranche üblicherweise benutzten Gestaltungen einer Sohle unterscheiden, da Muster jedweder Art auf Schuhsohlen angebracht werden können[960].

956 EuG, 21.04.2010, T-7/09 – Spannfutterteil mit 3 Rillen.
957 EuG, 14.11.2019, T-669/18 – Vier ausgefüllte Löcher in einem Lochbild; Rechtsmittel nicht zugelassen, EuGH, 23.04.2020, C-14/20 P.
958 EuG, 26.02.2014, T-331/12 – Gelber Bogen am unteren Rand einer Anzeigeeinheit.
959 EuG, 26.11.2015, T-390/14 – KJ Kangoo Jumps XR (Sprungfederform).
960 EuG, 02.06.2021, T-365/20 – Kreuzende Wellenlinien auf Schuhsohle (Birkenstock); Rechtsmittel nicht zugelassen, EuGH, 22.11.2021, C-498/21 P.

Weiter konnte das EuG auch der *orangen Einfärbung des Zehenbereichs einer Socke*[961] keine Unterscheidungskraft abgewinnen, da diese Positionsmarke von der Norm oder Branchenüblichkeit nicht erheblich abweicht und von den maßgeblichen Verkehrskreisen als dekoratives Element aufgefasst wird. Auch in diesem Fall sind die Prüfungskriterien für dreidimensionale Warenformmarken anzuwenden, da die Anmeldung sich nicht von der Form eines Teils der beanspruchten Strumpfwaren trennen lässt, nämlich des Zehenbereichs, sondern mit dem Erscheinungsbild des Produkts selbst verschmilzt. 824

Als einfache, übliche Muster mit ausschließlicher Zierfunktion ohne einzigartigen, originellen oder unüblichen Charakter, der geeignet wäre, ins Auge zu stechen oder sonst in Erinnerung zu bleiben, wurden schließlich weiter verworfen *zwei gekreuzte Stichnähte auf einer Tasche*[962], *zwei parallele Streifen auf langen Hemdsärmeln* und *zwei parallele schräge Streifen auf Hosenbeinen*[963] sowie *rote Schnürsenkelenden*[964] für Schuhwaren, insb Schnürsenkel, aber auch *zwei gebogene Streifen auf der Reifenseitenwand*[965] für Reifen und Felgen. 825

826

Abb. 28

Weiter fehlt einer *Stoffblume im Kragenknopfloch*[966] von Jacken und Mänteln die Unterscheidungskraft, weil dort üblicherweise Broschen, Medaillen, Abzeichen sowie Ansteckblumen angebracht werden, ebenso *vier grünen Quadraten auf der Waagenunterseite*[967] für Waagen, da diese als Waagenfüße nicht hinreichend charakteristisch oder einprägsam sind. 827

Dasselbe gilt auch für einen *Knopf im Ohr* bzw ein *Fähnchen mit Knopf im Ohr* (*Steiff*) für (Plüsch-)Stofftierfiguren, da die feste Verbindung eines Metallknopfs (und eines Fähnchens) mit dem Ohr eines Stofftiers per se dazu führt, dass die Anmeldung mit dem Erscheinungsbild der gekennzeichneten Waren verschmilzt. Zudem handelt es 828

961 EuG, 15.06.2010, T-547/08 – Orange Einfärbung des Zehenbereichs einer Socke; bestätigt durch EuGH, 16.05.2011, C-429/10 P. Dies überzeugt, wenn man sich vorstellt, dass aufgrund der Art der Anmeldung nicht ausgeschlossen ist, dass auch weitere Teile der Socke mit Farbe versehen sein können, so dass dann die Einfärbung des Zehenbereichs nicht mehr auffällt.

962 EuG, 28.09.2010, T-388/09 – Nähte auf einer Tasche.

963 EuG, 15.12.2015, T-63/15 und T-64/15 – Zwei parallele Streifen auf langen Hemdsärmeln und zwei parallele schräge Streifen auf Hosenbeinen.

964 EuG, 11.07.2013, T-208/12 – Rote Schnürsenkelenden, Rn 30–52 (s. Rdn 796.).

965 EuG, 04.07.2017, T-81/16 – Zwei gebogene Streifen auf Reifenseitenwand.

966 EuG, 14.03.2014, T-131/13 – Stoffblume im Kragenknopfloch.

967 EuG, 13.09.2018, T-184/17 – Vier grüne Quadrate auf der Waagenunterseite.

sich bei Knöpfen und Fähnchen um übliche Gestaltungselemente, da Knöpfe oft als Augen oder auf der Kleidung von Stofftieren angebracht werden bzw Fähnchen mit Verbraucherinformationen (Reinigungshinweisen, Herstellernamen, Diebstahlsicherung) an den gekennzeichneten Waren befestigt sein können[968].

829

Abb. 29

830 Schließlich fehlt einer *dreidimensionalen Positionsmarke*, die aus einem *Flaschenverschluss*[969] (Verschlussstopfen oder -kappe) mit zylindrischer Außenkontur, einem Ring und einer Kordel besteht, die Unterscheidungskraft. Der Ring des Flaschenverschlusses, der um den Flaschenhals gelegt wird, passt sich zwangsläufig der Flaschenform an, so dass er mit ihr gleichzusetzen ist. Damit verschmilzt die Anmeldung mit dem Erscheinungsbild der beanspruchten Spirituosen und Liköre.

831

Abb. 30

832 Dasselbe gilt auch für eine *Farb-Positionsmarke*, nämlich der *Anbringung der Farben Weiß, Rot und Dunkelgrün auf einer quaderförmigen Verpackung* für ua Nadeln. Es ist auf dem relevanten Markt nicht ungewöhnlich, dass sich der Verkehr mit weißen Etiketten konfrontiert sieht, die oft auch zweifarbig gestaltet und auf der Stirnseite von farbigen Verpackungen der beanspruchten Waren angebracht sind[970]. Selbst den Farben *Rot, Schwarz und Gelb auf Sämaschinen* und *auf Pflanzmaschinen* mangelt es an Unterscheidungskraft, da sie auf landwirtschaftlichen Maschinen weit verbreitet

968 EuG, 16.01.2014, T-433/12 – Knopf im Ohr (Steiff), Rn 25, 27–34, und 16.01.2014, T-434/12 – Fähnchen im Knopf im Ohr (Steiff), Rn 25–42.

969 EuG, 16.01.2019, T-489/17 – Flaschenverschluss. Die Flasche ist beliebig und nicht Teil der Marke.

970 EuG, 06.09.2023, T-276/22 – Anbringung der Farben Weiß, Rot und Dunkelgrün auf einer quaderförmigen Verpackung; Rechtsmittel nicht zugelassen, EuGH, 07.02.2024, C-691/23 P. Der Anmelder hat selbst bestätigt, dass die Nadeln bei den Kunden im Allgemeinen so gelagert werden, dass die Stirnseite der Verpackung der Identifizierung sowohl der Waren als auch der jeweiligen Hersteller dient, und dadurch indirekt den funktionalen Charakter der Verpackung und insb des auf einer ihrer Stirnseiten angebrachten rechteckigen Etiketts, und damit auch ihre Gebräuchlichkeit, eingeräumt. S.a. EuG, 06.09.2023, T-277/22 – Anbringung der Farben Rot und Weiß auf einer quaderförmigen Verpackung.

sind und auch Sicherheitszwecken dienen können, insb die Sichtbarkeit der Geräte verbessern[971].

Die Feststellung jedoch, dass, da keine Flasche ohne Etikett oder entspr Kennzeichnung verkauft werde, nur ein solches Wortelement die Herkunft des Flascheninhalts kennzeichnen könne, so dass die *Farbe und die Mattierung des Flaschenglases für Schaumwein* im Hinblick auf die maßgeblichen Verkehrskreise nicht als Marke funktionieren könnten, wenn sie nicht in Verbindung mit einem *Wortelement* verwendet würden, ist *kein geeignetes Beurteilungskriterium*. Ansonsten würden Marken systematisch von der Eintragung ausgeschlossen sein, die aus dem Erscheinungsbild der Aufmachung der Ware selbst bestehen und keine Aufschrift oder kein Wortelement aufweisen[972]. 833

Bei der Beurteilung der Unterscheidungskraft eines *für eine DL* (hier: Beförderungs-DL) *angemeldeten Zeichens*, das aus farbigen Motiven zusammengesetzt ist und das ausschließlich und systematisch auf bestimmte Weise auf einen großen Teil der für die Erbringung dieser DL verwendeten Gegenstände (hier: Beförderungsmittel) aufgebracht werden soll, ist nach Art. 4 Abs. 1b MarkenRL die *Wahrnehmung der maßgeblichen Verkehrskreise* vom Aufbringen dieses Zeichens auf diesen Gegenständen zu berücksichtigen. Ob das Zeichen erheblich von der Norm oder der Branchenüblichkeit abweicht, muss in diesem Fall nicht geprüft werden[973]. 834

---

971 EuG, 11.09.2024, T-361/23 bis T-364/23 – Rot, Schwarz und Gelb auf Sämaschinen und auf Pflanzmaschinen..

972 EuGH, 20.10.2011, C-344/10 P und C-345/10 P – Mattierte weiße und mattschwarze Flaschen (Freixenet), Rn 50, 51. Dadurch wurde der Feststellung des EuG, 27.04.2010, T-109/08 und T-110/08 – Freixenet-Flaschen II, dass der Durchschnittsverbraucher sich immer am Etikett orientiere, zumal keine Handelspraxis dahingehend bestehe, dass Schaumweinflaschen ohne darauf angebrachte Herstellerangaben oder Marken auf dem Markt angeboten würden, die Relevanz als Prüfungskriterium abgesprochen.

973 EuGH, 08.10.2020, C-456/19 – Farbliche Fahrzeuggestaltung (AB Östgötatrafiken), Rn 34–44, das noch zu Art. 3 Abs. 1b MarkenRL aF ergangen ist. Das Beurteilungskriterium einer erheblichen Abweichung von der Norm oder der Branchenüblichkeit ist auf diejenigen Fälle anzuwenden, in denen das Zeichen im Erscheinungsbild der beanspruchten Ware selbst besteht, da der Durchschnittsverbraucher aus der Form der Waren oder ihrer Verpackung, wenn grafische oder Wortelemente fehlen, gewöhnlich nicht auf die Herkunft dieser Waren schließt. Dieses Kriterium findet auch Anwendung, wenn das Zeichen in der Darstellung der Ausstattung der räumlichen Umgebung besteht, in der die beanspruchten DL erbracht werden. Eine solche Fallgestaltung liegt aber nicht vor, wenn die beanspruchten Zeichen aus grafischen Elementen bestehen, die auf die Gegenstände aufgebracht werden sollen, die zur Erbringung der mit der Anmeldung beanspruchten DL verwendet werden. Zwar sind diese zur Erbringung der hier relevanten DL verwendeten Gegenstände, dh die Beförderungsmittel, in den Anmeldungen mit gestrichelten Linien wiedergegeben, um sowohl die Stellen anzugeben, an denen die Anmeldungen aufgebracht werden sollen, als auch die Umrisslinien derselben darzustellen. Doch können die Anmeldungen weder mit der Form oder der Verpackung dieser Gegenstände verwechselt werden, noch soll durch sie die räumliche Umgebung, in der die beanspruchten DL erbracht werden, dargestellt werden. Die Zeichen bestehen nämlich aus systematisch zusammengefügten und räumlich abgegrenzten Farbkompositionen und

11. Klangmarken

835 Die Kriterien für die Beurteilung der Unterscheidungskraft von Hörmarken sind keine anderen als die für die übrigen Markenkategorien. Ein Hörzeichen muss über *eine gewisse Resonanz* verfügen, anhand deren der angesprochene Verbraucher es erkennen und als Marke auffassen kann und nicht bloß als funktionalen Bestandteil oder als Indikator ohne wesenseigene Merkmale.

836 Die *Klänge beim Öffnen einer Dose* werden bei Milchprodukten, Kaffee, Tee, alkoholischen und nichtalkoholischen Getränken als ein *rein technisches und funktionelles Element* angesehen, da das Öffnen einer Dose oder Flasche einer spezifischen technischen Lösung im Rahmen des Umgangs mit Getränken zum Zwecke ihres Verzehrs inhärent ist, unabhängig davon, ob diese Kohlensäure enthalten oder nicht. Zum anderen wird der Klang des Prickelns von Perlen vom Verkehr unmittelbar als Hinweis auf Getränke wahrgenommen.

837 Die zwei Merkmale eines Hörzeichens, das an den Klang erinnert, der beim Öffnen einer Getränkedose entsteht, gefolgt von etwa einer Sekunde ohne Geräusch und einem Prickeln von etwa neun Sekunden, reichen im Verhältnis zu den klassischen Klängen, die Getränke beim Öffnen erzeugen, nicht aus, um die mangelnde Unterscheidungskraft zu überwinden, da sie *nur als eine Variante* der Geräusche wahrgenommen werden, die bei Getränken beim Öffnen ihrer Behältnisse üblicherweise entstehen[974].

838 Während der Verkehr daran gewöhnt ist, Wort- und Bildmarken zu erkennen, gilt dies nicht im gleichen Maß für *Hörmarken*, auch wenn Klingeltöne oder Melodien auf bestimmten Geschäftsfeldern, wie bei der Kommunikation oder Unterhaltung über Fernsehen, Rundfunk und Telefonie, und bei Internetmedien, Computersoftware oder generell auf den Mediensektor im Allgemeinen, zur klanglichen Herstelleridentifikation gebräuchlich sind. Jedoch bedarf es zur Schutzfähigkeit einer gewissen Eigentümlichkeit[975].

839 Ein banales Geräusch, wie ein außerordentlich einfacher Telefon-*Klingelton*, der aus der Wiederholung von zwei identischen Noten besteht, besitzt keine Unterscheidungskraft. Er ist nicht ungewöhnlich, sondern eintönig sowie ohne besondere Nuancen

---

betreffen also ganz bestimmte grafische Elemente, die nicht durch die bloße Wiedergabe ihrer Umrisslinien eine Ware oder eine der Erbringung von DL dienende Umgebung darstellen sollen. Falls diese Farbkombinationen keine inhärente Unterscheidungskraft für die beanspruchten DL aufweisen sollten, wird dadurch nicht ausgeschlossen, dass sie eine solche infolge ihrer Benutzung (Verkehrsdurchsetzung) erwerben können. Auch im Rahmen dieser Beurteilung ist nicht zu prüfen, ob die Anmeldungen erheblich von der Norm oder der Branchenüblichkeit abweichen.

974 EuG, 07.07.2021, T-668/19 – Klänge beim Öffnen einer Dose. Die Rspr zu dreidimensionalen Marken kann grds nicht auf eine Hörmarke angewandt werden, da diese weder die Form der beanspruchten Waren noch die ihrer Verpackung wiedergibt.

975 S.a. GMitt KP11, Neue Markenformen: Prüfung auf formale Anforderungen und Schutzhindernisse, April 2021, Kap. B 3, Erforderliches Maß an Unterscheidungskraft neuer Markenformen.

und erinnert an ein Standardklingeln, über das alle elektronischen Geräte verfügen, die Uhren oder Telefone enthalten[976]. Dasselbe gilt zB für eine Anmeldung, die aus einer kurzen, dissonanten *elektronischen Tonfolge* von knapp über vier Sekunden Dauer besteht, da sie keine Fanfare darstellt und keine Melodie, keine erkennbare Struktur und keine einprägsame Harmonie enthält,[977] oder für eine *Sequenz elektronisch erzeugter (synthetischer) Klänge* von zwei bis drei Sekunden Dauer, die schlicht zu kurz und ohne klare Struktur ist, um merkfähig und unterscheidungskräftig zu sein[978]. Dagegen kommt einem Jingle mit einer etwas komplexeren Tonfolge, nämlich einem *Rhythmus von vier Tönen*, der ins Ohr gehen dürfte, Unterscheidungskraft zu[979].

12. Mustermarken

Für *Mustermarken*, die ausschließlich aus einer Reihe sich regelmäßig wiederholender Elemente bestehen (*Wiederholungsmuster*), gilt ebenfalls die Rspr zu dreidimensionalen Marken, die aus dem Erscheinungsbild der Ware selbst bestehen, die nur dann *schutzfähig* sind, wenn sie *erheblich von der Norm oder Branchenüblichkeit abweichen.* 840

Daher sind *Dreizacksterne auf schwarzem Hintergrund* mangels Unterscheidungskraft nicht schutzfähig, da sich der Verbraucher in Bezug auf die im entschiedenen Fall beanspruchte breite Warenpalette auf dem Markt mit einer *Vielzahl an Mustern oder Kombinationen geometrischer Grundformen* bzw einfachen geometrischen Formen konfrontiert sieht, etwa verschiedene Gestaltungen von Linien, Kreisen, Rechtecken, Fünfecken oder Sternen. Aufgrund der *Einfachheit der angemeldeten Gestaltung*, der regelmäßigen Wiederholung einer geometrischen Figur wie einem dreizackigen Stern in zwei unterschiedlichen Größen und in weißer Farbe auf schwarzem Hintergrund, wird der maßgebliche Verkehr in dieser Form keine Kennzeichnung der Waren und DL eines bestimmten Herstellers, sondern vielmehr den Ausdruck der Vielfalt auf dem betr Markt sehen und sie als rein dekoratives bzw ästhetisches Element wahrnehmen[980]. 841

842

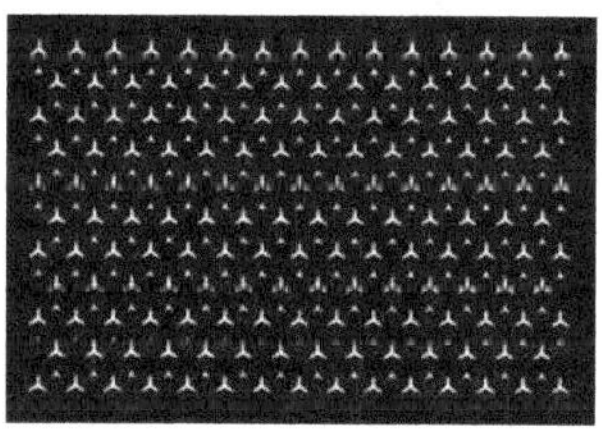

Abb. 31

976 EuG, 13.09.2016, T-408/15 – Klingelton, Rn 49–69.

977 BK, 12.12.2017, R 2059/16–4 – Klang von elektronischer Sequenz. Ihre Darstellung durch zwei Bilder der elektronischen Frequenz erfüllten jedoch die formalen Voraussetzungen von Regel 3 Abs. 6 GMDV.

978 BK, 21.05.2020, R 2721/19–4 – Klang.

979 BK, 23.07.2020, R 2821/19–1 – Klang von Bass, Rn 18–24.

980 EuG, 30.03.2022, T-277/21 bis T-280/21 – Dreizacksterne auf schwarzem Hintergrund I–IV, Rn 17–22, 33–35.

843 Auch ein *Ornamentales Muster* wird es dem von Keramik-, Porzellanfliesen und Baumaterialien angesprochenen Verkehr in Anbetracht der Komplexität des beanspruchten Zeichens und des diffusen Charakters seiner Linien nicht ermöglichen, sich die spezifischen Einzelheiten zu merken, das Motiv zu erkennen oder es zu definieren. Die Anmeldung wird daher als rein dekorativ wahrgenommen und enthält keine Botschaft, die geeignet ist, dem Verbraucher zu helfen, sie sich leicht einzuprägen.

844 Art. 3 Abs. 3e UMDV bestimmt nur, wie eine Mustermarke darzustellen ist und enthält *keine Definition*, die sich auf die Beurteilung ihrer *Unterscheidungskraft* auswirken könnte[981].

13. Sonstige Marken

845 Unterscheidungskräftig können weiter *Bewegungsmarken*[982] bzw *Multimediamarken*[983] sein, wie auch *Hologramme* oder *Lichtmarken*, ebenso *Wiederholungsmuster*, soweit sie die Ursprungsidentitätsfunktion erfüllen[984]. Grds ist nämlich keine Markenform bereits von sich aus als nicht unterscheidungskräftig anzusehen (Art. 3 Abs. 3 und 4 UMDV). Ist eine *fließende Bewegung* jedoch lediglich banal und nicht merkfähig, fehlt ihr jegliche Unterscheidungskraft[985].

VI. Im Verkehr oder im allgemeinen Sprachgebrauch übliche Bezeichnungen

846 Wegen Art. 7 Abs. 1d UMV ist die Eintragung derjenigen Marken zurückzuweisen, die ausschließlich aus Zeichen oder Angaben zur Bezeichnung der beanspruchten Ware oder DL bestehen, die im *allgemeinen Sprachgebrauch* oder in den *redlichen und st. Verkehrsgepflogenheiten* üblich geworden sind (*Gattungsbegriffe*). Dabei ist es ohne Bedeutung, ob die betr Zeichen oder Angaben die Eigenschaften oder Merkmale dieser Waren oder DL beschreiben[986].

---

981 EuG, 12.01.2022, T-259/21 – Ornamentales Muster.

982 BK, 23.09.2010, R 443/10–2 – Rote Flüssigkeit, die sich in einer Reihe von Destillierkolben bewegt, mwN. Dagegen fehlt dem Akt des Schneidens und Arrangierens eines Käses in Herzform die Unterscheidungskraft; BK, 20.09.2023, R 314/23–2 – Fromage découpé et arrangé en forme de coeur.

983 BK, 07.03.2023, R 1490/22–5 – MULTIMEDIA VAN EEN FILMPJE (Super Simon). Es handelt sich um einen für Bücher, Wein, Entspannung, kulturelle Aktivitäten und Aufführungen klassischer Musik angemeldeten Kurzfilm im Comic-Stil, eine relativ komplexe Filmsequenz, bestehend aus bewegten Wort-, Bild- und Tonelementen, mit der Hauptfigur »Super Simon«, die zu einem Erholungsziel fliegt.

984 S.a. GMitt KP11, Neue Markenformen: Prüfung auf formale Anforderungen und Schutzhindernisse, April 2021, Kap. B 3, Erforderliches Maß an Unterscheidungskraft neuer Markenformen.

985 BK, 28.04.2020, R 1636/19–2 – Bewegung eines fließenden kreisförmigen blauen Rings.

986 EuGH, 04.10.2001, C-517/99 – BRAVO.

Die maßgeblichen Verkehrskreise für die Beurteilung der Frage, ob eine Marke im geschäftlichen Verkehr zur gebräuchlichen Bezeichnung der betr Ware geworden ist, sind, wenn beim Vertrieb einer von einer Marke geschützten Ware oder DL an den Verbraucher oder Endabnehmer Zwischenhändler beteiligt sind, im Allgemeinen *die Verbraucher oder Endabnehmer*[987]. Zwar ist bei dieser Beurteilung nicht nur auf deren Wahrnehmung abzustellen, sondern nach Maßgabe der Merkmale des betr Markts auch auf die Wahrnehmung der *Gewerbetreibenden* wie der Verkäufer. Jedoch spielt im Allgemeinen die Wahrnehmung der Verbraucher oder Endabnehmer eine entscheidende Rolle[988]. 847

Das EuG hat die Abkürzung *BSS*[989] als Gattungsbegriff für pharmazeutische Augenheilmittel und somit als üblich iSd Art. 7 Abs. 1d UMV bewertet, da dieses Kürzel für »Balanced Salt Solution« bzw »Buffered Saline Solution« verwendet wird. Dasselbe gilt für *WEISSE SEITEN* hinsichtlich von Magnetaufzeichnungsträgern, bespielten Speichermedien für DV-Anlagen und -Geräte, insb Bänder, Platten, CD-ROMs, für Druckereierzeugnisse, Branchenverzeichnisse und Nachschlagwerke, da dieser Ausdruck für die angesprochenen Durchschnittsverbraucher als gängige Gattungsbezeichnung für Verzeichnisse der Telefonanschlüsse von Privatpersonen auch in elektronischer Form, im Internet oder auf CD-ROM üblich geworden ist[990]. 848

Das Zeichen *5 HTP*[991] stellt (mit oder ohne Bindestrich) die offizielle Abkürzung für den Stoff 5-Hydroxytryptophan dar, also eine chemische Formel, und ist für die maßgeblichen Verkehrskreise von pharmazeutische Erzeugnissen, nämlich das medizinische Fachpublikum und die Patienten als Endverbraucher mit einschlägigen Kenntnissen, da sie sich vor dem Kauf dieser Erzeugnisse die erforderlichen Informationen beschaffen, zur Bezeichnung der diesen Stoff enthaltenden Produkte üblich geworden. 849

Original Eau de Cologne wird nach Erkenntnis des EuG als Gattungsbegriff aufgefasst, da die Anmeldung als Bezeichnung einer Parfümart, nämlich von Kölnisch Wasser, verstanden wird, bei dem es sich um das Original und nicht um eine Kopie oder Nachahmung handelt. Jedenfalls führt der Bestandteil »Original« zu keiner Relokalisierung, so dass er der beanspruchten UKM keinen geografischen Bezug verleihen kann[992]. 850

Selbst wenn die Marke *K-9* als Bezeichnung von Hunden, die von der Armee und der Polizei verwendet werden, oder von Tätigkeiten, die mit deren Ausbildung zusammenhängen, gebräuchlich ist, stellt diese Bedeutung jedoch keine hinreichend unmittelbare und konkrete Verbindung dar, die es den maßgeblichen Verkehrskreisen ermöglicht, sie in den redlichen und ständigen Verkehrsgepflogenheiten als Gattungsbegriff und 851

987 EuGH, 29.04.2004, C-371/02 – Bostongurka (Björnekulla/Procordia), Rn 23–25.
988 EuGH, 06.03.2014, C-409/12 – KORNSPITZ (Backaldrin/Pfahnl Backmittel), Rn 28, 29.
989 EuG, 05.03.2003, T-237/01 – BSS; bestätigt durch EuGH, 05.10.2004, C-192/03 P.
990 EuG, 16.03.2006, T-322/03 – WEISSE SEITEN, Rn 49–76. S.a. zur beschreibenden Angabe Rdn 623.
991 EuG, 09.03.2011, T-190/09 – 5 HTP; bestätigt durch EuGH, 01.12.2011, C-222/11 P.
992 EuG, 25.11.2014, T-556/13 – Original Eau de Cologne, Rn 20–31; bestätigt durch EuGH, 03.12.2015, C-29/15 P.

übliche Bezeichnung für ua Lederwaren, Tierdress, Halsbänder, Bekleidung oder Sportartikel wahrzunehmen[993].

VII. Verkehrsdurchsetzung

852 Mit der Geltendmachung der *Verkehrsdurchsetzung* (infolge Benutzung erlangte Unterscheidungskraft) nach Art. 7 Abs. 3 UMV kann der Anmelder die wegen Abs. 1b, 1c und 1d bestehenden Eintragungshindernisse (und nur diese) überwinden. Voraussetzung ist allerdings, dass die Marke für diejenigen konkreten Waren oder DL, für die die Eintragung beantragt wird, bei den angesprochenen Verkehrskreisen Verkehrsdurchsetzung erlangt hat.

853 Der Anmelder kann die Verkehrsdurchsetzung als *Haupt-* oder *Hilfsantrag* geltend machen. Wird sie im Hauptantrag beansprucht, entscheidet das Amt gleichzeitig sowohl über die Eintragungshindernisse nach Art. 7 Abs. 1b, 1c oder 1d UMV, da nur bei deren Vorliegen die Frage der Verkehrsdurchsetzung relevant wird, als auch ggf über Art. 7 Abs. 3 UMV. Wird sie nur im Wege eines Hilfsantrags begehrt, entscheidet das Amt zuerst über den Hauptantrag und weist uU die Anmeldung aufgrund von Eintragungshindernissen nach Art. 7 Abs. 1b, 1c oder 1d UMV zurück. Erst nach Rechtskraft dieser Entscheidung widmet es sich dem Art. 7 Abs. 3 UMV[994]. Dabei ist es nicht an die in der ersten Entscheidung erfolgte unvollständige Definition des maßgeblichen Verkehrs gebunden, sondern kann weitere Kreise mit einbeziehen[995].

854 Wegen Art. 27 Abs. 3a DVUM kann die *Verkehrsdurchsetzung vor der BK nicht erstmals geltend* gemacht werden, wenn sie nicht bereits fristgemäß in der Vorinstanz vor dem EUIPO und in der Beschwerdebegründung bzw Anschlussbeschwerde ausgeführt worden war.

1. Prüfungsgrundsätze

855 Aufgrund der im Chiemsee-Urteil des EuGH[996] entwickelten Kriterien ist jedoch ein *strenger Maßstab* anzulegen, nachdem es sich um eine *Ausnahmeregelung* handelt, mit der gesetzliche Eintragungsverbote überwunden werden können.

856 Bei der Feststellung, ob eine Marke infolge ihrer Benutzung Unterscheidungskraft erlangt hat, sind *sämtliche Gesichtspunkte des Einzelfalles umfassend* zu prüfen, die sich

993 EuG, 17.03.2021, T-878/19 – K-9.

994 S. hierzu Alicante News 7/2018, S. 2 f. und 12/2022, S. 7.

995 EuG, 09.03.2022, T-204/21 – RUGGED, Rn 37–50. Da die BK in der ersten Entscheidung nicht aufgefordert war, Art. 7 Abs. 3 UMV zu prüfen, sondern nur Art. 7 Abs. 1b und Abs. 1c, war sie nicht verpflichtet, das gesamte relevante Gebiet zu ermitteln. Selbst wenn die in der ersten Entscheidung vorgenommene Beurteilung für die BK in der zweiten bindend wäre, kann dies nicht für eine unvollständige Beurteilung gelten. Der Umstand, dass die erste Entscheidung rechtskräftig geworden ist, ist in diesem Zusammenhang unerheblich.

996 EuGH, 04.05.1999, C-108/97 und C-109/97 – Chiemsee, Rn 31, 45.

auf eine *Benutzung der Marke als Marke* beziehen müssen, dh eine Benutzung, die der Identifizierung der Ware oder DL durch die beteiligten Verkehrskreise als von einem bestimmten Unternehmen stammend dient[997].

Eine Verkehrsdurchsetzung kann insb nach einem *normalen Prozess der Gewöhnung* 857
des beteiligten Verkehrs eintreten. Für ihre Beurteilung sind *alle Umstände* zu berücksichtigen, unter denen die maßgeblichen Verkehrskreise mit der Marke konfrontiert werden. Sie werden mit ihr nicht nur im *Zeitpunkt ihrer Kaufentscheidung* konfrontiert, sondern auch vorher, etwa in der *Werbung*, und zu dem Zeitpunkt, zu dem sie die Ware *verbrauchen*. Dabei bringt der Durchschnittsverbraucher zu dem Zeitpunkt, zu dem er seine Wahl zwischen den verschiedenen Waren der fraglichen Art vorbereitet und trifft, den höchsten Aufmerksamkeitsgrad auf, so dass die Frage, ob er im *Zeitpunkt des Kaufes* mit der Marke konfrontiert wird oder nicht, für die Feststellung ihrer Verkehrsdurchsetzung besondere Bedeutung besitzt[998].

Im Rahmen dieser Prüfung können insb der *Marktanteil* der betr Marke, die *Intensität,* 858
geografische Verbreitung und *Dauer* ihrer Benutzung, der *Werbeaufwand* des Unternehmens für die Marke, der *Anteil der beteiligten Verkehrskreise*, der die Ware oder DL aufgrund der Marke als von einem bestimmten Unternehmen stammend erkennt, sowie *Erklärungen von Industrie- und Handelskammern* oder anderen Berufsverbänden berücksichtigt werden[999].

Bei der *Gesamtwürdigung* der Beweismittel ist bestimmten Beweisen eine größere 859
Beweiskraft beizumessen als anderen. Insb können Verkaufszahlen und Werbematerial nur als *sekundäre Beweismittel* angesehen werden, die ggf *unmittelbare Beweise*, wie zB Umfragen oder Marktforschungen und Erklärungen von Handels- und Berufsverbänden, unterstützen können. Eine *Verkehrsdurchsetzung* kann daher zB nicht allein durch Verkaufszahlen, umfangreiche Presseartikel, Verwendungsbeispiele und Werbeunterlagen, Warenabbildungen mit der Marke, Berichte über die sozialen Medien und Gewinnspiele auf Facebook nachgewiesen werden, weil diese einen geringeren Beweiswert haben. Jedoch reichten im entschiedenen Fall die unmittelbaren Beweise aus, und zwar die *Investitionen des Markeninhabers* im Bereich der *Werbung*, die *Werte, Mengen und Dauer der Warenverkäufe* im relevanten Zeitraum und die *Umfragen über die Benutzung der Marke* in der Union, nämlich die von einem unabhängigen Unternehmen erstellten *Ranglisten* ausgewählter Biokosmetikmarken, um *zusammen mit* den *anderen Beweisen* in ihrer Gesamtheit zu belegen, dass die Marke in der Union für ua Kosmetika, Seifen, Haarpflege- und Schlankheitsmittel Verkehrsdurchsetzung erworben hatte[1000].

997 EuGH, 18.06.2002, C-299/99 – Rasierscherkopf (Philips/Remington), Rn 64; EuGH, 07.07.2005, C-353/03 – HAVE A BREAK (Nestlé/Mars), Rn 26, 29.

998 EuGH, 22.06.2006, C-24/05 P – Hellbrauner Bonbon (Werther's), Rn 70–72.

999 EuGH, 04.05.1999, C-108/97 und C-109/97 – Chiemsee, Rn 51; EuGH, 07.07.2005, C-353/03 – HAVE A BREAK (Nestlé/Mars), Rn 31.

1000 EuG, 22.03.2023, T-750/21 – BIO-BEAUTÉ, Rn 48–61.

860 Die Voraussetzungen der Verkehrsdurchsetzung sind erfüllt, wenn ein *erheblicher Teil der beteiligten Verkehrskreise* die gekennzeichnete Ware oder DL aufgrund der Marke als von einem bestimmten Unternehmen stammend erkennt[1001]. Als beteiligt sind dabei alle von den relevanten Waren und DL angesprochenen Verkehrskreise anzusehen. So reicht die Bekanntheit lediglich beim Fachpublikum nicht aus, wenn auch die allgemeinen Verbraucher angesprochen sind[1002].

861 Diese Einschätzung hat der EuGH nochmals bestätigt, und zwar in Bezug auf eine *schlichte Produktform*, nämlich den *Scherkopf eines Elektrorasierers*. War ein Marktteilnehmer einziger Lieferant bestimmter Waren auf dem Markt, so kann die ausgedehnte Benutzung eines Zeichens, das aus dieser Form der Waren besteht, ausreichen, um dem Zeichen Verkehrsdurchsetzung zu verleihen, wenn infolge der Benutzung ein wesentlicher Teil der betroffenen Verkehrskreise die Form mit diesem Marktteilnehmer und mit keinem anderen Unternehmen in Verbindung bringt oder annimmt, dass Waren mit dieser Form von diesem Marktteilnehmer stammen[1003].

862 Zwar wird vom EuGH nicht ausdrücklich gefordert, dass es sich um die Mehrheit der angesprochenen potentiellen Konsumenten handeln muss oder dass eine *bestimmte Prozentzahl* überschritten sein muss. Dies bedeutet aber nicht, dass die Berufung auf Zahlenwerte grds ausgeschlossen ist. So werden zwar im Regelfall erst Bekanntheitsgrade, die über 50 % bei den relevanten Verkehrskreisen liegen, für eine Verkehrsdurchsetzung in Betracht kommen[1004]. Es kommt jedoch immer auf die Umstände des Einzelfalls an, so dass auch bei einer konturlosen Grundfarbe für häufige DL *nicht stets* 70 % verlangt werden kann[1005].

863 Zu der Frage, ob eine Marke Verkehrsdurchsetzung infolge ihrer Benutzung als *Teil* oder in *Verbindung mit einer anderen Marke* erlangen kann, hat der EuGH[1006] entschieden, dass es zwar immer auf die *markenmäßige Benutzung im Verkehr* ankommt. Dies verlangt aber nicht notwendigerweise, dass die beanspruchte Marke eigenständig benutzt worden ist. Ein Erwerb von Verkehrsdurchsetzung kann sich nämlich im Einzelfall aufgrund der im Chiemsee-Urteil zitierten Nachweismittel sowohl aus der *Benutzung eines Teils einer eingetragenen Marke* als deren Bestandteil als auch aus der *Benutzung einer anderen Marke* in Verbindung mit einer eingetragenen ergeben.

1001 EuGH, 04.05.1999, C-108/97 und C-109/97 – Chiemsee, Rn 52; EuGH, 07.07.2005, C-353/03 – HAVE A BREAK (Nestlé/Mars), Rn 61.

1002 EuG, 11.02.2010, T-289/08 – Deutsche BKK, Rn 38, 82; EuG, 12.09.2007, T-141/06 – Glass Pattern II, Rn 21–26, 44; bestätigt durch EuGH, 17.10.2008, C-513/07 P, Rn 29–32, 38–40.

1003 EuGH, 18.06.2002, C-299/99 – Rasierscherkopf (Philips/Remington), Rn 65.

1004 EuG, 11.02.2010, T-289/08 – Deutsche BKK, Rn 93, 94.

1005 EuGH, 19.06.2014, C-217/13 und C-218/13 – Sparkassen-Rot, Rn 43, 44, 48, 49 mwN. Diese für die nationalen harmonisierten Markenrechte gemäß Art. 3 Abs. 1. und 3 MarkenRL. aF (= Art. 4 Abs. 1, 4. und 5 MarkenRL.) aufgestellten Grundsätze gelten natürlich auch für die Unionsmarke.

1006 EuGH, 07.07.2005, C-353/03 – HAVE A BREAK (Nestlé/Mars), Rn 26, 27, 30.

Um die Eintragung einer Marke zu erreichen, die, sei es als Teil einer anderen eingetragenen Marke oder in Verbindung mit dieser, infolge ihrer Benutzung Unterscheidungskraft iSv Art. 4 Abs. 4 MarkenRL (Art. 3 Abs. 3 MarkenRL aF) erworben hat, muss der Anmelder nachweisen, dass die beteiligten Verkehrskreise allein die mit dieser Marke – und nicht die mit anderen etwa vorhandenen Marken – gekennzeichnete Ware oder DL als von einem bestimmten Unternehmen stammend wahrnehmen[1007]. 864

Somit muss die beanspruchte Marke, deren Verkehrsdurchsetzung geltend gemacht wird, gar *nicht explizit benutzt* worden sein. Es reicht aus, wenn ein hinreichender Teil des Verkehrs sie aufgrund ihrer Eigenart auch ohne die markante Namensaufprägung oder -verpackung der benutzten Form wiedererkennt. 865

Will ein Anmelder (auch nur hilfsweise) *Verkehrsdurchsetzung* geltend machen, also eine durch Benutzung erlangte Unterscheidungskraft gemäß Art. 7 Abs. 3 UMV, so muss er sich ausdrücklich darauf berufen und einen entspr *Antrag stellen*, da das EUIPO dies nicht von Amts wegen zu berücksichtigen hat[1008] und idR auch keine Nachfragen veranlasst. 866

Die Verkehrsdurchsetzung stellt nämlich im Rahmen eines Anmeldeverfahrens eine *Ausnahme* von den Eintragungshindernissen des Art. 7 Abs. 1b, 1c oder 1d UMV dar, so dass es demjenigen, der sich auf sie berufen will, obliegt, den ihre Anwendung rechtfertigenden Nachweis zu führen[1009]. 867

Die hierfür erforderliche besondere Begründung hat er spätestens innerhalb der mit der Beanstandung vom Prüfer gesetzten Frist zu liefern. Jedoch kann er wegen des *Amtsermittlungsprinzips* auch später, zB in der Beschwerdeinstanz, Sachvortrag nachholen, keinesfalls aber vor Gericht. 868

2. Maßgeblicher Zeitpunkt

Der *maßgebliche Zeitpunkt* für die infolge ihrer Benutzung erlangte Unterscheidungskraft gemäß Art. 7 Abs. 3 UMV ist der *Anmeldetag*. Eine Marke muss vor dem Tag der Anmeldung Verkehrsdurchsetzung erlangt haben, eine danach evt erworbene ist nicht mehr zu berücksichtigen[1010]. 869

In einem derartigen Fall bleibt dem Anmelder nur die Möglichkeit der *Neuanmeldung* der Marke zu dem Zeitpunkt, an dem er die Verkehrsdurchsetzung erreicht hat, da es das Institut der Zeitrangverschiebung (wie im deutschen Recht nach § 37 Abs. 2 MarkenG) in der UMV nicht gibt. Auch auf einen lediglich historischen Zeitpunkt 870

1007 EuGH, 16.09.2015, C-215/14 – Vierfach gerippter Schokoladenwaffelriegel Kit Kat (Nestlé/Cadbury), Rn 67, zu den gleichlautenden Bestimmungen von Art. 3 Abs. 1e MarkenRL. aF (= Art. 4 Abs. 1e MarkenRL).

1008 EuG, 12.12.2002, T-247/01 – ECOPY, Rn 47; EuG, 11.02.2010, T-289/08 – Deutsche BKK, Rn 25, 26.

1009 EuGH, 19.06.2014, C-217/13 und C-218/13 – Sparkassen-Rot, Rn 69.

1010 EuGH, 11.06.2009, C-542/07 P – PURE DIGITAL, Rn 42–57; EuGH, 23.04.2010, C-332/09 P – FLUGBÖRSE, Rn 52.

(zB im Jahr 1950)[1011] kann sich ein Anmelder oder ein Markeninhaber im Nichtigkeitsverfahren natürlich nicht berufen.

3. Maßgebliches Gebiet

871 Das *maßgebliche Gebiet,* in dem die Anmeldung infolge ihrer Benutzung Unterscheidungskraft erlangt haben muss, kann dagegen variieren. Die Verkehrsdurchsetzung muss nämlich auf allen Märkten, in denen das Eintragungshindernis vorliegt, erreicht werden, insb müssen Hindernisse, die in einem bestimmten Sprachraum bestehen, dort überwunden werden. In diesem Falle kann ein Anmelder sich nicht darauf berufen, dass er die Verkehrsdurchsetzung in einem wesentlichen Teil der Union erreicht hat.

872 Aus der *Einheitlichkeit der Unionsmarke* für die ganze Union folgt, dass ihre durch Benutzung erlangte Unterscheidungskraft überall dort bestehen muss, wo die Eintragungshindernisse nach Art. 7 Abs. 1b, 1c und 1d UMV vorliegen[1012].

873 Folglich muss bei einer Marke, die aus einem oder mehreren Wörtern einer Amtssprache eines Mitgliedstaats (oder des Beneluxgebiets) besteht, wenn das Eintragungshindernis nur in einem Sprachgebiet des Mitgliedstaats (oder im Fall des Beneluxgebiets in einem von dessen Sprachgebieten) vorliegt, festgestellt werden, dass die Marke infolge Benutzung Unterscheidungskraft in diesem *gesamten relevanten Sprachgebiet* erworben hat. In dem so definierten Sprachgebiet (des Mitgliedstaats oder des Beneluxgebiets) ist zu prüfen, ob die beteiligten Verkehrskreise oder zumindest ein erheblicher Teil dieser Kreise die fragliche Ware oder DL aufgrund der Marke als von einem bestimmten Unternehmen stammend erkennen[1013].

874 Handelt es sich also zB um einen nur in der *finnischen* Sprache beschreibenden Begriff, müsste nachgewiesen sein, dass gerade auf dem finnischen Markt Verkehrsdurchsetzung besteht[1014]. Handelt es sich um ein Wort der *griechischen* Sprache, ist auf Griechenland und Zypern abzustellen[1015]. Ist ein Name als Herkunftsangabe nur in *Bulgarien* beschreibend, kommt es lediglich auf dieses Staatsgebiet an[1016]. Hat ein im Italieni-

1011 EuGH, 24.09.2009, C-78/09 P – BATEAUX MOUCHES, Rn 15–19.

1012 EuG, 30.03.2000, T-91/99 – OPTIONS. Zur Verkehrsdurchsetzung in der Union s. EuG, 22.03.2023, T-750/21 – BIO-BEAUTÉ, Rn 48–61.

1013 EuGH, 07.09.2006, C-108/05 – EUROPOLIS, Rn 21–23, 27, 28.

1014 EuG, 19.11.2008, T-269/06 – RAUTARUUKKI, Rn 50, 51; BK, 21.11.2001, R 532/01-3 – Condomi.

1015 EuG, 17.05.2011, T-7/10 – υγεία, Rn 46–54, 68–78.

1016 EuG, 14.12.2022, T-526/20 – DEVIN, Rn 138–158; Rechtsmittel nicht zugelassen, EuGH, 27.06.2023, C-77/23 P. Die Verkehrsdurchsetzung für Mineralwasser nach den Spezifikationen der g.g.A. »Devin Natural Mineral Water« war gegeben. Die angegriffene Marke ist in Bulgarien für Mineralwasser bekannt, da sie dort mit einem Marktanteil von 24,57 % an zweiter Stelle stand, da 38 % der in einer Umfrage befragten Personen diese Marke spontan mit der gewerblichen Herkunft von abgefülltem Mineralwasser in Verbindung brachten, da laut einer Marktstudie in Bulgarien 29,2 % der Befragten auf die Frage nach abgefülltem Wasser eine Verbindung zu dieser Marke herstellten, da der

schen beschreibender Begriff in diesem Mitgliedstaat Verkehrsdurchsetzung erreicht, kann er als Marke eingetragen bleiben, da *Italienisch* nicht zu den Fremdsprachen gehört, mit denen der relevante Verkehr in Europa sehr vertraut ist[1017].

Bei einem Wort aus der *deutschen Sprache* kommt es auf das deutschsprachige Gebiet 875 der Union, dh das gesamte Gebiet oder einen Teil des Gebiets in Belgien, Dänemark, Deutschland, Italien, Luxemburg und Österreich an. Somit reichen Benutzungshandlungen allein in Deutschland nicht aus[1018].

Wird dagegen ein *englischer Begriff* beansprucht, der zum allgemeinen Grundwort- 876 schatz gehört, ist angesichts der weiten Verbreitung der englischen Sprache auf dem europäischen Markt nicht allein die Situation in Irland und Malta maßgebend, wo Englisch Amtssprache ist, sondern es sind je nach der Art der beanspruchten Waren und DL und der danach maßgeblichen Verkehrskreise weitere Märkte mit einzubeziehen, in denen der englische Begriff verstanden wird. Das Vorhandensein von Grundkenntnissen des Englischen in einem Teil der allgemeinen Bevölkerung muss nach Erkenntnis des EuG jedenfalls in den skandinavischen Ländern, den Niederlanden und Zypern als allgemein bekannte Tatsache angesehen werden[1019] (s. Rdn 530). Auch in die deutsche Sprache sind zahlreiche gängige Wörter des Englischen auf wissenschaftlichem, technischem und technologischem Gebiet sowie aus der englischen Wirtschafts-, Geschäfts- und Werbesprache eingegangen[1020].

Haben die von der Anmeldung beanspruchten Wörter ihre *Wurzeln im Lateinischen* 877 und existieren sie in identischer oder sehr ähnlicher Form in fast allen Mitgliedstaaten (mit Ausnahme von Bulgarien und Griechenland), besteht das Eintragungshindernis auch dort. Daran vermag nichts zu ändern, dass sie teilweise anders kombiniert werden (Adjektiv vor bzw nach dem Substantiv), weil dies die Verständlichkeit des Zeicheninhalts nicht zu behindern vermag. Auch gewisse bildliche Unterschiede in der Schreibweise und klangliche bei der Betonung ändern nichts am gemeinsamen lateinischen Ursprung und der Verständlichkeit des Zeicheninhalts in der Union (außer in Bulgarien und Griechenland)[1021].

Markeninhaber nach den Berichten des bulgarischen Verbands für alkoholfreie Getränke zu den führenden Herstellern von alkoholfreien Getränken in Bulgarien gehörte und da er Anstrengungen unternommen hatte, um den Bekanntheitsgrad der Marke durch Sponsoring von Sport- und Kulturveranstaltungen zu erhöhen.

1017 EuG, 20.11.2012, T-589/11 – Pagine Gialle, Rn 24–43; mit der Bedeutung von Gelbe Seiten für Druckereierzeugnisse und Werbung. Die BK konnte sich zu Recht auf eine Umfrage zur Sprachkenntnis in der EU (Special Eurobarometer 386 der Europäischen Kommission) stützen.

1018 EuG, 24.06.2014, T-273/12 – Ab in den Urlaub, Rn 39–41, 45. Eine evt Verkehrsdurchsetzung in der Schweiz ist irrelevant, da diese nicht Mitglied der Union ist.

1019 EuG, 26.11.2008, T-435/07 – NEW LOOK, Rn 21–23; EuG, 09.12.2010, T-307/09 – NATURALLY ACTIVE, Rn 24–28, 48–55; EuG, 06.02.2013, T-412/11 – TRANSCENDENTAL MEDITATION, Rn 58–63.

1020 EuG, 15.10.2008, T-405/05 – MANPOWER, Rn 75–80; bestätigt durch EuGH, 02.12.2009, C-553/08 P, Rn 40–44.

1021 EuG, 06.02.2013, T-412/11 – TRANSCENDENTAL MEDITATION, Rn 64–68.

4. Nichtwortmarken

878 Bei *Buchstaben und Zahlen samt deren Kombinationen*[1022] und bei *Nichtwortmarken*, bei denen das Eintragungshindernis im Bereich der gesamten Europäischen Union besteht (zB bei *Abbildungen, dreidimensionalen Formen der Ware, Verpackungen* oder *Farbmarken*), muss dementspr die durch Benutzung erlangte Unterscheidungskraft aufgrund Umsatzzahlen, Werbeaufwand und eine 50 % übersteigende Bekanntheit bei den angesprochenen Kundenkreisen in allen relevanten Wirtschaftsräumen der Union mit den ihr zum Anmeldezeitpunkt angehörenden Mitgliedstaaten nachgewiesen sein.

879 Aus der *Einheitlichkeit der Unionsmarke* gemäß Art. 1 Abs. 2 UMV folgt, dass ein Zeichen in der gesamten Union originäre oder durch Benutzung erlangte Unterscheidungskraft haben muss, um zur Eintragung zugelassen zu werden. Eine Marke, die keine originäre Unterscheidungskraft in allen Mitgliedstaaten hat, kann nach Art. 7 Abs. 3 UMV nur eingetragen werden, wenn nachgewiesen wird, dass sie durch Benutzung *im gesamten Hoheitsgebiet der Union* Unterscheidungskraft erlangt hat. Art. 7 Abs. 3 UMV ist nämlich im Licht der Anforderungen von Abs. 2 zu verstehen, wonach eine Marke von der Eintragung auszuschließen ist, wenn sie in einem Teil der Union keine Unterscheidungskraft besitzt, wobei dieser Teil ggf aus einem einzigen Mitgliedstaat bestehen kann[1023].

880 Es wäre nämlich *paradox* zu akzeptieren, dass in einem Mitgliedstaat eine nationale Markenanmeldung nach harmonisiertem nationalen Recht mangels Unterscheidungskraft zurückgewiesen werden müsste, ders Mitgliedstaat aber dieselbe Marke als Unionsmarke respektieren müsste, weil sie in einem anderen Mitgliedstaat Verkehrsdurchsetzung erworben hätte[1024].

1022 EuG, 06.07.2011, T-318/09 – TDI III, Rn 46, 47, 61, 66–73; EuG, 25.01.2023, T-320/22 – V8, Rn 71–84. Außerdem sind in den Marktstudien nicht die relevanten Verkehrskreise befragt worden und die Marktanteile, die nicht auf einzelne Mitgliedstaaten aufgeschlüsselt sind, sind zu gering; Rn 65–69, 87–99.

1023 EuGH, 25.07.2018, C-84/17 P, C-85/17 P und C-95/17 P – Schokoladentafel, vierfach gerippt (Kit Kat), Rn 66–68, 76; S.a. bereits insb EuG, 29.04.2004, T-399/02 – Mexikanische Corona-Bierflasche, Rn 47; bestätigt durch EuGH, 30.06.2005, C-286/04 P; EuG, 12.09.2007, T-141/06 – Glass Pattern II, Rn 34–44; bestätigt durch EuGH, 17.10.2008, C-513/07 P, der sich allerdings mit dieser Problematik nicht befasst; EuG, 15.11.2007, T-71/06 – Gondelverkleidung, Rn 44–46; bestätigt durch EuGH, 09.12.2008, C-20/08 P; EuG, 08.07.2009, T-28/08 – Schokoriegel Bounty, Rn 46–48, 55, 61, 64, 65; EuG, 14.09.2009, T-152/07 – Uhrenziffernblatt, Rn 133, 136, 141; EuG, 21.04.2010, T-7/09 – Spannfutterteil mit 3 Rillen, Rn 26, 47; EuG, 29.09.2010, T-378/07 – Farben Rot, Schwarz und Grau auf Traktor, Rn 45–50; EuG, 17.12.2010, T-336/08 – Schokoladenhase mit rotem Band, Rn 67–70; bestätigt durch EuGH, 24.05.2012, C-98/11 P; EuG, 17.12.2010, T-395/08 – Hasenform aus Schokolade, Rn 54–57; EuG, 29.01.2013, T-25/11 – Fliesenschneider, Rn 59, 68–91; EuG, 24.02.2016, T-411/14 – Konturflasche ohne Riffelung (Coca-Cola), Rn 68, 77–81.

1024 EuG, 14.12.2011, T-237/10 – Schließmechanismus, Rn 100.

Aus der Formulierung des EuGH im Schokoladenhasen-Urteil[1025], dass es zu weit ginge, zu verlangen, der Nachweis eines infolge Benutzung erfolgten Erwerbs der Unterscheidungskraft müsse für jeden Mitgliedstaat einzeln erbracht werden, folgt aber nicht, dass, wenn eine Marke keine originäre Unterscheidungskraft in der gesamten Union hat, für die Eintragung als Unionsmarke gemäß Art. 7 Abs. 3 UMV der Nachweis ausreicht, dass sie infolge ihrer Benutzung in einem bedeutenden Teil der Union Unterscheidungskraft erlangt hat, obwohl dieser Nachweis nicht für jeden Mitgliedstaat erbracht wurde[1026]. 881

Eine *Verkehrsdurchsetzung nur in einigen*, wenn auch *wirtschaftlich bedeutenden Märkten reicht* daher *keinesfalls aus*. Bei Marken, die keine Wortmarken sind, ist nämlich zu vermuten, dass die Beurteilung ihrer Unterscheidungskraft in der gesamten Union gleich ausfällt, es sei denn, es lägen konkrete gegenteilige Anhaltspunkte vor[1027]. 882

Auch wenn *Verkehrsdurchsetzung* in zehn von 15 relevanten Mitgliedstaaten erwiesen war, die etwa *90 % der damaligen Unionsbevölkerung* ausmachten, wobei zusammen mit anderen Nachweisen, wie Marktanteil und Umsatzhöhe, auch Bekanntheitsgrade von teilweise unter 50 % genügten, reicht dies für den Nachweis der Bekanntheit in den übrigen fünf Staaten und damit für die gesamte Union *nicht aus*[1028]. So fehlt es zB der Bildmarke eines *Schachbrettmusters* an der erforderlichen Verkehrsdurchsetzung in der Union, wenn keine ausreichende Benutzung in *Litauen, Lettland, der* 883

1025 EuGH, 24.05.2012, C-98/11 P – Schokoladenhase mit rotem Band, Rn 61–63 (in anderen Sprachfassungen: »serait excessif«, »would be unreasonable«, »resultaría excesivo«). In entschiedenen Fall hatte der Anmelder jedoch keinen quantitativ hinreichenden Nachweis erbracht, dass die Anmeldung im gesamten Unionsgebiet Unterscheidungskraft infolge Benutzung erlangt hätte.

1026 EuGH, 25.07.2018, C-84/17 P, C-85/17 P und C-95/17 P – Schokoladentafel, vierfach gerippt (Kit Kat), Rn 77, 78. Diese Auffassung hatte davor auch das EuG vertreten: so EuG, 21.04.2015, T-395/12 und T-360/12 – Schachbrettmuster in Braun/Beige und in Grau, Rn 84–93; und EuG, 15.12.2016, T-112/13 – Schokoladentafel, vierfach gerippt (Kit Kat) (s. 3. Aufl, Rn 790); bestätigt dann durch obiges EuGH-Urteil, Rn 87–89.

1027 EuG, 29.04.2004, T-399/02 – Mexikanische Corona-Bierflasche, Rn 47; bestätigt durch EuGH, 30.06.2005, C-286/04 P; EuG, 12.09.2007, T-141/06 – Glass Pattern II, Rn 34–44; bestätigt durch EuGH, 17.10.2008, C-513/07 P, der sich allerdings mit dieser Problematik nicht befasst; EuG, 15.11.2007, T-71/06 – Gondelverkleidung, Rn 44–46; bestätigt durch EuGH, 09.12.2008, C-20/08 P; EuG, 08.07.2009, T-28/08 – Schokoriegel Bounty, Rn 46–48, 55, 61, 64, 65; EuG, 14.09.2009, T-152/07 – Uhrenziffernblatt, Rn 133, 136, 141; EuG, 21.04.2010, T-7/09 – Spannfutterteil mit 3 Rillen, Rn 26, 47; EuG, 29.09.2010, T-378/07 – Farben Rot, Schwarz und Grau auf Traktor, Rn 45–50; EuG, 17.12.2010, T-336/08 – Schokoladenhase mit rotem Band, Rn 67–70; bestätigt durch EuGH, 24.05.2012, C-98/11 P; EuG, 17.12.2010, T-395/08 – Hasenform aus Schokolade, Rn 54–57; EuG, 29.01.2013, T-25/11 – Fliesenschneider, Rn 59, 68–91; EuG, 24.02.2016, T-411/14 – Konturflasche ohne Riffelung (Coca-Cola), Rn 79–81.

1028 EuG, 15.12.2016, T-112/13 – Schokoladentafel, vierfach gerippt (Kit Kat), Rn 139, 142, 143, 173–178; bestätigt durch EuGH, 25.07.2018, C-84/17 P, C-85/17 P und C-95/17 P.

Slowakei, Slowenien und Bulgarien nachgewiesen ist[1029], oder der Farbmarke *Orange*, wenn die Beweise in *Griechenland* und *Portugal* für die Benutzung von Champagner nicht ausreichen[1030], oder auch der Farbmarke *Himmelblau* für landwirtschaftliche Maschinen, wenn die *Verkehrsdurchsetzungsgutachten* sich *nur auf vier Mitgliedstaaten* beziehen, die Marktanteile in sieben Staaten sehr gering sind und das Werbematerial nur das himmelblaue Zeichen »LEMKEN« wiedergibt[1031].

884 Die vorgebrachten *Beweismittel* müssen den Nachweis ermöglichen, dass die *Unterscheidungskraft in allen Mitgliedstaaten* der Union erlangt wurde. Da keine Bestimmung der UMV vorschreibt, dass die Verkehrsdurchsetzung mit unterschiedlichen Beweisen für jeden einzelnen Mitgliedstaat nachgewiesen werden muss, können Beweismittel für die infolge von Benutzung erlangte Unterscheidungskraft für mehrere Mitgliedstaaten Aussagekraft haben. So können die Wirtschaftsbeteiligten im Hinblick auf bestimmte Waren oder DL mehrere Mitgliedstaaten im gleichen Vertriebsnetz zusammengefasst und diese besonders aus der Sicht ihrer Marketingstrategien behandelt haben, als ob sie einen einzigen und einheitlichen nationalen Markt darstellen würden, so dass die Beweise für die Zeichenbenutzung auf einem solchen grenzüberschreitenden Markt für alle betr Mitgliedstaaten aussagekräftig sein können. Dies gilt auch dann, wenn aufgrund der geografischen, kulturellen oder sprachlichen Nähe zweier Mitgliedstaaten die maßgeblichen Verkehrskreise des einen Mitgliedstaats über ausreichende Kenntnisse der Waren oder DL verfügen, die es auf dem nationalen Markt des anderen gibt[1032].

885 Weiter wird keineswegs verlangt, für jeden Mitgliedstaat die gleiche *Art von Beweisen* vorzulegen. So können speziell bei höherpreisigen Spezialwaren, wie landwirtschaftlichen Maschinen, neben Verkehrsbefragungen auch (auf Anforderung des Beweispflichtigen erstellte) Auskünfte von Herstellern und Händlern, Berufs- und Bauernverbänden sowie Angaben über Umsatz, Absatzmengen, Marktanteil, Werbeaufwendungen und die über einen erheblichen Zeitraum konstante Präsenz auf dem Markt eingereicht

1029 EuG, 19.10.2022, T-275/21 – Schachbrettmuster II.

1030 EuG, 06.03.2024, T-652/22 – Orange (Veuve Cliquot) II, Rn 113–140.

1031 EuG, 26.10.2022, T-621/21 – Farbe Himmelblau, Rn 87–103.

1032 EuGH, 25.07.2018, C-84/17 P, C-85/17 P und C-95/17 P – Schokoladentafel, vierfach gerippt (Kit Kat), Rn 80–83, 87. Diese Würdigung unterliegt der Kontrolle des EuG, das bei einer Klage gegen eine BK-Entscheidung allein zuständig ist, diese Tatsachen festzustellen und somit zu würdigen. Die Tatsachenwürdigung stellt hingegen, vorbehaltlich dessen, dass das EuG den ihm unterbreiteten Sachvortrag entstellt, keine Rechtsfrage dar, die als solche der Kontrolle des EuGH im Rechtsmittelverfahren unterläge. Davon bleibt unberührt, dass EUIPO bzw EuG, wenn sie nach der Würdigung der ihnen unterbreiteten Beweismittel feststellen, dass bestimmte ausreichen, um nachzuweisen, dass ein Zeichen infolge seiner Benutzung in dem Teil des Unionsgebiets Unterscheidungskraft erlangt hat, in dem es über keine originäre Unterscheidungskraft verfügte, und somit ausreichen, seine Eintragung als Unionsmarke zu rechtfertigen, diese Feststellung in ihren jeweiligen Entscheidungen klar zum Ausdruck bringen müssen; Rn 85, 86.

werden, wobei angesichts der hohen Preiskategorie keine großen Marktanteile erzielt zu werden brauchen[1033].

5. Maßgebliche benutzte Marke sowie Waren und DL

Bei der *beanspruchten Marke* muss es sich um diejenige handeln, die auch *benutzt* 886
worden ist. So ist die Benutzung in einer *abgewandelten Form*, zB als Bildzeichen mit zusätzlichen Elementen oder als Wortzeichen mit weiteren kennzeichnenden Bestandteilen, wie einem Namen, einem zusätzlichen Wort oder als dreidimensionale Marke mit einem Firmenlogo oder Namensetikett[1034], grds nicht geeignet, als Nachweis für die Verkehrsdurchsetzung einer andersartigen Anmeldung zu dienen, wenn dadurch ihr kennzeichnender Charakter verändert oder beeinträchtigt wird. Art. 18 Abs. 1 Unterabs. 2a UMV ist entspr anzuwenden. Zwar bezieht sich eine Verkehrsdurchsetzung auch auf Markenformen, die sich von der beanspruchten nur durch *geringfügige Abweichungen* unterscheiden und daher als *weitgehend gleichwertig* mit dieser angesehen werden können. Jedoch können bei sehr einfachen Bildzeichen, wie *drei parallelen Streifen*, bereits geringfügige Variationen in Länge und Breite oder eine Umkehrung der Farbgebung wesentliche Veränderungen darstellen, so dass die abgewandelte Form nicht mehr als weitgehend gleichwertig mit der beanspruchten Marke angesehen werden kann[1035].

Dasselbe gilt für die *beanspruchten Waren und DL*[1036]. Ist der Nachweis nur hinsicht- 887
lich einzelner, im Verz. aufgeführter erbracht, kann eine Schutzgewährung nur insoweit erfolgen. Fallen die Produkte, für die die Marke durchgesetzt ist, zB unter einen sie umfassenden *Warenoberbegriff*, kann der Anmelder eine Eintragung seiner Marke nur erreichen, indem er den Oberbegriff entspr einschränkt, da eine Beschränkung seitens des EUIPO nicht erfolgen kann.

Keinen Schutz kann er jedoch beanspruchen, wenn er die *Marke für andere Waren* 888
und DL benutzt als diejenigen, für die er sie eingetragen erhalten möchte. Ebenso wenig genügt es, wenn eine Marke für *andere Waren* als die beanspruchten *bekannt*

1033 EuG, 28.10.2009, T-137/08 – Farbkombinationsmarke Grün-Gelb (John Deere), Rn 36–61.

1034 EuG, 29.04.2004, T-399/02 – Mexikanische Corona-Bierflasche, Rn 50 f; bestätigt durch EuGH. Im Bericht über die Verkäufe und Ausfuhren stimmen die abgebildeten Flaschen nicht mit der angemeldeten überein, da sie alle mit einem Etikett versehen sind, auf dem Wortbestandteile wie »corona«, »corona extra«, »coronita« oder auch »estrella« stehen. S.a. EuG, 23.09.2015, T-633/13 – INFOSECURITY, Rn 81–90.

1035 EuG, 19.06.2019, T-307/17 – Drei parallele Streifen, Rn 52–78. Im entschiedenen Fall konnte die Umkehrung der Farbgebung, auch wenn ein scharfer Kontrast zwischen den drei Streifen und dem Hintergrund erhalten blieb, nicht als geringfügige Abweichung angesehen werden.

1036 EuGH, 18.06.2002, C-299/99 – Rasierscherkopf (Philips/Remington), Rn 59.

ist, zB für Bekleidung, während Verkehrsdurchsetzung für Kosmetika begehrt wird, die zudem mit ersteren nicht einmal ähnlich oder komplementär sind[1037].

889 Ebenso wenig reicht es aus, wenn die Anmeldung *nur als Firmenname* benutzt wurde oder zB für Messen bekannt ist[1038].

890 Wird die Individualmarke *Crédit Mutuel* nicht von ihrem Inhaber benutzt, der keine Gegenseitigkeitsbank ist und daher selbst keine Bankgeschäfte betreibt, sondern von mehreren Unternehmen der Crédit Mutuel-Gruppe, und übt der Markeninhaber keine Kontrolle über deren Waren und DL aus, so stellt sie für das Publikum lediglich ein *Zeichen der Zugehörigkeit zu dieser Gruppe* dar und wird daher nicht als betrieblicher Herkunftshinweis verstanden[1039].

6. Relevante Kriterien für den Nachweis

891 Bei der Beurteilung der durch Benutzung erlangten Unterscheidungskraft sind insb folgende *Kriterien* zu berücksichtigen:

892 Der *Marktanteil* der Anmeldung in dem einschlägigen Marktsegment, insb eine Marktübersicht, liefert wesentliche Erkenntnisse, in der möglichst der Marktanteil des Anmelders im Vergleich zu den (führenden) Mitbewerbern enthalten ist, und zwar nicht nur in absoluten Zahlen, sondern auch in Prozentsätzen. Jedoch muss die nachgewiesene Marktposition einen hervorgehobenen Stellenwert einnehmen[1040].

893 Der *Bekanntheitsgrad* der Marke bei den beteiligten Verkehrskreisen, der auch im Unionsmarkensystem durch *Verbraucherbefragungen* festgestellt werden kann, wobei nach den jeweiligen Umständen des Einzelfalls der Prozentsatz der Verbraucher zu bestimmen ist, der als hinreichend bedeutsam erscheint. Eine Verbraucherbefragung stellt ein wesentliches Beweismittel dar[1041]. Jedoch muss sich die Befragung auf die

1037 EuG, 23.02.2016, T-761/14 – MANGO, Rn 26, 31.

1038 EuG, 23.09.2015, T-633/13 – INFOSECURITY, Rn 93–96, 114.

1039 EuG, 24.09.2019, T-13/18 – Crédit Mutuel, Rn 134–169; Rechtsmittel nicht zugelassen, EuGH, 13.02.2020, C-867/19 P.

1040 EuG, 11.02.2010, T-289/08 – Deutsche BKK, Rn 62–95. Das Argument, jeder Versicherte kenne zwangsläufig eine Vielzahl von Versicherungsunternehmen, weshalb den maßgeblichen Verkehrskreisen die größten Versicherer bekannt seien, stellt nur eine allgemeine unbelegte Behauptung dar. Zudem nimmt der Anmelder nur die 15. Stelle unter den gesetzlichen Krankenversicherungen ein – noch nicht einmal unter Einbeziehung des privaten Versicherungssektors – und seine Werbemaßnahmen beschränken sich im Wesentlichen auf Eigenwerbung, da sich die Internetseiten und Zeitschriften schwerpunktmäßig an Mitglieder richten.

1041 Vgl EuG, 26.09.2014, T-490/12 – GRAZIA/GRAZIA, Rn 56–58; zur Verlässlichkeit von Meinungsforschungsgutachten; bestätigt durch EuGH, 17.09.2015, C-548/14 P.

relevante Marke konzentrieren[1042] und eine beanspruchte dreidimensionale farbige Form darf nicht von Wort- und Bildmarken begleitet werden[1043].

Die Umstände für den Erwerb von Verkehrsdurchsetzung können jedoch (auch bei konturlosen Farbmarken) *nicht nur anhand* von generellen und abstrakten Angaben, wie zB bestimmten *Prozentsätzen*, festgestellt werden, da das Ergebnis von Meinungsforschungen *nicht den allein maßgebenden Gesichtspunkt* darstellen darf, der den Schluss zulässt, dass eine infolge Benutzung erworbene Unterscheidungskraft vorliegt[1044]. **894**

Die *Intensität der Benutzung* ist durch geeignete Statistiken zu erläutern, also die konkreten Umsätze bezogen auf konkrete Zeiträume und auf die jeweiligen örtlichen (nationalen) Märkte. **895**

Die *geografische Verbreitung* der mit der Marke gekennzeichneten Waren oder DL auf dem europäischen Markt ist durch auf die einzelnen (relevanten) Mitgliedstaaten bezogene Umsatztabellen darzustellen. Pauschale Angaben für den europäischen Markt insgesamt oder für einen mehrere größere Länder umfassenden übergeordneten Bereich langen nicht[1045]. **896**

Zur *Dauer der Benutzung* der Marke sind nähere Ausführungen zu machen. So ist insb darzulegen, wann die Benutzung aufgenommen wurde und wie lange sie auf den verschiedenen Märkten in den Mitgliedstaaten andauert. **897**

Der *Werbeaufwand* des Unternehmens für die Marke ist bezogen auf die einzelnen Mitgliedstaaten darzustellen. Dies sollte sowohl durch die Anzahl und den Umfang der einzelnen Werbemaßnahmen in dem jeweils benutzten Medium sowie die dafür verwandten finanziellen Mittel erläutert werden. Bei Katalogen sind zB Angaben zur Auflage und zu den Verteilungsgebieten und -zeiten zu machen[1046]. Dabei empfiehlt **898**

1042 EuG, 10.11.2004, T-402/02 – Goldfarbene Bonbonverpackung (Werther's Wicklerform), Rn 82 ff; bestätigt durch EuGH, 22.06.2006, C-25/05 P – Goldfarbene Bonbonverpackung. Die Umfrageergebnisse zur Verkehrsdurchsetzung sagen nichts über eine Unterscheidungskraft der goldenen Wicklerverpackung aus, sondern beziehen sich ausdrücklich auf eine Kenntnis der Bezeichnung »Werther's Original«.

1043 EuG, 10.11.2004, T-396/02 – Hellbrauner Bonbon (Werther's), Rn 62 ff; bestätigt durch EuGH, 22.06.2006, C-24/05 P – Hellbrauner Bonbon (Werther's).

1044 EuGH, 19.06.2014, C-217/13 und C-218/13 – Sparkassen-Rot, Rn 43, 44, 48 mwN. Diese für die nationalen harmonisierten Markenrechte gemäß Art. 3 Abs. 1. und 3 MarkenRL. aF (= Art. 4 Abs. 1, 4. und 5 MarkenRL) aufgestellten Grundsätze gelten natürlich auch für die Unionsmarke.

1045 EuG, 26.10.2022, T-776/21 – GAME TOURNAMENTS, Rn 80–88. Keinesfalls reicht es aus, wenn in den Beweisen weder die betroffenen Länder noch die maßgeblichen Verkehrskreise erwähnt werden. Auch begrenzte Stichproben, die nicht alle relevanten Mitgliedstaaten abdecken, sind nicht repräsentativ für die Gesamtheit des maßgeblichen Verkehrs in dem Teil der Union, in dem das Zeichen als nicht unterscheidungskräftig angesehen wird.

1046 EuG, 13.07.2005, T-242/02 – TOP, Rn 102–106.

es sich, Daten für einen größeren Zeitraum vorzulegen. Sinnvoll wäre es auch, den eigenen Werbeaufwand mit denjenigen von Mitbewerbern in Vergleich zu setzen.

899 Schließlich sind Ausführungen zu dem *Teil der beteiligten Verkehrskreise* zu machen, der die betr Ware oder DL aufgrund der Marke als von einem bestimmten Unternehmen stammend erkennt. Dabei ist zu differenzieren zwischen Waren und DL, die sich an ein allgemeines Publikum richten und solche, die an spezielle Verkehrskreise adressiert sind, die möglicherweise über größere Kenntnisse des relevanten Markts verfügen.

7. Beweismittel

900 Zu beachten ist insb, dass für Nachweise im Verfahren vor dem EUIPO – im Gegensatz zum deutschen Recht – Unterlagen zur Glaubhaftmachung nicht ausreichen, sondern *Beweismittel* gemäß Art. 97 Abs. 1 UMV erforderlich sind[1047]. Dies rechtfertigt die strengere Handhabung durch das EUIPO und die generell geltende Praxis, auf die Vorlage mehrerer Beweismittel Wert zu legen.

901 Es sind deshalb *mehrere Nachweise* vorzulegen, da oft erst die Zusammenschau eine gesicherte Bewertung erlaubt. Wichtig ist auch der Grundsatz, dass objektive Beweismittel, also insb Erklärungen oder Unterlagen, die von Dritten, speziell von neutralen Personen oder übergeordneten Dachverbänden stammen, im Regelfall einen höheren Beweiswert haben als Erklärungen des Beteiligten oder seiner Angestellten.

902 Insb *folgende Beweismittel* sind vor dem EUIPO zulässig (Art. 97 Abs. 1 UMV): die *Vernehmung der Beteiligten*, die *Einholung von Auskünften*, insb von Ämtern oder Behörden, die *Vorlegung von Urkunden*, also schriftliche Dokumente, die den Aussteller erkennen lassen (zB Rechnungen, Prospekte, Beschreibungen der Waren und DL, Gebrauchsanweisungen) und *Beweisstücken* (zB Abbildungen von Warenmustern, Verpackungen, Fotografien, Presseartikel, Zeitungsanzeigen oder die Wiedergaben sonstiger Werbemaßnahmen), insb *objektive Stellungnahmen* (Erklärungen von Industrie- und Handelskammern oder von anderen übergeordneten Berufsverbänden), die *Vernehmung von Zeugen*, eine *Begutachtung* durch *Sachverständige* (zB Verbraucherbefragungen oder Sprachgutachten zur Bedeutung von Wörtern in einem historischen Zeitpunkt[1048]), *schriftliche Erklärungen*, die unter Eid oder an Eides statt abgegeben werden oder nach den Rechtsvorschriften des Staates, in dem sie abgegeben werden, eine ähnliche Wirkung haben[1049].

903 Zwar können die Beteiligten gemäß Art. 97 Abs. 1a und Abs. 1d UMV und Art. 51 DVUM in Verfahren vor dem EUIPO *Vernehmungen* beantragen oder vorschlagen,

1047 Bei einer Nachfrage der BK beim Personal des EUIPO über einen Verfahrensvorgang in der Ausgangsinstanz handelt es sich um eine einfache interne Überprüfung, nicht aber um eine förmliche Beweisaufnahme; EuG, 30.05.2013, T-214/10 – DIVINUS/MOSELLAND Divinum, Rn 62.

1048 BK, 21.09.2011, R 1105/10-5 – FLUGBÖRSE II, Rn 22, 38.

1049 EuG, 12.05.2016, T-322/14 und T-325/14 – mobile.de/mobile, Rn 48–50 (zur Prüfungspflicht der BK); bestätigt durch EuGH, 28.02.2018, C-418/16 P – mobile.de/mobile.

um rechtserhebliche Tatsachen zu beweisen, jedoch verpflichten diese Vorschriften das EUIPO nicht dazu, auf einen von einem Beteiligten bei ihm gestellten Antrag eine solche Maßnahme zu ergreifen. Es verfügt bei der Entscheidung, ob es im Rahmen eines bei ihm anhängigen Verfahrens *Beteiligte oder Zeugen vernehmen* soll, über ein weites Ermessen. Die Anordnung einer solchen Beweisaufnahme bildet lediglich eine Befugnis des EUIPO, von der es nur Gebrauch macht, wenn es sie für gerechtfertigt hält, und nicht automatisch auf einen entspr Antrag eines Beteiligten hin. Der Umstand, dass die BK hinsichtlich der Anordnung der fraglichen Beweisaufnahme über ein weites Ermessen verfügt, entzieht ihre Beurteilung jedoch nicht der Kontrolle durch den Unionsrichter. Er beschränkt diese Kontrolle allerdings in materieller Hinsicht auf die Prüfung, ob kein offensichtlicher Beurteilungsfehler und kein Ermessensmissbrauch vorliegen[1050].

Die *eidesstattliche Versicherung* ist ein sehr häufiges Beweismittel, das dazu dient, vor- 904
gelegte Daten über Umsätze oder Werbeaufwendungen zu erläutern oder zu bestätigen (Art. 97 Abs. 1f UMV). Sie ist zwar statthaft, vermag aber allein meist nicht zu überzeugen, insb wenn die Erklärung von einem Beteiligten oder einem seiner Angestellten abgegeben wird. Das EuG misst ihm dann idR nur wenig Beweiswert zu[1051]. Zur sehr zurückhaltenden Bewertung dieses Beweismittels wird auf die diesbzgl Rspr des EuG zum Nachweis der ernsthaften Benutzung Bezug genommen, die entspr auch hier anzuwenden ist (s. Rdn 1277 ff). Um den im Vergleich zum nationalen deutschen System (wo zumeist die Glaubhaftmachung ausreicht) strengeren Anforderungen zu genügen, ist daher dringend zu empfehlen, *diesem Beweismittel immer weitere beizufügen*[1052].

Die zum Nachweis der Verkehrsdurchsetzung vorzulegenden Beweismittel dürfen sich 905
nicht allein auf die Modalitäten und die Intensität der Benutzung beziehen, sondern müssen vor allem *die Wahrnehmung des Zeichens durch die maßgeblichen Verkehrskreise* betreffen, die dieses Zeichen aufgrund seiner Benutzung als einen Hinweis auf die betriebliche Herkunft wahrnehmen müssen. Die Beweismittel zu den Modalitäten und der Intensität der Benutzung sind nämlich als solche nicht für den Nachweis geeignet, dass das von den betr Waren und DL angesprochene Publikum das Zeichen als Hinweis auf die betriebliche Herkunft auffasst[1053].

1050 EuG, 04.05.2017, T-97/16 – GEOTEK, Rn 56–58 mwN. Im entschiedenen Fall hat die BK den Vernehmungsanträgen rechtsfehlerfrei nicht stattgegeben, da sie sich auf nicht entscheidungsrelevante Tatsachen bezogen, Rn 62–66.

1051 EuG, 06.11.2014, T-53/13 – Wellenlinie, Rn 102–108.

1052 EuG, 16.12.2020, T-3/20 – Canoleum/MARMOLEUM, Rn 53–63. Jedoch stellt eine schriftliche eidesstattliche Versicherung eines Rechtsanwalts als solche einen tragfähigen Beweis für die in ihr enthaltenen Angaben dar, wenn sie eindeutig, widerspruchsfrei und schlüssig ist und wenn es keine Tatsache gibt, die ihre Echtheit in Frage zu stellen vermag. Denn ein Angehöriger eines Rechtsberufs hat seine Tätigkeit unter Einhaltung der Standesregeln und der Gebote der Moral auszuüben, was es ihm ua untersagt, Behörden und insb Gerichte vorsätzlich in die Irre zu führen.

1053 EuG, 11.02.2010, T-289/08 – Deutsche BKK, Rn 62.

8. Häufige Fehler

906 (a) Die *benutzte Form* der Marke weicht von der angemeldeten in einer Weise ab, die den kennzeichnenden Charakter verändert. Auch hier – wie hinsichtlich der folgenden Punkte – wird auf die Rspr des EuG zur ernsthaften Benutzung hingewiesen (s. Rdn 1204 ff).

907 (b) Es werden keine näheren Ausführungen zu den *konkreten Waren oder DL* gemacht, für die die Marke benutzt wird. Oberbegriffe, wie »Elektroartikel« reichen nicht aus, vielmehr sind spezifische Waren, wie »Spülmaschine« anzugeben. Auch die Bekanntheit der Marke lediglich für eine Firma oder ein Unternehmen reicht nicht aus, die Verkehrsdurchsetzung ist für konkrete Waren zu belegen.

908 (c) Es werden nur Daten über die Bekanntheit des Zeichens bei Insidern oder in speziellen *Fachverkehrskreisen* vorgelegt, obwohl sich die beanspruchten Waren und DL an das breite allgemeine Publikum richten.

909 (d) Es werden Nachweismittel vorgelegt, die sich nicht auf den *Zeitraum* der Anmeldung oder unmittelbar davor beziehen, sondern auf die Zeit danach.

910 (e) Es werden nur Daten für *einzelne Mitgliedstaaten* vorgelegt, und es wird vorgetragen, dass daraus die Verkehrsdurchsetzung auch in den anderen interpoliert werden könne. Es genügt nicht, eine Pauschalzahl für die gesamte Union anzugeben, ohne die horizontale Präsenz in den verschiedenen europäischen Ländern zu belegen.

911 (f) Der schlichte Verweis auf die *Existenz* in den nationalen Märkten oder eine *Internetseite* und pauschale Zahlen über deren Besucher reichen keinesfalls aus. Das kann aber bei praktisch nur im Internet angebotenen DL anders sein, wenn sie eine erhebliche Verbreitung der Marke zeigen und zu außerordentlich hohen Umsätzen führen[1054].

912 (g) *Undatierte und ungeordnete Unterlagen* können nicht berücksichtigt werden[1055]. Ihre Quellen werden nicht angegeben, so zB wann und wo eine Werbeanzeige mit welcher Verbreitung geschaltet wurde. Auf Verpackungen, Prospekten, Anzeigen oder Beschreibungen ist Zeit und Ort der Verwendung nicht feststellbar, in anliegenden Erklärungen fehlt auch jegliche nähere Erläuterung dazu.

913 (h) *Eidesstattliche Versicherungen* sind *unvollständig, unklar, unpräzise* oder *widersprüchlich.* So fehlen entweder Daten über das Territorium, die Zeit oder den Umfang der Benutzung oder Angaben darüber, welche (von uU mehreren) Marke(n) benutzt

---

1054 EuG, 14.12.2017, T-304/16 – BET 365. Dabei kann sogar die Benutzung der Marke als Firmenname und als Internetadresse mit berücksichtigt werden.

1055 EuG, 16.12.2020, T-535/19 – JCE HOTTINGUER/HOTTINGER, Rn 46 mwN; Rechtsmittel nicht zugelassen, EuGH, 02.06.2021, C-109/21 P. Undatierte Dokumente können aber in bestimmten Fällen zum Nachweis der Benutzung einer Marke herangezogen werden, soweit sie dazu dienen, Tatsachen zu bestätigen, die sich aus anderen Beweismitteln ergeben, denn die Tatsache, dass ein Dokument undatiert ist, beeinträchtigt seinen Beweiswert nicht, insb wenn seine Herkunft, sein wahrscheinliches Datum und sein Inhalt mit ausreichender Sicherheit bestimmt werden können.

wird/werden und in welcher Art und Form dies geschieht, oder für welche konkreten Waren und DL. Oder es fehlt ein ausdrücklicher Bezug auf die anderen vorgelegten Benutzungsnachweise, wie Rechnungen, Umsatzzahlen oder Verpackungen, deren Richtigkeit eigentlich bestätigt werden sollte. Wichtig ist auch, dass der Erklärer seine Stellung in oder zu dem relevanten Unternehmen erläutert und angibt, weshalb und auf welcher Grundlage er über die getätigten Informationen verfügt.

VIII. Eintragungsverbot für art-, technisch oder wertbedingte Formen

Gemäß Art. 7 Abs. 1e UMV sind Zeichen von der Eintragung ausgeschlossen, die *ausschließlich* bestehen 914

(i) aus der *Form oder einem anderen charakteristischen Merkmal*, die bzw das durch die *Art der Ware* selbst bedingt ist; 915

(ii) aus der *Form oder einem anderen charakteristischen Merkmal* der Ware, die bzw das zur Erreichung einer *technischen Wirkung* erforderlich ist; 916

(iii) aus der *Form oder einem anderen charakteristischen Merkmal* der Ware, die oder das der Ware einen *wesentlichen Wert* verleiht. 917

Mit der neuen UMV reicht für die Schutzversagung bereits aus, wenn die Anmeldung nicht nur aus der Form, sondern auch aus einem *anderen charakteristischen Merkmal* der Ware besteht, das art-, technisch oder wertbedingt ist[1056]. 918

Dieses neu in die UMV eingefügte *andere charakteristische Merkmal* kann zB die besondere designerische Gestaltung der Oberflächenstruktur einer Ware sein, zB künstlerisch geschliffenes Glas bei Flaschen, aber auch ein für ein bestimmtes Fahrzeug typisches Motorengeräusch, bei Sportwagen bzw Motorrädern, oder ein hoher Frequenzton zur Insektenabwehr, weiter eine für die Ware typische Farbe, wie der orange Farbton bei Warnwesten, das Rot von Feuerlöschgeräten oder der Braunton für Schokoladen. Umfang und Bedeutung dieses neuen erweiterten Eintragungshindernisses werden von Praxis und Rspr zu entwickeln sein. 919

Die Vorschrift des Art. 7 Abs. 1e-ii UMV erfasst nicht nur dreidimensionale Zeichen, sondern alle, die aus der Form der Ware bestehen, also *auch zweidimensionale Abbildungen* von dreidimensionalen Formen[1057] oder Zeichen, die aus Klang, Bewegung und einer Kombination von Bild und Klang bestehen[1058]. 920

1056 Art. 4 Abs. 1e MarkenRL. enthält eine identische Vorschrift für die nationalen Markenrechte.

1057 EuGH, 06.03.2014, C-337/12 P bis C-340/12 P – Oberfläche mit schwarzen Punkten, Rn 51, 55.

1058 S.a. GMitt KP11, Neue Markenformen: Prüfung auf formale Anforderungen und Schutzhindernisse, April 2021, Kap. B 5, Zeichen, die ausschließlich aus Klang, Bewegung und einer Kombination von Bild und Klang bestehen, die durch die Art der Ware selbst bedingt sind, die zur Erreichung einer technischen Wirkung erforderlich sind oder der Ware einen wesentlichen Wert verleihen.

921 Art. 7 Abs. 1e UMV stellt[1059] ein *spezielles* und *vorgreifliches Eintragshindernis* dar, zumal es wegen Art. 7 Abs. 3 UMV nicht durch Erlangung von Verkehrsdurchsetzung überwunden werden kann, was eine besonders *strenge Anwendung* rechtfertigt[1060].

922 Die *Ratio* dieser Norm und das durch sie zum Tragen kommende *Allgemeininteresse* bestehen darin zu verhindern, dass der Schutz des Markenrechts seinem Inhaber ein Monopol für artspezifische, technische bzw ästhetische Lösungen oder Gebrauchseigenschaften einer Ware einräumt, die der Benutzer auch bei den Waren der Mitbewerber suchen kann. Hinzu kommt, dass das *Vorhandensein anderer, alternativer Formen*, mit denen sich die gleiche artspezifische, technische bzw ästhetische Wirkung erzielen lässt, das *Eintragungshindernis* des Art. 7 Abs. 1e UMV *nicht ausräumen* kann.

923 Diese Vorschrift soll also *verhindern*, dass der durch das Markenrecht gewährte *Schutz über den Zeichenschutz hinausgeht* und zu einem Hindernis für Mitbewerber wird, Waren mit diesen artspezifischen, technischen bzw ästhetischen Lösungen oder Gebrauchseigenschaften im Wettbewerb mit dem Markeninhaber frei anzubieten.

924 Andernfalls würde der markenrechtliche Schutz nämlich *in Wirklichkeit die artspezifische, technische bzw ästhetische Lösung selbst umfassen*, und zwar mit der Konsequenz, dass Mitbewerber – über die Schutzrechte für technische oder ästhetische Lösungen hinaus, wie zB Patente oder Geschmacksmuster, die grds zeitlich limitiert sind – ohne jede zeitliche Begrenzung daran gehindert würden, eine Ware mit solchen Funktionen anzubieten oder wenigstens die technische oder ästhetische Lösung frei zu wählen.

925 Hinzu kommt, dass die Eintragung einer ausschließlich funktionellen Warenform als Marke es deren Inhaber nach Art. 9 Abs. 1 UMV ermöglichen könnte, anderen Unternehmen die Verwendung nicht nur der gleichen Form, sondern auch *ähnlicher Formen* zu verbieten[1061].

926 Die Eintragungshindernisse in Art. 7 Abs. 1e-i und Abs. 1e-iii UMV sind *nicht zusammen anwendbar*. Aus dem Wortlaut von Art. 7 Abs. 1e UMV geht klar hervor, dass die in dieser Bestimmung vorgesehenen drei Eintragungshindernisse *eigenständig* sind.

927 Ihre aufeinander folgende Nennung und die Verwendung des Begriffs *ausschließlich* bedeuten, dass jedes Eintragungshindernis unabhängig vom anderen anzuwenden ist. Somit kann, wenn auch nur eines der in Art. 7 Abs. 1e UMV genannten Kriterien erfüllt ist, ein Zeichen, das ausschließlich aus der Form der Ware oder aus der grafischen Darstellung dieser Form besteht, nicht als Marke eingetragen werden[1062].

1059 EuGH, 08.04.2003, C-53–55/01 – Gabelstapler/Rado-Uhren/Stabtaschenlampen, Rn 43, 44 und 64, 65 sowie 72.

1060 EuGH, 20.09.2007, C-371/06 – BENETTON, Rn 27, 28; EuGH, 14.09.2010, C-48/09 P – Lego-Stein, Rn 47.

1061 EuGH, 18.06.2002, C-299/99 – Rasierscherkopf (Philips/Remington), Rn 78–83; EuGH, 14.09.2010, C-48/09 P – Lego-Stein, Rn 43–46, 56, 57.

1062 EuGH, 18.09.2014, C-205/13 – Tripp-Trapp-Kinderstuhl (Hauck/Stokke), Rn 39, 43; zu den gleichlautenden Bestimmungen von Art. 3 Abs. 1e MarkenRL. aF.

Art. 7 Abs. 1e UMV steht der Eintragung eines aus der Form der Ware bestehenden Zeichens als Marke somit entgegen, wenn diese Form drei wesentliche Merkmale aufweist, von denen eines durch die Art der Ware selbst bedingt ist und die beiden anderen zur Erreichung einer technischen Wirkung erforderlich sind. Dabei muss jedoch zumindest *eines der* in dieser Bestimmung genannten *Eintragungshindernisse* auf die fragliche Form *voll anwendbar* sein[1063]. 928

929

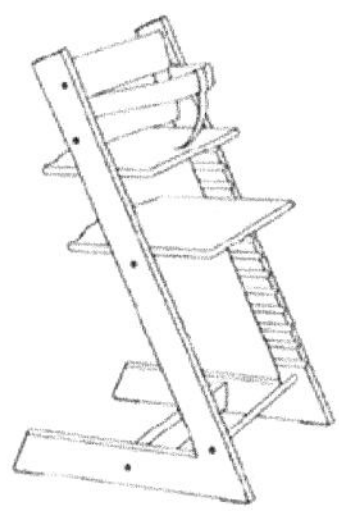

Abb. 32

1. Artbedingte Form

Art. 7 Abs. 1e-i UMV ist auf ein Zeichen anwendbar, das ausschließlich aus der *Form einer Ware oder einem anderen charakteristischen Merkmal* besteht, die bzw das *eine oder mehrere wesentliche Gebrauchseigenschaften* aufweist, die der oder den *gattungstypischen Funktion(en) dieser Ware innewohnen*, nach denen der Verbraucher möglicherweise auch bei den Waren der Mitbewerber sucht[1064]. 930

Dieses Eintragungshindernis verfolgt das gleiche *Ziel*, wie diejenigen von Abs. 1e-ii und Abs. 1e-iii UMV. Zur korrekten Anwendung von Art. 7 Abs. 1e-i UMV sind die wesentlichen Eigenschaften des betr Zeichens, nämlich seine *wichtigsten Merkmale*, im Einzelfall dadurch ordnungsgemäß zu ermitteln, dass der von dem Zeichen hervorgerufene *Gesamteindruck* zugrunde gelegt *oder* die *Bestandteile* des Zeichens nacheinander einzeln geprüft werden. 931

Dieses Eintragungshindernis kann zwar keine Anwendung finden, wenn sich die Markenanmeldung auf eine Warenform bezieht, für die ein weiteres Element, wie ein *dekoratives* oder *fantasievolles*, das der gattungstypischen Funktion dieser Ware nicht innewohnt, von Bedeutung oder wesentlich ist. Jedoch führt der Begriff »Form, die durch die Art der Ware selbst bedingt ist« dazu, dass Formen, deren wesentliche Eigenschaften der oder den gattungstypischen Funktion(en) dieser Ware innewohnen, grds ebenfalls von der Eintragung ausgeschlossen werden müssen. 932

1063 EuGH, 16.09.2015, C-215/14 – Vierfach gerippter Schokoladenwaffelriegel Kit Kat (Nestlé/Cadbury), Rn 51.

1064 EuGH, 18.09.2014, C-205/13 – Tripp-Trapp-Kinderstuhl (Hauck/Stokke), Rn 27.

933 Würden solche *Eigenschaften einem Wirtschaftsteilnehmer vorbehalten*, würde es nämlich den Konkurrenzunternehmen erschwert, ihren Waren eine Form zu geben, die für diese Waren gebrauchstauglich wäre. Das Eintragungshindernis beschränkt sich daher nicht nur auf Zeichen, die ausschließlich aus für die Funktion der betr Ware unentbehrlichen Formen bestehen, also sog. *natürliche* Waren, für die es keinen Ersatz gibt, oder sog. *reglementierte* Waren, deren Form durch Normen vorgeschrieben ist, wodurch dem betroffenen Hersteller kein Freiraum für einen wesentlichen persönlichen Beitrag gelassen würde[1065].

2. Technisch bedingte Form

934 Art. 7 Abs. 1e-ii UMV steht der Eintragung jeder Form entgegen, die in ihren *wesentlichen Merkmalen ausschließlich aus der Form oder einem anderen charakteristischen Merkmal der Ware* besteht, die bzw das für das Erreichen der fraglichen *technischen Wirkung erforderlich*, also technisch kausal und hinreichend ist.

935 Diese Bestimmung erfasst die *Funktionsweise der Ware* und ist nicht auf ihre Herstellungsweise anwendbar[1066].

936 Um zu klären, ob ein Zeichen ausschließlich aus der Form der Ware besteht, die zur Erreichung einer technischen Wirkung erforderlich ist, ist nicht lediglich dessen *grafische Darstellung* heranzuziehen, vielmehr können *andere Informationen*, wie die Wahrnehmung der maßgeblichen *Verkehrskreise*, genutzt werden, um die wesentlichen Merkmale des betr Zeichens zu ermitteln. Dagegen können Informationen, die sich nicht aus der grafischen Darstellung des Zeichens ergeben, zwar berücksichtigt werden, um zu bestimmen, ob diese Merkmale einer technischen Funktion der betr Ware entsprechen. Diese müssen jedoch aus *objektiven und verlässlichen Quellen* stammen, wie insb aus etwaigen Warenbeschreibungen anlässlich der Markenanmeldung oder aus Daten zu Rechten des geistigen Eigentums, die zuvor in Verbindung mit der Ware verliehen wurden, aus Untersuchungen und Gutachten über die Warenfunktionen oder aus einschlägigen Unterlagen wie wissenschaftlichen Veröffentlichungen, Katalogen und Internetseiten, die deren technische Funktionen beschreiben. Sie dürfen dagegen *nicht die Wahrnehmung des maßgeblichen Verkehrs* einschließen, die zwangsläufig subjektive Elemente umfasst und daher potenziell Unsicherheitsfaktoren enthält, da die Verkehrskreise nicht zwangsläufig über die erforderliche Erfahrung verfügen, die es ihnen ermöglicht, genau zu bestimmen, welche technischen Funktionen die relevante Ware aufweist und inwiefern die Form der Ware, aus der das Zeichen besteht, zur beabsichtigten technischen Wirkung beiträgt[1067].

1065 EuGH, 18.09.2014, C-205/13 – Tripp-Trapp-Kinderstuhl (Hauck/Stokke), Rn 20–26.

1066 EuGH, 16.09.2015, C-215/14 – Vierfach gerippter Schokoladenwaffelriegel Kit Kat (Nestlé/Cadbury), Rn 57.

1067 EuGH, 23.04.2020, C-237/19 – Homogener Körper (Gömböc Kutató), Rn 34–37. Bei einem Gömböc handelt es sich um einen dreidimensionalen Körper mit nur einer stabilen und nur einer labilen Gleichgewichtslage (mono-monostatisch), der immer wieder in seine stabile Gleichgewichtslage zurückkehrt.

Die Voraussetzung *ausschließlich* in Art. 7 Abs. 1e-ii UMV ist dann erfüllt, wenn alle wesentlichen Merkmale der Form der technischen Funktion entsprechen, während dagegen das Vorhandensein nicht wesentlicher Merkmale ohne technische Funktion, also von einem oder mehreren *geringfügigen willkürlichen (dekorativen, nichtfunktionalen) Elementen* in einem dreidimensionalen Zeichen, bei dem alle wesentlichen Merkmale durch die technische Lösung bestimmt werden, unerheblich ist. Da das Eintragungshindernis aber nur anwendbar ist, wenn *alle wesentlichen Merkmale des Zeichens funktionell* sind, gewährleistet es, dass die Markeneintragung eines Zeichens dann nicht abgelehnt werden kann, wenn in der Form der betr Ware ein *wichtiges nichtfunktionales*, wie ein *dekoratives oder fantasievolles Element*, verkörpert wird, das für diese Form von Bedeutung ist[1068]. 937

Die *wesentlichen Merkmale* beziehen sich auf die *wichtigsten* Merkmale des Zeichens. Ihre Ermittlung ist im Wege einer Einzelfallbeurteilung entweder unmittelbar aufgrund des von dem Zeichen hervorgerufenen Gesamteindrucks oder aufgrund einer Einzelprüfung seiner Bestandteile vorzunehmen, und zwar insb unter Berücksichtigung des Schwierigkeitsgrads, anhand einer bloßen visuellen Prüfung oder aber auf der Grundlage einer eingehenden Untersuchung, in deren Rahmen ua Meinungsumfragen und Gutachten oder Angaben zu *Rechten des geistigen Eigentums*, die im Zusammenhang mit der betr Ware früher verliehen wurden, berücksichtigt werden können. Das Vorliegen eines *Patents* oder eines *Gebrauchsmusters* stellt einen nahezu *unabweisbaren Beweis* dafür dar, dass die darin beschriebenen oder beanspruchten Merkmale funktioneller Art sind[1069]. 938

Die vermutete Wahrnehmung des Zeichens durch den *Durchschnittsverbraucher* ist dagegen *kein entscheidender Faktor* bei der Anwendung des Eintragungshindernisses des Art. 7 Abs. 1e-ii UMV, sondern kann allenfalls ein nützliches Beurteilungskriterium bei der Ermittlung der wesentlichen Merkmale des Zeichens bilden[1070]. 939

Dementspr wurde zB die Eintragung des *roten Lego-Steins* für Bauspielzeug als technisch bedingte Form gelöscht. Das EUIPO hatte diese unter Berücksichtigung früherer Patente beurteilt, die dessen funktionellen Elemente beschrieben, und war zu dem Ergebnis gelangt, dass mit Ausnahme der Farbe alle Bestandteile der Form des Lego-Steins funktionell sind[1071]. 940

1068 EuGH, 14.09.2010, C-48/09 P – Lego-Stein, Rn 50–52.

1069 EuGH, 14.09.2010, C-48/09 P – Lego-Stein, Rn 71; EuG, 27.06.2017, T-580/15 – Feuerzeug CLIPPER, Rn 49–53; EuG, 28.06.2016, T-656/14 – Schalungsschloss, Rn 23.

1070 EuGH, 14.09.2010, C-48/09 P – Lego-Stein, Rn 76.

1071 EuG, 12.11.2008, T-270/06 – Lego-Stein, Rn 70; bestätigt durch EuGH.

941 

Abb. 33

942 Dasselbe galt für eine delfinähnliche Form eines *Messergriffs* für Messer(-griffe)[1072], ein *Stabfeuerzeug*[1073], ein *Schalungsschloss* für Schalungstafeln[1074], einen *Sockel für Globus oder Lampe* für Lampensockel oder Globen[1075] und eine motorbetriebene *Seilwinde* für Motorseilwinden[1076]. Selbst ein *Gefäß mit Wulst (Amphore)* war nicht eintragungsfähig, da alle seine Merkmale einer technischen Funktion für die beanspruchten Waren, ua Öle und Getränke, entsprachen. Denn die Anwendung von Art. 7 Abs. 1e-ii UMV kann nicht deswegen ausgeschlossen werden, weil ein wesentlicher Bestandteil der Anmeldung, der für die Erzielung eines technischen Ergebnisses erforderlich ist, darüber hinaus einen *ästhetischen Wert* besitzt oder ungewöhnlich ist (s.a. Rdn 791)[1077].

943 Aber auch ein *transdermales Pflaster* wurde als Bildmarke für pharmazeutische Präparate zur Demenzbehandlung zurückgewiesen, da die Form ausschließlich dazu dient, die angestrebte technische Wirkung zu erzielen, nämlich die Verabreichung des Arzneimittels durch ein Pflaster, das die darin enthaltenen Medikamente durch die Haut leitet[1078]. Selbst eine Bildmarke, die aus einem *quadratischen schwarzen Hintergrund mit sieben konzentrischen blauen Kreisen* besteht, stellt lediglich ein Gummimodul aus abnehmbaren konzentrischen Dichtungsschichten für Kabel- und Rohrdurchführungsdichtungen und damit eine technische Lösung dar[1079]. Nicht schutzfähig sind weiter zwei Bildzeichen von *Oberflächen mit schwarzen Punkten*[1080] für Messerschmiedewaren,

1072 EuG, 19.09.2012, T-164/11 – Messergriff.

1073 EuG, 27.06.2017, T-580/15 – Feuerzeug CLIPPER, wobei das kaum lesbare Wort CLIPPER vollständig zurücktritt, Rn 34–45.

1074 EuG, 28.06.2016, T-656/14.– Schalungsschloss.

1075 EuG, 26.03.2020, T-752/18 – Sockel für Globus oder Lampe.

1076 EuG, 05.04.2017, T-621/15 – Motorbetriebene Seilwinde.

1077 EuG, 05.07.2023, T-10/22 – Gefäß mit Wulst (Amphore) II, Rn 40–50.

1078 EuG, 31.01.2018, T-44/15 – Transdermales Pflaster.

1079 EuG, 24.09.2019, T-261/18 – Quadratischer schwarzer Hintergrund mit sieben konzentrischen blauen Kreisen; Rechtsmittel nicht zugelassen, EuGH, 12.03.2020, C-893/19 P. In einem ähnlichen Fall hat das EuG das Eintragungshindernis nur bei Kabel- und Rohrabschottungen aus Kunststoff oder Gummi, nicht aber bei solchen aus Metall gesehen, da die konzentrischen Kreise, dh die Dichtungsschichten, ihre Funktion nur erfüllen, wenn sie elastisch sind; EuG, 07.06.2023, T-219/22 – Blaues Quadrat mit acht konzentrischen Kreisen; Rn 35–41, 44–49; Rechtsmittel nicht zugelassen, EuGH, 27.10.2023, C-495/23 P.

1080 EuG, 21.05.2015, T-331/10 RENV und T-416/10 RENV – Oberfläche mit schwarzen Punkten II, Rn 48–66; bestätigt durch EuGH, 11.05.2017, C-421/15 P.

da diese die übliche Trapezform von Messergriffen mit Noppen als Antirutscheffekt darstellen, was sich aus den europäischen und amerikanischen Patenten des Markeninhabers als wesentliches technisches Element ergibt.

944

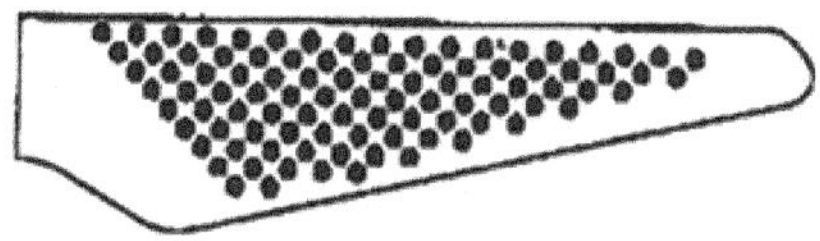

Abb. 34

Von der Eintragung ausgeschlossen ist weiter ein *Springschuh*, auch wenn dieser die optisch aufgrund ihrer geringen Größe und unauffälligen Positionierung kaum erkennbaren und daher vernachlässigbaren Wort- und Bildelemente *Aerower Jumper1 M* enthält, da dies nichts daran ändert, dass die Form der Marke der wichtigste Teil des durch das Zeichen hervorgerufenen Gesamteindrucks bleibt, deren wesentlichen Elemente aber für die Erzielung eines technischen Ergebnisses erforderlich sind[1081]. Dasselbe gilt für einen *Metallträger für Bauzwecke* für eben dieselbe Ware, da alle wesentlichen Elemente der Marke eine technische Funktion erfüllen[1082]. Ebenfalls verweigerte das EuG den Schutz für eine Bildmarke aus *zwei parallelen leuchtend gelben Bändern* und einem dazwischen liegenden *silbergrauen Band*, wobei die drei Bänder von transparenten parallelen schrägen Linien durchzogen sind, da die Anordnung der farbigen Linien eine technische Lösung darstellt. Die mit der beanspruchten Schutzkleidung für Feuerwehrleute angestrebte technische Wirkung besteht nämlich darin, deren Sicherheit dadurch zu verbessern, dass sie sowohl bei Tag als auch bei Nacht, sogar unter sehr schwierigen Sichtverhältnissen, deutlich erkennbar sind[1083]. 945

Auch einem *Würfel mit Gitterstruktur* fehlt für dreidimensionale Puzzles die Schutzfähigkeit. Um die Funktionalität eines lediglich aus der Form der konkreten Ware bestehenden Zeichens iSv Art. 7 Abs. 1e-ii UMV zu prüfen, müssen nämlich die wesentlichen Merkmale dieser Form im Hinblick auf die technische Funktion der betr tatsächlichen Ware beurteilt werden. Da der streitbefangene Würfel aus der konkreten Warenform und nicht aus einer abstrakten Form besteht, ist die technische Funktion der betr Ware, dh eines dreidimensionalen Puzzles, zu bestimmen und diese bei der Beurteilung der Funktionalität der wesentlichen Merkmale dieses Zeichens zu berücksichtigen. Bei der Prüfung von Warenformmarken ist daher zwar von der grafisch dargestellten Form auszugehen, es sind jedoch im Rahmen einer *vertieften Prüfung* die zusätzlichen *mit der Funktion der konkreten Waren zusammenhängenden Elemente* zu *berücksichtigen*, also auch diejenigen, die ein objektiver Betrachter auf der 946

1081 EuG, 30.03.2022, T-264/21 – Springschuh Aerower Jumper1 M.
1082 EuG, 26.06.2024, T-192/23 – Metallträger für Bauzwecke.
1083 EuG, 14.11.2023, T-801/22 – Zwei parallele leuchtend gelbe Bänder.

Grundlage der grafischen Darstellungen nicht genau erfassen kann, wie zB die Drehbarkeit von Einzelteilen eines dreidimensionalen Puzzles der Art »Rubik's Cube«[1084].

947 

Abb. 35

948 Zwar kann das Amt alle Informationen berücksichtigen, die es ermöglichen, die verschiedenen Arten von Elementen, aus denen ein Zeichen bestehen kann, oder dessen Bestandteile zu beurteilen, um festzustellen, was die fragliche Form tatsächlich darstellt. Dies gestattet es ihm jedoch *nicht*, zur Bestimmung der durch eine Marke dargestellten Form *Gestaltungselemente zu ergänzen*, die nicht deren Teil, sondern äußerlich und fremd sind. Das EUIPO darf das Zeichen nicht so definieren, dass es Merkmale enthält, die es nicht besitzt und nicht abdeckt. Daher ist die BK nicht berechtigt, über das beanspruchte Zeichen hinauszugehen, um zB eine individuelle *L-förmige Rille* als »Darstellung einer Reifenlauffläche« einzuordnen. Damit weicht sie nämlich von der durch die Bildmarke dargestellten Form ab und modifiziert sie[1085].

1084 EuGH, 10.11.2016, C-30/15 P – Würfel mit Gitterstruktur (Rubik's Cube), Rn 33–53. Damit wurde das Urteil EuG, 25.11.2014, T-450/09 aufgehoben, das die Marke als schutzfähig angesehen hatte, da sie keine technische Funktion erfülle, nachdem sich ihre Drehbarkeit nicht aus der beanspruchten Form ergebe, sondern aus einem unsichtbaren Mechanismus im Inneren, der bei der Prüfung nicht in Betracht gezogen werden dürfe. Bereits in seinen Schlussanträgen vom 25.05.2016 hatte der GA die wesentlichen Merkmale des Zeichens – Würfelform und Gitterstruktur, die vertikale und horizontale Säulen gleichmäßig angeordneter Elemente in bewegliche Teile des Puzzles unterteilt – zur Erfüllung der einer bestimmten Ware innewohnenden technischen Funktion für unerlässlich gehalten. Die Marke stelle eine Denksportaufgabe dar (Zauberwürfel), bei der vertikal und horizontal angeordnete Ebenen durch Drehbewegungen um eine Achse bewegt würden; Rn 99, 106–109. Mit Urteil EuG, 24.10.2019, T-601/17, wurde schließlich die Schutzunfähigkeit bestätigt; Rechtsmittel nicht zugelassen, EuGH, 23.04.2020, C-936/19 P.

1085 EuG, 24.10.2018, T-447/16 – L-förmige Rille (Pirelli), Rn 48–76; bestätigt durch EuGH, 03.06.2021, C-818/18 P und C-6/19 P.

949

Abb. 36

Weiter wurden zwei *Spielzeugfiguren*, die als wesentliche Eigenschaft über ein menschliches Aussehen verfügen, was aber ebenso wenig wie einige technische Details zu keiner ausschließlich technischen Funktion führte, als schutzfähig erkannt[1086]. Diese Position hat das EuG in zwei weiteren Nichtigkeitsverfahren gegen dieselben Marken bestätigt. Denn eine Spielzeugfigur ist schutzfähig, wenn ihr eine *Doppelnatur* zukommt, nämlich einerseits als *Spielzeugfigur mit menschlichen Zügen* und ornamentalen und fantasievollen Elementen, wie der zylindrischen Form des Kopfes, der kurzen, rechteckigen Form des Halses, der Trapezform des Rumpfes und des rechteckigen und kompakten Designs, sowie andererseits als *Klemmbausteinfigur*, die mit den Zapfen am Kopf, den Haken an den Händen und den Löchern auf der Rückseite der Beine und unter den Füßen eine technische Wirkung im Sinne der *Verbaubarkeit* und der *Modularität* innerhalb eines bekannten Baukastensystem erfüllt[1087]. 950

1086 EuG, 16.06.2015, T-395/14 und T-396/14 – Spielzeugfigur I und II; bestätigt durch EuGH, 14.04.2016, C-451/15 P und C-452/15 P.

1087 EuG, 06.12.2023, T-297/22 und T-298/22 – Spielzeugfigur mit Noppe auf dem Kopf und Spielzeugfigur III.

951 

Abb. 37

952 Die genannten *Beurteilungsgrundsätze* gelten nicht nur hinsichtlich der nackten, technisch bedingten Warenform, sondern auch hinsichtlich ihrer ausschließlichen *grafischen Darstellung*[1088].

3. Wertbedingte Form

953 Das Eintragungshindernis des Art. 7 Abs. 1e-iii UMV ist auf ein Zeichen anwendbar, das ausschließlich aus der *Form oder einem anderen charakteristischen Merkmal einer Ware* mit einer oder mehreren *Eigenschaften* besteht, die ihr in unterschiedlicher Weise jeweils einen *wesentlichen Wert* verleihen können[1089]. Die Annahme, dass die Form der Ware einen wesentlichen Wert verleiht, schließt nämlich nicht aus, dass weitere Eigenschaften der Ware ihr ebenfalls einen bedeutenden Wert verleihen können.

954 Das *Ziel*, zu verhindern, dass das ausschließliche und auf Dauer angelegte Recht, das eine Marke verleiht, dazu dienen kann, andere Rechte, für die der Unionsgesetzgeber eine begrenzte Schutzdauer vorsehen wollte, zu verewigen, verlangt daher, dass Art. 7 Abs. 1e-iii UMV nicht automatisch ausgeschlossen ist, wenn die betr Ware neben ihrer ästhetischen Funktion auch andere wesentliche Funktionen erfüllt.

955 Der Begriff *Form, die der Ware einen wesentlichen Wert verleiht,* kann nämlich nicht nur auf die Form von Waren, die einen *rein künstlerischen oder dekorativen Wert* haben, beschränkt sein, denn anderenfalls bestünde die Gefahr, dass Waren nicht erfasst würden, die außer einem *bedeutenden ästhetischen Element auch wesentliche funktionelle Eigenschaften* haben. Im letzteren Fall würde das Recht, das die Marke ihrem Inha-

1088 EuG, 21.05.2015, T-331/10 RENV und T-416/10 RENV – Oberfläche mit schwarzen Punkten II, Rn 48–66; bestätigt durch EuGH, 11.05.2017, C-421/15 P. S. jedoch EuGH, 14.03.2019, C-21/18 – MANHATTAN (Svenskt Tenn/Textilis), Rn 34–46, zur wertbedingten Form aus zweidimensionalen dekorativen Motiven, angebracht auf Waren, deren Form sich von diesen dekorativen Motiven unterscheidet. Auf diese ist Art. 7 Abs. 1e-iii UMV nicht anwendbar; Rn 859a.

1089 EuGH, 18.09.2014, C-205/13 – Tripp-Trapp-Kinderstuhl (Hauck/Stokke), Rn 36.

ber verleiht, ein Monopol auf die wesentlichen Eigenschaften der Waren gewähren, wodurch dieses Eintragungshindernis seinen Zweck nicht mehr voll erfüllen könnte[1090].

Bei der Feststellung dieses Eintragungshindernisses stellt die Wahrnehmung der Form der Ware durch die *angesprochenen Verkehrskreise* nur eines der Beurteilungskriterien dar. Sie kann allenfalls ein nützliches Beurteilungskriterium bei der Ermittlung der wesentlichen Merkmale des Zeichens bilden. 956

In dieser Hinsicht können *andere Beurteilungskriterien* berücksichtigt werden, wie die Art der relevanten Warenkategorie, der künstlerische Wert der fraglichen Form, ihre Andersartigkeit im Vergleich zu anderen auf dem jeweiligen Markt allgemein genutzten Formen, ein bedeutender Preisunterschied gegenüber ähnlichen Produkten oder die Ausarbeitung einer Vermarktungsstrategie, die hauptsächlich die ästhetischen Eigenschaften der jeweiligen Ware herausstreicht[1091]. 957

Die Wahrnehmung oder die *Kenntnis der maßgeblichen Verkehrskreise* hinsichtlich der Ware, die durch ein Zeichen grafisch dargestellt wird, das ausschließlich aus der Form dieser Ware besteht, kann berücksichtigt werden, um ein *wesentliches Merkmal* dieser Form zu ermitteln. Das Eintragungshindernis des Art. 7 Abs. 1a-iii UMV ist anwendbar, wenn aus *objektiven und verlässlichen Gesichtspunkten* hervorgeht, dass die Entscheidung der Verbraucher, die betr Ware zu kaufen, in sehr großem Maß durch dieses Merkmal bestimmt wird. Zwar ist die vermutete Wahrnehmung des relevanten Zeichens durch den Durchschnittsverbraucher für sich genommen kein entscheidender Faktor, kann aber ein *nützliches Beurteilungskriterium* bei der Ermittlung der wesentlichen Merkmale des Zeichens bilden. Folglich kann angesichts der Wahrnehmung des Zeichens durch den Verkehr und dessen Kenntnis die Form, aus der das Zeichen ausschließlich besteht (zB das haptische Symbol für eine mathematische Entdeckung, nämlich die stetige Rückkehr des beanspruchten dreidimensionalen Körpers in seine Gleichgewichtslage) ein wesentliches Merkmal darstellen, das der Ware einen wesentlichen Wert verleiht. Dass ein derartiges Merkmal als solches nicht die *ästhetischen Vorzüge* der Form betrifft, schließt die Anwendung von Art. 7 Abs. 1e-iii UMV nicht aus. Denn der Begriff »Form, die der Ware einen wesentlichen Wert verleiht« ist nicht auf die Form von Waren beschränkt, die einen rein künstlerischen oder dekorativen Wert haben. Dies kann vielmehr anhand anderer relevanter Gesichtspunkte geprüft werden, zu denen ua ihre *Eigentümlichkeit* im Vergleich zu anderen auf dem betr Markt allgemein genutzten Formen gehört[1092]. 958

Das Eintragungshindernis der wertbedingten Form ist *nicht systematisch* (ausschließlich immer) auf ein Zeichen anzuwenden, das ausschließlich aus der Form der Ware besteht, wenn das Zeichen *musterrechtlich* geschützt ist oder wenn es ausschließlich aus der Form eines *dekorativen Gegenstands* besteht. Denn der Schutz des Erscheinungsbilds einer Ware als (Geschmacks-)Muster schließt es nicht aus, dass ein in der 959

1090 EuGH, 18.09.2014, C-205/13 – Tripp-Trapp-Kinderstuhl (Hauck/Stokke), Rn 30–32.
1091 EuGH, 18.09.2014, C-205/13 – Tripp-Trapp-Kinderstuhl (Hauck/Stokke), Rn 33–36.
1092 EuGH, 23.04.2020, C-237/19 – Homogener Körper (Gömböc Kutató), Rn 40–47.

Form dieser Ware bestehendes Zeichen markenrechtlich geschützt wird, sofern die Voraussetzungen für dessen Eintragung als Marke erfüllt sind. Zudem kann Art. 7 Abs. 1e-iii UMV, indem er auf die »Form, die der Ware einen wesentlichen Wert verleiht« abstellt, insb auf ein Zeichen Anwendung finden, das ausschließlich aus der Form einer Ware mit *künstlerischem oder dekorativem Wert* besteht. Dieser Umstand impliziert jedoch noch nicht, dass die Anmeldung von Zeichen, die aus der Form einer Ware bestehen, als Marke automatisch auf der Grundlage dieses Eintragungshindernisses zurückzuweisen ist. Damit dieses Eintragungshindernis anwendbar ist, muss nämlich aus *objektiven und verlässlichen Gesichtspunkten* hervorgehen, dass die Entscheidung der Verbraucher zugunsten der betr Ware in sehr großem Maß durch ein oder mehrere Merkmale dieser Form bestimmt ist. Insoweit ist es keineswegs ausgeschlossen, dass der wesentliche Wert derartiger Gegenstände aus *anderen Gesichtspunkten als der Form* hervorgehen kann, insb aus der Geschichte ihrer Gestaltung, der Art ihrer Herstellung – industriell oder kunstgewerblich –, der möglicherweise seltenen oder wertvollen Stoffe, die sie enthalten, oder auch der Identität ihres Entwerfers[1093].

960 Als ein Zeichen, das ausschließlich aus einer wertbedingten Form besteht, hat das EuG den *Bang-Olufsen-Lautsprecher* von der Eintragung ausgeschlossen, wobei es die vom EuGH für die technisch bedingte Form entwickelten Grundsätze entspr angewandt hat. Das besondere Design, das die Anziehungskraft der betr Ware und damit ihren Wert erhöht und das auch ein wichtiges Element der Markenpolitik des Anmelders ist, stellt nämlich ein für die Wahl des Verbrauchers sehr wichtiges Kriterium dar[1094].

961

Abb. 38

962 Die genannten *Beurteilungsgrundsätze* gelten jedoch *weder* für eine *Farbe* als solche ohne räumliche Begrenzung, selbst wenn diese an einer spezifischen Stelle der betr Ware aufgebracht wird[1095], *noch* für ein Zeichen aus *zweidimensionalen dekorativen Motiven* mit Wortelementen, das an Waren wie Stoffen oder Papier angebracht ist, da es nicht mit der Form des Produkts verschmilzt, wenn es auf Waren angebracht

1093 EuGH, 23.04.2020, C-237/19 – Homogener Körper (Gömböc Kutató), Rn 50–62.
1094 EuG, 06.10.2011, T-508/08 – Lautsprecher II (Bang & Olufsen), Rn 61–77.
1095 EuGH, 12.06.2018, C-163/16 – Stöckelschuhe mit roter Sohle, Rn 20–27.

wird, deren Form sich von diesen dekorativen Motiven unterscheidet. Beide bestehen nämlich nicht ausschließlich aus der Form iSv Art. 7 Abs. 1e-iii UMV[1096].

963

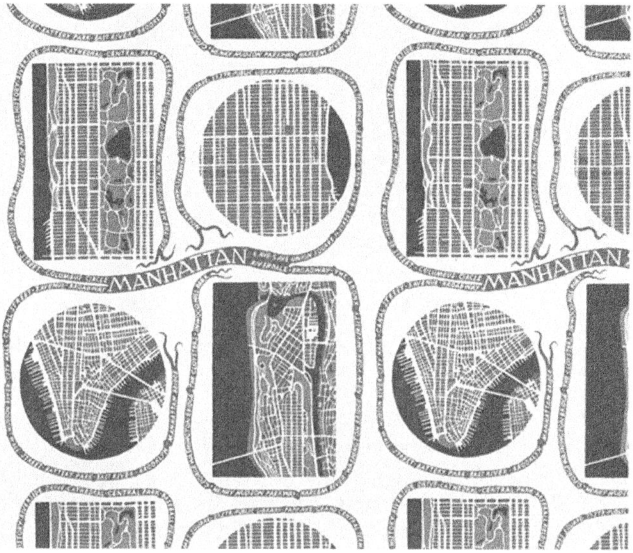

Abb. 39

IX. Verstoß gegen die öffentliche Ordnung oder die guten Sitten

Nach Art. 7 Abs. 1f UMV sind vom Schutz ausgeschlossen Marken, die gegen die 964
öffentliche Ordnung oder gegen die guten Sitten verstoßen[1097].

Bei der *Auslegung* der Begriffe *öffentliche Ordnung* und *gute Sitten* sind nicht nur die 965
allen Mitgliedstaaten gemeinsamen Umstände, sondern auch die besonderen Gesichtspunkte zu berücksichtigen, die jeweils den einzelnen Mitgliedstaaten eigen sind, da

1096 EuGH, 14.03.2019, C-21/18 – MANHATTAN (Svenskt Tenn/Textilis), Rn 34–46. Leider hat sich der EuGH nicht mit seinem Urteil, 11.05.2017, C-421/15 – Oberfläche mit schwarzen Punkten II, auseinandergesetzt, mit dem er das angefochtene Urteil des EuG, 21.05.2015, T-331/10 RENV, Rn 48–66, bestätigt hatte, wonach das Eintragungshindernis der technisch bedingten Form des Art. 7 Abs. 1e-ii GMV auch für Bildmarken gilt. Insoweit klaffen jetzt hinsichtlich der Anwendbarkeit von Art. 7 Abs. 1e-ii und Art. 7 Abs. 1e-iii GMV/UMV auf Bildzeichen gewisse Gegensätze.

1097 S. insb GMitt KP 14 über Marken, die gegen die öffentliche Ordnung oder gegen die guten Sitten verstoßen, mit zahlreichen Beispielen (April 2024). Auf der Internetseite des EUIPO ist in der Rubik *BK* ein Bericht über die Rspr der BK zu Marken, die gegen die öffentliche Ordnung oder die guten Sitten verstoßen, veröffentlicht; https://www.euipo.europa.eu/de/the-office/boards-of-appeal/publications/research-reports.

eine Marke wegen Art. 7 Abs. 2 UMV bereits dann von der Eintragung auszuschließen ist, wenn das Eintragungshindernis *nur in einem Teil der Union*, ggf nur in einem einzigen Mitgliedstaat besteht[1098]. Dabei stellt nicht jeder *Verstoß gegen ein Gesetz* notwendigerweise einen Verstoß gegen die öffentliche Ordnung dar. Es muss nämlich hinzukommen, dass dieser Verstoß ein Interesse berührt, das die betr Mitgliedstaaten nach ihrem eigenen *Wertesystem als grundlegend* ansehen[1099].

966 Zudem ist die Wahrnehmung des Zeichens durch die *breite Öffentlichkeit* abzustellen, also nicht nur auf die durch die beanspruchten Waren und DL angesprochenen Verkehrskreise, sondern auch auf diejenigen, die dem Zeichen im Alltag zufällig begegnen. Dabei darf weder auf die Wahrnehmung des Teils des Verkehrs abgestellt werden, der leicht Anstoß nimmt, noch auf die Wahrnehmung desjenigen, der unempfindlich ist, sondern es müssen die Kriterien einer *vernünftigen Person mit durchschnittlicher Empfindlichkeits- und Toleranzschwelle* zugrunde gelegt werden.

967 Bei der Prüfung dieses Eintragungshindernisses ist auf die *Marke selbst* abzustellen, dh auf das Zeichen *iVm den beanspruchten Waren oder DL*[1100].

968 Die *öffentliche Ordnung* kann verstanden werden als eine Reihe *grundlegender Normen, Grundsätze und Werte* der verschiedenen Gesellschaften *in der Union* zu einem bestimmten Zeitpunkt. Dazu gehören insb die universellen Werte der Union wie *Menschenwürde, Freiheit, Gleichheit* und *Solidarität* sowie die Grundsätze der *Demokratie* und der *Rechtsstaatlichkeit*, die in der GRC proklamiert wurden. Ihr Inhalt sollte aus zuverlässigen und objektiven Quellen ermittelt werden können. Zu diesen Grundsätzen und Werten gehören insb die *Integration, Toleranz, Gerechtigkeit* und die Wahrung der *Menschenrechte* sowie die *Nichtdiskriminierung* ua aufgrund von Geschlecht, Rasse, Hautfarbe, ethnischer oder sozialer Herkunft, genetischen Merkmalen, Sprache, Religion oder Weltanschauung, Meinung, Geburt, Behinderung, Alter oder sexueller Ausrichtung[1101].

969 Der gesetzlich nicht definierte Begriff *gute Sitten* bezieht sich in seiner gewöhnlichen Bedeutung auf die *grundlegenden moralischen Werte und Normen*, an denen eine bestimmte Gesellschaft im jeweiligen Zeitpunkt festhält. Diese Werte und Normen, die sich im Laufe der Zeit entwickeln und von Ort zu Ort unterschiedlich sein können, müssen anhand des *gesellschaftlichen Konsenses* bestimmt werden, der innerhalb dieser Gesellschaft zum *Zeitpunkt der Beurteilung* vorherrscht. Dazu gehören auch den Konsens kennzeichnende *kulturelle, religiöse oder philosophische Unterschiede*, um objektiv beurteilen zu können, was diese Gesellschaft zu diesem Zeitpunkt für *moralisch hinnehmbar* hält. Dabei sind alle Aspekte des Einzelfalls zu prüfen, um zu bestimmen, wie die maßgeblichen Verkehrskreise ein solches Zeichen im Falle seiner Verwendung

1098 EuG, 20.09.2011, T-232/10 – Sowjetisches Staatswappen, Rn 27–42.

1099 EuG, 12.05.2021, T-178/20 – BavariaWeed, Rn 21, 41.

1100 EuG, 05.10.2011, T-526/09 – PAKI, Rn 12, 18, 19; EuG, 14.11.2013, T-52/13 – FICKEN, Rn 18–20.

1101 S. GMitt KP 14 über Marken, die gegen die öffentliche Ordnung oder gegen die guten Sitten verstoßen (April 2024), Kap. 2.1.1.

als Marke für die beanspruchten Waren und DL auffassen werden, wobei zur Schutzversagung *nicht ausreicht*, wenn es als *geschmacklos* angesehen wird[1102].

Zur Feststellung der Sittenwidrigkeit muss die Wahrnehmung einer *vernünftigen Person mit durchschnittlicher Empfindlichkeits- und Toleranzschwelle* zugrunde gelegt werden, wobei der Kontext, in dem die Marke voraussichtlich wahrgenommen werden wird, sowie ggf die für diesen Teil der Union maßgeblichen besonderen Umstände zu berücksichtigen sind. Hierfür sind Aspekte wie *Gesetzestexte* und *Verwaltungspraktiken*, die *öffentliche Meinung* und ggf die Art und Weise, in der die maßgeblichen Verkehrskreise bisher *auf dieses oder vergleichbare Zeichen reagiert* haben, sowie jedes andere Element maßgeblich, anhand dessen die Wahrnehmung durch diese Verkehrskreise beurteilt werden kann. Die Prüfung darf sich dabei nicht auf eine abstrakte Beurteilung der Anmeldung oder gar nur einzelner Bestandteile derselben beschränken, sondern es muss nachgewiesen werden, dass ihre Benutzung *im konkreten und gegenwärtigen sozialen Kontext* vom maßgeblichen Verkehr tatsächlich als Verstoß gegen die grundlegenden moralischen Werte und Normen der Gesellschaft wahrgenommen würde, insb wenn der Anmelder Aspekte vorgetragen hat, die geeignet sind, Zweifel an der Tatsache aufkommen zu lassen, dass diese Marke von diesem Publikum als sittenwidrig empfunden werde[1103]. 970

Ein Wort braucht nicht *diskriminierend, beleidigend* oder *herabsetzend* zu sein, damit ein Teil der maßgeblichen Verkehrskreise Anstoß daran nimmt. So kann auch ein Wort, das sich in einer derben Ausdrucksweise eindeutig *auf die Sexualität bezieht und als vulgär* eingestuft wird, von Verbrauchern als *anstößig, obszön und abstoßend* und somit als gegen die guten Sitten verstoßend wahrgenommen werden[1104]. 971

Unter das Eintragungsverbot des Art. 7 Abs. 1f UMV fallen insb Namen von *aktiven Verbrecher-* oder *Terrororganisationen* oder *menschenverachtende, rassistische, zutiefst beleidigende* und *herabwürdigende* oder *sexistische Begriffe* und *Symbole* und solche von *nazistischen, faschistischen, kommunistischen* oder *sonstigen despotischen Unrechtsregimen.* 972

So wurde die Anmeldung *PAKI* für Kisten und Transportwesen zurückgewiesen, weil dieses Wort in Großbritannien eine zutiefst beleidigende und herabwürdigende rassistische Bezeichnung für aus dem indischen Subkontinent stammende Bewohner Großbritanniens ist. Diese negative Bewertung hat sich auch nicht dadurch gewandelt, dass in jüngerer Zeit eine gewisse Banalisierung stattgefunden hat, der zufolge jederzeit vulgäre oder beleidigende Wörter gegenüber jedermann Verwendung finden, was unter bestimmten Umständen deren Eintragung ermöglicht. Die Bekämpfung jeder Form von Diskriminierung ist nämlich ein grundlegender Wert der Europäischen Union[1105]. 973

1102 EuGH, 27.02.2020, C-240/18 P – Fack Ju Göhte, Rn 40, 41.
1103 EuGH, 27.02.2020, C-240/18 P – Fack Ju Göhte, Rn 42, 43.
1104 EuG, 14.11.2013, T-52/13 – FICKEN, Rn 16.
1105 EuG, 05.10.2011, T-526/09 – PAKI, Rn 16, 23–30, 34.

974 Für das durchschnittliche spanische Publikum bezeichnet *hijoputa* (Hurensohn) eine »schlechte, üble Person« und stellt eine schwer beleidigende und moralisch verwerfliche Beschimpfung dar, so dass die Anmeldung *¡QUE BUENU YE! HIJOPUTA* für Schnäpse, Spirituosen und ihre Vermarktung gegen die öffentliche Ordnung und gegen die guten Sitten verstößt[1106]. Es reicht nicht aus, dass sie von einem Teil des Publikums als (vulgärer) Scherz empfunden wird, denn der zur Banalisierung beleidigender Begriffe neigende und unsensible Verkehrskreis stellt gegenüber dem normalen Durchschnittsverbraucher eine deutliche Minderheit dar. Auch wenn 200.000 Flaschen mit dieser Bezeichnung ohne Beanstandung verkauft worden seien sollten, ändert dies nichts.

975 Selbst das Wort *Curve*, das im Rumänischen »Hure, Prostituierte« bedeutet, ist für hochspezielle medizinische Technik und DL zurückgewiesen worden, weil nicht auszuschließen ist, dass es nicht nur Fachleuten begegnet, die darin den englischen Begriff für Kurve sehen werden, sondern auch Reinigungskräften, Wartungstechnikern und Patienten, die bei Untersuchung oder Behandlung mit den beanspruchten Apparaten nicht notwendigerweise immer bewusstlos sind[1107].

976 Auch wenn in der deutschen Sprache das Wort *FICKEN* nie als Beleidigung oder Schimpfwort gebraucht wird und es keinen kränkenden Inhalt hat, genügt der vulgäre und derbe Charakter dieses auf die Sexualität bezogenen Worts als ordinäre Ausdrucksweise für »koitieren« oder »mit jemandem Geschlechtsverkehr haben« für den Schluss, dass es unanständig und obszön ist und Anstoß erregen kann[1108]. Dasselbe gilt für die ua aus der Wortkombination *FICKEN LIQUORS* bestehende Bildmarke, bei der das Element »ficken« aufgrund seiner Größe und Positionierung der prägende Bestandteil ist. Das Hinzufügen von weiteren Elementen, die das Verständnis des dominierenden Wortelements nicht ändern, ist nämlich im Rahmen der Anwendung von Art. 7 Abs. 1f UMV unbeachtlich[1109].

977 Zudem wurde dem im Englischen eindeutig negativen sexuellen Terminus *SCREW YOU* kein Schutz für Waren des allgemeinen Konsums gewährt, die keine Sexartikel darstellen, da die Wortbildung als mildere Form von »fuck you« öffentliche Moralvorstellungen verletzt[1110]. Weiter wies eine BK die Anmeldung von *fucking freezing*[1111]

1106 EuG, 09.03.2012, T-417/10 – ¡QUE BUENU YE!HIJOPUTA.

1107 EuG, 26.09.2014, T-266/13 – Curve.

1108 EuG, 14.11.2013, T-52/13 – FICKEN, Rn 14, 23, 32. In Bezug auf alkoholische Getränke werde durch den bewusst hergestellten Zusammenhang zwischen Alkohol und Geschlechtsverkehr der Eindruck erweckt, das Getränk sei einer sexuellen Beziehung förderlich, was eine gerade für Jugendliche, aber auch allgemein gefährliche Assoziation sei. Hinsichtlich von Bekleidung und alkoholfreien Getränken handele es sich um Waren des täglichen Bedarfs, die in Geschäften und Auslagen für jedermann sichtbar seien, so dass Personen jeden Alters, die dieses Wort als anstößig empfinden, diese Waren und die darauf abgebildete Marke wahrnehmen könnten.

1109 EuG, 14.11.2013, T-54/13 – FICKEN LIQUORS, Rn 15, 16.

1110 BK, 06.07.2006, R 495/05-G – SCREW YOU.

1111 BK, 01.09.2011, R 168/2011-1 – fucking freezing.

für Waren der Kl. 18 und 25 wegen ihres vulgären sexuellen Gehalts zurück, da es nicht Aufgabe des Markenrechts sei, die Transformation von schlicht beleidigenden Wörtern zu zukünftigen normalen Begriffen der Allgemeinsprache zu fördern.

Dagegen kann die Anmeldung *Fack Ju Göhte* angesichts des großen Erfolgs der unter 978
diesem Titel vermarkteten Filmkomödien, die für Jugendliche freigegeben waren, beim Publikum nicht zu einem Meinungsstreit geführt haben, Fördermittel verschiedener Organisationen erhielten und sogar vom Goethe-Institut zu Unterrichtszwecken verwendet wurden, *nicht als sittenwidrig* angesehen werden, da dies als Hintergrundinformation ungeachtet der Gleichsetzung des ersten Teils der Anmeldung mit dem englischen Ausdruck »fuck you« einen Hinweis darauf darstellt, dass die deutschsprachige breite Öffentlichkeit sie nicht als Verstoß gegen die grundlegenden moralischen Werte und Normen der Gesellschaft wahrnimmt. Zudem ist auch bei der Markenprüfung das Grundrecht der freien Meinungsäußerung zu berücksichtigen[1112]. Ebenfalls sah eine BK keinen Zurückweisungsgrund bei der Bildmarke *fucking hell*[1113], da diese Wortkombination keine semantische Aussage enthalte, die auf eine bestimmte Person oder Gruppe von Personen bezogen werden könnte. Sie fordere auch nicht zu einer bestimmten Handlung auf und könne noch nicht einmal so verstanden werden, dass der Leser zur Hölle fahren möge.

Gelöscht wurde aber die ua für Schuhwaren, Bekleidung, Unternehmensberatung 979
und Gästeverpflegung eingetragene Unionsbildmarke *La Mafia SE SIENTA A LA MESA*, weil ihr dominierendes Wortelement *La Mafia* weltweit als Hinweis auf eine kriminelle Organisation mit Ursprung in Italien, aber auch Tätigkeiten in anderen Staaten, insb der Union, verstanden wird, die auf Einschüchterung, körperliche Gewalt und Mord zurückgreift, um ua illegalen Drogenhandel, illegalen Waffenhandel, Geldwäsche und Korruption zu betreiben. In ihrer Gesamtheit verweist diese Marke auf eine kriminelle Organisation, gibt ein positives Abbild von ihr und verharmlost dadurch ihre schwerwiegenden Verstöße gegen die Grundwerte der Union. Sie ist folglich geeignet, nicht nur bei ihren Opfern und deren Familien, sondern bei jeder Person im Unionsgebiet, die mit dieser Marke konfrontiert wird und über eine durchschnittliche Empfindlichkeits- und Toleranzschwelle verfügt, Anstoß zu erregen oder diese zu beleidigen[1114].

1112 EuGH, 27.02.2020, C-240 P – Fack Ju Göhte, Rn 45–56, 67–69. Im Übrigen ist die Wahrnehmung von »fuck you« durch das deutschsprachige Publikum nicht zwangsläufig dieselbe wie die eines englischsprachigen, weil in der Muttersprache die Empfindlichkeit wesentlich stärker als in einer Fremdsprache sein kann. Zudem ist stets der Schutz der freien Meinungsäußerung, der in Art. 11 GRC verankert ist, zu berücksichtigen, was im Übrigen durch PräambelUMV 21 gestützt wird, die ausdrücklich das Erfordernis betont, die UMV so anzuwenden, dass den Grundrechten und Grundfreiheiten, insb dem Recht auf freie Meinungsäußerung, in vollem Umfang Rechnung getragen wird. Damit wurde EuG, 24.01.2017, T-69/17 aufgehoben.

1113 BK, 21.01.2010, R 385/08-4 – fucking hell.

1114 EuG, 15.03.2018, T-1/17 – La Mafia SE SIENTA A LA MESA.

980 Weiter verstößt die Anmeldung des Namens *Pablo Escobar*, eines Drogenbarons und Narkoterroristen, der das Medellín-Kartell in Kolumbien gegründet hat und dessen alleiniger Anführer war, gegen die öffentliche Ordnung und die anerkannten Grundsätze der Moral, da ein Teil des Verkehrs, insb in Spanien, diese Marke mit den vom Medellín-Kartell begangenen oder Pablo Escobar unmittelbar zugeschriebenen *Verbrechen* in Verbindung bringt. Eine Eintragung ist in modernen demokratischen Gesellschaften unannehmbar, da sie den anerkannten ethischen und moralischen Grundsätzen absolut zuwiderlaufen und eine der schwersten Bedrohungen für die grundlegenden Interessen der Gesellschaft und die Aufrechterhaltung des sozialen Friedens und der sozialen Ordnung darstellen würde. Die Anmeldung widerspricht den unteilbaren und universellen Werten, auf denen die Union beruht, nämlich der Würde des Menschen, der Freiheit, der Gleichheit und der Solidarität sowie den Grundsätzen der Demokratie und der Rechtsstaatlichkeit und dem Recht auf Leben und körperliche Unversehrtheit, wie sie in der GRC verkündet wurden. Außerdem kann die Anmeldung als in hohem Maße beleidigend oder schockierend, als Entschuldigung der Verbrechen und als Verharmlosung des Leids empfunden werden, das Tausenden von Menschen, die durch das Medellín-Kartell getötet oder verletzt wurden, zugefügt wurde. Dieses Leid wird nicht durch die Aktionen zugunsten der Armen oder die Rolle des »Robin Hood«, die viele Pablo Escobar in Kolumbien zuschreiben, oder durch die Tatsache, dass er in Spanien zu einer Ikone der Populärkultur geworden ist, ausgelöscht[1115].

981 Auch die Anmeldung der Bildmarke *CANNABIS STORE AMSTERDAM* für Backwaren, nichtalkoholische Getränke, Bier und Lebensmittel-DL verstößt gegen die öffentliche Ordnung, da sie sich auf einen *Suchtstoff* bezieht. Dies ergibt sich aus der Kombination von *CANNABIS*, der stilisierten Darstellungen von Cannabisblättern, des medialen Symbols für Marihuana, mit den Wörtern *AMSTERDAM* und *STORE*, da diese Stadt viele Verkaufsstellen für aus Cannabis gewonnene Betäubungsmittel aufweist. Dieser Suchtstoff ist in der Mehrzahl der Mitgliedstaaten verboten, was mit einem Ziel der öffentlichen Gesundheit im Einklang steht, -seine schädlichen Auswirkungen zu bekämpfen[1116]. Dasselbe gilt für die Bildmarke *BavariaWeed*, da sich »weed« umgangssprachlich auf die in vielen Mitgliedstaaten verbotene Droge Marihuana bezieht und der Kampf gegen deren Verbreitung von besonderer Bedeutung ist. Die Anmeldung lässt zusammen mit der grafischen Darstellung eines Cannabisblatts an den Freizeitkonsum dieser Substanz denken, so dass der bloße Umstand, dass die

1115 EuG, 17.04.2024, T-255/23 – Pablo Escobar, Rn 19–30. Die Entscheidung verstößt auch nicht gegen den allgemeinen Grundsatz des Unionsrechts der Unschuldsvermutung gemäß Art. 48 GRC. Zwar ist Pablo Escobar nie von einem kolumbianischen, amerikanischen oder europäischen Gericht verurteilt worden, sondern hatte sich im Rahmen eines Deals mit der damaligen kolumbianischen Regierung freiwillig in sein »Gefängnis« La Catedral begeben, dennoch wird er vom relevanten Verkehr als beleidigendes Symbol der organisierten Kriminalität wahrgenommen, der viel Leid verursacht hat; Rn 41–50. S.a. BK, 29.09.2004, R 176/04-2 – BIN LADIN, Rn 16–26.

1116 EuG, 12.12.2019, T-683/18 – CANNABIS STORE AMSTERDAM.

beanspruchten DL legal sind, für sich genommen nicht geeignet ist, ihre Wahrnehmung durch den maßgeblichen Verkehr zu ändern[1117].

Schließlich wurde dem *Staatswappen der ehemaligen Sowjetunion* als Symbol des Despotismus für eine Reihe von Waren und DL der Schutz versagt, weil das Verbot seiner Benutzung im ungarischen Strafgesetzbuch dazu führt, dass dieses Zeichen von einem wesentlichen Teil der Verkehrskreise in Ungarn als Verstoß gegen die öffentliche Ordnung oder gegen die guten Sitten aufgefasst wird[1118]. **982**

Jedoch kann der Begriff *öffentliche Ordnung* nicht so verstanden werden, dass er sich auf *Merkmale der Anmeldung* selbst, wie die Klarheit und Eindeutigkeit der für die Bezeichnung der von der betr Eintragung erfassten *Waren oder DL verwendeten Begriffe*, bezieht, unabhängig von den Merkmalen des Zeichens, dessen Eintragung als Marke begehrt wird[1119]. **983**

Dass der Markeninhaber aufgrund nationaler Rechtsvorschriften, wonach ausschließlich die von den zuständigen Behörden zugelassenen Unternehmen DL in Verbindung mit Wetten anbieten dürfen, in Deutschland nicht befugt ist, diese DL anzubieten und zu bewerben, dass er also keine Zulassung zum Anbieten von Wett-DL in Deutschland besitzt, bedeutet nicht, dass die betroffene Unionsmarke iSv Art. 7 Abs. 1f UMV gegen die öffentliche Ordnung oder gegen die guten Sitten verstößt. Denn bei der Prüfung eines Verstoßes gegen die öffentliche Ordnung oder die guten Sitten ist *auf die Marke selbst abzustellen*, dh auf das Zeichen iVm den hierfür geschützten Waren und DL[1120]. **984**

Die Anmeldung von *künstlerischen Werken*, für die der Urheberrechtschutz bereits abgelaufen ist, oder deren zweidimensionalen Abbildungen verstößt nicht schon an sich gegen die öffentliche Ordnung oder die allgemein anerkannten guten Sitten. Die Verweigerung der Eintragung hängt vielmehr von den Umständen des Einzelfalls ab, so von der Wahrnehmung des Zeichens durch die breite öffentlichkeit der betr Staaten, wobei die Gefahr einer widerrechtlichen Aneignung oder einer Schändung des Werks zu berücksichtigen ist, insb wenn die Marke für Waren und DL beansprucht wird, die dem Ansehen des Künstlers oder der durch das Werk vermittelten künstlerischen Botschaft widersprechen. Daher ist die Anmeldung zurückzuweisen, wenn sie ausschließlich aus einem Werk besteht, das zum öffentlichen Gemeingut (*public domain*) gehört und deren Eintragung eine tatsächliche und hinreichend ernsthafte Bedrohung der Grundwerte der Allgemeinheit bewirken würde[1121]. **985**

Zwar ist nicht ausgeschlossen, dass die *Monopolisierung des Namens eines spirituellen Lehrers zu kommerziellen Zwecken* anstößig erscheinen und die öffentliche Ordnung **986**

1117 EuG, 12.05.2021, T-178/20 – BavariaWeed.

1118 EuG, 20.09.2011, T-232/10 – Sowjetisches Staatswappen, Rn 49–65; s.a. BK, 23.04.2021, R 459/20-5 – BOY LONDON, da das Zeichen als Bildelement den Parteiadler der NSDAP enthält.

1119 EuGH, 29.01.2020, C-371/18 – Skykick/Sky, Rn 65–67.

1120 EuG, 13.09.2005, T-140/02 – INTERTOPS, Rn 25–27.

1121 EFTA-Gerichtshof, 07.04.2017, E-5/16 – Vigeland, Rn 89–102; GRUR Int 2017, 762.

iSd Art. 7 Abs. 1f UMV beeinträchtigen kann. Jedoch war im vom EuG entschiedenen Fall[1122] die Anzahl von Personen, die die »*Osho*«-Zentren in Deutschland regelmäßig besuchten oder sich zur Osho-Bewegung bekannten, zum relevanten Zeitpunkt im Jahr 1999 relativ begrenzt. Diese Bewegung (auch iVm den Namen Rajneesh oder Baghwan) hatte in den 1990 er Jahren ungefähr 40.000 Anhänger, und die Zeitschrift »OSHO Times«, in der die meiste Werbung und die meisten Anzeigen für Osho-Meditations-Kurse und -Sitzungen zu finden sind, hatte in Deutschland zu diesem Zeitpunkt nur eine auf 6.000 Exemplare begrenzte Auflage. Im Licht dieser Zahlen kann nicht davon ausgegangen werden, dass *Osho* als spiritueller Lehrer zum Zeitpunkt der Markenanmeldung auch nur in Deutschland einem *nicht unerheblichen Teil des maßgeblichen Verkehrs*, darunter auch die breite öffentlichkeit mit durchschnittlicher Empfindlichkeitsschwelle, ausreichend bekannt war, um die Eintragung dieses Zeichens 1999 als Verstoß gegen die öffentliche Ordnung wahrzunehmen.

987 Zweifelhaft ist, ob die Anmeldung von *Namen lebender, insb bekannter Personen* ohne deren Einwilligung schon bei der absoluten Prüfung als sittenwidrig beurteilt werden kann. Dies dürfte wohl nur in Ausnahmefällen bei völlig unangemessenen, also den Namensträger eindeutig diskriminierenden oder beleidigenden Waren und DL anzunehmen sein. Ansonsten bleibt dem Namensinhaber nur die Möglichkeit, aufgrund seines Namensrechts gegen den Anmelder oder Markeninhaber vor den nationalen Zivilgerichten vorzugehen und ihn dort zur Einwilligung in die Anmeldungsrücknahme bzw den Markenverzicht zu zwingen.

X. Täuschende Angaben

988 Weiter sind gemäß Art. 7 Abs. 1g UMV Marken von der Eintragung ausgeschlossen, die geeignet sind, das Publikum zB über die Art, die Beschaffenheit oder die geografische Herkunft der Ware oder DL zu *täuschen*[1123]. Sobald das Vorliegen einer *tatsächlichen Täuschung* oder einer *hinreichend schwerwiegenden Gefahr* einer Täuschung des Verbrauchers nachgewiesen ist, wird es unerheblich, dass die Anmeldung auch *als nicht irreführend wahrgenommen* werden könnte. Denn selbst die Möglichkeit, dass die Marke in nicht täuschender Weise benutzt werden kann, kann einen Verstoß gegen Art. 7 Abs. 1g UMV nicht ausschließen[1124]. Die Anwendung dieses Eintragungshindernisses verlangt aber keine Absicht, den Verbraucher zu täuschen[1125]. Im *Nichtigkeitsverfahren* muss nachgewiesen werden, dass das Zeichen zum *Zeitpunkt der*

1122 EuG, 11.10.2017, T-670/15 – OSHO, Rn 89, 90, 107–112.

1123 In Teil B, Abschn. 4, Kap. 8 UMRL wird die Praxis des EUIPO samt einigen Beispielen dargestellt. Weiter enthält die Internetseite des EUIPO in der Rubrik BK Rechercheberichte zur Rspr der BK zur Täuschungsgefahr von geografischen Angaben; https://www.euipo.europa.eu/de/the-office/boards-of-appeal/publications/research-reports.

1124 EuG, 27.10.2016, T-37/16 – CAFFÈ NERO, Rn 53; EuG, 13.05.2020, T-86/19 – BIO-INSECT Shocker, Rn 84, 85.

1125 EuG, 31.03.2023, T-482/22 – MATE MATE, Rn 64; Rechtsmittel nicht zugelassen, EuGH, 11.10.2023, C-342/23 P.

Anmeldung als solches geeignet war, den Verbraucher zu täuschen, da seine spätere Verwendung unerheblich ist[1126].

Täuschung wurde vom EuG *angenommen* bei dem ua für Fleischwaren angemeldeten russischen Wort *Bär* in kyrillischen Buchstaben, weil eine Einschränkung des VerzWDL durch den Zusatz »ausgenommen Bärenfleisch« nichts daran ändert, dass die maßgeblichen Verkehrskreise zu Recht erwarten würden, die beanspruchten Waren bestünden aus Bärenfleisch oder imitierten dessen Geschmack, so dass das Zeichen geeignet ist, sie über die Eigenschaft der betr Waren zu täuschen, wenn diese kein Bärenfleisch enthalten oder dessen Geschmack nicht imitieren[1127]. Auch die Anmeldung von *CAFFÈ NERO* ist für ua Tee, Kakao täuschend, weil der Verkehr annehmen könnte, dass diese Kaffee wären oder ihn enthielten[1128], ebenso die Anmeldung *MATE MATE* für Kaffee, Kakao und Kaffeeersatz, da diese eben gerade keinen Matetee enthalten[1129]. Dieses Eintragungshindernis gilt ebenso für die Anmeldung *Klosterstoff* hinsichtlich alkoholfreier Getränke, da die Verbraucher aufgrund des Begriffs »Stoff« denken würden, dass diese Alkohol enthielten. Dem steht nicht entgegen, dass die Zusammensetzung dieser Getränke auf den Waren angegeben ist[1130]. Weiter ist die Anmeldung *MYBACON* für ua Fleischersatzstoffe (auf Pilzbasis) nicht eintragbar, da eine reale Gefahr besteht, dass das angesprochene Publikum diese Waren in dem Glauben kaufen würde, dass es sich dabei um Schweinefleischprodukte handele, obwohl diese kein Schweinefleisch enthielten[1131]. Da schließlich die Marke *BIO-INSECT Shocker* auf den streitigen Biozidprodukten den Eindruck entstehen lässt, dass diese natürlich, nicht gesundheitsschädlich oder umweltfreundlich seien, ist sie dazu geeignet, den Verbraucher irrezuführen und zu täuschen[1132]. 989

1126 EuG, 29.06.2022, T-306/20 – La Irlandesa 1943, Rn 63–77; Rechtsmittel nicht zugelassen, EuGH, 08.03.2023, C-605/22 P. Da zum Zeitpunkt der Anmeldung kein Widerspruch zwischen der Marke und den von ihr erfassten Waren bestand, weil das Warenverzeichnis keine geografische Herkunftsangabe enthielt und somit Waren aus Irland umfassen konnte, kann dem Markeninhaber nach Ansicht des EuG nicht vorgeworfen werden, dass er das Warenverzeichnis dieser Marke nicht auf solche mit Ursprung in Irland beschränkt hat. Zur Nichtigkeit wegen Bösgläubigkeit s. Rdn 1672.

1127 EuG, 19.07.2017, T-432/16 – медведь (Bär), Rn 50–55.

1128 EuG, 27.10.2016, T-37/16 – CAFFÈ NERO, Rn 50–55.

1129 EuG, 31.03.2023, T-482/22 – MATE MATE, Rn 59–65; Rechtsmittel nicht zugelassen, EuGH, 11.10.2023, C-342/23 P. Für andere Waren und DL, wie ua Tee, Mineralwässer, alkoholische Getränke, Einzelhandel damit, Transport und Verpflegung von Gästen scheiterte die Anmeldung wegen ihres beschreibenden Charakters, Rn 18–53. So auch EuG, 26.02.2024, T-505/23 – MATE MATE II (Bildmarke); Rechtsmittel nicht zugelassen, EuGH, 04.07.2024, C-295/24 P.

1130 EuG, 26.10.2017, T-844/16 – Klosterstoff, Rn 43–46. Für Bier, Brauereiprodukte und alkoholische Getränke wurde die Anmeldung als beschreibend angesehen, Rn 21–28.

1131 EuG, 29.11.2023, T-107/23 – MYBACON. Dass Verbraucher die Möglichkeit haben, anhand des Etiketts zu prüfen, welche Zutaten bei der Herstellung eines Lebensmittels tatsächlich verwendet werden, steht für sich allein der Irreführung nicht entgegen.

1132 EuG, 13.05.2020, T-86/19 – BIO-INSECT Shocker, Rn 75–88. Dies ergibt sich aus Art. 3 Abs. 1a, Art. 69 Abs. 2, Art. 72 Abs. 3 VO (EU) 528/2012 vom 22.05.2012

990 Täuschung wurde von den BK *bejaht* zB bei *TITAN*[1133] für Brat- und Kochgeschirr, weil dem Verbraucher vorgegaukelt wird, dass es aus diesem teuren Werkstoff hergestellt sei, bei *BEST MEDICAL*[1134] für nichtorthopädische Schuhwaren, weil der Kunde Schuhe medizinischer Natur erwartet, und bei *INTERNATIONAL STAR REGISTRY*[1135] für Waren und DL mit Bezug auf ein astronomisches Register.

991 Nach der Rspr des EuGH[1136] darf die Eintragung einer Marke, die aus dem Namen des *Designers* und *ersten Herstellers*, *ELISABETH EMANUEL*, der mit dieser Marke versehenen Waren (Hochzeitsbekleidung) besteht, nicht schon aufgrund dieser Besonderheit mit der Begründung abgelehnt werden, dass sie das Publikum täusche. Dies gilt insb dann, wenn der mit der zuvor in anderer grafischer Form eingetragenen Marke verbundene *Goodwill* zusammen mit dem Geschäftsbetrieb der Herstellung der Waren, auf die sich die Marke bezieht, *übertragen* worden ist.

992 So darf eine Marke, die aus dem *Vornamen und Namen des Designers* und ersten Herstellers der mit ihr versehenen Waren besteht, nicht schon aufgrund dieser Besonderheit mit der Begründung für verfallen erklärt werden, dass sie das Publikum irreführe, wenn ihr Inhaber im Rahmen einer Übertragung von Rechten diese Designer-Marke sowie den gesamten schöpferischen Besitzstand des Geschäftsbetriebs der entspr Warenherstellung rechtmäßig erworben hat. Die Benutzung von Marken, die aus einem Personennamen bestehen, ist eine in allen Branchen *verbreitete Praxis* und die betr Verkehrskreise sind sich durchaus darüber im Klaren, dass sich nicht hinter jeder aus

über die Bereitstellung auf dem Markt und die Verwendung von Biozidprodukten; ABl. L 167/1; sowie aus Art. 2c, Art. 23 Abs. 1 VO (EG) 834/2007 vom 28.06.2007 über die ökologische/biologische Produktion und die Kennzeichnung von ökologischen/biologischen Erzeugnissen; ABl. L 189/1. Der Ausdruck »Biozidprodukt« bezeichnet nämlich jeglichen Stoff oder jegliches Gemisch in der Form, in der er/es zum Verwender gelangt, und der/das aus einem oder mehreren Wirkstoffen besteht, diese enthält oder erzeugt, der/das dazu bestimmt ist, auf andere Art als durch bloße physikalische oder mechanische Einwirkung Schadorganismen zu zerstören, abzuschrecken oder unschädlich zu machen, ihre Wirkung zu verhindern oder sie in anderer Weise zu bekämpfen.

1133 BK, 13.09.2000, R 422/99-1 – TITAN, Rn 18, 19.

1134 BK, 04.11.2010, R 778/10-1 – BEST MEDICAL, Rn 12, 13.

1135 BK, 04.04.2001, R 468/99-1 – INTERNATIONAL STAR REGISTRY. Der Anmelder führt eine private, öffentlich nicht anerkannte Liste, in der er bestimmten Sternen am Firmament gegen Bezahlung bestimmte Namen von Kunden zuschreibt. Die Zurückweisung erfolgte, weil der Begriff »Register« besonders im Zusammenhang mit »International« beim angesprochenen ganz allgemeinen Durchschnittspublikum die Vorstellung hervorzurufen geeignet ist, dass die Registrierung einen gewissen »offiziellen« Status hat, also von Staaten oder überstaatlichen Organisationen »anerkannt« wird, was aber nicht der Fall ist. Die BK schloss dies nicht nur aus der Wortbedeutung der Anmeldung, sondern auch daraus, dass kaum anzunehmen ist, dass 68.782 europäische Erwerber lediglich für eine private Listung bezahlen wollten, die nur vom Anmelder anerkannt wird, der zudem in seiner Werbung bemüht war, durch die Art der Präsentation einen offiziösen Status vorzuspiegeln.

1136 EuGH, 30.03.2006, C-259/04 – ELISABETH EMANUEL zu Art. 3 Abs. 1g und Art. 12 Abs. 2b MarkenRL. aF.

einem Personennamen gebildeten Marke zwangsläufig ein Designer gleichen Namens verbirgt[1137].

Auch die Verwendung der Farben *Blau, Weiß und Rot* in einem verschlungenen kreisrunden Zeichen und eines Wortelements mit dem Bestandteil »*französisch*« führt nach der Rspr des EuG *nicht zu einer Täuschung* des Verkehrs dahin, dass dieser annehmen könnte, die offerierten Skikurse würden von staatlichen Institutionen angeboten[1138]. 993

Dasselbe gilt für die für Whisky eingetragene Marke *PORT CHARLOTTE*, da die maßgeblichen Verkehrskreise unabhängig von ihrer Herkunft und ihren sprachlichen Fähigkeiten den bloßen Begriff »Port« nicht auf die Ursprungsbezeichnung »Porto« oder »Port« oder einen damit bezeichneten portugiesischen Likörwein beziehen können. Eine Täuschung ist umso weniger möglich, als der Verbraucher leicht erkennt, dass ein Whisky Eigenschaften aufweist, die sich von denen von Port-Weinen unterscheiden[1139]. 994

Schließlich scheiterte ein Nichtigkeitsverfahren gegen die ua für Reinigungsmittel, Kosmetika, Haushaltsgeräte, land-, garten-, und forstwirtschaftliche Erzeugnisse eingetragene Marke *Khadi*, weil nicht nachgewiesen wurde, dass die rund 1,63 Mio. indischstämmigen Einwohner in Großbritannien mit diesem Begriff und seiner Bedeutung (jedes Gewebe, das in Indien auf Handwebstühlen aus Baumwolle, Seide oder Wollgarn hergestellt wird) vertraut sind. Dass dieser Terminus in Indien rechtlich geregelt und überwacht wird, belegt nicht, dass dies für die Beurteilung seines Bekanntheitsgrades bei der maßgeblichen Öffentlichkeit in der Union relevant ist[1140]. 995

XI. Hoheitszeichen und Abzeichen von besonderem öffentlichen Interesse

Gemäß Art. 7 Abs. 1h UMV können Marken nicht eingetragen werden, die der *Genehmigung der zuständigen Stellen* gemäß Art. 6 ter PVÜ entbehren. Art. 6 ter Abs. 1a und 1b PVÜ verbietet, wie schon aus seinem Wortlaut hervorgeht, die Eintragung eines staatlichen Hoheitszeichens oder des Kennzeichens einer internationalen zwischenstaatlichen Organisation *nicht nur als Marke*, sondern *auch als Markenbestandteil*[1141]. 996

Die wesentlichen *Funktionen eines staatlichen Hoheitszeichens* sind ua die der Identifizierung mit einem Staat und der Darstellung seiner Souveränität und Einheit. Gemäß Art. 6 ter Abs. 3a PVÜ übermitteln die Staaten das Verz. der zu schützenden Hoheitszeichen an das Internationale Büro der WIPO, wobei eine solche Notifikation 997

1137 S.a. EuG, 14.05.2009, T-165/06 – ELIO FIORUCCI, Rn 30, 31, 34; bestätigt durch EuGH, 05.07.2011, C-263/09 P.

1138 EuG, 05.05.2011, T-41/10 – esf école du ski francais, Rn 46–64.

1139 EuG, 18.11.2015, T-659/14 – PORT CHARLOTTE, Rn 85–87; bestätigt durch EuGH, 14.09.2017, C-56/16 P (Insoweit jedoch nicht Gegenstand des Verfahrens).

1140 EuG, 29.11.2018, T-681/17 – Khadi.

1141 EuG, 15.01.2013, T-413/11 – EUROPEAN DRIVESHAFT SERVICES, Rn 36.

für Staatsflaggen nicht erforderlich ist. Hoheitszeichen genießen zeitlich unbegrenzt allgemeinen Schutz, unabhängig davon, wie sie benutzt werden sollen[1142].

998 Art. 6 ter Abs. 1a PVÜ soll die Eintragung und die Benutzung von Marken verhindern, die mit *staatlichen Hoheitszeichen* (ua Wappen, Flaggen, amtliche Prüf-, Gewährszeichen und -stempel) identisch sind oder bestimmte *Ähnlichkeiten* mit ihnen aufweisen, da dies das Recht des Staates verletzen würde, die Verwendung der Symbole seiner Hoheitsgewalt zu kontrollieren, und außerdem den Verkehr über den Ursprung der mit solchen Marken gekennzeichneten Waren irreführen könnte. Dieser Schutz bezieht sich nicht auf das Bild als solches, sondern auf seinen heraldischen Ausdruck.

999 Die *Hoheitszeichen des Staates* sind nicht nur gegen die Eintragung und die Benutzung von Marken geschützt, die mit ihnen identisch sind oder sie enthalten, sondern auch dagegen, dass eine *Nachahmung dieser Kennzeichen im heraldischen Sinne* in eine Marke aufgenommen wird, dh eine Nachahmung, bei der die heraldische Konnotation vorliegt, die das Hoheitszeichen von anderen Zeichen unterscheidet. Der den Hoheitszeichen gewährte Schutz reicht daher in dieser Hinsicht sehr weit.

1000 Um zu ermitteln, ob die Marke eine Nachahmung im heraldischen Sinn enthält, ist die *heraldische Beschreibung* des fraglichen Hoheitszeichens zu berücksichtigen, wobei aber nicht jeder von einem Fachmann der Heraldik festgestellte Unterschied zwischen der Marke und dem Hoheitszeichen notwendigerweise vom *Durchschnittsverbraucher* wahrgenommen wird, der in der Marke trotz Unterschieden auf der Ebene bestimmter heraldischer Details eine Nachahmung des Hoheitszeichens sehen kann. Da die heraldische Beschreibung des Hoheitszeichens gewöhnlich nur bestimmte beschreibende Elemente enthält, ohne notwendigerweise auf die Details der künstlerischen Interpretation einzugehen, sind mehrere künstlerische Interpretationen ein und desselben Hoheitszeichens anhand der gleichen heraldischen Beschreibung möglich.

1001 Auch eine Marke, die ein staatliches *Hoheitszeichen nicht exakt wiedergibt*, kann also unter Art. 6 ter Abs. 1 PVÜ fallen, wenn sie vom betr Publikum als Nachahmung eines solchen Zeichens aufgefasst wird. Daher ist eine heraldische Nachahmung nicht bereits dadurch ausgeschlossen, dass die Marke *auch ein Wortelement* enthält oder das Emblem in bestimmter Weise *stilisiert* bzw nur ein Teil von ihm verwendet wird[1143].

1002 Nach Art. 6 ter Abs. 1b PVÜ gilt das Eintragungsverbot auch für Wappen, Flaggen und andere Kennzeichen, Siegel oder Bezeichnungen von *internationalen zwischenstaatlichen Organisationen*, denen ein oder mehrere Verbandsländer angehören, wie zB dem Europarat oder der Europäischen Union.

1003 Dieses Verbot ist jedoch wegen Art. 6 ter Abs. 1c S. 2 PVÜ *nicht anzuwenden*, falls die Benutzung oder Eintragung nicht geeignet ist, beim Publikum den *Eindruck einer Verbindung* zwischen der betr Organisation und den Wappen, Flaggen, Kennzeichen,

1142 EuGH, 16.07.2009, C-202/08 P und C-208/08 P – Ahornblatt RW, Rn 40, 43.

1143 EuGH, 16.07.2009, C-202/08 P und C-208/08 P – Ahornblatt RW, Rn 47–52; s.a. EuG, 15.01.2013, T-413/11 – EUROPEAN DRIVESHAFT SERVICES, Rn 36–38.

Siegeln oder Bezeichnungen hervorzurufen, oder falls die Benutzung oder Eintragung offenbar nicht geeignet ist, das Publikum über das Bestehen einer dementspr Verbindung *irrezuführen.*

Anders als bei der Anwendung von Art. 6 ter Abs. 1a PVÜ, der auch für den Fall gilt, dass ein Hoheitszeichen oder dessen Nachahmung im heraldischen Sinn als bloßer Bestandteil eines komplexen Zeichens verwendet wird, verlangt Art. 6 ter Abs. 1c PVÜ eine *Gesamtschau* des Zeichens, da dessen übrige Bestandteile in ihrer Gesamtbetrachtung dazu führen können, dass es nicht geeignet ist, beim Publikum den Eindruck einer Verbindung zwischen seinem Inhaber oder Benutzer und der Organisation hervorzurufen, die das Kennzeichen, das Teil dieses Zeichens ist, verwendet, oder das Publikum insoweit irrezuführen. 1004

Die Gefahr nach Art. 6 ter Abs. 1c S. 2 PVÜ betrifft – im Unterschied zur Verwechslungsgefahr nach Art. 8 Abs. 1b UMV – nur das *Vorliegen einer Verbindung* zwischen den Waren oder DL der Marke und der Organisation, deren Kennzeichen oder dessen Nachahmung im heraldischen Sinn in dieser Marke enthalten ist. Sie schließt die Gefahr ein, dass das Publikum glauben könnte, die Waren oder DL der Marke stammten von der genannten Organisation, ohne sich jedoch auf diesen Fall zu beschränken. 1005

Es ist nämlich durchaus möglich, dass das Publikum, ohne hinsichtlich der Herkunft der Waren der Marke irregeführt zu werden, aufgrund dessen, dass diese das Kennzeichen einer internationalen zwischenstaatlichen Organisation enthält, annehmen könnte, dass die Waren oder DL *mit einer Genehmigung oder Garantie dieser Organisation* ausgestattet sind oder *in anderer Weise mit ihr in Verbindung* stehen. Eine solche Gefahr reicht aus, um die Eintragung der Marke auszuschließen[1144]. 1006

Diesen Grundsätzen entspr hat das EuG wegen Art. 7 Abs. 1h UMV die Zurückweisung der Anmeldung der Bildmarke *ECA*[1145] bestätigt, weil diese sehr stark dem von europäischen Institutionen verwandten Sternenkranz ähnelte, so dass die angesprochenen Verkehrskreise zu der unzutreffenden Auffassung gelangen könnten, die begehrten Waren und DL, ua Hardware, Software, Organisation von Veranstaltungen und Kolloquien, stammten von einer offiziellen europäischen Einrichtung. 1007

Aufrechterhalten wurde auch die Nichtigerklärung der Bildmarke *EUROPEAN DRIVESHAFT SERVICES*[1146] für Fahrzeuggelenkwellen, da sie sowohl nach der Farbe als auch der Anordnung des Sternenkranzes eine Nachahmung der Europaflagge darstellte und zwischen den geschützten Waren und dem Tätigkeitsbereich der Union ein Zusammenhang besteht. Der allgemeine Verbraucher werde in der Marke nur den Hinweis auf einen wie auch immer gearteten »Service« sehen und davon ausgehen, dass es sich um eine offizielle europäische Institution handele, die in dem fraglichen 1008

1144 EuG, 15.01.2013, T-413/11 – EUROPEAN DRIVESHAFT SERVICES, Rn 59–62.
1145 EuG, 21.04.2004, T-127/02 – ECA, Rn 39–41.
1146 EuG, 15.01.2013, T-413/11 – EUROPEAN DRIVESHAFT SERVICES, Rn 42–44, 56–58, 63–68.

Bereich Qualitätsprüfungen durchführe, Zulassungsbescheinigungen ausstelle oder Garantieleistungen erbringe.

1009 Dasselbe gilt für die Bildmarke *European Network Rapid Manufacturing*[1147], deren Gesamtbeurteilung ergibt, dass nicht ausgeschlossen werden kann, dass das angesprochene Publikum, das nicht mit pedantischer Sorgfalt jedes Detail der Marke prüft, glaubt, die von dieser Marke bezeichneten Metall- und Kunststoffwaren für Maschinen sowie technologischen DL seien mit einer Genehmigung oder Garantie der Union ausgestattet oder stünden in anderer Weise mit dieser in Verbindung, so dass die Marke beim Publikum den Eindruck einer Verbindung zwischen dem Markeninhaber und der Union hervorruft.

1010 Dass dagegen der Buchstabe Q im Bildzeichen *IQNet* aus Sternen ohne zusätzliche weitere (Farb-)Elemente gebildet ist, reicht für die Nachahmung des europäischen Symbols iSd Art. 7 Abs. 1h UMV noch nicht aus, so dass der Nichtigkeitsantrag zurückgewiesen wurde[1148].

1011 Im Urteil zu einer Nachahmung des *Ahornblatt-Emblems* Kanadas[1149] hat der EuGH diesen Schutzversagungsgrund des Art. 7 Abs. 1h UMV sowohl auf Waren als auch auf DL für anwendbar erklärt, da die einschlägigen Bestimmungen des Unionsrechts keine grds Unterscheidung zwischen Waren- und DL-Marken treffen, so dass die UMV insgesamt unterschiedslos für beide gilt. Zudem reicht der *Hoheitszeichen* gegenüber Nachahmungen im heraldischen Sinne gewährte Schutz sehr weit, verbietet also die Eintragung und Benutzung eines staatlichen Hoheitszeichens nicht nur als Marke, sondern auch als Markenbestandteil.

1012 Dabei spielt auch keine Rolle, ob sich das Wappen eines Staats historisch aus dem Familienwappen des Anmelders, zB des Hauses *Hannover*, entwickelt hat. Denn ein Zeichen kann auch dann als eine Nachahmung eines staatlichen Hoheitszeichens im heraldischen Sinne angesehen werden, wenn sich das Zeichen und das Hoheitszeichen parallel entwickelt haben oder sich das Hoheitszeichen von dem Zeichen herleitet[1150].

1013 Dagegen führte die Verwendung der Farben *Blau, Weiß und Rot* und des Bestandteils *französisch* im Wortelement nicht zur Annahme einer Abbildung oder Nachahmung der *französischen Fahne im heraldischen Sinn*, da die Marke nicht rechteckig oder quadratisch war und die Farben nicht mit einer Abfolge von drei vertikalen Streifen auf einer horizontalen Ebene, sondern in kreisrunder Form mit Farbstreifen in unterschiedlicher Anordnung, Größe und Form konfiguriert waren[1151].

1147 EuG, 13.03.2014, T-430/12 – European Network Rapid Manufacturing, Rn 47, 60.

1148 BK, 16.12.2009, R 178/08-4 – IQNet.

1149 EuGH, 16.07.2009, C-202/08 P und C-208/08 P – Ahornblatt RW, Rn 75–80; mit dem das Urteil des EuG, 28.02.2008, T-215/06 aufgehoben wurde, das bzgl von DL zum gegenteiligen Ergebnis gekommen war.

1150 EuG, 25.05.2011, T-397/09 – Wappen (Ernst August Prinz von Hannover), Rn 21, 24, 25, 30.

1151 EuG, 05.05.2011, T-41/10 – esf école du ski francais, Rn 18–41.

Weiter können nach Art. 7 Abs. 1i UMV *sonstige Marken*, die (nicht unter Art. 6 ter PVÜ fallende) *Abzeichen, Embleme und Wappen* von besonderem *öffentlichem Interesse* enthalten, nicht eingetragen werden, soweit die zuständigen Stellen ihrer Eintragung nicht zugestimmt haben. Für den Nachweis, dass ein öffentliches Interesse an einem Schutz der Abzeichen, Embleme und Wappen besteht, genügt, dass sie mit einer der Tätigkeiten der internationalen Organisation, auf die sie verweisen, in Verbindung stehen[1152]. 1014

Diese Vorschrift verbietet nicht nur deren identische Wiedergabe, sondern auch ihre *Nachahmung*, zB als Markenbestandteil. Sie soll nämlich einen möglichst umfassenden Schutz sicherstellen, der jedoch nicht größer sein kann als derjenige des Art. 7 Abs. 1h UMV, so dass Art. 7 Abs. 1i UMV nur dann zur Anwendung gelangt, wenn die ein solches Emblem enthaltende Marke in entspr Anwendung von Art. 6 ter Abs. 1c PVÜ als Ganzes geeignet ist, das Publikum hinsichtlich des Vorliegens einer Verbindung zwischen ihrem Inhaber oder Benutzer einerseits und der internationalen zwischenstaatlichen Organisation andererseits, auf die das Emblem verweist, *irrezuführen*[1153], insb den Verbraucher hinsichtlich der *Herkunft* der von ihr bezeichneten Waren und DL *täuschen* oder ihn glauben lassen könnte, dass diese mit einer *Genehmigung* oder *Garantie* der Stelle ausgestattet sind, auf die das Emblem verweist, oder in anderer Weise mit ihr *in Verbindung* stehen[1154]. 1015

Art. 7 Abs. 1i UMV schützt andere Embleme, als diejenigen von Staaten oder von internationalen zwischenstaatlichen Organisationen, die ordnungsgemäß den Vertragsstaaten der PVÜ mitgeteilt wurden, vorausgesetzt, diese sind von besonderem öffentlichem Interesse. Angesichts dieser weiten Formulierung schützt diese Vorschrift somit Embleme, die, auch wenn sie die Tätigkeiten einer internationalen zwischenstaatlichen Organisation nicht in ihrer Gesamtheit bezeichnen, gleichwohl eine *besondere Verbindung zu einer dieser Tätigkeiten* aufweisen, also lediglich an einen ihrer Tätigkeitsbereiche denken lassen. 1016

Dabei muss das öffentliche Interesse des Art. 7 Abs. 1i UMV wegen Art. 7 Abs. 2 UMV *nicht zwingend im gesamten Unionsgebiet* vorliegen, es genügt ein Teilgebiet davon, so dass ua alle Embleme geschützt sind, die sich auf eine der Tätigkeiten der Union beziehen, auch wenn diese nur bestimmte Mitgliedstaaten betrifft, wie zB das *Euro-Symbol €*[1155]. Dieses ist als Emblem, das mit einem Tätigkeitsbereich der Union in Zusammenhang steht, auch nicht deshalb vom Anwendungsbereich des Art. 7 Abs. 1i UMV ausgenommen, weil es ein *Währungssymbol*, ein Geldzeichen darstellt[1156]. 1017

1152 EuG, 01.12.2021, T-700/20 – Steirisches Kürbiskernöl g. g. A GESCHÜTZTE GEOGRAFISCHE ANGABE, Rn 27 mwN.

1153 EuG, 01.12.2021, T-700/20 – Steirisches Kürbiskernöl g. g. A GESCHÜTZTE GEOGRAFISCHE ANGABE, Rn 22–28 mwN.

1154 EuG, 10.07.2013, T-3/12 – MEMBER OF €e euro experts, Rn 33, 35, 36, 39, 40, 62–65, 71–74, 76–78.

1155 EuG, 10.07.2013, T-3/12 – MEMBER OF €e euro experts, Rn 44–47, 86–90, 96–99.

1156 EuG, 10.07.2013, T-3/12 – MEMBER OF €e euro experts, Rn 53–56.

1018 Aus der Anwendung von Art. 7 Abs. 1i UMV folgt schließlich die Pflicht zu einer *Gesamtbeurteilung der Marke*, da ihre anderen Bestandteile uU dazu führen können, dass diese insgesamt nicht geeignet ist, beim Publikum den Eindruck einer Verbindung zwischen ihrem Inhaber oder Benutzer auf der einen und der Stelle, die das Emblem, das Teil dieser Marke ist, verwendet, auf der anderen Seite hervorzurufen, und auch nicht in der Lage ist, das Publikum insoweit irrezuführen. Jedoch war die Marke *MEMBER OF €e euro experts* für zahlreiche Waren und DL zu löschen, die auch mit der Europäischen Union in Verbindung gebracht werden könnten, da selbst ihre weiteren Bestandteile nicht geeignet waren, den Eindruck, den die Nachahmung des Euro-Symbols beim Publikum erweckt, wieder zu beseitigen[1157].

1019

Abb. 40

1020 Weiter fallen unter den Schutzbereich dieser Vorschrift auch *Symbole von besonderem Interesse* für einzelne Mitgliedstaaten oder solche, die von Übereinkommen geschützt sind, denen nicht alle Mitgliedstaaten angehören, wie zB die vom Nairobi-Abkommen geschützten *olympischen Symbole.*

XII. Ursprungs-, sonstige Bezeichnungen und geografische Angaben

1021 Wegen Art. 7 Abs. 1j UMV können Marken nicht eingetragen werden, die nach Maßgabe von *Unionsvorschriften*, von *nationalem Recht* oder von *internationalen Übereinkünften*, denen die Union oder der betr Mitgliedstaat angehört, und die *Ursprungsbezeichnungen* und *geografische Angaben* schützen, von der Eintragung ausgeschlossen sind.

1022 Weiter ist der Schutz nach Art. 7 Abs. 1k UMV Marken zu versagen, die nach Maßgabe von *Unionsvorschriften* oder von *internationalen Übereinkünften*, denen die Union angehört, und die dem Schutz von *traditionellen Bezeichnungen für Weine* dienen, von der Eintragung ausgeschlossen sind[1158].

1157 EuG, 10.07.2013, T-3/12 – MEMBER OF €e euro experts, Rn 107–113; EuG, 01.12.2021, T-700/20 – Steirisches Kürbiskernöl g. g. A GESCHÜTZTE GEOGRAFISCHE ANGABE, Rn 39–42. S.a. BK, 06.03.2013, R 1296/11-4 – EUROPEAN DIAMONDS.

1158 Diese Vorschriften haben Art. 7 Abs. 1k GMV ersetzt, wonach Marken von der Eintragung ausgeschlossen waren, die eine *eingetragene Ursprungsbezeichnung oder geografische Angabe.* enthalten oder aus einer solchen bestehen, sowie Art. 7 Abs. 1j GMV wonach weiter Marken von der Eintragung ausgeschlossen waren, die eine geografische Angabe enthalten oder aus ihr bestehen, durch die *Weine gekennzeichnet.* werden, oder Marken, die eine geografische Angabe enthalten oder aus ihr bestehen, durch die *Spirituosen gekennzeichnet.* werden, in Bezug auf Weine oder Spirituosen, die diesen Ursprung nicht haben. S. hierzu die europäische Datenbank *eAmbrosia*, die Informationen über

Unter das Eintragungsverbot fallen gemäß Art. 7 Abs. 1l UMV schließlich Marken, die nach Maßgabe von *Unionsvorschriften* oder von einschlägigen *internationalen Übereinkünften*, denen die Union angehört, und die dem Schutz von *g.t.S.* dienen, von der Eintragung ausgeschlossen sind. Es kommt letztlich darauf an, welche Begriffe durch Unionsvorschriften oder internationale Übereinkünfte geschützt sind[1159]. 1023

Diese Vorschriften enthalten – wie das alte Recht – eine *Rechtsgrundverweisung*, wobei aber jeweils dort, wo keine eindeutige Regelung des Verhältnisses zu Marken getroffen worden ist, durch Auslegung ermittelt werden muss, ob diese ebenfalls ein Eintragungsverbot für Marken umfassen. 1024

Den *Vorrang älterer geografischer Angaben* vor jüngeren Unionsmarken regelt Art. 31 GAV. So wird ein Antrag auf Eintragung einer Marke, deren Verwendung im Widerspruch zu Art. 26 GAV stehen würde, wegen Art. 31 Abs. 1 GAV abgelehnt, wenn er nach dem Datum der Einreichung des Antrags auf Eintragung der geografischen Angabe bei der Kommission eingereicht wird, und unter Verstoß gegen Art. 31 Abs. 1 GAV eingetragene Unionsmarken werden gemäß Art. 31 Abs. 2 GAV vom EUIPO für ungültig erklärt. 1025

Geografische Angaben, die in das Unionsregister der geografischen Angaben eingetragen sind, werden gemäß Art. 26 Abs. 1 GAV *geschützt* gegen 1026

a) jede *direkte oder indirekte kommerzielle Verwendung* der geografischen Angabe für Erzeugnisse, die nicht unter die Eintragung fallen, sofern die betr Erzeugnisse mit den unter dem geschützten Namen eingetragenen Erzeugnissen vergleichbar sind oder durch die Verwendung dieser geografischen Angabe für Erzeugnisse oder DL *das Ansehen des geschützten Namens ausgenutzt, geschwächt, verwässert oder beeinträchtigt* wird, auch in Fällen, in denen diese Erzeugnisse als Zutaten verwendet werden; 1027

---

alle in der Union registrierten und geschützten geografischen Angaben (g.U., g.g.A. und g.t.S.) für landwirtschaftliche Lebensmittel, Wein, Spirituosen und aromatisierte Weinerzeugnisse bietet. Sie enthält den Status (beantragt, veröffentlicht oder eingetragen), die Produktspezifikation und einen direkten Link zur Rechtsgrundlage, wenn sie offiziell geschützt sind (https://ec.europa.eu/info/food-farming-fisheries/food-safety-and-quality/certification/quality-labels/geographical-indications-register/#). S.a. UMRL Teil B, Abschn. 4, Kap. 10–13.

1159 Da die GMV bislang nicht denselben Umfang an Schutz für Ursprungsbezeichnungen und geografische Angaben wie andere Instrumente des Unionsrechts bot, mussten nach PräambelRL 15 die absoluten Eintragungshindernisse in Bezug auf Ursprungsbezeichnungen und geografische Angaben *klarer gefasst* werden, um ihre vollständige Kohärenz mit den einschlägigen Unionsvorschriften und dem nationalen Recht für den Schutz derartiger Rechtstitel zum Schutz des geistigen Eigentums zu gewährleisten. Zur Wahrung der Kohärenz mit anderen Unionsvorschriften wurde der Umfang dieser absoluten Eintragungshindernisse ausgeweitet, um auch die geschützten traditionellen Bezeichnungen für Weine und g.t.S. einzuschließen. Die Begriffe der geografischen Angaben und der *g.t.S.* sind so weit gefasst, dass sie in Zukunft auch *nicht landwirtschaftliche Erzeugnisse* mit einschließen können.

1028 b) jede *widerrechtliche Aneignung, Nachahmung oder Anspielung*, selbst wenn der tatsächliche Ursprung des Erzeugnisses oder der DL angegeben ist oder der geschützte Name in *Übersetzung, Transkription oder Transliteration* oder zusammen mit Ausdrücken wie »à la«, »Typ«, »Verfahren«, »hergestellt wie in«, »Nachahmung«, »Geschmack«, »wie« oder dergleichen verwendet wird; auch wenn diese Erzeugnisse als Zutaten verwendet werden;

1029 c) alle sonstigen *falschen oder irreführenden Angaben zu Herkunft, Ursprung, Natur oder wesentlichen Qualitätsmerkmalen des Erzeugnisses* auf der inneren oder äußeren Verpackung, auf Werbematerialien, in Unterlagen oder Informationen auf Online-Benutzeroberflächen zu dem betr Erzeugnis sowie die Verwendung von Behältnissen für das Erzeugnis, die geeignet sind, einen falschen Eindruck hinsichtlich seines Ursprungs zu erwecken;

1030 d) alle *sonstigen Praktiken*, die geeignet sind, den Verbraucher in Bezug auf den tatsächlichen Ursprung des Erzeugnisses *irrezuführen.*

1031 Eine *internationale Übereinkunft*, der die Union angehört, ist die *Genfer Akte des Lissabonner Abkommens* über Ursprungsbezeichnungen und geografische Angaben[1160].

1032 Die bisher zum alten Recht ergangene Rspr gilt weiter für die UMV[1161].

1033 So ist die Anmeldung *TEMPOS VEGA SICILIA* nicht schutzfähig. Sie besteht ua aus dem Begriff »SICILIA«, der eine geografische Herkunftsangabe für Weine darstellt, die nach der VO (EU) 1308/2013 seit 19.09.1999 für Weine aus der italienischen Insel Sizilien in Europa geschützt ist (eAmbrosia PDO-IT-A0801). Marken, die eine falsche geografische Angabe für Weine und Spirituosen enthalten oder aus ihr bestehen, können nämlich zurückgewiesen oder für ungültig erklärt werden, unabhängig davon, ob eine Irreführung des Publikums möglich ist[1162].

1160 Beschluss (EU) 2019/1754 des Rates vom 07.10.2019 über den Beitritt der Europäischen Union zur Genfer Akte; ABl. L 271/12; und VO (EU) 2019/1753 vom 23.10.2019 über die Maßnahmen der Union nach ihrem Beitritt zur Genfer Akte; ABl. L 271/1; geändert durch Art. 86 GAV.

1161 S. zB zum alten Recht: Art. 13, 14. und 24 Abs. 1 VO (EU) 1151/2012 vom 21.11.2012 über Qualitätsregelungen für Agrarerzeugnisse und Lebensmittel; ABl. L 343/1; Art. 102 Abs. 1 VO (EU) 1308/2013. vom 17.12.2013 über eine gemeinsame Marktorganisation für landwirtschaftliche Erzeugnisse (Weine); ABl. L 347/671; Art. 19 Abs. 1 VO (EU) 251/2014 vom 26.02.2014 über die Begriffsbestimmung, Beschreibung, Aufmachung und Etikettierung von aromatisierten Weinerzeugnissen sowie den Schutz geografischer Angaben für aromatisierte Weinerzeugnisse; ABl. L 84/14; jeweils geändert durch VO (EU) 2021/2117 vom 2.12.21; ABl. L 435/262; Art. 41 Abs. 1 VO (EG) 607/2009 vom 14.07.2009 hinsichtlich der g.U. und geografischen Angaben, der traditionellen Begriffe sowie der Kennzeichnung und Aufmachung bestimmter Weinbauerzeugnisse; ABl. L 193/60; Art. 16. und Art. 23 VO (EG) 110/2008 vom 15.01.2008 zum Schutz geografischer Angaben für Spirituosen; ABl. L 39/16. S.a. *Figge/Techert*, MarkenR 2016, 184.

1162 EuG, 09.02.2017, T-696/15 – TEMPOS VEGA SICILIA, Rn 20–23; zu Art. 7 Abs. 1j GMV. Dieses Eintragungshindernis findet Anwendung, ohne dass die Frage zu berück-

1034 Da es auch Sache der Mitgliedstaaten ist, in ihren jeweiligen Hoheitsgebieten die zu schützenden Ursprungsbezeichnungen und geografischen Angaben zu bestimmen[1163], reicht zur Schutzversagung von *CUVÉE PALOMAR*[1164] aus, dass das durch die kontrollierte Ursprungsbezeichnung »Valencia« geschützte Anbaugebiet auch die ausdrücklich aufgeführte Gemeinde »el Palomar« als geografische Angabe für einen Qualitätswein b. A. umfasst, während der von der Anmeldung beanspruchte Wein nicht diesen Ursprung hat, selbst wenn er aus einem Gut gleichen Namens stammt. Die fehlende Bekanntheit von »el Palomar«, die Mehrdeutigkeit des Begriffs, der auf Spanisch »Taubenschlag« bedeutet, oder eine mangelnde Irreführung des Publikums können dieses Schutzhindernis nicht überwinden.

1035 Dasselbe gilt für *TRES TOROS 3* für alkoholische Getränke, weil dieses Zeichen an einer wichtigen Position den Begriff »Toro« enthält, der eine für Weine aus den spanischen Provinzen Zamora und Valladolid g.g.A. enthält. Dass »toro« im Spanischen zugleich »Stier« bedeutet und an eine Corrida denken lässt, macht die Anmeldung nicht schutzfähig[1165].

1036 Der Schutz von geografischen Angaben für Weine kann weiter auf *bilaterale Abkommen* zwischen der Union und Drittstaaten über den Handel mit Wein zurückgehen, wie zB das Abkommen mit der Republik Südafrika, dem zufolge *Lemberg*, da es dort im Verz. der geografischen Angaben für Weine mit Ursprung in Südafrika aufgeführt ist, eine im Hoheitsgebiet der Union dementspr g.g.A. darstellt, auch wenn es nur einen Ort, ein Weingut bezeichnet. Somit kann *Lembergerland* nicht eingetragen werden, nachdem es eine g.g.A. enthält, die innerhalb des Zeichens eindeutig erkennbar ist[1166].

1037 Dagegen sind die bildlichen, klanglichen und begrifflichen Unterschiede zwischen der angegriffenen Marke *CAVE DE TAIN* und der seit 1983 in Spanien für Schaumwein geschützten g.U. *CAVA* zu groß, um – ungeachtet ähnlicher Waren – gedanklich eine Beziehung im Sinne einer Anspielung herzustellen[1167].

1038 Wegen Art. 23 Abs. 1 SpirituosenVO[1168] ist die Eintragung einer Marke, die eine g.g.A. enthält und nicht unter die in Art. 23 Abs. 2 vorgesehene zeitliche Ausnahme fällt, abzulehnen oder zu löschen, wenn die Verwendung dieser Marke zu einem der

---

sichtigen wäre, ob durch die Anmeldung eine Irreführung des Publikums möglich ist oder nicht oder ob für das Publikum durch sie im Hinblick auf die Herkunft des Erzeugnisses eine Verwechslungsgefahr besteht.

1163 Im Gegensatz zu Ursprungsbezeichnungen und geografische Angaben finden jedoch nationale Rechtsvorschriften bei traditionellen Bezeichnungen für Weine und g.t.S. keine Berücksichtigung.

1164 EuG, 11.05.2010, T-237/08 – CUVÉE PALOMAR, Rn 73–84; zu Art. 7 Abs. 1j GMV.

1165 EuG, 28.09.2017, T-206/16 – TRES TOROS 3; zu Art. 7 Abs. 1j GMV.

1166 EuG, 14.07.2015, T-55/14 – Lembergerland; zu Art. 7 Abs. 1j GMV.

1167 EuG, 12.07.2018, T-774/16 – CAVE DE TAIN, zu Art. 7 Abs. 1j GMV und Art. 102 Abs. 1 und Art. 103 Abs. 2b VO 1308/2013.

1168 VO (EG) 110/2008 vom 15.01.2008 zum Schutz geografischer Angaben für Spirituosen; ABl. L 39/16, und Berichtigung ABl. L 228/47.

in Art. 16 genannten Tatbestände führt. Die Eintragung einer Marke, die eine geografische Angabe oder aber diese Angabe als Gattungsbezeichnung in einer Übersetzung enthält, für *Spirituosen*, die den für diese Angabe geltenden Spezifikationen nicht entsprechen, fällt unter die in Art. 16a und b SpirituosenVO genannten Tatbestände, ungeachtet der möglichen Anwendbarkeit anderer in Art. 16 aufgestellter Regeln[1169].

1039 Da die Marke *GRANA BIRAGHI* für Käse eine zu große Nähe zu der durch Art. 14 VO (EG) 2081/92[1170] *g.U. grana padano* iSv Art. 13 Abs. 1 (»indirekte kommerzielle Verwendung, widerrechtliche Anspielung«) aufweist, der Begriff *grana* seinerseits keine Gattungsbezeichnung darstellt, war die Marke für nichtig zu erklären[1171].

1040 Dasselbe gilt hinsichtlich der Marke *TOSCORO* für Speiseöle, insb Olivenöl und -creme, weil diese eine *Anspielung* an die *g.U. toscana* für Olivenöl darstellt. Eine Anspielung iSv Art. 13 Abs. 1b VO (EG) 2081/92 auf eine g.U. erfasst eine Fallgestaltung, in der der zur Bezeichnung eines Erzeugnisses verwendete Ausdruck einen Teil einer geschützten Bezeichnung in der Weise einschließt, dass der Verbraucher durch den Namen des Erzeugnisses veranlasst wird, *gedanklich einen Bezug* zu der Ware herzustellen, die die Bezeichnung trägt. Eine Anspielung auf eine g.U. kann auch dann vorliegen, wenn keinerlei Gefahr der Verwechslung zwischen den betroffenen Erzeugnissen besteht[1172]. Diese beiden Urteile des EuG zeigen, dass die europäische Rspr den Schutzumfang von g.U. sehr weit definiert. Dementspr wurde von einer BK die Anmeldung der Bildmarke *AZIENDA OLEARIA DEL CHIANTI* für Speiseöle zurückgewiesen, da sie mit *Chianti* das Hauptelement der für Olivenöl in Europa g.g.A. *Chianti Classico* enthält[1173].

1169 EuGH, 14.07.2011, C-4/10. und C-27/10 – COGNAC.

1170 VO (EG) 2081/92 vom 14.07.1992; ABl. L 208/1; später VO (EU) 1151/2012 vom 21.11.2012 über Qualitätsregelungen für Agrarerzeugnisse und Lebensmittel; ABl. L 343/1; aufgehoben durch Art. 94 GAV. Art. 14 war für das Prüfungsverfahren bzgl absoluter Eintragungshindernisse anwendbar, während Art. 13 direkt Widerspruchs- und Nichtigkeitsverfahren betraf; EuG, 18.09.2015, T-359/14 – COLOMBIANA COFFEE HOUSE, Rn 47.

1171 EuG, 12.09.2007, T-291/03 – GRANA BIRAGHI; Slg. 2007, II-3081. Auf diesen Sachverhalt traf speziell das 2004 eingefügte Eintragungshindernis des Art. 8 Abs. 1k GMV zu, das Marken erfasste, die eine gemäß VO (EG) 510/2006 (später VO [EU] 1151/2012 vom 21.11.2012; ABl. L 343/1; über Qualitätsregelungen für Agrarerzeugnisse und Lebensmittel; aufgehoben durch Art. 94 GAV) eingetragene Ursprungsbezeichnung oder geografische Angabe enthielten oder aus einer solchen bestanden und auf die einer der in Art. 13 dieser VO aufgeführten Tatbestände zutraf und die die gleiche Art von Erzeugnis betrafen, wenn der Antrag auf Markeneintragung nach dem Zeitpunkt der Einreichung des Antrags auf Eintragung der Ursprungsbezeichnung oder geografische Angabe bei der Kommission eingereicht war.

1172 EuG, 02.02.2017, T-510/15 – TOSCORO mwN.

1173 BK, 16.01.2012, R 1474/11-2 – AZIENDA OLEARIA DEL CHIANTI.

Bezieht sich aber eine Marke, wie *La Milla de Oro*, die verschiedene geografische Orte bezeichnen kann[1174], auch auf ein Merkmal einer Ware oder DL, das darin besteht, dass diese von hohem Wert und in hoher Qualität, an ein und demselben Ort in großer Zahl vorgefunden werden kann, kann dies *keine geografische Herkunftsangabe* darstellen, da dieses Zeichen mit einem Namen, der einen geografischen Ort bezeichnet, verknüpft werden muss, damit der geografische Raum bestimmt werden kann, mit dem eine hohe Konzentration einer hochwertigen und hochqualitativen Ware oder DL in Verbindung gebracht wird[1175]. 1041

Weiter ist eine Verwendung der Ursprungsbezeichnung *Porto* oder *Port* iSv Art. 118m Abs. 2a-ii VO (EG) 1234/2007[1176] durch die angegriffene Marke *PORT CHARLOTTE* zu verneinen. Die Einbeziehung einer g.U. in eine Marke ist nicht geeignet, das Ansehen dieser Ursprungsbezeichnung auszunutzen, wenn sie die maßgeblichen Verkehrskreise nicht dazu verleitet, zwischen der Marke oder den Waren, für die sie eingetragen ist, und der Ursprungsbezeichnung oder dem Weinerzeugnis, für das sie geschützt ist, eine Verbindung herzustellen. Ein portugiesisch sprechender oder verstehender Durchschnittsverbraucher wird, auch wenn der Begriff »Port« Bestandteil der angegriffenen Marke ist, *beim Anblick eines Whiskys der Marke PORT CHARLOTTE diese nicht mit einem Portwein in Verbindung bringen*, der die Ursprungsbezeichnung *Port* trägt[1177]. 1042

Jedoch erfassen Art. 118m Abs. 2a-ii VO (EG) 1234/2007 und Art. 103 Abs. 2a-ii VO (EU) 1308/2013 auch den Fall, in dem eine g.U. wie *Champagne als Teil der Bezeichnung verwendet* wird, unter der ein Lebensmittel wie *Champagner Sorbet* verkauft wird, das nicht der Produktspezifikation der g.U. entspricht, aber eine dieser Produktspezifikation entspr Zutat enthält. Die Verwendung einer g.U. als Teil der 1043

1174 Im Weinbausektor bestehen die Zeichen *la Milla de Oro de la Ribera del Duero.* und *la Milla de Oro de la Rioja.* (jeweils Spanien) nebeneinander. Im Luxussektor bezeichnet dieses Zeichen, wenn es mit der Stadt Madrid in Verbindung gebracht wird, ein Stadtviertel, in dem es zahlreiche Luxusgeschäfte, namhafte Juweliere sowie Kunstgalerien gibt. *La Milla de Oro de Marbella.* (Spanien) steht für ein Stadtviertel, in dem sich Luxusimmobilien und exklusive Restaurants befinden, die reiche und berühmte Kunden anziehen.

1175 EuGH, 06.07.2017, C-139/16 – La Milla de Oro (Moreno Marin/Abadía Retuerta), Rn 17–21.

1176 VO (EG) 1234/2007 vom 22.10.2007 über eine gemeinsame Organisation der Agrarmärkte und mit Sondervorschriften für bestimmte landwirtschaftliche Erzeugnisse (VO über die einheitliche GMO); ABl. 2007, L 299/1; in der durch die VO (EG) 491/2009 vom 25.05.2009; ABl. 2009, L 154/1; geänderten Fassung. Diese VO wurde aufgehoben durch VO (EU) 1308/2013 vom 17.12.2013 über eine gemeinsame Marktorganisation für landwirtschaftliche Erzeugnisse; ABl. L 347/671; geändert durch Art. 84 GAV.

1177 EuGH, 14.09.2017, C-56/16 P – PORT CHARLOTTE, Rn 112–125. Diese Beurteilung wird durch die nicht vernachlässigbaren Unterschiede bestätigt, die zwischen den Eigenschaften eines Portweins und eines Whiskys, insb im Hinblick auf Zutaten, Alkoholgehalt und Geschmack bestehen, die dem Durchschnittsverbraucher wohlbekannt sind. S. aber EuG, 06.10.2021, T-417/20 – PORTWO GIN/Porto (Rdn 1519.1).

Bezeichnung, unter der ein Lebensmittel verkauft wird, das nicht der Produktspezifikation der g.U. entspricht, aber eine dieser Produktspezifikation entspr Zutat enthält, stellt eine *Ausnutzung des Ansehens* einer g.U. dar, wenn das Lebensmittel nicht als wesentliche Eigenschaft einen Geschmack aufweist, der hauptsächlich durch das Vorhandensein dieser Zutat in seiner Zusammensetzung hervorgerufen wird. Wegen Art. 118m Abs. 2b VO (EG) 1234/2007 und Art. 103 Abs. 2b VO (EU) 1308/2013 stellt die Verwendung einer g.U. als Teil der Bezeichnung, unter der ein Lebensmittel wie *Champagner Sorbet* verkauft wird, das nicht der Produktspezifikation der g.U. entspricht, aber eine dieser Produktspezifikation entspr Zutat enthält, *keine widerrechtliche Aneignung, Nachahmung oder Anspielung* dar. Schließlich sind Art. 118m Abs. 2c VO (EG) 1234/2007 und Art. 103 Abs. 2c VO (EU) 1308/2013 sowohl auf *falsche oder irreführende Angaben anwendbar,* die geeignet sind, einen falschen Eindruck hinsichtlich des Ursprungs des betr Erzeugnisses zu erwecken, als auch auf falsche oder irreführende Angaben, die sich auf die Natur oder die wesentlichen Eigenschaften des Erzeugnisses beziehen[1178].

1044 Neu formuliert wurde in Art. 7 Abs. 1m UMV das Eintragungsverbot für Marken, die aus einer im Einklang mit den *Unionsvorschriften*[1179] oder *nationalem Recht*[1180] oder *internationalen Übereinkünften*[1181], denen die Union oder der betr Mitgliedstaat angehört, zu Sortenschutzrechten eingetragenen *früheren Sortenbezeichnung* bestehen oder diese in ihren wesentlichen Elementen wiedergeben und die sich auf Pflanzensorten ders Art oder eng verwandter Arten beziehen[1182]. Damit wird das im *Allgemeininteresse* liegende Ziel verfolgt, dass eine Sortenbezeichnung von allen frei verwendet werden kann. Ob diese in einer zusammengesetzten Marke ein *wesentliches Element* darstellt, also eine Schlüsselposition einnimmt, so dass deren wesentliche Herkunftsfunktion auf dieser Sortenbezeichnung und nicht auf den anderen Elementen beruht, ist anhand von Kriterien wie namentlich der Unterscheidungskraft der anderen Elemente, der mit der Marke in ihrer Gesamtheit vermittelten Botschaft, der visuellen Dominanz der verschiedenen Elemente aufgrund ihrer Größe und ihrer Position oder auf deren Zahl zu bestimmen[1183].

1045 So kann es sich bei der *Sortenbezeichnung* dann nicht um ein wesentliches Element der Anmeldung handeln, wenn sich die wesentliche Herkunftsfunktion dieser Marke auf ihre anderen Elemente stützt, so dass diese Sortenbezeichnung sich in einem in ihr ausschließlich zu Informationszwecken enthaltenen rein generischen Hinweis erschöpft. In der zusammengesetzten Wortmarke *Kordes‹ Rose Monique* ist nämlich

1178 EuGH, 20.12.2017, C-393/16 – Champagner Sorbet/champagne (Aldi Süd/Comité Int. du Vin de Champagne), Rn 36, 53, 58, 64. S.a. Rdn 1563 f.

1179 GSortenschutzV.

1180 S. zB in Deutschland das SortSchG.

1181 S. Internationales Übereinkommen zum Schutz von Pflanzenzüchtungen (UPOV) vom 02.12.1961 idF vom 23.10.1978, dem die Union am 29.07.2005 beigetreten ist; www.upov.int/upovlex/de/upov_convention.html.

1182 S. *von Kapff,* Vesuvius und FEZ 007, FS Fezer 2016, 749.

1183 EuG, 18.06.2019, T-569/18 – Kordes‹ Rose Monique, Rn 25–32.

der *Unternehmensname* »Kordes« das einzige *unterscheidungskräftige und dominierende Element*, so dass die in der Marke enthaltene Sortenbezeichnung »Monique« nicht als wesentliches Element angesehen werden kann[1184].

XIII. Unionskollektivmarken

Eine *UKM* ist eine Unionsmarke, die bei der Anmeldung als solche bezeichnet wird und dazu dienen kann, Waren und DL der *Mitglieder des Verbands*, der Markeninhaber ist, von denen anderer Unternehmen zu unterscheiden (Art. 74 UMV, Art. 2 Abs. 1i, Abs. 3 UMDV). 1046

Verbände von Herstellern, Erzeugern, DL-Erbringern oder Händlern, die nach dem für sie maßgebenden Recht die Fähigkeit haben, im eigenen Namen Träger von Rechten und Pflichten jeder Art zu sein, Verträge zu schließen oder andere Rechtshandlungen vorzunehmen und vor Gericht zu stehen, sowie *juristische Personen* des öffentlichen Rechts[1185] können UKM anmelden. 1047

Abweichend von Art. 7 Abs. 1c UMV können UKM aus Zeichen oder Angaben bestehen, die im Verkehr zur *Bezeichnung der geografischen Herkunft* der Waren oder DL dienen können. Das ist ihr Hauptanwendungsbereich, auch wenn es nicht der ausschließliche Zweck von UKM ist. 1048

Art. 74 Abs. 2 UMV, der eine Ausnahme von diesem Eintragungshindernis vorsieht, ist *nicht* dahin *weit auszulegen*, dass von ihm Zeichen erfasst werden, die nur im Grunde eine geografische Angabe darstellen[1186]. 1049

So können ergänzende traditionelle Begriffe, wie *TXAKOLI*, die bestimmte charakteristische Merkmale des Weins, des Erzeugungsorts oder seiner Geschichte, aber nicht seine geografische Herkunft bezeichnen, nicht geschützt werden[1187]. Auch *Original Eau de Cologne* wird als *Gattungsbegriff* zur Beschreibung einer Parfümart aufgefasst und enthält *keine geografische Herkunftsangabe*[1188]. Dasselbe gilt bei *EMMENTALER*, der für Käse mit der geschützten Ursprungsbezeichnung »Emmentaler« beansprucht wurde, da jedenfalls bereits der deutsche Verkehr diesen Begriff unmittelbar als Bezeichnung für eine Käsesorte und nicht als geografische Herkunftsangabe für den betr Käse versteht[1189]. 1050

1184 EuG, 18.06.2019, T-569/18 – Kordes‹ Rose Monique, Rn 33–36.

1185 So zB auch ein deutsches Bundesland, BK vom 08.09.2021, R 777/21-4 – Schleswig-Holstein Der echte Norden.

1186 So ist eine Gewährleistungsmarke, die als Qualitäts- oder Garantieangabe dienen soll, keine Unterkategorie der Kollektivmarke; BK, 12.12.2014, R 1360/14-5 – DOWNMARK.

1187 EuG, 17.05.2011, T-341/09 – TXAKOLI, Rn 28, 33, 35.

1188 EuG, 25.11.2014, T-556/13 – Original Eau de Cologne, Rn 20–31; bestätigt durch EuGH, 03.12.2015, C-29/15 P.

1189 EuG, 24.05.2023, T-2/21 – EMMENTALER; Rechtsmittel nicht zugelassen, EuGH, 11.10.2023, C-458/23 P.

1051 Kollektivmarken verfügen – sofern keine besonderen Umstände vorliegen – von Haus aus über *keine höhere Kennzeichnungskraft als Individualmarken*[1190]. Obwohl Kollektivmarken trotz eines beschreibenden Charakters, der sich auf eine geografische Herkunft bezieht, eingetragen werden können, müssen sie von Natur aus unterscheidungskräftig sein. Jedoch kann die Eintragung als Kollektivmarke *nicht* per se die Vermutung begründen, dass diese Marke *eine durchschnittliche Unterscheidungskraft* aufweist. Es ist vielmehr Aufgabe des Inhabers einer solchen Marke nachzuweisen, welchen Grad an Unterscheidungskraft sie hat[1191].

1052 Die *wesentliche Funktion* einer UKM besteht, auch wenn sie eine geografische Herkunftsangabe enthält, darin, die Waren oder DL der Mitglieder des Verbands, der Markeninhaber ist, von denen anderer Unternehmen zu unterscheiden, und nicht darin, diese Waren anhand ihrer geografischen Herkunft zu unterscheiden. Zwar kann eine Marke andere Funktionen als den Herkunftshinweis erfüllen, die ebenfalls des Schutzes vor Beeinträchtigungen durch Dritte würdig sind, wie die Gewährleistung der Qualität der mit ihr gekennzeichneten Ware oder DL oder die Kommunikations-, Investitions- oder Werbefunktionen, jedoch besteht ihre *Hauptfunktion* weiterhin in ihrer *herkunftshinweisenden Funktion.* Eine andere Ansicht würde diese Hauptfunktion verkennen[1192].

1053 Im Unterschied zu einer Individualmarke hat eine UKM aber *nicht* die Funktion, dem Verbraucher die *Ursprungsidentität* der eingetragenen Waren oder DL anzuzeigen. Art. 74 UMV verlangt keineswegs, dass die Hersteller, Erzeuger, DL-Unternehmer oder Händler, die sich einem Verband anschließen, der Inhaber einer UKM ist, zu ein und derselben Gruppe von Gesellschaften gehören, die Waren oder DL unter einheitlicher Kontrolle herstellt oder erbringt. Die UMV hindert die Mitglieder eines solchen Verbands nicht daran, *Wettbewerber zu sein*, von denen jeder einzelne zum einen die UKM, die auf seine Mitgliedschaft in diesem Verband hinweist, und zum

1190 EuG, 05.12.2012, T-143/11 – F.F.R./CHIANTI CLASSICO, Rn 60, 61.

1191 EuG, 25.09.2018, T-328/17 – BBQLOUMI/HALLOUMI I, Rn 39–43, 50–53; insoweit bestätigt durch EuGH, 05.03.2020, C-766/18 P, Rn 72–78. Wenn sich alle vorgelegten Benutzungsnachweise auf den Begriff »halloumi« als Bezeichnung einer bestimmten, nach traditioneller Art hergestellten Käsesorte beziehen, aber nicht auf ein Unternehmen, das die betr Ware über einen speziellen Verband von Herstellern oder Händlern vermarktet hat, sind diese für den Nachweis der originären Unterscheidungskraft der älteren Kollektivmarke nicht relevant. Sie können höchstens die Verwendung dieses Begriffs als Gattungsbezeichnung für einen in Zypern hergestellten Käse begründen, beziehen sich auf den Verkauf und Konsum von Halloumi-Käse, ohne jedoch einen Zusammenhang zwischen diesen Beweisen und der Kollektivmarke *HALLOUMI.* herzustellen. S.a. EuG, 01.02.2023, T-558/21 – fino Cyprus Halloumi Cheese/HALLOUMI III.

1192 EuGH, 20.09.2017, C-673/15 P ua – Darjeeling/DARJEELING, Rn 50–60. Nach Auffassung des EuG im angefochtenen Urteil EuG, 2.10.215, T-624/13 ua, Rn 39–49, ist deshalb der Vergleich der Waren und DL in einem Widerspruchsverfahren bei ihnen in ders Weise durchzuführen.

anderen eine Individualmarke benutzt, die auf die Ursprungsidentität seiner Waren und DL hinweist[1193].

Der Anmelder einer Kollektivmarke muss innerhalb von zwei Monaten nach dem Anmeldetag (Art. 75 Abs. 1 UMV) die nach Art. 75 Abs. 2 UMV erforderliche *Verbandssatzung* vorlegen, in der der Name des Anmelders, der Zweck des Verbands, die zu seiner Vertretung befugten Organe, die Voraussetzungen für die Mitgliedschaft im Verband, die Wiedergabe der UKM, die zu ihrer Benutzung befugten Personen (nach abstrakten Kriterien, um häufige Satzungsänderungen zu vermeiden)[1194], ggf die Bedingungen für die Benutzung der UKM, einschl effektiver und verhältnismäßiger Sanktionen, die von ihr beanspruchten Waren und DL und ggf die Möglichkeit, Mitglied des Verbands zu werden, anzugeben sind (Art. 2 Abs. 3, Art. 16 UMDV)[1195]. 1054

Die *Satzung* einer Kollektivmarke muss es jeder Person, deren Waren oder DL aus dem betr geografischen Gebiet stammen, gestatten, *Mitglied des Verbandes zu werden*, der Inhaber der Marke ist. Das EUIPO bietet auf seiner Internetseite eine detaillierte *Vorlage* nebst Erläuterungen für die Erstellung von Satzungen an.[1196] 1055

Der Inhaber der UKM hat dem Amt jede *Änderung der Markensatzung* zu unterbreiten. Auf die Änderung wird im Register nicht hingewiesen, wenn die geänderte Markensatzung den Vorschriften des Art. 75 UMV nicht entspricht oder einen Grund für eine Zurückweisung nach Art. 76 UMV bildet. Schriftliche Bemerkungen gemäß Art. 77 UMV können auch in Bezug auf geänderte Satzungen eingereicht werden. Zum Zwecke der Anwendung der UMV wird die Satzungsänderung erst ab dem Zeitpunkt wirksam, zu dem der Hinweis auf die Änderung ins Register eingetragen worden ist (Art. 79 UMV). 1056

Wegen Art. 41 und 42 UMV müssen die UKM, wie andere Marken auch, den *allgemeinen Anmeldeerfordernissen* genügen, und ihrer Eintragung darf *kein absolutes Eintragungshindernis* nach Art. 7 UMV im Wege stehen (mit Ausnahme einer geografischen Angabe, s. Rn 925). Darüber hinaus wird die Anmeldung für eine UKM wegen Art. 76 Abs. 1 UMV zurückgewiesen, wenn den Vorschriften der Art. 74 UMV oder Art. 75 UMV nicht Genüge getan ist oder die Satzung gegen die *öffentliche Ordnung* oder die *guten Sitten* verstößt. 1057

Nach Art. 76 Abs. 2 UMV wird die Anmeldung einer UKM außerdem zurückgewiesen, wenn die Gefahr besteht, dass das Publikum über den Charakter oder die 1058

1193 EuGH, 12.12.2019, C-143/19 P – Kreis mit zwei Pfeilen (Der Grüne Punkt), Rn 53, 54.

1194 Dabei sind gemäß Art. 16 f und i UMDV iVm Art. 75 Abs 2 UMV die zur Nutzung der Marke berechtigten Personen und diejenigen, die einen gesetzlichen Anspruch auf eine Aufnahme in den Verband haben, klar zu definieren; BK, 31.05.2023, R 1736/22-1 – Danube Farmers, Rn 16–22.

1195 Zu den formalen Anforderungen wird auf die UMRL, Teil B, Abschn. 2, Kap. 8.2 verwiesen.

1196 Damit hat das Amt auf die häufigen Fehler reagiert: EUIPO-Startseite, Marken, Grundlegendes zu Marken Gewährleistungs- und Kollektivmarken; (https://euipo.europa.eu/ohimportal/de/certification-and-collective-marks.).

Bedeutung der Marke *irregeführt* wird, insb wenn diese Marke den Eindruck erwecken kann, als wäre sie etwas anderes als eine Kollektivmarke, zB eine UGM, eine Individualmarke oder eine geschützte geografische Herkunftsangabe. Die Anmeldung wird jedoch gemäß Art. 76 Abs. 3 UMV nicht zurückgewiesen, wenn der Anmelder aufgrund einer Änderung der Markensatzung die Erfordernisse der Abs. 1 und 2 erfüllt.

1059 *Bemerkungen Dritter* können auch auf spezifische, nur die UKM betr Gründe gestützt werden (Art. 77 UMV).

1060 Bei einem Widerspruch aus einer UKM ist unter der *Verwechslungsgefahr* iSv Art. 8 Abs. 1b UMV die Gefahr zu verstehen, dass die Verkehrskreise glauben könnten, die von der älteren Marke und die von der Anmeldung erfassten Waren oder DL stammten alle *von Mitgliedern des Verbands*, der Inhaber der älteren Marke ist, oder ggf von wirtschaftlich mit diesen Mitgliedern oder diesem Verband verbundenen Unternehmen. Auch wenn daher im Fall eines Widerspruchs eines Kollektivmarkeninhabers die Hauptfunktion dieser Markenart berücksichtigt werden muss, um zu erfassen, was unter Verwechslungsgefahr zu verstehen ist, ist die Rspr zu Art. 8 Abs. 1b UMV, anhand welcher Kriterien konkret zu beurteilen ist, ob eine solche Gefahr besteht, gleichwohl auf Rechtssachen übertragbar, die eine ältere Kollektivmarke betreffen[1197].

1061 Wegen Art. 78 UMV genügt die *Benutzung der UKM* durch eine hierzu befugte Person.

1062 Außer aus den in Art. 58 UMV genannten *Verfallsgründen* wird die UKM nach Art. 81 UMV auf Antrag beim Amt oder auf Widerklage im Verletzungsverfahren für verfallen erklärt, wenn (a) ihr Inhaber keine angemessenen Maßnahmen ergreift, um eine Benutzung der Marke zu verhindern, die nicht im Einklang stünde mit den satzungsgemäßen Benutzungsbedingungen, auf deren Änderung ggf im Register hingewiesen worden ist; (b) die Art der Benutzung der Marke durch ihren Inhaber bewirkt hat, dass die Gefahr besteht, dass das Publikum iSv Art. 76 Abs. 2 UMV über den Charakter oder die Bedeutung der Marke irregeführt wird; (c) entgegen den Vorschriften von Art. 79 Abs. 2 UMV im Register auf eine Änderung der Satzung hingewiesen worden ist, es sei denn, dass der Markeninhaber aufgrund einer erneuten Satzungsänderung den Erfordernissen des Art. 79 Abs. 2 UMV genügt.

1063 Außer aus den in Art. 59 und 60 UMV genannten *Nichtigkeitsgründen* wird die UKM auf Antrag beim Amt oder auf Widerklage im Verletzungsverfahren für nichtig erklärt, wenn sie entgegen Art. 76 UMV eingetragen worden ist, es sei denn, dass der Markeninhaber aufgrund einer Satzungsänderung den Erfordernissen dieser Vorschriften genügt (Art. 82 UMV).

1064 Schließlich gelten wegen Art. 80 UMV die Vorschriften von Art. 25 Abs. 3 und 4 UMV über die Rechte der *Lizenznehmer* für jede zur Benutzung einer UKM befugte Person. Der Inhaber der UKM kann im Namen der zur Benutzung der Marke befugten Personen im Rahmen einer *Verletzungsklage* Ersatz des Schadens verlangen, der diesen Personen aus der unberechtigten Benutzung der Marke entstanden ist.

1197 EuGH, 05.03.2020, C-766/18 P – BBQLOUMI/HALLOUMI I, Rn 64–66.

cke der UMV wird die Satzungsänderung erst ab dem Zeitpunkt wirksam, zu dem der Hinweis auf die Änderung ins Register eingetragen ist (Art. 88 Abs. 4 UMV).

Wegen Art. 41 und 42 UMV müssen die UGM, wie andere Marken auch, den *allgemeinen Anmelderfordernissen* genügen, und ihrer Eintragung darf *kein absolutes Eintragungshindernis* nach Art. 7 UMV im Wege stehen[1204]. *Zusätzliche Zurückweisungsgründe* liegen wegen Art. 85 Abs. 1 UMV vor, wenn den Vorschriften der Art. 83 und 84 UMV nicht Genüge getan ist, also die gesetzlichen Anforderungen an eine UGM nicht erfüllt sind oder der Anmelder eine gewerbliche Tätigkeit ausübt, die die Lieferung von Waren und DL umfasst, für die eine Gewährleistung besteht, oder die Satzung nicht fristgemäß bzw nicht mit dem erforderlichen Inhalt vorgelegt wird. Weiter ist die UGM zurückzuweisen, wenn die Satzung gegen die öffentliche Ordnung oder die guten Sitten verstößt, zB wenn sie den Kreis der zur Benutzung berechtigten Personen willkürlich beschränkt, um ein Handelsmonopol zu schaffen. 1074

Außerdem wird die Anmeldung der UGM zurückgewiesen, wenn die *Gefahr* besteht, dass das *Publikum über den Charakter oder die Bedeutung der Marke irregeführt* wird, insb wenn diese den Eindruck erwecken kann, als wäre sie etwas anderes als eine Gewährleistungsmarke, zB eine UKM oder ein öffentliches Gütesiegel (Art. 85 Abs. 2 UMV). 1075

Diese Zurückweisung unterbleibt jedoch nach Art. 85 Abs. 3 UMV, wenn der Anmelder aufgrund einer Änderung der Markensatzung die Erfordernisse der Abs. 1 und 2 erfüllt. 1076

In Art. 86 UMV werden die *Bemerkungen Dritter* für die UGM geregelt. Diese können auch auf die spezifischen Gründe gestützt sein, auf deren Grundlage die Anmeldung einer UGM gemäß Art. 85 UMV zurückgewiesen werden sollte. 1077

Beim *Widerspruch* aufgrund einer Gewährleistungsmarke ist die *Verwechslungsgefahr* in Analogie zu den Vorschriften über Kollektivmarken als die Gefahr zu verstehen, dass das Publikum glauben könnte, dass die Waren oder DL der älteren Marke und diejenigen der Anmeldung alle von Personen stammen, die vom Inhaber dieser älteren Marke zu deren Benutzung ermächtigt worden sind, oder ggf von Unternehmen, die mit diesen Personen oder diesem Inhaber wirtschaftlich verbunden sind. Auch wenn die *Hauptfunktion der Gewährleistungsmarke* zu berücksichtigen ist, um den Begriff der Verwechslungsgefahr zu verstehen, ist die Rspr zu Art. 8 Abs. 1b UMV, die die Kriterien festlegt, anhand deren das Bestehen einer solchen Gefahr in der Praxis zu beurteilen ist, auf alle Verfahren anwendbar, die eine ältere Gewährleistungsmarke betreffen[1205]. 1078

1204 EuG, 13.07.2018, T-825/16 – Pallas Halloumi/HALLOUMI, Rn 44–48; EuG, 25.09.2018, T-384/17 – BBQLOUMI/HALLOUMI II, Rn 42–50. Über die dagegen erhobenen Rechtsmittel hat der EuGH nicht mehr entschieden, da die nationale Widerspruchsmarke zwischenzeitlich vom nationalen Gericht rechtskräftig für nichtig erklärt worden war; EuGH, 30.04.2020, C-608/18 P und C-767/18 P. S.a. BK, 27.10.2021, R 1410/19-5 – MANUKA HONEY.

1205 EuG, 08.12.2021, T-593/19 – GRILLOUMI BURGER/ΧΑΛΛΟΥΜΙ HALLOUMI, Rn 29–31 mwN; Rechtsmittel nicht zugelassen, EuGH, 15.06.2022, C-120/22 P. S.a. EuG, 11.10.2023, T-415/22 – GRILLOUMI/ΧΑΛΛΟΥΜΙ HALLOUMI II, Rn 37–66.

1079 Gemäß Art. 87 UMV genügt die *Benutzung* einer UGM durch eine nach der Satzung hierzu befugte Person für die Markenbenutzung.

1080 Abweichend von Art. 20 Abs. 1 UMV kann wegen Art. 89 UMV eine UGM nur auf eine Person *übertragen* werden, die die Erfordernisse des Art. 83 Abs. 2 UMV erfüllt.

1081 Nur der Inhaber einer UGM oder eine speziell von ihm hierzu ermächtigte Person kann eine *Verletzungsklage* erheben. Der Inhaber einer UGM kann im Namen der zur Benutzung der Marke befugten Personen Ersatz des Schadens verlangen, der diesen Personen aus der unberechtigten Benutzung der Marke entstanden ist (Art. 90 UMV).

1082 Außer aus den in Art. 58 UMV genannten *Verfallsgründen* wird die UGM wegen Art. 91 UMV auf Antrag beim Amt oder auf Widerklage im Verletzungsverfahren für verfallen erklärt, wenn (a) der Inhaber die Erfordernisse des Art. 83 Abs. 2 UMV nicht mehr erfüllt (also keine gewerbliche Tätigkeit ausübt, die die Lieferung von Waren und DL umfasst, für die eine Gewährleistung besteht); (b) der Inhaber – entweder schon von Anfang an oder später durch mangelhafte Kontrolle – keine angemessenen Maßnahmen ergreift, um eine Benutzung der UGM zu verhindern, die nicht im Einklang mit den Benutzungsbedingungen in der Satzung steht, auf deren Änderung ggf im Register hingewiesen worden ist; (c) die Art der Benutzung der UGM durch ihren Inhaber bewirkt hat, dass die Gefahr besteht, das Publikum könne iSv Art. 85 Abs. 2 UMV über den Charakter oder die Bedeutung der Marke irregeführt werden; (d) entgegen Art. 88 Abs. 2 UMV im Register auf eine Änderung der Satzung der UGM hingewiesen worden war, es sei denn, der Markeninhaber genügt aufgrund einer erneuten Satzungsänderung den Erfordernissen. Mit der Drohung eines Verlusts der UGM soll der Markeninhaber dazu veranlasst werden, sich um die Einhaltung der gewährleisteten Standards zu kümmern und evt notwendige Sanktionen zu erlassen.

1083 Über die in Art. 59 und 60 UMV genannten *Nichtigkeitsgründe* hinaus wird eine UGM auf Antrag beim Amt oder auf Widerklage im Verletzungsverfahren für nichtig erklärt, wenn sie entgegen den Vorschriften des Art. 85 UMV eingetragen worden ist, es sei denn, dass der Inhaber der UGM aufgrund einer Satzungsänderung den Erfordernissen dieses Art. genügt (Art. 92 UMV).

1084 Unbeschadet von Art. 139 Abs. 2 UMV findet keine *Umwandlung* einer Anmeldung oder einer eingetragenen UGM statt, wenn die Eintragung von Garantie- oder Gewährleistungsmarken gemäß Art. 28 MarkenRL in den nationalen Rechtsvorschriften des betr Mitgliedstaats nicht vorgesehen ist (Art. 93 UMV).

1085 Auf die Einhaltung der formalen Voraussetzungen ist streng zu achten. Dementspr hat das EUIPO zahlreiche Anmeldungen wegen *Verfahrensmängeln* beanstandet.

1086 Ob die UGM ihre *Funktion* erfüllt, der Markeninhaber seinen Kontroll- und Überwachungspflichten nachkommt, prüft das EUIPO nicht von Amts wegen, sondern

---

Der Widerspruch scheiterte insb an der schwachen Kennzeichnungskraft der älteren Marke, da sie von der breiten Öffentlichkeit als traditionelle Käsespezialität aus Zypern und nicht als Hinweis auf die zertifizierte Qualität verstanden wird.

nur aufgrund eines Nichtigkeitsantrags eines Dritten (Popularklage). Da es also *keine öffentliche Kontrolle* gibt, wird die UGM ihre Garantiefunktion dem Publikum gegenüber nur dann angemessen erfüllen können, wenn sich die beteiligten Kreise an die Spielregeln handeln und insb die Kontrolle durch die Wettbewerber und die Kunden funktioniert.

Da hier aber ebenfalls die *allgemeinen Eintragungshindernisse gelten* (Art. 41 und 42 Abs. 1 UMV), sind zB rein beschreibende und nicht unterscheidungskräftige Zeichen wegen Art. 83 Abs. 3 UMV und 85 Abs. 1 UMV auch als UGM nicht schutzfähig. 1087

XV. Veröffentlichung der Anmeldung

Ist die Anmeldung nach Art. 7 UMV für alle oder einen Teil der beanspruchten Waren oder DL von der *Eintragung ausgeschlossen*, so wird sie für diese *zurückgewiesen* (Art. 42 Abs. 1 UMV). Dem Anmelder ist aber zuvor Gelegenheit zu geben, die Anmeldung zurückzunehmen, zu ändern oder eine Stellungnahme einzureichen. Hierzu teilt das Amt dem Anmelder mit, welche Hindernisse der Eintragung entgegenstehen, und setzt ihm eine Frist für die Zurücknahme oder Änderung der Anmeldung oder zur Einreichung einer Stellungnahme. Beseitigt der Anmelder die der Eintragung entgegenstehenden Hindernisse nicht, so weist das EUIPO die Eintragung ganz oder teilweise zurück (Art. 42 Abs. 2 UMV). 1088

Sind die Erfordernisse für die Anmeldung der Unionsmarke erfüllt, so erfolgt die *Veröffentlichung* der Anmeldung (Art. 44 Abs. 1 S. 1 UMV). Die Veröffentlichung im Blatt für Unionsmarken des EUIPO (im Internet) enthält die in Art. 7 UMDV vorgeschriebenen Daten (Art. 147 Abs. 1 UMV, Art. 19 UMDV). In den Fällen, in denen die *Anmeldung* und die Übersetzung des VerzWDL sowie anderer Texte nicht in einer der Sprachen des EUIPO eingereicht wurden, sorgt das Amt dafür, dass sie in die vom Anmelder angegebene zweite Sprache übersetzt wird (Art. 146 Abs. 3 S. 2 UMV). Es schlägt ihm eine Übersetzung vor und räumt ihm eine Frist von einem Monat zur Beantwortung ein (s. Rdn 465). 1089

Aus Art. 44 Abs. 2 UMV und noch klarer aus Art. 44 Abs. 3 UMV ergibt sich, dass eine Anmeldung auch noch *nach ihrer Veröffentlichung* aus absoluten Schutzversagungsgründen gemäß Art. 42 UMV *zurückgewiesen* werden kann (sog. *Nachbeanstandung*)[1206]. So bestimmt Art. 44 Abs. 3 S. 1 UMV ausdrücklich, dass dann, wenn die Veröffentlichung der Anmeldung einen dem EUIPO zuzuschreibenden Fehler enthält, das Amt von sich aus oder auf Antrag des Anmelders den Fehler berichtigt und diese Berichtigung veröffentlicht. Denn die Mitteilung des Prüfers, dass die Anmeldung veröffentlicht wird, oder auch ihre tatsächliche Veröffentlichung im Register entfalten keinerlei Garantiewirkung im Hinblick auf eine zukünftige Eintragung. 1090

1206 EuG, 18.03.2016, T-33/15 – BIMBO, Rn 21–29; bestätigt durch EuGH, 13.10.2016, C-285/16 P; EuG, 14.06.2012, T-293/10 – 7 verschiedenfarbige Quadrate, Rn 33–39.

1091 Gegen die Eintragung der Marke kann gemäß Art. 46 Abs. 1 UMV ebenfalls *Widerspruch* erhoben werden, falls die geänderte Anmeldung wegen Art. 49 Abs. 2 S. 2 UMV veröffentlicht worden ist, was nach Art. 44 Abs. 4 UMV auch dann Anwendung findet, wenn die Berichtigung das VerzWDL oder die Wiedergabe der Marke betrifft.

XVI. Die Anmeldung als Eigentum

1092 Die Anmeldung fällt unter den Schutz der *Eigentumsgarantie*, auch wenn sie noch keine endgültige Rechtsposition verschafft, sondern unter dem Vorbehalt der Eintragung steht, also jederzeit bei Nichtvorliegen der gesetzlichen Voraussetzungen wieder erlöschen (zurückgewiesen bzw widerrufen werden) kann. Dennoch kann an eine Anmeldung schon ein Bündel von Rechten und Interessen anknüpfen, sie kann Gegenstand von verschiedenen Rechtsgeschäften wie Verkauf und Lizenzen sein und besitzt einen erheblichen finanziellen Wert oder kann diesen besitzen[1207].

XVII. Bemerkungen Dritter

1093 Natürliche oder juristische Personen sowie die Verbände der Hersteller, Erzeuger, DL-Unternehmer, Händler und Verbraucher können gemäß Art. 45 Abs. 1 Unterabs. 1 UMV beim EUIPO *schriftliche Bemerkungen* einreichen, in denen sie erläutern, aus welchen der in den Art. 5 UMV (Inhaberschaft) und Art. 7 UMV (absolute Eintragungshindernisse) aufgeführten Gründen die Marke nicht von Amts wegen eingetragen werden sollte, bei UKM nach Art. 77 UMV auch aus den Gründen des Art. 76 UMV und bei UGM wegen Art. 86 UMV auch aus den Gründen des Art. 85 UMV.

1094 Qualifizierte Bemerkungen Dritter sind besonders dann *von Bedeutung*, wenn sie dem EUIPO spezielle Informationen zu bestimmten Fachgebieten übermitteln, hinsichtlich derer das Amt selbst nicht über die entspr Fachkunde verfügt.

1095 Die Bemerkungen Dritter sind gemäß Art. 45 Abs. 2 UMV *vor Ablauf der Widerspruchsfrist* oder, wenn ein Widerspruch gegen eine Marke eingereicht wurde, *vor der abschließenden Entscheidung über den Widerspruch* einzureichen. Das EUIPO nimmt nur Bemerkungen an, die in einer der Sprachen des Amtes oder in der Sprache des Eintragungsverfahrens, wenn diese nicht Sprache des EUIPO ist, eingereicht werden. Die Bemerkungen werden dem Anmelder mitgeteilt, der dazu Stellung nehmen kann (Art. 45 Abs. 4 UMV).

1096 Das Amt prüft sodann die Bemerkungen Dritter. Hält es sie für überzeugend, nimmt es das *Prüfungsverfahren wieder auf*. Vermag der Anmelder die Gründe der Beanstandung nicht zu widerlegen, wird die Anmeldung zurückgewiesen. Die Einreichung der Bemerkungen berührt aber wegen Art. 45 Abs. 3 UMV in keiner Weise das Recht des

1207 EGMR, 11.01.2007, No. 73049/01 – Anheuser-Busch v. Portugal, Rn 62–78.

EUIPO, erforderlichenfalls die absoluten Eintragungshindernisse von Amts wegen jederzeit vor der Eintragung erneut zu prüfen[1208].

Die *Dritten* sind *an dem Verfahren* vor dem EUIPO *nicht beteiligt*, können also weder **1097**
Beschwerde erheben, noch Klage einreichen (Art. 45 Abs. 1 Unterabs. 2 UMV)[1209]. Sie werden auch über den weiteren Verfahrensfortgang nicht informiert.

Pro Jahr gehen zwischen 200 und 300 Bemerkungen Dritter beim Amt ein, also 0,18 % **1098**
in Bezug auf die eingereichten Anmeldungen. Davon führen pro Jahr ca. 30 % zu einer *Wiedereröffnung der Prüfung*. Die meisten Bemerkungen Dritter bezogen sich neben der Rüge beschreibender Angaben und fehlender Unterscheidungskraft auf angebliche täuschende Anmeldungen (Art. 7 Abs. 1g UMV)[1210].

1208 So auch bereits unter der alten GMV: EuG, 21.11.2013, T-313/11 – Matrix-Energertics, Rn 24–30 mwN.

1209 Mitteilung Nr 2/09 des Präsidenten vom 09.11.2009, ABl.HABM 12/2009; EuG, 09.04.2003, T-224/01 – NU-TRIDE/TUFFTRIDE, Rn 72 ff.

1210 Nähere Details: Alicante News 12/2022, S. 7 ff. Art. 40 MarkenRL. räumt nunmehr den Mitgliedstaaten die Möglichkeit ein, auch in den nationalen Markenrechten die Bemerkungen Dritter einzuführen.

E. Das Widerspruchsverfahren

Übersicht Rdn.

I. Verfahrensablauf

1099 Innerhalb einer Frist von *drei Monaten nach Veröffentlichung der Anmeldung* einer Unionsmarke kann gegen ihre Eintragung *schriftlich* und unter (sehr kurzer[1211]) Angabe der *Widerspruchsgründe nach* Art. 8 UMV Widerspruch erhoben werden (Art. 46 Abs. 1 und 3 UMV), was per Brief und insb *online* über die Internetseite des EUIPO möglich ist.

1211 EuG, 24.10.2019, T-58/18 – Xocolat/LUXOCOLAT, Rn 19–21; EuG, 16.01.2007, T-53/05 – Calvo/CALAVO, Rn 49–51.

Bei der *Frist für die Erhebung eines Widerspruchs bei Internationalen Registrierungen,* in denen die Union benannt ist, beträgt nach Art. 196 Abs. 2 UMV der Zeitraum zwischen dem Datum der Veröffentlichung gemäß Art. 190 Abs. 1 UMV und dem Beginn der Frist (von drei Monaten) zur Erhebung des Widerspruchs *einen Monat.* Das führt zu einer erheblichen Beschleunigung der Verfahren[1212]. 1100

Innerhalb der Widerspruchsfrist kann der Widerspruch noch modifiziert und durch weitere Widerspruchsgründe und/oder weitere älteren Rechte ergänzt werden. 1101

Er gilt aber erst als erhoben, wenn die *Widerspruchsgebühr* entrichtet worden ist, die zwingend innerhalb der Widerspruchsfrist zu zahlen ist (Art. 46 Abs. 3 S. 2 UMV)[1213]. Diese Gebühr beträgt 320 Euro (Anhang I zur UMV Nr A10). 1102

Die *Widerspruchsberechtigung* ergibt sich aus Art. 46 Abs. 1 UMV, Art. 2 Abs. 1 DVUM. Wegen Art. 20 Abs. 12 UMV können zB *Rechtsnachfolger*, die noch nicht als Inhaber eingetragen worden sind, aber auf die die ältere Marke übertragen worden ist, Widerspruch erheben, sofern ihr Antrag auf Eintragung eines Rechtsübergangs beim EUIPO eingegangen ist, selbst dann, wenn sie irrtümlich ursprünglich einen Namensänderungsantrag gestellt haben, aber nach Aufforderung durch das Amt noch innerhalb der von diesem gesetzten Frist einen Antrag auf Eintragung des Rechtsübergangs nachreichen[1214]. 1103

So kann in den Fällen des Art. 8 Abs. 1 UMV und Art. 8 Abs. 5 UMV von den Inhabern der in Art. 8 Abs. 2 UMV genannten älteren Marken sowie von Lizenzinhabern, die von den Markeninhabern hierzu ausdrücklich ermächtigt worden sind, Widerspruch eingelegt werden[1215]. 1104

In den Fällen des Art. 8 Abs. 3 UMV kann von den Inhabern der dort genannten Marken Widerspruch erhoben werden, in den Fällen des Art. 8 Abs. 4 UMV von den Inhabern der dort genannten älteren Marken oder Kennzeichenrechte sowie von den Personen, die nach dem anzuwendenden nationalen Recht berechtigt sind, diese Rechte geltend zu machen, und in den Fällen des Art. 8 Abs. 6 UMV von den Personen, die gemäß den Unionsvorschriften oder dem nationalen Recht zur Ausübung der dort genannten Rechte berechtigt sind. 1105

Nach Art. 2 Abs. 2a bis 2c und 2i DVUM *muss die Widerspruchsschrift* als *absolute Zulässigkeitsvoraussetzungen* Folgendes enthalten: 1106

(a) das *Az.* der angegriffenen Anmeldung samt *Namen des Anmelders*; 1107

(b) eine eindeutige *Angabe des älteren Rechts*, auf die der Widerspruch gestützt wird, und zwar folgendermaßen: 1108

1212 In Art. 152 Abs. 2 GMV betrug er noch sechs Monate.

1213 EuG, 12.05.2011, T-488/09 – REDTUBE/Redtube, Rn 32–57. Diese Frage war nicht Gegenstand des EuGH-Urteils vom 18.10.2012, C-402/11 P, mit dem dieses Urteil des EuG aufgehoben wurde.

1214 EuG, 17.01.2017, T-255/15 – medialbo/MediaLB, Rn 18–42; bestätigt durch EuGH, 25.07.2018, C-139/17 P.

1215 EuG, 07.11.2014, T-506/13 – URB/URB, Rn 17–23.

1109 (aa) wird der Widerspruch auf eine *ältere Marke* iSd Art. 8 Abs. 2a oder 2b UMV gestützt, das Az. der Anmeldung oder die Eintragungsnr der älteren Marke, eine Angabe, ob diese ältere Marke eingetragen oder angemeldet ist, sowie eine Angabe der Mitgliedstaaten, ggf einschl der Benelux-Staaten, in denen oder für die die ältere Marke geschützt ist, oder ggf die Angabe, dass es sich um eine Unionsmarke handelt;

1110 (bb) wird der Widerspruch auf eine *notorisch bekannte Marke* iSd Art. 8 Abs. 2c UMV gestützt, so ist anzugeben, in welchen Mitgliedstaaten die ältere Marke notorisch bekannt ist, und zusätzlich ist die Wiedergabe der Marke erforderlich;

1111 (cc) wird der Widerspruch auf die fehlende Zustimmung des Inhabers nach Art. 8 Abs. 3 UMV (*Agentenmarke*) gestützt, sind die Angabe des Gebiets, in dem die ältere Marke geschützt ist, die Wiedergabe der Marke und ggf die Angabe, ob die ältere Marke eine Anmeldung oder eine Eintragung ist, sowie in letzterem Fall die Anmelde- oder Eintragungsnr;

1112 (dd) wird der Widerspruch auf eine ältere Marke oder ein *sonstiges Kennzeichen* iSd Art. 8 Abs. 4 UMV gestützt, so ist anzugeben, um welche Art von Recht es sich handelt; ferner ist eine Wiedergabe der älteren Marke oder des älteren Kennzeichens erforderlich sowie die Angabe, ob diese ältere Marke oder das Kennzeichen in der gesamten Union oder in einzelnen Mitgliedstaaten besteht und ggf in welchen Mitgliedstaaten;

1113 (ee) wird der Widerspruch auf eine *ältere Ursprungsbezeichnung* oder geografische Angabe iSd Art. 8 Abs. 6 UMV gestützt, so ist anzugeben, um welche Art von Bezeichnung oder Angabe es sich handelt; ferner ist eine Wiedergabe der älteren Ursprungsbezeichnung oder geografischen Angabe erforderlich sowie die Angabe, ob diese in der gesamten Union oder in einzelnen Mitgliedstaaten besteht und ggf in welchen Mitgliedstaaten;

1114 (c) die *Gründe*, auf die sich der Widerspruch stützt, mittels einer Erklärung, dass die Erfordernisse nach Art. 8 Abs. 1, 3, 4, 5 oder 6 UMV bzgl aller vom Widersprechenden geltend gemachten älteren Rechte erfüllt sind;

1115 (d) die Angabe der *Waren* oder *DL*, gegen die sich der Widerspruch richtet, wobei in deren Ermangelung davon ausgegangen wird, dass sich der Widerspruch gegen alle Waren oder DL der beanstandeten Unionsmarkenanmeldung richtet.

1116 Beruht der Widerspruch auf *mehr als einer älteren Marke* oder mehr als einem älteren Recht, gilt Art. 2 Abs. 2 DVUM für alle diese Marken, Kennzeichen, Ursprungsbezeichnungen oder geografischen Angaben (Art. 2 Abs. 3 DVUM). Denn der Widerspruch kann auf mehrere ältere Rechte gestützt werden, soweit der Widersprechende deren Inhaber ist. Auch kann der Widerspruch von mehreren Personen erhoben werden, wenn sie gemeinsam Inhaber des älteren Rechts sind. Das Widerspruchrecht kann in diesem Fall aber auch ein einzelner Inhaber allein ausüben.

1117 Die Widerspruchsschrift kann zudem eine *Darlegung der Gründe* mit den Tatsachen und Argumenten, auf die sich der Widerspruch stützt, sowie die entspr Beweismittel enthalten (Art. 2 Abs. 4 DVUM).

1118 Diese *absoluten Zulässigkeitsvoraussetzungen* müssen innerhalb der *Dreimonatsfrist* des Art. 46 Abs. 1 UMV, Art. 5 Abs. 2 DVUM erfüllt sein.

Liegen *Mängel* bei den *relativen Zulässigkeitsvoraussetzungen* gemäß Art. 2 Abs. 2d bis 2h DVUM vor, nämlich 1119

(a) im Fall einer älteren Unionsmarkenanmeldung oder Eintragung betr den *Anmeldetag* und, soweit bekannt, den Eintragungstag und den Prioritätstag der älteren Marke; 1120

(b) im Fall älterer Rechte iSd Art. 8 Abs. 6 UMV betr das *Datum der Anmeldung* der Eintragung, oder, sofern dieses nicht bekannt ist, den Tag des Inkrafttretens der Gewährung des Schutzes; 1121

(c) im Fall einer älteren Unionsmarkenanmeldung oder Eintragung betr eine *Wiedergabe der älteren Marke*, so wie sie eingetragen oder angemeldet wurde, wobei die Wiedergabe, wenn die ältere Marke farbig ist, farbig sein muss; 1122

(d) betr die Angabe der *Waren und DL* der älteren Rechte, auf die sich die einzelnen Widerspruchsgründe stützen[1216]; 1123

(e) in Bezug auf den *Widersprechenden*: 1124

(aa) betr Angaben zu dessen *Identität* gemäß Art. 2 Abs. 1b UMDV; 1125

(bb) hat der Widersprechende einen *Vertreter* bestellt oder muss er gemäß Art. 119 Abs. 2 UMV vertreten werden, gemäß Art. 2 Abs. 1e UMDV betr den Namen und die Geschäftsanschrift des Vertreters; 1126

(cc) wird der Widerspruch von einem *Lizenznehmer* oder von einer Person eingelegt, die nach den einschlägigen Unionsbestimmungen oder nationalen Bestimmungen zur Ausübung eines älteren Rechts befugt ist, betr eine diesbzgl Erklärung mit Angaben zur Bevollmächtigung oder Befugnis zur Einlegung des Widerspruchs[1217]; 1127

so benachrichtigt das EUIPO gemäß Art. 5 Abs. 5 DVUM den Widersprechenden und fordert ihn auf, die *festgestellten Mängel* binnen zwei Monaten *zu beheben*. Werden die Mängel nicht fristgerecht behoben, so weist das Amt den Widerspruch als unzulässig zurück[1218]. 1128

1216 EuG, 24.05.2016, T-126/15 – Supeco/SUPER COR. So konnte sich der Widersprechende weder auf die Mitteilung Nr 2/12 des Präsidenten vom 20.06.2012 stützen, da die dort geregelte weite Auslegung des VerzWDL für Markenanmeldungen vor dem 22.06.2012 gerade nicht für das Widerspruchsverfahren gilt, noch auf eine falsche französische Sprachfassung von Regel 15 Abs. 2f GMDV. Das EuG (15.01.2013, T-237/11 – BELLRAM/RAM, Rn 46–55) will aber nach Ablauf der dreimonatigen Widerspruchsfrist noch eine Erweiterung (»Vervollständigung«) des Widerspruchs auf weitere Waren des Widersprechenden zulassen, wenn er anfangs eine unvollständige Urkunde eingereicht, diese aber später durch eine vollständige ersetzt hat.

1217 EuG, 30.06.2021, T-15/20 – SKYLINERS/SKY, Rn 45–50. Das bloße Bestehen einer ausschließlichen Lizenz für eine Marke kann nämlich nicht so ausgelegt werden, dass sie den Lizenznehmer berechtigt, allein auf dieser Grundlage und ohne ausdrückliche Ermächtigung hierzu einen Widerspruch einzulegen.

1218 EuG, 20.07.2017, T-780/16 – mediaexpert/mediaexpert, Rn 26–33; bestätigt durch EuGH, 13.03.2018, C-560/17 P. *Stürmann,* Verfahren vor dem HABM, GRUR-Prax 2016, 30.

1129 Der Umfang des Widerspruchs bestimmt sich aus dem Inhalt der Widerspruchsschrift in ihrer Gesamtheit, so dass ein offensichtlich fehlerhaftes Ankreuzen einer Box im Formular nicht schadet, wenn sich aus einem Begleitschreiben der tatsächliche Umfang eindeutig feststellen lässt[1219].

1130 Wegen Art. 147 Abs. 3 UMV kann man sich jedoch grds *nicht auf die im Register wiedergegebene Übersetzung des VerzWDL verlassen*, sondern muss diese immer mit der Originalsprache der Anmeldung oder deren zweiter Sprache (falls die Anmeldung nicht in einer der fünf Sprachen des EUIPO eingereicht worden war) abgleichen, will man das Risiko vermeiden, dass sich der Widerspruch wegen einer fehlerhaften Übersetzung nicht gegen alle störenden Waren und DL richtet[1220] (s. Rdn 314).

1. Prüfungsgrundsätze

1131 Auf Art. 9 UMV kann sich ein Widersprechender *nicht* stützen, weil dieser den Umfang des Rechts aus der Unionsmarke und damit die Folgen ihrer Eintragung regelt, nicht aber ihre Voraussetzungen.

1132 Auch die *absoluten Eintragungshindernisse* des Art. 7 UMV sind *nicht* im Rahmen eines Widerspruchsverfahrens zu *prüfen*[1221]. Ist der Anmelder der Auffassung, dass die Widerspruchsmarke wegen absoluter Schutzversagungsgründe nicht hätte eingetragen werden dürfen, bleibt es ihm vorbehalten, vor der zuständigen nationalen Instanz bzw dem EUIPO ein *Nichtigkeitsverfahren* einzuleiten. Bis zum Abschluss eines solchen kann dann das Widerspruchs- bzw Beschwerdeverfahren gemäß Art. 71 Abs. 1 DVUM ausgesetzt werden[1222]. Nach Art. 45 Abs. 3 UMV kann jedoch das EUIPO von Amts wegen die Prüfung jederzeit vor der Eintragung wieder aufnehmen. Im Beschwerdeverfahren kann der Widersprechende auch anregen, dass die BK nach Art. 30 Abs. 2 und 3 DVUM das Verfahren mit einer begründeten Zwischenentscheidung aussetzt und die angefochtene Anmeldung mit der Empfehlung zur Wiedereröffnung der Prüfung dem zuständigen Prüfer gemäß Art. 45 UMV zuweist. Er hat aber dem Amt oder der BK gegenüber keinen dahingehenden Anspruch (s.a. Rdn 1727 f).

1133 Werden *Bemerkungen Dritter* gemäß Art. 45 Abs. 1 UMV zur Unionsmarkenanmeldung eingereicht, kann das EUIPO ebenfalls das Widerspruchsverfahren aussetzen

1219 EuG, 03.04.2014, T-356/12 – SÔ:UNIC/SO…?, Rn 43–49; bestätigt durch EuGH, 15.10.2015, C-270/14 P. So führte das irrtümliche Ankreuzen der Box »EM« bei einem auf ältere nationale, nicht eingetragene Marken gestützten Widerspruch nach Art. 8 Abs. 4 UMV nicht zur Unzulässigkeit, wenn sich aus einem Begleitschreiben ergab, dass der Widersprechende sich nur auf Rechte in Irland und Großbritannien berufen wollte.

1220 EuG, 21.03.2013, T-353/11 – eventer EVENT MANAGEMENT SYSTEMS/EVENT, Rn 14–18. Aus Vorsichtsgründen empfiehlt sich daher, den Widerspruch immer (durch Ankreuzen des entspr Feldes im Formular) gegen »alle Waren und/oder DL der Anmeldung« (evt nur bestimmter Kl.) zu richten.

1221 EuG, 09.09.2011, T-274/09 – IC4/ICE, Rn 40.

1222 EuG, 30.06.2004, T-186/02 – DIESELIT/DIESEL, Rn 71.

und das Prüfungsverfahren wiedereröffnen, um zu klären, ob die geltend gemachten absoluten Eintragungshindernisse tatsächlich vorliegen[1223].

Widerspruch kann gemäß Art. 2 Abs. 3 DVUM in einem einzigen Antrag und einem einheitlichen Verfahren *aufgrund einer oder mehrerer älterer Marken* iSv Art. 8 Abs. 2 UMV (ältere Marken) und/oder eines oder mehrerer sonstiger älterer Rechte iSv Art. 8 Abs. 4 UMV (ältere Rechte) und/oder (in entspr Anwendung) aufgrund einer oder mehrerer Ursprungsbezeichnungen oder geografischen Angaben iSv Art. 8 Abs. 6 UMV erhoben werden, sofern alle älteren Rechte oder Marken demselben Inhaber oder denselben Inhabern bzw Berechtigten gehören. 1134

Dagegen ist *für jede Unionsmarkenanmeldung*, die mit einem Widerspruch angegriffen werden soll, *ein gesonderter Antrag* zu stellen und jeweils eine Widerspruchsgebühr zu zahlen. 1135

Das *Widerspruchsrecht* muss auch noch zum Zeitpunkt der Entscheidung *wirksam* sein, so dass evt Verlängerungen vom Widersprechenden zu belegen sind. Dies ist immer vom EUIPO zu prüfen und im Zweifel hat es den aktuellen Rechtsstand nachzufragen[1224]. 1136

2. Verfahren

Das Widerspruchsverfahren läuft in *zwei gesonderten Phasen* ab, nämlich einerseits hinsichtlich der *Zulässigkeit* des Widerspruchs im Rahmen einer Amtsprüfung in einem Ex-Parte-Verfahren, an dem sich der Anmelder, der gemäß Art. 4 DVUM unmittelbar über den Widerspruch informiert wird, auch ohne besondere Aufforderung seitens des EUIPO beteiligen kann (Art. 5 DVUM). 1137

Die Phase der *Prüfung der Zulässigkeit* kann zum Erlass einer Entscheidung führen, die das Verfahren abschließt (nämlich zur Feststellung, dass der Widerspruch als nicht eingereicht gilt oder dass er unzulässig ist) und als solche gemäß Art. 66 Abs. 1 UMV mit der Beschwerde angefochten werden kann[1225]. 1138

Das Folgende sind *Unzulässigkeitsgründe*: 1139

1. Wird die *Widerspruchsgebühr* nicht innerhalb der Widerspruchsfrist nach Art. 46 Abs. 1 UMV entrichtet, so gilt der Widerspruch als nicht erhoben. Wird sie nach Ablauf der Widerspruchsfrist einbezahlt, wird sie dem Widersprechenden erstattet (Art. 5 Abs. 1 DVUM). 1140
2. Wird die *Widerspruchsschrift* nach Ablauf der Widerspruchsfrist eingereicht, so weist das Amt den Widerspruch als unzulässig zurück (Art. 5 Abs. 2 DVUM). 1141
3. Wird die Widerspruchsschrift in einer *Sprache* eingereicht, bei der es sich um keine der Sprachen des EUIPO nach Art. 146 Abs. 5 UMV handelt oder entspricht sie nicht den Bestimmungen von Art. 2 Abs. 2a, 2b oder 2c DVUM, und wurden 1142

1223 EuG, 22.06.2010, T-255/08 – JOSE PADILLA/JOSE PADILLA, Rn 28, 35, 36.
1224 EuG, 13.09.2006, T-191/04 – METRO/METRO, Rn 29 ff.
1225 EuGH, 18.10.2012, C-402/11 P – REDTUBE/Redtube, Rn 48.

diese Mängel nicht vor Ablauf der Widerspruchsfrist behoben, so weist das Amt den Widerspruch als unzulässig zurück (Art. 5 Abs. 3 DVUM).

1143 4. Legt der Widersprechende die nach Art. 146 Abs. 7 UMV erforderliche Übersetzung nicht vor, wird der Widerspruch als unzulässig zurückgewiesen. Ist die Übersetzung unvollständig, bleibt der nicht übersetzte Teil der Widerspruchsschrift bei der Zulässigkeitsprüfung unberücksichtigt (Art. 5 Abs. 4 DVUM).

1144 Erfüllt die Widerspruchsschrift die Bestimmungen des Art. 2 Abs. 2d bis 2h DVUM nicht, so benachrichtigt das Amt den Widersprechenden und fordert ihn auf, die festgestellten Mängel binnen zwei Monaten zu beheben. Werden die Mängel nicht fristgerecht behoben, so weist es den Widerspruch als unzulässig zurück (Art. 5 Abs. 5 DVUM).

1145 Das Amt unterrichtet den Anmelder über jegliche Feststellung gemäß Art. 5 Abs. 1 DVUM, dass die Widerspruchsschrift als nicht eingereicht gilt, und über jegliche Entscheidung der Zurückweisung des Widerspruchs aus den Unzulässigkeitsgründen nach Art. 5 Abs. 2, 3, 4 oder 5 DVUM. Wird ein Widerspruch vor der Zustellung gemäß Art. 6 Abs. 1 DVUM in allen Teilen als unzulässig gemäß Art. 5 Abs. 2, 3, 4 oder 5 DVUM zurückgewiesen, wird keine Kostenentscheidung getroffen (Art. 5 Abs. 6 DVUM).

1146 Andererseits stellt das *Verfahren über die Begründetheit* ein echtes zweiseitiges Verfahren dar, das sich wegen Art. 95 Abs. 1 S. 2 UMV an *zivilprozessualen Grundsätzen* orientiert (Art. 6 bis 8 DVUM). Wegen Art. 6 DVUM beginnt das Widerspruchsverfahren selbst, dh die *Inter-partes*-Phase, nur dann, wenn das EUIPO geprüft hat, dass der Widerspruch zulässig ist und keiner der in Art. 5 DVUM genannten Gründe seiner Zulässigkeit entgegensteht[1226].

1147 Dem streitigen Verfahren über die Begründetheit des Widerspruchs ist eine »Abkühlphase« (*Cooling-off-Periode*) vorgeschaltet. Diese soll es den Beteiligten ermöglichen, auf dem Verhandlungsweg zu einer gütlichen Einigung zu gelangen. Dieses Institut spielt eine große Rolle, und tatsächlich werden ca. 67 % der Widerspruchsverfahren ohne streitige Entscheidung des EUIPO erledigt.

1148 Verwirft das EUIPO den Widerspruch nicht als unzulässig, so teilt es den Beteiligten gemäß Art. 6 Abs. 1 DVUM mit, dass der *kontradiktorische Teil* des Widerspruchsverfahrens *zwei Monate nach der Zustellung dieser Mitteilung* beginnt. Diese Frist kann auf insgesamt *24 Monate verlängert* werden, wenn beide Beteiligte dies vor Ablauf der Zweimonatsfrist beantragen[1227]. Bei dieser Mitteilung handelt es sich um keine bloße verfahrensleitende Maßnahme, sondern um eine *nicht abschließende Entscheidung* gemäß Art. 66 Abs. 2 UMV, die, wenn sie offensichtlich mit einem dem EUIPO anzulastenden Fehler behaftet ist, wegen Art. 103 UMV auf Antrag oder von Amts

1226 EuGH, 18.10.2012, C-402/11 P – REDTUBE/Redtube, Rn 49–51.

1227 Bislang war eine Verlängerung auf höchstens *drei Jahre.* möglich, was angesichts der neuen Rechtslage nicht mehr statthaft sein dürfte; S. Alicante News 12/2014, S. 6.

wegen binnen eines Jahres[1228] ab dem Entscheidungserlass nach Anhörung der Verfahrensbeteiligten sowie etwaiger, im Register eingetragener Inhaber von Rechten an der betr Unionsmarke widerrufen werden kann. Ansonsten kann sie mit der Beschwerde nur zusammen mit der Endentscheidung angefochten werden, sofern in der nicht abschließenden Entscheidung nicht die gesonderte Beschwerde zugelassen wurde[1229].

Jeder Beteiligte kann die verlängerte Cooling-off-Frist mittels eines einfachen Schreibens an das Amt *beenden*, ohne dass es darauf ankommt, ob der andere Beteiligte damit einverstanden ist. 1149

Wird die Anmeldung innerhalb der Cooling-off-Frist zurückgenommen oder auf die Waren und DL beschränkt, gegen die sich der Widerspruch nicht richtet, oder wird dem EUIPO mitgeteilt, dass sich die Beteiligten gütlich geeinigt haben, oder wird die Anmeldung in einem Parallelverfahren zurückgewiesen, dann wird das *Widerspruchsverfahren eingestellt* (Art. 6 Abs. 2 DVUM). 1150

Wenn der Anmelder die Anmeldung innerhalb der Cooling-off-Frist einschränkt, indem er auf die Beanspruchung bestimmter, durch Widerspruch angefochtener Waren und DL verzichtet, so fordert das EUIPO den Widersprechenden auf, innerhalb einer von ihm festgelegten Frist zu erklären, ob er den Widerspruch aufrechterhält bzw gegen welche der verbleibenden Waren und DL er ihn weiter richtet. Nimmt der Widersprechende den Widerspruch aufgrund der Einschränkung zurück, wird das Widerspruchsverfahren eingestellt (Art. 6 Abs. 3 DVUM). 1151

Wird das Widerspruchsverfahren gemäß Art. 6 Abs. 2 oder 3 DVUM vor Ablauf der Cooling-off-Frist eingestellt, wird *keine Kostenentscheidung* getroffen mit der Konsequenz, dass jeder Beteiligte seine eigenen Kosten trägt (Art. 6 Abs. 4 DVUM). Wird das Widerspruchsverfahren vor Ablauf der Cooling-off-Frist wegen der Zurücknahme oder Einschränkung der Anmeldung oder Zurücknahme des Widerspruchs wegen Art. 6 Abs. 2 oder 3 DVUM eingestellt, wird die *Widerspruchsgebühr erstattet* (Art. 6 Abs. 5 DVUM). Ansonsten gilt nämlich der Grundsatz des Art. 109 Abs. 4 UMV, dass derjenige Beteiligte, der ein Verfahren durch Rücknahme beendet, die Gebühren und die Kosten des anderen Beteiligten zu tragen hat. 1152

Kommt es zu keiner gütlichen Einigung innerhalb der evt auch verlängerten Cooling-off-Periode, so beginnt das *streitige Widerspruchsverfahren*. Das EUIPO gibt dem Widersprechenden dann Gelegenheit, die Tatsachen, Beweismittel und Bemerkungen zur Stützung seines Widerspruchs vorzubringen oder Tatsachen, Beweismittel und Bemerkungen zu ergänzen, die bereits anlässlich der Widerspruchserhebung vorgelegt wurden (Art. 46 Abs. 4 UMV, Art. 7 Abs. 1 DVUM). Zu diesem Zweck setzt es eine Frist von mindestens zwei Monaten ab dem Tag der Eröffnung des kontradiktorischen Teils des Widerspruchsverfahrens gemäß Art. 6 Abs. 1 DVUM (s. Rdn 1091). Legt der Widersprechende keine (weiteren) Tatsachen, Beweismittel und Bemerkungen 1153

1228 Der alte Art. 80 Abs. 1 GMV beschränkte die Anwendbarkeit noch auf *Verfahrens*fehler, und in Abs. 2 war eine Sechsmonatsfrist vorgesehen.

1229 EuGH, 18.10.2012, C-402/11 P – REDTUBE/Redtube, Rn 52–69.

zur Stützung seines Widerspruchs vor, wozu er nicht verpflichtet ist, sondern was in seinem Ermessen steht, so entscheidet das EUIPO in einer umfassenden Prüfung nach der Stellungnahme des Anmelders über die Begründetheit des Widerspruchs[1230].

1154 Innerhalb der obigen Frist muss der Widersprechende wegen Art. 7 Abs. 2 DVUM außerdem Beweise für die Existenz, die Gültigkeit und den Schutzumfang seiner älteren Marke oder seines älteren Rechts einreichen und den Nachweis erbringen, dass er zur Einlegung des Widerspruchs befugt ist.

3. Beweismittel

1155 Der Widersprechende muss insb *folgende Beweismittel* innerhalb der Frist vorlegen (Art. 7 Abs. 2 DVUM):

1156 (a) Beruht der Widerspruch auf einer *älteren Marke* gemäß Art. 8 Abs. 2a und 2b UMV, die keine Unionsmarke ist, so ist ihre Anmeldung oder Eintragung wie folgt zu belegen:

1157 (i) wenn die Marke noch nicht eingetragen ist, durch eine Abschrift der Anmeldebescheinigung oder eines gleichwertigen Schriftstücks der Stelle, bei der die Anmeldung eingereicht wurde, oder

1158 (ii) wenn die Marke eingetragen ist, durch eine Abschrift der betr Eintragungsurkunde[1231] und ggf der jüngsten Verlängerungsurkunde, aus der hervorgeht, dass die Schutzdauer der Marke über die in Art. 7 Abs. 1 DVUM genannte Frist und ihre etwaige Verlängerung hinausgeht, oder durch gleichwertige Schriftstücke der Stelle, die die Markeneintragung vorgenommen hat. Die Vorlage einer Verlängerungsurkunde reicht jedoch auch ohne Eintragungsurkunde zum Nachweis der Existenz, der Gültigkeit und des Schutzumfangs der älteren Marke aus, wenn sie alle zu diesem Zweck erforderlichen Informationen enthält[1232].

1159 (b) Beruht der Widerspruch auf einer *notorisch bekannten Marke* iSd Art. 8 Abs. 2c UMV, so ist der Nachweis zu erbringen, dass diese Marke in dem betr Gebiet für die gemäß Art. 2 Abs. 2g DVUM angegebenen Waren oder DL notorisch bekannt ist.

1160 (c) Wird der Widerspruch auf die fehlende Zustimmung des Inhabers nach Art. 8 Abs. 3 UMV (*Agentenmarke*) gestützt, so sind die Inhaberschaft des Beteiligten bzgl der älteren Marke und seine Beziehung zu dem Agenten oder Vertreter nachzuweisen.

1230 EuG, 24.10.2019, T-58/18 – Xocolat/LUXOCOLAT, Rn 19–21.

1231 Dann genügt die Vorlage einer Anmeldebescheinigung nicht mehr; EuG, 05.02.2016, T-135/14 – kicktipp/KICKERS, Rn 75.

1232 EuG, 05.02.2016, T-135/14 – kicktipp/KICKERS, Rn 56–65, 74, 75. Wenn die Verlängerung rechtzeitig beantragt wurde, die zuständige Stelle über diesen Antrag aber noch nicht entschieden hat, reicht die Vorlage eines Belegs für den Antrag aus, wenn er von der zuständigen Stelle stammt und alle erforderlichen Informationen hinsichtlich der Eintragung der Marke enthält. Dieser Beleg für die Stellung eines Verlängerungsantrags reicht jedoch nicht mehr aus, wenn die Verlängerung vorgenommen wurde.

(d) Wird der Widerspruch auf ein *älteres Recht* iSd Art. 8 Abs. 4 UMV gestützt, so sind dessen Benutzung im Handelsverkehr von mehr als lediglich örtlicher Bedeutung sowie sein Erwerb, Fortbestand und Schutzumfang nachzuweisen. Wird das ältere Recht nach dem Recht eines Mitgliedstaats geltend gemacht, ist auch eine eindeutige Angabe der Inhalte des zugrunde liegenden nationalen Rechts durch Beifügung von Veröffentlichungen der relevanten Bestimmungen oder Rspr erforderlich. 1161

(e) Wird der Widerspruch auf eine *ältere Ursprungsbezeichnung* oder geografische Angabe iSd Art. 8 Abs. 6 UMV gestützt, ist deren Erwerb, Fortbestand und Schutzumfang nachzuweisen. Wenn die ältere Ursprungsbezeichnung oder geografische Angabe nach dem Recht eines Mitgliedstaats geltend gemacht wird, ist auch eine eindeutige Angabe der Inhalte des zugrunde liegenden nationalen Rechts durch Beifügung von Veröffentlichungen der relevanten Bestimmungen oder Rspr erforderlich. 1162

(f) Wird der Widerspruch auf eine Marke gestützt, die eine iSd Art. 8 Abs. 5 UMV *bekannte Marke* ist, ist dies für die Union oder den betr Mitgliedstaat für die gemäß Art. 2 Abs. 2g DVUM angegebenen Waren oder DL zusätzlich zu dem in Abs. 2a aufgeführten Nachweis zu belegen. Ferner sind Beweismittel und Tatsachen dazu vorzutragen, dass die Benutzung der Anmeldung die Unterscheidungskraft oder die Wertschätzung der älteren Marke ohne rechtfertigenden Grund in unlauterer Weise ausnutzen oder beeinträchtigen würde. 1163

Sind die *Nachweise* für die Anmeldung oder Eintragung der älteren Rechte gemäß Art. 7 Abs. 2a oder ggf Abs. 2d oder 2e DVUM oder die Nachweise bzgl der Inhalte des einschlägigen nationalen Rechts *im Internet* in einer vom Amt anerkannten Quelle verfügbar, kann der Widersprechende gemäß Art. 7 Abs. 3 DVUM diese Nachweise in Form eines Verweises auf diese Quelle vorlegen. 1164

Alle in Art. 7 Abs. 2a, 2d oder 2e DVUM erwähnten Anmelde-, Eintragungs- und Verlängerungsbescheinigungen oder gleichwertigen Unterlagen sowie alle Bestimmungen des anwendbaren nationalen Rechts für den Erwerb von Rechten und deren Schutzumfang, auf die in Art. 7 Abs. 2d und 2e DVUM Bezug genommen wird, einschl der in Abs. 3 genannten im Internet verfügbaren Nachweise, sind gemäß Art. 7 Abs. 4 DVUM in der *Verfahrenssprache* vorzulegen oder es ist eine *Übersetzung* in dieser Sprache nach den Anforderungen des Art. 25 Abs. 1 UMDV beizufügen. Der Widersprechende hat die Übersetzung von sich aus innerhalb der Frist für die Vorlage der Originalunterlagen einzureichen. Für alle weiteren vom Widersprechenden zur Substantiierung des Widerspruchs vorgelegten Beweismittel gilt Art. 24 UMDV. Nach Ablauf der betr Frist eingereichte Übersetzungen bleiben unberücksichtigt. 1165

Das EUIPO lässt wegen Art. 7 Abs. 5 DVUM schriftliche Vorlagen oder Teile davon *unberücksichtigt*, die nicht *innerhalb* der nach Art. 7 Abs. 1 DVUM von ihm *gesetzten Frist* eingereicht oder nicht in die Verfahrenssprache übersetzt wurden. 1166

Der Widersprechende oder der Anmelder können gemäß Art. 3 DVUM das Amt vor dem Tag, an dem der kontradiktorische Teil des Widerspruchsverfahrens gemäß Art. 6 Abs. 1 DVUM beginnt, darüber unterrichten, dass sich beide Beteiligten gemäß 1167

Art. 146 Abs. 8 UMV auf eine *andere Verfahrenssprache* geeinigt haben. Wurde die Widerspruchsschrift nicht in dieser Sprache eingereicht, kann der Anmelder verlangen, dass der Widersprechende ihre Übersetzung in dieser Sprache einreicht. Ein solches Ersuchen muss spätestens an dem Tag beim Amt eingehen, an dem der kontradiktorische Teil des Verfahrens beginnen soll. Dieses legt eine Frist fest, innerhalb der der Widersprechende eine Übersetzung einreichen muss. Wird die Übersetzung nicht oder verspätet eingereicht, bleibt es bei der gemäß Art. 146 UMV festgelegten Verfahrenssprache.

4. Weiteres Verfahren

1168 Widersprüche gelten jedenfalls dann als *zulässig*, wenn zumindest eines der älteren Rechte alle absoluten und relativen Zulässigkeitsvoraussetzungen erfüllt[1233]. Dies hat der Widersprechende sicherzustellen. Er sollte aber vorsichtshalber alle geltend gemachten älteren Rechte belegen, da er letztlich nicht wissen kann, welches davon die Widerspruchsabteilung und evt auch die BK als Entscheidungsgrundlage nehmen wird. Hat er jedoch vor Ablauf der vom Amt gesetzten Frist von mindestens zwei Monaten nach Art. 7 Abs. 1 DVUM keine Beweismittel vorgelegt oder sind die vorgelegten offensichtlich unerheblich oder unzureichend, um die Substanziierungserfordernisse für wenigstens eines der älteren Rechte gemäß Art. 7 Abs. 2 DVUM (Existenz, Gültigkeit, Schutzumfang, Widerspruchsbefugnis) zu erfüllen, wird der Widerspruch als *unbegründet* zurückgewiesen (Art. 8 Abs. 1 DVUM)[1234].

1169 Wird der Widerspruch nicht gemäß Art. 8 Abs. 1 DVUM zurückgewiesen, so übermittelt das EUIPO die Unterlagen des Widersprechenden an den *Anmelder* und fordert ihn auf, innerhalb einer von ihm gesetzten Frist dazu Stellung zu nehmen (Art. 8 Abs. 2 DVUM)[1235]. Gibt der Anmelder keine *Stellungnahme* ab, so entscheidet das Amt anhand der vorliegenden Beweismittel über den Widerspruch (Art. 8 Abs. 3 DVUM).

1170 Eine Stellungnahme des Anmelders dagegen wird dem Widersprechenden übermittelt, der nötigenfalls – dh in der Praxis regelmäßig – vom EUIPO aufgefordert wird, sich innerhalb einer vom Amt gesetzten Frist von mindestens zwei Monaten dazu zu *äußern* (Art. 8 Abs. 4 DVUM).

1171 Legt der Widersprechende nach Ablauf der vom EUIPO gesetzten Frist von mindestens zwei Monaten nach Art. 7 Abs. 1 DVUM Tatsachen oder Beweismittel vor, die wichtige fristgerecht eingereichte *Tatsachen oder Beweismittel ergänzen* und sich auf dieselben Substantiierungsanforderungen des Art. 7 Abs. 2 DVUM (Existenz, Gül-

1233 Mitteilung Nr 5/07 des Präsidenten vom 12.09.2007 Nr 2; ABl.HABM 11/2007.

1234 EuG, 20.07.2017, T-780/16 – mediaexpert/mediaexpert, Rn 26–44; bestätigt durch EuGH, 13.03.2018, C-560/17 P. Vor der Zurückweisung ist das Amt nicht verpflichtet, auf Begründetheitsmängel hinzuweisen und eine Frist zur Mängelbehebung zu setzen.

1235 Verlängerungsunterlagen über die Widerspruchsmarke muss das EUIPO dem Anmelder zur Stellungnahme übermitteln. Ansonsten ist dessen rechtliches Gehör nicht gewahrt, was zur Aufhebung der angefochtenen Entscheidung führen kann; EuG, 05.05.2015, T-715/13 – Castello/Castelló, Rn 66–92.

tigkeit, Schutzumfang, Widerspruchsbefugnis) beziehen, nutzt das Amt sein *Ermessen* nach Art. 95 Abs. 2 UMV für seine Entscheidung darüber, ob es diese ergänzenden Tatsachen oder Beweismittel *berücksichtigt*. Zu diesem Zweck trägt das EUIPO vor allem dem Verfahrensstadium Rechnung und berücksichtigt, ob die Tatsachen oder Beweismittel auf den *ersten Blick für den Ausgang des Falls bedeutend* erscheinen und ob sie aus *berechtigten Gründen nicht fristgemäß* vorgelegt wurden (Art. 8 Abs. 5 DVUM; s. Rdn 1141 ff).

Das Amt fordert den Anmelder zu weiteren diesbzgl *Stellungnahmen* auf, wenn es dies unter den gegebenen Umständen für angemessen erachtet (Art. 8 Abs. 6 DVUM). 1172

Je nach Sachlage kann das EUIPO die Beteiligten auffordern, ihre Stellungnahmen *auf bestimmte Fragen zu beschränken*. In diesem Fall erhalten sie Gelegenheit, die sonstigen Fragen zu einem späteren Verfahrenszeitpunkt zu erörtern. Das Amt ist *nicht verpflichtet*, einen Beteiligten auf die Möglichkeit der Einreichung bestimmter wichtiger, noch nicht vorgelegter Tatsachen oder Beweismittel *hinzuweisen* bzw darauf aufmerksam zu machen, welche Tatsachen oder Beweismittel vorgebracht werden sollten oder nicht vorgebracht wurden (Art. 8 Abs. 9 DVUM)[1236]. Dies verbietet zudem seine Neutralitätspflicht in Inter-partes-Verfahren. 1173

Zwar sieht Art. 47 Abs. 1 UMV vor, dass das EUIPO bei der Prüfung des Widerspruchs die Beteiligten *so oft wie erforderlich auffordert*, innerhalb einer von ihm zu bestimmenden Frist eine Stellungnahme zu seinen Bescheiden oder zu den Schriftsätzen anderer Beteiligter einzureichen. Dies geschieht aber *idR nur einmal*, so dass bereits innerhalb der ersten Äußerungsfrist alle erforderlichen Tatsachen und Beweismittel sowie Argumente vorzubringen sind, um nicht zu riskieren, dass sie bei Einreichung im nachfolgenden Verfahren als verspätet ausgeschlossen werden[1237]. Sollte die Widerspruchsabteilung nicht ausdrücklich zur Stellungnahme innerhalb einer festgesetzten Frist auffordern, hält aber einer der Verfahrensbeteiligten eine Beantwortung für geboten, so sollte er unter Hinweis auf evt neuen Sachvortrag der Gegenseite entweder unverzüglich eine Stellungnahme abgeben oder unter Angabe von Gründen um eine Frist hierzu nachsuchen. 1174

Die Widerspruchsabteilung kann das Verfahren auch nach dessen Schließung *wiedereröffnen* und einem Beteiligten eine neue Frist zu Stellungnahmen oder zur Übermittlung von Nachweisen setzen, die dann auch berücksichtigt werden müssen[1238]. 1175

Über diese einzelnen Verfahrensstufen werden die Beteiligten in einem speziellen *Formblatt* des EUIPO bei *Beginn des Verfahrens über die Begründetheit* des Widerspruchs detailliert und mit genauen Fristangaben informiert. Darauf darf sich aber ein Verfahrensbeteiligter nicht verlassen, zumal auch *eine pauschale Aufforderung ausreicht*, um das rechtliche Gehör zu wahren. Eine Nachforderung von fehlenden Dokumenten 1176

1236 EuG, 21.06.2017, T-235/16 – GPTech/GP JOULE, Rn 30.

1237 Jedoch kann im Verspätungsfall die *Weiterbehandlung.* des Art. 105 UMV beantragt werden.

1238 EuG, 16.06.2010, T-487/08 – KREMEZIN/KRENOSIN, Rn 32–42.

oder Übersetzungen seitens der Widerspruchsabteilung erfolgt nicht, weil dies gegen die *strikte Neutralitätspflicht* des EUIPO in Inter-partes-Verfahren verstoßen würde.

1177 Das Amt kann die Beteiligten ersuchen, *sich zu einigen*, wenn es dies als sachdienlich erachtet (Art. 47 Abs. 4 UMV). Da hiervon kaum Gebrauch gemacht wird, sollte ein Beteiligter sich entweder unmittelbar mit der Gegenseite in Verbindung setzen, falls er dies nicht sowieso schon vor Einleitung des Verfahrens getan hat, oder im Verfahren konkrete Anregungen zu einem Vergleich unterbreiten, insb wenn diese auf eine Einschränkung des VerzWDL eines der konkurrierenden Rechte oder auf sonstige (zB räumliche, zeitliche oder inhaltliche) Abgrenzungsvereinbarungen abzielen. Um die gütliche Einigung zu fördern, bieten die BK nunmehr auch *Schiedsgutachtenverfahren* an (s. Rdn 1763).

1178 Wurden *mehrere Widersprüche* gegen dieselbe Anmeldung einer Unionsmarke eingereicht, kann das Amt sie in einem Verfahren prüfen. Es kann sie später wieder trennen. Ergibt die vorläufige Prüfung eines oder mehrerer Widersprüche, dass eine Anmeldung für einige oder alle beanspruchten Waren oder DL nicht eingetragen werden kann, kann das Amt die übrigen Widerspruchsverfahren *aussetzen*. Es unterrichtet die davon betroffenen Widersprechenden über jede sie betr Entscheidung, die im Zusammenhang mit den fortgeführten Verfahren ergeht (Art. 9 Abs. 1 und 2 DVUM).

1179 Sobald die *Zurückweisung* einer Anmeldung *rechtskräftig* geworden ist, gelten die Widersprüche, deren Verfahren ausgesetzt wurden, als *erledigt* und die Widersprechenden werden hiervon in Kenntnis gesetzt. Eine derartige Erledigung gilt als *Einstellung des Verfahrens* iSd Art. 109 Abs. 5 UMV. Das Amt erstattet jedem Widersprechenden, dessen Widerspruch auf diese Weise als erledigt gilt, 50 % der entrichteten Widerspruchsgebühr, sofern die Verfahren bzgl dieses Widerspruchs vor Beginn des kontradiktorischen Teils der Verfahren ausgesetzt wurden (Art. 9 Abs. 3 und 4 DVUM).

1180 Wird von den Beteiligten eines Widerspruchsverfahrens eine *Aussetzung* gemäß Art. 71 DVUM mit fristunterbrechender Wirkung beantragt (zB zu Vergleichsverhandlungen), bewilligt das EUIPO diese für maximal sechs Monate. Bei Folgeanträgen wird der gleiche Zeitraum gewährt, jedoch nur bis zu einer Gesamtdauer von zwei Jahren. Die Aussetzung kann ein Beteiligter jederzeit beenden.

1181 Wurde der Widerspruch nicht gemäß Art. 8 Abs. 1 DVUM zurückgewiesen und reichen die vom Widersprechenden vorgelegten Beweismittel für seine *Substantiierung* nach Art. 7 DVUM für wenigstens eines der älteren Rechte nicht aus, wird er als *unbegründet zurückgewiesen* (Art. 8 Abs. 7 DVUM).

1182 Die Regelungen des Art. 6 Abs. 2 und 3 DVUM hinsichtlich *Rücknahme und Einschränkung der Anmeldung* gelten entspr ab Eröffnung des kontradiktorischen Teils des Widerspruchsverfahrens. Wünscht der Anmelder die angefochtene Anmeldung zurückzunehmen oder zu beschränken, so hat er dies mittels eines *gesonderten Schriftstückes*, also auf einem vom übrigen Text separaten Blatt mit neuem Briefkopf und Unterschrift, zu tun (Art. 8 Abs. 8 DVUM).

Der Widerspruch kann *jederzeit zurückgenommen* werden, auch in der Beschwerde- oder Klageinstanz[1239]. Die Rücknahme ist noch statthaft nach Erlass einer (auch nur teilweise) ablehnenden Entscheidung der Widerspruchsabteilung oder der BK, solange sie innerhalb noch offener Beschwerde- bzw Klagefrist erfolgt[1240]. 1183

Die Widerspruchsabteilung entscheidet auch über die *Kosten* (Art. 109 UMV), wozu diejenigen der Beteiligten und die Gebühren gehören (s. Rdn 329 ff). 1184

5. Häufige Fehler des Widersprechenden

Die den Beteiligten vom EUIPO übersandten Informationen, Hinweise und Merkblätter sind strikt zu beachten! 1185

(a) Zum *Nachweis der älteren Rechte* sind vorzulegen: Anmeldebescheinigungen, Eintragungsurkunden oder gleichwertige amtliche Dokumente, also solche, die von der Stelle stammen, bei der die Anmeldung eingereicht wurde bzw die die Markeneintragung vorgenommen hat, zB *TMview*[1241] für Unionsmarken, andere darin enthaltene nationale Marken (-anmeldungen) und IR-Marken[1242], *Madrid Monitor* (früher: *ROMARIN*) von der WIPO für IR-Marken[1243], *DPMAregister* des deut- 1186

1239 EuG, 03.07.2003, T-10/01 – SEDONIUM/PREDONIUM, Rn 15–17.

1240 BK, 20.10.2006, R 961/06-1 – SILKA/sikla. Eine Rücknahme vor dem EuG führt aber nicht automatisch zur Beendung des Verfahrens, sondern dieses ist für erledigt zu erklären (s. Rdn 1815); EuG, 01.03.2016, T-40/09 – VOGUE CAFÉ/Vogue und VOGUE studio, Rn 17–32.

1241 EuG, 06.12.2018, T-848/16 – V/V, Rn 60, 67. Die Datenbank TMview ist ein vom EUIPO verwaltetes IT-Instrument, zu dem andere Markenämter, darunter die WIPO, Beiträge leisten. Ein Auszug aus TMview entspricht dem Stand des Registers der zuständigen Stelle zum Zeitpunkt der Konsultation dieser Datenbank durch den Benutzer. Für den Betrieb von TMview sorgen nämlich die beteiligten Markenämter wie die WIPO, die die Informationen täglich aktualisieren, so dass sie ihren Markenregistern genau entsprechen. Dieses Urteil nimmt bereits die Regelung des neuen Rechts in Art. 7 Abs. 3 DVUM vorweg, wonach der Widersprechende, wenn die Nachweise für die Anmeldung oder Eintragung der älteren Rechte gemäß Art. 2 Abs. 2a oder ggf Abs. 2d oder Abs. 2e DVUM online in einer vom Amt anerkannten Quelle, wie TMview, verfügbar sind, diese in Form eines Verweises auf diese Quelle vorlegen kann.

1242 EuG, 06.12.2018, T-848/16 – V/V, Rn 55–73. Im Gegensatz zu einer CTM-Online-Auskunft des HABM stellt ein Auszug aus der TMview-Datenbank des EUIPO in Bezug auf Internationale Registrierungen mit Benennung der Union ein einer Abschrift der von der WIPO ausgestellten Eintragungsurkunde gleichwertiges Schriftstück iSv Regel 19 Abs. 2a-ii GMDV dar, vorausgesetzt, der vom Widersprechenden vorgelegte Auszug enthält alle sachdienlichen Informationen. Falls das in dem Auszug aus TMview enthaltene VerzWDL nicht in der Sprache des Widerspruchsverfahrens verfügbar ist, muss der Widersprechende gemäß Regel 19 Abs. 3 GMDV (jetzt: Art. 7 Abs. 4 DVUM.) dieses zusammen mit dessen Übersetzung in die Verfahrenssprache vorlegen.

1243 Bei der Erstreckung einer IR-Marke auf die Union wird neben *Madrid Monitor*- (früher *ROMARIN*) auch der TMview-Auszug, keinesfalls jedoch der CTM-Ausdruck des HABM anerkannt; EuG, 26.11.2014, T-240/13 – Alifoods/ALDI, Rn 26–32. Nach

schen Amts oder *SITADEX* vom spanischen Amt (Art. 7 Abs. 2a und Abs. 3 DVUM). Die *Kopie der Urkunde* muss dem *Original – ohne jegliche Änderung – vollständig entsprechen*, also bei farbigen Marken eine farbige Wiedergabe einschließen[1244]. Enthalten diese Datenauszüge nicht alle erforderlichen Angaben, fehlt zB die Abbildung der Marke oder das VerzWDL (wie manchmal bei *SITADEX*), muss dies durch entspr andere, aus offiziellen Quellen stammende Dokumente ergänzt werden. *Nicht* mehr berücksichtigt werden *private Datenbankauskünfte*, wie zB *DEMAS, MARQUESA, COMPUSERVE, THOMSON, OLIVIA, PATLINK oder COMPUMARK*, da deren Standard europaweit starken Schwankungen unterworfen ist.

1187 (b) Die vorzulegenden Dokumente müssen *vollständig* sein. Es kommt immer wieder vor, dass zB die Vorlage des Deckblatts mit der Angabe des eintragenden Amts oder die farbige Wiedergabe der älteren Rechte vergessen wird, oder dass bei Registerauskünften die Quellenangabe oder das Veröffentlichungsdatum nicht mitgeteilt werden. Auch auf die Vollständigkeit elektronischer Datenbankauskünfte darf man nicht blind vertrauen. So sind alle Dokumente vor der Vorlage auf ihre Vollständigkeit zu überprüfen, ob nicht zB die Angabe des Markeninhabers oder die Wiedergabe der Marke fehlt. Auf dem Dokument verwandte Codes sollten vorsorglich durch Beifügung eines Schlüssels erläutert sein.

1188 (c) Bei *Übersetzungen*[1245] gilt der Grundsatz: Je vollständiger desto besser. Im Zweifel ist es besser, lieber zu viel als zu wenig zu übersetzen. Das gilt für alle für das Verfahren relevanten Dokumente, einschl von Verlängerungsurkunden. Die Übersetzung muss auf das ebenfalls einzureichende Originalschriftstück Bezug nehmen, dessen Inhalt und Struktur wiedergeben und auf einem gesonderten Blatt vorgelegt werden (Art. 7 Abs. 4 DVUM, Art. 25 Abs. 1 UMDV). Auch der Name der Ausstellungsbehörde oder die Schlüssel der relevanten Codes sind zu übertragen. Das

---

Art. 190 UMV erstreckt sich die Veröffentlichung einer IR, in der die Union benannt ist, nämlich nur auf bestimmte Angaben wie die Wiedergabe der Marke und die Nummern der Waren- oder DL-Kl., für die ein Schutz in Anspruch genommen wird, nicht aber das VerzWDL. Dieses Verz. wird vom EUIPO zudem nicht übersetzt und ist somit nur in den drei Sprachen verfügbar, in denen die WIPO die IR veröffentlicht hat. Nach EuG, 06.12.2018, T-638/16 – Linien auf einem Schuh/Zwei Balken an der Seite eines Schuhs, Rn 114–127, kann sich ein Widersprechender nicht einmal auf den Vertrauensgrundsatz berufen, obwohl das EUIPO in seinen Prüfungsrichtlinien es als gängige Praxis bezeichnet hatte, Auszüge aus der CTM-Online-Datenbank als Nachweis für IR-Marken mit Benennung der Union zu akzeptieren, weil dieser Hinweis klar gegen das Gesetz verstieß.

1244 EuG, 25.10.2018, T-359/17 – ALDI/ALDO, Rn 37–58; bestätigt durch EuGH, 04.06.2019, C-822/18 P. Dies ergibt sich aus einer telelogischen Auslegung der zwingenden Vorschrift von Regel 19 Abs. 2a-ii GMDV, nunmehr Art. 7 Abs. 2a-ii DVUM. So reicht eine Schwarz-Weiß-Kopie auch dann nicht aus, wenn in der Widerspruchsschrift eine farbige Wiedergabe vorgelegt wurde, weil diese nur für die Zulässigkeitsprüfung des Widerspruchs relevant war, nicht aber für die Feststellung von dessen Begründetheit.

1245 Zur Sprache des Widerspruchsverfahrens und zur Übersetzungspflicht s. Rdn 297 ff und 461 f.

nicht fristgerecht übersetzte Schriftstück oder dessen nicht übersetzter Teil gilt als nicht beim EUIPO eingegangen, so dass uU der Widerspruch allein aus diesem Grund als unzulässig verworfen werden kann (Art. 25 Abs. 2 UMDV). Sonstige Schriftsätze und Dokumente oder Teile davon, für die nicht die Vorschriften des Art. 7 Abs. 4 DVUM gelten, können in jeder Amtssprache der Union vorgelegt werden. Sind derartige Schriftstücke nicht in der Verfahrenssprache gemäß Art. 146 UMV abgefasst, kann das EUIPO auf eigene Initiative oder auf begründeten Antrag der anderen Partei die Vorlage einer Übersetzung in die Verfahrenssprache innerhalb einer von ihm festgelegten Frist verlangen (Art. 24 UMDV).

(d) Bei *Verlängerungen* der Schutzdauer der Widerspruchsmarken obliegt es dem Wider- 1189
sprechenden, von sich aus die relevanten amtlichen Bestätigungen vorzulegen, da das EUIPO ihn hierzu nicht auffordert. Dies gilt insb, wenn die Verlängerung erst während des Widerspruchsverfahrens beantragt wird oder erfolgt. Zwingend ist jedenfalls die Vorlage, wenn die Schutzdauer des älteren Rechts zum Zeitpunkt des Fristablaufs für die Substantiierung des Widerspruchs durch die Vorlage von Tatsachen, Beweismitteln und Bemerkungen abläuft (Art. 7 Abs. 2a Nr ii DVUM). Sie hat also innerhalb der vom EUIPO gesetzten Frist von mindestens zwei Monaten ab dem Tag der Eröffnung des kontradiktorischen Teils des Widerspruchsverfahrens nach Art. 6 Abs. 1 DVUM (Art. 7 Abs. 1 DVUM) zu erfolgen. Dies ist insb deshalb besonders zu beachten, da sich bei einer verlängerten Cooling-off-Periode das Verfahren über mehrere Jahre hinziehen kann. Aber auch in späteren Stadien des Verfahrens sind Verlängerungsbestätigungen umgehend nachzureichen, um entspr Nachfragen des EUIPO zuvorzukommen.

(e) Bei *Rechtsübergängen* ist immer zum Nachweis der Widerspruchsbefugnis (Art. 7 1190
Abs. 2 DVUM) eine lückenlose Kette der Rechtsübergänge von der ursprünglichen Anmeldung bis zur Geltendmachung des Widerspruchs zu belegen. Hat lediglich ein Namenswechsel stattgefunden, ist dies besonders auszuführen und durch Urkunden oder Registereintragungen nachzuweisen.

Jedoch kann im *Verspätungsfall* die *Weiterbehandlung* des Art. 105 UMV beantragt 1191
werden. Nach der Neuregelung der UMV können – im Gegensatz zum alten Recht – *alle Fristen in Widerspruchsverfahren weiterlaufen*, mit Ausnahme der in Art. 46 Abs. 1 UMV genannten Frist für die Erhebung eines Widerspruchs und der Frist für die Entrichtung der Widerspruchsgebühr nach Art. 46 Abs. 3 S. 2 UMV.

II. Wichtige Verfahrensprinzipien

Das Widerspruchsverfahren vor dem EUIPO folgt – im Unterschied zum deutschen – 1192
nicht dem *Amtsermittlungsprinzip*. Da es sich um Verfahren bzgl relativer Eintragungshindernisse handelt, ist das EUIPO gemäß Art. 95 Abs. 1 S. 2 UMV bei der Sachverhaltsermittlung auf das Vorbringen und die Anträge der Beteiligten beschränkt. Es ist als *kontradiktorisches* Verfahren ausgebildet, das sich an den Anträgen und dem Vorbringen der Beteiligten orientiert. Das EUIPO ist somit nicht verpflichtet, von

Amts wegen Tatsachen zu berücksichtigen, die von den Beteiligten nicht vorgetragen wurden[1246].

1193 Die Widerspruchsabteilung darf daher in ihre Beurteilung *nicht auch Waren und DL* der Anmeldung einbeziehen, die mit dem Widerspruch gar nicht angegriffen worden sind. Denn der Widerspruch richtet sich nur gegen die in der Anmeldung aufgeführten Waren und DL und nicht auch gegen solche, die in der alphabetischen Liste der NK der jeweiligen Kl. enthalten, aber im Register nicht verzeichnet sind[1247]. Beim *Zeichenvergleich* hat das Amt jedoch alle möglicherweise bestehenden Ähnlichkeiten oder Unterschiede zu ermitteln, auch wenn die Verfahrensbeteiligten diese in ihren Schriftsätzen nicht angesprochen haben sollten[1248] (s. Rdn 266 f).

1. Offenkundige Tatsachen

1194 Das EUIPO kann *offenkundige Tatsachen* berücksichtigen, also solche, die jeder kennen kann oder allgemein zugänglichen Quellen entnommen werden können[1249]. Dazu gehören zB Auskünfte aus Internetwörterbüchern, zB dem Duden-Onlinewörterbuch[1250].

1195 Die einer *Internetrecherche*, ua einem medizinischen Onlinewörterbuch, seitens der BK entnommenen Beschreibungen von pharmazeutischen Erzeugnissen und ihren therapeutischen Indikationen sind jedoch so technisch, dass sie keine offenkundigen Tatsachen mehr darstellen[1251].

2. Sachvortrag der Beteiligten

1196 Die Beteiligten haben daher *allen relevanten Sachverhalt frühestmöglich vorzutragen.* So hat der Widersprechende die Widerspruchsgründe, auf die er sich beruft, zB die Ähnlichkeit der Marken in einem bestimmten Sprachraum der Union, die Ähnlichkeit von Waren und DL auf einem Spezialmarkt oder bei Fachleuten als angesprochenen Verkehrskreisen darzulegen.

1197 Dies ist nämlich oft ohne *Detailinformationen*, über die das EUIPO nicht verfügt, schwierig zu beurteilen. Die Beteiligten haben auch *entspr Nachweise* vorzulegen. Andererseits hat der Anmelder klarzustellen, welchen Sachvortrag des Widersprechenden er bestreitet, sowie Gegenargumente und Nachweismittel vorzubringen. Es

---

1246 EuG, 13.07.2004, T-113/03 – GAS STATION/BLUE JEANS GAS, Rn 13–15.

1247 EuG, 18.03.2016, T-785/14 – MOTORTOWN/M MOTOR, Rn 28–34.

1248 EuG, 03.06.2015, T-273/14 – LITHOFIX/LITHOFIN, Rn 39–41; EuG, 13.06.2012, T-542/10 – CIRCON/CIRCULON, Rn 39.

1249 EuG, 22.06.2004, T-185/02 – PICARO/PICASSO, Rn 28–30; bestätigt durch EuGH, 12.01.2006, C-361/04 P.

1250 EuG, 23.11.2015, T-766/14 – FoodSafe, Rn 29–37; bestätigt durch EuGH, 24.05.2016, C-63/16 P.

1251 EuG, 09.02.2011, T-222/09 – ALPHAREN/ALPHA D3, Rn 29–37.

reicht nicht aus, wenn er allgemein geltend macht, dass die vom Widersprechenden vorgelegten Beweise nicht ausreichten[1252].

3. Verspätung

Zudem braucht das EUIPO *Tatsachen* und *Beweismittel*, die von den Beteiligten *verspätet* vorgebracht werden, *nicht zu berücksichtigen* (Art. 95 Abs. 2 UMV)[1253]. Zu Tatsachen und Beweismitteln gehört auch die Angabe der nationalen Rechtsgrundlage[1254] (s. auch Rdn 277 ff). 1198

Das Amt verfügt über ein *weites*, allerdings im Einzelfall *zu begründendes Ermessen* bei seiner insoweit zu treffenden Entscheidung. Eine Berücksichtigung verspäteten Vorbringens kann im Rahmen eines Widerspruchsverfahrens insb dann gerechtfertigt sein, wenn nach Auffassung des EUIPO zum einen die verspätet vorgebrachten Gesichtspunkte *auf den ersten Blick von wirklicher Relevanz* für das Ergebnis des Widerspruchs sein können und zum anderen das betr *Verfahrensstadium* und die *Begleitumstände* einer solchen Berücksichtigung nicht entgegenstehen. 1199

Diese Voraussetzungen müssen *kumulativ* vorliegen, so dass bereits das Fehlen eines einzigen dieser Kriterien ausreicht, um die verspätet vorgelegten Beweismittel nicht berücksichtigen zu müssen[1255]. 1200

Nach der Rspr des EuGH[1256] schließt zwar keine grds Erwägung im Zusammenhang mit dem Wesen des vor der BK durchgeführten Verfahrens oder im Hinblick auf die Zuständigkeit dieser Instanz aus, dass die BK für ihre Entscheidung über die bei 1201

1252 EuG, 08.07.2004, T-203/02 – VITAFRUIT/VITAFRUT, Rn 26; bestätigt durch EuGH, 11.05.2006, C-416/04 P.

1253 Argumente, die lediglich eine gesetzliche Tatbestandsvoraussetzung präzisieren (zB »Erosion der Wertschätzung der älteren Marke« bei einem Widerspruch aus Art. 8 Abs. 5 UMV.), stellen keine »neuen Tatsachen dar«; EuG, 17.03.2010, T-63/07 – tosca de FEDEOLIVA/TOSCA.

1254 EuG, 29.06.2016, T-567/14 – GROUP Company TOURISM & TRAVEL/GROUP Company TOURISM & TRAVEL, Rn 49–61; bestätigt durch EuGH, 19.04.2018, C-478/16 P.

1255 EuGH, 03.10.2013, C-120/11 P, C-121/11 P und C-122/11 P – PROTI SNACK/PROTIPLUS ua, Rn 44 bzw 45. In Regel 19 Abs. 2a-ii GMDV ist genau und abschließend aufgezählt, welche Nachweise über die Existenz, die Gültigkeit und den Schutzumfang von älteren nationalen Marken ein Widersprechender zu erbringen hat, was ihm schon vor der Erhebung seines Widerspruchs bekannt gewesen sein musste. Daher muss die BK ihr Ermessen restriktiv ausüben und kann die verspätete Vorlage solcher Nachweise nur dann zulassen, wenn die Umstände, die sie begleiten, die Verspätung rechtfertigen können. Nicht gerechtfertigt ist die Verspätung, wenn der Widersprechende zB seit dem 15.01.2007 über den Nachweis der Verlängerung der Widerspruchsmarken verfügt hat und er keinen Grund dargelegt hat, warum er dieses Dokument bis Oktober 2007 zurückgehalten hat (C-121/12 P und C-122/12 P, Rn 40–42).

1256 EuGH, 13.03.2007, C-29/05 P – ARCOL/CAPOL, Rn 43–69; s.a. Rdn 282.

ihr anhängige Beschwerde *Tatsachen oder Beweismittel berücksichtigt, die erstmals im Beschwerdestadium* vorgebracht worden sind.

1202 Die Regelung über Frist und Form der Beschwerde in Art. 68 Abs. 1 UMV kann aber *nicht* dahin ausgelegt werden, dass er dem Beschwerdeführer *eine neue Frist* für das Vorbringen von Tatsachen und Beweismitteln zur Stützung seines Widerspruchs eröffnet. Denn ein Beteiligter besitzt keinen bedingungslosen Anspruch auf die Berücksichtigung verspätet vorgebrachter Tatsachen und Beweismittel durch die BK, die vielmehr insoweit über ein Ermessen verfügt.

1203 Eine dem EUIPO auferlegte Verpflichtung, Tatsachen und Beweismittel, die die Beteiligten an einem Widerspruchsverfahren außerhalb der hierfür nach den Vorschriften der UMV vorgesehenen Fristen vorbringen, unter allen Umständen zu berücksichtigen, liefe nämlich darauf hinaus, diesen Bestimmungen jede praktische Wirksamkeit zu nehmen. Diese Auslegung ist geeignet, die *praktische Wirksamkeit der Fristen zu wahren*, und erlaubt es zugleich, verschiedene Gebote miteinander in Einklang zu bringen.

1204 Zum einen nämlich entspricht es dem *Grundsatz der ordnungsgemäßen Verwaltung* und dem Erfordernis, den sachgerechten Ablauf und die Effizienz der Verfahren (*Verfahrensökonomie*) zu gewährleisten, dass die Beteiligten dazu veranlasst werden, die ihnen vom EUIPO für die Verfahrensdurchführung gesetzten Fristen einzuhalten. Dass das EUIPO ggf entscheiden kann, die von den Beteiligten außerhalb der festgelegten Fristen vorgebrachten Tatsachen und Beweismittel nicht zu berücksichtigen, erscheint bereits für sich genommen geeignet, den Beteiligten eine solche Veranlassung zu geben.

1205 Zum anderen kann diese Auslegung, da sie der zur Entscheidung über die Streitigkeit berufenen Stelle gleichwohl die Möglichkeit belässt, von den Beteiligten verspätet vorgebrachte Tatsachen und Beweismittel zu berücksichtigen, zumindest im Fall eines Widerspruchsverfahrens dazu beitragen, die Eintragung von Marken zu verhindern, deren Benutzung anschließend mittels eines Verfahrens der Nichtigerklärung oder anlässlich eines Verletzungsverfahrens mit Erfolg entgegengetreten werden könnte. Hierfür sprechen Gründe der *Rechtssicherheit* und der *ordnungsgemäßen Verwaltung.*

1206 Nach st. Praxis des EUIPO und st. Rspr der BK werden daher weiterhin *verspätet* vor der Widerspruchsabteilung oder gar erstmals im Beschwerdeverfahren *vorgetragene Tatsachen* oder vorgelegte Beweismittel grds *nicht mehr berücksichtigt* (Art. 95 Abs. 2 UMV), es sei denn, es handelt sich um *neue Materialien*, die vorher nicht bekannt oder zugänglich waren, oder lediglich um *Ergänzungen, Bekräftigungen oder Untermauerungen* rechtzeitig erfolgten Vortrags oder eingereichter Unterlagen, wobei aber *kein sachlicher Zusammenhang* zwischen den zusätzlichen und den älteren Beweismitteln erforderlich ist, sondern lediglich, dass es sich bei den Beweismitteln, die nach Ablauf der von der Widerspruchsabteilung gesetzten Frist vorgelegt werden, nicht um die ersten und einzigen Nachweise handelt, sondern vielmehr um ergänzende oder zusätzliche, die zu den fristgerecht vorgelegten relevanten Beweismitteln hinzukommen[1257]. Jedoch muss zB der Widersprechende *ernsthafte Versuche* unternommen haben, fristgerecht durch Vorlage zahlreicher Materialien Beweis (zB für die Bekanntheit der älteren Marke) anzutreten[1258].

So dürfen *verspätet* per Post nachgereichte (farbige) Originaldokumente *nicht zurückgewiesen* werden, wenn diese innerhalb der Frist elektronisch in Kopie eingegangen oder in einem Anhangsverz. angekündigt waren[1259]. Ebenfalls darf nach Fristablauf die Verlängerungsbestätigung einer Widerspruchsmarke vorgelegt werden, deren Verlängerung erst im Laufe des Verfahrens erforderlich wurde, wenn bei Einleitung des Widerspruchsverfahrens fristgerecht die entspr Eintragungsurkunde eingereicht worden war[1260]. Dasselbe gilt für Abbildungen der älteren Marken, die den offiziellen Datenbankauszügen nicht (automatisch) beigefügt gewesen waren, jedenfalls wenn die Farbangaben im Datenbankauszug vorhanden und die Abbildungen fristgerecht in Schwarz-Weiß in den Schriftsätzen der Beteiligten enthalten waren[1261]. Dies gilt auch für zusätzliche Abbildungen der benutzten Form bei einer dreidimensiona- 1207

1257 S. zB EuG, 19.01.2022, T-76/21 – POMODORO, Rn 35–48. Die BK konnte die ihr vom Markeninhaber erstmals vorgelegten umfangreichen Beweise für die Benutzung der streitigen Marke berücksichtigen, da sie von derselben Art sind wie die bereits vor der Nichtigkeitsabteilung geltend gemachten und sie folglich ergänzen. EuG, 11.12.2014, T-235/12 – Flasche mit Grashalm/Flasche mit Grashalm, Rn 89, 90, 92, 93. Eine Erklärung des Beteiligten, inwiefern die erstmals bei der BK eingereichten Beweismittel die fristgerecht vorgelegten ergänzen, oder warum diese nicht fristgerecht eingereicht wurden, ist nicht erforderlich. S.a. EuG, 17.04.2024, T-119/23 – in Insajderi/INSAJDERI, Rn 36–45, wenn zB der Widersprechende vor der Widerspruchsabteilung nur beglaubigte Übersetzungen der Eintragungsurkunden für die älteren Marken vorgelegt hatte, die amtlichen Übersetzungen aber erst vor der BK.

1258 EuG, 22.01.2015, T-393/12 – KENZO/KENZO, Rn 30–36. Auch Nachweise für eine ernsthafte Benutzung können als Beweise für die Bekanntheit einer Marke gewertet werden. Dass die verspäteten Beweise nicht neu waren und deshalb bereits innerhalb der Frist hätten eingereicht werden können, ist irrelevant. Nach EuG, 22.01.2015, T-322/13 – KENZO/KENZO, Rn 18, soll es ausreichen, selbst wenn der Widersprechende keine Nachweise vorgelegt hatte, dass er das EUIPO mit entspr Beweismitteln in früheren Verfahren zwischen den Parteien versorgt und mehrmals innerhalb der Frist auf die dort vorgelegten Unterlagen Bezug genommen hatte.

1259 EuG, 15.05.2007, T-239/05 – Elektrowerkzeuge, Rn 64–67. So auch BK, 14.06.2010, R 996/09-2 – PROFLEX/PROFEX, Rn 25–28; BK, 15.03.2010, R 55/09-2 – BRAVIA/BRAVIA, Rn 40–46. Das gilt aber nicht, wenn der Markeninhaber innerhalb der vom Amt gesetzten Frist lediglich auf elektronischem Wege eine Liste der angeforderten Benutzungsnachweise eingereicht und angekündigt hat, dass die aufgeführten Beweismittel per Post folgen, die dann auch tatsächlich (19 Benutzungsnachweise mit einem Volumen von 211 Seiten) nach Fristablauf beim EUIPO eingetroffen sind; EuG, 04.05.2018, T-34/17 – SKYLEADER.

1260 BK, 28.02.2011, R 275/10-2 – Pom‹ Alliance/ALLIANCE, Rn 26.

1261 EuG, 24.10.2014, T-543/12 – Bugui va/BUGUI, Rn 17–52; bestätigt durch EuGH (Die BK hatte das fragliche Beweismittel zurückgewiesen, ohne zu prüfen, ob es als »ergänzend« anzusehen ist, was einen Rechtsfehler darstellt); BK, 01.03.2011, R 1042/10-2 – VECCHIA FATTORIA VF/LA VIEJA FABRICA, Rn 26–30.

len Marke, wenn die fristgerecht vorgelegten Bilder als unzureichend beanstandet worden waren[1262], oder für ergänzende Rechnungen mit größerem Umsatzvolumen, wenn die rechtzeitig vorgelegten, strukturell gleichartigen von der Ausgangsinstanz als unzureichend befunden worden waren[1263]. Wenn es für die ernsthafte Benutzung in einem Nichtigkeitsverfahren aus relativen Gründen auf zwei relevante Zeiträume ankommt, können schließlich verspätet vorgelegte Nachweise für einen dieser Zeiträume zusätzlich zu den ersten, fristgerecht vorgelegten, die sich auf den anderen Zeitraum beziehen, als ergänzend berücksichtigt werden[1264].

1208 Die grds Nichtberücksichtigung verspäteten Vortrags bestätigen auch Art. 8 Abs. 5, Art. 10 Abs. 7 und Art. 27 Abs. 4 DVUM[1265]. Nach der letzteren Vorschrift *beschränkt* die BK die *Prüfung* der Beschwerde dann, wenn sich diese gegen die Entscheidung der Widerspruchsabteilung richtet, *auf Sachverhalte und Beweismittel, die innerhalb der von der Widerspruchsabteilung* nach Maßgabe der UMV und der DVUM *festgesetzten Fristen vorgelegt* werden. Gemäß Art. 95 Abs. 2 UMV darf die BK Tatsachen oder Beweismittel, die ihr zum ersten Mal vorgelegt werden, nur dann berücksichtigen, wenn diese (a) auf den *ersten Blick für den Ausgang des Verfahrens von Relevanz* erscheinen und (b) aus *berechtigten Gründen nicht fristgemäß vorgelegt* wurden, insb wenn sie bereits fristgemäß vorgelegte einschlägige Tatsachen und Beweismittel *lediglich ergänzen*, oder wenn sie der Anfechtung von Feststellungen dienen, die von der ersten Instanz von Amts wegen in der angefochtenen Entscheidung ermittelt oder untersucht wurden. So kann es zB eine *lange Aussetzung* des Verfahrens (fast 3 Jahre) rechtfertigen, dass die Verlängerungsurkunde der älteren Marke, deren Fehlen das EUIPO im Ausgangsverfahren von Amts wegen beanstandet hatte, erst verspätet vor der BK vorgelegt wurde[1266].

1209 Die Ermessensausübung ist jedoch von der BK für jeden Einzelfall *detailliert* und nicht lediglich ganz allgemein und kategorisch *zu begründen*, wobei die verspätet vorgelegten Unterlagen auf ihre Relevanz für den Verfahrensausgang zu prüfen und die Begleitumstände sowie das konkrete Verfahrensstadium zu beurteilen sind. So kann

1262 EuG, 11.12.2014, T-235/12 – Flasche mit Grashalm/Flasche mit Grashalm, Rn 50–100.

1263 EuG, 04.06.2015, T-254/13 – STAYER/STAYER, Rn 34–44. Dabei soll es unerheblich sein, ob die verspätet eingereichten Rechnungen auch fristgerecht hätten vorgelegt werden können. S.a. EuG, 12.05.2016, T-322/14 und T-325/14 – mobile.de/mobile, Rn 23–45; bestätigt durch EuGH, 28.02.2018, C-418/16 P.

1264 EuG, 20.03.2019, T-138/17 – PRIMED/PRIM S.A., Rn 56; Rechtsmittel nicht zugelassen, EuGH, 16.09.2019, C-421/19 P.

1265 EuG, 21.11.2013, T-524/12 – RECARO, Rn 61–66; bestätigt durch EuGH, 14.01.2015, C-57/14 P. Diese Regel gilt jedoch nur für das Widerspruchsverfahren, nicht für das Verfalls- und Nichtigkeitsverfahren, jedenfalls aus absoluten Gründen. Das EuG sah in diesem Urteil jedoch Regel 50 GMDV durch die Ermächtigungsnorm des Art. 76 Abs. 2 GMV weitgehend eingeengt.

1266 EuG, 27.10.2021, T-356/20 – Racing Syndicate/SYNDICATE, Rn 2730. Die Verlängerungsurkunde ist der BK vorgelegt worden, um die von der Nichtigkeitsabteilung von Amts wegen getroffene Feststellung zu widerlegen, dass der Nachweis für das Bestehen der älteren Marke zum maßgeblichen Zeitpunkt gefehlt habe.

zu den zu berücksichtigenden relevanten Umständen zB gehören, dass die Nichtigkeitsabteilung die Verfallsentscheidung erlassen hat, nachdem innerhalb der von ihr gesetzten Frist tatsächliche Erstbeweise für die Markenbenutzung vorgelegt und zudem Bedenken des Markeninhabers wegen der Vertraulichkeit geäußert und zusätzliche Beweise angeboten worden waren[1267].

Dieser Grundsatz gilt wegen Art. 27 Abs. 4 DVUM iVm Art. 95 Abs. 2 UMV zB für **1210** *verspätetes Vorbringen* von Tatsachen, Beweismitteln und Bemerkungen zur Stützung des Widerspruchs einschl fehlender entspr Übersetzung in die Verfahrenssprache sowie für Nachweise über die Existenz, die Gültigkeit oder den Schutzumfang des älteren Rechts. Dem steht Art. 8 Abs. 1 DVUM nicht entgegen[1268].

In den Nachfolgeurteilen[1269] zur EuGH-Rspr fordert das EuG eine *inhaltliche Ermes-* **1211** *sensentscheidung* der BK für den spezifischen Einzelfall, wobei insb die *Relevanz des verspäteten Vorbringens* und das *Verfahrensstadium* zu prüfen sind, speziell ob ein zwingender zeitlicher Grund die BK an der Berücksichtigung gehindert hat.

So ist zB *verspätetes Vorbringen zurückzuweisen*, wenn es *vollständig neu* ist[1270] oder **1212** dem Betreffenden von Anfang des Verfahrens an bekannt war, er es also rechtzeitig hätte einreichen können und wenn es Anlass für weitere Fragen oder Klarstellungen gibt, es also an der Relevanz fehlt[1271].

Zu berücksichtigen sind aber zB nach korrektem Ermessensgebrauch Unterlagen, **1213** deren *elektronische Übermittlung* am letzten Tag der Frist begonnen hat, auch insoweit, als die letzten Dokumente erst nach Mitternacht, also nach Fristablauf und damit verspätet eingegangen sind[1272].

Die Ermessensausübung ist dabei fallbezogen *detailliert zu begründen*. Die Erwägun- **1214** gen, dass es dem *Grundsatz der Waffengleichheit* zuwiderliefe, der Partei, die die zur Vorlage von Beweismitteln gesetzte Frist verstreichen habe lassen, eine neue Frist zu

---

1267 EuGH, 26.09.2013, C-610/11 P – CENTROTHERM II, Rn 107–117.

1268 EuGH, 03.10.2013, C-120/11 P, C-121/11 P und C-122/11 P – PROTI SNACK/PROTIPLUS ua, Rn 26–33. Ursprünglich hatte das EuG angenommen, dass Regel 20 Abs. 1 GMDV der Berücksichtigung entgegenstand; EuG, 16.12.2011, T-62/09, T-109/09 und T-152/09 – PROTI SNACK/PROTIPLUS ua, Rn 27–41 bzw 28–42.

1269 EuG, 11.07.2007, T-192/04 – LURA FLEX/FLEX, Rn 61–71; EuG, 04.10.2007, T-481/04 – VOGUE/VOGUE Portugal, Rn 20–22; EuG, 06.11.2007, T-407/05 – REVIAN's/Evian, Rn 60–66; EuG, 30.11.2022, T-611/21 – Zubehör für kabellose Fernbedienungen, Rn 33–76.

1270 EuG, 09.02.2022, T-520/19 – HEITEC, Rn 37–83; EuG, 05.07.2015, T-24/13 – CACTUS OF PEACE CACTUS DE LA PAZ/CACTUS, Rn 82–86; EuG, 21.06.2017, T-235/16 – GPTech/GP JOULE, Rn 39–57.

1271 EuG, 09.04.2014, T-249/13 – DORATO/Flaschenhalsetikett, Rn 30–34; EuG, 23.10.2013, T-417/13 – AQUA FLOW/VAQUA FLOW, Rn 34–38.

1272 EuG, 25.03.2009, T-191/07 – BUDWEISER/BUDWEISER I, Rn 81–90. Dieser für den Faxversand aufgestellte Grundsatz bleibt auch bei Verzögerungen der elektronischen Kommunikation von Bedeutung.

gewähren, weil die andere Partei gerügt habe, dass eben diese Beweismittel nicht vorgelegt worden seien, reichen nach Ansicht des EuG allein nicht aus. Sie ermöglichten es ihm nämlich weder zu kontrollieren, ob die BK in das fragliche Dokument tatsächlich Einsicht genommen hat, um festzustellen, ob ihm auf den ersten Blick wirkliche Relevanz für das Widerspruchsverfahren zukommen kann, noch zu überprüfen, ob die Umstände des vorliegenden Falles und das Stadium, in dem diese verspätete Vorlage erfolgt ist, der Berücksichtigung des Dokuments entgegenstehen[1273].

1215 Zwar muss das EUIPO *nicht automatisch die Bekanntheit* der älteren Marke allein *auf der Grundlage von Feststellungen anerkennen, die im Rahmen eines anderen Verfahrens* durch die BK *getroffen wurden.* Es obliegt nämlich der Partei, die sich darauf beruft, in jedem Verfahren nachzuweisen, dass die Marke Bekanntheit erlangt hat. Diesen Beweis kann sie auch bei derselben Marke *nicht einfach durch Hinweis auf die im Rahmen eines anderen Verfahrens erfolgte Anerkennung* der Bekanntheit erbringen. War aber der Inhalt der nur elf Monate früher erlassenen Entscheidung zur großen Bekanntheit der BK zur Kenntnis gebracht worden, so hätte diese als offensichtliches Indiz für den Ausgang des Verfahrens eindeutig relevant sein können, so dass die BK sie im Einklang mit ihrer Pflicht zu ordnungsgemäßer Verwaltung hätte zulassen müssen, und sei es auch nur, um sie dann zurückzuweisen[1274].

1216 Andererseits hat nach Erkenntnis des EuG die BK *verspätetes Vorbringen* zu Recht in korrekter Ausübung ihres weiten Ermessens mit der Begründung *als unzulässig* zurückgewiesen, dass es der Entscheidungspraxis der BK entspreche, verspätet eingereichte Beweise nicht zu berücksichtigen, zumal dann, wenn dem Widersprechenden vor der Widerspruchsabteilung *innerhalb verlängerter Frist ausreichend Möglichkeit zur Vorlage* gegeben worden war und er auch nicht geltend gemacht hatte, er könne die fraglichen Unterlagen dort nicht einreichen[1275]. Übt also die BK ihr weites Ermessen aus und begründet sie ihre Entscheidung ordnungsgemäß, kann das vom EuG nicht beanstandet werden[1276].

1273 Diese Urteile des EuG dürfen jedoch nicht dahin missverstanden werden, nur irrelevantes Vorbringen auszuschließen, da dies ja letztlich auch bei Berücksichtigung nichts am Ergebnis ändern würde. Ansonsten würde das Ermessen der BK schließlich wieder gegen Null reduziert, was nicht iSd EuGH-Urteils sein kann.

1274 EuG, 01.02.2018, T-105/16 – Superior Quality Cigarettes FILTER CIGARETTESRaquel/Marlboro, Rn 50–77. Dies ist aber letztlich ein Zirkelschluss, der zum Leerlaufen der Verspätungsregelung führt. Beschränkt man ihre Anwendung nur auf eindeutig nicht relevante neue Tatsachen, dann muss vorher gerade die inhaltliche Prüfung erfolgen, die Art. 95 Abs. 2 UMV ersparen will. Und nicht relevante neue Tatsachen könnten die angefochtene Entscheidung schließlich auch in der Substanz nicht in Frage stellen.

1275 EuG, 17.06.2008, T-420/03 – BoomerangTV/B BOOMERANG, Rn 40–49; 16.11.2011, T-500/10 – doorsa FABRICA DE PUERTAS AUTOMÁTICAS/DORMA, Rn 20–28.

1276 EuG, 27.04.2010, T-392/06 – unibanco/UniFLEXIO, Rn 33–37; bestätigt durch EuGH, 19.05.2011, C-308/10 P. Hier waren zudem verspäteten Dokumente ohne zusätzliche Nachweise mehr als 8 Monate nach Fristablauf ohne jede Rechtfertigung der Versäumnis eingegangen.

Dort schließlich, wo die VO dem EUIPO schon gar *kein Ermessen* einräumen, führt die Fristversäumung zwingend zur Zurückweisung des verspäteten Vorbringens, zB wegen Art. 46 Abs. 2 und 3 UMV iVm Art. 10 Abs. 2 S. 2 DVUM zur Zurückweisung des Widerspruchs bei nicht fristgerechter Vorlage von Benutzungsnachweisen für die ältere Marke[1277]. Das EUIPO muss daher, wenn innerhalb der von ihm festgesetzten Frist keinerlei Nachweis der Benutzung der betroffenen Marke vorgelegt wird, den Widerspruch von Amts wegen zurückweisen[1278]. 1217

Art. 10 Abs. 2 S. 2 DVUM steht aber nicht der Berücksichtigung *zusätzlicher Beweismittel* im Hinblick auf *neu zutage getretene Gesichtspunkte*[1279] oder der Vorlage *ergänzender* zu bereits fristgerecht vorgelegten, aber bislang unzureichenden Beweismitteln entgegen, die also bloß den Inhalt der ursprünglichen Beweise verstärken oder verdeutlichen sollen, und zwar auch dann nicht, wenn diese Beweise erst nach Ablauf der gesetzten Frist vorgelegt werden, soweit die Durchbrechung des Fristenregimes nicht durch bewusste Verzögerungstaktiken oder durch offensichtlich erkennbare Fahrlässigkeit missbraucht wird[1280]. Wenn also Beweismittel innerhalb der vom Amt gesetzten Frist vorgelegt worden sind, ist die Vorlage ergänzender Nachweise weiterhin möglich. Dieser Grundsatz gilt nicht nur für den Nachweis der Benutzung, sondern auch für den Nachweis über die Existenz, die Gültigkeit und den Schutzumfang der Marke[1281]. So kann in einem *Nichtigkeitsverfahren* die nach Ablauf der Frist erfolgte Vorlage von *Beweismitteln zur ernsthaften Benutzung* der älteren Marke *für einen der beiden relevanten Benutzungszeiträume*, für den bisher noch nichts vorgelegt worden war, *nicht als »neu«* und daher verspätetet zurückgewiesen werden, wenn fristgerecht relevante Beweismittel für den anderen Zeitraum eingereicht worden waren, da die *Beweise für diese beiden Zeiträume sich auf ein einziges Beweisthema* beziehen[1282]. 1218

Diese Ausnahmeregelung kommt natürlich *nicht* für verspätet erstmalig und einzig eingereichte Nachweismittel zur Anwendung, wenn also innerhalb der vom Amt festgesetzten Frist *keinerlei Nachweis* vorgelegt worden war[1283]. 1219

1277 EuG, 12.12.2007, T-86/05 – CORPO Livre/LIVRE, Rn 48–50; bestätigt durch EuGH, 05.03.2009, C-90/08 P, Rn 36–40; EuG, 15.03.2011, T-50/09 – Dada & Co. kids/DADA, Rn 63–80. Es kommt auf den Zeitpunkt des Eingangs der Beweismittel beim EUIPO an, nicht auf denjenigen der Absendung. Noch im EuG, 22.09.2011, T-250/09 – Mangiami/MANGINI, Rn 22, 24–31, hatte das EuG daran jedoch gewisse Zweifel gehegt.

1278 EuGH, 21.07.2016, C-597/14 P – Bugui va/BUGUI, Rn 26 mwN.

1279 EuG, 08.07.2004, T-334/01 – HIPOVITON/HIPPOVIT, Rn 56, 57.

1280 EuGH, 18.07.2013, C-621/11 P – FISHBONE/FISHBONE BEACHWEAR, Rn 24–36; *von Kapff*, GRUR-Prax 2013, 371; EuG, 18.11.2015, T-361/13 – VIGOR/VIGAR, Rn 47–61; EuG, 15.07.2015, T-215/13 – λ (Lambda), Rn 62–71; EuG, 28.03.2012, T-214/08 – OUTBURST/OUTBURST, Rn 51–56; EuG, 16.11.2011, T-308/06 – BUFFALO MILKE/BÚFALO, Rn 22–42.

1281 EuGH, 21.07.2016, C-597/14 P – Bugui va/BUGUI, Rn 26, 27.

1282 EuG, 23.11.2022, T-515/21 – EUPHYTOS/EuPhidra, Rn 78–114.

1283 EuGH, 18.07.2013, C-621/11 P – FISHBONE/FISHBONE BEACHWEAR, Rn 28, 30; EuGH, 21.07.2016, C-597/14 P – Bugui va/BUGUI, Rn 26. Siehe zB EuG, 13.09.2023, T-549/22 – PROLACTAL/Prolàctea, Rn 32–36; und EuG, 12.10.2017, T-316/16 –

1220 Um Probleme oder Risiken auf rein formaler Ebene zu vermeiden, ist jedenfalls die *strikte Fristeinhaltung* dringend zu empfehlen. Notfalls können vom EUIPO gesetzte Fristen gemäß Art. 68 DVUM auf innerhalb noch laufender Frist gestellten und für den Einzelfall begründeten Antrag hin verlängert werden. Bei zwei oder mehreren Beteiligten kann das Amt die Fristverlängerung wegen Art. 68 S. 3 DVUM von der Zustimmung der anderen Beteiligten abhängig machen.

1221 Sehr erfreulich ist für die Nutzer jedoch die *Erweiterung* des Anwendungsbereichs der *Weiterbehandlung* in Art. 105 UMV. Da der Verweis auf Art. 47 UMV im neuen Recht gestrichen wurde, können *alle Fristen in Widerspruchsverfahren weiterlaufen*, mit Ausnahme natürlich der in Art. 46 Abs. 1 UMV genannten Frist für die Erhebung eines Widerspruchs und der Frist für die Entrichtung der Widerspruchsgebühr nach Art. 46 Abs. 3 UMV. Damit kann auf spätestens zwei Monate nach Ablauf der Frist gestellten Weiterbehandlungsantrag und erfolgter Gebührenzahlung (400 Euro; Anlage I zur UMV Nr A24) ohne zusätzliche Begründung die Fristversäumung ungeschehen gemacht werden, wenn mit dem Antrag die versäumte Handlung nachgeholt wird (Rdn 160 ff).

1222 Jedoch ist gemäß Art. 46 Abs. 1 UMV die nicht verlängerbare *Dreimonatsfrist für die Widerspruchserhebung* und *Zahlung der Widerspruchsgebühr* penibel zu beachten, da gegen deren Versäumung weder Weiterbehandlung noch Wiedereinsetzung in den vorigen Stand möglich sind (Art. 104 Abs. 5, Art. 105 Abs. 2 UMV).

4. Sonstige Grundsätze

1223 Nach Art. 46 Abs. 3 S. 1 UMV besteht ein *Begründungszwang* bereits innerhalb der Frist der Widerspruchseinlegung. Eine nachträgliche Begründung vermag ihr vorheriges (vollständiges) Fehlen nicht zu heilen. Allerdings sind die Anforderungen an die Begründung anlässlich der Widerspruchserhebung nicht allzu hoch.

1224 Wesentlich ist jedoch, dass die *Widerspruchsgründe* (»Vorliegen einer Verwechslungsgefahr«, »Agentenmarke« usw) unter Berücksichtigung aller Umstände erkennbar sind[1284]. Dabei umfasst der Widerspruchsgrund des Art. 8 Abs. 1b UMV (*Verwechslungsgefahr*) auch denjenigen des Abs. 1a (*Doppelidentität*), weil diese beiden Widerspruchsgründe sich teilweise überschneiden und nicht im Ausschließlichkeitsverhältnis zueinander stehen[1285].

1225 *Entfällt eine Unionsmarke(nanmeldung) als Widerspruchsrecht*, weil sie in einem anderweitigen Verfahren zurückgewiesen, zurückgenommen oder gelöscht worden ist, so

SDC-554S/SDC-554S, Rn 43–73. Hat der Widersprechende dem Amt innerhalb der Frist keine Einzelheiten zum gemäß Art. 8 Abs. 4 UMV anzuwendenden nationalen Recht, übermittelt, wozu er wegen Art. 7 Abs. 2d DVUM. verpflichtet ist, so stellt dies keine rein ergänzende Information dar, die noch im Beschwerdeverfahren berücksichtigt werden könnte.

1284 EuG, 16.01.2007, T-53/05 – Calvo/CALAVO, Rn 49–51.

1285 EuG, 16.12.2009, T-483/08 – GIORDANO/GIORDANO, Rn 39–44.

kann der Widersprechende seinen Widerspruch an deren Stelle jedoch im laufenden Verfahren auf die infolge der *Umwandlung* der Unionsmarke(nanmeldung) erlangten nationalen Marken(-anmeldungen) stützen[1286]. Dies gilt entspr auch bei der Umwandlung einer *IR-Marke* in nationale Marken[1287]. Auch beim Wegfall der älteren nationalen Marke kann der Widersprechende den Widerspruch aus der beanspruchten *Seniorität* der Unionsmarke fortsetzen[1288].

Gültigkeit und *Wirksamkeit* von Widerspruchsmarken können nicht im Rahmen des Widerspruchsverfahrens in Frage gestellt werden, da für die Eintragung der älteren Marken immer eine Vermutung der Rechtmäßigkeit spricht[1289] Dies kann nur in einem gesonderten Verfahren erfolgen, zB im Nichtigkeits- oder Verfallsverfahren bei einer eingetragenen älteren Marke oder aufgrund Nachbeanstandung bzw Widerspruchs bei einer älteren Anmeldung vor den entspr Instanzen, entweder dem EUIPO bei einer Unionsmarke oder vor den jeweils zuständigen nationalen Instanzen bei nationalen Marken. Gültige nationale Widerspruchsmarken dürfen nicht vom EUIPO, sondern nur in einem in dem betr Mitgliedstaat eingeleiteten Löschungs- oder Nichtigkeitsverfahren überprüft werden[1290]. Läuft ein solches Verfahren, ist eine *Aussetzung* des Widerspruchsverfahrens angezeigt (Art. 71 Abs. 1 DVUM; s. Rdn 288 ff). 1226

Der Widersprechende kann sich auch nicht darauf berufen, dass das EUIPO *irrtümlich* den Rechtsnachfolger des Anmelders *im Register eingetragen* hätte. Denn dieser Registerakt ist nicht Gegenstand des Widerspruchsverfahrens und kann deshalb – auch nicht mittelbar über den Umweg der Überprüfung der Beteiligtenstellung am Verfahren – kontrolliert werden[1291]. 1227

Die *älteren Rechte* sind daher zu respektieren und *dürfen nicht negiert werden*, solange sie nicht rechtskräftig für unwirksam erklärt wurden. So darf die BK weder die von den zuständigen nationalen Gerichten vorgenommene Beurteilung der Gültigkeit der geltend gemachten älteren Rechte durch ihre eigene ersetzen, noch darf sie Auswirkungen eines zukünftigen Urteils einer obersten nationalen Gerichtsinstanz, also die Erfolgsaussichten eines dort eingelegten Rechtsmittels, selbst beurteilen[1292]. 1228

1286 BK, 15.07.2008, R 1313/06-G – cardiva/CARDIMA, Rn 34–46; *Stürmann,* Verfahren vor dem HABM, GRUR-Prax 2016, 31.

1287 BK, 22.07.2010, R 1205/09–1 – myphotobook/MYPHOTOBOOK, Rn 27, 28.

1288 BPatG, 20.09.2005, 27 W (pat) 106/04 – JUST/just; aA BPatG, 05.03.2013, 27 W (pat) 43/12 – IPSUM/IPSOS; Siehe Rdn 480.

1289 EuGH, 28.06.2012, C-306/11 P – Linea Natura/natura selection, Rn 70. S.a zB EuG, 28.04.2016, T-777/14 – Neofon/FON, Rn 57–66.

1290 EuGH, 24.05.2012, C-196/11 P – F1-LIVE/F1, Rn 40–47.

1291 EuG, 08.03.2012, T-298/10 – BIODANZA/BIODANZA, Rn 43–47. Dies erscheint jedoch problematisch, da anderweit eine Überprüfung einer fehlerhaften Eintragung durch Dritte nicht möglich ist. Eher dürften hier die vom EuG für die Kontrolle der Priorität aufgestellten Grundsätze anwendbar sein; vgl EuG, 16.05.2013, T-104/12 – VORTEX/VORTEX, Rn 30, 36–49; EuG, 25.06.2015, T-186/12 – LUCEA LED/LUCEO, Rn 39, 40.

1292 EuGH, 29.03.2011, C-96/09 P – BUD/Bud, Rn 95–97, 190–206.

1229 Jedoch ist der *Schutzumfang* der älteren Rechte, der von hochgradiger bis zu minimaler Kennzeichnungskraft *variieren* kann, nach den Umständen des Einzelfalles zu bemessen.

5. Koexistenz

1230 Allein die Inhaberschaft älterer (identischer) Marken als der Widerspruchsmarke seitens des Anmelders und ihre *Koexistenz* im Register oder im nationalen Markt des Mitgliedstaats, aus dessen Recht Widerspruch erhoben wurde, führen nicht schon zur Unwirksamkeit des Widerspruchs. Dieser wird vielmehr erst dann unstatthaft, wenn das Widerspruchsrecht aufgrund Löschung oder Nichtigkeit beseitigt ist.

1231 Eine tatsächlich bestehende und nachgewiesene, insb *friedliche Koexistenz* eines älteren Rechts des Anmelders mit der Widerspruchsmarke auf einem nationalen Markt darf jedoch nicht völlig ignoriert werden, sondern kann uU Auswirkungen auf ein Widerspruchs- oder Nichtigkeitsverfahren aus relativen Gründen haben, wenn es für die Beurteilung der Verwechslungsgefahr gerade auf diesen spezifischen Markt ankommt und die Koexistenz auf der Abwesenheit von Verwechslungsgefahr besteht. So kann die Kennzeichnungskraft des Widerspruchrechts durch die Benutzung älterer identischer oder sehr ähnlicher Marken für identische oder sehr ähnliche Waren und DL auf demselben Markt *geschwächt* und damit der Schutzumfang der Widerspruchsmarke eingeschränkt sein[1293].

1232 Jedoch kann daraus, dass in einem *Teil der Union* eine Unionsmarke und eine nationale Marke friedlich nebeneinander existieren, nicht die Schlussfolgerung gezogen werden, dass *in einem anderen Teil* der Union, in dem die Unionsmarke und das als nationale Marke eingetragene Zeichen nicht friedlich nebeneinander existieren, zwischen der Unionsmarke und diesem Zeichen keine Verwechslungsgefahr besteht. Auch kann aus der Tatsache, dass in einem Teil der Union eine bekannte Unionsmarke und ein Zeichen friedlich nebeneinander existieren, nicht die Schlussfolgerung gezogen werden, dass in einem anderen Teil, in dem es diese friedliche Koexistenz nicht gibt, ein *rechtfertigender Grund* für die Benutzung dieses Zeichens besteht[1294].

1233 Der Anmelder hat jedoch die tatsächliche *Benutzung identischer älterer Zeichen auf dem relevanten Markt* und die *dadurch bedingte tatsächliche Abwesenheit jeglicher Ver-*

1293 EuGH, 03.09.2009, C-498/07 P – La Española/Carbonell ACEITE DE OLIVA, Rn 80–84; EuG, 25.05.2005, T 288/03 – TELETECH GLOBAL VENTURES/TELETECH INTERNATIONAL, Rn 29–45; bestätigt durch EuGH, 27.03.2007, C-312/05 P; EuG, 11.05.2005, T-31/03 – GRUPO SADA/Sadia, Rn 84–89; EuG, 21.04.2005, T-269/02 – RUFFLES/RIFFELS, Rn 22–32; EuG, 01.03.2005, T-185/03 – ENZO FUSCO/ANTONIO FUSCO, Rn 61–64; EuG, 30.06.2004, T-186/02 – DIESELIT/DIESEL, Rn 71; EuG, 09.04.2003, T-224/01 – NU-TRIDE/TUFFTRIDE, Rn 72–75.

1294 EuGH, 20.07.2017, C-93/16 – KERRYGOLD/KERRYMAID (Ornua/Tindale & Stanton), Rn 38, 60.

wechslungsgefahr beim fraglichen Publikum zu beweisen. Daran scheitert der Koexistenzeinwand in der Praxis regelmäßig[1295].

So ist es nicht möglich, aus der bloßen Tatsache, dass die beiden konkurrierenden Marken *kontinuierlich über einen langen Zeitraum* hinweg ohne Anfechtung auf dem portugiesischen Markt koexistierten, den Schluss zu ziehen, dass diese Koexistenz auf der Abwesenheit einer Verwechslungsgefahr seitens der maßgeblichen Verkehrskreise beruhte. Denn selbst eine lange unbestrittene Nutzungsdauer liefert keinen Beweis dafür, dass die Verkehrskreise jede dieser Marken vor dem Zeitpunkt der Einreichung der Anmeldung der angefochtenen Marke wiedererkannt haben[1296]. 1234

6. Sinn des Widerspruchsverfahrens

Ausschließlicher *Sinn des Widerspruchsverfahrens* ist es, die Eintragung von Unionsmarkenanmeldungen zu verhindern, gegen die relative Schutzversagungsgründe bestehen. 1235

Reicht bereits ein älteres (nationales) Recht aus, die Anmeldung zurückzuweisen, bedarf es der *Prüfung weiterer Eintragungshindernisse nicht mehr.* Eine deshalb erhobene Klage ist mangels Rechtsbeschwer unzulässig. Aufgabe des Widerspruchsverfahrens ist es nicht, mögliche Umwandlungen gemäß Art. 139 UMV in nationale Marken zu verhindern. Hierfür fehlt schon jede rechtliche Grundlage, da für diese Entscheidungen die entspr nationalen Ämter zuständig sind. Außerdem verstieße es gegen das Prinzip der *Verfahrensökonomie*, würde das EUIPO verpflichtet sein, mehrere Zurückweisungsgründe festzustellen, obwohl bereits einer ausreicht[1297]. 1236

Auch für das *Widerspruchsverfahren* gilt der *Grundsatz des Vorrangs* vor den zivilgerichtlichen Verletzungsverfahren. So kann der Widersprechende nicht auf diese gemäß Art. 9 Abs. 2c UMV verwiesen werden, weil es gerade Zweck von Art. 8 UMV ist, die Eintragung von Marken zu verhindern, denen vor Gericht erfolgreich entgegengetreten werden kann[1298]. 1237

III. Nichtbenutzungseinrede

Auf Verlangen des Anmelders hat der Inhaber einer älteren Unionsmarke oder einer älteren nationalen Marke iSd Art. 8 Abs. 2a UMV, der Widerspruch erhoben hat, 1238

1295 EuG, 23.10.2015, T-96/14 – VIMEO/meo, Rn 52–59; EuG, 30.06.2015, T-489/13 – VIÑA ALBERDI/VILLA ALBERTI, Rn 84–90; EuG, 02.10.2013, T-285/12 – BOOMERANG/BoomerangTV, Rn 53–59; bestätigt durch EuGH, 19.06.2014, C-670/13 P; EuG, 10.04.2013, T-505/10 – ASTALOY/HASTELLOY, Rn 48–70; EuGH, 07.02.2013, T-50/12 – METRO KIDS COMPANY/METRO, Rn 51–53; EuGH, 18.05.2011, T-376/09 – POLO SANTA MARIA/Polospielersilhouette, Rn 57, 58.

1296 EuG, 12.07.2019, T-276/17 – Tropical/TROPICAL II, Rn 79–85.

1297 EuG, 11.05.2006, T-194/05 – TELETECH INTERNATIONAL/TELETECH, Rn 21–37; so auch EuGH, 03.09.2009, C-498/07 P – La Española/Carbonell ACEITE DE OLIVA, Rn 42–44.

1298 EuG, 11.12.2014, T-480/12 – Master/Coca-Cola, Rn 91.

gemäß Art. 47 Abs. 2 und 3 UMV den Nachweis zu erbringen, dass er *innerhalb der letzten fünf Jahre vor dem Anmeldetag oder dem Prioritätstag*[1299] der Anmeldung der Unionsmarke die ältere Unionsmarke in der Union bzw die ältere nationale oder IR-Marke[1300] in dem Mitgliedstaat, in dem die ältere Marke geschützt ist, für die Waren oder DL, für die sie eingetragen ist und auf die er sich zur Begründung seines Widerspruchs beruft, *ernsthaft benutzt* hat, oder dass *berechtigte Gründe für die Nichtbenutzung* vorliegen, sofern zu diesem Zeitpunkt die ältere Unionsmarke *seit mindestens fünf Jahren* eingetragen ist[1301].

1239 Kann er diesen *Nachweis nicht erbringen*, so wird der *Widerspruch zurückgewiesen.* Denn der Schutz der Unionsmarke sowie jeder eingetragenen älteren Marke, die ihr entgegensteht, ist nur insoweit berechtigt, als diese Marken *tatsächlich benutzt* werden (PräambelUMV 24).

1240 Eine *unbenutzte Unionsmarke* könnte das Spektrum der Zeichen, die andere Marktteilnehmer als Marken eintragen lassen können, beschränken und den Mitbewerbern die Möglichkeit zur Verwendung dieser oder einer ähnlichen Marke nehmen, wenn sie auf dem Unionsmarkt Waren oder DL anbieten, die mit den durch die fragliche Marke geschützten identisch oder ihnen ähnlich sind. Folglich könnte die Nichtbenutzung einer Unionsmarke auch den freien Warenverkehr und den freien DL-Verkehr beschränken[1302].

1299 Der *Schonfristablauf.* und das *Fristende der Fünf-Jahres-Frist für den Benutzungszeitraum.* wurden in der UMV *vorverlegt.* Es kommt also nicht mehr auf den Tag *der Veröffentlichung.* an, wie noch in der GMV. Damit wird der Tatsache Rechnung getragen, dass infolge der Beschleunigung der Datenverarbeitung Markenanmeldungen meist geraume Zeit vor dem Tag ihrer offiziellen Veröffentlichung im amtlichen Register publiziert werden und daher für Recherchezwecke auffindbar sind. So werden zB Markenanmeldungen beim EUIPO bereits kurz nach der Anmeldung in der Markendatenbank *TMview.* veröffentlicht. Daher könnte ein potentieller Widersprechender bei gehöriger Aufmerksamkeit schon (uU lange Zeit) vor dem Tag der Veröffentlichung der Anmeldung erfahren, was auf ihn zukommt, und sich schon (lange) vor der Widerspruchserhebung darauf einstellen, zB durch die Benutzungsaufnahme einer bisher nicht benutzten älteren Marke, deren Benutzungsschonfrist abgelaufen ist. Eine *fehlerhafte Fristberechnung.* kann *rasch zu Rechtsverlusten.* führen. Jedenfalls gilt die neue Fristberechnung für alle NBE, die am und nach dem 23.03.2016, dem Zeitpunkt des Inkrafttretens der UMV, erhoben werden. Für das nationale Recht sieht Art. 44 Abs. 1 MarkenRL. eine entspr Regelung vor. Der Veröffentlichungstag (und nicht der Tag des Beginns des Widerspruchsverfahrens) war im alten Recht wegen Art. 42 Abs. 2. und Art. 156 Abs. 1 GMV auch für eine Internationale Registrierung relevant, in der die Union benannt war; EuG, 25.04.2018, T-312/16 – CHATKA/CHATKA, Rn 30–39.

1300 EuGH, 12.12.2013, C-445/12 P – BASKAYA/Passaia, Rn 37–42.

1301 EuG, 21.12.2021, T-870/19 – CLEOPATRA QUEEN/CLEOPATRA MELFINCO, Rn 21–25. Der Anmelder kann sich in einem Widerspruchsverfahren wegen der Spezialregel des Art. 47 Abs. 2 und 3 UMV nicht auf Art. 18 Abs. 1 bzw Art. 64 Abs. 2 UMV berufen.

1302 S.a. EuGH, 19.12.2012, C-149/11 – OMEL/ONEL (Leno Merken/Hagelkruis Beheer), Rn 32.

1. Prüfungsgrundsätze

Die ältere Marke muss für die *geschützten Waren und DL* benutzt werden, die Benutzung lediglich für ähnliche reicht schon nach dem Gesetzeswortlaut nicht aus. So stellt zB die Benutzung der älteren Marke für Konditorwaren (hier: weiches Gebäck in Form von Kugeln, mit Zuckerguss oder Schokolade überzogen) keine ernsthafte Benutzung für die eingetragenen Back- und Teigwaren dar, da die wechselseitigen Warenkategorien verschieden sind[1303]. Auch wird die ernsthafte Benutzung einer Marke für *Kaffeegetränke* durch die Benutzung für *Energydrinks* nicht erbracht. Denn Kaffeegetränke und Energydrinks sind *unterschiedlicher Natur* und erfüllen *nicht dieselbe Hauptfunktion*. Erstere zeichnen sich nämlich durch das Vorhandensein von Kaffee aus, während letztere eine Reihe von Zutaten wie L-Carnitin oder Taurin enthalten und kombinieren und Kaffee oder Kaffeearoma nur eine untergeordnete Rolle zukommt[1304]. Weiter stellt die Benutzung für Einzelhandel mit *Kosmetika* und *Arzneimitteln* keine Benutzung für Einzelhandel mit *Chemikalien* und *Haushaltswaren* dar[1305] und diejenige für *Glücksspiele* keine für ua *Unterhaltung* und *Spiele*, da Glücksspiele eine eigenständige Unterkategorie innerhalb der allgemeineren Kategorien von Unterhaltung und Spielen ist[1306]. Schließlich ist der Begriff *pharmazeutische Erzeugnisse* kein Oberbegriff, der sowohl Arzneimittel als auch Nahrungsergänzungsmittel umfasst. Daher stellt die Benutzung der Marke für *diätetische Erzeugnisse für medizinische Zwecke* keine Benutzung für pharmazeutische Präparate dar[1307]. Dasselbe gilt für für *Salben mit Honigzusatz* für medizinische Zwecke, da es sich bei ihnen um Kosmetika handelt[1308]. Auch die Benutzung der angegriffenen Marke im Zusammenhang mit *DL im Bereich der Bekleidungsherstellung* kann *nicht als ernsthafte Benutzung für Bekleidung* angesehen werden[1309]. Ebenso wenig stellt die Benutzung der älteren Marke für das tatsächliche *Betreiben von Altenheimen* zugunsten von deren Insassen 1241

1303 EuG, 01.09.2021, T-697/20 – DONAS DULCESOL/DONAS, Rn 32. Auch Kekse sind eine eigenständige Unterkategorie von Waren, so dass ihre Benutzung für diejenige von Backwaren nicht ausreicht; EuG, 07.06.2023, T-419/22 – medex, Rn 47–57.

1304 EuG, 10.11.2021, T-758/20 – MONSTER, Rn 34–72. Nach dem in den Allgemeinen Anmerkungen zur NK dargelegten Grundsatz erfolgt die Einstufung von Fertigwaren grds nach ihrer Funktion oder Bestimmung.

1305 EuG, 03.02.2022, T-140/21 – apo-discounter.de, Rn 32–58. Weiter ist der Einzelhandel mit Apothekenprodukten und Gesundheitswaren durch den Vertrieb von Kosmetika nicht nachgewiesen.

1306 EuG, 01.02.2023, T-772/21 – efbet, Rn 62–75.

1307 EuG, 30.11.2022, T-12/22 – NATURCAPS/NATURKAPS, Rn 25–39 mwN. Die NK traf in der 7. Ausgabe eine klare Unterscheidung zwischen pharmazeutischen Erzeugnissen einerseits und diätetischen Stoffen andererseits, enthielt aber noch keine gesonderte Kategorie für Nahrungsergänzungsmittel. Dagegen gehören Propolis und Gelée Royale für den menschlichen Verzehr nicht zu den Lebensmitteln der Klasse 30, sondern sind Nahrungsergänzungsmittel in Klasse 5; EuG, 07.06.2023, T-419/22 –, medex, Rn 60–72.

1308 EuG, 07.06.2023, T-419/22 – medex, Rn 33–44.

1309 EuG, 28.06.2023, T-645/22 – CS jeans your best fashion partner, Rn 36–53.

keine ernsthafte Benutzung für die *betriebswirtschaftliche und kaufmännische Führung von Einrichtungen, insb Altenheimen* dar[1310].

1242 Ist eine Marke nur für einen *Teil der Waren oder DL*, für die sie eingetragen ist, benutzt worden, so gilt sie zum Zwecke der Prüfung des Widerspruchs nur für diese als eingetragen (Art. 47 Abs. 2 S. 3 UMV).

1243 Eine Marke, die für eine Gruppe von Waren und für deren Einzelteile eingetragen ist, ist für alle zu dieser Gruppe gehörenden Waren und für deren Einzelteile *ernsthaft benutzt*, auch wenn sie nur für bestimmte Waren – wie hochpreisige Luxussportwagen – oder nur für die *Einzelteile* oder das *Zubehör* einiger davon benutzt wurde, es sei denn, aus relevanten Tatsachen und Beweisen ergibt sich, dass der angesprochene Verbraucher in ihnen eine selbständige Untergruppe der eingetragenen Waren sieht[1311].

1244 Ein Verbraucher, der eine Ware oder DL erwerben möchte, die zu einer besonders *genau definierten Gruppe* gehört, innerhalb derer es aber nicht möglich ist, eindeutige Unterteilungen vorzunehmen, wird alle zu dieser Gruppe gehörenden Waren oder DL mit der älteren Marke in Verbindung bringen. Unter diesen Umständen genügt es, vom Inhaber der älteren Marke zu verlangen, den Nachweis der ernsthaften Benutzung für einen Teil der Waren oder DL zu erbringen, die in diese homogene Gruppe fallen. In Bezug auf Waren oder DL, die in einer *weiten Gruppe* zusammengefasst sind, die in mehrere selbständige Untergruppen unterteilt werden kann, ist dagegen vom Inhaber der älteren Marke zu verlangen, dass er den Nachweis der ernsthaften Benutzung für jede dieser selbständigen Untergruppen erbringt[1312].

1310 EuG, 04.09.2024, T-73/23 – TERTIANUM/Tertianum WOHNEN UND LEBEN IM DRITTEN ALTER, Denn die Führung eines eigenen Altenheims stellt eine Verwaltungsdienstleistung dar, die für sich selbst erbracht wird, so dass sie als eine Benutzung interner Art anzusehen ist, die nicht auf die Erlangung oder Erhaltung von Marktanteilen zielt..

1311 EuGH, 22.10.2020, C-720/18 und C-721/18 – testarossa (Ferrari), das noch zu Art. 12 Abs. 1 und Art. 13 MarkenRL aF (Art. 19, Art. 7 und Art. 21 MarkenRL) ergangen ist, Rn 43–53. Dass die benutzten Waren zu einem besonders hohen Preis verkauft werden und infolgedessen zu einem speziellen Markt gehören können, reicht nicht aus, um in ihnen eine selbständige Untergruppe der eingetragenen Waren zu sehen. Sportwagen können nämlich – wie jedes andere Fahrzeug – auch zum Straßentransport von Personen und ihrer persönlichen Gegenstände verwendet werden. Daraus, dass die ältere Marke für Ersatz- und Zubehörteile von hochpreisigen Luxussportwagen benutzt wurde, lässt sich auch nicht der Schluss ziehen, dass sie nur für einen Teil der geschützten Waren benutzt wurde.

1312 EuGH, 16.07.2020, C-714/18 P – tigha/TAIGA, Rn 39, 42, 43. Die Größe der Waren- oder DL-Gruppen, für die die ältere Marke eingetragen worden ist, stellt einen entscheidenden Faktor für das Gleichgewicht zwischen der Aufrechterhaltung und dem Schutz der Ausschließlichkeitsrechte, die dem Inhaber der älteren Marke verliehen worden sind, auf der einen Seite und der Beschränkung dieser Rechte auf der anderen Seite dar, um zu verhindern, dass einer teilweise genutzten Marke nur deshalb ein erweiterter Schutz zuteil wird, weil sie für eine weite Waren- oder DL-Palette eingetragen wurde.

1245 Der *Zweck* und die *Bestimmung* der fraglichen Waren oder DL stellt ein wesentliches Kriterium für die Definition einer *selbständigen Untergruppe* dar. Wenn die betr Waren zB häufig mehrere Zwecke und Bestimmungen haben, kann die Existenz einer eigenständigen Warenuntergruppe aber nicht in der Weise bestimmt werden, dass jeder dieser Zwecke isoliert berücksichtigt wird. Eine solche Herangehensweise würde es nämlich nicht ermöglichen, in *kohärenter Weise* selbständige Untergruppen zu bestimmen. Dass sich die fraglichen Waren an *verschiedene Verkehrskreise* richten und in *unterschiedlichen Geschäften* verkauft werden, ist als Kriterium für die Definition einer selbständigen Warenuntergruppe nicht relevant[1313].

1246 Fallen unter einen (weiten) Oberbegriff verschiedene selbständige *kohärente Untergruppen*, kommt es nur auf diejenige Untergruppe an, für die die eingetragene Marke tatsächlich benutzt wurde[1314]. Für die *Abgrenzung* kommt es aus der Sicht des angesprochenen Verkehrs darauf an, ob die Untergruppen nach der allein maßgeblichen Bestimmung der Waren und DL kohärente, eigenständige Unterkategorien bilden, die unabhängig voneinander betrachtet werden können, weil sie grundsätzliche Unterschiede aufweisen oder miteinander nicht austauschbar sind[1315]. Im Verz. dürfen aber über die benutzte konkrete Ware oder DL auch solche belassen werden, die zwar mit den benutzten nicht völlig identisch sind, sich nach Auffassung der relevanten Verkehrskreise aber von diesen nicht wesentlich unterscheiden und zu ein und ders Untergruppe, dh zum gleichen Bereich gehören, jede Unterteilung somit willkürlich wäre[1316].

1247 So wird zB mit der Vermarktung von handgefertigten Pralinen der *Oberbegriff Schokoladewaren* benutzt[1317] und mit dem Verkauf von Soave- und Chianti-Weinen der Oberbegriff *Weine aus Italien*[1318].

1313 EuGH, 16.08.2020, C-714/18 P – tigha/TAIGA, Rn 44, 51–53. Das EuG hat daher zu Recht nicht jede der Verwendungen der konkurrierenden Waren (Bekleidung bzw Schutzkleidung), nämlich den Körper zu bedecken, zu verbergen, zu kleiden oder gegen die Elemente zu schützen, isoliert berücksichtigt, da diese verschiedenen Verwendungen sich beim Inverkehrbringen dieser Waren vereinen.

1314 EuG, 17.10.2006, T-483/04 – GALZIN/CALSYN, Rn 25–30. So stellen die benutzten »pharmazeutischen Präparate auf Kalziumbasis« eine Untergruppe der eingetragenen »pharmazeutischen und medizinischen Präparate« dar.

1315 EuG, 07.03.2018, T-230/17 – RSTUDIO/ER/STUDIO, Rn 25, 26. So fallen »Datenmodellierungssoftware und -programme« sowie »Software zur Modellierung von Entitätsbeziehungen für SQL-Datenbanken« unter den breiteren Oberbegriff von »Datenbanksoftware und -programmen«.

1316 EuG, 22.05.2012, T-570/10 – Wolfskopf/WOLF Jardin ua, Rn 21, 22. So dürfen Gartengeräte nicht dahingehend unterschieden werden, ob sie von professionellen oder Gelegenheitsgärtnern benutzt werden können. Dieser Gesichtspunkt wurde im Aufhebungs-Urteil des EuGH, 14.11.2013, C-383/12 P, nicht beanstandet.

1317 EuGH, 17.07.2014, C-141/13 P– Walzer Traum/Walzertraum, Rn 42–44.

1318 EuG, 30.06.2015, T-489/13 – VIÑA ALBERDI/VILLA ALBERTI, Rn 30–39. Weine unterschiedlicher Herkunft bilden keine Unterkategorie des Oberbegriffs von Weinen.

1248 Dagegen ist *Bettwäsche* eine kohärente und homogene *Unterkategorie*, so dass nur diese Warengruppe benutzt ist und nicht die gesamte Obergruppe *Textilwaren*[1319]. Auch *Rennwagen* bilden eine zusammenhängende Unterkategorie und fallen nicht unter die Obergruppe von *Kraftfahrzeugen*[1320].

1249 Bei *Arzneimitteln* werden die Untergruppen nicht nach Darreichungsform, -ort und -art, nach Inhaltsstoffen oder der Erforderlichkeit einer ärztlichen Verschreibung, sondern nach der *therapeutischen Indikation* definiert, in der deren Zweck und Bestimmung zum Ausdruck kommt. Eine Beschränkung auf eine bestimmte Darreichungsform, zB »Tabletten«, würde zu einer ungebührlichen Einschränkung der unternehmerischen Freiheit des Markeninhabers führen und sein legitimes Interesse an einer künftigen Ausweitung der Warenpalette auf andere Darreichungsformen verletzen. Die Verschreibungspflicht ist kein geeignetes Kriterium für die Bildung einer Untergruppe von pharmazeutischen Erzeugnissen, zumal sie mangels einer Harmonisierung auf europäischer Ebene von jeweiligen nationalen Rechtsvorschriften abhängig wäre, die jederzeit vom nationalen Gesetzgeber geändert werden könnten[1321].

1250 Ist dagegen eine Marke für Waren oder DL eingetragen worden, die so *genau definiert* worden sind, dass es nicht möglich ist, innerhalb der betr Gruppe eindeutige Unterteilungen vorzunehmen, deckt der Nachweis der ernsthaften Benutzung der Marke für diese Waren oder DL für die Zwecke des Widerspruchsverfahrens zwangsläufig diese ganze Gruppe ab[1322].

1251 Bei *Datenbanken* ist für die Bildung von kohärenten Untergruppen deren konkreter *Inhalt,* also ihr Zweck und ihre Bestimmung für spezifische Branchen erheblich.

1319 EuG, 05.10.2017, T-336/16 – VERSACE 19.69 ABBIGLIAMENTO SPORTIVO/ VERSACE, Rn 50–54.

1320 EuG, 23.09.2020, T-677/19 – SYRENA, Rn 126–120; Rechtsmittel nicht zugelassen, EuGH, 28.01.2021, C-626/20 P. Rennwagen sind nämlich nicht dazu bestimmt, auf öffentlichen Straßen gefahren zu werden, und eine solche Benutzung ist sogar wegen fehlender Typgenehmigung verboten.

1321 EuG, 08.11.2013, T-536/10 – Premeno/Pramino; bestätigt durch EuGH, 11.12.2014, C-31/14 P; »Arzneimittel zur hormonalen Schwangerschaftsverhütung« stellen eine Untergruppe von »Arzneimitteln« dar. Ebenfalls statthaft ist die Einschränkung von »Vaginalzäpfchen« auf solche »gegen Scheidentrockenheit und vaginale Infekte«; EuG, 16.05.2013, T-353/12 – ALARIS, Rn 23; Waren, die zwar komplementär sind, aber deren Verwendungszweck verschieden ist, dürfen nicht in dieselbe Unterkategorie eingeordnet werden; EuG, 13.02.2007, T-256/04 – RESPICUR/RESPICORT, Rn 24–36; »Atemwegstherapeutika« ist die richtige Untergruppe von »pharmazeutischen Erzeugnissen«, wenn diese eingetragene Ware nur für »rezeptpflichtige Corticoide enthaltende Dosieraerosole« benutzt wurde; EuG, 16.06.2010, T-487/08 – KREMEZIN/KRENOSIN, Rn 56–61; »Pharmazeutische Erzeugnisse für die Herzbehandlung« ist die korrekte Untergruppe von »pharmazeutischen Erzeugnissen« und keinesfalls »sterile Lösung von Adenosin für den Einsatz in der Behandlung eines bestimmten Herzleiden für die intravenöse Verabreichung in Krankenhäusern«.

1322 EuG, 14.07.2005, T-126/03 – ALADIN/ALADDIN, Rn 45–51. »Poliermittel für Metalle« stellt eine besonders genau begrenzte Untergruppe von Poliermitteln dar.

Dieser ist nämlich für die Bestimmung der relevanten Waren und DL entscheidend und für die Entscheidung der Verbraucher ausschlaggebend[1323].

Als *ernsthafte Benutzung* einer älteren Marke (Art. 18 Abs. 1 Unterabs. 1 UMV, **1252** Art. 47 Abs. 2 UMV, Art. 58 Abs. 1a UMV), die der Widersprechende aus einer mehr als fünf Jahre älteren Marke auf Einrede des Anmelders nachweisen muss, ist *eine tatsächliche Benutzung* zu verstehen, die der Hauptfunktion der Marke entspricht, dem Verbraucher oder Endabnehmer die Ursprungsidentität einer Ware oder DL zu garantieren[1324], und die nicht lediglich symbolisch allein zum Zweck der Wahrung der durch die Marke verliehenen Rechte erfolgt (*Scheinbenutzung*)[1325].

Eine ernsthafte Benutzung der Marke setzt voraus, dass diese auf dem *einschlägigen* **1253** *Markt* benutzt wird und nicht nur innerhalb des betr Unternehmens. Ihr Zweck muss sein, für die mit ihr versehenen Waren oder DL einen *Absatzmarkt zu erschließen oder zu sichern*, entweder durch deren real erfolgenden Vertrieb oder durch die Vorbereitung eines unmittelbar bevorstehenden Vertriebs[1326], die jedoch zur Gewinnung von Kunden insb im Rahmen von *Werbekampagnen* hinreichend konkret sein muss[1327]. Es muss deshalb nicht unbedingt ein Verkauf von Waren stattgefunden haben, es reicht vielmehr der Nachweis der *tatsächlichen geschäftlichen Nutzung* der Marke und die *ernsthaften Bemühungen um den Erwerb eines Marktanteils*[1328]. Selbst wenn ein Markeninhaber Waren oder DL außerhalb der Union anbietet, ist es denkbar, dass er die Marke benutzt, um einen Absatzmarkt für diese in der Union zu schaffen oder zu

---

1323 EuG, 07.02.2019, T-789/17 – TecDocPower/TECDOC, Rn 43–48. Der Zweck der von den älteren Marken erfassten Waren und DL war hier die Lokalisierung von Informationen über Automobilteile mit Hilfe eines elektronischen Mittels. Verbraucher außerhalb der Automobilbranche (hier: Kraftwerksbetreiber) benötigen weder eine Datenbank für Automobilteile noch die Software oder die akzessorischen DL, die zu der Datenbank gehören.

1324 Dies regelte noch PräambelGMV 10.

1325 Auch wenn Art. 18 Abs. 1a UMV nur auf Unionsmarken Bezug nimmt, so ist er wegen Art. 47 Abs. 2. und 3 UMV entspr auf nationale Marken anzuwenden; EuG, 07.09.2016, T-204/14 – VICTOR/victoria, Rn 22.

1326 EuGH, 27.01.2004, C-259/02 – La Mer, Rn 19, 21; EuGH, 11.03.2003, C-40/01 – Minimax/Ansul/Ajax, Rn 35–42; siehe *Bender,* MarkenR 2003, 253, 257, 2004, 216, 218; *ders,* Die ernsthafte Benutzung der Marke in der europäischen Rspr, FS 50 Jahre VPP 2005, 412.

1327 EuG, 07.07.2016, T-431/15 – FRUIT II, Rn 52. Jedoch reicht der Hinweis auf *aussichtsreiche Gespräche.* mit potenziellen Kunden nicht, da dies lediglich eine Mutmaßung darstellt; EuG, 13.06.2012, T-312/11 – CERATIX/CERATOFIX, Rn 46–48.

1328 EuG, 23.09.2020, T-677/19 – SYRENA, Rn 62–78; Rechtsmittel nicht zugelassen, EuGH, 28.01.2021, C-626/20 P. Der Markeninhaber hat einen Prototyp seines Rennwagens vorgestellt, worüber in zahlreichen Presseartikeln berichtet wurde. Die Markteinführung wurde ua durch eine Broschüre mit Bildern und Informationen sowie durch Korrespondenz im Hinblick auf den beabsichtigten Kauf dieses Modells belegt. Es wurden mehrere Bestellungen aufgegeben, und Werbemaßnahmen durch verschiedene polnische und internationale Presseartikel belegt.

erhalten, da auch *Werbe- und Angebotshandlungen* für die Feststellung der ernsthaften Benutzung zu berücksichtigen sind, soweit sie *in der Union* erfolgen[1329].

1254 Dagegen zielen die genannten Vorschriften weder auf eine Bewertung des *kommerziellen Erfolgs* noch auf eine Überprüfung der Geschäftsstrategie eines Unternehmens oder darauf ab, den Markenschutz nur umfangreichen *geschäftlichen Verwertungen* von Marken vorzubehalten[1330]. Selbst ein nach nationalem Recht *rechtswidriger Vertrieb* schließt es nicht aus, dass eine tatsächliche und ernsthafte Benutzung vorliegen kann. Denn Art. 18 UMV sieht keine Verpflichtung vor, die sich auf die Rechtmäßigkeit der Waren oder auf Gutgläubigkeit bei der Benutzung der Marke bezöge[1331].

1255 Eine rein *betriebs-* oder *konzerninterne*[1332] (auch in einem Franchisingverbund[1333]) oder *gelegentliche* Nutzung[1334], die Vorbereitung einer Lizenzvereinbarung[1335] oder lediglich die *Präsentation auf Messen* reichen jedenfalls nicht aus[1336].

1256 Ebenfalls genügt lediglich die Benutzung des *Firmennamens* nicht für die Benutzung einer (DL-)Marke, wenn die Nutzung eines Firmennamens sich auf die Identifizierung einer Gesellschaft beschränkt[1337]. Jedoch kann die Benutzung des Firmen- oder Handelsnamens oder eines Geschäftsnamens als *ernsthafte Benutzung* einer Marke angesehen werden, wenn das Zeichen auf den vertriebenen Waren angebracht ist oder, selbst wenn es nicht angebracht ist, wenn das Zeichen so benutzt wird, dass eine Verbindung zwischen dem Zeichen, aus dem der Firmenname besteht, und den vertriebenen Waren oder den erbrachten DL hergestellt wird, zB wenn Abbildungen von Ladenbezeichnungen in Verkaufsstellen oder die Benutzung der Marke in Online-Shops als Beweis verwendet werden, um Verkäufe der Waren unter der Marke zu identifizieren[1338].

1329 EuG, 13.07.2022, T-768/20 – The Standard, Rn 33–54.

1330 EuG, 13.01.2011, T-28/09 – PINE TREE, Rn 81 mwN.

1331 EuG, 11.01.2023, T-346/21 – Gufic, Rn 39, 40; Rechtsmittel nicht zugelassen, EuGH, 13.07.2023, C-142/23 P.

1332 EuG, 04.07.2014, T-345/13 – CPI COPISA INDUSTRIAL/Cpi construcción promociones e instalaciones, s.a., Rn 29–36. Die Vorlage von Rechnungen der Lieferanten und Salden der Kreditinstitute reicht für den Nachweis der Benutzung einer DL-Marke nach außen nicht, wenn die sonstigen Belege nur ein konzerninternes Tätigwerden zeigen.

1333 EuG, 09.09.2015, T-584/14 – ZARA, Rn 34–36; bestätigt durch EuGH, 26.10.2016, C-515/15 P. So stellen Transporte des Franchisegebers, die sich nur an die eigenen Franchisenehmer richten, keine nach außen gerichtete Benutzung der Marke für Transport-DL dar, zumal wenn diese DL nicht isoliert in Rechnung gestellt werden, sondern in dem Warenpreis aufgehen.

1334 EuG, 21.06.2012, T-514/10 – FRUIT I, Rn 47–58.

1335 EuG, 14.03.2017, T-132/15 – popchrono, Rn 82–96.

1336 EuG, 08.06.2017, T-294/16 – GOLD MOUNT, Rn 27–31.

1337 EuG, 26.09.2012, T-301/09 – CITIGATE/citi, Rn 126 mwN; EuG, 14.07.2016, T-345/15 – KRISTAL/MODAS CRISTAL, Rn 38, 39. Denn der Zweck eines Firmennamens an sich ist nicht, Waren oder DL zu unterscheiden, sondern die Identifizierung des Unternehmens zu ermöglichen.

1338 EuG, 08.07.2020, T-686/19 – GNC LIVE WELL, Rn 75, 76 mwN.

Die durch den Inhaber oder mit seiner Zustimmung erfolgende Anbringung einer *Unionsindividualmarke* auf Waren als *Gütezeichen* ist *keine markenmäßige Benutzung* im Sinne einer »ernsthafte Benutzung«. Jedoch stellt die Anbringung der Marke eine solche ernsthafte Benutzung dar, wenn sie den Verbrauchern auch und zugleich garantiert, dass diese Waren aus einem einzigen Unternehmen stammen, unter dessen Kontrolle sie hergestellt werden und das für ihre Qualität verantwortlich gemacht werden kann. Wird nämlich eine Individualmarke in einer Weise benutzt, die zwar die Zusammensetzung oder die Qualität der Waren oder DL gewährleistet, den Verbrauchern aber nicht garantiert, dass diese aus einem einzigen Unternehmen stammen, unter dessen Kontrolle sie hergestellt oder erbracht werden und das infolgedessen für ihre Qualität verantwortlich gemacht werden kann, handelt es sich nicht um eine der Funktion als Herkunftshinweis entspr Benutzung. Folglich liegt keine Benutzung entspr der Hauptfunktion der Individualmarke vor, wenn ihre Anbringung auf den Waren nur die Funktion eines Gütezeichens für diese Waren hat und nicht die Funktion, überdies zu garantieren, dass die Waren aus einem einzigen Unternehmen stammen[1339]. 1257

Wird eine Individualmarke nicht von ihrem Inhaber benutzt, sondern von mehreren Unternehmen einer Gruppe, und übt der Markeninhaber keine Kontrolle über deren Waren und DL aus, so stellt sie für das Publikum lediglich ein *Zeichen der Zugehörigkeit zu dieser Gruppe* dar und wird daher nicht als betrieblicher Herkunftshinweis verstanden[1340]. 1258

Überprüft ein *Nutzerverein*, mit dem der Markeninhaber einen *Gestattungsvertrag* geschlossen hat und der seinen Mitgliedern mittels eines Kontrollvertrags erlaubt, eine *Individualmarke* zu verwenden, lediglich die Art und Weise der Warenherstellung, ist er aber nicht selbst an deren Herstellung beteiligt und nicht für sie verantwortlich, ist die für die Benutzung einer Individualmarke erforderliche *Herkunftsfunktion* ebenfalls *nicht erfüllt*, da die Verantwortung für die Qualität der Waren bei den verschiedenen Herstellern bleibt, die kein einziges Unternehmen bilden. Der Nutzerverein bezweckt nämlich nur die Wahrung der Interessen seiner Mitglieder in Zusammenhang mit der Umsetzung des Herkunftsschutzes zB für *Steirisches Kürbiskernöl* und unterstützt sie bei dessen Vermarktung. Eine Individualmarke wird dann nicht entspr ihrer Hauptfunktion benutzt, wenn sie zwar die geografische Herkunft der Waren verschiedener Hersteller gewährleistet, den Verbrauchern aber nicht anzeigt, dass diese unter der 1259

1339 EuGH, 08.06.2017, C-689/13 – Baumwollblüte (W. F. Gözze Frottierweberei/VBB), Rn 45, 46, 51, 57. Nach Art. 52 Abs. 1a. und Art. 7 Abs. 1g UMV kann eine Individualmarke nicht auf der Grundlage einer gemeinsamen Anwendung dieser Bestimmungen mit der Begründung für nichtig erklärt werden, dass der Markeninhaber die Richtigkeit der mit der Marke im Verkehr verbundenen Qualitätserwartungen nicht durch regelmäßige Qualitätskontrollen bei seinen Lizenznehmern gewährleistet.

1340 EuG, 24.09.2019, T-13/18 – Crédit Mutuel, Rn 134–169; Rechtsmittel nicht zugelassen, EuGH, 13.02.2020, C-867/19 P.

Kontrolle eines einzigen Unternehmens hergestellt werden, das für ihre Qualität verantwortlich gemacht werden kann[1341].

1260 Die Verwendung des *Symbols* ® genügt nicht als Nachweis der Benutzung als Unionsmarke. Es besteht keine gefestigte Praxis, wonach dieses Symbol einer beschreibenden Angabe automatisch Unterscheidungskraft verleihen würde[1342].

1261 Eine nach außen gerichtete Benutzung muss sich nicht ausschließlich an den Endverbraucher richten. Beim relevanten Verkehr kann es sich auch um *Fachleute, Industriekunden* und andere *gewerbliche Nutzer* handeln, zB wenn ein Markeninhaber als Vermittler von Verkäufen der mit der Marke versehenen Waren zwischen von ihm unabhängigen Hersteller- und Verkaufsunternehmen tätig wird und auf Fachmessen auftritt[1343] oder wenn sich die geschäftliche Tätigkeit nur an den Fachverkehr, insb die *Wiederverkäufer* richtet[1344].

1262 Als Benutzung gilt zudem das Anbringen der Unionsmarke auf ausschließlich zum *Export* bestimmten Waren und deren Verpackung in der Union (Art. 18 Abs. 1 Unterabs. 2b UMV)[1345], was auch entspr für die Benutzung nationaler oder internationaler Marken anzuwenden ist[1346]. Ein Nachweis dafür, dass diese Waren *im Bestimmungsland vermarktet* worden sind, ist *nicht erforderlich*[1347].

1263 Weiter gestattet es Art. 18 Abs. 1 Unterabs. 2a UMV, eine eingetragene Marke[1348] als benutzt anzusehen, wenn sie in einer Form benutzt wurde, die von der eingetragenen *nur in Bestandteilen abweicht, ohne* dass dadurch *deren Kennzeichnungskraft beeinflusst* wird, unabhängig davon, ob die Marke in der benutzten Form auch auf den Namen des Inhabers eingetragen ist[1349].

1341 EuGH, 17.10.2019, C-514/18 P – Steirisches Kürbiskernöl, Rn 39–43; damit wurde bestätigt EuG, 07.06.2018, T-17/17, Rn 50–53.

1342 EuG, 14.02.2017, T-15/16 – Cystus, Rn 44; bestätigt durch EuGH, 31.01.2019, C-194/17 P.

1343 EuG, 21.11.2013, T-524/12 – RECARO, Rn 25–27.

1344 EuG, 07.07.2016, T-431/15 – FRUIT II, Rn 49–51.

1345 EuG, 19.04.2013, T-454/11 – Al bustan/ALBUSTAN, bzgl Export von Griechenland in den arabischen und afrikanischen Raum sowie den Mittleren Osten.

1346 EuG, 04.06.2015, T-254/13 – STAYER/STAYER, Rn 53, 57, 58.

1347 EuG, 17.07.2024, T-50/23 – BELFE, Rn 38–50. Hier wurden die mit der Marke versehenen Waren in Italien hergestellt und nach China exportiert. Auch ihr Verkauf an eine italienische Firma, die sie anschließend an eine chinesische exportierte, stellt eine Benutzung in der Union dar.

1348 Diese Vorschrift gilt wegen Art. 53 Abs. 3 und 2, Art. 8 Abs. 2a UMV, Art. 10 Abs. 1 MarkenRL. entspr auch für nationale Marken; EuG, 05.12.2013, T-4/12 – Maestro de Oliva/MAESTRO, Rn 22. S.a. EuG, 04.06.2015, T-254/13 – STAYER/STAYER, Rn 53.

1349 S.a. GMitt über die Benutzung einer Marke in einer Form, die von der Eintragung abweicht, (Oktober 2020) mit Beispielsfällen, um gemeinsame Kriterien und Grundsätze für die Praxis des EUIPO und der nationalen Markenämter der Mitgliedstaaten festzulegen.

Das ist zB der Fall bei Hinzufügung von *banalen Bildelementen*[1350], *Buchstabenkürzeln*[1351] oder *rein beschreibenden Begriffen*[1352], der *Darreichungsform* der Ware[1353], und zusätzlich von Namen und Orten[1354] oder bei der *Veränderung schlichter grafischer Elemente*, wenn das unveränderte Wortelement aufgrund seiner Kennzeichnungskraft überwiegt[1355]. Der Markeninhaber soll im Rahmen seines Geschäftsbetriebs Veränderungen an der Marke vornehmen können, um sie den Anforderungen der Vermarktung und der Förderung des Absatzes der betr Waren oder DL besser anzu- 1264

1350 EuG 08.12.2015, T-583/14 – FLAMINAIRE/FLAMINAIRE, Rn 30, 37.

1351 EuG, 12.05.2016, T-322/14 und T-325/14 – mobile.de/mobile, Rn 51–61; bestätigt durch EuGH, 28.02.2018, C-418/16 P; bei Benutzung der älteren Marke als »mobile.bg« bzw »mobilen.bg«, zumal »bg« nur einen sehr geläufigen kurzen geografischen Hinweis darstellt. S.a. EuG, 12.07.2019, T-412/18 – mobile.ro/mobile, Rn 32–37.

1352 EuG, 30.11.2009, T-353/07 – COLORIS/COLORIS, Rn 28–36; bei Benutzung der älteren Marke mit den zusätzlichen Wortbestandteilen »global coloring concept« und »gcc« zusammen mit einem Globus-Bild sowie manchmal mit den Worten »colorants & technologies«; EuG, 16.04.2015, T-258/13 – ARKTIS, Rn 26, 27; bestätigt durch EuGH, 22.06.2016, C-295/15 P; bei Hinzufügung des Begriffs »line«, der in Werbung und Handel gewöhnlich iVm einer Produktlinie verwendet wird; EuG, 23.09.2015, T-426/13 – AINHOA, Rn 26–32; bestätigt durch EuGH, 16.06.2016, C-611/15 P. Die Benutzung der eingetragenen Wortmarke mit dem nebensächlichen Bildbestandteil »Himmel mit Wolken« und mit deutlich warenbeschreibenden Wortzusätzen »bio«, »luxe«, »mineral passion«, »spa world chocolate«, hat deren kennzeichnenden Charakter nicht verändert.

1353 EuG, 15.11.2018, T-831/17 – Flexagil, Rn 34–38. Der Verbraucher wird durch den Zusatz »krem« lediglich darüber informiert, dass es sich weder um ein Gel noch ein Öl oder einen Spray handelt.

1354 EuG, 08.06.2022, T-293/21 – UM, Rn 112–123, wenn die Großbuchstaben »UM« klar hervorgehoben sind und im benutzten Zeichen eine bedeutende Stellung einnehmen. Dann vermitteln die zusätzlichen, jeweils in kleiner Größe geschriebenen Wortbestandteile, wie »Hernienzentrum«, und auch Eigennamen, wie »Dr. Muschaweck, PD Dr. Conze«, sowie Ortsangaben, wie »München-London«, eine rein informative Aussage und spielen daher nur eine untergeordnete Rolle. S.a. EuG, 11.01.2023, T-346/21 – Gufic, Rn 78–84; Rechtsmittel nicht zugelassen, EuGH, 13.07.2023, C-142/23 P. Den zusätzlichen grafischen Elementen, dem gelben Halboval und dem Mörser mit Stößel, kommt nur eine dekorative Rolle zu, die Worte »ayurvedic medicine« sind für ayurvedische Arznei beschreibend und das »H 15« ist eine bloße alphanumerische Kombination, so dass dadurch die Unterscheidungskraft des Wortbestandteils »Gufic« nicht beeinflusst wird.

1355 EuG, 10.12.2015, T-690/14 – Vieta, Rn 37–55; 27.02.2014, T-225/12 – LIDL express/LIDL MUSIC, Rn 46–53; bestätigt durch EuGH, 06.09.2016, C-224/14 P und C-237/14 P; EuG, 18.11.2015, T-361/13 – VIGOR/VIGAR, Rn 70–76; EuG, 13.06.2019, T-398/18 – DERMÆPIL sugar epil system/dermépil Perron Rigot, Rn 40–44; EuG, 03.10.2019, T-666/18 – ad pepper, Rn 35–50; EuG, 15.10.2019, T-582/18 – XBOXER BARCELONA/X, Rn 41–50; EuG, 21.11.2019, T-527/18 – tec.nicum/TECNIUM, Rn 27–39; Rechtsmittel nicht zugelassen, EuGH, 28.05.2020, C-52/20 P; EuG, 16.11.2022, T-512/21 – EPSILON TECHNOLOGIES, Rn 37–53.

passen[1356]. Dass ein Zeichen auch der *Firmenname* des Markeninhabers ist, schließt seine markenmäßige Benutzung nicht aus[1357].

1265 Die verwendete Form darf von der eingetragenen jedoch *nur in geringfügigen Bestandteilen abweichen*, so dass beide Zeichen als insgesamt gleichwertig betrachtet werden können. Das ist der Fall, wenn die der eingetragenen Marke hinzugefügten Elemente nicht als ein untrennbar mit ihr verbundenes Ganzes (und damit als neues Zeichen) angesehen werden, sondern eine untergeordnete Stellung in ihrem Gesamteindruck einnehmen und schwache Kennzeichnungskraft aufweisen, wie geografische oder sonstige rein beschreibende Angaben, und wenn das eingetragene Wortelement in der benutzen Wort-/Bildmarke dominierend bleibt, zB weil die grafischen Momente rein dekorativ oder schlicht etikettenhaft sind[1358].

1356 EuGH, 25.10.2012, C-553/11 – Protifit/PROTI, Rn 21.

1357 EuG, 18.07.2017, T-110/16 – SAVANT, Rn 25–37. Selbst die Anwesenheit von Subbrands, wie »Pulse«, »Hematos« und »Mataco« neben der Marke schließt deren ernsthafte Benutzung nicht aus.

1358 EuG, 10.06.2010, T-482/08 – ATLAS TRANSPORT, Rn 30–42; EuG, 17.02.2011, T-324/09 – Friboi/FRIBO, Rn 35, 36; EuG, 16.01.2013, T-528/11 – FOREVER/4 EVER, Rn 35; EuG, 23.01.2013, T-551/12 – Rebella/SEMBELLA, Rn 43; EuG, 05.12.2013, T-4/12 – Maestro de Oliva/MAESTRO, Rn 29–39; EuG, 12.03.2014, T-381/12 – PALMA MULATA, Rn 31–40; EuG, 12.12.2014, T-105/13 – TrinkFix/Drinkfit, Rn 43–52; EuG, 14.12.2016, T-397/15 – PAL, Rn 26–43; EuG, 24.10.2014, T-543/12 – Bugui va/BUGUI, Rn 6, 60–66, 81–88; EuG, 15.07.2015, T-24/13 – CACTUS OF PEACE CACTUS DE LA PAZ/CACTUS, Rn 61; wo allein die Benutzung eines stilisierten Kaktus für diejenige einer kombinierten Wort- und Bildmarke ausreichen soll; EuG, 07.09.2016, T-204/14 – VICTOR/victoria, Rn 27–48; EuG, 13.09.2016, T-146/15 – Vieleck, Rn 36–60; bestätigt durch EuGH, 28.02.2017, C-587/16 P; wo die Hinzufügung eines Kreises und eines Wortelements den kennzeichnenden Charakter eines einfachen Bildsymbols nicht verändert; EuG, 23.10.2017, T-404/16 und T-418/16 – Keksverpackung, Rn 29–35; wo die farbliche Veränderung der Verpackung nicht schadet; EuG, 28.04.2021, T-31/20 – The King of SOHO/SOHO, Rn 40–47; EuG, 13.10.2021, T-12/20 – Frutaria, Rn 61–69; EuG, 10.11.2021, T-353/20 – ACM 1899 AC MILAN/Milan, Rn 5267; EuG, 06.04.2022, T-219/21 – TRAMOSA/TRAMO,SA TRANSPORTE MAQUINARIA Y OBRAS,S.A., Rn 43–46; EuG, 22.06.2022, T-329/21 – FRAAS., Rn 82–86, bei rein informativen Zusätzen; EuG, 23.03.2022, T-146/21 – DELTATIC/DELTA, Rn 52–73, wobei auch die Hinzufügung der beschreibenden Zusätze »calcium«, »glycol«, »tonic« und »control« nicht schadet; EuG, 22.06.2022, T-29/21 – BUCANERO, Rn 45–61, wobei die Beifügung der beschreibenden Zusätze »RON«, »MOJITOS«, »RON AÑEJO«, »RON DOMINICANO« und »CONCENTRADO DE MOJITO« nicht schadet; EuG, 14.09.2022, T-609/21 – STEAM, Rn 91–104, wo die Benutzung des Bildzeichens »STEAM BEER« nicht schadet; EuG, 01.03.2023, T-102/22 – Gourmet/GOURMET, Rn 80–89, wo ua die Hinzufügung einer Kochmütze nicht schadet; EuG, 08.03.2023, T-372/21 – Sympathy Inside/INSIDE., Rn 26–42, bei einfachen grafischen Zusätzen; EuG, 10.05.2023, T-437/22 – Bistro Régent/REGENT, Rn 62–66, wo eine leichte Stilisierung und der zusätzliche Begriff »WEINBRAND« nicht schaden; EuG, 02.03.2022, T-615/20 – MOOD MEDIA, Rn 43–62, wo aber das Weglassen des Begriffs MEDIA bei einigen Verwendungsbeispielen die Unterscheidungskraft verändert.

Eine *markante Bildmarke* kann daher auch anstelle eines Buchstabens in eine Wortmarke integriert werden, ohne ihren kennzeichnenden Charakter zu verlieren[1359]. 1266

Weiter soll nach der Amtspraxis eine *reine Farbänderung* die Unterscheidungskraft der Marke nicht beeinflussen, solange (a) die Wort-/Bildbestandteile übereinstimmen und die unterscheidungskräftigen Elemente bilden, (b) der Farbkontrast erhalten bleibt, (c) die Farbe oder die Farbkombination selbst keine Unterscheidungskraft aufweist und (d) die Farbe nicht maßgeblich zur allgemeinen Unterscheidungskraft der Marke beiträgt[1360]. 1267

Selbst die Hinzufügung eines unterscheidungskräftigen Wortelements vermag am kennzeichnenden Charakter einer ungewöhnlichen *dreidimensionalen Form* nichts zu ändern. Je schwächer aber die Unterscheidungskraft der eingetragenen Marke ist, desto leichter wird sie durch den Zusatz eines kennzeichnungskräftigen Elements beeinflusst und desto mehr verliert die eingetragene Marke ihre Eignung, als Herkunftshinweis wahrgenommen zu werden. Dies gilt auch vice versa. Im Fall der Benutzung einer dreidimensionalen Marke iVm einer anderen könnte die Unterscheidungskraft dieser dreidimensionalen Marke leichter beeinflusst werden als bei einer Wort- oder Bildmarke[1361]. Auch die Bedeckung der schlichten dreidimensionalen Form einer *Babyflasche* mit farbigen Wort- und Bildelementen, wie zB »BIG BABY POP!«, dessen stilisierter Buchstabe »I« eine Babyflasche darstellt, sowie mit einer Babyfigur und einem Bildelement, das auf den Warengeschmack hinweist, soll am kennzeichnenden Charakter der eingetragenen Form nichts ändern[1362]. Erscheint das Vorhandensein einer Wortmarke als *eigenständiges Element* und nicht als Einheit mit einer bekannten, in der Werbung besonders herausgestellten und sehr speziellen Form der eingetragenen dreidimensionalen Marke, ändert dies deren kennzeichnenden Charakter nicht[1363]. 1268

1359 EuG, 15.07.2015, T-215/13 – λ (Lambda), Rn 55–61. So die Benutzung unter den Wortmarken »EUROFLOOR, EUROTHANE, EUROWALL, POWERDECK, POWERLINE, POWERROOF«, bei denen der erste Buchstabe »O« durch die eingetragene Bildmarke ersetzt war.

1360 Siehe GMitt zur Gemeinsamen Praxis zum Schutzbereich von schwarz-weißen Marken vom 15.04.2014, Ziff 2.

1361 EuG, 24.09.2015, T-211/14. und T-317/14 – Ofenform (Bullerjan) und Herdform, Rn 29–37. Die Annahme, dass die Anbringung von fantasievollen Namen, wie »Bullerjan« und »Voxka«, auf reinen Warenformmarken deren Kennzeichnungskraft nicht verändert, erscheint jedoch sehr grenzwertig, da sich der Verkehr auch bei dreidimensionalen Marken idR eher am Wort- als am Formelement orientieren wird. Das erstere EuG-Urteil wurde vom EuGH mangels klarer und verständlicher Begründung aufgehoben; EuGH, 01.12.2016, C-642/15 P – Ofenform (Bullerjan); jedoch im Nachfolgeurteil des EuG, 10.10.2017, T-211/14 RENV inhaltlich erneut wiederholt; bestätigt durch EuGH, 23.01.2019, C-698/17 P – Ofenform II (Bullerjan).

1362 EuG, 26.10.2022, T-273/21 – Babyflasche. Das Rechtsmittel war unzulässig, EuGH, 02.02.2023, C-783/22 P. Das erscheint aber angesichts der sehr umfangreichen und auffälligen Veränderungen mE doch sehr zweifelhaft.

1363 EuG, 28.02.2019, T-459/18 – PEPERO original/Keks, stabförmig (MIKADO), Rn 89–103. Die Hinzufügung der Wortmarke »MIKADO« hindert den Verbraucher

1269 Dabei steht der Anwendung des Art. 18 Abs. 1 Unterabs. 2a UMV – wie durch die Neufassung klargestellt worden ist – nicht entgegen, wenn die *benutzte Form*, die von der eingetragenen ohne Veränderung von deren kennzeichnenden Charakter abweicht, *ihrerseits als Marke eingetragen* ist[1364].

1270 Die Voraussetzung einer ernsthaften Benutzung einer Marke iSv Art. 18 Abs. 1 UMV kann auch dann erfüllt sein, wenn eine eingetragene Marke, die ihre Unterscheidungskraft infolge der Benutzung einer anderen, *zusammengesetzten Marke* erlangt hat, deren Bestandteil sie ist, nur vermittels dieser anderen zusammengesetzten benutzt wird oder wenn sie nur iVm einer anderen Marke benutzt wird und beide Marken zusammen zusätzlich als Marke eingetragen sind.

1271 Sie muss aber weiterhin als *Hinweis auf die Herkunft* der betr Ware wahrgenommen werden, um den Anforderungen der *ernsthaften Benutzung* zu genügen[1365]. So kann eine ernsthafte Benutzung auch dann gegeben sein, wenn eine *Bildmarke nur iVm einer sie überlagernden Wortmarke benutzt* wird, selbst wenn beide Marken zusammen zusätzlich als Marke eingetragen sind.

1272 Dies gilt selbst dann, wenn die *Überlagerung einer Bildmarke mit wortlosem Logo* durch ein Wortzeichen die eingetragene Markenform verändert, da es sich nicht um

---

nicht daran, Form und Farben der dreidimensionalen Marke wahrzunehmen, deren beiden Enden sichtbar bleiben und deren Zusammenhang zwischen der gelben und der braunen Farbe deutlich erkennbar ist, zumal die Werbekampagnen überwiegend die dreidimensionale Form der Marke herausgestellt haben, der – ohne sie zu überlagern – in wesentlich kleinerer Größe das Wortelement »MIKADO« beigefügt ist. Das gilt auch bei der Hinzufügung der eigenständigen Wortmarke »SMILES« zur dreidimensionalen Marke eines Smileys, EuG, 14.12.2022, T-553/21 – Smiley, Rn 53–63.

1364 EuGH, 25.10.2012, C-553/11 – Protifit/PROTI, Rn 20–30. Die im Urteil vom 13.09.2007, C-234/06 P – BAINBRIDGE/Bridge, Rn 86; (in einem obiter dictum) geäußerte Auffassung des EuGH, wonach Art. 15 Abs. 1 Unterabs. 2a GMV es nicht erlaubt, den einer eingetragenen Marke zukommenden Schutz mittels des Nachweises ihrer Benutzung auf eine andere eingetragene Marke, deren Benutzung nicht nachgewiesen ist, mit der Begründung auszuweiten, dass die letztgenannte Marke nur eine leichte Abwandlung der erstgenannten darstelle, ist nur im speziellen Kontext bei Geltendmachung einer »Familie« oder »Serie« von Marken zu verstehen. Die Berufung auf die Benutzung einer Marke als Beleg für die Benutzung einer anderen ist nämlich nicht möglich, wenn der Nachweis für die Benutzung einer hinreichenden Zahl von Marken ders »Familie« erbracht werden soll, denn dafür ist erforderlich, dass die anderen dieser »Familie« oder »Serie« angehörenden Marken auf dem Markt präsent sind. Insoweit hat das Vorabentscheidungsersuchen des BGH, 17.08.2011, I ZR 84/09; zur Klarstellung geführt. S.a. EuG, 30.11.2009, T-353/07 – COLORIS/COLORIS, Rn 37. So kann zB ein Anmelder die Benutzung einer Widerspruchsmarke nicht negieren, wenn das von ihr geringfügig abweichende andere Zeichen des Widersprechenden als Marke erst nach dem Ablauf der relevanten Benutzungsperiode eingetragen wurde.

1365 EuGH, 18.04.2013, C-12/12 – Stofffähnchen (Colloseum/Levi Strauss), Rn 36, 35. Diese Entscheidung erging auf ein Vorlageverfahren des BGH; 24.11.2011, I ZR 206/10 – Stofffähnchen II.

ein schlichtes Nebeneinanderstellen handelt, werden doch bestimmte Teile der Bildmarke durch das Wortzeichen verdeckt. Jedoch dürfen die Unterschiede zwischen der benutzten und der eingetragenen Form nicht die Unterscheidungskraft der eingetragenen Marke verändern[1366].

Die benutzten Formen dürfen sich nämlich von der eingetragenen nicht durch *erhebliche Abweichungen* in Art, Länge und Position unterscheiden, so dass sie nicht mehr als wesentlich oder weitgehend *gleichwertig* angesehen werden können. Wird zB die schwache originäre Kennzeichnungskraft einer älteren Marke, der Form einer *Flasche mit einem diagonalen Strich*, in den Benutzungsnachweisen durch andere Marken (wie die Wortmarke »ÓUBRÓWKA BISON VODKA«) oder Elemente auf dem Etikett (wie einem Bison) wesentlich verändert, so sind die Voraussetzungen für eine gemeinsame Benutzung mit diesen Marken oder Etiketten nicht erfüllt, zumal die nicht transparenten Etiketten die Sichtbarkeit und die Wahrnehmung des charakteristischen Teils der eingetragenen Marke beeinträchtigen[1367]. 1273

Da die mit der Anmeldung einer Marke verbundene *subjektive Absicht völlig unerheblich* ist, gilt Art. 18 Abs. 1 Unterabs. 2a UMV daher auch für eine *Defensivmarke*, deren Eintragung nur dazu dient, den Schutzbereich einer anderen, in der benutzten Form eingetragenen Marke abzusichern oder auszuweiten[1368]. 1274

Handelt es sich dagegen bei der *benutzten Form* um ein *eigenständiges Zeichen*, das der Verkehr wegen der Abweichungen in dominierenden Elementen nicht mehr mit der eingetragenen Marke in Verbindung bringt, wird der kennzeichnende Charakter dergestalt verändert, dass ihre Benutzung nicht mehr nach Art. 18 Abs. 1 Unterabs. 2a UMV anerkannt werden kann, zB bei der Benutzung von *FRUIT* für die eingetragene Marke *FRUIT OF THE LOOM* für Bekleidung und Lederwaren[1369] oder bei der Benutzung der Bildmarken *TACKceys* für Klebstoffe und Verpackungen für die eingetragene Wortmarke *TACK*[1370]. Dasselbe gilt, wenn die geschützte Abkürzung *NN* durch voll ausgeschriebene Namen überlagert wird[1371], wenn die Marke *THINK DIFFERENT*, die als Werbebotschaft eher schwach ist, nicht allein verwendet wird, sondern in 1275

1366 EuGH, 18.07.2013, C-252/12 – Specsavers/Asda, Rn 19–31.

1367 EuG, 23.09.2020, T-796/16 – Flasche mit Grashalm/Flasche mit Grashalm II, Rn 154–180; Rechtsmittel nicht zugelassen, EuGH, 23.03.2021, C-639/20 P.

1368 EuGH, 25.10.2012, C-553/11 – Protifit/PROTI, Rn 30–32.

1369 EuG, 21.06.2012, T-514/10 – FRUIT I, Rn 28–40.

1370 EuG, 10.10.2018, T-24/17 – D-TACK/TACK, Rn 54–63. So auch EuG, 14.02.2017, T-15/16 – Cystus, Rn 47; bestätigt durch EuGH, 31.01.2019, C-194/17; wo angesichts der schwachen Unterscheidungskraft des einen Wirkstoff beschreibenden Begriffs »Cystus« die Hinzufügung der Angaben »52« oder »052« geeignet ist, dessen Kennzeichnungskraft deutlich zu verstärken und damit zu verändern, so dass die Benutzungsbeispiele »Cystus 52« oder »Cystus 052« nicht maßgeblich sind.

1371 EuG, 28.06.2017, T-333/15 – NN/NN, Rn 36–47; so wenn die ältere Wortmarke *NN.* nur in Form von Bildmarken mit ua den Zusätzen von »Núñez i Navarro« verwendet wird; bestätigt durch EuGH, 17.01.2018, C-536/17 P.

Verbindung mit dem Wort »macintosh«[1372], wenn markante Bildbestandteile durch völlig andere ersetzt werden[1373] oder als reiner Dekor in den Hintergrund treten[1374].

1276 Weiter wird der kennzeichnende Charakter verändert, wenn gerade das kennzeichnungskräftige Element eines mehrteiligen Zeichens *La Sabiduría del Sabor* (Die Weisheit des Geschmacks) in der für zubereitete Lebensmittel benutzen Markenform fehlt, weil nur noch die nebensächliche Grafik und der die geografische Herkunft beschreibende Bestandteil *Sabores de Navarra*, der an Gefühle und Eindrücke aus der nördlichen Region Spaniens denken lässt, übrig geblieben sind[1375]. Wird die Wortmarke *AIR* nur als Bildmarke mit den zusätzlichen Wortelementen »BLUE« und »MEMPHIS« benutzt, wobei letzteres größenmäßig im Vordergrund steht, stellt dies auf keinen Fall eine lediglich unwesentliche Abweichung von der eingetragenen Form dar[1376]. Durch die Benutzung der Wortmarke *Fohlenelf* in der Form von »Älteste Fohlenelf der Welt« verliert sie ihre Eigenart, so dass ihre Kennzeichnungskraft verändert wird[1377]. Auch wesentliche grafische Veränderungen, die bei einer fantasievollen Bildmarke mit zu berücksichtigen sind, können zu einer Veränderung des kennzeichnenden Charakters führen[1378]. Das gilt zB, wenn eine vielfarbig und fantasievoll gestaltete Bildmarke nur als Wortmarke oder schlichtes einfarbiges Bildzeichen benutzt wird[1379]. Schließlich stellt die Anbringung der einzelnen Bestandteile »RICH« und »RICHMOND« der Bildmarke *RICH JOHN RICHMOND* deutlich voneinander getrennt auf verschiedenen Teilen der betr Waren und auch nicht vollständig (ohne »JOHN«) keine Benut-

1372 EuG, 08.06.2022, T-26/21 bis T-28/21 – THINK DIFFERENT, Rn 86–102. Außerdem war die Marke auf den Etiketten nicht in einer Weise angebracht, die die Aufmerksamkeit der Verbraucher besonders anzieht, sondern befand sie sich unter den technischen Daten der Computer und unmittelbar über dem Strichcode in relativ kleiner Schriftgröße.

1373 EuG, 20.07.2017, T-309/16 – Art's Café; bestätigt durch EuGH, 11.01.2018, C-559/17 P und EuG, 14.07.2014, T-204/12 – VIAVITA/VILA VITA.

1374 EuG, 28.02.2017, T-766/15 und T-767/15 – Goldfarbene Fische auf blauem Grund und Helle Fische auf dunklem Hintergrund; wo der zusätzliche Name »LABEYRIE« und die Fischabbildung der verwendeten Form in den Vordergrund treten, was den kennzeichnenden Charakter des eingetragenen Bildmusters verändert.

1375 EuG, 21.01.2015, T-46/13 – KIT, EL SABOR DE NAVARRA/Sabores de Navarra La Sabiduría del Sabor.

1376 EuG, 08.07.2020, T-800/19 – AIR, Rn 31–38. Selbst wenn nachgewiesen würde, dass der Bestandteil »MEMPHIS« eine Hausmarke ist, stellt dies nicht in Frage, dass dieses Wort die Unterscheidungskraft der angegriffenen Marke verändert. S.a. EuG, 19.10.2022, T-323/21 – Chinesische Schriftzeichen, Rn 45–61. Hier treten die drei sehr kleinen Schriftzeichen in den benutzten Marken hinter die dominierenden Worte »DRAGON DE CHINE« und eine Drachenabbildung zurück.

1377 EuG, 07.12.2022, T-747/21 – Fohlenelf, Rn 81–86. Der benutzte Ausdruck kann nämlich leicht als Slogan verstanden werden, der »die älteste Mannschaft aus elf Fohlen auf der ganzen Welt« bedeutet und damit impliziert, dass es mehrere Fohlenelf-Mannschaften gibt.

1378 EuG, 15.12.2015, T-83/14 – ARTHUR & ASTON/Arthur, Rn 19–24; bestätigt durch EuGH, 15.06.2016, C-94/16 P.

1379 EuG, 03.05.2023, T-60/22 – TEHA/tema, Rn 34–54.

zung der Marke in der Form dar, in der sie eingetragen wurde[1380]. Dasselbe gilt für die Benutzung lediglich des Bildzeichens JS anstelle der vollständigen eingetragenen Bildmarke *CS jeans your best fashion partner*[1381].

Bei der Prüfung sind *alle Umstände des Einzelfalls* zu berücksichtigen, insb die Art der Waren oder DL, die Merkmale des jeweiligen Markts sowie der Umfang und die Häufigkeit der Markenbenutzung. Die Nachweise sind in ihrer Gesamtschau zu bewerten[1382]. Auch der Vertrieb von *Einzelteilen* oder von *Zubehör* oder *Kundendienst, Wartungs-* oder *Reparaturleistungen* können als ernsthafte Benutzung genügen. Die Markenbenutzung muss sich auf Waren und DL beziehen, die *bereits vertrieben* werden oder deren Vertrieb von dem Unternehmen zur Gewinnung von Kunden insb im Rahmen von Werbekampagnen vorbereitet wird und *unmittelbar bevorsteht*[1383]. Denn eine Marke wird von ihrem Inhaber auch ernsthaft benutzt, wenn er *gebrauchte*, unter dieser Marke in den Verkehr gebrachte *Waren* vertreibt oder *für die* zuvor unter dieser Marke *vertriebenen Waren bestimmte DL* unter der betr Marke *anbietet*, die in unmittelbarem Zusammenhang mit den bereits vertriebenen Waren stehen und die Bedürfnisse von deren Abnehmer befriedigen sollen[1384]. 1277

Im Einzelfall kann auch dann eine ernsthafte Benutzung vorliegen, wenn sie mengenmäßig nicht bedeutend ist. Selbst eine *minimale Benutzung* kann ausreichen, wenn sie im konkreten Wirtschaftsbereich zur Schaffung oder Erhaltung eines Marktanteils für die geschützten Waren oder DL gerechtfertigt erscheint. Auch *nachträgliches Verhalten* des Markeninhabers darf mitberücksichtigt werden. Es kann geeignet sein, die in der relevanten Zeit erfolgte Benutzung, ihren Umfang oder die wahren Absichten des Inhabers zu bestätigen oder besser zu bewerten[1385]. 1278

So kann die Tatsache, dass die Benutzung der älteren Marke nur hinsichtlich des Verkaufs von Waren *an einen einzigen Kunden* nachgewiesen ist, nicht von vornherein ihre Ernsthaftigkeit ausschließen, auch wenn sie zeigt, dass diese Marke nicht auf einem wesentlichen Teil des Hoheitsgebiets, in dem sie geschützt ist, vertreten war. Die *Größe des Gebietes* in dem die Marke benutzt wird, ist nämlich nur einer der Faktoren, der neben anderen bei der Entscheidung, ob die Benutzung ernsthaft ist, zu berücksichtigen ist. Sie ist kein von der ernsthaften Benutzung getrenntes Kriterium, sondern ein Aspekt, der in die Gesamtanalyse einzubeziehen und neben anderen zu prüfen ist[1386]. 1279

1380 EuG, 14.07.2021, T-297/20 – RICH JOHN RICHMOND. Das Rechtsmittel wurde nicht zugelassen, EuGH, 17.01.2022, C-599/21 P.

1381 EuG, 28.06.2023, T-645/22 – CS jeans your best fashion partner, Rn 61–69.

1382 EuG, 21.11.2013, T-524/12 – RECARO, Rn 33–38, 48, 49, 71.

1383 EuGH, 11.03.2003, C-40/01 – Minimax/Ansul/Ajax, Rn 40–42.

1384 EuGH, 22.10.2020, C-720/18 und C-721/18 – testarossa (Ferrari), Rn 55–59, 62–64.

1385 EuGH, 27.01.2004, C-259/02 – La Mer, Rn 19, 21, 31; EuGH, 11.03.2003, C-40/01 – Minimax/Ansul/Ajax, Rn 35–39.

1386 EuGH, 19.12.2012, C-149/11 – OMEL/ONEL (Leno Merken/Hagelkruis Beheer), Rn 36.

1280 Auch dass zB der *Wert* der unter der älteren Marke vermarkteten Waren (konzentrierte Säfte verschiedener Früchte), die innerhalb eines Jahres an einen einzigen Kunden geliefert worden sind, *höchstens 4.800 Euro* (Verkauf von 293 Kisten zu je 12 Stück) betragen hat, kann die Ernsthaftigkeit der Benutzung der älteren nationalen Marke nicht in Zweifel ziehen[1387]. So stellt weiter zB der *kontinuierliche Absatz* von über 3.490 Bettdecken in einem Zeitraum von mindestens vier Jahren eine ernsthafte Benutzung dar[1388]. Auch der Verkauf von etwa *2.700 Zeitschaltuhren*, davon 970 für eine Gesamtsumme von etwa 28.000 Euro, über den gesamten Fünfjahreszeitraum in 23 Mitgliedstaaten reicht aus[1389].

1281 Selbst sehr *schmale*, durch Rechnungen belegte *Umsätze* von etwas mehr als 600 Euro reichen für eine ernsthafte Benutzung aus, wenn der *Wareneinzelpreis sehr gering* ist (T-Shirts für 0,82 Euro) und die Verkäufe während der gesamten Fünfjahresperiode über mehrere Filialen an verschiedene außenstehende Personen erfolgten[1390]. Auch *Umsätze in relativ geringer Höhe*, nämlich 719,35 Euro für den ersten Benutzungszeitraum und 477,15 Euro für den zweiten, belegen tatsächliche Warenverkäufe über mehrere Jahre in den maßgeblichen Zeiträumen. Außerdem war Werbung in einer Automobilzeitschrift und Sponsoring von Sportveranstaltungen nachgewiesen[1391].

1282 Auch die Tatsache, dass Herstellung und Verkauf von *hochklassigen Sportwagen* während des Benutzungszeitraums zurückgegangen sind und die Herstellung *wegen Zahlungsunfähigkeit eingestellt* wurde, reicht angesichts der Versuche des Markeninhabers, die Produktion wiederaufzunehmen, und seiner nachfolgenden geschäftlichen Tätigkeit nicht aus, die ernsthafte Benutzung in Frage zu stellen[1392].

1283 Dasselbe gilt für eine *spätere Entscheidung* des Markeninhabers, die *Einführung der Waren mit der betr Marke zu stoppen*. Wenn Vermarktungsaktivitäten in der Zeit, in der sie vom Markeninhaber unternommen wurden, zur ernsthaften Markenbenutzung ausreichen, dürfen nachfolgende Umstände grds nicht mehr berücksichtigt werden. Aus ihnen kann nämlich nicht geschlossen werden, dass – insb kosten- und perso-

---

1387 EuG, 08.07.2004, T-203/02 – VITAFRUIT/VITAFRUT, Rn 46–54; bestätigt durch EuGH, 11.05.2006, C-416/04 P – VITAFRUIT/VITAFRUT, Rn 75–77. S.a. EuG, 16.09.2013, T-200/10 – AVERY DENNISON/DENNISON, Rn 48–51; bei etwa 66.600 Papierartikeln im Wert von 4.783 Euro über 25 Monate in der Zusammenschau mit anderen Benutzungsnachweisen; EuG, 16.01.2013, T-528/11 – FOREVER/4 EVER, Rn 32–44; bei einem Nettoumsatz von 2.604 Euro für 4.968 Fruchtsaftflaschen an sieben Kunden in Portugal während 26 Monaten.

1388 EuG, 16.04.2015, T-258/13 – ARKTIS.

1389 EuG, 19.01.2022, T-76/21 – POMODORO, Rn 64–93.

1390 EuG, 27.02.2015, T-41/12 – L'Wren Scott/LOREN SCOTT, Rn 29–47.

1391 EuG, 14.12.2022, T-636/21 – eurol LUBRICANTS/EUROLLUBRICANTS, Rn 92–105. Außerdem wird die Benutzung einer Marke durch ein Unternehmen, das mit dem Markeninhaber wirtschaftlich verbunden ist, als deren Benutzung mit Zustimmung des Markeninhabers vermutet, Rn 39–56.

1392 EuG, 15.07.2015, T-398/13 – TVR ITALIA/TVR, Rn 58; Rechtsmittel unzulässig; EuGH, 14.01.2016, C-500/15 P.

nalintensive – Vorbereitungsmaßnahmen zur Einführung der Markenwaren auf den Markt nur Scheinbenutzungshandlung gewesen wären[1393].

Jedoch kann *nicht jede nachgewiesene geschäftliche Verwertung* einer Marke automatisch als deren ernsthafte Benutzung eingestuft werden. So *reicht* es *nicht aus*, wenn unter der älteren Marke zB handgefertigte Schokolade mit *minimalem Umsatz* (3,6 kg pro Monat) *nur an einem einzigen Ort in Deutschland* (im Innenraum des Café Reber in Bad Reichenhall, einer Stadt mit etwa 18.000 Einwohnern) verkauft wird, die zu einem unverpackten, nicht mit der Marke versehenen, ausschließlich *in der Theke* angebotenen Schokoladensortiment gehört, bei dem jeder Artikel einen anderen, auf einem Schild der Auslage erscheinenden Namen hat. Ein *Internetauftritt* der mit der Marke gekennzeichneten Ware nützt dann nichts, wenn diese nicht über Internet, sondern nur vor Ort vertrieben wird[1394]. 1284

Auch der Verkauf von *2.592 Wodkaflaschen in Rumänien* innerhalb von drei Monaten an einen einzigen Kunden reicht angesichts des dort üblichen Durchschnittsverbrauchs nicht aus, zumal er zeitlich überwiegend zwischen der Anmeldung und der Veröffentlichung der Unionsmarke erfolgt ist und *nicht* nachgewiesen wurde, dass es sich bei den Geschäften *um öffentliche und nach außen gerichtete Vorgänge* handelte[1395]. 1285

Dasselbe gilt bei einem Gesamtverkauf von *15.552 Flaschen Wasser für 800 Euro*, der noch dazu zwei Jahre vor dem Schonfristablauf endete[1396]. Weiter langt angesichts relativ hochpreisiger Baustoffe ein *Umsatzvolumen von 6.500 Euro* über vier Jahre nicht[1397]. Dasselbe gilt für den Verkauf von nur *80 Fahrrädern* an eine einzige Firma[1398], der Organisation von lediglich *sechs Abendveranstaltungen* für Unterhaltungs-DL[1399] oder für den Verkauf von 30 Produkten an in Deutschland ansässige Kunden mit einem Gesamtbetrag von *4.900 Euro*[1400]. Auch Verkaufszahlen von *Wurstwaren* und *Fleisch* in einem einzigen Jahr in Höhe von *39.615,65 Euro* bzgl verschiedener Geschäfte 1286

1393 EuG, 07.07.2016, T-431/15 – FRUIT II, Rn 57–63.

1394 EuG, 17.01.2013, T-355/09 – Walzer Traum/Walzertraum; bestätigt durch EuGH, 17.07.2014, C-141/13 P, Rn 33, 34.

1395 EuG, 05.06.2014, T-495/12 ua – Dracula Bite/Dracula, Rn 32–46.

1396 EuG, 18.03.2015, T-250/13 – SMART WATER, Rn 30–60.

1397 EuG, 23.10.2015, T-137/14 – Kreis mit Halbkreis, Rn 49–54.

1398 EuG, 07.09.2022, T-353/21 – R2R, Rn 43–63, angesichts eines Fahrradmarkts in der Union, auf dem jedes Jahr viele Mio. Fahrräder verkauft werden.

1399 EuG, 07.09.2022, T-699/21 – MY BOYFRIEND IS OUT OF TOWN, Rn 41–49.

1400 EuG, 12.10.2022, T-752/21 – quis ut Deus, Rn 30–48. Zudem sind die Warenbezeichnungen auf den Rechnungen vage. Letztere enthalten auch keine Artikelnummern, die eine Verbindung zu den Produkten auf den Bildern in der Internetseite herstellen könnten. Weiter sind auf den Rechnungen Preise für Produkte angegeben, die mit keinem der auf diesen Bildern genannten übereinstimmen. Schließlich gelten für einen gemeinnützigen Verein keine verringerten Benutzungsanforderungen.

mit einem deutschen Supermarkt reichen für eine ernsthafte Benutzung der Marke nicht aus[1401].

1287 Für die ernsthafte Benutzung einer Unionsmarke reicht ihre reale Benutzung *in einem einzigen Mitgliedstaat* aus. Es können keine höheren Anforderungen gestellt werden wie an die Benutzung einer nationalen Marke. Die faktisch auf das Hoheitsgebiet eines einzigen Mitgliedstaats begrenzte Benutzung kann daher gleichzeitig die Voraussetzung der ernsthaften Benutzung einer Unionsmarke und die einer nationalen Marke dieses Mitgliedstaats erfüllen.

1288 Bei der Beurteilung des in Art. 18 Abs. 1 UMV vorgesehenen Erfordernisses, dass eine Marke *in der Union ernsthaft benutzt wird*, sind nämlich die Grenzen des Hoheitsgebiets der Mitgliedstaaten außer Betracht zu lassen[1402]. So hat das EuG eine ziemlich bedeutende Benutzung für Computer- und Internet-DL *in London und im Themse-Tal in Großbritannien* in einem Verfallsverfahren für die ernsthafte Markenbenutzung ausreichen lassen[1403].

1289 Eine *Benutzung in Drittstaaten* reicht für die Union nicht aus. Daher war zB der Verkauf der fraglichen Waren an das US-Verteidigungsministerium und das US-Außenministerium für *Militärstützpunkte in Belgien und Deutschland* nicht geeignet, die Absicht des Markeninhabers nachzuweisen, für diese einen Absatzmarkt in der Union zu schaffen[1404]. Auch reicht es für eine ernsthafte Benutzung in der Union *keineswegs* aus, dass ein *Importeur* mit der Marke gekennzeichnete Waren in Europa nur einführt, um sie dann *auf den afrikanischen Markt zu exportieren*[1405].

1290 Eine Marke wird auch dann *ernsthaft benutzt*, wenn ein *ideeller Verein* sie *in der Öffentlichkeit* (und nicht lediglich in rein privaten Veranstaltungen) auf *Ankündigungen* von Veranstaltungen, auf *Geschäftspapieren* und auf *Werbematerial* verwendet und seine Mitglieder beim Sammeln und Verteilen von Spenden entspr *Ansteckzeichen* tragen. Dass ein karitativer Verein *keine Gewinnerzielungsabsicht* verfolgt, schließt nämlich nicht aus, dass er bestrebt sein kann, für seine Waren oder DL einen Absatzmarkt zu erschließen und anschließend zu sichern[1406].

1401 EuG, 10.11.2021, T-500/20 – HALLOWIENER, Rn 31–48. Diese Auffassung erscheint m.E. zu streng, da die Umsatzzahlen doch deutlich gegen eine bloße Scheinbenutzung sprechen.

1402 EuGH, 19.12.2012, C-149/11 – OMEL/ONEL (Leno Merken/Hagelkruis Beheer), Rn 39–58. S.a. BPatG, 14.04.2011, 30 W (pat) 1/10 – TOLTEC/TOMTEC.

1403 EuG, 30.01.2015, T-278/13 – now, Rn 52, 53; EuG, 15.07.2015, T-398/13 – TVR ITALIA/TVR, Rn 57.

1404 EuG, 28.10.2020, T-583/19 – FRIGIDAIRE, Rn 33–38. Hier (a) wurden die streitigen Waren von US-Regierungsstellen bestellt, (b) ist der Händler, bei dem diese bestellt wurden, in den USA ansässig und (c) wurden diese Waren aus Mexiko, den USA oder der Türkei versandt.

1405 EuG, 09.12.2015, T-354/14 – ZUMEX/JUMEX, Rn 60–66; bestätigt durch EuGH, 04.05.2017, C-71/16 P.

1406 EuGH, 09.12.2008, C-442/07 – Radetzky, Rn 16, 17, 24.

Eine ernsthafte Benutzung ist auch für *kostenlos* erbrachte betriebswirtschaftliche und *medizinische Beratungs-DL,* für die Literaturverteilung an Ärzte zu Werbezwecken sowie für die Organisation von Vorträgen usw anzunehmen, da diese DL letztlich der *Förderung des Vertriebs* der vom selben Unternehmen hergestellten Medizinprodukte dienen[1407]. 1291

Dagegen liegt eine ernsthafte Benutzung jedoch *nicht* vor, wenn *Werbegegenstände* (zB alkoholfreie Getränke in Flaschen) *als Belohnung für den Kauf anderer Waren* (Textilien) und zur Förderung von deren Absatz verteilt werden. In einem solchen Fall werden diese Gegenstände nämlich nicht mit dem Ziel vertrieben, auf den Markt der Waren vorzudringen, die zu ders Kl. gehören wie sie. Die Anbringung der Marke auf kostenlos mitgegebenen Werbegegenständen trägt weder dazu bei, einen Absatzmarkt für diese zu schaffen, noch dazu, diese Gegenstände im Interesse des Verbrauchers von Waren anderer Unternehmen zu unterscheiden. Somit benutzt der Inhaber einer Marke, wenn er diese auf Werbegegenständen anbringt, die er den Käufern seiner Waren *kostenlos* mitgibt, diese Marke für die Kl., zu der die betr Gegenstände gehören, nicht ernsthaft[1408]. Dasselbe gilt für die kostenlose Verteilung von CDs, DVDs und Software, wenn diese *nicht eigenständig und losgelöst vom Kauf von Fotoprodukten* angeboten werden, ihre Abgabe vielmehr ausschließlich im Rahmen von deren Vermarktung erfolgt, um deren Absatz zu fördern[1409]. 1292

Ebenfalls fehlt es an einer ernsthaften Benutzung, wenn das Zeichen *nicht markenmäßig benutzt* wurde. Haben nämlich Erstvertreiber das ältere Zeichen, das Bild einer *Dose und Flasche mit Pfeil,* im Rahmen des DPG-Systems als ein Element zur Kennzeichnung von *Einweggetränkeverpackungen* verwendet, dessen erste Funktion darin bestand, die zu diesem System gehörenden Verpackungen zu identifizieren, wird es wird vom gewerblichen Verkehr so verstanden, dass es sich auf das *Recyclingverfahren* als solches und auf den Umstand bezieht, dass bestimmte Waren einem besonderen Recyclingsystem, nämlich dem DPG-System, unterliegen, und nicht als Hinweis auf die betriebliche Herkunft der von dem Zeichen erfassten Abfallwirtschaft-DL[1410]. 1293

Eine ernsthafte Benutzung liegt aber dann vor, wenn die *Widerspruchsmarke zusammen mit anderen,* auch Bildmarken benutzt wird. Es gibt nämlich keine unionsmarkenrechtliche Bestimmung, wonach der Widersprechende nachzuweisen hat, dass er die ältere Marke isoliert und unabhängig von jeder anderen Marke benutzt hat[1411]. 1294

Eine ernsthafte Benutzung ist auch dann gegeben, wenn nicht die Widerspruchsmarke selbst, sondern ein anderes, mit ihr *identisches Zeichen des Widersprechenden*, das für 1295

1407 EuG, 09.09.2011, T-289/09 – OMNICARE CLINICAL RESEARCH/OMNICARE, Rn 69–72.

1408 EuGH, 15.01.2009, C-495/07 – WELLNESS (Silberquelle/Maselli-Strickmode), Rn 20–22. S.a. EuG, 07.06.2018, T-882/16 – DOLFINA, Rn 53.

1409 EuG, 11.04.2019, T-323/18 – Schmetterling, Rn 34–65.

1410 EuG, 06.09.2023, T-774/21 – Flasche mit Pfeil/Dose und Flasche mit Pfeil II.

1411 EuG, 14.12.2011, T-504/09 – VÖLKL/VÖLKL, Rn 100.

identische Waren eingetragen ist, *benutzt* wurde, da dies nicht zu einem unterschiedlichen Verständnis bei den angesprochenen Verkehrskreisen führt[1412].

1296 Die *Übertragung einer Marke* kann nicht dazu führen, dass ihrem *neuen Inhaber* die Möglichkeit genommen wird, den Nachweis der ernsthaften Benutzung der Marke während des ersten Teils des maßgeblichen Zeitraums zu erbringen, in dem er nicht Markeninhaber war. Die *Benutzung der Marke durch ihren früheren Inhaber* während dieses ersten Zeitraums ist daher ungeachtet des späteren Wechsels des Markeninhabers zu *berücksichtigen*, zumal es sich nicht um eine Drittbenutzung iSv Art. 18 Abs. 2 UMV handelt[1413].

1297 Es reicht auch die Benutzung durch einen *Dritten* mit *Zustimmung des Markeninhabers* aus (Art. 18 Abs. 2 UMV), zB bei Tätigwerden eines *Lizenznehmers*[1414] oder bei Verkauf der Produkte des Herstellungsbetriebs durch eine *Vertriebsgesellschaft* der Firmenfamilie[1415] oder bei Benutzung einer Marke durch ein Unternehmen, das *wirtschaftlich* mit dem Markeninhaber *verbunden* ist[1416]. Beruft sich der Widersprechende auf diese Benutzung durch einen Dritten, ist *implizit* davon auszugehen, dass sie mit seiner Zustimmung erfolgt ist[1417]. Wird dies aber von der Gegenseite bestritten, muss er den *Nachweis* erbringen, dass er der Benutzung dieser Marke durch einen Dritten zugestimmt hat, zB durch Vorlage eines (notariellen) Vertrags[1418], durch eidesstattliche Versicherungen[1419] oder durch Schreiben eines Wirtschaftsprüfers, in denen die dem Markeninhaber von den Markennutzern gezahlten Lizenzgebühren einzeln aufgeführt waren, samt detaillierter Aufstellungen[1420].

1412 EuGH, 29.11.2018, C-340/17 P – ALCOLOCK/ALCOLOCK, Rn 58, 59; mit dem EuG, 29.03.2017, T-638/15, Rn 17–32, bestätigt wurde. Insoweit durfte der Markeninhaber sich zu Recht auf einen Lizenzvertrag berufen, der nicht die Widerspruchsmarke, sondern eine mit dieser identischen Marke betraf.

1413 EuG, 13.10.2021, T-12/20 – Frutaria, Rn 25–37.

1414 EuG, 04.06.2015, T-254/13 – STAYER/STAYER, Rn 56; EuG, 29.03.2017, T-638/15 – ALCOLOCK/ALCOLOCK, Rn 43–46.

1415 EuG, 17.02.2011, T-324/09 – Friboi/FRIBO, Rn 32.

1416 EuG, 25.06.2020, T-104/19 – JUVÉDERM, Rn 47–53; Rechtsmittel nicht zugelassen, EuGH, 03.12.2020, C-400/20 P. Wäre nämlich die Markenbenutzung ohne Zustimmung des Markeninhabers und unter Verletzung seines Markenrechts erfolgt, wäre es im Interesse der Rechtssubjekte, die die Marke benutzen, gewesen, diesem Inhaber keine Beweise für eine solche Benutzung zu übermitteln. Es ist auch unwahrscheinlich, dass der Markeninhaber über diese Unterlagen hätte verfügen und sie als Beweis für die Markenbenutzung vorlegen können, wenn diese Benutzung gegen seinen Willen erfolgt wäre.

1417 EuG, 08.07.2004, T-203/02 – VITAFRUIT/VITAFRUT, Rn 24–26; bestätigt durch EuGH, 11.05.2006, C-416/04 P; EuG, 07.10.2015, T-186/14 – NOxtreme/X-TREME, Rn 28.

1418 EuG, 27.02.2014, T-37/12 – TEEN VOGUE/VOGUE, Rn 35. Dies gilt insb, wenn der Vertrag bereits vor der Anmeldung der angegriffenen Marke geschlossen worden war.

1419 EuG, 13.01.2011, T-28/09 – PINE TREE, Rn 60–74.

1420 EuG, 22.03.2017, T-336/15 – The Specials, Rn 54–58; bestätigt durch EuGH, 26.06.2018, C-325/17 P.

Die *Zustimmung zur Benutzung* durch den Dritten muss angesichts der Bedeutung der Wirkung, die sie nach sich zieht – Erlöschen des ausschließlichen Rechts des Markeninhabers zu deren Benutzung – auf eine Weise geäußert werden, die einen Willen zum Verzicht auf dieses Recht *mit Bestimmtheit erkennen* lässt. Ein solcher Wille ergibt sich idR aus einer *ausdrücklichen Erteilung* der Zustimmung. Es kann jedoch nicht ausgeschlossen werden, dass er sich in bestimmten Fällen *konkludent* aus Umständen und Anhaltspunkten vor, bei oder nach der Benutzung der fraglichen Marke durch einen Dritten ergeben kann, die ebenfalls mit Bestimmtheit einen Verzicht des Inhabers auf sein Benutzungsrecht erkennen lassen[1421]. 1298

Die ernsthafte Benutzung von *Kollektivmarken* muss im Hinblick auf ihre wesentliche Funktion beurteilt werden, die nicht darin besteht, die betriebliche Herkunft zu identifizieren, sondern vielmehr erkennen zu lassen, dass die Waren oder DL von den *Mitgliedern eines Verbands* stammen[1422]. Wie Individualmarken muss eine Kollektivmarke jedoch von den Mitgliedern benutzt werden, um einen Absatzmarkt für die eingetragenen Waren oder DL zu erschließen. Dieselbe Kollektivmarke kann aber auch von Wettbewerbern zusammen mit einer Individualmarke benutzt werden, um einerseits ihre Zugehörigkeit zum Verband anzuzeigen und andererseits die betriebliche Herkunft der Waren oder DL von einem individuellen Mitglied des Verbands. 1299

2. Berechtigte Gründe für die Nichtbenutzung

Berechtigte Gründe für die Nichtbenutzung einer Marke sind Hindernisse, die einen unmittelbaren Zusammenhang mit der Marke aufweisen, ihre Benutzung unmöglich oder unzumutbar machen und vom Willen des Markeninhabers unabhängig sind[1423]. 1300

In Art. 19 Abs. 1 TRIPS (*Erfordernis der Benutzung*) geht es ua um die Gründe für die Rechtfertigung der Nichtbenutzung einer Marke. Insoweit werden als *triftige Gründe* Umstände angesehen, die *unabhängig vom Willen des Markeninhabers* eintreten und die ein Hindernis für deren Benutzung bilden. Im TRIPS werden als Beispiele Einfuhrbeschränkungen oder sonstige staatliche Auflagen für die mit einer Marke bezeichneten Waren oder DL angeführt[1424]. 1301

Wird zB ein Markeninhaber in *betrügerischer, irreführender und einschüchternder Weise* von einem Konkurrenten durch falsche Erklärungen gegenüber Behörden und den Missbrauch von Gerichtsverfahren daran *gehindert, seine Marke zu benutzen*, so stellt dies einen berechtigten Grund für die Nichtbenutzung dar. Dabei genügt es, dass berechtigte Gründe für die Nichtbenutzung einer Marke während eines *Teils des maßgeblichen Zeitraums* vorliegen. Selbst eine ernsthafte Benutzung für einige Waren und 1302

1421 EuG, 22.03.2017, T-336/15 – The Specials, Rn 52; bestätigt durch EuGH, 26.06.2018, C-325/17 P.

1422 EuGH, 05.03.2020, C-766/18 P – BBQLOUMI/HALLOUMI I, Rn 72, 73.

1423 EuGH, 14.06.2007, C-246/05 – Le Chef DE CUISINE (Armin Häupl/Lidl Stiftung), Rn 55.

1424 EuGH, 03.07.2019, C-668/17 P – Boswelan, Rn 67.

DL der Marke schließt das Vorhandensein berechtigter Gründe für die Nichtbenutzung derselben Marke in Bezug auf andere nicht aus[1425]. Dagegen reicht die bloße Tatsache, dass ein *Verletzungsprozess*, noch dazu gegen die nationale Marke anhängig ist, als berechtigter Grund für die Nichtbenutzung *nicht* aus. Denn der Markeninhaber ist verpflichtet, die *Wahrscheinlichkeit*, dass seinen Ansprüchen in einem Gerichtsverfahren stattgegeben wird, *ordnungsgemäß zu beurteilen* und aus dieser Beurteilung die angemessenen Schlussfolgerungen zu ziehen, ob er seine Marke weiter benutzen sollte oder nicht[1426].

1303 Berechtigte Gründe für die Nichtbenutzung können ua auch vorliegen, wenn ein zur Vermarktung erforderliches *Genehmigungsverfahren* (zB bei Arzneimitteln) noch andauert oder der Markeninhaber aufgrund *vertraglicher Vereinbarung* den Kunden gegenüber verpflichtet ist, die Marke nicht auf der Ware anzubringen, zB bei Einbauteilen in komplexen Maschinen wie Automobilen.

1304 Die Beauftragung einer *klinischen Studie zur Zulassung von Arzneimitteln* stellt jedoch dann *keinen berechtigten Grund* für die Nichtbenutzung einer angegriffenen Marke dar, wenn der Markeninhaber den entspr Antrag erst über drei Jahre nach der Markeneintragung gestellt hat. Auch wenn die Durchführung einer solchen Studie tatsächlich ein Nichtbenutzungsgrund sein kann, lagen die vom Markeninhaber angeführten Handlungen und Ereignisse, nämlich ua eine sehr frühzeitige Markenanmeldung und mangelnde Investitionen für die schnelle Durchführung der Studie, in seinem Einfluss- und Verantwortungsbereich, so dass sie nicht von seinem Willen unabhängige Hindernisse betrafen[1427].

1305 Weiter reicht die Tatsache, dass ein deutsches *Laboratorium Tests* an den verfahrensgegenständlichen Zigaretten in Deutschland ausführte, um die Übereinstimmung mit europäischen Normen festzustellen, *nicht* zur Annahme aus, dass die nicht erfolgte Vermarktung unabhängig vom Willen des Markeninhabers wäre. Diese Tests dauer-

---

1425 EuG, 13.12.2018, T-672/16 – C=commodore, Rn 34, 41, 50–68.

1426 EuG, 30.06.2021, T-362/20 – REACCIONA, Rn 56–76.

1427 EuG, 16.09.2017, T-276/16 – Boswelan, Rn 55–62; bestätigt durch EuGH, 03.07.2019, C-668/17 P, Rn 68–73. Die klinische Studie stellt eine Vorstufe zur Stellung eines Zulassungsantrags nach nationalen Regelungen dar, so dass es sich um eine völlig ergebnisoffene Etappe auf dem Weg zum Vertrieb eines Arzneimittels handelt. Anhaltspunkte zur Bestimmung eines genauen Zeitpunkts für den Studienabschluss gibt es nicht. Der Markeninhaber hat sich entschieden, sehr früh eine Marke zu schützen, obgleich eine beträchtliche Unsicherheit sowohl über den Zeitpunkt als auch über die Möglichkeit eines Vertriebs des mit ihr bezeichneten Arzneimittels bestand. Da aber die Dauer einer klinischen Studie weitgehend von den eingesetzten finanziellen Mitteln abhängt, weisen die insb die mit der Rekrutierung von Freiwilligen verbundenen Schwierigkeiten im Studienverlauf auf eine angesichts der Branchenbesonderheiten unzureichende Investition hin.

ten – im Gegensatz zu Arzneimitteltests, die sich über Jahre hinziehen können – nur wenige Tage[1428].

Zudem reicht das Erfordernis der *Einhaltung von Rechtsvorschriften* für den Vertrieb der Waren der angegriffenen Marke *nicht* aus, um deren *Nichtbenutzung zu rechtfertigen*, da deren Einhaltung im Einfluss- und Verantwortungsbereich des Markeninhabers liegt und kein von seinem Willen unabhängiges Hindernis darstellt[1429]. **1306**

Liegt das Hindernis in der *eigenen Sphäre* und im *eigenen Verantwortungsbereich* des Markeninhabers, wie bei Unterbrechung der Warenproduktion nach Feststellung derer *negativer gesundheitlicher Auswirkungen* oder wegen der Konfrontation mit einem Verfallsverfahren, sind die Gründe *nicht berechtigt*[1430]. Dasselbe gilt bei Schwierigkeiten, ein neues gesundheitlich unschädliches Parfüm zu entwerfen, um den regulatorischen Anforderungen zu genügen, sowie wegen dessen *Umgestaltung*, um den veränderten Marktgegebenheiten zu entsprechen[1431]. Selbst ernste *Erkrankung*[1432] oder *wirtschaftliche Schwierigkeiten* (und zB dadurch bedingter Insolvenz) stellen keine berechtigten Gründe für die Nichtbenutzung dar[1433]. **1307**

3. Erhebung der Einrede

Die *NBE* ist *ausdrücklich* vom Anmelder und bezogen auf das jeweilige ältere Recht zu erheben, hinsichtlich dessen sie geltend gemacht wird. Die Benutzungslage von älteren Marken wird nämlich *nur auf Antrag*, nicht von Amts wegen durch das EUIPO geprüft. Die NBE ist nur zulässig, wenn sie *bedingungslos* in einem *gesonderten Schriftstück*, also auf einem separaten Blatt mit Briefkopf und Unterschrift, innerhalb der vom Amt gemäß Art. 8 Abs. 2 DVUM gesetzten *Frist zur Stellungnahme auf den Widerspruch* vor der Widerspruchsabteilung eingereicht wird (Art. 10 Abs. 1 DVUM)[1434]. **1308**

1428 EuG, 08.06.2017, T-294/16 – GOLD MOUNT, Rn 41–48. Es lag also ausschließlich am mangelnden Willen des Markeninhabers, die Marke in Europa auf den Markt zu bringen.

1429 EuG, 12.01.2022, T-160/21 – APIRETAL, Rn 32–36; Rechtsmittel nicht zugelassen, EuGH, 11.07.2022, C-187/22 P. Zudem hatte der Markeninhaber keine Schritte unternommen, um die vom Verfallsantrag erfassten Waren unter der streitigen Marke zu vermarkten. Außerdem hat er nicht nachgewiesen, dass der Benutzung der angegriffenen Marke für die vom Verfallsantrag erfassten Waren in anderen Mitgliedstaaten der Union als Spanien ein Hindernis entgegenstand.

1430 EuG, 18.03.2015, T-250/13 – SMART WATER, Rn 62–75.

1431 EuG, 29.06.2017, T-427/16 – AN IDEAL WIFE, Rn 44, 45; bestätigt durch EuGH, 22.02.2018, C-529/17 P.

1432 BK, 18.10.2012, R 533/12-2 – fvp franca v.paoloni MILANO ITALY, Rn 20–26.

1433 BK, 14.05.2008, R 855/07-4 – PAN AM, Rn 27, hat dies offengelassen; aA unter Verkennung des deutschen Rechts: BK, 11.12.2007, R 77/06-1 – MISS INTERCONTINENTAL, Rn 50, 51.

1434 EuG, 08.11.2022, T-672/21 – GRUPALEW./LEW, Rn 44–51 mwN; Rechtsmittel nicht zugelassen, EuGH, 13.06.2023, C-38/23 P. Es reicht also nach der neuen Rechtslage nicht mehr aus, wenn der Anmelder gegenüber den, dem Widerspruch beigelegten Benutzungsnachweisen einwendet, dass sie nicht ausreichten, um ein ernsthafte

1309 Somit genügen lediglich *pauschale Einwendungen* hinsichtlich der Stichhaltigkeit der vom Widersprechenden spontan (zum Nachweis der Bekanntheit seiner Marke) vorgelegten Benutzungsunterlagen nicht, wenn damit nicht ausdrücklich die ernsthafte Benutzung in Zweifel gezogen werden soll[1435].

1310 Die Benutzung ist jedoch vom Widersprechenden nur dann nachzuweisen, wenn der Anmelder diesen Nachweis *innerhalb der* vom EUIPO gesetzten *Frist* verlangt. Eine *später erhobene* NBE ist *unstatthaft*[1436].

1311 Die NBE kann vom Anmelder auch wieder *zurückgenommen* oder die Benutzung für bestimmte Waren und DL anerkannt werden. Eine derartige Erklärung kann aber nicht mehr widerrufen werden und ist für das Folgeverfahren *bindend*[1437]. Die Anerkennung der Nachweise der ernsthaften Benutzung muss aber *klar und unmissverständlich* erklärt werden, die bloße Tatsache, dass die Beweismittel des Widersprechenden vom Anmelder nicht in Frage gestellt wurden, entbindet das EUIPO nämlich nicht von der Pflicht, die Frage der ernsthaften Benutzung zu prüfen und die Beweiskraft der Beweismittel zu analysieren[1438].

1312 *Nicht statthaft* ist die NBE, wenn sich die ältere Marke noch in der *Benutzungsschonfrist* befindet, dh sofern die ältere Marke am Anmelde- oder Prioritätstag der Anmeldung der Unionsmarke noch nicht mindestens fünf Jahren eingetragen ist.

1313 Die Berechnung ist letztlich einfach, da die *Benutzungsschonfrist* – im Gegensatz zum alten deutschen Recht[1439] – *starr* ist. Insoweit kann der Anmelder auch *keinen Rechtsmissbrauch* einwenden, wenn er meint, dass die Widerspruchsmarke nicht mehr benutzt wird. Im Rahmen eines Widerspruchsverfahrens ist es nicht Sache der

---

Benutzung zu belegen; EuG, 12.06.2009, T-450/07 – Pickwick COLOUR GROUP/PicK OuiC, Rn 17–33.

1435 EuG, 16.09.2009, T-305/07 und T-306/07 – OFFSHORE LEGENDS/OFFSHORE 1, Rn 32–45.

1436 EuGH, 08.03.2012, C-81/11 P – RESVEROL/LESTEROL, Rn 34. S.a. EuG, 01.12.2021, T-359/20 – Team Beverage/TEAM, Rn 38–46 mwN; EuG, 03.12.2015, T-105/14 – iDrive/IDRIVE, Rn 19–26; EuG, 11.01.2013, T-568/11 – inderdit de me gronder IDMG/DMG, Rn 14–20; EuG, 11.05.2011, T-74/10 – FLACO/FLACO, Rn 18–26; EuG, 08.09.2010, T-152/08 – SCORPIONEXO/ESCORPION, Rn 15–22; EuG, 18.10.2007, T-425/03 – AMS Advanced Medical Services/AMS, Rn 103–112; EuG, 16.03.2005, T-112/03 – FLEXI AIR/FLEX, Rn 22–37.

1437 EuGH, 26.04.2007, C-412/05 P – TRAVATAN/TRIVASTAN, Rn 42–45.

1438 EuG, 28.11.2013, T-34/12 – HERBA SHINE/Herbacin, Rn 25–29.

1439 Aufgrund des *zwingenden Charakters.* der Regelung über die Benutzungsschonfrist in Art. 44 Abs. 1 MarkenRL. ist die sog. *wandernde Benutzungsfrist.* nach § 43 Abs. 1 S. 2 MarkenG als *nicht mehr richtlinienkonform.* bei der Umsetzung der MarkenRL in Deutschland aufgegeben worden, so dass dieser Sonderweg, der sich nach allgemeiner Ansicht nicht bewährt hat, beendet ist; s. ua *Ströbele* in *Ströbele/Hacker*, MarkenG, § 43 Rn 15 f; HK-MarkenR/*Kramer/Reinisch* § 43 Rn 2, 51; *Götting/Meyer/Vormbrock/Nielsen,* Gewerblicher Rechtsschutz und Wettbewerbsrecht, § 21 Rn 35 f; *Kliems*, MarkenR 2001, 185.

Widerspruchsabteilung oder ggf der BK, die etwaige Missbräuchlichkeit der Eintragung der Widerspruchsmarke oder das Interesse zu prüfen, das deren Inhaber hat[1440].

Gegenüber einer Widerspruchsmarke, die sich noch in der Benutzungsschonfrist befindet, kann sich der Anmelder bei der Geltendmachung seiner Einrede *nicht darauf berufen*, dass es sich lediglich um eine *Wiederholungsanmeldung* einer identischen älteren Marke desselben Inhabers handelt, die dieser nur getätigt habe, um den Benutzungszwang zu umgehen[1441]. 1314

Bei älteren Rechten mit einem *nachgeschalteten Widerspruchsverfahren*, wie zB in Deutschland, kommt es für den Fristbeginn bei *Widerspruchseinlegung* aus einer älteren deutschen Marke wegen § 26 Abs. 5 MarkenG nicht auf den Zeitpunkt von deren Eintragung, sondern von deren abschließender Bestandskraft an, also auf den Tag, an dem die *das Widerspruchsverfahren beendende Entscheidung Rechtskraft* erlangt hat oder der Widerspruch zurückgenommen wurde[1442]. 1315

Der Umstand, dass das nationale Widerspruchsverfahren *nur bestimmte von der älteren Marke erfasste Waren oder DL* betrifft, beeinflusst nicht die Ermittlung des Zeitpunkts, mit dem der Fünfjahreszeitraum zu laufen beginnt, der in jedem Fall der Tag ist, an dem die gegen die ältere Marke eingeleiteten Widerspruchsverfahren abgeschlossen wurden, da die in Deutschland eingetragene ältere Marke mit den von ihr erfassten Waren und DL ein einheitliches Konzept bildet[1443]. 1316

Wurde *kein Widerspruch eingelegt*, ist für deutsche Marken nicht mehr der Tag der Eintragung maßgebend, sondern die fünf Jahre sind wegen der aufgrund Art. 16 Abs. 2 MarkenRL erforderlich gewordenen Neufassung des § 43 Abs. 1 MarkenG von dem Tag an zu rechnen, ab dem *kein Widerspruch mehr gegen die Marke möglich ist*, also drei Monate nach Eintragung. 1317

Wann eine *IR-Marke Wirkung in einem Mitgliedstaat* entfaltet, ergibt sich mangels Regelung in UMV oder MMA sowie mangels Harmonisierung durch die MarkenRL aus dem jeweils einschlägigen nationalen Verfahrensrecht. Somit ist zB das deutsche 1318

1440 EuG, 16.05.2012, T-580/10 – Kindertraum/Kinder, Rn 18–22; bestätigt durch EuGH, 30.05.2013, C-357/12 P, Rn 30–33, 40–43, 46. Für eine am damaligen deutschen Rechtssystem orientierte teleologische Auslegung in Richtung auf eine »wandernde« Benutzungsfrist war angesichts der klaren gesetzlichen Regelung kein Raum. Es kann nämlich jederzeit, auch während des Widerspruchsverfahrens, ein Antrag auf Verfallserklärung wegen Nichtbenutzung der Widerspruchsmarke gestellt werden.

1441 EuG, 19.10.2017, T-736/16 – skylite/SKY, Rn 20–41; Eine evt Bösgläubigkeit kann nur in einem Nichtigkeits-, jedoch nicht im Widerspruchsverfahren geltend gemacht werden; s. Rdn 1630.1.

1442 Zur Berechnung der Nachfrist für die Nichtbenutzung bei nationalen Marken s. UMRL, Teil C, Abschn. 1, Kap. 5.1.2.3 und Tabelle in Anhang nach Kap. 7.

1443 EuG, 14.04.2011, T-466/08 – ACNO FOCUS/FOCUS, Rn 30–38; bestätigt durch EuGH, 29.03.2012, C-334/11 P.

Recht für die Feststellung einer Schutzwirkung in diesem Land maßgebend (ua §§ 112, 117 und 115 Abs. 2 MarkenG)[1444].

1319 Bei Marken, die Gegenstand einer Internationalen Registrierung mit Benennung der Europäischen Union sind, beginnt die *Benutzungsschonfrist* wegen Art. 203 UMV mit dem Datum der Veröffentlichung in der WIPO Gazette of International Marks (INID 450) gemäß Art. 190 Abs. 2 UMV[1445].

1320 Gegenüber der NBE kann sich der Widersprechende nicht auf *Bösgläubigkeit des Anmelders* berufen. Hierfür fehlt es schon an jeder rechtlichen Grundlage. Ansonsten würde das Widerspruchsverfahren unnötig verkompliziert und Probleme in dieses eingeführt werden, die Gegenstand anderer, dafür geeigneterer Verfahren sind[1446].

1321 Hat der Widersprechende aufgrund eines vom Anmelder erhobenen, gemäß Art. 47 Abs. 2 und 3 UMV statthaften NBE den Nachweis der Benutzung zu erbringen, so fordert das EUIPO ihn mit einem *Standardschreiben* zur Vorlage des erforderlichen *Nachweises* innerhalb einer vom ihm festgesetzten *Frist* (regelmäßig zwei Monate) auf (Art. 10 Abs. 2 DVUM). Bringt der Widersprechende vor Ablauf der Frist kein Beweismittel oder keine Gründe für die Nichtbenutzung vor oder sind die vorgebrachten Beweismittel oder Gründe offensichtlich unzureichend oder unerheblich, so weist das Amt den Widerspruch zurück, insoweit er auf diese ältere Marke gestützt ist[1447].

1322 Legt der Widersprechende *verspätet*, also nach Ablauf der vom EUIPO gesetzten Frist Angaben oder Beweismittel vor, die wichtige fristgerecht vorgelegte Angaben oder Beweismittel *ergänzen* und sich auf die Anforderung nach Art. 10 Abs. 3 DVUM (Feststellung von Ort, Zeit, Umfang und Art der Benutzung der Widerspruchsmarke für die geschützten Waren oder DL, auf die der Widerspruch gestützt wird) beziehen, nutzt das Amt sein *Ermessen* nach Art. 95 Abs. 2 UMV, ob es diese ergänzenden Angaben oder Beweismittel *berücksichtigt*. Zu diesem Zweck trägt es vor allem dem Verfahrensstadium Rechnung und berücksichtigt, ob die Angaben oder Beweismittel auf den *ersten Blick für den Ausgang des Verfahrens von Relevanz* erscheinen und ob sie aus *berechtigten Gründen nicht fristgemäß vorgelegt* wurden (Art. 10 Abs. 5 DVUM; Rn 1070 ff)[1448].

1323 Die BK darf auch selbst (erstmals) über die NBE entscheiden, obwohl sie von der Widerspruchsabteilung nicht geprüft worden war, da die *Prüfung der ernsthaften Benutzung derjenigen der Verwechslungsgefahr vorausgeht*[1449].

1444 EuG, 26.11.2008, T-100/06 – ATOZ/ARTOZ, Rn 29–49; bestätigt durch EuGH, 16.09.2010, C-559/08 P.

1445 BPatG, 02.08.2012, 30 W (pat) 41/11 – Trigon/TRIGION.

1446 EuG, 08.03.2012, T-298/10 – BIODANZA/BIODANZA, Rn 84–87.

1447 EuG, 12.12.2007, T-86/05 – CORPO Livre/LIVRE, Rn 48–50; bestätigt durch EuGH, 05.03.2009, C-90/08 P, Rn 36–40; EuG, 15.03.2011, T-50/09 – Dada & Co. kids/DADA, Rn 63–80.

1448 Jedoch kann im Verspätungsfall die *Weiterbehandlung*. des Art. 105 UMV beantragt werden (Rdn 160. ff).

1449 EuG, 23.09.2014, T-341/13 – SO'BiO ētic/SO…?, Rn 33–37 mwN.

4. Beweisführung

Der Widersprechende trägt die *volle Beweislast* für die ernsthafte Benutzung bzw das Vorliegen berechtigter Gründe für die Nichtbenutzung, andernfalls wird sein Widerspruch zurückgewiesen (Art. 95 Abs. 1 S. 2 UMV). Die ernsthafte Benutzung einer Marke lässt sich nämlich *nicht* mit *Wahrscheinlichkeitsannahmen, Vermutungen* oder *Unterstellungen* nachweisen, sondern sie muss auf konkreten und objektiven Umständen beruhen, die eine tatsächliche und ausreichende Benutzung der Marke auf dem betr Markt belegen[1450]. 1324

Dies verpflichtet auch die BK zu einer *vollständigen Überprüfung* der vorgelegten Nachweismittel, sie darf sich weder auf pauschale Aussagen noch auf eine lediglich kursorische Durchsicht noch auf Stichproben beschränken, insb wenn die gewürdigten Beweismittel allein nicht aussagekräftig sind[1451]. 1325

Die *Angaben und Beweismittel* zum Nachweis der Benutzung dienen der Feststellung von *Ort, Zeit, Umfang und Art der Benutzung* der Widerspruchsmarke für die eingetragenen Waren und DL, auf die der Widerspruch gestützt wird (Art. 10 Abs. 3 DVUM). Sie müssen verständlich, eindeutig und widerspruchsfrei sein. 1326

Es sind *klare* und *zweifelsfreie Angaben* über den *Ort der Benutzung* der Widerspruchsmarke (zB bei einer *Unionsmarke* in den einzelnen Mitgliedstaaten) zu tätigen. Wird Widerspruch aus einer *nationalen Marke* erhoben, muss die ältere Marke in dem Gebiet, in dem sie Schutz genießt, benutzt worden sein. Keinesfalls reicht die Benutzung in einem anderen Gebiet aus. 1327

Zeitgleich mit dem Antrag auf Benutzungsnachweis kann auch eine Stellungnahme hinsichtlich der *Begründung des Widerspruchs* eingereicht werden. Diese kann auch zusammen mit den Erwiderungen auf den Benutzungsnachweis eingereicht werden (Art. 10 Abs. 5 DVUM). 1328

So gilt zB eine deutsche Marke in einem Widerspruchsverfahren gegen eine Unionsmarke als nicht benutzt, wenn sie nur in der *Schweiz* benutzt wurde, weil Art. 5 Abs. 1 des deutsch-schweizerischen Übereinkommens[1452] im Unionsrecht nicht gilt. Denn Art. 16 Abs. 1 MarkenRL[1453] sieht vor, dass eine Marke, deren Inhaber diese nach Ablauf einer bestimmten Frist nicht ernsthaft *in dem Mitgliedstaat* benutzt, den in der MarkenRL vorgesehenen Sanktionen unterliegt, zu denen ua die Nichtigkeit 1329

1450 EuG, 07.06.2005, T-303/03 – Salvita/SOLEVITA, Rn 38, 76, 77; EuG, 18.01.2011, T-382/08 – VOGUE/VOGUE PORTUGAL II, Rn 38–40; EuG, 06.10.2004, T-356/02 – VITAKRAFT/Krafft, Rn 33; bestätigt durch EuGH, 01.12.2005, C-512/04 P.

1451 EuG, 14.12.2011, T-504/09 – VÖLKL/VÖLKL, Rn 111–113.

1452 Übereinkommen vom 13.04.1892 zwischen dem Deutschen Reich und der Schweiz betr den gegenseitigen Patent-, Muster- und Markenschutz; BlPMZ 1895, 70 idF BlPMZ 1903, 132 und BlPMZ 1955, 292; gekündigt von der BRD mit Wirkung zum 31.05.2022; BlPMZ 2022, 134.

1453 Soweit Art. 10 Abs. 1 MarkenRL. aF noch von dem *betr.* Mitgliedstaat sprach, stellt die kürzere Fassung in der Neuregelung aber keine inhaltliche Änderung dar.

gehört. Der Begriff der Benutzung der Unionsmarke im Gebiet der Union wird nämlich allein durch das Unionsrecht erschöpfend geregelt[1454]. In deutschen Verfahren war das Übereinkommen zwar noch vorübergehend anwendbar[1455], jedoch ist es mit Wirkung zum 31.05.2022 von der BRD gekündigt worden.

1330 Bei Widersprüchen aus mehreren älteren nationalen europäischen Marken oder aus einer Unionsmarke reicht idR bereits die *Benutzung in einem, auch kleineren Mitgliedstaat* aus, da keine umfangreiche Benutzung erforderlich ist. Jedoch muss die Benutzung unter Berücksichtigung der besonderen Merkmale des betr Marktes *mengenmäßig hinreichend* sein, um auf diesem Markt Anteile für die von der Unionsmarke erfassten Waren und DL zu behalten oder hinzuzugewinnen[1456].

1331 Da nach Art. 18 Abs. 1 Unterabs. 2b UMV das Anbringen der Unionsmarke auf Waren oder deren Aufmachung in der Union ausschließlich für den *Export* ebenfalls als ernsthafte Benutzung gilt, dürfen *an Kunden außerhalb der Union ausgestellte Rechnungen* nicht von Haus aus unberücksichtigt bleiben, da die darin genannten Waren aus der Union in Drittländer ausgeführt worden sein können[1457]. Art. 18 UMV gilt entspr auch für nationale oder IR-Marken[1458].

1332 Wesentlich sind ebenfalls die Angaben über die *Zeit der Benutzung*. Die angegebene Zeit muss in den *relevanten Fünf-Jahres-Zeitraum* fallen, der vom Anmelde- oder Prioritätstag der Unionsmarkenanmeldung zurück in die Vergangenheit läuft. Werden Angaben für einzelne Jahre gemacht, so ist darauf zu achten, dass sie auch vollstän-

1454 EuG, 12.07.2012, T-170/11 – BASKAYA/Passaia; bestätigt durch EuGH, 12.12.2013, C-445/12 P, Rn 51–53.

1455 EuGH, 22.10.2020, C-720/18 und C-721/18 – testarossa (Ferrari), Rn 68–72. Art. 351 Abs. 1 AEUV gestattet es einem Gericht eines Mitgliedstaats, ein vor dem 01.01.1958 oder, im Fall von Staaten, die der Union beigetreten sind, vor ihrem Beitritt geschlossenes Übereinkommen zwischen einem Mitgliedstaat der Union und einem Drittstaat wie das deutsch-schweizerische Übereinkommen – das vorsieht, dass die Verwendung einer in diesem Mitgliedstaat eingetragenen Marke im Hoheitsgebiet des Drittstaats berücksichtigt werden muss, um zu klären, ob die Marke iSv Art. 12 Abs. 1 MarkenRL aF ernsthaft benutzt worden ist – anzuwenden, bis eines der in Art. 351 Abs. 2 AEUV genannten Mittel es erlaubt, etwaige Unvereinbarkeiten zwischen AEUV und dem Übereinkommen zu beheben. Das vorlegende Gericht hat zu prüfen, ob eine etwaige Unvereinbarkeit dadurch vermieden werden kann, dass das Übereinkommen im Rahmen des Möglichen unter Beachtung des Völkerrechts in einer mit dem Unionsrecht im Einklang stehenden Weise ausgelegt wird. Sollte dies nicht möglich sein, wäre die BRD verpflichtet, die erforderlichen Maßnahmen zu treffen, um die Unvereinbarkeit des Übereinkommens mit dem Unionsrecht zu beheben, ggf durch dessen Kündigung. Bis die Unvereinbarkeit behoben ist, kann das Übereinkommen jedoch nach Art. 351 Abs. 1 AEUV weiter angewandt werden.

1456 EuGH, 19.12.2012, C-149/11 – OMEL/ONEL (Leno Merken/Hagelkruis Beheer), Rn 36, 39–58.

1457 EuG, 28.11.2013, T-34/12 – HERBA SHINE/Herbacin, Rn 43–49. s.a. EuG, 04.06.2015, T-254/13 – STAYER/STAYER, Rn 57, 58.

1458 EuG, 04.06.2015, T-254/13 – STAYER/STAYER, Rn 53.

dig in die relevante Periode fallen. Gegen diesen Grundsatz wird in der Praxis sehr häufig verstoßen.

Weiter sind Angaben über den *Umfang der Benutzung* zu tätigen. Dazu dienen am bes- 1333
ten *Umsatz- und Verkaufszahlen* für einzelne Zeiträume im Hinblick auf die relevanten Waren und DL. Letztlich kommt es auf die konkreten Umstände des einschlägigen Markts und der betr Waren und DL an. So kann sicherlich eine sogar *geringe Menge bei hochpreisigen* Luxusgütern oder technisch hoch entwickelten Spezialprodukten ausreichen, während für *Massengüter* des täglichen Ge- und Verbrauchs wesentlich *höhere Verkaufszahlen* zu fordern sind.

Jedoch reicht zB die *Anzahl von Patienten*, die mit einer Behandlungsmethode in 1334
Berührung kommen, ohne nähere Angaben über Verkaufspreis, Vertriebsart, Marktanteil, Verkaufs- und Werbeumsätze, Verkaufsstellen und die Existenz von Kunden in Bezug auf den Markenartikel nicht aus[1459]. Auch die *Erreichbarkeit eines Fernsehkanals* über Satellit genügt ohne weitere Angaben über Umsätze und Anzahl von Zuschauern oder Abonnenten nicht[1460].

Wichtig sind auch Angaben über die *Art der Benutzung*, nämlich ob die Marke direkt 1335
auf der *Ware angebracht* ist oder nur auf der *Verpackung* bzw der anliegenden *Beschreibung*. Jedoch kann auch *ohne Anbringung* eine Benutzung vorliegen, wenn der Markeninhaber das Zeichen in einer Weise benutzt, dass eine *Verbindung* zwischen dem Zeichen und den von ihm vertriebenen Waren oder erbrachten DL hergestellt wird, zB bei Anbringung des Zeichens auf *Rechnungen*, in *Artikeln* und in der *Werbung*[1461]. Denn weder aus der anwendbaren Regelung noch der Rspr kann abgeleitet werden, dass nur eine Benutzung berücksichtigt werden kann, die mit der physischen Anbringung der Marke auf den fraglichen Waren oder auf deren Verpackung einhergeht[1462]. Bei *DL* ist erforderlich zu zeigen, wie die Marke für ihre Vermarktung benutzt wird, zB auf *Firmenschreiben, Rechnungen* und *Werbebroschüren.*

Für die ernsthafte Benutzung der *auf der Verpackung aufgebrachten UKM*, nämlich 1336
eines *Kreises mit zwei Pfeilen (Der Grüne Punkt)*, für die verpackten Waren ist nach ihrer Art, der Merkmale des Marktes sowie des Umfangs und der Häufigkeit der Markenbenutzung zu prüfen, ob der Hinweis an den Verbraucher beim Verkauf der Waren auf die Bereitstellung eines ortsnahen Systems zur ökologischen Entsorgung von Verpackungsabfällen in den betr Wirtschaftszweigen oder in einigen von ihnen gerechtfertigt erscheint, um entspr der Hauptfunktion der Marke Marktanteile auch *für die verpackten Waren* selbst zu behalten oder zu gewinnen, da sich dieser Hinweis auf die Kaufentscheidungen der Verbraucher auswirken kann. Dies kann nicht – wie vom EuG angenommen – durch die Behauptung in Frage gestellt werden, dass die maßgeblichen Verkehrskreise sehr wohl in der Lage seien, zwischen einer Marke,

1459 EuG, 25.10.2013, T-416/11 – CARDIOMANAGER/CardioMessenger, Rn 38–41.
1460 EuG, 12.03.2014, T-348/12 – SPORT TV INTERNACIONAL/SPORTV, Rn 35–40.
1461 EuGH, 11.09.2007, C-17/06 – Céline, Rn 23; EuG, 06.03.2014, T-71/13 – ANNAPURNA, Rn 44, 60 mwN.
1462 EuG, 12.12.2014, T-105/13 – TrinkFix/Drinkfit, Rn 28, 29, 32, 38.

die auf die betriebliche Herkunft des Produkts hinweise, und einer Marke zu unterscheiden, die die Verwertung der Verpackungsabfälle des Produkts selbst anzeige[1463].

1337 Alle Angaben über Ort, Zeit, Umfang und Art der Benutzung der Widerspruchsmarke müssen sich auf die *geschützten Waren und DL* beziehen. So erlaubt zB der Nachweis der Benutzung der älteren Marke, die auf *Endprodukten Dritter angebracht* ist, um anzuzeigen, dass sie Komponenten des Widersprechenden enthalten (*Co-Branding*), nach Ansicht des EuG *nicht* die Schlussfolgerung, dass diese Marke auch für die eingetragenen Endprodukte des Widersprechenden benutzt wurde[1464].

1338 Die in Art. 10 Abs. 3 DVUM genannten *Beweismittel* für die Benutzung sind gemäß Art. 55 Abs. 2, Art. 63 und Art. 64 DVUM einzureichen und beschränken sich grds auf die Vorlage von *Urkunden* und Beweisstücken, wie *Verpackungen, Etiketten, Preislisten, Katalogen, Rechnungen, Fotografien, Zeitungsanzeigen*, und auf die *schriftlichen Erklärungen* nach Art. 97 Abs. 1f UMV, wie eidesstattliche Versicherungen (Art. 10 Abs. 4 DVUM). Die vorgelegten Beweise müssen nicht von einem *Notar* als echt beurkundet worden seien, weil dies gesetzlich nicht vorgeschrieben ist[1465].

1339 Da das EUIPO jedes erhaltene Dokument einscannt und elektronisch weiterleitet, sollten *keine Gegenstände*, wie Warenproben oder -muster, Behälter, Verpackungen usw eingereicht werden, sondern an deren Stelle Ausdrucke von (evt farbigen) Fotografien der entspr Beweismittel. Dennoch vorgelegte Warenproben sind aber statthafte Beweismittel.

1340 Art. 97 Abs. 1 UMV und Art. 10 Abs. 4 DVUM enthalten nur *Beispiellisten* von Beweismitteln, ihre *Aufzählung ist nicht abschließend*, so dass auch andere Nachweise zulässig sind, wie zB schriftliche Bestätigungen von Drittunternehmen[1466]. Ebenfalls müssen selbst auf *USB-Sticks* eingereichte Beweise berücksichtigt werden, und zwar nicht nur Audio- oder Videomaterial, das anders nicht dokumentiert werden kann, wie Streaming Media, Radio- oder Fernsehsendungen, sondern auch gescannte Schriftstücke[1467]. Es sind aber immer zusätzlich zwei identische Kopien einzureichen.

1463 EuGH, 12.12.2019, C-143/19 P – Kreis mit zwei Pfeilen (Der Grüne Punkt), Rn 59–79. Damit wurden der EuG, 12.12.2018, T-253/17, Rn 67–91 und die zugrundeliegende BK-Entscheidung aufgehoben. Die Kundenkreise, die ein Produkt, zB einen Käse, allein wegen einer umweltfreundlichen Entsorgung der Verpackung auswählen, dürften mE aber eher marginal sein.

1464 EuG, 16.06.2015, T-660/11 – POLYTETRAFLON/TEFLON, Rn 67–91. Dabei verkennt das EuG, dass es für den Konsumenten durchaus von zentraler, vielleicht sogar übergeordneter Bedeutung sein kann, aus welchen Materialien (hier: Antihaftbeschichtungen) die begehrte Ware zusammengesetzt ist. Werden ihm zB preislich günstigere Pfannen mit Teflon-Beschichtung angeboten, so ist es durchaus denkbar, dass er sich ausschließlich an der Begleitmarke orientiert und die Hauptmarke vernachlässigt.

1465 EuG, 20.06.2017, T-541/15 – NSU/NSU, Rn 30, 31.

1466 EuG, 16.09.2013, T-200/10 – AVERY DENNISON/DENNISON, Rn 63–68 mwN.

1467 EuG, 18.11.2015, T-361/13 – VIGOR/VIGAR, Rn 19–40.

Bedeutsam sind *schriftliche Erklärungen*, die *unter Eid* oder *an Eides statt* abgegeben werden oder nach den Rechtsvorschriften des Staates, in dem sie abgegeben werden, eine ähnliche Wirkung haben. Diese sind besonders wichtig, um den vorgetragenen Sachverhalt und die vorgelegten Urkunden, Materialien und Gegenstände unter Beweis zu stellen. Die schriftliche Erklärung sollte *alle erforderlichen Angaben enthalten*, also insb die Daten über Ort, Zeit, Umfang und Art der Benutzung der Widerspruchsmarke, und zwar bezogen auf diejenigen konkreten Waren und DL, für die sie eingetragen wurde und auf denen der Widerspruch beruht. 1341

Die vorgelegten Beweismittel sind in ihrer Gesamtschau zu würdigen[1468]. 1342

Jedoch verlangt das EUIPO generell für den Nachweis ernsthafter Benutzung mehrere *verschiedenartige Beweismittel*. So reicht nach stRspr des EuG eine *eidesstattliche Versicherung*[1469] allein, auch wenn sie ein zentrales Nachweismittel darstellt, (im Unterschied zum deutschen Verfahren, wo auch nur eine Glaubhaftmachung erforderlich ist) idR nicht aus[1470], zumal sie überwiegend von einer Person stammt, die in enger wirtschaftlicher oder arbeitsrechtlicher Beziehung zum Widersprechenden steht[1471]. Jedoch kann die eidesstattliche Versicherung des geschäftsführenden Gesellschafters des Markeninhabers berücksichtigt werden, wenn sie durch *zusätzliche Nachweise* untermauert ist. Ihr Beweiswert, der ihr einzeln oder in Zusammenwirkung mit anderen Beweisstücken beizumessen ist, hängt insb von den Umständen des Einzelfalls ab. Einer eidesstattlichen Versicherung, die im Interesse des Erklärenden abgegeben wurde, kommt nämlich ein eigener und gesonderter Beweiswert zu, auch wenn er begrenzt ist[1472]. 1343

1468 S. zB EuG, 29.09.2011, T-415/09 – FISHBONE/FISHBONE BEACHWEAR, Rn 55–79; 16.11.2011, T-308/06 – BUFFALO MILKE/BÚFALO, Rn 54–76.

1469 EuG, 06.11.2014, T-463/12 – MB/MB&P, Rn 58; bestätigt durch EuGH, 26.10.2015, C 17/15 P. Dass die Wahrheitswidrigkeit einer vor europäischen Institutionen abgegebenen eidesstattlichen Erklärung nach deutschem Recht nicht zur Strafbarkeit oder zu vergleichbaren Sanktionen führen würde, beeinträchtigt ihre Funktion als Beweismittel iSv Art. 97 Abs. 1f UMV nicht und ist daher unerheblich.

1470 Siehe zB EuG, 17.09.2019, T-633/18 – TON JONES/Jones, Rn 77–82; EuG, 21.09.2017, T-609/15 – BASIC/basic, Rn 63, 64; EuG, 12.07.2011, T-374/08 – TOP CRAFT/Krafft, Rn 32–37.

1471 Siehe zB EuG, 16.07.2014, T-196/13 – la nana/NANA, Rn 28–38; EuG, 16.05.2013, T-530/10 – Wolfgang Amadeus Mozart PREMIUM/W. Amadeus Mozart, Rn 34–40; bestätigt durch EuGH, 20.05.2014, C-414/13 P, Rn 51–53; zu einer vom Geschäftsführer des Markeninhabers abgegebenen unklaren und ungenauen Erklärung; EuG, 12.07.2011, T-374/08 – TOP CRAFT/Krafft, Rn 32–37, zu mit Firmenstempel versehenen eidlichen Erklärungen des Finanzvorstands; EuG, 13.01.2011, T-28/09 – PINE TREE, Rn 68, zu einer von dem beteiligten Markeninhaber abgegebenen Erklärung; EuG, 14.09.2011, T-279/10 – MEN'Z/WENZ, Rn 26–30; zu einer Erklärung des Rechtsabteilungsleiters bei einem nicht eingetragenen Kennzeichen; EuG, 19.09.2019, T-378/18 – CRUZADE/SANTA CRUZ, Rn 24–32; Rechtsmittel nicht zugelassen, EuGH, 06.02.2020, C-858/19 P; zu Erklärungen von Vertriebspartnern.

1472 EuG, 22.06.2022, T-329/21 – FRAAS, Rn 35–49.

1344 Dagegen sind *externe Rechtsanwälte* aufgrund ihrer Stellung unabhängig und gegenüber ihrer Partei als Dritte anzusehen[1473]. Berücksichtigt werden kann weiter die Erklärung des *Managers einer Zweigniederlassung* des Widersprechenden, die rechtlich eine dritte Person unabhängig vom Widersprechenden darstellt, auch wenn beide durch einen Markenlizenzvertrag verbunden sind, oder die Erklärung des *einzigen Importeurs* und Weiterverkäufers[1474].

1345 Neben der eidesstattlichen Versicherung sind vielmehr *weitere Beweismittel*, wie Verpackungen oder Etiketten, Prospekte, Kataloge und Anzeigen vorzulegen, die die Verwendung der Marke zeigen, und ausgewählte, die Art der jeweiligen Waren, die verschiedenen Zeiten und Orte der Verwendung abdeckende *Umsatzzahlen* und *Rechnungen* einzureichen[1475], die nicht nur rudimentär sein dürfen, sondern einen möglichst repräsentativen Querschnitt bieten sollten[1476], sowie, falls verfügbar, evt auch *Marktübersichten*[1477] oder die Erklärung eines *externen Wirtschaftsprüfers* über die Höhe des Umsatzes[1478].

1346 *Rechnungen* an einen einzigen Kunden können zwar als Beweismittel ausreichen, sie müssen aber lesbar und vollständig übersetzt sein sowie sich auf die relevanten Waren beziehen und bei Alltagswaren nicht nur marginale Umsätze belegen[1479]. Es reicht aber aus, wenn der Inhaber der älteren Marke nicht Rechnungen an Kunden von ihm, sondern solche *von Warenherstellern an ihn selbst* vorlegt[1480].

1347 Es ist jedoch immer zu prüfen, ob die *weiteren Beweise* neben der schriftlichen Erklärung die in ihr *enthaltenen Informationen stützten*. Die Prüfung ist nicht darauf zu beschränken, ob diese Beweise für sich genommen und ohne die schriftliche Erklärung den Umfang der Benutzung der älteren Marke belegen, ansonsten würde der schriftlichen Erklärung nämlich jeder Beweiswert abgesprochen[1481].

1473 EuG, 23.05.2019, T-3/18 – ANN TAYLOR, Rn 91–96.

1474 S. zB EuG, 25.11.2014, T-374/12 – KASTEEL/CASTEL BEER, Rn 61; EuG, 15.02.2017, T-30/16 – Natural Instinct Dog and Cat food as nature intended/INSTINCT, Rn 38–48.

1475 Siehe zB EuG, 13.06.2012, T-312/11 – CERATIX/CERATOFIX, Rn 38–44. So müssen die Rechnungen die Waren bezeichnen bzw die Artikelnummern über eine Referenzliste überprüfbar sein. Die Verpackungen müssen nicht nur die Marke zeigen, sondern auch die sie enthaltenden Waren angeben.

1476 Siehe zB EuG, 22.01.2015, T-172/13 – AFRICAN SIMBA/Simba, Rn 32–40. So reicht auch eine beispielhafte Zusammenstellung von Rechnungen aus, selbst wenn sie nur einen Bruchteil der in der eidesstattlichen Versicherung genannten Umsätze belegen. Neben dem Gesamtumsatz und dem Einzelumsatz ausgewählter Artikel ist auch eine erhebliche Gewinnspanne von Bedeutung.

1477 EuG, 07.06.2005, T-303/03 – Salvita/SOLEVITA, Rn 37–45; EuG, 06.10.2004, T-356/02 – VITAKRAFT/Krafft, Rn 34.

1478 EuG, 15.07.2015, T-215/13 – λ (Lambda), Rn 36, 48–54.

1479 EuG, 08.10.2014, T-300/12 – FAIRGLOBE/GLOBO, Rn 35–73.

1480 EuG, 15.10.2015, T-642/13 – cushe/SHE, Rn 33–35.

1481 EuG, 09.12.2014, T-278/12 – PROFLEX/PROFEX, Rn 63–66.

Auch die schriftliche *Erklärung eines Kunden* des Widersprechenden ist an sich hinreichend, da sie von einem Dritten stammt. Sie muss sich jedoch, da sie nur bestimmte Einkäufe eines einzelnen Kunden betrifft, nicht auf nur geringfügige Umsätze beziehen[1482]. Unter besonderen Umständen, zB beim ausschließlichen Warenvertrieb über eigene Filialen, reichen selbst *eidesstattliche Versicherungen* in Kombination mit Prospekten allein aus[1483]. 1348

Bei *Werbeanzeigen* ist das Erscheinungsdatum anzugeben sowie Auflagenhöhe und Verbreitungsgebiet, soweit es sich nicht um eine allgemein in Europa bekannte Publikation handelt[1484]. *Artikel der Zeitschrift »test«* der Stiftung Warentest geben zB Aufschluss über den Umfang der Benutzung der älteren Marke für die getesteten Waren. Ihnen lässt sich daher entnehmen, dass die in ihnen behandelten Waren bereits auf dem Markt sind[1485]. 1349

Im Einzelfall hat das EuG auch lediglich die Vorlage von *Katalogen* mit Abbildungen der Markenprodukte, ihrer Preise und Vertriebswege bzw bei DL die Anbringung der Marke in gegen Geld zu beziehenden *Publikationen* (Illustrierten, Zeitschriften, Zeitungen, Periodika, Katalogen) mit detaillierten Informationen über die Häufigkeit, die Art und den Inhalt zB der Konferenzen und Ausbildungsveranstaltungen des Widersprechenden genügen lassen[1486]. 1350

Auch der Umfang der Benutzung der älteren Marke in *sozialen Medien* muss berücksichtigt werden, wenn deren Nutzung Teil der *Unternehmensstrategie* des Widersprechenden ist. Dies gilt insb, wenn sie dort als solche nicht nur für die Abonnenten, sondern auch für die Besucher besonders sichtbar ist, zumal Internetkonten häufig auf *kleinen Bildschirmen* wie denen von Mobiltelefonen betrachtet werden, auf denen nicht viel Platz zur Verfügung steht, was die Verwendung von kurzen Marken begünstigt[1487]. 1351

Werden auch fremde oder markenlose Waren vertrieben, reicht aber die Anbringung der Marke lediglich als *Teil der Preisangabe* nicht aus. Auch die bloße Vorlage von *Etiketten* genügt nicht, wenn nicht belegt wird, dass die entspr Waren damit versehen wurden[1488]. 1352

1482 EuG, 28.03.2012, T-214/08 – OUTBURST/OUTBURST, Rn 38.

1483 EuG, 16.12.2008, T-86/07 – DEITECH/DEI-tex, Rn 49–66.

1484 EuG, 08.03.2012, T-298/10 – BIODANZA/BIODANZA, Rn 68–70; EuG, 28.03.2012, T-214/08 – OUTBURST/OUTBURST, Rn 32–39.

1485 EuG, 09.12.2014, T-278/12 – PROFLEX/PROFEX, Rn 67–76. Der Verbreitung der Zeitschrift »test« kommt in Anbetracht ihres Charakters und ihrer Funktion keine maßgebliche Bedeutung zu. Deren Artikel liefern unabhängig vom Umfang ihrer Verbreitung bereits dadurch, dass sie sich auf unter der älteren Marke vertriebene Waren beziehen, Informationen über den Umfang ihrer Benutzung für diese Waren, womit ihnen ein Beweiswert zukommt.

1486 EuG, 08.07.2010, T-30/09 – peerstorm/PETER STORM, Rn 42, 43; EuG, 05.10.2010, T-92/09 – STRATEGI/Stratégies, Rn 32, 36, 43.

1487 EuG, 07.02.2024, T-74/23 – O/O, Rn 43–49.

1488 EuG, 13.05.2009, T-183/08 – jello SCHUHPARK/Schuhpark, Rn 21–40.

1353 Bei *DL* kann es zusätzlich erforderlich sein, ausgefüllte Anmeldeformulare sowie *interne Dokumentationen* und/oder *Fotografien* in Bezug auf die DL vorzulegen sowie Auszüge aus den *Geschäftskonten* oder *Steuererklärungen*, die den mit den geschützten DL getätigten Umsatz belegen[1489].

1354 Die Vorlage von *Urkunden* (schriftliche Dokumente, die den Aussteller erkennen lassen, zB unterschriebene Rechnungen oder Quittungen) und *Beweisstücken* (zB Fotografien von Warenmustern, Verpackungen, Etiketten, Preislisten, Kataloge, Rechnungen, Fotografien, Zeitungsanzeigen oder die Wiedergaben sonstiger Werbemaßnahmen) ist das zentralste und wichtigste Beweismittel vor dem EUIPO. Am besten ist ein *Querschnitt* dieser verschiedenen Belege[1490].

1355 Bei der *Beurteilung des Beweiswerts* von Dokumenten sind die Wahrscheinlichkeit und der Wahrheitsgehalt der darin enthaltenen Information zu prüfen. Insb ist zu berücksichtigen, von wem das Dokument stammt, unter welchen Umständen es erstellt worden ist, an wen es gerichtet ist und ob es seinem Inhalt nach *vernünftig und glaubwürdig* wirkt[1491].

1356 Das EUIPO hat ein *Muster eines Standardschreibens* für die Verwendung in Widerspruchsverfahren entwickelt, das Vorschläge hinsichtlich des Inhalts (Art von Nachweisen) und Formats sowie einen Anhang mit Anweisungen dazu enthält, wie die Nachweise im Hinblick auf die Seitennummerierung und die Beschreibung ihres Zwecks strukturiert werden sollten. Insb legt das EUIPO Wert darauf, dass eine Höchstgrenze von 110 Seiten im Schriftverkehr eingehalten wird. Eine Nichtbefolgung der Anweisungen kann dazu führen, dass Nachweise nicht berücksichtigt werden[1492].

1357 Werden die vom Widersprechenden eingereichten Beweismittel nicht in der *Sprache des Widerspruchsverfahrens* vorgelegt, so kann das EUIPO gemäß Art. 24 DVUM den Widersprechenden auffordern, innerhalb einer vom Amt gesetzten Frist eine *Übersetzung der Beweismittel in der Verfahrenssprache* vorzulegen (Art. 10 Abs. 6 DVUM). Dazu ist es aber nicht verpflichtet, insb wenn der andere Beteiligte dies nicht verlangt[1493]. Auch kann sich ein Anmelder nicht auf die fehlende Übersetzung von Beweismitteln berufen, wenn diese hinreichend verständlich sind. Der Widersprechende ist nämlich zur Vorlage einer Übersetzung dann nicht verpflichtet, wenn alle Dokumente von einer Person mit Kenntnissen in der Verfahrenssprache sicher verstanden werden können und er diese in seinem Schriftsatz hinreichend klar beschrieben hat, zumal

1489 EuG, 08.03.2012, T-298/10 – BIODANZA/BIODANZA, Rn 71–82.

1490 EuG, 13.02.2015, T-287/13 – HUSKY, Rn 66–69 mwN. So kann uU ein Bündel von Beweismitteln die nachzuweisenden Tatsachen belegen, obwohl jedes einzelne dieser Beweismittel für sich genommen nicht geeignet wäre.

1491 EuG, 13.01.2011, T-28/09 – PINE TREE, Rn 64.

1492 Information auf der Internetseite vom 02.08.2010. Eine Nichtberücksichtigung ist mE aber sehr problematisch.

1493 EuG, 13.02.2015, T-287/13 – HUSKY, Rn 56, 57.

wenn sich die relevanten technischen Begriffe in der benutzen und der Verfahrenssprache sehr nahe kommen[1494].

5. Häufige Fehler

(a) Die *benutzte Form* der Marke weicht von der geschützten und eingetragenen Form der Widerspruchsmarke in einer Weise ab, die deren kennzeichnenden Charakter verändert. Dann ist das vorgelegte Material unbrauchbar. 1358

(b) Es werden keine näheren Ausführungen zu den konkret *benutzten Waren oder DL* gemacht. Oberbegriffe, wie »Elektroartikel« reichen nicht aus, vielmehr sind spezifische Waren, wie »Kühlschränke« anzugeben. 1359

(c) Es werden Nachweismittel vorgelegt, die sich nicht auf den relevanten *Fünf-Jahres-Zeitraum* beziehen, sondern auf Zeiten davor oder danach. Sie sind daher schon aus diesem Grund zurückzuweisen, außer sie lassen gesicherte Rückschlüsse auf den relevanten (nicht lange entfernten) Zeitraum zu. Dasselbe gilt für undatierte Dokumente. 1360

(d) Der schlichte Verweis auf die *Existenz* der Widerspruchsmarke auf nationalen Märkten oder die Bezugnahme auf eine *Internetseite* reichen nicht aus, da sich daraus gerade keine Angaben über Ort, Zeit, Umfang und Art der Benutzung der Widerspruchsmarke für die Waren und DL, für die sie eingetragen wurde und auf denen der Widerspruch beruht, entnehmen lassen. 1361

(e) Die vorgelegten *Nachweismittel* sind *unstrukturiert* und *unaufgearbeitet*: Es sollte eine nummerierte Liste aller Beweismittel vorgelegt werden, wobei jeder Beweis mit fortlaufender Nummer entspr der Liste zu versehen ist. Jedes Nachweismittel muss beschrieben und sein Zweck eindeutig dargelegt werden. Die Seiten der Anhänge sind durchzunummerieren (s.a. Art. 55, 64 DVUM und zB bzgl. Benutzungsnachweisen Art. 10 und 19 DVUM). 1362

(f) Die Beweismittel sind nach ihrer Substanz *ungenügend*: *Rechnungen* enthalten den Markennamen der verkauften Waren nicht oder beziehen sich auf nicht belegte Artikelnummern, die eingereichten *Fotos* lassen den Aufdruck der Marke auf den Waren nicht zweifelsfrei erkennen, auf den *Werbeanzeigen* fehlen Erscheinungsdatum, Auflagenhöhe und Verbreitungsgebiet. Es sollten nicht nur verschlossene *Verpackungen* abgelichtet werden, sondern auch geöffnete, die einen Blick auf die darin enthaltenen Waren ermöglichen. 1363

1494 EuG, 24.01.2017, T-258/08 – Diacor/Diacol PORTUGAL, Rn 20–28.

IV. Relative Eintragungshindernisse

1. Voraussetzung: ältere Widerspruchsrechte

1364 Die *Widerspruchsgründe* ergeben sich aus Art. 8 UMV.

1365 Allen ist gemeinsam, dass nur der *Inhaber eines älteren Rechts* Widerspruch erheben kann[1495]. Hat zB die Widerspruchsmarke denselben oder einen jüngeren *Anmeldetag* als die angegriffene Anmeldung, ist sie nicht *älter* und der Widerspruch bereits aus diesem Grund zurückzuweisen[1496]. Dies ist durch das EUIPO von Amts wegen zu überprüfen, zB bei einem geltend gemachten Prioritätsanspruch[1497]. In einem Verfahren, in dem eine Unionsmarke beteiligt ist, sei es als Anmeldung oder als Widerspruchsrecht, darf die *Stunde und Minute* von deren Einreichung *nicht berücksichtigt* werden, selbst wenn dies nach nationalem Recht für nationale Marken noch vorgesehen ist oder war[1498].

1366 Wird eine Unionsmarke während der sechs Monate vor dem Tag des *Beitritts eines neuen Mitgliedstaats* angemeldet, so kann gemäß Art. 46 UMV Widerspruch erhoben werden, wenn eine ältere Marke oder ein sonstiges älteres Recht iSv Art. 8 UMV in einem neuen Mitgliedstaat vor dem Beitritt erworben wurde, sofern der Erwerb gutgläubig war und das Anmeldedatum oder ggf das Prioritätsdatum oder das Datum der Erlangung der älteren Marke bzw des sonstigen älteren Rechts im neuen Mitgliedstaat vor dem Anmeldedatum oder ggf vor dem Prioritätsdatum der angemeldeten Unionsmarke liegt (Art. 209 Abs. 3 UMV)[1499].

1495 EuG, 06.04.2022, T-118/21 – HALIX RECORDS/HALIX RECORDS, Rn 40–53. Der Kläger hatte nicht nachgewiesen, dass er Inhaber der älteren nationalen Marken war, so dass der auf diese Marken gestützte Widerspruch unbegründet war. Zum Zeitpunkt der Widerspruchseinlegung war der Widersprechende nicht Inhaber der Widerspruchsmarken. Außerdem hat er innerhalb der ihm von der Widerspruchsabteilung gemäß Art. 7 Abs. 1 und Abs. 2 DVUM gesetzten Frist keine Unterlagen vorgelegt, die belegt hätten, dass er Inhaber der älteren nationalen Marken war. Im Übrigen besitzt eine juristische Person eine eigene Rechtspersönlichkeit, die sich von der ihres Geschäftsführers unterscheidet, so dass sie in ihrem Namen nicht die Inhaberschaft an Marken geltend machen kann, deren Inhaber der Geschäftsführer ist, um selbst Widerspruch einzulegen.

1496 EuG, 18.01.2023, T-758/21 – Clavis/CLAVIS; EuG, 07.03.2022, T-382/21 – airscreen/AIRSCREEN. Das Rechtsmittel wurde nicht zugelassen, EuGH, 28.09.2022, C-320/22 P.

1497 EuG, 25.06.2013, T-186/12 – LUCEA LED/LUCEO, Rn 39–58 mwN. Die Frage, ob das EUIPO einen Prioritätsanspruch zu Recht eingetragen hat, kann im Widerspruchsverfahren überprüft werden, weil dem Anmelder sonst keine andere rechtliche Möglichkeit zur Verfügung stünde, gegen eine fehlerhafte Bewilligung einer Priorität für eine angeblich ältere Marke vorzugehen.

1498 EuGH, 22.03.2012, C-190/10 – Rizo's/Rizo (Génesis), Rn 54, 57, 59, 62, 63. Art. 38 Abs. 1 MarkenRL. spricht nur mehr vom *Anmeldetag*, so dass nationale Ämter, die noch die Uhrzeit registrieren, ihre Praxis mit der Umsetzung der MarkenRL ändern müssen.

1499 EuG, 21.03.2012, T-63/09 – SWIFT GTi/GTI, Rn 18.

Wird Widerspruch ausschließlich aufgrund von Art. 8 Abs. 1a UMV erhoben, darf das EUIPO die Widerspruchsgründe des Art. 8 Abs. 1b UMV *nicht von Amts wegen prüfen*, weil es damit seine Kompetenz überschreiten würde[1500]. 1367

2. Doppelte Identität

Der Widerspruch kann auf die *(doppelte) Identität* von *Marke* und *Waren* und/oder *DL* gestützt werden. Auf Widerspruch des Inhabers einer älteren Marke ist die Anmeldung von der Eintragung ausgeschlossen, wenn sie mit der älteren Marke identisch ist und die Waren oder DL, für die die Marke angemeldet worden ist, mit den Waren oder DL identisch sind, für die die ältere Marke Schutz genießt (Art. 8 Abs. 1a UMV, Art. 46 Abs. 1a UMV). 1368

Insoweit gewährt das ältere Recht einen *absoluten Schutz*[1501], um dem Inhaber der älteren Marke den Schutz seiner spezifischen Interessen als deren Inhaber zu ermöglichen, dh um sicherzustellen, dass die Marke ihre Funktionen erfüllen kann. Die Ausübung des ausschließlichen Rechts aus der Marke muss jedoch auf Fälle beschränkt bleiben, in denen die Benutzung des Zeichens durch einen Dritten die Funktionen der Marke und insb ihre Hauptfunktion, dh die Gewährleistung der Herkunft der Ware oder DL gegenüber den Verbrauchern, beeinträchtigt oder beeinträchtigen kann[1502]. 1369

Der *Identitätsbegriff* ist *restriktiv* dahin auszulegen, dass ein *Zeichen* mit der Marke dann identisch ist, wenn es ohne Änderung oder Hinzufügung alle Elemente wiedergibt, die die Marke bilden, oder wenn es als Ganzes betrachtet Unterschiede gegenüber der Marke aufweist, die so geringfügig sind, dass sie einem Durchschnittsverbraucher entgehen können. Bereits die Definition des Identitätsbegriffs impliziert nämlich, dass zwei verglichene Elemente *in jeder Hinsicht übereinstimmen*. Daran fehlt es zB schon bei unterschiedlicher Schriftart und verschiedenen Bildelementen oder wenn die eine Marke in Farbe eingetragen ist, die andere aber nicht[1503]. 1370

Der *absolute Schutz*, der einem Markeninhaber bei Identität gewährt wird, darf *nicht über die vorgesehenen Fälle hinaus ausgedehnt werden*. Andererseits ist aber auf die Sichtweise eines Durchschnittsverbrauchers abzustellen, der sich zumeist auf das unvollkommene Bild verlassen muss, das er von einem Zeichen im Gedächtnis behalten hat, so dass ihm unbedeutende Unterschiede entgehen können[1504]. So ist zB eine ältere schwarz-weiße Marke nicht mit ders Marke in Farbe identisch, es sei denn, die 1371

1500 EuG, 01.02.2023, T-349/22 – HACKER SPACE/HACKER-PSCHORR, Rn 35–44. Denn Art. 8 Abs. 1 UMV enthält zwei unterschiedliche Widerspruchsgründe. Dies gilt aber nicht für den umgekehrten Fall, da die Widerspruchsgründe des Art. 8 Abs. 1b UMV diejenigen des Art. 8 Abs. 1a UMV mit umfassen.

1501 S.a. PräambelUMV 11.

1502 EuGH, 22.09.2011, C-323/09 – INTERFLORA, Rn 37 mwN.

1503 EuG, 19.01.2012, T-103/11 – justing, Rn 17, 19, 21–24; EuG, 20.02.2013, T-378/11 – MEDINET, Rn 52, 54; bestätigt durch EuGH, 10.04.2014, C-412/13 P. Diese in einem Urteil zur Seniorität entwickelten Grundsätze gelten auch hier.

1504 EuGH, 20.03.2003, C-291/00 – Arthur/ARTHUR ET FÉLICIE, Rn 50–54.

Farbunterschiede sind völlig unbedeutend und praktisch nicht wahrnehmbar. Dasselbe gilt für eine ältere Marke in Graustufen im Verhältnis zu ders Marke in Farbe oder in Schwarz-Weiß[1505].

1372 *Warenidentität* besteht auch dann, wenn die Waren der älteren Marke diejenigen der Anmeldung mit einschließen[1506].

3. Verwechslungsgefahr

1373 Der Widerspruch kann auf *Verwechslungsgefahr* beruhen (Art. 8 Abs. 1b und Abs. 2, Art. 46 Abs. 1a UMV). Auf Widerspruch des Inhabers einer älteren Marke, also einer solchen, die über einen früheren Anmeldetag bzw eine frühere Priorität als den Tag der Anmeldung der beanspruchten Unionsmarke verfügt, ist die Neuanmeldung ausgeschlossen, wenn wegen ihrer Identität oder Ähnlichkeit mit der älteren Marke und der Identität oder Ähnlichkeit der durch die beiden Marken erfassten Waren oder DL für das Publikum die Gefahr von Verwechslungen in dem Gebiet besteht, in dem die ältere Marke Schutz genießt.

1374 Die Verwechslungsgefahr schließt auch die Gefahr mit ein, dass die Marken *gedanklich in Verbindung gebracht* werden können.

a) Grundsätze

1375 Die *Hauptfunktion der Marke* besteht darin, dem Verbraucher oder Endabnehmer die *Ursprungsidentität* der gekennzeichneten Ware oder DL zu garantieren, indem sie ihm ermöglicht, diese ohne Verwechslungsgefahr von Waren oder DL anderer Herkunft zu unterscheiden. Damit die Marke ihre Aufgabe als wesentlicher Bestandteil des Systems eines *unverfälschten Wettbewerbs*, das der Vertrag der europäischen Union errichten will, erfüllen kann, muss sie die Gewähr bieten, dass alle Waren oder DL, die mit ihr versehen sind, unter der Kontrolle eines einzigen Unternehmens hergestellt oder erbracht worden sind, das für ihre Qualität verantwortlich gemacht werden kann.

1376 Daher liegt eine Verwechslungsgefahr dann vor, wenn der angesprochene Verkehr glauben könnte, dass die betr Waren oder DL aus *demselben Unternehmen* oder ggf aus wirtschaftlich miteinander verbundenen Unternehmen stammen. Sie kann auch dann bestehen, wenn für das Publikum die betr Waren oder DL an *unterschiedlichen Orten hergestellt* oder *erbracht* werden[1507].

1505 Siehe GMitt zur Gemeinsamen Praxis zum Schutzbereich von schwarz-weißen Marken vom 15.04.2014, Ziff 2. Diese sind jedoch mit Vorsicht anzuwenden.

1506 EuG, 23.10.2002, T-104/01 – Fifties/miss fifties, Rn 32, 33; EuG, 24.11.2005, T-346/04 – Arthur/ARTHUR ET FÉLICIE, Rn 34; EuG, 13.12.2016, T-58/16 – APAX/APAX, Rn 31–33; EuG, 11.05.2011, T-74/10 – FLACO/FLACO, Rn 39; EuG, 21.05.2021, T-158/20 – Breeze/Breeze, Rn 24–33.

1507 PräambelUMV 11 und EuGH, 29.09.1998, C-39/97 – Canon, Rn 28–30.

Zu den Funktionen einer Marke gehört nicht nur die Hauptfunktion, die Ursprungsidentitätsgarantie, sondern dazu gehören auch ihre anderen Funktionen wie ua die Gewährleistung der *Qualität* dieser Ware oder DL oder die *Kommunikations-, Investitions-* oder *Werbefunktionen*[1508]. Diese zusätzlichen Funktionen werden insb bei den neuen UGM von besonderer Bedeutung sein. Zur Verwechslungsgefahr bei Kollektiv- bzw Gewährleistungsmarken s. Rdn 1004.1 bzw 1021.1. 1377

Die Verwechslungsgefahr schließt auch die Gefahr mit ein, dass die Marken *gedanklich in Verbindung* gebracht werden können (*assoziative Verwechslungsgefahr*). Der Begriff der gedanklichen Verbindung stellt dabei keine Alternative zum Begriff der Verwechslungsgefahr dar, sondern soll dessen Umfang genauer bestimmen. Bereits nach dem Wortlaut von Art. 8 Abs. 1b UMV ist diese Bestimmung nicht anzuwenden, wenn für das Publikum keine Verwechslungsgefahr besteht. Die *rein assoziative gedankliche Verbindung*, die der Verkehr über die Übereinstimmung des Sinngehalts zweier Marken zwischen diesen herstellen könnte, begründet *für sich genommen keine Gefahr von Verwechslungen*, die die Gefahr einschließt, dass die jüngere Marke mit der älteren gedanklich in Verbindung gebracht wird[1509]. 1378

Die *assoziative Verwechslungsgefahr* liegt dann vor, wenn die Anmeldung sich zwar klar vom älteren Recht absetzt (also als anderes Zeichen erkannt wird), aber dennoch die Gefahr besteht, dass sie dessen Inhaber zugeordnet wird, zB weil sie irrtümlich in eine auf dem Markt vorhandene *Zeichenserie* eingereiht wird oder wegen der spezifischen Marktgegebenheiten, ua in der Mode, als Unterkennzeichnung (*Subbrand-*) aufgefasst wird, die eine besondere Produktlinie darstellen oder ein spezielles Publikum ansprechen soll. 1379

Im Fall einer *Markenfamilie* oder von *Serienmarken* ergibt sich die Verwechslungsgefahr nämlich daraus, dass der Verbraucher sich hinsichtlich der Herkunft oder des Ursprungs der von der Anmeldung erfassten Waren oder DL irren kann und zu Unrecht annimmt, dass die Anmeldung zu einer bestimmten Familie oder Serie von Marken gehört. Dazu ist erforderlich, dass die Anmeldung nicht nur den zur Serie gehörenden Marken ähnlich ist, sondern auch *Merkmale* aufweisen muss, die geeignet sind, sie mit dieser in Verbindung zu bringen. Dies kann zB dann nicht der Fall sein, wenn ein den älteren Serienmarken gemeinsamer Bestandteil in der Anmeldung an einer anderen Stelle als an derjenigen, an der er sich gewöhnlich bei den zu der Serie gehörenden Marken befindet, oder mit einem anderen semantischen Inhalt bzw in anderer Schreibweise verwendet wird[1510]. 1380

Für das Bestehen einer derartigen Gefahr ist weiter erforderlich, dass eine *hinreichende Anzahl* von dieser Familie oder Serie angehörenden älteren Marken auf dem 1381

1508 EuGH, 18.06.2009, C-487/07 – L'Oréal, Rn 58.

1509 EuGH, 11.11.1997, C-251/95 – Sabèl/Springende Raubkatze, Rn 18, 26.

1510 EuGH, 13.09.2007, C-234/06 P – BAINBRIDGE/Bridge, Rn 63, 64; EuG, 18.12.2008, T-287/06 – Torre Albéniz/TORRES, Rn 78; EuG, 03.04.2014, T-356/12 – SÔ:UNIC/SO…?, Rn 24–29; bestätigt durch EuGH, 15.10.2015, C-270/14 P.

Markt präsent sind und *benutzt* werden[1511]. Ihr ausschließliches Vorhandensein im Register reicht nicht[1512]. Es muss zudem nachgewiesen werden, dass die maßgeblichen Verkehrskreise diese Marken als Teil einer Familie wahrnehmen, deren Inhaber der Widersprechende wäre[1513]. Auf eine assoziative Verwechslungsgefahr aufgrund einer Markenfamilie oder Markenserie kann er sich jedoch dann nicht berufen, wenn das den älteren Marken gemeinsame Stammelement weitgehend *beschreibend und/oder anpreisend* ist. Ansonsten könnten nämlich letztlich beschreibende Begriffe markenrechtlich monopolisiert werden[1514].

1382 Das Vorliegen einer Markenfamilie oder von Serienmarken ist jedoch ein Gesichtspunkt, der *erst bei der Beurteilung der Verwechslungsgefahr zu berücksichtigen* ist. Für die Beurteilung der Ähnlichkeit zwischen der älteren Marke und der angegriffenen Marke ist er nach Erkenntnis des EuGH nicht maßgeblich, so dass er bei unähnlichen Zeichen nicht zur Anwendung kommt[1515]. Unähnlich dürften aber Zeichen nicht sein, die jedenfalls in dem Bestandteil übereinstimmen, der beim älteren Recht den Stamm einer Familie oder Serie bildet.

1383 Das Vorliegen einer Verwechslungsgefahr hängt von einer *Vielzahl von Umständen* ab, insb dem *Bekanntheitsgrad* der älteren Marke im Markt, der *gedanklichen Verbindung*, die das benutzte oder eingetragene Zeichen zum jüngeren hervorrufen kann, sowie dem *Grad der Ähnlichkeit* zwischen der *Marke* und dem jüngeren *Zeichen* und zwischen den damit gekennzeichneten *Waren oder DL*.

1384 Das Vorliegen einer Verwechslungsgefahr ist unter Berücksichtigung *aller Umstände des Einzelfalls umfassend* zu beurteilen[1516]. Diese umfassende Beurteilung impliziert eine *Wechselbeziehung* zwischen den in Betracht kommenden Faktoren, insb der Ähnlichkeit der Marken und der Ähnlichkeit der von ihnen erfassten Waren oder DL. So kann ein geringer Grad der Ähnlichkeit der erfassten Waren oder DL durch einen höheren Grad der Ähnlichkeit der Marken ausgeglichen werden und umgekehrt[1517].

1385 Regelmäßig nimmt das *EuG* die Prüfung der *Verwechslungsgefahr* in folgenden *Schritten* vor[1518]: (a) Zuerst konzentriert es sich auf den *relevanten Verkehr* und *das maßgebliche*

1511 EuG, 10.10.2019, T-428/18 – mc dreams hotels Träumen zum kleinen Preis!/McDONALD'S, Rn 68–75.

1512 EuGH, 25.10.2012, C-553/11 – Protifit/PROTI, Rn 27–29.

1513 EuG, 27.06.2017, T-13/15 – PostModern/POST, Rn 72–74; EuG, 13.05.2015, T-102/14 – TPG POST/POST, Rn 71, 72.

1514 EuG, 08.07.2015, T-436/12 – Rock & Rock/MASTERROCK, FIXROCK, FLEXIROCK, COVERROCK, CEILROCK, Rn 80–89 mwN. Das betraf hier das übereinstimmende Element »ROCK«.

1515 EuGH, 24.03.2011, C-552/09 P – TiMi KINDERJOGHURT/KINDER, Rn 97–100.

1516 PräambelUMV 11 und EuGH, 11.11.1997, C-251/95 – Sabèl/Springende Raubkatze, Rn 22.

1517 EuGH, 29.09.1998, C-39/97 – Canon, Rn 17; EuGH, 22.06.1999, C-342/97 – Lloyd Schuhfabrik, Rn 19.

1518 S. zB EuG, 01.03.2023, T-25/22 – HE&ME/ME; Rechtsmittel nicht zugelassen, EuGH, 17.07.2023, C-280/23 P.

Gebiet, also ob sich die wechselseitigen Waren und DL an die allgemeine Öffentlichkeit mit durchschnittlicher Aufmerksamkeit oder an ein Fachpublikum mit Spezialkenntnissen sowie erhöhter Aufmerksamkeit richten und auf welche Gebiete der Union abzustellen ist. Ist der Widerspruch auf eine nationale Marke gestützt, kommt nur das entspr Territorium in Betracht. Aber auch bei einem Widerspruch aus einer älteren Unionsmarke kann sich die Prüfung auf lediglich ein Gebiet und eine Amtssprache der Union beschränken (s. Rdn 1431 ff, 1453 ff). (b) Danach wendet sich das EuG dem *Vergleich der streitigen Waren* und/oder *DL* zu und prüft, ob diese identisch oder – und in welchem Maße – ähnlich sind (s. Rdn 1419 ff). (c) Sodann folgt eine Prüfung der *Marken*, und zwar zuerst, welche Wort- und/oder Bildelemente bei kombinierten Zeichen *dominierend* sowie *kennzeichnungskräftig* sind und daher vom Verkehr stärker beachtet werden und welche zurücktreten, evt sogar zu vernachlässigen sind (s. Rdn 1375 ff). (d) Nach einem Vergleich der konkurrierenden Marken nach *Bild, Klang* und *Bedeutung*, um festzustellen, ob jeweils Identität oder eine geringe, durchschnittliche oder hohe Ähnlichkeit besteht (s. Rdn 1375 ff), (e) widmet sich das EuG der Frage der *Kennzeichnungskraft des älteren* Zeichens entweder von Haus aus aufgrund seines eigenständigen Fantasiegehalts oder aufgrund seiner erworbenen erhöhten Bekanntheit im Verkehr (s. Rdn 1357 ff). (f) Danach folgt unter Abwägung all dieser Umstände die *umfassende Beurteilung der Verwechslungsgefahr*, wobei bereits die Zeichenähnlichkeit in einem der Gesichtspunkte, also nach Bild, Klang oder Bedeutung, ausreichen kann. Schließlich ist die *Wechselbeziehung* zwischen den in Betracht kommenden Faktoren zu berücksichtigen (s. Rdn 1448 ff). Im Folgenden werden die einzelnen Kriterien im Detail dargestellt.

b) Kennzeichnungskraft

Da die Verwechslungsgefahr umso größer ist, je höher sich die *Kennzeichnungskraft der älteren Marke* darstellt, genießen Marken, die – von Haus aus oder wegen ihrer Bekanntheit auf dem Markt – eine hohe Kennzeichnungskraft besitzen, einen umfassenderen Schutz als Marken, deren Kennzeichnungskraft geringer ist. Daraus folgt, dass zB die Eintragung einer Marke trotz eines eher geringen Grades der Ähnlichkeit zwischen den damit gekennzeichneten Waren oder DL ausgeschlossen sein kann, wenn die Ähnlichkeit zwischen den Marken groß und die Kennzeichnungskraft der älteren Marke, insb ihr Bekanntheitsgrad, hoch ist[1519]. 1386

Die *Bekanntheit der jüngeren Marke* darf jedoch *nicht berücksichtigt* werden[1520]. 1387

1519 EuGH, 11.11.1997, C-251/95 – Sabèl/Springende Raubkatze, Rn 24; EuGH, 29.09.1998, C-39/97 – Canon, Rn 18, 19; EuGH, 22.06.1999, C-342/97 – Lloyd Schuhfabrik, Rn 20, 21.

1520 EuGH, 03.09.2009, C-498/07 P – La Española/Carbonell ACEITE DE OLIVA, Rn 84 S. 2; EuG, 28.06.2012, T-133/09 – B. Antonio Basile 1952/BASILE, Rn 18, 67; bestätigt durch EuGH, 06.06.2013, C-381/12 P; EuG, 27.09.2012, T-373/09 – Emidio Tucci/Emilio Pucci, Rn 47.

1388 Dabei muss sich die (erhöhte) Kennzeichnungskraft eines Zeichens *auf die konkret dafür geschützten Waren und DL beziehen*[1521]. Die allgemeine Berühmtheit eines Namens (zB des Malers Picasso) und/oder die Bekanntheit für andere Waren oder DL reichen nicht aus[1522]. Selbst die Bekanntheit lediglich für eine Unterkategorie der geschützten Waren und DL genügt nicht[1523].

1389 Andererseits weisen Marken, die im Wesentlichen aus beschreibenden Elementen bestehen, nur geringe Kennzeichnungskraft auf[1524]. Dasselbe gilt, wenn das ältere Recht nur einen Gattungsbegriff enthält[1525].

1390 *Schwache Kennzeichnungskraft* schließt aber nicht schon automatisch eine Verwechslungsgefahr bzgl nicht identischer Waren und DL aus, sondern auch in einem derartigen Fall sind alle Faktoren der Verwechslungsgefahr zu prüfen[1526]. Keinesfalls darf die Gültigkeit einer älteren Marke implizit dadurch in Frage gestellt werden, dass sie im Widerspruchsverfahren als beschreibend, nicht unterscheidungskräftig oder als Gattungsbegriff angesehen wird. Sie ist grds als Ganzes zu prüfen, wobei alle Bestandteile, insb die mit der jüngeren übereinstimmenden, zu berücksichtigen sind, um den relevanten Kennzeichnungsgrad zu ermitteln. Allerdings muss der *älteren Marke immer ein gewisser Grad an Unterscheidungskraft* zuerkannt werden[1527]. Keinesfalls darf nämlich nach Erkenntnis des EuGH der Faktor der Ähnlichkeit der

1521 EuG, 14.07.2016, T-567/15 – Schwarzes Quadrat mit vier weißen Linien/Drei senkrechte Klauen, Rn 41, 42, 46; bestätigt durch EuGH, 16.02.2017, C-502/16 P. So reicht zB eine Bekanntheit für Energiedrinks nicht aus, um einer älteren Marke auch für Bekleidung und Kopfbedeckung, auf der die Marke nur zu Werbezwecken für die Getränke angebracht wurde, erhöhte Kennzeichnungskraft zu vermitteln.

1522 EuGH, 11.11.1997, C-251/95 – Sabèl/Springende Raubkatze, Rn 24; EuGH, 12.01.2006, C-361/04 P – PICARO/PICASSO, Rn 31, 32.

1523 EuGH, 11.06.2020, C-155/19 P – CCB/CB, Rn 67–78. Die Bedeutung und die Bekanntheit einer älteren Marke im System der Bankkartentransaktionen erklärt in keiner Weise, warum diese allgemein eine erhöhte Unterscheidungskraft im Bereich des Finanzwesens, der Geldgeschäfte und der Bankgeschäfte haben sollte.

1524 EuG, 23.09.2009, T-391/06 – S-HE/SHE, Rn 57, 58.

1525 EuG, 13.07.2012, T-391/06 – »la Caixa«/CAIXA, Rn 32–37. Denn CAIXA ist im Portugiesischen für Kasse (Sparkasse, Kreditkasse) geläufig. So a. EuG, 13.03.2024, T-117/23 – BAR PARIS/PARIS BAR, bei Verpflegungsdiensten; und EuG, 20.03.2024, T-245/23 – BF Energy/BS ENERGY, wegen der geringen Kennzeichnungskraft des Elements »ENERGY«.

1526 EuG, 07.07.2010, T-557/08 – M PAY/MPAY24, Rn 40–46.

1527 EuGH, 24.05.2012, C-196/11 P – F1-LIVE/F1, Rn 40–47; und in Konsequenz Urteil des EuG vom 11.12.2014, T-10/09 – RENV. Dieser Grundsatz gilt nicht nur für ältere nationale oder internationale Marken, die aus Gründen der Koexistenz von nationalen Markensystemen mit dem Unionsmarkensystem zu respektieren sind, sondern konsequenterweise auch für ältere Unionsmarken. S.a. GMitt zur Gemeinsamen Praxis zu relativen Eintragungshindernissen – Verwechslungsgefahr (Auswirkungen nicht kennzeichnungskräftiger/schwacher Bestandteile) vom 02.10.2014, Ziff 2. Ziele 1 und 2.

Marken zugunsten des Faktors, der auf der Kennzeichnungskraft der älteren Marke beruht, neutralisiert werden[1528].

So ist zB trotz *Kennzeichnungsschwäche* des Wortelements *Seven* in mehreren älteren 1391
Bildmarken bei identischen Waren auf dem Schmuck- und Lederwarenmarkt eine Verwechslungsgefahr mit der angemeldeten Wortmarke *SEVEN FOR ALL MANKIND* angenommen worden[1529]. Selbst zwischen der für Kommunikationswaren und -DL geschützten älteren britischen Marke *FON* und der für Telekommunikationsgeräte und -DL angemeldeten Unionsmarke *Neofon* besteht Verwechslungsgefahr, obwohl das Wort »fon« von der breiten Öffentlichkeit als Kurzform für »telephone« verstanden wird[1530]. Sogar der älteren, für Computer und Telekommunikationsgeräte geschützten Wortmarke *IPAD* hat das EuG einen gewissen Grad von Kennzeichnungskraft zuerkannt, selbst wenn diese geschwächt sein sollte, so dass die Anmeldung *MI PAD* scheiterte[1531].

Dasselbe galt im Bereich von Bekleidung und dem Einzelhandel damit beim Konflikt 1392
zwischen den Bildmarken *SHOWROOM* und *SHOWROOM86*, da dieses Wort, das sich aus den beiden Elementen »SHOW« und »ROOM« zusammensetzt, zwar nur geringe Kennzeichnungskraft hat, aber nicht unberücksichtigt bleiben kann[1532]. Ja sogar die ältere, praktisch beschreibende BENELUX-Wortmarke *SUPERGLUE* konnte sich gegen eine fantasievoll gestaltete Bildanmeldung, die unter anderen Wortelementen *SUPER GLUE* aufwies, durchsetzen[1533].

1393

Abb. 41

Auch wenn in Teilen des deutschsprachigen Raums der Union, insb in Österreich 1394
und Süddeutschland, *Spezi* eine *Gattungsbezeichnung* für ein colahaltiges Mischgetränk darstellt, kann nicht davon ausgegangen werden, dass die *Verbraucher* im übrigen Unionsgebiet, insb die *nicht deutschsprachigen*, diesen als Marke eingetragenen Begriff ebenfalls als für Getränke beschreibend auffassen würden, so dass er für eine

1528 EuGH, 08.11.2016, C-43/15 P – compressor technology/KOMPRESSOR, Rn 64, 65. Eine Monopolisierung von beschreibenden Angaben soll nicht mit Art. 8 Abs. 1b UMV, sondern mit deren Art. 7 Abs. 1b und 1c sowie Art. 51 und mit Art. 4 Abs. 1b. und 1c MarkenRL. verhindert werden.

1529 EuGH, 21.02.2013, C-655/11 P – SEVEN FOR ALL MANKIND/SEVEN.

1530 EuG, 28.04.2016, T-777/14 – Neofon/FON, Rn 34–66.

1531 EuG, 05.12.2017, T-893/16 – MI PAD/IPAD, Rn 61–69.

1532 EuG, 19.09.2019, T-679/18 – SHOWROOM/SHOWROOM86, Rn 46–55.

1533 EuG, 11.12.2013, T-591/11 – SUPER GLUE/SUPERGLUE, Rn 36–48; bestätigt durch EuGH, 02.10.2014, C-91/14 P; im Konflikt um Klebstoffe.

Verwechslungsgefahr mit der Anmeldung *SPEZOOMIX* hinreichende *Kennzeichnungskraft* besitzt[1534]. Selbst, dass der Verkehr eine Marke als eine *Verzierung* auffasst, kann nicht zu einer Beschränkung ihres Schutzes gegenüber einer ähnlichen Zeichenbildung führen[1535].

1395 Demgegenüber hat zB der Bestandteil *POST*, auch wenn er nicht zu vernachlässigen ist, nur *geringe Kennzeichnungskraft*, da er als Hinweis auf Waren und DL im Umfeld von Versandsystemen, Telekommunikation und Unternehmensverwaltung verstanden wird[1536]. Dasselbe gilt für das Symbol des *Posthorns*[1537]. Weiter hat ein in den konkurrierenden Zeichen identisch enthaltenes Element *TURBO* angesichts seines beschreibenden Anklangs so wenig Kennzeichnungskraft, dass es selbst bei identischen Waren keine Verwechslungsgefahr verursacht[1538]. Dasselbe gilt bei der Konkurrenz der Anmeldung *VDL E-POWER* mit der älteren britischen Bildmarke *e-POWER*, weil das Wortelement »e-power« vom Verkehr unmittelbar mit der Bedeutung von elektrischer Energie verstanden wird und daher in Bezug auf die streitgegenständlichen technischen Waren allenfalls geringe Kennzeichnungskraft aufweist[1539]. Schließlich besitzt die Marke *VERONESE* von Haus aus nur geringe Kennzeichnungskraft, da sie mit der italienischen Stadt Verona in Verbindung gebracht werden kann und für die mögliche geografische Herkunft der Waren beschreibend ist[1540]. In dieselbe Richtung geht auch die Große BK[1541].

1534 EuG, 01.03.2016, T-557/14 – SPEZOOMIX/Spezi, Rn 62–64.

1535 EuG, 21.05.2015, T-145/14 – Zwei parallele Streifen auf einem Schuh/Drei parallele Streifen auf Schuhen, Rn 28; bestätigt durch EuGH, 17.02.2016, C-396/15 P.

1536 EuG, 27.06.2017, T-13/15 – PostModern/POST, Rn 66–71; und EuG, 13.05.2015, T-102/14 – TPG POST/POST, Rn 42–70. Deshalb wurde eine Verwechslungsgefahr verneint. S.a. EuG, 20.02.2018, T-118/16 – BEPOST/POST und ePOST; EuG, 26.06.2018, T-537/15 – InPost/INFOPOST und POST.

1537 EuG, 11.11.2020, T-25/20 – Posthorn/Posthorn auf gelbem Grund; Rechtsmittel nicht zugelassen, EuGH, 05.05.2021, C-5/21 P. Wegen seines historischen Zusammenhangs mit der Zustellung von Postsendungen wird das stilisierte Posthorn seit langer Zeit von mehreren Postbetreibern in der gesamten Union verwendet.

1538 EuG, 22.02.2018, T-210/17 – TRIPLE TURBO/ZITRO TURBO 2. Dasselbe gilt für den in beiden Zeichen enthaltenen, für Käse beschreibenden Begriff *HALLOUMI;* EuG, 13.07.2018, T-825/16 – Pallas Halloumi/HALLOUMI, Rn 38–43. Über das dagegen erhobene Rechtsmittel hat der EuGH nicht mehr entschieden, da die nationale Widerspruchsmarke zwischenzeitlich vom nationalen Gericht rechtskräftig für nichtig erklärt worden war; EuGH, 30.04.2020, C-608/18 P.

1539 EuG, 10.11.2021, T-755/20 – VDL E-POWER/e-POWER, Rn 42–54.

1540 EuG, 23.09.2020, T-608/19 – VERONESE/VERONESE. Deshalb besteht trotz übereinstimmender Wortelemente bei gering ähnlichen Waren (dekorativen oder verzierenden Figuren gegenüber ua Lampenschirmen, Rahmen, Spiegel, Steingut, Flaschen und Vasen) keine Verwechslungsgefahr.

1541 BK, 18.09.2013, R 1462/12-G – ULTIMATE GREENS/ULTIMATE NUTRATION, Rn 21–62; wo die Große BK zu der Erkenntnis kam, dass der Begriff *ULTIMATE NUTRITION.* der Widerspruchsmarke beschreibend ist und ihm daher die Unterscheidungskraft für die geschützten Nahrungsergänzungsmittel fehlt.

Bildelemente, die üblicherweise bei der *geschäftlichen Präsentation* oder der *Dekoration* 1396
der betr Waren verwendet werden und die der Verbraucher daher in dieser schmückenden Funktion zu sehen gewohnt ist, haben nur geringe Kennzeichnungskraft. Daher besteht trotz teils identischer Waren im Modebereich zwischen zwei bildlich ähnlichen und begrifflich identischen Bildmarken eines *Löwenkopfes* angesichts der schwachen Kennzeichnungskraft des beiden Zeichen gemeinsamen Begriffs und der schwachen Kennzeichnungskraft der älteren Marke keine Verwechslungsgefahr[1542].

Anmeldung

Widerspruchsmarke

Haben die konkurrierenden Zeichen einen gemeinsamen *Bestandteil mit geringer* 1397
oder ohne Kennzeichnungskraft, so wird sich nach der Amtspraxis die Beurteilung der Verwechslungsgefahr auf den Einfluss der nicht übereinstimmenden Bestandteile auf den Gesamteindruck der Zeichen konzentrieren, wobei deren Ähnlichkeiten bzw Unterschiede und ihre Kennzeichnungskraft zu berücksichtigen sind. Eine Übereinstimmung nur in nicht kennzeichnungskräftigen Bestandteilen führt idR nicht zur Verwechslungsgefahr[1543] und diejenige in einem Bestandteil mit geringer Kennzeichnungskraft idR nicht für sich allein. So kommen sich in Anbetracht der geringen Kennzeichnungskraft der gemeinsamen Bestandteile »yoga ALLIANCE« trotz identischer oder ähnlicher DL die konkurrierenden Zeichen *YOGA ALLIANCE INDIA INTERNATIONAL* und *yoga ALLIANCE* nicht verwechslungsfähig nahe[1544]. Eine Verwechslungsgefahr kann jedoch bestehen, wenn die übrigen Bestandteile eine geringere (oder gleich geringe) Kennzeichnungskraft haben oder optisch wenig herausgehoben sind und der Gesamteindruck der Zeichen (sehr) ähnlich oder identisch ist. Enthalten die Zeichen auch andere ähnliche Bild- und/oder Wortbestandteile, besteht Verwechslungsgefahr, wenn ihr Gesamteindruck sehr ähnlich oder identisch ist[1545].

1542 EuG, 20.12.2023, T-564/22 – Löwenkopf in einer Panzerkette/Löwenkopf, umgeben von Punkten. Denn die Darstellung von Löwen, Löwenköpfen oder Wildtieren ist bei der kommerziellen Präsentation oder der Dekoration von Waren im Modebereich eine banale und gängige Praxis. Eine andere Handhabung würde einem Markeninhaber ein Quasi-Monopol für ein allgemein verwendetes Konzept verschaffen; Rn 73–76.

1543 EuG, 12.10.2022, T-222/21 – Shoppi/SHOPIFY, Rn 42–55, da das Element »Shop« wegen seines beschreibenden Anklangs in beiden Zeichen nicht dominierend ist.

1544 EuG, 18.01.2023, T-443/21 – YOGA ALLIANCE INDIA INTERNATIONAL/yoga ALLIANCE.

1545 Siehe GMitt zur Gemeinsamen Praxis zu relativen Eintragungshindernissen – Verwechslungsgefahr (Auswirkungen nicht kennzeichnungskräftiger/schwacher Bestandteile) vom 02.10.2014, Ziff 2. Ziele 3 und 4.

1398 Bei der Beurteilung der Kennzeichnungskraft sind sowohl die *Eigenschaften* zu berücksichtigen, die die Marke *von Haus aus* besitzt, einschl des Umstands, ob sie beschreibende Elemente in Bezug auf die für sie geschützten Waren oder DL aufweist, als auch diejenigen, die ihr *kraft Verkehrsgeltung* zukommen, so der von der Marke gehaltene Marktanteil, die Intensität, die geografische Verbreitung und die Dauer der Benutzung dieser Marke, der Werbeaufwand des Unternehmens für die Marke, der Teil der beteiligten Verkehrskreise, der die Waren oder DL aufgrund der Marke als von einem bestimmten Unternehmen stammend erkennt, sowie die Erklärungen von Industrie- und Handelskammern oder von anderen Berufsverbänden[1546].

1399 Jedoch kann *nicht* allgemein, zB durch *Rückgriff auf bestimmte Prozentsätze* in Bezug auf den Bekanntheitsgrad der Marke bei den beteiligten Verkehrskreisen, angegeben werden, wann eine Marke eine hohe Kennzeichnungskraft besitzt[1547]. Ist eine durch Verkehrsgeltung gesteigerte Kennzeichnungskraft festgestellt, kann diese nicht durch den Einwand einer von Haus aus geringen Unterscheidungskraft in Frage gestellt werden[1548].

1400 Im Rahmen eines Widerspruchsverfahrens stellt die *Beurteilung der originären Kennzeichnungskraft* einer älteren Marke eine Rechtsfrage dar, die erforderlich ist, um eine fehlerfreie Anwendung der UMV zu gewährleisten, so dass die Instanzen des EUIPO verpflichtet sind, diese Frage – ggf von Amts wegen – zu prüfen (s. Rdn 266 f)[1549].

1401 Während also die originäre Kennzeichnungskraft einer älteren Marke vom EUIPO von Amts wegen zu überprüfen ist, müssen die Beteiligten *zur Bekanntheit* der Marke *Tatsachen* vortragen und evt *Beweismittel* beibringen[1550].

1402 Eine repräsentative *Meinungsumfrage* kann ein taugliches Mittel zum Nachweis hoher Kennzeichnungskraft aufgrund großer Verkehrsbekanntheit sein[1551]. Der Beweiswert einer Meinungsforschungsstudie kann geschwächt sein, wenn die Befragten ihre Antworten nicht spontan geben, weil die verwendeten Fragebogen ihnen das fragliche Zeichen und die Waren vorgeben. Dasselbe gilt, wenn sich die Umfrage nicht auf die verfahrensgegenständliche Marke, sondern nur auf einen Bestandteil von ihr bezieht[1552] oder wenn die gestellten Fragen zu ungewöhnlichen Spekulationen führen[1553]. Auch

1546 ZB EuG, 08.05.2014, T-38/13 – PEDRO/Pedro del Hierro, Rn 79–87 mwN.
1547 EuGH, 22.06.1999, C-342/97 – Lloyd Schuhfabrik, Rn 23, 24; EuGH, 11.11.1997, C-251/95 – Sabèl/Springende Raubkatze, Rn 24.
1548 EuGH, 17.07.2008, C-488/06 P – Tannenbaum Aire Limpio/Tannenbaum, Rn 65–67; EuGH, 17.02.2016, C-396/15 P – Zwei parallele Streifen auf einem Schuh/Drei parallele Streifen auf Schuhen, Rn 75 f.
1549 EuGH, 18.06.2020, C-702/18 P – PRIMART Marek Lukasiewicz/PRIMA, Rn 43.
1550 EuG, 01.02.2005, T-57/03 – HOOLIGAN/OLLY GAN, Rn 30–33.
1551 EuG, 21.04.2005, T-164/03 – monBeBé/bebe, Rn 75–83.
1552 EuG, 12.07.2006, T-277/04 – VITACOAT/VITAKRAFT, Rn 38 ff; s.a. EuG, 13.03.2013, T-553/10 – FARMASUL/MANASUL, Rn 70, 71; EuG, 11.10.2023, T-490/22 – ayuna LESS IS BEAUTY/AJONA, Rn 71–84.
1553 EuG, 02.03.2022, T-125/21 – EUROBIC/BANCO BiG, Rn 39–45.

Meinungsumfragen, die über *Online-Zugangspanels* durchgeführt werden, haben nur eine *begrenzte Beweiskraft*, da die Verbraucherstichprobe in vielen Fällen nicht repräsentativ ist, weil sie auf Selbstselektion beruht und den Teil der Bevölkerung nicht berücksichtigt, der mit der Online-Umgebung nicht so vertraut ist und das Internet nicht aktiv nutzt[1554].

Die relevanten Tatsachen und Beweismittel müssen sich auf den *Anmeldetag* der angegriffenen Unionsmarkenanmeldung oder die Zeit unmittelbar davor beziehen und konkrete Angaben zum Umsatz und Umfang der Werbemaßnahmen enthalten[1555]. Jedoch können auch noch spätere Daten berücksichtigt werden, wenn sich daraus Rückschlüsse auf die Situation zum Anmeldezeitpunkt ziehen lassen[1556]. Die bloße Vorlage von *Preislisten* ohne Angabe und Nachweis ihrer Verbreitung beim Publikum oder des Umfangs ihrer möglichen Verbreitung genügt nicht. Informationen aus dem *Internet* zeigen nur Werbeanstrengungen, aber nicht die tatsächliche Bekanntheit beim Publikum[1557]. 1403

Der Nachweis einer durch Benutzung *in Großbritannien erworbenen erhöhten Kennzeichnungskraft der älteren Marke* ist *nur dann relevant*, wenn diese Benutzung *zu dem Zeitpunkt, zu dem das EUIPO über den Widerspruch entscheidet, noch geltend gemacht* werden kann. Er kann daher nicht mehr berücksichtigt werden, wenn das Datum der angefochtenen Entscheidung nach Ablauf der Übergangsfrist gemäß Art. 127 Austrittsabk lag. Dasselbe gilt erst recht im Rahmen von Nichtigkeitsverfahren[1558]. 1404

Eine erhöhte Kennzeichnungskraft einer Widerspruchsmarke kann sich auch aus ihrer *Benutzung als Teil* einer anderen eingetragenen älteren Marke ergeben, wenn die Widerspruchsmarke als Teil dieser älteren Marke angesehen werden kann[1559]. 1405

1554 EuG, 22.06.2022, T-39/20 – WATERFORD, Rn 56–68; Rechtsmittel nicht zugelassen, EuGH, 05.12.2022, C-571/22 P. Insb werden die Teilnehmer an frei zugänglichen Umfragen überhaupt nicht ausgewählt, sondern beteiligen sich nur selbst, während die Teilnehmer an wissenschaftlichen Umfragen im Allgemeinen aktiv und systematisch ausgewählt werden, so dass die Zusammensetzung der Stichprobe letztlich einen repräsentativen Querschnitt der Bevölkerung widerspiegelt.

1555 EuG, 18.09.2014, T-90/13 – V (mit Polospielerbild)/Polospieler, Rn 41, 42; EuG, 13.12.2004, T-8/03 – Emilio Pucci/Emidio Tucci, Rn 71–73; bestätigt durch EuGH, 28.09.2006, C-104/05 P; s.a. EuG, 16.06.2015, T-229/14 – Yorma Eberl/YORMA, Rn 45; bestätigt durch EuGH, 08.02.2012, C-191/11 P.

1556 EuG, 08.05.2014, T-38/13 – PEDRO/Pedro del Hierro, Rn 81–84 mwN; EuG, 18.11.2014, T-510/12 – EuroSky/SKY, Rn 66–68.

1557 EuG, 16.06.2015, T-229/14 – Yorma Eberl/YORMA, Rn 49; bestätigt durch EuGH, 08.02.2012, C-191/11 P.

1558 EuG, 12.10.2022, T-222/21 – Shoppi/SHOPIFY, Rn 91–104. S. aber aA EuG in Rdn 37, 38.

1559 EuGH, 17.07.2008, C-488/06 P – Tannenbaum Aire Limpio/Tannenbaum, Rn 49–52.

c) Zeichenähnlichkeit

1406 Bei der Beurteilung der Zeichenähnlichkeit ist grds zu beachten, dass die *absoluten Eintragungshindernisse* nach Art. 7 Abs. 1b und 1c UMV und die *relativen* nach Art. 8 Abs. 1b UMV *unterschiedliche Zwecke* verfolgen und dem *Schutz unterschiedlicher Interessen* dienen sollen. Die Wahrnehmung, die die maßgeblichen Verkehrskreise von einem Zeichen haben, kann zwar nicht von dem betr Eintragungshindernis abhängen, gleichwohl *variiert* aber *der Blickwinkel*, unter dem diese Wahrnehmung betrachtet wird, je nachdem, ob der beschreibende Charakter eines Zeichens oder das Bestehen einer Verwechslungsgefahr zu beurteilen ist. Die Aufmerksamkeit im Rahmen der Beurteilung des *beschreibenden Charakters* eines Zeichens richtet sich auf die *mentalen Abläufe*, die dazu führen können, dass Beziehungen zwischen dem Zeichen oder seinen verschiedenen Bestandteilen und den betr Waren und/oder DL hergestellt werden, während sich die Prüfung im Rahmen der Beurteilung der *Verwechslungsgefahr* auf den *Prozess* bezieht, durch den *das Zeichen im Gedächtnis behalten, wiedererkannt und in Erinnerung gerufen* wird, sowie auf die Mechanismen einer gedanklichen Verbindung[1560].

1407 Bei der umfassenden Beurteilung der Verwechslungsgefahr hinsichtlich der *Ähnlichkeit* der betr *Marken* im Bild, im Klang oder in der Bedeutung ist auf den *Gesamteindruck* abzustellen, den die Marken hervorrufen[1561]. Es sind insb die *kennzeichnungskräftigen* und *dominierenden*, also prägenden Elemente zu berücksichtigen. Der normal informierte und angemessen aufmerksame und verständige Durchschnittsverbraucher nimmt nämlich ein Zeichen idR als Ganzes wahr, wie es ihm bei der konkreten Verwendung entgegentritt, ohne es einer analysierenden Betrachtungsweise zu unterziehen, und achtet nicht auf die verschiedenen Einzelheiten[1562]. Ein *Meinungsforschungsgutachten* ist daher zur Beurteilung der Verwechslungsgefahr ungeeignet, wenn den Befragten beide Zeichen direkt nebeneinander zum Vergleich gegenübergestellt werden, da der relevante Verkehr sich normalerweise auf seine unvollkommene Erinnerung an die ältere Marke stützen muss[1563].

1560 EuGH, 22.10.2015, C-20/14 – BGW Bundesverband der deutschen Gesundheitswirtschaft/BGW, Rn 23, 27, 28.

1561 EuGH, 19.03.2015, C-182/14 P – MAGNEXT/MAGNET 4, Rn 36–42, 56–59. Das EuG hatte einen Rechtsfehler begangen, weil es die konkurrierenden Marken nicht jeweils als Ganzes miteinander verglichen hat. Es hatte die Ziff »4« in der älteren Marke nicht berücksichtigt.

1562 EuGH, 11.11.1997, C-251/95 – Sabèl/Springende Raubkatze, Rn 23. Die ursprünglich fehlerhafte Übersetzung, wonach es nicht insb auf die »unterscheidungskräftigen«, sondern auf die »sie unterscheidenden ... Elemente« ankommen sollte, ist seit dem Urteil des EuGH, 12.01.2006, C-361/04 P – PICARO/PICASSO, Rn 19; stillschweigend korrigiert worden.

1563 EuG, 24.10.2017, T-202/16 – coffee in/coffee in, Rn 144, 145.

Dies schließt aber nicht aus, dass uU *ein oder mehrere Bestandteile* einer zusammengesetzten Marke für den durch die Marke im Gedächtnis der angesprochenen Verkehrskreise hervorgerufenen Gesamteindruck *prägend* sein können[1564]. **1408**

Jenseits des **1409**

(1) *Normalfalls*, dass der Durchschnittsverbraucher eine *Marke als Ganzes* wahrnimmt, und **1410**

(2) ungeachtet dessen, dass der Gesamteindruck von einem oder mehreren *Bestandteilen* einer komplexen Marke *dominiert* werden kann, ist jedoch keineswegs ausgeschlossen, dass **1411**

(3) *im Einzelfall* eine ältere Marke, die von einem Dritten in einem zusammengesetzten Zeichen benutzt wird (zB *LIFE*), das die Unternehmensbezeichnung dieses Dritten (zB *THOMSON*) enthält, eine *selbständig kennzeichnende Stellung* in dem zusammengesetzten Zeichen (zB *THOMSON LIFE*) behält, ohne aber darin den dominierenden Bestandteil zu bilden. Die Verwechslungsgefahr kann also nicht von der Voraussetzung abhängig gemacht werden, dass der von dem zusammengesetzten Zeichen hervorgerufene *Gesamteindruck* von dem Teil des Zeichens, das die ältere Marke bildet, dominiert wird[1565]. **1412**

Es ist in *jedem Einzelfall* insb mittels einer Analyse der Zeichenbestandteile und deren jeweiligen Gewichts in der Wahrnehmung der angesprochenen Verkehrskreise der von dem Zeichen hervorgerufene *Gesamteindruck, der dem Verbraucher im Gedächtnis bleibt*, zu bestimmen, und anschließend ist im Licht dieses Gesamteindrucks und sämtlicher maßgeblicher Umstände des Einzelfalls die Verwechslungsgefahr zu beurteilen. Bei den vom Normalfall (1) verschiedenen Einzelfällen (2 und 3) der *THOMSON LIFE/LIFE* -Rspr handelt es sich jedoch nach Erkenntnis des EuGH um *keine* von der allgemeinen Regel abweichenden *Ausnahmefälle*, die gebührend gerechtfertigt werden müssten[1566]. **1413**

1564 EuGH, 28.04.2004, C-3/03 P – MATRATZEN markt CONCORD/Matratzen, Rn 32.

1565 EuGH, 06.10.2005, C-120/04 – THOMSON LIFE/LIFE, Rn 30, 32.

1566 EuGH, 08.05.2014, C-591/12 P – BIMBO DOUGHNUTS/DOGHNUTS, Rn 33–36. Soweit der Rechtsmittelführer geltend macht, das EuG habe die Regel nicht beachtet, wonach bei einem zusammengesetzten Zeichen die Feststellung der selbständig kennzeichnenden Stellung eines Bestandteils eine Ausnahme von der allgemeinen Regel, wonach der Verbraucher eine Marke regelmäßig als ein Ganzes wahrnehme, darstelle und als solche gebührend gerechtfertigt werden müsse, weist der EuGH darauf hin, dass die Prüfung, ob eine selbständig kennzeichnende Stellung eines der Bestandteile eines zusammengesetzten Zeichens vorliegt, der Bestimmung derjenigen Bestandteile dient, die von den angesprochenen Verkehrskreisen wahrgenommen werden. Zum einen erfolgt die Bestimmung der Bestandteile eines zusammengesetzten Zeichens, die zu dem von diesem Zeichen im Gedächtnis der angesprochenen Verkehrskreise hervorgerufenen Gesamteindruck beitragen, vor der umfassenden Beurteilung der Verwechslungsgefahr der konkurrierenden Zeichen. Eine solche Beurteilung muss sich auf den von den konkurrierenden Marken hervorgerufenen Gesamteindruck stützen, da der Durchschnittsverbraucher eine Marke regelmäßig als Ganzes wahrnimmt und nicht auf die verschiedenen Einzelheiten achtet. Daher ist nicht anzunehmen, dass es sich um eine

1414 Nur wenn alle anderen Markenbestandteile zu *vernachlässigen* sind, zB lediglich eine nebensächliche, untergeordnete bzw Zubehör-Stellung haben, kann es für die Beurteilung der Ähnlichkeit allein auf den dominierenden Bestandteil ankommen. Es *genügt* nämlich *für die Zeichenähnlichkeit*, dass der den Zeichen *gemeinsame Bestandteil nicht zu vernachlässigen* ist[1567].

1415 Ein nach einer nationalen Regelung oder der GMV eingetragener *Disclaimer* kann nicht bewirken, einen von ihm erfassten *Bestandteil einer zusammengesetzten Marke* von der Gesamtprüfung der für die Verwechslungsgefahr relevanten Faktoren auszuschließen oder diesem Bestandteil von vornherein und dauerhaft eine begrenzte Bedeutung beizumessen[1568].

1416 Dem Durchschnittsverbraucher bietet sich nur selten die Möglichkeit, verschiedene Marken unmittelbar miteinander zu vergleichen, sondern er muss sich auf das *unvollkommene Bild* verlassen, das er von ihnen *im Gedächtnis* behalten hat. Außerdem kann

---

Ausnahme von dieser allgemeinen Regel handelt, die gebührend gerechtfertigt werden müsste. Zum anderen ist die Einzelbeurteilung jedes Zeichens nach stRspr des EuGH nach Maßgabe der besonderen Umstände des konkreten Falles vorzunehmen, und es gelten für sie daher keine allgemeinen Vermutungen. Insb aus THOMSON LIFE/LIFE geht hervor, dass der EuGH keine Ausnahme von den für die Beurteilung der Verwechslungsgefahr geltenden Grundsätzen aufgestellt hat. Dagegen hatte der EuGH im Urteil vom 30.01.2014, C-422/12 P – CLORALEX/CLOROX, Rn 44, in Bezug auf THOMSON LIFE/LIFE noch von einer Rspr zu *Ausnahmefällen.* gesprochen, aus der nicht hergeleitet werden kann, dass es für die Beurteilung der Verwechslungsgefahr nur auf den kennzeichnungskräftigen Bestandteil einer aus einem beschreibenden und einem kennzeichnungskräftigen Bestandteil zusammengesetzten Marke ankommt.

1567 EuGH, 02.09.2010, C-254/09 P – CK CREACIONES KENNYA/CK Calvin Klein, Rn 56, 57. Soweit in der deutschen Fassung des Urteils von »akzessorischer Bedeutung« der Buchstabenfolge CK (als Abkürzung von CREACIONES KENNYA) die Rede ist, dürfte das nicht die vollständige bzw ausschließliche Übersetzung von »position accessoire« (französisch), »ancillary position« (englisch) bzw »posición accesoria« (spanisch) sein. S.a. EuGH, 03.09.2009, C-498/07 P – La Española/Carbonell ACEITE DE OLIVA, Rn 62, 70. In diese Richtung (Zeichenunähnlichkeit) auch EuG, 08.02.2011, T-194/09 – LÍNEAS AÉREAS DEL MEDITERRÁNEO LAM/LAN; bestätigt durch EuGH, 11.05.2012, C-198/11 P. Diese Rspr vermag jedoch nicht zu überzeugen, da sie im Extremfall dazu führen kann, dass der Widerspruch aus einer hoch berühmten Marke trotz Waren-/DL-Identität schon wegen fehlender Zeichenähnlichkeit scheitert; *Bender,* MarkenR 2011, 89 f.

1568 EuGH, 12.06.2019, C-705/17 – ROSLAGSÖL (Hansson)/ROSLAGS PUNSCH, Rn 37–62. Diese Auslegung von Art. 4 Abs. 1b MarkenRL. aF soll sicherstellen, dass der Schutz einer eingetragenen nationalen Marke gegen Verwechslungsgefahr in allen Mitgliedstaaten nach denselben Kriterien und somit einheitlich gewährleistet wird, insb da zahlreiche Mitgliedstaaten nicht die Möglichkeit vorsehen, Zeichen mit solchen Disclaimern als Marken einzutragen, und die Voraussetzungen der Eintragung der Disclaimer sowie deren Auswirkungen im Recht der Mitgliedstaaten unterschiedlich sein können.

seine Aufmerksamkeit je nach Art der betr Waren oder DL sowie nach den speziellen Umständen der Begegnung mit ihnen unterschiedlich hoch sein[1569].

Die Ähnlichkeit der einander gegenüberstehenden Marken ist aus der Sicht des *Durchschnittsverbrauchers* zu beurteilen, indem auf die *originären Merkmale der Marken* und nicht auf Umstände abgestellt wird, die das Verhalten des Anmelders einer Unionsmarke betreffen. Daher ist das *angeblich missbräuchliche Verhalten eines Markenanmelders nicht zu berücksichtigen.* Denn ein solches Verhalten ist zwar ein besonders relevanter Faktor im Rahmen eines Nichtigkeitsverfahrens nach Art. 59 Abs. 1b UMV (Bösgläubigkeit), es ist dagegen kein in einem Widerspruchsverfahren nach Art. 8 UMV zu berücksichtigender Umstand[1570]. **1417**

Um zu beurteilen, wie weit die Ähnlichkeit zwischen den betr Marken reicht, sind der Grad ihrer *Ähnlichkeit im Bild, im Klang und in der Bedeutung* zu bestimmen sowie ggf unter Berücksichtigung der Art der betr Waren oder DL und der Bedingungen, unter denen sie vertrieben werden, zu bewerten, welche Bedeutung diesen einzelnen Elementen beizumessen ist[1571]. **1418**

Für die Feststellung der Verwechslungsgefahr ist dabei nicht erforderlich, dass eine Ähnlichkeit unter allen drei Gesichtspunkten bestehen muss. Es ist vielmehr *ausreichend*, wenn bereits eine *Ähnlichkeit auf Grund einer dieser Beurteilungskriterien* vorliegt, also entweder in klanglicher Hinsicht oder nach dem bildlichen Eindruck oder infolge des Sinnzusammenhangs, und diese Ähnlichkeit auf Grund der konkreten Umstände des einschlägigen Marktes zu einer relevanten Verwechslungsgefahr führen kann[1572]. **1419**

Die UMV verweist nicht auf die Verwendung irgendeiner *Sprache* oder eines bestimmten *Alphabets*, die bei der Beurteilung einer möglichen Verwechslungsgefahr für das Publikum zu berücksichtigen oder nicht zu berücksichtigen wären. So sind zB beim Vergleich von Zeichen, die beide ein *arabisches Wort* enthalten, das in lateinischer und arabischer Schrift dominierend ist, wobei diese Wörter einander in bildlicher Hinsicht ähnlich sind, ihre Bedeutung und Aussprache zu berücksichtigen, wenn die maßgeblichen Verkehrskreise Grundkenntnisse des geschriebenen Arabisch besitzen[1573]. Jedoch kann – ohne konkreten Nachweis zu führen – das *Verstehen einer Fremdsprache in der Union im Allgemeinen nicht vermutet* werden[1574]. **1420**

1569 EuGH, 22.06.1999, C-342/97 – Lloyd Schuhfabrik, Rn 26.

1570 EuGH, 02.09.2010, C-254/09 P – CK CREACIONES KENNYA/CK Calvin Klein, Rn 46, 47.

1571 EuGH, 22.06.1999, C-342/97 – Lloyd Schuhfabrik, Rn 27.

1572 EuGH, 11.11.1997, C-251/95 – Sabèl/Springende Raubkatze, Rn 23; EuGH 22.06.1999, C-342/97 – Lloyd Schuhfabrik, Rn 24.

1573 EuGH, 25.06.2015, C-147/14 – EL BAINA/EL BENNA (Loutfi/Meatproducts), Rn 20–26.

1574 EuG, 26.05.2016, T-254/15 – Casale Fresco/FREZCO, Rn 28 mwN. Selbst wenn Spanisch, Italienisch und Portugiesisch Welthandelssprachen wären, was der Kläger durch keinerlei Nachweis belegt, bringt er keinen Beweis bei, dass der – insb deutsche, tschechische, bulgarische, dänische, niederländische, slowakische, finnische oder schwe-

1421 Für die Abwägung der Bedeutung der einzelnen Faktoren beim Zeichenvergleich ist im Hinblick auf die jeweils streitgegenständlichen Waren und DL zu prüfen, ob diese allein oder überwiegend *auf Sicht gekauft* bzw angefordert bzw überprüft werden[1575] oder dem Kunden hauptsächlich *klanglich begegnen*, zB aufgrund von Radiowerbung oder mündlicher Empfehlung. Werden etwa Waren nur auf mündliche Bestellung gekauft, so kommt dem klanglichen Aspekt des Zeichens notwendig größere Bedeutung beim relevanten Publikum zu als dem bildlichen[1576]. Dagegen ist der Grad der phonetischen Ähnlichkeit von geringerer Bedeutung, wenn es sich um Waren handelt, die auf eine Weise vermarktet werden, dass die maßgebenden Verkehrskreise beim Erwerb die Marke gewöhnlich optisch wahrnehmen[1577].

1422 Der *Bedeutungsgehalt* ist zwar vorrangig nach dem bildlichen Eindruck zu ermitteln, er kann jedoch auch bei lediglich klanglicher Übereinstimmung vorliegen[1578]. Im Rahmen der begrifflichen Ähnlichkeit ist auf die Sicht des Verbrauchers *in einem Gebiet der Union* abzustellen, in dem die beiden konkurrierenden Zeichen eine Bedeutung haben[1579].

1423 Da im Gegensatz zum deutschen Markensystem grds nicht davon ausgegangen werden kann, dass das EUIPO die *jeweiligen Umstände der Vermarktung* in den betr nationalen Märkten kennt, ist angesichts von Art. 95 Abs. 1 S. 2 UMV sehr wichtig, dass die Beteiligten *konkrete Ausführungen* dazu *machen*, ob und wie sich die Waren und DL (klanglich und/oder bildlich) begegnen, zB dass Bier in Deutschland nicht nur auf Sicht gekauft oder (aus der Flasche oder einem mit Brauereisignet versehenen Glas bzw Krug) getrunken wird, sondern in brauereifreien Gaststätten mündlich in lärmintensiver Umgebung bestellt und in neutralen Gefäßen serviert wird[1580].

---

dische – Durchschnittsverbraucher den spanischen, italienischen und portugiesischen Begriff »fresco« mit der Bedeutung »frisch, kühl« verstehe.

1575 EuGH, 14.11.2013, C-524/12 P – f@ir Credit/FERCREDIT, Rn 60–62 mwN: Im Gegensatz zu Bekleidungswaren hat die klangliche Ähnlichkeit bei Finanz-DL nicht nur begrenzte Bedeutung, da diese bedeutende finanzielle Folgen für den Verbraucher haben können und nicht frei am Markt erhältlich sind. S. ua EuG, 05.12.2013, T-394/10 – SOLVO/VOLVO II, Rn 30, 33–38 mwN; zB bei hochspeziellem Computerprogramm.

1576 Siehe ua EuG, 12.01.2006, T-147/03 – QUANTUM/Quantième, Rn 105; bestätigt durch EuGH, 15.07.2007, C-171/06 P.

1577 Im Bekleidungssektor überwiegt angesichts der Art und Weise der Vermarktung der bildliche Aspekt, da die Kaufentscheidung normalerweise das Ergebnis einer Inaugenscheinnahme der Ware ist, wobei die Marke als Ganzes wahrgenommen wird, ohne wie eine Abkürzung oder eine Buchstabenfolge buchstabiert zu werden; EuG, 03.06.2015, T-604/13 – 101/501, Rn 38. Siehe ua EuG, 14.10.2003, T-292/01 – BASS/PASH.

1578 Siehe ua EuG, 23.09.2011, T-501/08 – see more/CMORE, Rn 48.

1579 EuG, 13.06.2012, T-534/10 – HELLIM/HALLOUMI, Rn 38–42; bestätigt durch EuGH, 21.03.2013, C-393/12 P. Auch wenn Türkisch nicht zu den Amtssprachen der Union zählt, ist es gleichwohl eine der Amtssprachen der Republik Zypern, so dass es von einem Teil der zyprischen Bevölkerung verstanden und gesprochen wird. Daher ist beim Zeichenvergleich auch der türkische Bedeutungsgehalt zu berücksichtigen.

1580 Siehe ua EuG, 19.10.2006, T-350/04 – BUD/Bit, Rn 111, 112.

So lässt sich zB nicht ausschließen, dass *allein eine klangliche Ähnlichkeit* der Marken eine Verwechslungsgefahr begründen kann[1581]. Jedoch ist die Würdigung einer etwaigen klanglichen Ähnlichkeit nur einer der relevanten Umstände im Rahmen der *umfassenden Beurteilung* hinsichtlich der Ähnlichkeit der Zeichen in Bedeutung, Bild und Klang. Folglich muss nicht notwendig immer dann Verwechslungsgefahr vorliegen, wenn nur eine klangliche Ähnlichkeit der konkurrierenden Marken besteht. 1424

Die umfassende Beurteilung impliziert, dass die *begrifflichen Unterschiede* zwischen zwei Zeichen die zwischen ihnen *bestehenden optischen und klanglichen Ähnlichkeiten neutralisieren* können, wenn zumindest eines der Zeichen eine *eindeutige und bestimmte Bedeutung* hat, so dass die maßgeblichen Verkehrskreise sie ohne weiteres erfassen können. Das gilt jedenfalls bei besonders ausgeprägten und offenkundigen Bedeutungsunterschieden (zB angesichts der *Berühmtheit* eines Zeichenworts wie *PICASSO*) und bei einem besonders *erhöhten Aufmerksamkeitsgrad* der maßgeblichen Verkehrskreise zB angesichts spezieller Fachkenntnisse, des technischen Charakters bzw des hohen Wert- oder Preisniveaus der relevanten Waren (zB Kraftfahrzeuge) oder DL[1582]. In der Konsequenz neigt das EuG zu einer *(Über-)Betonung der begrifflichen Unterschiede* auch bei deutlicher klanglicher Annäherung, was bis zur Markenunähnlichkeit führen kann[1583] oder zur gänzlichen Neutralisierung von bildlichen und klanglichen Ähnlichkeiten[1584]. 1425

Eine *reine Begriffsidentität* von aus *unterschiedlichen Sprachen* stammenden Wörtern oder Begriffskombinationen reicht aber, selbst wenn das Publikum über entspr Sprachkenntnisse verfügt, eine gewisser Grad von Verwandtschaft zwischen den betr Sprachen besteht und der in den Zeichen verwendete Wortlaut sich nahe kommt, allein zur Annahme der *Verwechslungsgefahr nicht* aus, da der angesprochene Verbraucher Marken normalerweise nicht übersetzt. Dies gilt insb, wenn das angesprochene Pub- 1426

1581 EuGH, 22.06.1999, C-342/97 – Lloyd Schuhfabrik, Rn 28. So hat zB das EuG, 06.10.2017, T-184/16 – SKY ENERGY/NRJ, Rn 55–57, zwar eine klangliche Ähnlichkeit wegen der sehr ähnlichen Aussprache im Französischen gesehen, die Verwechslungsgefahr aber insgesamt verneint.

1582 EuGH, 23.03.2006, C-206/04 P – ZIRH/SIR, Rn 21, 22, 35; EuGH, 12.01.2006, C-361/04 P – PICARO/PICASSO, Rn 20, 39, 40. S. ua EuG, 26.04.2018, T-554/14 – MESSI/MASSI; bestätigt durch EuGH, 17.09.2020, C-449/18 P und C-478/18 P: Keine Verwechslungsgefahr wegen deutlicher konzeptioneller Unterschiede aufgrund des berühmten Fußballers Lionel Messi trotz bildlicher und klanglicher Ähnlichkeit und teilweiser Warenidentität. Ebenfalls hält das EuG, 16.06.2021, T-368/20 – MILEY CYRUS/CYRUS, diese Zeichen aufgrund des großen Bedeutungsunterschieds für unähnlich, da die berühmte Sängerin und Schauspielerin unter diesem Vornamen und Nachnamen zusammen und nicht unter ihrem Vornamen oder Nachnamen getrennt bekannt ist.

1583 Siehe ua EuG, 23.01.2008, T-106/06 – BAU HOW/BAUHAUS, Rn 48. Die Zeichen wiesen hier grafische Elemente durch die besondere Gestaltung der Buchstaben auf.

1584 S. ua EuG, 23.02.2022, T-198/21 – CODE-X/Cody's, Rn 46, 47, 54, 67–72.

likum mit Markenartikeln vertraut ist und überwiegend und ohne langes Nachdenken auf Sicht kauft[1585].

1427 Dagegen hat das EuG[1586] zB wegen *hoher begrifflicher Ähnlichkeit*, ja fast Identität, im Hinblick darauf, dass »aqua« und »WATER« für den Durchschnittsverbraucher erkennbar gemeinsam »Wasser« bedeuten, Verwechslungsgefahr angenommen.

1428 Demgegenüber kann der Anmelder nicht einwenden, dass die ältere Marke wegen evt *Freihaltebedürfnisses* nicht hätte registriert werden dürfen. Der Umstand, dass bei den Wettbewerbern ein *Bedürfnis nach freier Verfügbarkeit* des Zeichens besteht, kann *nicht* zu den für die Beurteilung einer Verwechslungsgefahr *relevanten Umständen* gehören, sondern ist lediglich von Bedeutung bei der Prüfung der absoluten Eintragungshindernisse[1587].

1429 Dabei ist die *Autonomie der nationalen Markenämter* zu achten. Der *Grundsatz des freien Warenverkehrs* verbietet es nämlich weder einem Mitgliedstaat, ein Zeichen als nationale Marke einzutragen, das in der Sprache eines anderen Mitgliedstaats für die betr Waren oder DL beschreibend ist, noch untersagt er es dem Inhaber einer solchen Marke, bei Bestehen einer Verwechslungsgefahr zwischen dieser nationalen Marke und der angemeldeten Unionsmarke Widerspruch gegen die Eintragung der Unionsmarke zu erheben. Denn es ist möglich, dass eine Marke wegen sprachlicher, kultureller, sozialer und wirtschaftlicher Unterschiede zwischen den Mitgliedstaaten *in einem Mitgliedstaat ohne Unterscheidungskraft* ist oder die betr Waren oder DL beschreibt, *in einem anderen* aber *nicht*.

1430 So steht Art. 4 Abs. 1b *und* c MarkenRL der Eintragung eines Wortes als nationale Marke in einem Mitgliedstaat nicht entgegen, das der Sprache eines anderen Mitgliedstaats, in der es keine Unterscheidungskraft hat oder die beanspruchten Waren oder DL beschreibt, entlehnt ist, es sei denn, dass die beteiligten Verkehrskreise in dem Mitgliedstaat, in dem die Eintragung beantragt wird, imstande sind, die Bedeutung dieses Wortes zu erkennen[1588]. Die Widerspruchsmarke ist somit als *wirksames Recht* anzusehen, solange sie nicht (zB in einem Nichtigkeitsverfahren) gelöscht worden ist.

1585 EuG, 16.12.2015, T-128/15 – RED RIDING HOOD/Rotkäppchen, Rn 28–40; EuG, 15.10.2014, T-515/12 – The English Cut/El Corte Inglés, Rn 26–32; bestätigt durch EuGH, 10.12.2015, C-603/14 P (jedoch aufgehoben hinsichtlich des Widerspruchs aus Art. 8 Abs. 5 UMV.); EuG, 16.09.2013, T-437/11 – GOLDEN BALLS/BALLON D'OR, Rn 41–51; insoweit nicht Gegenstand von EuGH, 20.11.2014, C-581/13 P und C-582/13 P; EuG, 09.03.2005, T-33/03 – HAI/SHARK, Rn 63–64.

1586 EuG, 28.11.2013, T-410/12 – vitaminaqua/VITAMINWATER, Rn 56–60, 69, 80, 81.

1587 EuGH, 10.04.2008, C-102/07 – ADIDAS II, Rn 30. Jedoch ist die Bedeutung einer konzeptionellen Identität dann gering, wenn die konkurrierenden »e«-Zeichen jeweils mit ihrem Bezug auf Energie einen beschreibenden Charakter zu den betr Waren und DL haben; EuG, 14.03.2017, T-276/15 – e/e II, Rn 27–33.

1588 EuGH, 28.04.2004, C-3/03 P – MATRATZEN markt CONCORD/Matratzen, Rn 42; EuGH, 09.03.2006, C-421/04 – MATRATZEN markt CONCORD/Matratzen, Rn 32.

Bei der Beurteilung der *Markenähnlichkeit* gibt es einige allgemein zu beachtende Grundsätze. So treten regelmäßig *Zeichenanfänge* in der Aufmerksamkeit der Verbraucher eher in den Vordergrund als die nachfolgenden Bestandteile[1589]. Sie werden zuerst gesehen, ausgesprochen und bleiben leichter in der Erinnerung, es sei denn die folgenden Passagen oder Endungen erregen wegen spezieller Merkmale besondere Aufmerksamkeit[1590]. 1431

Stehen sich grafisch verschieden ausgestaltete *Einzelbuchstaben* gegenüber, sind sie als klanglich und begrifflich identisch anzusehen[1591]. Das gilt jedoch nicht, wenn ein – noch dazu stark stilisierter – Einzelbuchstabe mit einer Kombinationsmarke konkurriert, in der ua der identische Einzelbuchstabe enthalten ist[1592]. Selbst bei *Abkürzungen* ohne Bedeutungsgehalt kann eine Umstellung von Buchstaben eine Zeichenähnlichkeit nicht ausschließen[1593], außer bei deutlichen Unterschieden wegen umgekehrter Reihenfolge[1594]. Auch *schlichte Buchstabenkombinationen* verdienen gegenüber Abwandlungen weiten Schutz, da bei kurzen oder relativ kurzen Marken geringe Unterschiede zwischen ihnen grds nicht ausreichen, um ihre Ähnlichkeit auszuschließen[1595]. 1432

Bei einander gegenüberstehenden Namen kommt es immer auf die Beurteilung der Umstände des Einzelfalls an[1596]. Bei der Kombination von *Vor- und Nachnamen* dominiert das weniger gängige oder ungewöhnlichere Element gegenüber dem häufigeren und verbreiteten[1597], wobei auch die Bekanntheit des Namensträgers zu berücksich- 1433

1589 EuGH, 22.01.2010, C-23/09 P – Ecoblue/BLUE, Rn 43.

1590 EuGH, 28.06.2012, C-599/11 P – TOFUKING/Curry King, Rn 31. Siehe ua EuG, 16.05.2007, T-158/05 – ALLTREK/TREK, Rn 70; EuG, 17.03.2004, T-183/02 und T-184/02 – MUNDICOR/MUNDICOLOR, Rn 81; EuG, 16.03.2005, T-112/03 – FLEXI AIR/FLEX, Rn 64, 65; anders zB EuG, 06.07.2004, T-117/02 – CHUFAFIT/CHUFI, Rn 48.

1591 EuG, 10.05.2011, T-187/10 – G/G, Rn 60, 61; bestätigt durch EuGH, 22.03.2012, C 354/11 P.

1592 EuG, 09.11.2022, T-610/21 – KK WATER/K, Rn 26–70; Rechtsmittel nicht zugelassen, EuGH, 11.05.2023, C-15/23 P. Denn eine Feststellung, die darauf hinausliefe, eine Verwechslungsgefahr zwischen zwei Zeichen anzuerkennen, von denen das eine im Wesentlichen aus einem einzigen, stark stilisierten Großbuchstaben und das andere aus demselben Großbuchstaben besteht, der jedoch in einer ganz anderen Stilisierung und in Kombination mit anderen Wortelementen geschrieben ist, würde de facto ein Monopol für einen Großbuchstaben des Alphabets für eine bestimmte Warengruppe gewähren.

1593 EuG, 12.03.2014, T-592/10 – BTS/TBS, Rn 37–60.

1594 EuG, 26.04.2023, T-154/22 – XTG/GTX, Rn 38–59; EuG, 04.05.2018, T-241/16 – EW/WE, Rn 25–45: jeweils deutliche Zeichenunterschiede.

1595 EuG, 06.11.2014, T-463/12 – MB/MB&P, Rn 84–142; EuG, 19.09.2013, T-338/09 – MBP/ip_law@mbp.

1596 EuGH, 24.06.2010, C-51/09 P – Barbara Becker/BECKER, Rn 36–38; mit dem das Urteil EuG 02.12.2008, T-212/07, Rn 35, 37 aufgehoben wurde. S.a. EuGH, 16.05.2013, C-379/12 P – H.EICH/H SILVIAN HEACH, Rn 43–47.

1597 EuG, 16.06.2015, T-229/14 – Yorma Eberl/NORMA, Rn 33; Eberl ist auch in Deutschland kein verbreiteter Nachname, also beim Zeichenvergleich mit zu berücksichtigen, was zu (sehr) geringer Ähnlichkeit führt.

tigen ist. In einer zusammengesetzten Marke besitzt ein Nachname nicht in jedem Fall eine selbständig kennzeichnende Stellung nur deshalb, weil er als solcher wahrgenommen wird[1598].

1434 Übliche Namenspräfixe wie »Mc« reichen für die Annahme einer Markenähnlichkeit allein noch nicht aus[1599]. An einer Namensähnlichkeit ändert nichts, dass die Anmeldung von einem Teil des Publikums im Zusammenhang mit den beanspruchten Waren nicht als Name verstanden wird, wenn sie von einem *Großteil des Verkehrs* als Fantasiebegriff und daher möglicherweise als Familienname wahrgenommen wird[1600]. Unter besonderen Umständen kann ein Nachname aber auch hinter anderen Elementen zurücktreten[1601].

1598 Siehe zB EuG 27.06.2019, T-268/18 – Luciano Sandrone/DON LUCIANO, Rn 65–75: keine Verwechslungsgefahr wegen des kennzeichnungskräftigen Nachnamens Sandrone; EuG, 08.05.2019, T-358/18 – JAUME CODORNÍU/JAUME SERRA, Rn 43–55, 59–62: keine Verwechslungsgefahr, da die katalanischen Nachnamen unterscheidungskräftiger sind als der übereinstimmende, gebräuchliche katalanische Vorname; EuG, 03.06.2015, T-559/13 – GIOVANNI GALLI/GIOVANNI, Rn 34–58: keine Zeichenähnlichkeit, auch wenn außeritalienische Verkehrskreise nicht wissen, welcher Name häufiger und welcher seltener ist; EuG, 27.09.2012, T-39/10 – PUCCI/Emidio Tucci, Rn 95: keine Zeichenähnlichkeit; EuG, 27.09.2012, T-373/09 – Emidio Tucci/Emilio Pucci, Rn 44, 50: hochgradige Ähnlichkeit; EuG, 27.09.2012, T-535/08 – Emidio Tucci/TUZZI, Rn 38–46, 51, 52: große Unterschiede, da Emidio außerhalb Italiens ungewöhnlich ist; EuG, 28.06.2012, T-133/09 – B. Antonio Basile 1952/BASILE, Rn 47–49: Nachname Basile ist kennzeichnungskräftiger in Italien; EuG, 05.10.2011, T-421/10 – ROSALIA DE CASTRO/ROSALIA, Rn 37–44, 51: Verwechslungsgefahr wegen der Übereinstimmung im Vornamen, der in Spanien nicht gewöhnlich ist; bestätigt durch EuGH, 03.10.2012, C-649/11 P; EuG, 14.04.2011, T-433/09 – Tila March/CARMEN MARCH dominierend March, da seltener Nachname in Spanien; EuG, 23.02.2010, T-11/09 – James Jones/JACK & JONES, Rn 34: dominierend Jones; EuG, 16.12.2008, T-259/06 – MANSO DE VELASCO/VELASCO, Rn 34: dominierend VELASCO; EuG, 13.07.2005, T-40/03 – Julián Murúa Entrena/MURÚA, Rn 63–65: dominierend Murúa; EuG, 01.03.2005, T-185/03 – ENZO FUSCO/ANTONIO FUSCO, Rn 41–55: dominierend FUSCO; EuG, 12.07.2006, T-97/05 – MARCOROSSI/MISS ROSSI und MARCOROSSI/SERGIO ROSSI, Rn 46, 51; EuG, 01.03.2005, T-169/03 – SISSI ROSSI/MISS ROSSI, Rn 74: jeweils nicht dominierend ROSSI.

1599 EuG, 18.05.2011, T-502/07 – McKENZIE/McKINLEY, Rn 35, 36, 40, 41, da »Mc« mit der Bedeutung »Sohn von« vielen schottischen und irischen Familiennamen keltischer Wurzel vorangestellt ist. Etwas anderes gilt aber, wenn »Mc« nicht mit einem Namen, sondern zB mit Waren oder ihren Zielgruppen kombiniert ist; EuG, 05.07.2012, T-466/09 – Mc. Baby/Mc Kids. always quality.

1600 EuG, 20.02.2013, T-224/11, T-225/11 und T-631/11 – BERG/Christian Berg, Rn 46–57; da »BERG« von den nicht deutsch-, niederländisch- oder schwedischsprachigen Verkehrskreisen nicht als Bezugnahme auf die Berge verstanden wird, auch wenn es im Zusammenhang mit Bergsportartikeln verwendet wird.

1601 EuG, 21.12.2022, T-250/19 – TRADICIÓN CZ, SL/RIVERO CZ, Rn 57–100. Auch wenn eine Verwechslungsgefahr nur für identische und sehr ähnliche Waren angenommen wurde, erscheint dies bedenklich.

Auf dem *Modesektor* sind *Untermarken* für verschiedene Produktserien weit verbreitet, zB die jugendliche, die weibliche, die männliche Linie, was oft zu einer assoziativen Verwechslungsgefahr mit der *Hausmarke* führt[1602]. Wird ein Name mit einem anderen Bestandteil kombiniert, kann dies zu ausreichenden Zeichenunterschieden führen, auch wenn es sich nur um einen geografischen Ort handelt[1603]. Das gilt aber nicht, wenn dem Namen nur eine übliche Etablissementsbezeichnung beigefügt ist[1604]. 1435

Bei *Kombinationsmarken* ist regelmäßig das nicht beschreibende Element dominierend[1605]. Das Publikum wird einen *beschreibenden* Bestandteil einer *zusammengesetzten Marke* im Allgemeinen nicht als für den Gesamteindruck kennzeichnungskräftiges und dominierendes Merkmal ansehen[1606]. So kann bei einer Kombination einer beschreibenden Angabe mit einem Einzelbuchstaben auch Letzterer allein das Zeichen prägen[1607]. 1436

Andererseits gibt es keine Regel, wonach der Wortbestandteil einer Marke als kennzeichnungskräftig und eigentümlich anzusehen wäre, sobald ihm ein besonderer Sinngehalt fehlt[1608]. Jedoch kann grds selbst ein Bestandteil, der nur eine *schwache Kennzeichnungskraft* besitzt, *den Gesamteindruck* einer zusammengesetzten Marke *prägen* oder innerhalb dieser Marke eine *selbständig kennzeichnende Stellung* einnehmen, 1437

1602 Siehe EuG, 08.03.2005, T-32/03 – JELLO SCHUHPARK/Schuhpark, Rn 38–47, 51: dominierend SCHUHPARK. S.a. EuG, 13.05.2009, T-183/08 – jello SCHUHPARK/Schuhpark, in dem die ernsthafte Benutzung der älteren Marke nicht nachgewiesen worden war. Andererseits führt die Voranstellung eines kennzeichnungskräftigen Familiennamens zur Zeichenunähnlichkeit, EuG, 17.02.2011, T-385/09 – ANN TAYLOR LOFT/LOFT, Rn 45–47.

1603 EuG, 10.12.2008, T-228/06 – GIORGIO BEVERLY HILLS/GIORGIO.

1604 So bei alkoholischen Getränken: EuG, 16.09.2009, T-458/07 – DOMINIO DE LA VEGA/PALACIO DE LA VEGA, Rn 41–43; bestätigt durch EuGH, 16.09.2010, C-459/09 P; EuG, 16.12.2008, T-259/06 – MANSO DE VELASCO/VELASCO, Rn 42–53, da »manso« im Spanischen ein ländliches Weingut bezeichnet.

1605 Siehe EuG, 20.10.2011, T-189/09 – p/p POLYPIPE, Rn 52–62, dominierend der Bildbestandteil »p« vor dem für Rohre beschreibenden Wortelement; EuG, 27.11.2007, T-434/05 – ACTIVY Media Gateway/GATEWAY, Rn 42–49; bestätigt durch EuGH, 11.12.2008, C-57/08 P, Rn 45–50: dominierend ACTIVY; EuG, 11.05.2005, T-31/03 – GRUPO SADA/Sadia, Rn 51–65: dominierend SADA und EuG, 15.02.2005, T-169/02 – NEGRA MODELO/Modelo dominierend MODELO für Bier.

1606 Siehe ua EuG, 16.05.2007, T-491/04 – FOCUS/MICRO FOCUS, Rn 49; bestätigt durch EuGH, 11.04.2008, C-344/07 P; EuG, 03.07.2003, T-129/01 – BUDMEN/BUD, Rn 53; EuG, 06.10.2004, T-117/03 bis T-119/03 und T-171/03 – NLSPORT, NLJEANS, NLACTIVE und NLCollection, Rn 34; und EuG, 12.6..2024, T-604/22 – TOUR DE X/TOUR DE FRANCE, da »TOUR DE« nicht dominant ist und nur einen sehr geringen Unterscheidungscharakter hat.

1607 EuG, 17.10.2012, T-485/10 – MISS B/miss H., in Bezug auf Schmuck und Bekleidung.

1608 EuGH, 17.07.2008, C-488/06 P – Tannenbaum Aire Limpio/Tannenbaum, Rn 84.

da er sich insb durch seine Position im Zeichen oder durch seine Größe der Wahrnehmung des Verbrauchers aufdrängen und in sein Gedächtnis einprägen kann[1609].

1438 So kann Verwechslungsgefahr bestehen zwischen einer älteren Marke, die aus einer unterscheidungskräftigen, diese durchschnittlich kennzeichnungskräftige Marke prägenden *Buchstabenfolge* besteht (*BGW*), und einer jüngeren Marke, in die diese Buchstabenfolge unter *Hinzufügung einer beschreibenden Wortkombination* übernommen ist (*BGW Bundesverband der deutschen Gesundheitswirtschaft*), die sich aus Wörtern zusammensetzt, deren Anfangsbuchstaben den Buchstaben der genannten Buchstabenfolge entsprechen, so dass diese von den Verkehrskreisen als Akronym dieser Wortkombination wahrgenommen wird. Denn der bloße Umstand, dass die jüngere Marke aus einem Zeichen, das eine, das einzige Wortelement der älteren Marke darstellende, Buchstabenfolge wiedergibt, und einer Wortkombination besteht, deren Anfangsbuchstaben dieser Buchstabenfolge entsprechen, kann für sich allein die Gefahr einer Verwechslung mit dieser älteren Marke nicht ausschließen[1610].

1439 Die Ähnlichkeit von konkurrierenden Zeichen kann nicht anhand der *Bekanntheit der älteren Marke* beurteilt werden, da selbst die Annahme, dass diese aufgrund ihrer Bekanntheit eine erhöhte Unterscheidungskraft besitzt, nicht die Feststellung erlaubt, ob und ggf zu welchem Grad diese Marke der Anmeldung bildlich, klanglich und begrifflich ähnlich ist. Auch aus der *Bekanntheit* und *erhöhten Unterscheidungskraft* einer stark stilisierten älteren Bildmarke kann nicht abgeleitet werden, dass diese in der Wahrnehmung des maßgeblichen Verkehrs als der Wortbestandteil (hier: *CB*) wahrgenommen würde, dieser daher dominierend sei und er seinerseits die Beurteilung der Zeichenähnlichkeit dominieren müsse[1611].

1609 EuGH, 22.10.2015, C-20/14 – BGW Bundesverband der deutschen Gesundheitswirtschaft/BGW, Rn 40. S.a. EuG, 13.06.2006, T-153/03 – Schwarz-weiße Kuhhaut/inex HALFVOLLE MELK, Rn 32.

1610 EuGH, 22.10.2015, C-20/14 – BGW Bundesverband der deutschen Gesundheitswirtschaft/BGW, Rn 42, 44.

1611 EuGH, 11.06.2020, C-155/19 P – CCB/CB, Rn 58–64. Dadurch, dass sie hiervon ausgegangen waren, hatten das EuG und die BK einen Rechtsfehler begangen. In der Konsequenz hat dann das EuG die konkurrierenden Zeichen für unähnlich angesehen, da in den älteren Marken die Buchstaben aufgrund ihrer radikalen Stlisierung nicht mehr als solche erkennbar waren; EuG, 09.11.2022, T-639/21 – CCB/CB, Rn 75–102. Damit dürfte auch das Urteil des EuG, 23.10.2013, T-155/12 – Klassiklotterie/NKL-Klassiklotterie, Rn 33, 34, nicht mehr relevant sein, demzufolge der Umstand, dass ein Bestandteil einer zusammengesetzten Marke für sich allein eine bekannte Marke darstellt, bei der Bewertung des Gewichts der verschiedenen Komponenten im Verhältnis zueinander durchaus dazu führen könnte, dass ihm innerhalb der zusammengesetzten Marke ein größeres Gewicht zukäme, obwohl dies allein nicht ohne weiteres bedeute, dass der Vergleich der konkurrierenden Marken sich darauf beschränken könne, nur den bekannten Bestandteil zu berücksichtigen.

Grafische oder *Bildelemente* treten im Regelfall hinter Wortbestandteilen zurück, wenn sie nur geringen Fantasiegehalt, Aussage- und Erinnerungswert aufweisen[1612]. Jedoch können Wortelemente nicht systematisch als vorherrschend angesehen werden[1613], besonders wenn sie kennzeichnungsschwach sind, wie zB Einzelbuchstaben[1614]. Dies gilt insb dann, wenn grafische oder Bildelemente gegenüber den sonstigen Zeichenbestandteilen aufgrund ihrer räumlichen Größe, Eigenart oder Gestaltung und der besonderen Vermarktungsbedingungen, zB der optischen Präsentation gängiger Konsumartikel in großflächigen Einzelhandelsgeschäften, für die angesprochene allgemeine Kundschaft in den Vordergrund rücken und damit den kennzeichnungskräftigen und dominierenden Part im Gesamtzeichen übernehmen[1615]. Auch bei deutlich verschiedenen Wortelementen kann angesichts eines sich ähnelnden Bildmotivs bildliche und konzeptionelle Ähnlichkeit bestehen[1616]. 1440

Die Verkehrskreise werden *reine Bildzeichen* oder *Positionsmarken*, wenn diese eine Form aufweisen, die sie leicht wiedererkennen und mit einem genauen und konkreten Wort verbinden können, mit diesem Wort beschreiben[1617], ansonsten kann nur ein bildlicher und evt ein konzeptioneller Vergleich stattfinden, wobei einfache und grundlegende geometrische Formen und Figuren, zu denen außer den Grundformen wie Dreiecken oder Kreisen auch Gebilde wie Ellipsen oder Sicheln gehören, nicht die Aufmerksamkeit des Verbrauchers auf sich ziehen[1618]. Bei der Beurteilung der Iden- 1441

1612 EuG, 22.02.2006, T-74/04 – QUICKY/QUICKIES; aufgehoben durch EuGH, 20.09.2007, C-193/06 P, wegen Vernachlässigung des Bildelements und damit fehlender Gesamtwürdigung; MarkenR 2008, 387. So kommt zB Weinetiketten mit typischen Abbildungen von Weingütern wenig Kennzeichnungskraft zu; EuG, 15.11.2011, T-276/10 – COTO DE GOMARIZ/COTO DE IMAZ, Rn 33 mwN.

1613 EuGH, 17.07.2008, C-488/06 P – Tannenbaum Aire Limpio/Tannenbaum, Rn 55, 84.

1614 EuG, 22.09.2011, T-174/10 – A mit 2 Hörnern/A; bestätigt durch EuGH, 10.10.2012, C-611/11 P. Dagegen können geringe grafische Variationen, wie zB eine Schiefstellung, nicht zur Unterscheidbarkeit ansonsten identischer Einbuchstabenzeichen führen; EuG, 11.07.2014, T-425/12 – e/e, Rn 35–41.

1615 Siehe EuG, 30.11.2015, T-718/14 – W E (Wetterfahne)/WE, Rn 41–62; EuG, 11.12.2014, T-480/12 – Master/Coca-Cola, Rn 69; EuG, 13.09.2011, T-522/08 – AGATHA RUIZ DE LA PRADA/Blumenbild; EuG, 21.02.2006, T-214/04 – ROYAL COUNTY OF BERKSHIRE POLO CLUB/Polospieler; EuG, 24.11.2005, T-3/04 – KINNJI/KINNIE; EuG, 12.09.2007, T-363/04 – La Española/Carbonell ACEITE DE OLIVA; bestätigt durch EuGH, 03.09.2009, C-498/07 P, Rn 65–79.

1616 EuG, 12.11.2015, T-449/13 – WISENT/ŻUBRÓWKA, Rn 75–135.

1617 EuG, 07.05.2015, T-599/13 – GELENKGOLD/Tigerbild, Rn 53–65. Dagegen wird das Publikum sich bei einer Bildmarke, die auch ein Wortelement aufweist, auf diese grds unter Verwendung des Wortbestandteils beziehen.

1618 Siehe EuG, 15.03.2012, T-379/08 – Wellenlinie, schwarz/Wellenlinie, weiß auf schwarzem Grund; EuG, 21.05.2015, T-145/14 – Zwei parallele Streifen auf einem Schuh/Drei parallele Streifen auf Schuhen, Bekleidung; bestätigt durch EuGH, 17.02.2016, C-396/15 P; EuG, 10.09.2019, T-744/18 – Ellipse (unterbrochen)/Ellipse II; wo jeweils Zeichenähnlichkeit bejaht wurde; EuG, 17.05.2013, T-502/11 – Zwei ineinander geflochtene Sicheln/Zwei ineinander verflochtene Bänder, Rn 57, 58; EuG, 25.11.2015, T-320/14 –

tität oder Ähnlichkeit reiner Bildzeichen sind sie in der *Form* zu vergleichen, in der sie *geschützt* sind, dh so, wie sie eingetragen wurden oder in der Anmeldung erscheinen, ungeachtet einer möglichen Drehung bei ihrer Benutzung auf dem Markt[1619]. Nähern sich *Bildmotive*, zB mythische Tiergestalten oder Tierabbildungen im Profil, sehr stark an, führt dies zur Ähnlichkeit[1620], nicht jedoch bei *allgemein gehaltenen Symbolen*, wie zB menschlichen Figuren oder Fantasiegestalten[1621].

1442 Dieselben Grundsätze gelten für die Konkurrenz von *dreidimensionalen Zeichen*, wobei neben der speziellen fantasievollen Formgebung insb auch die zusätzlichen Elemente, wie Wort- und Bildbestandteile sowie Etiketten und Farben zu berücksichtigen sind[1622].

1443 Auch eine *Überkreuzkollission*[1623] ist möglich, dh zB eine Ähnlichkeit zwischen Wort- und reinen Bildzeichen oder insb zwischen dreidimensionalen und Bildmarken.

1444 Bei *komplexen Zeichen* kommt es aber immer auf die (insb bildliche) *Gesamtbeurteilung* an, da die Marken jeweils als Ganzes zu vergleichen sind. Denn bei der Prüfung der Verwechslungsgefahr bedeutet die Beurteilung der Ähnlichkeit zweier Marken *nicht*, dass *nur ein Bestandteil einer komplexen Marke* zu berücksichtigen und mit einer anderen zu vergleichen wäre. Auch wenn ein (Bild-)Element nicht dominant ist, darf es nicht vollständig unberücksichtigt bleiben[1624]. Bei der Konkurrenz von reinen *Bild- oder dreidimensionalen Zeichen* ohne Wortelemente ist ein klanglicher

---

Zwei vertikale Wellenlinien/Eine vertikale Wellenlinie; EuG, 16.10.2018, T-581/17 – Vier gekreuzte gerade Linien/Vier gekreuzte gebogene Linien; wo Zeichenähnlichkeit jeweils verneint wurde.

1619 EuG, 21.04.2021, T-44/20 – Kreis mit zwei ineinander verschlungenen gekrümmten Linien/Zwei unterbrochene horizontal verflochtene Kreise, Rn 25, 26 mwN: Bildliche Unähnlichkeit. Denn die tatsächliche oder potenzielle Benutzung der eingetragenen Marken in einer anderen Form ist für den Zeichenvergleich unerheblich.

1620 EuG, 15.03.2018, T-151/17 – Geflügelter Stier/Greif; EuG, 05.10.2023, T-773/22 – GILBERT TECKEL (Dackel im Profil)/Dackel im Profil, wobei diese Entscheidung schon fast auf einen Motivschutz hinausläuft.

1621 EuG, 14.11.2019, T-149/19 – Menschliche Figuren; EuG, 19.04.2023, T-491/22 – Smiley mit Zylinder/Fantasiefigur:Jeweils bildliche Unähnlichkeit..

1622 EuG, 09.12.2020, T-620/19 – JC JEAN CALL Champagne ROSÉ/Flaschenformen. Das EuG hat wegen der insgesamt ähnlichen runden Formen, der gemeinsamen schwarzen bzw opaken, glänzenden Folien und der teilweise ähnlichen Farben trotz unterschiedlicher Wort-, Buchstabenelemente und Verzierungen bildliche Ähnlichkeit angenommen, was jedoch angesichts der sehr schlichten Champagnerflaschenformen und ihrer wenig fantasievollen Ausstattung mE sehr problematisch erscheint. Dagegen reichen bei üblichen Getränkeflaschenformen die deutlichen Unterschiede der Wortelemente zur Vermeidung einer Verwechslungsgefahr aus; EuG, 12.05.2021, T-637/19 – AQUA CARPATICA/VODAVODA; Rechtsmittel nicht zugelassen, EuGH, 11.11.2021, C-425/21 P.

1623 Um den von *Fezer* geprägten Begriff zu gebrauchen.

1624 Die Urteile des EuG, 15.06.2005, T-7/04 – Limoncello/LIMONCHELO I und 22.02.2006, T-74/04 – QUICKY/QUICKIES wurden jedoch jeweils durch Urteile des EuGH, 12.06.2007, C-334/05 P bzw EuGH, 20.09.2007, C-193/06 P, Rn 44–46, mangels Vergleichs der Marken nach ihrem Gesamteindruck aufgehoben. Mit neuem

Vergleich nicht möglich, so dass auf den bildlichen Eindruck abzustellen ist und auf den begrifflichen nur dann, wenn die Zeichen einen Bedeutungsgehalt aufweisen[1625].

Ergibt eine Prüfung die vollständige *Unähnlichkeit der Marken*, bedarf es keiner wei- 1445
teren Untersuchung zur Waren- und DL-Lage, der Kennzeichnungskraft des älteren Rechts und zur Verwechslungsgefahr mehr, weil es bereits an einer der *kumulativ erforderlichen Voraussetzungen* fehlt[1626].

So wurde zB die *Zeichenähnlichkeit verneint* zwischen der Bildmarke *HUBERT* und 1446
der Wortmarke *SAINT HUBERT 41*, zwischen der Bildmarke *BAINBRIDGE* und zahlreichen älteren Bildmarken mit dem Element *Bridge* sowie zwischen der Bildmarke *TiMi KINDERJOGHURT* und der älteren Marke *KINDER*[1627].

1447

Abb. 42

Ebenso besteht keine Zeichenähnlichkeit zwischen dem Bildzeichen *Alifoods* und der 1448
älteren Wortmarke *ALDI*[1628], zwischen den Wortmarken *CAMEA* und *BALEA*[1629] sowie *PRANAYUR* und *AYUR*[1630], zwischen den Bildmarken *BAU HOW* und *BAUHAUS*[1631], zwischen den Wortmarken *WESTERN GOLD* und *WeserGold*[1632], zwischen

Urteil vom 12.11.2008, T-210/05 – Limoncello/LIMONCHELO II hat das EuG die Verwechslungsgefahr bejaht.

1625 EuG, 07.02.2012, T-424/10 – Elefanten in einem Rechteck/Elefant, Rn 45, 46; EuG, 25.03.2010, T-5/08 bis T-7/08 – Golden Eagle/Kaffeebecher, Rn 50, 58, 67, 73; EuG, 04.03.2010, T-24/08 – Flaschenformen, jeweils mit wendelförmigem Hals, Rn 23.

1626 EuGH, 23.01.2014, C-558/12 P – WESTERN GOLD/Wesergold, Rn 42–45. Die durch Benutzung erhöhte Kennzeichnungskraft einer Marke ist somit ein Gesichtspunkt, der (nur) bei der Prüfung der Frage zu berücksichtigen ist, ob die Ähnlichkeit zwischen den Zeichen oder zwischen den Waren und DL ausreicht, um eine Verwechslungsgefahr hervorzurufen; s.a EuGH, 12.10.2004, C-106/03 P – HUBERT/SAINT HUBERT 41, Rn 51, 54; und EuGH, 13.09.2007, C-234/06 P – BAINBRIDGE/Bridge, Rn 36, 37, 49–51. In diesen Verfahren war jeweils vom EuG rechtsfehlerfrei (und als Tatsachenfeststellung vom EuGH nicht überprüfbar) Markenunähnlichkeit angenommen worden.

1627 EuG, 14.10.2009, T-140/08 – TiMi KINDERJOGHURT/KINDER; bestätigt durch EuGH, 24.03.2011, C-552/09 P.

1628 EuG, 26.11.2014, T-240/13 – Alifoods/ALDI.

1629 EuG, 14.01.2015, T-195/13 – CAMEA/BALEA.

1630 EuG, 04.03.2015, T-543/13 – PRANAYUR/AYUR.

1631 EuG, 23.01.2008, T-106/06 – BAU HOW/BAUHAUS.

1632 EuG, 24.11.2015, T-278/10 RENV – WESTERN GOLD/WeserGold.

der Farbmarke *Rot auf der Schuhsohle* und der mit roter und blauer Farbe gestalteten Bildmarke *my SHOES*[1633] sowie zwischen zwei Abbildungen von *Vögeln*[1634].

1449 Sind jedoch die einander gegenüberstehende Zeichen *nicht offensichtlich unähnlich*, sondern weisen sie ebenso Ähnlichkeiten wie Unterschiede auf, so darf die jeweilige Bedeutung dieser ähnlichen und unterschiedlichen Elemente nicht isoliert bewertet werden, sondern ist im Rahmen einer *umfassenden Beurteilung der Verwechslungsgefahr* unter Berücksichtigung aller maßgeblichen Umstände zu würdigen[1635].

1450 Für den Vergleich *neuer Markenformen* sind allgemeine Grundsätze entwickelt worden[1636].

d) Ähnlichkeit der Waren und DL

1451 Bei Bejahung der Zeichenähnlichkeit ist zur Feststellung der Verwechslungsgefahr weiterhin erforderlich, dass eine *Ähnlichkeit zwischen den wechselseitigen Waren oder DL* besteht. Bei der Beurteilung dieser Ähnlichkeit sind *alle erheblichen Faktoren* zu berücksichtigen, die das Verhältnis zwischen Waren oder DL kennzeichnen, insb deren *Art, Verwendungszweck* und *Nutzung* sowie ihre *Eigenart* als miteinander *konkurrierende* oder einander *ergänzende* Waren oder DL[1637].

1452 Die *Kennzeichnungskraft* der prioritätsälteren Marke, insb ihre *Bekanntheit*, ist bei der Beurteilung zu berücksichtigen, ob die Ähnlichkeit zwischen den durch die beiden Marken erfassten Waren oder DL ausreicht, um eine Verwechslungsgefahr herbeizuführen. Eine Verwechslungsgefahr besteht, wenn das Publikum sich *in Bezug auf die Herkunft* der betr Waren oder DL *täuschen* kann[1638]. Dabei reicht es bereits aus, wenn die mit der Anmeldung beanspruchten Waren oder DL mit einer einzigen der geschützten Waren oder DL des älteren Rechts ähnlich sind[1639].

1453 Da die *Klassifikation* der Waren und DL der NK ausschließlich Verwaltungszwecken dient, dürfen sie nach Art. 33 Abs. 7 UMV nicht deswegen als ähnlich angesehen werden, weil sie in ders Kl. der NK erscheinen, und dürfen nicht deswegen als verschieden

---

1633 EuG, 16.07.2015, T-631/14 – Rot-Ton auf Schuhsohle/my SHOES.

1634 EuG, 21.04.2010, T-361/08 – Thai Silk/Vogelbild.

1635 EuG, 23.11.2005, T-396/04 – NICKY/noky, Rn 39; bestätigt durch EuGH, 13.07.2006, C-92/06 P. So sind die nur leicht grafisch stilisierten Zeichen *NICKY* und *noky* nicht unähnlich.

1636 S.a. GMitt KP11, Neue Markenformen: Prüfung auf formale Anforderungen und Schutzhindernisse, April 2021, Kap. C, Prüfung auf relative Eintragungshindernisse und Nichtigkeitsgründe: Gemeinsame Grundsätze.

1637 EuGH, 29.09.1998, C-39/97 – Canon, Rn 23.

1638 EuGH, 29.09.1998, C-39/97 – Canon, Rn 24, 26, 29, 30.

1639 Dies hatte das EuG zB im Urteil vom 06.09.2013, T-599/10 – EUROCOOL/EUROCOOL LOGISTICS, Rn 141, 144, 145 übersehen, als es den Widerspruch teilweise hinsichtlich einer DL der Anmeldung zurückgewiesen hat, obwohl insoweit mit einer DL der älteren Marke Ähnlichkeit bestand (Rn 82.), wenn auch nicht mit einer anderen (Rn 90.–96.), worauf es dann aber gar nicht mehr ankommt.

angesehen werden, weil sie in unterschiedlichen genannt werden. Demnach kann sich ein Anmelder nicht darauf berufen, dass die konkurrierenden Waren nicht identisch seien, nur weil sie innerhalb einer Kl. unter verschiedene Seriennummern fielen[1640].

Das VerzWDL ist so *kohärent* wie möglich *auszulegen*, nicht nur im Hinblick auf 1454
seine wörtliche Bedeutung und seine grammatikalische Struktur, sondern auch, um ein absurdes Ergebnis zu vermeiden, im Zusammenhang mit seinem Kontext und der tatsächlichen Absicht des Markeninhabers in Bezug auf seinen Umfang. Wenn es zwei mögliche wörtliche Auslegungen einer Warenangabe gibt, aber eine von ihnen zu einem absurden Ergebnis in Bezug auf den Schutzumfang der Marke führen würde, ist die *sinnvollste und berechenbarste Auslegung* des Warenbegriffs zu wählen[1641].

Jedenfalls kann ein Widerspruch nicht von vornherein allein unter Berufung auf 1455
das *Fehlen einer genauen Angabe* der von der älteren Marke erfassten Waren oder DL zurückgewiesen werden. Selbst wenn deren Eintragung (zB für *Computersoftware* und *mobile Anwendungen*) gegen das *Klarheits- und Bestimmtheitserfordernis* verstößt, kann dies einen Vergleich ihrer Waren oder DL mit denjenigen der Anmeldung nicht verhindern[1642]. Sind die Waren oder DL jedoch vollständig *unklar*, so können sie nicht miteinander verglichen werden. So ist ein *Werbespruch* keine DL nach der NK und kann auch nicht als Werbe-DL ausgelegt werden[1643]. Einen auf *Waren und DL der Kl. 1–45* gestützten Widerspruch will das EuG dagegen zulassen[1644].

Auch hier gilt, dass bei vollständiger Waren- oder DL-Unähnlichkeit eine Prüfung 1456
der Markenähnlichkeit nicht mehr erforderlich ist[1645].

Relevant sind jeweils die *im Register beanspruchten bzw eingetragenen Waren und DL* 1457
und nicht die möglicherweise davon abweichenden tatsächlich vermarkteten, da sich der Schutz ausschließlich auf den Registerstand bezieht und sich Vermarktungsbedingungen jederzeit verändern können. Dass Waren oder DL besonders teuer oder für ganz spezielle Einsätze bestimmt sind, spielt dann keine Rolle, wenn sich dies nicht zwingend aus dem beanspruchten oder eingetragenen Warenspektrum ergibt, da sich unternehmerische Strategien immer wieder ändern können[1646].

1640 EuG, 25.10.2012, T-552/10 – VITAL&FIT/VITALFIT, Rn 39.

1641 EuG, 17.10.2019, T-279/18 – AXICORP ALLIANCE/ALLIANCE, Rn 50–52, 62.

1642 EuG, 24.02.2021, T-56/20 – VROOM/POP & VROOM, Rn 28–31. EuG, 27.02.2014, T-229/12 – VOGUE/VOGUE, Rn 33–38; GRUR-Prax 2014, 477 LS; wonach der Begriff *Zubehör für Regen- und Sonnenschirme* nicht so hinreichend klar ist, um mit anderen Waren verglichen werden zu können, dürfte somit nicht mehr anwendbar sein.

1643 EuG, 20.03.2013, T-571/11 – CLUB GOURMET/CLUB DEL GOURMET, EN.... El Corte Inglés, Rn 24, 32 f, 42 f, 48, 51, 54 f.

1644 EuG, 03.10.2017, T-453/16 – 520 Barcode Hellas/520, Rn 74–99. Dies erscheint aber nicht nachvollziehbar, da auch die weiteren Angaben in der Widerspruchsschrift unpräzis sind. Dass das EUIPO diese Angaben für zulässig angesehen hatte, ist kein Argument, das rechtlich bindend wäre.

1645 EuGH, 07.05.2009, C 398/07 P – WATERFORD STELLENBOSCH/WATERFORD, Rn 34.

1646 ZB EuG, 24.01.2013, T-189/11 – DISCO DESIGNER/DISCO, Rn 32, 41–44 mwN.

1458 So kann sich ein Beteiligter zB nicht darauf berufen, dass seine Waren *für eine jüngere Altersgruppe bestimmt* sind, weil es nicht auf seine derzeitigen Kunden, sondern auf das *Verz. ankommt* und zB Bekleidung sich an ein Publikum jeden Alters richtet. Zudem kann er seine Vermarktungsstrategie immer ändern. Auch darauf, dass seine Waren sich in einem mittleren bis oberen Preissegment bewegen, kann er sich nicht stützen, da Preise zur jederzeit variablen Marketingstrategie gehören[1647].

1459 *Gegenstand* des Vergleichs sind immer nur die *beanspruchten bzw eingetragenen Waren und DL*, keineswegs Unterkategorien von ihnen, solange keine wirksame Beschränkung vorgenommen wurde. Ein entspr Hilfsantrag ist unzulässig[1648].

1460 Im *Widerspruchsverfahren* dürfen in die Beurteilung *nicht auch Waren und DL* der Anmeldung einbezogen werden, die *mit dem Widerspruch gar nicht angegriffen* wurden. Denn der Widerspruch richtet sich nur gegen die in der Anmeldung aufgeführten Waren und DL und nicht auch gegen solche, die in der alphabetischen Liste der NK der jeweiligen Kl. enthalten, aber im Register nicht verzeichnet sind[1649]. Auch kann ein *Widerspruch* nur *auf die Waren und DL gestützt* werden, auf die sich *der Widersprechende im Widerspruch ausdrücklich* berufen hat[1650].

1461 Eine Verwechslungsgefahr ist dann anzunehmen, wenn das Publikum glauben könnte, dass die betr Waren oder DL aus *demselben Unternehmen* oder ggf aus wirtschaftlich miteinander verbundenen Unternehmen stammen. Das kann insb dann der Fall sein, wenn sie aus der Sicht des angesprochenen Verkehrs aus *denselben Herstellungsstätten* kommen, *denselben Vertriebskanälen* und *Präsentationswegen* folgen und insb denselben oder *ähnlichen Verwendungszwecken* dienen sowie sich letztlich an *dasselbe Publikum* richten können. Eine *Verwechslungsgefahr* kann aber auch dann bestehen, wenn für das Publikum die betr *Waren oder DL* an *unterschiedlichen Orten hergestellt oder erbracht* werden.

1647 Siehe ua EuG, 10.11.2011, T-22/10 – Buchstabe e auf einer Hosentasche/Buchstabe e, Rn 35–40.

1648 EuG, 23.11.2011, T-483/10 – PUKKA/pukas, Rn 36–38, 59–61.

1649 EuG, 18.03.2016, T-785/14 – MOTORTOWN/M MOTOR, Rn 28–34.

1650 EuG, 24.05.2016, T-126/15 – Supeco/SUPER COR. Der Widersprechende kann sich nicht auf die Mitteilung Nr 2/12 des Präsidenten vom 20.06.2012, Ziff V, stützen, der zufolge Anmeldungen vor dem 21.06.2012, wenn sie alle Oberbegriffe einer Kl. enthalten, auch die nicht unter die wörtliche Bedeutung eines Oberbegriffs fallenden DL erfassen, soweit diese im alphabetischen Verz. der NK aufgeführt sind. Aus dieser Mitteilung ergibt sich nämlich nicht, dass diese weite Auslegung auch für das Widerspruchsverfahren gilt. Dort müssen im Gegenteil aufgrund Regel 15 Abs. 2f GMDV und der Rspr alle Waren und DL, auf die sich der Widerspruch stützt, klar und eindeutig benannt werden. AA EuG, 15.06.2017, T-457/15 – climaVera/CLIMAVER DECO, Rn 20–24; jedoch ohne sich mit dem vorausgegangenen Urteil auseinanderzusetzen.

Der Vergleich der konkurrierenden Waren und DL hat *unabhängig von der Markenidentität bzw -ähnlichkeit* und dem Grad der Kennzeichnungskraft der älteren Marke zu erfolgen[1651]. 1462

Dabei ist auf den *normal informierten und angemessen aufmerksamen und verständigen Durchschnittsverbraucher* des für die wechselseitigen Waren und DL relevanten Markts abzustellen[1652], bei älteren Unionsmarken also auf den gesamten Markt der *Union*, bei älteren nationalen Marken jeweils auf das Gebiet der *Mitgliedstaaten*, für die sie geschützt sind. 1463

Aus dem einheitlichen Charakter der Unionsmarke gemäß Art. 1 Abs. 2 UMV ergibt sich, dass ein Widerspruch aus einer älteren Unionsmarke auch auf die Verwechslungsgefahr gestützt werden kann, die sich *nur* aus dem Verständnis der Verbraucher *in einem Teil der Union* ergibt. Es ist also nicht erforderlich, dass die Verwechslungsgefahr der Anmeldung mit einer älteren Unionsmarke in allen Mitgliedstaaten und in allen Sprachgebieten der Union bestehen muss[1653]. Dementspr reicht es auch bei Widersprüchen aus mehreren nationalen Marken aus, wenn die Verwechslungsgefahr in einem Mitgliedstaat besteht. Ohne Bedeutung sind jedoch lediglich marginale sprachliche Minderheiten in einem Land, wenn diese zB nur etwa 1 % der Bewohner eines Mitgliedstaats ausmachen[1654]. 1464

Bei *verschreibungspflichtigen Arzneimitteln* sind dem maßgebenden Publikum die betroffenen medizinischen Fachleute zuzurechnen, da die Herkunftsfunktion der Marke auch für zwischengeschaltete Personen, die an der Vermarktung eines Produkts beteiligt sind, von Bedeutung ist, indem sie dazu beiträgt, ihr Marktverhalten zu bestimmen. Der Umstand, dass diese medizinischen Fachleute die Wahl des Endverbrauchers beeinflussen und sogar bestimmen können, ist als solcher nicht geeignet, jede Verwechslungsgefahr beim *Endverbraucher* auszuschließen. Daher ist die von den *medizinischen Fachleuten* wahrgenommene Rolle, deren vorheriges Tätigwerden für den Verkauf der Produkte an die Endverbraucher erforderlich ist, partiell gegen die *erhöhte Aufmerksamkeit* abzuwägen, die die Endverbraucher bei der Verschreibung der Arzneimittel aufbringen werden, sowie gegen die ihnen zu Gebote stehenden Möglichkeiten, die Fachleute zur Berücksichtigung ihrer Wahrnehmung der fraglichen Marken und insb ihrer Kundenwünsche und -präferenzen zu veranlassen. Da Medikamente über Apotheken an die Endverbraucher abgegeben werden, besteht eine Verwechslungsgefahr für diese, selbst wenn die Auswahl durch zwischengeschaltete 1465

1651 EuGH, 29.09.1998, C-39/97 – Canon, Rn 29, 30; EuGH, 18.12.2008, C-16/06 P – MOBILIX/OBELIX, Rn 67.

1652 Siehe ua EuGH, 16.07.1998, C-210/96 – 6-Korn-Eier/Gut Springenheide, Rn 31.

1653 EuGH, 18.09.2008, C-514/06 P – ARMAFOAM/NOMAFOAM, Rn 56–58; EuGH, 16.09.2010, C-459/09 P – DOMINIO DE LA VEGA/PALACIO DE LA VEGA, Rn 30–32.

1654 EuG, 16.05.2012, T-580/10 – Kindertraum/Kinder, Rn 49. So ist nach Ansicht des EuG ohne Bedeutung, dass Deutsch in der italienischen Provinz Bozen ebenfalls Amtssprache ist, da die Gesamtzahl der Bewohner dieser Provinz nur etwa 1 % aller Bewohner Italiens ausmacht und zudem etwa 30 % davon nicht deutschsprachig sind.

Personen beeinflusst oder bestimmt wird, da die *Endverbraucher mit den Arzneimitteln konfrontiert* werden, wenn auch möglicherweise mit jedem einzelnen Produkt bei Käufen zu unterschiedlichen Zeitpunkten. Mit dem gesamten Vermarktungsprozess von Pharmazeutika wird nämlich ihr Erwerb durch die Endverbraucher bezweckt[1655].

1466 Bei Arzneimitteln zur Behandlung *schwerer Krankheiten* werden die Patienten, die regelmäßig unter Aufsicht von Fachpersonal stehen, einen *erhöhten Aufmerksamkeitsgrad* walten lassen[1656]. Bei der Beurteilung der Warenähnlichkeit kommt der *therapeutischen Indikation* eines Arzneimittels entscheidende Bedeutung zu[1657].

1467 *Warenähnlichkeit* wurde zB angenommen zwischen einerseits *Bekleidung*, Schuhwaren, Kopfbedeckung sowie *Leder* und Lederwaren andererseits[1658].

1468 Dagegen sind sowohl *Parfümerie-* als auch *Juwelierwaren* und Uhren zu *Lederwaren, Bekleidung*, Schuhwaren und Sonnenbrillen *unähnlich*. Zwar kann insb in den Bereichen von Mode, Schmuck und Schönheitspflegeprodukten über ein *funktionales Ergänzungsverhältnis* hinaus in der Wahrnehmung des relevanten Publikums ein *ästhetisches Ergänzungsverhältnis* zwischen Waren auftreten, die nach Art, Verwendungszweck und Nutzung verschieden sind. Für das Entstehen eines Ähnlichkeitsgrads muss ein solch ästhetisches Ergänzungsverhältnis aber ein *echtes* in dem Sinne darstellen, dass die eine Ware für die Verwendung der anderen *unentbehrlich* oder *wichtig* ist und es die Verbraucher als *üblich* und *normal* empfinden, die fraglichen Produkte zusammen zu benutzen, und die Vermarktung dieser Waren unter ders Marke als gängig ansehen. Dass das Publikum evt daran gewöhnt sei, dass Modeartikel infolge der *Lizenzierungspraxis* unter Schmuck- oder Parfümmarken vertrieben würden, genügt zum Ausgleich der fehlenden Warenähnlichkeit nicht[1659].

1655 EuGH, 26.04.2007, C-412/05 P – TRAVATAN/TRIVASTAN, Rn 56–60.

1656 EuG, 23.09.2009, T-493/07, T-26/08, T-27/08 – FAMOXIN/LANOXIN; bestätigt durch EuGH, 09.07.2010, C-461/09 P.

1657 EuGH, 11.12.2014, C-31/14 P – Premeno/Pramino, Rn 39 und EuG, 15.12.2010, T-331/09 – TOLPOSAN/TONOPAN, Rn 36, 37.

1658 EuG, 11.07.2007, T-443/05 – PiraÑAM/PIRANHA, Rn 42–51.

1659 EuG, 11.07.2007, T-150/04 – TOSCA BLUE/TOSCA, Rn 31–40; EuG, 30.04.2014, T-170/12 – BEYOND VINTAGE/BEYOND RETRO, Rn 38–44 mwN; zu Bekleidung, Schuhwaren, Kopfbedeckung versus Schmuck, Uhren; EuG, 12.02.2015, T-505/12 – B/Geflügelte Sanduhr, Rn 49–80 mwN; zu ua Schuhwaren versus Sonnenbrillen; EuG, 09.07.2015, T-98/13 und T-99/13 – Camomilla/CAMOMILLA mwN; zu Bekleidung versus ua Kosmetika, Brillen, Schmuck, Decken, Spielwaren, Sportausrüstung; EuG, 27.06.2019, T-385/18 – CRONE/CRANE mwN; zu Schmuck, Uhren, Lederwaren versus Bekleidung, Schuhwaren, Kopfbedeckung; EuG, 22.06.2022, T-502/20 – MUNICH10A.T.M/MUNICH, Rn 72–103; Rechtsmittel nicht zugelassen, EuGH, 29.11.2022, C-577/22 P; EuG, 18.01.2023, T-726/21 – Krone/ROLEX, Rn 23–36; zu Uhren versus Bekleidung, Schuhwaren, Kopfbedeckung.

Weiterhin wurden als *unähnlich* angesehen *Rohmaterialien* mit *Fertigprodukten*[1660], *Weine* mit *Glas-*, Töpferei- und *Porzellanwaren*[1661], *Biere* mit *Kaffee, Tee, Kakao, Keksen* sowie Fertiggerichten[1662] und *Süßigkeiten* mit *Milchkaffee*[1663], aber auch *Nüsse, Trockenfrüchte, Mehl, Reis, Snacks, Tee* mit *Käse, Würsten, Wurstwaren*[1664]. An einer Ähnlichkeit fehlt es zudem zwischen einerseits *Parfümerie, Deodorants,* Schmink- und Haarpflegemitteln sowie andererseits *Zahnputzmitteln*[1665], zwischen einerseits optischen *Vergrößerungsgeräten, Klebstoffen* für Papier, *Textilwaren* und andererseits *Kosmetika, Lederwaren, Bekleidung,* Werbung und Einzelhandel mit Möbeln[1666], zwischen *Textilwaren* und *Bekleidung*[1667], zwischen *Gepäck, Sportartikeln, Spielen* und *Bekleidung*[1668], zwischen *Turn-, Sportartikeln* und *Spielzeug, Spielen*[1669] sowie zwischen *Ski-, Snowboardbekleidung* und *Feuerwehrschuhen*[1670]. 1469

Ebenfalls *unähnlich* sind *Werbung, Unternehmensverwaltung, Büroarbeiten* mit *Wein, Schaumwein*[1671], aber auch *Einzelhandel mit Futtermitteln, Getränken für Tiere* und *Ein-* 1470

1660 EuG, 09.04.2014, T-288/12 – ZYTeL/ZYTEL, Rn 43 mwN.

1661 EuG, 12.06.2007, T-105/05 – WATERFORD STELLENBOSCH/WATERFORD; bestätigt durch Urteil des EuGH, 07.05.2009, C-398/07 P.

1662 EuG, 12.12.2019, T-648/18 – Crystal/CRISTAL.

1663 EuG, 28.10.2015, T-736/14 – MoMo Monsters/MONSTER, Rn 23–31.

1664 EuG, 17.04.2024, T-209/23 – doyum/Doyum, Rn 25–41. Auch wenn die wechselseitigen Waren zum Lebensmittelsektor gehören. über dieselben Vertriebskanäle, insb Lebensmittelgeschäfte oder Supermärkte, verfügen und für dasselbe Publikum, nämlich die breite Öffentlichkeit, bestimmt sind, unterscheiden sie sich doch deutlich, da ihre Beschaffenheit, ihre Rohstoffe, ihre Bestimmung und ihre Verwendungsweise völlig unterschiedlich sind. So sind die einen tierischen Ursprungs, haben einen kürzeren Lebenszyklus und müssen normalerweise im Kühlschrank aufbewahrt werden, während die anderen einen pflanzlichen Ursprung aufweisen. Darüber hinaus werden sie in der Regel von verschiedenen Unternehmen hergestellt. Schließlich sind sie auch nicht komplementär.

1665 EuG, 11.10.2023, T-490/22 – ayuna LESS IS BEAUTY/AJONA, Rn 25–32. Dagegen wurden ua Seifen, Körperreinigungsmittel, Badezusätze, Gesichtscremes, Haut-, Augen-, Nagelpflegemittel und kosmetische Feuchtigkeitsspender als gering ähnlich zu Zahnputzmitteln angesehen; Rn 35–40.

1666 EuG, 09.09.2020, T-50/19 – Dayaday/DAYADAY, Rn 80–143.

1667 EuG, 15.10.2020, T-788/19 – Sakkattack/ATTACK, Rn 47–51; EuG, 26.07.2023, T-562/21 – CAMEL CROWN/camel active, Rn 48–60.

1668 EuG, 01.03.2023, T-217/22 – GREENWICH POLO CLUB/BEVERLY HILLS POLO CLUB, Rn 33–78; EuG, 26.07.2023, T-562/21 – CAMEL CROWN/camel active, Rn 66–89.

1669 EuG, 21.12.2022, T-129/22 – BIMBA TOYS/SIMBA, Rn 35–57.

1670 EuG, 07.09.2022, T-155/21 – Völkl/VÖLKL, Rn 18–59.

1671 EuG, 20.12.2023, T-655/22 – WINE TALES RACCONTI DI VINO/WINE TALES, Rn 34–46.

zelhandel mit Schuhen, Bekleidung, Kopfbedeckung[1672], und weiter *Küchen-, Partyartikel, Spielzeug, Einzelhandel damit* mit *Verwaltung von Einkaufszentren, Finanzwesen*[1673].

1471 *Differenziert* wird die Beziehung zwischen *alkoholischen* und *alkoholfreien Getränken* angesehen. Nach der Praxis des EUIPO muss die Ähnlichkeit von Fall zu Fall beurteilt werden. Denn der Trend in der Getränkeindustrie deutet darauf hin, dass Verbrauchern zunehmend die Wahl zwischen alkoholhaltigen oder alkoholfreien Getränken mit ansonsten aber gleichen Eigenschaften, insb Geschmack, geboten wird[1674]. Das EuG hat als *unähnlich* angesehen *alkoholische Getränke* mit *Mineralwässern*[1675], *Weine* mit *Bier, alkoholfreien Getränken*[1676], Weine mit Rum[1677] sowie Biere und alkoholfreie Getränke mit Tequila(likör)[1678], dagegen hat es eine *geringe Ähnlichkeit* angenommen zwischen *Wein* und *Bier, alkoholfreien Getränken*[1679], zwischen Alkoholika und Bier[1680] sowie zwischen einerseits Alkoholika und Weinen sowie andererseits Mineralwässern und Bier[1681]. Zuletzt hat es in einem ausführlich begründeten Urteil *Bier* und *Wodka* gering ähnlich zu *Wein* befunden[1682].

1472 *Zwiespältig* ist weiter die Haltung des EuG zum Verhältnis zwischen *Kosmetika* und *Arzneimitteln.* Kam es in einem Fall zu dem Ergebnis, dass zwischen einerseits *Arzneimitteln, diätetischen Lebensmittelzusätzen*, Nahrungsergänzungsmitteln und andererseits *Kosmetika, Seifen, Hygiene-, Schönheitspflege* und kosmetischer Behandlung geringe Ähnlichkeit besteht[1683], so hat es in einem anderen Unähnlichkeit zwischen

1672 EuG, 17.01.2024, T-47/23 – WILD INSPIRED/INSPIRED, Rn 33–50. Aus der NK und insb aus den Überschriften der Klassen 18 und 25 ergibt sich, dass sich die Begriffe Bekleidung, Schuhwaren und Kopfbedeckung nur auf Menschen beziehen, sofern nicht ausdrücklich darauf hingewiesen wird, dass diese für Tiere bestimmt sind; Rn 23–26.

1673 EuG, 31.01.2024, T-581/22 – ECE QUALITY OF LIFE/ECE, Rn 34–60.

1674 BK, 13.04.2022, R-964/20-G – ZORAYA/VIÑA ZORAYA, Rn 70, 71, 82–84; s. UMRL Teil C, Abschn. 2, Kap. 2.5.4.3. S.a. EuG, 24.05.2023, T-68/22 – Joro/JOKO, Rn 21–31, in dem das EuG ebenfalls eine differenzierte und fallbezogene Beurteilung anmahnt.

1675 EuG, 22.09.2021, T-195/20 – chic ÁGUA ALCALINA 9,5 PH/CHIC BARCELONA, Rn 39–76 mwN.

1676 EuG, 18.06.2008, T-175/06 – MEZZOPANE/MEZZOMIX bzw MEZZO, Rn 71–90.

1677 EuG, 29.04.2009, T-430/07 – MONTEBELLO RHUM AGRICOLE/MONTEBELLO, Rn 29–37.

1678 EuG, 03.10.2012, T-584/10 – TEQUILA MATADOR HECHO EN MEXICO/MATADOR.

1679 EuG, 15.09.2021, T-673/20 – Cíclic/CYCLIC, Rn 34–36; s.a. BK, 18.07.2013, R 233/12-G – PAPAGAYO ORGANIC/PAPAGAYO: schwache Ähnlichkeit.

1680 EuG, 11.09.2014, T-536/12 – aroa/Aro, Rn 23.

1681 EuG, 05.10.2011, T-421/10 – ROSALIA DE CASTRO/ROSALIA, Rn 31, 32; EuGH, 03.10.2012, C-649/11 P: Rechtsmittel offensichtlich unzulässig bzw unbegründet; und EuG, 15.02.2005, T-296/02 – LINDENHOF/LINDERHOF TROCKEN, Rn 39–59; ebenfalls geringe Ähnlichkeit zwischen Mineralwasser und Sekt.

1682 EuG, 12.07.2023, T-662/22 – AURUS/AUDUS, Rn 39–70.

1683 EuG, 30.06.2021, T-501/20 – PANTA RHEI/PANTA RHEI, Rn 33–53. Denn bei der Beurteilung der Ähnlichkeit von Kosmetika und Arzneimitteln sind deren Verwendungszweck und ihre Vertriebswege zu berücksichtigen. So können Arzneimittel sowohl

einerseits *Parfümeriewaren, Schönheits-, Körperpflege- und Reinigungsmittel, Einzelhandel damit* sowie andererseits *pharmazeutischen, veterinärmedizinischen Erzeugnissen, Mitteln zur Vertilgung von Ungeziefer, Fungiziden, Herbiziden* angenommen[1684]. Ebenfalls als unähnlich angesehen wurden *orthopädische Implantate*, Geräte und Prothesen mit einem pharmazeutischen Spezialpräparat, nämlich einem Thrombozytenaggregationshemmer[1685].

Waren jedoch, die *miteinander konkurrieren*, insb sich *wechselseitig ersetzen*, zB Butter und Margarine[1686], sind dagegen regelmäßig als *ähnlich* anzusehen. Per definitionem können aber Waren und DL, die für *verschiedene Verkehrskreise* bestimmt sind, nicht komplementär sein. Sie können nicht als untereinander austauschbar oder als miteinander konkurrierend angesehen werden[1687]. 1473

Weiter besteht durchaus auch *Ähnlichkeit zwischen* einerseits *Waren* und andererseits *DL*, insb wenn sie deren Vermarktung betreffen[1688], so zB wegen der *Begegnung in denselben Vertriebsstätten* und des engen ergänzenden Zusammenhangs zwischen *Bekleidung* und *Groß- und Einzelhandel* damit[1689], zwischen Bettwaren, Matratzen und Einzelhandel damit[1690] oder zwischen Schmuck und Uhren sowie Einzelhandel damit[1691]. Die Eigenart von Waren und DL als einander ergänzend im Rahmen der Verwechslungsgefahr wird nicht danach beurteilt, ob es eine Beziehung zwischen diesen 1474

---

medizinische als auch kosmetische Eigenschaften haben. Dies erscheint mE plausibel, zumal Kosmetika auch in Apotheken vertrieben werden. S.a. EuG, 02.03.2022, T-715/20 – Skinovea/SKINOREN, Rn 30–35; EuG 11.05.2022, T-93/21 – SK SKINTEGRA THE RARE MOLECULE/SKINTEGRITY, Rn 43–56.

1684 EuG, 15.09.2021, T-331/20 – Le-Vel/LEVEL, Rn 24–58. Denn die wechselseitigen Waren haben eine andere Bestimmung. Auch die Vertriebswege sind verschieden, da die einen in Apotheken verkauft werden und die anderen in Drogerien oder Supermärkten. Außerdem stammen sie nicht von denselben Herstellern. Schließlich konkurrieren sie nicht miteinander und ergänzen sich auch nicht. So auch EuG, 16.03.2022, T-315/21 – APIAL/APIRETAL, Rn 27–29; EuG, 12.09.2022, T-130/22 – TRAUMGEL/Traumeel, Rn 37–53.

1685 EuG, 07.06.2023, T-543/22 – BIOPLAN/BIOPLAK.

1686 EuG, 08.12.2021, T-593/19 – GRILLOUMI BURGER/ΧΑΛΛΟΥΜΙ HALLOUMI, Rn 45–52, auch zur Ähnlichkeit bzw Unähnlichkeit anderer Lebensmittel; Rechtsmittel nicht zugelassen, EuGH, 15.06.2022, C-120/22 P.

1687 EuG, 11.11.2020, T-820/19 – Lottoland/LOTTO, Rn 61, 68–70. So richten sich die DL von Glücksspielen an die breite Öffentlichkeit, während sich diejenigen im Bereich der Wissenschaft und Technik und der damit verbundenen Forschung und Entwicklung an ein Fachpublikum wenden.

1688 EuG, 13.11.2014, T-549/10 – natur/natura, Rn 33; für Tischdecken und den gewerblichen Einzelhandel damit.

1689 EuG, 24.09.2008, T-116/06 – O STORE/THE O STORE, Rn 45–62. S.a. EuG, 05.07.2012, T-466/09 – Mc. Baby/Mc Kids. always quality, Rn 24; EuG, 16.10.2013, T-282/12 – fRee YOUR STILe/FREE STYLE, Rn 37, 38, das auch Versand- und elektronischen Handel mit einbezieht.

1690 EuG, 19.11.2015, T-526/14 – Matratzen Concord/MATRATZEN, Rn 29–35.

1691 EuG, 15.07.2015, T-352/14 – HAPPY TIME/HAPPY HOUR, Rn 27–32.

Waren und DL im Hinblick auf ihre jeweilige Art oder Nutzung oder ihre Vertriebswege gibt, sondern danach, ob ein *enger Zusammenhang* zwischen ihnen besteht, dh ob die eine Ware oder DL für die Verwendung der anderen *unerlässlich oder wichtig* ist, so dass die Verkehrskreise denken könnten, die Verantwortung für die Herstellung dieser Waren oder die Erbringung dieser DL liege bei demselben Unternehmen[1692].

1475 *Ähnlichkeit* zwischen *Lebensmittel* und dem *Einzelhandel* damit wurde bejaht, da diese Waren für die Erbringung der Einzelhandels-DL unerlässlich oder zumindest wichtig sind, zumal diese DL gerade beim Warenverkauf erbracht werden, so dass die Verbraucher denken könnten, die Verantwortung für die Herstellung dieser Waren oder die Erbringung dieser DL liege bei demselben Unternehmen[1693]. Auch die *Verpflegung von Gästen* ist mit *Lebensmitteln* und *Getränken* komplementär, weil diese Waren im Rahmen der in Restaurants angebotenen DL verwendet und auch teilweise zum Verkauf angeboten werden, zB Konditoreiprodukte oder Käse[1694]. Dasselbe gilt weiter hinsichtlich von *Süßwaren* und diesbzgl *Franchisediensten*[1695]. Ebenfalls wurde jeweils aufgrund ihres wechselseitigen Ergänzungscharakters zwischen *Arzneimitteln* und deren Herstellung und Vertrieb[1696], zwischen *Gästeverpflegung mit Getränken* bzw *Organisation kultureller Veranstaltungen* und Bier[1697] oder sogar zwischen Wein und dem Groß- und Einzelhandel mit Essig[1698] Ähnlichkeit angenommen.

1476 Zwischen *Parfümeriewaren* und den darauf bezogenen DL besteht ebenfalls Ähnlichkeit, da sie denselben Vertriebskanälen folgen und komplementär sind. Es ist nämlich bekannt, dass einige Hersteller von Parfümwaren diese in Geschäften oder auf Internetseiten unter ders Marke vertreiben[1699]. Weiter gibt es Ähnlichkeit zwischen Einzelhandels-DL und Beratung im Zusammenhang mit dem Verkauf von *Kosmetika,*

1692 EuG, 14.05.2013, T-249/11 – Huhn/Huhn, Rn 36; bestätigt durch EuGH, 08.05.2014, C-411/13 P, Rn 54.

1693 EuG, 15.02.2011, T-213/09 – YORMA'S/NORMA, Rn 34–46; bestätigt durch EuGH, 08.02.2012, C-191/11 P; s.a. EuG, 14.09.2011, T-485/07 – O-live I/Olive line, Rn 73–76.

1694 EuG, 04.06.2015, T-562/14 – YOO/YO, Rn 25–28; EuG, 01.03.2018, T-438/16 – CIPRIANI/HOTEL CIPRIANI, Rn 50, 52; EuG, 21.04.2021, T-555/19 – GRILLOUMI/HALLOUMI, Rn 45, 50.

1695 EuG, 29.10.2015, T-256/14 – CREMERIA TOSCANA/La Cremeria, Rn 25, 26.

1696 EuG, 02.06.2010, T-35/09 – PROCAPS/PROCAPTAN, Rn 35–48.

1697 EuG, 04.11.2008, T-161/07 – COYOTE UGLY/COYOTE UGLY, Rn 31–37; EuG, 06.07.2012, T-60/10 – ROYAL SHAKESPEARE/RSC-ROYAL SHAKESPEARE COMPANY, Rn 59; aufgrund ihres wechselseitigen Ergänzungscharakters.

1698 EuG, 09.06.2010, T-138/09 – RIOJAVINA/RIOJA, Rn 40–44; bestätigt durch EuGH, 24.03.2011, C-388/10 P; aA noch Mitteilung Nr 7/05 des Präsidenten vom 31.10.2005, Nr 6; ABl.HABM 2006, 14; die durch die neue Mitteilung Nr 1/14 vom 19.09.2014 geändert wurde.

1699 EuG, 09.07.2015, T-89/11 – NANU/NAMMU, Rn 40–49; bestätigt durch EuGH, 14.04.2016, C-479/15 P.

Bekleidung, Spielen sowie den entspr Waren[1700], aber auch zwischen einerseits *Spa, Wellness und Gesundheits-DL* und andererseits Seifen, Parfümeriewaren und Kosmetika[1701]. Groß- und Einzelhandels-DL für Produkte zur *Gesundheitspflege* können aufgrund der sehr allgemeinen Formulierung alle *Waren des Gesundheitsbereichs* umfassen, wie zB Nahrungsergänzungsmittel und pharmazeutische Präparate, da die einen wie die anderen den Medizinbereich betreffen und zu dem Zweck verwendet werden, die Gesundheit zu pflegen und zu verbessern, so dass zwischen ihnen ein Ergänzungsverhältnis besteht[1702]. Selbst *Vertriebs- und Einzelhandels-DL* wurden als ähnlich befunden, wenn die betroffenen Waren (Lebensmittel) identisch oder sehr ähnlich sind[1703].

Diese *Ähnlichkeit* besteht aber *nicht* bei Computerhardware und -software oder bei pharmazeutischen Erzeugnissen oder bei Kosmetika im Verhältnis zu (deren) *Transport, Verteilung, Verpackung und Lagerung,* da letztlich alle Waren transportiert, verpackt und gelagert werden können und Art und Bestimmung sowie insb die angesprochenen Verkehrskreise verschieden sind[1704]. 1477

Ebenso sind ua *Beleuchtungs-, Heizungs-, Koch-, Trocken- und Lüftungsgeräte* unähnlich zu darauf bezogenen *Forschungs- und Entwicklungs-DL,* da die Unternehmen, die die DL beziehen können, die Hersteller und nicht die Adressaten der Waren sind, die sich an die breite Öffentlichkeit richten[1705]. 1478

Auch zwischen *Tee* und *Unternehmensberatung, Werbung, Ausstellungen* und *Telekommunikation* besteht keine Ähnlichkeit. Dass sie jeweils aus demselben geografischen Gebiet stammen können, reicht hierfür keinesfalls aus[1706]. Dasselbe gilt für *Werbung* 1479

1700 EuG, 24.06.2014, T-330/12 – THE HUT/LA HUTTE, Rn 25–28. S.a. EuG, 05.03.2014, T-416/12 – ZENSATIONS/ZEN, Rn 45–47.

1701 EuG, 26.02.2015, T-388/13 – SAMSARA/SAMSARA, Rn 22–33. Dasselbe gilt zwischen einerseits Waschmitteln und andererseits darauf bezogenen Einzelhandels-DL; EuG, 03.09.2015, T-254/14 – NEW MAX/MAX, Rn 31–33.

1702 EuG, 24.01.2019, T-800/17 – FIGHT LIFE/FIGHT FOR LIFE.

1703 EuG, 26.06.2014, T-372/11 – basic/BASIC, Rn 39–57; bestätigt durch EuGH, 16.07.2015, C-400/14 P.

1704 EuG, 07.02.2006, T-202/03 – COMP USA/COMP USA, Rn 40–51; bestätigt durch EuGH, 09.03.2007, C-196/06 P. Sowie EuG, 22.06.2011, T-76/09 – FARMA MUNDI FARMACEUTICOS MUNDI/mundipharma, Rn 26, 29–33; EuG, 23.09.2015, T-400/13 – AINHOA/NOA, Rn 26–29. Jedoch hat das EuG zwischen Geflügel, lebenden Tieren einerseits und Export, Import sowie Transport, Lagerung und Vertrieb von Hühnern andererseits eine Ähnlichkeit gesehen: EuG, Huhn/Huhn; bestätigt durch EuGH, 08.05.2014, C-411/13 P. Dies erscheint aber sehr zweifelhaft, weil letztlich alle Waren transportiert werden können, so dass in der Konsequenz Ähnlichkeit zu allen Warenkl. bestünde. Problematisch erscheint mE auch die Ansicht der BK, dass zwischen diätetischen Erzeugnissen und dem Vertrieb von Naturarzneimitteln aufgrund Komplementarität eine Ähnlichkeit besteht, BK, 30.06.2021, R 54/21-5 – NECTARVITAE/VITAE, Rn 17–44.

1705 EuG, 24.09.2015, T-195/14 – PRIMA KLIMA/PRIMAGAZ, Rn 27–37.

1706 EuG, 02.10.2015, T-624/13 – Darjeeling/DARJEELING, Rn 50–54; bestätigt durch EuGH, 20.09.2017, C-673/15 P ua.

für Hotels, Restaurants, Hotelmanagement in Kl. 35 und *Verpflegung und Beherbergung von Gästen* in Kl. 43[1707].

1480 *DL-Unähnlichkeit* hat das EuG angenommen zwischen *Finanz-* und *Immobilienwesen*. Denn selbst wenn man unterstelle, dass Finanz-DL für die Verwendung der Immobilien-DL unerlässlich oder wichtig seien, seien sie dies doch nicht in solchem Maß, dass die Verbraucher die Verantwortung für beide DL demselben Unternehmen zuschreiben würden[1708]. Dasselbe gilt zwischen einerseits *Verlagswesen, Berichterstattung, Übersetzung, Dolmetschen, Bildung, Unterhaltung, Sport* und andererseits *(elektronischen) Leistungen eines Finanzdienstleisters*, da die wechselseitigen DL nicht die gleiche Art, die gleiche Bestimmung oder die gleiche Verwendungsart aufweisen, sie sich nicht ergänzen, nicht in Konkurrenz miteinander stehen und auch über unterschiedliche Vertriebskanäle bereitgestellt werden[1709].

1481 Das EUIPO stellt mit *Similarity* eine *Online-Datenbank* für den *Vergleich* von Waren und/oder DL zur Verfügung, die den Prüfern zu mehr Konsistenz und Effizienz bei ihrer Entscheidungsfindung verhelfen soll, für sie auch verbindlich ist und der Öffentlichkeit über das Internet zur Verfügung steht. Diese Datenbank spiegelt aber nur die Amtspraxis des EUIPO wider. Davon abweichende Auffassungen, auch von EuG und EuGH, werden, soweit ihnen das Amt in der Praxis nicht folgt, dort nicht referiert. Aufgrund dieser *Unvollständigkeit* ist ihre Verwendung nicht unproblematisch[1710].

e) Verwechslungsgefahr

1482 Schließlich ist auf der Grundlage der Abwägung aller jeweiligen *konkreten Umstände* des Einzelfalls im Rahmen der *umfassenden Beurteilung der Verwechslungsgefahr* zu entscheiden, ob die maßgeblichen Verkehrskreise die konkurrierenden Zeichen sehr wahrscheinlich miteinander in Verbindung bringen werden und annehmen könnten, die mit dem Anmeldezeichen versehenen Waren bzw DL stammten von dem Unter-

1707 EuG, 02.06.2016, T-510/14 und T-536/14 – PARK REGIS/ST. REGIS, Rn 53–65.

1708 EuG, 11.07.2013, T-197/12 – METRO/GRUPOMETROPOLIS, Rn 42–50; bestätigt durch EuGH. Diese Entscheidung zeigt eine erschreckende Unkenntnis des Finanz- und Immobilienwesens in Europa, zumindest in den wirtschaftlich bedeutenden Mitgliedstaaten, wie zB Deutschland, wo bereits seit langer Zeit im Rahmen des Allfinanz-Konzepts eine enge Verzahnung beider Bereiche besteht, die in der nationalen Rspr zu einer hochgradigen Ähnlichkeit bis hin zur Identität führt. Auch EuG, 25.11.2014, T-303/06 RENV und T-337/06 RENV – UNIWEB/UNIFONDS, Rn 110–119, vermag nicht zu überzeugen, selbst wenn es eine gewisse Tendenz der Banken anerkennt, ihre Tätigkeit in Richtung auf den Immobilienbereich auszuweiten, dies jedoch nur als Ausnahme in finanziellen Krisensituationen ansieht; s. Richter/Stoppel, Die Ähnlichkeit von Waren und DL. So auch EuG, 10.06.2015, T-514/13 – AGRI.CAPITAL/AgriCapital, Rn 38–44, 54–67; bestätigt durch EuGH, 03.03.2016, C-440/15 P; EuG, 17.09.2015, T-323/14 – Bankia/BANKY.

1709 EuG, 17.04.2024, T-126/22 – Coinbase/COINBASE, Rn 27–59.

1710 Die deutschen Nutzer werden deshalb weiter *Richter/Stoppel*, Die Ähnlichkeit von Waren und DL, als Kontrollinstrument beiziehen.

nehmen, das Inhaber der älteren Marke ist, oder von einem mit diesem wirtschaftlich verbundenen Unternehmen.

Jedoch kann der Umstand, dass der Verbraucher glauben könnte, es bestehe zwischen 1483
den Beteiligten eine *tatsächliche wirtschaftliche Verbindung*, dergestalt, dass die fraglichen Waren und DL von wirtschaftlich miteinander verbundenen Unternehmen stammten, zB wenn der Inhaber der angegriffenen Marke die vom Inhaber des älteren Zeichens vertriebenen Waren herstellt, nicht zu einem Irrtum hinsichtlich ihrer Herkunft führen. Es kann nämlich ausreichen, dass es innerhalb einer Gruppe von Wirtschaftsteilnehmern eine einzige Kontrollinstanz für die von einem von ihnen hergestellten und von einem anderen vertriebenen Waren gibt, um jede Verwechslungsgefahr hinsichtlich der betrieblichen Herkunft dieser Waren auszuschließen[1711].

Bei der Beurteilung der Verwechslungsgefahr sind insb die *Kennzeichnungskraft* der 1484
älteren Marke, der *Grad der Ähnlichkeit* zwischen den konkurrierenden *Zeichen* und zwischen den damit gekennzeichneten *Waren oder DL* sowie die *Wechselbeziehung* zwischen den in Betracht kommenden Faktoren, insb der Markenähnlichkeit und der Ähnlichkeit der wechselseitigen Waren oder DL zu berücksichtigen, wobei ein geringer Grad der Waren- bzw DL-Ähnlichkeit durch einen höheren Grad der Markenähnlichkeit ausgeglichen werden kann und umgekehrt[1712]. Selbst bei schwacher Kennzeichnungskraft einer älteren Marke ist diese Wechselbeziehung zwingend zu berücksichtigen[1713].

Die *Vermarktungsbedingungen der Waren* stellen einen relevanten Faktor bei der Anwen- 1485
dung von Art. 8 Abs. 1b UMV dar, ihre Berücksichtigung hat aber bei der umfassenden *Beurteilung der Verwechslungsgefahr* und nicht bei der Beurteilung der Zeichenähnlichkeit zu erfolgen[1714].

1711 EuGH, 23.04.2020, C-736/18 P – GUGLER/Gugler France, Rn 29–38. Der Begriff der wirtschaftlichen Verbindung bezieht sich auf ein materielles und nicht auf ein formales Kriterium, das keineswegs auf Situationen beschränkt ist, in denen die fraglichen Waren von einem Lizenznehmer, einer Muttergesellschaft, einer Tochtergesellschaft desselben Konzerns oder einem Alleinvertriebshändler in den Verkehr gebracht wurden und das insb auch dann erfüllt ist, wenn im Anschluss an die Teilung nationaler Parallelmarken, die sich aus einer territorial begrenzten Übertragung ergibt, die Inhaber dieser Marken ihre Handelspolitik koordinieren oder eine Vereinbarung treffen, um eine gemeinsame Kontrolle über deren Benutzung auszuüben, so dass es ihnen möglich ist, direkt oder indirekt die Waren, auf denen diese Marken angebracht sind, zu bestimmen und deren Qualität zu kontrollieren.

1712 EuGH, 11.11.1997, C-251/95 – Sabèl/Springende Raubkatze, Rn 22; EuGH, 22.06.1999, C-342/97 – Lloyd Schuhfabrik, Rn 19; EuGH, 29.09.1998, C-39/97 – Canon, Rn 17; EuGH; 17.04.2008, C-108/07 P – FERRO/FERRERO, Rn 44, 45.

1713 EuGH, 05.03.2020, C-766/18 P – BBQLOUMI/HALLOUMI I, Rn 84–89.

1714 EuGH, 04.03.2020, C-328/18 P – BLACK LABEL BY EQUIVALENZA/LABELL, Rn 67–73. Ansonsten könnte der Zeichenvergleich zu dem absurden Ergebnis führen, dass dieselben Zeichen je nachdem, um welche der von ihnen erfassten Waren und DL es sich handelt und unter welchen Bedingungen Letztere vermarktet werden, als ähnlich oder als unterschiedlich eingestuft werden könnten.

1486 Eine *schwache Kennzeichnungskraft des älteren Rechts* führt dagegen nicht automatisch zur Verneinung der Verwechslungsgefahr, weil sie nur einen der zu berücksichtigenden Faktoren darstellt. Ansonsten würde eine schwache Kennzeichnungskraft nur im Fall der vollständigen Reproduktion der älteren Marke durch die Anmeldung unabhängig vom Grad der Zeichenähnlichkeit zur Verwechslungsgefahr führen[1715]. Daher räumen EuGH und EuG oft auch äußert schwachen, fast beschreibenden Zeichen einen Schutzumfang ein, der ihnen tatsächlich aber kaum zusteht[1716]. Auf den durch Art. 16 GRC gewährten Schutz der Freiheit, eine Wirtschafts- oder Geschäftstätigkeit auszuüben, der Vertragsfreiheit und des freien Wettbewerbs kann sich ein Anmelder demgegenüber nicht berufen, weil dieser wegen Art. 17 GRC nicht schrankenlos gilt, zumal wenn der Widersprechende über ein unangefochtenes älteres Recht des geistigen Eigentums verfügt[1717].

1487 Bei der *umfassenden Beurteilung der Verwechslungsgefahr* ist auf einen *normal informierten und angemessen aufmerksamen und verständigen Durchschnittsverbraucher* der Art der konkurrierenden Waren und/oder DL abzustellen, wobei seine *Aufmerksamkeit* je nach deren Art *unterschiedlich hoch* sein kann[1718]. Die Definition der von den konkurrierenden Marken betroffenen Verkehrskreise ist von *entscheidender Bedeutung* für die Beurteilung der Verwechslungsgefahr, die nämlich auf der Wahrnehmung der wechselseitigen Zeichen, Waren und DL durch den maßgeblichen Verkehr beruhen muss. Im Regelfall, insb bei Alltagswaren, die sich an ein breites Publikum richten, ist von einem *durchschnittlichen Aufmerksamkeitsgrad* auszugehen, bei speziellen Waren und DL, die sich an den Fachverkehr oder besonders aufmerksame Kreise richten, ist jedoch eine *erhöhte Aufmerksamkeit* anzunehmen[1719].

1488 Dies gilt insb bei besonders *teuren* Waren, DL mit längeren Verpflichtungen, *technischen Spezialprodukten* oder -diensten, die sich an den Fachverkehr, die weiterverarbeitende Industrie oder besonders vorgebildete und einschlägig interessierte Allgemeinverbraucher wenden. Diese werden der Frage mehr Beachtung beimessen, um welchen Hersteller oder Anbieter es sich im Fall der zu erwerbenden Waren oder DL genau

---

1715 EuGH, 15.07.2007, C-171/06 P – QUANTUM/Quantieme, Rn 41; EuGH, 29.11.2012, C-42/12 P – ALPINE PRO SPORTSWEAR & EQUIPMENT/alpine, Rn 61–63 mwN; s.a. EuG, 13.12.2007, T-134/06 – PAGESJAUNES.COM/LES PAGES JAUNES, Rn 70, 71; EuG, 10.11.2011, T-313/10 – AYUURI NATURAL/AYUR, Rn 604; bestätigt durch EuGH, 30.05.2013, C-14/12 P, Rn 37–44 mwN.

1716 ZB EuG, 11.12.2013, T-591/11 – SUPER GLUE/SUPERGLUE bei identischen Klebstoffen; bestätigt durch EuGH, 02.10.2014, C-91/14 P; EuG, 02.10.2014, T-91/14 – SERVICEPOINT/ServicePoint, Rn 55; bei identischen und hochgradig ähnlichen Waren und DL; EuG, 19.09.2012, T-220/11 – f@ir Credit/FERCREDIT, Rn 45–47; bei identischen Finanz-DL; bestätigt durch EuGH, 14.11.2013, C-524/12 P.

1717 EuG, 21.01.2015, T-587/13 – cat & clean/CLEAN CAT, Rn 53–58.

1718 Siehe ua EuGH, 16.09.2004, C-329/02 P – SAT. 2, Rn 24 mwN.

1719 EuG, 16.06.2021, T-420/20 – GT8/GT, Rn 33–43 mwN. Hat sich die BK bewusst dafür entschieden, die maßgeblichen Verkehrskreise nicht zu definieren, hat sie damit einen Rechtsfehler begangen.

handelt[1720]. Richten sich die relevanten Waren und/oder DL sowohl an Fachleute als auch an Durchschnittsverbraucher, ist für die Beurteilung der Verwechslungsgefahr auf die *Verkehrskreise mit der geringsten Aufmerksamkeit* abzustellen[1721].

Die für die Beurteilung der Verwechslungsgefahr maßgeblichen Verkehrskreise setzen 1489
sich aus den *Nutzern* zusammen, die sowohl die von der älteren Marke als auch die von der Anmeldung erfassten Waren oder DL nutzen können. Demgemäß werden, wenn die Waren oder DL einer der beiden Marken von der weiter gefassten Beschreibung der anderen umfasst sind, die maßgeblichen Verkehrskreise grds *nach Maßgabe des spezielleren Wortlauts* bestimmt.

So ist bei der Beurteilung der Verwechslungsgefahr auf die Wahrnehmung der fragli- 1490
chen Zeichen, Waren und DL durch das begrenzte und *spezialisierte Publikum* abzustellen, an das sich die Spezialwaren und -DL der einen Marke richten. Das *allgemeine Publikum*, das von den durch diese Marke umfassten Spezialwaren und -DL nicht betroffen ist, wird dagegen dieser Marke nie begegnen, so dass für diese Verkehrskreise jede Verwechslungsgefahr von vornherein ausgeschlossen ist[1722]. Auch dass Marken Bestandteile von außereuropäischen Sprachen enthalten, zB von afrikanischen, kann bei allgemeinen Oberbegriffen von Waren und DL nicht zu einer dementspr Beschränkung der Verkehrskreise führen[1723].

Der für die Beurteilung der Verwechslungsgefahr *relevante Zeitpunkt* ist derjenige, der 1491
dem Kauf oder Erwerb unmittelbar vorausgeht, also derjenige, zu dem der Kunde seine Wahl zwischen den verschiedenen Waren und DL der fraglichen Art vorbereitet und trifft. Eine Verwechslung bei anderen Gelegenheiten, insb nach dem Kauf (sog. Post-Sale-Confusion) ist markenrechtlich nicht relevant, da entscheidend der Zeitpunkt ist, *in dem die Wahl zwischen den Produkten und den Marken getroffen wird.* Dem steht nicht entgegen, dass das maßgebliche Publikum solche Waren und DL und ihre Marken auch in Situationen wahrnehmen kann, die mit einem Kauf nichts zu tun haben, und bei solchen Gelegenheiten möglicherweise nur einen geringeren Grad an Aufmerksamkeit aufbringt. Es kann nämlich insoweit dann nicht auf den

1720 EuG, 21.11.2013, T-443/1 – ancotel./ACOTEL II, Rn 54. Das EuG minimiert diese Unterschiede jedoch zu Unrecht wieder, wenn es weiter ausführt, dies bedeute hingegen nicht, dass Fachverkehrskreise die Marke, mit der sie konfrontiert würden, bis ins letzte Detail untersuchten oder minutiös mit einer anderen verglichen. Denn selbst für ein Publikum, das einen hohen Aufmerksamkeitsgrad an den Tag lege, treffe es zu, dass sich dem Durchschnittsverbraucher nur selten die Möglichkeit biete, verschiedene Marken unmittelbar miteinander zu vergleichen, sondern dass er sich auf das unvollkommene Bild verlassen müsse, das er von ihnen im Gedächtnis behalten habe.

1721 EuG, 20.05.2014, T-247/12 – ARIS/ARISA ASSURANCES, Rn 29 mwN; bestätigt durch EuGH, 12.02.2015, C-370/14 P; EuG, 08.07.2020, T-20/19 – mediFLEX easystep/Stepeasy, Rn 42 mwN; EuG, 12.12.2019, T-266/19 – Gabel auf grünem Hintergrund/gastivo, Rn 21 mwN.

1722 EuG, 24.05.2011, T-408/09 – ancotel./ACOTEL, Rn 38, 39, 44, 45; EuG, 30.04.2015, T-100/14 – TECALAN/TECADUR, Rn 22 mwN.

1723 EuG, 18.11.2013, T-377/10 – Jambo Afrika/JUMBO, Rn 30–33 mwN.

geringsten Aufmerksamkeitsgrad abgestellt werden, den das Publikum bei der Konfrontation mit einer Ware und DL oder einer Marke an den Tag legt[1724].

1492 Die *Verwechslungsgefahr* ist ein *Rechtsbegriff*. Daher kann eine nach den obigen Kriterien durchgeführte Subsumption nicht durch eine *Umfrage* in Frage gestellt werden. Im vom EuG entschiedenen Fall wurde die vom Widersprechenden vorgelegte Umfrage, mit der er nachweisen wollte, dass beim maßgeblichen Verkehr keine Verwechslungen zwischen den konkurrierenden Marken vorgekommen sind, *nicht unter* den *objektiven Umständen* durchgeführt, unter denen die *konkurrierenden Marken* auf dem *Markt präsent* sind oder sein können. Zudem hat der Durchschnittsverbraucher nur selten die Möglichkeit, die *verschiedenen Marken unmittelbar miteinander zu vergleichen*, sondern muss sich auf das *unvollkommene Bild* verlassen, das er von ihnen *im Gedächtnis* behalten hat. Um die Verwechslungsgefahr zu beurteilen, ist zudem die Wahrnehmung des maßgeblichen Verkehrs in Bezug auf die *streitigen Waren und DL* zu berücksichtigen[1725].

4. Notorisch bekannte Marke

1493 Als *notorisch bekannte Marke* iSd Art. 8 Abs. 2c UMV iVm Art. 6 bis PVÜ, der ebenfalls Schutz nach Art. 8 Abs. 1 UMV zukommt, ist eine solche zu verstehen, die eine *deutlich gesteigerte Verkehrsgeltung in allen angesprochenen Verkehrskreisen* aufweist. Dabei ist jeder Umstand zu berücksichtigen, aus dem sich die notorische Bekanntheit der Marke ableiten lässt, darunter der Grad der Bekanntheit oder Anerkanntheit der Marke in den maßgeblichen Verkehrskreisen, die Dauer, das Ausmaß und der geografische Umfang sowohl der Markenbenutzung als auch der Förderung der Marke einschl der Werbung für die mit ihr gekennzeichneten Waren oder DL und deren Präsentation auf Messen und Ausstellungen, die Dauer und der geografische Geltungsbereich aller Eintragungen oder Anmeldungen der Marke, soweit sich darin ihre Benutzung oder Anerkanntheit widerspiegeln, die erfolgreiche Geltendmachung der Rechte an der Marke, insb das Ausmaß, in dem die zuständigen Behörden die Marke als notorisch bekannt anerkannt haben, und der Wert, der mit der Marke verbunden ist[1726].

1724 EuGH, 12.01.2006, C-361/04 P – PICARO/PICASSO, Rn 40–43; EuGH, 26.04.2007, C-412/05 P – TRAVATAN/TRIVASTAN, Rn 56–61; EuGH, 30.06.2010, C-448/09 P – Centrixx/sensixx, Rn 86.

1725 EuG, 21.02.2024, T-765/22 – LA CRÈME LIBRE/LIBRE, Rn 113–120. Die Teilnehmer der Umfrage hatten aber keine Informationen über die Waren und DL beider Zeichen, so dass die Ergebnisse zu der Frage, ob die Zeichen nach ihrer Ansicht zu demselben Unternehmen oder zu zwei verschiedenen gehören, also eine Verwechslungsgefahr besteht, nicht als relevant angesehen werden können. Im Übrigen ist unabhängig von der Beweiskraft der Umfrage der Prozentsatz von 28 %, dh der Anteil der Teilnehmer, die die Zeichen als zu denselben Unternehmen gehörend ansahen, für die Beurteilung der Verwechslungsgefahr nicht belanglos.

1726 EuG, 17.06.2008, T-420/03 – BoomerangTV/B BOOMERANG, Rn 80.

Diese Bekanntheit muss *vor der Anmeldung der jüngeren Marke* vorliegen[1727] und – im Falle eines Nichtigkeitsverfahrens – zum Zeitpunkt des Antrags auf Nichtigerklärung[1728]. Sie kann insb durch Verbraucherbefragungen und Meinungsforschungsgutachten nachgewiesen werden[1729]. 1494

Der aufgrund von Art. 8 Abs. 2c UMV Widersprechende braucht *nicht* nachzuweisen, dass er der *Alleininhaber* der älteren nicht eingetragenen notorisch bekannten Widerspruchsmarke ist, sondern nur, dass er *hinreichende Rechte* an ihr erworben hat, um als Inhaber dieser Marke angesehen zu werden[1730]. 1495

Die allgemeine Bekanntheit sollte jedenfalls deutlich über 50 % liegen, wohl nicht unter 60 %[1731]. Die ältere Marke muss jedoch *im gesamten Hoheitsgebiet* des Eintragungsmitgliedstaats *oder in einem wesentlichen Teil* dieses Staates notorisch bekannt sein. Eine Bekanntheit, die lediglich auf eine Stadt und deren Umland beschränkt ist, die zusammen keinen wesentlichen Teil des Mitgliedstaats darstellen, reicht nicht aus[1732]. 1496

So vermochte zB der Inhaber von zwei in Bulgarien notorisch bekannten, nicht eingetragenen Bildmarken aufgrund *außerordentlich hoher Umsatzzahlen* und *aufwändiger Werbemaßnahmen*, die praktisch die Hälfte der Bevölkerung des Landes erreichten, den erforderlichen Nachweis zu führen, zumal eine *Marktstudie* bestätigte, dass 40,5 % einer Stichprobe von 1.000 Personen in der bulgarischen Bevölkerung die älteren Marken kannten[1733]. Dagegen scheiterte der Widerspruch aus der Bildmarke *QUILAPAYÚN* gegen eine identische Anmeldung, weil der Widersprechende nicht rechtlich hinreichend nachgewiesen hat, dass die ältere Marke im Gebiet der Union zum Anmeldezeitpunkt iSv Art. 8 Abs. 2c UMV iVm Art. 6bis PVÜ für die chilenische Musikgruppe notorisch bekannt war[1734]. 1497

Dass es sich bei einem älteren Recht um einen *Filmtitel* und den Namen einer dessen Hauptfiguren handelt, stellt kein Hindernis für die Benutzung als Marke zur 1498

1727 EuG, 02.02.2016, T-169/13 – MOTO B/MOTOBI, Rn 62, 67, 80, 81.

1728 EuG, 10.06.2020, T-717/18 – PHILIBON/PHILICON, Rn 32. Die vom Nichtigkeitsantragsteller vorgelegten Beweise können daher nicht allein mit der Begründung zurückgewiesen werden, dass sie nach dem Anmeldetag liegen, soweit sie geeignet sein könnten, die Aufrechterhaltung der Bekanntheit der älteren Marken bis zum Tag des Nichtigkeitsantrags nachzuweisen.

1729 EuG, 02.02.2016, T-169/13 – MOTO B/MOTOBI, Rn 76.

1730 EuG, 11.12.2017, T-249/15 – QUILAPAYÚN, Rn 46–50.

1731 Insoweit wird auf die »Gemeinsame Empfehlung betr die Bestimmungen über den Schutz notorisch bekannter Marken« der WIPO vom 29.09.1999 hingewiesen.

1732 EuGH, 22.11.2007, C-328/06 – FINQUES TARRAGONA, Rn 18, 20.

1733 EuG, 10.06.2020, T-717/18 – PHILIBON/PHILICON, Rn 38–60, 68–95. So wurden zB pro Jahr an Gemüseaufstrichen zwischen 700.000 und 1,1 Mio. Stück, an Tomatenpüree zwischen 300.000 und 470.000 Stück und an Saft zwischen 1,6 und 2,7 Mio. Stück verkauft. Neben Fernsehspots erschienen Werbebroschüren in einer Auflage von 1,3 Mio. Exemplaren mit 3,7 Mio. wöchentlichen Lesern bei einer Gesamtbevölkerung zwischen 7,2 und 7,5 Mio. Einwohnern in Bulgarien.

1734 EuG, 14.07.2021, T-197/20 – QUILAPAYÚN/QUILAPAYÚN.

Kennzeichnung der betrieblichen Herkunft der Filme dar. Das Widerspruchszeichen muss aber *die betriebliche Herkunft der Filme angeben*, nicht lediglich *deren künstlerischen Ursprung*, denn die *Unterscheidung zwischen Titel und Marke* ist nicht wirklichkeitsfremd und künstlich. So kann ein und dasselbe Zeichen als schöpferisches Werk durch das Urheberrecht und als Angabe über die betriebliche Herkunft durch das Markenrecht geschützt sein. Selbst wenn der Titel eines Films nach einigen nationalen Rechten als vom Film selbst unabhängige künstlerische Schöpfung geschützt sein kann, genießt er deshalb nicht ohne Weiteres den Schutz, der den Angaben der betrieblichen Herkunft zuerkannt wird, da dieser Schutz nur denjenigen Zeichen zugutekommt, die die typischen Markenfunktionen entwickeln[1735].

1499 Auch bei Angaben über den Erfolg der vom Namensinhaber komponierten *Musik* sowie über dessen allgemeine Bekanntheit und Wertschätzung als *Komponist* handelt es sich nur um Hinweise auf den *künstlerischen Charakter* des musikalischen Werks des Komponisten und nicht um Hinweise auf die betriebliche Herkunft der Waren und DL, die unter diesem Namen angeboten werden, wie zB Filme, DVDs oder Fernsehprogramme[1736].

5. Bekannte Marke

1500 Einen *besonderen Schutz* genießen *bekannte Marken*. Denn der Schutz bekannter Marken ist *umfassender* als derjenige von einfachen Marken[1737].

1501 Auf Widerspruch des Inhabers einer eingetragenen[1738] älteren Marke iSd Art. 8 Abs. 2 UMV ist die angemeldete Unionsmarke nach Art. 8 Abs. 5 UMV iVm Art. 46 Abs. 1a UMV dann von der Eintragung ausgeschlossen, wenn sie mit der älteren Marke identisch oder dieser ähnlich ist, *ungeachtet dessen, ob die Waren oder DL*, für die sie eingetragen werden soll, mit denen identisch oder denen *ähnlich oder nicht ähnlich sind*, für die eine ältere Marke eingetragen ist, wenn es sich im Falle einer älteren Unionsmarke um eine in der Union *bekannte* Marke und im Falle einer älteren nationalen Marke um eine in dem betr Mitgliedstaat bekannte Marke handelt und die Benutzung der angemeldeten Marke die *Unterscheidungskraft* oder die *Wertschätzung der älteren ohne rechtfertigenden Grund in unlauterer Weise ausnutzen oder beeinträchtigen* würde.

1502 Eine Marke kann auch Bekanntheit besitzen, wenn sie *zusammen mit anderen benutzt* wird. So kann eine dreidimensionale Marke (*stabförmiger Schokoladenkeks*) durch ihre Benutzung eigenständige Bekanntheit erlangen, selbst wenn sie immer in Verbindung mit einer Wortmarke (*MIKADO*) verwendet wird, und zwar auch dann, wenn die

1735 EuG, 30.06.2009, T-435/05 – Dr. No/Dr. No, Rn 24–31.

1736 EuG, 22.06.2010, T-255/08 – JOSE PADILLA/JOSE PADILLA, Rn 51–57.

1737 EuGH, 06.02.2014, C-65/12 – The Bulldog/Red Bull Krating-Daeng (de Vries/Leidseplein), Rn 41.

1738 EuG, 22.06.2010, T-255/08 – JOSE PADILLA/JOSE PADILLA, Rn 47, 48. Dies ergab sich bei der noch etwas unpräzisen Fassung des alten Art. 8 Abs. 5 GMV nach Erkenntnis des EuG bereits aus dem Wortlaut »für die die ältere Marke eingetragen ist«.

Marke aus der Form der Ware besteht, sofern das angesprochene (hier: französische) Publikum die betr Waren als von demselben Unternehmen stammend wahrnimmt[1739].

Bekannt muss die ältere Marke für die von ihr *geschützten* und im Widerspruch geltend gemachten *Waren* sein. Eine Bekanntheit für andere Waren reicht nicht aus[1740]. 1503

Der *erweiterte Schutz* kommt einer *bekannten Marke* dann zu, wenn sie einem *bedeutenden, wesentlichen Teil des Publikums* bekannt ist, das von den durch die Marke erfassten Waren oder DL betroffen ist, also je nach der vermarkteten Ware oder DL der *breiten Öffentlichkeit* oder einem *speziellen beruflichen Fachkreis.* Bei einer Marke, die der Allgemeinheit bekannt ist, ist aber grds davon auszugehen, dass sie auch Fachleuten geläufig ist[1741]. Das Erfordernis der Bekanntheit bei einem *Testsiegel verlangt nicht*, dass dem Publikum der Umstand bekannt sein muss, dass dieses *als Marke eingetragen* wurde. Es reicht aus, dass ein bedeutender Teil des maßgeblichen Verkehrs dieses Zeichen kennt[1742]. Die von der Rspr aufgestellten Kriterien betr die ernsthafte Benutzung der Unionsmarke sind natürlich als solche für den Nachweis des Vorliegens einer *Bekanntheit* nicht maßgebend[1743]. 1504

In *territorialer Hinsicht* genügt die Bekanntheit *in einem wesentlichen Teil des betr Gebiets*. Es ist also nicht notwendig, dass sie sich auf das gesamte Gebiet erstreckt, in dem die bekannte Marke Schutz genießt[1744]. So reicht bei einer Benelux-Marke die Bekanntheit in einem der Benelux-Staaten aus[1745]. Weiter können die territorialen Voraussetzungen erfüllt sein, wenn eine Unionsmarke zB in Österreich sehr bekannt ist[1746]. 1505

1739 EuG, 28.02.2019, T-459/18 – PEPERO original/Keks, stabförmig (MIKADO), Rn 128–138. Hier haben Meinungsumfragen ergeben, dass, wenn der Keks, dessen Form die dreidimensionale Marke darstellt, den Befragten vorgelegt wurde, ein erheblicher Prozentsatz von ihnen spontan und unmittelbar ihn mit der Marke »MIKADO« verbunden hat. Außerdem war in Werbespots seine besondere Form hervorgehoben worden. Zudem hatte die dreidimensionale Marke durch ihre ständige Benutzung seit 1983 einen sehr hohen Bekanntheitsgrad erlangt, ohne in dem betr Marktsegment einen Nachahmer zu finden.

1740 EuG, 14.07.2016, T-567/15 – Schwarzes Quadrat mit vier weißen Linien/Drei senkrechte Klauen, Rn 59–61; bestätigt durch EuGH, 16.02.2017, C-502/16 P. Da es am Nachweis für die Bekanntheit der älteren Marke für die hier relevanten Bekleidungswaren fehlt und die Bekanntheit für andere Waren irrelevant ist, scheitert der Widerspruch aus Art. 8 Abs. 5 UMV.

1741 EuGH, 10.05.2012, C-100/11 P – BOTOLIST und BOTOCYL/BOTOX, Rn 66.

1742 EuGH, 11.04.2019, C-690/17 – ÖKO-TEST-Siegel, Rn 49.

1743 EuGH, 03.09.2015, C-125/14 – be impulsive/Impulse (Iron & Smith Kft./Unilever NV), Rn 16, 21–25. Dieser zur Bekanntheit iSd Art. 4 Abs. 3 MarkenR aF, der Art. 9 Abs. 2c UMV entspricht, ausgesprochene Grundsatz gilt auch für die UMV.

1744 EuGH, 14.09.1999, C-375/97 – Chevy, Rn 24, 28, 31.

1745 EuG, 16.03.2016, T-201/14 – SPA WISDOM/SPA, Rn 15, 16, 21.

1746 EuGH, 06.10.2009, C-301/07 – Pago/Lattella, Rn 29, 30, zur Bekanntheit iSd Art. 9 Abs. 1c GMV.

1506 Sofern die *Bekanntheit* einer älteren *Unionsmarke in einem wesentlichen Teil des Unionsgebiets* erwiesen ist, das ggf mit dem Gebiet *eines einzigen Mitgliedstaats* zusammenfallen kann, der nicht notwendigerweise der sein muss, in dem eine Anmeldung der jüngeren nationalen Marke erfolgt ist, ist diese *Unionsmarke in der Union bekannt*[1747].

1507 Bei der Prüfung dieser Voraussetzung sind alle *relevanten Umstände* des Falles zu berücksichtigen, also insb der von der älteren Marke gehaltene *Marktanteil*, die *Intensität*, die *geografische Verbreitung* und die *Dauer* ihrer *Benutzung* sowie der *Umfang der Investitionen*, die das Unternehmen zu ihrer Förderung getätigt hat, insb der *Werbeaufwand* für diese Marke, ohne dass zu verlangen ist, dass die Marke einem bestimmten Prozentsatz des in dieser Weise definierten Publikums bekannt ist[1748]. Neben Angaben über die Verbreitung und Werbemaßnahmen sowie die Präsenz in der Öffentlichkeit, zB auf Ausstellungen und in den Medien, kann auch eine *Verbraucherbefragung* die Bekanntheit beim Publikum erweisen[1749]. Die BK muss den *Grad der Bekanntheit* feststellen. Tut sie dies nicht, so ist dies eine Verletzung von Art. 8 Abs. 5 UMV, so dass die angefochtene Entscheidung aufgehoben werden muss[1750].

1508 Die BK muss ausdrücklich und detailliert geltend gemachte *Entscheidungen des EuG, des Amts und nationaler Instanzen berücksichtigen*, die zur Bekanntheit von älteren Marken ergangen sind, soweit es sich um identische Marken und Waren handelt, und kann sich nicht darauf berufen, dass nicht auch die diesen Entscheidungen zugrundeliegenden Beweisstücke vorgelegt worden seien. Falls sie eine davon abweichende Position vertreten will, muss sie diese ausdrücklich begründen. Selbst wenn der BK die zitierten Entscheidungen nicht ausgereicht hätten, hätte sie die in ihnen erwähnten Beweismittel von dem Beteiligten anfordern müssen[1751].

1747 EuGH, 03.09.2015, C-125/14 – be impulsive/Impulse (Iron & Smith Kft./Unilever NV), Rn 20, 26–34. Selbst wenn die ältere Unionsmarke einem erheblichen Teil der maßgeblichen Verkehrskreise des Mitgliedstaats, in dem die Anmeldung der jüngeren nationalen Marke erfolgt ist, unbekannt ist, ist nach Ansicht des EuGH nicht ausgeschlossen, dass ein wirtschaftlich nicht unerheblicher Teil dieser Verkehrskreise diese Marke kennt und sie mit der jüngeren nationalen Marke *gedanklich verbindet.* Diese Fiktion, wonach sich die Bekanntheit einer Unionsmarke in einem wesentlichen Gebiet der Union auf die gesamte Union, also auch auf Gebiete, wo sie unbekannt ist, erstrecken soll, erscheint mE jedoch zu impulsiv, räumt sie einer Unionsmarke doch dort weitergehende Rechte ein, als sie eine identische nationale Marke hätte. Insoweit hat der EuGH den Zwiespalt zwischen dem einheitlichen Charakter einer Unionsmarke in der gesamten Union zum Nachteil der realen Verkehrsauffassung im betr Mitgliedstaat gelöst, was letztlich zu einer Vergewaltigung der betroffenen Verbraucher führt.

1748 EuG, 17.06.2008, T-420/03 – BoomerangTV/B BOOMERANG, Rn 107 mwN.

1749 EuG, 26.09.2014, T-490/12 – GRAZIA/GRAZIA, Rn 47–64.

1750 EuG, 04.10.2017, T-411/15 – GAPPOL/GAP, Rn 196–206.

1751 EuGH, 28.06.2018, C-564/16 P – Springende Raubkatze/Springende Raubkatze, Rn 58–100; mit dem das EuG, 09.09.2016, T-159/15, Rn 30–43; bestätigt wurde.

Für bekannte Marken iSv Art. 8 Abs. 5 UMV ist ein *geringerer Bekanntheitsgrad* nachzuweisen als für notorisch bekannte Marken iSv Art. 6 bis PVÜ[1752]. 1509

Die relevanten Tatsachen und Beweismittel müssen sich auf den *Anmeldetag* der angegriffenen Unionsmarkenanmeldung oder die Zeit unmittelbar davor beziehen[1753]. Jedoch kann nicht automatisch ausgeschlossen werden, dass ein Dokument, das einige Zeit vor oder nach diesem Datum erstellt wurde, nützliche Informationen enthalten kann, da die *Bekanntheit einer Marke im Allgemeinen schrittweise erlangt* wird. Der Beweiswert eines solchen Dokuments dürfte unterschiedlich sein, je nachdem, ob der abgedeckte Zeitraum nahe am Anmeldetag liegt oder davon entfernt ist. Daher kann Beweismitteln ihre Beweiskraft nicht allein deshalb entzogen werden, weil sie ein Datum tragen, das fünf Jahre vor dem Anmeldetag liegt[1754]. 1510

Der umfassendere Schutz für bekannte Marken gilt aufgrund der ausdrücklichen gesetzlichen Regelung in der UMV nicht nur bei unähnlichen Waren oder DL, sondern *auch für* den Fall, dass sich *ähnliche oder identische Waren und DL* gegenüberstehen[1755]. 1511

Der durch Art. 8 Abs. 5 UMV gewährte Schutz setzt nicht voraus, dass zwischen der bekannten Marke und dem jüngeren Zeichen ein *Ähnlichkeitsgrad* besteht, der so hoch ist, dass für die beteiligten Verkehrskreise eine Verwechslungsgefahr besteht, zB bei *Zigarettenpackungen*[1756]. Es genügt vielmehr, dass sie diese beiden Zeichen *gedanklich miteinander verknüpfen*, ohne sie jedoch zu verwechseln[1757]. So können die in Art. 8 Abs. 5 UMV genannten Beeinträchtigungen die Folge eines im Vergleich zu Art. 8 Abs. 1b UMV *geringeren Grades der Ähnlichkeit* zwischen der älteren und der jüngeren Marke sein, soweit dieser ausreicht, damit die beteiligten Verkehrskreise einen Zusammenhang zwischen diesen Marken sehen[1758]. Sind jedoch die konkur- 1512

1752 EuG, 17.06.2008, T-420/03 – BoomerangTV/B BOOMERANG, Rn 110.

1753 EuG, 18.09.2014, T-90/13 – V (mit Polospielerbild)/Polospieler, Rn 42, 54.

1754 EuG, 24.04.2024, T-157/23 – Joyful by Nature/JOY, Rn 22, 23, 39.

1755 EuGH, 09.01.2003, C-292/00 – Durfee/Davidoff, Rn 25 f; EuGH, 23.10.2003, C-408/01 – Drei Streifen/Adidas, Rn 19, 27. Art. 8 Abs. 5 UMV, der das noch nicht vorsah, konnte nämlich keine Auslegung erhalten, die zur Folge hätte, dass bekannte Marken im Fall der Benutzung eines Zeichens für identische oder ähnliche Waren oder DL in geringerem Maße geschützt wären als im Fall der Benutzung des Zeichens für nichtähnliche Waren oder DL.

1756 EuG, 21.12.2022, T-44/22 – Zigarettenpackung/Marlboro SELECTED PREMIUM TOBACCOS, Rn 32–58.

1757 EuGH, 10.12.2015, C-603/14 P – The English Cut/El Corte Inglés, Rn 40–47; s.a. EuG, 25.05.2005, T-67/04 – SPA-FINDERS/SPA, Rn 43–52; EuGH, 27.11.2008, C-252/07 – INTEL, Rn 30–32 zu Art. 4 Abs. 4a. und Art. 5 Abs. 2 MarkenRL.

1758 EuG, 11.12.2014, T-480/12 – Master/Coca-Cola, Rn 45–65, wonach bereits eine gemeinsame ungewöhnliche ältere Schriftart mit eleganten Schnörkeln und Verzierungen (Spenserian-Schriftzug, die bis 1925 offizielle Schulschreibschrift in den USA) zu einer geringen Ähnlichkeit ansonsten vollständig verschiedener Zeichen führen kann. Jedoch unterscheidet sich die Abbildung einer leicht verpixelten Birne bereits so deutlich von derjenigen eines angebissenen Apfels mit Blatt, dass keine Zeichenähnlichkeit

rierenden Zeichen nicht ähnlich, fehlt es an einer der zwingenden Voraussetzungen für Art. 8 Abs. 5 UMV[1759].

1513 Bei der Beurteilung einer *gedanklichen Verknüpfung* kann es notwendig sein, das Ausmaß der *Bekanntheit der älteren Marke* zu berücksichtigen, um zu ermitteln, ob sich diese über die von dieser Marke angesprochenen Verkehrskreise hinaus erstreckt. Denn es ist möglich, dass die von den Waren oder DL der jüngeren Marke angesprochenen Verkehrskreise einen Zusammenhang zwischen den konkurrierenden Marken herstellen, obwohl sie ein ganz anderes Publikum sind als die von den Waren oder DL der älteren Marke angesprochenen Verkehrskreise[1760]. Die Bekanntheit und die *Unterscheidungskraft der älteren Marke* sind maßgebliche Faktoren für die Beurteilung (nicht der Ähnlichkeit der einander gegenüberstehenden Marken, sondern) des Vorliegens einer gedanklichen Verknüpfung dieser Marken durch die beteiligten Verkehrskreise[1761].

1514 Die *Gefahr einer gedanklichen Verknüpfung* ist dementspr von der *Verwechslungsgefahr* nach Art. 8 Abs. 1b UMV *zu unterscheiden*, die als die Gefahr definiert wird, dass der Verkehr glauben könnte, dass die mit der Anmeldung und die mit der älteren Marke bezeichneten Waren oder DL aus demselben Unternehmen oder ggf aus wirtschaftlich miteinander verbundenen Unternehmen stammen. Dagegen sehen die beteiligten Verkehrskreise in den Fällen des Art. 8 Abs. 5 UMV einen Zusammenhang, dh sie stellen eine *gedankliche Verknüpfung* zwischen den miteinander konkurrierenden Marken her, *ohne* sie jedoch *zu verwechseln*[1762].

1515 Das *Freihaltungsbedürfnis* hat weder mit der Beurteilung des Grades der *Ähnlichkeit* zwischen der bekannten Marke und dem von dem Dritten benutzten Zeichen noch mit der *gedanklichen Verknüpfung* etwas zu tun, die die beteiligten Verkehrskreise

---

angenommen werden kann; EuG, 31.01.2019, T-215/17 – PEAR/Apfelbild; bestätigt durch EuGH 01.10.2019, C-295/19 P.

1759 EuG, 12.07.2023, T-487/22 – Zwei schwarze geometrische Formen/mó.

1760 Insofern ist es mE problematisch, schon aufgrund unterschiedlicher Art von Waren und DL, ihrer verschiedenen Vertriebskanäle, ihrer fehlenden Austauschbarkeit, ihrem differierenden Zweck und der fehlenden Zugehörigkeit zu benachbarten Marktsegmenten sowie die verschiedenen angesprochenen Verkehrskreise, anzunehmen, dass selbst der Verkehr, dem beide Zeichen begegnen, keine Verbindung zwischen ihnen herstellen wird; EuG, 19.05.2015, T-71/14 – SWATCHBALL/SWATCH, Rn 26–36.

1761 EuGH, 24.03.2011, C-552/09 P – TiMi KINDERJOGHURT/KINDER, Rn 53, 57, 58; EuGH, 20.11.2014, C-581/14 P – GOLDEN BALLS/BALLON D'OR, Rn 72–78; aA EuG, 27.09.2011, T-207/09 – NC NICKOL/NIKE, Rn 31–33, wonach das Konzept der Zeichenähnlichkeit im Falle des Art. 8 Abs. 1b UMV dasselbe ist wie im Falle von Art. 8 Abs. 5 UMV.

1762 EuGH, 27.11.2008, C-252/07 – INTEL, Rn 30, 58. So werden zB alkoholische und alkoholfreie Getränke vom Publikum häufig gemischt und in Restaurants, Bars und Nachtclubs zusammen verkauft, so dass eine Nähe zwischen ihnen besteht, die zu derselben breiten Kategorie von Getränken gehören, auch wenn sie nicht ähnlich im Sinne einer Verwechslungsgefahr sind; EuG, Urteil vom 28.04.2021, T-509/19 – FLÜGEL/... VERLEIHT FLÜGEL II, Rn 105–127; Rechtsmittel nicht zugelassen, EuGH, 13.12.2021, C-387/21 P. S.a. EuG, 30.03.2022, T-445/21 – COPALLI/COMPAL, Rn 45–50.

zwischen dem Zeichen und der Marke herstellen könnten. Es kann somit *kein relevanter Gesichtspunkt* für die Prüfung sein, ob die Benutzung des Zeichens die Unterscheidungskraft oder die Wertschätzung der Marke in unlauterer Weise ausnutzt oder beeinträchtigt[1763].

Die Hauptaufgabe einer Marke liegt zwar in einer *Herkunftsfunktion*, gleichwohl fungiert sie auch als *Träger anderer Mitteilungen*, insb über die speziellen Eigenschaften oder Merkmale der mit ihr gekennzeichneten Waren oder DL oder der mit ihr vermittelten Bilder und Empfindungen wie etwa Luxus, Lebensstil, Exklusivität, Abenteuer oder Jugendlichkeit. Unter diesem Aspekt hat die Marke einen ihr eigenen, *autonomen wirtschaftlichen Wert*, der von dem der für sie eingetragenen Waren oder DL zu unterscheiden ist. Solche Botschaften, die insb durch eine bekannte Marke vermittelt oder mit ihr verbunden werden, verleihen ihr einen erheblichen und *schutzwürdigen Wert*, zumal die Bekanntheit einer Marke in den meisten Fällen das Ergebnis beträchtlicher Anstrengungen und Investitionen ihres Inhabers ist[1764]. Zudem ist zu berücksichtigen, dass eine Marke neben der Herkunftsfunktion auch andere Funktionen, wie ua die *Kommunikations-, Investitions- oder Werbefunktion* erfüllen kann[1765]. 1516

Bei der Prüfung der Voraussetzungen von Art. 8 Abs. 5 UMV sind *drei Arten von Gefahren* zu unterscheiden: 1517

Die nicht gerechtfertigte Benutzung der Anmeldung würde *erstens* die Unterscheidungskraft der älteren Marke (Fall 1) oder *zweitens* deren Wertschätzung beeinträchtigen (Fall 2) oder sie würde *drittens* die Unterscheidungskraft oder die Wertschätzung der älteren Marke in unlauterer Weise ausnutzen (Fall 3). Es reicht dabei aus, dass nur eine dieser Gefahrenarten besteht[1766]. 1518

Zu einer *Beeinträchtigung der Unterscheidungskraft* der älteren Marke durch die nicht gerechtfertigte Benutzung der Anmeldung (Fall 1) kann es kommen, wenn die ältere Marke nicht mehr geeignet ist, eine unmittelbare gedankliche Verbindung mit den Waren und/oder DL hervorzurufen, für die sie eingetragen ist und verwendet wird. Die Gefahr liegt somit in der *Verwässerung* oder *allmählichen Schwächung* der älteren Marke durch die Auflösung ihrer Identität und ihrer Bekanntheit[1767]. Allerdings ist die Verwässerungsgefahr grds weniger ausgeprägt, wenn die ältere Marke aus einem Begriff besteht, der aufgrund einer ihm eigenen Bedeutung unabhängig von der 1519

1763 EuGH, 10.04.2008, C-102/07 – ADIDAS II, Rn 43.

1764 EuG, 22.03.2007, T-215/03 – VIPS/VIPS, Rn 35–42. Im entschiedenen Fall wurden die Voraussetzungen von Art. 8 Abs. 5 UMV in Bezug auf die für Erstellen von Computerprogrammen für Hotels, Restaurants beanspruchte Anmeldung verneint, da der relevante Verkehr das für Schnellgastronomie geschützte ältere Recht eher mit anderen Eigenschaften assoziiert, etwa Schnelligkeit, Verfügbarkeit, Jugendlichkeit als mit einem Bild von Ansehen oder höherer Qualität.

1765 EuGH, 18.06.2009, C-487/07 – L'Oréal, Rn 65, 80; siehe *Hacker,* MarkenR 2009, 333.

1766 EuGH, 27.11.2008, C-252/07 – INTEL, Rn 27 f.

1767 So auch EuGH, 27.11.2008, C-252/07 – INTEL, Rn 29; EuGH, 18.06.2009, C-487/07 – L'Oréal, Rn 39.

daraus gebildeten älteren Marke weit verbreitet ist und häufig gebraucht wird. Die Benutzung der jüngeren Marke kann die Unterscheidungskraft der bekannten älteren selbst dann beeinträchtigen, wenn die ältere Marke *nicht einmalig* ist. Bereits eine *erste Benutzung* der jüngeren Marke kann für eine derartige Beeinträchtigung genügen.

1520 Der *Nachweis*, dass die Benutzung der jüngeren Marke die Unterscheidungskraft der älteren Marke beeinträchtigt oder beeinträchtigen würde, setzt voraus, dass dargetan wird, dass sich das *wirtschaftliche Verhalten des Durchschnittsverbrauchers* der Waren oder DL der älteren Marke infolge der Benutzung der jüngeren Marke geändert hat oder dass die ernsthafte Gefahr einer künftigen Verhaltensänderung besteht[1768]. Dies stellt eine *objektive Voraussetzung* dar, die nicht nur aus subjektiven Gesichtspunkten wie allein der Wahrnehmung der Verbraucher abgeleitet werden kann. Der bloße Umstand, dass die Verbraucher ein neues Zeichen feststellen, das einem älteren Zeichen ähnlich ist, reicht allein nicht aus, um das Vorliegen einer (auch nur) drohenden Beeinträchtigung der Unterscheidungskraft der älteren Marke iSv Art. 8 Abs. 5 UMV darzutun, soweit diese Ähnlichkeit keine Verwechslung hervorruft. Für den Nachweis sind nämlich *erhöhte Beweisanforderungen* zu stellen[1769].

1521 Eine *Beeinträchtigung der Wertschätzung* der älteren Marke durch die nicht gerechtfertigte Benutzung der Anmeldung (Fall 2), auch als *Verunglimpfung* oder *Herabsetzung* bezeichnet, ist dann zu bejahen, wenn die mit der Anmeldung beanspruchten Waren oder DL auf die Öffentlichkeit in einer solchen Weise wirken können, dass die *Anziehungskraft* der älteren Marke *geschmälert* wird. Die Gefahr einer solchen Beeinträchtigung kann insb dann bestehen, wenn die entspr Waren oder DL Merkmale oder Eigenschaften aufweisen, die sich *negativ auf das Bild einer bekannten älteren Marke* auswirken können, weil sie mit der Anmeldung identisch oder ihr ähnlich ist[1770]. Infolge der unterschiedlichen Art von zB Tabak und Bekleidung und ihrer fehlenden Nähe zueinander werden aber die maßgeblichen Verkehrskreise keine gedankliche Verknüpfung zwischen diesen Waren herstellen[1771].

1522 Unter den Begriff der *unlauteren Ausnutzung* der Unterscheidungskraft oder der Wertschätzung der älteren Marke durch die nicht gerechtfertigte Benutzung der Anmeldung (Fall 3), auch als *parasitäres Verhalten* und *Trittbrettfahren* bezeichnet, sind schließlich alle Fälle zu fassen, in denen eine berühmte Marke eindeutig parasitär ausgebeutet oder versucht wird, *Vorteil aus ihrem guten Ruf* zu ziehen, also die Gefahr besteht, dass

---

1768 EuGH, 27.11.2008, C-252/07 – INTEL, Rn 81; EuG, 22.03.2007, T-215/03 – VIPS/VIPS, Rn 37 f.

1769 EuGH, 14.11.2013, C-383/12 P – Wolfskopf/WOLF Jardin ua, Rn 37, 40.

1770 EuGH, 18.06.2009, C-487/07 – L'Oréal, Rn 40; EuG, 22.03.2007, T-215/03 – VIPS/VIPS, Rn 39.

1771 EuG, 18.11.2015, T-606/13 – Mustang/MUSTANG, Rn 54–64. Auch wenn wissenschaftlich nachgewiesen ist, dass Tabak gesundheitsschädlich ist, und allgemein bekannt ist, dass Tabak in Deutschland heute gedanklich mit etwas für die Gesundheit Schlechtem in Verbindung gebracht wird, bedeutet das nicht automatisch, dass sich die Wertschätzung von Waren der Bekleidungsbranche, die gedanklich mit einer Zigarettenmarke in Verbindung gebracht wird, verringert.

das Bild der bekannten Marke oder die durch sie vermittelten Merkmale auf die mit der Anmeldung gekennzeichneten Waren übertragen werden, so dass deren Vermarktung durch diese gedankliche Verbindung mit der bekannten älteren Marke erleichtert wird. Das Vorliegen einer unlauteren Ausnutzung der Unterscheidungskraft oder der Wertschätzung der Marke setzt weder das Bestehen einer Verwechslungsgefahr noch die Gefahr einer Beeinträchtigung dieser Unterscheidungskraft oder Wertschätzung oder allgemein des Inhabers der Marke voraus.

Der Vorteil, der sich aus der Verwendung eines, einer bekannten Marke ähnlichen Zeichens durch einen Dritten ergibt, ist eine unlautere Ausnutzung der Unterscheidungskraft oder der Wertschätzung der Marke durch den Dritten, wenn dieser durch die Verwendung versucht, sich in den Bereich der *Sogwirkung* dieser Marke zu begeben, um von ihrer Anziehungskraft, ihrem Ruf und ihrem Ansehen zu profitieren und um ohne finanzielle Gegenleistung und ohne dafür eigene Anstrengungen machen zu müssen, die wirtschaftlichen Anstrengungen des Markeninhabers zur Schaffung und Aufrechterhaltung des Images dieser Marke auszunutzen[1772]. 1523

Die Gefahr einer unlauteren Ausnutzung der Unterscheidungskraft oder der Wertschätzung der älteren Marke durch die nicht gerechtfertigte Benutzung der Anmeldung besteht dann, wenn der Verbraucher, ohne notwendigerweise die betriebliche Herkunft der fraglichen Ware oder DL zu verwechseln, *durch die Anmeldung als solche angezogen* wird und die damit gekennzeichnete Ware oder DL kauft, weil sie mit diesem Zeichen versehen ist, das mit einer bekannten älteren Marke identisch oder ihr ähnlich ist. 1524

Das Vorliegen einer Benutzung der jüngeren Marke, die die Unterscheidungskraft oder die Wertschätzung der älteren Marke in unlauterer Weise ausnutzt oder beeinträchtigt oder ausnutzen oder beeinträchtigen würde, ist unter Berücksichtigung *aller relevanten Umstände* des Einzelfalls umfassend zu beurteilen. Die Tatsache, dass die ältere Marke für verschiedene bestimmte Arten von Waren oder DL sehr bekannt ist, diese Waren oder DL den Waren oder DL, für die die jüngere Marke eingetragen ist, unähnlich oder in hohem Maße unähnlich sind, die ältere Marke in Bezug auf Waren oder DL gleich welcher Art einmalig ist und die jüngere Marke dem Durchschnittsverbraucher die ältere bekannte Marke in Erinnerung ruft, genügt nicht, um nachzuweisen, dass die Benutzung der jüngeren Marke die Unterscheidungskraft oder die Wertschätzung der älteren Marke in unlauterer Weise ausnutzt oder beeinträchtigt oder ausnutzen oder beeinträchtigen würde[1773]. 1525

Auch das *Bestehen einer Verknüpfung* zwischen der bekannten älteren und der jüngeren Marke ist unter Berücksichtigung aller relevanten Umstände des Einzelfalls umfassend zu beurteilen. Die Tatsache, dass die jüngere Marke dem Durchschnittsverbraucher die bekannte ältere in Erinnerung ruft, ist gleichbedeutend mit dem Bestehen einer 1526

1772 EuGH, 18.06.2009, C-487/07 – L'Oréal, Rn 41, 50; EuG, 22.03.2007, T-215/03 – VIPS/VIPS, Rn 40.

1773 EuGH, 27.11.2008, C-252/07 – INTEL, Rn 79, 80.

Verknüpfung zwischen den einander gegenüberstehenden Marken. Die Tatsache, dass die ältere Marke für verschiedene bestimmte Arten von Waren oder DL sehr bekannt ist, diese Waren oder DL denjenigen, für die die jüngere Marke eingetragen ist, unähnlich oder in hohem Maße unähnlich sind und die ältere Marke in Bezug auf Waren oder DL gleich welcher Art einmalig ist, impliziert jedoch nicht zwangsläufig das Bestehen einer Verknüpfung zwischen den einander gegenüberstehenden Marken[1774].

1527 Die *Verkehrskreise*, auf die abzustellen ist, sind je nach der vom Inhaber der älteren Marke geltend gemachten Gefahrenart unterschiedlich. Das Vorliegen von Beeinträchtigungen der Unterscheidungskraft oder der Wertschätzung der älteren Marke (Fälle 1 und 2) ist im Hinblick auf den Durchschnittsverbraucher der Waren oder DL zu beurteilen, für die diese ältere Marke eingetragen ist. Eine unlautere Ausnutzung der Unterscheidungskraft oder der Wertschätzung der älteren Marke (Fall 3) ist angesichts des Umstands, dass hier das Verbotene im vom Inhaber der jüngeren Marke aus der älteren Marke gezogenen Vorteil liegt, im Hinblick auf den Durchschnittsverbraucher der Waren und DL zu beurteilen, für die die jüngere Marke eingetragen ist[1775].

1528 Der Inhaber der älteren Marke muss den *Nachweis* der Ausnutzung bzw Beeinträchtigung der Wertschätzung bzw Unterscheidungskraft erbringen. Dabei muss er zwar nicht das Vorliegen einer tatsächlichen und gegenwärtigen Gefährdung seiner Marke nachweisen, aber das Vorliegen von Gesichtspunkten dartun, aus denen dem *ersten Anschein* nach auf die *nicht nur hypothetische ernsthafte Gefahr* einer künftigen unlauteren Ausnutzung oder Beeinträchtigung geschlossen werden kann[1776]. Eine solche Schlussfolgerung kann insb auf der Grundlage logischer Ableitungen erreicht werden, die auf einer *Wahrscheinlichkeitsprognose* beruhen und für die die Gepflogenheiten der einschlägigen Branche sowie alle anderen Umstände des betr Falles berücksichtigt werden[1777].

1529 Ist dem Inhaber der älteren Marke der Beweis einer der drei obigen Gefahren (Rdn 1441–1452) gelungen, obliegt es dem Inhaber der jüngeren Marke nachzuweisen, dass er für die Benutzung dieser Marke einen *rechtfertigenden Grund* hat[1778].

1530 Dieser Begriff kann nicht nur *objektiv zwingende Gründe* umfassen, sondern sich auch auf die *subjektiven Interessen eines Dritten* beziehen, der ein mit der bekannten Marke identisches oder ihr ähnliches Zeichen benutzt. Deshalb zielt der Begriff des rechtfertigenden Grundes nicht darauf, einen Konflikt zwischen einer bekannten Marke und einem ähnlichen Zeichen, das vor Anmeldung dieser Marke benutzt wurde, zu lösen oder die dem Inhaber der Marke zuerkannten Rechte zu beschränken, sondern darauf, ein *Gleichgewicht* zwischen beiden Interessen zu finden, indem in dem beson-

1774 EuGH, 24.03.2011, C-552/09 P – TiMi KINDERJOGHURT/KINDER, Rn 54, 56; EuGH, 27.11.2008, C-252/07 – INTEL, Rn 62–64.

1775 EuGH, 27.11.2008, C-252/07 – INTEL, Rn 33–36.

1776 EuGH, 27.11.2008, C-252/07 – INTEL, Rn 37, 38.

1777 EuGH, 10.05.2012, C-100/11 P – BOTOLIST und BOTOCYL/BOTOX, Rn 95.

1778 EuGH, 27.11.2008, C-252/07 – INTEL, Rn 39; EuG, 06.07.2012, T-60/10 – ROYAL SHAKESPEARE/RSC-ROYAL SHAKESPEARE COMPANY, Rn 67–69.

deren gesetzlichen Kontext und unter Berücksichtigung des weitreichenden Schutzes der bekannten Marke den Interessen des dieses Zeichen benutzenden Dritten Rechnung getragen wird. Dass sich ein Dritter auf einen rechtfertigenden Grund für die Benutzung eines einer bekannten Marke ähnlichen Zeichens beruft, kann damit nicht dazu führen, dass ihm die mit einer eingetragenen Marke verbundenen Rechte zuerkannt werden, aber zwingt den Inhaber der bekannten Marke dazu, die *Benutzung des ähnlichen Zeichens zu dulden*[1779].

Der Inhaber einer bekannten Marke wegen kann sich daher wegen eines *rechtfertigenden Grundes* gezwungen sehen, zu dulden, dass ein Dritter ein dieser Marke ähnliches Zeichen für eine Ware oder DL benutzt, die mit derjenigen identisch ist, für die die ältere Marke eingetragen ist, wenn feststeht, dass dieses Zeichen vor Anmeldung der Marke benutzt wurde und dass seine Benutzung für die identische Ware oder DL in gutem Glauben erfolgt. Um zu beurteilen, ob eine der Anmeldung einer bekannten Marke vorausgehende Benutzung eines dieser Marke ähnlichen Zeichens durch einen Dritten als ein *rechtfertigender Grund* angesehen werden kann, der es rechtfertigen kann, dass dieser Dritte die Wertschätzung der genannten Marke ausnutzt, sind insb folgende *Gesichtspunkte* zu berücksichtigen: 1531

(1) die Verkehrsdurchsetzung und der Ruf des Zeichens bei den betroffenen Verkehrskreisen, 1532

(2) welche Absicht der Benutzer dieses Zeichens verfolgt, insb – für die Einstufung der Benutzung des der bekannten Marke ähnlichen Zeichens als gutgläubig – der Grad der Nähe zwischen den Waren und DL, für die das Zeichen ursprünglich benutzt wurde, und der Ware oder DL, für die die bekannte Marke eingetragen ist, sowie die zeitliche Abfolge, in der das Zeichen erstmals für eine Ware benutzt wurde, die mit der von der Marke erfassten Ware identisch ist, und die Marke Bekanntheit erworben hat, und 1533

(3) die wirtschaftliche und handelsmäßige Erheblichkeit der Benutzung des der Marke ähnlichen Zeichens für die fragliche Ware. Denn je größer der Ruf ist, den ein vor Anmeldung einer bekannten Marke benutztes Zeichen für ein bestimmtes Spektrum von Waren und DL erworben hat, umso angebrachter ist seine Benutzung für den Vertrieb einer Ware oder DL, die mit der von der älteren Marke erfassten identisch ist, und dies umso mehr, je näher diese Ware oder DL ihrer Art nach dem Spektrum von Waren und DL steht, für die das Zeichen vorher benutzt wurde[1780]. 1534

1779 EuGH, 06.02.2014, C-65/12 – The Bulldog/Red Bull Krating-Daeng (de Vries/Leidseplein), Rn 45, 46, 48, 60.

1780 EuGH, 06.02.2014, C-65/12 – The Bulldog/Red Bull Krating-Daeng (de Vries/Leidseplein), Rn 54–60. Wenn ein Zeichen vor Anmeldung einer bekannten Marke für DL und Waren benutzt wurde, die mit der Ware, für die diese Marke eingetragen ist, in Verbindung gebracht werden können, kann nämlich die Benutzung dieses Zeichens für die letztgenannte Ware als eine natürliche Erweiterung des DL- und Warenspektrums erscheinen, für das das Zeichen bei den betroffenen Verkehrskreisen bereits einen bestimmten Ruf genießt.

1535 Ein *rechtfertigender Grund* kann zB vorliegen, wenn der relevante Verkehr in Italien an die Existenz zweier verschiedener Marken mit identischem Namensbestandteil gewöhnt ist, die auf eine *Vereinbarung* von zwei Brüdern zurückgeht, die von ihrem Vater geschaffene Marke in verschiedenen Bereichen und in unterschiedlicher Gestaltung *gemeinsam zu nutzen*[1781]. Dagegen rechtfertigt der Umstand, dass eine bekannte Marke und ein älteres Zeichen des Anmelders in einem Teil der Union *friedlich nebeneinander* bestehen, nicht die Schlussfolgerung, dass es einen berechtigten Grund für die Benutzung dieses Zeichens in einem anderen Teil der Union gibt, in dem keine solche friedliche Koexistenz besteht[1782].

1536 Unter Zugrundelegung der oben genannten Kriterien für die Anwendung von Art. 8 Abs. 5 UMV würde nach der Rspr durch die Benutzung der Wortmarke *TDK* für Bekleidung die Kennzeichnungskraft und die Wertschätzung der älteren ähnlichen, für Geräte zur Aufzeichnung, Übertragung und Wiedergabe von Ton und Bild geschützten und bekannten Bild- und Wortmarken *TDK*[1783] in unlauterer Weise ausgenutzt, genauso wie durch das ua für Sportartikel und -bekleidung angemeldete Bildzeichen *nasdaq* die Bekanntheit der älteren Unionsmarke *NASDAQ*[1784] für Informations-DL für Börsenkursnotierungen oder durch das ua für Computerprogramme, Telekommunikation im Zusammenhang mit Golfplatzverwaltung angemeldete Bildzeichen *imaster.golf* die für Unterhaltung in Form von Golfturnieren sehr berühmte ältere IR-Marke *MASTERS*[1785] oder weiter durch das ua für Fahrzeuge und Transportmittel angemeldete Bildzeichen *GC GOOGLE CAR* die Berühmtheit der älteren Unionsmarke *GOOGLE*[1786] für ua Computer und Computer-DL, ebenso wie durch die für Zollabfertigung angemeldete Bildmarke *CITI* die Wertschätzung der älteren, bekannten und ähnlichen Unionswortmarke *CITIBANK*[1787] für Finanz- und Immobilienwesen.

1537 Selbst durch die Benutzung von *MINERAL SPA* und *SPALINE* für Kosmetika würde die Wertschätzung der bekannten ähnlichen Benelux-Marke *SPA* für Mineralwässer[1788] beeinträchtigt werden, genauso durch die Benutzung von *BOTOLIST* oder *BOTOCYL* für Kosmetika die Unterscheidungskraft oder Wertschätzung der älteren bekannten

1781 EuG, 07.07.2010, T-124/09 – CARLO RONCATO/RONCATO, Rn 49–52.

1782 EuG, 13.05.2020, T-288/19 – IPANEMA/Ipanema, Rn 72–75. Nationale Marken und Unionsmarken gewähren nämlich verschiedene Schutzrechte, die unterschiedlichen Regeln unterliegen und deren Eintragung unabhängigen Prüfungsverfahren folgen.

1783 EuG, 06.02.2007, T-477/04 – TDK/TDK, Rn 53, 56–67; bestätigt durch EuGH, 12.12.2008, C-197/07 P.

1784 EuG, 10.05.2007, T-47/06 – nasdaq/NASDAQ, Rn 47–51, 60–64; bestätigt durch EuGH, 12.03.2009, C-320/07 P.

1785 EuG, 15.11.2023, T-677/22 – imaster.golf/MASTERS.

1786 EuG, 01.02.2023, T-568/21 – GC GOOGLE CAR/GOOGLE.

1787 EuG, 16.04.2008, T-181/05 – CITI/CITIBANK.

1788 EuG, 19.06.2008, T-93/06 – MINERAL SPA/SPA, Rn 40–45; EuG, 25.03.2009, T-21/07 – SPALINE/SPA, Rn 37–40; s.a. EuG, 27.10.2016, T-625/15 – SPA VILLAGE/SPA; EuG, 25.03.2009, T-109/07 – SPA THERAPY/SPA.

Marke *BOTOX*[1789] für ein pharmazeutisches Faltenbehandlungsmittel sowie durch die Benutzung von *VIAGUARA* für alkoholfreie und alkoholische Getränke die ältere, für medizinische Potenzmittel berühmte Marke *VIAGRA*[1790].

Weiter würden durch die Eintragung von *KENZO* oder *KENZO ESTATE* für Wein, 1538
alkoholische Getränke, hochpreisige Lebensmittel (wie Olivenöl und Weinessig) sowie damit zusammenhängende Informations-, Veröffentlichungs- und Bereitstellungs-DL wegen Trittbrettfahrens die Wertschätzung der insb für außerordentlich exklusive Lederwaren und Bekleidung bekannten Marke *KENZO* ohne rechtfertigenden Grund in unlauterer Weise ausgenutzt, ebenso durch den Schutz von *BEATLE* für Rollstühle die Wertschätzung der für Ton-, Videoaufnahmen und Filme sehr bekannten, ja berühmten älteren *BEATLES* -Marken[1791]. Zudem wurden zwischen der für Lederwaren und Bekleidung eingetragenen jüngeren Marke *TASER* und der gleichnamigen älteren, für nicht tödliche elektronische Waffen in der Union sehr bekannten Marke die Voraussetzungen des Art. 8 Abs. 5 UMV bejaht[1792].

Auch durch die Registrierung von *Carrera* für mobile Navigationsgeräte, Geräte zur 1539
Aufzeichnung, Übertragung, Wiedergabe von Ton, Bild, DV-Geräte usw würde eine Gefahr des Imagetransfers zum Nachteil der einem bedeutenden Teil des Publikums für Kraftfahrzeuge bekannten älteren Marken *CARRERA* entstehen[1793]. Dasselbe gilt hinsichtlich der Anmeldung von *BeyBeni* für elektrische Geräte in Konkurrenz zu der älteren, in Spanien für Sonnenbrillen hochberühmten Marke *Ray Ban*, noch dazu bei ähnlicher grafischer Gestaltung[1794], sowie für die Anmeldung von *IPANEMA* für

1789 EuG, 16.12.2010, T-345/08 und T-357/08 – BOTOLIST und BOTOCYL/BOTOX; bestätigt durch EuGH, 10.05.2012, C-100/11 P.

1790 EuG, 25.01.2012, T-332/10 – VIAGUARA/VIAGRA. S.a. EuG, 03.05.2018, T-662/16 – Styriagra/VIAGRA.

1791 EuG, 22.01.2015, T-393/12 und T-322/13 – KENZO/KENZO, Rn 41–61 bzw 39–48; EuG, 02.12.2015, T-414/12, T-522/13 und T-528/13 – KENZO ESTATE/KENZO, Rn 50–59 bzw Rn 33–39; letzteres bestätigt durch EuGH, 21.07.2016, C-87/16 P; EuG, 29.03.2012, T-369/10 – BEATLE/BEATLES; bestätigt durch EuGH, 14.05.2013, C-294/12 P; s.a. EuG, 06.07.2012, T-60/10 – ROYAL SHAKESPEARE/RSC-ROYAL SHAKESPEARE COMPANY.

1792 EuG, 28.05.2020, T-342/19 – TASER/TASER, Rn 46–49. Obwohl die konkurrierenden Waren nicht ähnlich sind, besteht zwischen ihnen eine gewisse Nähe, da einige der jüngeren Marke auch von den Fachkreisen der älteren verwendet werden könnten. Zudem ist die Bekanntheit der älteren Marke so groß, dass sie in Bezug auf die von ihr geschützten Waren über den maßgeblichen Verkehr hinausgeht. Dasselbe gilt selbst hinsichtlich von Handwerkzeug und Besteck der jüngeren Marke; EuG, 28.05.2020, T-341/19 – TASER/TASER, Rn. 47–67.

1793 EuG, 27.11.2014, T-173/11 – Carrera/CARRERA, Rn 68–73; bestätigt durch EuGH, 21.01.2016, C-50/15 P.

1794 EuG, 08.05.2018, T-721/16 – BeyBeni/Ray Ban.

(Sonnen-)Brillen gegenüber der älteren, in Spanien für Sandalen bekannten Marke *Ipanema*[1795].

1540 Zudem kann die für Schnellimbissrestaurants bekannte Marke *McDONALD'S* – auch aufgrund einer Familie von in Deutschland und in Großbritannien benutzten »Mc«-Zeichen – die Nichtigkeit der jüngeren Marke *MACCOFFEE* für Lebensmittel bewirken, da die Gefahr besteht, dass diese durch *Trittbrettfahren* die Unterscheidungskraft und Wertschätzung der älteren Marke ausnutzt. Es besteht nämlich aufgrund der Nähe der Eingangselemente »MAC« und »Mc« bereits eine für Art. 8 Abs. 5 UMV ausreichende, wenn auch geringe Zeichenähnlichkeit, und die jüngere Marke weist mit dem Element »MAC« Eigenschaften auf, die sie mit der älteren in Verbindung bringen kann[1796]. Weiter steht die in Belgien für Lagerbier sehr bekannte Marke *PRIMUS* der Anmeldung von *PRIMUS* für Spiel- und Vergnügungsautomaten entgegen, zumal eine gewisse Komplementarität zwischen den Waren besteht[1797], ebenso die Bildmarke *Estrella Galicia*, die in Spanien hohes Ansehen für Bier genießt, der ua für Fleisch, Schinken, Wurstwaren und Einzelhandel damit angemeldeten Bildmarke *ESTRELLA DE CASTILLA*, da zwischen den wechselseitigen Waren und DL eine gewisse, wenn auch geringe Nähe besteht, so dass der Verkehr eine Verbindung zwischen den Marken hergestellt kann[1798].

1541 Eine gemeinsame ungewöhnliche, veraltete Schriftart mit eleganten Schnörkeln und Verzierungen (zB der für die älteren *Coca-Cola* -Bildmarken verwendete Spenserian-Schriftzug, die bis 1925 offizielle Schulschreibschrift der USA) kann durch Verwendung gemeinsamer Elemente, wie einen Schweif unter den wechselseitigen Anfangsbuchstaben, zu der für Art. 8 Abs. 5 UMV nur erforderlichen geringen Ähnlichkeit ansonsten vollständig abweichender Zeichen führen, was ein Trittbrettfahren des

1795 EuG, 13.05.2020, T-288/19 – IPANEMA/Ipanema; Rn 57–62. Dagegen unterscheiden sich Schutzbrillen als persönliche Sicherheitsausrüstungen für die Arbeitswelt hinsichtlich ihres Zwecks und ihrer Vertriebskanäle so deutlich von Sandalen, dass der Verkehr keine Beziehung zwischen den konkurrierenden Warengruppen herstellen wird; Rn 63–65.

1796 EuG, 05.07.2016, T-518/13 – MACCOFFEE/McDONALD'S. So hat der Inhaber der älteren Marke in der relevanten Zeit Marken mit dem Präfix »Mc« in Kombination mit einem anderen Wort für entspr Waren und DL auf Werbematerialien benutzt, nämlich »McMUFFIN, McRib, Mcflurry, Chicken McNuggets, McChicken, EGG McMUFFIN« in Deutschland und »Mcflurry, Chicken McNuggets, McChicken, EGG McMUFFIN« in Großbritannien. Dieses Urteil des EuG erscheint jedoch nicht unproblematisch, weil es dem häufig verbreiteten generischen Namenszusatz »Mc«, der im Gälischen für »Sohn von« steht, bereits als solchen einen viel zu hohen Schutzbereich einräumt. Zudem waren die im Verfahren vorgelegten Nachweise für Benutzung und Bekanntheit der zur Markenfamilie gehörenden »Mc«-Marken eher rudimentär.

1797 EuG, 09.09.2020, T-669/19 – PRIMUS/PRIMUS, zumal die benutzen Bildmarken, bei denen jeweils das Wort »PRIMUS« im Zentrum steht, den kennzeichnenden Charakter der eingetragenen älteren Wortmarken nicht verändert haben.

1798 EuG, 25.10.2023, T-384/22 – ESTRELLA DE CASTILLA/Estrella Galicia.

Anmelders des Bildzeichens *Master* belegen kann[1799]. Die Benutzung einer Marke außerhalb der Union (zB in Syrien und im Mittleren Osten) kann mit berücksichtigt werden, um festzustellen, ob sie die Unterscheidungskraft oder die Wertschätzung von bekannten älteren Marken in unlauterer Weise ausnutzen oder beeinträchtigen würde. Denn die *Verwendung dieser Marke irgendwo auf der Welt* kann ein Indiz dafür darstellen, wie sie in der Union möglicherweise verwandt werden könnte[1800].

Auch ein älteres Recht, das hohe Bekanntheit in Deutschland für die Entwicklung 1542
von Normen, Standards und Regeln der Technik als DL für Wirtschaft, Staat und Gesellschaft genießt, wie zB *DIN*, kann unähnliche technische Waren einer jüngeren Anmeldung verhindern[1801]. Dasselbe gilt gegenüber der Anmeldung von *ADLON* für Sanitär- und Badanlagen aufgrund der älteren, in Deutschland für DL der Hotellerie und Restauration hoch bekannten Marke *ADLON*.[1802]

Schließlich scheiterte die für Sicherheitsschuhe begehrte Anmeldung der Positions- 1543
marke von *zwei parallelen Streifen auf einem Schuh* an der seit 1949 vertriebenen älteren Bildmarke *Drei parallele Streifen auf Schuhen*, die eine große Bekanntheit auf dem Sportschuhmarkt besitzt, was auch ihren Schutzumfang erhöht, weil die Gefahr einer unlauteren Ausnutzung der älteren Marke im Wege eines Trittbrettfahrens besteht[1803]. Selbst die in Spanien für Konditorwaren außerordentliche Wertschätzung genießende ältere Unionsbildmarke *OREO* kann die Bildanmeldung von *gullón TWINS COOKIE SANDWICH* für Kekse verhindern, weil in beiden Zeichen das sehr ähnliche Bildele-

1799 EuG, 11.12.2014, T-480/12 – Master/Coca-Cola. Soweit das EuG jedoch Material über die aktuelle Benutzung der angegriffenen Marke im Widerspruchsverfahren mit berücksichtigt, ist dies eindeutig systemwidrig, da es hier – im Unterschied zum Verletzungsverfahren – nur auf die Anmeldung und nicht deren Benutzung ankommt.

1800 EuG, 07.12.2017, T-61/16, Master/Coca-Cola II; Rn 80–108. Es ist daher nach Ansicht des EuG vorhersehbar, wie die Anmelder die Marke nach ihrer Eintragung in der Union benutzen wird, zumal er – trotz Vorhalte des Widersprechenden – keine Angaben über eine anderweitige, von der bisherigen abweichende Benutzung in Europa gemacht hat. Daher besteht die Gefahr eines Trittbrettfahrens, wenn man die jetzige Art und Weise der Benutzung berücksichtigt. Denn diese weist – auch wenn sie von der angemeldeten Form abweicht – eine deutliche bildliche Ähnlichkeit zu den älteren Marken auf. Diese Ansicht ist mE sehr kühn, verlässt das EuG nämlich eindeutig den markenrechtlichen (rein registerrechtlichen) Bereich und wagt sich in das Lauterkeitsrecht hinein, also in den Bereich der möglichen Verletzung durch eine von der Eintragung deutlich abgewandelte Form.

1801 EuG, 10.02.2015, T-85/14 – DINKOOL/DIN, Rn 65–75. Der Verkehr könnte nämlich glauben, dass die Anmeldewaren in Übereinstimmung mit DIN-Normen hergestellt worden sind, so dass die Anmeldung in unlauterer Weise den guten Ruf des älteren Zeichens im geschäftlichen Verkehr in Deutschland ausnutzen würde. Problematisch ist mE allerdings, wenn das EuG diese Feststellung zu einem Kennzeichenrecht nach Art. 8 Abs. 4 UMV und nicht zur eingetragenen Marke trifft.

1802 EuG, 09.09.2020, T-144/19 – ADLON/ADLON, zumal zwischen den konkurrierenden Waren und DL eine Verknüpfung in Form eines Ergänzungsverhältnisses besteht.

1803 EuG, 01.03.2018, T-629/16 – Zwei parallele Streifen auf einem Schuh/Drei parallele Streifen auf Schuhen II.

ment eines Kekses im Zentrum steht, so dass die Gefahr einer unlauteren Ausnutzung des außerordentlichen Renommees der älteren Marke existiert, zumal sich die Waren in denselben Verkaufsstätten begegnen[1804].

1544 *Dagegen* wurde die Anwendung von Art. 8 Abs. 5 UMV vom EuG schon mangels ausreichender Markenähnlichkeit sowohl zwischen der Anmeldung des Bildzeichens *CAMELO* für Röstkaffee und den älteren bekannten spanischen *CAMEL*- Marken[1805] für Zigaretten als auch zwischen der Bildanmeldung *B* und der älteren Marke einer *geflügelten Sanduhr* verneint, da diese mit wenigen Ausnahmen nur zusammen mit dem Wort »longines« benutzt wurde[1806].

1545 Weiter spricht der große Abstand von DL, die für *verschiedene Verkehrskreise* bestimmt und daher nicht komplementär sind, wie einerseits Glücksspiele und andererseits DL im Bereich von Wissenschaft und Technik sowie Forschung und Entwicklung, schon gegen das Bestehen einer gedanklichen Verknüpfung zwischen der jüngeren Marke *Lottoland* und den älteren bekannten polnischen Marken *LOTTO*, so dass eine der Voraussetzungen für die Anwendung von Art. 8 Abs. 5 UMV, nämlich das Bestehen einer Verbindung zwischen den streitigen Zeichen, nicht erfüllt ist[1807]. Dasselbe galt im Konflikt zwischen der Anmeldung *PUMA-System* und den für Bekleidung und Schuhwaren hochberühmten älteren Bildmarken *PUMA* angesichts der angemeldeten sehr spezialisierten technischen Waren und DL, die sich an Fachleute der Industrie richten[1808]. Zudem werden die maßgeblichen Verkehrskreise wegen der deutlichen

1804 EuG, 28.05.2020, T-677/18 – gullón TWINS COOKIE SANDWICH/OREO.

1805 EuG, 30.01.2008, T-128/06 – CAMELO/CAMEL; bestätigt durch EuGH, 30.04.2009, C-136/08 P.

1806 EuG, 12.02.2015, T-505/12 – B/Geflügelte Sanduhr, Rn 101–128.

1807 EuG, 11.11.2020, T-820/19 – Lottoland/LOTTO, Rn 61, 68–70. So richten sich die einen DL an die breite Öffentlichkeit, während sich die anderen an ein Fachpublikum wenden.

1808 EuG, 10.03.2021, T-71/20 – PUMA-System/PUMA, Rn 49–96. Dagegen war der Widerspruch hinsichtlich ua Computer-Hardware, Computer, DV-Geräten erfolgreich, da diese es ermöglichen, während des Sporttrainings Musik oder Unterhaltungsprogramme zu hören, damit die Sportergebnisse zu optimieren und die Ausübung einer Sportart angenehmer zu gestalten, und daher wegen ihrer starken Komplementarität und großen Nähe eng mit Sportschuhen und -bekleidung verbunden sind. S.a. EuG, 07.12.2022, T-623/21 – Puma/PUMA; Rechtsmittel nicht zugelassen, EuGH, 17.07.2023, C-94/23 P. Zwar kann das Ausmaß der Bekanntheit einer älteren Marke über die Verkehrskreise hinausgehen, die von den von ihr erfassten Waren angesprochen werden, so dass auch ohne jede Verbindung zwischen diesen Waren eine Verbindung zwischen den konkurrierenden Marken bejaht werden kann, obwohl die jeweils maßgeblichen Verkehrskreise ganz andere sind. Da die streitigen Waren im entschiedenen Fall aber grundlegend verschiedene wirtschaftliche Sektoren und Märkte betreffen (Beleuchtungs-, Heizungs-, Koch-, Kühl-, Trocken-, Lüftungs-, Wasserleitungsgeräte versus Bekleidung), reicht die Kenntnis der älteren Marke seitens der Verkehrskreise, an die sich die Anmeldewaren richten, nicht als Nachweis für das Vorliegen einer gedanklichen Verknüpfung der konkurrierenden Marken durch diese Verkehrskreise aus. So auch EuG, 21.12.2022, T-4/22 – PUMA/PUMA II; Rechtsmittel nicht zugelassen, EuGH, 17.07.2023, C-145/23 P;

Verschiedenartigkeit von Beleuchtung, Fahrzeugscheinwerfern einerseits und Versicherungsdiensten andererseits *keine Verbindung* zwischen den Marken *VertiLight* und *VERTI* herstellen[1809].

Auch zwischen einerseits ua Waschmittel, Schmuck-, Lederwaren und andererseits mit Schokolade überzogenen Erdnüssen bestehen derart große Unterschiede, dass das Publikum keine gedankliche Verbindung zwischen der bekannten Marke *Conguitos* und einer fast identischen Neuanmeldung herstellt[1810]. Zum selben Ergebnis gelangte das EuG beim Konflikt zwischen der Anmeldung der Bildmarke *BimboBIKE* und der älteren, in Spanien für Brot bekannten Marke *BIMBO*, da der Verkehr keine Verbindung zu den angemeldeten Waschmitteln, Brillen, Lederwaren, Fahrrädern und Zubehör hierfür sowie Einzel- und Großhandel damit herstellen wird[1811]. 1546

6. Markenanmeldungen ungetreuer Vertreter

Auf Widerspruch des Markeninhabers ist von der Eintragung auch eine Marke ausgeschlossen, die der Agent oder *Vertreter* des Markeninhabers ohne dessen Zustimmung auf seinen eigenen Namen anmeldet, es sei denn, dass der Agent oder Vertreter seine Handlungsweise rechtfertigt (Art. 8 Abs. 3 UMV, Art. 46 Abs. 1b UMV). Das EUIPO hat dabei *alle Umstände des Einzelfalls* im Lichte des Rechts zu prüfen, das für die zwischen den Beteiligten bestehenden Rechts- und Handelsbeziehungen gilt[1812]. 1547

Ein Widerspruch auf dieser Grundlage hat nach Auffassung des EuG nur dann Erfolg, wenn erstens der *Widersprechende Inhaber der älteren Marke* ist, zweitens der Anmelder der Marke Agent oder *Vertreter des Markeninhabers* ist oder war, drittens der Agent oder *Vertreter* des Markeninhabers diese *ohne* dessen *Zustimmung auf seinen eigenen Namen angemeldet* hat, *ohne* dass die Handlungsweise des Agenten oder Vertreters 1548

---

bei der Konkurrenz zwischen Drehmaschinen einerseits und Lederwaren, Bekleidung, Spielzeug, Sportgeräten andererseits; EuG, 25.01.2024, T-266/23 – puma soundproofing/PUMA; Rechtsmittel nicht zugelassen, EuGH, 11.07.2024, C-248/24 P; und EuG, 28.02.2024, T-184/23 – BERTRAND PUMA La griffe boulangère/PUMA; bei der Konkurrenz zwischen ua schalldichten Kabinen für medizinische Zwecke sowie Isoliermaterialen für deren Bau bzw ua Backmaschinen einerseits und jeweils Bekleidung, Schuhwaren, Kopfbedeckung andererseits.

1809 EuG, 28.04.2021, T-644/19 – VertiLight/VERTI, Rn 38–41, 94–102. Da der notwendige Zusammenhang fehlt, ist die Benutzung der jüngeren Marke nicht geeignet, die Unterscheidungskraft oder die Wertschätzung der älteren in unlauterer Weise auszunutzen oder zu beeinträchtigen.

1810 EuG, 07.06.2023, T-339/22 – Conguitos/Conguitos.

1811 EuG, 24.05.2023, T-509/22 – BimboBIKE/BIMBO, Rn 27–58; Rechtsmittel nicht zugelassen, EuGH, 07.11.2023, C-473/23 P.

1812 S. EuG, 06.09.2006, T-6/05 – FIRST DEFENSE AEROSOL PEPPER PROJECTOR/FRIST DEFENSE I, Rn 50; EuG, 09.07.2014, T-184/12 – HEATSTRIP/HEATSTRIP, Rn 20–32; wo die BK australisches Common Law aufgrund von Informationen aus dem World Trademark Yearbook 2006 zugrunde gelegt hat.

gerechtfertigt wäre, und viertens die Anmeldung *hauptsächlich identische oder ähnliche Zeichen und Waren* betrifft. Diese Voraussetzungen sollen kumulativ sein[1813].

1549 Der Begriff *Marke* gemäß Art. 8 Abs. 3 UMV umfasst neben *eingetragenen* auch *nicht eingetragene* Marken, jedoch nur insoweit, als das Recht des Herkunftslandes Rechte dieser Art anerkennt[1814].

1550 Da der Wortlaut von Art. 8 Abs. 3 UMV im Gegensatz zu Art. 8 Abs. 1b UMV *keinen Hinweis auf ein betroffenes Gebiet* enthält, ist es unerheblich, ob die Rechte an der älteren Marke in der Union gelten oder nicht. Daher kann sich der *Inhaber einer älteren Marke in einem Vertragsstaat der PVÜ* auf Art. 8 Abs. 3 UMV berufen, wenn sein Agent oder Vertreter die Marke ohne seine Zustimmung in der Union zur Eintragung anmeldet[1815].

1551 Die *ältere Marke* und die *vom ungetreuen Agenten oder Vertreter angemeldete müssen nicht identisch,* sondern *können auch nur ähnlich* sein, was sich aus der Entstehungsgeschichte von GMV und Art. 6^septies^ PVÜ ergibt. Dasselbe gilt für die *Waren und DL,* die ebenfalls nur ähnlich zu sein brauchen. Die Union ist nämlich verpflichtet, Art. 8 Abs. 3 UMV im Licht des Wortlauts und des Zwecks der PVÜ auszulegen. Der Zweck von Art. 8 Abs. 3 UMV besteht darin, den *Missbrauch der älteren Marke durch den Agenten oder Vertreter ihres Inhabers zu verhindern,* da diese die Kenntnisse und die Erfahrung, die sie während der Geschäftsbeziehung zwischen dem Markeninhaber und ihnen erworben haben, ausnutzen und dadurch *ungerechtfertigt Vorteile* aus den von ihm erbrachten Anstrengungen und Investitionen ziehen könnten. Es kann nicht davon ausgegangen werden, dass ein solcher Missbrauch nur dann eintreten kann, wenn die ältere Marke und die vom Agenten oder Vertreter ihres Inhabers angemeldete Marke identisch sind, nicht aber dann, wenn sie ähnlich sind[1816].

1813 EuG, 13.04.2011, T-262/09 – FIRST DEFENSE AEROSOL PEPPER PROJECTOR/FIRST DEFENSE II, Rn 61.

1814 EuG, 28.06.2023, T-145/22 – Flasche mit Grashalm/Flasche mit Grashalm III, Rn 41, 42; Rechtsmittel nicht zugelassen, EuGH, 25.01.2024, C-553/23 P.

1815 EuG, 28.06.2023, T-145/22 – Flasche mit Grashalm/Flasche mit Grashalm III, Rn 43–46; Rechtsmittel nicht zugelassen, EuGH, 25.01.2024, C-553/23 P. Diese Auslegung ergibt sich aus Art. 6^septies^ PVÜ.

1816 EuG, 15.10.2018, T-7/17 – MINERAL MAGIC/MAGIC MINERALS BY JEROME ALEXANDER, Rn 24–37. Ob die Auslegung eine Zeichenidentität erfordert, erscheint mE jedoch sehr fraglich. EuGH, 11.11.2020, C-809/18 P – MINERAL MAGIC/MAGIC MINERALS BY JEROME ALEXANDER, Rn 55–76, 99. Zwar wird in Art. 6^septies^ PVÜ in der maßgebenden französischen Fassung zur Bezeichnung der älteren Marke, wenn sie vom Agenten oder Vertreter des Inhabers der älteren Marke auf seinen eigenen Namen angemeldet wird, der Ausdruck »cette marque« (diese Marke) verwendet, jedoch geht aus den Akten der Konferenz von Lissabon, die vom 6. bis 31.10.1958 zur Revision der PVÜ stattfand und in deren Verlauf Art. 6^septies^ eingeführt wurde, hervor, dass unter diese Bestimmung auch eine vom Agenten oder Vertreter des Inhabers der älteren Marke angemeldete Marke fallen kann, wenn diese der älteren ähnlich ist. Deshalb hat der EuGH das Urteil des EuG vom 15.10.2018, T-7/17, aufgehoben, das zu einem entgegengesetzten Ergebnis gekommen war.

Die in Art. 8 Abs. 3 UMV verwendeten *Begriffe Agent* und *Vertreter* sind *weit auszulegen*, um alle Arten vertraglicher Gestaltungen zu erfassen, bei der die eine Seite die Interessen der anderen Seite wahrnimmt, unabhängig von der Qualifizierung des Vertragsverhältnisses zwischen dem Inhaber oder dem Auftraggeber auf der einen und dem Markenanmelder auf der anderen Seite. Es ist ausreichend, wenn zwischen den Parteien eine Vereinbarung über eine geschäftliche Zusammenarbeit besteht, die ein *Treuhandverhältnis* beinhaltet und dem Anmelder entweder ausdrücklich oder implizit eine allgemeine Treuepflicht zur Wahrnehmung der Interessen des Markeninhabers auferlegt[1817]. 1552

Dabei reicht eine *stillschweigende Vereinbarung* über eine geschäftliche Zusammenarbeit, so dass das Nichtvorhandensein eines von den Beteiligten unterzeichneten förmlichen Vertriebs- oder Agenturvertrags das Bestehen eines bindenden Vertragsverhältnisses nicht ausschließt, wenn dieses aufgrund der Geschäftskorrespondenz zwischen den Beteiligten nachgewiesen werden kann[1818]. Eine Vereinbarung über eine geschäftliche Zusammenarbeit mit einer Treuepflicht kann nämlich selbst dann vorliegen, wenn *kein Auftragsverhältnis* oder *keine Ausschließlichkeitsklausel* besteht. Auch dass der Anmelder nicht in die Vertriebsstruktur des Widersprechenden eingebunden war, *keinem Wettbewerbsverbot* unterlag und die Kosten des Verkaufs und der Bewerbung der Produkte zu tragen hatte, ändert nichts daran[1819]. 1553

Die Vereinbarung zwischen den Parteien muss bei Anmeldung der Marke nicht mehr in Kraft sein, sofern zu diesem Zeitpunkt ein *nachwirkendes Treueverhältnis* besteht, so dass der Markeninhaber selbst nach Ablauf des Vertragsverhältnisses, aus dem sich ein Treueverhältnis ergab, geschützt bleibt. Dem Widersprechenden obliegt die *Beweislast* für das Bestehen eines Vertretungsverhältnisses[1820]. 1554

Diese Bestimmung soll den *Missbrauch einer Marke* durch den Agenten/Vertreter des Markeninhabers *verhindern*, da dieser die Kenntnisse und die Erfahrung, die er während der ihn mit dem Markeninhaber verbindenden Handelsbeziehung erworben hat, 1555

1817 EuGH, 11.11.2020, C-809/18 P – MINERAL MAGIC/MAGIC MINERALS BY JEROME ALEXANDER, Rn 84, 85. Im entschiedenen Fall bestanden zwischen dem Inhaber der angegriffenen Marke und dem Inhaber der älteren eine Vertriebsvereinbarung, eine Wettbewerbsverbotsklausel und Bestimmungen über die Rechte des geistigen Eigentums des Inhabers der älteren Marke an den betr Waren, so dass der Inhaber der angegriffenen Marke als Agent des Inhabers der älteren Marke anzusehen war; Rn 86–88.

1818 EuG, 09.07.2014, T-184/12 – HEATSTRIP/HEATSTRIP, Rn 58, 59–67. Der Hauptgegenstand der Geschäftskorrespondenz war nicht der Kauf und Verkauf von Waren, sondern die Schaffung der Grundlage für einen umfassenden Vertrieb der Produkte durch den Anmelder – durch Herstellung von Werbematerial und Ausstellung auf einer Messe – und die dem Anmelder vom Widersprechenden hierzu geleistete »Hilfe«. Ohne enge Zusammenarbeit mit dem Widersprechenden hätte der Anmelder nicht die Basis für einen erfolgreichen Produktvertrieb schaffen können.

1819 EuG, 09.07.2014, T-184/12 – HEATSTRIP/HEATSTRIP, Rn 69, 70.

1820 EuG, 13.04.2011, T-262/09 – FIRST DEFENSE AEROSOL PEPPER PROJECTOR/FIRST DEFENSE II, Rn 64–67.

ausnutzen und damit ungerechtfertigt Vorteile aus den vom Markeninhaber selbst evt erbrachten Anstrengungen und Investitionen ziehen könnte[1821].

1556 Die mögliche *Zustimmung zur Anmeldung* der Marke auf den Namen des Vertreters oder Agenten muss *eindeutig, präzise und unbedingt* sein. Jedenfalls stellt eine bloße Einwilligung des Markeninhabers in die Benutzung seines Zeichens noch keinesfalls eine Zustimmung zur Eintragung dieses Zeichens auf den Namen des Nutzungsberechtigten dar[1822].

1557 Handelt der Anmelder aber *völlig unabhängig*, ohne jede Beziehung zum Markeninhaber, so ist er nicht als Agent anzusehen. Somit ist ein bloßer *Abnehmer oder Kunde des Inhabers kein Agent* oder Vertreter, da diese Personen keine besondere Treueverpflichtung ihm gegenüber haben[1823].

1558 Ist eine Unionsmarke für den Agenten oder Vertreter des Markeninhabers ohne dessen Zustimmung eingetragen worden, so ist der Markeninhaber gemäß Art. 21 Abs. 1 UMV berechtigt, die *Übertragung* der Eintragung der Unionsmarke *zu seinen Gunsten zu verlangen*, es sei denn, dass der Agent oder Vertreter seine Handlungsweise rechtfertigt. Dies kann er wegen Art. 21 Abs. 2a UMV beim EUIPO nach Art. 60 Abs. 1b UMV anstelle eines Antrags auf Erklärung der Nichtigkeit beantragen oder gemäß Art. 21 Abs. 2b UMV bei einem Unionsmarkengericht nach Art. 123 UMV anstelle einer Widerklage auf Erklärung der Nichtigkeit auf der Grundlage von Art. 128 Abs. 1 UMV. Er steht sich also von der Priorität her wesentlich besser, als wenn er – auf Art. 8 Abs. 3 UMV gestützt – nur die Löschung der auf den Agenten eingetragenen Marke erreichen würde, um danach selbst eine Neuanmeldung zu tätigen. Auch eine Person, die durch die Eintragung einer unter Beeinträchtigung ihrer Rechte oder unter Verletzung einer gesetzlichen oder vertraglichen Pflicht angemeldeten Unionsmarke geschädigt wurde, kann nach nationalem (hier: spanischem) Recht die Übertragung der Inhaberschaft dieser Marke verlangen[1824].

7. Nicht eingetragene Marken und sonstige Kennzeichenrechte

1559 Auf Widerspruch des *Inhabers* einer *nicht eingetragenen Marke* oder eines sonstigen im *geschäftlichen Verkehr benutzten Kennzeichenrechts von mehr als lediglich örtlicher Bedeutung* ist die Anmeldung von der Eintragung ausgeschlossen, wenn und soweit nach dem für den Schutz des Kennzeichens *maßgeblichen Recht* der *Union* oder des *Mitgliedstaats* Rechte an diesem Kennzeichen vor dem Tag der Anmeldung der Unionsmarke, ggf vor dem Tag der für die Anmeldung der Unionsmarke in Anspruch genommenen Priorität, erworben worden sind, und dieses Kennzeichen seinem Inhaber

1821 EuG, 14.02.2019, T-796/17 – MOULDPRO/MOULDPRO, Rn 24.

1822 EuG, 29.11.2012, T-537/10 und T-538/10 – FAGUMIT/FAGUMIT, Rn 22, 23–28.

1823 EuG, 13.04.2011, T-262/09 – FIRST DEFENSE AEROSOL PEPPER PROJECTOR/FIRST DEFENSE II, Rn 64. EuG, 14.02.2019, T-796/17 – MOULDPRO/MOULDPRO, Rn 23.

1824 EuGH, 23.11.2017, C-381/16 – SHOWER Green/SHOWER Green, Rn 33–38.

das *Recht verleiht*, die Benutzung einer jüngeren Marke zu untersagen (Art. 8 Abs. 4 UMV, Art. 46 Abs. 1c UMV).

Diese vier Voraussetzungen beschränken die Zahl der sonstigen Zeichen, die geltend 1560
gemacht werden können, um die Eintragung einer Unionsmarke für das gesamte Unionsgebiet gemäß Art. 1 Abs. 2 UMV zu verhindern. Da sie *kumulativ* gelten, reicht es für die Zurückweisung eines Widerspruchs aus, dass eine einzige Voraussetzung nicht erfüllt ist[1825]. Jedoch muss das Amt die *Art des Widerspruchszeichens genau bestimmen*. Irrt es sich, macht dies seine Entscheidung fehlerhaft[1826].

Das nicht eingetragene Zeichen muss so *benutzt* werden, dass es vom Verkehr als 1561
Hinweis auf die betriebliche Herkunft der geltend gemachten Waren verstanden wird. So wird das Publikum zB das nicht eingetragene Zeichen *geographic* nicht als eigenständiges Zeichen in dem benutzten zusammengesetzten Bildzeichen »NAPAPIJRI geographic« ansehen, da es dort eine deutlich untergeordnete Stellung einnimmt, während das Element »NAPAPIJRI« optisch dominiert[1827].

Widerspruch kann von den *Inhabern* dieser älteren Marken oder Kennzeichenrechte 1562
sowie von den Personen erhoben werden, die nach dem anzuwendenden nationalen Recht berechtigt sind, diese Rechte geltend zu machen.

Es sind sowohl die *nationalen Rechtsvorschriften*, die wegen der in Art. 8 Abs. 4 UMV 1563
enthaltenen Verweisung anwendbar sind, als auch die in dem betr Mitgliedstaat ergangenen *gerichtlichen Entscheidungen* sowie die juristische Literatur, wie Kommentare, zu berücksichtigen[1828]. Auf dieser Grundlage muss der Inhaber des älteren Rechts dartun, dass das fragliche Kennzeichenrecht in den Anwendungsbereich des geltend gemachten Rechts des Mitgliedstaats fällt und dass es die Untersagung der Benutzung einer jüngeren Marke erlaubt[1829]. Hierzu sind wegen Art. 7 Abs. 2d DVUM

1825 EuG, 07.05.2013, T-579/10 – makro/macros consult GmbH, Rn 54 mwN.

1826 EuG, 03.10.2017, T-453/16 – 520Barcode Hellas/520, Rn 32–73. Dies gilt zB, wenn das Widerspruchrecht fälschlicherweise nicht als »sonstiges Zeichen«, wie in der Widerspruchsschrift benannt, sondern als »nicht eingetragene Marke«, »Strichcode« oder »Ziff« angesehen wurde.

1827 EuG, 10.11.2021, T-517/20 – NATIONAL GEOGRAPHIC/geographic, Rn 25–38.

1828 EuG, 12.07.2023, T-694/21 – aTmos/aTmos Industrielle Lüftungstechnik GmbH, Rn 57–66. Wer sich auf ein älteres Recht an einem Unternehmenskennzeichen gemäß Art. 8 Abs. 4 UMV beruft, hat dieses nachzuweisen. Das gilt auch dann, wenn der Gegner dieses nicht bestritten hat, da das EUIPO nicht verpflichtet ist, von einem Beteiligten geltend gemachte und von dem anderen nicht bestrittene Erwägungen als erwiesen anzusehen. Denn das Recht an einem Unternehmenskennzeichen kann nicht durch eine bloße Vereinbarung zwischen den Beteiligten erworben werden, sondern nur durch seine Benutzung; Rn 69–72.

1829 EuG, 28.10.2015, T-96/13 – Маска/Маска (Maske), Rn 29 mwN. Die Prüfung, inwieweit die in einem Mitgliedstaat geschützte nicht eingetragene ältere Marke ihrem Inhaber das Recht verleiht, die Benutzung einer jüngeren Marke zu untersagen, hat anhand der im nationalen Recht des Mitgliedstaats, in dem das geltend gemachte Zeichen benutzt wurde, zB also im deutschen Recht einschl der nationalen Rspr und Literatur,

konkrete Ausführungen zu den einzelnen nationalen Gesetzen und den Rechten, die sie gewähren, nötig, eine rein abstrakte Bezugnahme auf eine Tabelle von Rechtsvorschriften reicht nicht aus[1830]. Der Widersprechende muss aber nicht nachweisen, dass dieses Recht ausgeübt worden ist, dass er also tatsächlich ein Verbot einer solchen Benutzung erwirken konnte[1831].

1564 Dass ein Widersprechender formell nur einen *Besitzstand an der Kundschaft* hat, in die eingegriffen wird, bedeutet nicht, dass er an dem geltend gemachten Zeichen keine Rechte erworben hätte, die es ihm ermöglichen, ggf die Benutzung einer jüngeren Marke zu unterbinden.

1565 Aus der nationalen Rspr kann sich sogar ergeben, dass ein Zeichen für Waren oder DL ein *Ansehen auf dem Markt* besitzen kann, obgleich es *ursprünglich beschreibend*, ohne Unterscheidungskraft oder ein Gattungsbegriff war und obgleich es von mehreren Wirtschaftsteilnehmern im Rahmen ihrer Geschäftstätigkeit benutzt wird[1832].

1566 Das *EUIPO* hat die *Befugnis* und die *Verpflichtung*, auf jegliche von ihm als angemessen erachtete Art und Weise den Inhalt, die Tatbestandsvoraussetzungen und die Tragweite der vom Widersprechenden geltend gemachten Rechtsvorschriften zu prüfen[1833].

1567 Als nicht eingetragene Marke kommt für den deutschen Rechtskreis zB die *Benutzungsmarke* (§ 4 Nr 2, § 14 MarkenG) in Betracht, die ein Recht auf Untersagung des Gebrauchs der Marke mit jüngerem Zeitrang gewährt (§ 12 MarkenG)[1834]. Einer reinen *Warenverpackung* von *Aspirin*-Tabletten hat das EuG jedoch dieses Untersagungsrecht verweigert, da nicht nachgewiesen war, dass nach deutschem Recht die

---

festgelegten Kriterien zu erfolgen und nicht anhand der Rspr von EuGH und EuG zur Anwendung der UMV.

1830 EuG, 29.06.2016, T-727/14 und T-728/14 – animal/ANIMAL; bestätigt durch EuGH, 31.01.2017, C-485/16 P; EuG, 28.04.2021, T-284/20 – HB Harley Benton/HB, Rn 137–145; EuG, 06.04.2022, T-118/21 – HALIX RECORDS/HALIX RECORDS, Rn 57–68; EuG, 08.06.2023, T-568/22 – EXANE/EXANTE; EuG, 08.11.2023, T-665/22 – NIVEA SKIN IDENTICAL Q10/Skinident, Rn 81–91.

1831 EuGH, 10.07.2014, C-325/13 P und C-326/13 P – Peek & Cloppenburg/Peek & Cloppenburg, Rn 46–48; EuG, 07.05.2013, T-579/10 – makro/macros consult GmbH, Rn 56 mwN; EuG, 28.10.2015, T-96/13 – Маска/Маска (Maske), Rn 29–39.

1832 EuG, 11.06.2009, T-114/07 – LAST MINUTE TOUR/LASTMINUTE.COM, Rn 47, 49–53; EuG, 09.12.2010, T-303/08 – Golden Elephant Brand/GOLDEN ELEPHANT II, Rn 91–93; bestätigt durch EuGH, 29.11.2011, C-76/11 P; EuG, 18.01.2012, T-304/09 – BASmALI/BASMATI, Rn 26, 28; EuG, 30.09.2015, T-136/14 – BASmALI/BASMATI II, Rn 27–31. In den entschiedenen Fällen war die Rechtsgrundlage der britische Trade Marks Act 1994, Section 5 (4).

1833 EuG, 28.10.2015, T-96/13 – Маска/Маска (Maske), Rn 32; EuG, 29.06.2016, T-567/14 – GROUP Company TOURISM & TRAVEL/GROUP Company TOURISM & TRAVEL, Rn 69–83; bestätigt durch EuGH, 19.04.2018, C-478/16 P.

1834 EuG, 28.10.2015, T-96/13 – Маска/Маска (Maske), Rn 25–28.

bloße Benutzung von Verpackungen im geschäftlichen Verkehr deren Anerkennung »als Marke« iSv § 4 Nr 2 MarkenG entspricht[1835].

Als *sonstige Kennzeichenrechte* benennt § 5 MarkenG für Deutschland Unternehmenskennzeichen, Geschäftsabzeichen und Werktitel. 1568

Unternehmenskennzeichen sind Zeichen, die im geschäftlichen Verkehr als Name, als Firma oder als besondere Bezeichnung eines Geschäftsbetriebs oder eines Unternehmens benutzt werden, was durch einen Handelsregisterauszug belegt werden kann[1836]. Die Verbraucher sind nämlich regelmäßig nicht in der Lage, eine Marke und ein *Firmenkennzeichen* schon aufgrund ihres unterschiedlichen Charakters zu unterscheiden. Letzteres wird nämlich nicht nur zur Kennzeichnung der Firma, sondern auch zu der von ihr hergestellten Waren verwandt[1837]. 1569

Hohe Bekanntheit genießt in Deutschland zB das Kennzeichenrecht *DIN* für die Entwicklung von Normen, Standards und Regeln der Technik als DL für Wirtschaft, Staat und Gesellschaft[1838]. 1570

Jedoch reichen weder die *Eintragung einer Firma im Handelsregister* noch ein Antrag auf Anmeldung einer Marke beim DPMA noch ein isolierter Schriftwechsel mit diesem für das Erfordernis einer Benutzung im geschäftlichen Verkehr nach § 5 MarkenG aus[1839]. 1571

Geschäftsabzeichen und sonstige zur Unterscheidung des Geschäftsbetriebs von anderen Geschäftsbetrieben bestimmte Zeichen sind solche, die innerhalb der beteiligten Verkehrskreise als Kennzeichen des Geschäftsbetriebs gelten. Die reine Benutzung als *Produktname* reicht aber zum Nachweis der Benutzung einer Geschäftsbezeichnung oder eines Internetnamens *nicht* aus[1840]. 1572

1835 EuG, 24.10.2018, T-261/17 – SALOSPIR/Aspirin, Rn 116–131. Außerdem war nach Ansicht des EuG weder nachgewiesen, dass das deutsche Recht dahin auszulegen ist, dass die nicht als Marke eingetragene Verpackung einer Ware dennoch den Schutz einer Marke erhalten kann, wenn die maßgeblichen Verkehrskreise bestimmte Elemente, aus denen die Verpackung besteht, als »Marke« erkennen können, noch war nachgewiesen, dass das deutsche Recht es dem Widersprechenden erlaubt, die Anerkennung der Warenverpackung als »Marke« auf der Grundlage der Wiedererkennung bestimmter Bestandteile davon – wie insb der neutralisierten Warenverpackung – zu belegen, die jedoch nie im geschäftlichen Verkehr als solche verwendet wurden.

1836 EuG, 18.04.2013, T-506/11 und T-507/11 – Peek & Cloppenburg/Peek & Cloppenburg, Rn 29, 31, 38; wegen Störung der Gleichgewichtslage zwischen beiden Zeichen auf dem deutschen Markt, was gegen die guten Sitten verstößt; bestätigt durch EuGH, 10.07.2014, C-325/13 P. und C-326/13 P. S.a. EuG, 14.09.2011, T-279/10 – MEN'Z/WENZ, Rn 19, 26, 27.

1837 EuG, 24.01.2013, T-474/09 – JACKSON SHOES/JACSON OF SCANDINAVIA AB, Rn 22–25; bestätigt durch EuGH, 12.12.2013, C-159/13 P.

1838 EuG, 10.02.2015, T-85/14 – DINKOOL/DIN, Rn 65–75.

1839 EuG, 07.05.2013, T-579/10 – makro/macros consult GmbH, Rn 81–86.

1840 EuG, 19.11.2014, T-344/13 – FUNNY BANDS/FUNNY BANDS, Rn 32–34.

1573 Wegen § 15 Abs. 2 MarkenG muss zudem eine Verwechslungsgefahr zwischen der älteren geschäftlichen Bezeichnung und der Anmeldung bestehen[1841].

1574 *Werktitel* sind die Namen oder besonderen Bezeichnungen von Druckschriften, Filmwerken, Tonwerken, Bühnenwerken oder sonstigen vergleichbaren Werken. Ein *Filmtitel* muss jedoch als betriebliche Herkunftsangabe, also markenmäßig und nicht lediglich als künstlerische Ursprungsangabe, als schöpferisches Werk zur Unterscheidung des Films von anderen einer Serie benutzt worden sein.

1575 Aus Art. 8 Abs. 4 UMV iVm Art. 60 Abs. 2 UMV ergibt sich zudem, dass der *urheberrechtliche Schutz* nicht im Rahmen eines Widerspruchsverfahrens, sondern ausschließlich im Rahmen eines Verfahrens auf Nichtigerklärung der fraglichen Unionsmarke geltend gemacht werden kann. Zwar können die *Titel künstlerischer Werke als sonstige Kennzeichenrechte* iSv Art. 8 Abs. 4 UMV angesehen werden, jedoch ist auch hier die Bedingung der Benutzung im geschäftlichen Verkehr eine konstitutive Voraussetzung, und sie besteht unabhängig von den Voraussetzungen, die das nationale Recht für den Erwerb des ausschließlichen Rechts aufstellt. Im Sonderfall der *Werktitel* setzt die Benutzung voraus, dass das fragliche Werk auf dem betr Markt in den Ländern in den Verkehr gebracht worden ist, wie zB in Deutschland und Schweden, in denen Filmtitel nicht urheberrechtlich, aber als sonstige Zeichen geschützt werden[1842].

1576 Das *Urheberrecht* stellt dagegen *kein im geschäftlichen Verkehr benutztes Kennzeichenrecht* dar, was sich aus der Systematik des Art. 60 UMV ergibt. Während dessen Abs. 1c vorsieht, dass eine Unionsmarke für nichtig erklärt wird, wenn ein in Art. 8 Abs. 4 UMV genanntes älteres Kennzeichenrecht besteht und die Voraussetzungen dieses Absatzes erfüllt sind, bestimmt Art. 60 Abs. 2c UMV nämlich, dass eine Unionsmarke ebenfalls für nichtig erklärt wird, wenn ihre Benutzung aufgrund eines *sonstigen* älteren Rechts, insb eines *Urheberrechts*, untersagt werden kann[1843].

1577 Bei der nicht eingetragenen Marke bzw dem sonstigen Kennzeichenrecht sind Art und Umfang ihrer *Benutzung im geschäftlichen Verkehr* ausführlich darzustellen, wobei deren Voraussetzungen nicht dieselben sind, wie diejenigen für die ernsthafte Benutzung einer Marke nach Art. 47 Abs. 2 und 3 UMV.

1578 Die Benutzung im geschäftlichen Verkehr bezieht sich auf eine im Zusammenhang mit einer auf einen *wirtschaftlichen Vorteil gerichteten kommerziellen Tätigkeit* und nicht lediglich auf eine im privaten Bereich oder firmenintern erfolgte Benutzung des älteren Rechts[1844]. Das Zeichen muss gemäß seiner *Hauptfunktion benutzt* werden, die darin besteht, dem Verbraucher die Herkunft der Waren und ihre spezifischen Eigenschaften zu garantieren. Es muss als unterscheidendes Element idS benutzt wer-

1841 EuG, 16.06.2015, T-229/14 – Yorma Eberl/NORMA, Rn 58–67.

1842 EuG, 30.06.2009, T-435/05 – Dr. No/Dr. No, Rn 40–45.

1843 EuG, 22.06.2010, T-255/08 – JOSE PADILLA/JOSE PADILLA, Rn 65.

1844 EuG, 27.09.2011, T-403/10 – BRIGHTON/BRIGHTON, Rn 26–41; bestätigt durch EuGH, 27.09.2012, C-624/11 P.

den, dass es dazu dienen muss, eine von seinem Inhaber ausgeübte wirtschaftliche Tätigkeit zu identifizieren.

Dabei können selbst *kostenlose Lieferungen* berücksichtigt werden, da diese im Zusammenhang mit einer auf einen wirtschaftlichen Vorteil gerichteten kommerziellen Tätigkeit erfolgt sein können, nämlich zur Eroberung neuer Absatzmärkte. Die Tatsache, dass das benutzte Kennzeichenrecht mit einer Marke identisch ist, bedeutet nicht, dass es nicht im geschäftlichen Verkehr benutzt wird[1845]. **1579**

Die Voraussetzung der *Benutzung im geschäftlichen Verkehr* und der *überörtlichen Bedeutung* des Zeichens ist anhand der *einheitlichen Maßstäbe des Unionsrechts* und nicht anhand nationaler Vorschriften, wie zB des deutschen Rechts (insb § 12 MarkenG), auszulegen[1846]. **1580**

Die Benutzung muss in *hinreichend bedeutsamer Weise im geschäftlichen Verkehr* erfolgen, das Zeichen muss also auf dem relevanten Markt *tatsächlich und wirklich präsent* sein. Jedoch bedeutet die Tatsache, dass ein Zeichen seinem Inhaber kein ausschließliches Recht für das gesamte nationale Hoheitsgebiet verleiht, als solche nicht, dass es sich um ein Zeichen von lediglich örtlicher Bedeutung iSv Art. 8 Abs. 4 UMV handelt[1847]. **1581**

Die *überörtliche Bedeutung* ist nach der *geografischen* und *wirtschaftlichen* Wirkung des Kennzeichenrechts, also nach *Dauer* und *Intensität der Benutzung*, nach dem Kreis der *Adressaten* (Verbraucher, Wettbewerber oder Lieferanten) oder der *Verbreitung* (über Werbung und Internet) zu beurteilen, wobei die Bedeutung in einem *geringen Teil des relevanten Gebiets nicht ausreicht*, wie zB lediglich in einer Stadt (wenn auch mit 120.000 Einwohnern) oder in einer Provinz ohne jegliche Außenwirkung, dh ohne Bekanntheit oder Werbung außerhalb[1848]. Ebenfalls genügt eine Verbreitung von 7.000 Flyern allein in der Umgebung der Stadt Krefeld nicht[1849]. **1582**

1845 EuGH, 29.03.2011, C-96/09 P – BUD/Bud, Rn 142–152. Dass an die Benutzung nicht eingetragener Rechte eigenständige Anforderungen zu stellen sind, ist aber nicht dahin zu verstehen, dass geringere ausreichen, als für eingetragene Marken im Falle des Benutzungsnachweises. Ansonsten würden die Rechte aus eingetragenen Marken ohne rechtfertigenden Grund schlechter gestellt als diejenigen aus nicht eingetragenen, was in der Konsequenz jedes Registersystem grds in Frage stellen würde.

1846 EuGH, 10.07.2014, C-325/13 P und C-326/13 P – Peek & Cloppenburg/Peek & Cloppenburg, Rn 51–55; EuG, 07.05.2013, T-579/10 – makro/macros consult GmbH, Rn 55 mwN; EuG, 09.04.2014, T-144/12 – COMSA/Comsa, S.A., Rn 24 mwN.

1847 EuGH, 10.07.2014, C-325/13 P und C-326/13 P – Peek & Cloppenburg/Peek & Cloppenburg, Rn 50.

1848 S. zB EuG, 06.04.2022, T-208/21 – DORIT/DORIT Fleischereimaschinen GmbH, Rn 29–77. Die eidesstattlichen Versicherungen, die die Umsätze des Klägers enthalten und die von einem Angestellten stammen, der zwischenzeitlich Geschäftsführer des Klägers geworden ist, haben angesichts dessen mangelnder Neutralität nur geringen Beweiswert.

1849 EuG, 11.12.2023, T-753/22 – Gartenlüx/GARTENLUX, Rn 24–26. Im Übrigen wurde die eidesstattliche Versicherung eines Mitarbeiters des klägerischen Unternehmens in Bezug auf das Volumen und die Verbreitung nicht durch andere objektive Beweismittel ergänzt.

1583 Die Tatsache, dass ein Zeichen seinem Inhaber ein *ausschließliches Recht für das gesamte nationale Hoheitsgebiet* verleiht, reicht als solche für den Nachweis seiner überörtlichen Bedeutung nicht aus[1850].

1584 Ein älteres Recht, das nicht *hinreichend ausgeprägt*, dh im geschäftlichen Verkehr wichtig und bedeutungsvoll ist, also tatsächlich in bedeutsamer Weise und nicht nur sporadisch im geschäftlichen Verkehr benutzt wurde, kann nämlich der Eintragung einer neuen Unionsmarke nicht entgegenstehen. Denn die Möglichkeit eines Widerspruchs soll auf Zeichen beschränkt sein, die *auf ihrem relevanten Markt tatsächlich und wirklich präsent* sind.

1585 Somit reicht die *Benutzung* des Zeichens *in einem anderen Gebiet* als dem, in dem es geschützt ist, bei völlig fehlender Benutzung im Schutzgebiet *nicht* aus[1851].

1586 Eine mehr als lediglich örtliche Bedeutung lässt sich durch ein *Netz von Filialen*, die im gesamten relevanten Gebiet wirtschaftlich tätig sind, aber auch zB durch *Rechnungen*, die außerhalb der Region erstellt worden sind, in der der Inhaber des Kennzeichenrechts seinen Sitz hat, durch *Presseberichte*, die den Grad der Bekanntheit des Zeichens beim Publikum zeigen, oder durch Hinweise in *Reiseführern* auf die Niederlassungen belegen, sowie durch *Telefonbucheinträge* (Gelbe Seiten), *Werbemaßnahmen* oder *Briefe*, die sich auf verschiedene Regionen des relevanten Territoriums beziehen[1852].

1587 Aus Art. 8 Abs. 4 Nr a UMV ergibt sich ausdrücklich, dass das Widerspruchszeichen bereits *vor der Anmeldung der Unionsmarke* im geschäftlichen Verkehr *benutzt* worden sein muss[1853]. Es genügt keinesfalls, dass dies erst vor deren Veröffentlichung geschieht. Im Hinblick insb auf den langen Zeitraum, der zwischen der Anmeldung der Marke und deren Veröffentlichung vergehen kann, gewährleistet dies besser, dass es sich bei der geltend gemachten Benutzung des fraglichen Zeichens um eine tatsächliche handelt und nicht um eine Umgehungsstrategie, mit der ausschließlich der Zweck verfolgt wird, die Eintragung einer neuen Marke zu verhindern. Außerdem wird eine nur oder zum großen Teil in dem Zeitraum zwischen der Anmeldung und deren Veröffentlichung erfolgte Benutzung des fraglichen Zeichens im Allgemeinen nicht ausreichen[1854].

1850 EuG, 24.03.2009, T-318/06 – GENERAL OPTICA/Generalóptica, Rn 39–42.

1851 EuGH, 29.03.2011, C-96/09 P – BUD/Bud, Rn 156–163; EuG, 14.09.2011, T-279/10 – MEN'Z/WENZ, Rn 20–25.

1852 EuG, 24.03.2009, T-318/06 – GENERAL OPTICA/Generalóptica, Rn 43–45.

1853 EuG, 28.06.2023, T-452/22 – Hofmag/HOFMAG, Rn 31, 44–52. Selbst wenn Tatsachen, die sich auf die Zeit nach dem Anmeldetag des jüngeren Zeichens beziehen, berücksichtigt werden könnten, um Beweise zu untermauern, die vor dem maßgeblichen Datum liegen, insb aufgrund der zeitlichen Nähe zwischen den davor erfolgten Werbemaßnahmen und den späteren Verkäufen, reichten diese im entschiedenen Fall angesichts der geringen Umsatzzahlen nicht aus, um die Benutzung des älteren Zeichens im geschäftlichen Verkehr nachzuweisen.

1854 EuGH, 29.03.2011, C-96/09 P – BUD/Bud, Rn 164–168; EuG, 07.05.2013, T-579/10 – makro/macros consult GmbH, Rn 70, 71.

Das Widerspruchszeichen muss aber auch noch *zu der Zeit, in der der Widerspruch eingelegt* wird, *existieren.* Art. 7 Abs. 2d DVUM sieht ausdrücklich vor, dass im Falle eines Widerspruchs aus Art. 8 Abs. 4 UMV der Widersprechende ua den *Nachweis des Fortbestands des älteren Rechts* erbringen muss. Daher muss das ältere Zeichen noch zum Zeitpunkt der Einreichung des Widerspruchs überörtlich im geschäftlichen Verkehr benutzt werden, da ja gerade diese spezielle Benutzung die Grundlage für das aus diesem Zeichen geltend gemachte Recht darstellt[1855]. 1588

In Verfahren bzgl relativer Eintragungshindernisse ist es Sache des Beteiligten, der der Eintragung einer Unionsmarke unter Berufung auf eine ältere nationale Marke widerspricht, deren *Existenz* und ggf ihren *Schutzumfang nachzuweisen*[1856]. 1589

Allerdings muss sich das *EUIPO von Amts wegen* mit den ihm hierzu zweckdienlich erscheinenden Mitteln über das nationale Recht des betr Mitgliedstaats informieren und muss neben den von den Verfahrensbeteiligten vorgetragenen Tatsachen auch offenkundige berücksichtigen, also solche, die jeder kennen kann oder die allgemein zugänglichen Quellen entnommen werden können, wie Rspr und Literatur. Das EUIPO kann dabei die Beteiligten auffordern, ihm Auskünfte zu bestimmten Fragen des nationalen Rechts zu erteilen[1857]. 1590

Die *Feststellung und die Auslegung der Vorschriften des nationalen Rechts* gehören nämlich für die Einrichtungen der Union, soweit sie für ihre Tätigkeit unerlässlich sind, wie diejenigen des Unionsrechts *zur Rechtsanwendung* und *nicht* lediglich zur Feststellung des *Sachverhalts.* Somit muss sich das EUIPO, wenn es veranlasst sein kann, insb das nationale Recht des Mitgliedstaats zu berücksichtigen, in dem ein älteres Recht geschützt ist, *von Amts wegen* mit den ihm hierzu zweckdienlich erscheinenden Mitteln über das nationale Recht des betr Mitgliedstaats informieren, soweit entspr Kenntnisse für die Beurteilung der Tatbestandsvoraussetzungen des fraglichen Widerspruchsgrundes und vor allem für die Würdigung der vorgetragenen Tatsachen oder der Beweiskraft der vorgelegten Unterlagen erforderlich sind. 1591

Die Tragweite einer Entscheidung über die Zurückweisung einer Anmeldung setzt nämlich zwangsläufig voraus, dass die entscheidende Stelle nicht auf die Rolle beschränkt ist, das nationale Recht, wie es vom Widersprechenden dargestellt wird, lediglich zu bestätigen. Daher darf auch dem EuG nicht wegen einer etwaigen Lückenhaftigkeit der zum Beweis des anwendbaren nationalen Rechts vorgelegten Dokumente die reale Möglichkeit genommen werden, eine *effektive Kontrolle* durchzuführen. Folglich muss 1592

1855 EuG, 23.10.2011, T-581/11 – Baby Bambolina/Bambolina, Rn 26, 27; EuG, 26.06.2014, T-372/11 – BASIC/basic, Rn 48, 60–65; bestätigt durch EuGH, 16.07.2015, C-400/14 P; EuG 01.09.2021, T-566/20 – PALLADIUM HOTEL GARDEN BEACH/GRAND HOTEL PALLADIUM, Rn 27; Rechtsmittel nicht zugelassen, EuGH, 22.02.2022, C-674/21 P.

1856 EuG, 24.03.2009, T-318/06 – GENERAL OPTICA/Generalóptica, Rn 52; EuG, 07.05.2013, T-579/10 – makro/macros consult GmbH, Rn 57–60.

1857 EuG, 20.04.2005, T-318/03 – ATOMIC BLITZ/ATOMIC, Rn 35, 36; EuG, 28.10.2015, T-96/13 – Маска/Маска (Maske), Rn 29–39 mwN.

es über die vorgelegten Dokumente hinaus den Inhalt, die Tatbestandsvoraussetzungen und die Tragweite der vom Widersprechenden geltend gemachten Rechtsvorschriften prüfen dürfen. Das EuG hat dementspr die Befugnis, die Beurteilung der BK einer *vollen Rechtmäßigkeitsprüfung* zu unterziehen[1858].

1593 Erfolgreich war der Widerspruch aus dem älteren *spanischen Handelsnamen Olive Line* gegen die Bildanmeldung *O-live*. Nach Art. 7 Abs. 1b des spanischen Markengesetzes ist die Eintragung eines mit einem älteren Handelsnamen identischen oder ihm ähnlichen Zeichens untersagt, wenn die Tätigkeiten, auf die sich der Handelsname bezieht, mit den Waren oder DL der Anmeldung identisch oder ihnen ähnlich sind, so dass Verwechslungsgefahr (die die Gefahr des gedanklichen Inverbindungbringens mit einschließt) besteht[1859]. Auch der Name *GRAND HOTEL PALLADIUM*, eines intensiv beworbenen *Hotels* auf Ibiza, kann ein sonstiges im geschäftlichen Verkehr benutztes Kennzeichenrecht von mehr als lediglich örtlicher Bedeutung in *Spanien* darstellen, das nach Art. 9 Abs. 1d, Art. 52 Abs. 1 und Art. 87 Abs. 3 Spanisches Markengesetz zur Nichtigerklärung der verwechslungsfähig ähnlichen Marke *PALLADIUM PALACE IBIZA RESORT & SPA* führt[1860].

1594 Weiter war der auf die nicht eingetragene, im geschäftlichen Verkehr von mehr als lediglich örtlicher Bedeutung für Alkoholika benutzte *tschechische* Marke *VODKA 42* gegen die Anmeldung *42 BELOW* gestützte Widerspruch erfolgreich, weil es bei der Beurteilung des Nachweises der Benutzung der älteren Marke auf den Tag der

1858 Insoweit dürfen nach dem EuGH, 27.03.2014, C-530/12 P – Hand/Hand (mano portafortuna), Rn 34–46; nunmehr für das Widerspruchsverfahren keine anderen Grundsätze als für das Nichtigkeitsverfahren nach Art. 59 Abs. 2 UMV gelten, für das der EuGH diese Rspr entwickelt hat; aA noch EuG, 20.03.2013, T-571/11 – CLUB GOURMET/CLUB DEL GOURMET, EN….El Corte Inglés, Rn 35, 38, 41 mwN; und EuG, 07.05.2013, T-579/10 – makro/macros consult GmbH, Rn 61–65. Nach diesen Urteilen, die Art. 72 Abs. 2 UMV noch auf die Verletzung des Unionsrechts beschränken wollten, sollte das EUIPO nur dann verpflichtet sein, sich von Amts wegen über das nationale Recht zu informieren, wenn es bereits über Angaben darüber verfügt, sei es in Form eines Vorbringens zu dessen Inhalt oder in Form von Unterlagen, die in die Erörterung eingebracht worden sind und deren Beweiskraft geltend gemacht wurde. Das EuG nahm nämlich noch an, dass es sich bei der Frage, ob ein nationales Recht besteht, um eine Tatsachenfrage handeln soll, für die die Partei, die sich darauf beruft, sowohl die Existenz der Rechtsvorschrift als auch ihre Tragweite zu beweisen haben sollte. S.a. Rdn 1908.

1859 EuG, 14.09.2011, T-485/07 – O-live I/Olive line, Rn 56, 57. Angesichts der großen Ähnlichkeit zwischen der spanischen Norm und Art. 8 Abs. 1 UMV ist Art. 7 des spanischen Markengesetzes im Licht der Unionsrspr auszulegen.

1860 EuG, 30.11.2016, T-217/15 – PALLADIUM PALACE IBIZA RESORT & SPA/GRAND HOTEL PALLADIUM; bestätigt durch EuGH, 19.04.2018, C-75/17 P. Maßgebend waren insb zwei für das einschlägige Verfahren zeitlich und örtlich relevante spanische Gerichtsurteile.

Anmeldung der jüngeren Marke ankommt und nicht erst auf den (späteren) Tag der Entscheidung der Widerspruchsabteilung[1861].

Erfolgreich war schließlich in der Vergangenheit, als Großbritannien noch Mitglied der Union war, der Nichtigkeitsantrag aus Art. 60 Abs. 1c iVm Art. 8 Abs. 4 UMV gegen das jüngere Bildzeichen *Golden Elephant Brand* aus der älteren, nicht eingetragenen britischen Bildmarke *GOLDEN ELEPHANT*, jeweils für Reis, da der Inhaber des älteren Rechts die für den *Kennzeichenschutz in Großbritannien* erforderlichen drei Voraussetzungen nachweisen konnte, nämlich (1) den am Tag der Anmeldung der Unionsmarke erworbenen *Goodwill*, an den keine allzu hohen Anforderungen zu stellen sind, so dass auch geringfügige Umsätze genügen[1862] (2) die *irreführende Präsentationsweise*, ob also auf der Grundlage von Wahrscheinlichkeitserwägungen anzunehmen ist, dass eine wesentliche Anzahl von Kunden des Inhabers der älteren Marke sich irrtümlich, in der Annahme, dass es sich um dessen Ware handele, zum Kauf der Ware des Unionsmarkenanmelders entschließen wird, wofür die Warenidentität und die hohe Zeichenähnlichkeit spricht[1863], und (3) den an dem Goodwill verursachten *Schaden*, wobei bereits die Gefahr von Absatzverlusten ausreicht[1864]. Auch *öffentliche Rechtsträger* konnten im Rahmen des Passing-off Rechte geltend machen und für ihre Aktivitäten Goodwill erwerben, selbst dann, wenn sie sich diese Aktivitäten mit anderen Beteiligten teilten[1865]. Die Passing-off-Grundsätze sind in Zukunft nur mehr 1595

1861 EuG, 24.10.2018, T-435/12 – 42 BELOW/VODKA 42.

1862 EuG, 04.10.2018, T-344/16 – DEEP PURPLE/DEEP PURPLE, Rn 38, 39. Die britischen Gerichte sind grds nicht geneigt anzunehmen, dass ein Unternehmen Kunden haben kann, aber keinen Goodwill besitzt. Ernsthafte Geschäftsaktivitäten, die zur Gewinnung von Reputation und Kunden führen, reichen idR aus, um Goodwill zu erwerben.

1863 EuG, 04.10.2018, T-328/16 – DEEP PURPLE/DEEP PURPLE, Rn 30–32. Hier erfassten die Waren der Anmeldung (ua Computerhardware und -software) ein von einer Rockband zu weit entferntes Betätigungsfeld, so dass keine Wahrscheinlichkeit der Gefahr einer Fehlinterpretation beim Publikum entstehen kann.

1864 EuG, 09.12.2010, T-303/08 – Golden Elephant Brand/GOLDEN ELEPHANT II, Rn 96–148. Im entschiedenen Fall war es der britische Trade Marks Act 1994, Section 5 (4). Nach der britischen Rspr (Rn 132) ist bzgl des irreführenden Charakters der Präsentationsweise der Waren und DL nicht auf den Durchschnittsverbraucher, sondern auf die Kunden des Inhabers der älteren, nicht eingetragenen Marke abzustellen. So auch schon EuG, 11.06.2009, T-114/07 – LAST MINUTE TOUR/LASTMINUTE.COM, Rn 60–65. S.a. EuG, 06.10.2021, T-342/20 – Abresham Super Basmati Selaa Grade One World's Best Rice/BASMATI, Rn 52–72; bestätigt durch EuGH, 20.06.2024, C-801/21 P; EuG, 16.12.2020, T-535/19 – JCE HOTTINGUER/HOTTINGER, Rn 53–144; Rechtsmittel nicht zugelassen, EuGH, 02.06.2021, C-109/21 P; EuG, 18.07.2017, T-45/16 – BYRON/BYRON; EuG, 15.05.2017, T-223/15 – MORTON'S/MORTON'S; bestätigt durch EuGH, 13.12.2017, C-468/17 P; EuG, 18.11.2015, T-508/13 – HALAL MALAYSIA/HALAL MALAYSIA; EuG, 26.02.2015, T-257/11 – COLOURBLIND/COLOURBLIND, wo es aber am Nachweis der Benutzung des älteren Zeichens fehlte.

1865 EuG, 18.11.2015, T-508/13 – HALAL MALAYSIA/HALAL MALAYSIA, Rn 38 mwN.

für ältere Rechte aus *Irland* von Bedeutung, da die dortige gesetzliche Regelung mit der britischen identisch ist[1866].

1596 Nur *teilweise erfolgreich* war hingegen ein Nichtigkeitsantrag aus einer *französischen Firmenbezeichnung*, da diese nach dem maßgeblichen nationalen Recht und der Rspr lediglich Schutz im Hinblick auf diejenigen Aktivitäten gewährt, die die Firma tatsächlich zum Zeitpunkt der Anmeldung der jüngeren Marke entfaltet hat und nicht auch in Bezug auf diejenigen, die in ihren Satzungen aufgeführt sind[1867].

1597 *Erfolglos* waren jedoch zB die Widersprüche gemäß Art. 8 Abs. 4 UMV gegen mehrere ua für Druckerzeugnisse, Haushaltsgeräte, Bekleidungsstücke, Backwaren, Obst, Gemüse, wissenschaftliche Geräte, Edelmetalle, Telekommunikation getätigte Anmeldungen von Bildmarken mit den Wortbestandteilen *BUD* und *Budweiser* aufgrund einer Serie von für Bier eingetragenen und für Frankreich g.U., nämlich ua *BUD, BUDEJOVICKY BUDVAR*[1868], da die wechselseitigen *Waren und DL für unähnlich* befunden wurden und weder ein besonderer Ruf der Ursprungsbezeichnungen in Frankreich nachgewiesen worden war, der nach dem anwendbaren französischem Recht auch Schutz gegenüber unähnlichen Waren gewähren würde, noch dass ihre Benutzung für unähnliche Erzeugnisse diesen Ruf, sein Bestehen einmal unterstellt, missbrauchen oder schwächen würde.

1598 Ebenfalls scheiterten Widersprüche aus den geografischen Ursprungsbezeichnungen *Bud* gegen mehrere Anmeldungen von Wort- und Bildmarken *BUD*, da die älteren Rechte die Voraussetzungen für die Benutzung eines Kennzeichenrechts von *mehr als lediglich örtlicher Bedeutung* im geschäftlichen Verkehr nicht erfüllten. So reichten weder zwei oder drei Lieferungen von insgesamt 87 Liter Bier zwischen Dezember 1997 und März 2000 in drei französische Städte aus, noch Verkäufe von durchschnittlich 12,82 (oder sogar 24,81) Hektoliter pro Jahr in acht österreichischen Städten (darunter Wien), berücksichtigt man den durchschnittlichen jährlichen Bierkonsum in Österreich mit über 9 Mio. Hektolitern[1869].

8. Ursprungsbezeichnungen oder geografische Angaben

1599 Ein weiteres *relatives Eintragungshindernis* (und auch einen weiteren *Nichtigkeitsgrund*) hat die UMV in Art. 8 Abs. 6 UMV, Art. 60 Abs. 1d UMV statuiert.

1866 BK, 11.01.2021, R 473/15 – BABY-DRY/BABYDRY, Rn 22–24. In Irland ist der Trade Marks Act 1996, section 10 (4) anzuwenden.

1867 EuG, 21.10.2014, T-453/11 – LAGUIOLE/Forge de Laguiole, Rn 43–51; bestätigt durch EuGH, 05.04.2017, C-598/14 P, Rn 61–63.

1868 EuG, 12.06.2007, T-53/04 ua – BUD/BUD. Diese zu Art. 8 Abs. 4 GMV getroffene Entscheidungen wird in Zukunft unter Art. 8 Abs. 4a UMV zu beurteilen sein.

1869 EuG, 22.01.2013, T-225/06 RENV ua – BUD II/Bud, Rn 56, 59–63. Auch diese zu Art. 8 Abs. 4 GMV getroffene Entscheidungen wird in Zukunft unter Art. 8 Abs. 4a UMV zu beurteilen sein, so dass es auf eine Benutzung von mehr als lediglich örtlicher Bedeutung im Geschäftsverkehr nicht mehr ankommt.

Danach ist auf Widerspruch einer Person, die gemäß dem einschlägigen Recht zur Ausübung der aus einer *Ursprungsbezeichnung* oder *geografischen Angabe* entstehenden Rechte berechtigt ist, die angemeldete Marke von der Eintragung ausgeschlossen, wenn und soweit nach den *Unionsvorschriften* oder dem *nationalen Recht* zum Schutz der Ursprungsbezeichnung oder der geografischen Angaben (i) ein *Antrag auf Eintragung* einer Ursprungsbezeichnung oder geografischen Angabe im Einklang mit den Unionsvorschriften oder mit dem nationalen Recht bereits vor der Antrag auf Eintragung der Unionsmarke oder der für die Anmeldung in Anspruch genommenen Priorität vorbehaltlich der späteren Eintragung *gestellt* worden war; und (ii) diese Ursprungsbezeichnung oder geografische Angabe das *Recht* verleiht, die *Benutzung einer jüngeren Marke zu untersagen.* 1600

So ist bei Weinerzeugnissen auf die g.U. und die gemäß der VO (EU) 1308/2013[1870] eingetragenen g.g.A. abzustellen. Der *Umfang* des durch Art. 103 Abs. 2a dieser VO gewährten *Schutzes* ist *besonders weit* gefasst, da diese Bestimmungen auf jede unmittelbare oder mittelbare geschäftliche Verwendung einer g.U. oder einer g.g.A. abzielen und sie gegen eine solche Verwendung schützen, und zwar sowohl in Bezug auf *vergleichbare Erzeugnisse*, die den Produktspezifikationen des geschützten Namens nicht entsprechen, als auch in Bezug auf *nicht vergleichbare Erzeugnisse*, soweit diese Verwendung das Ansehen dieser g.U. oder g.g.A. ausnutzt. Der Begriff »benutzen« in Art. 103 Abs. 2a dieser VO ist dahin auszulegen, dass das angefochtene Zeichen die geografische Angabe selbst in der Form benutzt, in der sie eingetragen worden war, oder zumindest in einer Form, die in bildlicher und/oder klanglicher Hinsicht so *eng* mit ihr *verbunden* ist, dass das angefochtene Zeichen nicht eindeutig von ihr getrennt werden kann. So nutzt der Anmelder der Unionsmarke *PORTWO GIN* für Spirituosen, der in dieser Marke die g.U. »Porto« verwendet, die im Verkehr für Wein außergewöhnliche Wertschätzung und Anerkennung genießt, diese in unzulässiger Weise iSv Art. 103 Abs. 2a-ii VO (EU) 1308/2013 aus, da er die g. U. als kennzeichnungskräftigsten und dominierenden Bestandteil seiner Marke verwendet[1871]. 1601

In einer Grundsatzentscheidung hat auch der EuGH den *Schutzumfang* von g.U. deutlich *ausgeweitet*. Denn wegen Art. 103 Abs. 2b VO (EU) 1308/2013 sind g.U. zudem gegen *Handlungen geschützt*, die sich sowohl auf *Erzeugnisse* als auch auf *DL* beziehen. Außerdem setzt eine *Anspielung* iSd Bestimmung zum einen nicht voraus, dass das unter eine g.U. fallende Erzeugnis und das von dem streitigen Zeichen erfasste Erzeugnis 1602

1870 VO (EU) 1308/2013 vom 17.12.2013 über eine gemeinsame Marktorganisation für landwirtschaftliche Erzeugnisse (Weine); ABl. L 347/671; geändert durch Art. 84 GAV.

1871 EuG, 06.10.2021, T-417/20 – PORTWO GIN/Porto. S.a. EuG, 23.03.2023, T-300/22 – BOLGARÉ/Bolgheri, Rn 37–44, da der Verkehr eine unmittelbare Verbindung zwischen der Anmeldung und der für Wein geschützten g.U. »Bolgheri« herstellen wird. S. aber EuGH, 14.09.2017, C-56/16 P – PORT CHARLOTTE, Rn 112–125 (Rdn 987). S.a. BK, 06.04.2021, R 885/20-1 ua – Es Valentía/VALENCIA DENOMINACIÓN DE ORIGEN ua. S. weiter zB BK, 16.07.2021, R 879/20-5 – Padrón AUTÉNTICO/ Pemento de Herbón, Rn 38–74, da die g.g.A. Herbón für den spanischen Verkehr eine bekannte Unterkategorie der Padrón-Paprikasorte ist.

oder die von diesem erfasste DL identisch oder ähnlich sind. Sie ist zum anderen dann gegeben, wenn die Verwendung eines Namens beim normal informierten, angemessen aufmerksamen und verständigen europäischen Durchschnittsverbraucher einen hinreichend unmittelbaren und eindeutigen *gedanklichen Zusammenhang* zwischen diesem Namen und der g.U. herstellt. Das Bestehen eines solchen Zusammenhangs kann sich dabei aus mehreren Umständen ergeben, insb dem teilweisen Einschluss der geschützten Bezeichnung, der klanglichen und bildlichen Nähe der beiden Namen und der daraus resultierenden Ähnlichkeit und, selbst wenn diese Umstände nicht vorliegen, aus der inhaltlichen Nähe zwischen der g.U. und dem Namen oder einer Ähnlichkeit zwischen den unter diese g.U. fallenden Erzeugnissen und den von dem streitigen Namen erfassten Waren oder DL. Schließlich setzt eine *Anspielung* nicht voraus, dass unlauteres Wettbewerbsverhalten festgestellt wurde, da Art. 103 Abs. 2b dieser VO einen besonderen und eigenständigen Schutz vorsieht, der unabhängig von den Bestimmungen des nationalen Rechts über den unlauteren Wettbewerb gilt[1872].

1603 Weiter können ua nach der *Genfer Akte des Lissabonner Abkommens*[1873] geschützte Ursprungsbezeichnungen und geografische Angaben mit Ursprung in Nicht-EU-Ländern in Widersprüchen gemäß Art. 8 Abs. 6 UMV geltend gemacht werden, sofern ihnen Schutz in der Union gewährt wurde.

1604 Damit wurde *kein neuer Widerspruchsgrund* eingeführt, sondern es werden nur einige Fallgestaltungen des bisherigen Art. 8 Abs. 4 GMV in einer Spezialnorm zusammengeführt. Jedoch *entfällt* mit der Neuregelung die bisher erforderliche *Verpflichtung für* den Widersprechenden, *eine Benutzung* von mehr als örtlicher Bedeutung nachzuweisen. Zweck ist auch, mögliche Fehler frühzeitig zu korrigieren, die dem EUIPO bei der absoluten Prüfung unterlaufen sind, ohne dass es eines späteren, erst nach der Eintragung statthaften Nichtigkeitsverfahrens bedarf (PräambelUMV 11). Ursprungsbezeichnung und geografischen Angaben sind nämlich bereits seit der Antragstellung gegenüber jüngeren Markenanmeldungen geschützt, vorausgesetzt, sie werden später eingetragen.

1605 Mit der Neueinführung von Art. 8 Abs. 6 UMV müssen daher Widersprüche, die sich auf Ursprungsbezeichnungen oder geografischen Angaben berufen, *nur mehr auf das neue Rechtsinstitut* und nicht mehr auf Art. 8 Abs. 4 UMV gestützt werden[1874]. Die Rechtsänderung hat jedoch keinen Einfluss auf bereits vor dem 23.03.2016 eingelegte Widersprüche. Der *neue Widerspruchsgrund* von Art. 8 Abs. 6 UMV ist –

1872 EuGH, 09.09.2021, C-783/19 – CHAMPANILLO/Champagne, Rn 52, 66, 70. S.a. Rdn 1017 f.

1873 Beschluss (EU) 2019/1754 des Rates vom 07.10.2019 über den Beitritt der Europäischen Union zur Genfer Akte; ABl. L 271/12; und VO (EU) 2019/1753 vom 23.10.2019 über die Maßnahmen der Union nach ihrem Beitritt zur Genfer Akte; ABl. L 271/1; geändert durch Art. 86 GAV.

1874 Das EUIPO wird jedoch eine evt falsche Normangabe entspr auslegen; UMRL, Teil C, Abschn. 4, Kap. 5.1.

unabhängig vom Anmelde- oder Prioritätstag der angegriffenen Anmeldung – jedoch auf Widersprüche anwendbar, die am 23.03.2016 oder danach eingelegt wurden[1875].

Die noch unter dem alten Recht zu Art. 8 Abs. 4 GMV zu sonstigen Kennzeichenrechten getroffenen Entscheidungen werden daher in Zukunft im Lichte des Art. 8 Abs. 6 UMV zu betrachten sein, nämlich soweit sie zB die aufgrund zweiseitiger Abkommen oder durch das Lissabonner Abkommen[1876] *g.U.*[1877], ebenso wie in Europa *g.g.A.*[1878] nach Art. 13 VO (EU) 1151/2012[1879] betrafen. Der Schutz für Ursprungsbezeichnungen und g.g.A. gemäß VO (EG) 1234/2007 kann *nicht durch einen zusätzlichen Schutz nach einschlägigem nationalen Recht ergänzt* werden, wenn diese »ältere Rechte« iSv Art. 60 Abs. 1c iVm Art. 8 Abs. 4 und Art. 60 Abs. 2d UMV darstellen[1880]. 1606

Unter dem neuen Recht werden in Zukunft die oben in (Rdn 1516 f unter Art. 8 Abs. 4 UMV besprochenen Fälle *BUD/BUD*[1881] und *BUD II/Bud*[1882] zu betrachten sein, wobei es nunmehr auf die Voraussetzungen für eine Benutzung von mehr als lediglich örtlicher Bedeutung im Geschäftsverkehr nicht mehr ankommt. 1607

1875 Siehe Arbeitspapier des EUIPO: Temporal scope of the application of the new grounds for refusal of EUTMR. Das ist nicht unproblematisch, weil dadurch berechtigte Erwartungen der Anmelder negativ betroffen sein können.

1876 Lissabonner Abkommen über den Schutz der Ursprungsbezeichnungen und ihre internationale Registrierung vom 31.10.1958, revidiert in Stockholm am 14.07.1967 mit den Änderungen vom 28.09.1979; GRUR 1959, 135.

1877 EuG, 16.12.2008, T-225/06 ua – BUD/Bud, Rn 87–99; insoweit bestätigt durch EuGH, 29.03.2011, C-96/09 P, Rn 91–93.

1878 EuG, 18.09.2015, T-359/14 – COLOMBIANA COFFEE HOUSE, Rn 35–39, 47.

1879 VO (EU) 1151/2012 vom 21.11.2012 über Qualitätsregelungen für Agrarerzeugnisse und Lebensmittel; ABl. L 343/1; aufgehoben durch Art. 94 GAV.

1880 EuGH, 14.09.2017, C-56/16 P – PORT CHARLOTTE, Rn 75–107. Das EuG war zu Unrecht davon ausgegangen, dass der Schutz von Ursprungsbezeichnungen und g.g.A. nach der VO (EG) 1234/2007 nicht als abschließend in dem Sinne zu verstehen ist, dass er »außerhalb seines eigenen Anwendungsbereichs« nicht durch eine andere Schutzregelung ergänzt werden könnte. Im vorliegenden Fall betrifft der Rechtsstreit ein gegen den Inhaber der Marke *PORT CHARLOTTE.* eingeleitetes Nichtigkeitsverfahren, in dem geltend gemacht wird, die Marke verletze den der Ursprungsbezeichnung *Porto.* oder *Port.* im portugiesischen Recht gewährten Schutz. Diese Ursprungsbezeichnung fällt jedoch eindeutig in den Anwendungsbereich der VO (EG) 1234/2007, da es sich um eine g.g.A. für eine Weinart handelt, die nach dieser VO registriert und geschützt ist. Diese VO steht zwar dem Schutz einer einfachen geografischen Herkunftsangabe, also einer Bezeichnung, bei der kein unmittelbarer Zusammenhang zwischen einer bestimmten Qualität, dem Ansehen oder einer anderen Eigenschaft des Erzeugnisses und seines spezifischen geografischen Ursprungs besteht und die daher nicht in den Anwendungsbereich dieser VO fällt, nach nationalem Recht nicht entgegen. Dies gilt jedoch nicht, wenn sich der Rechtsstreit (wie hier) auf eine Ursprungsbezeichnung für einen Wein bezieht, die in den Anwendungsbereich dieser VO fällt.

1881 EuG, 12.06.2007, T-53/04 ua – BUD/BUD.

1882 EuG, 22.01.2013, T-225/06 RENV ua – BUD II/Bud, Rn 56, 59–63.

F. Eintragung, Amtslöschung, Benutzung und Verlängerung der Marke

Übersicht Rdn.

I. Eintragung

1608 Entspricht die Anmeldung den Vorschriften der UMV und wurde innerhalb der Frist gemäß Art. 46 Abs. 1 UMV kein Widerspruch erhoben oder wurde ein Widerspruch rechtskräftig zurückgewiesen, so wird die Marke gemäß Art. 51 UMV als Unionsmarke mit den in Art. 111 Abs. 2 bis 4 UMV genannten *Angaben*[1883] in das gemäß Abs. 1 und 5 *elektronisch geführte Register für Unionsmarken* (eRegister) eingetragen und die Eintragung wird im Blatt für Unionsmarken in Online-Version[1884] *veröffentlicht* (Art. 9 und 19 UMDV). Der Markeninhaber erhält über jede Änderung im Register eine Mitteilung (Art. 111 Abs. 6 UMV).

1609 Die *Eintragungsurkunden* werden nur mehr in elektronischer Version erstellt, nicht mehr auf Papier. Die Zustellung erfolgt durch Mitteilung eines Internetlinks. Beglaubigte Abschriften können ebenfalls elektronisch erzeugt werden[1885].

1610 Die Unionsmarke darf weder während der Dauer der Eintragung noch bei ihrer Verlängerung im Register geändert werden (*Änderungssperre*). Das betrifft sowohl die Marke selbst, als auch die Waren und DL und alle sonstigen Eintragungen, mit Ausnahme der Änderung von Namen und Anschrift des Inhabers in der Marke selbst (Art. 54 Abs. 1 und 2 UMV, Art. 10 UMDV). Letzterer Antrag kann auf einem Online-Formular gestellt werden.

1611 Dem Inhaber bleibt bei anderen Änderungswünschen lediglich die Möglichkeit, auf die Unionsmarke für alle oder für einen Teil der eingetragenen Waren und DL zu *verzichten* (Art. 57 UMV; s. Rdn 1559 ff).

1883 Beschluss Nr EX-21–4 des Exekutivdirektors vom 30.03.2021 über das Register für Unionsmarken, das Register für GGM, die Datenbank für Verfahren vor dem Amt und die Rechtsprechungsdatenbank samt Annex I und II; ABl.EUIPO 7/2021; idF des Beschlusses Nr EX-23–3 vom 04.04.2023; ABl.EUIPO 6/2023.

1884 Siehe eSearch plus: Tägliche Veröffentlichung.

1885 Siehe eSearch plus: *Certified copies.*

II. Löschung von Eintragungen, Widerruf von Entscheidungen, Berichtigungen

1. Berichtigung von Fehlern und offensichtlichen Versehen

Das EUIPO berichtigt gemäß Art. 102 Abs. 1 und 3 UMV *sprachliche Fehler* oder *Transkriptionsfehler* und *offensichtliche Versehen* in seinen Entscheidungen oder ihm zuzuschreibende technische Fehler bei der Eintragung einer Marke oder der Veröffentlichung der Eintragung von Amts wegen oder auf Antrag eines Beteiligten. 1612

Das *Berichtigungsverfahren* beinhaltet *nicht die Aufhebung* der zu berichtigenden Entscheidung, sondern führt lediglich dazu, dass die darin enthaltenen *Fehler* durch eine Berichtigungsentscheidung *korrigiert* werden. Somit beschränken sich die Berichtigungen auf *offensichtliche Formfehler*, die nur die Form der getroffenen Entscheidung, nicht aber ihren Umfang und ihren Inhalt betreffen. Dies gilt für Fehler, die so offenkundig sind, dass kein anderer Wortlaut als der berichtigte beabsichtigt sein kann, sowie für Fehler, die es nicht rechtfertigen, die von ihnen beeinträchtigte Entscheidung für unwirksam zu erklären oder zu widerrufen und die Parteien anzuhören. Daher kann ein in einer Entscheidung festgestellter Fehler gemäß Art. 102 UMV berichtigt werden, wenn er ein inkongruentes Element in einer ansonsten kohärenten und unzweideutigen Entscheidung darstellt, dh wenn klar ist, dass der Fehler das Ergebnis eines Versehens oder einer Flüchtigkeit ist, der offenkundig berichtigt werden muss, weil kein anderer Wortlaut als der, der sich aus der Berichtigung ergibt, in Betracht gezogen werden könnte[1886]. 1613

Berichtigungen von Fehlern bei der Eintragung einer Marke und bei der Veröffentlichung der Eintragung werden vom Amt *veröffentlicht*. 1614

2. Löschung oder Widerruf bei offensichtlichen Fehlern

Nimmt das EUIPO eine Eintragung ins Register vor oder trifft es eine Entscheidung, so *löscht* es nach Art. 103 Abs. 1 S. 1 UMV diese *Eintragung* oder *widerruft* diese *Entscheidung*, wenn die Eintragung oder die Entscheidung *offensichtlich* mit einem dem EUIPO anzulastenden *Fehler* behaftet ist[1887]. Ein Fehler ist offensichtlich, wenn 1615

1886 EuG, 28.05.2020, T-724/18. und T-184/19 – AUREA BIOLABS/AUREA, Rn 28, 29, 33 mwN. Art. 102 UMV verlangt nicht, dass die Parteien des Verfahrens vor der Berichtigung angehört werden, anders als Art. 103 UMV, wonach die Parteien vor dem Erlass einer Widerrufsentscheidung angehört werden müssen. Im Hinblick auf diese besonderen Bestimmungen der UMV, in denen die Situationen festgelegt sind, in denen die Parteien angehört werden müssen, ist Art. 94 Abs. 1 S. 2 UMV, der im Unionsmarkenrecht den allgemeinen Grundsatz des Schutzes der Verteidigungsrechte festlegt, nicht anwendbar. Dies gilt umso mehr, als die rechtmäßig vorgenommene Berichtigung den Inhalt der angefochtenen Entscheidung nicht geändert hat und daher eine vorherige Anhörung der Partei nicht rechtfertigt.

1887 ZB EuG, 27.08.2015, T-523/14 – SQUEEZE LIFE/ZUMIT SQUEEZE LIFE. Das Verfahren wurde vor dem EuG für erledigt erklärt, nachdem die BK eine Korrektu-

er einen *hohen Grad an Offensichtlichkeit* aufweist, der es nicht erlaubt, den verfügenden Teil der früheren Entscheidung aufrechtzuerhalten, ohne dass die Stelle, die diese Entscheidung getroffen hat, zu einem späteren Zeitpunkt eine neue Prüfung durchführt, wenn der Fehler also anhand der durch die betr Regelung festgelegten Kriterien *eindeutig zu erkennen* ist und die vorgelegten Beweise ausreichen, um die Sachverhaltsbeurteilung des EUIPO als nicht plausibel erscheinen zu lassen, ohne dass ihre Beurteilung als gerechtfertigt und kohärent angesehen werden kann[1888]. Der *Fehler* muss sich jedoch auf die Argumentation der BK oder deren Schlussfolgerung *ausgewirkt* haben. So darf er es nicht erlaubt haben, den verfügenden Teil der widerrufenen Entscheidung auch ohne eine neue Prüfung aufrechtzuerhalten[1889].

1616 So ist zB die Zulassungsentscheidung des EUIPO zur Umwandlung zu widerrufen, wenn die Marke wegen fehlender Benutzung in der Union gemäß Art. 139 Abs. 2a UMV rechtskräftig verfallen war[1890]. Weiter sind zB Rechtsübertragungen einer Marke auf neue Inhaber zu löschen, nachdem diese erfolgten, obwohl bereits vorher dem EUIPO ein Insolvenzurteil mitgeteilt, aber fehlerhafter Weise nicht eingetragen worden war[1891].

1617 Die Anwendung der neuen Vorschrift ist ausdrücklich *nicht mehr auf Verfahrensfehler* beschränkt[1892]. Somit ist die in der bisherigen Praxis und Rspr vorgenommene Abgrenzung ab 01.10.2017 nicht mehr von Bedeutung[1893]. Das Verfahren ist in Art. 70 DVUM geregelt.

---

rentscheidung dahin erlassen hat, dass die nach Anmeldungsrücknahme ursprünglich vollständig erklärte Wirkungslosigkeit der Widerspruchsentscheidung nur insoweit gilt, als sie angefochten worden war. Weiter hat zB die BK am 03.02.2009, R-1471/07-1 – OFTAL CUSI/Ophtal, ihre Entscheidung vom 17.07.2008 widerrufen, da ein in sich widersprüchlicher, unfertiger Entwurf zugestellt worden war. Das Verfahren vor dem EuG (T-462/08) wurde daraufhin auf Antrag des Klägers in der Hauptsache für erledigt erklärt.

1888 EuG, 29.06.2022, T-337/20 – bittorrent II, Rn 32, 33 mwN; Rechtsmittel nicht zugelassen, EuGH, 10.10.2022, C-575/22 P.

1889 EuG, 07.06.2023, T-519/22 – FITNESS III.

1890 EuG, 29.06.2022, T-337/20 – bittorrent II, Rn 34–42; Rechtsmittel nicht zugelassen, EuGH, 10.10.2022, C-575/22 P.

1891 EuG, 22.09.2021, T-169/20 – MARINA YACHTING; Rechtsmittel nicht zugelassen, EuGH, 31.03.2022, C-743/21 P.

1892 EuG, 28.05.2020, T-724/18 und T-184/19 – AUREA BIOLABS/AUREA, Rn 22–25.

1893 Ein nach dem alten Recht erforderlicher *Verfahrens*fehler war nämlich ein solcher, der prozessuale Auswirkungen hatte. Dagegen konnte die Überprüfung einer Sachfrage oder sogar eine Änderung der Entscheidung nicht auf der Grundlage von Art. 80 Abs. 1 GMV erfolgen. So stellte zB der Irrtum der BK, die einen Benutzungsnachweis nicht für erforderlich hielt, keinen Verfahrensfehler dar, da er keine prozessualen, sondern materielle Folgen zeitigte; EuG, 09.09.2011, T-597/10 – BIESUL/MANASUL; EuG, 09.09.2011, T-598/10 – LINEASUL/MANASUL, Rn 9, 10. Die fehlerhafte Widerrufsentscheidung der BK entfaltet jedoch, wenn sie rechtskräftig geworden ist, rechtliche Wirkungen und kann nicht als nichtig und unwirksam angesehen werden, da dies aus Rechtssicherheitsgründen nur bei außerordentlich schwerwiegenden Mängeln ange-

Das *Widerrufsverfahren* führt zur *Aufhebung der fehlerhaften Entscheidung* und beinhaltet eine *Rückkehr zu dem Verfahrensstadium*, in dem sich der Fall vor dem Entscheidungserlass befand, ohne dass eine Korrektur des in der Widerrufsentscheidung selbst festgestellten Fehlers erfolgt. Daher ist der Erlass einer *Widerrufsentscheidung* durch Fehler gerechtfertigt, die es nicht erlauben, den verfügenden Teil der streitigen Entscheidung ohne eine neue Prüfung aufrechtzuerhalten, die später von dem Gremium, das diese Entscheidung getroffen hat, durchgeführt wird. Dies gilt zB für Fehler, die sich auf die Kostenfestsetzung auswirken, sowie für Fehler im Zusammenhang mit dem Anspruch auf rechtliches Gehör oder solche, die die Begründungspflicht betreffen[1894]. 1618

Gibt es nur einen einzigen Verfahrensbeteiligten und berührt die Eintragung oder der Vorgang dessen Rechte, so werden die Löschung bzw der Widerruf auch dann angeordnet, wenn der Fehler für den Beteiligten nicht offenkundig war (Art. 103 Abs. 1 S. 2 UMV). 1619

Ein Widerruf kann sich auch auf einen abgrenzbaren *Teil einer Entscheidung* beschränken, zB diejenige über die Kosten. Der nicht widerrufene Teil der Entscheidung wird in diesem Fall jedoch rechtskräftig, wenn er nicht innerhalb der Beschwerdefrist angegriffen worden ist. Keinesfalls kann mit einer Beschwerde gegen die (spätere) Widerrufsentscheidung auch der nicht widerrufene Teil der Ausgangsentscheidung angefochten werden, wenn die Beschwerdefrist gegen diese Ausgangsentscheidung bereits abgelaufen ist[1895]. 1620

Die Löschung oder der Widerruf werden *von Amts wegen* oder *auf Antrag* eines der Verfahrensbeteiligten von derjenigen Stelle angeordnet, die die Eintragung vorgenommen oder die Entscheidung erlassen hat. Der Antrag kann auf einem Online-Formular gestellt werden. Die Löschung oder der Widerruf werden wegen Art. 103 Abs. 2 S. 2 UMV binnen eines Jahres (früher in der GMV: sechs Monaten) ab dem Datum der Eintragung in das Register oder dem Erlass der Entscheidung nach Anhörung der Verfahrensbeteiligten sowie der möglichen Inhaber der Rechte an der betr. im Register eingetragenen Unionsmarke angeordnet. Der Kläger kann nämlich nicht begehren, dass das Verfahren bis zu einer neuen inhaltlichen Entscheidung der BK ausgesetzt 1621

nommen werden kann, Rn 11, 12. Auch Widersprüche in der Begründung oder deren Unvollständigkeit stellten keine Verfahrensfehler dar; EuG, 09.09.2011, T-36/09 – dm/dm, Rn 78; und EuG, 22.11.2011, T-275/10 – MPAY24, Rn 24. Einen offensichtlichen Verfahrensfehler hatte die BK ebenfalls nicht gesehen, wenn eine korrekte Entscheidung versehentlich dem Verfahrensbeteiligten selbst und nicht seinem Vertreter zugestellt worden war; BK, 23.11.2010, R 1736/08-1 – PREKUNIL/PROKINYL L.P., Rn 21. S. zum alten Recht: 3. Aufl, Rn 1439.

1894 EuG, 28.05.2020, T-724/18 und T-184/19 – AUREA BIOLABS/AUREA, Rn 28, 30 mwN.

1895 EuG, 01.07.2009, T-419/07 – OKATECH, Rn 37–40. Das Rechtsmittel beschränkt sich jedoch auf die Frage des Vorliegens eines offensichtlichen Verfahrensfehlers und kann keinesfalls dazu führen, dass nochmals eine darüber hinausgehende vollinhaltliche Sachprüfung stattfindet.

bleibt, weil er gegen diese – sollte sie wieder zu seinen Ungunsten ausfallen – erneut Klage erheben kann[1896].

1622 Art. 103 UMV gilt wegen Abs. 4 unbeschadet des Rechts der Beteiligten, *Beschwerde* einzulegen oder *Klage* zum EuG zu erheben, wobei in Beschwerden in einseitigen Verfahren auch im Stadium der Abhilfe eine Korrekturmöglichkeit des EUIPO besteht (Art. 66 und 69 UMV), sowie unbeschadet der Möglichkeit, sprachliche Fehler, Schreibfehler und offensichtliche Versehen gemäß Art. 102 UMV[1897], zu *berichtigen*. Wurde gegen eine mit einem Fehler behaftete Entscheidung des Amtes Beschwerde eingelegt, wird das Beschwerdeverfahren gegenstandslos, wenn das EUIPO seine Entscheidung gemäß Art. 103 Abs. 1 UMV widerruft[1898]. In diesem Fall wird die Beschwerdegebühr dem Beschwerdeführer erstattet (Art. 103 Abs. 4 S. 2 und 3 UMV). Auch das Klageverfahren vor dem EuG wird nach Art. 130 VerfO-EuG auf Antrag einer Partei nach Anhörung der anderen Beteiligten für erledigt erklärt, wenn die angefochtene Entscheidung der BK wegen Art. 103 UMV widerrufen wurde. Die Verfahrenskosten des Klägers und seine eigenen hat dann nach Art. 137 VerfO-EuG das EUIPO zu tragen[1899].

1623 Die Einleitung der Anhörung der Verfahrensbeteiligten in Anwendung von Art. 103 Abs. 2 UMV hat *keinesfalls die Aussetzung der Beschwerdefrist* nach Art. 68 UMV zur Folge. Auch kann die Anfechtung einer im Rahmen des Widerrufsverfahrens, das ein gegenüber dem Beschwerdeverfahren eigenständiges Verfahren ist, ergangenen Entscheidung nicht als (konkludente) Beschwerde gegen die Ausgangsentscheidung angesehen werden. Denn die Einlegung einer Beschwerde unterliegt strengen verfahrensrechtlichen Anforderungen, insb der Einhaltung der Frist und Zahlung der Gebühr, die zwingend und unabdingbar sind[1900]. Nach Erhebung der Beschwerde soll die Ausgangsinstanz jedoch – außer im Abhilfeverfahren – zu einer Korrektur nicht mehr berechtigt sein[1901].

3. Auslegung

1624 Angesichts der Bedeutung des *verbindlichen Charakters* des verfügenden Teils einer von einer zuständigen Stelle erlassenen endgültigen Entscheidung (des Tenors) und zur Wahrung des Grundsatzes der Rechtssicherheit sind Art. 102 und 103 UMV, die nur unter außergewöhnlichen Umständen eine nachträgliche Korrektur dieser Ent-

1896 EuG, 22.01.2018, T-157/17 – ILLUMINA/ILLINA.
1897 Bisher galten Regeln 27 und 53 GMDV.
1898 Der Widerruf hat nach Teil A, Abschn. 7, Kap. 1 der UMRL innerhalb eines Monats nach Übermittlung der Beschwerdebegründung durch die BK an das Amt zu erfolgen.
1899 So zB EuG, 10.07.2017, T-43/17 – NO LIMITS; EuG, 14.06.2017, T-657/16 – Ameise.
1900 EuG, 09.09.2011, T-36/09 – dm/dm, Rn 99–106.
1901 BK, 28.04.2009, R 323/08-G – BEHAVIOURAL INDEXING, Rn 22–31. Das EuG wies mit 12.04.2011, T-310/09 und T-383/09, die Klage zurück, ohne sich zu dieser Verfahrensfrage zu äußern.

scheidung durch Berichtigung oder Widerruf ermöglichen, als *Ausnahmevorschriften* grds eng auszulegen und daher auf offensichtliche Fehler beschränkt[1902].

4. Offensichtlich rechtsunwirksame Akte

Aus Gründen der Rechtssicherheit und wegen der Schwere der rechtlichen Folgen 1625
erlaubt die Rspr zusätzlich in ganz *außergewöhnlichen Fällen* – auch von Amts wegen – eine Aufhebung eines Rechtsakts, der *offensichtlich* mit einem *derart schweren Fehler* behaftet ist, dass er von der Rechtsordnung der Union *nicht geduldet* werden kann. Dann hat er keine Rechtswirkung entfaltet und ist als rechtlich inexistent zu betrachten. Diese Ausnahme soll das Gleichgewicht zwischen zwei grundlegenden, manchmal einander widerstreitenden Erfordernissen wahren, denen eine Rechtsordnung genügen muss, nämlich der Stabilität der Rechtsbeziehungen und der Wahrung der Rechtmäßigkeit. So kann eine nach Regel 53 GMDV und Art. 80 GMV erfolgte Berichtigung von Fehlern, die *inhaltliche Gründe nachzuschieben* versucht, nicht durch diese Ausnahmeregel gerechtfertigt werden[1903]. Jedoch erlaubt das EuG den Widerruf einer Entscheidung gemäß Art. 107 UMV nach dem *allgemeinen Rechtsgrundsatz*, wonach die rückwirkende Rücknahme eines rechtswidrigen Verwaltungsakts, der subjektive Rechte verliehen hat, zulässig ist, sofern das den Verwaltungsakt erlassende Organ die Voraussetzungen berücksichtigt, dass eine angemessene Frist einzuhalten und das berechtigte Vertrauen des Adressaten des Rechtsakts in dessen Rechtmäßigkeit zu beachten ist[1904].

Ob bereits der *Kompetenzmangel* der Widerspruchsabteilung für den Erlass einer 1626
geänderten Entscheidung eine Unregelmäßigkeit darstellt, die die wesentlichen Voraussetzungen des betr Rechtsakts derart in Frage stellt, dass seine Inexistenz festzustellen ist[1905], erscheint mE jedoch sehr zweifelhaft.

5. Rechtsverlust

Stellt das EUIPO fest, dass ein *Rechtsverlust aus der UMV* oder aus den gemäß ihr 1627
erlassenen Rechtsakten eingetreten ist, ohne dass eine Entscheidung ergangen ist, so teilt es dies wegen Art. 99 UMV der betroffenen Person nach dem Verfahren des Art. 98 UMV mit. Diese kann dann innerhalb von zwei Monaten nach Zustellung der Mitteilung eine Entscheidung in der Sache beantragen, wenn sie der Ansicht ist, dass die Feststellung des Amtes unrichtig ist. Das EUIPO erlässt eine solche Ent-

1902 EuG, 28.05.2020, T-724/18 und T-184/19 – AUREA BIOLABS/AUREA, Rn 26 mwN.

1903 EuG, 22.11.2011, T-275/10 – MPAY24, Rn 26–31.

1904 EuG, 21.02.2018, T-727/16 – REPOWER, Rn 60–92 mwN. Zur Anwendbarkeit von Art. 107 UMV hat sich der EuGH in seinem Rechtsmittelurteil nicht geäußert, da er – entgegen der Ansicht des EuG – bereits Art. 80 Abs. 1 GMV als lex specialis für einschlägig gehalten hat, nachdem eine fehlende oder unzureichende Begründung – als Teil der in Titel IX (Verfahrensvorschriften) enthaltenen Verfahrensregeln – einen Verfahrensfehler darstellt; EuGH, 31.10.2019, C-281/18 P, Rn 27–40.

1905 So aber das EuG, 09.09.2011, T-36/09 – dm/dm, Rn 83–92.

scheidung nur dann, wenn es die Auffassung der beantragenden Person nicht teilt. Anderenfalls ändert es seine Feststellung und unterrichtet diese.

III. Benutzung der Marke im geschäftlichen Verkehr

1628 Eine Marke wird dann im geschäftlichen Verkehr benutzt, wenn die Benutzung im Zusammenhang mit einer auf einen *wirtschaftlichen Vorteil gerichteten gewerblichen Tätigkeit* erfolgt. Die Benutzung erfolgt insb durch die Anbringung des Zeichens auf der Ware, aber auch durch die Herstellung einer sonstigen Verbindung zu den vertriebenen Waren oder erbrachten DL.

1629 Das offizielle *Euro-Symbol* (€) ist kein Zeichen, das auf Waren oder DL angebracht wird, um sie von anderen zu unterscheiden und dem Publikum so zu ermöglichen, ihren Ursprung zu ermitteln. Es soll vielmehr eine Währungseinheit bezeichnen und wird üblicherweise einer Zahlenangabe voran- oder nachgestellt. Auch die Veranlassung Dritter zur Benutzung des Symbols und Werbemaßnahmen anlässlich seiner Vorstellung (Verteilung von Schals und Hüten mit diesem Symbol) dienen nicht der Vermarktung von Waren oder DL, sondern seiner Verbreitung als Mittel zur Bezeichnung der gemeinsamen europäischen Währung[1906].

1630 Beim *Galileo*-Projekt der EU-Kommission ist das Kriterium der Benutzung des Zeichens durch einen Dritten im geschäftlichen Verkehr nicht erfüllt, da die Kommission das Wort *Galileo* bisher nur allgemein als Bezeichnung für ihr Projekt eines Satellitennavigationssystems verwendet, aber keine konkrete Verbindung zwischen bestimmten Waren oder DL, die aus der Forschungs-, Entwicklungs- und Errichtungsphase des Projekts stammen, hergestellt hat, also keine wirtschaftliche Tätigkeit ausübt, nämlich weder Waren noch DL auf einem Markt anbietet[1907].

IV. Verlängerung

1631 Die Dauer der Eintragung der Unionsmarke beträgt *zehn Jahre*, gerechnet vom Tag der Anmeldung an (Art. 52 UMV). Die Eintragung kann *beliebig oft* um jeweils zehn Jahre auf schriftlichen Antrag des Inhabers oder einer hierzu ausdrücklich ermächtigten Person verlängert werden, sofern die Gebühren entrichtet worden sind (Art. 53 Abs. 1 UMV[1908]).

1632 Auch ein *Lizenznehmer* an einer Unionsmarke ist nur bei ausdrücklicher Ermächtigung durch den Inhaber zur Stellung eines Verlängerungsantrags berechtigt und wird erst dadurch Beteiligter am Verlängerungsverfahren[1909]. Um Schwierigkeiten

1906 EuG, 10.04.2003, T-195/00 – EURO-Symbol, Rn 93–98.

1907 EuG, 10.05.2006, T-279/03 – Galileo, Rn 113–117; bestätigt durch EuGH, 20.03.2007, C-325/06 P.

1908 Art. 53 UMV ersetzt die bisherigen Regeln 29 und 30 GMDV.

1909 EuG, 12.05.2009, T-410/07 – JURADO, Rn 16, 18, 24. Der Markeninhaber kann dies auch dadurch nicht umgehen, dass er den Lizenznehmer erst nach Ablauf der Frist zur Verlängerung zu deren Beantragung bevollmächtigt. Letzterer kann nämlich weder als

bei der Stellung zukünftiger Verlängerungsanträge zu vermeiden, empfiehlt es sich daher, eine derartige ausdrückliche Ermächtigung des Lizenznehmers bereits in den Lizenzvertrag aufzunehmen.

Die *Grundgebühr für die Verlängerung* einer Unionsmarke beträgt für eine Kl. 1.000 Euro (bei der elektronischen Verlängerung jedoch nur 850 Euro), für die Verlängerung einer UKM oder UGM 1.800 Euro (bei der elektronischen Verlängerung jedoch nur 1.500 Euro). Die Gebühr für die Verlängerung der zweiten Kl. ist jeweils 50 Euro und für jede weitere ab der dritten Kl. jeweils 150 Euro (Art. 53 Abs. 3 UMV iVm Anlage I Nr A11–18)[1910]. 1633

Werden diese Gebühren mittels einer in Art. 179 Abs. 1 UMV genannten *Zahlungsart* rechtzeitig entrichtet, so gilt dies bereits als Verlängerungsantrag (Art. 53 Abs. 4 S. 2 UMV), sofern alle erforderlichen Angaben zur Feststellung des Zwecks der Zahlung vorhanden sind[1911]. Beim laufenden Konto reicht das Ersuchen um Abbuchung der Verlängerungsgebühr aus[1912]. 1634

Das Amt *unterrichtet* den Inhaber der Unionsmarke und die im Register eingetragenen Inhaber von Rechten an der Unionsmarke, einschl von Lizenzen, mindestens sechs Monate vor dem Ablauf der Eintragung (Art. 53 Abs. 2 UMV). Das *EUIPO haftet nicht* für unterbliebene Unterrichtungen. Unterbleibt also versehentlich die Unterrichtung, so beeinträchtigt dies nicht den Ablauf der Eintragung. 1635

Der Antrag auf Verlängerung ist innerhalb *von sechs Monaten vor Ablauf der Eintragung* (und nicht mehr wie früher in der GMV: innerhalb eines Zeitraums von sechs Monaten vor Ablauf des letzten Tages des Monats, in dem die Schutzdauer endet) einzureichen (Art. 53 Abs. 3 UMV), was auf einem Online-Formular erfolgen kann. Innerhalb dieses Zeitraums sind auch die Gebühren zu entrichten. 1636

Der Antrag und die Gebühren können noch innerhalb einer *Nachfrist von sechs Monaten nach Ablauf der Eintragung* (und nicht mehr wie früher in der GMV: innerhalb eines Zeitraums von sechs Monaten nach Ablauf des letzten Tages des Monats, in dem die Schutzdauer endet) gestellt bzw gezahlt werden, sofern innerhalb dieser 1637

Beteiligter des Verlängerungsverfahrens nach Art. 53 Abs. 1 UMV noch als an einem Verfahren vor dem EUIPO Beteiligter iSv Art. 104 Abs. 1 UMV in einem Wiedereinsetzungsverfahren angesehen werden; EuG, 23.09.2020, T-557/19 – 7Seven.

1910 Diese neuen Gebühren gelten für alle Marken, die am 23.03.2016 oder später ablaufen. Durch die UMV ist die Verlängerung deutlich billiger geworden, zumal sie von Seiten des Amts nur einen geringen Verwaltungsaufwand erfordert. Die neue Gebührenstaffel begünstigt auch die Markeninhaber, die nicht mehr alle (drei) Kl. verlängern, sondern weniger. Mitteilung Nr 2/16 des Präsidenten vom 20.01.2016; ABl.HABM 2/2016.

1911 Jedoch ist in diesem Fall die vollständige Gebühr zu bezahlen (1000 Euro) und nicht die reduzierte der elektronischen Verlängerung (850 Euro), da diese nur für die elektronische Antragstellung gilt.

1912 Mitteilung Nr 8/05 des Präsidenten vom 21.12.2005; ABl.HABM 2006, 196. Bei Online-Verlängerungen ist eine Gebührenzahlung seit Juli 2009 mit Kreditkarten möglich (s. www.euipo.europa.eu.).

Nachfrist eine Zuschlagsgebühr für die verspätete Zahlung der Verlängerungsgebühr oder die verspätete Einreichung des Verlängerungsantrags entrichtet wird, die 25 % der nachzuzahlenden Verlängerungsgebühr entspricht, jedoch höchstens 1.500 Euro (Anlage I zur UMV Nr A19)[1913].

1638 Die *Ergänzung* eines fristgerecht gestellten Verlängerungsantrags in der Nachfrist des Art. 53 Abs. 3 S. 3 UMV in Richtung auf weitere, ursprünglich nicht verlängerte Waren und DL ist zulässig[1914].

1639 Der Antrag auf Verlängerung muss die in Art. 53 Abs. 4 UMV vorgeschriebenen *Angaben* enthalten. Wird der Antrag auf Verlängerung zwar innerhalb der in Art. 53 Abs. 3 UMV vorgesehenen Fristen gestellt, sind aber die anderen in Art. 53 UMV genannten Erfordernisse für eine Verlängerung nicht erfüllt, so teilt das EUIPO dem Antragsteller die festgestellten Mängel mit (Art. 53 Abs. 7 UMV).

1640 Wird ein *Verlängerungsantrag nicht oder erst nach Ablauf der Frist* gestellt oder werden die Gebühren nicht oder erst nach Ablauf dieser Frist entrichtet oder werden die in Abs. 7 genannten Mängel nicht fristgemäß beseitigt, so stellt das EUIPO fest, dass die Eintragung abgelaufen ist, und teilt dies dem Inhaber der Unionsmarke entspr mit. Ist diese Feststellung rechtskräftig geworden, so löscht das Amt die Marke im Register. Die Löschung wird am Tag nach Ablauf der Eintragung wirksam. Wenn die Verlängerungsgebühren entrichtet wurden, die Eintragung aber nicht verlängert wird, werden diese Gebühren erstattet (Art. 47 Abs. 8 UMV).

1641 Für *zwei und mehr Marken* kann ein einziger Antrag auf Verlängerung gestellt werden, sofern für jede Marke die erforderlichen Gebühren entrichtet werden und es sich bei dem Markeninhaber bzw dem Vertreter um dieselbe Person handelt (Art. 53 Abs. 9 UMV).

1913 Das EUIPO wandt die neue Regelung nicht auf Marken an, bei denen die Sechsmonatsfrist vor dem 23.03.2016 bereits begonnen hatte, auch wenn ihr Schutz nach diesem Zeitpunkt endet; Mitteilung Nr 2/2016 des Präsidenten des Amts vom 20.01.2016, Nr 3. Ob das auch für die Nachfrist gilt, ist fraglich (da Nr 3 nur anwendbar für »grundlegende Verlängerungsfristen« bzw »basic renewal periods«). Insgesamt ist diese Mitteilung aber problematisch, so dass jedenfalls bei der Nachfrist aus Gründen der Vorsicht dazu geraten wird, innerhalb der (neuen) verkürzten Frist den Verlängerungsantrag zu stellen und zu bezahlen! Eine möglicherweise fehlerhafte Eintragung des EUIPO könnte nämlich von Dritten im normalen Amtsverfahren als fehlerhaft beanstandet und in Widerspruchs- oder Nichtigkeitsverfahren angegriffen werden; vgl EuG, 16.05.2013, T-104/12 – VORTEX/VORTEX, Rn 30, 36–49; EuG, 25.06.2015, T-186/12 – LUCEA LED/LUCEO, Rn 39, 40.

1914 EuGH, 20.06.2016, C-207/15 P – CVTC. Entgegen der Ansicht von EuG, 04.03.2015, T-572/12; (zur Kritik s. *Bender,* MarkenR 2016, 149 f.) und BK ergibt sich nämlich unter Berücksichtigung der verschiedenen Sprachfassungen aus Art. 47 Abs. 3 GMV (jetzt: Art. 53 Abs. 3 UMV.) kein Verbot, innerhalb der dort genannten Fristen zeitlich gestaffelte und auf verschiedene Waren- oder DL-Kl. bezogene Anträge auf Verlängerung einer Unionsmarke einzureichen.

Beziehen sich der Antrag auf Verlängerung oder die Entrichtung der *Gebühren nur auf einen Teil der Waren oder DL*, für die die Unionsmarke eingetragen ist, so wird die Eintragung nur für diese Waren oder DL verlängert. Reichen die entrichteten Gebühren nicht für alle Kl. von Waren und DL aus, für die die Verlängerung beantragt wird, so wird die Eintragung verlängert, wenn eindeutig ist, auf welche Kl. sich die Gebühren beziehen. Liegen keine anderen Kriterien vor, so trägt das Amt den Kl. in der Reihenfolge der Klassifikation Rechnung (Art. 53 Abs. 5 UMV). 1642

Die Verlängerung wird am Tag nach dem Ablauf der Eintragung *wirksam*. Sie wird eingetragen (Art. 53 Abs. 6 UMV). 1643

Während von den Ersteintragungen des Jahres 1996 noch 72 % der Marken verlängert wurden, ist die Quote in den nachfolgenden Jahren langsam bis auf gegenwärtig etwa 50 % gesunken. 1644

G. Der Verzicht, die Verwirkung, das Verfalls- und Nichtigkeitsverfahren

Übersicht Rdn.

I. Verzicht

1645 Auf die Unionsmarke kann jederzeit ganz oder teilweise *verzichtet* werden (Art. 57 Abs. 1 UMV). Die Verzichtserklärung muss die in Art. 15 UMDV bestimmten Angaben enthalten. Bei einer Einschränkung des VerzWDL gilt dasselbe Grundprinzip wie bei der Einschränkung der Anmeldung gem. Art. 49 UMV (Rdn 488 ff), dass es keinesfalls erweitert werden darf[1915]. Der Verzicht ist vom Markeninhaber dem EUIPO *schriftlich* zu erklären, er ist *unwiderruflich*[1916] und wird *erst wirksam, wenn er eingetragen* ist (ex nunc) (Art. 57 Abs. 2 S. 1 und 2 UMV). Der Antrag kann auf einem Online-Formular gestellt werden.

1646 Die Gültigkeit des Verzichts auf eine Unionsmarke, der gegenüber dem Amt nach der Einreichung eines Antrags auf Erklärung des Verfalls dieser Marke iSv Art. 63 Abs. 1 UMV erklärt wird, setzt die abschließende Zurückweisung des Antrags auf Verfallserklärung oder dessen Rücknahme voraus (Art. 57 Abs. 2 S. 3 UMV)[1917].

1647 Ist im Register eine Person als Inhaber eines Rechts im Zusammenhang mit der Unionsmarke eingetragen, so wird der Verzicht nur mit Zustimmung dieser Person eingetragen. Ist eine *Lizenz* im Register eingetragen, so wird der Verzicht erst eingetragen, wenn der Inhaber der Unionsmarke glaubhaft macht, dass er den Lizenznehmer von seiner Verzichtsabsicht unterrichtet hat. Die Eintragung des Verzichts wird nach Ablauf einer Frist von drei Monaten ab dem Zeitpunkt vorgenommen, zu dem der Inhaber dem EUIPO glaubhaft gemacht hat, dass er den Lizenznehmer von seiner

1915 EuG, 16.05.2013, T-104/12 – VORTEX/VORTEX, Rn 30, 32, 34, 39, 47.

1916 BK, 12.01.2012, R 1087/11-1 – JIMI HENDRIX, Rn 11–23.

1917 Wird der (auch teilweise) Verzicht während eines laufenden Verfalls- oder Nichtigkeitsverfahrens erklärt, das Gegenstand der Verzichtserklärung ist, so setzt das EUIPO die Eintragung der Verzichtserklärung aus; Zur Amtspraxis s. *Stürmann,* Verfahren vor dem EUIPO, GRUR-Prax 2016, 118.

Verzichtsabsicht unterrichtet hat, oder vor Ablauf dieser Frist, sobald er die Zustimmung des Lizenznehmers nachweist (Art. 57 Abs. 3 UMV). Sind die Voraussetzungen für den Verzicht nicht erfüllt, so teilt das EUIPO dem Erklärenden die Mängel mit. Werden die Mängel nicht innerhalb einer vom Amt festzusetzenden Frist beseitigt, so lehnt es die Eintragung des Verzichts in das Register ab (Art. 57 Abs. 4 UMV)[1918].

II. Verwirkung durch Duldung

Ein Rechtsverlust kann wegen Art. 61 UMV auch aufgrund *Verwirkung* durch *Duldung* eintreten. 1648

Hat der *Inhaber einer Unionsmarke* die Benutzung einer jüngeren Unionsmarke[1919] in der Union während eines Zeitraums von fünf aufeinander folgenden Jahren in Kenntnis dieser Benutzung geduldet, so kann er für die Waren oder DL, für die die jüngere Marke benutzt worden ist, aufgrund dieser älteren Marke nicht die Nichtigerklärung dieser jüngeren Marke verlangen, es sei denn, dass die Anmeldung der jüngeren Unionsmarke bösgläubig vorgenommen worden ist (Art. 61 Abs. 1 UMV). 1649

Hat der Inhaber einer in Art. 8 Abs. 2 UMV genannten *älteren nationalen Marke* oder eines in Art. 8 Abs. 4 UMV genannten *sonstigen älteren Kennzeichenrechts* die Benutzung einer jüngeren Unionsmarke in dem Mitgliedstaat, in dem diese ältere Marke oder dieses sonstige ältere Kennzeichenrecht geschützt ist, während eines Zeitraums von fünf aufeinander folgenden Jahren in Kenntnis dieser Benutzung geduldet, so kann er für die Waren oder DL, für die die jüngere Unionsmarke benutzt worden ist, aufgrund dieser älteren Marke oder dieses sonstigen älteren Kennzeichenrechts nicht die Nichtigerklärung der Unionsmarke verlangen, es sei denn, dass die Anmeldung der jüngeren Unionsmarke bösgläubig vorgenommen worden ist (Art. 61 Abs. 2 UMV). In diesem Fall ist die Eintragung der älteren Marke im betr Mitgliedstaat keine notwendige Voraussetzung für das Ingangsetzen der obigen Frist für die Verwirkung durch Duldung, da wegen der Bezugnahme auf Art. 8 Abs. 2 und Abs. 4 UMV diese Vorschrift auch auf Inhaber von Anmeldungen, notorisch bekannten Marken und sonstigen Kennzeichenrechten (einschl nicht eingetragener Marken) anzuwenden ist[1920]. 1650

1918 Bislang galt Regel 36 Abs. 2 und 3 GMDV.

1919 EuGH, 22.09.2011, C-482/09 – Budweiser/Budweiser II, Rn 54. Für die jüngere Unionsmarke ist danach konsequenterweise als notwendige Voraussetzung auf die Benutzung ab der Eintragung abzustellen. Die Frist für die Verwirkung durch Duldung kann also nicht ab dem Zeitpunkt der bloßen Benutzung der jüngeren Marke nach der Anmeldung zu laufen beginnen. S.a. EuG, 28.06.2012, T-133/09 – B. Antonio Basile 1952/BASILE, Rn 32–34.

1920 EuGH, 22.09.2011, C-482/09 – Budweiser/Budweiser II, Rn 60–62. Diese notwendigen Voraussetzungen dürften hier entspr anwendbar sein, auch wenn die jeweiligen Normen (Art. 9 Abs. 1 MarkenRL. aF und Art. 61 Abs. 1. und 2 UMV.) aufgrund des unterschiedlichen Anwendungsbereichs geringe Abweichungen enthalten; s. kritisch *Hacker*, WRP 2012, 266, 268.

1651 Daraus folgt, dass *vier Voraussetzungen* erfüllt sein müssen, bevor die Verjährungsfrist wegen Duldung zu laufen beginnt, wenn eine jüngere Marke benutzt wird, die mit der älteren identisch oder verwechselbar ähnlich ist. Erstens muss die *jüngere Marke eingetragen* sein. Zweitens muss die *Anmeldung* zu ihrer Eintragung von ihrem Inhaber *in gutem Glauben* vorgenommen worden sein. Drittens muss die *jüngere Marke* in dem *Gebiet benutzt* werden, *in dem die ältere Marke geschützt* ist. Viertens muss der *Inhaber der älteren Marke Kenntnis von der Benutzung* dieser Marke nach ihrer Eintragung haben. Darüber hinaus ist es Sache des *Inhabers der angefochtenen Marke*, das Vorliegen der fraglichen *Voraussetzungen nachzuweisen* und insb mit entspr Beweisen den Zeitpunkt zu belegen, zu dem der Inhaber der älteren Marke tatsächlich Kenntnis von der Benutzung der angefochtenen Marke erlangt hat[1921].

1652 Die Duldung ist ein *Begriff des Unionsrechts*. Der Duldende verhält sich passiv, indem er darauf verzichtet, ihm zur Verfügung stehende Maßnahmen zur Beendigung eines Zustands zu ergreifen, von dem er *Kenntnis hat* und der nicht zwangsläufig erwünscht ist. Der Duldende bleibt also gegenüber einem Zustand untätig, dem er sich *widersetzen könnte*. Es kann jedoch nicht davon ausgegangen werden, dass der Inhaber einer älteren Marke eine lang dauernde und gefestigte redliche Benutzung einer mit seiner Marke identischen Marke durch einen Dritten geduldet hat, wenn er von dieser Benutzung seit langem Kenntnis hatte, aber keine Möglichkeit hatte, sich ihr zu widersetzen[1922].

1653 Der *Zweck* von Art. 61 Abs. 1 und 2 UMV besteht darin, die Inhaber älterer Marken, die die Benutzung einer jüngeren Unionsmarke während eines zusammenhängenden Zeitraums von fünf Jahren in Kenntnis dieser Benutzung geduldet haben, mit dem Verlust der Nichtigkeits- und der Widerspruchsmöglichkeit gegen diese Marke zu strafen. Die Regelung bezweckt also einen *Ausgleich* zwischen dem *Interesse des Markeninhabers* am Erhalt der wesentlichen Funktion seiner Marke und dem *Interesse der anderen Wirtschaftsteilnehmer* an der freien Verfügbarkeit von Zeichen, die ihre Waren und DL bezeichnen können.

1654 Dies setzt voraus, dass der *Inhaber der älteren Marke*, um sich diese wesentliche Funktion zu erhalten, *in der Lage ist*, der Benutzung der mit seiner Marke identischen oder ihr ähnlichen jüngeren Marke *zu widersprechen*. Erst ab dem Zeitpunkt, in dem der Inhaber der älteren Marke von der Benutzung der jüngeren Unionsmarke weiß, hat er nämlich die Möglichkeit, dies nicht zu dulden und folglich Widerspruch einzulegen oder deren Nichtigerklärung zu beantragen, so dass erst dann die Frist für den Eintritt der Verwirkung durch Duldung zu laufen beginnt.

1655 Nach teleologischer Auslegung ist für die Berechnung der *Verwirkungsfrist* der *Zeitpunkt*, zu dem *Kenntnis von der Benutzung der jüngeren Marke* erlangt wird, *maßgeblich*, wobei der *Inhaber der jüngeren Marke den Beweis* dafür zu *erbringen* hat, dass der Inhaber der älteren Marke von der Benutzung der jüngeren Marke *tatsächlich Kenntnis*

1921 EuG, 27.01.2021, T-382/19 – skylife/SKY, Rn 49 mwN; Rechtsmittel nicht zugelassen, EuGH, 29.06.2021, C-185/21 P.

1922 EuGH, 22.09.2011, C-482/09 – Budweiser/Budweiser II, Rn 35, 37, 44, 45, 50.

hatte, ohne die er nicht in der Lage wäre, deren Benutzung zu widersprechen. Eine nur potenzielle Kenntnis oder Vermutung auf Seiten des Inhabers der älteren Marke hinsichtlich der Benutzung der jüngeren reicht dagegen nicht aus[1923].

Die *Duldung* und dementspr die *Verwirkungsfrist* iSd Art. 61 UMV wird aber nur durch die für die *Herbeiführung einer rechtsverbindlichen Lösung notwendigen Schritte beendet*, also die Einlegung eines *behördlichen oder gerichtlichen Rechtsbehelfs*, nicht schon durch eine Handlung, wie zB eine *Abmahnung*, mit der sich der Inhaber einer älteren Marke oder eines sonstigen älteren Rechts der Benutzung einer jüngeren Marke widersetzt. Dasselbe gilt, wenn das *verfahrenseinleitende Schriftstück bei Gericht* zwar vor Ablauf der Verwirkungsfrist eingereicht wurde, aber aufgrund mangelnder Sorgfalt des Rechtsbehelfsführers nicht die Anforderungen des nationalen Rechts erfüllte, die für die Zwecke der Zustellung gelten, und die Mängel aus Gründen, die diesem zuzurechnen sind, erst nach Ablauf der Verwirkungsfrist behoben wurden. In einem solchen Fall ist der Inhaber des älteren Rechts auch daran gehindert, *Neben- oder Folgeansprüche* wie solche auf Schadensersatz, auf Auskunft oder auf Vernichtung von Waren zu erheben[1924]. 1656

Weiter kann der Inhaber einer älteren Marke die Ungültigerklärung einer identischen jüngeren Marke, die identische Waren kennzeichnet, zB nicht erwirken, wenn diese beiden gemeinsam und gleichzeitig eingetragenen Marken *über eine lange Zeit* hinweg (fast 30 Jahre) *in redlicher Weise und von Anfang an gutgläubig gleichzeitig benutzt* worden sind, wenn diese Benutzung die Hauptfunktion der Marke, dh die Gewährleistung der Herkunft der Waren gegenüber den Verbrauchern, nicht beeinträchtigt oder beeinträchtigen kann, weil der angesprochene *Verkehr* den *Unterschied der Waren* nach Geschmack, Aufmachung und Preis deutlich *wahrnimmt* und sie aufgrund der Koexistenz als *von verschiedenen Unternehmen hergestellt* erkennt[1925]. 1657

Im Gegenzug kann aber auch der *Inhaber der jüngeren Unionsmarke* sich der Benutzung des älteren Rechts nicht widersetzen, obwohl dieses Recht gegenüber der jüngeren Unionsmarke nicht mehr geltend gemacht werden kann (Art. 61 Abs. 3 UMV). 1658

1923 Insoweit ist die entspr Regelung der Verwirkung durch Duldung heranzuziehen, die in Art. 9 Abs. 1 MarkenRL. aF enthalten ist. Bzgl dieser Regelung heißt es in PräambelRL aF 11 bzw 12, dass der Einwand der Verwirkung nur anwendbar ist, wenn der Inhaber der älteren Marke deren Benutzung während einer längeren Zeit wissentlich »geduldet« (»knowingly tolerated« in der englischen oder »sciemment toléré« in der französischen Sprachfassung) hat, dh »bewusst« oder »in Kenntnis der Tatsachen«. Dies gilt entspr für Art. 61 UMV, dessen Wortlaut dem von Art. 9 Abs. 1 MarkenRL. aF entspricht. EuG, 20.04.2016, T-77/15 – SkyTec/SKY, Rn 31–34 mwN; und EuG, 04.10.2018, T-150/17 – FLÜGEL/… VERLEIHT FLÜGEL, Rn 31–51.

1924 EuGH, 19.05.2022, C-466/20 – heitech/HEITEC, Rn 54–57, 68, 71–73. Das Urteil ist zu Art. 9 Abs. 1 Abs. 2 MarkenRL aF, Art. 54 Abs. 1 Abs. 2, Art. 111 Abs. 2 GMV und § 21 Abs. 1 Abs. 2 MarkenG ergangen.

1925 EuGH, 22.09.2011, C-482/09 – Budweiser/Budweiser II, Rn 75–84.

III. Verfahrensablauf des Verfalls- und Nichtigkeitsverfahrens

1. Nichtigkeitsverfahren aus absoluten Gründen und Verfallsverfahren

1659 Das *Nichtigkeitsverfahren* aus *absoluten Nichtigkeitsgründen* gemäß Art. 59 UMV folgt vor dem EUIPO *nicht* dem *Amtsermittlungsprinzip* des Art. 95 Abs. 1 S. 1 UMV, das nur für das Eintragungsverfahren gilt. Das Amt beschränkt vielmehr seine Prüfung auf die von den Beteiligten angeführten Gründe und Argumente (Art. 95 Abs. 1 S. 3 UMV)[1926], wobei aber auch allgemein bekannte Tatsachen zu berücksichtigen sind[1927]. Die *Verspätungsgrundsätze* des Art. 95 Abs. 2 UMV (s. Rdn 1141 ff) gelten daher auch in Verfahren bzgl absoluter Nichtigkeitsgründe, so dass die BK verspäteten Sachvortrag, der erstmals ihr vorgelegt worden war, nicht zwingend berücksichtigen muss, sondern eine Prüfung vorzunehmen und eine begründete Ermessensentscheidung zu treffen hat[1928].

1660 Das Nichtigkeitsverfahren wird auf Antrag eines Antragstellers in Gang gesetzt, der *alle relevanten Tatsachen und Gründe vorzutragen* hat, die die angegriffene Marke infrage stellen, worauf sich das *Verfahren dann beschränkt*. Einer eingetragenen Marke kommt nämlich wegen Art. 59 und 62 UMV die Vermutung der Rechtsgültigkeit zugute, nachdem sie bereits im Anmeldeverfahren eine Prüfung auf absolute Eintragungshindernisse erfolgreich durchlaufen hat[1929]. Es dürfen jedoch offenkundige, vom EUIPO im Rahmen des Nichtigkeitsverfahrens ermittelte Tatsachen mit berücksichtigt werden[1930].

1661 Dieser Grundsatz des kontradiktorischen Verfahrens gilt ebenso für das *Verfallsverfahren* nach Art. 58 UMV. So obliegt der *Nachweis einer ernsthaften Benutzung* der Marke deren Inhaber und ist nicht von Amts wegen vom EUIPO zu führen. Das

---

1926 EuG, 15.09.2021, T-274/20 – Orange (Veuve Cliquot), Rn 30–52. Die Frage nach der Art der angefochtenen Marke (Bild- oder Farbmarke) darf die BK nicht von sich aus prüfen, wenn sie von den Parteien nicht aufgeworfen worden war, noch dazu, ohne vorher rechtliches Gehör zu gewähren.

1927 EuG, 10.06.2020, T-105/19 – Schachbrettmuster, Rn 24–39 mwN. So stellt die Tatsache, dass die streitige Marke ein gängiges und alltägliches Grundmuster ist, das bei Ledertaschen und -koffern nicht wesentlich von der Norm oder den Gepflogenheiten der betr Branche abweicht, eine bekannte Tatsache dar.

1928 EuGH, 24.01.2018, C-634/16 P – FITNESS, Rn 31–58. So sind zwar Beweismittel zulässig, wenn es sich entweder um zusätzliche zu den im Verfahren vor der Nichtigkeitsabteilung vorgelegten handelt oder um solche, die einen neuen Gesichtspunkt betreffen, der im Laufe des Verfahrens vor dem Amt nicht vorgebracht werden konnte. Jedoch hat die Partei, die diese Beweise vorlegt, zu begründen, warum sie in diesem Verfahrensstadium vorgelegt wurden, und nachzuweisen, dass die Vorlage während des Verfahrens vor der Nichtigkeitsabteilung unmöglich war. Insoweit Korrektur von EuG, 28.09.2016, T-476/15 – FITNESS, Rn 50–66. S.a. EuG, 10.10.2019, T-536/18 – FITNESS II, Rn 39, 44, 47, 48; Rechtsmittel nicht zugelassen, EuGH, 18.03.2020, C-908/19 P.

1929 S.a. bereits zu Art. 76 Abs. 1 GMV: EuG, 13.09.2013, T-320/10 – CASTEL, Rn 26–29; bestätigt durch EuGH, 30.04.2015, C-622/13 P.

1930 EuG, 25.11.2015, T-223/14 – VENT ROLL, Rn 58–61.

ergibt sich aus dem, den Art. 47 Abs. 2 UMV und 64 Abs. 2 UMV inzidenter zu entnehmenden Grundsatz, was auch die Vernunft und ein elementares Erfordernis der Verfahrenseffizienz gebieten. Denn der Markeninhaber ist am besten und in bestimmten Fällen sogar als Einziger in der Lage, den Nachweis konkreter Handlungen für die ernsthafte Markenbenutzung zu erbringen oder berechtigte Gründe für ihre Nichtbenutzung darzulegen[1931]. Art. 10 DVUM für den Benutzungsnachweis ist hier entspr anzuwenden[1932].

Diese Erwägungen gelten auch für den Beweis der ernsthaften Benutzung einer in einem *Mitgliedstaat eingetragenen Marke*[1933]. Daher steht *Art. 19 MarkenRL* einer *Verfahrensregel eines Mitgliedstaats entgegen*, die in einem Verfahren über den Verfallsantrag einer Marke wegen Nichtbenutzung die *klagende Partei* verpflichtet, eine *Recherche am Markt über die mögliche Benutzung* dieser Marke durch ihren Inhaber *vorzunehmen* und hierzu, soweit möglich, zur Stützung ihrer Klage substantiiert vorzutragen[1934]. 1662

Der Umstand, dass in einem Verfallsverfahren der Nachweis einer ernsthaften Benutzung der Marke grds deren Inhaber obliegt, bedeutet nicht, dass in einer Situation, in der das EuG auf der Grundlage von *allgemein bekannten Tatsachen* festgestellt hat, dass die Marke von den branchenüblichen Formen erheblich abweiche, es dem Markeninhaber obliegt, weitere Nachweise dafür zu erbringen, dass die Form dieser Marke nicht branchenüblich ist. Hier obliegt es dem Verfallsantragsteller, ggf die Branchenüblichkeit der Form dieser Marke nachzuweisen[1935]. 1663

Die Zulässigkeit derartiger Anträge ist aufgrund der klaren gesetzlichen Bestimmung *nicht* vom Nachweis eines *Rechtsschutzbedürfnisses* oder eines tatsächlichen oder auch nur potentiellen wirtschaftlichen Interesses und der Eigenschaft als Unionsangehöriger abhängig (Art. 63 Abs. 1a UMV)[1936]. Daher spielen die Beweggründe oder das frühere Verhalten des Antragstellers keine Rolle. So stellt dessen Absicht, das angegriffene Zeichen später auf seinen Waren anzubringen, keinesfalls einen Rechtsmissbrauch dar. Denn die Frage des Rechtsmissbrauchs ist im Rahmen eines Nichtigkeitsverfahrens aus absoluten Gründen nach Art. 63 Abs. 1a UMV unbeachtlich. Zudem ist die Löschung einer beschreibenden oder nicht unterscheidungskräftigen Marke nicht 1664

1931 EuGH, 26.09.2013, C-610/11 P – CENTROTHERM II, Rn 57–65.

1932 EuG, 13.02.2015, T-287/13 – HUSKY, Rn 54–56.

1933 EuGH, 22.10.2020, C-720/18 und C-721/18 – testarossa (Ferrari), Rn 75–82. Ansonsten könnte sich nämlich für die Markeninhaber ein je nach dem betroffenen nationalen Recht unterschiedlicher Schutz ergeben, so dass das Ziel von PräambelRL 10, dass die Marken im Recht aller Mitgliedstaaten einen einheitlichen Schutz genießen, nicht erreicht würde.

1934 EuGH, 10.03.2022, C-183/21 – MAXUS (Maxxus/Globus), Rn 32–46. Denn die Frage der Beweislast für die ernsthafte Benutzung im Rahmen eines die Markenlöschung wegen Nichtbenutzung betr Verfahrens stellt keine in die Zuständigkeit der Mitgliedstaaten fallende Verfahrensbestimmung dar.

1935 EuGH, 23.01.2019, C-698/17 P – Ofenform II (Bullerjan), Rn 57–59.

1936 EuGH, 25.02.2010, C-408/08 P – COLOR EDITION, Rn 36–43; EuG, 03.12.2009, T-223/08 und T-245/08 – Bahman und TIR 20 FILTER CIGARETTES, Rn 17–27.

Folge einer wettbewerbsrechtlich unlauteren Handlung, da die Eintragung einer solchen Marke wegen des Vorliegens absoluter Eintragungshindernisse hätte abgelehnt werden müssen, sondern vielmehr eine durch Art. 64 Abs. 5 und 6 UMV vorgegebene Rechtsfolge[1937]. Deshalb kann sich der angegriffene Markeninhaber auch nicht auf eine mit dem Antragsteller geschlossene *Nichtangriffsabrede* berufen[1938] oder einwenden, der Antragsteller handele lediglich als *Strohmann*, wodurch gegen vertragliche Pflichten verstoßen würde[1939]. Selbst eine als erwiesen angenommene Bösgläubigkeit des Nichtigkeitsantragstellers schadet nicht[1940].

1665 Ein Verfalls- oder Nichtigkeitsverfahren aus absoluten Gründen gegen eine Widerspruchsmarke kann durchgeführt werden, obwohl vorher aufgrund der von dem Verfalls- oder Nichtigkeitsantrag betroffenen Marke ein *Widerspruch* erhoben wurde und dieser weiterhin anhängig ist. In diesem Fall dürfte eher die *Aussetzung* des Widerspruchsverfahrens veranlasst sein[1941].

2. Nichtigkeitsverfahren aus relativen Gründen

1666 Soweit das *Nichtigkeitsverfahren relative Nichtigkeitsgründe* gemäß Art. 60 UMV betrifft, bedarf es jedoch eines *Rechtsschutzbedürfnisses.* Die Antragsberechtigung ergibt sich aus Art. 63 Abs. 1b und 1c UMV[1942]. Hier gilt entspr – auch wenn er im Gesetzestext zu erwähnen vergessen wurde – der Grundsatz des Art. 95 Abs. 1 S. 2 UMV, dass das EUIPO bei der Sachverhaltsermittlung bzgl relativer Eintragungshindernisse auf das Vorbringen und die Anträge der Beteiligten beschränkt ist, sog. *kontradiktorisches Verfahren*[1943].

1937 EuGH, 19.06.2014, C-450/13 P – ultrafilter international, Rn 39–46, 63–69. Auch der Umstand, dass der Geschäftsführer des Nichtigkeitsantragstellers zu dem Zeitpunkt, zu dem die Anmeldung eingereicht wurde, der Geschäftsführer des Markeninhabers war, berührt in keiner Weise sein Recht auf Antragsstellung. Überdies hat er die Eintragung der angegriffenen Marke nicht für sich selbst beantragt, sondern im Namen des Markeninhabers, bei dem es sich um eine juristische Person handelt, die von der natürlichen Person des Geschäftsführers zu unterscheiden ist, der deshalb nie Inhaber der angegriffenen Marke war, so dass der Einwand des venire contra factum proprium fehl geht.

1938 EuG, 16.11.2017, T-419/16 – CARRERA, Rn 30–39; bestätigt durch EuGH, 14.06.2018, C-35/18 P; zumal auch ein nationales Gericht nicht anordnen kann, dass ein beim EUIPO gestellter Antrag auf Verfallserklärung einer Unionsmarke zurückgenommen wird.

1939 EuG, 10.06.2020, T-577/19 – Leinfelder, Rn 74–76; Rechtsmittel nicht zugelassen, EuGH, 19.01.2021, C-401/20 P.

1940 EuG, 17.01.2024, T-650/22 – ATHLET, Rn 76.

1941 EuG, 10.12.2009, T-27/09 – Stella, Rn 24–39.

1942 EuG, 07.11.2014, T-506/13 – URB/URB, Rn 17–23.

1943 EuG, 25.05.2005, T 288/03 – TELETECH GLOBAL VENTURES/TELETECH INTERNATIONAL, Rn 64–67; bestätigt durch EuGH, 27.03.2007, C-312/05 P; EuG, 29.06.2016, T-727/14 und T-728/14 – animal/ANIMAL, Rn 43, 46. Dies gilt natürlich weiter, obwohl der Gesetzgeber bei der Reform offensichtlich übersehen hat, diese Lücke zu schließen.

Auch wenn sich das EUIPO in einem Nichtigkeitsverfahren vergewissern muss, dass 1667
das ältere Recht, auf das der Löschungsantrag gestützt ist, tatsächlich besteht, sieht doch keine Bestimmung der UMV vor, dass es inzidenter Nichtigkeits- oder Verfallgründe prüft, die die *Ungültigkeit des älteren Rechts* bewirken könnten. Die UMV verleiht nämlich dem EUIPO als Unionsbehörde keine Befugnis zur Löschung (oder zur, auf eine Löschung hinauslaufenden, praktischen Missachtung) von nationalen Marken oder sonstigen nationalen Rechten, wie Firmennamen[1944].

3. Allgemeine Vorschriften

Die Verfalls- und (insb die absoluten) Nichtigkeitsgründe können *von jeder Person unabhängig von ihrem privatrechtlichen oder öffentlich-rechtlichen Status* geltend 1668
gemacht werden, weshalb auch Art. 63 Abs. 1a UMV am Ende nur fordert, dass die fragliche Person »prozessfähig ist«. Das Fehlen einer ausdrücklichen Erwähnung der Körperschaften des öffentlichen Rechts kann nicht dahin ausgelegt werden, dass diese damit aus dem Geltungsbereich dieser Bestimmung ausgeschlossen werden sollen[1945].

Der Antrag ist wegen Art. 63 Abs. 2 S. 1 UMV *schriftlich* mit den in Art. 12 DVUM 1669
geforderten Angaben einzureichen und zu begründen, was auf einem Online-Formular erfolgen kann, wobei zur Feststellung der Gründe der gesamte Antrag zugrunde zu legen ist, insb auch seine Begründung[1946]. Im Beschwerde- und Klageverfahren kann der Antrag nicht mehr auf einen neuen Nichtigkeits- oder Verfallsgrund gestützt werden[1947].

Die Zulässigkeitsanforderungen ergeben sich aus Art. 15 DVUM. Wegen Art. 63 1670
Abs. 3 UMV ist der Antrag *unzulässig*, wenn entweder das Amt oder das Unionsmarkengericht gemäß Art. 123 UMV über einen Antrag wegen desselben Anspruchs

1944 EuG, 25.05.2005, T 288/03 – TELETECH GLOBAL VENTURES/TELETECH INTERNATIONAL, Rn 29–43; EuG, 07.02.2019, T-287/17 – SWEMAC/SWEMAC Medical Appliances AB, Rn 50–66. Dies gilt, soweit das relevante nationale Recht das ältere Zeichen – und bei einem Nichtigkeitsantrag aus Art. 60 Abs. 1c UMV iVm Art. 8 Abs. 4 UMV auch den älteren Firmennamen – vor identischen oder ähnlichen Zeichen schützt, die für ähnliche oder identische Waren oder DL verwendet werden, wenn Verwechslungsgefahr besteht.

1945 EuG, 20.07.2016, T-11/15 – SUEDTIROL, Rn 19, 20.

1946 EuG, 09.12.2020, T-30/20 – Promed, Rn 27–29 mwN. Daher ist es unschädlich, dass der Nichtigkeitsantragsteller im einleitenden Antragsformular nur zwei angegriffene Klassen aufgeführt hat, weil er in die Begründung auch ausdrücklich eine weitere Klasse in den Nichtigkeitsantrag miteinbezogen hat.

1947 EuG, 13.02.2015, T-287/13 – HUSKY, Rn 58; und 13.01.2011, T-28/09 – PINE TREE, Rn 43–48. So kann ein Antragsteller, der seinen Verfallsantrag auf Art. 58 Abs. 1a UMV gestützt hat, nicht im Beschwerdeverfahren zusätzlich Art. 58 Abs. 1b UMV geltend machen oder einen absoluten Nichtigkeitsgrund erheben, zB den Einwand der Bösgläubigkeit bei der Markenanmeldung nach Art. 59 Abs. 1b UMV.

zwischen denselben Parteien *in der Hauptsache* bereits rechtskräftig entschieden hat[1948]. Ein neuer Antrag ist daher nicht unzulässig, wenn der ursprüngliche Nichtigkeitsantrag für unzulässig erklärt oder zurückgenommen wurde, bevor die Entscheidung über diesen Antrag endgültig geworden ist[1949].

1671 Der Antrag gilt erst als gestellt, wenn die Gebühr entrichtet ist (Art. 63 Abs. 2 S. 2 UMV). Die *Gebühr* für den Antrag auf Erklärung des Verfalls oder der Nichtigkeit beträgt jeweils 630 Euro (Anlage I zur UMV Nr A20).

1672 Das Verfahren folgt den Bestimmungen in Art. 64 UMV und Art. 12 bis 20 DVUM. Die Vorschriften des Art. 16 Abs. 1b DVUM sind jedoch nur für bei der Nichtigkeitsabteilung gestellte Anträge und nicht für bei der BK eingereichte Beschwerden anwendbar[1950].

1673 Bei der Prüfung des Verfalls- oder Nichtigkeitsantrags fordert das Amt die Beteiligten so oft wie erforderlich auf, innerhalb einer von ihm zu bestimmenden Frist eine *Stellungnahme* zu seinen Bescheiden oder zu den Schriftsätzen der anderen Beteiligten *einzureichen* (Art. 64 Abs. 1 UMV). Es kann die Beteiligten auch ersuchen, sich zu einigen, wenn es dies als sachdienlich erachtet (Art. 64 Abs. 4 UMV). Beides geschieht in der Praxis jedoch nur äußerst selten.

1674 Der als *Inhaber einer älteren Marke* beteiligte Nichtigkeitsantragsteller hat deren *Existenz* und ggf ihren *Schutzumfang* nachzuweisen sowie den *Benutzungsnachweis* zu führen, wenn der Inhaber der angegriffenen Unionsmarke innerhalb der ihm von der Nichtigkeitsabteilung zur Stellungnahme auf den Nichtigkeitsantrag gesetzten Frist die NBE bedingungslos in einem gesonderten Schriftsatz, also auf einem separaten Blatt, erhebt. Eine spätere oder nicht formgerechte Erhebung der NBE führt zu deren Unzulässigkeit (Art. 64 Abs. 2 und 3 UMV iVm Art. 19 Abs. 2 DVUM)[1951].

1675 Auf diese NBE hat der Inhaber der älteren Marke, auf die der Nichtigkeitsantrag gestützt ist, den Nachweis zu erbringen, dass er *innerhalb der letzten fünf Jahre vor Stellung des Nichtigkeitsantrags* die ältere Unionsmarke in der Union bzw die ältere nationale Marke im betr Mitgliedstaat für die Waren oder DL, für die sie eingetragen ist und auf die der Inhaber der älteren Marke sich zur Begründung seines Antrags beruft, *ernsthaft benutzt* hat oder dass *berechtigte Gründe für die Nichtbenutzung* vorliegen,

1948 EuG, 03.05.2018, T-2/17 – MASSI/MASI, Rn 22–28. Der Begriff »dieselben Parteien« ist eng auszulegen.

1949 EuG, 15.09.2021, T-207/20 – PALLADIUM HOTELS & RESORTS, Rn 40–49. Die BK hatte einen Rechtsfehler begangen, als sie annahm, dass Art. 60 Abs. 4 UMV sowohl dann anwendbar sei, wenn ein anderes älteres Recht, als auch dann, wenn dasselbe ältere Recht zur Stützung eines neuen Antrags auf Nichtigerklärung geltend gemacht werde.

1950 EuG, 12.02.2021, T-19/20 – I love, Rn 101–105; Rechtsmittel nicht zugelassen, EuGH, 01.09.2021, C-236/21 P. Zudem bestimmt Art. 82 Abs. 2g DVUM insb, dass die Vorschriften des Art. 16 nicht für Verfahren gelten, deren kontradiktorischer Teil – wie hier – vor dem 01.10.2017 begonnen hat.

1951 EuG, 12.05.2010, T-148/08 – Schreibinstrument-Design I, Rn 67–70; und EuG, 23.02.2022, T-185/21 – Хозяйка/хозяюшка, Rn 18–21.

sofern zu diesem Zeitpunkt die ältere Marke seit mindestens fünf Jahren eingetragen ist. War die ältere Marke am Anmeldetag oder am Prioritätstag der Anmeldung der Unionsmarke bereits mindestens fünf Jahre eingetragen, so hat der Inhaber der älteren Marke zusätzlich den *Nachweis zu erbringen*, dass die ältere Marke in dem *Fünf-Jahres-Zeitraum vor dem Anmelde- bzw Prioritätstag der angefochtenen Marke benutzt* worden war[1952]. Kann er diesen Nachweis nicht erbringen, so wird der Nichtigkeitsantrag zurückgewiesen. Der Nachweis ist also ggf *für beide Zeiträume* zu erbringen, da bereits sein Fehlen für einen davon zum Scheitern des Nichtigkeitsantrags führt[1953] (s. zu ergänzendem Vortrag Rdn 1150). Ist die ältere Marke nur für einen Teil der eingetragenen Waren oder DL benutzt worden, so gilt sie zum Zwecke der Prüfung des Nichtigkeitsantrags nur für diesen Teil als eingetragen.

Das EUIPO hat zu prüfen, ob die Voraussetzungen für das Vorliegen eines geltend gemachten *Nichtigkeitsgrundes* erfüllt sind. Es muss die angeführten Tatsachen und die Beweiskraft der von den Beteiligten vorgelegten Beweise würdigen. Dabei hat es insb das nationale Recht des Mitgliedstaats zu berücksichtigen, in dem die ältere Marke geschützt ist, und sich von Amts wegen mit den ihm hierzu zweckdienlich erscheinenden Mitteln über das anzuwendende nationale Recht des betr Mitgliedstaats zu informieren. Hierbei sind offenkundige Tatsachen zu berücksichtigen, dh solche, die jeder kennen kann oder die allgemein zugänglichen Quellen entnommen werden können[1954]. 1676

Die angegriffene Marke kann für *alle* oder *einen Teil* der eingetragenen Waren oder DL für verfallen oder nichtig erklärt werden. Ist der Antrag *unbegründet*, wird er zurückgewiesen (Art. 64 Abs. 5 UMV). Einträge im Register erfolgen erst, wenn die Entscheidung des EUIPO unanfechtbar geworden ist (Art. 64 Abs. 6 UMV)[1955]. 1677

Die *Rücknahme* des Antrags auf Erklärung des Verfalls oder des Nichtigkeitsantrags ist jederzeit möglich, auch noch im Beschwerde- oder Klageverfahren[1956]. 1678

IV. Verfallsgründe

Die Unionsmarke wird auf *Antrag* beim EUIPO oder auf *Widerklage* im Verletzungsverfahren vor den Unionsmarkengerichten der Mitgliedstaaten aus den fünf folgenden, abschließend aufgezählten *Gründen* für verfallen erklärt (Art. 58 UMV): 1679

1952 Mit diesem zweiten Benutzungsnachweis wird verhindert, dass lange Zeit nicht benutzte ältere Marken, aus denen deswegen kein Widerspruch eingelegt werden konnte, später wieder mobilisiert werden, um gegen jüngere Unionsmarken ins Feld geführt werden zu können.

1953 EuG, 06.06.2019, T-220/18 – Battistino/BATTISTA, Rn 34.

1954 EuG, 09.12.2010, T-303/08 – Golden Elephant Brand/GOLDEN ELEPHANT II, Rn 65–67.

1955 EuGH, 12.05.2010, C-5/10 P-R – CANNABIS, Rn 23.

1956 Vgl EuG, 18.11.2003, T-383/02 – CELEBREX/CEREBRESP, Rn 14–16.

1680 (a) So, wenn die Marke innerhalb eines ununterbrochenen Zeitraums von fünf Jahren in der Union[1957] für die Waren oder DL, für die sie eingetragen ist[1958], *nicht ernsthaft benutzt* worden ist und *keine berechtigten Gründe für die Nichtbenutzung* vorliegen. Der Verfallsantrag kann sich nur gegen einen Teil der eingetragenen Waren und DL richten. Auch kann der Antragsteller den Umfang des zu erbringenden Benutzungsnachweises beschränken, indem er die Benutzung für bestimmte Waren und DL einräumt[1959]. Hinsichtlich des Zeitraums ist dabei auf die fünf Jahre vor Stellung des Nichtigkeitsantrags abzustellen[1960]. Nach Art. 58 Abs. 1a UMV können berechtigte Gründe dem Verfall einer Unionsmarke wegen Nichtbenutzung entgegenstehen. Beim Verfall einer Marke wegen fehlender ernsthafter Benutzung können nur *Umstände* berücksichtigt werden, die sich *vor Einreichung des Verfallsantrags* ergeben haben, unbeschadet der Möglichkeit, später eingetretene heranzuziehen, wenn sie es ermöglichen können, den Umfang der Markenbenutzung und die tatsächlichen Absichten ihres Inhabers während des maßgeblichen Zeitraums zu bestätigen oder besser zu beurteilen[1961].

1681 Der Verfall der Rechte des Inhabers kann jedoch *nicht* geltend gemacht werden, wenn nach Ende des Fünfjahreszeitraums der Nichtbenutzung und vor Antragstellung oder vor Erhebung der Widerklage die Benutzung der Marke *ernsthaft begonnen* oder *wieder aufgenommen* worden ist. Wird die Benutzung aber innerhalb eines nicht vor Ablauf des ununterbrochenen Zeitraums von fünf Jahren der Nichtbenutzung beginnenden Zeitraums von drei Monaten vor Antragstellung oder vor Erhebung der Widerklage begonnen oder wieder aufgenommen, so bleibt sie unberücksichtigt, sofern die Vorbereitungen für die erstmalige oder die erneute Benutzung erst stattgefunden haben, nachdem der *Inhaber Kenntnis* davon erhalten hat, dass der Antrag gestellt oder die Widerklage erhoben werden könnte[1962].

1957 EuG, 09.03.2022, T-766/20 – STONES, Rn 21–32. War Großbritannien während des gesamten relevanten Benutzungszeitraums Mitglied der Union, hat die nachgewiesene Benutzung der streitigen Marke durch den Markeninhaber in diesem Zeitraum in der Union stattgefunden.

1958 EuG, 06.10.2021, T-372/20 – JUVEDERM, Rn 50–62. Der bloße Umstand, dass eine Ware fälschlicherweise zB in Klasse 10 statt in Klasse 5 der NK eingetragen wurde, kann nicht zum Verfall der angegriffenen Marke für diese Ware führen, wenn sie für sie tatsächlich benutzt wurde und die verwendete Warenbezeichnung hinreichend klar ist (s. Rdn 382).

1959 EuG, 09.12.2014, T-307/13 – ORIBAY ORIginal Buttons for Automotive Yndustry, Rn 26–35. Dies kann zB dadurch geschehen, dass er die eingetragenen Waren und DL »mit Ausnahme von…« angreift.

1960 EuG, 24.05.2012, T-152/11 – MAD, Rn 26; und EuG, 08.06.2022, T-293/21 – UM, Rn 56–66. Aus Art. 58 Abs. 1a und Art. 62 Abs. 1 UMV geht nämlich hervor, dass der Zeitraum im Hinblick auf den Zeitpunkt der Antragstellung zu bestimmen ist und dass er die fünf Jahre vor diesem Antrag umfasst. Dies gilt auch dann, wenn sich dieser Zeitraum teilweise mit der Benutzungsschonfrist überschneidet.

1961 EuG, 08.11.2018, T-718/16 – SPINNING, Rn 18.

1962 Siehe EuGH, 27.01.2004, C-259/02 – La Mer, Rn 29–31.

Das Amt setzt dem Inhaber der Unionsmarke eine Frist, innerhalb der er den *Nachweis* der ernsthaften Benutzung dieser Marke oder berechtigter Gründe für ihre Nichtbenutzung zu erbringen hat. Bringt er vor Ablauf der Frist keinen solchen Nachweis oder keine Gründe für die Nichtbenutzung vor oder sind die vorgelegten Beweismittel oder Gründe offensichtlich unzureichend oder unerheblich, verfällt die Unionsmarke[1963]. Art. 10 Abs. 3, 4, 6 und 7 DVUM hinsichtlich der erforderlichen Angaben und Beweismittel, des Übersetzungserfordernisses und der möglichen Akzeptanz von ergänzendem Vorbringen gilt entsprechend (Art. 19 Abs. 1 DVUM)[1964]. 1682

Für die evt Berücksichtigung *verspätet vorgelegter Beweise* gelten die Grundregeln von Art. 95 Abs. 2 UMV und Art. 10 Abs. 7 DVUM, die durch Art. 19 Abs. 1 DVUM nicht ausgeschlossen werden[1965]. Legt also der angegriffene Markeninhaber nach Fristablauf Angaben oder Beweismittel vor, die wichtige Angaben oder Beweismittel ergänzen, die bereits fristgerecht vorgelegt worden waren und sich auf Feststellung von Ort, Zeit, Umfang und Art der Benutzung der angegriffenen Marke für die eingetragenen Waren oder DL, gegen die sich der Verfallsantrag richtet, beziehen, nutzt das Amt sein Ermessen nach Art. 95 Abs. 2 UMV für seine Entscheidung darüber, ob es diese ergänzenden Angaben oder Beweismittel annimmt. Dabei trägt es vor allem dem Verfahrensstadium Rechnung und berücksichtigt, ob die Angaben oder Beweismittel auf den ersten Blick für den Ausgang des Falls von Relevanz erscheinen und ob sie aus berechtigten Gründen nicht fristgemäß vorgelegt wurden. 1683

Nachdem die Frist des Art. 64 Abs. 1 UMV in Art. 105 Abs. 2 UMV (auch in der alten Fassung) nicht erwähnt ist, ist sie von der Weiterbehandlung nicht ausgeschlossen. 1684

(b) Für verfallen erklärt wird eine Marke zudem, wenn sie infolge des *Verhaltens* oder der *Untätigkeit* ihres Inhabers im geschäftlichen Verkehr *aus der Sicht allein der Endverbraucher* zur gebräuchlichen Bezeichnung einer Ware oder DL, für die sie eingetragen ist, geworden ist[1966]. Dies gilt insb, wenn der Inhaber seine Marke 1685

1963 EuG, 28.05.2020, T-564/19 – LIBERTADOR, Rn 39–42. Aus dem Wortlaut von Art. 19 Abs. 1 DVUM. ergibt sich klar, dass die vom EUIPO gemäß dieser Bestimmung gesetzte Frist strikt ist, was bedeutet, dass verspätet vorgelegte Beweise nicht berücksichtigt werden können, jedenfalls wenn innerhalb der von der Nichtigkeitsabteilung gesetzten Frist keinerlei Beweis vorgebracht worden war (s. Rdn 1593.).

1964 ZB für die erfolgreiche Nachweisführung: EuG, 24.05.2012, T-152/11 – MAD.

1965 EuGH, 26.09.2013, C-610/11 P – CENTROTHERM II, Rn 86–90. Das EuG hatte in dem aufgehobenen Urteil vom 15.09.2011, T-434/09 noch das Gegenteil angenommen.

1966 EuGH, 06.03.2014, C-409/12 – KORNSPITZ (Backaldrin/Pfahnl Backmittel), Rn 28–30. Zwar ist bei der Prüfung, ob eine Marke im geschäftlichen Verkehr zur gebräuchlichen Bezeichnung einer eingetragenen Ware oder DL geworden ist, nicht nur auf die Wahrnehmung der Verbraucher oder Endabnehmer abzustellen, sondern nach Maßgabe der Merkmale des betr Markts auch auf diejenige der Gewerbetreibenden wie der Verkäufer. Jedoch spielt im Allgemeinen die Wahrnehmung der Verbraucher oder Endabnehmer eine entscheidende Rolle. Der Umstand, dass sich die Verkäufer der Existenz der Marke und der Herkunft, auf die diese hinweist, bewusst sind, vermag für sich allein einen solchen Verfall nicht auszuschließen. Zu den Endabnehmern können

nicht ausreichend verteidigt hat oder passiv geblieben ist, so dass sie zu einer *Gattungsbezeichnung* geworden ist. So kann eine *Untätigkeit* darin bestehen, dass es der Markeninhaber unterlässt, rechtzeitig auf sein ausschließliches Recht gemäß Art. 10 MarkenRL (Art. 5 MarkenRL aF) zurückzugreifen, um bei der zuständigen Stelle zu beantragen, betroffenen Dritten die Benutzung eines Zeichens zu verbieten, für das eine Gefahr von Verwechslungen mit der Marke besteht. Die Untätigkeit umfasst jedoch weiter alle Unterlassungen, mit denen der Markeninhaber keine genügende Wachsamkeit im Hinblick auf die Bewahrung der Unterscheidungskraft seiner Marke an den Tag legt[1967].

1686 Der Markeninhaber kann sich in einem Verfallsverfahren *nicht auf Gründe* berufen, die *nach Stellung des Verfallsantrag* eingetreten sind, um zu belegen, dass die Verfallsgründe nicht weiter bestehen, ein generisches Zeichen sich in den Augen des Verkehrs wieder zu einer Marke zurückverwandelt hat[1968].

1687 Wenn nachgewiesen wird, dass eine *Unionsmarke ihre Unterscheidungskraft in einem begrenzten Teil des Unionsgebiets*, ggf in einem einzigen Mitgliedstaat, *verloren hat*, impliziert diese Feststellung notwendigerweise, dass sie die in der UMV vorgesehenen Wirkungen *in der gesamten Union nicht mehr entfalten* und daher gemäß Art. 58 Abs. 1b UMV für verfallen erklärt werden kann[1969].

---

nach dem EuG, 08.11.2018, T-718/16 – SPINNING, Rn 59–64, aber auch gewerbliche Kunden gehören, wenn sie eine zentrale Rolle auf dem entspr Markt spielen. So ist ein Verfallsantrag nach Art. 58 Abs. 1b UMV zurückzuweisen, wenn in erster Linie die Wahrnehmung der angegriffenen Marke durch den Teil des Verkehrs zu berücksichtigen ist, der sich aus Fachleuten, ua Betreibern von Fitnessstudios, Sportanlagen und Rehabilitationseinrichtungen, zusammensetzt. Eine Marke kann, auch wenn der Käufer nicht weiß, dass es sich um eine solche handelt, weiterhin ihre Herkunftsfunktion erfüllen, wenn ein Vermittler einen entscheidenden Einfluss auf die Kaufentscheidung des Käufers ausübt und die Kenntnis des Vermittlers von der Herkunftsfunktion der Marke zum Erfolg des Kommunikationsvorgangs zwischen Verkäufern und Käufern führt; EuG, 06.07.2022, T-246/20 – SPINNING II, Rn 30–60. Nach dem EuG, 18.05.2018, T-419/17 – VSL#3, Rn 28–40, umfassen die maßgeblichen Verkehrskreise bei frei verkäuflichen Medikamenten sowohl Endverbraucher als auch Apotheker und Ärzte, nicht jedoch die wissenschaftliche Fachwelt.

1967 Siehe EuG, 05.03.2003, T-237/01 – BSS; bestätigt durch EuGH, 05.10.2004, C-192/03 P; EuGH, 06.03.2014, C-409/12 – KORNSPITZ (Backaldrin/Pfahnl Backmittel), Rn 33–36. Daher kann zB in einer Situation, in der die Verkäufer der Ware (Kornspitz-Brötchen), die aus dem vom Markeninhaber gelieferten Rohstoff (Kornspitz-Backmischung) hergestellt worden ist, im Allgemeinen ihre Kunden nicht darauf hinweisen, dass das zur Bezeichnung dieser Ware verwendete Zeichen als Marke (für Backmischung) eingetragen ist, und sie dadurch zum Wandel der Marke zu einer gebräuchlichen Bezeichnung beitragen, die Passivität des Markeninhabers, der keine Initiative ergreift, die die Verkäufer dazu bewegen könnte, die Marke mehr zu benutzen, als Untätigkeit angesehen werden.

1968 EuG, 08.11.2018, T-718/16 – SPINNING, Rn 18, 19.

1969 EuG, 07.02.2024, T-220/23 – CITY STADE, Rn 34. Die angefochtene Marke ist im entschiedenen Fall im geschäftlichen Verkehr in Frankreich zur gebräuchlichen Bezeich-

(c) Weiter wird eine Marke für verfallen erklärt, wenn sie infolge ihrer Benutzung 1688
durch den Inhaber oder mit seiner Zustimmung für die eingetragenen Waren oder DL geeignet ist, das Publikum insb über die Art, die Beschaffenheit oder die geografische Herkunft dieser Waren oder DL *irrezuführen*[1970]. Es kommt auf die objektive Geeignetheit zur Irreführung an und nicht auf evt subjektive Absichten. Damit soll insb der Fall erfasst werden, in dem eine Anmeldung vom EUIPO nicht als täuschend gemäß Art. 7 Abs. 1g UMV erkannt und abgelehnt, sondern im Gegenteil registriert worden war, da ihre zukünftige Verwendung zu dieser Zeit noch nicht absehbar war, aber die aktuelle Benutzung der Marke nun konkret zeigt, dass sie auf dem entspr Markt für die tatsächlich vertriebene Ware oder offerierte DL zur Irreführung geeignet ist.

(d) Die *UKM* wird für verfallen erklärt (Art. 81 UMV), wenn (aa) ihr Inhaber keine 1689
angemessenen Maßnahmen ergreift, um eine Benutzung der Marke zu verhindern, die nicht im Einklang mit den Benutzungsbedingungen steht, wie sie in der Satzung vorgesehen sind, auf deren Änderung ggf im Register hingewiesen worden ist; (bb) die Art der Benutzung der Marke durch ihren Inhaber bewirkt hat, dass die Gefahr besteht, dass das Publikum irregeführt wird (Art. 76 Abs. 2 UMV); oder (cc) entgegen den Vorschriften von Art. 79 Abs. 2 UMV im Register auf eine Änderung der Satzung hingewiesen worden ist, es sei denn, dass der Markeninhaber aufgrund einer erneuten Satzungsänderung diesen Erfordernissen genügt.

(e) Die *UGM* wird schließlich für verfallen erklärt (Art. 91 UMV), wenn (aa) ihr Inha- 1690
ber die Erfordernisse der Inhaberschaft des Art. 83 Abs. 2 UMV nicht mehr erfüllt, (bb) er keine angemessenen Maßnahmen ergreift, um eine Benutzung der Marke zu verhindern, die nicht im Einklang mit den Benutzungsbedingungen steht, wie sie in der Satzung vorgesehen sind, auf deren Änderung ggf im Register hingewiesen worden ist; (cc) die Art der Benutzung der Marke durch ihren Inhaber bewirkt hat, dass die Gefahr besteht, dass das Publikum irregeführt wird (Art. 85 Abs. 2 UMV); oder (dd) entgegen Art. 88 Abs. 2 UMV wegen Gesetzeswidrigkeit im Register auf eine Änderung der Satzung hingewiesen worden ist, es sei denn, dass der Markeninhaber aufgrund einer erneuten Satzungsänderung diesen Erfordernissen genügt.

Wird der Verfall der Unionsmarke angeordnet, gelten ihre in der UMV vorgesehe- 1691
nen *Wirkungen* in dem Umfang, in dem die Marke für verfallen erklärt wird, als von dem Zeitpunkt der Antragstellung oder der Erhebung der Widerklage (*ex nunc*) an

---

nung der Ware, für die sie eingetragen ist, nämlich Metallkonstruktionen für Sportstadien, geworden. Sie wurde während des relevanten Zeitraums von einer erheblichen Anzahl von Gebietskörperschaften, insb von Gemeinden, sowie von öffentlichen Einrichtungen als Gattungsbegriff verwendet. Der Inhaber hat die Marke nicht ausreichend verteidigt. Ein ® neben der Marke genügt hierfür nicht. Er hat weder dafür gesorgt, dass in Online-Wörterbüchern, -Enzyklopädien und sozialen Netzwerken darauf verwiesen wurde, dass es sich um eine eingetragene Marke handelt, noch hat er Wettbewerber, die das Zeichen nutzten, ausreichend abgemahnt.

1970 EuG, 18.05.2018, T-419/17 – VSL#3, Rn 53–55. Art. 58 Abs. 1c UMV kommt nur dann zur Anwendung, wenn die Marke nach ihrer Eintragung irreführend benutzt wird, was vom Verfallsantragsteller nachzuweisen ist.

nicht eingetreten[1971]. In der Entscheidung kann auf Antrag eines Beteiligten, der ein gerechtfertigtes rechtliches Interesse geltend machen muss, ein *früherer Zeitpunkt*, zu dem einer der Verfallsgründe eingetreten ist, festgesetzt werden (Art. 62 Abs. 1 UMV), jedoch nicht früher als nach dem Ablauf der fünfjährigen Nichtbenutzungsschonfrist der für verfallen erklärten Marke[1972].

1692 Bestand aber in einem Widerspruchsverfahren die Widerspruchsmarke zum Zeitpunkt der BK-Entscheidung noch, so kann ihre mit späterer Wirkung erfolgte *Verfallserklärung in einem Klageverfahren* vor dem EuG *nicht berücksichtigt* werden[1973], jedenfalls solange der Verfall noch nicht rechtskräftig ist und der Antrag auf Sachentscheidung aufrechterhalten bleibt. Dagegen kann jedoch auf Antrag des Anmelders oder des EUIPO vom Gericht nach rechtskräftigem Verfall oder nach rechtskräftiger Löschung der Widerspruchsmarke die Erledigung der Hauptsache festgestellt werden, zumal bei der Nichtigerklärung die Löschung wegen Art. 62 Abs. 2 UMV *ex tunc* gilt, so dass es von Anfang an keine wirksame Widerspruchsmarke im Widerspruchsverfahren gegeben hat[1974]. Dies gilt uU auch bei nur teilweiser Löschung der Widerspruchsmarke[1975].

1693 Eine *Nichtigkeitsentscheidung* einer BK, auch wenn sie zeitlich vor einer (noch zulässigen) Erklärung des Markeninhabers nach Art. 33 Abs. 8 UMV erging, bezog sich *auf alle Waren und DL*, für die die angegriffene Marke eingetragen wurde, einschl derjenigen in dieser Erklärung aufgeführten, die nicht eindeutig von der wörtlichen Bedeutung der Begriffe in den Klassenüberschriften erfasst wurden, aber im alphabetischen Verzeichnis der NK dieser Klassen enthalten waren[1976].

1971 Die Mitgliedstaaten (hier: Frankreich) konnten nach Art. 5 Abs. 1b, Art. 10 Abs. 1 Unterabs. 1. und Art. 12 Abs. 1 Unterabs. 1 MarkenRL. aF iVm ihrem sechsten Erwägungsgrund zulassen, dass der Inhaber einer Marke, die bei Ablauf der Frist von fünf Jahren ab ihrer Eintragung für verfallen erklärt worden ist, da er sie in dem betr Mitgliedstaat für die eingetragenen Waren oder DL nicht ernsthaft benutzt hat, das Recht behält, Ersatz des Schadens zu verlangen, der entstanden ist, weil ein Dritter vor Wirksamwerden des Verfalls ein ähnliches Zeichen für identische oder mit seiner Marke verwechselbar ähnliche Waren oder DL benutzt hat; EuGH, 26.03.2020, C-622/18 – St-Germain (Cooper International Spirits)/SAINT GERMAIN (AR).

1972 BK, 05.10.2011, R 81/09–2 – RBS, Rn 20–27. Dabei braucht nach Ansicht der BK der Antragsteller weder einen konkreten Zeitpunkt zu benennen, noch seinen Antrag zu begründen oder ein konkretes Interesse vorzutragen.

1973 EuG, 04.11.2008, T-161/07 – COYOTE UGLY/COYOTE UGLY, Rn 47–50.

1974 EuG, 26.11.2012, T-548/11 – real, – QUALITY/REAL, Rn 22–29 mwN; EuG, 12.04.2013, T-474/11 – Igama/GAMMA, Rn 1–3.

1975 EuG, 23.02.2021, T-587/19 – Marién/MARIN, Rn 34–44. Haben weder die Widerspruchsabteilung noch die BK die Waren berücksichtigt, für die die ältere Marke noch eingetragen ist, hat deren teilweise Nichtigkeit zur Folge, dass die BK das Beschwerdeverfahren fortsetzen und entweder die Beschwerde unmittelbar prüfen oder die Prüfung der Frage, ob eine Verwechslungsgefahr zwischen der Anmeldung und der älteren Marke besteht, an die Widerspruchsabteilung zurückverweisen muss.

1976 EuGH, 15.05.2019, C-653/17 P – Vermögensmanufaktur, Rn 48–51 (s. Rdn 399.).

V. Nichtigkeitsgründe

Die Unionsmarke wird auf *Antrag* beim EUIPO oder auf *Widerklage* im Verletzungsverfahren vor den Unionsmarkengerichten der Mitgliedstaaten aus folgenden, abschließend aufgezählten[1977] *Gründen* für nichtig erklärt (Art. 59 Abs. 1, Art. 60 Abs. 1 und 2, Art. 82, Art. 92 UMV): 1694

1. Absolute Nichtigkeitsgründe

Absolute Nichtigkeitsgründe liegen vor, 1695

(a) wenn die Unionsmarke entgegen den absoluten Eintragungshindernissen des Art. 7 UMV eingetragen worden ist. 1696

Die *Nichtigkeitsgründe* des Art. 59 Abs. 1a UMV müssen *am Tag der Anmeldung* der Unionsmarke vorgelegen haben[1978]. Dies ist der für die Nichtigkeitsprüfung relevante Zeitpunkt, keinesfalls der spätere der Eintragung, da dieser von einem zufälligen Umstand abhinge, nämlich der Dauer des Verfahrens, zumal der Verlust der Eintragungsfähigkeit einer Marke umso wahrscheinlicher wird, je länger das Eintragungsverfahren dauert[1979]. Dies schließt aber nicht aus, dass auch *Material aus der Zeit danach* Rückschlüsse auf die Situation zum Anmeldezeitpunkt ermöglicht und daher berücksichtigt werden kann[1980]. 1697

Eine Marke kann wegen Art. 59 Abs. 2 UMV aber nicht für nichtig erklärt werden, wenn sie nach der Eintragung[1981] durch Benutzung im Verkehr Unterscheidungskraft, also *Verkehrsdurchsetzung*, für die eingetragenen Waren oder DL erlangt hat, wobei diese Vorschrift, da sie eine Ausnahme normiert, restriktiv auszulegen ist[1982]. Hierfür ist der *Markeninhaber beweispflichtig*. Auch wenn die Marke ursprünglich bei ihrer Anmeldung nur wegen Verkehrsdurchsetzung eingetragen worden war, trifft bei Zweifeln hierüber im Nichtigkeitsverfahren den Markeninhaber die Nachweispflicht, 1698

1977 EuGH, 29.01.2020, C-371/18 – Skykick/Sky, Rn 58, 59.

1978 EuGH, 24.09.2009, C-78/09 P – BATEAUX MOUCHES, Rn 18, 19. Auf einen lediglich historischen Zeitpunkt (zB im Jahr 1950) kann sich ein Markeninhaber im Nichtigkeitsverfahren nicht berufen.

1979 EuGH, 05.10.2004, C-192/03 P – BSS, Rn 39–41; EuG, 03.06.2009, T-189/07 – FLUGBÖRSE; bestätigt durch EuGH, 23.04.2010, C-332/09 P, Rn 41–57.

1980 EuGH, 06.03.2014, C-337/12 P bis C-340/12 P – Oberfläche mit schwarzen Punkten, Rn 59–61 mwN. Die vorausgegangenen Urteile des EuG, 08.05.2012, T-331/10 und T-416/10; die die Berücksichtigung der Benutzung nach der Anmeldung generell ausschließen wollten, wurden dementspr aufgehoben.

1981 Dabei ist im Falle einer Erweiterung der Union für die nachträglich erlangte Verkehrsdurchsetzung auf alle dann relevanten Mitgliedstaaten einschl der Neumitglieder abzustellen; EuG, 14.12.2011, T-237/10 – Schließmechanismus, Rn 90.

1982 EuG, 15.10.2008, T-405/05 – MANPOWER, Rn 126, 127; bestätigt durch EuGH, 02.12.2009, C-553/08 P, Rn 89, 93.

dass die Marke vor der Anmeldung infolge ihrer Benutzung Unterscheidungskraft erlangt hatte[1983].

1699 Die *UKM* wird – außer in den in Art. 59 UMV und Art. 60 UMV genannten Gründen – für nichtig erklärt, wenn sie entgegen den Vorschriften des Art. 76 UMV eingetragen worden ist, es sei denn, dass der Markeninhaber aufgrund einer Satzungsänderung dessen Erfordernissen genügt (Art. 82 UMV).

1700 Schließlich wird die *UGM* – außer aus den in Art. 58 UMV genannten Gründen – auf Antrag beim Amt oder auf Widerklage im Verletzungsverfahren für verfallen erklärt, wenn eine der folgenden Voraussetzungen erfüllt ist: (a) der Inhaber erfüllt die Erfordernisse der Inhaberschaft des Art. 83 Abs. 2 UMV nicht mehr, (b) der Inhaber ergreift keine angemessenen Maßnahmen, um eine Benutzung der Marke zu verhindern, die nicht im Einklang steht mit den Benutzungsbedingungen der Satzung, auf deren Änderung ggf im Register hingewiesen worden ist, (c) die Art der Markenbenutzung durch ihren Inhaber hat bewirkt, dass die Gefahr besteht, dass das Publikum iSv Art. 85 Abs. 2 UMV irregeführt wird, oder (d) es ist entgegen Art. 88 Abs. 2 UMV im Register gesetzeswidrig auf eine Änderung der Satzung hingewiesen worden, es sei denn, dass der Markeninhaber aufgrund einer erneuten Satzungsänderung den Erfordernissen des genannten Artikels genügt.

1701 Es kommt immer auf den Inhalt des *Antrags in seiner Gesamtheit* an, so dass ein fehlerhaftes Ankreuzen eines falschen Kästchens (zB für Art. 59 Abs. 1b – Bösgläubigkeit – anstelle von Abs. 1a) dann nicht schadet, wenn in der Antragsbegründung Ausführungen zum tatsächlich gewünschten Grund (beschreibende Angabe) gemacht wurden[1984]. Jedoch reicht es umgekehrt nicht aus, wenn der Antragsteller nur die Box im Formular (zB für Art. 7 Abs. 1b UMV) angeklickt, aber keinerlei Gründe zu diesem Eintragungshindernis vorgetragen hat[1985].

1702 (b) Weiter wird die Unionsmarke nach Art. 59 Abs. 1b UMV für nichtig erklärt, wenn der Anmelder *bei der Einreichung der Anmeldung* der Marke *bösgläubig* war, was nach der Rspr des EuGH[1986] umfassend unter Berücksichtigung aller erheblichen Faktoren, die am Anmeldetag vorlagen, zu beurteilen ist. Der EuGH sieht in der *Bösgläubigkeit* einen selbständigen Begriff des Unionsrechts, der in der Union auch für die nationalen Rechtssysteme *einheitlich auszulegen* ist[1987].

1983 EuGH, 19.06.2014, C-217/13 und C-218/13 – Sparkassen-Rot, Rn 68–73. Diese für die nationalen harmonisierten Markenrechte gemäß Art. 3 Abs. 1. und 5 MarkenRL. aF aufgestellten Grundsätze gelten auch für die Unionsmarke. AA BGH, der die Bedeutung dieser Entscheidung für die Feststellungslast bei der Verkehrsdurchsetzung nach deutschem Markenrecht trotzdem für offen hält; BGH, 18.09.2014, I ZR 228/12 – Gelbe Wörterbücher, Rn 19.

1984 EuG, 24.03.2011, T-419/09 – AK 47, Rn 15–28.

1985 EuG, 19.10.2022, T-486/20 – Swisse II, Rn 50–85.

1986 EuGH, 11.06.2009, C-529/07 – GOLDHASE Lindt, Rn 35, 37.

1987 EuGH, 27.06.2013, C-320/12 – Plastikflaschenform (Malaysia Dairy Industries), Rn 23–29. So ermächtigt Art. 4 Abs. 4g MarkenRL aF die Mitgliedstaaten nicht, eine

Der Begriff *bösgläubig* ist, auch wenn er seinem Sinn nach dem gewöhnlichen Sprachgebrauch entspr eine unredliche Geisteshaltung oder Absicht voraussetzt, im markenrechtlichen Kontext, mithin dem Geschäftsleben, zu verstehen. Folglich findet der absolute Nichtigkeitsgrund des Art. 59 Abs. 1b UMV Anwendung, wenn sich aus schlüssigen und übereinstimmenden Indizien ergibt, dass der Inhaber einer Unionsmarke deren Anmeldung nicht mit dem Ziel eingereicht hat, sich in lauterer Weise am Wettbewerb zu beteiligen, sondern mit der Absicht, in einer den *redlichen Handelsbräuchen widersprechenden* Weise *Drittinteressen zu schaden* oder mit der Absicht, sich ohne Bezug zu einem konkreten Dritten ein *ausschließliches Recht zu anderen* als zu den zur Funktion einer Marke gehörenden *Zwecken* – ua der wesentlichen Funktion der Herkunftsangabe – zu verschaffen[1988]. 1703

Die zu berücksichtigenden erheblichen Faktoren sind insb (1.) die Tatsache, dass der Anmelder weiß oder *wissen* muss, dass ein Dritter in mindestens einem Mitgliedstaat ein gleiches oder ähnliches Zeichen[1989] für eine gleiche oder mit der Anmeldung verwechselbar ähnliche Ware oder DL (s. aber Rdn 1622) verwendet, wobei sich eine derartige Vermutung bei einer Verwendung des älteren Zeichens über längere Zeit im einschlägigen Wirtschaftssektor ergeben kann. Bösgläubigkeit kann selbst dann vorliegen, wenn der Anmelder eine im *Ausland* registrierte und dort bekannte Marke anmeldet, sei es auch für unähnliche, aber zu einem benachbarten Marktsegment gehörende Waren. 1704

So ist die Anmeldung von Unionsmarken, die mit im Anmeldezeitpunkt in den *USA benutzten und bekannten Marken* (fast) *identisch* sind, für ein *benachbartes Marktsegment* von Luxuswaren (Uhren bzw Bekleidung) für die Bösgläubigkeit des Inhabers der angegriffenen Marke relevant, insb wenn dieser nach *gescheiterten Lizenzverhandlungen* durch Werbung auf der Facebook-Seite des Nichtigkeitsantragstellers und infolge der Behauptung eines angeblichen Lizenzverhältnisses den *Eindruck einer Verbindung zu den älteren Marken* hervorruft[1990]. Weiter ist die (fast) *identische Übernahme* von im Anmeldezeitpunkt in *Chile benutzten und bekannten*, außerordentlich *fantasievoll* gestalteten *Marken* für *identische DL* ein wesentlicher Faktor für die Bösgläubigkeit 1705

besondere Schutzregelung für ausländische Marken einzuführen, die sich von der durch diese Bestimmung aufgestellten unterscheidet und darauf beruht, dass der Markenanmelder eine ausländische Marke kannte oder hätte kennen müssen, Rn 41–43.

1988 EuGH, 12.09.2019, C-104/18 P – STYLO & KOTON, Rn 45, 46.

1989 EuGH, 11.06.2009, C-529/07 – GOLDHASE Lindt, Rn 39, 40.

1990 EuG, 23.05.2019, T-3/18 – ANN TAYLOR. Anders noch EuG, 01.02.2012, T-291/09 – Pollo Tropical CHICKEN ON THE GRILL, Rn 61, 89. Das gegen dieses Urteil gerichtete Rechtsmittel scheiterte als offensichtlich unzulässig (EuGH, 28.02.2013, C-171/12 P). Das EuG wollte dort in der vollständigen Identität der angegriffenen Unionsmarke mit einem aufwändig gestalteten älteren Bildzeichen des Nichtigkeitsantragstellers für sich allein genommen noch keinen Nachweis für die Bösgläubigkeit des Markeninhabers sehen, da der Markeninhaber eine ältere amerikanische Marke oder deren Benutzung nicht kennen müsse, was jedoch mE angesichts des zunehmenden internationalen Austausches der Märkte, insb durch das Internet, sehr bedenklich erscheint.

des Inhabers der angegriffenen Marke, insb wenn dieser den Eindruck einer *Verbindung zu den älteren Marken* durch angebliche Beteiligung an einem internationalen Franchisesystem erweckt[1991]. Dasselbe gilt bei der *identischen Übernahme* von im Anmeldezeitpunkt in der *Türkei benutzten und bekannten Marken* für *identische oder sehr ähnliche Waren und DL*, wenn der Inhaber der angegriffenen Marke diese *zum Anmeldezeitpunkt kannte* und die *Absicht* hatte, die älteren Marken des Nichtigkeitsantragstellers *in unlauterer Weise auszunutzen* und ihnen den *Zugang zum Unionsmarkt zu versperren*[1992].

1706 Als *qualifizierte Kenntnis* ist dabei diejenige anzusehen, die von Personen erworben wurde, die zB nicht nur familiäre Beziehungen zum Inhaber des älteren Zeichens besitzen, sondern auch in erheblichem Umfang finanziell an dessen Gesellschaftskapital beteiligt waren oder in ihm durch die Mitwirkung in seinen Leitungsorganen tätig wurden, insb in hochrangigen Positionen, die sie in die Lage versetzten, die Entscheidungen des Inhabers des älteren Zeichens beeinflussen zu können[1993]. Jedoch genügt der Umstand, dass der Anmelder weiß oder wissen muss, dass ein Dritter eine Marke im Ausland, die mit der Anmeldemarke verwechselt werden kann, zum Zeitpunkt der Einreichung seiner Anmeldung benutzt, allein noch nicht für die Bejahung der Bösgläubigkeit.

1707 Es ist nämlich auch (2.) die *Absicht* des Anmelders zum Zeitpunkt seiner Anmeldung zu berücksichtigen, die ein *subjektives Tatbestandsmerkmal* ist, das *anhand der objektiven Fallumstände* bestimmt werden muss[1994]. So sind insb seine Absichten zu prüfen, wie sie sich aus seinen konkreten Handlungen, seiner Rolle und Position, seiner Kenntnis von der Benutzung des älteren Zeichens, vertraglichen[1995], vorvertraglichen oder nachvertraglichen Beziehungen mit dem Inhaber des älteren Zeichens, dem Bestehen gegenseitiger Pflichten und Verpflichtungen einschl *Loyalitäts- und Redlichkeitspflichten* aufgrund von Organstellungen oder Leitungsfunktionen, die im Unternehmen des Inhabers des älteren Zeichens ausgeübt wurden oder noch ausgeübt werden, und – allgemeiner ausgedrückt – aus allen objektiven Situationen ableiten lassen, die durch einen *Interessenkonflikt* gekennzeichnet sind und in denen der Markenanmelder tätig geworden ist[1996]. Denn die gegenwärtigen und früheren

1991 EuG, 28.01.2016, T-335/14 – DoggiS/DoggiS.

1992 EuG, 21.02.2024, T-172/23 – hepsiburada.

1993 EuG, 11.07.2013, T-321/10 – GRUPPO SALINI, Rn 25.

1994 EuGH, 11.06.2009, C-529/07 – GOLDHASE Lindt, Rn 41–45; EuGH, 27.06.2013, C-320/12 – Plastikflaschenform (Malaysia Dairy Industries), Rn 33–37.

1995 Allerdings passt es nicht in diese Systematik, wenn das EuG den Handlungsspielraum des EUIPO einengen will, indem es fordert, dass die Anwendung des nationalen Rechts und die Auslegung eines Vertrags nach diesem Recht ausschließlich den nationalen Gerichten obliegt, so dass das EUIPO zB nicht für die Auslegung der Klauseln eines Vertrags über den Verkauf von Gesellschaftsanteilen zuständig ist, der dem spanischen Recht unterliegt; EuG, 04.09.2024, T-452/23 – bidah chaumel Ingredients Naturales, Rn 36–40..

1996 EuG, 11.07.2013, T-321/10 – GRUPPO SALINI, Rn 28.

wirtschaftlichen und persönlichen Beziehungen zwischen den Beteiligten können eine maßgebliche Rolle spielen[1997].

Jedoch reichen eine *Arbeitsteilung* zwischen den Parteien und ihre *Zusammenarbeit* allein nicht aus, das Bestehen einer gleichberechtigten Partnerschaft zwischen ihnen im Rahmen eines ungeschriebenen Gemeinschaftsunternehmens zu begründen, aus der sich insb eine *Vertrauenspflicht* einander gegenüber ergibt und eine Verpflichtung, den durch dieses Unternehmen geschaffenen Goodwill und das Recht zur Nutzung des Zeichens gerecht aufzuteilen[1998]. 1708

Ein Markeninhaber ist bei Anmeldung der Marke bösgläubig, wenn er sie entgegen den Grundsätzen der *Loyalität und Redlichkeit* angemeldet hatte, zu deren Einhaltung er aufgrund seiner wirtschaftlichen Beziehungen und Verflechtungen mit dem Nichtigkeitsantragsteller verpflichtet war, der einen Familiennamen gerade nicht als Marke schützen wollte, um seinen unbehinderten Gebrauch allen Unternehmen einer weit verzweigten Familie zu ermöglichen[1999]. Bösgläubig handelt weiter, wer eine Marke im eigenen Namen eintragen lässt, um sich der Zahlungsverpflichtung aus der vertraglich vereinbarten Nutzung einer älteren ähnlichen Marke des Nichtigkeitsantragstellers zu entziehen[2000]. Bösgläubig handelt der Anmelder auch dann, wenn er die von einem Dritten in den USA und Kanada benutzte Marke, hinsichtlich der ein vertraglich vereinbartes Vertriebsrecht für einige europäische Staaten besitzt, weisungswidrig nicht für den Dritten, sondern für sich selbst anmeldet[2001]. 1709

Aufgrund des Ablaufs der Ereignisse in Bezug auf die vorausgegangenen *intensiven geschäftlichen Verhandlungen* zwischen den Beteiligten, wobei dem Markeninhaber für die beabsichtigte Nutzung des sehr ähnlichen, nicht eingetragenen Zeichens des Nichtigkeitsantragstellers in der Union, insb in Deutschland, auch dessen *vertrauliche interne Daten* zur Verfügung gestellt wurden, und der unmittelbar nach deren Abbruch (ein Monat später) erfolgten Anmeldung der sehr ähnlichen angegriffenen Marke für 1710

1997 ZB EuG, 21.03.2012, T-227/09 – FS, Rn 42–44, 46–49; bestätigt durch EuGH, 07.02.2013, C-266/12 P.

1998 EuG, 06.09.2023, T-316/22 – BLUE BRAND CHICKEN (weiß-blaue Box), und T-312/22 – RED BRAND CHICKEN (weiß-rote Box), Rn 37–40; Rechtsmittel jeweils nicht zugelassen, EuGH, 08.05.2024, C-688/23 P und C-689/23 P.

1999 EuG, 11.07.2013, T-321/10 – GRUPPO SALINI. Dagegen sollen allein die Tatsachen, dass zwischen den Beteiligten vor der Eintragung der angegriffenen Marke *Kontakte.* bestanden und der Markeninhaber dem Inhaber des älteren Rechts einen *Kompensationsvorschlag.* (in Höhe von 5 Mio. USD) für die Übertragung der Unionsmarke gemacht hat, nach – mE höchst zweifelhafter – Auffassung des EuG noch keine Bösgläubigkeit belegen; EuG, 01.02.2012, T-291/09 – Pollo Tropical CHICKEN ON THE GRILL, Rn 85–88.

2000 EuG, 05.10.2016, T-456/15 – T.G.R. ENERGY DRINK; bestätigt durch EuGH, 11.05.2017, C-639/17 P. Dass der Markeninhaber hier die Getränke in Verbindung mit dem Image des Nichtigkeitsantragstellers vermarkten wollte, stellt einen relevanten Faktor für die Bösgläubigkeit dar.

2001 EuG, 16.05.2017, T-107/16 – AIR HOLE FACE MASKS YOU IDIOT.

identische DL durch den Markeninhaber ist bereits wegen dieser objektiven Umstände dessen Bösgläubigkeit belegt[2002]. Schließlich handelt ein Markeninhaber bösgläubig, wenn er eine Unionsmarke auf den eigenen Namen anmeldet, obwohl er zusammen mit den Nichtigkeitsantragstellern an *zahlreichen Firmen beteiligt* war, die die identische (sehr ähnliche) ältere nationale Marke über Jahre hinweg benutzt haben[2003].

1711 Zudem ist (3.) die *Absicht* des Anmelders zu berücksichtigen, diesen Dritten an der weiteren Verwendung eines solchen Zeichens *zu hindern*, wenn also die Anmeldung *ohne Benutzungsabsicht*[2004] allein deshalb erfolgte, um den Marktzutritt eines Dritten zu verhindern, wobei in dem Fall, dass die Anmeldung in der Gesamtform und -aufmachung einer Ware besteht, sich die Bösgläubigkeit leichter bejahen lässt, wenn die Wahlfreiheit der Mitbewerber insoweit aufgrund technischer oder kommerzieller Erwägungen so beschränkt ist, dass der Markeninhaber seine Mitbewerber nicht nur daran hindern kann, ein gleiches oder ähnliches Zeichen zu verwenden, sondern auch daran, vergleichbare Waren zu vermarkten.

1712 Dass ein Dritter *seit langem* ein Zeichen für eine gleiche oder verwechselbar ähnliche Ware verwendet und dass dieses *in einem gewissen Grad rechtlichen Schutz* genießt, ist dabei ein erheblicher Beurteilungsfaktor. In einem solchen Fall könnte nämlich der Anmelder in den Genuss der von der Unionsmarke verliehenen Rechte gelangen, nur um gegenüber einem Mitbewerber, der ein Zeichen verwendet, das bereits aus eigener Kraft einen gewissen Grad rechtlichen Schutzes erlangt hat, unlauteren Wettbewerb zu betreiben.

1713 Gleichwohl lässt sich nicht ausschließen, dass sogar unter derartigen Umständen und insb dann, wenn mehrere Hersteller auf dem Markt gleiche oder ähnliche Zeichen für gleiche oder verwechselbar ähnliche Waren verwenden, der Anmelder mit der Eintragung dieses Zeichens ein berechtigtes Ziel verfolgt. Dies kann insb dann der Fall sein, wenn der Anmelder zum Anmeldezeitpunkt weiß, dass ein Dritter, der erst seit kurzer Zeit auf dem Markt tätig ist, versucht, Nutzen aus dem genannten Zeichen zu

---

2002 EuG, 31.05.2018, T-340/16 – Outsource 2 India; bestätigt durch EuGH, 13.11.2019, C-528/18 P. Dasselbe gilt, wenn der Markeninhaber nicht hinter der Schaffung des streitigen Bildelements steckte, sondern der Nichtigkeitsantragsteller ein Unternehmen mit der Gestaltung eines neuen Logos beauftragt hatte; EuG, 06.03.2024, T-59/23 und T-68/23 – DEC FLEXIBLE TECHNOLOGIES; Rechtsmittel nicht zugelassen, EuGH, 03.09.2024, C-334/24 P..

2003 EuG, 12.07.2019, T-772/17 – Café del Mar; Rechtsmittel nicht zugelassen, EuGH, 12.12.2019, C-713/19 P.

2004 EuGH, 11.06.2009, C-529/07 – GOLDHASE Lindt, Rn 41–50. So reicht zB nach Ansicht des EuG die Unterzeichnung eines Lizenzvertrages, auch wenn dieser nicht zur Durchführung gelangte, für eine geschäftliche Nutzungsabsicht aus. Zudem muss der Nichtigkeitsantragsteller beweisen, dass der Markeninhaber bei Anmeldung keine Nutzungsabsicht hatte und seine Marke nicht benutzte bzw keine Schritte in diese Richtung unternommen hat; EuG, 01.02.2012, T-291/09 – Pollo Tropical CHICKEN ON THE GRILL, Rn 66, 67, 79.

ziehen, indem er dessen *Aufmachung kopiert*, was den Anmelder dazu veranlasst, das Zeichen eintragen zu lassen, um die Verwendung dieser Aufmachung zu verhindern.

Jedoch stellt die Anmeldung einer Marke ohne die Absicht, sie für die eingetragenen Waren und DL zu benutzen, insb dann bösgläubiges Handeln dar, wenn der Anmelder der betr Marke die Absicht hatte, entweder in einer den *redlichen Handelsbräuchen widersprechenden Weise Drittinteressen zu schaden* oder sich auch ohne Bezug zu einem konkreten Dritten ein *ausschließliches Recht* zu anderen als zu den zur Funktion einer Marke gehörenden Zwecken *zu verschaffen*[2005]. **1714**

Und schließlich kommt es (4.) auf den Grad des rechtlichen Schutzes, also die *Bekanntheit* des Zeichens des Dritten und der Anmeldung zum Zeitpunkt der Anmeldung als Unionsmarke an. Ein solcher Bekanntheitsgrad kann nämlich gerade das Interesse des Anmelders rechtfertigen, einen weiter reichenden rechtlichen Schutz seines Zeichens sicherzustellen[2006]. Die Bekanntheit seines älteren Rechts hat der Nichtigkeitsantragsteller nachzuweisen[2007]. **1715**

Im Rahmen der umfassenden Beurteilung nach Art. 59 Abs. 1b UMV können aber auch (5.) die *Herkunft des angefochtenen Zeichens* und *seine frühere geschäftliche Verwendung als Marke* seit seiner Schaffung, ua durch Konkurrenzunternehmen, sowie *die unternehmerische Logik*, in die sich die Anmeldung dieses Zeichens als Unionsmarke einfügte, berücksichtigt werden[2008]. Lag der Anmeldung der angefochtenen Marke keine kommerzielle Logik zugrunde und bestand die einzige Tätigkeit des Markeninhabers im Zusammenhang mit ihr darin, andere zu behindern, verfolgte er damit unlautere Zwecke und war bösgläubig[2009]. **1716**

Da die *absoluten Nichtigkeitsgründe* von den *relativen völlig verschieden* sind, besteht jedoch *keinerlei Erfordernis*, dass der *Nichtigkeitsantragsteller*, der seinen Antrag auf Bösgläubigkeit stützt, *Inhaber einer älteren Marke für identische oder ähnliche Waren* oder DL sein muss. Je nach den Gegebenheiten des Falles können nämlich auch *andere tatsächliche Umstände* relevante und schlüssige Hinweise auf den bösen Glauben darstellen, wie die der Anmeldung der angegriffenen Marke zugrunde liegende geschäftliche Logik oder die Chronologie der Ereignisse, die zur Anmeldung geführt **1717**

2005 EuGH, 29.01.2020, C-371/18 – Skykick/Sky, Rn 77–81. Eine solche Bösgläubigkeit kann nur festgestellt werden, wenn es schlüssige und übereinstimmende objektive Indizien hierfür gibt, aber nicht schon deswegen, weil der Anmelder bei der Anmeldung keinen Geschäftsbereich hatte, der den von der Anmeldung erfassten Waren und DL entsprach.

2006 EuGH, 11.06.2009, C-529/07 – GOLDHASE Lindt, Rn 51, 52; EuG, 14.02.2012, T-33/11 – BIGAB, Rn 30, 31.

2007 EuG, 01.02.2012, T-291/09 – Pollo Tropical CHICKEN ON THE GRILL, Rn 70–78, 80.

2008 EuG, 14.02.2012, T-33/11 – BIGAB, Rn 21.

2009 EuG, 29.09.2021, T-592/20 – AGATE, Rn 67–74.

haben[2010]. Daher kann sich ein Nichtigkeitsantragsteller zB auch auf von ihm gepfändete ältere Marken berufen[2011].

1718 So kann bereits die Absicht, ein ausschließliches Recht zu anderen Zwecken als denen, die zu den Funktionen einer Marke gehören, insb der wesentlichen herkunftshinweisenden Funktion, zu erlangen, ohne auch nur einen bestimmten Dritten anzusprechen, für die Feststellung der Bösgläubigkeit des Anmelders ausreichen[2012]. Rührt die Bösgläubigkeit des Markeninhabers aus seiner Absicht her, die Interessen eines bestimmten Dritten in einer Weise zu schädigen, die nicht den anständigen Gepflogenheiten entspricht, können auch Waren und DL für nichtig erklärt werden, die *nicht mit dem Bereich* zusammenhängen, in dem der Nichtigkeitsantragsteller seine *Bekanntheit* erworben hatte[2013].

1719 *Typische Fälle von Bösgläubigkeit* sind Verfahrensabläufe, in denen der Markeninhaber früher für den Nichtigkeitsantragsteller in Vertrauensposition und/oder auf vertraglicher Grundlage tätig war und nach seinem Ausscheiden die bisher für diesen benutzte Marke auf seinen eigenen Namen angemeldet hat, um sie nunmehr exklusiv für sich unter Ausschluss des ursprünglich Berechtigten zu nutzen[2014]. Ebenfalls bösgläubig handelt, wer die originalgetreue Wiedergabe der älteren Marke des Nichtigkeitsantragstellers, dessen Geschäftstätigkeit er kannte, anmeldet. Zudem enthalten seine Versuche, diesem die neue Marke zu sehr hohem Preis zu verkaufen, Aspekte eines

2010 EuGH, 12.09.2019, C-104/18 P – STYLO & KOTON, Rn 53–56. So hätte das EuG berücksichtigen müssen, dass der Markeninhaber die Eintragung des angegriffenen Zeichens mit dem stilisierten Wort »KOTON« als Unionsmarke zum relevanten Anmeldezeitpunkt auch für Waren und DL beantragt hatte, die denjenigen entsprachen, für die der Nichtigkeitsantragsteller Marken mit diesem stilisierten Wort eingetragen hatte, auch wenn die Anmeldung insoweit nicht zum Erfolg geführt hat; Rn 60, 61.

2011 EuG, 13.07.2022, T-283/21 – TALIS, Rn 43–53. Ein potenzieller Erwerber der vom Nichtigkeitsantragsteller gepfändeten älteren Marken sähe sich mit einer Situation konfrontiert, in der nach seinem Erwerb die angegriffene jüngere Marke fortbestehen würde, die mit den älteren Marken identisch oder ihnen ähnlich wäre und an der er keine Rechte hätte, was zwangsläufig seine Kaufabsichten beeinträchtigen und zu einer Verringerung des Wertes der älteren Marken führen würde. Die angefochtene Marke könnte daher geeignet sein, die Unterscheidungskraft oder Wertschätzung der älteren Marken auszunutzen.

2012 EuG, 28.10.2020, T-273/19 – TARGET VENTURES, Rn 27–29. Die BK hat dadurch einen Rechtsfehler begangen, dass sie angenommen hat, dass der fehlende Nachweis der tatsächlichen oder vermuteten Kenntnis der Vorbenutzung des fraglichen Zeichens ausreiche, um den Nichtigkeitsantrag zurückzuweisen. Indem sie gefordert hat, dass Bösgläubigkeit ein Verhalten umfasst, das von den anerkannten Grundsätzen ethischen Verhaltens oder redlicher Handels- und Geschäftspraktiken abweicht und eine unlautere Absicht oder ein anderes unredliches Motiv voraussetzt, hat sie den Begriff der Bösgläubigkeit zu restriktiv ausgelegt.

2013 EuG, 28.04.2021, T-311/20 – Choumicha Saveurs, Rn 51–55 mwN.

2014 EuG, 17.03.2021, T-853/19 – Earnest Sewn.

unzulässigen Drucks, die im Widerspruch zu einer anständigen und ehrlichen kaufmännischen Praxis stehen[2015].

Bösgläubig ist weiter die Anmeldung des Namens eines zu diesem Zeitpunkt bereits **1720** in Europa *bekannten, aufstrebenden Fußballspielers* aus Brasilien (*NEYMAR*) durch einen mit der Fußballwelt vertrauten Dritten, um von dessen Anziehungskraft und zukünftigen Transfer nach Europa zu profitieren[2016]. Zudem handelte ein Markeninhaber bösgläubig, als er Lebensmittel unter der Marke *La Irlandesa 1943* verkaufte, obwohl ein nicht unerheblicher Teil davon nicht irischer Herkunft war und daher nicht der Wahrnehmung dieser Waren durch den maßgeblichen spanischsprachigen Verkehr entsprach, der über ihre geografische Herkunft irregeführt werden konnte, da er sich im Laufe mehrerer Jahrzehnte daran gewöhnt hatte, dass die Marke auf Butter irischer Herkunft angebracht war[2017]. Weiter handelte ein Markeninhaber bei Anmeldung von fünf Unionsmarken bösgläubig, wenn er die unredliche Absicht hatte, die älteren identischen nationalen Marken eines Dritten, auf die dieser kurz vor Eröffnung des Insolvenzverfahrens verzichtet hatte, der Inanspruchnahme durch dessen Gläubiger zu entziehen und zugleich deren Schutz durch gleichwertige Unionsmarken sicherzustellen[2018].

Sogar eine gegenwärtig *nicht benutzte Marke*, wie zB *SIMCA* für Kraftfahrzeuge, kann **1721** eine gewisse *Restbekanntheit* bewahrt haben, die uU in Zukunft zu einer Wiederbelebung durch den alten Inhaber führen kann, so dass ein Markenanmelder bösgläubig handelt, dem es in Wirklichkeit darauf ankommt, die Wertschätzung der eingetragenen Marke des Nichtigkeitsantragstellers parasitär auszubeuten und daraus Vorteile zu ziehen[2019]. Das gilt jedoch nicht, wenn das ältere, ehemals bekannte, aber 1946 gelöschte Zeichen zum Zeitpunkt der Neuanmeldung einer identischen Marke im Jahr 2013, also fast sieben Jahrzehnte später, im Verkehr nicht mehr bekannt war[2020].

Zwar reicht das *Fehlen einer Benutzungsabsicht* generell noch nicht zur Annahme von Bös- **1722** gläubigkeit aus, jedoch kann die Anmeldung einer Marke (hier: *&R&E&I&F&E&N&*)

2015 EuG, 19.10.2022, T-466/21 – Lío.

2016 EuG, 14.05.2019, T-795/17 – NEYMAR.

2017 EuG, 29.06.2022, T-306/20 – La Irlandesa 1943, Rn 94–107; Rechtsmittel nicht zugelassen, EuGH, 08.03.2023, C-605/22 P. Die BK konnte für die Entscheidung über die Bösgläubigkeit des Markeninhabers bei der Anmeldung der angefochtenen Marke zulässigerweise Beweismittel aus der Zeit nach ihrem Anmeldetag – und zwar auch solche zur Benutzung der Marke – heranziehen, da diese Anhaltspunkte für die Situation am Anmeldetag darstellten. S.a. Rdn 970.

2018 EuG, 18.01.2023, T-528/21 – ELLO.

2019 EuG, 08.05.2014, T-327/12 – SIMCA, Rn 39–56. Berühmte Marken sind also unsterblich. Selbst wenn sie nicht mehr benutzt werden, kann sie der alte Inhaber wieder reaktivieren, ohne befürchten zu müssen, dass ein Dritter sie für sich eintragen lässt, um von ihrem Ruf zu partizipieren. Diese Entscheidung erscheint aber mE grenzwertig.

2020 EuG, 06.07.2022, T-250/21 – nehera, Rn 39–80. Der Markeninhaber hat auch kein Verwandtschaftsverhältnis zum Inhaber der älteren Marke beansprucht oder sich als Erbe und Rechtsnachfolger von ihm oder seinem Unternehmen ausgegeben.

ohne Benutzungsabsicht, sondern zu dem alleinigen Zweck, anschließend auf ihrer Grundlage unter Ausnutzung der Regelung über den Wegfall von Sonderzeichen (&) einen deutschen Gattungsbegriff (Reifen) als Namen der Domäne oberster Stufe ».eu« in der ersten Phase der gestaffelten Registrierung eintragen zu lassen (nämlich: www.reifen.eu), uU ein Verhalten als bösgläubig iSv Art. 21 Abs. 1b.eu-DomainV[2021] kennzeichnen, wie auch weiter die *konkrete Gestaltung* der beanspruchten Marke, der *Wiederholungscharakter* der Vorgehensweise (bei 33 Marken nach gleichem Muster) und die *Geschehensabfolge* (kurz vor Beginn der ersten Phase der gestaffelten Registrierung)[2022].

1723 *Reiht* ein Markeninhaber *nationale Anmeldungen aneinander* (2.392 deutsche und ca. 750 österreichische, wobei höchstens eine zur Eintragung gelangte), die alle sechs Monate abwechselnd in Deutschland und in Österreich unmittelbar vor Ablauf der sechsmonatigen Frist des Art. 34 Abs. 1 UMV *für die Beanspruchung der Priorität einer Unionsmarke* eingereicht wurden, wobei diese Anmeldungen sukzessive wegen *Nichtentrichtung der Anmeldegebühren* verfielen, so handelt es sich hierbei um kein legitimes Geschäftsgebaren, sondern um *bösgläubiges*, im Widerspruch zu den Zielen der UMV stehendes Verhalten. Der Markeninhaber will sich nämlich lediglich eine *Sperrposition* verschaffen, um bei Anmeldung einer identischen oder ähnlichen Unionsmarke durch einen Dritten ebenfalls eine Unionsmarke anzumelden, für diese, gestützt auf das letzte Glied in der Kette der nationalen Anmeldungen, die Priorität zu beanspruchen und darauf gestützt Widerspruch gegen die Anmeldung des Dritten zu erheben. Seine Anmeldung dient also lediglich dazu, die Eintragung der jüngeren Anmeldung zu verhindern und *wirtschaftliche Vorteile aus* ihrer *Sperrposition* zu ziehen[2023].

2021 VO (EG) 874/2004 vom 28.04.2004 zur Festlegung von allgemeinen Regeln für die Durchführung und die Funktionen der Domäne oberster Stufe ».eu« und der allgemeinen Grundregeln für die Registrierung; ABl. L 162/40.

2022 EuGH, 03.06.2010, C-569/08 – www.reifen.eu. (Internetportal/Schlicht), Rn 46–53.

2023 EuG, 07.07.2016, T-82/14 – LUCEO Rn 44–162; bestätigt durch EuGH, 14.12.2017, C-101/17 P. Bei der Prüfung der Bösgläubigkeit des Markeninhabers ist nicht nur dessen eigenes Verhalten, sondern auch das seines *Vertreters.* und der mit diesem verbundenen Gesellschaften zu berücksichtigen. Zwar kann ein Unternehmen als Markenagentur tätig werden und in diesem Rahmen Marken anmelden und fortentwickeln, die es nicht selbst nutzen, sondern an Dritte verkaufen will. Dies rechtfertigt aber keine *missbräuchliche Anmeldestrategie,* die darauf abzielt, *Anmeldungen Dritter durch Widersprüche abzufangen.* Dass der Markeninhaber die *Zahlung von 75.000 Euro.* vom Nichtigkeitsantragsteller gefordert hat, zeigt, dass dies die einzige Möglichkeit gewesen sei, die streitige Marke zu verwerten. Die aufeinander folgenden Übertragungen von Marken und Markenanmeldungen stellt einen Faktor dar, der die *Transparenz des Vorgehens.* des Markeninhabers und der mit ihm verbundenen Gesellschaften beeinträchtigte. Denn dadurch wurde weniger offensichtlich, dass eine einzige Person eine Vielzahl von Markenanmeldungen mit Hilfe verschiedener Gesellschaften organisierte und die aufgetretene Situation kein Zufallsergebnis war. Schließlich liegt diesem Nichtigkeitsgrund ein öffentliches Interesse zugrunde, so dass er nicht von der *angeblichen Bösgläubigkeit des Nichtigkeitsantragstellers.*

Bösgläubigkeit nimmt das EUIPO bei *unlauteren Absichten* an, die mit einem redlichen Geschäftsgebaren nicht vereinbar sind, zB wenn vor dem 01.05.2004 eine Unionsmarkenanmeldung für einen Begriff eingereicht wurde, der in Bezug auf die Sprache eines der an diesem Tag der Europäischen Union neu beigetretenen Mitgliedstaats beschreibend oder aus anderem Grunde nicht eintragbar ist, und wenn die Anmeldung nur geschah, um ausschließliche Rechte an einem nicht eintragbaren Begriff zu erlangen, oder aus sonstigen verwerflichen Motiven. Weiter kann es ein Hinweis auf Bösgläubigkeit sein, wenn eine Marke, die bereits in einem Mitgliedstaat aus Gründen der Bösgläubigkeit gelöscht worden ist, danach als Unionsmarke eingetragen wurde, oder wenn eine Filmfigur als Marke angemeldet wurde, an der ein Dritter ein Copyright außerhalb der Union hatte[2024]. 1724

Dagegen reicht die Tatsache, dass der Anmelder weiß oder hätte wissen müssen, dass ein Dritter eine lange Zeit vorher zumindest in einem Mitgliedstaat ein *ähnliches oder identisches Zeichen für ähnliche oder identische Produkte benutzt* hat, *nicht* aus, um seine *Bösgläubigkeit zu begründen*. Der Markeninhaber hat vielmehr ein berechtigtes eigenes Interesse, eine von ihm bereits genutzte Marke oder eine solche, deren Nutzung er beabsichtigt, registrieren zu lassen[2025]. Weder der Umstand, dass der Nichtigkeitsantragsteller kein Interesse daran gezeigt hatte, seine ältere außereuropäische Marke in der Union zu schützen, noch die Tatsache, dass der Markeninhaber rechtlich nicht verpflichtet war, den Nichtigkeitsantragsteller vorab über seine Unionsmarkenanmeldung zu informieren, erlauben es, die Absicht des Markeninhabers bei der Markenanmeldung festzustellen[2026]. 1725

An der *Bösgläubigkeit fehlt* es insb, wenn das ältere Zeichen zum Anmeldezeitpunkt der angegriffenen Marke noch gar nicht öffentlich benutzt war, sondern sich die Tätigkeiten des Nichtigkeitsantragstellers nur auf *vorbereitende Akte* beschränkten, da eine bloße zukünftige Benutzungsabsicht nicht ausreicht[2027]. 1726

Auch die *Wiederholungsanmeldung* einer mit einer eigenen Voreintragung sehr ähnlichen Marke während der für diese noch laufenden Nichtbenutzungsschonfrist, selbst mit dem Effekt, sich in zukünftigen Widerspruchsverfahren den Benutzungsnachweis zu ersparen, kann *nicht per se als rechtsmissbräuchlich* angesehen werden, was zu einer Nichtigerklärung wegen Bösgläubigkeit führen könnte. Sie kann vielmehr durch unternehmensstrategische Interessen oder die wirtschaftliche Logik gerechtfer- 1727

abhängt. So auch in einem ähnlichen Fall: EuG, 07.09.2022, T-627/21 – MONSOON; und EuG, 17.01.2024, T-650/22 – ATHLET, Rn 47–60.

2024 BK, 31.10.2012, R 1163/11-1 – TONY MONTANA.

2025 EuG, 07.06.2011, T-507/08 – 16PF, Rn 88–93; EuG, 29.06.2017, T-343/14 – CIPRIANI. Umso mehr scheitert die Bösgläubigkeit schon dann, wenn dem Inhaber der angefochtenen Marke eine Kenntnis der Benutzung der Marke des Nichtigkeitsantragstellers nicht nachgewiesen werden kann, da eine Bösgläubigkeit nicht allein aufgrund seiner Geschäftsbeziehung zu einem Vermittler vermutet werden kann; EuG, 16.12.2020, T-438/18 – BIKOR EGYPTIAN EARTH, Rn 34–38.

2026 EuG, 21.03.2012, T-227/09 – FS, Rn 51.

2027 EuG, 09.06.2021, T-396/20 – RIVIERA AIRPORTS.

tigt sein[2028], zB wegen einer Modernisierung des Markenauftritts, also insb mit einem neuen Erscheinungsbild (s. Rdn 1630), oder wegen der gestiegenen Anforderungen an eine klare und eindeutige Bestimmung der beanspruchten Waren, wenn also anstelle der Warengattungen der früheren Marke nunmehr sehr spezifische Waren treten[2029].

1728 

Abb. 43

1729 *Bösgläubig* handelt jedoch ein Markeninhaber, der mit der wiederholten Anmeldung eines *identischen Zeichens* für *identische Waren und DL* ua das Ziel verfolgt, die *Benutzung seiner Marke* in von ihm eingeleiteten Widerspruchsverfahren gegen andere Anmeldungen *nicht nachweisen* zu müssen, wodurch sich die fünfjährige Benutzungsschonfrist in Bezug auf seine anderen älteren Marken verlängert, wobei es nicht auf die Dauer der Verlängerung ankommt. Diese Anmeldestrategie, mit der die Vorschrift über den Benutzungsnachweis umgangen werden soll, ist nicht nur *mit den Zielen der UMV unvereinbar*, sondern stellt auch an einen Fall von *Rechtsmissbrauch* dar, der dadurch gekennzeichnet ist, dass zum einen trotz formaler Einhaltung der von der Unionsregelung aufgestellten Voraussetzungen der Zweck dieser Regelung nicht erreicht wird und dass zum anderen die Absicht besteht, einen Vorteil aus dieser Regelung zu erlangen, indem die Voraussetzungen für die Erlangung dieses Vorteils künstlich geschaffen werden[2030].

1730 Andererseits kann selbst die Anmeldung von *Defensivmarken*, deren Eintragung nur dazu dient, den Schutzbereich einer anderen eingetragenen Marke abzusichern oder auszuweiten, allein noch nicht als bösgläubig angesehen werden, denn die mit der Anmeldung einer Marke verbundene subjektive Absicht ist völlig unerheblich[2031]. Zudem kann sie sich im Laufe der Zeit auch jederzeit ändern. Jedoch kann es nach Ansicht des EuG[2032] einen *Grund für Bösgläubigkeit* darstellen, wenn der Markeninhaber

---

2028 Dies muss aber vom Markeninhaber speziell vorgetragen und begründet werden. Schweigen allein reicht nicht aus. BK, 20.12.2022, R 2108/18-2 – Wong lo kat, Rn 46–50.

2029 EuG, 13.12.2012, T-136/11 – Pelikan, Rn 23–49 mwN; EuG, 18.11.2014, T-50/13 – VOODOO, Rn 60. Ob auch berechtigte Interessen an einer Geheimhaltung von betriebsinternen Daten über Kunden und Umsatz eine sehr ähnliche Neuanmeldung rechtfertigen können, ist fraglich. Zur Sicherheit ist daher empfohlen, immer gewisse leichte Änderungen/Modernisierungen bei der Marke und der Definition der Waren und DL vorzunehmen.

2030 EuG, 21.04.2021, T-663/19 – MONOPOLY, Rn 57–114; Rechtsmittel nicht zugelassen, EuGH, 01.12.2021, C-373/21 P. Hier hatte der Markeninhaber nach eigenem Eingeständnis dieses Ziel verfolgt und auch in zwei Widerspruchsverfahren daraus einen Vorteil gezogen. Kritisch *Hacker*, GRUR 2022, 1257, dessen Gegenvorschlag jedoch mE nicht zu überzeugen vermag. Zu Recht rügt er aber, dass sich der EuGH einer inhaltlichen Überprüfung der Problematik verweigert hat.

2031 EuGH, 25.10.2012, C-553/11 – Protifit/PROTI, Rn 31–33.

2032 EuG, 28.10.2020, T-273/19 – TARGET VENTURES, Rn 36–44. Im entschiedenen Fall konnte nämlich nicht ausgeschlossen werden, dass der Markeninhaber seine Kunden

zum Zeitpunkt der Anmeldung nicht die Absicht hatte, die Marke einer Benutzung zuzuführen, sondern um eine Verwechslungsgefahr mit einer anderen Marke, deren Inhaber er bereits war, zu verhindern und/oder um in diesem Zusammenhang ein diesen Marken gemeinsames Element zu schützen, weil dies außerhalb der Funktionen einer Marke, insb der wesentlichen Herkunftsfunktion liegt.

Eine Unionsmarke kann *nicht* deshalb ganz oder teilweise für nichtig erklärt werden, weil die für die *Bezeichnung der Waren und DL*, für die sie eingetragen ist, verwendeten Begriffe *nicht klar und eindeutig* sind. Denn in Art. 7 und 59 UMV, in denen die absoluten Nichtigkeitsgründe ausdrücklich genannt und erschöpfend aufgelistet sind, findet sich ein dementspr Nichtigkeitsgrund nicht[2033]. Auch die auf Antrag des Anmelders erfolgte *falsche Einordnung bestimmter Waren*, zB von ungenießbaren Dekorationen für Kuchen und Gebäck in Klasse 30, kann *nicht* zur Feststellung von *Bösgläubigkeit* des Anmelders führen. Denn die Eintragung einer Marke für Waren einer falschen Klasse stellt für sich genommen keinen Beweis für eine unredliche Gesinnung dar[2034]. **1731**

Schließlich kann eine Unionsmarke wegen Art. 59 UMV nicht für nichtig erklärt werden, wenn die Nichtigkeitsgründe lediglich durch den *Beitritt eines neuen Mitgliedstaats* entstanden sind (Art. 209 Abs. 4a UMV)[2035]. **1732**

2. Relative Nichtigkeitsgründe

Relative Nichtigkeitsgründe liegen nach Art. 60 Abs. 1 UMV vor, **1733**

(a) wenn eine in *Art. 8 Abs. 2 UMV* genannte ältere Marke besteht und die Voraussetzungen des *Art. 8 Abs. 1 UMV* oder *Abs. 5 UMV* erfüllt sind (Identität, Verwechslungsgefahr, bekannte Marke); **1734**

(b) wenn eine in *Art. 8 Abs. 3 UMV* genannte Marke besteht und die Voraussetzungen dieses Abs. erfüllt sind (ungetreuer Vertreter); **1735**

(c) wenn ein in *Art. 8 Abs. 4 UMV* genanntes älteres Kennzeichenrecht besteht und die Voraussetzungen dieses Abs. erfüllt sind; **1736**

---

vor einer möglichen Verwechslung der Zeichen »TARGET PARTNERS« und »TARGET VENTURES« schützen wollte und dass die der Anmeldung von »TARGET VENTURES« zugrunde liegende Geschäftslogik sein berechtigter Wunsch war, neben seiner anderen Marke »TARGET PARTNERS« auch ihren unterscheidungskräftigen Namen (TARGET) zusammen mit der Beschreibung ihrer Risikokapital-DL (VENTURES) zu schützen und so jede Verwechslung bei seinen Kunden zu verhindern.

2033 EuGH, 19.01.2020, C-371/18 – Skykick/Sky, Rn 58–71. Dasselbe gilt wegen Art. 3 MarkenRL aF (Art. 4 MarkenRL) auch für eine nationale Marke.

2034 EuG, 04.09.2024, T-166/23 – DECOPAC II..

2035 EuG, 22.04.2015, T-337/14 – mobile.de proMotor/mobile, Rn 29–33; bestätigt durch EuGH, 28.02.2018, C-418/16 P. Dieses zu Art. 209 Abs. 4b UMV ergangene Urteil ist analog auch für Abs. 4a anwendbar, s. nachfolgend unter c).

1737 (d) wenn eine in *Art. 8 Abs. 6 UMV* genannte ältere Ursprungsbezeichnung oder geografische Angabe besteht und die Voraussetzungen dieses Abs. erfüllt sind[2036];

wobei alle genannten Voraussetzungen nicht nur am *Anmelde- oder Prioritätstag* der Unionsmarke sondern auch zum *Zeitpunkt der Entscheidung* des Amts bzw der BK über den Nichtigkeitsantrag erfüllt sein müssen[2037].

1738 *Relative Nichtigkeitsgründe* liegen weiter nach Art. 60 Abs. 2 UMV vor, wenn die Benutzung der Unionsmarke aufgrund eines *sonstigen älteren Rechts*, und zwar insb eines *Namensrechts*, Rechts an der eigenen *Abbildung*, *Urheberrechts*, *gewerblichen Schutzrechts*[2038], gemäß dem für dessen Schutz maßgebenden Unionsrecht oder nationalen Recht untersagt werden kann. Diese Aufzählung ist nicht abschließend. Der Inhaber eines *älteren gewerblichen Schutzrechts* muss jedoch nachweisen, dass er die Benutzung der angegriffenen Unionsmarke nicht nur an deren *Anmelde- oder Prioritätstag* untersagen kann, sondern auch zum *Zeitpunkt der Entscheidung* über den Nichtigkeitsantrag. So kann die Benutzung der angegriffenen Marke zum Zeitpunkt der BK-Entscheidung nicht mehr aufgrund eines älteren nationalen Geschmacksmusters untersagt werden, wenn dieses bereits davor abgelaufen war[2039].

1739 Das *Namensrecht* darf nicht restriktiv ausgelegt werden, dem zufolge es nur das Attribut der Persönlichkeit betrifft. Es erfasst vielmehr auch die wirtschaftliche Nutzung des Namens[2040].

1740 Ob ein älteres nationales *Urheberrecht* vorliegt, hat das EUIPO unter Berücksichtigung der nationalen Gesetze und Verfahrensvorschriften sowie der Rspr aufgrund der

2036 Dieser Nichtigkeitsgrund kann aber nur gegenüber den ab 23.03.2016 angemeldeten Unionsmarken geltend gemacht werden. Hinsichtlich der früher angemeldeten Marken ist noch auf den Art. 8 Abs. 4 UMV zurückzugreifen.

2037 EuG, 02.06.2021, T-169/19 – Polospieler/Polospieler, Rn 22–33. Die Verwendung des Präsens in Art. 60 UMV deutet darauf hin, dass das EUIPO zu prüfen hat, dass die Voraussetzungen für die Nichtigerklärung einer Unionsmarke zum Zeitpunkt seiner Entscheidung über den Nichtigkeitsantrag erfüllt sind. So kann eine Unionsmarke gemäß Art. 60 Abs. 1 UMV für nichtig erklärt werden, wenn das in dieser Bestimmung genannte ältere Recht »besteht« und die Voraussetzungen »erfüllt sind«. Darüber hinaus kann eine solche Marke nach Art. 60 Abs. 2 UMV für nichtig erklärt werden, wenn ihre Benutzung »untersagt werden kann«. Zum anderen ergibt sich aus der Systematik der übrigen Bestimmungen der UMV über die relativen Nichtigkeitsgründe, dass ein Nichtigkeitsantrag zurückzuweisen ist, wenn mit Sicherheit feststeht, dass die Kollision mit der älteren Unionsmarke am Ende des Nichtigkeitsverfahrens beendet ist.

2038 S. zB EuG, 24.04.2018, T-183/17 – Mann in historischer Tracht/Design einer Dekoration. Die auf mehrere spanische Industriedesigns gestützte Nichtigkeitsentscheidung der Nichtigkeitsabteilung hatte hier jedoch als Rechtsgrundlage die falsche spanische Norm zugrunde gelegt.

2039 EuG, 02.06.2021, T-169/19 – Polospieler/Polospieler, Rn 22–33.

2040 EuGH, 05.07.2011, C-263/09 P – ELIO FIORUCCI, Rn 33–36.

vorgelegten Beweise[2041] vollständig zu prüfen, so auch den Beweiswert von vorgelegten Urkunden, zB im Hinblick auf die Gültigkeit von Unterschriften und amtlichen Bestätigungsstempeln[2042].

Das EUIPO muss sich, wenn der Antrag auf Nichtigerklärung auf das nationale Recht eines Mitgliedstaats gestützt ist, *von Amts wegen* über dessen nationales Recht informieren und ist dabei nicht auf den Vortrag der Beteiligten beschränkt. Das EuG wiederum hat im Klageverfahren eine volle rechtliche Überprüfung dieser Bewertung des nationalen Rechts durch das EUIPO vorzunehmen[2043]. 1741

Unter *besonderen Voraussetzungen* kann die Unionsmarke jedoch nicht für nichtig erklärt werden, nämlich im Falle einer *Verwirkung durch Duldung*. Hat der Inhaber einer Unionsmarke die Benutzung einer jüngeren Unionsmarke in der Union während eines Zeitraums von fünf aufeinander folgenden Jahren in Kenntnis dieser Benutzung geduldet, so kann er für die Waren oder DL, für die die jüngere Marke benutzt worden ist, aufgrund dieser älteren Marke nicht die Nichtigerklärung dieser jüngeren Marke verlangen, es sei denn, dass die Anmeldung der jüngeren Unionsmarke bösgläubig vorgenommen worden ist (Art. 61 Abs. 1 UMV). Dasselbe gilt entspr, wenn der Inhaber einer in Art. 8 Abs. 2 UMV genannten älteren nationalen Marke oder eines in Art. 8 Abs. 4 UMV genannten sonstigen älteren Kennzeichenrechts die Benutzung einer jüngeren Unionsmarke in dem Mitgliedstaat, in dem diese ältere Marke oder dieses sonstige ältere Kennzeichenrecht geschützt ist, während eines Zeitraums von fünf aufeinander folgenden Jahren in Kenntnis dieser Benutzung geduldet hat (Art. 61 Abs. 2 UMV). 1742

Ebenfalls nicht für nichtig erklärt werden kann eine Unionsmarke, wenn der Inhaber des älteren Rechts der Eintragung der Unionsmarke vor Stellung des Nichtigkeitsantrags (oder der Widerklageerhebung) *ausdrücklich* zugestimmt hat (Art. 60 Abs. 3 UMV). Eine *friedliche Koexistenz* stellt jedoch *keine* ausdrückliche Zustimmung dar, 1743

2041 EuG, 05.10.2020, T-264/19 – viscover, Rn 91–106. Hier hatte der Nichtigkeitsantragsteller als beweispflichtige Partei keinen Nachweis für einen etwaigen Schutz der Bezeichnung »viscover« nach deutschem Urheberrecht als Sprachwerk erbracht. Im Übrigen reichten die vorgelegten Unterlagen und die E-Mails nicht aus, um die eidesstattlichen Versicherungen der Mitarbeiter des Nichtigkeitsantragstellers zu bestätigen.

2042 EuG, 13.09.2012, T-404/10 – Hand/Hand (mano portafortuna); insoweit bestätigt durch EuGH 27.03.2014, C-530/12 P, Rn 34–46, und das Nachfolgeurteil des EuG, 30.06.2015, T-404/10 RENV.

2043 EuG, 13.09.2012, T-404/10 – Hand/Hand (mano portafortuna), wo der Poststempel auf einen Tag datiert war, an dem in Italien die Postämter geschlossen waren und der Vertrag sich auf einen Rechtszustand bezog, der erst Jahre nach seinem angeblichen Abschluss in Kraft trat; insoweit bestätigt durch EuGH 27.03.2014, C-530/12 P, Rn 34–46, und das Nachfolgeurteil des EuG, 30.06.2015, T-404/10 RENV. Zwar ist der Antragsteller gemäß Regel 53 b-iii GMDV verpflichtet, den Inhalt der Rechtsvorschriften, auf die er sich beruft, darzustellen. Das beschränkt das EUIPO aber nicht darin, über die vorgelegten Dokumente hinaus den Inhalt, die Tatbestandsvoraussetzungen und die Tragweite der vom Antragsteller geltend gemachten Rechtsvorschriften prüfen zu müssen.

zumal wenn sie nicht das relevante Gebiet oder die konkret konkurrierenden Marken betrifft. Dasselbe gilt für eine, nur für einen Mitgliedstaat und nicht die gesamte Union vor einem nationalen Gericht abgeschlossene Koexistenzvereinbarung. Auch eine *Widerspruchsrücknahme* kann nicht dahingehend ausgelegt werden, zumal wenn der Widersprechende explizit einen Nichtigkeitsantrag angekündigt hatte[2044].

3. Allgemeine Vorschriften

1744 Hat der Inhaber eines der in Art. 60 Abs. 1 oder 2 UMV genannten Rechte bereits einen Antrag auf *Nichtigerklärung* der Unionsmarke gestellt oder im Verletzungsverfahren *Widerklage* erhoben, so darf er nicht aufgrund *eines anderen dieser Rechte*, das er zur Unterstützung seines ersten Begehrens hätte geltend machen können, einen neuen Antrag auf Nichtigerklärung stellen oder Widerklage erheben (Art. 60 Abs. 4 UMV). Diese Regelung gilt jedoch ausdrücklich nicht, wenn der neue Antrag auf dasselbe Recht gestützt wird (Art. 63 Abs. 4 UMV)[2045].

1745 Eine Unionsmarke kann wegen Art. 60 Abs. 1 und 2 UMV nicht für nichtig erklärt werden, wenn das ältere innerstaatliche Recht in einem *neuen Mitgliedstaat* vor dem Tag des *Beitritts* eingetragen, angemeldet oder erworben wurde (Art. 209 Abs. 4b UMV)[2046]. Dies soll die Möglichkeit ausschließen, dass eine vor dem Beitritt eingetragene oder angemeldete Unionsmarke durch den bloßen Umstand des Beitritts neuer Staaten zur Union in Frage gestellt werden könnte, obwohl diese Möglichkeit vor dem Beitritt nicht bestanden hatte. Jedoch wird dadurch der Inhaber einer Marke nicht daran gehindert, nach dem Beitritt einen Antrag auf Nichtigerklärung zu stellen, den er schon vor diesem Zeitpunkt hätte einreichen können. So kann der in Art. 60 Abs. 1b UMV genannte *Nichtigkeitsgrund des ungetreuen Agenten* geltend

2044 EuG, 13.07.2017, T-389/16 – MONTORSI F. & F./Casa Montorsi, Rn 36–53 und EuG, 03.06.2015, T-544/12 und T-546/12 – PENSA PHARMA/PENTASA, Rn 39–55; bestätigt durch EuGH, 22.09.2016, C-442/15 P.

2045 EuG, 15.09.2021, T-207/20 – PALLADIUM HOTELS & RESORTS, Rn 40–49. Die BK hatte einen Rechtsfehler begangen, als sie annahm, dass Art. 60 Abs. 4 UMV sowohl dann anwendbar sei, wenn ein anderes älteres Recht, als auch dann, wenn dasselbe ältere Recht zur Stützung eines neuen Antrags auf Nichtigerklärung geltend gemacht werde.

2046 EuG, 22.04.2015, T-337/14 – mobile.de proMotor/mobile, Rn 29–33; bestätigt durch EuGH, 28.02.2018, C-418/16 P. Aufgrund der klaren gesetzlichen Bestimmung kann eine Unionsmarke nicht für nichtig erklärt werden, wenn sie vor dem Zeitpunkt des Beitritts eines neuen Mitgliedstaates angemeldet und wenn die zur Stützung des Nichtigkeitsantrags angeführte nationale Marke in diesem Mitgliedstaat vor dem Beitrittszeitpunkt eingetragen worden war. Art. 209 Abs. 4 UMV steht unter keinem Vorbehalt, und der Schutz, den er Unionsmarken gewährt, setzt keineswegs voraus, dass deren Inhaber keine Kenntnis vom Bestehen einer Marke haben, die vor dem Zeitpunkt des Beitritts eines neuen Mitgliedstaats eingetragen wurde und nach dessen Recht geschützt ist, es sei denn die Ausnahmen von Abs. 3 oder Abs. 5 lägen vor.

gemacht werden, auch wenn die Marke nur in einem Staat eingetragen wurde, der kein Mitglied der Union war[2047].

Da die Erklärung der Nichtigkeit einer Unionsmarke unabhängig davon, auf welche Gründe sie gestützt ist, ob auf absolute oder relative, dieselbe Wirkung entfaltet, reicht es aus, die Prüfung aus Gründen der *Verfahrensökonomie auf einen Nichtigkeitsgrund zu beschränken*, wenn dieser bereits zur Nichtigerklärung der Marke führt. Begehrt der Kläger und Nichtigkeitsantragsteller die Nichtigerklärung aus weiteren Gründen, ist er durch die Entscheidung der BK, die sich nur auf einen Grund gestützt hatte, nicht gemäß Art. 70 Abs. 4 UMV beschwert, so dass die insoweit erhobene Klage vor dem EuG unzulässig ist[2048]. 1746

Einem Nichtigkeitsverfahren steht nicht entgegen, dass eine BK in einer früheren Entscheidung die verfahrensgegenständliche Marke für eintragungsfähig befunden[2049] oder dass zwischen den betr Beteiligten bereits ein *erfolgloses Widerspruchsverfahren* mit gleichem Gegenstand und mit gleicher Begründung stattgefunden hatte, da der Ausschluss eines Nichtigkeitsverfahrens für diesen Fall von der UMV nicht ausdrücklich vorgesehen ist. Jedoch dürfen die in der Endentscheidung über einen Widerspruch getroffenen Feststellungen bei der Entscheidung im Nichtigkeitsverfahren nicht völlig unbeachtet bleiben, sofern diese nicht durch neue Tatsachen, Beweismittel oder Gründe berührt werden[2050]. Dies gilt natürlich auch im umgekehrten Fall, wenn zB ein Widerspruchsverfahren einem wegen nachgewiesener Benutzung erfolglosen Verfallsverfahren gegen die ältere Marke nachfolgt[2051]. 1747

In einem Nichtigkeitsverfahren kann sich der Markeninhaber nicht darauf berufen, dass er ein *älteres Recht* als der Nichtigkeitsantragsteller besitzt, zumal er aus diesem keinen Löschungsanspruch vor den zuständigen nationalen Instanzen geltend gemacht hatte[2052]. 1748

Wird die Unionsmarke für nichtig erklärt, gelten ihre in der UMV vorgesehenen *Wirkungen* in dem Umfang, in dem die Marke für nichtig erklärt worden ist, als von Anfang an (*ex tunc*) nicht eingetreten (Art. 62 Abs. 2 UMV). *Verzichtet* zB der Markeninhaber im Laufe des Nichtigkeitsverfahrens auf seine Marke, ist damit das Verfahren noch nicht beendet, da der Verzicht erst ex nunc wirkt (Art. 57 Abs. 2 S. 2 1749

2047 EuG, 29.11.2012, T-537/10 und T-538/10 – FAGUMIT/FAGUMIT, Rn 16–19.

2048 EuG, 14.07.2009, T-300/08 – Golden Elephant Brand/GOLDEN ELEPHANT I.

2049 EuG, 22.11.2011, T-275/10 – MPAY24, Rn 15–18, 54, 57–59. Jedoch muss die BK eine auf die betr Waren und DL bezogene spezielle inhaltliche Begründung für ihre neue Entscheidung geben, wenn sie die Eintragung für nichtig erklären will.

2050 EuG, 14.10.2009, T-140/08 – TiMi KINDERJOGHURT/KINDER, Rn 35, 36; bestätigt durch EuGH, 24.03.2011, C-552/09 P; EuG, 23.09.2014, T-11/13 – MEGO/TEGO, Rn 7, 12, 13.

2051 EuG, 15.07.2015, T-398/13 – TVR ITALIA/TVR, Rn 36–41.

2052 EuG, 07.02.2019, T-287/17 – SWEMAC/SWEMAC Medical Appliances AB, Rn 50–66.

UMV)[2053]. In diesem Fall empfiehlt sich, dass der Markeninhaber gleichzeitig auch auf alle Rechte aus seiner Marke für Gegenwart und Vergangenheit gegenüber dem Nichtigkeitsantragsteller verzichtet, was diesem ermöglicht, seinen Nichtigkeitsantrag ohne Risiko zurückzunehmen, um das Verfahren insgesamt gütlich zu beenden. Das Verfahren wird jedoch vom EUIPO gemäß Art. 17 Abs. 5 DVUM eingestellt, wenn der Nichtigkeitsantragsteller kein berechtigtes Interesse an einer Sachentscheidung zeigt, woran nach der weiter geltenden Rspr des EuGH aber nur sehr geringe Anforderungen zu stellen sein dürften.

2053 EuGH, 24.03.2011, C-552/09 P – TiMi KINDERJOGHURT/KINDER, Rn 34–44. Denn ein Rechtsschutzinteresse des Antragstellers bleibt bestehen, sofern durch die Fortsetzung des Verfahrens (beim Verfall) noch ein Teil der Wirkungen oder (bei Nichtigkeit) alle Wirkungen der angegriffenen Marke beseitigt werden können; EuG, 04.02.2022, T-67/21 – ultrafilter international II, Rn 39–46.

H. Sonstige Verfahren

Übersicht Rdn.

I. Teilung

Der Zweck der *Teilung der Anmeldung* besteht zB darin, bei teilweiser Beanstandung des VerzWDL durch den Prüfer oder bei Widerspruch gegen einen Teil der Waren und DL durch Abtrennung des nicht beanstandeten bzw nicht angegriffenen Teils diesen abgetrennten Teil einer raschen Veröffentlichung bzw Eintragung zuführen zu können. Der Zweck der *Teilung der Eintragung* besteht damit in der besseren wirtschaftlichen Verwertbarkeit der Marke für die abgetrennten Waren und DL durch Verkauf, Abtretung oder Lizenzvergabe. 1750

Der Anmelder kann die *Anmeldung teilen*, indem er *erklärt*, dass ein Teil der in der ursprünglichen Anmeldung enthaltenen Waren oder DL Gegenstand einer oder mehrerer Teilanmeldungen sein soll (Art. 50 Abs. 1 UMV). Die Waren oder DL der Teilanmeldung dürfen sich *nicht* mit den Waren oder DL der ursprünglichen Anmeldung oder anderen Teilanmeldungen *überschneiden*. Der Begriff »Teilanmeldung« bezeichnet also den von der Anmeldung abgetrennten Teil, während der Terminus »ursprüngliche Anmeldung« den nach der oder den Abtrennungen verbleibenden Rest beschreibt. Die Teilanmeldung genießt den *Anmeldetag* sowie ggf den Prioritätstag und den Zeitrang der ursprünglichen Anmeldung (Art. 50 Abs. 7 UMV). 1751

Die Teilung darf sich also *ausschließlich auf die Waren und DL* beziehen. Eine Teilung der Marke selbst und ihres zeitlichen oder örtlichen Geltungsbereichs ist ausgeschlossen. Die Teilung darf nicht zu Erweiterungen oder Überschneidungen der VerzWDL führen. Vielmehr muss durch eine Teilungserklärung eine Anmeldung in voneinander verschiedene Teile zerfallen. Die Teilung darf nicht dazu führen, eine Anmeldung einfach zu vervielfältigen. Sie muss das ursprüngliche VerzWDL erschöpfen, so dass keine unverteilten Reste übrig bleiben. Bei Oberbegriffen ist eine sorgfältige Abgrenzung vorzunehmen. So kann zB der Oberbegriff »frisches Obst« aufgeteilt werden in »frisches Obst, nämlich Birnen« und »frisches Obst mit Ausnahme von Birnen«. 1752

Eine Teilungserklärung einer Anmeldung muss gemäß Art. 8 UMDV *folgende Angaben* enthalten: (a) das Az. der Anmeldung; (b) den Namen und die Anschrift des Anmelders gemäß Art. 2 Abs. 1b UMDV; (c) das VerzWDL, die Gegenstand der Teilanmeldung sind, oder, falls die Teilung in mehr als eine Teilanmeldung angestrebt wird, das VerzWDL für jede Teilanmeldung; (d) das VerzWDL, die Gegenstand der ursprüngli- 1753 chen Anmeldung bleiben. Das Amt legt für jede Teilanmeldung eine getrennte Akte an, die eine vollständige Kopie der Akte der ursprünglichen Anmeldung sowie die Teilungserklärung und den diesbzgl Schriftwechsel beinhaltet. Es erteilt außerdem ein neues Az. für jede Teilanmeldung. Die Veröffentlichung jeder Teilanmeldung enthält die in Art. 7 UMDV festgelegten Angaben und Elemente.

1754 Während gewisser Verfahrensabläufe vor dem EUIPO ist die Teilungserklärung *unzulässig*, nämlich (a) wenn gegen die ursprüngliche Anmeldung Widerspruch eingelegt wurde und die Teilungserklärung eine Teilung der Waren oder DL, gegen die sich der Widerspruch richtet, bewirkt, bis die Entscheidung der Widerspruchsabteilung unanfechtbar geworden ist oder das Widerspruchsverfahren eingestellt wird; (b) vor der Festlegung des Anmeldetags iSd Art. 32 UMV durch das Amt und während der in Art. 46 Abs. 1 UMV vorgesehenen Widerspruchsfrist (Art. 50 Abs. 2 UMV).

1755 Parallele Vorschriften gelten für die *Teilung der Eintragung* (Art. 56 Abs. 1 UMV), die jederzeit beantragt werden kann. Für die *Antragstellung* gelten entspr Anforderungen wie bei der Teilung der Eintragung (Art. 11 UMDV).

1756 Die Teilungserklärung einer Eintragung ist nach Art. 56 Abs. 2 UMV *nicht zulässig*, (a) wenn beim Amt ein Antrag auf Erklärung des Verfalls oder der Nichtigkeit gegen die ursprüngliche Eintragung eingereicht wurde und die Teilungserklärung eine Teilung der Waren oder DL, gegen die sich der Antrag auf Erklärung des Verfalls oder der Nichtigkeit richtet, bewirkt, bis die Entscheidung der Nichtigkeitsabteilung unanfechtbar geworden oder das Verfahren anderweitig erledigt ist; (b) wenn vor einem Unionsmarkengericht eine Widerklage auf Erklärung des Verfalls oder der Nichtigkeit anhängig ist und die Teilungserklärung eine Teilung der Waren oder DL, gegen die sich die Widerklage richtet, bewirkt, bis der Hinweis auf die Entscheidung des Unionsmarkengerichts gemäß Art. 128 Abs. 6 UMV im Register eingetragen ist.

1757 Die Teilungserklärung ist gebührenpflichtig (Art. 50 Abs. 4 bzw Art. 56 Abs. 4 UMV). Sie gilt als nicht abgegeben, solange die *Gebühr* von 250 Euro (Anlage I zur UMV Nr A25) nicht entrichtet ist. Sie wird an dem Tag *wirksam*, an dem sie in der vom Amt geführten Akte der ursprünglichen Anmeldung vermerkt bzw im Register eingetragen wird (Art. 50 Abs. 5 UMV bzw Art. 56 Abs. 5 UMV).

1758 Das *Teilungsverfahren* ist in Art. 50 UMV bzw in Art. 56 UMV geregelt. Für den Antrag gibt es ein Online-Formular.

II. Änderung des Namens oder der Anschrift

1759 Eine Änderung des *Namens* oder der *Adresse* des Inhabers einer Unionsmarke, die keine Änderung der Unionsmarke gemäß Art. 54 Abs. 2 UMV darstellt und bei der es sich nicht um die Folge einer vollständigen oder teilweisen Übertragung der Unionsmarke handelt, wird auf Antrag des Inhabers in das Register eingetragen, wobei für die Änderung des Namens oder der Adresse in Bezug auf zwei oder mehr Eintragungen desselben Inhabers ein einziger Antrag gestellt werden kann (Art. 55 Abs. 1 und 2 UMV). Art. 12 UMDV bestimmt die erforderlichen Angaben.

Sind die Erfordernisse für die Eintragung einer Änderung nicht erfüllt, so teilt das EUIPO dem Inhaber der Unionsmarke den *Mangel* mit. Wird dieser nicht innerhalb einer vom Amt festzusetzenden Frist beseitigt, so weist es den Antrag zurück (Art. 55 Abs. 3 UMV). 1760

Dieselbe gilt auch für eine Änderung des Namens oder der Adresse des eingetragenen *Vertreters* und für *Unionsmarkenanmeldungen.* Die Änderung wird in der vom EUIPO geführten Akte über die Anmeldung der Unionsmarke vermerkt (Art. 55 Abs. 4 und 5 UMV). 1761

III. Rechtsübergang

Die *Unionsmarke* und die *Unionsmarkenanmeldung* können, unabhängig von der Übertragung des Unternehmens, für alle oder einen Teil der Waren oder DL, für die sie eingetragen oder angemeldet sind, Gegenstand eines *Rechtsübergangs* sein (Art. 20, 28 UMV)[2054]. 1762

Ein *Antrag* auf Eintragung eines Rechtsübergangs enthält gemäß Art. 20 Abs. 4 und 5 UMV iVm Art. 13 UMDV (a) die Nr der Eintragung der Unionsmarke; (b) Angaben zum neuen Inhaber gemäß Art. 2 Abs. 1b UMDV; (c) die Angabe der eingetragenen Waren oder DL, auf die sich der Rechtsübergang bezieht, falls nicht alle Gegenstand des Rechtsübergangs sind; (d) Nachweise, aus denen sich der Rechtsübergang gemäß Art. 17 Abs. 2 und 3 UMV ergibt[2055]; (e) sofern der neue Inhaber einen Vertreter bestellt hat, den Namen und die Geschäftsanschrift des Vertreters des neuen Inhabers nach Maßgabe von Art. 2 Abs. 1e UMDV. Art. 13 Abs. 1b bis 1e UMDV gelten sinngemäß für einen Antrag auf Eintragung des Rechtsübergangs einer Unionsmarkenanmeldung, wobei in diesem Fall das Az. der Anmeldung anzugeben ist. Den *teilweisen Rechtsübergang* regelt Art. 14 UMDV. Für den Antrag gibt es Online-Formulare. 1763

Die *Übertragung des Unternehmens in seiner Gesamtheit* erfasst die Unionsmarke(-nanmeldung), es sei denn, dass in Übereinstimmung mit dem auf die Übertragung anwend- 1764

2054 S. zB EuG, 26.10.2017, T-330/16 – #hello digitalmente diferentes/HELLO!, Rn 14–19.

2055 Hierfür genügt nach Art. 13 Abs. 3 UMDV (a) die Unterzeichnung des Antrags auf Eintragung des Rechtsübergangs durch den eingetragenen Markeninhaber oder seinen Vertreter, sowie durch den Rechtsnachfolger oder seinen Vertreter; (b) falls der Antrag vom eingetragenen Markeninhaber oder seinen Vertreter gestellt wird, eine vom Rechtsnachfolger oder seinen Vertreter unterzeichnete Erklärung, die besagt, dass dieser der Eintragung des Rechtsübergangs zustimmt, (c) falls der Antrag auf Eintragung vom Rechtsnachfolger gestellt wird, eine vom eingetragenen Markeninhaber oder seinem Vertreter unterzeichnete Erklärung, die besagt, dass der eingetragene Markeninhaber der Eintragung des Rechtsnachfolgers zustimmt (Eine Genehmigung zur Nutzung stellt formell keine Abtretung der Marke dar; EuG, 07.11.2023, T-299/22 – DIEGO MARADONA, Rn 38–47; Rechtsmittel nicht zugelassen, EuGH, 08.04.2024, C-12/24 P), (d) ein durch den eingetragenen Markeninhaber oder seinen Vertreter und durch den Rechtsnachfolger oder seinen Vertreter unterzeichnetes ausgefülltes Formblatt oder eines Dokuments gemäß Art. 65 Abs. 1e DVUM.

baren Recht etwas anderes vereinbart ist oder eindeutig aus den Umständen hervorgeht. Dies gilt entspr für die rechtsgeschäftliche Verpflichtung zur Übertragung des Unternehmens (Art. 20 Abs. 2 UMV).

1765 Sind die in Art. 20 Abs. 1, 2 und 3 UMV oder Art. 13 UMDV festgelegten Bedingungen für die Eintragung eines Rechtsübergangs nicht erfüllt, so teilt das Amt dem Antragsteller die *Mängel* mit. Werden die Mängel nicht innerhalb einer von ihm festgelegten Frist beseitigt, so weist es den Antrag auf Eintragung des Rechtsübergangs zurück (Art. 20 Abs. 7 UMV).

1766 Der Rechtsübergang kann nur *für das gesamte Gebiet der Union* erfolgen, nicht lediglich für einen Teil davon.

1767 Mit dem *Tod* eines Anmelders im laufenden Verfahren tritt nach den anwendbaren nationalen Vorschriften des betr Mitgliedstaats automatisch – auch noch vor Eintragung im Register – ein Rechtsübergang auf die Erben ein[2056].

1768 Das EUIPO hat *keine Kompetenz, Gültigkeit* und *Rechtswirkungen* einer Übertragung der Unionsmarke nach nationalem Recht (aufgrund von Gesetz oder Vertrag) *zu überprüfen*. Erfüllt der Antrag auf Rechtsübergang alle erforderlichen Voraussetzungen, enthält er insb die erforderlichen Nachweise, ist der Rechtsübergang im Register einzutragen[2057].

1769 Der Rechtsübergang wird nach Art. 20 Abs. 4 UMV auf Antrag eines Beteiligten in das Register eingetragen und veröffentlicht. Solange er *nicht in das Register eingetragen* ist, kann der Rechtsnachfolger seine Rechte aus der Eintragung der Unionsmarke nicht geltend machen (Art. 20 Abs. 11 UMV)[2058]. Jedoch kann eine Rechtshandlung, die noch nicht eingetragen ist, Dritten entgegengehalten werden, die Rechte an der Marke nach dem Zeitpunkt der Rechtshandlung erworben haben, aber zum Zeitpunkt des Erwerbs dieser Rechte von der Rechtshandlung wussten (Art. 27 Abs. 1 UMV). Diese beiden Konsequenzen gelten jedoch nicht in Bezug auf Personen, die die Unionsmarke oder ein Recht daran im Wege des Rechtsübergangs des Unternehmens in seiner Gesamtheit oder einer anderen Gesamtrechtsnachfolge erwerben (Art. 27 Abs. 2 UMV).

1770 Sind gegenüber dem Amt Fristen zu wahren, so können, sobald der Antrag auf Eintragung des Rechtsübergangs beim EUIPO eingegangen ist, die entspr Erklärungen gegenüber dem Amt vom Rechtsnachfolger abgegeben werden (Art. 20 Abs. 12 UMV).

2056 EuG, 08.03.2012, T-298/10 – BIODANZA/BIODANZA, Rn 35–42. Alle Maßnahmen und Entscheidungen, die das EUIPO in Unkenntnis des Todes eines Beteiligten ihm gegenüber erlässt, bleiben wirksam und können vom Rechtsnachfolger, soweit sie ihn beschweren, angefochten werden, erforderlichenfalls auch im Wege der Inanspruchnahme einer Wiedereinsetzung gemäß Art. 104 UMV. Ansonsten kann das Verfahren nach Art. 106 UMV unterbrochen werden; s.a. Rdn 284 ff.

2057 EuG, 09.09.2011, T-83/09 – CRAIC, Rn 25–37; EuG, 08.03.2012, T-298/10 – BIODANZA/BIODANZA, Rn 45.

2058 EuG, 09.04.2024, T-513/23 – WELCO/WELCO, Rn 26 mwN.

Daher können gemäß Art. 46 UMV iVm Art. 20 Abs. 12 UMV Rechtsnachfolger, die noch nicht als Inhaber eingetragen worden sind, aber auf die die ältere Marke übertragen worden ist, Widerspruch erheben, sofern ihr Antrag auf Eintragung eines Rechtsübergangs beim EUIPO eingegangen ist, selbst dann, wenn sie irrtümlich ursprünglich einen Namensänderungsantrag gestellt haben, aber nach Aufforderung durch das Amt noch innerhalb der von diesem gesetzten Frist einen Antrag auf Rechtsübergangseintragung nachreichen[2059].

Weitere *Verfahrensregeln* enthalten Art. 20 Abs. 8 bis 10 und 13 UMV sowie Art. 13 und 14 UMDV. 1771

IV. Umwandlung

Im Falle des Scheiterns einer Unionsmarkenanmeldung oder einer Unionsmarke nach Art. 139 Abs. 1 UMV, also wenn die Anmeldung zurückgewiesen, zurückgenommen wurde oder als zurückgenommen gilt oder soweit die Unionsmarke ihre Wirkung verliert, besteht unter bestimmten Umständen (wenn sie nämlich nicht für verfallen erklärt bzw nicht gerade wegen eines Eintragungshindernisses in dem betr Mitgliedstaat zurückgewiesen worden war, Art. 139 Abs. 2 UMV) die Möglichkeit, eine angemeldete oder auch eine eingetragene Marke in nationale Markenanmeldungen bzw Marken für einen oder mehrere Mitgliedstaaten (einschl einer Benelux-Marke für Belgien, die Niederlande und Luxemburg) *umzuwandeln*, und zwar unter Wahrung des in der Union erworbenen Anmelde- oder Prioritätsdatums sowie des wirksam in Anspruch genommenen Zeitrangs (Seniorität) einer älteren mit Wirkung für diesen Mitgliedstaat eingetragenen Marke gemäß Art. 39 UMV oder Art. 40 UMV. Nach Art. 125d MarkenG wird eine Unionsmarkenanmeldung dann als Anmeldung einer deutschen Marke behandelt, und eine eingetragene Unionsmarke wird ohne weitere Prüfung und ohne die Möglichkeit, dagegen Widerspruch einzulegen, als deutsche Marke eingetragen. 1772

Der Anmelder vermeidet also zu Beginn des Anmeldeverfahrens eine kosten- und zeitaufwändige Doppelanmeldung auf Unions- und auf nationaler Ebene, weil er beim Scheitern der Unionsmarke wegen national beschränkter Hindernisse diese immer noch in nationale Marken für diejenigen Mitgliedstaaten umwandeln kann, in denen diese Hindernisse nicht bestehen[2060]. Und dem Markeninhaber verbleibt nach der Nichtigerklärung der Unionsmarke die Option, diese – jeweils nach dem anwendbaren nationalen Recht – in eine voll gültige nationale Marke umzuwandeln[2061]. 1773

2059 EuG, 17.01.2017, T-255/15 – medialbo/MediaLB, Rn 18–42; bestätigt durch EuGH, 25.07.2018, C-139/17 P.

2060 Seit Beginn des Systems bis Ende 2010 sind 3.171 Umwandlungsanträge beim EUIPO gestellt worden; IAK, S. 17.

2061 AA BGH, 23.09.2015, I ZR 15/14 – ampliteq/AMPLIDECT, Rn 27. Der BGH eröffnet wegen eines Missverständnisses von Art. 139 Abs. 1b. und Abs. 3 UMV eine Schutzlücke bis zur Eintragung der deutschen Marke, wenn die Unionsmarke ex tunc für nichtig erklärt worden ist, bleibt aber eine Begründung für seine dem Gesetzeszweck

1774 Ein auf eine Unionsmarkenanmeldung gestützter und gegen eine nationale Marke gerichteter *Widerspruch bleibt zulässig*, wenn die Unionsmarkenanmeldung rechtskräftig zurückgewiesen und anschließend wirksam in eine nationale Markenanmeldung umgewandelt wird[2062]. Dies gilt auch bei der Umwandlung einer *IR-Marke* in nationale Marken[2063].

1775 Der Umwandlungsantrag muss innerhalb der in Art. 139 Abs. 4, 5 oder 6 UMV bestimmten *Dreimonatsfrist* eingereicht werden und die in Art. 22 UMDV geforderten Angaben enthalten[2064]. Dies kann auf einem Online-Formular erfolgen. Wird die *Umwandlungsgebühr* in Höhe von 200 Euro (Anlage I zur UMV Nr A23) nicht innerhalb einer Frist von drei Monaten gezahlt, so teilt das EUIPO dem Antragsteller mit, dass der Umwandlungsantrag als nicht gestellt gilt. *Verfahrensbeteiligter* im Umwandlungsverfahren ist ausschließlich der Anmelder oder Inhaber der Unionsmarke und keinesfalls eine in einem anderen Verfahren (zB Widerspruchs- oder Nichtigkeitsverfahren) beteiligte Partei[2065].

1776 Der Inhaber einer *IR-Marke,* in der die Union benannt ist, kann die Umwandlung der Benennung der Union in nationale Markenanmeldungen für einen oder mehrere Mitgliedstaaten in eine Benennung eines oder mehrerer Mitgliedstaaten gemäß PMMA oder in nationale Markenanmeldungen für einige Mitgliedstaaten und nachträgliche Benennungen für andere beantragen, wobei ders Mitgliedstaat nur einmal benannt werden darf (Art. 202 UMV). Weiter ermöglicht Art. 204 UMV iVm Art. $9^{quinquies}$ PMMA die Umwandlung (*Transformation*) einer IR-Marke, in der die Union benannt ist, in eine Unionsmarkenanmeldung, wenn der Wegfall der Basismarke im Ursprungsland der IR-Marke insgesamt (und nicht nur für die Union) den Boden entzogen hat.

1777 Die *Umwandlung findet* wegen Art. 139 Abs. 2a UMV *nicht statt*, wenn die Unionsmarke wegen Nichtbenutzung für verfallen erklärt worden ist, es sei denn, dass in dem Mitgliedstaat, für den die Umwandlung beantragt wird, die Unionsmarke benutzt worden ist und dies als eine ernsthafte Benutzung im Sinne der Rechtsvor-

---

der Umwandlungsregelung widersprechende Schlussfolgerung schuldig. S.a. die zutreffende Kritik von *Hofmann,* Schadensersatz- und Unterlassungsansprüche im Falle der Umwandlung einer Gemeinschaftsmarke in eine nationale Marke, MarkenR 2016, 23.

2062 BK, 15.07.2008, R 1313/06-G – cardiva/CARDIMA, Rn 34–46. Siehe BPatG, 08.08.2007, 32 W (pat) 272/03 – WEB VIP/VIP; BPatG, 11.10.2007, 26 W (pat) 78/04 – THE CANNABIS CLUB SUD/CANNABIS; aA noch BPatG, 09.11.2004, 27 W (pat) 172/02 – TAXI MOTO/MOTO. S.a. *Stürmann/Humphreys,* Umwandlung von Marken im Gemeinschaftsmarkenrecht, GRUR Int 2007, 112.

2063 BK, 22.07.2010, R 1205/09-1 – myphotobook/MYPHOTOBOOK, Rn 27, 28.

2064 Im Falle des Art. 139 Abs. 6 UMV errechnet sich die Dreimonatsfrist vom Tag der Rechtskräftigkeit der Zurückweisungs- oder Nichtigkeitsentscheidung an; s.a. BK, 31.03.2015, R 1726/14-2 – GIGI. Bei der hilfsweisen Inanspruchnahme einer Verkehrgeltung kommt es auf die Rechtskraft der darüber ergangenen Entscheidung an; s. Teil E, Abschn. 2, Kap. 5.1.2 UMRL.

2065 EuG, 24.10.2013, T-457/12 – STROMBERG/STORMBERG II, Rn 36–42.

schriften dieses Mitgliedstaats gilt[2066]. Ebenfalls ist eine Umwandlung gemäß Art. 139 Abs. 2b UMV nicht möglich, wenn Schutz in einem Mitgliedstaat begehrt wird, in dem gemäß der Entscheidung des EUIPO oder des einzelstaatlichen Gerichts der Anmeldung oder der Unionsmarke ein Eintragungshindernis oder ein Verfalls- oder Nichtigkeitsgrund entgegensteht.

Das *weitere Verfahren* richtet sich nach Art. 140 UMV und Art. 22, 23 UMDV. Hat das EUIPO oder ein Unionsmarkengericht wegen absoluter Eintragungshindernisse bzgl der Sprache eines Mitgliedstaats die Unionsmarkenanmeldung zurückgewiesen oder die Unionsmarke für nichtig erklärt, so ist die Umwandlung nach Art. 139 Abs. 2 UMV für alle Mitgliedstaaten unzulässig, in denen die betr Sprache Amtssprache ist. Hat das Amt oder ein Unionsmarkengericht wegen absoluter, überall in der Union geltender Eintragungshindernisse oder aufgrund einer älteren Unionsmarke oder eines sonstigen gewerblichen Schutzrechts der Union die Unionsmarkenanmeldung zurückgewiesen oder die Unionsmarke für nichtig erklärt, so ist die Umwandlung für alle Mitgliedstaaten unzulässig (Art. 140 Abs. 4 UMV). Die *Veröffentlichung* eines Umwandlungsantrags im Register enthält die in Art. 23 UMDV vorgeschriebenen Angaben. 1778

V. Lizenzen und andere Rechte

Die Unionsmarke (und entspr auch die Anmeldung) kann für alle oder einen Teil der Waren oder DL, für die sie eingetragen ist, und für das gesamte Gebiet oder einen Teil der Union Gegenstand von *Lizenzen* sein (Art. 25 bis 29 UMV). Eine Lizenz kann ausschließlich oder nicht ausschließlich sein. 1779

Die Frage, ob die *Erteilung* oder *Entziehung einer Lizenz* zur Benutzung einer in *Mitinhaberschaft* stehenden nationalen oder Unionsmarke einen *einstimmigen* oder einen *mehrheitlich gefassten Beschluss* der gemeinsamen Inhaber erfordert, unterliegt dem anwendbaren *nationalen Recht*[2067]. 1780

Gegen einen Lizenznehmer, der hinsichtlich der Dauer der Lizenz, der von der Eintragung erfassten Form, in der die Marke verwendet werden darf, der Art der Waren oder DL, für die die Lizenz erteilt wurde, des Gebiets, in dem die Marke angebracht werden darf, oder der Qualität der vom Lizenznehmer hergestellten Waren oder 1781

2066 BK, 18.09.2023, R 1508/19-G – ZARA. Dies hat das EUIPO autonom anhand der im Umwandlungsverfahren vorgelegten Nachweise auf der Grundlage des jeweiligen nationalen Rechts zu prüfen. In Anbetracht des unterschiedlichen anwendbaren Rechts entfaltet eine in einem Verfallsverfahren vor dem EUIPO ergangene rechtskräftige Entscheidung in einem Umwandlungsverfahren daher keine Rechtskraftwirkung. Vielmehr hat das EUIPO die verfahrensrechtlichen und inhaltlichen Anforderungen des nationalen Rechts über die ernsthafte Benutzung des jeweiligen Mitgliedstaates zu berücksichtigen. Darüber hinaus muss es alle vom Umwandlungsantragsteller vorgelegten Benutzungsnachweise prüfen, also auch die während des Umwandlungsverfahrens eingereichten. Denn es ist nicht auf nationale Entscheidungen oder nationale Urteile beschränkt.

2067 EuGH, 27.04.2023, C-686/21 – Legea (VW)/Legea, Rn 38.

erbrachten DL gegen eine *Bestimmung des Lizenzvertrags* verstößt, kann der Inhaber einer Unionsmarke die Rechte aus dieser geltend machen. So kann der Markeninhaber die Rechte aus der Marke gegen einen Lizenznehmer geltend machen, der gegen eine Bestimmung des Lizenzvertrags verstößt, nach der aus Gründen des Ansehens der Marke der Verkauf von Waren, wie zB Prestigemieder, an Discounter untersagt ist (*selektives Vertriebssystem*), sofern nachgewiesen ist, dass dieser Verstoß aufgrund der besonderen Umstände des Falles den Prestigecharakter schädigt, der diesen Waren eine luxuriöse Ausstrahlung verleiht. Dies würde auch einen *berechtigten Grund* nach Art. 15 Abs. 2 MarkenRL darstellen, der es rechtfertigt, dass der Inhaber sich entgegen der in Abs. 1 festgeschriebenen Erschöpfung des Rechts aus der Marke dem weiteren Vertrieb der Waren widersetzt[2068].

1782 Unbeschadet der Bestimmungen des Lizenzvertrags kann der Lizenznehmer ein *Verfahren* wegen Verletzung einer Unionsmarke nur mit *Zustimmung ihres Inhabers* anhängig machen. Jedoch kann der Inhaber einer ausschließlichen Lizenz ein solches Verfahren anhängig machen, wenn der Inhaber der Unionsmarke nach Aufforderung nicht selber innerhalb einer angemessenen Frist die Verletzungsklage erhoben hat (Art. 25 Abs. 3 UMV). Der *Lizenznehmer* kann im Rahmen eines von ihm anhängig gemachten Verfahrens wegen Verletzung einer Unionsmarke den *Ersatz seines eigenen Schadens* geltend machen[2069]. Jeder Lizenznehmer kann einer vom Inhaber der Unionsmarke erhobenen Verletzungsklage *beitreten*, um den Ersatz seines eigenen Schadens geltend zu machen. Die Erteilung oder der Übergang einer Lizenz an einer Unionsmarke wird auf Antrag eines Beteiligten in das Register eingetragen und veröffentlicht (Art. 25 Abs. 4 UMV).

1783 Nach Art. 27 Abs. 1 S. 1 UMV kann der Lizenznehmer Ansprüche wegen Verletzung der Unionsmarke, die Gegenstand der Lizenz ist, auch geltend machen, obwohl die *Lizenz nicht in das Register eingetragen* worden ist[2070].

1784 Das *Verfahren* zur *Eintragung von Lizenzen* in das Unionsmarkenregister bestimmt die UMV. Das EUIPO ist nicht verpflichtet, dabei nationales Recht anzuwenden, da dieses Verfahren in den Art. 25 bis 28 UMV und Art. 13 UMDV *autonom durch das Unionsrecht geregelt* ist. Diese Vorschriften verlangen aus Gründen der Rechtssi-

---

2068 EuGH, 23.04.2009, C-59/08 – Christian Dior (Copard), Rn 37, 51, 58, 59.

2069 EuGH, 22.06.2016, C-419/15 – Waschball (Thomas Philipps/Grüne Welle), Rn 28, 32. Wenn der Lizenznehmer den Ersatz seines eigenen Schadens geltend machen kann, indem er einer vom Rechtsinhaber des GGM erhobenen Verletzungsklage beitritt, kann er den Ersatz dieses Schadens jedenfalls auch dann begehren, wenn er die Verletzungsklage selbst erhebt – entweder mit Zustimmung des Rechtsinhabers des GGM oder ohne dessen Zustimmung, wenn er ausschließlicher Lizenznehmer ist und der Rechtsinhaber nach entspr Aufforderung nicht gehandelt hat. Diese für ein GGM aufgestellten Grundsätze gelten wegen der übereinstimmenden Rechtsgrundlage auch hier, da Art. 32 Abs. 3 GGV dem Art. 25 Abs. 3 UMV entspricht.

2070 EuGH, 04.02.2016, C-163/15 – ARKTIS 90/ARKTIS (Hassan/Breiding), Rn 26. Dasselbe gilt auch bei einem GGM; EuGH, 22.06.2016, C-419/15 – Waschball (Thomas Philipps/Grüne Welle), Rn 25.

cherheit, dass der *eingetragene Markeninhaber aktiv erklärt*, dass er eine *Lizenz erteilen will*, und zwar entweder durch direkte Einreichung des Antrags auf Eintragung einer Lizenz beim EUIPO nach Art. 26 Abs. 1b UMV und Art. 13 Abs. 3a und Abs. 3b UMDV oder durch Unterzeichnung einer Erklärung, einer Vereinbarung oder eines Standardformulars nach Art. 13 Abs. 3c und Abs. 3d UMDV[2071].

Die Unionsmarke (und entspr auch die Anmeldung) kann unabhängig vom Unternehmen *verpfändet* werden oder Gegenstand eines *sonstigen dinglichen Rechts* sein (Art. 22 UMV, Art. 27 Abs. 1 und 2 UMV, Art. 28 UMV). Diese Rechte werden auf Antrag eines Beteiligten in das Register eingetragen und veröffentlicht. Diese Rechtshandlungen hinsichtlich einer Unionsmarke haben gegenüber Dritten in allen Mitgliedstaaten erst Wirkung, wenn sie eingetragen worden sind. Jedoch kann eine Rechtshandlung, die noch nicht eingetragen ist, Dritten entgegengehalten werden, die Rechte an der Marke nach dem Zeitpunkt der Rechtshandlung erworben haben, aber zum Zeitpunkt des Erwerbs dieser Rechte von der Rechtshandlung wussten. 1785

Die Unionsmarke (und entspr auch die Anmeldung) kann Gegenstand von Maßnahmen der *Zwangsvollstreckung* sein (Art. 23 UMV, Art. 27 Abs. 3 und Abs. 4 UMV, Art. 19 UMV, Art. 28 UMV). Für die Zwangsvollstreckungsmaßnahmen sind die Gerichte und Behörden des maßgebenden Mitgliedstaats ausschließlich zuständig. Die Zwangsvollstreckungsmaßnahmen werden auf Antrag eines Beteiligten in das Register eingetragen und veröffentlicht. Für den Antrag gibt es ein Online-Formular. 1786

Eine Unionsmarke kann nur dann von einem *Insolvenzverfahren* erfasst werden, wenn dieses in dem Mitgliedstaat eröffnet wird, in dessen Hoheitsgebiet der Schuldner den Mittelpunkt seiner Interessen hat (Art. 24 UMV). Wird die Unionsmarke von einem Insolvenzverfahren erfasst, so wird dies auf Antrag der zuständigen nationalen Stelle in das Register eingetragen und im Blatt für Unionsmarken (im Internet) veröffentlicht. Der Antrag kann auf einem Online-Formular gestellt werden. 1787

Das Verfahren zur Eintragung, Löschung oder Änderung von Lizenzen und anderen Rechten ist in Art. 26 und 29 UMV geregelt. Für die Anträge gibt es Online-Formulare. 1788

VI. Nachträgliche Inanspruchnahme der Seniorität

Der Inhaber einer Unionsmarke, der Inhaber einer in einem Mitgliedstaat, einschl des Beneluxgebiets, oder einer mit Wirkung für einen Mitgliedstaat international registrierten identischen älteren Marke für Waren oder DL ist, die mit denen identisch sind, für welche die ältere Marke eingetragen ist, oder die von diesen Waren oder DL umfasst werden, kann den Zeitrang der älteren Marke (*Seniorität*) in Bezug auf den Mitgliedstaat, in dem oder für den sie eingetragen ist, in Anspruch nehmen (Art. 40 Abs. 1 UMV, Art. 39 Abs. 3 bis 7 UMV iVm Art. 6 UMDV). 1789

Anträge auf nachträgliche Inanspruchnahme der Seniorität müssen die Nr der Eintragung der Unionsmarke, den Namen und die Anschrift ihres Inhabers, Angaben zu 1790

2071 EuG, 22.11.2023, T-679/22 – LAPLANDIA Land of purity, Rn 23–44.

dem Mitgliedstaat oder den Mitgliedstaaten, in dem/denen oder für den/die die ältere Marke eingetragen ist, zur Nr und zum Anmeldetag der maßgeblichen Eintragung, zu den Waren und DL, für die die Marke eingetragen ist, und zu jenen, für die der Zeitrang in Anspruch genommen wird, sowie die unterstützenden Unterlagen enthalten (Art. 40 Abs. 2 UMV). Sind die Erfordernisse für die Inanspruchnahme des Zeitrangs nicht erfüllt, so teilt das EUIPO dem Inhaber der Unionsmarke den Mangel mit. Wird der Mangel nicht innerhalb einer vom Amt festgesetzten Frist beseitigt, so weist es den Antrag zurück (Art. 40 Abs. 3 UMV) (s. Rdn 479 ff). Für die Anträge gibt es Online-Formulare.

VII. Akteneinsicht

1791 *Vor der Veröffentlichung* der Anmeldung der Unionsmarke gilt: Einsicht in die Akten von Anmeldungen für Unionsmarken, die noch nicht veröffentlicht worden sind, wird nur mit Zustimmung des Anmelders gewährt. Wer nachweist, dass der Anmelder behauptet hat, dass die Unionsmarke nach ihrer Eintragung gegen ihn geltend gemacht werden würde, kann vor der Veröffentlichung dieser Anmeldung und ohne Zustimmung des Anmelders Akteneinsicht verlangen. *Nach der Veröffentlichung* wird auf Antrag Einsicht in die Akten der Anmeldung und der darauf eingetragenen Marke gewährt (Art. 114 Abs. 1 bis 3 UMV). Für den Antrag gibt es ein Online-Formular.

1792 Die Einsicht in die Akten angemeldeter und eingetragener Unionsmarken wird in die Originalschriftstücke oder in Abschriften davon oder in die elektronischen Datenträger gewährt, wenn die Akten in dieser Weise gespeichert sind (Art. 114 Abs. 5 UMV). Grds führt das EUIPO nämlich seine Akten gemäß Art. 115 UMV elektronisch[2072]. Die *Online-Einsichtnahme* über den Nutzerbereich (User Area) in elektronische Datenträger, die einen Zugang zu allen Akten der Unionsmarken und den dort enthaltenen Unterlagen umfasst, ist gebührenfrei (Art. 114 Abs. 6 S. 2 UMV). Grds sollten also erst einmal im Internet (*eSearch plus*) die dort vorhandenen Daten erhoben und nur, wenn diese nicht ausreichen, förmliche Akteneinsichtsverfahren durchgeführt werden. Ansonsten findet die Akteneinsicht im Amtsgebäude in Alicante statt (Art. 114 Abs. 7 UMV). Die Akteneinsichtsgebühr beträgt hierfür 30 Euro (Anlage I zur UMV Nr A30). Das Verfahren regelt Art. 21 UMDV.

1793 Die Akteneinsicht kann aber wegen Art. 114 Abs. 4 UMV für jene Aktenteile versagt werden, an deren *Geheimhaltung* der betr Beteiligte ein besonderes Interesse dargelegt hat (zB bei internen Betriebs- oder Kundendaten), bevor der Antrag auf Akteneinsicht gestellt wurde. *Generell* von der Akteneinsicht *ausgeschlossen* sind die Nachweise der Berechtigung eines zugelassenen Vertreters, vor dem Amt aufzutreten, oder vertrauliche Dokumente, wie Pässe oder andere Ausweise, Auszüge aus Bankkonten und Gesundheitsdaten, die zB zur Unterstützung eines Antrags auf Wiedereinsetzung in den vorigen Stand vorgelegt werden können.

2072 Beschluss Nr EX-23–12 des Exekutivdirektors vom 15.12.2023; ABl.EUIPO 3/2024.

I. Das Beschwerdeverfahren

Übersicht

I. Verfahrensablauf

1794 Die Entscheidungen der Prüfer, der Widerspruchsabteilungen, der Registerabteilung, der Nichtigkeitsabteilungen sowie sonstiger vom Exekutivdirektor bestimmter Stellen oder Personen, die ein Verfahren gegenüber einem Beteiligten abschließen (Art. 159 Nr a bis d und f UMV), sind mit der *Beschwerde* anfechtbar[2073]. Diese Entscheidungen werden erst ab dem Zeitpunkt des Ablaufs der Beschwerdefrist gemäß Art. 68 UMV wirksam (Art. 66 Abs. 1 S. 2 UMV). Die Beschwerdeeinlegung hat somit *aufschiebende Wirkung* (Art. 66 Abs. 1 S. 3 UMV).

1795 Die Beschwerde kann auf *elektronischem Weg* auf einem Online-Formular des EUIPO eingelegt werden (Online Appeal). Die Beschwerdegründe können hierbei bereits beigefügt werden.

1796 Eine *Entscheidung, die ein Verfahren nicht abschließt*, ist nur zusammen mit der Endentscheidung anfechtbar, sofern nicht in der Entscheidung gesondert die Beschwerde zugelassen ist (Art. 66 Abs. 2 UMV). Bei der Mitteilung des EUIPO, in der ein Widerspruch für zulässig befunden wird, handelt es sich zwar keinesfalls um eine lediglich verfahrensleitende Maßnahme, sondern um eine nicht abschließende Entscheidung iSd Art. 66 Abs. 2 UMV, die aber ohne ausdrückliche Beschwerdezulassung nur zusammen mit der Endentscheidung angefochten werden kann[2074]. Für *unzulässig* hält die

2073 Jährlich gehen im Schnitt 2.500 Beschwerden ein. Etwa 10 % der Entscheidungen der Ausgangsinstanz werden angefochten. Mit ca. 72 % ist Englisch die häufigste Verfahrenssprache vor Deutsch mit ca. 15 %. Auf der Internetseite des EUIPO sind ua aktuelle Überblicke über die Rspr der BK seit 2018, so auch für das Jahr 2024, veröffentlicht; www.euipo.europa.eu (BK – Veröffentlichungen). Weiter sind dort Rechercheberichte zur Rspr der BK enthalten, ua zu Marken, die gegen die öffentliche Ordnung oder die guten Sitten verstoßen, zur Unterscheidungskraft von Slogans, zum beschreibenden Charakter, zur fehlenden Unterscheidungskraft und zur Täuschungsgefahr von geografischen Angaben. zu statthaften Beschränkungen des VerzWDL, zur Komplementarität von Waren und DL, zur Verwechslungsgefahr bei Zeichen mit schwachen oder nicht kennzeichnungskräftigen Elementen, zum Grundsatz der Neutralisierung, zur klaren und präzisen Definition von Waren und DL, zur Verwechslungsgefahr bei Ein-Buchstaben-Zeichen, zur Ähnlichkeit zwischen Bieren und anderen Getränken sowie zwischen Lebensmitteln/Getränken und VerpflegungsDL. zur Rechtskraft – Umfang der erneuten Prüfung der Beschwerde nach Aufhebung durch Unionsgerichte; www.euipo.europa.eu (BK – Veröffentlichungen).

2074 EuGH, 18.10.2012, C-402/11 P – REDTUBE/Redtube, Rn 48–69.

BK eine Beschwerde gegen eine Entscheidung des EUIPO, die angesichts identischen Sachverhalts lediglich eine vorausgegangene bestätigen soll[2075].

1797 Die Beschwerde steht denjenigen zu, die an einem *Verfahren beteiligt* waren, das zu einer Entscheidung geführt hat, soweit sie durch die Entscheidung – auch nur teilweise – *beschwert* sind. Diese Anforderungen sind kumulativ erforderlich[2076]. Die übrigen an diesem Verfahren Beteiligten (zB der auch nur teilweise erfolgreiche Anmelder bzw Widersprechende) sind von Rechts wegen am Beschwerdeverfahren beteiligt (Art. 67 UMV).

1798 Die Beschwerde ist innerhalb von *zwei Monaten* nach Zustellung der Entscheidung schriftlich beim EUIPO einzulegen und gilt erst als eingelegt, wenn die *Beschwerdegebühr* von 720 Euro (Anlage I zur UMV Nr A21) entrichtet worden ist (Art. 68 Abs. 1 S. 1 und 2 UMV)[2077]. Der rechtzeitige Eingang der Beschwerdegebühr vermag aber nicht einen fehlenden oder verspäteten Eingang der Beschwerdeschrift zu ersetzen[2078]. Widerruft später das Amt einen Teil der Entscheidung (zB über die Kosten) nach Art. 103 UMV, bleibt hinsichtlich des nicht widerrufenen Teils (der Hauptsachentscheidung) der Zustellungstermin der ersten Entscheidung für die Fristberechnung maßgebend[2079].

1799 Die Beschwerde muss die in Art. 21 DVUM vorgeschriebenen *Angaben* enthalten, nämlich (a) den Namen und die Anschrift des Beschwerdeführers (Art. 2 Abs. 1b UMDV)[2080]; (b) im Falle einer Vertreterbestellung dessen Namen und Geschäftsanschrift (Art. 2 Abs. 1e UMDV); (c) falls der Beschwerdeführer gemäß Art. 119 Abs. 2 UMV vertreten werden muss, den Namen und die Geschäftsanschrift des Vertreters nach Art. 2 Abs. 1e UMDV (s.a. Art. 5 BKVerfO); (d) eine klare und eindeutige Angabe der angefochtenen Entscheidung, unter Angabe ihres Datums sowie ihres

2075 BK, 16.11.2015, R 1649/11-G – Zylindrische Flaschenform (Voss of Norway) mwN; BK, 28.02.2011, R 1568/10–2 – LATINA, Rn 16, 28 und BK, 30.06.2011, R 272/11–2 – DYNAMIC PRECIOUS METALS FUND, Rn 15–17, 20–24. Diese Vorgehensweise dürfte aber auch bei Berufung auf EuG, 08.02.2011, T-157/08 – INSULATE FOR LIFE, Rn 28–41, mE sehr zweifelhaft sein. Auf entgegenstehende Rechtskraft können sich die BK nämlich nicht stützen, da der Verfahrensgegenstand selbst bei identischer Wiederholungsanmeldung wegen unterschiedlicher Anmeldetage regelmäßig nicht ders ist.

2076 EuG, 24.10.2013, T-457/12 – STROMBERG/STORMBERG II, Rn 36–42. Art. 67 UMV ist ausreichend klar und präzise. Er kann nicht dahin ausgelegt werden, dass er auch Beteiligte an anderen Verfahren erfasst, die irgendwie mit dem streitgegenständlichen in Verbindung stehen.

2077 EuG, 15.04.2011, T-95/11 – VITACHRON MALE/VITATHION, bestätigt durch EuGH, 21.09.2011, C-378/11 P.

2078 EuG, 09.09.2010, T-70/08 – ETRAX/ETRA I+D, Rn 23 und EuG, 31.05.2005, T-373/03, PARMITALIA/PARMITAL, Rn 58.

2079 EuG, 01.07.2009, T-419/07 – OKATECH, Rn 29–35.

2080 Darauf ist besonders zu achten, wenn der Name nicht demjenigen der Ausgangsinstanz entspricht, was auch für den Vertreter gilt; s. *Stürmann*, Verfahren vor dem EUIPO, GRUR-Prax 2016, 119.

Az.; (e) wird die angegriffene Entscheidung nur in Teilen angefochten, eine klare und eindeutige Angabe der angefochtenen Waren oder DL[2081]. Das Verfahren ist in Art. 10 bis 12 BKVerfO geregelt.

Eine dem EUIPO durch *elektronische Mittel* übermittelte Beschwerde gilt wegen Art. 63 Abs. 1a DVUM als ordnungsgemäß unterzeichnet, wenn sie die Angabe des Namens des Absenders enthält, was als gleichwertig mit der Unterschrift gilt, und sei es auch nur auf der ersten Seite der Beschwerdebegründung (sog. *Oberschrift*). Jedoch reicht die Angabe des Kanzleinamens ohne Individualisierung eines konkreten Anwalts nicht aus[2082]. 1800

Die Beschwerdeschrift muss wegen Art. 68 Abs. 1 S. 3 UMV in der *Verfahrenssprache* eingereicht werden, in der die angefochtene Entscheidung ergangen ist. Dies gilt auch bei Verwendung der vom EUIPO zur Verfügung gestellten Formulare für die Sprachversion des benutzten Formulars[2083]. 1801

Wird die Beschwerdeschrift in einer *anderen Amtssprache der Union* eingereicht als der Verfahrenssprache, muss der Beschwerdeführer innerhalb von vier Monaten nach Zustellung der angefochtenen Entscheidung eine *Übersetzung* vorlegen (Art. 21 Abs. 2 DVUM)[2084]. Wurde die angefochtene Entscheidung in einem einseitigen Verfahren in einer anderen Amtssprache als der Verfahrenssprache getroffen, kann der Beschwerdeführer die Beschwerdeschrift entweder in der Verfahrenssprache oder in der Sprache der Entscheidung vorlegen. In beiden Fällen wird die Sprache, in der die Beschwerdeschrift verfasst ist, Verfahrenssprache des Beschwerdeverfahrens (Art. 21 Abs. 3 DVUM). 1802

2081 EuG, 13.10.2021, T-712/20 – Pfeil mit Flügel (Skoda)/Pfeil mit Flügel. Denn die BK darf im Rahmen einer Beschwerde, die sich auf ein relatives Eintragungshindernis bezieht und gegen eine Entscheidung der Widerspruchsabteilung gerichtet ist, mit ihrer Entscheidung nicht über den Gegenstand der bei ihr erhobenen Beschwerde hinausgehen. Sie kann nämlich – in Entsprechung zu den Befugnissen der Unionsgerichte im System der Rechtmäßigkeitskontrolle – die Entscheidung der Widerspruchsabteilung nur in den Grenzen der Anträge aufheben, die ein Beschwerdeführer in seiner Beschwerde gestellt hat. Sie ist nicht befugt, die Anträge, die ein Beschwerdeführer in einer bei ihr erhobenen Beschwerde gestellt hat, von Amts wegen zu ändern.

2082 Nach altem Recht war die Unterschrift für die Identifizierung des Verfassers des Schriftstücks ausreichend, ohne dass sie notwendigerweise eine handschriftliche Transkription seines Nachnamens enthalten musste; EuG, 18.06.2009, T-418/07 – LiBRO/LIBERO, Rn 27–30.

2083 EuG, 09.04.2014, T-386/12 – elite BY MONDARIZ/elite, Rn 27–32; EuG, 24.11.2014, T-616/14 – AVE, Rn 27–35; dabei spielt es keine Rolle, ob ihn die BK noch innerhalb der Frist auf den Verfahrensfehler hingewiesen hat, was allgemeine Praxis ist, oder nicht.

2084 Mit der ausdrücklichen gesetzlichen Neuregelung ist die bisherige großzügige Praxis von EuGH und EuG bestätigt worden, wonach eine Übersetzung der Beschwerdeschrift in die Verfahrenssprache noch innerhalb der Viermonatsfrist der Beschwerdebegründung nachgereicht werden durfte und eine in der Verfahrenssprache vorgelegte Begründung zugleich als Übersetzung der Beschwerdeschrift anzusehen war; EuGH, 19.01.2012, C-53/11 P – R10/R10, Rn 46–49; EuG, 09.04.2014, T-386/12 – elite BY MONDARIZ/elite, Rn 33, 35, 37–47.

1803 Sobald die Beschwerdeschrift in einem mehrseitigen Verfahren eingereicht wurde, wird sie dem Beschwerdegegner *zugestellt* (Art. 21 Abs. 4 DVUM).

1804 Innerhalb von vier Monaten nach Zustellung der Entscheidung ist die Beschwerde *schriftlich zu begründen* (Art. 68 Abs. 1 S. 4 UMV, Art. 14 BKVerfO). Dies stellt eine wesentliche Voraussetzung für die Ausübung der Kontrolle der angefochtenen Entscheidung durch die BK dar, so dass *hohe Anforderungen* zu stellen sind. Nach Art. 22 DVUM muss nämlich Beschwerdebegründung *klare und eindeutige Angaben* zu (a) dem betr Beschwerdeverfahren entweder durch Angabe der betr Beschwerden oder der angefochtenen Entscheidung nach den Erfordernissen des Art. 21 Abs. 1d DVUM; (b) den Beschwerdegründen, mit denen die Aufhebung der angefochtenen Entscheidung innerhalb des gemäß Art. 21 Abs. 1e DVUM definierten Umfangs verlangt wird; und (c) Tatsachen, Beweismittel und Bemerkungen zur Stützung der geltend gemachten Beschwerdegründe nach den Formvorschriften des Art. 55 Abs. 2 DVUM enthalten. Art. 6 und Art. 7 BKVerfO enthalten Bestimmungen zu vertraulichen Daten[2085].

1805 Der Beschwerdeführer hat daher hinreichend klar, genau, verständlich und eindeutig die *tatsächlichen und/oder rechtlichen Umstände* darzulegen, die seinen Antrag auf Aufhebung und/oder Änderung der angefochtenen Entscheidung rechtfertigen und die es insb einem möglichen anderen Beteiligten ohne anwaltlichen Beistand ermöglichen müssen, zu beurteilen, ob er auf das Beschwerdevorbringen antworten sollte.

1806 Die Begründungspflicht ist *nicht erfüllt*, wenn der Beschwerdeführer nur auf seinen Vortrag vor dem Amt verweist[2086], lediglich eine Beschränkung des VerzWDL einreicht (ohne nähere Erklärung, wie sich dies auf das Verfahren auswirkt)[2087], nur irgendetwas zur Rechtssache schreibt und sich allein auf die Antragstellung beschränkt[2088] oder wenn er sich zu nicht verfahrensgegenständlichen Rechtsfragen äußert und sich seine Gründe nicht auf das Streit- sondern auf Parallelverfahren beziehen[2089].

1807 Die Beschwerdebegründung ist ebenfalls in der *Verfahrenssprache* des Beschwerdeverfahrens einzureichen. Wird sie in einer anderen Amtssprache der Union eingereicht, muss der Beschwerdeführer innerhalb eines Monats nach dem Tag der Einreichung des Originaldokuments eine Übersetzung vorlegen (Art. 22 Abs. 2 DVUM).

2085 S.a. GMitt über Beweismittel in Markenbeschwerdeverfahren: Allgemeine Empfehlungen zur Einreichung, Strukturierung und Aufmachung von Beweismitteln und Behandlung vertraulicher Beweismittel (März 2021), um allgemeine Grundsätze für die Praxis der BK des EUIPO und der nationalen Instanzen der Mitgliedstaaten aufzustellen.

2086 BK, 29.05.2015, R 3158/14-2 – VIDA/VIDA.

2087 BK, 09.10.2015, R 938/15-4 – IOPSYS/OPSIS.

2088 EuG, 17.09.2003, T-71/02 – BECKETT EXPRESSION/Expression, Rn 53; EuG, 06.09.2006, T-366/04 – HENSOTHERM/HENSOTH, Rn 33–46; EuG, 16.05.2011, T-145/08 – ATLAS/atlasair, Rn 42–46, 55; bestätigt durch EuGH, 09.03.2012, C-406/11 P, Rn 46–51. S. zB BK, 17.09.2012, R 993/12-2 – ICE WATCH/ICE STAR, Rn 21, 22.

2089 EuG, 24.10.2014, T-398/14 – Spielzeugfigur IV, Rn 8, 13.

Die BK weist eine Beschwerde in folgenden Fällen gemäß Art. 23 DVUM als *unzulässig* zurück: (a) wenn die Beschwerdeschrift nicht innerhalb zweier Monate nach dem Tag der Zustellung der angefochtenen Entscheidung eingereicht wurde; (b) wenn die Beschwerde nicht im Einklang mit Art. 66 und 67 UMV oder Art. 21 Abs. 1d und Abs. 2 und 3 DVUM steht, es sei denn, diese Mängel werden innerhalb von vier Monaten nach dem Tag der Zustellung der angefochtenen Entscheidung behoben; (c) wenn die Beschwerdeschrift die Anforderungen von Art. 21 Abs. 1a, 1b, 1c und 1e DVUM nicht erfüllt und der Beschwerdeführer diese Mängel nach Hinweis der BK nicht innerhalb der von ihr hierfür festgesetzten Frist behoben hat; (d) wenn die Begründung nicht innerhalb von vier Monaten nach dem Tag der Zustellung der angefochtenen Entscheidung eingereicht wurde; (e) wenn die Begründung die Erfordernisse des Art. 22 Abs. 1a und 1b DVUM nicht erfüllt und der Beschwerdeführer diese Mängel nach Hinweis der BK nicht innerhalb der von ihr hierfür festgesetzten Frist behoben hat bzw die Übersetzung der Begründung nach Art. 22 Abs. 2 DVUM nicht innerhalb eines Monats nach der Einreichung des Originals vorgelegt hat[2090]. Das Verfahren ist in Art. 15 BKVerfO geregelt. 1808

Eine Beschwerde ist jedoch nur zulässig, wenn derjenige, der sie einlegt, seine *Beschwerdeberechtigung* gemäß Art. 67 UMV innerhalb der in Art. 68 Abs. 1 UMV für die Begründung vorgesehenen Frist von vier Monaten nachweist. Hat also zB eine Übertragung des Widerspruchszeichens stattgefunden, ohne dass dies im Widerspruchsverfahren berücksichtigt werden konnte, ist die Beschwerde des Erwerbers nur zulässig, wenn er zum Nachweis seiner Berechtigung fristgerecht belegt, dass er infolge der Übertragung Inhaber dieses Zeichens geworden ist[2091]. 1809

Wurde die *Beschwerdegebühr* nicht oder verspätet entrichtet, gilt die Beschwerde als *nicht eingelegt* und wird ggf die Gebühr zurückerstattet (Art. 23 Abs. 3 DVUM). 1810

Die Fristen des Art. 68 Abs. 1 UMV sind als *gesetzliche Fristen absolut bindend*, sie können weder verlängert noch durch Verfahrensaussetzung ausgedehnt werden, noch stehen sie zur Disposition der Beteiligten oder des EUIPO bzw der BK[2092]. Jedoch kann die BK das Verfahren nach Art. 71 DVUM mit Fristen unterbrechender Wirkung aussetzen (Art. 71 Abs. 3 DVUM, Art. 44 BKVerfO). Ein Beschwerdeverfahren kann auch wegen Art. 170 Abs. 4 und 5 UMV nach Beschwerdeeinlegung und Zahlung der Beschwerdegebühr auf gemeinsamen Antrag der Beteiligten auf *Mediation* ausgesetzt werden, so dass der Fristlauf (zB zur Einreichung der Beschwerdebegründung) 1811

2090 Erscheint die Beschwerde unzulässig, kann der Vorsitzende der zuständigen BK diese ersuchen, unverzüglich über die Zulässigkeit zu entscheiden, bevor die Beschwerdeschrift bzw die Begründung dem Beschwerdegegner zugestellt wird (Art. 23 Abs. 2 DVUM).

2091 EuGH, 19.01.2012, C-53/11 P – R10/R10, Rn 45–55; EuG, 12.06.2014, T-137/09 RENV – R10/R10 II, Rn 26–41; EuG, 14.12.2022, T-530/21 – PL/PL, Rn 18–60. Die falsche Bezeichnung des Beschwerdeführers in der Beschwerdeschrift ist nämlich ein gemäß Art. 21 Abs. 1a und Art. 23 Abs. 1c DVUM behebbarer Mangel.

2092 EuG, 16.05.2011, T-145/08 – ATLAS/atlasair, Rn 62, 63; BK, 18.04.2008, R 1341/07-G – KOSMO/COSMONE, Rn 14.

unterbrochen wird. Schließlich kann auch eine Unterbrechung des Verfahrens nach Art. 106 UMV den Fristenlauf stoppen.

1812 Wird die Beschwerde in einseitigen Verfahren nicht gemäß Art. 23 Abs. 1 DVUM als unzulässig verworfen, legt die BK zum Zwecke der möglichen *Abhilfe* gemäß Art. 69 UMV Beschwerdeschrift und -begründung derjenigen Instanz des Amtes vor, welche die angefochtene Entscheidung getroffen hat. Erachtet die Instanz, deren Entscheidung angefochten wird, die Beschwerde als zulässig und begründet, so hat sie ihr *abzuhelfen*. Wird der Beschwerde nicht binnen eines Monats nach Eingang der Beschwerdebegründung abgeholfen, so ist sie unverzüglich ohne sachliche Stellungnahme der BK vorzulegen (Art. 69 UMV, Art. 16 BKVerfO)[2093].

1813 Hat die Instanz des Amtes, welche die Entscheidung getroffen hat, gegen die sich die Beschwerde richtet, ein Verfahren zum *Widerruf* dieser Entscheidung gemäß Art. 103 Abs. 2 UMV eingeleitet, unterrichtet sie die BK für die Zwecke der möglichen Verfahrensaussetzung nach Art. 71 DVUM unverzüglich darüber, ebenso wie über den endgültigen Verfahrensausgang (Art. 34 DVUM).

1814 In mehrseitigen Verfahren kann der Beschwerdegegner innerhalb zweier Monate nach dem Tag der Zustellung der Begründung des Beschwerdeführers eine *Stellungnahme* einreichen (Art. 24 DVUM, Art. 17 BKVerfO). Bei außergewöhnlichen Umständen kann diese Frist auf begründeten Antrag des Beschwerdegegners verlängert werden (Art. 3 Abs. 3 bis 6 BKVerfO). Die Stellungnahme muss den Namen und die Anschrift des Beschwerdegegners nach Art. 2 Abs. 1b der UMDV enthalten und entspr die Bedingungen von Art. 21 Abs. 1b, 1c und 1d, Art. 22 Abs. 1a und 1c sowie Art. 22 Abs. 2 DVUM erfüllen[2094]. So kann sich zB ein Widersprechender, auch wenn sein Widerspruch erfolgreich war, jedenfalls im Wege einer Anschlussbeschwerde dagegen wehren, dass die Widerspruchsabteilung nur einen Teil seiner Waren als ernst-

2093 . Die früher von der GMV eingeräumte, von den Beteiligten aber nie genutzte Möglichkeit, auch bei mehrseitigen Verfahren eine Abhilfe mit Zustimmung des anderen Verfahrensbeteiligten zuzulassen (Art. 62 GMV), wurde in der UMV gestrichen.

2094 EuG, 04.02.2016, T-247/14 – STICK MiniMINI Beretta/MINI WINI; Rn 22–27; bestätigt durch EuGH, 26.07.2017, C-182/16 P (ohne über diese Frage zu entscheiden); EuG, 07.04.2011, T-84/08 – COMIT/Comet, Rn 22–25; siehe *Bender*, Ein neues Rechtsmittel: Die Anschlussbeschwerde im Gemeinschaftsmarkenverfahren, MarkenR 2006, 990. Zur Problematik des alten Art. 8 Abs. 3 VerfO-BK im Rahmen der Gesetzeshierarchie: s. Schlussanträge EuG, 01.03.2016, C-43/15 P – compressor technology/KOMPRESSOR, in denen der GA die Aufhebung des angefochtenen Urteils des EuG und der Entscheidung der BK beantragt. Der EuGH hat in seinem 08.11.2016 die entspr Verfahrensrüge jedoch ohne inhaltliche Stellungnahme als unzulässig verworfen, weil sie nicht bereits vor dem EuG geltend gemacht worden war, Rn 40–46. Mit EuG, 06.12.2018, T-817/16 – V/V II, Rn 144–158, wurde schließlich die Anwendbarkeit von Art. 8 Abs. 3 VerfO-BK bestätigt. Diese Problematik ist aber heute nicht mehr relevant, da die umstrittene Bestimmung in die UMV aufgenommen wurde.

haft benutzt angesehen hatte[2095]. Dieses Institut soll die Waffengleichheit unter den Beteiligten wahren bzw wiederherstellen. Anschlussbeschwerdeanträge werden aber gegenstandslos, wenn die Beschwerde zurückgenommen wird (Art. 68 Abs. 2 S. 2 UMV). Das Verfahren ist in Art. 19 und 20 BKVerfO geregelt.

Die Anschlussbeschwerde muss innerhalb der ggf verlängerten *Zweimonatsfrist* für die Einreichung einer Stellungnahme gemäß Art. 24 Abs. 1 DVUM eingereicht werden (Art. 25 Abs. 1 DVUM). Sie ist mit *gesondertem*, von der Stellungnahme getrenntem *Schriftstück*, also auf einem separaten Blatt mit eigenem Briefkopf und eigener Unterschrift) einzureichen[2096] und muss den Namen und die Anschrift des Beschwerdegegners nach Art. 2 Abs. 1b UMDV enthalten und die Bedingungen von Art. 21 Abs. 1b bis 1e und Art. 22 entspr erfüllen (Art. 25 Abs. 2 und 3 DVUM). 1815

Eine Anschlussbeschwerde wird wegen Art. 25 Abs. 4 DVUM in jedem der folgenden Fälle als *unzulässig* zurückgewiesen: (a) wenn sie nicht innerhalb der ggf verlängerten *Zweimonatsfrist* für die Einreichung einer Stellungnahme gemäß Art. 24 Abs. 1 DVUM eingereicht wurde; (b) wenn sie nicht auf einem gesonderten Schriftsatz oder mit klarer und eindeutiger Angabe der angefochtenen Entscheidung gemäß Art. 21 Abs. 1d DVUM eingereicht wurde; (c) wenn sie Namen und Anschrift des Beschwerdegegners nicht enthält oder die Bedingungen von Art. 21 Abs. 1b bis 1e und Art. 22 DVUM entspr nicht erfüllt und der Beschwerdegegner diese Mängel trotz Hinweises durch die BK nicht innerhalb der von dieser hierfür gesetzten Frist behoben hat oder die Übersetzung der Anschlussbeschwerde und der entspr Begründung nicht innerhalb eines Monats nach der Einreichung des Originals vorgelegt hat. 1816

Der Beschwerdeführer wird dazu aufgefordert, innerhalb von zwei Monaten nach Zustellung an ihn zur Anschlussbeschwerde *Stellung* zu nehmen. Bei außergewöhnlichen Umständen kann die BK diese Frist auf seinen begründeten Antrag verlängern. Art. 26 DVUM gilt entspr (Art. 25 Abs. 5 DVUM). 1817

Ist die Beschwerde zulässig, so prüft die BK, ob sie *begründet* ist. Bei der dieser Prüfung fordert die BK die Beteiligten so oft wie erforderlich auf, innerhalb einer von ihr zu bestimmenden Frist eine *Stellungnahme* zu ihren Bescheiden oder zu den Schriftsätzen der anderen Beteiligten einzureichen (Art. 70 UMV). Dies geschieht in einseitigen Verfahren kaum, in zweiseitigen haben die *Beteiligten* jedoch eine *Replik-* und *Duplikmöglichkeit*. Auf einen innerhalb zweier Wochen nach Zustellung der Beschwerdeerwiderung eingereichten, begründeten Antrag des Beschwerdeführers kann die BK nämlich diesem gemäß Art. 26 Abs. 1 DVUM gestatten, die Begründung innerhalb einer von der BK festgesetzten Frist um eine Erwiderung (Replik) zu ergänzen. In 1818

2095 EuG, 24.09.2015, T-382/14 – PROTICURT/PROTI, Rn 30–34. A.A. EuG, 28.04.2021, T-31/20 – The King of SOHO/SOHO, Rn 21–27. Die Anschlussklage wurde als unzulässig angesehen.

2096 EuG, 22.06.2022, T-502/20 – MUNICH10A.T.M/MUNICH, Rn 30–34; Rechtsmittel nicht zugelassen, EuGH, 29.11.2022, C-577/22 P. Die Anschlussbeschwerde ist unzulässig, wenn sie nicht auf einem von der Beschwerdeerwiderung getrennten Schriftstück eingelegt worden ist, sondern innerhalb des Beschwerdeerwiderungsschriftsatzes.

einem solchen Fall gestattet sie auch dem Beschwerdegegner eine Gegenerwiderung (Duplik) auf diese Erwiderung innerhalb einer von ihr festgesetzten Frist (Art. 26 Abs. 2 DVUM, Art. 22 BKVerfO). Hat ein Beteiligter keinen begründeten Antrag zur Einreichung einer Erwiderung gestellt, kann die BK eine später von ihm vorgebrachte Stellungnahme *unberücksichtigt* lassen[2097].

1819 Die Geschäftsstelle der BK weist den Beschwerdeführer in einem *Standardschreiben* mit einer Kopie der Aufforderung des Beschwerdegegners zur Stellungnahme zur Beschwerdebegründung darauf hin, dass er nicht mehr informiert wird, wenn der Beschwerdegegner keine Beschwerdeerwiderung eingereicht hat[2098]. Die Beteiligten können das Beschwerdeverfahren beschleunigen, wenn sie auf ihr Replik- bzw Duplikrecht verzichten.

1820 Die BK kann sich mit den Beteiligten gemäß Art. 28 DVUM im Verlauf der Prüfung oder zur Erleichterung einer gütlichen Einigung auch über *ihre vorläufige Ansicht* zu Tatsachen oder Rechtsfragen austauschen. Diese Mitteilung ist jedoch nicht bindend und begründet keinen Vertrauensschutz, was die BK klarzustellen hat[2099]. Um die gütliche Einigung zu fördern, bieten die BK nunmehr auch *Schiedsgutachtenverfahren* an (Art. 32 bis 34 BKVerfO) (s. Rdn 1815).

1821 Sie kann weiter, von Amts wegen oder auf schriftliches und begründetes Ersuchen des *Exekutivdirektors* des Amtes, diesen um *Stellungnahme* zu Fragen von allgemeinem Interesse bitten, die im Verlauf von vor ihr geführten Verfahren auftreten. Die Beteiligten haben das Recht, Bemerkungen zur Stellungnahme des Exekutivdirektors abzugeben (Art. 29 DVUM).

1822 Die Prüfung der Beschwerde erfolgt nach Art. 27 DVUM. In *einseitigen Verfahren* geht die BK in Bezug auf die angegriffenen Waren oder DL gemäß Art. 45 Abs. 3 UMV nach Art. 42 UMV vor, wenn sie Eintragshindernisse für die Anmeldung der Unionsmarke geltend macht, die in der Entscheidung, gegen die Beschwerde gemäß jener Bestimmung eingelegt wurde, noch nicht vorgebracht worden waren (Art. 27 Abs. 1 DVUM). Dabei ist natürlich wegen Art. 94 Abs. 1 S. 2 UMV das rechtliche Gehör zu wahren.

1823 In *mehrseitigen Verfahren* ist die Prüfung der Beschwerde bzw Anschlussbeschwerde auf die in der Begründung bzw in der Anschlussbeschwerde *erhobenen Gründe zu beschränken. Rechtsgründe*, die *nicht von den Beteiligten erhoben* wurden, prüft die BK lediglich, wenn sie grundlegende Verfahrenserfordernisse betreffen oder eine Klärung nötig ist, um eine fehlerfreie Anwendung der UMV im Hinblick auf von den Beteiligten vorgelegte Tatsachen, Beweismittel und Bemerkungen zu gewährleisten (Art. 27 Abs. 2 DVUM). So ist die BK verpflichtet, auf alle Fragen einzugehen, die im Hinblick auf das Vorbringen und die Anträge der Beteiligten erforderlich sind,

2097 EuG, 26.07.2023, T-638/21 – Umriss eines Bären II, Rn 39–43; Rechtsmittel nicht zugelassen, EuGH, 02.02.2024, C-598/23 P.

2098 Siehe *Stürmann*, Verfahren vor dem EUIPO, GRUR-Prax 2016, 119.

2099 EuG, 27.06.2013, T-608/11 – Schreibinstrument-Design II, Rn 50.

um eine *fehlerfreie Anwendung der UMV* zu gewährleisten, und bei denen sie über alle entscheidungserheblichen Angaben verfügt, selbst wenn von den Beteiligten vor ihr kein sich auf diese Fragen beziehender rechtlicher Aspekt geltend gemacht wurde (s. Rdn 266 f)[2100].

Die *Prüfung der Beschwerde* umfasst wegen Art. 27 Abs. 3 DVUM auch die folgenden Ansprüche oder Anträge, sofern sie in der *Beschwerdebegründung* bzw Anschlussbeschwerde sowie *fristgemäß in dem Verfahren vor der Instanz des Amtes*, welche die angefochtene Entscheidung getroffen hat, geltend gemacht oder gestellt wurden: (a) durch Benutzung erworbene Unterscheidungskraft (*Verkehrsdurchsetzung*) iSd Art. 7 Abs. 3 und Art. 59 Abs. 2 UMV; (b) *durch Benutzung erworbene Bekanntheit* der älteren Marke auf dem Markt für die Zwecke des Art. 8 Abs. 1b UMV; c) *Benutzungsnachweis* gemäß Art. 47 Abs. 2 und 3 oder Art. 64 Abs. 2 und 3 UMV. Diese Argumente und Tatsachen können also nur mehr im Rahmen der Beschwerdebegründung in das Beschwerdeverfahren eingeführt werden und auch nur dann, wenn sie bereits Gegenstand des Verfahrens vor der Ausgangsinstanz waren. So kann zB die Verkehrsdurchsetzung nicht mehr erstmals vor der BK geltend gemacht werden (Art. 21 BKVerfO). 1824

Gemäß Art. 95 Abs. 2 UMV darf die BK *Tatsachen oder Beweismittel*, die ihr *zum ersten Mal vorgelegt* werden, nur dann berücksichtigen, wenn diese die folgenden Erfordernisse erfüllen: (a) sie erscheinen auf den *ersten Blick für den Ausgang des Falls von Relevanz* und (b) sie wurden aus *berechtigten Gründen nicht fristgemäß* vorgelegt, insb wenn sie bereits fristgemäß vorgelegte einschlägige Tatsachen und Beweismittel *lediglich ergänzen*, oder wenn sie der Anfechtung von Feststellungen dienen, die *von der ersten Instanz von Amts* wegen in der angefochtenen Entscheidung ermittelt oder untersucht wurden (Art. 27 Abs. 4 DVUM) (s. Rdn 277 ff und 1141 ff). Nachdem keine ausdrückliche Einschränkung auf mehrseitige Verfahren enthalten ist, wird diese Vorschrift auch auf *einseitige Verfahren* anwendbar sein, allerdings erheblich eingeschränkt durch das nach wie vor dort geltende Amtsprüfungsprinzip des Art. 95 Abs. 1 S. 1 UMV, das auch erstmaligen und neuen Sachvortrag vor der BK bei der Beurteilung von absoluten Eintragungshindernissen – mit Ausnahme in Bezug auf die Verkehrsdurchsetzung wegen Art. 27 Abs. 3a DVUM – gestattet, es sei denn dieser erfolgt offensichtlich missbräuchlich, zB ausschließlich zur Verfahrensverschleppung. 1825

Nach der Prüfung, ob die Beschwerde begründet ist, *entscheidet* die BK über die Beschwerde (Art. 71 Abs. 1 S. 1 UMV). Sie wird durch die Wirkung der bei ihr anhängig gemachten Beschwerde damit betraut, eine *vollständige neue Prüfung* der Begründetheit der Ausgangsentscheidung, also zB auch des Widerspruchs, sowohl in *rechtlicher* als auch in *tatsächlicher* Hinsicht vorzunehmen. Zum Abschluss des schriftlichen Verfahrens s. Art. 24 bis 26 BKVerfO. 1826

Gelangt die BK in *einseitigen Verfahren* zu der Auffassung, dass ein absolutes Eintragungshindernis für in der Anmeldung beanspruchte Waren oder DL besteht, die *nicht beschwerdegegenständlich* sind, unterrichtet sie den für die Prüfung dieser Anmeldung 1827

2100 EuGH, 18.06.2020, C-708/18 P – PRIMART Marek Lukasiewicz/PRIMA, Rn 41.

zuständigen Prüfer, der eine Wiedereröffnung der Prüfung gemäß Art. 45 Abs. 3 UMV in Bezug auf diese beschließen kann (Art. 30 Abs. 1 DVUM, Art. 45 Abs. 1 BKVerfO).

1828 Wird gegen eine Entscheidung der *Widerspruchsabteilung* Beschwerde eingelegt, kann die BK das Beschwerdeverfahren mit einer begründeten Zwischenentscheidung und unbeschadet des Art. 66 Abs. 1 UMV aussetzen und die angefochtene Anmeldung mit der Empfehlung zur *Wiedereröffnung der Prüfung* gemäß Art. 45 Abs. 3 UMV wieder dem dafür zuständigen Prüfer zuweisen, sofern sie der Auffassung ist, dass ein absolutes Eintragungshindernis für einige oder alle in der Anmeldung aufgeführten Waren oder DL besteht (Art. 30 Abs. 2 DVUM, Art. 45 Abs. 2 BKVerfO).

1829 Wurde die angefochtene Anmeldung gemäß Art. 30 Abs. 2 DVUM zurückverwiesen, unterrichtet der Prüfer die BK unverzüglich darüber, ob die Prüfung der angefochtenen Anmeldung wiedereröffnet wurde. Wurde die *Prüfung wiedereröffnet*, bleibt das Beschwerdeverfahren ausgesetzt, bis die Entscheidung des Prüfers gefallen ist und, sofern die angefochtene Anmeldung vollständig oder in Teilen abgewiesen wird, bis diese Entscheidung des Prüfers bestandskräftig geworden ist (Art. 30 Abs. 3 DVUM).

1830 Auf begründeten Antrag des Beschwerdeführers oder des Beschwerdegegners und nach Anhörung des anderen Beteiligten kann die BK angesichts der *besonderen Dringlichkeit* und der Umstände des Falls beschließen, die Beschwerde unbeschadet der Bestimmungen von Art. 23 DVUM zur Zulässigkeit und Art. 26 DVUM zur Replik und Duplik einschl der Bestimmungen zu Fristen *vorrangig zu prüfen*. Dieser Antrag kann jederzeit während des Beschwerdeverfahrens auf einem *gesonderten Schriftstück*, also auf einem separaten Blatt mit eigenem Briefkopf und eigener Unterschrift, eingereicht werden, untermauert mit Beweismitteln sowohl in Bezug auf die Dringlichkeit als auch auf die besonderen Umstände des Falls (Art. 31 DVUM, Art. 43 BKVerfO).

1831 Die BK verfügt bei ihrer Entscheidung über *dieselben Befugnisse wie die Dienststelle des EUIPO*, die die angefochtene Entscheidung erlassen hat. Ihre Prüfung erstreckt sich auf den gesamten Rechtsstreit, wie er sich am Tag ihrer Entscheidung darstellt. Aus der funktionalen Kontinuität zwischen den verschiedenen Stellen des EUIPO und der BK folgt, dass diese im Rahmen ihrer Überprüfung der von den zuvor befassten Stellen erlassenen Entscheidungen ihre eigene Entscheidung auf das *gesamte tatsächliche und rechtliche Vorbringen* zu stützen haben, das die Beteiligten entweder im Verfahren vor der Dienststelle des EUIPO oder im Beschwerdeverfahren geltend gemacht haben.

1832 Der *Umfang*, in dem die BK die mit der Beschwerde angefochtene Entscheidung zu prüfen hat, hängt nicht davon ab, ob der Beschwerdeführer einen bestimmten Beschwerdegrund gegenüber dieser Entscheidung geltend gemacht hat, mit dem er die Auslegung oder Anwendung einer Rechtsnorm durch die Stelle des EUIPO oder die von ihr vorgenommene Würdigung eines Beweismittels gerügt hat. Daher hat die BK, auch wenn der Beschwerdeführer einen bestimmten Beschwerdegrund nicht vorgetragen hat, gleichwohl *im Licht aller verfügbaren relevanten rechtlichen und tatsächlichen Gesichtspunkte zu prüfen*, ob in dem Zeitpunkt, in dem über die Beschwerde entschieden wird, eine neue Entscheidung mit demselben Tenor wie die mit der Beschwerde angefochtene Entscheidung rechtmäßig ergehen kann oder nicht.

So gehört zB auch die Frage, ob ein Beteiligter eine *ernsthafte Benutzung* der älteren Marke nachgewiesen hat, zu der Prüfung, die die BK vornehmen muss[2101]. So darf sich die BK zB nicht darauf beschränken, nur die neu vor ihr vorgelegten Beweismittel zu würdigen, sondern sie muss diese in der *Gesamtschau* mit den bereits in der Vorinstanz vorgelegten bewerten, auch wenn dies der Beschwerdeführer nicht ausdrücklich verlangt[2102]. Eine Entscheidung, in der eine BK eine erhöhte Kennzeichnungskraft einer älteren Marke anerkannt hat, entfaltet keine Rechtskraftwirkung für spätere Verfahren zwischen anderen Beteiligten[2103]. 1833

Dagegen ist die BK nicht verpflichtet, von Amts wegen die *Verlängerung der Widerspruchsmarke* zu prüfen, und auch der Widersprechende muss vor der BK den entspr Nachweis nicht von sich aus führen[2104]. Jedoch kann jeder Beteiligte jederzeit *Verlängerungsurkunden* einreichen. Hat es den Anschein, dass das ältere Recht abgelaufen ist, gibt die BK dem Beteiligten Gelegenheit, innerhalb eines Monats einen Nachweis der Verlängerung des älteren Rechts vorzulegen (Art. 18 BKVerfO). 1834

Die BK hat über *jeden Antrag in seiner Gesamtheit zu entscheiden*, indem sie ihm entweder stattgibt oder ihn als unzulässig oder als unbegründet zurückweist (Art. 71 Abs. 1 S. 1 UMV). Der Verstoß gegen diese wesentliche Formvorschrift kann vom EuG von Amts wegen geprüft werden[2105]. 1835

Die BK ist für die Prüfung der Sache jedoch nur insoweit zuständig, als sie mit ihr befasst wird und kann daher einen *nicht mit der Beschwerde angefochtenen Teil der Entscheidung nicht überprüfen*[2106]. Ebenfalls überschreitet die BK ihre Befugnis, wenn sie in einem Verfahren über absolute Eintragungshindernisse auch Waren bzw DL prüft, die der Prüfer des EUIPO bereits *zur Eintragung zugelassen* hatte[2107]. Jedoch ist zB der Teil einer Entscheidung einer Vorinstanz des EUIPO, der sich auf die *Kosten des Verfahrens* vor dieser Instanz bezieht, genau umgrenzt und kann ggf Gegenstand einer eigenständigen Prüfung sein, unabhängig von der Prüfung der restlichen Entscheidung[2108]. 1836

2101 EuG, 26.09.2014, T-445/12 – KW SURGICAL INSTRUMENTS/Ka We, Rn 28, 29 mwN.

2102 EuG, 30.09.2014, T-132/12 – LAMBRETTA II, Rn 15–28 mwN.

2103 EuG, 23.10.2015, T-597/13 – dadida/CALIDA, Rn 42–48.

2104 EuG, 13.12.2016, T-24/16 – FONTOLIVA/FUENOLIVA, Rn 21–35. Daher können diese vor der BK nicht vorgetragenen Tatsachen auch vom EuG nicht mehr berücksichtigt werden.

2105 EuG, 03.07.2013, T-236/12 – NEO, Rn 21–25.

2106 Siehe ua EuG, 14.12.2011, T-504/09 – VÖLKL/VÖLKL, Rn 54–56, 92; EuG, 16.12.2015, T-381/13 und T-382/13 – DAISY und MARGARITAS, Rn 29–38.

2107 EuG, 10.06.2008, T-85/07 – GABEL/GAREL, Rn 19–27. Weist die BK irrtümlich eine vom Prüfer akzeptierte Ware zurück, so kann dies das EuG im Urteil gnädig richtig stellen, ohne die Entscheidung insoweit aufzuheben, was formalrechtlich wohl korrekter wäre; s. EuG, 11.12.2013, T-123/12 – SMARTBOOK, Rn 28–30; EuG, 18.11.2014, T-484/13 – THE YOUTH EXPERTS, Rn 20–25 mwN.

2108 EuG, 15.01.2013, T-413/11 – EUROPEAN DRIVESHAFT SERVICES, Rn 76 mwN.

1837 Die BK wird gemäß Art. 71 Abs. 1 S. 2 UMV entweder *im Rahmen der Zuständigkeit der Dienststelle tätig*, die die angefochtene Entscheidung erlassen hat, kann also sowohl deren formale Fehler korrigieren[2109], als auch die Entscheidung der Widerspruchsabteilung auf der Grundlage von anderen Gründen als den von dieser angegebenen bestätigen, zB ihrer Entscheidung andere Widerspruchsrechte zugrunde legen als die Widerspruchsabteilung[2110], oder sie *verweist die Angelegenheit* zur weiteren Entscheidung an die Ausgangsinstanz *zurück* (Art. 56 BKVerfO).

1838 Macht sie von der zweiten Option Gebrauch, so ist diese Dienststelle, an die die Angelegenheit zur weiteren Entscheidung zurückgewiesen wurde, wegen Art. 71 Abs. 2 UMV durch die *rechtliche Beurteilung der BK*, die der Entscheidung zugrunde gelegt ist, *gebunden*, soweit der Tatbestand ders ist.

1839 Die BK kann aber auch die Beschwerde *teilweise zurückweisen* (zB im Hinblick auf Art. 7 Abs. 1b und 1c UMV) und die Angelegenheit im Übrigen an den Prüfer zur Fortsetzung des Verfahrens zurückverweisen (zB zur Prüfung der Verkehrsdurchsetzung nach Art. 7 Abs. 3 UMV). Gegen diese Entscheidung kann selbstverständlich Klage vor dem EuG erhoben werden[2111].

1840 Die BK entscheidet wegen Art. 27 Abs. 5 DVUM spätestens in ihrer Entscheidung über die (Anschluss-)Beschwerde über Anträge auf *Einschränkung, Teilung oder teilweisen Verzicht* in Bezug auf die angefochtene Marke, die während des Beschwerdeverfahrens durch den Anmelder oder den Inhaber nach Artikel 49, 50 oder 57 UMV gestellt werden. Nimmt die BK die Einschränkung, Teilung oder den teilweisen Verzicht an, unterrichtet sie darüber unverzüglich die für das Register zuständige Abteilung des Amts sowie die mit Parallelverfahren in Bezug auf dieselbe Marke befassten Abteilungen (Art. 36, 38 und 39 BKVerfO).

1841 Ansonsten können Markenanmeldungen, Widersprüche, Verfalls-, Nichtigkeitsanträge oder Beschwerden, solange die Entscheidung der BK, mit der das Beschwerdeverfahren abgeschlossen wird, noch angefochten werden kann, jederzeit *zurückgenommen* werden. Die ausdrückliche, eindeutige und bedingungslose schriftliche Rücknahmeerklärung ist in einem gesonderten Schriftstück einzureichen (Art. 35 BKVerfO).

1842 Wird eine ältere Unionsmarkenanmeldung oder eine ältere Unionsmarke, auf die der Widerspruch, der Verfalls- oder Nichtigkeitsantrag gestützt ist, während des Beschwerdeverfahrens Gegenstand einer *Umwandlung* gemäß den Art. 139, 140 und 141 UMV, können die sich daraus ergebenden nationalen älteren Rechte als Grundlage für den Widerspruch, den Verfalls- oder Nichtigkeitsantrag aufrechterhalten bleiben. Der

2109 EuG, 15.03.2011, T-50/09 – Dada & Co. kids/DADA, Rn 24–35; zB den fehlerhaften Namen eines Beteiligten, soweit die Zustellung der Entscheidung an den richtigen Beteiligten gelangte.

2110 EuG, 25.03.2009, T-191/07 – BUDWEISER/BUDWEISER I, Rn 42–49; bestätigt durch EuGH 29.07.2010, C-214/09 P; EuG, 13.04.2011, T-209/09 – ALDER CAPITAL/Halder, Rn 20–30.

2111 EuG, 06.02.2013, T-412/11 – TRANSCENDENTAL MEDITATION, Rn 19–31.

Inhaber muss aber wegen Art. 7 Abs. 4 bzw Art. 16 Abs. 2 DVUM Nachweise zur Substantiierung der älteren Rechte einreichen (Art. 40 BKVerfO).

Wird während des Beschwerdeverfahrens die angefochtene Entscheidung von der Stelle, die diese Entscheidung erlassen hat, nach Art. 103 UMV *widerrufen*, so stellt die BK das Beschwerdeverfahren ein und ordnet die Erstattung der Beschwerdegebühr an (Art. 41 BKVerfO). Im Übrigen wird eine Beschwerde *gegenstandslos*, wenn (a) ältere Rechte, auf die der Widerspruch oder die Nichtigkeitsklage gestützt werden, für nichtig erklärt, gelöscht oder eingeschränkt werden oder Gegenstand eines Rechtsübergangs oder Verzichts sind, oder wenn die Schutzdauer hinsichtlich der für das Beschwerdeverfahren relevanten Waren und DL abläuft[2112], (b) eine angefochtene Anmeldung, die anfänglich erfolgreich war, nach einer Berichtigung gemäß Art. 34 DVUM zurückgewiesen wird oder die Prüfung auf absolute Eintragungshindernisse nach Art. 30 DVUM wiedereröffnet wird oder wenn (c) das Rechtsschutzinteresse des Beschwerdeführers hinsichtlich der Fortsetzung des Beschwerdeverfahrens wegfällt. Dann wird das Verfahren eingestellt (Art. 42 BKVerfO). 1843

Die Entscheidungen der BK werden erst mit Ablauf der Klagefrist zum EuG (Art. 72 Abs. 5 UMV) oder, wenn innerhalb dieser Frist eine Klage beim Gericht eingelegt worden ist, mit deren Abweisung oder mit der Abweisung des beim EuGH eingelegten Rechtsmittels wirksam (sog. *Suspensiveffekt*, Art. 71 Abs. 3 UMV)[2113]. 1844

Die *Entscheidung der BK muss* nach Art. 32 DVUM *enthalten*: (a) die Feststellung, dass sie von der BK erlassen ist; (b) das Datum ihres Erlasses; c) die Namen der Beteiligten und ihrer Vertreter; (d) das Az. der betr Beschwerde und eine klare und eindeutige Angabe der angefochtenen Entscheidung gemäß Art. 21 Abs. 1d DVUM; (e) eine Angabe zur Zusammensetzung der BK; (f) den Namen und, unbeschadet des Art. 39 Abs. 5 DVUM bei Nichtersetzung eines Mitglieds, die Unterschrift der Mitwirkenden, des Vorsitzenden und der Mitglieder, einschl der Angabe des Berichterstatters, oder, wenn die Entscheidung von einem einzelnen Mitglied getroffen wurde, dessen Namen und Unterschrift; (g) den Namen und die Unterschrift des Geschäftsstellenleiters bzw seines Stellvertreters; (h) eine Zusammenfassung der von den Beteiligten vorgebrachten Tatsachen und Bemerkungen; (i) eine Begründung; (j) den Tenor, einschl – soweit erforderlich – der Kostenentscheidung[2114]. 1845

Eine BK-Entscheidung ist *ausreichend begründet*, wenn sie ausdrücklich auf ein anderes Dokument verweist, das den anderen Beteiligten übermittelt worden ist, also zB die Entscheidung der Vorinstanz[2115]. 1846

2112 AA. EuG, jedoch wenig überzeugend, s. Rdn 37, 38.

2113 EuGH, 19.07.2012, C-587/11 P-R und C-588/11 P-R – OMNICARE CLINICAL RESEARCH/OMNICARE, Rn 25–31. Dies ist nunmehr durch die Neufassung von Art. 71 Abs. 3 UMV klargestellt.

2114 Zur Behandlung vertraulicher Daten: Art. 55 BKVerfO.

2115 EuG, 09.07.2008, T-304/06 – Mozart, Rn 46–52; EuG, 12.11.2008, T-210/05 – Limoncello/LIMONCHELO II, Rn 79, 81.

1847 Eine *Erstattung der Beschwerdegebühr* erfolgt wegen Art. 33 DVUM (a) wenn die Beschwerde nach Art. 68 Abs. 1 S. 2 UMV als nicht eingelegt gilt; (b) wenn die die Entscheidung treffende Instanz des Amtes diese gemäß Art. 69 Abs. 1 UMV berichtigt oder sie nach Art. 103 UMV widerruft; (c) wenn die angefochtene Anmeldung nach der Wiedereröffnung des Prüfungsverfahrens iSd Art. 45 Abs. 3 UMV auf Empfehlung der BK gemäß Art. 30 Abs. 2 DVUM mit endgültiger Prüferentscheidung abgewiesen wurde und die Beschwerde dadurch gegenstandslos geworden ist; (d) wenn die BK die Erstattung wegen eines wesentlichen Verfahrensmangels für gerechtfertigt erachtet.

1848 Ansonsten bestimmt sich das *Beschwerdeverfahren* nach Art. 35 bis 48 DVUM und der BKVerfO, in der ua ergänzende Regelungen über die Wiedereinsetzung in den vorigen Stand (Art. 47 BKVerfO), die Weiterbehandlung (Art. 48 BKVerfO), die Beweismittel vor der BK (Art. 49–54 BKVerfO), die Berichtigung von Fehlern und offensichtlichen Versehen der BK (Art. 59 BKVerfO), den Widerruf von Entscheidungen der BK (Art. 60 BKVerfO) und die Kosten in Beschwerdeverfahren (Art. 62, 63, 66 BKVerfO) enthalten sind.

II. Aufgabe und Stellung der BK

1849 Die BK sind *gerichtliche Instanzen*[2116]. Sie erfüllen die vom EuGH für die Anerkennung als Gericht erforderlichen Voraussetzungen, nämlich gesetzliche Grundlage der Einrichtung, st. Charakter, obligatorische Gerichtsbarkeit, streitiges Verfahren, Anwendung von Rechtsnormen durch die Einrichtung sowie deren Unabhängigkeit[2117].

1850 Auch wenn sie in das EUIPO eingegliedert sind, kommt ihnen vollständiger und uneingeschränkter *Gerichtscharakter* zu. Daran ändert die – vom EuG behauptete – angebliche funktionale Kontinuität nichts, die jeder, auch jeder nachfolgenden Gerichtsinstanz zukommt, die über eine vorausgegangene Amtsentscheidung zu befinden hat. Zudem verfügt die BK gerade – entgegen der fehlerhaften Ansicht des EuG – nicht über die gleichen Befugnisse wie der Prüfer, da sie nur im Rahmen des Verfahrensgegenstands der Beschwerde tätig werden darf, also zB das Prüfungsverfahren nicht insgesamt von sich aus wieder aufnehmen kann, und ihr zudem die administrativen Vollzugskompetenzen der Ausgangsinstanz des EUIPO fehlen[2118].

2116 Der EuGH beanstandet ihre noch etwas unpräzise Einschätzung als »quasigerichtliches Organ« durch das EuG jedenfalls nicht; EuGH, 21.05.2015, C-546/12 P – LEMON SYMPHONY, Rn 73, 77, 88; *Bender,* Eine Zitronensinfonie des EuGH, FS Fezer 2016, 977. Zur Stellung und zur Arbeitsweise der BK s.a. 20 Years of the Boards of Appeal at EUIPO, Liber amicorum, Alicante 2017.

2117 EuGH, 14.11.2013, C-49/13 – MF 7/MAFRA, Rn 15, 16 mwN. In der VO (EU, Euratom) 2019/629. vom 17.04.2019 zur Änderung des Protokolls Nr 3 über die Satzung-EuGH; ABl. L 111/2; hat der EuGH in Erwägungsgrund 4 ausdrücklich die Prüfung durch eine unabhängige BK anerkannt, sie derjenigen durch das EuG gleichgestellt und aus diesem Grund die Zulassung von Rechtsmitteln eingeschränkt.

2118 Siehe *von Kapff,* FS 50 Jahre BPatG 2011, 959 ff; *ders,* HK-MarkenR Art. 130/131 GMV, Rn 6 ff; *Bender,* Die BK des HABM, MarkenR 1999, 11; aA EuG, 11.07.2013,

Für die BK gilt daher selbstverständlich der *Grundsatz des fairen Verfahrens*, der im Übrigen nach dem Grundsatz der guten Verwaltung gemäß Art. 41 Abs. 1 GRC auch für ein reines Verwaltungsverfahren gelten müsste[2119]. 1851

Die BK entscheiden *unabhängig* und *weisungsfrei*. Sie sind nur an die UMV, die DVUM und die UMDV gebunden[2120] und kontrollieren auf Beschwerde des Betroffenen hin die konkrete, im Verfahren angegriffene Praxis des EUIPO. An Beschlüsse und Mitteilungen des Präsidenten wie auch an die UMRL[2121] sowie Erklärungen des Vertreters des EUIPO vor EuG und EuGH[2122] sind sie dabei nicht gebunden (Art. 165, 166 UMV)[2123]. 1852

Die *Organisationseinheit der BK* umfasst nicht nur den Präsidenten, die Vorsitzenden und Mitglieder der BK, sondern auch die wissenschaftlichen und administrativen Mitarbeiter in den BK, die Geschäftsstelle (Art. 42 DVUM), den wissenschaftlichen Dienst (Dienststelle Fachwissen und unterstützende Informationen), den Alternativen Streitbeilegungsdienst[2124] sowie die Dienststelle Gerichtsverfahren[2125]. 1853

T-197/12 – METRO/GRUPOMETROPOLIS, Rn 54 mwN, insb unter Bezugnahme auf EuG, 12.12.2002, T-63/01 – Seifenform, Rn 20–23.

2119 AA EuG, 15.07.2014, T-404/13 – SUBSCRIBE, Rn 51 unter offensichtlicher Verkennung der – im System der Union zugegebenermaßen – eher untypischen Rolle der BK.

2120 Den Gemeinsamen Erklärungen des Rats und der Kommission vom 20.12.1993 (ABl. HABM 1996, 606, 612) kommt keine rechtliche Bedeutung zu; EuGH, 06.05.2003, C-104/01 – Libertel-Orange, Rn 24, 25.

2121 EuGH, 16.01.2019, C-162/17 P – LUBELSKA/Lubeca, Rn 59 mwN.

2122 EuG, 25.03.2009, T-402/07 – ARCOL/CAPOL II, Rn 98–100, bestätigt durch EuGH, 04.03.2010, C-193/09 P, Rn 72.

2123 Etwas unglücklich ist die Formulierung in Art. 166 Abs. 3. und 5 UMV, wonach die Amtszeit der Vorsitzenden bzw Mitglieder der BK »nach einer positiven Bewertung ihrer Leistung durch den Verwaltungsrat und *nach Rücksprache mit dem Präsidenten der BK.*« erfolgen. Immerhin klingt dies besser als der ursprüngliche Vorschlag der Kommission, wonach noch eine *Befürwortung durch den Präsidenten der BK.* erforderlich war. Um die *Unabhängigkeit der BK.* zu wahren und jedem Anschein einer sachfremden Einflussnahme zu wehren, hätte man auf die Einmischung des Präsidenten der BK besser verzichten sollen.

2124 S. die spezielle Internetseite des EUIPO: Alternative Dispute Resolution (ADR) und die Informationsbroschüre.

2125 Beschluss Nr ADM-24-12 des Exekutivdirektors vom 21.06.2024. Damit wurde ua die bereits 2020 in einem vorherigen Beschluss erfolgte Übertragung der Zuständigkeit für die Vertretung des EUIPO in Gerichtsverfahren vor dem EuG und dem EuGH gegen Entscheidungen der BK und in Vorabentscheidungsersuchen zu Angelegenheiten des geistigen Eigentums vom Exekutivdirektor des Amts auf den Präsidenten der BK bestätigt Das ist ein bedeutender qualitativer Schritt, um die angegriffenen BK-Entscheidungen angemessen vor dem EuG zu verteidigen. Damit wird vermieden, dass das Gericht durch unstimmige oder widersprüchliche Anträge verwirrt wird und zu fehlerhaften Ergebnissen gelangt, wie das gerade zu Beginn des Systems manchmal der Fall war (s. zB EuG, 25.10.2005, T-379/03 – Cloppenburg; u. EuGH, 21.10.2004, C-64/02 P – Das Prinzip der Bequemlichkeit; wo der Amtsvertreter vor dem EuGH nicht – wie

III. Arbeitsweise und Rechtsprechungspraxis

1854 Die *Rspr* wird auf der Internetseite des EUIPO veröffentlicht (Art. 57 BKVerfO), auf Antrag auch ohne persönliche Daten (Art. 58 BKVerfO), seit Neuestem zusätzlich in englischer Übersetzung, falls die Verfahrenssprache eine andere ist (Art. 57 Abs. 4 BKVerfO). Außerdem wird für ausgewählte Entscheidungen ein Maschinenübersetzungsmodul (»Machine Translation«) angeboten, derzeit allerdings noch nicht ins Deutsche, sondern nur ins Spanische, Französische und Italienische. Kurze Zusammenfassungen aller Entscheidungen sind auf Deutsch verfügbar[2126].

1855 Die *Arbeitsweise* folgt der in Rechtsprechungsorganen üblichen. Die BK haben sich sowohl mit der *BKVerfO* eine eigene Verfahrensordung gegeben als auch eine spezielle Organisationsordnung[2127], deren Beachtung dringend empfohlen ist, da sie einige die DVUM ergänzenden Regularien enthält.

1856 Sobald die Beschwerdeschrift eingereicht ist, weist der Präsident der BK den Fall nach den gemäß Art. 166 Abs. 4c UMV durch das Präsidium der BK festgelegten objektiven Kriterien einer BK zu. Jeder Fall wird auf einen hierfür vom Vorsitzenden bestimmten BE übertragen, der – evt in Zusammenarbeit mit einem wissenschaftlichen Mitarbeiter – einen Entwurf fertigt, der in der Kammer beraten und mit Mehrheit entschieden wird (Art. 35, 39, 41 DVUM)[2128]. Die aktuellen *Geschäftsverteilungspläne* werden auf der Internetseite des EUIPO und im ABl.EUIPO veröffentlicht[2129].

1857 Die *Verweisung* einer Sache gemäß Präsidiumsbeschluss *an dieselbe BK*, die bereits in einem vorherigen Verfahren über eine Beschwerde in derselben Sache entschieden und das Verfahren wieder an die Ausgangsinstanz zurückverwiesen hatte, ohne die Verpflichtung, diese anders zu besetzen, stellt keine Verfälschung von Art. 35 Abs. 1 DVUM und Art. 166 Abs. 4c UMV dar und *verstößt* auch *nicht gegen die Verpflichtung zur Unparteilichkeit* der Verwaltung iSv Art. 41 Abs. 1 und Art. 47 GRC[2130].

---

die BK – auf den klar ersichtlichen beschreibenden Charakter dieses Zeichens ua für Polstermöbel abgestellt hatte, sondern nur auf dessen fehlende Unterscheidungskraft; s. Rdn 652, 691 u. 1797).

2126 Siehe PAVIS PROMA (www.pavis-proma.de.).

2127 Beschluss Nr 2023–25 des Präsidiums der BK vom 12.12.2023; ABl.EUIPO 2/2024; über die Organisation der BK und Nr 2020–8 vom 06.11.2020 über Marktstudien als Beweismittel; ABl.EUIPO 3/2021. S.a. *Stürmann/Guzdek,* Das Verfahren vor den BK des EUIPO nach der EU-Markenrechtsreform und die Große Kammer, GRUR 2019, 589.

2128 S. zur Geheimhaltung interner Unterlagen: Art. 8 BKVerfO.

2129 ZB Beschluss Nr 2023–21 des Präsidiums der BK vom 12.12.2023 zur Geschäftsverteilung im Jahr 2024; ABl.EUIPO 2/2024.

2130 EuG, 09.02.2022, T-589/20 – MAIMAI MADE IN ITALY/YAMAMAY. Hätte der Gesetzgeber eine Bedingung für die Neubesetzung der BK für Beschwerden gegen Entscheidungen, die nach einer ersten Zurückverweisung an das Amt erlassen wurden, aufstellen wollen, hätte er dies ausdrücklich vorgesehen, was er aber nicht getan hat, Rn 43–54.

Derzeit gibt es fünf BK, von denen eine ausschließlich für GGM-Verfahren zuständig ist. Ihre Mitglieder sind *unabhängig* und bei ihren Entscheidungen an keinerlei Weisungen gebunden. Sie können während ihrer Amtszeit nicht ihres Amtes enthoben werden, es sei denn, dass schwerwiegende Gründe vorliegen und der Gerichtshof auf Antrag des Organs, das sie ernannt hat, einen entspr Beschluss fasst (Art. 166 Abs. 1, 6, 7 UMV). Sie entscheiden in einer Dreierbesetzung unter dem Vorsitz des Kammervorsitzenden (Art. 165 Abs. 2 UMV). Neben den normalen BK gibt es die *Große BK* mit neun Mitgliedern unter dem Vorsitz des Präsidenten der BK (Art. 165 Abs. 2 S. 2, Abs. 3 und 4 UMV iVm Art. 167 Abs. 2 UMV, Art. 37 DVUM). Daneben gibt es auch die Möglichkeit, dass die zuständige BK Fälle mit rechtlich oder sachlich einfachen Verfahren oder von begrenzter Bedeutung einem einzelnen Mitglied zur alleinigen Entscheidung überträgt (Art. 165 Abs. 5 UMV, Art. 36 DVUM)[2131]. 1858

Bei der Festlegung der Fälle, in denen die *Große Kammer* entscheidungsbefugt ist, sind die rechtliche Schwierigkeit, die Bedeutung des Falles und das Vorliegen besonderer Umstände zu berücksichtigen. Dies gilt insb für materielle Grundsatzprobleme oder zentrale Verfahrensfragen und soll zu einer Harmonisierung der Entscheidungspraxis beitragen[2132]. An diese können nicht nur das Präsidium der BK sondern auch die mit der Sache befasste BK derartige Fälle verweisen (Art. 165 Abs. 3 UMV). So verweist wegen Art. 37 Abs. 1 DVUM eine BK einen Fall dann an die Große Kammer, wenn sie der Auffassung ist, dass sie von der Auslegung der einschlägigen Rechtsgrundlagen durch die Große Kammer in einer früheren Entscheidung abweichen muss, oder wenn sie feststellt, dass die BK unterschiedliche Entscheidungen zu einer Rechtsfrage getroffen haben, die den Ausgang des Falls beeinflussen könnte[2133]. Das Verfahren ist in Art. 46 BKVerfO geregelt. 1859

Die Große BK gibt darüber hinaus begründete *Stellungnahmen zu Rechtsfragen* ab, die der Exekutivdirektor gemäß Art. 157 Abs. 4l UMV im Interesse einer einheitlichen Anwendung der UMV, insb bei divergierenden Entscheidungen von BK, an sie verweist (Art. 165 Abs. 4 UMV). Entscheidungen der Großen BK zu Beschwerden oder Stellungnahmen zu Rechtsfragen sind für die Verwaltungsinstanzen des Amtes bindend (Art. 166 Abs. 8 UMV). 1860

Das *Präsidium* und die *Große BK* sind in Art. 167 UMV, Art. 45 und 46 DVUM geregelt. Die Amtszeit des Präsidenten der BK kann nur einmal um weitere fünf Jahre verlängert werden (Art. 166 Abs. 2 UMV). 1861

Das *Verfahren* vor der BK erfolgt ganz überwiegend *schriftlich*. Bislang haben nur sehr wenige mündliche Verhandlungen stattgefunden, deren Ablauf in Art. 27 bis 1862

2131 ZB EuG, 09.11.2016, T-290/15 – SMARTER TRAVEL, Rn 89–96.

2132 Siehe *von Kapff*, Die Große Kammer der BK des HABM, GRUR Int 2011, 676.

2133 . S. EuG, 15.10.2020, T-788/19 – Sakkattack//ATTACK, Rn 119–125. Dies gilt aber nicht, wenn sich die angebliche Divergenz, hier bei der Warenähnlichkeit, nicht auf eine Rechts-, sondern eine Tatsachenfrage bezieht, oder wenn geltend gemacht wird, dass die angefochtene Entscheidung von der bisherigen Amtspraxis, nicht aber derjenigen der BK abweiche.

31 BKVerfO geregelt ist (Rdn 320). Jedoch bieten die BK nunmehr mündliche Verhandlungen per *Videokonferenz* an[2134].

1863 Nachdem sich die Amtspraxis inzwischen auf der Grundlage einer sehr dichten Rspr von EuGH, EuG und der BK konsolidiert hat, werden die Ausgangsentscheidungen des EUIPO *überwiegend* (zu etwa 75 % bis 80 %) von den BK *bestätigt*.

2134 Beschluss Nr 2020–2 vom 22.04.2020 des Präsidiums der BK über mündliche Verhandlungen vor den BK per Videokonferenz; ABl.EUIPO 6/2020. Die erste hat am 14.06.2021 stattgefunden, R 1787/2020–5, MARBELLA.

J. Das Mediationszentrum

Das EUIPO hat gemäß Art. 151 Abs. 3 iVm Art. 170 Abs. 1 UMV ein *Mediationszentrum* in Form eines Alternativen Streitschlichtungsdienstes (*Alternative Dispute Resolution Service, ADR*) eingerichtet, um Streitigkeiten in Bezug auf vor den Widerspruchs-, Nichtigkeitsabteilungen oder BK anhängige Verfahren in kurzer Zeit und kostensparend durch Herbeiführung einer gütlichen Einigung beizulegen und damit Konsequenzen aus den bisherigen positiven Erfahrungen mit der Mediationspraxis vor den BK gezogen[2135]. Damit wird die Mediationsmöglichkeit auch auf die Ausgangsinstanz vor dem Amt erstreckt. 1864

Alle Dienste des Mediationszentrums unterliegen den gleichen Grundprinzipien: der *Neutralität* und *Unparteilichkeit* der Mediatoren, Schlichter, Sachverständigen und Fallmanager, der *Vertraulichkeit* des Verfahrens und der *freiwilligen Teilnahme* der Parteien. Die Dienste sind kostenlos, wenn sie online oder am Hauptsitz des EUIPO durchgeführt werden[2136]. 1865

Antragstellung und *Verfahren* sind im Gesetz geregelt. So nehmen die Beteiligten die Mediation auf einen gemeinsamen Antrag hin gegen Entgelt in Anspruch (Art. 170 Abs. 3 UMV). 1866

Bei Streitigkeiten in Bezug auf vor den Widerspruchs-, den Nichtigkeitsabteilungen oder den BK anhängige Verfahren kann jederzeit ein *gemeinsamer Antrag* auf Mediation gestellt werden, nachdem eine *Widerspruchsschrift*, ein *Antrag auf Erklärung des Verfalls oder der Nichtigkeit* oder eine *Beschwerdeschrift* gegen Entscheidungen der Widerspruchs- oder der Nichtigkeitsabteilung eingereicht worden ist (Art. 170 Abs. 4 UMV). 1867

Das *betr Verfahren* wird *ausgesetzt*, und die Fristen, mit Ausnahme der Frist für die Zahlung der entspr Gebühr, werden ab dem Tag, an dem der gemeinsame Antrag auf Mediation eingereicht wurde, unterbrochen. Die Fristen laufen ab dem Tag weiter, an dem das Verfahren wieder aufgenommen wird (Art. 170 Abs. 5 UMV). 1868

Somit kann also nunmehr auch nach Einlegung der Beschwerde und Zahlung der Beschwerdegebühr *vor der BK* von den Beteiligten ein *Mediationsverfahren beantragt* werden, soweit nicht absolute Eintragungshindernisse Verfahrensgegenstand sind. Bis zu dessen Beendigung wird das *Beschwerdeverfahren ausgesetzt*. Es bedarf also dann – 1869

2135 Nach PräambelUMV 35 ist es wünschenswert, eine gütliche, zügige und effiziente Streitbeilegung zu erleichtern, indem das EUIPO mit der Einrichtung eines Mediationszentrums beauftragt wird, dessen Dienste jeder in Anspruch nehmen kann, um eine einvernehmliche Einigung bei Streitigkeiten im Zusammenhang mit Unionsmarken und GGM herbeizuführen. S. *Stürmann,* Mediation und Gemeinschaftsmarken, MarkenR 2012, 134 und 191; *Margellos/Bonne/Humphreys/Stürmann,* Mediation: Creating Value in International Intellectual Property Disputes, 2018. Seit 2011 haben über 60 Verfahren stattgefunden.

2136 S. die Internetseite des EUIPO: Mediationszentrum.

wie in der Vergangenheit noch zwingend notwendig, um die Beschwerde nicht unzulässig werden zu lassen – keiner Beschwerdebegründung mehr, was in Zukunft den Übergang vom Beschwerde- zum Mediationsverfahren erleichtern wird. Dieser Weg lohnt sich – wie Mediationsverfahren vor der WIPO zeigen – trotz zusätzlicher Kosten bei komplizierten, uU mehrere Konflikte umfassenden Verfahren.

1870 Unabhängig davon ist das schon bisher erfolgreiche *Streitschlichtungsverfahren vor den BK* (Art. 32 bis 34 BKVerfO) nunmehr durch Vorschriften über das *Schiedsgutachtenverfahren* vor den BK und das Verfahren über die gütliche Beilegung von Streitfällen durch die zuständige Kammer in Präsidiumsbeschlüssen neu geregelt[2137].

2137 Beschluss Nr 2020–3 vom 09.06.2020 des Präsidiums der BK über Schiedsgutachtenverfahren; ABl.EUIPO 7/2020. S.a. weitere Beschlüsse Nr. 2020–4 vom 17.06.2020 über Verhandlungshilfe, Nr 2020–5 vom 01.07.2020 über Schiedsgutachter und Verhandlungshelfer, Nr 2014–2 vom 31.01.2014, geändert am 01.07.2020, über die gütliche Beilegung von Streitfällen durch die zuständige Kammer; ABl.EUIPO 8/2020; Nr 2023–14 vom 28.09.2023 über Mediatoren; ABl.EUIPO 11/2023.

K. Das Klageverfahren vor dem EuG

Übersicht Rdn.

I. Klage zum EuG

Die Entscheidungen der BK, durch die über eine Beschwerde entschieden wird, sind mit der *Klage beim EuG* anfechtbar (Art. 72 Abs. 1 UMV). Dabei wird keine Unterscheidung danach vorgenommen, ob diese Entscheidungen die endgültige Position der Dienststellen des EUIPO darstellen oder nicht. Zudem hat der Unionsrichter die Zulässigkeit einer Klage gegen Handlungen bejaht, die *nicht die endgültige Position der Verwaltung* festlegen, deren Tragweite für ihren Adressaten es aber rechtfertigte, sie nicht als bloße Vorbereitungshandlungen anzusehen[2138]. Dagegen sind Klagen gegen *vorläufige Maßnahmen*, die nur den Weg für die endgültige Entscheidung ebnen sollen, wie zB eine Aussetzung des Verfahrens, offensichtlich unzulässig[2139]. **1871**

Jährlich werden ca. 300 Klagen gegen Entscheidungen der BK beim EuG[2140] (also etwas über 1/3 vom Gesamteingang des Gerichts) und ca. 40 Rechtsmittel gegen EuG-Urteile (von denen nur sehr wenige zugelassen werden) sowie ca. 15 Vorabentscheidungsersuchen zu Fragen des geistigen und gewerblichen Eigentums beim EuGH anhängig gemacht. Etwa 20 % der Verfahren vor dem EuG werden ohne Entscheidung durch Rücknahme erledigt, meist aufgrund eines außergerichtlichen Vergleichs zwischen den Parteien. Die durchschnittliche Verfahrensdauer beim EuG beträgt 15 Monate[2141]. **1872**

Die Klage ist zulässig wegen Unzuständigkeit, Verletzung wesentlicher Formvorschriften, Verletzung des EUV und AEUV (vormals: EGV), der UMV oder einer bei ihrer Durchführung anzuwendenden Rechtsnorm oder wegen Ermessensmissbrauchs (Art. 72 Abs. 2 UMV). **1873**

2138 EuG, 23.09.2020, T-421/18 – MUSIKISS/KISS, Rn 43, 44.

2139 EuGH, 05.09.2019, C-162/19 P – INSPIRED BY ICELAND/ICELAND, Rn 5/3 mwN; EuG, 15.07.2020, T-838/19 –Flüssigkeitsverteilungsanlagen (GGM).

2140 Etwa 11 % der BK-Entscheidungen werden angefochten, davon ca. 85 % in Ex-parte- und ca. 75 % in Inter-partes-Verfahren bestätigt.

2141 Nähere Details sind jeweils den Jahresberichten des EuGH zu entnehmen. Die Verfahrensordnungen von EuG und EuGH (VerfO-EuG, VerfO-EuGH und PDVerfO-EuG) sowie die Satzung des Gerichtshofs (Satzung-EuGH) sind auf der Internetseite des Gerichtshofs www.curia.europa.eu. veröffentlicht, ebenso weitere nützliche Hinweise, wie ua Merklisten Klageschrift und Mündliche Verhandlung sowie Hinweise für den Vortrag in der mündlichen Verhandlung. S.a. die regelmäßig vom EUIPO erstellten Überblicke über die Rspr von EuGH und EuG (Overview of CJ/GC Case-Law), zB vom 01.01.2019 bis 31.03.2024; www.euipo.europa.eu BK – Veröffentlichungen.

1874 Die *Verfahrenssprache vor dem EuG* bestimmt sich bei Klagen gegen die Entscheidungen der BK des EUIPO nach Art. 45 Abs. 4 iVm Art. 44 VerfO-EuG. Dies gilt für ab dem 01.07.2015 eingereichte Klagen (Art. 227 Abs. 4 und 6 VerfO-EuG)[2142].

1875 Danach ist die Klageschrift *nach Wahl des Klägers* in einer der Amtssprachen der Union abzufassen. Diese Sprache wird Verfahrenssprache, wenn der Kläger die einzige Partei des Verfahrens vor der BK war oder wenn dem kein anderer im Verfahren vor der BK Beteiligter innerhalb der vom Kanzler der Geschäftsstelle nach Eingang der Klageschrift hierfür gesetzten Frist widerspricht. Im Falle eines solchen Widerspruchs wird *die Sprache der beim EuG angefochtenen Entscheidung* Verfahrenssprache und der Kanzler veranlasst die *Übersetzung* der Klageschrift in die Verfahrenssprache.

1876 Die *Verfahrenssprache* ist insb in den Schriftsätzen und bei den mündlichen Ausführungen der Parteien, einschl der beigefügten Unterlagen, sowie in den Protokollen und Entscheidungen des EuG zu verwenden (Art. 46 Abs. 1 VerfO-EuG)[2143].

1877 Soweit *Unterlagen in* einer *anderen Sprache* abgefasst sind, ist eine Übersetzung in der Verfahrenssprache beizufügen. Bei umfangreichen Unterlagen können jedoch auszugsweise Übersetzungen vorgelegt werden. Der Präsident kann jederzeit von Amts wegen oder auf Antrag einer Partei eine ausführlichere oder vollständige Übersetzung verlangen (Art. 46 Abs. 2 und 3 VerfO-EuG).

1878 Die ebenfalls vorzulegenden *Zulassungsbescheinigungen der Anwälte* zur Anwaltskammer brauchen jedoch nicht übersetzt zu werden (Art. 51 Abs. 2 iVm Art. 78 Abs. 1 VerfO-EuG)[2144].

1879 Die Klage steht den an dem Verfahren vor der BK *Beteiligten* zu, soweit sie durch die Entscheidung *beschwert* sind (Art. 72 Abs. 4 UMV), also ein Interesse an der Aufhebung der betr Handlung haben[2145], wenn über ihre Anträge – auch teilweise – in einem für sie nachteiligen Sinne entschieden worden ist. Dies umfasst auch den Fall, in dem die BK die angefochtene Entscheidung zwar aufhebt, aber die Sache zur erneuten Prüfung an die Vorinstanz zurückverweist, und damit einen Antrag zurückweist, dessen Erfolg das Verfahren vor dem EUIPO in einem für den Antragsteller vorteilhaften Sinne

2142 Zur alten Rechtslage s. 3. Aufl, Rn 1654, Fn 1602, und Rn 1658, Fn 1603.

2143 Auf Antrag einer Partei kann das EuG gemäß Art. 45 Abs. 1c VerfO-EuG nach Anhörung der anderen Parteien eine andere Sprache ganz oder teilweise als Verfahrenssprache zulassen; S. zB EuG, 11.08.2020, T-883/19 – HELIX ELIXIR/HELIXOR; EuG, 18.11.2022, T-591/21 – Umriss eines Bären.

2144 EuG, 07.10.2014, T-531/12 – T/T, Rn 19–23. Bei diesen Zulassungsurkunden handelt es sich nämlich um Dokumente, die zuerst und überwiegend für das EuG bestimmt sind, damit dieses eine ordnungsgemäße Vertretung feststellen kann.

2145 EuG, 19.09.2001, T-118/00 – Tabs, viereckig, Rn 12, 13. Dem Interesse des Klägers daran, dass die seinem Begehren nicht stattgebende Entscheidung der BK aufgehoben wird, steht nicht seine Auffassung darüber entgegen, ob für die Form, die für die angemeldete dreidimensionale Marke gewählt wurde, ein markenrechtlicher Schutz nicht wünschenswert sei.

beendet hätte, selbst wenn die Möglichkeit besteht, dass die erneute Prüfung durch das Amt zu einer für diesen Beteiligten günstigen Entscheidung führen könnte[2146].

Die Frage, ob eine Klage zulässig ist, ist anhand der Sachlage zu beurteilen, die zum *Zeitpunkt der Klageeinreichung* bestand[2147]. Daher muss das *Rechtsschutzinteresse* des Klägers im Hinblick auf den Klagegegenstand bei Klageerhebung gegeben sein, andernfalls ist die Klage unzulässig. Ebenso wie das Rechtsschutzinteresse muss auch der Streitgegenstand bis zum Erlass der gerichtlichen Entscheidung weiter vorliegen – andernfalls ist der Rechtsstreit in der Hauptsache erledigt –, was voraussetzt, dass die Klage der Partei, die sie erhoben hat, im Ergebnis einen Vorteil verschaffen kann. Wird zB der Nichtigkeitsantrag zurückgenommen, bevor die BK-Entscheidung, mit der über die Nichtigerklärung entschieden wird, unanfechtbar geworden ist, entfällt die Grundlage des Verfahrens, und es wird gegenstandslos. Die Aufhebung einer *hinfällig gewordenen Entscheidung* kann dem Kläger nämlich keinen Vorteil verschaffen[2148]. 1880

Durch eine Entscheidung *nicht beschwert* ist ein Beteiligter dann, wenn die BK seinem Antrag auf der Grundlage eines der Eintragungshindernisse oder der Gründe für die Nichtigkeit der Marke oder nur eines Teils der von ihm vorgebrachten Argumente stattgibt, selbst wenn sie es unterlässt, die anderen vorgebrachten Gründe oder Argumente zu prüfen, oder wenn sie diese zurückweist[2149]. 1881

Ist das von dem Rechtsstreit betroffene Recht des geistigen Eigentums von einem im Verfahren vor der BK Beteiligten auf einen Dritten *übertragen* worden, so kann der *Rechtsnachfolger* mit einem gesonderten Schriftsatz beantragen, an die Stelle der ursprünglichen Partei im Verfahren vor dem EuG zu treten (Art. 174 bis 176 VerfO-EuG)[2150]. Der *Ersetzungsantrag* gemäß Art. 175 Abs. 2 VerfO-EuG kann in jedem Verfahrensstadium gestellt werden. Die Entscheidung darüber ergeht durch mit Grün- 1882

2146 EuG, 06.02.2013, T-412/11 – TRANSCENDENTAL MEDITATION, Rn 19–31. So zB wenn die BK zwar die originäre Unterscheidungskraft verneint, die angefochtene Entscheidung aber aufhebt und die Sache an den Prüfer zur Überprüfung einer evt Verkehrsdurchsetzung zurückverweist.

2147 EuG, 16.01.2020, T-128/19 – Sativa/K KATIVA, Rn 20 mwN.

2148 EuG, 23.05.2019, T-609/18 – d:ternity/iTernity, Rn 24–32. Im entschiedenen Fall hatte der Antragsteller seinen Nichtigkeitsantrag sowohl vor der Klageerhebung als auch vor dem Ablauf der Klagefrist zurückgenommen, so dass die vom Markeninhaber angefochtene Entscheidung, mit der die streitige Marke für nichtig erklärt wurde, nicht wirksam und nicht unanfechtbar geworden war.

2149 EuG, 14.12.2011, T-504/09 – VÖLKL/VÖLKL, Rn 26–28 mwN; EuG, 16.09.2004, T-342/02 – Moser Grupo Media, SL/MGM.

2150 EuG, 16.01.2020, T-128/19 – Sativa/K KATIVA, Rn 23–26. Dies entspricht der bisherigen Rspr, wonach, wenn eine streitgegenständliche Marke nach der Entscheidung der BK, aber vor der Klageerhebung vor dem EuG übertragen worden war, die neuen Inhaber einer älteren Marke vor dem EuG klagebefugt und als Verfahrensparteien zuzulassen waren, sobald sie nachgewiesen hatten, dass sie die Inhaber des vor dem EUIPO geltend gemachten Rechts sind. EuG, 21.04.2010, T-361/08 – Thai Silk/Vogelbild, Rn 31–33; EuG, 28.05.2005, T-301/03 – CANAL JEAN Co./CANALI, Rn 19, 20; EuG, 24.03.2014, T-595/10 – RIPASSA/VINO DI RIPASSO.

den versehenen Beschluss des Präsidenten oder in der das Verfahren beendenden Entscheidung. Der Rechtsnachfolger tritt aber dem Verfahren in dem Stand bei, in dem es sich bei seinem Eintritt befindet. Er ist an die Verfahrensschriftstücke gebunden, die von der Partei eingereicht wurden, an deren Stelle er tritt (Art. 176 VerfO-EuG)[2151].

1883 Die Klage ist innerhalb von *zwei Monaten* (zuzüglich der pauschalen Entfernungsfrist von zehn Tagen nach Art. 60 VerfO-EuG[2152]) nach Zustellung der BK-Entscheidung beim EuG einzulegen (Art. 72 Abs. 5 UMV). Die Frist berechnet sich nach Art. 58 VerfO-EuG[2153]. Auch bei *Pandemien* und *Kriegen* laufen die Klagefristen weiter und sind von den Parteien einzuhalten, unbeschadet der Möglichkeit, sich auf einen Fall *höherer Gewalt* gemäß Art. 45 Abs. 2 Satzung-EuGH zu berufen. Ein Kläger kann sich jedoch zur Geltendmachung von unvorhersehbaren Umständen oder höherer Gewalt nicht pauschal auf Gesundheitsmaßnahmen der Regierung wegen der Pandemie berufen, sondern muss konkret im Einzelfall nachweisen, warum er nicht in der Lage war, fristgerecht eine Klage beim EuG einzureichen[2154]. Können Fristen verlängert werden, obliegt es den Parteien, ihre Verlängerung rechtzeitig zu beantragen, um es dem EuG zu ermöglichen, darüber zu entscheiden[2155].

1884 Die Klage ist *offensichtlich unzulässig*, wenn sie verspätet bei Gericht eingegangen ist.

1885 Seit dem 01.12.2018 ist die Nutzung von *e-Curia* gemäß Art. 56a iVm Art. 72 VerfO-EuG für den Austausch gerichtlicher Dokumente zwischen den Vertretern der Parteien und dem EuG *zwingend*, soweit nicht die dort genannten Ausnahmefälle vorliegen[2156].

2151 EuG, 26.05.2011, T-527/10 – GMail/G-mail, mwN; EuG, 26.02.2014, T-331/12 – Gelber Bogen am unteren Anzeigenrand, mwN; EuG, 19.09.2019, T-176/17 – VeGa one/Vegas, Rn 18–21.

2152 EuG, 30.05.2018, T-664/16 – Erdmann & Rossi, Rn 40; bestätigt durch EuGH, 24.03.2022, C-529/18 P und C-531/18 P; s. Rdn 1838. Die pauschale Entfernungsfrist von 10 Tagen findet unabhängig davon, wie das Verfahrensschriftstück eingereicht wird [auf Papier oder im Wege von e-Curia], auf alle Verfahrensfristen Anwendung. Im Übrigen ist sie nicht als gesondert von der Klagefrist, sondern vielmehr als integraler Bestandteil und Verlängerung derselben anzusehen, so dass die Frist, innerhalb der die Klage einzulegen ist, zwei Monate und 10 Tage ab Zustellung der angefochtenen Entscheidung beträgt. Dies gilt in entspr Anwendung von EuGH, 03.09.2020, C-174/20 P – ViruProtect, Rn 22, 23.

2153 EuGH, 17.05.2022, C-103/22 P(I) – Chinesische Schriftzeichen, Rn 33–40 mwN.

2154 EuG, 24.03.2022, T-544/21 – Drei schwarze Balken/Drei schwarze Balken, Rn 25–43.

2155 S. Hinweise für die Parteien auf www.curia.europa.eu.

2156 S. Änderungen der VerfO-EuG und Beschluss des EuG vom 11.07.2018 über die Einreichung und die Zustellung von Verfahrensschriftstücken im Wege der Anwendung e-Curia; ABl. L 240/68 und 240/72.

Die *Klageschrift* ist also nurmehr mittels e-Curia einzureichen[2157]. Die bisherige Rspr zu den früheren Versandarten per Post oder Telefax ist daher idR nur noch für Altfälle von Bedeutung[2158]. 1886

Für die *Berechnung der Verfahrensfristen* sind ausschließlich Tag und Uhrzeit des Eingangs bei der Kanzlei nach der in Luxemburg geltenden Zeit maßgebend (Art. 72 Abs. 2 VerfO-EuG). Der Kläger kann sich keinesfalls darauf berufen, dass er die Klage entspr der Praxis seines nationalen Systems *rechtzeitig* dem EUIPO als Ausgangsinstanz *zugestellt* habe[2159]. 1887

Der Geschäftsstellenbeamte des EuG ist nicht verpflichtet, den *Formfehler* einer Klage *unverzüglich zu rügen,* um dem Kläger eine fristgerechte Fehlerbehebung zu ermöglichen[2160]. 1888

2157 Zu diesem System wird auf Nr 77–88 PDVerfO-EuG und den Beschluss des EuG vom 11.07.2018 über die Einreichung und die Zustellung von Verfahrensschriftstücken im Wege der Anwendung e-Curia Bezug genommen; ABl. L 240/68 und 240/72. Zur alten Rechtslage s. 3. Aufl, Rn 1665, Fn 1611.

2158 So war die Klageschrift verspätet, wenn sie zwar noch vor Ablauf der Klagefrist als Telefax beim EuG eingegangen war, jedoch das *Original.* nicht, wie es erforderlich wäre, spätestens zehn Tage nach Eingang des *Telefaxes.* bei der Kanzlei eingereicht worden war, sondern später und nach Ablauf der Klagefrist (Art. 73 Abs. 3 VerfO-EuG aF), wobei nur die Feiertage am Gerichtsort in Luxemburg zu berücksichtigen waren, keinesfalls die am Absendeort; EuG, 28.04.2008, T-358/07 – Publicare, Rn 6, 11–13; EuG, 15.12.2008, T-253/08 – ADDIS, Rn 4–10; EuG, 12.07.2011, T-241/11 – CITITRAVEL DMC/citibank, Rn 9–18. Dabei half es dem Kläger nicht, wenn versehentlich nur die *Klagekopie.* oder eine Klageschrift mit gescannten oder gestempelten Unterschriften als Urschrift eingereicht wurde, zB weil sie wegen kaum erkennbarer Farbabweichungen mit dem Original verwechselt wurde, da wegen Art. 73 Abs. 1 VerfO-EuG aF eine vom Anwalt nicht persönlich unterzeichnete Klageschrift mit einem Mangel behaftet war, der nach Ablauf der Verfahrensfristen zur Unzulässigkeit der Klage führte und nicht geheilt werden konnte; EuGH, 22.09.2011, C-426/10 P – Montres design (Bell & Ross), Rn 39–43; EuG, 16.09.2013, T-486/12 – METABOL/METABOL-MG, Rn 10–23; EuG, 03.02.2015, T-708/14 – PSVITA/VIETA; bestätigt durch EuGH, 06.10.2015, C-181/16 P; und EuG, 15.03.2016, T-774/15 – Médis/MEDIS; bestätigt durch EuGH, 19.10.2016, C-313/16 P. Auch musste wegen Nr 80 PDVerfO-EuG aF die Unterschrift auf dem Originalschriftsatz mit derjenigen im Fax identisch sein; EuG, 03.10.2012, T-360/10 – ZAPPER-CLICK, Rn 13–17. Der Kläger konnte sich nicht darauf berufen, dass sein Kopiergerät den Originalschriftsatz zerstört habe. Dies stellte kein unvorhersehbares Ereignis oder höhere Gewalt dar, da er den Fehler noch hätte beheben können, wenn er den Kopiervorgang – seiner Sorgfaltspflicht entspr – noch innerhalb der Frist und nicht erst nach ihrem Ablauf durchgeführt hätte. S.a. EuG, 03.02.2015, T-708/14 – PSVITA/VIETA, Rn 13, 19, 20; bestätigt durch EuGH, 06.10.2015, C-181/16 P.

2159 EuGH, 21.09.2012, C-69/12 P – ZENTYLOR/XENTRIOR; EuG, 10.05.2010, T-98/10 – Chaff cutters design, Rn 7–11; bestätigt durch EuGH, 09.09.2010, C-290/10 P.

2160 EuGH, 21.09.2012, C-69/12 P – ZENTYLOR/XENTRIOR, Rn 13–17.

1889 *Dieselben Fristregeln* von zwei Monaten gelten über Art. 179 VerfO-EuG auch für das EUIPO als Beklagte und die *anderen Verfahrensbeteiligten*. Versäumen sie die Frist, können sie nicht zum Klageverfahren zugelassen werden[2161].

1890 Für *unzulässig* hält das EuG eine Klage gegen die Zurückweisung einer *Wiederholungsanmeldung* einer identischen Marke für identische Waren und DL, da es sich bei dieser zweiten um eine lediglich die erste bestätigende Entscheidung handelt, die nicht die Klagefrist gegen die bestandskräftig gewordene bestätigte Entscheidung wieder aufleben lassen kann. Dies gilt jedoch nur, wenn die zweite Entscheidung kein neues Element gegenüber der früheren enthält und ihr keine erneute Prüfung der Sachlage vorausgegangen ist[2162].

1891 Auch eine *Entscheidung der BK in einem Widerspruchsverfahren*, durch die lediglich eine frühere, nicht fristgerecht angefochtene Entscheidung bestätigt wird, stellt keine anfechtbare Handlung dar, so dass eine Klage dagegen unzulässig ist[2163]. Soweit die angefochtene Entscheidung aber Fragen im Zusammenhang mit dem Nachweis der *ernsthaften Benutzung* der älteren Marken und der *begrifflichen Markenähnlichkeit* betrifft, bestätigt sie jedoch keine von einer Widerspruchsabteilung im Rahmen eines anderen Widerspruchsverfahrens zwischen denselben Parteien und hinsichtlich derselben Marken erlassene Entscheidung[2164].

1892 Als *Vertreter* vor dem EuG und dem EuGH dürfen nur in den jeweiligen nationalen Rechtsanwaltskammern der Mitgliedstaaten oder eines anderen Vertragsstaats des EWR zugelassene *Rechtsanwälte* auftreten[2165], nicht jedoch Patentanwälte bzw diese (nach Gestattung durch das Gericht) nur unter Verantwortung und Mitwirkung eines Rechtsanwalts (Art. 51 Abs. 1 VerfO-EuG iVm Art. 19 Abs. 4 Satzung-EuGH)[2166].

2161 EuG, 26.09.2011, T-143/11 – F.F.R./CHIANTI CLASSICO.

2162 EuG, 08.02.2011, T-157/08 – INSULATE FOR LIFE, Rn 28–41. Diese Wertung erscheint mE aber nicht unproblematisch, da jedenfalls der Anmeldetag regelmäßig verschieden ist, was uU eine neue Beurteilung rechtfertigen kann. Zudem steht dann einer erneuten Prüfung wegen des veränderten Streitgegenstands auch keine Rechtskraft der Erstentscheidung entgegen.

2163 EuG, 13.07.2017, T-519/15 – myBaby/MAYBABY, Rn 38–56.

2164 EuG, 07.11.2019, T-380/18 – INTAS/indas, Rn 40–42. Insoweit ist eine Entscheidung einer BK, auch wenn sie Schlussfolgerungen enthält, die mit denen einer von einer Widerspruchsabteilung im Rahmen eines anderen Widerspruchsverfahrens angenommenen älteren Entscheidung identisch sind, das Ergebnis der Überprüfung der der BK vorgelegten rechtlichen und tatsächlichen Fragen, zumal sowohl der Nachweis der ernsthaften Benutzung der älteren Marken als auch der Zeichenvergleich je nach den maßgeblichen Verkehrskreisen sowie im Laufe der Zeit variieren können.

2165 Die Mitgliedstaaten sowie die Unionsorgane, wie das EUIPO, werden vor EuGH und EuG gemäß Art. 19 Abs. 1 Satzung-EuGH durch einen Bevollmächtigten vertreten. Wegen Art. 46 Abs. 4 VerfO-EuG können sie sich ihrer eigenen Amtssprache bedienen, wenn sie einem beim EuG anhängigen Rechtsstreit als Streithelfer beitreten; EuG, 26.06.2018, T-71/17 – FRANCE.com/France, Rn 23–26.

2166 EuG, 08.06.2005, T-315/03 – ROCKBASS, Rn 11; bestätigt durch EuGH, 11.10.2007, C-301/05. S.a. EuG, 12.10.2018, T-313/18 – SAGA/SAGA; bestätigt durch EuGH,

Seit dem Austritt Großbritanniens aus der Union sind die verschiedenen Fälle, in denen ein Anwalt, der berechtigt ist, vor den britischen Gerichten aufzutreten, vor den Unionsgerichten als Vertreter oder Beistand einer Partei auftreten kann, in Art. 91 Abs. 1 und 2 Austrittsabk aufgeführt[2167].

Der Rechtsanwalt muss von der von ihm vertretenen Partei *vollständig unabhängig*, also 1893
strukturell, hierarchisch und funktional ein Dritter im Verhältnis zu dieser sein, er darf keine persönliche Verbindung mit der fraglichen Rechtssache oder eine Abhängigkeit von seinem Mandanten oder eine vertragliche Beziehung zu ihm aufweisen[2168]. Insb darf er in der vertretenen Partei keinerlei, geschweige denn eine leitende Funktion bekleiden oder bei ihr oder einem Unternehmen ihrer Gruppe oder in einer zwar formell getrennten, durch gemeinsame Interessen aber verbundenen Organisationseinheit beschäftigt sein, zB als Syndikusanwalt, oder unter der Mandantenanschrift (samt Fax- und E-Mailadresse) auftreten[2169]. Das *Unabhängigkeitserfordernis* ist nicht nur *negativ*, dh durch das Fehlen eines Beschäftigungsverhältnisses, sondern auch *positiv*, dh unter Bezugnahme auf die berufsständischen Pflichten, zu definieren. Daher darf es auch *keine Verbindungen* geben, die offensichtlich die Fähigkeit des Anwalts beeinträchtigen, die Verteidigung seines Mandanten durch den bestmöglichen Schutz von dessen Interessen unter Beachtung der Berufs- und Standesregeln sicherzustellen. Ansonsten ist die *Klage unzulässig* (Art. 19 Abs. 3 bis 5, Art. 21 Abs. 1 Satzung-EuGH iVm Art. 51 Abs. 1 VerfO-EuG)[2170].

12.06.2019, C-805/18 P; EuG, 14.11.2016, T-221/16 – neonart, Rn 3–10 mwN; bestätigt durch EuGH, 11.05.2017, C-22/17 P; EuG, 09.12.2013, T-389/13 – TRUST IN PARTNERSHIP, Rn 9–17 mwN, bestätigt durch EuGH, 17.07.2014, C-101/14 P; EuG, 26.06.2006, T-453/05 – REDEFINING COMMUNICATIONS. Anwälte, die eine juristische Person des Privatrechts vertreten, haben wegen Art. 51 Abs. 3 VerfO-EuG beim EuG eine Vollmacht dieser Partei zu hinterlegen. Geschieht dies trotz Aufforderung der Gerichtskanzlei nicht, so ist die Klage gemäß Art. 177 Abs. 7 VerfO-EuG unzulässig; EuG, 20.07.2016, T-19/16 – THE MOST ADVANCED NAME IN WATER MANAGEMENT SOLUTIONS.

2167 EuG, 07.12.2021, T-422/21 – IQ/EQ. S.a. Rdn 41.2.

2168 EuGH, 30.01.2024, C-580/22 P – tagesschau; Rn 57–64. Wenn keine konkreten Anhaltspunkte dafür vorliegen, dass der Klägeranwalt unter der bestimmenden Kontrolle der Person gehandelt hat, die sowohl Geschäftsführer der Anwaltskanzlei, in der der Anwalt angestellt ist, als auch der mandatserteilenden juristischen Person ist, und dass die Verbindungen zwischen dem Klägeranwalt und dem Kläger daher geeignet waren, die Fähigkeit des Anwalts offensichtlich zu beeinträchtigen, seiner Aufgabe der Vertretung durch den bestmöglichen Schutz der Interessen des Klägers nachzukommen, dann kann die Vermutung der Unabhängigkeit des betr Rechtsanwalts nicht als widerlegt angesehen werden. EuG; 16.06.2022, T-83/20, das noch a.A. war, wurde daher aufgehoben.

2169 EuG, 12.11.2015, T-544/14 – ALETE/ALETA.

2170 EuGH, 24.03.2022, C-529/18 P und C-531/18 P – Erdmann & Rossi, Rn 58–82 mwN; s. Rdn 1828. Wenn der Mandant eine natürliche Person ist, die selbst einer der Partner und Gründungsmitglied der Anwaltskanzlei ist und deshalb eine tatsächliche Kontrolle über deren Mitarbeiter ausüben kann, sind die Verbindungen zwischen dem als Mitarbeiter tätigen Rechtsanwalt und dem Partner als Mandanten dergestalt,

1894 Der Anwalt hat bei der Kanzlei des EuG einen *Ausweis* zu hinterlegen, der bescheinigt, dass er berechtigt ist, vor einem Gericht eines Mitgliedstaats oder eines anderen Vertragsstaats des EWR-Abkommens aufzutreten (Art. 51 Abs. 2 VerfO-EuG)[2171]. Anwälte, die eine juristische Person des Privatrechts als Partei vertreten, haben bei der Kanzlei eine *Vollmacht* dieser Partei zu hinterlegen (Art. 51 Abs. 3 VerfO-EuG)[2172]. Wird der Ausweis bzw die Vollmacht nicht hinterlegt, so setzt der Kanzler der betroffenen Partei eine angemessene *Frist zur Beibringung*. Bei Ausbleiben einer fristgemäßen Beibringung entscheidet das EuG, ob die Nichtbeachtung dieser Förmlichkeit die formale Unzulässigkeit der Klageschrift oder des Schriftsatzes zur Folge hat (Art. 51 Abs. 4 VerfO-EuG)[2173].

1895 *Legt* ein Rechtsanwalt das *Mandat nieder*, muss ein neuer Anwalt benannt werden, ansonsten wird die Klage gegenstandslos und die Hauptsache für erledigt erklärt (Art. 129, 131 VerfO-EuG)[2174].

1896 *Juristische Personen* des Privatrechts haben mit der Klageschrift einen *Nachweis jüngeren Datums für ihre Rechtspersönlichkeit* (Handelsregisterauszug, Vereinsregisterauszug oder eine andere amtliche Urkunde) vorzulegen (Art. 78 Abs. 4 VerfO-EuG)[2175].

II. Verfahren vor dem EuG

1897 Das Verfahren vor dem EuG folgt den Regeln der *VerfO-EuG*, insb Art. 45 Abs. 4, Art. 171 bis Art. 191 VerfO-EuG, die deutliche Abweichungen vom nationalen System

---

dass sie die Unabhängigkeit des Rechtsanwalts offenkundig beeinträchtigen. S.a. EUG, 10.10.2022, T-389/22 – UGHI E NUNZIANTE (Rechtsmittel teilweise zugelassen, EuGH, 08.05.2023, C-776/22 P); EuG, 05.10.2017, T-345/17 – We do IP.; EuG, 26.01.2017, T-353/16 – EUROPEAN SOCIAL ENTERPRISE LAW ASSOCIATION; EuG, 09.11.2011, T-243/11 – ADVANCE/ADVANCIS mwN; EuG, 21.03.2011, T-175/10 – FERTILITYINVIVO; EuG, 21.03.2011, T-139/10 ua – REFLUXCONTROL mwN; EuG, 08.12.1999, T-79/99 – EU-LEX.

2171 EuG, 21.12.2021, T-6/20 – Alpenrausch Dr. Spiller/RAUSCH, Rn 20–29. Die Überprüfung durch das EuG erfolgt nach Maßgabe des anwendbaren nationalen Rechts und besteht in einer formalen Prüfung des vorgelegten Ausweises. Deutsche Rechtsanwälte haben als Berechtigungsnachweis die ihnen von der Rechtsanwaltskammer des zuständigen Oberlandesgerichtsbezirks ausgestellte Urkunde über die Zulassung zur Rechtsanwaltschaft vorzulegen. Wird bei der Kanzlei des EuG eine solche Zulassungsurkunde vorgelegt, besteht für diese kein Anlass, um eine Mängelbehebung zu ersuchen.

2172 Die Vollmachtsvorlage braucht nicht zusammen mit dem Schriftsatz zu geschehen, sondern kann ihm auch nachfolgen. Es ist nicht mehr erforderlich, dass der einem Anwalt erteilten Vollmacht ein Nachweis beigefügt wird, dass die bevollmächtigende Person hierzu befugt ist; EuG, 28.09.2016, T-476/15 – FITNESS, Rn 19.

2173 EuG, 04.02.2015, T-374/13 – Moon, Rn 10–13.

2174 EuG, 10.07.2017, T-649/14 – X-Windwerk/Wind Werk, Rn 7–14; EuG, 02.09.2010, T-123/08 – Magic Butler/MAGIC BUTLER, Rn 8; EuG, 16.05.2012, T-444/09 – citydogs/CITY, Rn 12; letztere beide jeweils noch nach Art. 113 VerfO-EuG aF.

2175 EuG, 28.02.2007, T-238/06 – SEKURA/PaXsecura, Rn 8; zu Art. 44 § 5 VerfO-EuG aF.

aufweisen und den Ablauf des Verfahrens viel formaler gestalten. Die *strikte Anwendung* dieser Verfahrensvorschriften entspricht dem Erfordernis der Rechtssicherheit und der Notwendigkeit, jede Diskriminierung oder willkürliche Behandlung bei der Rechtspflege zu vermeiden[2176].

Formvorschriften für alle Verfahrensschriftstücke sind in Art. 72 und Art. 189 VerfO-EuG und Art. 189 VerfO-EuG sowie in Nr 77 bis 104a PDVerfO-EuG geregelt, insb deren Gestaltung und diejenige von Anlagen sowie die Behebung von Mängeln. Diese sehr detaillierten Regularien zB über die in Verfahrensschriftstücke erforderlichen Angaben (Nr 80 PDVerfO-EuG) sowie die Formerfordernisse (A4-Format; gängige Schrifttype, zB Times New Roman, Courier oder Arial, mit einer Schriftgröße von mindestens 12 pt im Haupttext und mindestens 10 pt in den Fußnoten, bei einem Zeilenabstand von 1 sowie einem Abstand von mindestens 2,5 cm zum linken und rechten sowie zum oberen und unteren Rand; fortlaufende, aufsteigende Nummerierung aller Absätze; fortlaufende Paginierung aller Seiten; Nr 81 PDVerfO-EuG) sind strikt einzuhalten[2177]. 1898

Das EuG verfügt gemäß Art. 56a VerfO-EuG mit *e-Curia über einen kostenlosen* und (seit 01.12.2018) *zwingend* zu benutzenden[2178] *EDV-Dienst*, über den Bevollmächtigte und Rechtsanwälte nach der Eröffnung eines Zugangskontos Verfahrensschriftstücke auf elektronischem Weg einreichen, in Schriftstücke Einsicht nehmen sowie Verfahrensschriftstücke vom EuG auf elektronischem Weg zugestellt erhalten, wobei ein Verfahrensschriftstück mit Ablauf des *siebten Tages* nach dem Tag als zugestellt gilt, an dem dem Nutzer per E-Mail eine dementspr Benachrichtigung vom EuG übersandt wurde, greift er nicht *früher* auf das Schriftstück zu. 1899

2176 EuGH, 22.09.2011, C-426/10 P – Montres design, Rn 43.

2177 EuG, 20.12.2023, T-27/23 – THE FEED, Rn 14–17; Rechtsmittel nicht zugelassen, EuGH, 24.04.2024, C-19/24 P. Ein etwaiger Verstoß hinsichtlich der Länge der Klageschrift und der Größe der verwendeten Schriftart gemäß Nr 81 b PDVerfO-EuG zieht nicht die Unzulässigkeit der Klage nach sich, da sie nicht unter deren Anlage 1 fallen. Im Übrigen entsprach die Klageschrift infolge ihrer von der Kanzlei veranlassten Berichtigung hinsichtlich der maximalen Seitenzahl letztlich den von der PDVerfO-EuG aufgestellten Anforderungen.

2178 Änderungen der VerfO-EuG und Beschluss des EuG vom 11.07.2018 über die Einreichung und die Zustellung von Verfahrensschriftstücken im Wege der Anwendung e-Curia; ABl. L 240/68 und 240/72. S.a. Voraussetzungen für die Nutzung der Anwendung e-Curia vom 17.10.2018. Wird ein Verfahrensdokument über e-Curia eingereicht, bevor die für die Validierung des Zugangskontos erforderlichen Belege vorgelegt wurden, so müssen diese gemäß Art. 56a Abs. 4 VerfO-EuG innerhalb von zehn Tagen nach Einreichung des Verfahrensdokuments in Papierform bei der Kanzlei des EuG eingegangen sein. Diese Frist kann nicht verlängert werden, und Art. 60 VerfO-EuG findet keine Anwendung. Werden die Belege nicht vollständig ausgefüllt, datiert und handschriftlich unterzeichnet zusammen mit den erforderlichen Anlagen fristgerecht nachgereicht, so hat das EuG das über e-Curia eingereichte Verfahrensdokument für unzulässig zu erklären; EuG, 25.02.2019, T-759/18 – OPEN DATA SECURITY, Rn 4; und EuG, 16.07.2020, T-309/20 – TRAVELNETTO/Netto-Travel, Rn 3–10.

1900 Die *Klageschrift* muss ua den *Streitgegenstand*, die geltend gemachten *Klagegründe* und *Argumente* sowie eine Zusammenfassung (kurze Darstellung) der Klagegründe und die Klageanträge enthalten (Art. 53 Satzung-EuGH iVm Art. 177 VerfO-EuG). Diese Angaben müssen hinreichend *klar, genau* und widerspruchsfrei sein, damit der Beklagte seine Verteidigung vorbereiten und das EuG, ggf auch ohne weitere Informationen, über die Klage entscheiden kann (s.a. Nr 131 bis 134, 113 bis 115 und 120 bis 122 PDVerfO-EuG).

1901 Um die Rechtssicherheit und eine ordnungsgemäße Rechtspflege zu gewährleisten, ist es für die Zulässigkeit erforderlich, dass sich die *wesentlichen tatsächlichen und rechtlichen Umstände* der Klage zumindest in gedrängter Form, aber zusammenhängend und verständlich unmittelbar aus der Klageschrift ergeben[2179]. Auch die *Rechtsvorschriften*, auf die der Kläger seine Rügen stützt, sollten angegeben werden, ihr Fehlen schadet aber nicht, wenn der Gegenstand des Antrags sowie die wesentlichen tatsächlichen und rechtlichen Umstände der Klage in der Klageschrift hinreichend klar und deutlich dargelegt werden[2180]. Dasselbe gilt bei der Berufung auf eine (irrtümlich) falsche Norm[2181]. Selbst das Fehlen einer kurzen Darstellung der geltend gemachten Klagegründe und deren ausdrücklicher Nennung kann dadurch geheilt werden, dass sie sich aus dem Inhalt der Klageschrift ableiten lassen[2182].

1902 Es steht dem Kläger frei, seine *Darlegung in der Klageschrift* auf die Anwendungsvoraussetzungen zu konzentrieren, die seiner Ansicht nach von der BK verkannt worden sind, und sich zu den übrigen nicht zu äußern, womit er die angefochtene Entscheidung insoweit stillschweigend billigt[2183].

1903 Jedoch ist eine *Klage* dann *unzulässig*, wenn der Kläger sich in ihr nicht mit der für die Entscheidung der BK allein maßgeblichen Frage der Zulässigkeit, sondern mit inhaltlichen Themen befasst[2184]. Weiter ist ein *Klagegrund* als *unzulässig* zurückzuweisen, wenn sich der Kläger darauf beschränkt, auf die im Rahmen des Verfahrens vor dem EUIPO vorgelegten *Beweismittel zu verweisen*, ohne darzulegen, aus welchen Gründen die BK seiner Ansicht nach zu einer unzutreffenden Feststellung gelangt war. Denn es ist weder Sache des Gerichts, in den Anlagen und Schriftsätzen oder gar in der Verwaltungsakte des Amts die Klagegründe zu suchen und zu ermitteln, auf die sich die Klage möglicherweise stützt, noch seine Aufgabe, die Rolle der Parteien zu übernehmen, indem es versucht, das relevante Material in den Dokumenten, auf

2179 EuG, 13.04.2011, T-262/09 – FIRST DEFENSE AEROSOL PEPPER PROJECTOR/FIRST DEFENSE II, Rn 99; EuG, 16.11.2011, T-484/09 – Powerball/POWERBALL, Rn 18–26; EuG, 27.10.2011, T-391/11 – hawaiiana/havaianas, Rn 5, 6.

2180 EuG, 13.06.2012, T-542/10 – CIRCON/CIRCULON, Rn 21 mwN.

2181 EuG, 15.01.2013, T-451/11 – Gigabyte/GIGABITER, Rn 24–30; und EuG, 16.07.2020, T-309/20 – TRAVELNETTO/Netto-Travel, Rn 3–10.

2182 EuG, 08.11.2012, T-415/11 – Nutriskin Protection Complex, Rn 14.

2183 EuG, 18.11.2014, T-510/12 – EuroSky/SKY, Rn 15–22.

2184 EuG, 24.10.2014, T-398/14 – Spielzeugfigur IV, Rn 13–16.

die sie sich beziehen, zu ermitteln[2185]. Der Kläger kann mit der Klage gegen die Entscheidung der BK auch nicht die *Neuzuweisung der Sache an diese* rügen, denn dies betrifft nicht die angefochtene Entscheidung, sondern die Entscheidung des Präsidiums der BK, mit der die Neuzuweisung an diese BK angeordnet worden war, so dass dieser Klagegrund wegen Art. 72 Abs. 1 UMV *unzulässig* ist[2186].

Beruht die Zurückweisung einer Anmeldung durch die BK auf zwei verschiedenen, voneinander unabhängigen Gründen (nämlich dem beschreibenden Charakter und der fehlenden Unterscheidungskraft), und richtet sich die *Klage* vor dem EuG *nur gegen einen dieser Zurückweisungsgründe* (zB nur gegen den beschreibenden Charakter), *läuft die Klage ins Leere*, da bereits ein Eintragungshindernis zur Zurückweisung ausreicht[2187]. 1904

Der Kanzler des EuG *benachrichtigt den Beklagten und alle im Verfahren vor der BK Beteiligten* gemäß Art. 178 Abs. 1 VerfO-EuG von der Einreichung der Klageschrift. Die Klageschrift wird dem Beklagten und dem Streithelfer vom EuG *mittels e-Curia zugestellt*, wenn dieser über ein Zugangskonto hierzu verfügt. Andernfalls wird die Klageschrift durch Übersendung einer beglaubigten Kopie per Einschreiben mit Rückschein oder durch Übergabe der Kopie gegen Empfangsbestätigung zugestellt (Art. 178 Abs. 2 und 3 VerfO-EuG). 1905

Das EUIPO und ggf der Streithelfer reichen innerhalb einer Frist von zwei Monaten und zehn Tagen[2188] nach Klagezustellung gemäß Art. 179 iVm Art. 60 VerfO-EuG die *Klagebeantwortung* mit dem notwendigen Inhalt nach Art. 180 VerfO-EuG ein, nämlich insb mit den geltend gemachten Verteidigungsgründen und -argumenten sowie den Anträgen (s.a. Nr 135 bis 138, 125 und 126 PDVerfO-EuG), wobei das Vorbringen neuer Verteidigungsmittel unzulässig ist, da die Vorgaben des Rechtsstreits vor dem EuG nicht abgeändert werden dürfen[2189]. 1906

Das *EUIPO als Beklagter* ist zwar nicht verpflichtet, systematisch jede angefochtene Entscheidung einer BK zu verteidigen oder zwingend die Abweisung jeder gegen eine 1907

2185 EuG, 10.02.2021, T-117/20 – PANTHÉ/PANTHER, Rn 67–70 mwN. Nach stRspr können zwar bestimmte Punkte des Textes der Klageschrift durch Bezugnahme auf bestimmte Stellen in den beigefügten Schriftstücken untermauert und vervollständigt werden, doch kann eine allgemeine Bezugnahme auf andere Schriftstücke nicht das Fehlen einer Darstellung der wesentlichen Bestandteile des Vorbringens ausgleichen, die nach Art. 21 Abs. 1 iVm Art. 53 Abs. 1 Satzung-EuGH und Art. 177 Abs. 1d VerfO-EuG in der Klageschrift selbst enthalten sein muss.

2186 EuG, 02.03.2022, T-333/20 – IALO TSP/HYALO, Rn 33–36.

2187 EuG, 15.12.2021, T-188/21 – MALLE; Rechtsmittel nicht zugelassen, EuGH, 17.06.2022, C-145/22 P. Insb sind mehrdeutige und unklare Formulierungen, wie »dass in der angefochtenen Entscheidung die Voraussetzung und Reichweite der geografischen Herkunftsbezeichnung falsch bewertet werde«, in der Klageschrift zu vermeiden, da sie dazu führen können, dass sie das EuG – wie im entschiedenen Fall – dahin versteht, dass nur einer der Zurückweisungsgründe angegriffen wurde.

2188 EuG, 16.12.2015, T-381/13 und T-382/13 – DAISY und MARGARITAS, Rn 21–23.

2189 EuGH, 12.10.2004, C-106/03 P – HUBERT/SAINT HUBERT 41, Rn 27–43.

solche Entscheidung gerichteten Klage zu beantragen, tut dies aber inzwischen regelmäßig. Darauf verlassen kann man sich aber als von der angefochtenen Entscheidung Begünstigter nicht. Es spricht nämlich nach Ansicht des EuG nichts dagegen, dass das EUIPO sich einem Antrag des Klägers anschließt oder damit begnügt, die Entscheidung in das Ermessen des Gerichts zu stellen, wobei es alles vorbringen kann, was ihm zu dessen Information angebracht erscheint[2190].

1908 EUIPO oder Streithelfer können auf einem gesonderten Schriftsatz gemäß Art. 130 VerfO-EuG auch eine *Entscheidung* des EuG über *Unzulässigkeit* oder *Unzuständigkeit* beantragen.

1909 Besonders ist jedoch darauf zu achten, dass Klageanträge, Klagevortrag und Klageerwiderung *vollständig* sind, da *Ergänzungen* nach Ablauf der Einlassungsfrist regelmäßig *unstatthaft* sind, es sei denn, sie werden auf rechtliche oder tatsächliche Gründe gestützt, die erst während des Verfahrens zutage getreten sind (Art. 84 Abs. 1 VerfO-EuG)[2191].

1910 So kann zB eine Partei nicht *erstmals* zusammen mit dem Antrag auf mündliche Verhandlung eine *Verfahrensrüge* wegen eines Verstoßes der BK gegen Art. 94 UMV erheben[2192] oder ein Anmelder nicht erstmals in der mündlichen Verhandlung vor dem EuG die bildliche Darstellung seines Zeichens neu interpretieren[2193].

1911 Nach Art. 85 Abs. 1 und 3 VerfO-EuG sind *Beweise und Beweisangebote* im Rahmen des, wegen Art. 181 VerfO-EuG nurmehr statthaften, *ersten Schriftsatzwechsels* vorzulegen, wobei die Hauptparteien ausnahmsweise noch vor Abschluss des mündlichen Verfahrens Beweise oder Beweisangebote vorlegen können, sofern die Verspätung der Vorlage gerechtfertigt ist. Der Gegenbeweis und die Erweiterung der Beweisangebote im Anschluss an einen Gegenbeweis der Gegenpartei in der Klagebeantwortung werden von der Präklusionsvorschrift des Art. 85 Abs. 1 VerfO-EuG nicht erfasst.

2190 EuG, 25.10.2005, C-379/03 – Cloppenburg, Rn 22–27. Diese Ansicht ist aber äußerst problematisch, da ein vor dem EUIPO Obsiegender idR nicht damit rechnet, dass das Amt vor dem EuG seine Position wechselt und ihm praktisch in den Rücken fällt.

2191 EuG, 14.03.2017, T-132/15 – popchrono, Rn 32–38. Neue Klage- und Verteidigungsgründe sind nach Art. 84 Abs. 2 VerfO-EuG ggf im zweiten Schriftsatzwechsel vorzubringen und als solche kenntlich zu machen. Werden die rechtlichen oder tatsächlichen Gesichtspunkte, die ein Vorbringen neuer Gründe rechtfertigen, nach dem zweiten Schriftsatzwechsel oder nachdem entschieden wurde, dass ein solcher Schriftsatzwechsel nicht zugelassen wird, bekannt, so hat die betr Hauptpartei die neuen Gründe vorzubringen, sobald sie von diesen Gesichtspunkten Kenntnis erlangt. Unbeschadet der späteren Entscheidung des EuG über die Zulässigkeit der neuen Gründe gibt der Präsident gemäß Art. 84 Abs. 3 VerfO-EuG den anderen Parteien Gelegenheit, zu diesen Stellung zu nehmen.

2192 EuGH, 07.04.2016, C-480/15 P – ALEX/ALEX, Rn 21–26.

2193 EuG, 22.01.2015, T-193/12 – H/H, Rn 27. Das erstmalige Vorbringen in der mündlichen Verhandlung, dass es sich bei der bildlichen Darstellung in der älteren Marke nicht um den Buchstaben »H« handle, sondern um ein grafisches Element, das diesem Buchstaben ähnele und von zwei Punkten umgeben sei, ist gemäß Art. 84 Abs. 1 VerfO-EuG unzulässig, da verspätet.

Diese Vorschrift betrifft nämlich neue Beweismittel und ist im Zusammenhang mit Art. 92 Abs. 7 VerfO-EuG zu sehen, der ausdrücklich vorsieht, dass Gegenbeweis und Erweiterung des Beweisantritts vorbehalten bleiben[2194].

Ebenfalls wird eine *pauschale Bezugnahme* auf den Sachvortrag in den Vorinstanzen grds nicht akzeptiert[2195]. Dasselbe gilt, wenn der Kläger in der Klageschrift lediglich die angefochtene Entscheidung wiedergibt und um deren Überprüfung ersucht, ohne irgendeinen Fehler zu nennen, der zu ihrer Rechtswidrigkeit führen würde. Zudem kann eine pauschale Bezugnahme auf andere, auch der Klageschrift als Anlagen beigefügte Schriftstücke nicht das Fehlen der wesentlichen Bestandteile der Rechtsausführungen ausgleichen, die in der Klageschrift enthalten sein müssen[2196]. 1912

Ausnahmsweise ist jedoch ein Angriffsmittel, das eine Erweiterung eines zuvor in der Klageschrift unmittelbar oder implizit vorgetragenen Angriffsmittels darstellt und in engem Zusammenhang mit diesem steht, zulässig[2197]. Selbst erstmals dem EuG vorgelegte Anlagen, mit denen die *Richtigkeit einer allgemein bekannten Tatsache* belegt werden soll, sind zulässig, da eine Partei dem EuG Unterlagen zum Beleg einer allgemein bekannte Tatsache präsentieren darf, die in der angefochtenen Entscheidung nicht bewiesen worden ist[2198]. Dasselbe gilt für Dokumente, um die Relevanz der *von der BK angeführten Beispiele zu widerlegen*, da sie sich auf Sachverhalte beziehen, auf die in der angefochtenen Entscheidung Bezug genommen wird und die daher in den sachlichen Rahmen des Verfahrens vor der BK fallen[2199]. Ebenfalls zulässig sind Anlagen, die sich auf die Entscheidungspraxis des EUIPO und der nationalen Ämter beziehen, auf die sich eine Partei auch zum ersten Mal vor dem EuG berufen kann[2200]. 1913

2194 EuG, 22.06.2017, T-236/16 – ZUM wohl, Rn 16, 17. S.a. EuG, 13.12.2018, T-830/16 – PLOMBIR, Rn 21, 22. Der EuGH lässt diese Frage im Rechtsmittelurteil ausdrücklich offen, da es sich um einen nicht tragenden Urteilsgrund handelt; EuGH, 18.06.2020, C-142/19 P – PLOMBIR, Rn 91–94.

2195 ZB EuG, 17.04.2008, T-389/03 – Pelikan/Pelikan, Rn 17–19; EuG, 09.12.2010, T-303/08 – Golden Elephant Brand/GOLDEN ELEPHANT II, Rn 37, 38, 41, 43; EuG, 08.07.2010, T-211/10 – ID SOLUTIONS.

2196 EuG, 13.01.2015, T-535/13 – VAKOMA/VACOM mwN. Zudem hat sich der Kläger auf unklare und unzusammenhängende Behauptungen beschränkt, die es nicht ermöglichen, die Gründe zu erkennen, aus denen er die Beurteilung der BK in Frage stellt. Er hat gerügt, dass die Beurteilung der BK seinem vor dem EUIPO geltend gemachten Vorbringen widerspreche, ohne dies näher auszuführen, und hat pauschal auf die bei der BK eingereichten Schriftsätze verwiesen. Es ist jedoch nicht Sache des EuG, die Klagegründe und Argumente, auf die sich die Klage möglicherweise stützen lässt, in den Anlagen zu suchen und zu bestimmen, denn die Anlagen haben eine bloße Beweis- und Hilfsfunktion.

2197 EuG, 30.05.2013, T-214/10 – DIVINUS/MOSELLAND Divinum, Rn 69–75 mwN. S.a. EuG, 13.12.2018, T-830/16 – PLOMBIR, Rn 18.

2198 EuG, 13.12.2018, T-830/16 – PLOMBIR, Rn 19.

2199 EuG, 05.02.2020, T-573/18 – Schuhschnürsenkel, Rn 18, 19.

2200 EuG, 05.02.2020, T-44/19 – TC Touring Club/TOURING CLUB ITALIANO, Rn 23.

1914 Die maximale, in Rechtssachen des geistigen Eigentums gemäß Art. 189 VerfO-EuG iVm Nr 107 bis 111 PDVerfO-EuG *beschränkte Länge der Schriftsätze* vor dem EuG (20 Seiten für Klageschrift und Klagebeantwortungen; 15 Seiten für Anschlussklage und deren Klagebeantwortungen; 10 Seiten für einen Schriftsatz, mit dem eine Einrede der Unzulässigkeit erhoben wird, und für die Stellungnahme hierzu; 10 Seiten für einen Streithilfeschriftsatz und 5 Seiten für die Stellungnahme hierzu) stellt *keine Verletzung* des Anspruchs auf *rechtliches Gehör* und des Rechts auf ein faires Verfahren dar, da bei rechtlicher und/oder tatsächlicher Komplexität der betr Rechtssache auf Antrag ein längerer Schriftsatz zugestanden werden kann[2201].

1915 Das *schriftliche Verfahren* wird wegen Art. 181 VerfO-EuG nach der Einreichung der Klagebeantwortung des Beklagten (EUIPO) und ggf des Streithelfers iSd Art. 173 VerfO-EuG *abgeschlossen*[2202].

1916 Keinesfalls darf vor dem EuG der *Verfahrensgegenstand verändert* werden, so dass neuer Vortrag, der nicht bereits vor dem EUIPO erfolgt ist, nicht mehr statthaft ist (Art. 188 VerfO-EuG). Aus Art. 72 Abs. 2 UMV ergibt sich insb, dass das EuG die mit der Klage angefochtene Entscheidung nur aufheben oder abändern kann, wenn zum Zeitpunkt ihres Erlasses einer dieser Gründe für ihre Aufhebung oder Abänderung vorlag (Art. 72 Abs. 3 UMV). Dagegen kann es die Entscheidung nicht aus Gründen aufheben oder abändern, die erst nach ihrem Erlass eingetreten sind.

1917 Von den Beteiligten *vor den Instanzen des EUIPO nicht geltend gemachte rechtliche Gesichtspunkte, Tatsachen oder Beweismittel* können daher im Klagestadium vor dem EuG nicht mehr angeführt werden[2203], auch wenn sie von ihnen erst nach dem Erlass der angefochtenen Entscheidung Kenntnis erlangt haben[2204]. So kann sich zB ein Anmelder nicht erstmals vor dem EuG auf Verkehrsdurchsetzung berufen[2205] oder die NBE wieder aufgreifen, die er vor den BK nicht mehr geltend gemacht hatte[2206]. Auch kann ein wegen Nichtbenutzung angegriffener Markeninhaber sich nicht erstmals vor Gericht auf berechtigte Gründe für die Nichtbenutzung berufen und hierfür

2201 EuGH, 10.04.2014, C-412/13 P – MEDINET, Rn 63.

2202 Dies gilt für ab dem 01.07.2015 eingereichte Klagen (Art. 227 Abs. 4 und 6 VerfO-EuG). Die früher in Art. 135 § 2 VerfO-EuG aF ins Ermessen des EuG gestellte Möglichkeit von Duplik und Replik gibt es für nach dem 01.07.2015 eingereichte Klagen in Rechtsstreitigkeiten betr Rechte des Geistigen Eigentums nicht mehr. Zur alten Rechtslage s. 3. Aufl, Rn 1685 und Rn 1692, Fn 1645.

2203 EuGH, 18.12.2008, C-16/06 P – MOBILIX/OBELIX, Rn 121–138; EuGH, 13.03.2007, C-29/05 P – ARCOL/CAPOL, Rn 43–69; EuGH, 18.07.2006, C-214/05 P – SISSI ROSSI/MISS ROSSI, Rn 40; EuGH, 30.06.2010, C-448/09 P – Centrixx/sensixx, Rn 44; s.a. Rdn 275 ff, 1141 ff.

2204 EuG, 18.11.2014, T-510/12 – EuroSky/SKY, Rn 25–27.

2205 EuG, 09.12.2010, T-253/09 – Facettiertes Gehäuse, Rn 49.

2206 EuG, 12.03.2014, T-592/10 – BTS/TBS, Rn 17–27.

Beweise vorlegen[2207]. Daher werden *neue Dokumente und Beweismittel* vom Gericht grds *nicht* mehr *berücksichtigt*[2208].

Die durch das EuG vorzunehmende Kontrolle der Rechtmäßigkeit von Entscheidungen der BK hat anhand des *tatsächlichen und rechtlichen Rahmens der Streitsache* zu erfolgen, mit der diese befasst war. Zu den rechtlichen Gesichtspunkten gehört aber auch eine Rechtsfrage, die zur Beurteilung des Parteivorbringens und für eine stattgebende oder abweisende Entscheidung notwendigerweise geprüft werden muss, selbst wenn sich die Beteiligten zu dieser Frage nicht geäußert haben oder es das Amt unterlassen hat, zu diesem Aspekt Stellung zu nehmen. Musste hingegen zwingend eine bestimmte *Rechtsvorschrift beachtet* oder eine *Rechtsfrage entschieden* werden, um eine fehlerfreie Anwendung der UMV im Hinblick auf das Vorbringen und die Anträge der Beteiligten zu gewährleisten, so kann ein mit dieser Frage zusammenhängender rechtlicher Gesichtspunkt auch noch erstmals vor dem EuG geltend gemacht werden[2209]. 1918

Im Rahmen eines Widerspruchsverfahrens stellt die *Beurteilung der originären Kennzeichnungskraft* einer älteren Marke eine *Rechtsfrage* dar, die erforderlich ist, um eine fehlerfreie Anwendung von Art. 8 Abs. 1 UMV zu gewährleisten, so dass das EUIPO verpflichtet ist, diese Frage – ggf von Amts wegen – zu prüfen. Somit *gehört* diese Frage *zum* vor der BK *verhandelten Streitgegenstand* iSv Art 188 VerfO-EuGH, auch wenn sie dort von den Beteiligten nicht aufgeworfen wurde[2210]. 1919

Weiter kann sich der Kläger durch *Vorlage von neuen Beweisen* gegen erstmals in der angefochtenen Entscheidung der BK getroffene Tatsachenfeststellungen oder Prüfungen von Gesichtspunkten, wie zB der Zeichenähnlichkeit, wehren[2211]. 1920

Auch können erst in der mündlichen Verhandlung des EuG vorgetragene Argumente als *zulässige Erweiterung* angesehen werden, wenn sie sich logisch in ein in der Klageschrift vorgetragenes Angriffsmittel einfügen[2212]. 1921

Nationale Gerichtsentscheidungen und die *Entscheidungspraxis des EUIPO*, der BK, von EuG und EuGH können zur Auslegung des Unions- und des nationalen Rechts im Hinblick auf eine Rechtsverletzung – und nur dazu, nicht zur Berücksichtigung von in den Entscheidungen getroffenen tatsächlichen Feststellungen – immer in das Verfahren *eingeführt* werden[2213]. 1922

2207 EuG, 14.03.2017, T-132/15 – popchrono, Rn 32–43.

2208 Siehe ua EuG, 27.09.2011, T-581/08 – PM PROTON MOTOR/PROTON, Rn 14, 15.

2209 EuG, 01.02.2005, T-57/03 – HOOLIGAN/OLLY GAN, Rn 21, 22.

2210 EuGH, 18.06.2020, C-708/18 P – PRIMART Marek Lukasiewicz/PRIMA, Rn 43.

2211 EuG, 25.04.2013, T-284/11 – METROINVEST/METRO, Rn 14–17; bestätigt durch EuGH, 10.04.2014, C-374/13 P; EuG, 11.07.2013, T-197/12 – METRO/GRUPOMETROPOLIS, Rn 16.

2212 EuGH, 26.04.2007, C-412/05 P – TRAVATAN/TRIVASTAN, Rn 38–40.

2213 EuG, 12.01.2022, T-366/20 – Kreis mit Pinselstrich/ORIGIUM 1944, Rn 15; EuG, 13.10.2013, T-566/11 und T-567/11 – Tassen-, Untertassen- und Suppen-Design, Rn 36–43 mwN; EuG, 13.09.2016, T-390/15 – 3D/3D'S, Rn 22; EuG, 01.02.2012, T-291/09 – Pollo Tropical CHICKEN ON THE GRILL, Rn 33–36; EuG, 26.10.2011,

1923 Zudem hat das EuG den *Beschluss eines nationalen Gerichts* noch in Betracht gezogen, der zwar zeitlich vor der angefochtenen Entscheidung der BK, aber nach Einreichung der letzten Klägerschriftsätze im Beschwerdeverfahren erlassen worden war[2214].

1924 Das EuG kann aber auch ein *nationales Urteil berücksichtigen*, das *nach Erlass der* angefochtenen *Entscheidung der BK* ergangen ist, weil das Gericht zur Beurteilung des Schutzes, der vom nationalen Recht nach Art. 8 Abs. 4 UMV gewährt wird, eine nationale Rechtsvorschrift so anzuwenden hat, wie sie zum Zeitpunkt, zu dem es seine Entscheidung erlässt, von den nationalen Gerichten ausgelegt wird[2215].

1925 Jedoch nützt einem Anmelder nichts, wenn die *Widerspruchsmarke* nach der BK-Entscheidung mit Wirkung für einen späteren Zeitpunkt für *verfallen* erklärt wurde, da sie jedenfalls im Zeitpunkt von deren Erlass noch wirksam war. Dagegen führt die *Nichtigerklärung einer Widerspruchsmarke* zur Erledigung des Verfahrens, weil die Nichtigkeit ab inicio gilt und deshalb zurückwirkt[2216].

1926 Eine *Einschränkung des VerzWDL* ist vor dem EuG nur noch bei Verzicht auf einzelne Waren und DL mit der Konsequenz möglich, dass dies nur als Teilanfechtung der Ausgangsentscheidung oder teilweise Klagerücknahme gewertet wird (s. Rdn 488 ff).

1927 In allen, auch den zweiseitigen Verfahren, wie dem Widerspruchsverfahren, ist *richtiger Beklagter* immer das EUIPO (Art. 172 VerfO-EuG) und nicht etwa der andere Beteiligte im Beschwerdeverfahren[2217].

T-426/09 – BAM/BAM, Rn 39, 40; EuG, 12.11.2008, T-270/06 – Lego-Stein, Rn 24; EuG, 17.06.2008, T-420/03 – BoomerangTV/B BOOMERANG, Rn 37; EuG, 12.07.2006, T-277/04 – VITACOAT/VITAKRAFT, Rn 69–71; EuG, 08.12.2005, T-29/04 – CRISTAL CASTELLBLANCH/CRISTAL, Rn 16; EuG, 24.11.2005, T-346/04 – Arthur/ARTHUR ET FÉLICIE, Rn 20.

2214 EuG, 29.06.2016, T-567/14 – GROUP Company TOURISM & TRAVEL/GROUP Company TOURISM & TRAVEL, Rn 23; bestätigt durch EuGH, 19.04.2018, C-478/16 P. Angesichts der kurzen Zeitspanne zwischen dem Erlass des Gerichtsbeschlusses und der BK-Entscheidung kann nämlich nicht ausgeschlossen werden, dass dem Kläger dieser Beschluss vor dem Erlass der BK-Entscheidung unbekannt war.

2215 EuGH, 05.04.2017, C-598/14 P – LAGUIOLE, Rn 38–46. Die Berücksichtigung einer Entscheidung eines nationalen Gerichts, die nach der BK-Entscheidung ergangen ist, kann zwar zur Folge haben, dass das EuG eine Beurteilung einer nationalen Rechtsvorschrift vornimmt, die sich von derjenigen der BK unterscheidet. Da es sich jedoch bei der vom EuG ausgeübten Überprüfung der Beurteilung des nationalen Rechts durch die BK um eine volle Rechtmäßigkeitsprüfung handelt, kann der nach der BK-Entscheidung zutage getretene Umstand, dass diese Entscheidung auf einer unzutreffenden Auslegung des nationalen Rechts beruht, kein Hindernis dafür sein, diesen Fehler zu korrigieren.

2216 EuG, 01.03.2016, T-40/09 – VOGUE CAFÉ/Vogue und VOGUE studio, Rn 17–32.

2217 EuG, 12.07.2005, T-163/04 – Mike's MEALS ON WHEELS/MIKE'S SANDWICH MARKET, Rn 27. Entgegen seiner sonst eher rigiden Praxis hat das EuG in diesem Fall, in dem der Kläger versehentlich in einem Inter-partes-Verfahren nicht das EUIPO, sondern den anderen Beteiligten als Beklagten benannt hatte, noch die Korrektur der Beklagtenbezeichnung erlaubt. Dies dürfte nunmehr aufgrund der ausdrücklichen Regelung in der neuen VerfO-EuG nicht mehr möglich sein. Die falsche Bezeichnung

Ein anderer Beteiligter im Verfahren vor der BK mit Ausnahme des Klägers kann sich gemäß Art. 173 VerfO-EuG als *(qualifizierter) Streithelfer* am Verfahren vor dem EuG beteiligen, indem er form- und fristgerecht eine Klagebeantwortung einreicht[2218], und zwar selbst dann, wenn er in den Verfahren vor dem EUIPO keine Erklärungen abgegeben hat[2219]. Auf diese Weise kann zB der vor dem EUIPO (teilweise) erfolgreiche Anmelder bzw Widersprechende mit eigenen Argumenten zur Klageabweisung beitragen. 1928

Dieser Streithelfer verfügt über *dieselben prozessualen Rechte* wie die Hauptparteien. Er kann die Anträge einer Hauptpartei unterstützen sowie Anträge stellen und Gründe vorbringen, die gegenüber denen der Hauptparteien eigenständig sind (Art. 173 Abs. 3 VerfO-EuG). So kann er zB auch die Definition der maßgeblichen Verkehrskreise vor dem EuG von sich aus zur Diskussion stellen, wenn deren Beurteilung durch die BK zugunsten des Klägers ausgefallen war[2220]. 1929

Der *qualifizierte Streithelfer* kann in seiner Klagebeantwortung aber auch *zusätzlich Anträge* stellen, die auf Aufhebung oder Abänderung der Entscheidung der BK in einem in der Klageschrift nicht geltend gemachten Punkt gerichtet sind, wobei die geltend gemachten Gründe und Argumente die beanstandeten Punkte der Begründung der angefochtenen Entscheidung genau bezeichnen müssen (sog. *Anschlussklage*, Art. 182 bis Art. 184 VerfO-EuG; Nr 139 PDVerfO-EuG). So kann er in seiner Klagebeantwortung zB Anträge auf die Abänderung der BK-Entscheidung stellen, soweit sein Nichtigkeitsantrag teilweise zurückgewiesen bzw, als Markeninhaber, wenn der Markenschutz lediglich wegen nachgewiesener Verkehrsdurchsetzung, nicht aber schon wegen fehlender beschreibender Angabe bestätigt worden war[2221]. Er muss aber *eigenständige Anträge* stellen, eine bloße Rüge in der Klageerwiderung reicht nicht aus[2222]. Und er muss die Anschlussklage auf einem *eigenen*, von der Klageerwiderung 1930

des Streithelfers schadet jedenfalls trotz Art. 177 Abs. 2 VerfO-EuG nicht, wenn dieser sich aus der Klageschrift identifizieren lässt; EuG, 13.07.2018, T-825/16 – Pallas Halloumi/HALLOUMI, Rn 18, 19. Über das dagegen erhobene Rechtsmittel hat der EuGH nicht mehr entschieden, da die nationale Widerspruchsmarke zwischenzeitlich vom nationalen Gericht rechtskräftig für nichtig erklärt worden war; EuGH, Beschluss vom 30.04.2020, C-608/18 P.

2218 EuG, 08.03.2012, T-298/10 – BIODANZA/BIODANZA, Rn 33–42. Im Falle des Todes eines anderen Beteiligten vor Erlass der Entscheidung der BK ist ab dem Zeitpunkt des Todes sein Rechtsnachfolger, der sich nach dem jeweils anwendbaren nationalen Recht bestimmt, als anderer Beteiligter und damit später als Streithelfer vor Gericht anzusehen.

2219 EuG, 28.11.2013, T-374/09 – Ganeder/Ganter, Rn 19.

2220 EuG, 14.09.2011, T-485/07 – O-live I/Olive line, Rn 64, 65; EuG, 30.04.2015, T-100/14 – TECALAN/TECADUR, Rn 21 mwN.

2221 EuG, 24.09.2008, T-116/06 – O STORE/THE O STORE, Rn 81; EuG, 15.10.2008, T-405/05 – MANPOWER, Rn 14–18, 23.

2222 EuGH, 26.09.2013, C-609/11 P – CENTROTHERM, Rn 41–50.

getrennten Schriftsatz einreichen, ansonsten ist sie offensichtlich unzulässig (Art. 182 Abs. 2 VerfO-EuG)[2223].

1931 Die Anschlussklage muss sich aber auf einen *Fehler* in der angefochtenen Entscheidung beziehen, der einen *Einfluss auf deren Ergebnis* hat. Wirkt sich ein Fehler nicht auf das Entscheidungsergebnis aus, so ist er irrelevant[2224]. So kann zB der Streithelfer nicht die Feststellung der Bekanntheit seiner älteren Marke begehren, wenn seinem Widerspruch ohnedies bereits in vollem Umfang stattgegeben worden war[2225].

1932 Wird eine Anschlussklage erhoben, so können die anderen Parteien innerhalb von zwei Monaten nach Zustellung der Anschlussklageschrift, eine Frist, die bei Vorliegen außergewöhnlicher Umstände auf begründeten Antrag verlängert werden kann, einen Schriftsatz einreichen, der auf die *Beantwortung* der mit der Anschlussklage geltend gemachten Anträge, Gründe und Argumente zu begrenzen ist (Art. 185 VerfO-EuG; Nr 140 PDVerfO-EuG). Wurde Anschlussklage erhoben, so wird das *schriftliche Verfahren* nach der Einreichung der letzten Klagebeantwortung zu dieser Anschlussklage abgeschlossen (Art. 186 VerfO-EuG).

1933 Ist die angefochtene Entscheidung bereits aufgrund der *Anschlussklage aufzuheben*, braucht über die *Klage selbst nicht mehr entschieden* werden[2226].

1934 Die Anschlussklage gilt wegen Art. 187 VerfO-EuG als *gegenstandslos*, (a) wenn der Kläger seine Klage zurücknimmt; oder (b) wenn die Klage für offensichtlich unzulässig erklärt wird.

1935 In allen Verfahren kann auch ein *sonstiger Streithelfer* gemäß Art. 142 ff VerfO-EuG seine Zulassung beantragen, um die Anträge einer Hauptpartei völlig oder teilweise zu unterstützen[2227], sofern er wegen Art. 40 Abs. 2 Satzung-EuGH ein *berechtigtes Interesse* am Ausgang eines beim EuG anhängigen Rechtsstreits glaubhaft machen kann. Er hat daher nach Art. 143 Abs. 2f VerfO-EuG die *Umstände darzustellen*, aus denen sich das Recht zum Streitbeitritt ergibt. So muss ein Verband insb nachweisen, dass es sich um einen repräsentativen Verein handelt, der eine bedeutende Zahl von Unternehmen vertritt, die in der betr Branche tätig sind, und die aufgeworfenen Grundsatzfragen darlegen, die seine Mitglieder betreffen[2228]. Diese Streithilfe verleiht

2223 EuG, 06.10.2017, T-184/16 – SKY ENERGY/NRJ, Rn 31, 32; EuG, 12.07.2023, T-662/22 – AURUS/AUDUS, Rn 18, 19.

2224 EuG, 06.03.2014, T-71/13 – ANNAPURNA, Rn 22 mwN.

2225 EuG, 25.09.2015, T-684/12 – BLUECO/BLUECAR, Rn 24–32.

2226 EuG, 06.10.2021, T-124/20 – Sich wiederholende Kurven II, Rn 29, 77, 79–82.

2227 ZB EuG, 11.12.2013, T-123/12 – SMARTBOOK, Rn 13, 47. Hier war es ein anderes Unternehmen.

2228 S. zB EuG, 21.09.2021, T-486/20 – Swisse. Der Begriff des berechtigten Interesses ist unter Berücksichtigung des präzisen Gegenstands der Rechtssache zu definieren und so zu verstehen, dass es sich um ein unmittelbares und bestehendes Interesse an der Entscheidung über die Anträge und nicht um ein Interesse an den geltend gemachten Klagegründen handelt. Der Streithelfer muss von der angefochtenen Entscheidung unmittelbar betroffen sein. Einem Verband kann die Zulassung erteilt werden, wenn er

aber nicht die gleichen Verfahrensrechte, wie sie den Hauptparteien zustehen, und ist akzessorisch zum Rechtsstreit zwischen den Hauptparteien.

Die Klage ist auf die *Aufhebung* oder *Abänderung der angefochtenen Entscheidung* der BK zu richten (Art. 72 Abs. 3 UMV). Das EuG hat keine Kompetenz, die Eintragung der angemeldeten Marke zu verfügen. Im Verfahren über absolute Eintragungshindernisse ergibt sich dies bereits daraus, dass selbst bei einer positiven Entscheidung über die Anmeldung vor der Eintragung noch ein Widerspruchsverfahren erfolgen kann. Der Antrag an das EuG, die Eintragung der Unionsmarke anzuordnen, ist daher offensichtlich unzulässig, so dass auch die Klage offensichtlich unzulässig ist[2229]. **1936**

Auch kann keine Feststellung begehrt werden, dass *bestimmte Schutzversagungsgründe* einer Eintragung nicht entgegenstehen[2230], jedoch legt das EuG einen auf die Feststellung der Rechtswidrigkeit der angegriffenen Entscheidung gerichteten Antrag dahin aus, dass damit deren Aufhebung begehrt wird[2231]. Schließlich kann der Kläger nicht begehren, das EuG möge im Wesentlichen anordnen, dass die BK die angefochtene Entscheidung aufhebt und durch eine Entscheidung ersetzt, mit der der Nichtigkeitsantrag zurückgewiesen wird, da es nicht Sache des EuG ist, Anweisungen an das EUIPO zu erteilen, sondern dieses die entspr Schlussfolgerungen aus dem Tenor und den Gründen der Urteile des EuG zu ziehen hat[2232]. **1937**

Nach Art. 177 Abs. 1e VerfO-EuG muss die *Klageschrift* ua die *Anträge des Klägers* enthalten. Die Änderung eines Antrags im Rahmen einer Antwort auf eine prozessleitende Maßnahme des EuG hin ist unzulässig[2233]. So kann auch der Kläger in der **1938**

eine erhebliche Zahl von Betroffenen oder von in dem betr Sektor tätigen Unternehmen vertritt, wenn zu seinen Zielen der Schutz der Interessen seiner Mitglieder gehört, wenn die Rechtssache grundsätzliche Fragen aufwerfen kann, die die Betroffenen oder das Funktionieren des betr Sektors betreffen, und wenn daher die Interessen seiner Mitglieder durch das bevorstehende Urteil in erheblichem Maße beeinträchtigt werden können.

2229 EuG, 30.06.2009, T-285/08 – Natur-Aktien-Index; EuG, 17.05.2017, T-164/16 – THE TRAVEL EPISODES mwN; EuG, 12.09.2018, T-205/18 – Сила злаков (Kraft des Getreides). Der Kläger kann im Laufe des Verfahrens seinen Klageantrag auch nicht mehr dahin abändern, die Prüferentscheidung aufzuheben, da dies über eine bloße Auslegung des ursprünglichen Antrags hinausgeht, sondern einen Antrag darstellt, der dem Wortlaut des alten nicht entspricht. Nach Art. 76d VerfO-EuG (Art. 177 Abs. 1d VerfO-EuG) muss nämlich der Klagegegenstand in der Klageschrift bestimmt werden, so dass ein erstmals im Rahmen der Stellungnahme zur Einrede der Unzulässigkeit formulierter Antrag den ursprünglichen Klagegegenstand ändert und als neuer Antrag anzusehen ist, der unzulässig ist; Rn 26–28.

2230 EuG, 15.12.2011, T-377/09 – PASSIONATELY SWISS, Rn 12.

2231 EuG, 22.05.2012, T-273/10 – O-LIVE II/Olive line, Rn 18–22; EuG, 12.03.2014, T-381/12 – PALMA MULATA, Rn 16, 17.

2232 EuG, 25.06.2019, T-82/19 – EAGLESTONE, Rn 17–21. Die Klageanträge und damit die Klage sind daher offensichtlich unzulässig.

2233 EuG, 25.06.2010, T-407/08 – Metromeet/meeting metro, Rn 18, 19.

mündlichen Verhandlung keine neuen Anträge stellen[2234]. Hilfsanträge hält das EuG für unzulässig[2235].

1939 Wenn der Kläger die Entscheidung der BK *nur teilweise angreift*, kann er nicht gleichzeitig rügen, dass die BK das Verfahren insgesamt hätte aussetzen müssen, weil diese zweite Rüge auch die Feststellungen der BK umfassen würden, die mit der Klage nicht angegriffen waren, und es damit gegen den *ultra-petita-Grundsatz* verstoßen würde, wenn das EuG auch darüber entschiede[2236].

1940 Klagerügen vor dem EuG, die gegen *nicht tragende Gründe einer Entscheidung* der BK gerichtet sind, können nicht zu deren Aufhebung führen und gehen daher ins Leere[2237]. Ebenso führen *offensichtliche Schreibfehler* in der angefochtenen Entscheidung der BK nicht zu deren Aufhebung[2238].

1941 Für das Verfahren vor dem EuG gilt auch der Grundsatz des *Verbots der reformatio in peius*. Dabei kommt es nicht auf die Entscheidungsgründe an, sondern darauf, dass sich der Rechtsmittelführer, soweit ihn das angefochtene Urteil des EuG beschwert, nach dessen Verkündung nicht in einer ungünstigeren rechtlichen Lage als vor Klageerhebung befindet.

1942 So ist zB das EuG wegen des Grundsatzes der *Wechselbeziehung* zwischen den in Betracht kommenden Faktoren, insb der Ähnlichkeit der Marken und der Waren und DL, dazu befugt, die von der BK vorgenommene Beurteilung der *Zeichenähnlichkeit*, die von den Beteiligten vor dem EuG nicht angegriffen wurde, *nachzuprüfen*, wenn

---

2234 EuG, 27.10.2005, T-336/03 – MOBILIX/OBELIX, Rn 28, 29.

2235 EuG, 27.11.2014, T-173/11 – Carrera/CARRERA, Rn 26, 27. Um die Rechtssicherheit und eine ordnungsgemäße Rechtspflege zu gewährleisten, ist es für die Zulässigkeit von Anträgen auf Aufhebung eines Rechtsakts erforderlich, dass dieser Rechtsakt eindeutig identifiziert wird und sich die wesentlichen tatsächlichen und rechtlichen Umstände, auf die die Anträge gestützt werden, zumindest in gedrängter Form, aber zusammenhängend und verständlich unmittelbar aus der Klageschrift ergeben. Daher muss jeder unter Art. 76 Nr 1e VerfO-EuG iVm Art. 21 Satzung-EuGH fallende Antrag in einer Weise begründet sein, die sowohl dem Beklagten wie dem Richter die Beurteilung seiner Begründetheit ermöglicht.

2236 EuG, 21.10.2015, T-664/13 – PETCO/PETCO, Rn 20–30 mwN. Nach Art. 21 iVm Art. 53 Satzung-EuGH und Art. 44 VerfO-EuG aF muss die Klageschrift ua eine Bezeichnung des Streitgegenstands und die Anträge des Klägers enthalten. Die Anträge müssen genau und eindeutig formuliert sein, da andernfalls die Gefahr bestünde, dass das Gericht *infra.* oder *ultra petita.* entscheidet und die Rechte der beklagten Partei beeinträchtigt werden. Die Aufhebung darf nicht über den Antrag des Klägers hinausgehen, da nur die in der Klageschrift gestellten Anträge berücksichtigt werden können.

2237 EuG, 25.09.2008, T-294/07 – GOLF-FASHION MASTERS/The Masters GOLF COMPANY, Rn 17–20, 29–35.

2238 EuG, 13.12.2012, T-34/10 – MAGIC LIGHT/MAGIC LIFE, Rn 32–36. Die BK hatte irrtümlich beim begrifflichen Vergleich nicht die Widerspruchsmarke *MAGIC LIFE.* zitiert, sondern *MAGIC HAIR.* Dies hat sich jedoch nicht ausgewirkt, da in der Begründung tatsächlich die richtigen Zeichen miteinander verglichen wurden.

der Rechtsmittelführer die Beurteilung der *Verwechslungsgefahr* durch die BK gerügt hat. Bei der ihm obliegenden Überprüfung der Rechtmäßigkeit einer Entscheidung einer BK kann das EuG nämlich nicht durch eine fehlerhafte Beurteilung des Sachverhalts seitens der BK gebunden sein, soweit diese Beurteilung Teil der Feststellungen ist, deren Rechtmäßigkeit vor dem EuG bestritten wird[2239]. Daher kann einer Partei, die die *Ähnlichkeit der konkurrierenden Marken* vor der BK nicht bestritten hat, dadurch nicht das Recht genommen werden, vor dem EuG in den Grenzen des rechtlichen und tatsächlichen Rahmens der Streitigkeit vor der BK die von dieser insoweit vorgenommenen Beurteilungen zur Markenähnlichkeit zu rügen[2240]. Dies gilt konsequenterweise auch für die Überprüfung der *Warenähnlichkeit*, selbst wenn diese nicht konkret mit der Klage angegriffen, sondern nur allgemein Art. 8 Abs. 1b UMV gerügt worden war[2241].

Das Recht auf ein *faires Verfahren* ist ein fundamentaler Grundsatz des Unionsrechts, 1943
der in Art. 47 GRC verankert ist. Der *Grundsatz des kontradiktorischen Verfahrens* verleiht nicht nur jedem Verfahrensbeteiligten das Recht, die Schriftstücke und Erklärungen, die die Gegenpartei dem EuG vorgelegt hat, zur Kenntnis zu nehmen und zu erörtern. Er umfasst auch ihr Recht, die Gesichtspunkte, die das EuG von Amts wegen aufgeworfen hat und auf die es seine Entscheidung gründen möchte, zur Kenntnis zu nehmen und zu erörtern. Berücksichtigt das EuG ein nationales Urteil und legt es dieses seiner Entscheidung maßgeblich zugrunde, so hat es die Parteien darauf hinzuweisen und ihnen eine Möglichkeit zur Stellungnahme einzuräumen, ansonsten ist der Grundsatz des fairen Verfahrens verletzt, was zur Aufhebung des Urteils führt[2242].

Die Voraussetzungen für die *Wiedereinsetzung* gemäß Art. 45 Abs. 2 Satzung-EuGH 1944
in eine vor dem EuG versäumte Frist sind *äußerst streng*. Die Begriffe der *höheren Gewalt (force majeure)* und des *Zufalls* (unvorhersehbare Umstände) umfassen außer einem objektiven Element, das sich auf ungewöhnliche, außerhalb der Sphäre des Betroffenen liegende Umstände bezieht, ein subjektives, das mit der Verpflichtung des Betroffenen zusammenhängt, sich gegen die Folgen ungewöhnlicher Ereignisse zu wappnen, indem er, ohne übermäßige Opfer zu bringen, geeignete Maßnahmen trifft. Insb muss der Betroffene den Ablauf des eingeleiteten Verfahrens *sorgfältig überwachen* und für die Einhaltung der vorgesehenen Fristen Sorgfalt walten lassen.

Daher können *Fehler*, die von *Arbeitnehmern* des Antragstellers oder von Dienstleistern 1945
begangen werden, auf die der Betroffene bei der Ausübung seiner Tätigkeit zurückgreift, *nicht als Nachweis* für das Vorliegen unvorhersehbarer Umstände oder höherer Gewalt herangezogen werden, sofern sie keine Umstände darstellen, die nicht mit dem Betroffenen in Zusammenhang stehen. Selbst wenn man davon ausgeht, dass

2239 EuGH, 18.12.2008, C-16/06 P – MOBILIX/OBELIX, Rn 33–38, 47–49 mwN. S.a. EuGH, 19.12.2012, C-534/10 P – Apfelsorte Gala Schnitzer, Rn 39. EuG, 02.12.2020, T-35/20 – Krallenförmige Kratzer, Rn 48–50 mwN.

2240 EuG, 24.05.2011, T-408/09 – ancotel./ACOTEL, Rn 22, 23.

2241 EuG, 07.10.2014, T-531/12 – T/T, Rn 27–29.

2242 EuGH, 27.03.2014, C-530/12 P – Hand/Hand (mano portafortuna), Rn 52–60.

das vom Betroffenen geltend gemachte *menschliche Versagen* tatsächlich *unvorhersehbar* war und dass er die *gebotene Sorgfalt walten* ließ, kann dies nicht dazu führen, dass er sich auf das unzureichende Funktionieren seiner internen Organisation oder auf die Nichtanwendung seiner internen Anweisungen berufen kann, um das Vorliegen unvorhersehbarer Umstände oder höherer Gewalt zu belegen[2243].

1946 Der Begriff des *entschuldbaren Irrtums* ist eng auszulegen und kann sich nur auf *Ausnahmefälle* beziehen, insb auf solche, in denen das betr Unionsorgan ein Verhalten an den Tag gelegt hat, das für sich allein oder aber in ausschlaggebendem Maß geeignet war, bei einem gutgläubigen Rechtsbürger, der alle Sorgfalt aufwendet, die von einer Person mit normalem Kenntnisstand zu verlangen ist, eine verständliche Verwirrung hervorzurufen[2244].

1947 Ein Kläger kann sich weder auf das *mangelhafte Funktionieren* seiner *internen Organe* noch auf die Missachtung seiner internen Weisungen (also das mangelhafte Funktionieren der internen Organisation der ihn vertretenden Rechtsanwaltskanzlei) berufen.

1948 Die *bisherige Rspr* zur postalischen oder Faxübermittlung ist zwar angesichts der zwingenden Verwendung von e-Curia nicht mehr relevant, liefert aber gewisse Anhaltspunkte für die allgemein strengen Anforderungen des EuG[2245].

1949 So kann sich zB ein Anwalt nicht auf *Störungen* seiner *IT- und Fernkopiererausstattung*, unabhängig davon, ob er sie selbst betreibt oder durch eine Fremdfirma betreuen

2243 EuGH, 17.05.2022, C-103/22 P(I) – Chinesische Schriftzeichen, Rn 50–53 mwN.

2244 EuGH, 22.09.2011, C-426/10 P – Montres design, Rn 47, 48.

2245 So rechtfertigte zB das *nicht ausreichende Frankieren* der Klageschrift seitens eines Mitarbeiters des Klägeranwalts, was zum verspäteten Eingang bei Gericht führte, keine Wiedereinsetzung. Der Kläger konnte sich auch nicht auf die mit *ungewöhnlich langer Verzögerung* erfolgte Rückleitung der unzureichend frankierten Sendung *durch die Post* berufen; EuG, 28.04.2008, T-358/07 – Publicare, Rn 15–19. Er handelte auch nicht mit der erforderlichen Sorgfalt, wenn er das Original der Klage *nicht sofort nach der elektronischen Übermittlung* an das EuG übersandt, sondern noch einige Tage zugewartet hat; EuGH, 12.07.2016, C-399/15 P – fuente estrella/ESTRELLA ZERO, Rn 29, 30. Ein Anwalt konnte sich nicht damit entschuldigen, dass ein *Drittunternehmen* versehentlich statt der unterschriebenen Urschrift die nicht unterzeichneten Kopien bei Gericht eingereicht hatte, da für die Vorbereitung, die Überwachung und die Überprüfung der einzureichenden Verfahrensunterlagen der Anwalt der betr Partei verantwortlich ist; EuGH, 22.09.2011, C-426/10 P – Montres design, Rn 49, 50. Ist jedoch das Überschreiten der Klagefrist ganz und ausschließlich einem *letztlich ungeklärt gebliebenen Problem* zB in Form einer Störung oder eines Versagens des Postdiensts zuzurechnen, mit dem normalerweise nicht gerechnet werden konnte, da der Kläger die erforderliche Sorgfalt beachtet hatte, indem er die Urschrift der Klage zu einem Zeitpunkt (nämlich zeitgleich mit dem Fax und 14 Tage vor Fristablauf) abgeschickt hatte, der nach den ihm zur Verfügung stehenden Informationen eine Zustellung weit vor dem Ablauf der Klagefrist garantierte, so konnte er einen Zufall gemäß Art. 45 Abs. 2 Satzung-EuGH dartun, so dass ihm kein Rechtsverfall aufgrund des Ablaufs der Klagefrist entgegengehalten werden kann; EuG, 21.06.2017, T-699/15 – CityTrain, Rn 11–16.

lässt, berufen, da deren Defekt nicht als ein Umstand angesehen werden kann, der außerhalb seiner Sphäre liegt[2246]. Das gilt selbst dann, wenn *Feuer* und *Flut* zu einem *Stromausfall* geführt haben, der Anwalt es aber nach Beseitigung der Störung unterlassen hat, durch Nachfrage beim EUIPO sicherzustellen, dass zwischenzeitlich keine Zustellungen an ihn erfolgt waren[2247].

Eine *Aussetzung* des Verfahrens liegt nach Art. 69 VerfO-EuG im Ermessen des Gerichts. 1950
Der entspr Antrag muss jedenfalls zeitig vor einem Verkündungstermin gestellt werden, damit das EuG ihn den anderen Beteiligten zur Stellungnahme übermitteln und auch selbst sorgfältig inhaltlich prüfen kann[2248].

Jedoch hat das EuG einen Antrag des Anmelders auf Aussetzung des Verfahrens nach 1951
der Entscheidung der Nichtigkeitsabteilung des EUIPO, die ältere Marke in Bezug auf einige der DL für nichtig zu erklären, *zurückgewiesen*, da gegen diese Entscheidung Beschwerde eingelegt war[2249].

Keine Verfahrensaussetzung kann der Anmelder weiter erreichen, wenn er diese erst- 1952
mals im *Klageverfahren vor dem EuG* begehrt, bis der bei nationalen, zB deutschen Gerichten zwischenzeitlich anhängig gemachte Rechtsstreit über seinen Antrag auf Löschung der Widerspruchsmarke entschieden sei, da die Rechtsmäßigkeitskontrolle nur anhand des tatsächlichen und rechtlichen Rahmens des Rechtsstreits vorzunehmen ist, mit dem die BK befasst war, so dass das EuG die von den nationalen Gerichten zu treffende Entscheidung bei seiner Überprüfung der angefochtenen Entscheidung nicht berücksichtigen kann[2250]. Dasselbe gilt auch, wenn der Verfallsantrag gegen die ältere Unionsmarke nach Erlass der angefochtenen Entscheidung der Widerspruchsabteilung gestellt wurde, da zudem selbst dann, wenn diesem Antrag stattgegeben würde, eine etwaige Verfallserklärung nicht auf den Zeitpunkt des Erlasses der angefochtenen Entscheidung zurückwirken würde[2251].

2246 EuG, 22.01.2015, T-488/13 – engineering for a better world, Rn 26–38. Die Anwaltskanzlei hätte im entschiedenen Fall nicht nur kontrollieren müssen, ob es nicht infolge der bei ihr durchgeführten Elektroarbeiten zu Störungen des Empfangssystems der Fernkopien kam, sondern wäre auch, ohne übermäßige Opfer zu bringen, in der Lage gewesen, solche Kontrollen ua hinsichtlich der Übereinstimmung zwischen den auf dem Server gespeicherten und den in die Empfangsbox übermittelten Fernkopien durchzuführen.

2247 EuG, 09.09.2015, T-666/14 – GREEN BEANS I, Rn 35–44.

2248 EuGH, 20.10.2011, C-67/11 P – Solaria/SOLARTIA, Rn 32–35.

2249 EuG, 26.06.2014, T-372/11 – basic/BASIC, Rn 16; bestätigt durch EuGH, 16.07.2015, C-400/14 P. Dies erscheint mE sehr problematisch. Ganz offensichtlich hat das EuG die Konsequenz der evt Nichtigerklärung der Widerspruchsmarke nicht verstanden. Dies resultiert auch aus seiner rechtlichen Grundeinstellung, wonach der Verfahrensgegenstand vor ihm nicht mehr verändert werden darf, also Ereignisse, die nach der Entscheidung der BK eintreten, nicht mehr berücksichtigt werden können.

2250 EuG, 03.12.2015, T-105/14 – iDrive/IDRIVE, Rn 14–17; EuG, 15.09.2009, T-446/07 – Centrixx/sensixx, Rn 15–19; bestätigt durch EuGH, 30.06.2010, C-448/09 P, Rn 44, 45, 49, 50, 52.

2251 EuG, 12.05.2016, T-643/14 – ABTRONIC/TRONIC, Rn 15–18.

1953 Zur Ersparnis von Kosten und Aufwand für alle Beteiligten hat das EuG mit Art. 71a VerfO-EuG *Pilotrechtssachen* eingeführt. Werfen nämlich mehrere bei ihm anhängige Rechtssachen *die gleiche Rechtsfrage* auf und ist es der Auffassung, dass es im Interesse einer geordneten Rechtspflege liegt, deren *parallele Behandlung zu vermeiden*, kann das Verfahren nach Anhörung der Hauptparteien der Rechtssachen, in denen eine Aussetzung in Betracht kommt, gemäß Art. 69 c oder d, Art. 70 und 71 VerfO-EuG bis zur Erledigung der Rechtssache, die sich unter diesen Rechtssachen am besten für die Prüfung der betr Frage eignet und als Pilotrechtssache ausgemacht wird, *ausgesetzt* werden. Bei der Fortsetzung des Verfahrens erhalten die Parteien in den ausgesetzten Rechtssachen Gelegenheit, zu der in der Pilotrechtssache ergangenen Entscheidung und zu deren Folgen für den Rechtsstreit Stellung zu nehmen.

1954 Bestand im Widerspruchsverfahren die *Widerspruchsmarke* zum Zeitpunkt der BK-Entscheidung noch, so kann ein *späterer Wegfall* (zB wegen nicht erfolgter Verlängerung oder wegen Verfallserklärung mit Wirkung erst nach Erlass der BK-Entscheidung[2252]) im Klageverfahren vor dem EuG nicht berücksichtigt werden. Der Streitgegenstand fällt dadurch nicht weg, so dass weiter in der Sache entschieden werden muss[2253]. Dies gilt auch für den *Wegfall der Anmeldung* während des Klageverfahrens[2254]. Dagegen kann jedoch auf Antrag des Anmelders vom Gericht (zB nach rechtskräftiger Nichtigkeits-bzw Verfallserklärung der Widerspruchsmarke oder nach Widerspruchsrücknahme) die *Erledigung der Hauptsache festgestellt* werden mit der Konsequenz, dass das EUIPO trotz der formal nicht aufgehobenen vorausgegangen Zurückweisungsentscheidung das Verfahren fortsetzt und die Anmeldung dennoch zur Eintragung gelangen kann[2255].

1955 Es ist allein Sache des EuG, den Wert der ihm vorgelegten *Beweise zu beurteilen*. Es ist nicht verpflichtet, die Würdigung der einzelnen gemäß Art. 91 VerfO-EuG zulässigen Beweismittel ausdrücklich zu begründen, insb wenn es der Auffassung ist, dass diese bedeutungslos oder für den Ausgang des Rechtsstreits unerheblich sind[2256].

2252 Ist jedoch die Widerspruchsmarke mit Wirkung für einen Zeitpunkt, der vor der angefochtenen BK-Entscheidung lag, für verfallen erklärt worden, ist dies zu berücksichtigen und führt zur Erledigterklärung; EuG, 20.06.2017, T-346/16 – Vivatrex/VIVARTEX.

2253 EuG, 15.03.2012, T-288/08 – ZYDUS/ZIMBUS, Rn 22; bestätigt durch EuGH, 08.05.2013, C-268/12 P, Rn 41–45; EuG, 08.10.2014, T-342/12 – Stern im Kreis/Stern im Kreis, Rn 19–29.

2254 EuG, 03.05.2023, T-459/22 – BIOLARK/BIOPLAK, Rn 17–23.

2255 EuGH, 08.05.2013, C-268/12 P – ZYDUS/ZIMBUS, Rn 45; EuG, 04.07.2013, T-589/10 – Jukebox/JUKEBOX, Rn 22–39 mwN; EuG, 26.11.2012, T-548/11 – real,- QUALITY/REAL, Rn 22–29; aA jedoch EuG, 08.10.2014, T-342/12 – Stern im Kreis/Stern im Kreis, Rn 19–29. Hier wurde der Erledigungsantrag zurückgewiesen und dem Anmelder von Amts wegen ein Interesse an einer Sachentscheidung auch nach rechtskräftiger Verfallserklärung einer Widerspruchsmarke – jedoch mit Wirkung ab einem Zeitpunkt nach Erlass der BK-Entscheidung – unterstellt. S.a. EuG, 14.02.2017, T-333/14 – SportEYES/EYE, mwN; und EuG, 14.06.2023, T-28/23 – aleva NATURALS/Alea cosmetics, mwN.

2256 EuGH, 16.10.2013, C-410/12 P – medi, Rn 27.

Eine *Zeugenvernehmung* nach Art. 91 VerfO-EuG ist vor dem EuG nur statthaft, wenn sie für erforderlich erachtet wird, es also auf den Nachweis der unter Beweis gestellten Tatsache für die Entscheidung des Rechtsstreits ankommt. Andererseits kann eine Partei weder vor dem EuG erstmals einen Zeugen anbieten, den sie im Verfahren vor dem EUIPO nicht benannt hatte[2257], noch während des Amtsverfahrens vorgelegte Beweise vervollständigen, da es nicht Aufgabe des Gerichts ist, im Licht erstmals vor ihm eingereichter Beweismittel den Sachverhalt zu überprüfen[2258]. 1956

Dem Antrag auf Einholung eines *Sachverständigengutachtens* ist weiter nicht stattzugeben, wenn sich das EuG auf der Grundlage des Akteninhalts für ausreichend unterrichtet hält. Es verfügt insoweit über ein *weites Ermessen*. Unzulässig ist insb ein nur außerordentlich kurzer Antrag. Ansonsten bestimmt das EuG nach Art. 92 Abs. 1 VerfO-EuG die Beweismittel durch Beschluss, der die zu beweisenden Tatsachen bezeichnet[2259]. 1957

Beschließt das EuG nach Art. 107 VerfO-EuG die Eröffnung des mündlichen Verfahrens, so bestimmt der Präsident den Termin für die *mündliche Verhandlung*, die wegen Art. 106 Abs. 1 und 2 VerfO-EuG entweder *von Amts wegen* oder auf *begründeten Antrag*[2260] einer Hauptpartei[2261] durchgeführt wird. Die Begründung – die nicht mit einer schriftlichen Stellungnahme zu verwechseln ist und drei Seiten nicht überschreiten sollte – muss sich aus einer konkreten Beurteilung der Zweckmäßigkeit einer mündlichen Verhandlung für die betr Partei ergeben, und es ist anzugeben, in Bezug auf welche Aktenbestandteile oder welche Ausführungen diese Partei eine eingehendere Darlegung oder Widerlegung in einer mündlichen Verhandlung für erforderlich hält. Der Antrag ist innerhalb von drei Wochen nach Bekanntgabe des Abschlusses des schriftlichen Verfahrens an die Parteien zu stellen (Nr 141 und 142 PDVerfO-EuG)[2262]. 1958

2257 EuG, 28.01.2016, T-640/13 – CRETEO/StoCretec und STOCRETE, Rn 119, 120.

2258 EuG, 28.06.2012, T-133/09 – B. Antonio Basile 1952/BASILE, Rn 22–26.

2259 EuG, 29.11.2016, T-545/15 – PRESSO/PRESSO, Rn 14, 15; EuG, 16.10.2013, T-388/12 – CORDIO/CORDIA, Rn 18, 19 mwN.

2260 EuG, 14.06.2023, T-200/20 – STONE BREWING/STONES, Rn 36–42. Fehlt aber eine Begründung, kann das EuG über die Klage auch ohne mündliche Verhandlung entscheiden.

2261 Hierzu gehörte wegen Art. 173 Abs. 3 VerfO-EuG auch der qualifizierte Streithelfer, da er über dieselben prozessualen Rechte wie die Hauptparteien verfügt.

2262 Art. 106 VerfO-EuG findet nur auf Rechtssachen Anwendung, in denen das schriftliche Verfahren am 01.07.2015 noch nicht abgeschlossen war (Art. 227 Abs. 5 VerfO-EuG). Bislang hatte das EuG immer eine mündliche Verhandlung durchgeführt, auch wenn die Begründung ganz generell und ohne fallbezogene Einlassung nur auf dem Anspruch auf rechtliches Gehör beruhte. Jedoch stellte die Durchführung einer mündlichen Verhandlung nach Erkenntnis des EuGH keinesfalls ein Recht des Klägers dar, von dem es keine Ausnahmen geben konnte; EuGH, 24.05.2016, C-63/16 P – FoodSafe, Rn 5/3. So war das EuG trotz Antrags keineswegs zur Abhaltung einer mündlichen Verhandlung verpflichtet, wenn es der Auffassung war, dass eine Klage gemäß Art. 126 VerfO-EuG offensichtlich unzulässig war oder ihr offensichtlich jede rechtliche Grundlage fehlte.

1959 Wenn jedoch Gesundheits-, Sicherheitsgründe oder andere triftige Gründe den Vertreter einer Partei daran hindern, physisch an einer mündlichen Verhandlung teilzunehmen, kann ihm wegen Art. 107a VerfO-EuG gestattet werden, per *Videokonferenz* an ihr teilzunehmen. Der entspr Antrag ist mit gesondertem Schriftsatz unter genauer Angabe der Art der Verhinderung zu stellen, sobald deren Grund bekannt ist. Die technischen Voraussetzungen sind in den PDVerfO-EuG festgelegt (Nr 167a bis 167i PDVerfO-EuG).

1960 Wird kein Antrag von einer Hauptpartei gestellt, so kann das EuG, wenn es sich für durch die Akten hinreichend unterrichtet hält, über die Klage *ohne mündliches Verfahren* entscheiden. Es kann gleichwohl später das mündliche Verfahren wieder eröffnen (Art. 106 Abs. 3 VerfO-EuG).

1961 Die *Details* über die mündliche Verhandlung sind in Art. 107 bis 115 VerfO-EuG geregelt (s.a. Nr 144 bis 172a PDVerfO-EuG). Da der Vortrag vor Gericht idR von Simultandolmetschern übersetzt wird, empfiehlt es sich, *langsam, deutlich und in kurzen Sätzen zu sprechen*, damit alle Ausführungen den Verfahrensbeteiligten, insb den Richtern, vollständig und richtig übersetzt werden können. Sehr zu empfehlen ist ein *schriftliches Konzept*, in dem die wesentlichen Punkte des Plädoyers aufgeführt sind (Nr 160 PDVerfO-EuG). Dieses kann den Dolmetschern, die der Verschwiegenheit (auch dem Gericht gegenüber) unterliegen, vor der Sitzung ausgehändigt werden, um eine fehlerfreie Übersetzung zu erleichtern. Besonders zu beachten ist das *strenge Zeitregime* (idR für jede Hauptpartei 15 Minuten und für jeden Streithelfer zehn), das es unbedingt einzuhalten gilt (Nr 162 PDVerfO-EuG), um zu vermeiden, dass der Präsident des Spruchkörpers den Vortrag abrupt abbrechen muss. Zudem wird jede Nichteinhaltung richterlicher Weisungen vom Gericht leicht als Unhöflichkeit empfunden, was sich psychologisch negativ auf den Vortragenden und seine Argumentation auswirken kann.

1962 Vor den Unionsgerichten ist es üblich, dass die *rechtserheblichen* Erklärungen der Verfahrensbeteiligten, dh diejenigen, die Auswirkungen auf den Ausgang des Rechtsstreits haben können (wie der Verzicht auf ein Rechtsbegehren, die Bezifferung eines Anspruchs, die Anerkennung einer einschlägigen Tatsache oder die Geltendmachung eines neuen Arguments oder einer neuen Tatsache), vom Kanzler von Amts wegen oder auf Antrag des Richters oder eines Beteiligten in das *Protokoll der mündlichen Verhandlung* gemäß Art. 114 VerfO-EuG aufgenommen werden[2263].

Es beurteilte im Licht der ihm vorgelegten Aktenstücke in nicht revisibler Weise, ob ohne Eröffnung des mündlichen Verfahrens durch Beschluss zu entscheiden war; EuGH, 06.06.2018, C-32/17 P – PARKWAY, Rn 22–24 mwN. Der Antrag war innerhalb von drei Wochen nach Bekanntgabe des Abschlusses des schriftlichen Verfahrens an die Parteien zu stellen. Eine (verfrühte) Antragstellung bereits in der Klage war unbeachtlich; EuG, 30.01.2015, T-593/13 – Winder Controls, Rn 13–17 mwN; EuG, 03.03.2015, T-492/13 und T-493/15 – Spielbretter von Gesellschaftsspielen, Rn 8–12. S.a. EuG, 14.09.2022, T-607/21 – SKILLTREE STUDIOS, Rn 25–29.

2263 EuG, 18.09.2012, T-133/08, T-134/08, T-177/08 und T-242/09 – LEMON SYMPHONY, Rn 191.

Das EuG entscheidet durch *Urteil* (Art. 117 VerfO-EuG) oder, wenn es für die Entscheidung über eine Klage offensichtlich unzuständig ist, eine Klage offensichtlich unzulässig ist oder ihr offensichtlich jede rechtliche Grundlage fehlt, durch mit Gründen versehenen *Beschluss* (Art. 119, 126 VerfO-EuG)[2264]. Auch bei offensichtlich begründeten Klagen kann das EuG durch *Beschluss* entscheiden, wenn der EuGH oder das EuG bereits über eine oder mehrere Rechtsfragen entschieden hat, die mit den durch die Klagegründe aufgeworfenen übereinstimmen (Art. 132 VerfO-EuG)[2265]. 1963

Im Regelfall entscheidet eine *Kammer* mit drei Richtern, nur in äußerst seltenen Fällen von herausragender Bedeutung mit fünf (Art. 14 VerfO-EuG). Die Kammer kann nach Anhörung der Hauptparteien Klagen gegen Entscheidungen der BK an den *Einzelrichter* übertragen, wenn sie sich wegen fehlender Schwierigkeit der aufgeworfenen Tatsachen- und Rechtsfragen, begrenzter Bedeutung der Rechtssache und des Fehlens anderer besonderer Umstände dazu eignen (Art. 29 Abs. 1a, Abs. 3 VerfO-EuG). 1964

Nach Art. 72 Abs. 2 UMV obliegt es dem EuG, die *Rechtmäßigkeit* der Entscheidungen der BK dadurch zu überprüfen, dass es die von ihnen vorgenommene Anwendung des Unionsrechts insb auf den ihnen vorliegenden Sachverhalt einer Kontrolle unterzieht. Daher darf das EuG in den Grenzen des Art. 72 UMV in seiner Auslegung durch den EuGH die Rechtmäßigkeit der Entscheidungen der BK dadurch einer *vollständigen Kontrolle* unterwerfen, dass es erforderlichenfalls der Frage nachgeht, ob die BK die in dem Rechtsstreit fraglichen Tatsachen rechtlich richtig eingeordnet haben oder ob die Beurteilung des den BK unterbreiteten Sachverhalts nicht Fehler aufweist. 1965

Die *Feststellung und die Auslegung der Vorschriften des nationalen Rechts* gehören für die Einrichtungen der Union, soweit sie für ihre Tätigkeit unerlässlich sind, wie diejenigen des Unionsrechts *zur Rechtsanwendung* und nicht lediglich zur Feststellung des *Sachverhalts*. Somit muss sich das EUIPO, wenn es veranlasst sein kann, insb das nationale Recht des Mitgliedstaats zu berücksichtigen, in dem ein älteres Recht geschützt ist, auf das zB der Antrag auf Nichtigerklärung gestützt wird, *von Amts wegen* mit den ihm hierzu zweckdienlich erscheinenden Mitteln über das nationale Recht des betr Mitgliedstaats informieren, soweit entspr Kenntnisse für die Beurteilung der Tatbestandsvoraussetzungen des fraglichen Nichtigkeitsgrundes und vor allem für die Würdigung der vorgetragenen Tatsachen oder der Beweiskraft der vorgelegten Unterlagen erforderlich sind. 1966

Die *Tragweite einer Entscheidung* über die Nichtigkeit einer Unionsmarke setzt nämlich zwangsläufig voraus, dass die entscheidende Stelle nicht auf die Rolle beschränkt ist, das nationale Recht, wie es vom Antragsteller des Nichtigkeitsverfahrens dargestellt wird, lediglich zu bestätigen. Daher darf auch dem EuG nicht wegen einer etwaigen Lückenhaftigkeit der zum Beweis des anwendbaren nationalen Rechts vorgelegten 1967

2264 ZB EuG, 24.06.2015, T-626/14 – Blaue Kugel; EuG, 30.11.2015, T-845/14 – Hydro-Comfort; EuG, 23.11.2015, T-766/14 – FoodSafe; bestätigt durch EuGH, 24.05.2016, C-63/16 P.

2265 S. zB EuG, 22.05.2019, T-161/16 – CMS Italy/Springende Raubkatze; mit Verweis auf EuGH, 28.06.2018, C-564/16 P – Springende Raubkatze/Springende Raubkatze.

Dokumente die reale Möglichkeit genommen werden, eine effektive Kontrolle durchzuführen. Folglich muss es über die vorgelegten Dokumente hinaus den Inhalt, die Tatbestandsvoraussetzungen und die Tragweite der vom Antragsteller des Nichtigkeitsverfahrens geltend gemachten Rechtsvorschriften prüfen dürfen. Das EuG hat dementspr die Befugnis, die Beurteilung der BK einer *vollen Rechtmäßigkeitsprüfung* zu unterziehen[2266].

1968 Nach stRspr ist es Sache des EuG, zu beurteilen, ob es nach den Grundsätzen einer geordneten Rechtspflege unter den Umständen des konkreten Falles gerechtfertigt ist, die Klage in einer Rechtssache als *unbegründet* abzuweisen, ohne über die *Unzulässigkeitseinrede* des Beklagten zu entscheiden[2267].

1969 Das EuG kann die mit der Klage angefochtene Entscheidung nur *aufheben* oder *abändern*, wenn zum Zeitpunkt ihres Erlasses einer der in Art. 72 Abs. 2 UMV aufgeführten Gründe vorlag.

1970 Die ihm zustehende *Abänderungsbefugnis* bewirkt nicht, dass es dazu ermächtigt wäre, seine eigene Beurteilung an die Stelle der von der BK vorgenommenen zu setzen, oder dazu, eine Frage zu beurteilen, zu der die BK noch nicht Stellung genommen hat. Die Ausübung der Abänderungsbefugnis ist folglich grds auf Situationen beschränkt, in denen das EuG nach einer Überprüfung der von der BK vorgenommenen Beurteilung auf der Grundlage der erwiesenen tatsächlichen und rechtlichen Umstände die Entscheidung zu finden vermag, die die BK hätte erlassen müssen[2268]. So hält sich das EuG zB auch für befugt, neben der (Teil-)Aufhebung der angefochtenen Entscheidung der BK unter Aufhebung der Entscheidung der Widerspruchsabteilung den Widerspruch (teilweise) zurückzuweisen[2269].

2266 EuGH, 27.03.2014, C-530/12 P – Hand/Hand (mano portafortuna), Rn 34–46; aA noch EuG, 20.03.2013, T-571/11 – CLUB GOURMET/CLUB DEL GOURMET, EN....El Corte Inglés, Rn 35, 38, 41 mwN. Nach diesem Urteil, das Art. 65 Abs. 2 GMV auf die Verletzung des Unionsrechts beschränken wollte, sollte das HABM nur dann verpflichtet sein, sich von Amts wegen über das nationale Recht zu informieren, wenn es bereits über Angaben darüber verfügt, sei es in Form eines Vorbringens zu dessen Inhalt oder in Form von Unterlagen, die in die Erörterung eingebracht worden sind und deren Beweiskraft geltend gemacht wurde.

2267 EuG, 07.07.2016, T-82/14 – LUCEO, Rn 19–22 mwN; EuG, 18.09.2012, T-133/08, T-134/08, T-177/08 und T-242/09 – LEMON SYMPHONY, Rn 103 mwN. Dies erscheint aber mE problematisch, weil die Rechtskraftwirkung unterschiedlich ist, je nachdem, ob eine Klage als unzulässig oder unbegründet abgewiesen worden ist.

2268 EuGH, 05.07.2011, C-263/09 P – ELIO FIORUCCI, Rn 71, 72; EuG, 13.06.2012, T-542/10 – CIRCON/CIRCULON, Rn 98, 99. Eine vom EuG selbst vorgenommene neue Prüfung sämtlicher relevanter Beweise in der Sache würde eine Wahrnehmung von Verwaltungs- und Ermittlungsaufgaben bedeuten, die dem EUIPO obliegen, und damit dem institutionellen Gleichgewicht zuwiderlaufen, das dem Grundsatz der Zuständigkeitsverteilung zwischen dem EUIPO und dem EuG zugrunde liegt.

2269 Siehe EuG, 30.11.2015, T-718/14 – W E (Wetterfahne)/WE, Rn 65, 66 mwN; EuG, 06.09.2013, T-599/10 – EUROCOOL/EUROCOOL LOGISTICS, Rn 25, 26, 143–145.

Die dem EuG nach Art. 36 iVm Art. 53 Satzung-EuGH und Art. 117 Nr m VerfO-EuG obliegende *Begründungspflicht* verlangt nicht, dass das EuG bei seinen Ausführungen alle von den Parteien des Rechtsstreits vorgetragenen Argumente nacheinander erschöpfend behandelt. Daher kann die Begründung implizit erfolgen, sofern sie es den Betroffenen ermöglicht, die Gründe zu erkennen, aus denen das EuG ihrer Argumentation nicht gefolgt ist, und dem EuGH ausreichende Angaben liefert, damit er seine Kontrolle ausüben kann[2270]. **1971**

Die Verpflichtung des EuG, seine Urteile zu begründen, kann grds *nicht* so weit gehen, dass es *die in einer Rechtssache gewählte Lösung gegenüber der in einer anderen*, mit der es befasst war, gewählten *rechtfertigt*, selbst wenn sie dieselbe Entscheidung betrifft. Dies gilt erst recht, wenn es sich um zwei Entscheidungen handelt, die unterschiedliche Zeichen und DL betreffen[2271]. **1972**

Das *EUIPO hat die notwendigen Maßnahmen zu ergreifen*, die sich aus dem Urteil des EuG oder, im Falle eines Rechtsmittels dagegen, des EuGH ergeben, und zwar aus dem *Urteilstenor* und den ihn *tragenden Gründen* (Art. 72 Abs. 3 und 6 UMV). **1973**

Das Amt kommt zB einem Nichtigkeitsurteil nur dann nach und führt es nur dann voll durch, wenn es *nicht nur den Urteilstenor* beachtet, *sondern auch die Begründung*, die den Tenor in dem Sinne trägt, dass sie zur Bestimmung seiner genauen Bedeutung unerlässlich sind. Diese Urteilsbegründung benennt exakt die Bestimmung, die als rechtswidrig angesehen wird, und lässt die spezifischen Gründe der im Tenor festgestellten Rechtswidrigkeit erkennen, die das EUIPO bei der Ersetzung des für nichtig erklärten Aktes zu beachten hat[2272]. **1974**

Wird die Entscheidung der BK durch ein rechtskräftiges Urteil des EuG oder ggf des EuGH aufgehoben oder abgeändert, so wird die *Beschwerde wieder bei der BK anhängig*[2273], soweit das Gericht die Sache nicht ausdrücklich an die Ausgangsinstanz des EUIPO zurückverweist, was im Regelfall jedoch nicht geschieht[2274]. Das EuG hat nämlich wegen Art. 71 Abs. 1 UMV iVm Art. 72 Abs. 1 und Abs. 3 UMV die **1975**

2270 EuGH, 05.07.2011, C-263/09 P – ELIO FIORUCCI, Rn 64.

2271 EuGH, 04.09.2014, C-509/13 P – METRO/GRUPOMETROPOLIS, Rn 51.

2272 EuG, 08.02.2018, T-879/16 – Vieta II, Rn 31; EuG, 13.04.2011, T-262/09 – FIRST DEFENSE AEROSOL PEPPER PROJECTOR/FIRST DEFENSE II, Rn 41. Es ist nicht Aufgabe des EuG, dem EUIPO verpflichtende Anweisungen zu erteilen, wie das Urteil im konkreten Fall umzusetzen ist; EuG, 08.07.2015, T-357/11 INTP – GRUPO BIMBO/BIMBO, Rn 14 mwN.

2273 EuG, 25.03.2009, T-402/07 – ARCOL/CAPOL II, Rn 21–23, bestätigt durch EuGH; EuG, 13.04.2011, T-262/09 – FIRST DEFENSE AEROSOL PEPPER PROJECTOR/ FIRST DEFENSE II, Rn 42. Vgl auch EuG, 27.06.2013, T-608/11 – Schreibinstrument-Design II, Rn 54, 55.

2274 EuG, 27.02.2002, T-106/00 – STREAMSERVE, Rn 18, 72; bestätigt durch EuGH, 05.02.2004, C-150/02; EuG, 12.05.2010, T-148/08 – Schreibinstrument-Design I, Rn 42, 43, 133 mwN.

Kompetenz, nicht nur die angefochtene Entscheidung der BK, sondern auch die dieser zugrundeliegende der Widerspruchsabteilung aufzuheben[2275].

1976 Nach Art. 35 Abs. 4 DVUM weist der *Präsident der BK*[2276] gemäß Art. 72 Abs. 6 UMV dann den Fall erneut einer BK zu, der jene Mitglieder, welche die aufgehobene Entscheidung getroffen haben, nicht angehören dürfen[2277], es sei denn, der Fall wird der Großen BK zugewiesen oder die aufgehobene Entscheidung wurde von der Großen BK getroffen[2278].

1977 Die erneut zuständige BK ist nicht daran gehindert, ein *neues Eintragungshindernis*, das bislang nicht Verfahrensgegenstand war, zum Gegenstand des neuerlichen Beschwerdeverfahrens zu machen, und sie ist auch bei ihrer Entscheidungsfindung nicht an Erklärungen der Vertreter des EUIPO im vorausgegangenen Verfahren vor dem EuG gebunden[2279].

1978 Es stellt *keine Verletzung von* Art. 95 Abs. 2 UMV dar, wenn die BK nach Aufhebung ihrer Entscheidung durch das EuG die Beteiligten in dem an sie zurückverwiesenen Verfahren nochmals auffordert, insb unter Berücksichtigung der Begründung des Gerichts zur Sache Stellung zu nehmen, und sie den neuen Sachvortrag samt Beweismittel des Widersprechenden berücksichtigt[2280].

1979 *Urteile* werden mit dem Tag ihrer Verkündung in öffentlicher Sitzung *wirksam* (Art. 118, 121 Abs. 1 VerfO-EuG) und *Beschlüsse* zum Zeitpunkt ihrer Zustellung (Art. 120, 121 Abs. 2 VerfO-EuG).

1980 Gemäß stRspr des EuGH kann ein *Antrag auf Auslegung eines Urteils* an das Gericht gestellt werden. Dieser muss aber, um zulässig zu sein, den Tenor des betr Urteils iVm den wesentlichen Entscheidungsgründen zum Gegenstand haben und die Beseitigung einer Unklarheit oder Mehrdeutigkeit bezwecken, die möglicherweise Sinn

2275 EuG, 09.09.2011, T-274/09 – IC4/ICE, Rn 20–24.

2276 Erfolgt aber in einem vor dem 01.10.2017 vor der BK anhängigen Verfahren die Zuweisung fehlerhafterweise schon durch den Präsidenten und nicht wegen Art. 80 iVm Art. 82 Abs. 2j DVUM gemäß Art. 1d VerfO-BK noch durch das Präsidium der BK, so ist die angefochtene Entscheidung rechtswidrig und aufzuheben; EuG, 09.12.2020, T-722/18 – BASIC II/basic.

2277 EuG, 03.07.2013, T-106/12 – ALPHAREN/ALPHA D3 II, Rn 21–32. Dies gilt aber nur, wenn das EuG in der Sache entschieden hat, und nicht, wenn ein BK-Mitglied an einer vor dem EuG angefochtenen Entscheidung mitgewirkt hat, die noch vor einer Sachentscheidung des EuG von der BK gemäß Art. 103 UMV widerrufen worden war; EuG, 26.01.2017, T-88/16 – ALPHAREN/ALPHA D3 IV, Rn 33–38.

2278 EuG, 16.02.2017, T-828/14 und T-829/14 – Heizkörper, Rn 34–41. Dann kann an der zweiten Entscheidung auch ein Mitglied der BK mitwirken, das an der ersten beteiligt war. S.a. EuG, 01.09.2021, T-96/20 – Limbic® Types II, Rn 27–32.

2279 EuG, 06.10.2011, T-508/08 – Lautsprecher II (Bang & Olufsen), Rn 28–51; s.a. EuG, 25.03.2009, T-402/07 – ARCOL/CAPOL II, Rn 98–100, bestätigt durch EuGH, 04.03.2010, C-193/09 P Rn 72.

2280 EuG, 26.01.2017, T-88/16 – ALPHAREN/ALPHA D3 IV, Rn 42–52.

und Tragweite des Urteils selbst insoweit berührt, als es den dem EuG vorgelegten Fall zu entscheiden hatte. Ein Antrag ist jedoch unzulässig, wenn er Fragen betrifft, die in diesem Urteil nicht entschieden worden sind, oder wenn durch ihn eine Stellungnahme des angerufenen Gerichts zur Anwendung und Durchführung oder zu den Folgen des von diesem Gericht erlassenen Urteils erlangt werden soll[2281].

Eine *Wiederaufnahme* des Verfahrens als außerordentlicher Rechtsbehelf kann beim EuG gemäß Art. 169 Abs. 1 VerfO-EuG nach Art. 44 Satzung-EuGH nur beantragt werden, wenn eine *Tatsache von entscheidender Bedeutung bekannt wird*, die vor Verkündung des Urteils oder Zustellung des Beschlusses dem EuG und der die Wiederaufnahme beantragenden Partei unbekannt war, zB die Rücknahme des Widerspruchs. Die gesetzlichen Voraussetzungen sind streng zu prüfen, da die Wiederaufnahme es ermöglicht, die Wirksamkeit einer rechtskräftigen Entscheidung in Frage zu stellen. Die Gliederung des Verfahrens in zwei Stadien, von denen das erste die Zulässigkeit und das zweite die Sache betrifft, erklärt sich aus dieser Strenge der Voraussetzungen[2282]. 1981

Anträge auf *Aussetzung der Vollziehung von Handlungen* eines Organs oder auf sonstige *einstweilige Anordnungen* gemäß Art. 156 bis Art. 161 VerfO-EuG müssen den Streitgegenstand bezeichnen und die Umstände, aus denen sich die Dringlichkeit ergibt, sowie die den Erlass der beantragten einstweiligen Anordnung dem ersten Anschein nach rechtfertigenden Sach- und Rechtsgründe anführen und sämtliche verfügbaren Beweise und Beweisangebote enthalten. Sie müssen *dringlich* in dem Sinne sein, dass es zur Verhinderung eines schweren und nicht wiedergutzumachenden Schadens für die Interessen des Antragstellers erforderlich ist, sie vor der Entscheidung zur Hauptsache zu erlassen und wirksam werden zu lassen. Diese Voraussetzungen sind kumulativ. Für die Dringlichkeit reichen *rein finanzielle Schäden* nicht aus, weil sie durch Entschädigungen wieder ausgeglichen werden können[2283]. 1982

Urteile und Beschlüsse des EuG sind fast ausnahmslos taggenau auf der *Internetseite* des Gerichts in der Verfahrenssprache und zumindest in der Version der französischen Arbeitssprache des Gerichts im Curia-Suchformular (wo ua nicht nur nach Az., Gericht und Parteien, sondern auch nach anhängigen, erledigten Rechtssachen, nach Zeitraum und Verfahrensgegenstand, zB »Geistiges, gewerbliches und kommerzielles 1983

2281 EuG, 08.07.2015, T-357/11 INTP – GRUPO BIMBO/BIMBO, Rn 9 mwN.

2282 EuG, 22.04.2021, und EuG, 13.09.2021, T-616/19 REV – WONDERLAND/WONDERMIX II und III. Die Zurücknahme des Widerspruchs stellt eine Tatsache von entscheidender Bedeutung dar, da die Fortsetzung des Verfahrens als solche von ihr abhängt. Diese führt nämlich dazu, dass das relative Eintragungshindernis aus Art. 8 Abs. 1 UMV, auf das die BK ihre Entscheidung gestützt hat, rückwirkend entfällt. Da hier der Widersprechende seinen Widerspruch vor dem EUIPO vor Zustellung des EuG-Beschlusses über die Klage wirksam zurückgenommen hatte, war zum Zeitpunkt von dessen Zustellung die Grundlage des Widerspruchsverfahrens weggefallen, so dass die Entscheidung des EuG, die Gegenstand der Klage war, gegenstandslos geworden und damit erledigt ist.

2283 EuG, 20.10.2021, T-497/21 R – Giovanna Paola Girardi, Rn 13–16 mwN; bestätigt durch EuGH, 30.03.2022, C-703/21 P(R).

Eigentum«, »Marken«, recherchiert werden kann) abrufbar, ebenso wie die Termine der anstehenden Sitzungen im Curia-Kalender[2284].

1984 Um der wachsenden Arbeitslast Herr zu werden, ist das EuG *personell erweitert* worden. So besteht es seit dem 01.09.2019 aus je zwei Mitgliedern je Mitgliedstaat (Art. 48 Satzung-EuGH).

III. Kostenentscheidung

1985 Das Verfahren vor dem EuG ist gemäß Art. 139 VerfO-EuG grds *gerichtskostenfrei*, es sei denn die Klage wurde offensichtlich missbräuchlich erhoben[2285] oder zusätzliche Kosten wurden durch übergebührliche Schreibarbeiten oder wiederholte Verfahrensverstöße[2286] verursacht. *Erstattungsfähig* sind jedoch Leistungen an *Zeugen* und *Sachverständige* gemäß Art. 100 VerfO-EuG und Aufwendungen der *Parteien*, die für das Verfahren notwendig waren, insb Reise- und Aufenthaltskosten sowie die Vergütung der Bevollmächtigten, Beistände oder Anwälte (Art. 140 VerfO-EuG).

1986 Ansonsten wird wegen Art. 133 VerfO-EuG in der *Endentscheidung über die Kosten* entschieden, wobei diese der unterliegenden Partei auf Antrag aufzuerlegen sind[2287]. Das EuG kann die Kosten teilen oder beschließen, dass jede Partei ihre eigenen Kosten trägt, wenn jede Partei teils obsiegt, teils unterliegt (Art. 134 VerfO-EuG). Aus Billigkeits- und anderen schwerwiegenden Gründen kann das EuG eine andere Verteilung vornehmen, zB bei mangelnder Verständlichkeit der angefochtenen Entscheidung (Art. 135 VerfO-EuG)[2288]. Nimmt eine Partei die Klage oder einen Antrag zurück, so trägt sie die Kosten, wenn die Gegenpartei dies beantragt. Einigen sich die Parteien über die Kosten, so wird gemäß der Vereinbarung entschieden. Werden keine Kostenanträge gestellt, so trägt jede Partei ihre eigenen Kosten (Art. 136 VerfO-EuG). Erklärt das EuG die Hauptsache für erledigt, so entscheidet es über die Kosten nach

2284 www.curia.europa.eu. Kurze Entscheidungszusammenfassungen auf Deutsch sind in der laufend aktualisierten PAVIS PROMA (www.pavis-proma.de) verfügbar.

2285 EuG, 24.09.2019, T-746/17 – i.Beat jump, Rn 11–20. Sind dem EuG erhebliche Kosten für die Bearbeitung der vor ihm anhängigen Rechtssache – insb für die Vorbereitung der Urteilsverkündung – entstanden, die vermeidbar gewesen wären, weil der Antrag des Streithelfers auf Aufhebung des Verkündungstermins wegen gütlicher Einigung erst in der Nacht davor gestellt wurde, obwohl die Parteien sich schon einige Zeit in Vergleichsverhandlungen befanden, ohne das Gericht rechtzeitig zu informieren und um Verschiebung des Verkündungstermins zu ersuchen, was nach Art. 69 Nr c iVm Art. 173 Abs. 3 VerfO-EuG möglich gewesen wäre, sind diese Kosten, die auf 5.000 Euro festgesetzt wurden, wegen Art. 139 Nr a VerfO-EuG vom Kläger und Streithelfer jeweils zur Hälfte zu tragen.

2286 Letzteres gilt für ab dem 01.07.2015 eingereichte Klagen (Art. 227 Abs. 4 VerfO-EuG).

2287 EuG, 16.01.2013, T-528/11 – FOREVER/4 EVER, Rn 89 mwN; EuG, 08.05.2014, T-575/12 – PYROX/PYROT, Rn 15, 16. Nur Kosten, die vor der BK angefallen sind, sind gemäß Art. 136 § 2 VerfO-EuG aF (jetzt: Art. 190 Abs. 2 VerfO-EuG) erstattungsfähig, nicht jedoch diejenigen vor der Widerspruchsabteilung.

2288 EuG, 28.05.2020, T-681/18 – STAYER, Rn 45, 46.

freiem Ermessen (Art. 137 VerfO-EuG). Nach Art. 190 Abs. 1 VerfO-EuG kann das EuG beschließen, dass der Beklagte nur seine eigenen Kosten trägt, wenn einer Klage gegen eine Entscheidung einer BK stattgegeben wird. Die Aufwendungen der Parteien, die für das Verfahren vor der BK notwendig waren, gelten als erstattungsfähige Kosten, nicht jedoch diejenigen, die vor anderen Stellen des EUIPO entstanden sind (Art. 190 Abs. 2 VerfO-EuG)[2289].

Streitigkeiten[2290] über die im Verfahren vor dem EuG[2291] *erstattungsfähigen Kosten* gemäß Art. 140 VerfO-EuG entscheidet das EuG wegen Art. 170 VerfO-EuG auf Antrag einer Partei und nach Anhörung der Gegenpartei durch unanfechtbaren Beschluss. Dabei muss das EuG weder das nationale Rechtsanwaltsgebührensystem noch eine evt Vereinbarung zwischen dem Anwalt und seiner Partei berücksichtigen, sondern es hat in Ermangelung einer unionsrechtlichen Gebührenordnung die *Gegebenheiten des Falles frei zu würdigen*, wobei es den Gegenstand und die Art des Rechtsstreits, seine Bedeutung aus unionsrechtlicher Sicht sowie die Schwierigkeiten des Falles, den Arbeitsaufwand der tätig gewordenen Bevollmächtigten oder Beistände im Zusammenhang mit dem Verfahren und das wirtschaftliche Interesse der Beteiligten am Ausgang des Rechtsstreits berücksichtigt. 1987

Dabei setzt das EuG nicht die Vergütungen fest, die die Parteien ihren eigenen Anwälten schulden, sondern bestimmt den *Betrag, bis zu dem die Erstattung* dieser Vergütungen von der zur Tragung der Kosten verurteilten Partei *verlangt werden kann*[2292]. Es überprüft insb den Zeit- und Kostenaufwand des jeweiligen Verfahrens, wobei das Fehlen genauer Angaben das EuG zu einer strengeren Beurteilung des erstattungsfähigen Honorars von Anwälten zwingt[2293]. 1988

Bei der Beurteilung des mit dem Verfahren verbunden Arbeitsaufwands ist es *Sache des Unionsrichters*, unabhängig von der Zahl der Anwälte, auf die sich diese DL verteilt haben mögen, in erster Linie die Gesamtzahl der Arbeitsstunden zu berücksichtigen, die für das Verfahren objektiv erforderlich waren. Ein hoher Stundensatz für die Vergütung der Dienste besonders erfahrener Berufsangehöriger, die zu effizienter und schneller Arbeit imstande sind, erscheint zwar angemessen, muss aber zwingend mit 1989

2289 EuG, 15.06.2022, T-338/21 – ECODOWN, Rn 14.

2290 Unzulässig ist jedoch ein Antrag, wenn keine Streitigkeit über die erstattungsfähigen Kosten bestand, weil der Antragsteller noch keine konkret bezifferte Forderung gegen die unterlegene Partei erhoben hatte, die diese abgelehnt hätte; EuG, 21.07.2020, T-334/18 DEP – ANA DE ALTUN/ANNA, Rn 13–23.

2291 Eine vom EuG ausgesprochene Verurteilung zur Kostentragung betrifft nicht die mit dem Verfahren vor dem EUIPO, sondern ausschließlich die mit dem Verfahren vor dem EuG verbundenen Kosten, soweit nicht im Einzelfall eine andere Regelung getroffen wurde. Ein Kostenfestsetzungsantrag ist daher unzulässig, soweit er sich auf die mit dem Verfahren vor dem EUIPO verbundenen Kosten bezieht; EuG, 19.09.2018, T-276/16 DEP – Boswelan, Rn 13–15.

2292 EuG, 05.03.2012, T-446/07 DEP – Centrixx/sensixx, Rn 10–13 mwN.

2293 EuG, 25.01.2007, T-214/04 DEP – ROYAL COUNTY OF BERKSHIRE POLO CLUB/POLO, Rn 18 mwN.

einer strikten Beurteilung der Gesamtzahl der notwendigen Arbeitsstunden einhergehen. Bei Verfahren ohne besondere Komplexität reicht nach Ansicht des Gerichts ein Zeitaufwand von 15 bis 20 Stunden aus, wobei ein *Anwaltshonorar von 225 bis 460 Euro pro Stunde* angemessen ist. Ohne detaillierte Abrechnung oder Belege sind die Reisekosten mit einem angemessenen Mindestbetrag festzusetzen[2294]. Im *Regelfall*

2294 S. zB EuG, 26.01.2015, T-201/09 DEP – SCOMBER MIX, Rn 16–31 (Fachanwaltsstundensatz von 275 Euro, aber keine Patentanwaltskosten); EuG, 17.09.2019, T-96/15 DEP und T-97/95 DEP – Alfredo alla Scrofa und ALFREDO'S GALLERY alla Scrofa Roma/L'ORIGINALE ALFREDO, Rn 39, 40 (Anwaltsstundensatz von 350 Euro, aber nur 15 Stunden in zwei Parallelverfahren); EuG, 15.07.2020, T-390/18 DEP – WKU WORLD KICKBOXING AND KARATE UNION, Rn 16, 17, 24–26 (Anwaltsstundensatz von 295 Euro und 7,75 Stunden. Für die Festsetzung der erstattungsfähigen Kosten ist kein Nachweis über deren Zahlung an den Anwalt erforderlich); EuG, 13.01.2021, T-807/16 DEP – N & NF TRADING/NF ENVIRONMENT, Rn 28, 35, 40 (Anwaltsstundensatz von 350 Euro und 20 Stunden, Reise- und Aufenthaltskosten 600 Euro, Kosten des Festsetzungsverfahrens 600 Euro); EuG, 21.01.2021, T-453/18 DEP u. T-454/18 DEP – OOF/OOFOS, Rn 33, 39, 40 (Anwaltsstundensatz von 320 Euro und 18 Stunden, Reise-, Aufenthalts und Nebenkosten 449,90 Euro); EuG, 24.02.2021, T-601/17 DEP – Würfel mit Gitterstruktur, Rn 53, 60, 63, 68 (Anwaltsstundensatz von 460 Euro und 38 1/2 Stunden, Reise-, Aufenthaltskosten 491,28 Euro, Kosten des Festsetzungsverfahrens 900 Euro); EuG, 15.03.2021, T-321/19 DEP – Jokers WILD Casino, Rn 42, 43, 50, 52 (Anwaltsstundensatz von 225 Euro und 15 Stunden, Reise-, Aufenthaltskosten 641,56 Euro, Kosten des Festsetzungsverfahrens 2,85 Stunden a 225 Euro); EuG, 25.03.2021, T-800/19 DEP – AIR, Rn 23, 27 (Anwaltsstundensatz von 250 Euro und 9 1/2 Stunden); EuG, 02.09.2021, T-328/19 DEP – SCORIFY/SCOR, Rn 30 (Anwaltsstundensatz von 226 Euro und 10 Stunden); EuG, 18.05.2022, T-329/19 DEP – BE EDGY BERLIN/EDJI, Rn 22, 28, 39, 46 (Anwaltsstundensatz von 250 Euro und 21 Stunden, Kosten des Festsetzungsverfahrens 500 Euro); EuG, 06.09.2022, T-167/15 DEP – NEUSCHWANSTEIN, Rn 31, 34, 46 (Anwaltsstundensatz von 280 Euro ohne MwSt. und 10 Stunden, Kosten des Festsetzungsverfahrens 420 Euro); EuG, 14.10.2022, T-186/20 DEP – THE TIME/TIMEHOUSE, Rn 35, 36, 40 (Anwaltsstundensatz von 250 Euro + MwSt. und 20,58 Stunden, Verwaltungskosten 306,17 Euro, Kosten des Festsetzungsverfahrens 595 Euro); EuG, 06.12.2022, T-434/20 DEP – dziandruk, Rn 34, 36, 43 (Anwaltsstundensatz von 220 Euro und 20 Stunden, Kosten des Festsetzungsverfahrens 440 Euro); EuG, 08.12.2022, T-184/21 DEP – Хозяин/хозяюшка, Rn 24, 28, 37 (Anwaltsstundensatz von 250 Euro und 12 Stunden, Kosten des Festsetzungsverfahrens 300 Euro); EuG, 13.12.2022, T-542/20 DEP – RUXIMBLIS/RUXIMERA, Rn 36, 41, zusammen mit den Parallelverfahren T-248/20 DEP und T-239/20 DEP (Anwaltsstundensatz von 250 Euro und 20 Stunden, Kosten des Festsetzungsverfahrens 500 Euro); EuG, 13.12.2022, T-227/20 DEP und T-232/20 DEP – BIOVÈNE BARCELONA/BIORENE, Rn 35, 38, 47 (Anwaltsstundensatz von 260 Euro und 15 Stunden, Kosten des Festsetzungsverfahrens 390 Euro); EuG, 19.12.2022, T 766/20 DEP – STONES, Rn 26–30, 37 (Anwaltsstundensatz von 250 Euro und 28 Stunden, Kosten des Festsetzungsverfahrens 500 Euro); EuG, 02.05.2023, T-447/16 DEP – L-förmige Rille, Rn 25, 36, 39 (Anwaltsstundensatz von 350 Euro und 25 Stunden, Nebenkosten 886,81 Euro, Kosten des Festsetzungsverfahrens 700 Euro); EuG, 05.05.2023, T-315/21 DEP – APIAL/APIRETAL, Rn 33, 36, 39 werden daher die erstattungsfähigen Auslagen einer Partei ca. *4.000* bis *19.000 Euro* betragen, in bedeutenden Fällen können sie aber auch 31.000 Euro erreichen[2295]. Das EuG prüft sehr gewissenhaft und wendet eher Grundsätze der Sparsamkeit an (Flug nur in Economy-Klasse!).

(Anwaltsstundensatz von 300 Euro und 12 Stunden, Nebenkosten 37,50 Euro, Kosten des Festsetzungsverfahrens 450 Euro); EuG, 10.05.2023, T-210/21 DEP – LOPEZ DE HARO/LOPEZ DE HEREDIA, Rn 26, 29 (Anwaltsstundensatz von 250 Euro und 12 Stunden); EuG, 10.05.2023, T-294/20 DEP – KAAS KEYS AS A SERVICE, Rn 32, 35, 39 (Anwaltsstundensatz von 250 Euro und 12 Stunden, Kosten des Festsetzungsverfahrens 100 Euro); EuG, 17.05.2023, T-520/19 DEP – HEITEC, Rn 36, 41 (Anwaltsstundensatz von 250 Euro und 35 Stunden, 20 Minuten, Auslagen 377,49 Euro, Kosten des Festsetzungsverfahrens 375 Euro); EuG, 25.05.2023, T-293/21 DEP – UM, Rn 31, 35 (Strenge Maßstäbe,Anwaltsstundensatz von 348 Euro und 8 Stunden + MWSt. + Zinsen); EuG, 25.05.2023, T-307/21 DEP – DRYTILE, Rn 40, 45 (Anwaltsstundensatz von 250 Euro und 15 Stunden, Kosten des Festsetzungsverfahrens 500 Euro + MWSt); EuG, 26.05.2023, T-29/21 DEP – BUCANERO, Rn 26, 29, 34 (Anwaltsstundensatz von 250 Euro und 15,36 Stunden, Kosten des Festsetzungsverfahrens 625); EuG, 30.05.2023, T-357/18 DEP – HOSPITAL LA LUZ/Clinica LALUZ, Rn 29, 32, 36 (Anwaltsstundensatz von 250 Euro und 18 Stunden, Nebenkosten 672,75 Euro); EuG, 26.07.2023, T-443/18 DEP – Vogue Peek & Cloppenburg/Peek & Cloppenburg, Rn 76, 71, 86, 98 (Anwaltsstundensatz von 250 Euro und 36 Stunden, Nebenkosten 880 Euro, Kostenfestsetzung 1.500 Euro in insgesamt sechs Parallelverfahren T-443/18 bis T-446/18, T-534/18, T-535/18); EuG, 07.09.2023, T-306/20 DEP – La Irlandesa 1943, Rn 26, 28, 34 (Anwaltsstundensatz von 250 Euro und 40 Stunden, Reise- und Aufenthaltskosten 500 Euro); EuG, 23.11.2023, T-31/20 DEP – The King of SOHO/ SOHO, Rn 54–56, 61 (Anwaltsstundensatz von 250 Euro und 25 Stunden, Reise- und Aufenthaltskosten 476,60 Euro, Kostenfestsetzung 500 Euro); EuG, 27.11.2023, T-155/22 DEP und T-85/22 DEP – STAYER, Rn 25, 28 (jeweils Anwaltsstundensatz von 250 Euro und 3 bzw 8 Stunden); EuG, 21.12.2023, T-7/22 DEP – Financery/ financify, Rn 27–29, 34, 37, 40 (Anwaltsstundensatz von 250 Euro und 34,6 Stunden, Reise- und Aufenthaltskosten 505,80 Euro, Bürokosten 100 Euro); EuG, 19.02.2024, T-549/20 DEP – SUPERZINGS/ZiNG, Rn 45, 50, 52, 58, 62 (Anwaltsstundensatz von 250 Euro und 32 Stunden, Reise- und Aufenthaltskosten 401,09 Euro, Kostenfestsetzung 500 Euro, 3,5 % Zinsen); EuG, 30.04.2024, T-749/21 DEP – Josef Grund Gerüstbau/grund, Rn 43, 44, 46, 53, 58 (Anwaltsstundensatz von 225 Euro und 18 Stunden, 5 Minuten, sonstige Kosten 1.179,34 Euro, 3,5% Zinsen); EuG, 11.06.2024, T-24/22 DEP – LOULOU STUDIO/LULU'S, Rn 23, 27, 29, 32 (Anwaltsstundensatz von 250 Euro und 8 Stunden, Reise- und Aufenthaltskosten 521,90 Euro, Kostenfestsetzung 500 Euro); EuG, 18.06.2024, T-514/22 DEP – VITROMED Germany/ VITROMED, Rn 23, 28, 35 (Anwaltsstundensatz von 350 Euro und 12 Stunden, 3,5% Zinsen); EuG, 19.06.2024, T-200/20 DEP – STONE BREWING/STONES, Rn 42, 43, 53 (Anwaltsstundensatz von 250 Euro und 20 Stunden, 3,5% Zinsen); EuG, 11.07.2024, T-568/22 DEP – EXANE/EXANTE, Rn 23, 28, 32 (Anwaltsstundensatz von 375 Euro und 5 Stunden, 3,5% Zinsen)..

2295 ZB EuG, 02.12.2010, T-270/06 DEP – Lego-Stein, Rn 25–62 mwN. S.a. EuG, 09.12.2014, T-394/10 DEP – SOLVO/VOLVO II (17.400 Euro).

1990 Nach Art. 146 ff VerfO-EuG haben Personen[2296], die aufgrund ihrer wirtschaftlichen Lage vollständig oder teilweise außerstande sind, die Kosten des Verfahrens zu tragen, Anspruch auf *Prozesskostenhilfe*. Die wirtschaftliche Lage wird dabei unter Berücksichtigung objektiver Faktoren wie des Einkommens, des Vermögens und der familiären Situation zu beurteilen sein. Nach Art. 147 Abs. 3 VerfO-EuG sind dem Antrag alle Belege beizufügen, die eine Beurteilung der wirtschaftlichen Lage des Antragstellers ermöglichen, wie etwa eine Bescheinigung einer zuständigen nationalen Stelle[2297]. Gemäß Art. 147 Abs. 7 VerfO-EuG wird der Lauf der Klagefrist bis zu dem Zeitpunkt gehemmt, zu dem der Beschluss zugestellt wird, mit dem über diesen Antrag entschieden wurde bzw der Beschluss, in dem der mit der Vertretung des Antragstellers beauftragte Anwalt bestimmt wurde[2298].

1991 Die Bewilligung von Prozesskostenhilfe wird jedoch *abgelehnt*, wenn das EuG für die begehrte Rechtsverfolgung offensichtlich unzuständig ist oder wenn diese Rechtsverfolgung *offensichtlich unzulässig* oder *offensichtlich jeder rechtlichen Grundlage entbehrend* erscheint (Art. 146 Abs. 2 VerfO-EuG).

2296 Juristischen Personen konnte nach Art. 94 § 2 VerfO-EuG aF keine Prozesskostenhilfe gewährt werden. Das galt auch für einen Rechtsanwalt als Insolvenzverwalter, da dieser nicht im eigenen Namen, sondern in demjenigen der in Insolvenz gefallenen juristischen Person tätig wurde, EuG, 22.01.2009, T-316/07 – easyHotel/EASYHOTEL, Rn 16–28.

2297 S. Prozesskostenhilfeformular; ABl. L 306/61 vom 30.11.2018; www.curia.europa.eu. EuG, 12.10.2009, T-206/09 AJ – DALLAS DHU/DALLAS DHU, Rn 4–13. Prozesskostenhilfe wurde zB bewilligt: EuG, 13.07.2009, T-255/08 AJ – JOSE PADILLA/JOSE PADILLA.

2298 EuG, 15.01.2024, T-638/22 – BOCA PARINTELE; EuG, 17.01.2024, T-650/22 – ATHLET, Rn 23.

L. Das Rechtsmittelverfahren vor dem EuGH

Übersicht | Rdn.

I. Verfahren

Gegen Urteile des EuG ist innerhalb von *zwei Monaten* (Art. 56 Satzung-EuGH) zuzüglich der Entfernungsfrist von *zehn Tagen* (Art. 51 VerfO-EuGH)[2299] das *Rechtsmittel zum EuGH* statthaft. Auch bei *Pandemien* und *Kriegen* laufen die *Rechtsmittelfristen weiter* und sind von den Parteien einzuhalten, unbeschadet der Möglichkeit, sich auf einen Fall *höherer Gewalt* gemäß Art. 45 Abs. 2 Satzung-EuGH zu berufen. Zur Erleichterung der Kommunikation empfiehlt der EuGH dringend den Vertretern der Parteien, die noch nicht über ein Konto für *e-Curia* verfügen, diese sichere Anwendung zu nutzen[2300]. **1992**

Dieses kann ein (auch nur teilweise) *unterlegener Verfahrensbeteiligter* vor dem EuG einlegen, also der Kläger, der Streithelfer und – im Gegensatz zum Verfahren vor dem EuG – auch das EUIPO. Eine Partei, die sich am Verfahren *vor dem EuG nicht beteiligt* hat, insb weder eigene Anträge gestellt noch mitgeteilt hat, dass sie die Anträge einer bestimmten Partei unterstütze, kann jedoch *kein Rechtsmittel* einlegen[2301]. **1993**

Das Verfahren selbst folgt der *Verfahrensordnung des EuGH* (insb Art. 167 bis 190 VerfO-EuGH). Besonders zu beachten sind weiter die PA-EuGH, die nicht nur Erläuterungen, sondern auch zusätzliche Vorschriften enthalten[2302]. **1994**

2299 Diese pauschale Entfernungsfrist ist nicht als gesondert von der Rechtsmittelfrist, sondern vielmehr als integraler Bestandteil und Verlängerung derselben anzusehen, so dass die Frist, innerhalb der das Rechtsmittel einzulegen ist, zwei Monate und 10 Tage ab Zustellung der angefochtenen Entscheidung beträgt; EuGH, 03.09.2020, C-174/20 P – ViruProtect, Rn 22, 23.

2300 Von März bis zum 31.08.2020 wurden die Fristen in den laufenden Verfahren – mit Ausnahme der besonders dringlichen Verfahren wie Eilverfahren, beschleunigte Verfahren und Verfahren des vorläufigen Rechtsschutzes – um einen Monat verlängert. Sie endeten mit Ablauf des Tages, der im folgenden Monat dieselbe Zahl wie der Tag trägt, an dem die Frist hätte ablaufen sollen, oder, falls dieser Tag im folgenden Monat fehlte, mit Ablauf des letzten Tages dieses Monats. Diese Verlängerung um einen Monat betraf auch die von der Kanzlei festgesetzten Fristen, sofern nichts anderes angegeben war. S. Hinweise für die Parteien auf www.curia.europa.eu.

2301 EuGH, 24.11.2015, C-206/15 P – BULLDOG/BULL, Rn 30–34; EuGH, 12.02.2015, C-35/14 P – Verschmelzende Grüntöne I, Rn 21–26.

2302 Die Satzung und die Verfahrensordnungen des EuGH (Satzung-EuGH, VerfO-EuGH, PA-EuGH ua) sind auf der Internetseite des Gerichtshofs www.curia.europa.eu. veröffentlicht, ebenso weitere nützliche Informationen, wie ua Hinweise für den Vortrag in der mündlichen Verhandlung.

1995 Vor dem EuGH besteht ein *Vertretungszwang* durch Bevollmächtigte oder Rechtsanwälte (Art. 119 VerfO-EuGH; Nr 2 PA-EuGH)[2303].

1996 *Verfahrenssprache* ist wegen Art. 37 Abs. 2a VerfO-EuGH diejenige Sprache, die für die angefochtene Entscheidung des EuG Verfahrenssprache war, außer es wird auf gemeinsamen Antrag der Parteien oder auf Antrag einer Partei nach Anhörung der Gegenpartei und des GA eine andere Sprache ganz oder teilweise zugelassen (Art. 37 Abs. 1b und 1c VerfO-EuGH). Ein in falscher Sprache eingelegtes Rechtsmittel ist unzulässig[2304]. Die Verfahrenssprache ist insb in den Schriftsätzen und bei den mündlichen Ausführungen der Parteien, einschl der vorgelegten oder beigefügten Belege und Unterlagen, sowie in den Protokollen und Entscheidungen des EuGH zu verwenden. Vorgelegten oder beigefügten Belegen und Unterlagen, die in einer anderen Sprache abgefasst sind, ist eine *Übersetzung* in der Verfahrenssprache beizugeben (Art. 38 Abs. 1 und 2 VerfO-EuGH).

1997 *Form und Struktur* aller *Verfahrensschriftstücke* vor dem EuGH richten sich nach Art. 57 und 58 VerfO-EuGH iVm Nr 39 bis 44 PA-EuGH. Weicht eines offensichtlich von diesen Vorgaben, insb denjenigen, die seine Länge betreffen, ab, kann der Kanzler den Verfasser auffordern, die Mängel innerhalb einer kurzen Frist zu beheben (Nr 45 PA-EuGH). Die *Zustellungsarten* sind in Art. 48 VerfO-EuGH geregelt sowie *Einreichung und Übermittlung* der Verfahrensschriftstücke in Nr 46 bis 50 PA-EuGH.

1998 Das Rechtsmittel wird gemäß Art. 167 Abs. 1 VerfO-EuGH durch Einreichung einer Rechtsmittelschrift bei der *Kanzlei des EuGH* oder des *EuG* eingelegt (Nr 46 bis 50 PA-EuGH). Dies kann auch über *e-Curia* erfolgen, was vor dem EuGH aber noch nicht zwingend ist, jedoch von ihm empfohlen wird (Nr 47 PA-EuGH)[2305].

1999 Der *Inhalt* der Rechtsmittelschrift ist in Art. 168 VerfO-EuGH geregelt (Nr 21 und 22 PA-EuGH). Nach Art. 169 Abs. 1 und Art. 170 VerfO-EuGH müssen die *Rechtsmittelanträge* die vollständige oder teilweise Aufhebung der Entscheidung des EuG in der Gestalt der Entscheidungsformel zum Gegenstand haben und darauf gerichtet sein,

2303 Art. 38 § 5b VerfO-EuGH aF, der vorsah, dass juristische Personen des Privatrechts mit ihrer Klageschrift den Nachweis vorzulegen haben, dass die Prozessvollmacht ihres Anwalts von einem hierzu Berechtigten ordnungsgemäß ausgestellt ist, war nach Art. 112 § 1 VerfO-EuGH aF, der nur auf die §§ 2 und 3 von Art. 38 VerfO-EuGH aF verweist, in Rechtsmittelverfahren nicht anwendbar; EuGH, 22.10.2010, C-84/10 P – Kids Vits/VITS4KIDS, Rn 19; EuGH, 01.12.2011, C-222/11 P – 5 HTP, Rn 19.

2304 EuGH, 14.01.2016, C-500/15 P – TVR ITALIA/TVR. Art. 168 Abs. 4 VerfO-EuGH. ist nicht anwendbar, so dass keine Möglichkeit zur Mängelbehebung besteht. S.a. EuGH, 18.10.2018, C-602/18 P – STAR.

2305 S. Beschluss des EuGH vom 16.10.2018 über die Einreichung und die Zustellung von Verfahrensschriftstücken im Wege der Anwendung e-Curia; ABl. L 293/36; und Voraussetzungen für die Nutzung der Anwendung e-Curia vom 17.10.2018; www.curia.europa.eu. Das Verfahrensschriftstück ist zu dem Zeitpunkt zugestellt, zu dem der Empfänger auf dieses zugreift. Wird nicht auf das Schriftstück zugegriffen, gilt es mit Ablauf des *siebten.* Tages nach Übersendung der Benachrichtigungs-E-Mail als zugestellt.

den erstinstanzlichen Anträgen vollständig oder teilweise stattzugeben[2306]. Art. 169 Abs. 1 VerfO-EuGH betrifft den fundamentalen Grundsatz, wonach das *Rechtsmittel gegen den Tenor* der Entscheidung des EuG gerichtet sein muss und nicht lediglich auf die Änderung bestimmter Entscheidungsgründe. Ein Rechtsmittel, das nur auf eine Änderung eines Teils seiner Begründung abzielt, ist unzulässig[2307].

Gemäß Art. 58a Satzung-EuGH steht die Prüfung von Rechtsmitteln gegen Entscheidungen des EuG, die eine Entscheidung einer BK des EUIPO betreffen, unter der Bedingung ihrer *vorherigen Zulassung* durch den EuGH[2308]. In diesen Rechtssachen ist nach Art. 170a, 170b VerfO-EuGH der Rechtsmittelschrift ein *Antrag auf Zulassung des Rechtsmittels* als Anlage beizufügen, in dem der Rechtsmittelführer die *für die Einheit, die Kohärenz oder die Entwicklung des Unionsrechts bedeutsamen Fragen* klar darlegt, die mit dem Rechtsmittel aufgeworfen werden, und der *sämtliche Angaben* enthalten muss, die erforderlich sind, um dem EuGH eine Entscheidung darüber zu ermöglichen. Der Zulassungsantrag darf *sieben Seiten nicht überschreiten*[2309], die unter Berücksichtigung sämtlicher formeller Vorschriften der PA-EuGH abzufassen sind (Art. 170a Abs. 2 VerfO-EuGH). In der Praxis handhabt der EuGH das Zulassungsverfahren *außerordentlich streng*. Nach der bisherigen Rspr wurden nur *Anträge zu verfahrensrechtlichen Fragen zugelassen*, nicht aber zu materiellrechtlichen[2310] 2000

Entspricht der Antrag nicht den formalen Anforderungen des Art. 170a Abs. 2 VerfO-EuGH, setzt der Kanzler des EuGH dem Rechtsmittelführer eine kurze *Frist zur* 2001

2306 EuGH, 17.07.2014, C-490/13 P – ALPHAREN/ALPHA D3, Rn 29–34. Der Rechtsmittelführer darf sich nicht darauf beschränken, nicht den Tenor, sondern lediglich einige Urteilsgründe anzugreifen.

2307 EuGH, 25.07.2018, C-84/17 P, C-85/17 P und C-95/17 P – Schokoladentafel, vierfach gerippt (Kit Kat), Rn 40–43, 46–54.

2308 Dieses Verfahren fand wegen Art. 3 VO (EU, Euratom) 2019/629 vom 17.04.2019 zur Änderung des Protokolls Nr 3 über die Satzung-EuGH keine Anwendung auf beim EuGH am 01.05.2019 bereits anhängige Rechtsmittel; ABl. L 111/1.

2309 EuGH, 10.10.2022, C-575/22 P – bittorrent II, wonach es auch mehrere Rechtsmittelgründe nicht rechtfertigen, den Zulassungsantrag auf 16 Seiten auszudehnen, so dass das Rechtsmittel unzulässig ist.

2310 Bislang hat der EuGH über 200 Entscheidungen getroffen, jedoch nur in etwa 3 % das Rechtsmittel zugelassen (ua EuGH, 07.04.2022, C-801/21 P – Abresham Super Basmati Selaa Grade One World's Best Rice/BASMATI I; EuGH, 16.11.2022, C-337/22 P – APE TEES/Affendarstellung; EuGH, 30.01.2023, C-580/22 P – tagesschau; EuGH, 18.04.2023, C-751/22 P – Shoppi/SHOPIFY; und EuGH, 11.07.2023, C-93/23 P – Zylindrisches Sanitärteil [Strahlregler]; teilweise zugelassen, EuGH, 08.05.2023, C-776/22 P – UGHI E NUNZIANTE). Dies entspricht auch dem Ziel des obigen Reformgesetzes (Erwägungsgründe 4 und 5), den EuGH in Anbetracht der stetig steigenden Zahl anhängig gemachter Rechtssachen zu entlasten, zumal die Rechtsmittel in Verfahren eingelegt wurden, die bereits zweifach geprüft worden waren, nämlich im ersten Schritt durch eine unabhängige BK und anschließend durch das EuG, und da viele von ihnen vom EuGH zurückgewiesen wurden, weil sie eindeutig unbegründet oder sogar offensichtlich unzulässig waren.

Mängelbehebung. Fehlt es an einem Zulassungsantrag oder behebt der Rechtsmittelführer die beanstandeten Mängel, zB die Anforderungen über *Form und Einreichung* der Verfahrensschriftstücke als auch ihre *Struktur und Länge*, nicht innerhalb der gesetzten Frist, so wird das Rechtsmittel für unzulässig erklärt (Art. 170a Abs. 1 S. 2 bzw Abs. 3 VerfO-EuGH, Nr 23 bis 25 PA-EuGH)[2311]. Erfüllt der Antrag die vorgeschriebenen formalen Voraussetzungen, so entscheidet der EuGH so rasch wie möglich durch mit Gründen versehenen und auf der Internetseite veröffentlichten Beschluss über die Zulassung oder die Nichtzulassung des Rechtsmittels (Art. 170b VerfO-EuGH)[2312].

2002 Ein *Zulassungsantrag* muss klar und *genau* die *Gründe* angeben, auf die das Rechtsmittel gestützt wird, ebenso genau und klar die durch jeden Rechtsmittelgrund aufgeworfene Rechtsfrage benennen, erläutern, ob diese Frage für die Einheit, die Kohärenz oder die Entwicklung des Unionsrechts bedeutsam ist, und speziell darlegen, warum diese Frage angesichts des angeführten Kriteriums bedeutsam ist. Da der Mechanismus der vorherigen Zulassung von Rechtsmitteln die Kontrolle durch den EuGH auf die Fragen beschränken soll, die für die Einheit, die Kohärenz oder die Entwicklung des Unionsrechts bedeutsam sind, sind von ihm nämlich nur die Gründe im Rahmen des Rechtsmittels zu prüfen, die solche Fragen aufwerfen, was vom Rechtsmittelführer dargetan worden sein muss. Hinsichtlich der Rechtsmittelgründe muss der Zulassungsantrag nähere Angaben zu der Bestimmung des Unionsrechts oder der

2311 EuGH, 09.07.2020, C-193/20 P – DECOPAC, Rn 4–11. Nr 39 und 40 PA-EuGH enthalten im Einzelnen bestimmte zusätzliche Anforderungen, die die beim EuGH eingereichten Schriftsätze und schriftlichen Erklärungen erfüllen müssen, um deren Lektüre und Behandlung, insb auf elektronischem Wege, zu erleichtern. Nach Nr 40 zweiter Gedankenstrich ist eine gängige Schrifttype (zB Times New Roman, Courier oder Arial) mit einer Schriftgröße von mindestens 12 pt im Haupttext und 10 pt in den Fußnoten zu verwenden, bei einem Zeilenabstand von 1,5 sowie einem Abstand von mindestens 2,5 cm (zum linken und rechten sowie zum oberen und unteren Rand). Im entschiedenen Fall wies der Text des sechsseitigen Antrags einen Zeilenabstand von weniger als 1,5 auf, so dass die Gefahr bestand, dass er, wenn er im richtigen Format abgefasst wäre, die festgelegte Grenze von sieben Seiten überschreiten würde. S.a. EuGH, 12.07.2019, C-412/19 P – TOBBIA/Peppa Pig, Rn 2–8; und EuGH, 26.08.2020, C-322/20 P – KENWELL/KENWOOD, Rn 2–7; EuGH, 06.10.2021, C-468/21 P – AICOOK/My Cook, Rn 2–6.

2312 Diese Entscheidung wird gemäß Art. 170b VerfO-EuGH auf Vorschlag des BE nach Anhörung des GA von einer speziell zu diesem Zweck eingerichteten Kammer getroffen, deren Präsident der Vizepräsident des EuGH ist und der darüber hinaus der BE und der Präsident der Kammer mit drei Richtern angehören, der der BE zum Zeitpunkt der Antragstellung zugeteilt ist. Der Beschluss über die Zulassung des Rechtsmittels wird den Parteien der betr Rechtssache vor dem EuG mit der Rechtsmittelschrift zugestellt. Wird das Rechtsmittel teilweise zugelassen, so sind in diesem Beschluss dessen Gründe oder Teile anzuführen, auf die sich die Rechtsmittelbeantwortung beziehen muss. Der Kanzler des EuGH benachrichtigt außerdem das EuG und, sofern sie nicht Partei der betr Rechtssache vor dem EuG waren, die Mitgliedstaaten, das Parlament, den Rat und die Kommission von der Zulassung des Rechtsmittels.

Rspr enthalten, gegen die das angefochtene Urteil oder der angefochtene Beschluss verstoßen haben soll, in gedrängter Form darlegen, worin der vom EuG angeblich begangene *Rechtsfehler* besteht, und Ausführungen dazu machen, inwieweit sich dieser Fehler auf das Ergebnis des angefochtenen Urteils oder Beschlusses ausgewirkt hat[2313].

Ist der gerügte Rechtsfehler das Ergebnis einer *Verletzung der Rspr*, muss der Antrag auf Zulassung des Rechtsmittels in gedrängter Form, aber klar und genau darlegen, erstens, wo der *behauptete Widerspruch* zu finden ist, indem sowohl die Rn des mit dem Rechtsmittel angefochtenen Urteils oder Beschlusses, die der Rechtsmittelführer in Frage stellt, als auch die Rn der Entscheidung des EuGH oder des EuG angegeben werden, die missachtet worden sein sollen, und zweitens die *konkreten Gründe*, aus denen ein solcher Widerspruch eine für die Einheit, die Kohärenz oder die Entwicklung des Unionsrechts bedeutsame Frage aufwirft. Ein Antrag auf Zulassung des Rechtsmittels, der diese Angaben nicht enthält, ist nämlich von vornherein nicht geeignet, zu belegen, dass das Rechtsmittel eine für die Einheit, die Kohärenz oder die Entwicklung des Unionsrechts bedeutsame Frage aufwirft, die seine Zulassung rechtfertigt[2314]. **2003**

Für die Zulassung eines Rechtsmittels reicht es daher keinesfalls aus, wenn im Zulassungsantrag lediglich die Argumente der Rechtsmittelbegründung wiederholt werden, ohne dezidiert darzulegen, wie die Rechtsfehler, unter denen das angefochtene Urteil angeblich leidet, für die Einheit, Kohärenz oder Entwicklung des Unionsrechts von Bedeutung sind[2315]. **2004**

Sogar die *Verletzung von wesentlichen Verfahrensrechten* gemäß Art. 41 Abs. 1 GRC, wie des rechtlichen Gehörs, des Rechts auf ordnungsgemäße Verwaltung und auf unparteiische und faire Behandlung, stellt – selbst wenn sie vorläge – keine Frage dar, die für die Einheit, Kohärenz oder Entwicklung des Unionsrechts von Bedeutung **2005**

2313 S. EuGH, Zylindrisches Sanitärteil (Strahlregler). Im Fall C-93/23 P hat das EUIPO seinen Rechtsmittelgrund, mit dem ein Verstoß gegen Art. 72 Abs. 3 UMV gerügt wird, genau und klar beschrieben. Es warf dem EuG insb vor, von Amts wegen die Anwendbarkeit von Art. 7 Abs. 1a iVm Art. 4 GMV in der Sache geprüft und damit die Grenzen seiner Zuständigkeit überschritten zu haben, da es sich die originäre Zuständigkeit der BK zur Überprüfung der Prüferentscheidungen angemaßt habe. Das EUIPO hat in seinem Zulassungsantrag sowohl die Rn des angefochtenen Urteils, die es beanstandet, als auch die Bestimmung des Unionsrechts benannt, gegen die verstoßen worden sein soll. Weiter ging aus dem Zulassungsantrag hervor, dass sich das angefochtene Urteil in seiner Gesamtheit auf den vom EuG angeblich begangenen Rechtsfehler stützt. Im Übrigen legte das EUIPO die konkreten Gründe dar, aus denen es die in seinem Rechtsmittel aufgeworfene Rechtsfrage für die Einheit, die Kohärenz und die Entwicklung des Unionsrechts für bedeutsam hält. Schließlich ging aus dem Zulassungsantrag hervor, dass die mit dem Rechtsmittel aufgeworfene Frage über den Rahmen des angefochtenen Urteils und letztlich den dieses Rechtsmittels hinausgeht.

2314 S. zB EuGH, 17.01.2022, C-599/21 P – RICH JOHN RICHMOND, Rn 14–17 mwN.

2315 S. zB EuGH, 10.07.2019, C-359/19 P – MEBLO, Rn 2–8.

ist, und kann daher keine Zulassung des Rechtsmittels zum EuGH rechtfertigen[2316]. Dasselbe gilt für die Rechtsmittelrüge der angeblichen *Verfälschung von Tatsachen und Beweismitteln* durch das EuG[2317].

2006 Soweit der Rechtsmittelführer sich auf einen Verstoß gegen den *Grundsatz der Rechtskraft* beruft, aber nicht konkret darlegt, warum dieser, sein Vorliegen unterstellt, eine für die Einheit, die Kohärenz oder die Entwicklung des Unionsrechts erhebliche Frage aufwirft, reicht dies nicht aus, die Zulassung des Rechtsmittels zu rechtfertigen[2318]. Selbst wenn er einen *Verstoß gegen die Grundsätze der Rechtsstaatlichkeit, der Rechtssicherheit* und *der loyalen Zusammenarbeit* rügt, genügt dies, unbeschadet ihrer wichtigen Stellung innerhalb der Unionsrechtsordnung, für sich genommen nicht aus[2319].

2007 Zwar stellt eine *fehlende* oder *unzulängliche Begründung* des Urteils einen Rechtsfehler dar, der im Rahmen eines Rechtsmittels geltend gemacht werden kann, doch müssen mit dem Rechtsmittel eine oder mehrere Fragen aufgeworfen werden, die für die Einheit, die Kohärenz oder die Entwicklung des Unionsrechts bedeutsam sind[2320]. Sogar die behauptete *Missachtung* einer Bestimmung *des nationalen Rechts* durch das EuG lässt keineswegs das Vorliegen einer wichtigen Frage für die Einheit, die Kohärenz oder die Entwicklung des Unionsrechts erkennen[2321].

2008 Weiter bedeutet allein die Tatsache, dass eine *Rechtsfrage neu* und *vom EuGH noch nicht geprüft* worden ist, nicht, dass sie notwendigerweise von Bedeutung für die Entwicklung des Unionsrechts ist[2322]. Dasselbe gilt für das Vorbringen, dass das EuG *gegen seine eigene Rechtsprechung* und *diejenige des EuGH* verstoßen habe[2323]. Schließlich genügt das bloße Argument, dass eine Unionsrechtsvorschrift Gegenstand *mehrerer Urteile des EuG* gewesen sei, die zu *keiner einheitlichen Rspr* geführt hätten, nicht den gesetzlichen Anforderungen, wenn dieses Vorbringen allgemeiner Natur bleibt und nicht auch Ausführungen zu den konkreten Gründen gemacht werden, aus denen ein solcher Umstand, sein Vorliegen unterstellt, eine für die Einheit, die Kohärenz oder die Entwicklung des Unionsrechts bedeutsame Frage aufwirft[2324].

2009 *Neue Anträge vor dem EuGH sind nicht zulässig.* Das Rechtsmittel kann daher den vor dem EuG verhandelten Streitgegenstand *nicht verändern* (Art. 170 Abs. 1 VerfO-EuGH). Ein Rechtsmittelführer kann vor dem EuGH kein Angriffsmittel vor-

2316 S. zB EuGH, 16.09.2019, C-421/19 P – PRIMED/PRIM S.A., Rn 11–14; u. EuGH, 09.01.2024, C-611/23 P – Sütat, Rn 15.

2317 S. zB EuGH, 29.10.2020, C-307/20 P – Peek & Cloppenburg/Peek & Cloppenburg, Rn 21; u. EuGH, 18.01.2024, C-500/23 P – THE PLANET/PLANÈTE +, Rn 17.

2318 S. zB EuGH, 17.10.2023, C-406/23 P – SYRENA II, Rn 15.

2319 S. zB EuGH, 11.10.2023, C-458/23 P – EMMENTALER, Rn 15.

2320 S. zB EuGH, 17.07.2023, C-94/23 P – Puma/PUMA, Rn 22, 23.

2321 S. zB EuGH, 28.09.2023, C-275/23 P – Cerviron/CERVIRON, Rn 14.

2322 S. zB EuGH, 30.09.2019, C-461/19 P – Schuhsohle, Rn 16; u. EuGH, 15.12.2023, C-533/23 P – Sanity Group/SANYTOL, Rn 21.

2323 S. zB EuGH, 13.07.2023, C-142/23 P – Gufic, Rn 19.

2324 S. zB EuGH, 13.12.2021, C-589/21 P – NOVA/NOVA, Rn 22.

bringen, das nicht Teil der Klage vor dem EuG gegen die streitige Entscheidung der BK war. Ein *neues Angriffsmittel*, das den Streitgegenstand erweitert, darf nämlich nicht erstmals im Stadium des Rechtsmittels geltend gemacht werden[2325]. Beantragt der Rechtsmittelführer für den Fall der Aufhebung der angefochtenen Entscheidung die *Zurückverweisung* der Rechtssache an das EuG, so hat er die Gründe darzulegen, warum der Rechtsstreit nicht zur Entscheidung durch den EuGH reif ist (Art. 170 Abs. 2 VerfO-EuGH).

Ein Rechtsmittel muss wegen Art. 256 AEUV (vormals: Art. 225 EGV), Art. 58 Abs. 1 Satzung-EuGH und Art. 169 Abs. 2 VerfO-EuGH in seinen Rechtsgründen und -argumenten die *beanstandeten Punkte* der Begründung des angefochtenen Urteils sowie die den Antrag speziell stützenden *rechtlichen Argumente genau bezeichnen.* 2010

Diesem Erfordernis entspricht ein Rechtsmittel *nicht*, das sich darauf beschränkt, die bereits vor dem EuG dargelegten Klagegründe und Argumente zu wiederholen oder wörtlich wiederzugeben, aber überhaupt *keine Ausführungen zur Bezeichnung des Rechtsfehlers* enthält, mit dem das angefochtene Urteil behaftet sein soll[2326]. Ebenfalls ist ein Rechtsmittel offensichtlich unzulässig, das nur die Begründung des EuG kommentiert oder rügt, dass diese ihn nicht überzeuge, ohne stimmige rechtliche Ausführungen zu Rechtsfehlern zu machen[2327], oder das nur aus der Darlegung von Schlussfolgerungen besteht, ohne zu erklären, welche Verbindungen zwischen diesen und dem Rechtsmittelgrund bestehen[2328]. 2011

Die *Rechtsmittelschrift* wird sodann gemäß Art. 171 VerfO-EuGH *den anderen Parteien* der Rechtssache *zugestellt*. Jede Partei der betr Rechtssache vor dem EuG, die ein Interesse an der Stattgabe oder der Zurückweisung des Rechtsmittels hat, kann wegen Art. 172 VerfO-EuGH innerhalb von zwei Monaten nach Zustellung eine *Rechtsmittelbeantwortung* einreichen. Eine Verlängerung der Beantwortungsfrist ist nicht möglich. Der *Inhalt* der Rechtsmittelbeantwortung ist in Art. 173 VerfO-EuGH geregelt. Nach Art. 174 VerfO-EuGH müssen die Beantwortungsanträge auf die vollständige oder teilweise Stattgabe oder Zurückweisung des Rechtsmittels gerichtet sein (Nr 26 PA-EuGH). Neue Anträge dürfen nicht gestellt werden[2329]. 2012

Rechtsmittelschrift und -beantwortung können gemäß Art. 175 VerfO-EuGH nur dann durch *eine Erwiderung und eine Gegenerwiderung* ergänzt werden, wenn der Präsident dies auf einen entspr, innerhalb von sieben Tagen nach Zustellung der Rechtsmittelbeantwortung gestellten und gebührend *begründeten Antrag* des Rechtsmittelführers nach Anhörung des BE und des GA für erforderlich hält, insb damit der Rechtsmittelführer zu einer Unzulässigkeitseinrede oder zu in der Rechtsmittelbeantwortung geltend gemachten neuen Gesichtspunkten Stellung nehmen kann. 2013

2325 EuG, 25.03.2009, T-191/07 – BUDWEISER/BUDWEISER I, Rn 98–108.

2326 EuGH, 18.12.2008, C-16/06 P – MOBILIX/OBELIX, Rn 111; und EuGH, 01.12.2011, C-222/11 P – 5 HTP, Rn 23, 24, 28, 29.

2327 EuGH, 21.03.2012, C-87/11 P – Hallux, Rn 47, 48, 62.

2328 EuGH, 08.05.2014, C-608/12 P – star foods/STAR SNACKS, Rn 30.

2329 EuGH, 05.07.2011, C-263/09 P – ELIO FIORUCCI, Rn 83–85.

Der Präsident bestimmt die Frist für die Einreichung der Erwiderung und anlässlich der Zustellung dieses Schriftsatzes die Frist für die Einreichung der Gegenerwiderung. Er kann die *Seitenzahl und den Gegenstand der Schriftsätze begrenzen* (Nr 29 und 30 PA-EuGH). Satzung-EuGH und VerfO-EuGH sehen *keine* Möglichkeit für die Beteiligten vor, eine *Stellungnahme* zu den *Schlussanträgen des GA* einzureichen. Allerdings kann der EuGH nach Art. 83 VerfO-EuGH jederzeit nach Anhörung des GA die Wiedereröffnung des mündlichen Verfahrens beschließen, insb wenn er sich für unzureichend unterrichtet hält oder wenn ein zwischen den Parteien oder den in Art. 23 Satzung-EuGH bezeichneten Beteiligten nicht erörtertes Vorbringen entscheidungserheblich ist.[2330]

2014 Ein *Anschlussrechtsmittel* muss innerhalb der Frist der Rechtsmittelbeantwortung nach Art. 176 VerfO-EuGH ausdrücklich, mit gesondertem (von der Rechtsmittelbeantwortung getrenntem) Schriftsatz[2331], mit auf die vollständige oder teilweise Aufhebung des angefochtenen Urteils gerichteten Anträgen und mit den geltend gemachten Rechtsgründen und -argumenten eingelegt werden, die die beanstandeten Punkte der Begründung der EuG-Entscheidung genau bezeichnen und sich von den in der Rechtsmittelbeantwortung geltend gemachten Gründen und Argumenten unterscheiden (Art. 178 VerfO-EuGH). Es reicht daher nicht aus, lediglich Ausführungen zu bestimmten vom EuG zurückgewiesenen Unzulässigkeitseinreden zu machen und den EuGH um eine Stellungnahme hierzu zu ersuchen[2332]. Der *Inhalt* der Anschlussrechtsmittelschrift ist in Art. 177 VerfO-EuGH geregelt (Nr 27 PA-EuGH). Auch das *EUIPO* kann Anschlussrechtsmittel einlegen[2333].

2015 Wird Anschlussrechtsmittel eingelegt, so kann der Rechtsmittelführer oder jede andere Partei der betr Rechtssache vor dem EuG, die ein Interesse an der Stattgabe oder der Zurückweisung des Anschlussrechtsmittels hat, gemäß Art. 179 VerfO-EuGH innerhalb von zwei Monaten nach Zustellung eine *Beantwortung* einreichen, deren Gegenstand auf die mit dem Anschlussrechtsmittel geltend gemachten Gründe begrenzt ist (Nr 28 PA-EuGH). Eine Verlängerung der Frist ist nicht möglich. Für die *Erwiderung und*

2330 EuGH, 28.02.2018, C-418/16 P – mobile.de/mobile, Rn 28–31. Der GA hat nach Art. 252 Abs. 2 AEUV die Aufgabe, öffentlich in völliger Unparteilichkeit und Unabhängigkeit begründete Schlussanträge zu den Rechtssachen zu stellen, in denen nach der Satzung-EuGH seine Mitwirkung erforderlich ist. Die Schlussanträge oder ihre Begründung binden den EuGH nicht. Dass eine Partei nicht mit ihnen einverstanden ist, kann folglich unabhängig von den darin untersuchten Fragen für sich genommen kein Grund sein, der die Wiedereröffnung des mündlichen Verfahrens rechtfertigt. S.a. EuGH, 25.07.2018, C-84/17 P, C-85/17 P und C-95/17 P – Schokoladentafel, vierfach gerippt (Kit Kat), Rn 31–36.

2331 EuGH, 30.01.2014, C-422/12 P – CLORALEX/CLOROX, Rn 55. Ein zusammen mit der Rechtsmittelbeantwortung im selben Schriftsatz eingelegtes Anschlussrechtsmittel ist unzulässig.

2332 EuGH, 03.09.2009, C-498/07 P – La Española/Carbonell, Rn 87–94.

2333 EuGH, 15.05.2014, C-97/12 P – Schließmechanismus, Rn 82.

Gegenerwiderung nach dem Anschlussrechtsmittel gelten dieselben Grundsätze wie bei Rechtsmittelschrift und -beantwortung (Art. 180 VerfO-EuGH).

Das *Anschlussrechtsmittel* gilt wegen Art. 183 VerfO-EuGH als *gegenstandslos*, wenn der Rechtsmittelführer sein Rechtsmittel zurücknimmt, wenn das Rechtsmittel wegen Nichteinhaltung der Rechtsmittelfrist für offensichtlich unzulässig erklärt wird oder wenn das Rechtsmittel allein deshalb für offensichtlich unzulässig erklärt wird, weil es nicht gegen eine Endentscheidung des EuG gerichtet ist. 2016

Anträge auf *Zulassung der Streithilfe* müssen gemäß Art. 190 Abs. 2 iVm Art. 21 Abs. 4 VerfO-EuGH innerhalb eines Monats nach Veröffentlichung der Mitteilung im ABl., die den Eintragungstag des verfahrenseinleitenden Schriftsatzes, die Namen der Parteien, die Anträge und die Angabe der geltend gemachten Gründe und wesentlichen Argumente enthält, gestellt werden. Ansonsten ist die Streithilfe in Art. 129 bis 132 VerfO-EuGH geregelt (Nr 33 bis 37 PA-EuGH). 2017

Nach Art. 40 Abs. 2 Satzung-EuGH können natürliche und juristische Personen, die ein berechtigtes Interesse am Ausgang eines bei dem EuGH anhängigen Verfahrens geltend machen können (mit Ausnahme von Rechtssachen zwischen Mitgliedstaaten, zwischen Organen der Union oder zwischen Mitgliedstaaten und Organen der Union), einem dort anhängigen *Rechtsstreit beitreten*[2334]. Der Begriff des *Interesses am Ausgang eines Rechtsstreits* ist im Hinblick auf den Streitgegenstand zu definieren und so zu verstehen, dass er ein unmittelbares und bestehendes Interesse an der Entscheidung über die gestellten Anträge und nicht ein Interesse an den vorgebrachten Klagegründen oder Argumenten bezeichnet. Mit dem »Ausgang des Rechtsstreits« ist die endgültige Entscheidung gemeint, wie sie im Tenor des künftigen Urteils oder Beschlusses enthalten ist. Grds kann ein Interesse am Ausgang des Rechtsstreits nur dann als hinreichend *unmittelbar* angesehen werden, wenn dieser Ausgang geeignet ist, die Rechtsstellung des Antragstellers zu ändern[2335]. 2018

2334 EuGH, 29.07.2019, C-783/18 P – Gefäß mit Wulst (Amphore). Allein der Umstand, dass ein Unternehmen ein Nichtigkeitsverfahren wegen absoluter Schutzhindernisse gegen eine nationale Marke führt (hier vor dem BPatG), begründet für dieses jedoch kein unmittelbares und gegenwärtiges Interesse am Ausgang des Rechtsmittelverfahren, welches die Eintragungsfähigkeit einer parallelen Unionsmarkenanmeldung desselben Inhabers betrifft.

2335 EuGH, 16.12.2022, C-801/21 P – Abresham Super Basmati Selaa Grade One World/ BASMATI II. Außerdem ist zu unterscheiden zwischen Streithilfeantragstellern, die ein unmittelbares Interesse an der Entscheidung über die Anträge der Parteien des Rechtsstreits, dem sie als Streithelfer beitreten wollen, geltend machen können, und solchen, die nur ein mittelbares Interesse am Ausgang des Rechtsstreits aufgrund von Ähnlichkeiten zwischen ihrer Situation und der einer der Parteien geltend machen können. Im entschiedenen Fall hatte die Entscheidung, deren Aufhebung der Streithelfer als Kläger vor dem EuG beantragte, nicht denselben Gegenstand wie die angefochtene Entscheidung, da diese beiden Widerspruchsverfahren gegen die Eintragung verschiedener Unionsmarken betrafen.

2019 Insb wird der Beitritt von *repräsentativen Verbänden* erlaubt, deren Ziel ist es, die Interessen ihrer Mitglieder bei Grundsatzfragen zu vertreten, die sich auf diese auswirken können[2336].

2020 Gemäß Art. 42 Satzung-EuGH iVm Art. 157 VerfO-EuGH können natürliche und juristische Personen auch *Drittwiderspruch* gegen ein Urteil erheben, wenn dieses ihre Rechte beeinträchtigt und in einem Rechtsstreit erlassen worden ist, an dem sie nicht teilgenommen haben[2337].

2021 Bestehen *Zweifel über Sinn und Tragweite eines Urteils*, so ist der EuGH wegen Art. 43 Satzung-EuGH iVm Art. 158 VerfO-EuGH zuständig, dieses auf Antrag einer Partei oder eines Unionsorgans auszulegen, wenn diese ein berechtigtes Interesse hieran glaubhaft machen. Für die *Zulässigkeit* ist erforderlich, dass der *Auslegungsantrag* den Tenor des betr Urteils in Verbindung mit dessen wesentlichen Entscheidungsgründen zum Gegenstand hat und die Beseitigung einer Unklarheit oder Mehrdeutigkeit bezweckt, die möglicherweise Sinn und Tragweite des Urteils selbst insoweit berührt, als darin über den dem EuGH unterbreiteten konkreten Fall zu entscheiden war[2338]. Ein Antrag auf Auslegung ist jedoch unzulässig, wenn er Fragen aufwirft, die in dem betr Urteil oder Beschluss nicht entschieden wurden[2339].

2022 Nach Art. 154 Abs. 1 VerfO-EuGH können *Schreib- und Rechenfehler* sowie *offensichtliche Unrichtigkeiten* vom EuGH von Amts wegen oder auf Antrag einer Partei, der innerhalb von zwei Wochen nach Verkündung des Urteils oder Zustellung des Beschlusses gestellt wird, berichtigt werden. Damit kann aber keinesfalls eine Überprüfung der Begründung des angefochtenen Beschlusses und der darin enthaltenen rechtlichen Erwägungen beantragt werden, ein entspr Antrag ist offensichtlich unzulässig[2340].

2023 Wegen Art. 155 Abs. 1 VerfO-EuGH kann jede Partei, die sich darauf berufen will, innerhalb eines Monats nach Zustellung der Entscheidung einen *Antrag auf* deren

---

2336 EuGH, 25.03.2014, C-445/13 P – Zylindrische Flaschenform (Voss of Norway), hier zB die INTA.

2337 EuGH, 11.10.18, C-118/18 P-TO – bittorrent. Jedoch kann eine nachteilige, wenn auch erhebliche Auswirkung auf die wirtschaftlichen und finanziellen Interessen eines Anteilseigners einer Gesellschaft, die die erfolglose Rechtsmittelführerin in einem Verfahren vor dem EuGH war, nicht als direkte, nachteilige Auswirkung auf die Interessen dieses Anteilseigners angesehen werden.

2338 EuGH, 13.12.18, C-118/18 P-INT – bittorrent, mwN. Hier war der Antrag aber offensichtlich unzulässig, da sich aus dem kritisierten Beschluss keine Unklarheit ergibt, die die Schlussfolgerung beeinträchtigt. Die Folgen einer streng am Wortlaut orientierten Lesart des Tenors des Beschlusses, dessen Auslegung beantragt wird, können nämlich nicht in Frage gestellt werden.

2339 EuGH, 11.02.2021, C-763/18 P-INT – wallapop/wala w, mwN. Der Antragsteller möchte nämlich vom EuGH wissen, welche Konsequenzen das EUIPO aus der Verfahrenseinstellung durch den EuGH im Hinblick auf die Umsetzung dieses Beschlusses zu ziehen hat.

2340 EuGH, 25.11.2021, C-201/21 P-OST – BBQLOUMI/HALLOUMI IV, Rn 7–9.

Ergänzung stellen, wenn der EuGH es unterlassen hat, über einen bestimmten Antrag oder über die Kosten zu entscheiden. Die Unterlassung besteht darin, dass der EuGH gegen seine Verpflichtung verstößt, über alle von den Parteien gestellten Anträge, einschl des Kostenantrags, zu entscheiden[2341].

Eine Wiederaufnahme des Verfahrens als außerordentlicher Rechtsbehelf kann beim **2024** EuGH gemäß Art. 44 Satzung-EuGH iVm Art. 159 Abs. 1 VerfO-EuGH beantragt werden, wenn eine Tatsache von entscheidender Bedeutung bekannt wird, die vor Verkündung des Urteils oder Zustellung des Beschlusses dem EuGH und der die Wiederaufnahme beantragenden Partei unbekannt war. Die gesetzlichen Voraussetzungen sind streng zu prüfen, da die Wiederaufnahme es ermöglicht, die Wirksamkeit einer rechtskräftigen Entscheidung in Frage zu stellen[2342].

Eine *einstweilige Anordnung* gemäß Art. 160 Abs. 2 bis 7 und Art. 161 bis 164 iVm **2025** 190 Abs. 1 VerfO-EuGH ist nur bei hinreichender Erfolgsaussicht und Dringlichkeit statthaft. Dringlichkeit liegt vor, wenn ein schwerer und *nicht wiedergutzumachender Schaden* droht, wobei finanzielle Schäden nicht ausreichen, weil sie durch Entschädigungen wieder ausgeglichen werden können[2343].

Ein Antrag auf *Aussetzung der Vollziehung* von Handlungen eines Organs iSd Art. 278 **2026** AEUV im Rahmen eines vor dem EuGH anhängigen Verfahrens muss wegen Art. 160 Abs. 4 VerfO-EuGH, der auf ein Rechtsmittel nach Art. 190 Abs. 1 anwendbar ist, in einem *gesonderten Schriftsatz* und nach Maßgabe der Art. 120 bis 122 VerfO-EuGH gestellt werden. Sonst ist der Aussetzungsantrag unzulässig[2344].

Das Rechtsmittel ist nach Art. 256 AEUV und 58 Abs. 1 Satzung-EuGH auf *Rechtsfragen beschränkt*. Es kann nur auf die Unzuständigkeit des EuG, auf einen Verfah- **2027** rensfehler, durch den die Interessen des Rechtsmittelführers beeinträchtigt werden, sowie auf eine Verletzung des Unionsrechts durch das EuG gestützt werden. Allein das EuG ist nämlich für die Feststellung und Beurteilung der relevanten Tatsachen sowie für die Beweiswürdigung zuständig. Somit ist dies *keine Rechtsfrage*, die als solche der Kontrolle des EuGH im Rahmen eines Rechtsmittels unterläge.

Als Rechtsmittelgrund kommt daher nur (1) eine *Verletzung des Unionsrechts* in Betracht, **2028** zB ein die Interessen des Rechtsmittelführers beeinträchtigender *Verfahrensfehler*, (2)

2341 EuGH, 25.11.2021, C-201/21 P-OST – BBQLOUMI/HALLOUMI IV, Rn 11–17. Jedoch kann der Rechtsmittelführer nicht verlangen, dass der EuGH über einen Antrag auf Zulassung des Rechtsmittels entscheidet, der den gesetzlichen Anforderungen offensichtlich nicht genügt. In diesem Fall ist der Antrag gemäß Art. 159a VerfO-EuGH offensichtlich unbegründet.

2342 EuGH, 08.05.2019, C-118/18 P-REV – bittorrent. Nationale und europäische Rspr stellt ebenso wenig einen neuen unbekannten Sachverhalt dar, wie angebliche Verfahrensverstöße, selbst wenn sie entscheidenden Einfluss auf das Ergebnis haben könnten. S.a. EuGH, 16.01.2020, C-118/18 P-REV II – bittorrent, und EuGH, 04.06.2020, C-118/18 P-REV III.

2343 EuGH, 12.05.2010, C-5/10 P-R – CANNABIS, Rn 13–25.

2344 EuGH, 29.11.2018, C-340/17 P – ALCOLOCK/ALCOLOCK, Rn 27, 28.

eine *Entstellung oder Verfälschung des tatsächlichen Sachverhalts*[2345], die sich bereits offensichtlich aus den Akten ergeben muss, ohne dass es einer neuen Tatsachen- und Beweiswürdigung bedarf[2346], wobei eine Verfälschung von Beweisen außerdem voraussetzt, dass das EuG die Grenzen einer vernünftigen Beweiswürdigung offensichtlich überschritten hat[2347], oder (3) eine *rechtsfehlerhafte Beurteilung einer materiellen Rechtsfrage*. Auch die Frage, ob die *Begründung eines Urteils des EuG ausreicht* oder unzulänglich, gar widersprüchlich ist, stellt eine Rechtsfrage dar[2348].

2029 Zwar ist die *Würdigung von Beweismitteln* eine Frage tatsächlicher Art, die sich der Kontrolle durch den EuGH entzieht, jedoch stellt das Versäumnis, alle Beweismittel zu berücksichtigen, einen Rechtsfehler dar und kann als ein solcher im Rahmen eines Rechtsmittels geltend gemacht werden[2349].

2030 Argumente eines Rechtsmittels dagegen, mit denen nicht das EuG-Urteil beanstandet wird, sondern die *Entscheidung der BK*, deren Aufhebung vor dem EuG beantragt wurde, sind *nicht zulässig*[2350].

2031 Im Einzelfall kann der EuGH selbst die korrekte Anwendung *nationaler Rechtsvorschriften* durch das EuG überprüfen, wenn diese infolge des in einer unionsrechtlichen Norm enthaltenen Verweises in dem zugrunde liegenden Rechtsstreit anwendbar sind, zB bei Art. 8 Abs. 4 oder Art. 60 Abs. 2 UMV.

2032 Denn im Hinblick auf die Überprüfung der vom EuG zu nationalen Rechtsvorschriften getroffenen Feststellungen ist der EuGH dafür zuständig, zunächst zu prüfen, ob das EuG auf der Grundlage der ihm vorgelegten Schriftstücke und anderen Beweismittel nicht den Wortlaut der fraglichen *nationalen Vorschriften* oder der sich auf sie beziehenden nationalen Rspr oder auch der sie betr juristischen Literatur verfälscht

2345 Eine Verfälschung des Inhalts der Entscheidung der BK durch das EuG hat der EuGH zB festgestellt im Urteil vom 16.06.2011, C-317/10 P – UNIWEB/UNIFONDS, Rn 48–52. Außerdem hat das EuG eine Verwechslungsgefahr verneint, ohne alle Umstände zu berücksichtigen, die für die konkrete Beurteilung relevant sind, ob die Gefahr besteht, dass die maßgeblichen Verkehrskreise glauben könnten, dass die Anmeldung zu der vom Widersprechenden angeführten Markenserie gehört, Rn 56–62.

2346 EuGH, 20.10.2011, C-281/10 P – Werbeträgergeschmacksmuster (PepsiCo/Promer), Rn 79.

2347 EuGH, 25.07.2018, C-139/17 P – medialbo/MediaLB, Rn 34, 35 mwN. Angesichts des Ausnahmecharakters einer Rüge der Verfälschung von Tatsachen und Beweismitteln muss ein Rechtsmittelführer insb genau angeben, welche Gesichtspunkte das EuG verfälscht haben soll, und die Beurteilungsfehler darlegen, die es seines Erachtens zu dieser Verfälschung veranlasst haben. Für den Nachweis einer Verfälschung von Beweisen genügt es jedoch nicht, eine andere als die vom EuG gewählte Auslegung der betr Beweise vorzuschlagen.

2348 EuGH, 05.07.2011, C-263/09 P – ELIO FIORUCCI, Rn 63–68; EuGH, 01.12.2016, C-642/15 P – Ofenform (Bullerjan), Rn 24–30.

2349 EuGH, 20.05.2014, C-414/13 P – Wolfgang Amadeus Mozart PREMIUM/W. Amadeus Mozart, Rn 33 mwN.

2350 EuGH, 17.01.2013, C-21/12 P – RESTORE, Rn 86 mwN.

hat, des Weiteren, ob das EuG in Anbetracht dieser Angaben nicht Feststellungen getroffen hat, die ihrem Inhalt offensichtlich zuwiderlaufen, und schließlich, ob das EuG bei seiner Prüfung der Gesamtheit dieser Angaben zur Ermittlung des Inhalts der fraglichen nationalen Rechtsvorschriften nicht einer dieser Angaben eine Tragweite beigemessen hat, die ihr im Verhältnis zu den anderen nicht zukommt, soweit sich dies offensichtlich aus den zu den Akten genommenen Unterlagen ergibt[2351].

Neue Tatsachen dürfen auch vor dem EuGH *keinesfalls mehr vorgebracht werden*. Eine 2033 Aufhebung des angefochtenen Urteils erfolgt nur, wenn die Rechtsverletzung für die Entscheidung auch *kausal* geworden ist, also geeignet ist, als Rechtsirrtum angesehen zu werden, der das angefochtene Urteil infrage stellen kann[2352].

Im klaren Unterschied zum deutschen System beurteilt der EuGH die Voraussetzun- 2034 gen der *Verwechslungsgefahr*, nämlich die *Ähnlichkeit* von *Marken* im Bild, Klang und dem Sinngehalt nach, die Feststellung ihres *dominierenden* Elements, das Vorliegen einer *Neutralisierungswirkung* bei begrifflicher Verschiedenheit sowie die *Ähnlichkeit* der *Waren* und *DL* und die Frage der *Kennzeichnungskraft* des älteren Rechts sowie die *Wechselwirkung* der einzelnen Faktoren nicht als Rechts-, sondern als *Tatsachenfrage*[2353]. Insoweit sind die Feststellungen des EuG einer rechtlichen Überprüfung nicht zugänglich, da das Rechtsmittel auf Rechtsfragen beschränkt ist und daher der EuGH nicht seine eigene Beurteilung an die Stelle derjenigen durch das EuG setzen kann. Dies führte in der Konsequenz dazu, dass die meisten Rechtsmittel, die die Verwechslungsgefahr und deren Voraussetzungen nochmals zur Überprüfung durch den EuGH stellen wollten, vor Einführung des Zulassungsantrags (Rdn 1886 f) als *offensichtlich unzulässig* oder *offensichtlich unbegründet* scheiterten[2354].

Der EuGH kann im Rahmen eines Rechtsmittels, so es denn noch zugelassen wird, 2035 was aber derzeit nicht mehr geschieht (s. Rdn 1889.1), nachprüfen, ob das EuG *Verfahrensfehler* begangen hat, durch die die *Interessen des Rechtsmittelführers beeinträchtigt* werden. Eine solche Beeinträchtigung liegt vor, wenn das Verfahren ohne den geltend gemachten Verfahrensfehler zu einem anderen Ergebnis hätte führen können. Ist dies

2351 EuGH, 05.07.2011, C-263/09 P – ELIO FIORUCCI, Rn 46–57; EuGH, 29.11.2011, C-76/11 P – Golden Elephant Brand/GOLDEN ELEPHANT, Rn 66; EuGH, 27.03.2014, C-530/12 P – Hand/Hand (mano portafortuna), Rn 36–38, 46.

2352 EuGH, 15.01.2010, C-579/08 P – Ferromix/FERROMAXX ua, Rn 54; EuGH, 25.02.2010, C-408/08 P – COLOR EDITION, Rn 53.

2353 Jedoch stellt das Versäumnis, alle diese Umstände zu berücksichtigen, einen Rechtsfehler dar und kann als ein solcher vor dem EuGH im Rahmen eines Rechtsmittels geltend gemacht werden; EuGH, 16.01.2014, C-193/13 P – nfon/fon, Rn 52 mwN.

2354 Siehe ua EuGH, 18.07.2006, C-214/05 – SISSI ROSSI/MISS ROSSI, Rn 23–54; EuGH, 23.03.2006, C-206/04 P – ZIRH/SIR, Rn 28, 41; EuGH, 18.12.2008, C-16/06 P – MOBILIX/OBELIX, Rn 68–80, 91–102; EuGH, 01.06.2006, C-324/05 P – Turkish Power/POWER, Rn 16–48; EuGH, 01.06.2006, C-324/05 P – Emilio Pucci/Emidio Tucci, Rn 40–57; EuGH, 01.06.2006, C-324/05 P – VITAKRAFT/Krafft, Rn 20–28; EuGH, 05.01.2010, C-579/08 P – Ferromix/FERROMAXX ua, Rn 57.

nicht der Fall, so hat der Rechtsmittelführer den Nachweis zu erbringen, dass er sich ohne den Verfahrensfehler besser hätte verteidigen können[2355].

2036 Anträge, die die angebliche *Rechtswidrigkeit der Kostenentscheidung* des EuG betreffen, sind gemäß Art. 58 Abs. 2 Satzung-EuGH unzulässig[2356].

2037 Das *mündliche Verfahren* und die mündliche Verhandlung sind in Art. 76 bis 85 VerfO-EuGH iVm Nr 51 bis 69 PA-EuGH geregelt und das Verfahren hinsichtlich des *Erlasses von Urteilen und Beschlüssen* in Art. 86 bis 92 VerfO-EuGH.

2038 Der EuGH kann gemäß Art. 83 VerfO-EuGH die *Wiedereröffnung der mündlichen Verhandlung* anordnen, insb wenn er sich für unzureichend unterrichtet hält, wenn eine Partei nach Abschluss des mündlichen Verfahrens eine neue Tatsache unterbreitet hat, die von entscheidender Bedeutung für die Entscheidung des EuGH ist, oder wenn ein zwischen den Parteien oder den weiteren Beteiligten nicht erörtertes Vorbringen entscheidungserheblich ist[2357].

2039 *Einigen sich die Parteien* über die streitigen Fragen, bevor der EuGH entschieden hat, und erklären sie, dass sie auf die Geltendmachung ihrer Ansprüche verzichten, oder nimmt der Rechtsmittelführer durch schriftliche Erklärung das Rechtsmittel zurück, so ordnet der Präsident nach Art. 147 iVm Art. 190 Abs. 1 VerfO-EuGH die *Streichung der Rechtssache* im Register an.

2040 Der EuGH kann gemäß Art. 149 iVm Art. 190 Abs. 1 VerfO-EuGH auch durch mit Gründen versehenen Beschluss feststellen, dass das Rechtsmittel gegenstandslos geworden und die *Hauptsache erledigt* ist, zB wenn die Rücknahme der angegriffenen Unionsmarke oder des Widerspruchs bzw des Nichtigkeits- oder Verfallsantrags zur Beendigung des Rechtsstreits führt[2358]. Im Fall der Klagerücknahme beschließt der Präsident die Streichung der Rechtssache im Register und entscheidet über die Kosten (Art. 148 iVm Art. 190 Abs. 1 VerfO-EuGH).

2041 Ist das Rechtsmittel oder Anschlussrechtsmittel ganz oder teilweise *offensichtlich unzulässig oder offensichtlich unbegründet*, so kann der EuGH es wegen Art. 181 VerfO-EuGH jederzeit auf Vorschlag des BE und nach Anhörung des GA ganz oder teilweise durch mit Gründen versehenen *Beschluss zurückweisen*. Diese Vorschrift ist

2355 EuGH, 04.09.2014, C-509/13 P – METRO/GRUPOMETROPOLIS, Rn 56–59. Im entschiedenen Fall hatte der Rechtsmittelführer keinen Grund angegeben, aus dem sich die abgelehnte Verschiebung der Verhandlung auf den Ausgang des Verfahrens vor dem EuG hätte auswirken können. Weder legte er dar, an der Geltendmachung von Klagegründen oder Argumenten gehindert gewesen zu sein, noch führte er aus, dass das angefochtene Urteil auf Umständen beruhte, zu denen er sich aufgrund der Abwesenheit seines Beistands während der Verhandlung nicht habe äußern können.

2356 EuGH, 05.07.2011, C-263/09 P – ELIO FIORUCCI, Rn 78.

2357 EuGH, 22.09.2011, C-323/09 – INTERFLORA, Rn 22–26.

2358 ZB EuGH, 19.05.2009, C-565/07 P – AMS Advanced Medical Services/AMS, Rn 13–16 mwN.

in der Praxis aber kaum mehr relevant, weil in diesen Fällen das Rechtsmittel idR nicht zugelassen wird (Rdn 1886).

Hat der EuGH bereits *über eine oder mehrere Rechtsfragen entschieden*, die mit den durch die Rechtsmittel- oder Anschlussrechtsmittelgründe aufgeworfenen übereinstimmen, und hält er das Rechtsmittel oder Anschlussrechtsmittel für offensichtlich begründet, so kann er es auf Vorschlag des BE und nach Anhörung der Parteien und des GA durch mit Gründen versehenen Beschluss, der einen Verweis auf die einschlägige Rspr enthält, nach Art. 182 VerfO-EuGH für *offensichtlich begründet* erklären. 2042

Ansonsten weist der EuGH das *Rechtsmittel* durch Urteil *zurück*, wenn es unzulässig oder unbegründet ist. Ist es jedoch begründet, so *hebt* der EuGH nach Art. 61 Satzung-EuGH die *Entscheidung des EuG auf*. Er kann sodann den Rechtsstreit selbst endgültig entscheiden, wenn dieser zur Entscheidung reif ist[2359], oder die Sache zur Entscheidung an das EuG zurückverweisen, das in diesem Falle an die rechtliche Beurteilung des EuGH gebunden ist. 2043

Urteile und Beschlüsse des EuGH, die zumeist taggenau auf der Internetseite des Gerichtshofs eingestellt werden[2360], sind die letztinstanzlichen und daher allseits *maßgeblichen Entscheidungen im europäischen Rechtssystem,* auch wenn sie lediglich im *Instanzenzug* über Entscheidungen des EUIPO ergehen. Dabei ist allerdings zu beachten, dass *obiter dicta*, die gelegentlich in Entscheidungen aufscheinen, nicht bindend sind. Da sie nicht zu den eine Entscheidung tragenden Gründen gehören, erwachsen sie nämlich *nicht in Rechtskraft*[2361]. 2044

Da das materielle Markenrecht durch die MarkenRL harmonisiert ist, sind materiellrechtliche Aussagen des EuGH weit über den entschiedenen Fall hinaus nämlich auch für die *Auslegung harmonisierter nationaler Rechtsvorschriften* von ausschlaggebender Bedeutung. 2045

Rechtlich bindend sind insb Rechtserkenntnisse des EuGH, die im Rahmen von *Vorabentscheidungsersuchen* nationaler Gerichte der Mitgliedstaaten gemäß Art. 267 AEUV, Art. 93 bis 118 VerfO-EuGH ergehen (Nr 11 und 12 PA-EuGH)[2362]. 2046

Bei der Beurteilung der rein unionsrechtlichen Frage, ob es sich bei der vorlegenden Einrichtung um ein *Gericht* handelt, ist auf eine Reihe von Merkmalen abzustellen, wie zB gesetzliche Grundlage der Einrichtung, st. Charakter, obligatorische Gerichtsbarkeit, streitiges Verfahren, Anwendung von Rechtsnormen durch die Einrichtung 2047

2359 S. zB EuGH, 27.02.2020, C-240/18 P – Fack Ju Göhte, Rn 59, 60; EuGH, 04.03.2020, C-328/18 P – BLACK LABEL BY EQUIVALENZA/LABELL, Rn 80–103.

2360 http://curia.europa.eu in der Rubrik »Gerichtskalender«. Kurze Entscheidungszusammenfassungen auf Deutsch sind in der laufend aktualisierten PAVIS PROMA (www.pavis-proma.de) verfügbar.

2361 *Bender,* Obiter Dicta – Wie »nebenbei Gesagtes« zur Verwirrung in der europäischen Rspr führt: Von Bainbridge zum Schokoladenhasen; FS Ströbele, Köln 2019, 21.

2362 S. hierzu insb die Empfehlungen des EuGH an die nationalen Gerichte bzgl der Vorlage von Vorabentscheidungsersuchen; ABl. 2019/C 380/01 vom 08.11.2019.

sowie deren Unabhängigkeit. Insb kann eine nationale Einrichtung nicht als *Gericht* qualifiziert werden, wenn sie außergerichtliche Funktionen wie zB solche administrativer Art ausübt[2363]. Auch das EuG kann mangels gesetzlicher Grundlage (zumal es schon kein *nationales* Gericht ist) kein Vorabentscheidungsersuchen an den EuGH richten[2364].

2048 Im Rahmen der *Vorabentscheidungsersuchen* ist der EuGH grds gehalten, über ihm vorgelegte Fragen zu befinden, wenn diese die *Auslegung des Unionsrechts* betreffen, da allein das nationale Gericht für die Feststellung und Beurteilung des Sachverhalts des Ausgangsrechtsstreits sowie die Auslegung und Anwendung des nationalen Rechts zuständig ist. Ebenso hat nur das mit dem Rechtsstreit befasste nationale Gericht, in dessen Verantwortungsbereich die zu erlassende Entscheidung fällt, im Hinblick auf die Besonderheiten der Rechtssache sowohl die Erforderlichkeit als auch die Erheblichkeit der dem EuGH vorzulegenden Fragen zu beurteilen.

2049 Ein Vorabentscheidungsersuchen eines nationalen Gerichts kann demnach nur dann zurückgewiesen werden, wenn die erbetene Auslegung des Unionsrechts *offensichtlich* in keinem Zusammenhang mit der Realität oder dem Gegenstand des Ausgangsrechtsstreits steht, wenn das *Problem hypothetischer Natur* ist oder wenn der EuGH nicht über die tatsächlichen und rechtlichen Angaben verfügt, die für eine zweckdienliche Beantwortung der ihm vorgelegten Fragen erforderlich sind[2365].

2050 Dass die *Parteien des Ausgangsverfahrens* vor dem vorlegenden Gericht keine unionsrechtlichen Probleme aufgeworfen haben, steht der Anrufung des EuGH durch das nationale Gericht nicht entgegen. Wenn Art. 267 Abs. 2 und 3 AEUV die Anrufung des EuGH für den Fall vorsieht, dass eine solche Frage einem nationalen Gericht gestellt wird, soll dies damit nicht allein auf die Fälle beschränkt werden, in denen auf Initiative der einen oder der anderen Partei eine Frage nach der Auslegung oder Gültigkeit des Unionsrechts gestellt wird, sondern es sollen vielmehr auch Fälle erfasst werden, in denen das nationale Gericht selbst eine solche Frage aufwirft und eine Entscheidung darüber zum Erlass seines Urteils für erforderlich hält[2366].

2051 Die Rspr des EuGH ist daher *für alle markenrechtlichen Instanzen* zugrunde zu legen. Da sich ihr Inhalt, bedingt durch die juristische Sprache und die vielfältigen *Übersetzungen*, oft nicht auf den ersten Blick erschließt, empfiehlt es sich, bei Zweifelsfra-

---

2363 EuGH, 14.11.2013, C-49/13 – MF 7/MAFRA, Rn 15, 16 mwN. Es ist jedoch nicht Sache des EuGH, zu überprüfen, ob die Vorlageentscheidung den nationalen Vorschriften über die Gerichtsorganisation und das Gerichtsverfahren entspricht; EuGH, 23.11.2017, C-381/16 – SHOWER Green/SHOWER Green, Rn 24–30.

2364 EuG, 15.01.2015, T-197/13 – MONACO, Rn 34–40; und EuG, 26.06.2018, T-71/17 – FRANCE.com/France, Rn 19–22.

2365 EuGH, 25.10.2012, C-553/11 – Protifit/PROTI, Rn 15, 16 mwN; EuGH, 21.02.2013, C-561/11 – FCI Fédération Cynologique Internationale/F.C.I. Federación Canina Internacional de Perros de Pura Raza, Rn 26–29.

2366 EuGH, 21.02.2013, C-561/11 – FCI Fédération Cynologique Internationale/F.C.I. Federación Canina Internacional de Perros de Pura Raza, Rn 30.

gen auch die anderen Sprachversionen, insb die französische (als Arbeitssprache des Gerichtshofs), in das Studium ihres Verständnisses mit einzubeziehen.

II. Kostenentscheidung

Auch das Rechtsmittelverfahren ist wegen Art. 143 iVm Art. 184 Abs. 1 VerfO-EuGH *gerichtskostenfrei*. Jedoch kann der EuGH nach Anhörung des GA Kosten, die vermeidbar gewesen wären, der Partei auferlegen, die sie veranlasst hat. Kosten für Schreib- und Übersetzungsarbeiten, die nach Ansicht des Kanzlers das gewöhnliche Maß überschreiten, hat die Partei, die diese Arbeiten beantragt hat, nach Maßgabe der in Art. 22 VerfO-EuGH bezeichneten Gebührenordnung der Kanzlei zu erstatten (Nr 4 bis 6 PA-EuGH). 2052

Hat eine erstinstanzliche *Streithilfepartei das Rechtsmittel nicht selbst eingelegt*, so können ihr im Rechtsmittelverfahren Kosten nur dann auferlegt werden, wenn sie am schriftlichen oder mündlichen Verfahren vor dem EuGH teilgenommen hat. Nimmt eine solche Partei am Verfahren teil, so kann der EuGH ihr ihre eigenen Kosten auferlegen (Art. 184 Abs. 4 VerfO-EuGH). 2053

Über die *sonstigen Kosten* wird gemäß Art. 137 iVm Art. 184 Abs. 1 VerfO-EuGH in der Endentscheidung entschieden. Der EuGH entscheidet nach Art. 184 Abs. 2 VerfO-EuGH über die Kosten, wenn das Rechtsmittel zurückgewiesen wird oder wenn es begründet ist und er selbst den Rechtsstreit endgültig entscheidet. Die unterliegende Partei ist auf Antrag zur Tragung der Kosten zu verurteilen. Unterliegen mehrere Parteien, so entscheidet der EuGH über die Kostenverteilung (Art. 138 Abs. 1 und 2 iVm Art. 184 Abs. 1 VerfO-EuGH). Wenn jede Partei teils obsiegt, teils unterliegt, trägt jede ihre eigenen Kosten. Eine Partei trägt außer ihren eigenen Kosten einen Teil der Kosten des Gegners, wenn dies in Anbetracht der Umstände des Einzelfalls gerechtfertigt erscheint (Art. 138 Abs. 3 iVm Art. 184 Abs. 1 VerfO-EuGH). Der EuGH kann auch der obsiegenden Partei die Kosten auferlegen, die sie der Gegenpartei ohne angemessenen Grund oder böswillig verursacht hat (Art. 139 iVm Art. 184 Abs. 1 VerfO-EuGH). Der EuGH kann schließlich entscheiden, dass ein *Streithelfer* seine eigenen Kosten trägt (Art. 140 Abs. 3 iVm Art. 184 Abs. 1 VerfO-EuGH). 2054

Nimmt eine Partei *das Rechtsmittel zurück*, so trägt sie die Kosten, wenn die Gegenpartei dies beantragt. Die Kosten werden jedoch auf Antrag der Partei, die die Rücknahme erklärt, dem Gegner auferlegt, wenn dies wegen des Verhaltens dieser Partei gerechtfertigt erscheint. Einigen sich die Parteien über die Kosten, so wird gemäß der Vereinbarung entschieden. Werden keine Kostenanträge gestellt, so trägt jede Partei ihre eigenen Kosten (Art. 141 iVm Art. 184 Abs. 1 VerfO-EuGH). Erklärt der EuGH die Hauptsache für erledigt, so entscheidet er über die Kosten nach freiem Ermessen (Art. 142 iVm Art. 184 Abs. 1 VerfO-EuGH). 2055

Auf Antrag setzt der EuGH bei Streitigkeiten nach Art. 145 iVm Art. 184 Abs. 1 VerfO-EuGH die *Kosten in einem Beschluss fest*. Erstattungsfähige Kosten sind wegen Art. 144 iVm Art. 184 Abs. 1 VerfO-EuGH die Leistungen an Zeugen und Sachverständige gemäß Art. 73 VerfO-EuGH und die Aufwendungen der Parteien, die für 2056 das Verfahren notwendig waren, insb Reise- und Aufenthaltskosten sowie die Vergütung der Bevollmächtigten, Beistände oder Anwälte.

2057 Der EuGH setzt hierbei nicht die von den Parteien ihren eigenen Anwälten geschuldeten Vergütungen fest, sondern bestimmt den *Betrag, bis zu dem die Erstattung* dieser Vergütungen von der zur Tragung der Kosten verurteilten Partei *verlangt werden kann.* Dabei braucht er eine nationale Gebührenordnung für Anwälte nicht zu berücksichtigen.

2058 Da das Unionsrecht keine Gebührenordnung und keine Bestimmungen über den erforderlichen Arbeitsaufwand enthält, hat der EuGH die Umstände des Einzelfalls *frei zu würdigen* und dabei den Gegenstand und die Art des Rechtsstreits, seine Bedeutung aus unionsrechtlicher Sicht sowie seinen Schwierigkeitsgrad (auch dass das Verfahren auf Rechtsfragen beschränkt ist), den Arbeitsaufwand der tätig gewordenen Bevollmächtigten oder Beistände im Zusammenhang mit dem Verfahren (der je nach Parteistellung, zB Kläger oder Streithelfer variieren kann, da idR die Aufgabe eines Streithelfers im Verfahren durch die Arbeit der Partei, zu deren Unterstützung er dem Rechtsstreit beigetreten ist, spürbar erleichtert wird) und die wirtschaftlichen Interessen der Parteien am Ausgang des Rechtsstreits zu berücksichtigen. Dazu gehören auch die notwendigen Aufwendungen für das Kostenfestsetzungsverfahren. So können in komplizierten Verfahren ein Zeitaufwand bis zu 80 Stunden und ein *Anwaltshonorar bis zu 450 Euro pro Stunde* angemessen sein[2367].

2367 ZB EuGH, 05.10.2023, C-818/18 P-DEP – L-förmige Rille (Pirelli), Rn 49, 51 (in den verbundenen Rechtssachen C-818/18 P und C-6/19 P: 31.000 Euro für Anwaltsarbeitsstunden, 54,6 zu je 400 Euro und 27,3 zu je 335 Euro sowie 1.600 Euro für das Kostenfestsetzungsverfahren); EuGH, 04.10.2022, C-488/16 P-DEP – NEUSCHWANSTEIN, Rn 28, 33 (5.000 Euro für Anwaltsarbeitsstunden zu je 280 Euro in einem Urteilsverfahren und 940,90 Euro Nebenkosten); EuGH, 04.03.2021, C-514/18 P-DEP – Steirisches Kürbiskernöl, Rn 42, 47, 49 (5.760 Euro bei 24 Anwaltsarbeitsstunden zu je 240 Euro in einem Urteilsverfahren und 15 Euro Nebenkosten); EuGH, 17.12.2020, C-71/16 P-DEP – ZUMEX/JUMEX, Rn 37, 47, 48 (4.250 Euro bei 17 Anwaltsarbeitsstunden zu je 250 Euro in einem Urteilsverfahren und 212,50 Euro [= 5 %] für das Kostenfestsetzungsverfahren); EuGH, 30.05.2018, C-30/15 P-DEP und C-30/15 P-DEP2 – Würfel mit Gitterstruktur (Rubik's Cube), Rn 34, 35 bzw 36 (Anwaltsarbeitsstunden zu je 450 Euro, Gesamtkosten von 35.000 bzw 34.000 Euro); EuGH, 13.07.2017, C-325/13 P-DEP und C-326/13 P-DEP – Peek & Cloppenburg/Peek & Cloppenburg, Rn 21–35 mwN (16.000 Euro bei 50 Anwaltsarbeitsstunden zu je 250 Euro in einem Urteilsverfahren und 3.500 Euro für das Kostenfestsetzungsverfahren); EuGH, 12.11.2015, C-699/13 P-DEP – Maxigesic/OXIGESIC, Rn 8–22 mwN (3.380 Euro in einem Beschlussverfahren); EuGH, 05.12.2013, C-406/11 P-DEP – ATLAS/atlasair, Rn 9–18 mwN (3.700 Euro in einem Beschlussverfahren); EuGH, 16.05.2013, C-498/07 P-DEP – La Espanola/Carbonell, Rn 19–35 mwN (21.588,51 Euro); EuGH, 12.06.2008, C-206/04 P-DEP – ZIRH/SIR, Rn 11–25 (5.126,95 Euro jeweils in einem Urteilsverfahren mit mündlicher Verhandlung).

Prozesskostenhilfe kann nach Art. 185 bis Art. 189 VerfO-EuGH auch im Rechtsmittelverfahren gewährt werden[2368]. Der Antrag *hemmt* nach Art. 186 Abs. 3 VerfO-EuGH den *Lauf der Rechtsmittelfrist* bis zum Zeitpunkt der Zustellung des Beschlusses, mit dem über diesen Antrag entschieden wird. Dies führt aber nicht dazu, dass die Rechtsmittelfrist nach Bewilligung wieder vollständig neu zu laufen beginnt, sondern dass nur noch die restliche Laufzeit für die Einreichung eines Rechtsmittels läuft[2369]. 2059

2368 Zur Beiordnung eines Anwalts, s. Art. 4 und 5 Zusätzliche Verfahrensordnung des EuGH vom 14.01.2014, L 32/37 vom 01.02.2014.

2369 EuGH, 14.06.2016, C-43/16 P – LUCEA LED/LUCEO mwN.

M. Die Rechte aus der Unionsmarke

Übersicht Rdn.

I. Rechte aus der Unionsmarke

2060 Die Rechte der Unionsmarke ergeben sich aus Art. 9 bis 11 UMV sowie Art. 12 und 13 UMV. Mit der Eintragung einer Unionsmarke erwirbt ihr Inhaber nämlich ein *ausschließliches Recht* an ihr (Art. 9 Abs. 1 UMV).

2061 So hat er gemäß Art. 9 Abs. 2 UMV (der weitgehend Art. 10 MarkenRL und den relativen Eintragungshindernissen entspricht, s. Rdn 1300 ff) unbeschadet der von Markeninhabern[2370] vor dem Zeitpunkt der Anmeldung oder dem Prioritätstag der Unionsmarke erworbenen Rechte das Recht, *Dritten* zu verbieten, ohne seine Zustimmung[2371] im *geschäftlichen Verkehr* ein Zeichen für Waren oder DL zu benutzen, wenn

2062 (a) das Zeichen mit der Unionsmarke identisch ist und für Waren oder DL benutzt wird, die mit denjenigen identisch sind, für die die Unionsmarke eingetragen ist[2372] (*Doppelidentität*);

2063 (b) das Zeichen mit der Unionsmarke identisch oder ihr ähnlich ist und für Waren oder DL benutzt wird, die mit denjenigen identisch oder ihnen ähnlich sind, für die die Unionsmarke eingetragen ist, und für das Publikum die Gefahr einer Verwechslung besteht, die die Gefahr einschließt, dass das Zeichen mit der Marke gedanklich in Verbindung gebracht wird (*Verwechslungsgefahr*);

2064 (c) das Zeichen mit der Unionsmarke identisch oder ihr ähnlich ist, unabhängig davon, ob es für Waren oder DL benutzt wird, die mit denjenigen identisch sind oder denjenigen ähnlich oder nicht ähnlich sind, für die die Unionsmarke eingetragen ist, wenn diese in der Union bekannt ist und die Benutzung des Zeichens die Unterscheidungskraft oder die Wertschätzung der Unionsmarke ohne rechtfertigenden Grund in unlauterer Weise ausnutzt oder beeinträchtigt (*bekannte Marke*).

2065 Art. 9 Abs. 1a und Abs. 1b UMV (und Art. 10 Abs. 2a und Abs. 2b MarkenRL) *gestatten* dem Inhaber einer *aus einem Testsiegel bestehenden Individualmarke nicht*, sich der Anbringung eines mit dieser Marke identischen oder ihr ähnlichen Zeichens durch einen Dritten auf Waren zu *widersetzen*, die mit den Waren oder den DL, für die diese Marke eingetragen ist, *weder identisch noch* ihnen *ähnlich* sind. Jedoch gestatten Art. 9

2370 Statt »Markeninhabern« muss es richtigerweise »Rechtsinhabern« heißen, was sich aus den anderen Sprachfassungen der UMV ergibt.

2371 Für die Zustimmung des Markeninhabers trägt der Dritte die Beweislast.

2372 EuGH, 11.09.2007, C-17/06 – Céline, Rn 16, 26, 27.

Abs. 1c UMV (und Art. 10 Abs. 2c MarkenRL) dem Inhaber einer aus einem Testsiegel bestehenden *bekannten* Individualmarke, sich der Anbringung eines mit dieser Marke identischen oder ihr ähnlichen Zeichens durch einen Dritten auf Waren, die mit denen, für die diese Marke eingetragen ist, weder identisch noch ihnen ähnlich sind, zu *widersetzen*, vorausgesetzt, dieser Dritte nutzt aufgrund dieser Anbringung die Unterscheidungskraft oder die Wertschätzung dieser Marke in unlauterer Weise aus oder beeinträchtigt sie und hat keinen rechtfertigenden Grund dargetan[2373].

Art. 9 Abs. 1 und 2 UMV sowie Art. 10 Abs. 1 und 2 MarkenRL unterscheiden **2066** nicht danach, ob die *Dritten Inhaber einer Marke* sind *oder nicht*. Daher muss die angegriffene jüngere Marke nicht zuvor für ungültig erklärt werden[2374]. Das *verletzende Zeichen* muss nicht unbedingt eine Marke sein, es kann sich zB auch um ein (Gemeinschafts-)*Geschmacksmuster* handeln[2375].

Der Markeninhaber kann gemäß Art. 9 Abs. 2b UMV iVm Art. 18 Abs. 1 UMV **2067** und Art. 58 Abs. 1a UMV während des Zeitraums von fünf Jahren nach der Eintragung einer Unionsmarke Dritten im Fall einer *Verwechslungsgefahr* verbieten, im geschäftlichen Verkehr ein mit seiner Marke identisches oder ihr ähnliches Zeichen für alle Waren und DL zu benutzen, die mit denen, für die diese Marke eingetragen ist, identisch oder ihnen ähnlich sind, *ohne eine ernsthafte Benutzung* der Marke für diese Waren oder DL belegen zu müssen. Für die Feststellung, ob die Waren oder DL des mutmaßlichen Rechtsverletzers mit den durch die fragliche Unionsmarke erfassten Waren oder DL identisch oder ihnen ähnlich sind, ist daher der Umfang des durch diese Bestimmung verliehenen ausschließlichen Rechts innerhalb des Zeitraums von fünf Jahren ab der Eintragung der Unionsmarke in Bezug auf die Waren und DL zu beurteilen, für *die die Marke eingetragen* ist, und nicht in Bezug auf die Benutzung der Marke, die der Inhaber während dieses Zeitraums vornehmen konnte[2376].

Einem Werbenden können jedoch *Handlungen oder Unterlassungen eines (Internet-) Werbedienstleisters* nicht zugerechnet werden, wenn dieser sich über die ausdrücklich **2068** vom Werbenden erteilten Anweisungen, die Benutzung der Marke eines Dritten (*Mercedes-Benz*) zu verhindern, hinwegsetzt[2377]. Weiter *benutzt* eine im geschäftlichen

2373 EuGH, 11.04.2019, C-690/17 – ÖKO-TEST-Siegel, Rn 34–43, 48–53; zu Art. 5 Abs. 1a und Abs. 1b und Abs. 2 MarkenRL aF.

2374 EuGH, 10.03.2015, C-491/14 – uh (Rosa dels Vents/U Hostels), Rn 23, 29, 31 mwN; zu Art. 5 Abs. 1 MarkenRL aF. Die Bestimmungen der MarkenRL sind nämlich im Licht des Prioritätsprinzips auszulegen, das besagt, dass die ältere Marke Vorrang vor der jüngeren hat, denn wie insb aus Art. 4 Abs. 1 MarkenRL aF (jetzt Art. 5 Abs. 1 MarkenRL) hervorgeht, wird bei einer Kollision von Marken vermutet, dass die zuerst eingetragene die Voraussetzungen für den Schutz vor der als zweite eingetragenen erfüllt.

2375 Art. 25 Abs. 1e GGV; s.a. EuG, 12.05.2010, T-148/08 – Schreibinstrument-Design I, Rn 50–59. ZB EuG, 09.09.2015, T-278/14 – DIESEL/DIESEL, das ein erfolgreiches Nichtigkeitsverfahren gegen ein GGM aus einer Internationalen Registrierung betrifft.

2376 EuGH, 21.12.2016, C-654/15 – Matek/Länsförsäkringar, Rn 26, 27, 29.

2377 EuGH, 03.03.2016, C-179/15 – Autorisierte Mercedes-Benz-Werkstatt (Együd)/Mercedes-Benz (Daimler), Rn 32–44. Nach Art. 5 Abs. 1a und 1b MarkenRL aF (jetzt Art. 10

Verkehr auftretende Person, die auf einer Internetseite eine Anzeige hat platzieren lassen, durch die eine Marke eines Dritten verletzt wird, das mit dieser Marke identische Zeichen *nicht*, wenn *Betreiber anderer Internetseiten* diese Anzeige übernehmen, indem sie sie *auf eigene Initiative* und *im eigenen Namen* auf diesen anderen Internetseiten veröffentlichen[2378].

2069 *Bekannt* iSd Art. 9 Abs. 2c UMV ist eine Unionsmarke dann, wenn sie bei einem wesentlichen Teil des von den durch sie erfassten Waren oder DL betroffenen Publikums in einem wesentlichen Teil des Unionsgebiets bekannt ist, wobei das Gebiet eines Mitgliedstaats (zB Österreich) im Einzelfall als wesentlicher Teil des Unionsgebiets ausreichen kann[2379].

2070 Sofern die Bekanntheit einer älteren Unionsmarke *in einem wesentlichen Teil des Unionsgebiets* erwiesen ist, das ggf mit dem Gebiet eines einzigen Mitgliedstaats zusammenfallen kann, der nicht notwendigerweise der sein muss, in dem eine Anmeldung der jüngeren nationalen Marke erfolgt ist, ist diese Unionsmarke *in der Union bekannt.* Dabei sind die von der Rspr aufgestellten Kriterien betr die ernsthafte Benutzung der Unionsmarke als solche für den Nachweis des Vorliegens einer *Bekanntheit* nicht maßgebend[2380].

Abs. 2a und 2b MarkenRL) nimmt ein Dritter, der in einer auf einer Internetseite veröffentlichten Anzeige genannt ist, die ein Zeichen enthält, das mit einer Marke identisch oder ihr ähnlich ist, so dass der Eindruck einer Geschäftsbeziehung zwischen ihm und dem Markeninhaber besteht, keine Benutzung dieses Zeichens vor, die vom Inhaber nach dieser Bestimmung verboten werden kann, wenn die Anzeige weder von diesem Dritten noch in seinem Namen platziert worden ist oder, falls die Anzeige von diesem Dritten oder in seinem Namen mit Zustimmung des Inhabers platziert worden ist, wenn dieser Dritte den Betreiber der Internetseite, bei dem er die Anzeige in Auftrag gegeben hatte, ausdrücklich aufgefordert hat, die Anzeige oder die in ihr enthaltene Nennung der Marke zu löschen.

2378 EuGH, 02.07.2020, C-684/19 – mbk (mk advokaten)/MBK Rechtsanwälte, Rn 27–31. In diesem Fall kann nämlich nicht davon ausgegangen werden, dass der Wirtschaftsteilnehmer, dessen Waren oder DL auf diese Weise beworben werden, Kunde dieser Betreiber ist. Vielmehr benutzen diese Betreiber von Internetseiten mit Marken Dritter identische oder ihnen ähnliche Zeichen, die in Verkaufsangeboten oder Anzeigen, die diese Betreiber veröffentlichen, enthalten sind oder die das Erscheinen dieser Anzeigen auslösen. Die Inhaber dieser Marken können somit gegen diese Betreiber aufgrund des ausschließlichen Rechts nach Art. 10 Abs. 1 und 2 MarkenRL vorgehen, wenn mit diesen Angeboten oder Anzeigen Waren oder DL beworben werden, die mit denjenigen, für die diese Marken eingetragen sind, identisch oder ihnen ähnlich sind.

2379 EuGH, 06.10.2009, C-301/07 – Pago/Lattella, Rn 29, 30.

2380 EuGH, 03.09.2015, C-125/14 – be impulsive/Impulse (Iron & Smith Kft./Unilever NV), Rn 16, 20–34, zur Bekanntheit iSd Art. 4 Abs. 3 MarkenRL aF (jetzt Art. 5 Abs. 3 MarkenRL), der Art. 9 Abs. 2c UMV entspricht. Selbst wenn die ältere Unionsmarke einem erheblichen Teil der maßgeblichen Verkehrskreise des Mitgliedstaats, in dem die Anmeldung der jüngeren nationalen Marke erfolgt ist, unbekannt ist, ist nach Ansicht des EuGH nicht ausgeschlossen, dass ein wirtschaftlich nicht unerhebli-

Das Erfordernis der Bekanntheit bei einem *Testsiegel verlangt nicht*, dass dem Publikum der Umstand bekannt sein muss, dass dieses *als Marke eingetragen* wurde. Es reicht aus, dass ein bedeutender Teil des maßgeblichen Verkehrs dieses Zeichen kennt[2381]. 2071

Für die umfassende Beurteilung der Verwechslungsgefahr oder für die umfassende Beurteilung der unlauteren Ausnutzung sind auch die Farbe oder die *Farben*, die ein Dritter für die Darstellung seines möglicherweise rechtsverletzenden Zeichens verwendet, *von Bedeutung*, selbst dann, wenn eine Unionsmarke nicht in Farbe eingetragen ist, ihr Inhaber sie jedoch vielfach in einer bestimmten Farbe oder Farbkombination benutzt hat, so dass sie von einem erheblichen Teil des Publikums gedanklich mit dieser Farbe oder Farbkombination in Verbindung gebracht wird. Zumindest bei einer Marke, die nicht in einer bestimmten oder charakteristischen Farbe, sondern in schwarz-weiß eingetragen ist, beeinflusst die Farbe, in der sie tatsächlich benutzt wird, ihre Wirkung auf den Durchschnittsverbraucher[2382]. 2072

Jedoch stellt es einen relevanten Faktor bei der umfassenden Beurteilung der Verwechslungsgefahr und der unlauteren Ausnutzung dar, dass der Dritte, der ein die eingetragene Marke verletzendes Zeichen benutzen soll, *von einem erheblichen Teil des Publikums selbst gedanklich mit der Farbe* oder Farbkombination, die er zur Darstellung seines Zeichens verwendet, *in Verbindung gebracht* wird, da einerseits ein solcher Umstand die Wahrnehmung der konkurrierenden Zeichen durch das Publikum beeinflussen und damit die Verwechslungsgefahr verringern und andererseits für die Benutzung dieses Zeichens einen rechtfertigenden Grund iSd Art. 9 Abs. 2c UMV darstellen kann[2383]. 2073

Nach Art. 9 Abs. 2 UMV[2384] erstreckt sich das ausschließliche Recht des Inhabers einer Unionsmarke, Dritten zu verbieten, im geschäftlichen Verkehr Zeichen zu benutzen, die mit seiner Marke identisch oder ihr ähnlich sind, auf einen *Dritten*, der Inhaber einer jüngeren Unionsmarke ist, ohne dass diese letztere Marke zuvor für nichtig erklärt werden müsste. Denn Art. 9 Abs. 2 UMV unterscheidet nicht danach, ob der Dritte Inhaber einer Unionsmarke ist oder nicht[2385]. 2074

Art. 9 Abs. 2b UMV ist dahin auszulegen, dass aus der Tatsache, dass in einem *Teil der Union* eine Unionsmarke und eine nationale Marke *friedlich nebeneinander existieren*, nicht die Schlussfolgerung gezogen werden kann, dass in einem *anderen Teil* der Union, in dem die Unionsmarke und das als nationale Marke eingetragene Zei- 2075

cher Teil dieser Verkehrskreise diese Marke kennt und sie mit der jüngeren nationalen Marke gedanklich verbindet.

2381 EuGH, 11.04.2019, C-690/17 – ÖKO-TEST-Siegel, Rn 49.

2382 EuGH, 18.07.2013, C-252/12 – Specsavers/Asda, Rn 37–41.

2383 EuGH, 18.07.2013, C-252/12 – Specsavers/Asda, Rn 46–50.

2384 Dieser entspricht Art. 10 Abs. 2 MarkenRL.

2385 EuGH, 21.02.2013, C-561/11 – FCI Fédération Cynologique Internationale/F.C.I. Federación Canina Internacional de Perros de Pura Raza, Rn 52, 33–51.

chen nicht friedlich nebeneinander existieren, zwischen der Unionsmarke und diesem Zeichen keine Verwechslungsgefahr besteht[2386].

2076 Das mit einer Verletzungsklage befasste Unionsmarkengericht darf die *Umstände*, die seiner Auffassung nach für die Beurteilung der Frage relevant sind, ob der Inhaber einer Unionsmarke die Benutzung eines Zeichens in einem von der Klage nicht erfassten Teil der Union untersagen kann, für die Beurteilung der Frage *berücksichtigen*, ob dieser Inhaber die Benutzung des Zeichens in dem Teil der Union untersagen kann, der von der Klage erfasst ist, sofern die Marktbedingungen und die soziokulturellen Umstände in den beiden Teilen der Union nicht deutlich voneinander abweichen[2387].

2077 Art. 9 Abs. 2c UMV ist schließlich dahin auszulegen, dass aus der Tatsache, dass in einem Teil der Union eine bekannte Unionsmarke und ein Zeichen *friedlich nebeneinander existieren*, nicht die Schlussfolgerung gezogen werden kann, dass in einem anderen Teil der Union, in dem es diese friedliche Koexistenz nicht gibt, ein *rechtfertigender Grund* für die Benutzung dieses Zeichens besteht[2388].

2386 EuGH, 20.07.2017, C-93/16 – KERRYGOLD/KERRYMAID (Ornua/Tindale & Stanton), Rn 37, 38. In einer Situation, in dem eine friedliche Koexistenz zwischen Unionsmarken und einem Zeichen in Irland und Großbritannien festgestellt wurde, darf sich das Unionsmarkengericht, das mit einer Verletzungsklage befasst ist, die sich gegen die Benutzung dieses Zeichens in einem anderen Mitgliedstaat, nämlich Spanien, richtet, nicht damit begnügen, seine Beurteilung auf die friedliche Koexistenz in Irland und Großbritannien zu stützen. Vielmehr muss es eine umfassende Beurteilung aller relevanten Umstände vornehmen.

2387 EuGH, 20.07.2017, C-93/16 – KERRYGOLD/KERRYMAID (Ornua/Tindale & Stanton), Rn 46, 47. Sollte es das vorlegende Gericht in Betracht ziehen, für die Beurteilung der Frage, ob der Inhaber der Unionsmarke *KERRYGOLD* die Benutzung des Zeichens *KERRYMAID* in Spanien untersagen kann, Aspekte zu berücksichtigen, die in Irland und Großbritannien gegeben sind, müsste es sich zunächst vergewissern, dass es hinsichtlich der zu beobachtenden Marktbedingungen oder soziokulturellen Umstände keine deutliche Abweichung zwischen dem von der Verletzungsklage erfassten Teil der Union und jenem Teil gibt, in dem das geografische Gebiet liegt, das dem im fraglichen Zeichen enthaltenen geografischen Begriff entspricht. Es kann nämlich nicht ausgeschlossen werden, dass das Verhalten, das von dem Dritten erwartet werden kann, damit seine Benutzung des Zeichens den anständigen Gepflogenheiten in Gewerbe oder Handel entspricht, in einem Teil der Union, in dem die Verbraucher zu dem in der Marke und im fraglichen Zeichen enthaltenen geografischen Begriff eine besondere Nähe empfinden, anders geprüft werden muss als in einem Teil, in dem eine Nähe weniger stark empfunden wird.

2388 EuGH, 20.07.2017, C-93/16 – KERRYGOLD/KERRYMAID (Ornua/Tindale & Stanton), Rn 59, 60. In einem Fall, in dem es mit der friedlichen Koexistenz der Unionsmarke *KERRYGOLD* und der nationalen Marke *KERRYMAID* in Irland und Großbritannien einen rechtfertigenden Grund für deren Benutzung in diesen beiden Mitgliedstaaten gibt, darf sich das mit einer gegen die Benutzung dieses Zeichens in einem anderen Mitgliedstaat gerichteten Verletzungsklage befasste Unionsmarkengericht nicht damit begnügen, seine Beurteilung auf die erwähnte friedliche Koexistenz in Irland

Sind diese Voraussetzungen des Abs. 2 erfüllt, so kann wegen Art. 9 Abs. 3 UMV[2389] insb *verboten* werden: 2078

(a) das Zeichen auf *Waren* oder deren *Verpackung anzubringen*; 2079

(b) unter dem Zeichen Waren *anzubieten*, *in Verkehr zu bringen* oder zu den genannten Zwecken zu *besitzen* oder unter dem Zeichen DL anzubieten oder zu erbringen[2390]; 2080

(c) Waren unter dem Zeichen *ein-* oder *auszuführen*; 2081

(d) das Zeichen als *Handelsnamen* oder *Unternehmensbezeichnung* oder als Teil davon zu *benutzen*[2391]; 2082

(e) das Zeichen in den *Geschäftspapieren* und in der *Werbung* zu benutzen. Dazu gehört auch der Fall, in dem ein geschäftlicher Vermittler (*Kommissionär*), der im eigenen Namen, aber für die Rechnung des Verkäufers handelt und der keine interessierte Partei beim Verkauf von Handelswaren, sondern nur daran beteiligt ist, in seinen Geschäftsunterlagen ein, mit einer Unionsmarke identisches Zeichen für Waren und DL benutzt, die jenen der eingetragenen Marke identisch sind[2392]. Die *Beweislast* für die Voraussetzungen des Unterlassungsanspruchs obliegt dem Markeninhaber, während der Dritte das Vorliegen einer von ihm behaupteten Zustimmung des Markeninhabers zu beweisen hat[2393]. 2083

(f) das Zeichen in der *vergleichenden Werbung* in einer der WerbungRL[2394] zuwiderlaufenden Weise zu benutzen[2395]. 2084

---

und Großbritannien zu stützen, sondern muss vielmehr eine umfassende Beurteilung aller relevanten Umstände vornehmen.

2389 Dieser entspricht Art. 10 Abs. 3 MarkenRL.

2390 Die Begriffe *Anbieten.* und *Inverkehrbringen.* von Waren können sich auf das Angebot bzw den Verkauf von Originalmarkenwaren, die den zollrechtlichen Status von Nichtunionswaren haben, erstrecken, wenn das Angebot abgegeben wird und/oder der Verkauf erfolgt, während für die Waren das externe Versand- oder das Zolllagerverfahren gilt. Der Inhaber der Marke kann dem Anbieten oder dem Verkauf dieser Waren widersprechen, wenn diese Handlungen das Inverkehrbringen der Waren in der Union notwendig implizieren; EuGH, 18.10.2005, C-405/03 – Aquafresh (Class International/Colgate), Rn 61.

2391 Mit dieser Neuregelung wird die nach dem Céline-Urteil des EuGH eingetretene Unsicherheit beseitigt. Benutzt ein Unternehmen nämlich dasselbe oder ein ähnliches Zeichen als Handelsnamen, so dass eine Verbindung zwischen dem Unternehmen mit dieser Firmenbezeichnung und den Waren oder DL dieses Unternehmens hergestellt wird, so kann es hinsichtlich der kommerziellen Herkunft der Waren oder DL zu Verwechslungen kommen. Die Verletzung einer Unionsmarke soll demnach auch die Benutzung des Zeichens als Handelsnamen oder als ähnliche Benennung umfassen, solange die Benutzung der Unterscheidung von Waren oder DL dient; PräambelUMV 13.

2392 EuGH, 19.02.2009, C-62/08 – Smirnoff Ice (UDV North America/Brandtraders), Rn 54.

2393 EuGH, 18.10.2005, C-405/03 – Aquafresh, Rn 74, 75.

2394 Richtlinie 2006/114/EG vom 12.12.2006 über irreführende und vergleichende Werbung; ABl. L 376/21.

2395 Diese Neuregelung wurde eingeführt, um Rechtssicherheit und volle Übereinstimmung mit den spezifischen Unionsvorschriften zu gewährleisten; PräambelUMV 14.

2085 Eine Person, die für einen Dritten markenrechtsverletzende Waren *lagert*, ohne Kenntnis von der Markenrechtsverletzung zu haben, ist so anzusehen, dass sie diese Waren *nicht zum Zweck des Anbietens oder Inverkehrbringens* iSv Art. 9 Abs. 3b UMV besitzt, wenn sie selbst nicht diese Zwecke verfolgt. Eine *Benutzung* setzt nämlich ein aktives Verhalten und eine unmittelbare oder mittelbare Herrschaft über die Benutzungshandlung voraus[2396].

2086 Somit kann sich ein Händler beim Vertrieb identischer Waren, die mit dem identischen Zeichen des Markeninhabers versehen sind, nicht darauf berufen, dass er *keine offiziellen Waren* des Markeninhabers anbiete, sondern diese *nur aus Unterstützung, Treue oder Sympathie* zum Markeninhaber vertreibe. Der Markeninhaber kann in dieser nicht unter Art. 14 Abs. 1 und 2 MarkenRL (Art. 6 Abs. 1 MarkenRL aF) fallenden Situation nach Art. 10 Abs. 1a MarkenRL (Art. 5 Abs. 1a MarkenRL aF) gegen den Händler vorgehen[2397].

2087 Auch darf der Inhaber einer sowohl für *Kraftfahrzeuge* (für die sie bekannt ist) wie für *Spielzeug* geschützten Marke (das *Opel-Blitz*-Symbol) die Anbringung eines mit dieser Marke identischen Zeichens auf verkleinerten originalgetreuen Fahrzeugmodellen dieser Marke durch einen Dritten ohne seine Erlaubnis und die Vermarktung dieser Modelle als Benutzung eines mit der Marke identischen Zeichens für identische Waren wegen Art. 10 Abs. 1a MarkenRL (Art. 5 Abs. 1a MarkenRL aF) verbieten, wenn diese Benutzung die Funktionen der Marke als für Spielzeug eingetragene Marke beeinträchtigt oder beeinträchtigen könnte.

2088 Auch die Benutzung eines mit der Marke für Kraftfahrzeuge identischen Zeichens für *unähnliche Waren* (Spielwaren) darf der Markeninhaber iSv Art. 10 Abs. 2c MarkenRL (Art. 5 Abs. 2 MarkenRL aF) verbieten (sofern der in dieser Bestimmung beschriebene Schutz nach der MarkenRL aF im nationalen Recht vorgesehen war), wenn diese Benutzung die *Kennzeichnungskraft* oder die *Wertschätzung* der Marke als für Kraftfahrzeuge eingetragene Marke *ohne rechtfertigenden Grund in unlauterer Weise ausnutzt oder beeinträchtigt.*

2089 Ist eine derartige Marke ua für Kraftfahrzeuge eingetragen, stellt die ohne die Erlaubnis des Markeninhabers erfolgte Anbringung eines mit dieser Marke identischen Zeichens auf *verkleinerten Fahrzeugmodellen* dieser Marke durch einen Dritten, um diese Fahrzeuge originalgetreu nachzubilden, und die Vermarktung dieser Modelle *keine* wegen Art. 14 Abs. 1b und 2 MarkenRL (Art. 6 Abs. 1b MarkenRL aF) *gestattete Benutzung* einer Angabe über ein Merkmal dieser Modelle dar, da sie nicht dazu dient, eine Angabe über eines ihrer Merkmale zu machen, sondern nur ein Teil der originalgetreuen Nachbildung der Originalfahrzeuge ist[2398].

2396 EuGH, 02.04.2020, C-567/18 – Davidoff Hot Water EdT 60 ml (Amazon)/DAVIDOFF (Coty Germany), Rn 37, 45–49, 53.

2397 EuGH, 12.11.2002, C-206/01 – ARSENAL, Rn 51, 54–61; EuGH, 23.02.1999, C-63/97 – BMW, Rn 25, 42, 48–50, 63, 64.

2398 EuGH, 25.01.2007, C-48/05 – Opel-Blitz, Rn 37, 44, 45; s.a. EuGH, 11.09.2007, C-17/06 – Céline, Rn 22, 23. Der BGH, 14.01.2010, I ZR 88/08 – Opel Blitz II, hat

Art. 14 GeschmacksmusterRL[2399] und Art. 110 GGV berechtigen nicht in Abweichung von MarkenRL und UMV einen Hersteller von Kraftfahrzeugersatzteilen und -zubehör wie *Radkappen*, auf seinen Waren ein Zeichen, das mit einer von einem Kraftfahrzeughersteller ua für solche Waren eingetragenen Marke identisch ist (hier: *Ford*), ohne dessen Zustimmung mit der Begründung anzubringen, dass die damit vorgenommene Benutzung dieser Marke die einzige Möglichkeit darstelle, das betr Fahrzeug zu reparieren und ihm als komplexes Erzeugnis wieder sein ursprüngliches Erscheinungsbild zu verleihen[2400]. 2090

Ein *Dritter*, der *ohne Zustimmung des Automobilherstellers*, der Inhaber einer Unionsmarke ist, Ersatzteile, und zwar *Kühlergrills* für diese Fahrzeuge, einführt und *zum Kauf anbietet*, die ein *Element* enthalten, das für die Anbringung des *Emblems*, das diese Marke wiedergibt, gedacht ist und dessen Form mit dieser Marke identisch oder ihr ähnlich ist, *benutzt* gemäß Art. 9 Abs. 2 und Abs. 3a bis 3c UMV ein *Zeichen im geschäftlichen Verkehr* in einer Weise, die eine oder mehrere Funktionen dieser Marke beeinträchtigen kann. Art. 14 Abs. 1c UMV hindert den Automobilhersteller, der Inhaber einer Unionsmarke ist, nicht daran, einem Dritten die Benutzung eines mit dieser Marke identischen oder ihr ähnlichen *Zeichens* für Autoersatzteile, und zwar *Kühlergrills*, zu *verbieten*, wenn dieses Zeichen *in der Form eines Elements des Kühlergrills* besteht, das für die *Anbringung* des diese Marke wiedergebenden Emblems auf diesem Kühlergrill *gedacht* ist, ohne dass es insoweit von Bedeutung ist, ob es technisch möglich ist, dieses Emblem auf dem Kühlergrill zu befestigen, ohne das Zeichen auf ihm anzubringen[2401]. 2091

---

aber letztlich im konkreten Fall die Voraussetzungen für ein Verbietungsrecht mangels Markenverletzung verneint, da von den Ausgangsinstanzen zutreffend festgestellt wurde, dass die angesprochenen Verbraucher das auf den Modellautos des Dritten angebrachte Opel-Blitz-Zeichen nur als Abbildungsdetail der Wirklichkeit, nämlich eines detailgetreu nachgebildeten Autos, verstehen und nicht als Herkunftshinweis des mit dem Zeichen versehenen Modellautos.

2399 Richtlinie (EG) 98/71 vom 13.10.1998 über den rechtlichen Schutz von Mustern und Modellen; ABl. L 289/98.

2400 EuGH, 06.10.2015, C-500/14 – Ford-Radkappen (Wheeltrims/Ford), Rn 39–45. Durch die Beschränkung der Rechtswirkungen, die dem Inhaber einer Marke nach Art. 5 MarkenRL aF (jetzt Art. 10 MarkenRL) oder in Bezug auf eine Unionsmarke nach Art. 9 UMV zustehen, zielen Art. 6 MarkenRL aF (jetzt Art. 14 MarkenRL) und Art. 14 UMV nämlich darauf ab, die grds Interessen des Markenschutzes einerseits und des freien Warenverkehrs sowie der DL-Freiheit im Binnenmarkt andererseits in der Weise in Einklang zu bringen, dass das Markenrecht seine Rolle als wesentlicher Teil eines Systems unverfälschten Wettbewerbs spielen kann, das der Vertrag errichten und aufrechterhalten will. Darüber hinaus ergibt sich aus der stRspr des EuGH, dass Art. 5 bis 7 MarkenRL aF (jetzt Art. 10 bis 15 MarkenRL) eine umfassende Harmonisierung der Vorschriften über die Rechte aus der Marke vornehmen und damit die Rechte von Inhabern von Marken in der Union festlegen.

2401 EuGH, 25.01.2024, C-334/22 – Kühlergrills/Vier überlagerte Ringe (GQ/Audi), Rn 49, 60. S.a. *Kur*, WRP 2024, 413.

2092 Einem Markeninhaber, der im Rahmen einer *geteilten Verwertung* mit einem Dritten der Benutzung von mit seinen Marken identischen Zeichen durch diesen Dritten für bestimmte Waren der Kl., für die diese Marken eingetragen sind, *zugestimmt hatte und nun nicht mehr zustimmt*, kann wegen Art. 10 MarkenRL (Art. 5 MarkenRL aF) nicht jegliche Möglichkeit genommen werden, diesem Dritten *sein ausschließliches Recht aus diesen Marken entgegenzuhalten* und es für Waren, die mit denen des Dritten identisch sind, selbst auszuüben[2402].

2093 Dagegen kann sich der Inhaber einer Marke *nicht* auf sein *Ausschließlichkeitsrecht* berufen, wenn ein Dritter im Rahmen eines Verkaufsgesprächs die Herkunft der Ware aus seiner eigenen Produktion offenbart und er das betr Zeichen ausschließlich zur *Kennzeichnung der besonderen Eigenschaften* der von ihm angebotenen Ware verwendet, so dass ausgeschlossen ist, dass die benutzte Marke im Verkehr als betriebliches Herkunftszeichen aufgefasst wird[2403].

2094 Auch kann im Falle des Bestehens einer *klanglichen Verwechslungsgefahr* zwischen einer in einem Mitgliedstaat eingetragenen Wortmarke einerseits und der Angabe der geografischen Herkunft eines aus einem anderen Mitgliedstaat stammenden Erzeugnisses im geschäftlichen Verkehr andererseits der Markeninhaber die *Benutzung* dieser *geografischen Herkunftsangabe* wegen Art. 10 und Art. 14 Abs. 1b und 2 MarkenRL (Art. 5 und 6 Abs. 1b MarkenRL aF) nur *verbieten*, wenn diese Benutzung nicht den anständigen Gepflogenheiten in Gewerbe oder Handel entspricht[2404].

2095 Der Inhaber einer eingetragenen Marke ist aus Art. 10 Abs. 2b MarkenRL (Art. 5 Abs. 1b MarkenRL aF) nicht dazu berechtigt, einem Dritten die Benutzung eines dieser Marke ähnlichen Zeichens für Waren oder DL, die mit denen, für die die Marke eingetragen wurde, identisch oder ihnen ähnlich sind, in einer *vergleichenden Werbung* zu verbieten, wenn diese Benutzung beim Publikum keine Verwechslungsgefahr hervorruft, und zwar unabhängig davon, ob diese vergleichende Werbung alle

---

2402 EuGH, 19.09.2013, C-661/11 – NATHAN BAUME/Nathan (Martin y Paz/Gauquie), Rn 54–62.

2403 EuGH, 14.05.2002, C-2/00 – Spirit Sun (Hölterhoff/Freiesleben), Rn 16, 17.

2404 EuGH, 07.01.2004, C-100/02 – KERRY Spring/Gerri, Rn 25–27. Denn der bloße Umstand einer klanglichen Verwechslungsgefahr genügt nicht für die Annahme, dass die Benutzung dieser Angabe im geschäftlichen Verkehr nicht den anständigen Gepflogenheiten entspricht. In einer Union von zahlreichen Mitgliedstaaten mit einer großen Sprachenvielfalt ist die Wahrscheinlichkeit, dass eine gewisse klangliche Ähnlichkeit zwischen einer in einem Mitgliedstaat eingetragenen Wortmarke und einer geografischen Herkunftsangabe eines anderen Mitgliedstaats besteht, sehr groß. Das nationale Gericht hat daher eine globale Beurteilung aller relevanten Umstände vorzunehmen und insb Form und Etikettierung der Getränkeflaschen zu berücksichtigen.

in Art. 3a WerbungRL[2405] genannten Zulässigkeitsbedingungen erfüllt oder nicht[2406]. Der Unionsgesetzgeber bezweckte nämlich, wie aus den Erwägungsgründen in der Präambel der WerbungRL hervorgeht, eine *Förderung der vergleichenden Werbung*, was es gebietet, das *Recht aus der Marke* in einem gewissen Maß zu *beschränken*, was sowohl im Falle der Benutzung der identischen Marke eines Mitbewerbers, als auch eines dieser Marke ähnlichen Zeichens gilt.

Andererseits kann der Inhaber einer eingetragenen Marke die Benutzung eines mit seiner Marke identischen Zeichens für Waren oder DL, die mit denjenigen identisch sind, für die seine Marke eingetragen wurde, durch einen Dritten in einer *vergleichenden Werbung* (im streitigen Fall: auf *Parfümvergleichslisten*), die nicht alle in Art. 3a Abs. 1 WerbungRL genannten Zulässigkeitsvoraussetzungen erfüllt, untersagen, auch wenn diese Benutzung die Hauptfunktion der Marke, nämlich die Herkunftsfunktion, nicht beeinträchtigen kann, vorausgesetzt, diese Benutzung beeinträchtigt eine der anderen Markenfunktionen, wie ua die *Kommunikations-*, *Investitions- oder Werbefunktion*, oder könnte sie beeinträchtigen. **2096**

Ein Werbender, der in einer vergleichenden Werbung ausdrücklich oder implizit erwähnt, dass die Ware, die er vertreibt, eine *Imitation* einer Ware mit notorisch bekannter Marke ist, handelt Art. 3a Abs. 1h WerbungRL zuwider. Der aufgrund einer solchen unerlaubten vergleichenden Werbung durch den Werbenden erzielte Vorteil stellt eine »unlautere Ausnutzung« des Rufs dieser Marke iSv Art. 3a Abs. 1g WerbungRL dar[2407]. **2097**

Der Inhaber einer Marke darf einem werbenden Konkurrenten aufgrund Art. 10 Abs. 2a MarkenRL (Art. 5 Abs. 1a MarkenRL aF) und Art. 9 Abs. 2a UMV verbieten, auf ein mit dieser Marke identisches *Schlüsselwort*, das von diesem Werbenden ohne seine Zustimmung im Rahmen eines Internetreferenzierungsdienstes (zB *AdWords* von Google) ausgewählt wurde, für Waren oder DL, die mit den von der Marke geschützten identisch sind, zu werben, wenn diese Benutzung eine der Funktionen der Marke beeinträchtigen kann. **2098**

Eine solche Benutzung beeinträchtigt die *herkunftshinweisende Funktion* der Marke, wenn aus der anhand des genannten *Schlüsselworts* gezeigten Werbung für einen normal informierten und angemessen aufmerksamen Internetnutzer nicht oder nur schwer zu erkennen ist, ob die beworbenen Waren oder DL von dem Inhaber der Marke bzw einem mit ihm wirtschaftlich verbundenen Unternehmen oder vielmehr von einem Dritten stammen, zB bei Hervorrufen einer Irrtumsgefahr oder Suggerieren bzw vagem (Nicht-)Erkennenlassen einer wirtschaftlichen Verbindung, und **2099**

2405 Richtlinie 84/450/EWG vom 10.09.1984 zur Angleichung der Rechts- und Verwaltungsvorschriften der Mitgliedstaaten über irreführende Werbung idF der Richtlinie 97/55/EG vom 06.10.1997; ABl. L 250/17 und ABl. L 290/18; in der für die Entscheidung geltenden Fassung; jetzt ersetzt durch Richtlinie 2006/114/EG vom 12.12.2006 über irreführende und vergleichende Werbung; ABl. L 376/21.

2406 EuGH, 12.06.2008, C-533/06 – Bubbles/O2, Rn 39, 40, 69.

2407 EuGH, 18.06.2009, C-487/07 – L'Oréal, Rn 65, 80; s. *Hacker*, MarkenR 2009, 333.

beeinträchtigt weiter die *Investitionsfunktion* der Marke, wenn sie es dem Markeninhaber wesentlich erschwert, seine Marke zum Erwerb oder zur Wahrung eines Rufs einzusetzen, der geeignet ist, Verbraucher anzuziehen und zu binden.

2100 Die Benutzung des mit der Marke identischen Zeichens durch den Werbenden als Schlüsselwort im Rahmen eines solchen *Internetreferenzierungsdienstes* fällt nämlich unter den Begriff der Benutzung *für Waren oder DL* im geschäftlichen Verkehr. Eine solche Benutzung beeinträchtigt jedoch im Rahmen eines Referenzierungsdienstes, bei dem, wenn Internetnutzer die geschützte Marke des Markeninhabers als Suchbegriff in die Suchmaschine Google eingeben, eine Anzeige des Konkurrenten in der Rubrik *Anzeigen* erschien, *nicht die Werbefunktion* der Marke[2408].

2101 Nach Art. 10 Abs. 2c MarkenRL (Art. 5 Abs. 2 MarkenRL aF) und Art. 9 Abs. 2c UMV kann der *Inhaber einer bekannten Marke* es einem Mitbewerber verbieten, anhand eines dieser Marke entspr *Schlüsselworts*, das dieser Mitbewerber ohne Zustimmung des Markeninhabers im Rahmen eines Internetreferenzierungsdienstes ausgewählt hat, zu werben, wenn dieser Mitbewerber damit die Unterscheidungskraft oder die Wertschätzung der Marke ohne rechtfertigenden Grund in unlauterer Weise ausnutzt (*Trittbrettfahren*) oder wenn in der genannten Werbung eine Beeinträchtigung dieser Unterscheidungskraft (*Verwässerung*) oder Wertschätzung (*Verunglimpfung*) liegt.

2102 In einer Werbung anhand eines solchen *Schlüsselworts* liegt zB dann eine Beeinträchtigung der Unterscheidungskraft der bekannten Marke (Verwässerung), wenn sie zu einer *Abschwächung dieser Marke zu einem Gattungsbegriff* beiträgt. Dagegen darf der Inhaber einer bekannten Marke es ua nicht verbieten, dass Mitbewerber anhand von dieser Marke entspr Schlüsselwörtern eine Werbung erscheinen lassen, mit der, ohne eine bloße Nachahmung von Waren oder DL des Inhabers dieser Marke anzubieten, ohne eine Verwässerung oder Verunglimpfung herbeizuführen und ohne im Übrigen die Funktionen der bekannten Marke zu beeinträchtigen, eine Alternative zu den Waren oder DL ihres Inhabers vorgeschlagen wird[2409].

2103 Der Anbieter eines *Referenzierungsdienstes* (zB *Google*), der ein mit einer Marke identisches Zeichen als Schlüsselwort speichert und dafür sorgt, dass auf dieses Schlüsselwort Anzeigen gezeigt werden, benutzt dagegen dieses Zeichen *nicht selbst* iSv Art. 10 Abs. 1 und 2 MarkenRL (Art. 5 Abs. 1 und 2 MarkenRL aF) bzw Art. 9 Abs. 2 UMV, auch wenn er die Werbenden mit Marken identische Zeichen als Schlüsselwörter aussuchen lässt, diese Zeichen speichert und anhand dieser Zeichen die Werbeanzeigen seiner Kunden einblendet[2410].

2408 EuGH, 23.03.2010, C-236/08 bis C-238/08 – Google France, Rn 50–58, 73, 85, 89, 90, 99, 105; EuGH, 25.03.2010, C-278/08 – BergSpechte, Rn 35, 36, 41; EuGH, 26.03.2010, C-91/09 – Bananabay, Rn 28; EuGH, 08.07.2010, C-558/08 – PORTAKABIN, Rn 54; EuGH, 22.09.2011, C-323/09 – INTERFLORA, Rn 66.

2409 EuGH, 22.09.2011, C-323/09 – INTERFLORA, Rn 93–95.

2410 EuGH, 23.03.2010, C-236/08 bis C-238/08 – Google France, Rn 99.

Dagegen gestatten es Art. 10 Abs. 2a MarkenRL (Art. 5 Abs. 1a MarkenRL aF) und Art. 9 Abs. 2a UMV dem Markeninhaber, dem Betreiber eines Online-Marktplatzes zu verbieten, anhand eines mit dieser Marke identischen *Schlüsselworts*, das im Rahmen eines *Internetreferenzierungsdienstes* von diesem Betreiber ausgewählt wurde, für auf diesem Marktplatz zum Verkauf angebotene Waren dieser Marke zu werben, sofern aus dieser Werbung für einen normal informierten und angemessen aufmerksamen Internetnutzer nicht oder nur schwer zu erkennen ist, ob diese Waren von dem Inhaber der Marke oder einem mit ihm wirtschaftlich verbundenen Unternehmen oder vielmehr von einem Dritten stammen. Jedoch benutzt der Betreiber eines *Online-Marktplatzes* mit Marken identische oder ihnen ähnliche Zeichen, die in auf seiner Internetseite angezeigten Verkaufsangeboten erscheinen, nicht iSv Art. 10 MarkenRL (Art. 5 MarkenRL aF) und Art. 9 UMV[2411]. 2104

Der Inhaber einer *älteren Unionsmarke* oder in einem Mitgliedstaat eingetragenen Marke ist berechtigt, die Benutzung eines jüngeren *GGM* sowohl dann zu untersagen, wenn in diesem GGM ein mit der älteren Marke *identisches* Zeichen verwendet wird und die von dem betr GGM und der älteren Marke erfassten Waren oder DL identisch sind, als auch in Fällen, in denen in dem betr GGM ein Zeichen verwendet wird, das der älteren Marke so *ähnlich* ist, dass unter Berücksichtigung auch der Identität oder der Ähnlichkeit der von der Marke und dem GGM erfassten Waren oder DL eine Verwechslungsgefahr für das Publikum besteht (vgl Art. 10 Abs. 2a und 2b MarkenRL = Art. 5 Abs. 1a und 1b MarkenRL aF, § 14 Abs. 2 Nr 1 und 2 MarkenG und Art. 9 Abs. 2a und 2b UMV)[2412]. 2105

Der Inhaber eines *Rechts des geistigen Eigentums* an einer Ware, die über die Internetseite eines Online-Shops in einem Drittstaat an eine Person, die im Hoheitsgebiet eines Mitgliedstaats wohnt, verkauft wurde (nachgeahmte *Rolex-Uhr*), kann den ihm durch die ZollVO[2413] gewährten Schutz zu dem *Zeitpunkt*, zu dem die *Ware in das Hoheitsgebiet des Mitgliedstaats* gelangt, allein aufgrund des Erwerbs der Ware beanspruchen. Es ist hierzu nicht noch erforderlich, dass die Ware vor dem Verkauf Gegenstand einer an die Verbraucher in diesem Mitgliedstaat gerichteten Verkaufsofferte oder Werbung war. Eine Verletzung von Marken- und Urheberrechten[2414] kann nämlich gegeben sein, wenn aus Drittstaaten stammende Waren schon vor ihrer Ankunft in dem von diesem Schutz erfassten Gebiet Gegenstand einer an die Ver- 2106

2411 EuGH, 12.07.2011, C-324/09 – Parfümtester (L'Oréal/eBay), Rn 97, 105.

2412 EuG, 12.05.2010, T-148/08 – Schreibinstrument-Design I, Rn 54.

2413 VO (EG) 1383/2003 vom 22.07.2003 über das Vorgehen der Zollbehörden gegen Waren, die im Verdacht stehen, bestimmte Rechte geistigen Eigentums zu verletzen, und die Maßnahmen gegenüber Waren, die erkanntermaßen derartige Rechte verletzen; ABl. L 196/7 (nicht mehr in Kraft: s. VO (EU) 608/2013 vom 12.06.2013 zur Durchsetzung der Rechte geistigen Eigentums durch die Zollbehörden und zur Aufhebung der VO (EG) 1383/2003; ABl. L 181/15).

2414 Siehe Art. 4 Abs. 1 Richtlinie 2001/29/EG vom 22.05.2001 zur Harmonisierung bestimmter Aspekte des Urheberrechts und der verwandten Schutzrechte in der Informationsgesellschaft; ABl. L 167/10.

braucher in diesem Gebiet gerichteten geschäftlichen Handlung wie eines *Verkaufs*, eines *Verkaufsangebots* oder einer *Werbung* sind[2415].

2107 Nach Art. 10 MarkenRL (Art. 5 MarkenRL aF) kann der Inhaber einer in einem oder mehreren Mitgliedstaaten eingetragenen Marke dem widersprechen, dass ein Dritter mit dieser Marke versehene, von außerhalb des EWR stammende Waren dem *Verfahren der Steueraussetzung* unterstellen lässt, nachdem er sie ohne die Zustimmung des Markeninhabers *in den EWR* hat *verbringen* und in den zollrechtlich freien Verkehr hat überführen lassen.

2108 Der Markeninhaber ist nämlich *keineswegs verpflichtet*, die Überführung der mit seiner Marke versehenen Waren in den steuerrechtlich freien Verkehr *abzuwarten*, um sein ausschließliches Recht auszuüben. Er kann auch bestimmten Handlungen widersprechen, die vor dieser Überführung in den steuerrechtlich freien Verkehr ohne seine Zustimmung vorgenommen werden. Zu diesen Handlungen zählen insb die Einfuhr der betr Waren und ihre Lagerung zum Zweck ihres Inverkehrbringens oder ihre *Aushändigung an einen Lagerinhaber*. Die Erbringung der *DL der Lagerung* von mit der Marke eines anderen versehenen Waren stellt hingegen *keine Benutzung* des mit dieser Marke identischen Zeichens für Waren oder DL dar, die mit denjenigen identisch oder ihnen ähnlich sind, für die diese Marke eingetragen ist[2416].

2109 Selbst eine Person, die *nicht beruflich eine gewerbliche Tätigkeit* ausübt und *Waren in Empfang nimmt*, in einem Mitgliedstaat in den zollrechtlich freien Verkehr überführt und verwahrt, die offensichtlich nicht zur privaten Benutzung bestimmt sind, aus einem Drittstaat an ihre Anschrift versandt wurden und auf denen ohne die Zustimmung des entspr Rechtsinhabers eine Marke angebracht ist, *benutzt diese Marke* im geschäftlichen Verkehr gemäß Art. 10 Abs. 1 iVm Art. 10 Abs. 3b und Abs. 3c MarkenRL[2417].

2415 EuGH, 06.02.2014, C-98/13 – Nachgeahmte Rolex-Uhr (Blomqvist/Rolex), Rn 32–35. Mithin können Waren, die aus einem Drittstaat stammen und eine Nachahmung einer in der Union durch ein Markenrecht geschützten Ware oder eine Nachbildung einer in der Union durch ein Urheberrecht, ein verwandtes Schutzrecht oder ein Geschmacksmuster geschützten Ware darstellen, diese Rechte verletzen und somit als *nachgeahmte Waren.* oder als *unerlaubt hergestellte Waren.* eingestuft werden, wenn nachgewiesen wird, dass sie dazu bestimmt sind, in der Union in den Verkehr gebracht zu werden, wobei ein solcher Nachweis insb dann erbracht ist, wenn die Waren Gegenstand eines Verkaufs an einen Kunden in der Union oder einer an Verbraucher in der Union gerichteten Verkaufsofferte oder Werbung waren.

2416 EuGH, 16.07.2015, C-379/14 – TOP-Logistics, Van Caem International/Bacardi, Rn 38–50. Diese Einschätzung wird nicht durch den Umstand entkräftet, dass diese Waren in der Folge in einen Drittstaat ausgeführt werden können und somit niemals in einem Mitgliedstaat in den steuerrechtlich freien Verkehr überführt werden, zumal auch die Ausfuhr selbst eine in Art. 10 Abs. 3 MarkenRL (Art. 5 Abs. 3 MarkenRL aF) genannte Handlung ist. Diese Urteilserkenntnis ist durch Art. 9 Abs. 4 UMV nunmehr gesetzlich abgesichert.

2417 EuGH, 30.04.2020, C-772/18 – INA (Yhtiö A)/B, Rn 24–30.

Unbeschadet der von Markeninhabern vor dem Zeitpunkt der Anmeldung oder dem Prioritätstag der Unionsmarke erworbenen Rechte ist der Inhaber dieser Unionsmarke nach Art. 9 Abs. 4 Unterabs. 1 UMV[2418] auch berechtigt, *Dritten zu untersagen*, im geschäftlichen Verkehr *Waren in die Union zu verbringen ohne diese in den zollrechtlich freien Verkehr* zu überführen, wenn die Waren, einschl ihrer Verpackung, aus Drittstaaten stammen und ohne Zustimmung eine Marke aufweisen, die mit der für derartige Waren eingetragenen Unionsmarke identisch ist oder in ihren wesentlichen Aspekten nicht von dieser Marke zu unterscheiden ist. 2110

Damit wird, um wirksamer gegen *Produktpiraterie* vorzugehen, die Möglichkeit eröffnet, Waren wegen einer möglichen Verletzung einer Unionsmarke bereits während des Transits durch die Union in *allen zollrechtlichen Situationen*, einschl Durchfuhr, Umladung, Lagerung, Freizonen, vorübergehender Verwahrung, aktiver Veredelung oder vorübergehender Verwendung, zurückhalten zu können und zwar auch dann, wenn diese Waren nicht dazu bestimmt sind, in der Union in Verkehr gebracht zu werden (PräambelUMV 15 und 16)[2419]. 2111

Der Anspruch des Unionsmarkeninhabers *erlischt* jedoch wegen Art. 9 Abs. 4 Unterabs. 2 UMV, wenn während eines Verfahrens, das der Feststellung dient, ob eine Unionsmarke verletzt wurde, und das gemäß der Durchsetzungs-VO[2420] eingeleitet wurde, der zollrechtliche Anmelder oder der Besitzer der Waren *nachweist*, dass der *Unionsmarkeninhaber nicht berechtigt* ist, das *Inverkehrbringen* der Waren *im* endgültigen *Bestimmungsland* zu untersagen (PräambelUMV 17). Dann kann ein Rechteinhaber für *Schäden* gegenüber dem Besitzer der Waren *haftbar* gemacht werden, wenn ua festgestellt wird, dass die betr Waren kein Recht des geistigen Eigentums verletzen (PräambelUMV 18). 2112

Schließlich ist der Unionsmarkeninhaber nicht berechtigt, einem Dritten aufgrund von Ähnlichkeiten zwischen einem *Internationalen Freinamen* (INN) des in dem Arzneimittel enthaltenen Wirkstoffs und der Marke zu untersagen, Waren in die Union zu verbringen, ohne die Waren dort in den zollrechtlich freien Verkehr zu überführen (PräambelUMV 19). 2113

2418 Eine entspr Bestimmung enthält auch Art. 10 Abs. 4 MarkenRL (s.a. PräambelRL 21–25). Mit diesen Neuregelungen wird die Rspr des EuGH im *Bacardi.*-Urteil zu Art. 5 Abs. 1 und Abs. 3 MarkenRL aF umgesetzt und verbreitert.

2419 Hierzu dient die EDB, die auf den Daten von TMview und DesignView fußt und von EUROPOOL sowie der Europäischen Kommission unterstützt wird. Sie wird von der Beobachtungsstelle des EUIPO verwaltet und ermöglicht ein schnelles und effizientes Eingreifen der nationalen Vollzugsbehörden (Zoll und Polizei). Die Rechteinhaber können über diese Datenbank kostenlos und einfach ihre Produkte schützen. Ein Nutzerkonto kann über https://euipo.europa.eu/ohimportal/en/web/observatory/enforcement-database1 beantragt werden.

2420 VO (EU) 608/2013 vom 12.06.2013 zur Durchsetzung der Rechte geistigen Eigentums durch die Zollbehörden und zur Aufhebung der VO (EG) 1383/2003; ABl. L 181/15.

2114 Dieses neue Verbotsrecht, das zu einer *Beweislastumkehr* zugunsten des Unionsmarkeninhabers führt, war in der Reformdiskussion der UMV heiß umstritten.

2115 Der Inhaber einer Marke kann sich wegen Art. 5 MarkenRL aF und Art. 9 UMV *widersetzen*, dass ein Dritter ohne seine Zustimmung auf in das *Zolllagerverfahren* überführten Waren im Hinblick auf ihre Einfuhr in den oder ihr Inverkehrbringen im EWR, wo sie noch nie vertrieben wurden, *alle mit dieser Marke identischen Zeichen entfernt und andere Zeichen anbringt.* Erstens verhindert die Entfernung von mit der Marke identischen Zeichen, dass die Waren, für die diese Marke eingetragen ist, dann, wenn sie erstmals im EWR in den Verkehr gebracht werden, mit dieser Marke versehen sind, und nimmt damit dem Markeninhaber das Recht, das erstmalige Inverkehrbringen der mit der Marke versehenen Waren im EWR zu kontrollieren. Zweitens beeinträchtigen die Entfernung der mit der Marke identischen Zeichen und die Anbringung neuer Zeichen auf den Waren die Funktionen der Marke, insb ihre *Hauptfunktion*, und nehmen dem Markeninhaber die Möglichkeit, die Kunden durch die Qualität seiner Waren zu binden, beeinträchtigen also die *Investitions- und Werbefunktion.* Drittens verstößt es gegen das Ziel der Gewährleistung eines unverfälschten Wettbewerbs, wenn Dritte ohne Zustimmung des Markeninhabers die mit der Marke identischen Zeichen entfernen und neue auf den Waren anbringen, um diese unter Umgehung des Rechts des Inhabers, die Einfuhr der mit seiner Marke versehenen Waren zu verbieten, in den EWR einzuführen bzw. dort in den Verkehr zu bringen, und dadurch das Recht des Markeninhabers, das erste Inverkehrbringen der mit der Marke versehenen Waren in den EWR zu kontrollieren, und die Funktionen der Marke beeinträchtigt werden[2421].

2116 Schließlich bringt Art. 10 UMV[2422] ein *Recht auf Untersagung von Vorbereitungshandlungen* im Zusammenhang mit der *Benutzung der Verpackung oder anderer Kennzeichnungsmittel.*

2117 Besteht die Gefahr, dass *Verpackungen, Etiketten, Anhänger, Sicherheits- oder Echtheitshinweise oder -nachweise* oder *andere Kennzeichnungsmittel*, auf denen die Marke angebracht wird, für Waren und DL benutzt wird und dass diese Benutzung eine Verletzung der Rechte des Markeninhabers nach Art. 9 Abs. 2 und 3 UMV darstellt, so hat der Markeninhaber das Recht, jeweils im geschäftlichen Verkehr zu verbieten:

2118 (a) das *Anbringen* eines mit der Unionsmarke identischen oder ihr ähnlichen Zeichens auf den Verpackungen, auf Etiketten, Anhängern, Sicherheits- oder Echtheitshin-

2421 EuGH, 25.07.2018, C-129/17 – Mitsubishimarken, Rn 42–52. Schließlich stellt das Entfernen des mit der Marke identischen Zeichens durch einen Dritten, um seine eigenen anzubringen, eine aktive Handlung von ihm dar, die – da sie im Hinblick auf die Einfuhr und das Inverkehrbringen der Waren in den bzw im EWR und somit im Zusammenhang mit einer geschäftlichen Tätigkeit erfolgt, die auf einen wirtschaftlichen Vorteil gerichtet ist – als Benutzung der Marke im geschäftlichen Verkehr angesehen werden kann.

2422 Eine entspr Bestimmung enthält ebenfalls Art. 11 MarkenRL (s.a. PräambelRL 26).

weisen oder -nachweisen oder anderen Kennzeichnungsmitteln, auf denen die Marke angebracht werden kann;

(b) das *Anbieten, Inverkehrbringen* oder *Besitzen* für diese Zwecke oder die Einfuhr oder Ausfuhr von Verpackungen, Etiketten, Anhängern, Sicherheits- oder Echtheitshinweisen oder -nachweisen oder anderen Kennzeichnungsmitteln, auf denen die Marke angebracht wird. Damit wird ein effektives *Verbot von Vorbereitungshandlungen* für Produktpiraterie in der gesamten Union geschaffen, damit Markeninhaber wirksamer gegen Nachahmungen vorgehen können (PräambelUMV 20). 2119

Das Recht aus der Unionsmarke kann Dritten erst *nach der Veröffentlichung* der Markeneintragung (s. Rdn 1524 ff) entgegengehalten werden (Art. 11 Abs. 1 UMV). Jedoch kann eine angemessene *Entschädigung* für Handlungen verlangt werden, die nach Veröffentlichung der Unionsmarkenanmeldung (s. Rdn 1031 ff) vorgenommen werden und die nach Veröffentlichung der Eintragung aufgrund der Unionsmarke verboten wären (Art. 11 Abs. 2 UMV). Das angerufene Gericht darf bis zur Veröffentlichung der Eintragung keine Entscheidung in der Hauptsache treffen (Art. 11 Abs. 3 UMV). 2120

Art. 11 Abs. 2 UMV verwehrt dem Unionsmarkeninhaber, für *Handlungen*, die *vor der Veröffentlichung der Markenanmeldung* vorgenommen wurden, eine Entschädigung zu verlangen. Hinsichtlich der von Dritten in dem Zeitraum nach deren Veröffentlichung, aber vor Veröffentlichung ihrer Eintragung vorgenommenen Handlungen erfasst der Begriff *angemessene Entschädigung* die Herausgabe der von Dritten durch die Nutzung dieser Marke in diesem Zeitraum tatsächlich erzielten Gewinne, *schließt* jedoch den *Ersatz des* von dem Inhaber der betr Marke möglicherweise erlittenen *weiter gehenden (immateriellen) Schadens aus.* Da Art. 11 Abs. 2 UMV als *eng begrenzte Ausnahmeregelung* darauf abzielt, an eine Marke ab dem Zeitpunkt der Veröffentlichung ihrer Anmeldung und noch vor der Veröffentlichung ihrer Eintragung, bedingte Rechte zu knüpfen, muss die *angemessene Entschädigung* in ihrem Umfang *geringer* sein als der Schadensersatz, den der Inhaber einer Unionsmarke für nach der Veröffentlichung von deren Eintragung vorgenommene Verletzungshandlungen verlangen kann und der grds auf einen vollständigen Ausgleich des tatsächlich erlittenen Schadens gerichtet ist, der ggf den immateriellen Schaden einschließen kann[2423]. 2121

Gemäß Art. 25 Abs. 1e GGV kann eine *dreidimensionale Marke* auch einen *Nichtigkeitsgrund für ein GGM* darstellen. Dem steht Art. 9 Abs. 2b UMV nicht entgegen[2424]. 2122

2423 EuGH, 22.06.2016, C-280/15 – HolzProf (Nikolajeva/Multi Protect), Rn 32–59, insb 44, 56. Die Entscheidung, die noch zu Art. 9 Abs. 3 S. 2 GMV, der Art. 9b Abs. 2 UMV entspricht, erging, vermag jedoch nicht zu überzeugen. Die Begründung, warum die Entschädigung bei der Verletzung einer veröffentlichten Anmeldung, deren Schutz sich nach der Eintragung ja auf den Anmeldezeitpunkt zurückbezieht, geringer sein soll als bei der Verletzung einer eingetragenen Marke, erscheint an den Haaren herbeigezogen und ohne sachliche Rechtfertigung. Das Ergebnis widerspricht vielmehr eklatant dem vom EuGH selbst zitierten Urteil des EGMR, Anheuser-Busch v. Portugal, der bereits eine Anmeldung vollständig und ohne Abstriche unter den Schutz der Eigentumsgarantie gestellt hat.

2424 EuG, 25.04.2013, T-55/12 – Reinigungsvorrichtung/Sprüheinrichtung, Rn 34–65.

2123 Erweckt die *Wiedergabe* einer Unionsmarke in einem *Wörterbuch*, Lexikon oder ähnlichen Nachschlagewerk den Eindruck, als sei sie eine Gattungsbezeichnung der Waren oder DL, für die sie eingetragen ist, so stellt der Verleger des Werkes auf Antrag des Inhabers der Unionsmarke sicher, dass der Markenwiedergabe spätestens bei einer Neuauflage des Werkes der Hinweis beigefügt wird, dass es sich um eine eingetragene Marke handelt (Art. 12 UMV).

2124 Ist eine Unionsmarke für einen *Agenten* oder *Vertreter* des Markeninhabers ohne dessen Zustimmung eingetragen worden, so ist der Markeninhaber berechtigt, sich dem Gebrauch seiner Marke durch seinen Agenten oder Vertreter zu widersetzen, wenn er diesen Gebrauch nicht gestattet hat, es sei denn, dass der Agent oder Vertreter seine Handlungsweise rechtfertigt (Art. 13 UMV).

II. Beschränkung der Wirkungen der Marke

2125 Die ausschließlichen Rechte aus einer Unionsmarke sollen deren Inhaber nicht zum Verbot der Benutzung von Zeichen oder Angaben durch Dritte berechtigen, die rechtmäßig und damit im Einklang mit den anständigen Gepflogenheiten in Gewerbe und Handel benutzt werden (PräambelUMV 21). Die Unionsmarke gewährt daher ihrem Inhaber wegen Art. 14 Abs. 1 UMV[2425] *nicht das Recht*, einem Dritten zu verbieten, Folgendes *im geschäftlichen Verkehr zu benutzen*:

2126 (a) den *Namen* oder die *Adresse* des Dritten, wenn es sich bei dem Dritten um eine *natürliche Person* handelt. Es ist also nur noch der Schutz von Personennamen vorgesehen, nicht mehr derjenige von Firmennamen, den Art. 12 Abs. a GMV noch umfasste. Um für Handelsnamen und Unionsmarken bei Konflikten gleiche Bedingungen zu schaffen, schließt die Benutzung von Handelsnamen vor dem Hintergrund, dass diesen regelmäßig unbeschränkter Schutz vor jüngeren Marken eingeräumt wird, nur die Verwendung des Personennamens des Dritten ein (PräambelUMV 21).

2127 (b) Zeichen oder Angaben *ohne Unterscheidungskraft* oder über die Art, die Beschaffenheit, die Menge, die Bestimmung, den Wert, die geografische Herkunft oder die Zeit der Herstellung der Ware oder der Erbringung der DL oder über andere Merkmale der Ware oder DL (*beschreibende Angaben*). Aus Gründen der Kohärenz ist die Beschränkung der Wirkungen der Marke nunmehr auch auf die *Benutzung von Zeichen oder Angaben ohne Unterscheidungskraft ausgedehnt* worden. Denn die Verwendung von beschreibenden oder nicht unterscheidungskräftigen Zeichen oder Angaben muss allgemein gestattet sein (PräambelUMV 21). Damit soll zB Fehlregistrierungen oder dem nachträglichen Verlust der Unterscheidungskraft Rechnung getragen oder der Schutz einer Kombinationsmarke auf den kennzeichnungskräftigen Bestandteil beschränkt werden.

2128 (c) die Unionsmarke zu Zwecken der *Identifizierung* oder zum *Verweis auf Waren oder DL* als die des Inhabers dieser Marke, insb wenn die Benutzung der Marke als

2425 Diese Vorschrift folgt Art. 14 Abs. 1. und 2 MarkenRL.

Hinweis auf die *Bestimmung* einer Ware, insb als *Zubehör* oder *Ersatzteil*, oder einer DL erforderlich ist[2426]. Damit wird die Anwendung dieser Vorschrift nunmehr *ausgedehnt* auf die *Benutzung als Referenz*[2427]. Deshalb ist der Inhaber nicht berechtigt, die rechtmäßige und redliche Benutzung der Unionsmarke zum Zwecke der Identifizierung der Waren oder DL als die des Markeninhabers oder des Verweises darauf zu untersagen. Eine Benutzung einer Marke durch Dritte mit dem Ziel, die Verbraucher auf den Wiederverkauf von Originalwaren aufmerksam zu machen, die ursprünglich vom Inhaber der Unionsmarke selbst oder mit dessen Einverständnis in der Union verkauft wurden, ist als rechtmäßig anzusehen, solange die Benutzung gleichzeitig den anständigen Gepflogenheiten in Gewerbe oder Handel entspricht (PräambelUMV 21).

Deshalb findet diese Vorschrift gemäß Art. 14 Abs. 2 UMV nur dann Anwendung, wenn die Benutzung durch den Dritten den *anständigen Gepflogenheiten in Gewerbe oder Handel entspricht*[2428], also den berechtigten Interessen des Markeninhabers nicht in unlauterer Weise zuwider gehandelt wird. Art. 14 UMV darf jedoch keinesfalls in die Richtung missverstanden werden, dass sie das EUIPO zu einer flüchtigeren Prüfung der Eintragungshindernisse verleiten dürfte[2429]. 2129

Nach PräambelUMV 21 ist auch die Benutzung einer Marke zu *künstlerischen Zwecken*, zB auf Gemälden oder im Rahmen von *Satire* und *Parodie*, rechtmäßig, sofern sie gleichzeitig den anständigen Gepflogenheiten in Gewerbe oder Handel entspricht. Außerdem ist diese Norm so anzuwenden, dass den Grundrechten und Grundfreiheiten, insb dem *Recht auf freie Meinungsäußerung*, in vollem Umfang Rechnung getragen wird. 2130

Ist in einem Mitgliedstaat nach dessen Rechtsvorschriften ein älteres Recht von örtlicher Bedeutung anerkannt, so gewährt die Marke wegen Art. 14 Abs. 3 MarkenRL ihrem Inhaber *nicht das Recht*, einem Dritten *die Benutzung dieses Rechts* im geschäftlichen Verkehr in dem Gebiet, in dem es anerkannt ist, zu *verbieten*. Art. 14 Abs. 3 MarkenRL verlangt für die Feststellung des Bestehens eines »älteren Rechts« *nicht*, dass der Inhaber dieses Rechts die *Benutzung der jüngeren Marke* durch ihren Inhaber *verbieten* kann. Einem Dritten kann ein »älteres Recht« auch in einer Situation zuerkannt werden, in der der Inhaber der jüngeren Marke ein noch älteres, nach den 2131

2426 EuGH, 11.01.2024, C-361/22 – ZARA (Inditex/Buongiorno Myalert), Rn 55–58. Art. 6 Abs. 1c MarkenRL aF erfasst eine Benutzung der Marke im geschäftlichen Verkehr, die durch einen Dritten entspr den anständigen Gepflogenheiten in Gewerbe oder Handel zu Zwecken der Identifizierung oder zum Verweis auf Waren oder DL als die des Inhabers dieser Marke erfolgt, nur, wenn eine solche Benutzung der Marke als Hinweis auf die Bestimmung einer von dem Dritten vertriebenen Ware oder angebotenen DL notwendig ist.

2427 EuGH, 23.02.1999, C-63/97 – BMW; EuGH, 17.03.2005, C-228/03 – Gillette.

2428 Auf die ursprünglich im Kommissionsentwurf vorgesehene gesetzliche Definition dieses Begriffs hat man im Blick auf die klare Rspr hierzu verzichtet; EuGH, 23.02.1999, C-63/97 – BMW; EuGH 17.03.2005, C-228/03 – Gillette.

2429 EuGH, 06.05.2003, C-104/01 – Libertel-Orange, Rn 57–59; EuGH, 16.09.2004, C-404/02 – Nichols, Rn 32, 33; EuGH, 11.09.2007, C-17/06 – Céline, Rn 30–35.

Rechtsvorschriften des betr Mitgliedstaats anerkanntes Recht an dem als Marke eingetragenen Zeichen hat, soweit der Inhaber der Marke und des noch älteren Rechts nach diesen Rechtsvorschriften die Benutzung des jüngeren Rechts durch den Dritten nicht mehr aufgrund seines noch älteren Rechts verbieten kann[2430].

2132 Wenn die Benutzung von mit Marken identischen oder ihnen ähnlichen Zeichen durch Werbende als Schlüsselwörter (zB *Adwords* bei *Google*) im Rahmen eines *Internetreferenzierungsdienstes* nach Art. 10 MarkenRL (Art. 5 MarkenRL aF) verboten werden kann, können sich diese Werbenden idR nicht auf die in Art. 14 Abs. 1 und 2 MarkenRL (Art. 6 Abs. 1 MarkenRL aF) vorgesehene Ausnahme berufen, um dem Verbot zu entgehen, wobei jedoch anhand der *Umstände des Einzelfalls* zu ermitteln ist, ob tatsächlich keine Benutzung vorliegt, die den anständigen Gepflogenheiten in Gewerbe oder Handel entspricht[2431].

2133 Andererseits ist die VO[2432] über die Eintragung der Bezeichnung *Bayerisches Bier* als g.g.A dahin auszulegen, dass sie die Gültigkeit von vorher bestehenden Marken Dritter, die das Wort *Bavaria* enthalten und die vor dem Zeitpunkt des Antrags auf Eintragung der g.g.A. *Bayerisches Bier* in gutem Glauben eingetragen worden sind, sowie die Möglichkeit einer Benutzung dieser Marken, die einen der Tatbestände des Art. 13 der VO zum Schutz von geografischen Angaben[2433] erfüllt, nicht beeinträchtigt, sofern diese Marken nicht einem der in Art. 4 Abs. 1c und 1g MarkenRL (beschreibende bzw täuschende Angabe; Art. 3 Abs. 1c und 1g MarkenRL aF) und Art. 20 Nr b MarkenRL (Geeignetheit zur Irreführung infolge ihrer Benutzung; Art. 12 Abs. 2b MarkenRL aF) genannten Gründe für die Ungültigkeit oder den Verfall unterliegen[2434].

2134 Art. 14 MarkenRL (Art. 6 MarkenRL aF) zielt speziell darauf ab, allen Wirtschaftsteilnehmern die Möglichkeit zu erhalten, beschreibende Angaben zu benutzen. Diese Vorschrift ist eine *Ausprägung des Freihaltebedürfnisses*. Das Freihaltebedürfnis kann jedoch *in keinem Fall eine selbständige Beschränkung* der Wirkungen der Marke sein, die zu den in Art. 14 Abs. 1b und 2 MarkenRL (Art. 6 Abs. 1b MarkenRL aF) ausdrücklich vorgesehenen Beschränkungen hinzutritt. Es ist bei der Beurteilung des Umfangs des ausschließlichen Rechts des Inhabers einer Marke nur zu berücksichti-

---

2430 EuGH, 02.06.2022, C-112/21 – X BV/Classic Coach, Rn 55, 65. Das Urteil erging zum gleichlautenden Art. 6 Abs. 2 MarkenRL aF.

2431 EuGH, 08.07.2010, C-558/08 – PORTAKABIN, Rn 72.

2432 VO (EG) 1347/2001 vom 28.06.2001; ABl. L 182/3.

2433 VO (EG) 2081/92 vom 14.07.1992 zum Schutz von geografischen Angaben und Ursprungsbezeichnungen für Agrarerzeugnisse und Lebensmittel; ABl. L 208/1; später VO (EU) 1151/2012 vom 21.11.2012 über Qualitätsregelungen für Agrarerzeugnisse und Lebensmittel; ABl. L 343/1; aufgehoben durch Art. 94 GAV.

2434 EuGH, 02.07.2009, C-343/07 – Bavaria, Rn 125. S.a. EuGH, 22.12.2010, C-120/08 – Bavaria II; nach dem der Zeitpunkt des Wirksamwerdens der im vereinfachten Verfahren erfolgten Eintragung der g.g.A. den Bezugszeitpunkt für den Schutzbeginn bei einer Kollision mit konkurrierenden Marken(-anmeldungen) darstellt, Rn 58–68.

gen, soweit die in Art. 14 Abs. 1b und 2 MarkenRL (Art. 6 Abs. 1b MarkenRL aF) festgelegte Beschränkung der Wirkungen der Marke anwendbar ist[2435].

Jedoch kann der Markeninhaber nicht verbieten, dass sein Markenzeichen dafür benutzt wird, um auf den *Verkauf* von oder die *Reparatur-* und *Wartungsdienste* für Fahrzeuge eines bestimmten Herstellers (*BMW*) hinzuweisen, soweit dadurch nicht der Eindruck erweckt wird, diese Dienste kämen direkt vom Markeninhaber oder würden unter seiner speziellen Aufsicht (mit Qualitätsgarantie), innerhalb seines Vertriebsnetzes erbracht oder hergestellt[2436]. **2135**

Dasselbe gilt für den Vertrieb von *Ersatzteilen* für fremde Markenwaren (*Gillette-Rasierklingen für Rasierer*), wenn eine solche Benutzung praktisch das einzige Mittel dafür darstellt, der Öffentlichkeit eine verständliche und vollständige Information über diese Bestimmung zu liefern, und wenn diese Benutzung den anständigen Gepflogenheiten in Gewerbe oder Handel entspricht, also den berechtigten Interessen des Markeninhabers nicht in unlauterer Weise zuwiderhandelt. Die Benutzung darf also insb nicht in einer Weise erfolgen, die glauben machen kann, dass eine Handelsbeziehung zwischen dem Dritten und dem Markeninhaber besteht, darf den Wert der Marke nicht dadurch beeinträchtigen, dass sie deren Unterscheidungskraft oder Wertschätzung in unlauterer Weise ausnutzt, darf diese Marke nicht herabsetzen oder schlecht machen, oder der Dritte darf seine Ware nicht als Imitation oder Nachahmung der Markenware darstellen[2437]. **2136**

Verbessert wurde durch die UMV das *Zwischenrecht des Inhabers einer später eingetragenen Marke* als Einrede *in Verletzungsverfahren.* Nach dem neuen Art. 16 Abs. 1 UMV ist der Inhaber einer Unionsmarke in Verletzungsverfahren nicht berechtigt, die Benutzung einer später eingetragenen Unionsmarke zu untersagen, wenn diese jüngere Marke nach Maßgabe von Art. 60 Abs. 1, 3 oder 4 UMV (Zustimmung zur Eintragung, verfahrensrechtliche Verwirkung des Nichtigerklärungsanspruchs), Art. 61 Abs. 1 oder 2 UMV (Verwirkung durch Duldung) oder Art. 64 Abs. 2 UMV (Nichtbenutzung) nicht für nichtig erklärt werden könnte. **2137**

Weiter ist gemäß Art. 16 Abs. 2 UMV in *Verletzungsverfahren* der Unionsmarkeninhaber nicht berechtigt, die Benutzung einer später eingetragenen nationalen Marke zu untersagen, wenn diese später eingetragene nationale Marke nach Maßgabe von Art. 8 MarkenRL (fehlende Unterscheidungskraft oder Bekanntheit einer älteren Marke als Grund für die Bestandskraft einer eingetragenen Marke) oder Art. 9 Abs. 1 oder 2 MarkenRL (Ausschluss der Nichtigerklärung aufgrund von Duldung) oder Art. 46 Abs. 3 MarkenRL (nicht erbrachter Benutzungsnachweis für die ältere Marke) nicht für nichtig erklärt werden könnte. **2138**

Ist der Unionsmarkeninhaber nicht berechtigt, die Benutzung einer später eingetragenen Marke nach Art. 16 Abs. 1 oder 2 UMV zu untersagen, so kann sich der Inhaber **2139**

2435 EuGH, 10.04.2008, C-102/07 – ADIDAS II, Rn 45–47, 49.
2436 EuGH, 23.02.1999, C-63/97 – BMW, Rn 25, 42, 48–50, 63, 64.
2437 EuGH, 17.03.2005, C-228/03 – Gillette, Rn 39, 49, 53.

der später eingetragenen Marke im Verletzungsverfahren wegen Art. 16 Abs. 3 UMV der *Benutzung der älteren Unionsmarke nicht widersetzen.*

III. Erschöpfung des Rechts aus der Marke

2140 Die Unionsmarke gewährt wegen Art. 15 Abs. 1 UMV ihrem Inhaber *nicht das Recht*, einem Dritten zu verbieten, die Marke für Waren zu benutzen, die unter dieser Marke von ihm oder mit seiner Zustimmung, die auch konkludent erfolgt sein kann[2438], sich aber auf jedes Exemplar der Ware erstrecken muss[2439], im *EWR*[2440] in den Verkehr gebracht worden sind, wobei das Inverkehrbringen auch einen verbotswidrigen Wiederverkauf durch den Kunden des Markeninhabers einschließt[2441] (*Erschöpfung* des Rechts aus der Marke).

2141 Diese Bestimmung findet aber keine Anwendung, wenn *berechtigte Gründe* es rechtfertigen, dass der Markeninhaber sich dem weiteren Vertrieb der Waren widersetzt, insb wenn deren Zustand nach ihrem In-Verkehr-Bringen verändert oder verschlechtert ist (Art. 15 Abs. 2 UMV, Art. 15 Abs. 2 MarkenRL).

2142 Nach Art. 15 Abs. 1 UMV iVm Art. 34 und Art. 36 AEUV trifft die *Beweislast* für die Erschöpfung des Rechts aus einer Unionsmarke *nicht ausschließlich den Beklagten* eines Verletzungsverfahrens, wenn die mit dieser Marke versehenen Waren, die keine Kennzeichen aufweisen, die es Dritten ermöglichen würden, den Markt zu bestimmen, auf dem sie vertrieben werden sollen und die über ein *selektives Vertriebsnetz* verteilt werden, dessen Mitglieder die Waren nur an andere Mitglieder dieses Netzes oder an Endverbraucher weiterverkaufen dürfen, von diesem Beklagten in der Union oder im EWR erworben wurden, nachdem er von den Verkäufern die Zusicherung erhalten hatte, dass die Waren im Einklang mit den gesetzlichen Vorschriften dort vertrieben werden dürfen, und der Inhaber der Marke sich weigert, selbst eine solche Überprüfung auf Verlangen des Käufers vorzunehmen[2442].

2143 Werden *Parfümtester* ohne Übertragung des Eigentums und mit dem Verbot des Verkaufs an vertraglich an den Markeninhaber gebundene Zwischenhändler überlassen,

2438 EuGH, 20.11.2001, C-414/99. bis C-416/99 – Zino Davidoff/Levi Strauss; EuGH, 15.10.2009, C-324/08 – Makro/Diesel.

2439 EuGH, 01.07.1999, C-173/98 – Sebago.

2440 Art. 15 Abs. 1 MarkenRL beschränkt die Erschöpfung jedoch weiter auf die Union.

2441 EuGH, 30.11.2004, C-16/03 – Peak Holding.

2442 EuGH, 18.01.2024, C-367/21 – HP (Hewlett Packard/Senetic), Rn 61–67. Folglich wird es in einem solchen Fall Sache des angerufenen nationalen Gerichts sein, eine Modifizierung der Beweislastverteilung für die Erschöpfung des Rechts aus den betr Unionsmarken vorzunehmen, indem es dem Markeninhaber die Beweislast dafür auferlegt, dass er das erste Inverkehrbringen von Exemplaren der betr Waren außerhalb des Gebiets der Union oder des EWR vorgenommen oder genehmigt hat. Gelingt dieser Nachweis, wird es dem Beklagten des Verletzungsverfahrens obliegen, nachzuweisen, dass dieselben Exemplare anschließend vom Markeninhaber oder mit seiner Zustimmung in den EWR eingeführt worden sind.

damit deren Kunden den Inhalt der Ware zu Testzwecken verbrauchen können, und jederzeit ein Rückruf der Ware durch den Markeninhaber möglich ist und sich die Aufmachung der Ware von der Aufmachung der den genannten Zwischenhändlern üblicherweise vom Markeninhaber zur Verfügung gestellten *Parfümflakons* unterscheidet, steht die Tatsache, dass es sich bei diesen Testern um Parfümflakons mit der Aufschrift »Demonstration« und »unverkäuflich« handelt, der Annahme einer konkludenten Zustimmung des Markeninhabers zum Inverkehrbringen dieser Flakons entgegen[2443].

Nach Art. 10 MarkenRL (Art. 5 MarkenRL aF) und Art. 9 UMV kann sich der 2144
Inhaber einer Marke kraft des durch diese verliehenen ausschließlichen Rechts dem *Weiterverkauf* von Waren (zB *Kosmetika*) mit der Begründung widersetzen, dass der Weiterverkäufer deren *äußere Verpackung entfernt* habe, sofern dies zur Folge hat, dass wesentliche Angaben wie die zur Identifizierung des Herstellers oder der Person, die für deren Inverkehrbringen verantwortlich ist, fehlen. Auch wenn das Entfernen der äußeren Verpackung nicht zu einem solchen Fehlen geführt hat, kann sich der Markeninhaber gleichwohl dem Verkauf von mit seiner Marke versehenen Waren in unverpacktem Zustand widersetzen, wenn er nachweist, dass das Entfernen der Verpackung das *Image dieser Ware* und somit den *Ruf der Marke* geschädigt hat[2444].

Ein *Lizenzvertrag* kommt zB keiner absoluten und unbedingten Zustimmung des 2145
Markeninhabers zum Inverkehrbringen von mit dieser Marke versehenen Waren durch den Lizenznehmer gleich. Ein Lizenznehmer nämlich, der mit der Marke versehene Waren unter Missachtung einer Bestimmung des Lizenzvertrags (*selektives Vertriebssystem*) in den Verkehr bringt, handelt dann ohne Zustimmung des Markeninhabers, wenn nachgewiesen ist, dass diese Vertragsbestimmung den gesetzlichen Regeln über Lizenzen in Art. 25 Abs. 2 MarkenRL (Art. 8 Abs. 2 MarkenRL aF; Art. 25 Abs. 2 UMV) entspricht.

Muss das Inverkehrbringen von *Prestigewaren* durch den Lizenznehmer als mit der 2146
Zustimmung des Markeninhabers erfolgt angesehen werden, obwohl der Lizenznehmer dabei gegen eine Bestimmung des Lizenzvertrags verstoßen hat, kann der Markeninhaber eine solche Bestimmung nur geltend machen, um sich unter Berufung auf Art. 15 Abs. 2 MarkenRL (Art. 7 Abs. 2 MarkenRL aF) dem Weiterverkauf der Waren zu widersetzen, wenn unter Berücksichtigung der Umstände des Einzelfalls nachgewiesen ist, dass ein solcher *Weiterverkauf* dem *Ansehen der Marke* (*Christian Dior*) *schadet.* Hierbei sind insb der Adressatenkreis, an den die Waren weiterverkauft werden sollen, und die spezifischen Umstände des Verkaufs von Prestigewaren zu berücksichtigen[2445]. Ein *selektives Vertriebssystem für Luxuswaren*, das primär der Sicherstellung von deren Luxusimage dient, ist mit Art. 101 Abs. 1 AEUV vereinbar, sofern die Auswahl der Wiederverkäufer anhand objektiver Gesichtspunkte qualitativer

2443 EuGH, 03.06.2010, C-127/09 – Parfümtestflaschen (Coty Prestige/Simex), Rn 48; EuGH, 12.07.2011, C-324/09 – Parfümtester (L'Oréal/eBay), Rn 73.
2444 EuGH, 12.07.2011, C-324/09 – Parfümtester (L'Oréal/eBay), Rn 83.
2445 EuGH, 23.04.2009, C-59/08 – Christian Dior (Copard), Rn 47, 51, 58, 59.

Art erfolgt, die einheitlich für alle in Betracht kommenden Wiederverkäufer festgelegt und ohne Diskriminierung angewendet werden, und die festgelegten Kriterien nicht über das erforderliche Maß hinausgehen[2446].

2147 Jedoch erlauben es Art. 10 und 15 MarkenRL (Art. 5 und 7 MarkenRL aF) dem Inhaber einer ausschließlichen Lizenz zur Verwendung von für die Wiederverwendung bestimmten *Kompositgasflaschen*, deren Form als dreidimensionale Marke geschützt ist und auf denen er seinen Namen und sein Logo, die als Wort- und Bildmarken eingetragen sind, angebracht hat (*Viking Gas*), sofern er keinen berechtigten Grund iSd Art. 15 Abs. 2 MarkenRL (Art. 7 Abs. 2 MarkenRL aF) geltend machen kann, nicht, dagegen vorzugehen, dass diese Flaschen, nachdem sie von Verbrauchern gekauft wurden, die in der Folge das darin ursprünglich enthaltene Gas verbraucht haben, von einem Dritten gegen Bezahlung gegen Kompositflaschen *ausgetauscht* werden, die mit nicht von diesem Lizenzinhaber stammendem Gas gefüllt sind[2447].

2148 Ebenso darf sich der Inhaber einer Marke, der in einem Mitgliedstaat Waren vertrieben hat, die mit dieser Marke (*SODASTREAM* und *SODA-CLUB*) versehen sind und mehrmals wiederverwendet und wiederbefüllt werden sollen, wegen Art. 15 Abs. 2 UMV und Art. 15 Abs. 2 MarkenRL dem weiteren Vertrieb dieser Waren in diesem Mitgliedstaat durch einen Wiederverkäufer, der sie *wiederbefüllt* und das die ursprüngliche Marke aufweisende Etikett durch eine andere Etikettierung (*MySoda*) ersetzt hat, wobei aber auf diesen Waren die ursprüngliche Marke sichtbar bleibt, *nicht widersetzen, sofern diese Neuetikettierung bei den Verbrauchern nicht den irrigen Eindruck* hervorruft, dass zwischen dem Wiederverkäufer und dem Markeninhaber eine wirtschaftliche Verbindung besteht. Diese Gefahr einer Verwechslung ist anhand der Angaben auf der Ware und auf ihrer Neuetikettierung sowie anhand der *Vertriebspraktiken* des betr Wirtschaftszweigs und des Bekanntheitsgrades dieser Praktiken bei den Verbrauchern umfassend zu beurteilen[2448].

2446 EuGH, 06.12.2017, C-230/16 – Luxuskosmetika (CotyGermany/Parfümerie Akzente), Rn 36, 58, 69. Art. 101 Abs. 1 AEUV steht einer Vertragsklausel nicht entgegen, die autorisierten Händlern eines selektiven Vertriebssystems für Luxuswaren, das im Wesentlichen darauf gerichtet ist, das Luxusimage dieser Waren sicherzustellen, verbietet, beim Verkauf der Vertragswaren im Internet nach außen erkennbar Drittplattformen einzuschalten, wenn diese Klausel das Luxusimage dieser Waren sicherstellen soll, einheitlich festgelegt und ohne Diskriminierung angewandt wird sowie in angemessenem Verhältnis zum angestrebten Ziel steht. Ein den auf der Einzelhandelsstufe tätigen Mitgliedern eines selektiven Vertriebssystems für Luxuswaren auferlegtes Verbot, bei Internetverkäufen nach außen erkennbar Drittunternehmen einzuschalten, stellt weder eine Beschränkung der Kundengruppe iSv Art. 4b VO (EU) 330/2010 der Kommission vom 20.04.2010 über die Anwendung von Art. 101 Abs. 3 AEUV noch eine Beschränkung des passiven Verkaufs an Endverbraucher iSv Art. 4c VO (EU) 330/2010. dar.

2447 EuGH, 14.07.2011, C-46/10 – Kompositflasche (Viking Gas/BP Kosan Gas), Rn 30–35, 37–42.

2448 EuGH, 27.10.2022, C-197/21 – MySoda/SODASTREAM (Soda-Club), Rn 47–54.

2149 Ebenfalls nimmt nach Art. 10 Abs. 2b MarkenRL (Art. 5 Abs. 1b MarkenRL aF) ein *Dienstleister*, der im Auftrag und nach den Anweisungen eines Dritten *Aufmachungen abfüllt*, die der Dritte ihm zur Verfügung gestellt hat, der darauf zuvor ein Zeichen hat anbringen lassen, das mit einem als Marke geschützten Zeichen (*RED BULL*) identisch oder ihm ähnlich ist, nicht selbst eine Benutzung dieses Zeichens vor, die nach dieser Bestimmung vom Markeninhaber verboten werden kann[2449].

2150 Der Markeninhaber kann es einem *Werbenden* nicht verbieten, anhand eines mit der Marke identischen oder ihr ähnlichen Zeichens, das der Werbende ohne Zustimmung des Markeninhabers als *Schlüsselwort* im Rahmen eines *Internetreferenzierungsdienstes* (zB *Adwords* bei *Google*) ausgewählt hat, für den Wiederverkauf von Waren zu werben, die von dem Markeninhaber hergestellt und von ihm oder mit seiner Zustimmung im EWR in den Verkehr gebracht wurden, sofern nicht ein berechtigter Grund iSv Art. 15 Abs. 2 MarkenRL (Art. 7 Abs. 2 MarkenRL aF), der es rechtfertigt, dass sich der Markeninhaber dem widersetzt, gegeben ist, wie eine Benutzung des Zeichens, die die Vorstellung hervorruft, es bestehe eine *wirtschaftliche Verbindung* zwischen dem Wiederverkäufer und dem Markeninhaber, oder eine Benutzung, die den *Ruf der Marke erheblich schädigt*.

2151 Allein die Tatsache, dass ein Werbender eine *fremde Marke* unter Hinzufügung von Wörtern benutzt, die, wie »*Gebraucht-*« oder »*aus zweiter Hand*«, darauf hinweisen, dass es sich um einen Wiederverkauf der Ware handelt, kann nicht die Feststellung begründen, dass die Anzeige die Vorstellung hervorruft, es bestehe eine wirtschaftliche Verbindung zwischen dem Wiederverkäufer und dem Markeninhaber, oder den Ruf der Marke erheblich schädigt.

2152 Ein *berechtigter Grund* iSv Art. 15 Abs. 2 MarkenRL (Art. 7 Abs. 2 MarkenRL) ist zu bejahen, wenn der Wiederverkäufer ohne Zustimmung des Inhabers der Marke, die er in der Werbung für seine Wiederverkaufstätigkeit benutzt, diese *Marke* von den Waren, die der Markeninhaber hergestellt und in den Verkehr gebracht hat, *entfernt und durch ein Etikett mit dem Namen des Wiederverkäufers ersetzt* hat und damit die Marke unkenntlich gemacht hat. Jedoch kann einem Wiederverkäufer, der auf den Verkauf von Gebrauchtwaren einer fremden Marke spezialisiert ist, nicht verboten werden, diese Marke zu benutzen, um seine Wiederverkaufstätigkeit beim Publikum bekannt zu machen, zu der außer dem Verkauf von Gebrauchtwaren dieser Marke auch der Verkauf anderer Gebrauchtwaren gehört, sofern nicht der Wiederverkauf dieser anderen Waren angesichts seines Umfangs, seiner Präsentationsweise oder seiner schlechten Qualität erheblich das Image herabzusetzen droht, das der Markeninhaber rund um seine Marke aufzubauen vermocht hat[2450].

2153 Nach Art. 10 Abs. 2 und Art. 15 MarkenRL ist der Markeninhaber berechtigt, sich dem *Vertrieb eines Arzneimittels*, das in eine *neue äußere Umhüllung* umgepackt wird, auf der diese Marke angebracht wird, durch einen *Parallelimporteur* zu *widersetzen*,

2449 EuGH, 15.12.2011, C-119/10 – RED BULL (Frisdanken Winters), Rn 37.
2450 EuGH, 08.07.2010, C-558/08 – PORTAKABIN, Rn 92, 93.

wenn eine *Neuetikettierung* des betr Arzneimittels unter Beachtung der Anforderungen des Art. 47a Richtlinie 2001/83[2451] objektiv möglich ist und das in dieser Weise neu etikettierte Arzneimittel tatsächlich Zugang zum Markt des Einfuhrmitgliedstaats erlangen könnte. Der Markeninhaber ist weiter berechtigt, sich dem Vertrieb eines Arzneimittels, das in eine neue äußere Umhüllung umgepackt wird, auf der diese Marke angebracht wird, durch einen Parallelimporteur zu widersetzen, wenn die *sichtbaren Spuren der Öffnung* der äußeren Originalumhüllung, die ggf durch eine Neuetikettierung dieses Arzneimittels verursacht wurden, eindeutig auf das so durchgeführte Umpacken durch diesen Parallelimporteur zurückzuführen sind, es sein denn, diese Spuren rufen auf dem Markt des Einfuhrmitgliedstaats oder auf einem beträchtlichen Teil dieses Marktes einen derart starken Widerstand eines nicht unerheblichen Teils der Verbraucher gegen die so umgepackten Arzneimittel hervor, dass er ein Hindernis für den tatsächlichen Zugang zu diesem Markt darstellen würde, was für jeden Einzelfall festzustellen ist[2452].

2154 Art. 16 UMV regelt nunmehr eindeutig das *Zwischenrecht* des Inhabers einer später eingetragenen Marke als *Einrede in Verletzungsverfahren.*

2155 In Verletzungsverfahren ist nach Art. 16 Abs. 1 UMV der Unionsmarkeninhaber nicht berechtigt, die *Benutzung einer später eingetragenen Unionsmarke zu untersagen,* wenn diese jüngere Marke nach Maßgabe von Art. 60 Abs. 1, 3 oder 4 UMV (relative Nichtigkeitsgründe), Art. 61 Abs. 1 oder 2 UMV (Verwirkung durch Duldung) oder Art. 64 Abs. 2 UMV (Benutzungsnachweis) nicht für nichtig erklärt werden könnte. Dasselbe gilt wegen Art. 16 Abs. 2 UMV in Bezug die *Benutzung einer später eingetragenen nationalen Marke,* wenn diese nach Maßgabe von Art. 8 MarkenRL (fehlende Unterscheidungskraft oder Bekanntheit einer älteren Marke als Grund für die Bestandskraft einer eingetragenen Marke) oder Art. 9 Abs. 1 oder 2 MarkenRL (Ausschluss der Nichtigerklärung aufgrund von Duldung) oder Art. 46 Abs. 3 MarkenRL (NBE in Verfahren zur Erklärung der Nichtigkeit einer Marke) nicht für nichtig erklärt werden könnte.

2156 Ist der Unionsmarkeninhaber nicht berechtigt, die Benutzung einer später eingetragenen Marke nach Abs. 1 oder 2 zu untersagen, so kann sich der *Inhaber der später eingetragenen Marke im Verletzungsverfahren* wegen Art. 16 Abs. 3 UMV der *Benutzung der älteren Unionsmarke nicht widersetzen.*

2451 Richtlinie 2001/83/EG vom 06.11.2001 zur Schaffung eines Gemeinschaftskodexes für Humanarzneimittel (ABl. 2001, L 311/67) in der durch die Richtlinie 2012/26/EU vom 25.10.2012 geänderten Fassung (ABl. 2012, L 299/1).

2452 EuGH, 17.11.2022, C-204/20 – Androcur (Bayer Intellectual Property)/kohlpharma, Rn 52, 68, 86. Entsprechendes gilt gemäß Art. 9 Abs. 2 und Art. 15 UMV für die Unionsmarke; EuGH, 17.11.2022, C-147/20 – Novartis (Novartis Pharma)/Abacus Medicine, Rn 74, 90. S.a. EuGH, 17.11.2022, C-224/20 – Merck Sharp & Dohme/Abacus Medicine, Rn 79, 100, 107, 118, 130; sowie C-253/20 und C-254/20 – Femara (Impexeco) und Rilatine (PI Pharma)/Novartis, Rn 74 mwN.

IV. Verletzung der Unionsmarke

Zwar bestimmt sich die *Wirkung der Unionsmarke* ausschließlich nach der UMV. 2157

Im Übrigen unterliegt die Verletzung einer Unionsmarke dem für die *Verletzung nationaler Marken geltenden Recht* gemäß Art. 122 ff UMV. 2158

Die UMV lässt das Recht unberührt, eine Unionsmarke betr Klagen auf *innerstaatliche Rechtsvorschriften*, insb über die zivilrechtliche Haftung und den unlauteren Wettbewerb zu stützen, wobei sich das anzuwendende Verfahrensrecht sich nach Art. 122 ff UMV bestimmt. 2159

V. Unionsmarkengerichte

Die Mitgliedstaaten benennen *Unionsmarkengerichte* erster und zweiter Instanz (Art. 123 UMV; aktuelle Liste und Entscheidungen s. Internetseite des EUIPO). 2160

Diese sind gemäß Art. 124 UMV *ausschließlich zuständig:* 2161
(a) für alle Klagen wegen *Verletzung* und (falls das nationale Recht dies zulässt) wegen drohender Verletzung einer Unionsmarke, 2162
(b) für Klagen auf *Feststellung der Nichtverletzung*, falls das nationale Recht diese zulässt, 2163
(c) für Klagen wegen (zur Entschädigung verpflichtender) *Handlungen* iSv Art. 11 Abs. 2 UMV und 2164
(d) für die in Art. 128 UMV genannten *Widerklagen* auf Erklärung des Verfalls oder der Nichtigkeit der Unionsmarke. Dabei bleibt das Unionsmarkengericht trotz der *Rücknahme der Verletzungsklage* zur Entscheidung über die Gültigkeit der angegriffenen Marke befugt[2453]. Im Übrigen kann eine Widerklage auf Erklärung der Nichtigkeit einer Unionsmarke samtliche Rechte betreffen, die der Inhaber dieser Marke aus ihrer Eintragung ableitet, ohne dass die Widerklage in ihrem Gegenstand durch den Rahmen begrenzt wird, der durch die Verletzungsklage abgesteckt ist[2454]. 2165

Vorbehaltlich der Vorschriften der UMV sowie der nach Art. 122 UMV anzuwendenden EuGVVO sind wegen Art. 125 Abs. 1 bis 3 UMV für die Verfahren, welche durch eine in Art. 124 UMV genannte Klage oder Widerklage anhängig gemacht 2166

2453 EuGH, 13.10.2022, C-256/21 – Apfelzügle (KP/TV und Gemeinde Bodman-Ludwigshafen). Denn der Begriff Widerklage ist in der Union autonom und einheitlich auszulegen. Bei einer Widerklage handelt es sich, obwohl sie im Rahmen eines mittels eines anderen Rechtsbehelfs eingeleiteten Verfahrens eingelegt wird, um einen gesonderten und eigenständigen Antrag, dessen prozessuale Behandlung von der Klage unabhängig ist und der somit auch dann weiterverfolgt werden kann, wenn die Klage des Klägers abgewiesen oder zurückgenommen wird.

2454 EuGH, 08.06.2023, C-654/21 – Multiselect (LM/KP). Ist zB die Verletzungsklage nur auf einige Waren und DL der Unionsmarke gestützt, erfasst die Widerklage auf Nichtigkeit dennoch alle ihre Waren und DL Um diese weitgehenden Folgen zu verhindern, kann es sinnvoll sein, die Unionsmarke vor Klageerhebung zu teilen und die Verletzungsklage nur auf diejenige geteilte Marke zu stützen, deren Waren und DL für das Verfahren relevant sind.

werden, die *Gerichte des Mitgliedstaats* zuständig, in dem der Beklagte seinen Wohnsitz oder (in Ermangelung dessen) eine Niederlassung hat. Hat der Beklagte weder einen Wohnsitz noch eine Niederlassung in einem der Mitgliedstaaten, so sind für diese Verfahren die Gerichte des Mitgliedstaats zuständig, in dem der Kläger seinen Wohnsitz oder (in Ermangelung dessen) eine Niederlassung hat. Hat weder der Beklagte noch der Kläger einen Wohnsitz oder eine Niederlassung in einem der Mitgliedstaaten, so sind für diese Verfahren die Gerichte des Mitgliedstaats zuständig, in dem das EUIPO seinen Sitz hat, also das spanische Unionsmarkengericht in Alicante.

2167 Eine in einem Mitgliedstaat ansässige rechtlich selbständige Gesellschaft, die eine *Enkelgesellschaft eines Stammhauses* ist, das seinen Sitz nicht in der Union hat, stellt eine »Niederlassung« dieses Stammhauses iSv Art. 125 Abs. 1 UMV dar, wenn diese Enkelgesellschaft einen Mittelpunkt geschäftlicher Tätigkeit bildet und in dem Mitgliedstaat, in dem sie sich befindet, über eine *bestimmte reale und konstante Präsenz* verfügt, von der aus eine geschäftliche Tätigkeit ausgeübt wird, und sie auf Dauer als Außenstelle des Stammhauses hervortritt[2455].

2168 Wegen Art. 8 Nr 1 EuGVVO können *mehrere Beklagte*, die ihren Wohnsitz in unterschiedlichen Mitgliedstaaten haben, vor dem Gericht des *Wohnsitzes eines von ihnen*, bei dem vom Inhaber einer Unionsmarke im Rahmen einer Verletzungsklage Klageansprüche gegen alle diese Beklagten geltend gemacht wurden, verklagt werden, wenn ihnen jeweils eine materiell identische Verletzung dieser Marke vorgeworfen wird und sie durch einen exklusiven Vertriebsvertrag verbunden sind[2456].

2169 Ungeachtet dessen ist gemäß wegen Art. 125 Abs. 4 UMV anzuwenden:

2170 (a) Art. 23 EuGVVO, wenn die Parteien vereinbaren, dass ein anderes Unionsmarkengericht zuständig sein soll,

2171 (b) Art. 24 EuGVVO, wenn der Beklagte sich auf das Verfahren vor einem anderen Unionsmarkengericht einlässt (*forum shopping*).

2172 Die Verfahren, welche durch die in Art. 124 UMV genannten Klagen und Widerklagen anhängig gemacht werden (ausgenommen Klagen auf Feststellung der Nichtverletzung einer Unionsmarke), können auch bei den Gerichten des Mitgliedstaats anhängig gemacht werden, *in dem eine Verletzungshandlung begangen worden ist oder droht* oder in dem eine Handlung iSv Art. 9 Abs. 3 S. 2 UMV begangen worden ist (Art. 125 Abs. 5 UMV).

2173 Ein Unionsmarkengericht, dessen Zuständigkeit auf Art. 125 Abs. 1 bis 4 UMV beruht, ist wegen Art. 126 UMV *zuständig* für

2455 EuGH, 18.05.2017, C-617/15 – Hummel Holding/Nike, Rn 41.

2456 EuGH, 07.09.2023, C-832/21 – Diamant Vogue (Beverage City)/Vogue (Advance Magazine Publishers), Rn 46. Das Bestehen eines Zusammenhangs zwischen den betr Klagen rührt hauptsächlich von der Beziehung zwischen allen begangenen Verletzungshandlungen her und nicht von den Organisations- oder Kapitalbeziehungen zwischen den betr Gesellschaften; Rn 37.

(1) die in einem jeden Mitgliedstaat begangenen oder drohenden Verletzungshandlungen, 2174
(2) die in einem jeden Mitgliedstaat *begangenen Handlungen* iSv Art. 9 Abs. 3 UMV. 2175

Der Umstand allein, dass keine offensichtliche oder nur eine wie auch immer begrenzte *Gefahr der Fortsetzung* der Handlungen, die eine Unionsmarke verletzen oder zu verletzen drohen, besteht, stellt nach der Rspr des EuGH[2457] (*Nokia*) keinen besonderen Grund für ein Unionsmarkengericht dar, dem Beklagten die Fortsetzung dieser Handlungen nicht zu verbieten. Es muss nach Maßgabe seines innerstaatlichen Rechts die Maßnahmen zu treffen, die erforderlich sind, um die Befolgung dieses Verbots sicherzustellen. 2176

Ein nach Art. 125 Abs. 5 UMV zuständiges Unionsmarkengericht ist dagegen *nur* für die Handlungen zuständig, die in dem *Mitgliedstaat* begangen worden sind oder drohen, in dem das Gericht seinen Sitz hat (Art. 126 Abs. 2 UMV). 2177

Im Fall eines Verkaufs und einer Lieferung einer nachgeahmten Ware in einem Mitgliedstaat, die anschließend durch den Erwerber in einem anderen Mitgliedstaat weiterverkauft wird, lässt sich aus dieser Bestimmung für die Entscheidung über eine Verletzungsklage gegen den ursprünglichen Verkäufer, der in dem Mitgliedstaat, dem das angerufene Gericht angehört, selbst keine Handlung vorgenommen hat, eine *gerichtliche Zuständigkeit nicht herleiten*[2458]. 2178

Jedoch kann der Unionsmarkeninhaber, der glaubt, durch die ohne seine Zustimmung erfolgte Benutzung eines mit dieser Marke identischen Zeichens durch einen Dritten in der Werbung und in Verkaufsangeboten, die *elektronisch für Waren* angezeigt werden, die mit denen, für die diese Marke eingetragen ist, identisch oder ihnen ähnlich sind, geschädigt worden zu sein, gemäß Art. 125 Abs. 5 UMV gegen diesen Dritten eine Verletzungsklage vor einem Unionsmarkengericht des *Mitgliedstaats* erheben, *in dem sich die Verbraucher oder Händler befinden, an die sich diese Werbung oder Verkaufsan-* 2179

2457 EuGH, 14.12.2006, C-316/05 – Nokia/Wärdell, Rn 36, 45, 53, 62.

2458 EuGH, 05.06.2014, C-320/12 – Coty Germany/First Note Perfumes, Rn 38, 59. Art. 5 Nr 3 EuGVVO ist dahin auszulegen, dass sich im Fall der Behauptung einer unzulässigen vergleichenden Werbung oder einer unlauteren Nachahmung eines durch eine Unionsmarke geschützten Zeichens – beides Verbotstatbestände nach dem deutschen Gesetz gegen den unlauteren Wettbewerb – aus dieser Bestimmung die Zuständigkeit eines deutschen Gerichts nicht kraft des Ortes des Geschehens herleiten lässt, das für einen Schaden, der sich aus der Verletzung des genannten Gesetzes ergibt, ursächlich ist, wenn derjenige der mutmaßlichen Täter, der in Deutschland verklagt wird, dort selbst keine Handlung vorgenommen hat. Dagegen lässt sich in einem solchen Fall aus dieser Bestimmung die gerichtliche Zuständigkeit für die Entscheidung über eine auf das besagte nationale Gesetz gestützte Haftungsklage gegen eine Person, die in einem anderen Mitgliedstaat ansässig ist und dort eine Handlung vorgenommen haben soll, die im Zuständigkeitsbereich des deutschen Gerichts einen Schaden verursacht hat oder zu verursachen droht, kraft des Ortes der Verwirklichung des Schadenserfolgs herleiten.

gebote richten, obwohl der Dritte die Entscheidungen und Maßnahmen im Hinblick auf diese elektronische Anzeige in einem anderen Mitgliedstaat getroffen hat[2459].

2180 Nach Art. 125 Abs. 5 UMV kann der Inhaber einer Unionsmarke, der glaubt, durch *ohne seine Zustimmung* erfolgte *Benutzung* eines mit dieser Marke identischen Zeichens durch einen Dritten in *Online-Werbungen* und Verkaufsangeboten für Waren, die mit denen, für die diese Marke eingetragen ist, identisch oder ihnen ähnlich sind, *geschädigt* worden zu sein, gegen diesen Dritten eine *Verletzungsklage* vor einem Unionsmarkengericht des Mitgliedstaats erheben, in dem sich die Verbraucher und Händler befinden, an die sich diese Werbungen oder Verkaufsangebote richten, auch wenn der Dritte diesen Mitgliedstaat nicht ausdrücklich und eindeutig unter den Gebieten aufzählt, in die die streitigen Waren geliefert werden könnten, wenn dieser Dritte dieses Zeichen durch einen kostenpflichtigen *Suchmaschinenverweis* auf der Internetseite einer Suchmaschine benutzt hat, die einen Namen einer nationalen Top-Level-Domain dieses Mitgliedstaats verwendet. Dies ist jedoch nicht bereits deshalb der Fall, weil der betreffende Dritte organisches Suchmaschinenranking von Bildern seiner Produkte auf einem *Online-Foto-Sharing-Dienst* unter einer generischen Top-Level-Domain mit Meta-Tags, die als Schlüsselwort dieser Marke verwenden, vorgenommen hat[2460].

2181 Die Unionsmarkengerichte haben von der *Rechtsgültigkeit der Unionsmarke* auszugehen, sofern diese nicht durch den Beklagten mit einer Widerklage auf Erklärung des Verfalls oder der Nichtigkeit angefochten wird (Art. 127 Abs. 1 UMV).

2182 Nach Erkenntnis des EuGH[2461] darf eine bei einem Unionsmarkengericht nach Art. 124 Buchst. a UMV erhobene *Verletzungsklage* wegen eines absoluten Nichtigkeitsgrundes

---

2459 EuGH, 05.09.2019, C-172/18 – 1073 (Heritage Audio/AMS Neve), Rn 54, 64. Der Ausdruck »Verletzungshandlung« ist so zu verstehen, dass er sich auf die in Art. 9 UMV genannten Handlungen bezieht, die der Kläger dem Beklagten vorwirft, wie zB die in Art. 9 Abs. 2b und 2d UMV genannten, die in der Werbung und in Verkaufsangeboten unter einem mit der fraglichen Marke identischen Zeichen bestehen, und diese Handlungen sind als in dem Hoheitsgebiet »begangen« anzusehen, in dem sie zu einer Werbung und zu einem Verkaufsangebot geworden sind, nämlich dem Gebiet, in dem der geschäftliche Inhalt den Verbrauchern und Händlern, an die er gerichtet war, tatsächlich zugänglich gemacht worden ist. Ob diese Werbung und diese Angebote anschließend zum Kauf der Waren des Beklagten geführt haben, ist dagegen unerheblich. Noch aA BGH, 09.11.2017, I ZR 164/16 – Parfummarken, Rn 31; wonach der Ort des für die internationale Zuständigkeit maßgeblichen schadensbegründenden Ereignisses iSv Art. 125 Abs. 5 UMV der Ort sein sollte, an dem der Prozess der Veröffentlichung des Angebots durch den Wirtschaftsteilnehmer auf seiner Internetseite in Gang gesetzt worden ist, und nicht derjenige, an dem die Internetseite abgerufen werden kann.

2460 EuGH, 27.04.2023, C-104/22 – WATERMASTER (Lännen)/Watermaster (Berky, Senwatec), Rn 64.

2461 EuGH, 19.10.2017, C-425/16 – Baucherlwärmer (Aigner/Raimund), Rn 34, 45, 46, 48. Die UMV verbietet nicht, dass das Unionsmarkengericht die Verletzungsklage nach Art. 124 Buchst. a UMV wegen eines absoluten Nichtigkeitsgrundes abweisen darf, obwohl die Entscheidung über die gemäß Art. 128 Abs. 1 UMV erhobene und auf

(wie der Bösgläubigkeit in Art. 59 Abs. 1b UMV) *nicht abgewiesen werden*, ohne dass dieses Gericht der vom Beklagten des Verletzungsverfahrens gemäß Art. 128 Abs. 1 UMV erhobenen und *auf denselben Nichtigkeitsgrund gestützten Widerklage* auf Nichtigerklärung *stattgegeben* hat. Das Unionsmarkengericht muss somit der Widerklage auf Nichtigerklärung einer Unionsmarke stattgeben, bevor es die Verletzungsklage wegen desselben Nichtigkeitsgrundes abweisen kann.

Die Rechtsgültigkeit der Unionsmarke kann nicht durch eine Klage auf Feststellung der Nichtverletzung angefochten werden (Art. 127 Abs. 2 UMV)[2462]. 2183

Gegen Klagen gemäß Art. 124 Abs. a und c UMV ist der *Einwand des Verfalls der Unionsmarke*, der nicht im Wege der Widerklage erhoben wird, insoweit zulässig, als sich der Beklagte darauf beruft, dass die Unionsmarke wegen mangelnder ernsthafter Benutzung *zum Zeitpunkt der Verletzungsklage* für verfallen erklärt werden könnte (Art. 127 Abs. 3 UMV). 2184

Die *Widerklage* auf Erklärung des Verfalls oder der Nichtigkeit kann nur auf die in der UMV geregelten Verfalls- oder Nichtigkeitsgründe gestützt werden (Art. 128 Abs. 1 UMV). Nach Art. 58 Abs. 1a UMV ist im Fall einer *Widerklage auf Erklärung des Verfalls* einer Unionsmarke der Zeitpunkt, auf den für die Feststellung, ob der in dieser Bestimmung genannte ununterbrochene *Zeitraum von fünf Jahren abgelaufen* ist, abzustellen ist, der *Zeitpunkt der Erhebung dieser Klage* (und nicht der Zeitpunkt der letzten mündlichen Verhandlung)[2463]. 2185

Ein Unionsmarkengericht *weist eine Widerklage* auf Erklärung des Verfalls oder der Nichtigkeit *ab*, wenn das EUIPO über einen Antrag wegen desselben Anspruchs zwi- 2186

---

denselben Nichtigkeitsgrund gestützte Widerklage auf Nichtigerklärung nicht rechtskräftig ist. Das Unionsmarkengericht ist zwar verpflichtet, den Ausgang des Verfahrens über die Widerklage auf Nichtigerklärung abzuwarten, um über die Verletzungsklage zu entscheiden. Jedoch würde die Verknüpfung des Ausgangs des Verletzungsverfahrens mit dem Verhalten der Parteien hinsichtlich Rechtsmittel gegen die Entscheidung, mit der der Widerklage auf Nichtigerklärung stattgegeben wurde, dieses Verfahren aller Wahrscheinlichkeit nach erheblich verzögern. In beiden Verfahren stehen sich dieselben Parteien gegenüber, sie verfügen über dieselben Verteidigungsmittel und müssen die Konsequenzen ihrer Handlungen tragen. Der mögliche Fall, dass eine der Parteien versucht, mit anschließenden Rechtsmitteln den Eintritt der Rechtskraft der erstinstanzlichen Entscheidungen zu verzögern, kann somit nicht mehr Gewicht haben als die Verpflichtung des Gerichts, den bei ihm anhängigen Rechtsstreit zu entscheiden. Somit gewährleistet die gemeinsame Behandlung von Widerklage auf Nichtigerklärung und Verletzungsklage die Wahrung des Grundsatzes der Effektivität.

2462 So auch OGH, 17.01.2012, 17 Ob 30/11 b – Goldhase VI; ÖBl 2012, 167.

2463 EuGH, 17.12.2020, C-607/19 – Spiralschlauch-Set (Lidl)/Bewässerungsspritze (Husqvarna), Rn 36, 37, 39, 50. Das noch zu Art. 51 Abs. 1a GMV ergangene Urteil ist auch für den identischen Art. 58 Abs. 1a UMV anzuwenden, obwohl sich der EuGH hierzu nicht ausdrücklich geäußert hat; Rn 49.

schen denselben Parteien bereits eine unanfechtbar gewordene Entscheidung erlassen hat (Art. 128 Abs. 2 UMV)[2464].

2187 Wird die *Widerklage* in einem Rechtsstreit erhoben, in dem der Markeninhaber noch nicht Partei ist, so ist er hiervon zu unterrichten und kann dem Rechtsstreit nach Maßgabe des nationalen Rechts beitreten (Art. 128 Abs. 3 UMV).

2188 Das Unionsmarkengericht, bei dem Widerklage auf Erklärung des Verfalls oder der Nichtigkeit einer Unionsmarke erhoben worden ist, nimmt die *Prüfung der Widerklage erst dann* vor, wenn entweder die betroffene Partei oder das Gericht *dem EUIPO den Tag der Erhebung der Widerklage mitgeteilt hat.* Das Amt vermerkt diese Information im Register. War beim EUIPO ein Antrag auf Erklärung des Verfalls oder der Nichtigkeit der Unionsmarke bereits eingereicht worden, bevor die Widerklage erhoben wurde, wird das Gericht vom Amt hiervon unterrichtet. Es setzt in diesem Fall das Verfahren gemäß Art. 132 Abs. 1 UMV so lange aus, bis abschließend über den Antrag entschieden wurde oder der Antrag zurückgezogen wird. (Art. 128 Abs. 4 UMV).

2189 Das mit einer Widerklage auf Erklärung des Verfalls oder der Nichtigkeit befasste Unionsmarkengericht kann auf Antrag des Inhabers der Unionsmarke nach Anhörung der anderen Parteien das Verfahren *aussetzen* und den Beklagten auffordern, innerhalb einer zu bestimmenden Frist beim EUIPO die Erklärung des Verfalls oder der Nichtigkeit zu beantragen[2465]. Wird der Antrag nicht innerhalb der Frist gestellt, wird das Verfahren fortgesetzt, die Widerklage gilt als zurückgenommen. Die Vorschriften von Art. 104 Abs. 3 UMV sind anzuwenden (Art. 128 Abs. 7 UMV).

2190 Ist die Entscheidung eines Unionsmarkengerichts über eine Widerklage auf Erklärung des Verfalls oder der Nichtigkeit einer Unionsmarke *rechtskräftig* geworden, so wird eine Ausfertigung dieser Entscheidung dem EUIPO entweder durch das Gericht oder eine der Parteien des nationalen Verfahrens unverzüglich zugestellt. Das Amt oder jede andere betroffene Partei kann dazu nähere Auskünfte anfordern. Das EUIPO trägt einen Hinweis auf die Entscheidung im Register ein und trifft die erforderlichen Maßnahmen zur Umsetzung des Tenors der Entscheidung (Art. 128 Abs. 6 UMV).

2191 Die Unionsmarkengerichte wenden die *Vorschriften der UMV* an (Art. 129 Abs. 1 UMV). In allen, nicht durch die UMV erfassten Markenfragen wenden die Unionsmarkengerichte ihr *nationales Recht* an (Art. 129 Abs. 2 UMV). Soweit in der UMV nichts anderes bestimmt ist, wendet das Unionsmarkengericht die *Verfahrensvorschrif-*

2464 Dasselbe gilt auch, wenn ein Unionsmarkengericht darüber abschließend entschieden hat; OGH, 28.02.2012, 4 Ob 14/12 f – Goldhase VII; ÖBl 2012, 169.

2465 S.a. OGH, 28.02.2012, 4 Ob 14/12 f – Goldhase VII; ÖBl 2012, 169. Eine Aussetzung kommt auch in Betracht, wenn der angebliche Markenrechtsverletzer nach Anhängigkeit des Verletzungsprozesses Nichtigkeitsantrag beim EUIPO gestellt hat; OLG Düsseldorf, 08.05.2017, I-20 W 31/17 – evolution/Evolution.

ten an, die in dem Mitgliedstaat, in dem es seinen Sitz hat, auf gleichartige Verfahren für nationale Marken anwendbar sind (Art. 129 Abs. 3 UMV)[2466].

Stellt ein Unionsmarkengericht fest, dass der Beklagte eine Unionsmarke verletzt hat oder zu verletzen droht, so *verbietet* es dem Beklagten, die Handlungen, die die Unionsmarke verletzen oder zu verletzen drohen, fortzusetzen, sofern dem nicht besondere Gründe entgegenstehen (Art. 130 Abs. 1 S. 1 UMV). Dies verwehrt einem Unionsmarkengericht nicht, im Einklang mit bestimmten verfahrensrechtlichen Grundsätzen des innerstaatlichen Rechts mit der Begründung davon abzusehen, eine Anordnung zu treffen, mit der einem Dritten die Fortsetzung von Verletzungshandlungen verboten wird, dass der Inhaber der betr Marke bei diesem Gericht keinen entspr Antrag gestellt habe[2467]. 2192

Die *Reichweite* des von einem Unionsmarkengericht, dessen Zuständigkeit auf Art. 125 Abs. 1 bis 4 und 126 Abs. 1 UMV beruht, ausgesprochenen Verbots, Handlungen, die eine Unionsmarke verletzen oder zu verletzen drohen, fortzusetzen, erstreckt sich grds auf *das gesamte Gebiet der Union*[2468]. 2193

Nach Art. 1 Abs. 2 UMV, Art. 9 Abs. 2b UMV und Art. 130 Abs. 1 UMV muss ein Unionsmarkengericht, wenn es feststellt, dass die Benutzung eines Zeichens in 2194

2466 EuGH, 17.11.2022, C-175/21 – Harman International Industries/AB, Rn 73. Art. 15 Abs. 1 UMV iVm Art. 36 S. 2 AEUV, Art. 47 GRC sowie der Richtlinie 2004/48/EG vom 29.04.2004 zur Durchsetzung der Rechte des geistigen Eigentums (ABl. 2004, L 157/45) sind dahingehend auszulegen, dass sie einer Gerichtspraxis nicht entgegenstehen, nach der der Tenor der Entscheidung, mit der einer Klage wegen Verletzung einer Unionsmarke stattgegeben wird, so formuliert ist, dass es aufgrund seines allgemeinen Charakters der für die Zwangsvollstreckung dieser Entscheidung zuständigen Behörde überlassen bleibt, zu bestimmen, auf welche Waren diese Entscheidung Anwendung findet, sofern es dem Beklagten im Rahmen des Zwangsvollstreckungsverfahrens gestattet ist, die Bestimmung der von diesem Verfahren erfassten Waren anzufechten, und ein Gericht prüfen und entscheiden kann, welche Waren vom Markeninhaber oder mit seiner Zustimmung tatsächlich im EWR in Verkehr gebracht worden sind.

2467 EuGH, 22.06.2016, C-280/15 – HolzProf (Nikolajeva/Multi Protect), Rn 32–34. Denn der Umstand, dass sich der Unionsmarkeninhaber in seiner Klage beim Unionsmarkengericht darauf beschränkt hat, die Feststellung einer Verletzungshandlung zu beantragen, nicht aber beantragt hat, deren Beendigung anzuordnen, kann nicht als *besonderer Grund.* iSv Art. 130 Abs. 1 UMV qualifiziert werden. Dieser Begriff bezieht sich nämlich nur auf außergewöhnliche Umstände, in denen ein solches Gericht im Hinblick auf die spezifischen Besonderheiten des dem Dritten vorgeworfenen Verhaltens, insb auf den Umstand, dass diesem die Fortsetzung der ihm zur Last gelegten Handlungen, die eine Unionsmarke verletzen oder zu verletzen drohen, nicht möglich ist, nicht verpflichtet ist, eine Anordnung zu treffen, mit der einem Dritten die Fortsetzung derartiger Handlungen verboten wird, auch wenn der Markeninhaber einen entspr Antrag gestellt hat.

2468 EuGH, 12.04.2011, C-235/09 – WEBSHIPPING (DHL/Chronopost), Rn 50; in diese Richtung auch bereits BGH, 13.09.2007, I ZR 33/05 – THE HOME STORE, Rn 40–43. s.a. OLG Frankfurt/M, 07.04.2016, 6 U 4/15 – BEAUTY-TOX/BEAUTÉTOX; MarkenR 2016, 325.

einem Teil des Gebiets der Europäischen Union zur Gefahr von Verwechslungen mit einer Unionsmarke führt, während in einem anderen Teil dieses Gebiets keine solche Gefahr besteht, zu dem Schluss kommen, dass eine Verletzung des durch die Marke verliehenen ausschließlichen Rechts vorliegt, und muss die Benutzung des Zeichens für das *gesamte Gebiet der Europäischen Union* mit *Ausnahme* des Teils, für den eine *Verwechslungsgefahr verneint* wurde, untersagen[2469].

2195 Das Unionsmarkengericht trifft ferner nach Maßgabe seines innerstaatlichen Rechts die *erforderlichen Maßnahmen*, um die Befolgung dieses Verbots sicherzustellen (Art. 130 Abs. 1 S. 2 UMV). Das Unionsmarkengericht kann zudem ihm im jeweiligen Einzelfall zweckmäßig erscheinende Maßnahmen ergreifen oder Anordnungen treffen, die das anwendbare Recht vorsieht (Art. 130 Abs. 2 UMV)[2470].

2196 Eine *Zwangsmaßnahme* (wie ein Zwangsgeld), die es nach Maßgabe seines innerstaatlichen Rechts anordnet, um sicherzustellen, dass ein von ihm ausgesprochenes Verbot der Fortsetzung von Handlungen, die eine Unionsmarke verletzen oder zu verletzen drohen, befolgt wird, entfaltet unter den in Kapitel III der EuGVVO vorgesehenen Bedingungen Wirkungen über den Staat hinaus, dem das Gericht angehört, in anderen Mitgliedstaaten, auf die sich die territoriale Reichweite eines solchen Verbots erstreckt. Sieht das innerstaatliche Recht eines dieser anderen Mitgliedstaaten keine Zwangsmaßnahme vor, die der von dem Unionsmarkengericht angeordneten ähnlich ist, ist das mit dieser Maßnahme verfolgte Ziel vom zuständigen Gericht dieses Mitgliedstaats zu erreichen, indem es die einschlägigen Bestimmungen des innerstaatlichen Rechts dieses Staates, die die Befolgung dieses Verbots in gleichwertiger Weise zu gewährleisten vermögen, heranzieht[2471].

2197 *Vernichtungs-, Auskunfts- und Schadensersatzansprüche* sowie Verjährung und Verwirkung von Sanktionsansprüchen aus Verletzungen richten sich nach dem jeweiligen *nationalen Recht des betr Mitgliedstaats*, einschl dessen internationalen Privatrechts[2472].

2469 EuGH, 22.09.2016, C-223/15 – Commit (Business Solutions)/Combit (Software), Rn 36.

2470 EuGH, 13.10.2022, C-355/21 – HUGO BOSS Tester (Perfumesco/Procter & Gamble), Rn 47–55. Art. 10 Abs. 1 Richtlinie 2004/48/EG vom 29.04.2004 zur Durchsetzung der Rechte des geistigen Eigentums (ABl. 2004, L 157/45) steht der Auslegung einer nationalen Bestimmung entgegen, wonach eine Schutzmaßnahme, die in der Vernichtung von Waren besteht, nicht bei Waren angewendet werden kann, die mit Zustimmung des Markeninhabers hergestellt und mit einer Unionsmarke versehen worden sind, aber ohne seine Zustimmung im EWR in Verkehr gebracht worden sind. Diese Richtlinie hindert zwar die Mitgliedstaaten nicht daran, stärker schützende Maßnahmen vorzusehen. Dagegen dürfen sie keine geringer schützenden vorsehen, indem sie die Anwendung der in der Richtlinie vorgesehenen Maßnahmen etwa auf bestimmte Arten von Verletzungen von Rechten des geistigen Eigentums beschränken.

2471 EuGH, 12.04.2011, C-235/09 – WEBSHIPPING (DHL/Chronopost), Rn 59.

2472 EuGH, 13.02.2014, C-479/12 – Gartenpavillion (Gautzsch/Münchener Boulevard), Rn 49, 50, 52–55. Diese zu Art. 88 Abs. 2, Art. 89 Abs. 1a und Art. 89 Abs. 1d GGV ergangene Rspr ist auch auf die entspr Art. 129 Abs. 2, Art. 130 Abs. 1 und Abs. 2 UMV anzuwenden. Zum Schadensersatzanspruch gemäß Art. 94 GSortenschutzV hat

Im Rahmen eines Verfahrens wegen *Verletzung eines Rechts des geistigen Eigentums* für die Zwecke eines auf Art. 8 Abs. 1 Richtlinie 2004/48/EG[2473] gestützten *Auskunftsverlangens* muss der Kläger *alle vernünftigerweise verfügbaren Beweismittel* vorlegen, die das mit dem Antrag befasste Gericht in die Lage versetzen, sich mit ausreichender Sicherheit davon zu überzeugen, dass er *Inhaber dieses Rechts* ist[2474]. 2198

Einstweilige Maßnahmen einschl Sicherungsmaßnahmen in Bezug auf eine Unionsmarke oder deren Anmeldung können bei den Gerichten eines Mitgliedstaats (einschl Unionsmarkengerichte) beantragt werden, die in dem Recht des betr Staates für eine nationale Marke vorgesehen sind, auch wenn für die Entscheidung in der Hauptsache aufgrund der UMV ein Unionsmarkengericht eines anderen Mitgliedstaats zuständig ist (Art. 131 Abs. 1 UMV). Die Gerichte der Mitgliedstaaten, die für die Anordnung einstweiliger Maßnahmen einschl Sicherungsmaßnahmen in Bezug auf ein nationales Markenrecht zuständig sind, sind nämlich auch für die Anordnung solcher Maßnahmen in Bezug auf eine Unionsmarke zuständig[2475]. 2199

Ist vor einem Unionsmarkengericht eine Klage iSd Art. 124 UMV (mit Ausnahme einer Klage auf Feststellung der Nichtverletzung) erhoben worden, so setzt es zur *Vermeidung von Parallelverfahren* das Verfahren, soweit keine besonderen Gründe für dessen Fortsetzung bestehen, von Amts wegen nach Anhörung der Parteien aus, wenn die Rechtsgültigkeit der Unionsmarke bereits vor einem anderen Unionsmarkengericht im Wege der Widerklage angefochten worden ist oder wenn beim EUIPO bereits ein Antrag auf Erklärung des Verfalls oder der Nichtigkeit gestellt worden ist (Art. 131 Abs. 1 UMV). 2200

---

der EuGH, 09.06.2016, C-481/14 – Summerdaisy's Alexander/Lemon Symphony (Jungpflanzen/Hansson), Rn 43, 54, 64; entschieden, dass der Schadensersatzanspruch, der dem Inhaber einer geschützten Pflanzensorte aus deren Verletzung zusteht, den gesamten ihm entstandenen Schaden umfasst, ohne dass ein pauschaler Verletzerzuschlag angesetzt oder speziell die Herausgabe der Gewinne und Vorteile angeordnet werden kann, in deren Genuss der Verletzer gelangt ist. Der in Art. 94 Abs. 1 SortenschutzV enthaltene Begriff *angemessene Vergütung.* erfasst außer der üblichen Gebühr, die für die Erzeugung in Lizenz zu zahlen wäre, alle Schäden, die eng damit zusammenhängen, dass diese Gebühr nicht gezahlt wurde, wozu insb die Zahlung von Verzugszinsen gehören kann. Nach Art. 94 Abs. 2 SortenschutzV ist die Schadenshöhe anhand konkreter Gesichtspunkte, die der geschädigte Inhaber vorträgt, festzulegen, nötigenfalls pauschaliert, wenn die Gesichtspunkte nicht quantifizierbar sind. Diese Gedanken, die für das Markenverfahren nicht zwingend sind, könnten jedoch ein gewisses Indiz für die nationale Rspr darstellen, ebenso wie die in EuGH, 22.06.2016, C-280/15 – HolzProf (Nikolajeva/Multi Protect), Fn zu Rdn 1997, ausgesprochenen Grundsätze.

2473 Richtlinie 2004/48/EG vom 29.04.2004 zur Durchsetzung der Rechte des geistigen Eigentums (ABl. 2004, L 157/45).

2474 EuGH, 27.04.2023, C-628/21 – TB/Castorama Polska, Rn 55.

2475 EuGH, 21.11.2019, C-678/18 – Linkeez/Bunchems (Procureur-Generaal bij de Hoge Raad der Nederlanden), Rn 31–44. Dieses Urteil betrifft zwar das GGM-Recht. Da aber Art. 90 Abs. 1 GGV inhaltlich identisch mit Art. 131 Abs. 1 UMV ist, sind die Grundprinzipien dieses Urteils auch auf Unionsmarkenverfahren anzuwenden.

2201 Ist beim *EUIPO ein Antrag auf Erklärung des Verfalls oder der Nichtigkeit* gestellt worden, so setzt es das Verfahren, soweit keine besonderen Gründe für dessen Fortsetzung bestehen, von Amts wegen nach Anhörung der Parteien aus, wenn die Rechtsgültigkeit der Unionsmarke im Wege der Widerklage bereits vor einem Unionsmarkengericht angefochten worden ist. Das Unionsmarkengericht kann jedoch auf Antrag einer Partei des bei ihm anhängigen Verfahrens nach Anhörung der anderen das Verfahren aussetzen. In diesem Fall setzt das EUIPO das bei ihm anhängige Verfahren fort (Art. 132 Abs. 2 UMV)[2476].

2202 Setzt das Unionsmarkengericht das Verfahren aus, kann es für die Dauer der Aussetzung *einstweilige Maßnahmen* einschl *Sicherungsmaßnahmen* treffen (Art. 132 Abs. 3 UMV)[2477]. Ein vorläufiges Verbot der beanstandeten Verletzungshandlung kommt aber dann nicht in Betracht, wenn der Markeninhaber zuvor in Kenntnis der Verletzungshandlung keinen Antrag auf Erlass einer Unterlassungsverfügung gestellt hat und im Klageverfahren auch durch nachträglich eingetretene Umstände keine Situation entstanden ist, die ein sofortiges Verbot unabweisbar erscheinen lässt[2478].

2203 Gegen Entscheidungen der Unionsmarkengerichte erster Instanz über Klagen und Widerklagen nach Art. 124 UMV findet die *Berufung* bei den Unionsmarkengerichten zweiter Instanz statt. Die Bedingungen für die Berufungseinlegung richten sich nach dem nationalen Recht des Mitgliedstaats, in dem dieses Gericht seinen Sitz hat. Die nationalen Vorschriften über weitere Rechtsmittel sind ebenfalls auf Entscheidungen der Unionsmarkengerichte zweiter Instanz anwendbar (Art. 133 UMV). Auf keinen Fall ist das EuG für Klagen gegen nationale Urteile zuständig[2479].

2204 *Ergänzende Vorschriften* über die Zuständigkeit nationaler Gerichte, die keine Unionsmarkengerichte sind, enthält Art. 134 UMV.

2205 Art. 136 UMV schließlich enthält *Verfahrenregelungen* bzgl gleichzeitiger oder aufeinander folgender zivilrechtlicher Klagen aus Unionsmarken und aus nationalen Marken.

2206 Werden *Verletzungsklagen* zwischen denselben Parteien wegen ders Handlungen *bei Gerichten verschiedener Mitgliedstaaten* anhängig gemacht, von denen das eine Gericht wegen Verletzung einer Unionsmarke und das andere wegen Verletzung einer nationalen Marke angerufen wird, so hat sich wegen Art. 136 Abs. 1a UMV das *später angerufene Gericht* von Amts wegen zugunsten des zuerst angerufenen *für unzuständig zu erklären*, wenn die betr Marken identisch sind und für identische Waren oder DL gelten. Das Gericht, das sich für unzuständig zu erklären hätte, kann das Verfahren *aussetzen*, wenn die Unzuständigkeit des anderen Gerichts geltend gemacht wird.

2476 S.a. zur entspr Bestimmung des Art. 91 Abs. 2 GGV: EuG, 25.04.2013, T-80/10 – Gehäuse einer Armbanduhr (Bell & Ross/KIN), Rn 31–64.

2477 Nach Ansicht des Gerichtshof Den Haag soll im Einstweiligen-Rechtsschutz-Verfahren eine Aussetzung des Verfahrens nach Art. 104 UMV nicht möglich sein; Beschluss vom 19.07.2011; GRUR-Prax 2011, 450 LS.

2478 OLG Frankfurt/M, 03.07.2017, 6 W 54/17; MarkenR 2017, 438.

2479 EuG, 29.11.2023, T-1034/23 – Riviera: bestätigt durch EuGH, 03.09.2024, C-83/24 P. .

Die in Art. 136 Abs. 1a UMV genannte Voraussetzung des Vorliegens *ders Handlungen*, wenn Verletzungsklagen, von denen eine auf eine nationale Marke und die andere auf eine Unionsmarke gestützt ist, zwischen denselben Parteien bei Gerichten verschiedener Mitgliedstaaten anhängig gemacht werden, ist nach Erkenntnis des EuGH[2480] nur insoweit erfüllt, als diese Klagen den Vorwurf der Verletzung einer nationalen Marke und einer damit identischen Unionsmarke *im Gebiet ders Mitgliedstaaten* betreffen. 2207

Wenn Verletzungsklagen, von denen die erste auf die Verletzung einer nationalen Marke im Gebiet eines Mitgliedstaats und die zweite auf die Verletzung einer Unionsmarke im gesamten Gebiet der Union gestützt ist, zwischen denselben Parteien bei Gerichten verschiedener Mitgliedstaaten anhängig gemacht werden, hat sich das *später angerufene Gericht* für den *Teil des Rechtsstreits für unzuständig* zu erklären, der sich auf das *Gebiet eines Mitgliedstaats* bezieht, um das es in der beim zuerst angerufenen Gericht erhobenen Verletzungsklage geht[2481]. 2208

Das später angerufene Gericht kann nach Art. 136 Abs. 1b UMV das Verfahren *aussetzen*, wenn die betr Marken identisch sind und für ähnliche Waren oder DL gelten oder wenn sie ähnlich sind und für identische oder ähnliche Waren oder DL gelten. 2209

Schließlich weist wegen Art. 136 Abs. 2 bzw Abs. 3 UMV das wegen Verletzung einer Unionsmarke bzw einer nationalen Marke angerufene Gericht die *Klage ab*, falls wegen ders Handlungen zwischen denselben Parteien ein *unanfechtbares Urteil* in der Sache aufgrund einer identischen nationalen Marke bzw Unionsmarke für identische Waren oder DL ergangen ist. 2210

2480 EuGH, 19.10.2017, C-231/16 – Merck, Rn 42, 44, 51–53.

2481 EuGH, 19.10.2017, C-231/16 – Merck, Rn 57, 58, 62. Die in Art. 109 Abs. 1a GMV (jetzt Art. 136 Abs. 1a UMV) genannte Voraussetzung des Vorliegens *ders Handlungen*. ist nicht mehr erfüllt, wenn die betr Klagen nicht mehr den Vorwurf der Verletzung einer nationalen Marke und einer damit identischen Unionsmarke im Gebiet ders Mitgliedstaaten betreffen, weil ein Kläger eine auf eine Unionsmarke gestützte Verletzungsklage, die zunächst auf die Untersagung der Benutzung dieser Marke im Gebiet der Union gerichtet war, – wirksam – *teilweise zurückgenommen*. hat, und zwar für das Gebiet des Mitgliedstaats, um das es in der auf eine nationale Marke gestützten Klage geht, die beim zuerst angerufenen Gericht erhoben wurde und auf die Untersagung der Benutzung dieser Marke in diesem Mitgliedstaat gerichtet ist. Das später angerufene Gericht hat sich im Fall der Identität der Marken zugunsten des zuerst angerufenen Gerichts nur insoweit für unzuständig zu erklären, als die Marken für identische Waren oder DL gelten.

N. Die Zukunft der Unionsmarke

2211 Im *positiven Sinne* wird die zukünftige Entwicklung der Unionsmarke durch die *vertiefte Zusammenarbeit* gemäß Art. 152 UMV zwischen den nationalen Ämtern und dem EUIPO geprägt, um die Harmonisierung und Vorausberechenbarkeit der Amtspraktiken zu verbessern.

2212 Zudem wurde im Jahr 2017 die *europäische Markenrechtsreform vollendet*. Dem EUIPO wird darin aus Gründen der Flexibilität ein größerer Gestaltungsspielraum eingeräumt, so dass es seine dynamische Entwicklung fortsetzen kann.

2213 Zwar wurde das Unionsmarkensystem im *negativen Sinne* durch das *Ausscheiden eines Mitgliedstaats* betroffen, nämlich von Großbritannien zum Ende des Jahres 2020, jedoch hat sich dies in keiner Weise auf die zunehmende Attraktivität der Unionsmarke ausgewirkt, die 2021 sogar eine weit überdurchschnittliche Zahl von Neuanmeldungen verzeichnen kann. Zudem hat das EUIPO am 18.03.2022 mit 2 Mio. Eintragungen von Unionsmarken einen weiteren wichtigen Meilenstein erreicht, wobei Deutschland mit 396.358 Eintragungen den Spitzenplatz einnimmt[2482].

2214 Aber auch insgesamt ist ein *deutlicher Anstieg der Markenanmeldungen in der Europäischen Union* zu beobachten. So sind im vergangenen Jahrzehnt von 2010 bis 2020 die Anmeldungen in den Mitgliedstaaten und beim EUIPO um 38 % gewachsen[2483]. Nach dem schönen alten Spruch *Konkurrenz belebt das Geschäft* hat also die Einführung der Unionsmarke den nationalen Systemen nicht nur nicht geschadet, sondern deren Entwicklung ersichtlich gefördert.

2482 S. Alicante News 10/2021, S. 8.
2483 S. Alicante News 10/2021, S. 1.

Entscheidungsregister

Entscheidungsname	Gericht	Datum	Aktenzeichen	Rdn
0 1 2 3 4 5 6 7 8 9 10 11 12 13 14 15 16 17 18 19 20 21 22 23	BK	02.05.2023	R 1967/22–1	702
2good	EuG	25.09.2015	T-366/14	723, 735
3D	EuG	17.12.2015	T-79/15	680
3D/3D'S	EuG	13.09.2016	T-390/15	1922
5 HTP	EuG	09.03.2011	T-190/09	849
5 HTP	EuGH	01.12.2011	C-222/11 P	1995, 2011
6-Korn-Eier (Gut Springenheide)	EuGH	16.07.1998	C-210/96	534, 1463
7Seven	EuG	23.09.2020	T-557/19	1632
7 verschiedenfarbige Quadrate	EuG	14.06.2012	T-293/10	561, 1090
16 PF	EuG	07.06.2011	T-507/08	1725
100 % Capri/CAPRI	EuG	12.07.2012	T-279/09	183
100 % Pfalz	EuG	26.04.2018	T-220/17	679
101/501	EuG	03.06.2015	T-604/13	1421
360° SONIC ENERGY/ SONIC POWER	EuG	10.12.2013	T-467/13	512
42 BELOW/VODKA 42	EuG	24.10.2018	T-435/12	1594
520Barcode Hellas/520	EuG	03.10.2017	T-453/16	1455, 1560
1073 (Heritage Audio/ AMS Neve)	EuGH	05.09.2019	C-172/18	2179
A auf Schuh/A	EuG	13.09.2011	T-397/10	159
A mit 2 Hörnern/A	EuG	22.09.2011	T-174/10	1440
Ab in den Urlaub	EuG	24.06.2014	T-273/12	545, 724, 875
Ableiter-Gesamtgerät	BK	02.07.2010	R 1065/09–1	147
Abresham Super Basmati Selaa Grade One World's Best Rice/BASMATI	EuG	06.10.2021	T-342/20	39, 40, 1595
Abresham Super Basmati Selaa Grade One World's Best Rice/BASMATI I	EuGH	07.04.2022	C-801/21 P	39, 2000
Abresham Super Basmati Selaa Grade One World's Best Rice/BASMATI II	EuGH	16.12.2022	C-801/21 P	2018

Entscheidungsname	Gericht	Datum	Aktenzeichen	Rdn
Abresham Super Basmati Selaa Grade One World's Best Rice/BASMATI III	EuGH	20.06.2024	C-801/21 P	39, 40, 1595
ABTRONIC/TRONIC	EuG	12.05.2016	T-643/14	1952
Acapulco	EuG	13.06.2024	T-274/23	675
ACETAT Silicon 101E/101	BK	29.03.2012	R 2499/10–1	519
Achteckiger blauer Rahmen	EuG	21.11.2018	T-460/17	93, 758
Achteckiger grüner Rahmen	EuG	25.09.2015	T-209/14	758
ACM 1899 AC MILAN/ Milan	EuG	10.11.2021	T-353/20	1265
ACNO FOCUS/FOCUS	EuG	14.04.2011	T-466/08	1316
ACTIVY Media Gateway/ GATEWAY	EuG	27.11.2007	T-434/05	1436
ad pepper	EuG	03.10.2019	T-666/18	1264
ADDIS	EuG	15.12.2008	T-253/08	1886
adegaborba.pt	EuGH	06.12.2018	C-629/17	665
Adelholzener Flasche	EuG	10.04.2013	T-347/10	801
ADIDAS II	EuGH	10.04.2008	C-102/07	602, 1428, 1515, 2134
ADLON/ADLON	EuG	09.09.2020	T-144/19	1542
ADVANCE/ADVANCIS	EuG	09.11.2011	T-243/11	1893
AFRICAN SIMBA/Simba	EuG	22.01.2015	T-172/13	1345
AGATE	EuG	29.09.2021	T-592/20	1716
AGATHA RUIZ DE LA PRADA/Blumenbild	EuG	13.09.2011	T-522/08	1440
AGRI.CAPITAL/AgriCapital	EuG	10.06.2015	T-514/13	1480
Ahornblatt RW	EuGH	16.07.2009	C-202/08 P und C-208/08 P	997, 1001, 1011
AICOOK/My Cook	EuGH	06.10.2021	C-468/21 P	2001
AINHOA	EuG	23.09.2015	T-426/13	1264
AINHOA/NOA	EuG	23.09.2015	T-400/13	1477
AIR	EuG	08.07.2020	T-800/19	1276

Entscheidungsname	Gericht	Datum	Aktenzeichen	Rdn
AIR	EuG	25.03.2021	T-800/19 DEP	1989
AIR HOLE FACE MASKS YOU IDIOT	EuG	16.05.2017	T-107/16	1709
airframe	EuG	05.10.2022	T-539/21	686
AIRSCREEN	EuG	22.09.2021	T-250/20	686
airscreen/AIRSCREEN	EuG	07.03.2022	T-382/21	1365
airscreen/AIRSCREEN	EuGH	28.09.2022	C-320/22 P	1365
AIRSHOWER	EuG	21.01.2009	T-307/07	643
AK 47	EuG	24.03.2011	T-419/09	254, 1701
Al bustan/ALBUSTAN	EuG	19.04.2013	T-454/11	1262
ALADIN/ALADDIN	EuG	14.07.2005	T-126/03	1250
ALARIS	EuG	16.05.2013	T-353/12	1249
ALCOLOCK/ALCO-LOCK	EuG	29.03.2017	T-638/15	1295, 1297
ALCOLOCK/ALCO-LOCK	EuGH	29.11.2018	C-340/17 P	39, 1295, 2026
ALDER CAPITAL/Halder	EuG	13.04.2011	T-209/09	1837
ALDI/ALDO	EuG	25.10.2018	T-359/17	1186
ALDI/ALDO	EuGH	04.06.2019	C-822/18 P	1186
ALETE/ALETA	EuG	12.11.2015	T-544/14	306, 1893
aleva NATURALS/Alea cosmetics	EuG	14.06.2023	T-28/23	1954
ALEX/ALEX	EuG	02.07.2015	T-657/13	117
ALEX/ALEX	EuGH	07.04.2016	C-480/15 P	1910
Alfredo alla Scrofa//L'ORIGINALE ALFREDO	EuG	17.09.2019	T-96/15 DEP	1989
Alifoods/ALDI	EuG	26.11.2014	T-240/13	1186, 1448
Alles wird gut	EuG	07.12.2017	T-622/16	727
ALLSAFE	EuG	25.03.2009	T-343/07	209, 643
ALLTREK/TREK	EuG	16.05.2007	T-158/05	1431
Almdudler Limonadenflasche	EuG	30.11.2005	T-12/04	803
Alpenrausch Dr. Spiller/RAUSCH	EuG	21.12.2021	T-6/20	1894
ALPHAREN/ALPHA D3	EuG	09.02.2011	T-222/09	1195
ALPHAREN/ALPHA D3	EuGH	17.07.2014	C-490/13 P	1999

Entscheidungsname	Gericht	Datum	Aktenzeichen	Rdn
ALPHAREN/ALPHA D3 II	EuG	03.07.2013	T-106/12	1976
ALPHAREN/ALPHA D3 IV	EuG	26.01.2017	T-88/16	1976, 1978
ALPINE PRO SPORTS-WEAR & EQUIPMENT/alpine	EuGH	29.11.2012	C-42/12 P	1486
ALTUS/ALTOS	EuG	14.02.2019	T-162/18	304
Ameise	EuG	14.06.2017	T-657/16	1622
AMPHIBIAN	EuG	04.04.2017	T-215/16	685
ampliteq/AMPLIDECT	BGH	23.09.2015	I ZR 15/14	1773
AMS Advanced Medical Services/AMS	EuG	18.10.2007	T-425/03	1310
AMS Advanced Medical Services/AMS	EuGH	19.05.2009	C-565/07 P	1990
AN IDEAL WIFE	EuG	29.06.2017	T-427/16	1307
ANA DE ALTUN/ANNA	EuG	21.07.2020	T-334/18 DEP	1987
ancotel./ACOTEL	EuG	24.05.2011	T-408/09	1490, 1942
ancotel./ACOTEL II	EuG	21.11.2013	T-443/12	1488
Anbringung der Farben Weiß, Rot und Dunkel-grün auf einer quaderför-migen Verpackung	EuG	06.09.2023	T-276/22	832
Anbringung der Farben Weiß, Rot und Dunkel-grün auf einer quaderför-migen Verpackung	EuGH	07.02.2024	C-691/23 P	832
Anbringung der Farben Rot und Weiß auf einer quaderförmigen Verpa-ckung	EuG	06.09.2023	T-277/22	832
Andorra	EuG	23.02.2022	T-806/19	668
Andorra	EuGH	12.05.2022	C-300/22 P	668
Androcur (Bayer Intellec-tual Property)/kohlpharma	EuGH	17.11.2022	C-204/20	2153
ANDROID	EuG	25.02.2010	T-316/09	513
ANEW ALTERNATIVE	EuG	26.11.2008	T-184/07	704
Anheuser-Busch v. Portugal	EGMR	11.01.2007	No. 73049/01	41, 1092, 2121
animal/ANIMAL	EuG	29.06.2016	T-727/14 und T-728/14	1563, 1666

Entscheidungsname	Gericht	Datum	Aktenzeichen	Rdn
ANN TAYLOR	EuG	23.05.2019	T-3/18	1344, 1705
ANN TAYLOR LOFT/LOFT	EuG	17.02.2011	T-385/09	1435
ANNAPURNA	EuG	06.03.2014	T-71/13	1335, 1931
ANTICO CASALE	EuG	27.06.2017	T-327/16	654
APAX/APAX	EuG	13.12.2016	T-58/16	1372
APE TEES/Affendarstellung	EuG	16.03.2022	T-281/21	40
APE TEES/Affendarstellung	EuGH	16.11.2022	C-337/22 P	40, 2000
Apfelsorte Gala Schnitzer	EuGH	19.12.2012	C-534/10 P	1942
Apfelzügle (KP/TV und Gemeinde Bodman-Ludwigshafen)	EuGH	13.10.2022	C-256/21	2165
APIAL/APIRETAL	EuG	16.03.2022	T-315/21	1472
APIAL/APIRETAL	EuG	05.05.2023	T-315/21 DEP	1989
APIRETAL	EuG	12.01.2022	T-160/21	1306
APIRETAL	EuGH	11.07.2022	C-187/22 P	1306
ΑΠΛΑ!	EuG	25.11.2020	T-882/19	542
APlan	EuG	14.12.2016	T-744/15	646
apo-discounter.de	EuG	03.02.2022	T-140/21	1241
Apple Flagship Stores	EuGH	10.07.2014	C-421/13	570
APUS/ABUS	EuG	16.03.2017	T-473/15	514
AQUA CARPATICA/VODAVODA	EuG	12.05.2021	T-637/19	1442
AQUA CARPATICA/VODAVODA	EuGH	11.11.2021	C-425/21 P	1442
AQUA FLOW/VAQUA FLOW	EuG	23.10.2013	T-417/13	1212
Aquafresh (Class International/Colgate)	EuGH	18.10.2005	C-405/03	2080, 2083
ARCOL/CAPOL	EuGH	13.03.2007	C-29/05 P	296, 1201, 1917
ARCOL/CAPOL I	EuG	10.11.2004	T-164/02	296
ARCOL/CAPOL II	EuG	25.03.2009	T-402/07	51, 215, 1852, 1975, 1977
ARIS/ARISA ASSURANCES	EuG	20.05.2014	T-247/12	1488
ARKTIS	EuG	16.04.2015	T-258/13	1264, 1280

Entscheidungsname	Gericht	Datum	Aktenzeichen	Rdn
ARKTIS 90/ARKTIS (Hassan/Breiding)	EuGH	04.02.2016	C-163/15	1783
ARMAFOAM/NOMAFOAM	EuG	10.10.2006	T-172/05	287
ARMAFOAM/NOMAFOAM	EuGH	18.09.2008	C-514/06 P	1464
aroa/Aro	EuG	11.09.2014	T-536/12	1471
AROMA	EuG	12.05.2016	T-749/14	633
ARSENAL	EuGH	12.11.2002	C-206/01	2086
Art's Cafè	EuG	20.07.2017	T-309/16	1275
ARTHUR & ASTON/Arthur	EuG	15.12.2015	T-83/14	1276
Arthur/ARTHUR ET FÉLICIE	EuG	24.11.2005	T-346/04	1372, 1922
Arthur/ARTHUR ET FÉLICIE	EuGH	20.03.2003	C-291/00	1371
ASETRA/CAVIAR ASTARA	EuG	11.07.2006	T-252/04	296
ASTALOY/HASTELLOY	EuG	10.04.2013	T-505/10	1233
astex TECHNOLOGY/ASTEX	EuG	10.09.2008	T-48/06	512, 515
ATHLET	EuG	17.01.2024	T-650/22	238, 241, 1664, 1723, 1990
ATLAS TRANSPORT	EuG	10.06.2010	T-482/08	1265
ATLAS/atlasair	EuG	16.05.2011	T-145/08	132, 305, 308, 1806, 1811
ATLAS/atlasair	EuGH	05.12.2013	C-406/11 P-DEP	2058
aTmos/aTmos Industrielle Lüftungstechnik GmbH	EuG	12.07.2023	T-694/21	1563
ATOMIC BLITZ/ATOMIC	EuG	20.04.2005	T-318/03	1590
ATOZ/ARTOZ	EuG	26.11.2008	T-100/06	1318
Atrium	EuG	17.01.2012	T-513/10	626
AUREA BIOLABS/AUREA	EuG	28.05.2020	T-724/18, T-184/19	1613, 1617, 1618, 1624
AURELIA	EuG	13.05.2009	T-136/08	156, 158
AURUS/AUDUS	EuG	12.07.2023	T-662/22	1471, 1930
Aus Akten werden Fakten	BGH	18.04.2013	I ZB 71/12	552

Entscheidungsname	Gericht	Datum	Aktenzeichen	Rdn
Auto in einer Sprechblase	EuG	07.05.2019	T-629/18	505
Autoform (Jaguar Land Rover)	EuG	25.11.2015	T-629/14	783
Autorisierte Mercedes-Benz-Werkstatt (Együd)/Mercedes-Benz (Daimler)	EuGH	03.03.2016	C-179/15	2068
Autoscheinwerfer	EuG	26.06.2024	T-260/23	805
AVE	EuG	24.11.2014	T-616/14	1801
AVERY DENNISON/ DENNISON	EuG	16.09.2013	T-200/10	1280, 1340
AXICORP ALLIANCE/ ALLIANCE	EuG	17.10.2019	T-279/18	1454
ayuna LESS IS BEAUTY/ AJONA	EuG	11.10.2023	T-490/22	1402, 1469
AYUURI NATURAL/ AYUR	EuG	10.11.2011	T-313/10	1486
AZIENDA OLEARIA DEL CHIANTI	BK	16.01.2012	R 1474/11–2	1040
B. Antonio Basile 1952/ BASILE	EuG	28.06.2012	T-133/09	1387, 1433, 1649, 1956
B/Geflügelte Sanduhr	EuG	12.02.2015	T-505/12	1468, 1544
babilu/BABIDU	EuG	31.01.2013	T-66/11	407, 481
Baby Bambolina/Bambolina	EuG	23.10.2011	T-581/11	1588
Baby-dry	EuGH	20.09.2001	C-383/99 P	526
BABY-DRY/BABYDRY	BK	11.01.2021	R 473/15	1595
Babyflasche	EuG	26.10.2022	T-273/21	1268
Babyflasche	EuGH	02.02.2023	C-783/22 P	1268
Bad Reichenhaller Alpensaline	EuG	19.12.2019	T-69/19	674
Bahman und TIR 20 FILTER CIGARETTES	EuG	03.12.2009	T-223/08 und T-245/08	1664
BAINBRIDGE/Bridge	EuGH	13.09.2007	C-234/06 P	1269, 1380, 1445, 1446
BAM/BAM	EuG	26.10.2011	T-426/09	504, 1922
Bananabay	EuGH	26.03.2010	C-91/09	2100
Bankia/BANKY	EuG	17.09.2015	T-323/14	1480

Entscheidungsname	Gericht	Datum	Aktenzeichen	Rdn
медведь (Bär)	EuG	19.07.2017	T-432/16	547, 989
BAR PARIS/PARIS BAR	EuG	13.03.2024	T-117/23	1389
Barbara Becker/BECKER	EuGH	24.06.2010	C-51/09 P	1433
basic/BASIC	EuG	26.06.2014	T-372/11	1476, 1951
BASIC/basic	EuG	21.09.2017	T-609/15	1343, 1588
BASIC II/basic	EuG	09.12.2020	T-722/18	1976
BASICS	EuG	12.09.2007	T-164/06	630
BASKAYA/Passaia	EuG	12.07.2012	T-170/11	1329
BASKAYA/Passaia	EuGH	12.12.2013	C-445/12 P	1238
BASmALI/BASMATI	EuG	18.01.2012	T-304/09	1565
BASmALI/BASMATI II	EuG	30.09.2015	T-136/14	1565
BASS/PASH	EuG	14.10.2003	T-292/01	1421
BATEAUX MOUCHES	EuGH	24.09.2009	C-78/09 P	870, 1697
Battistino/BATTISTA	EuG	06.06.2019	T-220/18	1675
BAU HOW/BAUHAUS	EuG	23.01.2008	T-106/06	1425, 1448
Baucherlwärmer (Aigner/Raimund)	EuGH	19.10.2020	C-425/16	2182
Baumwollblüte	EuGH	08.06.2017	C-689/13	1065, 1257
Bavaria	EuGH	02.07.2009	C-343/07	2133
Bavaria II	EuGH	22.12.2010	C-120/08	2133
BavariaWeed.	EuG	12.05.2021	T-178/20	965, 981
BBQLOUMI/HALLOUMI I	EuG	25.09.2018	T-328/17	1051
BBQLOUMI/HALLOUMI I	EuGH	05.03.2020	C-766/18 P	1051, 1060, 1299
BBQLOUMI/HALLOUMI II	EuG	25.09.2018	T-384/17	1074
BBQLOUMI/HALLOUMI II	EuGH	30.04.2020	C-767/18 P	1074
BBQLOUMI/HALLOUMI IV	EuGH	25.11.2021	C-201/21 P-OST	2022, 2023
BE EDGY BERLIN/EDJI	EuG	18.05.2022	T-329/19 DEP	1989
BE HAPPY	EuG	30.04.2015	T-707/13 und T-709/13	728
be impulsive/Impulse (Iron & Smith Kft./Unilever NV)	EuGH	03.09.2015	C-125/14	1697, 1504, 1506, 2070
BEATLE/BEATLES	EuG	29.03.2012	T-369/10	1538

Entscheidungsname	Gericht	Datum	Aktenzeichen	Rdn
BEAUTY-TOX/ BEAUTÉTOX	OLG Frankfurt/Main	07.04.2016	6 U 4/15	2193
BECAUSE THERE IS NO PLANET B	EuG	13.09.2023	T-324/22	723
BECKETT EXPRESSION/Expression	EuG	17.09.2003	T-71/02	153, 1806
BEHAVIOURAL INDEXING	BK	28.04.2009	R 323/08-G	1623
BELEBT GEIST UND KÖRPER	BK	01.02.2004	R 348/04–2	251
BELFE	EuG	17.07.2024	T-50/23	1262
BELLRAM/RAM	EuG	15.01.2013	T-237/11	232
BENETTON	EuGH	20.09.2007	C-371/06	921
BEPOST/POST und ePOST	EuG	20.02.2018	T-118/16	1395
BERG/Christian Berg	EuG	20.02.2013	T-224/11, T-225/11 und T-631/11	1434
BergSpechte	EuGH	25.03.2010	C-278/08	2100
berlinGas	EuG	20.09.2017	T-402/16	675
berlinGas	EuGH	31.05.2018	C-656/17 P	675
berlinWärme	EuG	20.09.2017	T-719/16	675
berlinWärme	EuGH	31.05.2018	C-655/17 P	675
BERTRAND PUMA La griffe boulangère	EuG	28.02.2024	T-184/23	1545
BEST BUY	EuG	03.07.2003	T-122/01	741
BEST BUY II	EuG	15.12.2009	T-476/08	741
BEST BUY	EuGH	13.01.2011	C-92/10 P	719
BEST MEDICAL	BK	04.11.2010	R 778/10 1	990
Bestpartner	EuG	08.07.2004	T-270/02	728
BET 365	EuG	14.12.2017	T-304/16	911
BETTER HOMES AND GARDENS	EuG	07.09.2011	T-524/09	723
BETWIN	EuG	06.07.2011	T-258/09	642
Bewegung eines fließenden kreisförmigen blauen Rings	BK	28.04.2020	R 1636/19	845
BeyBeni/Ray Ban	EuG	08.05.2018	T-721/18	1539

Entscheidungsname	Gericht	Datum	Aktenzeichen	Rdn
BEYOND VINTAGE/ BEYOND RETRO	EuG	30.04.2014	T-170/12	1468
BF Energy/BS ENERGY	EuG	20.03.2024	T-245/23	1389
BGW Bundesverband der deutschen Gesundheits-wirtschaft/BGW	EuGH	22.10.2015	C-20/14	1406, 1437, 1438
BIC-Stabfeuerzeug	EuG	15.12.2005	T-262/04	783
bidah chaumel Ingredients Naturales	EuG	04.09.2024	T-452/23	1707
Bierflasche	EuG	12.07.2012	T-323/11	801
BIESUL/MANASUL	EuG	09.09.2011	T-597/10	1617
BIG PAD	EuG	07.05.2014	T-567/13	680
BIGAB	EuG	14.02.2012	T-33/11	1715, 1716
BigXtra	EuG	21.03.2014	T-81/13	704
BigXtra	EuGH	11.12.2014	C-253/14 P	224, 704
BIKOR EGYPTIAN EARTH	EuG	16.12.2020	T-438/18	1725
Bildmarke α	EuGH	09.09.2010	C-265/09 P	522, 557, 621, 690, 702, 713
Bildmarke 100	EuG	19.11.2009	T-425/07	519, 741
Bildmarke I	EuG	13.06.2007	T-441/05	557, 702
Bildmarken 300	EuG	19.11.2009	T-426/07	741
billiger-mietwagen.de.	EuG	25.01.2018	T-866/16	659
BIMBA TOYS/SIMBA	EuG	21.12.2022	T-129/22	1469
BIMBO	EuG	18.03.2016	T-33/15	1090
BIMBO DOUGHNUTS/ DOGHNUTS	EuGH	08.05.2014	C-591/12 P	1090, 1413
BimboBIKE/BIMBO	EuG	24.05.2023	T-509/22	351, 1546
BimboBIKE/BIMBO	EuGH	07.11.2023	C-473/23 P	351, 1546
BIN LADIN	BK	29.09.2004	R 176/04–2	980
BIO-BEAUTÉ	EuG	22.03.2023	T-750/21	859, 872
BIO-INSECT Shocker	EuG	13.05.2020	T-86/19	988, 989
BIO organic	EuG	10.09.2015	T-610/14, T-571/14 und T-570/14	681

Entscheidungsname	Gericht	Datum	Aktenzeichen	Rdn
BIODANZA/BIO-DANZA	EuG	08.03.2012	T-298/10	298, 1227, 1320, 1349, 1353, 1767, 1768, 1928
BIODERMA	EuG	21.02.2013	T-427/11	542
BioGeneriX	EuG	16.09.2008	T- 48/07	641
BioID	EuGH	15.09.2005	C-37/03 P	741
BIOLARK/BIOPLAK	EuG	03.05.2023	T-459/22	1954
BIOMILD	EuGH	12.02.2004	C-265/00	733
BIOPLAN/BIOPLAK	EuG	07.06.2023	T-543/22	1472
BIOTON	EuG	12.12.2019	T-255/19	643
BIOVÈNE BARCE-LONA/BIORENE	EuG	13.12.2022	T_227/20 DEP	1989
Bistro Régent/REGENT	EuG	10.05.2023	T-437/22	1265
bittorrent	EuGH	11.10.2018	C-118/18 P-TO	2020
bittorrent	EuGH	13.12.2018	C-118/18 P-INT	2021
bittorrent	EuGH	08.05.2019	C-118/18 P-REV	2024
bittorrent	EuGH	16.01.2020	C-118/18 P-REV II	2024
bittorrent	EuGH	04.06.2020	C-118/18 P-REV III	2024
bittorrent II	EuG	29.06.2022	T-337/20	1615, 1616
bittorrent II	EuGH	10.10.2022	C-575/22 P	1615, 2000
BLACK IRISH	EuG	14.09.2022	T-498/21	674
BLACK LABEL BY EQUIVALENZA/LABELL	EuGH	04.03.2020	C-328/18 P	1485, 2043
Blau und Silber	EuG	30.11.2017	T-102/15	575
Blau und Silber	EuGH	29.07.2019	C-124/18 P	575
Blau-weiße quaderförmige Verpackung	EuG	10.05.2016	T-806/14	767
Blaue Kugel	EuG	24.06.2015	T-626/14	1963
Blaues Quadrat mit acht konzentrischen Kreisen	EuG	07.06.2023	T-219/22	943
Blaues Quadrat mit acht konzentrischen Kreisen	EuGH	27.10.2023	C-495/23 P.	943
Blisterverpackung	EuG	21.09.2022	T-700/21	795
BLUE SOFT	EuG	10.06.2008	T-330/06	643
BLUE/BILBAO BLUE	EuGH	18.01.2005	C-325/03 P	161

Entscheidungsname	Gericht	Datum	Aktenzeichen	Rdn
BLUE BRAND CHICKEN (weiß-blaue Box)	EuG	06.09.2023	T-316/22	1708
BLUE BRAND CHICKEN (weiß-blaue Box)	EuGH	08.05.2024	C-688/23 P	1708
BLUECO/BLUECAR	EuG	25.09.2015	T-684/12	1931
Blume	EuG	12.12.2019	T-747/18	689
Blume	EuGH	04.06.2020	C-72/20 P	689
BMW	EuGH	23.02.1999	C-63/97	2086, 2128, 2129, 2135
BOCA PARINTELE	EuG	15.01.2024	T-638/22	1990
Bocksbeutelflasche	EuG	24.09.2019	T-68/18	803
Bodybuilder	EuG	29.09.2016	T-335/15	683
BODYSECRETS	EuG	14.07.2021	T-810/19	685
BOLGARÉ/Bolgheri	EuG	23.03.2023	T-300/22	1601
BOOMERANG/BoomerangTV	EuG	02.10.2013	T-285/12	1233
BoomerangTV/B BOOMERANG	EuG	17.06.2008	T-420/03	285, 1216, 1493, 1507, 1509, 1922
Bostongurka (Björnekulla/Procordia)	EuGH	29.04.2004	C-371/02	540, 847
Boswelan	EuG	16.09.2017	T-276/16	1301, 1304
Boswelan	EuG	19.09.2018	T-276/16 DEP	1987
Boswelan	EuGH	03.07.2019	C-668/17 P	1301, 1304
BOTOLIST und BOTOCYL/BOTOX	EuG	16.12.2010	T-345/08 und T-357/08	1537
BOTOLIST und BOTOCYL/BOTOX	EuGH	10.05.2012	C-100/11 P	258, 320, 1504, 1528
BOY LONDON	BK	23.04.2021	R 459/20-5	982
BrainLAB	EuG	25.04.2012	T-326/11	155, 182
Brauner Farbton	EuG	09.12.2010	T-329/09	392, 813
BRAUWELT	EuG	18.10.2016	T-56/15	512
BRAVIA/BRAVIA	BK	15.03.2010	R 55/09-2	1207
BRAVO	EuGH	04.10.2001	C-517/99	846
Breeze/Breeze	EuG	21.05.2021	T-158/20	1372
BRIGHTON/BRIGHTON	EuG	27.09.2011	T-403/10	1578

Entscheidungsname	Gericht	Datum	Aktenzeichen	Rdn
BROWNIE/BROWNIES	EuG	30.01.2020	T-598/18	12, 40
BSS	EuG	05.03.2003	T-237/01	848, 1685
BSS	EuGH	05.10.2004	C-192/03 P	1697
BTS/TBS	EuG	12.03.2014	T-592/10	1432, 1917
Bubbles/O2	EuGH	12.06.2008	C-533/06	2095
BUCANERO	EuG	22.06.2022	T-29/21	1265
BUCANERO	EuG	26.05.2023	T-29/21 DEP	1989
Buchstabe E (1)	EuG	21.05.2008	T-329/06	623
Buchstabe E (2)	EuG	09.07.2008	T-302/06	557, 621
Buchstabe e auf einer Hosentasche/Buchstabe e	EuG	10.11.2011	T-22/10	1458
BUD II/Bud	EuG	22.01.2013	T-225/06 RENV	1598, 1607
BUD/Bit	EuG	19.10.2006	T-350/04	1423
BUD/BUD	EuG	12.06.2007	T-53/04	1597, 1607
BUD/Bud	EuG	16.12.2008	T-225/06	1606
BUD/Bud	EuGH	29.03.2011	C-96/09 P	1228, 1579, 1585, 1587
BUDMEN/BUD	EuG	03.07.2003	T-129/01	1436
Budweiser	EuG	16.11.2004	C-245/02	57
BUDWEISER/BUDWEISER I	EuG	25.03.2009	T-191/07	232, 1213, 1837, 2009
Budweiser/Budweiser II	EuGH	22.09.2011	C-482/09	66, 1649, 1650, 1652, 1657
BUFFALO MILKE/ BÚFALO	EuG	16.11.2011	T-308/06	1218, 1342
Bugui va/BUGUI	EuG	24.10.2014	T 543/12	1207, 1265
Bugui va/BUGUI	EuGH	21.07.2016	C-597/14 P	268, 1217, 1218, 1219
BUILT TO RESIST	EuG	16.09.2009	T-80/07	659
BULLDOG/BULL	EuGH	24.11.2015	C-206/15	1993
Burlington/BURLINGTON ARCADE	EuGH	04.03.2020	C-155/18 P	423, 426
BYRON/BYRON	EuG	18.07.2017	T-45/16	1595
C=commodore	EuG	13.12.2018	T-672/16	1302
Cachet	EuG	14.07.2021	T-622/20	631
CACTUS OF PEACE CACTUS DE LA PAZ/ CACTUS	EuG	15.07.2015	T-24/13	407, 1212, 1265

Entscheidungsname	Gericht	Datum	Aktenzeichen	Rdn
CACTUS OF PEACE CACTUS DE LA PAZ/ CACTUS	EuGH	11.10.2017	C-501/15 P	407, 423
Café del Mar	EuG	12.07.2019	T-772/17	1710
Café del Mar	EuGH	12.12.2019	C-713/19 P	1710
Caffè KIMBO/BIMBO	EuG	20.03.2013	T-277/12	285, 287
CAFFÈ NERO	EuG	27.10.2016	T-37/16	988, 989
Caipi	EuG	23.10.2007	T-405/04	626
CALPICO/CALYPSO	EuG	20.04.2005	T-273/02	226
Calvo/CALAVO	EuG	16.01.2007	T-53/05	1099, 1224
CAMEA/BALEA	EuG	14.01.2015	T-195/13	1448
CAMEL CROWN/camel active	EuG	26.07.2023	T-562/21	1469
CAMELO/CAMEL	EuG	30.01.2008	T-128/06	1544
Camomilla/CAMOMILLA	EuG	09.07.2015	T-98/13 und T-99/13	1468
CANAL JEAN Co./ CANALI	EuG	28.05.2005	T-301/03	1882
CANNABIS	EuG	19.11.2009	T-234/06	626
CANNABIS	EuGH	12.05.2010	C-5/10 P-R	1677, 2025
CANNABIS STORE AMSTERDAM	EuG	12.12.2019	T-683/18	981
Canoleum/MARMO-LEUM	EuG	16.12.2020	T-3/20	164, 904
Canon	EuGH	29.09.1998	C-39/97	266, 1376, 1384, 1386, 1451, 1452, 1462, 1484
CARACTÈRE	EuG	12.12.2018	T-743/17	633
CARDIOMANAGER/ CardioMessenger	EuG	25.10.2013	T-416/11	1334
cardiva/CARDIMA	BK	15.07.2008	R 1313/06-G	1225, 1774
CARE TO CARE	EuG	23.01.2013	T-600/11	724
CARLO RONCATO/ RONCATO	EuG	07.07.2010	T-124/09	1535
CARRERA	EuG	16.11.2017	T-419/16	1664
CARRERA	EuGH	14.06.2018	C-35/18 P	1664
Carrera/CARRERA	EuG	27.11.2014	T-173/11	1539, 1938
Casale Fresco/FREZCO	EuG	26.05.2016	T-254/15	1420

Entscheidungsname	Gericht	Datum	Aktenzeichen	Rdn
CASSELLAPARK	EuG	23.11.2022	T-701/21	671
CASTEL	EuG	13.09.2013	T-320/10	669, 1660
Castello/Castelló	EuG	05.05.2015	T-715/13	1169
cat & clean/CLEAN CAT	EuG	21.01.2015	T-587/13	1486
CAVE DE TAIN	EuG	12.07.2018	T-774/16	1036
CCB/CB	EuGH	11.06.2020	C-115/16 P	1388, 1439
CCB/CB	EuG	09.11.2022	T-639/21	1439
CELEBREX/CEREBRESP	EuG	18.11.2003	T-383/02	1678
Céline	EuGH	11.09.2007	C-17/06	1335, 2062, 2089, 2129
CELLTECH	EuG	14.04.2005	T-260/03	222
Centrixx/sensixx	EuG	15.09.2009	T-446/07	1952
Centrixx/sensixx	EuG	05.03.2012	T-446/07 DEP	1988
Centrixx/sensixx	EuGH	30.06.2010	C-448/09 P	1491, 1917
CENTROTHERM I	EuGH	26.09.2013	C-609/11 P	1930
CENTROTHERM II	EuGH	26.09.2013	C-610/11 P	276, 1209, 1661, 1683
CERATIX/CERATOFIX	EuG	13.06.2012	T-312/11	1253, 1345
Cerviron/CERVIRON	EuGH	28.09.2023	C-275/23 P	2007
Chaff cutters design	EuG	10.05.2010	T-98/10	1887
Champagner Sorbet/champagne	EuGH	20.12.2017	C-393/16	1043
CHAMPANILLO/Champagne	EuGH	09.09.2021	C-783/19	1602
charantea/CHARITÉ	EuG	11.02.2020	T-732/18	544
CHATKA/CHATKA	EuG	25.04.2018	T-312/16	1238
Chevy	EuGH	14.09.1999	C-375/97	1505
chic ÁGUA ALCALINA 9,5 PH/CHIC BARCELONA	EuG	22.09.202	T-195/20	1471
Chiemsee	EuGH	04.05.1999	C-108/97 und C-109/97	600, 663, 672, 855, 858, 860
Chinesische Schriftzeichen	EuGH	17.05.2022	C-103/22 P(I)	1883, 1945
Chinesische Schriftzeichen	EuG	19.10.2022	T-323/21	537, 1276
CHOICE	EuG	22.10.2015	T-431/14	632
Choice chocolate & ice cream	EuG	12.04.2016	T-361/15	679
Choumicha Saveurs	EuG	28.04.2021	T-311/20	1718

Entscheidungsname	Gericht	Datum	Aktenzeichen	Rdn
Christian Dior (Copard)	EuGH	23.04.2009	C-59/08	1781, 2146
CHROMA	EuG	16.12.2010	T-281/09	542
CHUFAFIT/CHUFI	EuG	06.07.2004	T-117/02	1431
Cíclic/CYCLIC	EuG	15.09.2021	T-673/20	1471
CINKCIARZ	EuG	19.12.2019	T-501/18	637
CINKCIARZ	EuGH	28.05.2020	C-101/20 P	637
CIPRIANI	EuG	29.06.2017	T-343/14	1725
CIPRIANI/HOTEL CIPRIANI	EuG	01.03.2018	T-438/16	1475
CIRCON/CIRCULON	EuG	13.06.2012	T-542/10	230, 1193, 1901, 1970
CITI/CITIBANK	EuG	16.04.2008	T-181/05	1536
CITIGATE/citi	EuG	26.09.2012	T-301/09	1256
CITITRAVEL DMC/citibank	EuG	12.07.2011	T-241/11	1886
CITY STADE	EuG	07.02.2024	T-220/23	1687
citydogs/CITY	EuG	16.05.2012	T-444/09	1895
CityTrain	EuG	21.06.2017	T-699/15	1948
CK CREACIONES KENNYA/CK Calvin Klein	EuGH	02.09.2010	C-254/09 P	1414, 1417
Clampflex	EuG	29.11.2012	T-171/11	647
Clavis/CLAVIS	EuG	18.01.2023	T-758/21	1365
CLEOPATRA QUEEN/CLEOPATRA MELFINCO	EuG	21.12.2021	T-870/19	1238
CLIMA COMFORT	EuG	16.10.2012	T-371/11	725
climaVera/CLIMAVER DECO	EuG	15.06.2017	T-457/15	410, 1460
Cloppenburg	EuG	25.10.2005	T-379/03	1908, 672
CLORALEX/CLOROX	EuGH	30.01.2014	C-422/12 P	1413, 2014
CLUB GOURMET/CLUB DEL GOURMET, EN....El Corte Inglés	EuG	20.03.2013	T-571/11	1455, 1592, 1967
CMS Italy/Springende Raubkatze	EuG	22.05.2019	T-161/16	1963
CODE-X/Cody's	EuG	23.02.2022	T-198/21	1425
coffee in/coffee in	EuG	24.10.2017	T-202/16	1407

Entscheidungsname	Gericht	Datum	Aktenzeichen	Rdn
COGNAC	EuGH	14.07.2011	C-4/10 und C-27/10	1038
Coinbase/COINBASE	EuG	17.04.2024	T-126/22	1480
COLLEGE	EuG	12.06.2012	T-165/11	635
COLOMBIANA COFFEE HOUSE	EuG	18.09.2015	T-359/14	1039, 1606
COLOR EDITION	EuGHGA	15.10.2009	C-408/08 P	526
COLOR EDITION	EuGH	25.02.2010	C-408/08 P	1664, 2033
COLOR FOCUS/FOCUS	EuG	05.10.2012	T-204/10	256
COLORIS/COLORIS	EuG	30.11.2009	T-353/07	1264, 1269
COLOURBLIND/ COLOURBLIND	EuG	26.02.2015	T-257/11	1595
COMIT/Comet	EuG	07.04.2011	T-84/08	1814
Commit (Business Solutions)/Combit (Software)	EuGH	22.09.2016	C-223/15	2194
COMP USA/COMP USA	EuG	07.02.2006	T-202/03	1477
COMPTON	EuG	28.02.2024	T-746/22	671
Compton	EuG	28.02.2024	T-747/22	671
Companyline	EuGH	19.09.2002	C-104/00 P	548
COMPETITION	EuG	17.09.2015	T-550/14	728
Complete	EuG	30.11.2011	T-123/10	638
compressor technology/ KOMPRESSOR	EuGH	08.11.2016	C-43/15 P	1390, 1814
COMSA/Comsa	EuG	09.04.2014	T-144/12	1580
Condomi	BK	21.11.2001	R 532/01–3	874
Conguitos/Conguitos	EuG	07.06.2023	T-339/22	1546
CONTINENTAL	EuG	17.04.2013	T-383/10	523
COOK'S	EuG	28.06.2012	T-314/10	156, 158
CoolTUBE	EuG	16.06.2021	T-481/20	739
COPALLI/COMPAL	EuG	30.03.2022	T-445/21	1514
Copertura ombreggiante	EuG	17.12.2008	T-351/07	785
CORDIO/CORDIA	EuG	16.10.2013	T-388/12	1957
CORONA/KARUNA	EuG	20.06.2012	T-357/10	235
CORPO Livre/LIVRE	EuG	12.12.2007	T-86/05	141, 1217, 1321
CORPO Livre/LIVRE	EuGH	05.03.2009	C-90/08 P	83, 1217

Entscheidungsname	Gericht	Datum	Aktenzeichen	Rdn
COTO DE GOMARIZ/ COTO DE IMAZ	EuG	15.11.2011	T-276/10	1440
Cottonfeel	EuG	23.10.2015	T-822/14	647
Coty Germany/First Note Perfumes	EuGH	05.06.2014	C-320/12	2178
COYOTE UGLY/ COYOTE UGLY	EuG	04.11.2008	T-161/07	1475, 1692
CPI COPISA INDUST-RIAL/Cpi construcción promociones e instalaciones	EuG	04.07.2014	T-345/13	1255
CRAIC	EuG	09.09.2011	T-83/09	1768
Crédit Mutuel	EuG	24.09.2019	T-13/18	890, 1259
Crédit Mutuel	EuGH	13.02.2020	C-867/19 P	890, 1258
CREMERIA TOSCANA/ La Cremeria	EuG	29.10.2015	T-256/14	1475
CRETEO/StoCretec und STOCRETE	EuG	28.01.2016	T-640/13	1956
CRISTAL CASTELLB-LANCH/CRISTAL	EuG	08.12.2005	T-29/04	1922
CRYSTAL	EuG	13.10.2021	T-732/20	157
CRONE/CRANE	EuG	27.06.2019	T-385/18	1468
CROSS	EuG	29.01.2020	T-42/19	626
CRUZADE/SANTA CRUZ	EuG	19.09.2019	T-378/18	1343
CRUZADE/SANTA CRUZ	EuGH	06.02.2020	C-858/19 P	1343
Crystal/CRISTAL	EuG	12.12.2019	T-648/18	1469
CS jeans your best fashion partner	EuG	28.06.2023	T-645/22	1241, 1276
Curve	EuG	26.09.2014	T-266/13	975
cushe/SHE	EuG	15.10.2015	T-642/13	1346
CUVÉE PALOMAR	EuG	11.05.2010	T-237/08	1034
CVTC	EuGH	20.06.2016	C-207/15 P	267, 1638
CYBERCREDIT, CYBER-GESTION, CYBER-HOME	EuG	19.05.2009	T-211/06	642
Cystus	EuGH	31.01.2019	C-194/17 P	1260, 1275
Cystus	EuG	14.02.2017	T-15/16	1260, 1275

Entscheidungsname	Gericht	Datum	Aktenzeichen	Rdn
D-TACK/TACK	EuG	10.10.2018	T-24/17	1275
d_dgiNamespace_ternity/ iTernity	EuG	23.05.2019	T-609/18	1880
Dada & Co. kids/DADA	EuG	15.03.2011	T-50/09	99, 1217, 1321, 1837
dadida/CALIDA	EuG	23.10.2015	T-597/13	1833
Daiichi Sankyo und Sanofi-Aventis/DEMO Anonymos	EuGH	18.07.2013	C-414/11	57
DAISY und MARGARITAS	EuG	16.12.2015	T-381/13 und T-382/13	634, 1836, 1907
DAKOTA	EuG	20.06.2001	T-146/00	153
DALLAS DHU/DALLAS DHU	EuG	12.10.2009	T-206/09 AJ	1990
DANELECTRO und QWIK TUNE	EuG	23.09.2009	T-20/08 und T-21/08	150
Danube Farmers	BK	31.05.2023	R 1736/22–1	1054
darferdas	BGH	21.06.2018	I ZB 61/17	699
Darjeeling/DARJEELING	EuG	02.10.2015	T-624/13	1479
Darjeeling/DARJEELING	EuGH	20.09.2017	C-673/15 P	1052
Darstellung von drei Kreisen (Strahlregler)	BK	18.03.2019	R 925/17–5	591
Das Prinzip der Bequemlichkeit	EuGH	21.10.2004	C-64/02 P	522, 715
Davidoff Hot Water EdT 60 ml (Amazon)/DAVIDOFF (Coty Germany)	EuGH	02.04.2020	C-567/18	2085
Dayaday/DAYADAY	EuG	09.09.2020,	T-50/19	1469
Daylong	EuG	19.04.2016	T-261/15	643
DEC FLEXIBLE TECHNOLOGIES	EuG	06.03.2024	T-59/23 und T-68/23	336, 1710
DEC FLEXIBLE TECHNOLOGIES	EuGH	03.09.2024	C-334/24 P	336, 1710
déclic	BK	07.10.1998	R 1/98–2	561
DECOPAC	EuGH	09.07.2020	C-193/20 P	2001
DECOTEC	EuG	29.03.2023	T-308/22	655
DECOPAC II	EuG	04.09.2024	T-166/23	1731
DEITECH/DEI-tex	EuG	16.12.2008	T-86/07	1348

Entscheidungsname	Gericht	Datum	Aktenzeichen	Rdn
Delivering the essentials of life	EuG	12.03.2008	T-128/07	724
DEEP PURPLE/DEEP PURPLE	EuG	04.10.2018	T-328/16	1595
DEEP PURPLE/DEEP PURPLE	EuG	04.10.2018	T-344/16	1595
DELTATIC/DELTA	EuG	23.03.2022	T-146/21	1265
deluxe	EuGH	17.05.2017	C-437/15 P	220, 221
deluxe II	EuG	04.07.2018	T-222/14 RENV	221
DERMÆPIL sugar epil system/dermépil Perron Rigot	EuG	13.06.2019	T-398/18	1264
Deutsche BKK	EuG	11.02.2010	T-289/08	860, 862, 866, 892, 905
deutschemedi.de/medi.eu	EuG	06.10.2011	T-247/10	424
Deutscher Ring Sachversicherungs-AG	EuG	05.07.2012	T-209/10	657
DEUTZER HAFEN	EuG	17.05.2023	T-656/22	674
DEUTZER HAFEN KÖLN	EuG	17.05.2023	T-657/22	674
Develey-Kunststoffflasche	EuG	15.03.2006	T-129/04	208, 700
Develey-Kunststoffflasche	EuGH	25.10.2007	C-238/06 P	54, 56, 57, 548, 799
DEVIN	EuG	14.12.2022	T-526/20	874
DEVIN	EuGH	27.06.2023	C-77/23 P	874
Di DIAMONDS INTERNATIONAL/DI DIAMONDS INTERNATIONAL	BK	04.11.2009	R 1716/08–4	424
Diacor/Diacol PORTUGAL	EuG	24.01.2017	T-258/08	1357
Diamant Vogue (Beverage City)/Vogue (Advance Magazine Publishers)	EuGH	07.09.2023	C-832/21	2168
diegesellschafter.de	EuG	07.10.2010	T-47/09	734
DIEGO MARADONA	EuG	07.11.2023	T-299/22	1763
DIEGO MARADONA	EuG	08.04.2024	C-12/24 P	1763
DIESEL/DIESEL	EuG	09.09.2015	T-278/14	2066
DIESELIT/DIESEL	EuG	30.06.2004	T-186/02	1132, 1231

Entscheidungsname	Gericht	Datum	Aktenzeichen	Rdn
DigiFilm/DigiFilmMaker	EuG	08.09.2005	T-178/03 und T-179/03	642
DINKOOL/DIN	EuG	10.02.2015	T-85/14	1542, 1570
DISCO DESIGNER/ DISCO	EuG	24.01.2013	T-189/11	1457
DIVINUS/MOSELLAND Divinum	EuG	30.05.2013	T-214/10	98, 284, 900, 1913
dm/dm	EuG	09.09.2011	T-36/09	248, 1617, 1623, 1626
DoggiS/DoggiS	EuG	28.01.2016	T-335/14	1705
DOLFINA	EuG	07.06.2018	T-882/16	1292
DOMINIO DE LA VEGA/PALACIO DE LA VEGA	EuG	16.09.2009	T-458/07	1435
DOMINIO DE LA VEGA/PALACIO DE LA VEGA	EuGH	16.09.2010	C-459/09 P	1464
DONAS DULCESOL/ DONAS	EuG	01.09.2021	T-697/20	1241
doorsa FABRICA DE PUERTAS AUTOMÁTI-CAS/DORMA	EuG	16.11.2011	T-500/10	1216
DORATO/Flaschenhalseti kett	EuG	09.04.2014	T-249/13	1212
DORIT/DORIT Fleische-reimaschinen GmbH	EuG	06.04.2022	T-208/21	1582
DOUBLEMINT	EuGH	23.10.2003	C-191/01 P	600, 606, 609, 610, 733
DOWNMARK	BK	12.12.2014	R 1360/14–5	1049
doyum/Doyum	EuG	17.04.2024	T-209/23	1469
Dr. No/Dr. No	EuG	30.06.2009	T-435/05	1498, 1575
Dracula Bite/Dracula	EuG	05.06.2014	T-495/12	1285
DREAM IT, DO IT!	EuG	02.07.2008	T-186/07	724
Drei parallele Streifen	EuG	19.06.2019	T-307/17	886
Drei schwarze Balken/Drei schwarze Balken	EuG	24.03.2022	T-544/21	1883
Drei Streifen/Adidas	EuGH	23.10.2003	C-408/01	571, 1511
Drei vertikale Streifen	EuG	20.07.2017	T-612/15	756
Drei vertikale Streifen	EuGH	06.09.2018	C-547/17 P	756

Entscheidungsname	Gericht	Datum	Aktenzeichen	Rdn
Dreieck	EuG	28.06.2017	T-470/16	756
Dreizacksterne auf schwarzem Hintergrund I – IV	EuG	30.03.2022	T-277/21 bis T-280/21	841, 842
DRYTILE	EuG	25.05.2023	T-307/21 DEP	1989
Du bist, was du erlebst	EuG	31.05.2016	T-301/15	726
Duft einer reifen Erdbeere	EuG	27.10.2005	T-305/04	593
Dunkle Flasche mit V-förmigen Etikett	EuG	25.11.2020	T-862/19	803
Durfee/Davidoff	EuGH	09.01.2003	C-292/00	1511
DYNAMIC PRECIOUS METALS FUND	BK	30.06.2011	R 272/11–2	525, 1796
Dynasol	BK	17.01.2013	R 1133/12–1	393
Dyson Bin	EuGH	25.01.2007	C-321/03	562
dziandruk	EuG	06.12.2022	T-434/20 DEP	1989
e*message	EuG	01.09.2021	T-834/19	271
E-Ship	EuG	29.04.2009	T-81/08	642
e/e	EuG	11.07.2014	T-425/12	1440
e/e II	EuG	14.03.2017	T-276/15	1428
EAGLESTONE	EuG	25.06.2019	T-82/19	1937
easyHotel/EASYHOTEL	EuG	22.01.2009	T-316/07	1990
ECA	EuG	21.04.2004	T-127/02	1007
ECE QUALITY OF LIFE/ ECE	EuG	31.01.2024	T-581/22	1470
Echte Kroatzbeere Flasche	EuG	16.07.2014	T-66/13	336, 394, 803
Ecoblue/BLUE	EuGH	22.01.2010	C-23/09 P	1431
ecoDoor	EuG	15.01.2013	T-625/11	644
ecoDoor	EuGH	10.07.2014	C-126/13 P	607
ECODOWN	EuG	15.06.2022	T-338/21	1986
EcoPerfect	EuG	24.04.2012	T-328/11	644
ECOPY	EuG	12.12.2002	T-247/01	866
EDISON	EuG	07.12.2018	T-471/17	407
EDISON	EuGH	16.09.2020	C-121/19 P	407
efbet	EuG	01.02.2023	T-772/21	1241
EFEKT PERLENIA	EuG	12.05.2016	T-298/15	680
EL BAINA/EL BENNA (Loutfi/Meatproducts)	EuGH	25.06.2015	C-147/14	1420

Entscheidungsname	Gericht	Datum	Aktenzeichen	Rdn
El Corte Inglés/OHMI – Chez Gerard	EuG	20.03.2013	T-571/11	401
EL TOFIO El sabor de CANARIAS	EuG	25.01.2018	T-765/16	512, 654
EL TOFIO El sabor de CANARIAS	BK	15.02.2023	R 1083/18-G	654
electronica	EuG	05.12.2000	T-32/00	701
Elefanten in einem Rechteck/Elefant	EuG	07.02.2012	T-424/10	1444
Elektrowerkzeuge, gelb und schwarz, Black & Decker/Elektrowerkzeuge	EuG	15.05.2007	T-239/05	1207
ELGO/ERGO	EuG	12.05.2016	T-750/14	517
ELIO FIORUCCI	EuG	14.05.2009	T-165/06	992
ELIO FIORUCCI	EuGH	05.07.2011	C-263/09 P	1739, 1970, 1971, 2012, 2028, 2032, 2036
ELISABETH EMANUEL	EuGH	30.03.2006	C-259/04	991
elite BY MONDARIZ/ elite	EuG	09.04.2014	T-386/12	1801
eliza/ELISE	EuG	24.03.2010	T-130/09	512
Ellipse (unterbrochen)/ Ellipse II	EuG	10.09.2019	T-744/18	260, 1441
ELLO	EuG	18.01.2023	T-528/21	1720
EM	EuG	25.09.2018	T-180/17	623
EM	EuGH	25.09.2019	C-728/18 P	623
EMMENTALER	EuG	24.05.2023	T-2/21	1050
EMMENTALER	EuGH	11.10.2023	C-458/23 P	1050, 2006
Emidio Tucci/Emilio Pucci	EuG	27.09.2012	T-373/09	1387, 1433
Emidio Tucci/TUZZI	EuG	27.09.2012	T-535/08	1433
Emilio Pucci/Emidio Tucci	EuG	13.12.2004	T-8/03	1403
Emilio Pucci/Emidio Tucci	EuGH	01.06.2006	C-324/05 P	2034
engineering for a better world	EuG	22.01.2015	T-488/13	108, 1949
engineering for a better world II	EuG	06.10.2015	T- 545/14	525
English pink/PINK LADY	EuG	25.03.2015	T-378/13	53, 214
English pink/PINK LADY	EuGH	21.07.2016	C-226/15 P	262, 33

Entscheidungsname	Gericht	Datum	Aktenzeichen	Rdn
ENZO FUSCO/ANTONIO FUSCO	EuG	01.03.2005	T-185/03	1231, 1433
EPSILON TECHNOLOGIES	EuG	16.11.2022	T-512/21	1264
EQUIPMENT	EuG	16.05.2013	T-356/11	728
Erdmann & Rossi	EuG	30.05.2018	T-664/16	1883
Erdmann & Rossi	EuGH	24.03.2022	C-529/18 P und C-531/18 P	1883, 1893
Earnest Sewn	EuG	17.03.2021	T-853/19	1719
Es Valentía/VALENCIA DENOMINACIÓN DE ORIGEN	BK	06.04.2021	R 885/20–1	1604
esf école du ski français	EuG	05.05.2011	T-41/10	993, 1013
ESIM Chemicals/ESKIM	EuG	09.10.2019	T-713/18	203
ESPETEC	EuG	13.09.2012	T-72/11	547
essence	EuG	03.06.2015	T-448/13	626
eStant	BK	22.02.2008	R 1622/06–1	117
ESTRELLA DE CASTILLA/Estrella Galicia	EuG	25.10.2023	T-384/22	1540
ETRAX/ETRA I+D	EuG	09.09.2010	T-70/08	1798
EU-LEX	EuG	08.12.1999	T-79/99	1893
EUPHYTOS/EuPhidra	EuG	23.11.2022	T-515/21	1218
EURO AUTOMATIC PAIEMENT	EuG	05.09.2012	T-497/11	645
EURO-Symbol	EuG	10.04.2003	T-195/00	1629
EuroBasket/Basket	EuG	02.02.2012	T-596/10	254
EUROBIC/BANCO BiG	EuG	02.03.2022	T-125/21	1402
EUROCOOL/EUROCOOL LOGISTICS	EuG	06.09.2013	T-599/10	228, 1452, 1970
EUROHYPO	EuGH	08.05.2008	C-304/06 P	529, 690
eurol LUBRICANTS/EUROLLUBRICANTS	EuG	14.12.2022	T-636/21	1281
EUROPEAN DIAMONDS	BK	06.03.2013	R 1296/11–4	1018
EUROPEAN DRIVESHAFT SERVICES	EuG	15.01.2013	T-413/11	290, 996, 1001, 1006, 1008, 1836
European Network Rapid Manufacturing	EuG	13.03.2014	T-430/12	1009

Entscheidungsname	Gericht	Datum	Aktenzeichen	Rdn
EUROPEAN SOCIAL ENTERPRISE LAW ASSOCIATION	EuG	26.01.2017	T-353/16	1893
EUROPIG	EuG	14.06.2007	T-207/06	644
EUROPOLIS	EuGH	07.09.2006	C-108/05	873
EuroSky/SKY	EuG	18.11.2014	T-510/12	1403, 1902, 1917
eventer EVENT MANAGEMENT SYSTEMS/EVENT	EuG	21.03.2013	T-353/11	329, 1130
evolution/Evolution	OLG Düsseldorf	08.05.2017	I-20 W 31/17	2189
EW/WE	EuG	04.05.2018	T-0241/16	1432
EXACT	EuG	22.05.2014	T-228/13	629
EXANE/EXANTE	EuG	08.06.2023	T-568/22	1563
EXANE/EXANTE	EuG	11.07.2024	T-568/22 DEP	1989
executive edition	EuG	21.01.2011	T-310/08	722
EXTRA	EuG	28.04.2015	T-216/14	728
EZMIX	EuG	22.11.2017	T-771/16	646
EZMIX	EuGH	13.11.2018	C-48/18 P	646
f@ir Credit/FERCREDIT	EuG	19.09.2012	T-220/11	1486
f@ir Credit/FERCREDIT	EuGH	14.11.2013	C-524/12 P	1421
F.F.R./CHIANTI CLASSICO	EuG	05.12.2012	T-143/11	1051
F.F.R/CHIANTI CLASSICO	EuG	26.09.2011	T-143/11	1889
F1 LIVE/F1	EuGH	24.05.2012	C 196/11 P	1226, 1390
F1-LIVE/F1	EuG	11.12.2014	T-10/09 RENV	1390
Facettiertes Gehäuse	EuG	09.12.2010	T-253/09	785, 1917
Fack Ju Göhte	EuG	24.01.2017	T-69/17	977
Fack Ju Göhte	EuGH	27.02.2020	C-240/18 P	969, 970, 978, 2043
FAGUMIT/FAGUMIT	EuG	29.11.2012	T-537/10 und T-538/10	1556, 1745
Fähnchen im Knopf im Ohr (Steiff)	EuG	16.01.2014	T-434/12	572, 828
Fair & Lovely/NEW YORK FAIR & LOVELY	EuG	17.02.2017	T-811/14	232, 304

Entscheidungsname	Gericht	Datum	Aktenzeichen	Rdn
FAIRGLOBE/GLOBO	EuG	08.10.2014	T-300/12	1346
FAMOXIN/LANOXIN	EuG	23.09.2009	T-493/07, T-26/08, T-27/08	1466
Farbe Gelb	BK	11.02.2010	R 371/09–2	813
Farbe Himmelblau	EuG	26.10.2022	T-621/21	883
Farbe Lichtblau	EuG	05.10.2022	T-168/21	506, 806
Farbe Lila	EuG	09.09.2020	T-187/19	813
Farben Blau und Grau (Oy Hartwall Ab)	EuGH	27.03.2019	C-578/17	563
Farben Ginstergelb bzw Ockergelb und Silbergrau	EuG	03.02.2011	T-299/09 und T-300/09	575, 816
Farben Grau und Rot in waagerechter bzw senkrechter Kombination	EuG	12.11.2010	T-404/09 und T-405/09	385, 810, 814, 815
Farben Grau und Rot in waagerechter Kombination	EuGH	07.12.2011	C-45/11 P	385, 810
Farben Rot, Schwarz und Grau auf Traktor	EuG	29.09.2010	T-378/07	879, 882
Farbkästchen	EuG	12.11.2008	T-400/07	815
Farbkombination Blau-Gelb/Heidelberger Bauchemie	EuGH	24.06.2004	C-49/02	575
Farbkombinationsmarke Grün-Gelb (John Deere)	EuG	28.10.2009	T-137/08	818, 885
Farbliche Fahrzeuggestaltung (AB Östgötatrafiken)	EuGH	08.10.2020,	C-456/19	834
Farbton Orange	EuG	13.09.2010	T-97/08	813
FARMA MUNDI FARMACEUTICOS MUNDI/ mundipharma	EuG	22.06.2011	T-76/09	1477
FARMASUL/MANASUL	EuG	13.03.2013	T-553/10	1402
Favorit	EuG	08.07.2020	T-729/19	728
FCI Fédération Cynologique Internationale/F.C.I. Federación Canina Internacional de Perros de Pura Raza	EuGH	21.02.2013	C-561/11	2049, 2050, 2074
Femara (Impexeco)/Novartis	EuGH	17.11.2022	C-253/20	2153
FERLI	EuG	01.12.2016	T-775/15	422

Entscheidungsname	Gericht	Datum	Aktenzeichen	Rdn
FERRO/FERRERO	EuGH	17.04.2008	C-108/07 P	1484
Ferromix/FERROMAXX	EuGH	15.01.2010	C-579/08 P	2033, 2034
FERTILITYINVIVO	EuG	21.03.2011	T-175/10	1893
Feuerzeug CLIPPER	EuG	27.06.2017	T-580/15	938, 942
FICKEN	EuG	14.11.2013	T-52/13	967, 971, 976
FICKEN LIQUORS	EuG	14.11.2013	T-54/13	976
FIGHT LIFE/FIGHT FOR LIFE	EuG	24.01.2019	T-800/17	1476
Fifties/miss fifties	EuG	23.10.2002	T-104/01	1372
FILTER CIGARETTES Raquel/Marlboro	EuG	01.02.2018	T-105/16	1215
Financery/financify	EuG	21.12.2023	T-7/22 DEP	1569
fino Cyprus Halloumi Cheese/HALLOUMI III	EuG	01.02.2023	T-558/21	1051
FINQUES TARRAGONA	EuGH	22.11.2007	C-328/06	1496
FIRST CHOICE	BK	17.05.2010	R 303/10–2	146
FIRST DEFENSE AERO-SOL PEPPER PROJEC-TOR/FIRST DEFENSE II	EuG	13.04.2011	T-262/09	226, 233, 1548, 1554, 1557, 1901, 1974, 1975
FIRST DEFENSE AERO-SOL PEPPER PROJEC-TOR/FRIST DEFENSE I	EuG	06.09.2006	T-6/05	288, 1547
FISHBONE/FISHBONE BEACHWEAR	EuG	29.09.2011	T-415/09	137, 1342
FISHBONE/FISHBONE BEACHWEAR	EuGH	18.07.2013	C-621/11 P	1218, 1219
fit + fun	EuG	13.12.2018	T-94/18	706
FITNESS	EuG	28.09.2016	T-476/15	1659, 1894
FITNESS	EuGH	24.01.2018	C-634/16 P	1659
FITNESS II	EuG	10.10.2019	T-536/18	1659
FITNESS II	EuGH	18.03.2020	C-908/19 P	1659
FITNESS III	EuG	07.06.2023	T-519/22	1615
Five Four	OLG Hamburg	05.01.2009	5 U 194/07	487
five four/five four	BK	15.03.2010	R 589/09–1	487
FLACO/FLACO	EuG	11.05.2011	T-74/10	1310, 1372
FLAMINAIRE/FLAMI-NAIRE	EuG	08.12.2015	T-583/14	1264

Entscheidungsname	Gericht	Datum	Aktenzeichen	Rdn
Flasche mit Grashalm/ Flasche mit Grashalm	EuG	11.12.2014	T-235/12	212, 1206, 1207
Flasche mit Grashalm/ Flasche mit Grashalm II	EuG	23.09.2020	T-796/16	558, 1273
Flasche mit Grashalm/ Flasche mit Grashalm II	EuGH	23.03.2021	C-639/20 P	558, 1273
Flasche mit Grashalm/ Flasche mit Grashalm III	EuG	28.06.2023	T-145/22	1549, 1550
Flasche mit Grashalm/ Flasche mit Grashalm III	EuGH	25.01.2024	C-553/23 P	1549, 1550
Flasche mit Pfeil/Dose und Flasche mit Pfeil II	EuG	06.09.2023	T-774/21	1293
Flasche mit Strohhalm	BK	27.06.2000	R 452/99–3	392
Flaschenformen	EuG	04.03.2010	T-24/08	1444
Flaschenverschluss	EuG	16.01.2019	T-489/17	830, 831
Fledermaus in ovaler Umrandung (Batman)	EuG	07.06.2023	T-735/21	745
FLEX	EuG	07.10.2015	T-187/14	626
FLEXI AIR/FLEX	EuG	16.03.2005	T-112/03	1310, 1431
FLEXPS/FlexES	EuG	17.02.2017	T-726/14	245, 345
Fliesenschneider	EuG	29.01.2013	T-25/11	785, 879, 882
FLORVERDE SUSTAIN-ABLE FLOWERS	BK	07.09.2020	R 1504/20–5	1070
fluege.de	EuG	14.05.2013	T-244/12	644
FLUGBÖRSE	EuG	03.06.2009	T-189/07	1697
FLUGBÖRSE	EuGH	23.04.2010	C-332/09 P	553, 869, 551
FLUGBÖRSE II	BK	21.09.2011	R 1105/10–5	902
FLÜGEL/. VERLEIHT FLÜGEL	EuG	04.10.2018	T-150/17	1655
FLÜGEL/. VERLEIHT FLÜGEL II	EuG	28.04.2021	T-509/19	1514
FLÜGEL/. VERLEIHT FLÜGEL	EuGH	13.12.2021	C-387/21 P	1514
fluo.	EuG	11.10.2018	T-120/17	685
Flüssigkeitsverteilungsanlagen	EuG	15.07.2020	T-838/19	1871
FOCUS/MICRO FOCUS	EuG	16.05.2007	T-491/04	1436
Fohlenelf	EuG	07.12.2022	T-747/21	1276

Entscheidungsname	Gericht	Datum	Aktenzeichen	Rdn
FONTOLIVA/FUENO-LIVA	EuG	13.12.2016	T-24/16	1834
FoodSafe	EuG	23.11.2015	T-766/14	643, 1194, 1963
FoodSafe	EuGH	24.05.2016	C-63/16 P	1194, 1958, 1963
FOOTWARE	EuG	12.06.2024	T-130/23	644
Ford-Radkappen (Wheeltrims/Ford)	EuGH	06.10.2015	C-500/14	2090
FOREVER/4 EVER	EuG	16.01.2013	T-528/11	1265, 1280, 1986
Form einer Anordnung von miteinander verbundenen Würsten	EuG	05.05.2009	T-449/07	775
Formata/Formata	EuG	27.03.2019	T-265/18	351
FORTIFY	EuG	03.12.2015	T-628/14	630
Foto des Gesichts einer Frau	BK	16.11.2017	R 2063/16–4	745
Foto Paradies	EuG	28.02.2018	T-843/17	727
FRAAS	EuG	22.06.2022	T-329/21	1265, 1343
FRANCE.com/France	EuG	26.06.2018	T-71/17	1892, 2047
FREE	EuG	12.07.2019	T-113/18	706
FREE	EuG	12.07.2019	T-114/18	706
fRee YOUR STILe./FREE STYLE	EuG	16.10.2013	T-282/12	1474
Freixenet-Flaschen I	EuG	04.10.2006	T-190/04	237
Freixenet-Flaschen II	EuG	27.04.2010	T-109/08 und T-110/08	833
FRESHHH	EuG	28.11.2008	T-147/06	630
Friboi/FRIBO	EuG	17.02.2011	T-324/09	1265, 1297
FRIGIDAIRE	EuG	28.10.2020	T-583/19	1289
Fromage découpé et arrangé en forme de coeur	BK	20.09.2023	R 314/23–2	845
FRUIT I	EuG	21.06.2012	T-514/10	1255, 1275
FRUIT II	EuG	07.07.2016	T-431/15	1253, 1261, 1283
Frutaria	EuG	13.10.2021	T-12/20	1265, 1296
FS	EuG	21.03.2012	T-227/09	1707, 1725

Entscheidungsname	Gericht	Datum	Aktenzeichen	Rdn
fucking freezing	BK	01.09.2011	R 168/2011–1	977
fucking hell	BK	21.01.2010	R 385/08–4	978
fuente estrella/ESTRELLA ZERO	EuGH	12.07.2016	C-399/15 P	1948
FUN	BK	30.07.2009	R 1135/06	635
FUN	EuG	02.12.2008	T-67/07	635
Fünf parallele Streifen auf Schuh I	EuG	13.06.2014	T-85/13	752
Fünf Streifen auf Schuh	EuG	14.12.2006	T-14/06	113
FUNNY BANDS/ FUNNY BANDS	EuG	19.11.2014	T-344/13	1572
fvp franca v.paoloni MILANO ITALY	BK	18.10.2012	R 533/12–2	1307
FY RD/FJORD	BK	26.09.2014	R 492/14–2	98
G/G	EuG	10.05.2011	T-187/10	1432
GABEL/GAREL	EuG	10.06.2008	T-85/07	1836
Gabel auf grünem Hinter-grund/gastivo	EuG	12.12.2019	T-266/19	539, 1488
Gabelstapler/Rado-Uhren/ Stabtaschenlampen	EuGH	08.04.2003	C-53–55/01	526, 565, 678, 771, 921
Galileo	EuG	10.05.2006	T-279/03	1630
GALILEO/GALILEO	EuG	11.09.2014	T-450/11	209
GALZIN/CALSYN	EuG	17.10.2006	T-483/04	1246
GAME TOURNA-MENTS	EuG	26.10.2022	T-776/21	896
Ganeder/Ganter	EuG	28.11.2013	T-374/09	1928
GAPPOL/GAP	EuG	04.10.2017	T-411/15	1507
Gartenlüx/GARTENLUX		11.12.2023	T-753/22	1582
Gartenpavillion (Gautzsch/ Münchener Boulevard)	EuGH	13.02.2014	C-479/12	2197
GARUM	EuG	12.03.2008	T-341/06	634
GAS STATION/BLUE JEANS GAS	EuG	13.07.2004	T-113/03	1192
GASOLINE/GAS	EuG	15.12.2010	T-380/09	546
Gauff JBG Ingenieure/ GAUFF	EuG	16.06.2015	T-585/13	167
GC GOOGLE CAR/ GOOGLE	EuG	01.02.2023	T-568/21	1536

Entscheidungsname	Gericht	Datum	Aktenzeichen	Rdn
Gefäß mit Wulst	EuG	03.10.2018	T-313/17	804
Gefäß mit Wulst	EuGH	12.12.2019	C-783/18 P	804
Gefäß mit Wulst	EuGH	29.07.2019	C-783/18 P	2018
Gefäß mit Wulst II	EuG	05.07.2023	T-10/22	804, 942
Geflecht auf einer Flasche	EuG	13.05.2020	T-172/19	803
Geflochtener Käse	EuG	26.03.2020	T-570/19 bis T-572/19T-151/17	779, 780
Geflügelter Stier/Greif	EuG	15.03.2018		1441
Gehäuse einer Armbanduhr (Bell & Ross/KIN)	EuG	25.04.2013	T-80/10	2201
Geisha	BK	15.10.2015	R 528/14–1	335
Gelb und Grau	EuG	27.09.2018	T-595/17	816
Gelbe Wörterbücher	BGH	18.09.2014	I ZR 228/12	1698
Gelber Bogen am unteren Anzeigeeinheitsrand	EuG	26.02.2014	T-331/12	572, 822, 1882
GELENKGOLD II/Tigerbild	EuG	04.05.2017	T-25/16	233, 260
GELENKGOLD/Tigerbild	EuG	07.05.2015	T-599/13	1441
GENERAL OPTICA/Generalóptica	EuG	24.03.2009	T-318/06	52, 1583, 1586, 1589
Genius	EuG	22.03.2017	T-424/16	728
GEO	EuG	14.12.2017	T-280/16	632
GEOTEK	EuG	04.05.2017	T-97/16	108, 903
GERONIMO STILTON/stilton	EuG	01.02.2006	T-466/04 und T-467/04	515
Gesäßtasche links und rechts	EuG	28.04.2009	T-282/07 und T-283/07	763
Geschlüpftes Küken	EuG	26.06.2024	T-595/23	760
Geschmack eines Lebensmittels (Levola Hengelo/Smilde Foods)	EuGH	13.11.2018	C-310/17	594
Geschwungene weiße Linie in dunklem Quadrat	EuG	13.09.2023	T-745/22	752
Gesichtsformen mit Hörnern	EuG	07.10.2015	T-242/14 bis T-244/14	790
GG	EuG	15.11.2012	T-278/09	552, 623
Gigabyte/GIGABITER	EuG	15.01.2013	T-451/11	1901

Entscheidungsname	Gericht	Datum	Aktenzeichen	Rdn
GIGI	BK	31.03.2015	R 1726/14-2	1775
GILBERT TECKEL (Dackel im Profil)/Dackel im Profil	EuG	05.10.2023	T-773/22	1441
Gillette	EuGH	17.03.2005	C-228/03	2128, 2129, 2136
GIORDANO/GIORDANO	EuG	16.12.2009	T-483/08	1224
GIORGIO BEVERLY HILLS/GIORGIO	EuG	10.12.2008	T-228/06	1435
Giovanna Paola Girardi	EuG	20.10.2021	T-497/21 R	1982
Giovanna Paola Girardi	EuGH	30.03.2022	C-703/21 P(R)	1982
GIOVANNI GALLI/GIOVANNI	EuG	03.06.2015	T-559/13	1433
Gitarrenform	EuG	07.02.2007	T-317/05	226, 237
Gitarrenform (Flying-V)	EuG	28.06.2019	T-340/18	783, 784
Gitarrenkopf	EuG	08.09.2010	T-458/08	765
Gitarrenkopf	EuGH	13.09.2011	C-546/10 P	765, 774
Glass Pattern I	EuG	09.10.2002	T-36/01	820
Glass Pattern I (Streifen auf Glasscheibe)	EuGH	28.06.2004	C-445/02 P	571
Glass Pattern II	EuG	12.09.2007	T-141/06	860, 879, 882
Glass Pattern II	EuGH	17.10.2008	C-513/07 P	860, 879, 882
GLISTEN	EuG	10.02.2015	T-648/13	630
Glöckchenform mit rotem Band	EuG	17.12.2010	T-346/08	795
Glocke	EuG	07.11.2019	T-240/19	758
GMail/G-mail	EuG	26.05.2011	T-527/10	1882
GNC LIVE WELL	EuG	08.07.2020	T-686/19	1256
GOLD MOUNT	EuG	08.06.2017	T-294/16	1255, 1305
Goldbarrenform/Zigarrenform	EuG	30.04.2003	T-110/02 und T-324/01	777
GOLDEN BALLS/BALLON D'OR	EuG	16.09.2013	T-437/11	1426
GOLDEN BALLS/BALLON D'OR	EuGH	20.11.2014	C-581/13 P	1513
Golden Eagle/Kaffeebecher	EuG	25.03.2010	T-5/08 bis T-7/08	1444
Golden Elephant Brand/GOLDEN ELEPHANT	EuGH	29.11.2011	C-76/11 P	2032

Entscheidungsname	Gericht	Datum	Aktenzeichen	Rdn
Golden Elephant Brand/ GOLDEN ELEPHANT I	EuG	14.07.2009	T-300/08	1805
Golden Elephant Brand/ GOLDEN ELEPHANT II	EuG	09.12.2010	T-303/08	1565, 1595, 1676, 1912
Golden Toast	EuG	19.05.2010	T-163/08	644
Goldene Flasche (B)	EuG	08.05.2019	T-324/18	804
Goldene Schale mit Welle	EuG	02.04.2020	T-546/19	795
Goldfarbene Bonbonverpackung (Werther's Wicklerform)	EuG	10.11.2004	T-402/02	763, 893
Goldfarbene Bonbonverpackung (Werther's Wicklerform)	EuGH	22.06.2006	C-25/05 P	690, 767, 768, 893
Goldfarbene Fische auf blauem Grund	EuG	28.02.2017	T-766/15	1275
GOLDHASE Lindt	EuGH	11.06.2009	C-529/07	1702, 1702, 1707, 1711, 1715
Goldhase VI	OGH	17.01.2012	17 Ob 30/11b	2183
Goldhase VII	OGH	28.02.2012	4 Ob 14/12 f	2186, 2189
Goldrush	BK	15.10.2015	R 280/14–1	335
GOLF USA	EuG	06.03.2007	T-230/05	666
GOLF-FASHION MASTERS/The Masters GOLF COMPANY	EuG	25.09.2008	T-294/07	351, 1940
Gondelverkleidung	EuG	15.11.2007	T-71/06	785, 879, 882
Gondelverkleidung	EuGH	09.12.2008	C-20/08 P	785, 879, 882
GOOD LIFE/GOOD LIFE	EuG	15.07.2011	T-108/08	53
Google France	EuGH	23.03.2010	C-236/08 bis C-238/08	2100, 2103
Gourmet/GOURMET	EuG	01.03.2023	T-102/22	1265
GOURMET/ORIGINE GOURMET	EuG	08.09.2017	T-572/15	306
GPTech/GP JOULE	EuG	21.06.2017	T-235/16	1173, 1212
GRANA BIRAGHI	EuG	12.09.2007	T-291/03	1039
Grau und Orange	EuG	24.03.2021	T-193/18	576
Grau und Orange	EuGH	26.11.2021	C-327/21 P	576

Entscheidungsname	Gericht	Datum	Aktenzeichen	Rdn
Grauer und Grüner Halbmond	EuG	15.12.2016	T-678/15 und T-679/15	743
GRAZIA/GRAZIA	EuG	26.09.2014	T-490/12	893, 1507
GREEN BEANS I	EuG	09.09.2015	T-666/14	1949
GREEN BEANS I	EuGH	04.05.2016	C-603/15 P	1949
GREEN BEANS II	EuG	08.06.2016	T-585/15	149
GREEN by missako/MI SA KO	EuG	11.11.2009	T-162/08	424
GREENWICH POLO CLUB/BEVERLY HILLS POLO CLUB	EuG	01.03.2023	T-217/22	1469
Greenworld	EuG	27.02.2015	T-106/14	643
Griff	EuG	16.09.2009	T-391/07	785
GRILLOUMI/HALLOUMI	EuG	21.04.2021	T-555/19	1475
GRILLOUMI/ΧΑΛΛΟΥΜΙ HALLOUMI II	EuG	11.10.2023	T-415/22	1078
GRILLOUMI BURGER/ΧΑΛΛΟΥΜΙ HALLOUMI	EuG	08.12.2021	T-593/19	1078, 1473
GRILLOUMI BURGER/ΧΑΛΛΟΥΜΙ HALLOUMI	EuGH	15.06.2022	C-120/22 P	1078, 1473
GROUP Company TOURISM & TRAVEL/GROUP Company TOURISM & TRAVEL	EuG	29.06.2016	T-567/14	1198, 1566, 1923
GROUP Company TOURISM & TRAVEL/GROUP Company TOURISM & TRAVEL	EuGH	19.04.2018	C-478/16 P	1198, 1566, 1923
Grün in fünf Farbtönen	EuG	28.01.2015	T-655/13	392, 817
Grün und Orange	EuG	04.05.2023	T-618/22	816
Grüne Facetten eines Gehäuses	EuG	09.12.2010	T-254/09	765
GRUPALEW./LEW	EuG	08.11.2022	T-672/21	1308
GRUPALEW./LEW	EuGH	13.06.2023	C-38/23 P	1308
GRUPO BIMBO/BIMBO	EuG	08.07.2015	T-357/11 INTP	1974, 1980
GRUPO SADA/Sadia	EuG	11.05.2005	T-31/03	1231, 1436

Entscheidungsname	Gericht	Datum	Aktenzeichen	Rdn
GRUPPO SALINI	EuG	11.07.2013	T-321/10	1706, 1707, 1709
GT RACING/GT	EuG	01.09.2021	T-463/20	39
GT RACING/GT	EuGH	24.02.2022	C-678/21 P	39
GT8/GT	EuG	16.06.2021	T-420/20	1487
Gufic	EuG	11.01.2023	T-346/21	1254, 1264
Gufic	EuGH	13.07.2023	C-142/23 P	1254, 1264, 2008
GUGLER/Gugler France	EuGH	23.04.2020	C-736/18 P	1483
gullón TWINS COOKIE SANDWICH/OREO	EuG	28.05.2020	T-677/18	1543
H.EICH/H SILVIAN HEACH	EuGH	16.05.2013	C-379/12 P	1433
H/H	EuG	22.01.2015	T-193/12	1910
HACKER SPACE/ HACKER-PSCHORR	EuG	01.02.2023	T-349/22	1367
HAI/SHARK	EuG	09.03.2005	T-33/03	1426
HAIRTRANSFER	EuG	15.02.2007	T-204/04	643
HALAL MALAYSIA/ HALAL MALAYSIA	EuG	18.11.2015	T-508/13	1595
HALIX RECORDS/ HALIX RECORDS	EuG	06.04.2022	T-118/21	1365, 1563
HALLOWIENER	EuG	10.11.2021	T-500/20	1286
Hallux	EuG	16.12.2010	T-286/08	628
Hallux	EuGH	21.03.2012	C-87/11 P	2011
Hand, eine Karte haltend	EuG	02.07.2009	T-414/07	758
Hand/Hand (mano portafortuna)	EuG	13.09.2012	T-404/10	1740, 1741
Hand/Hand (mano portafortuna)	EuGH	27.03.2014	C-530/12 P	1592, 1740, 1741, 1943, 1967, 2032
Hand/Hand (mano portafortuna)	EuG	30.06.2015	T-404/10 RENV	1740, 1741
Handgriff mit Borsten	EuG	30.06.2021	T-624/19	781
HAPPY TIME/HAPPY HOUR	EuG	15.07.2015	T-352/14	1474
Harman International Industries/AB	EuGH	17.11.2022	C-175/21	2191
Hasenform aus Schokolade	EuG	17.12.2010	T-395/08	795, 879, 882

Entscheidungsname	Gericht	Datum	Aktenzeichen	Rdn
HAVE A BREAK (Nestlé/ Mars)	EuGH	07.07.2005	C-353/03	856, 858, 860, 863
hawaiiana/havaianas	EuG	27.10.2011	T-391/11	1901
HB Harley Benton/HB	EuG	28.04.2021	T-284/20	1563
HE&ME/ME	EuG	01.03.2023	T-25/22	1385
HE&ME/ME	EuGH	17.07.2023	C-280/23 P	1385
HEAR THE WORLD	EuG	13.12.2018	T-70/18	659
HEATSTRIP/HEATS-TRIP	EuG	09.07.2014	T-184/12	1547, 1553
HEITEC	EuG	09.02.2022	T-520/19	1211
HEITEC	EuG	17.05.2023	T-520/19 DEP	1989
heitech/HEITEC	EuGH	19.05.2022	C-466/20	1656
Heizkörper	EuG	16.02.2017	T-828/14 und T-829/14	1976
HELIX ELIXIR/ HELIXOR	EuG	11.08.2020	T-883/19	1876
HELL	EuG	21.04.2021	T-323/20	632
HELL/Hella	EuG	17.12.2012	T-522/10	510
Hellbrauner Bonbon (Werther's)	EuG	10.11.2004	T-396/02	893
Hellbrauner Bonbon (Werther's)	EuGH	22.06.2006	C-24/05 P	565, 775, 857, 893
Helle Fische auf dunklem Hintergrund	EuG	28.02.2017	T-767/15	1275
HELLIM/HALLOUMI	EuG	13.06.2012	T-534/10	1422
hello digitalmente diferen-tes/HELLO!	EuG	26.10.2017	T-330/16	1762
Henkelflasche	EuGH	12.02.2004	C-218/01	773, 792
HENSOTHERM/HEN-SOTH	EuG	06.09.2006	T-366/04	1806
hepsiburada	EuG	21.02.2024	T-172/23	1705
HERBA SHINE/Herbacin	EuG	28.11.2013	T-34/12	1311, 1331
Herz	EuG	14.02.2019	T-123/18	760
Hi-FOCuS/FOCUS	EuG	09.11.2005	T-275/03	296
Hinterland	EuG	04.09.2024	T-470/23	676.1
HIPERDRIVE	EuG	22.05.2014	T-95/13	607, 643
HIPOVITON/HIPPO-VIT	BK	05.07.2007	R 578/00–1	252

Entscheidungsname	Gericht	Datum	Aktenzeichen	Rdn
HIPOVITON/HIPPO-VIT	EuG	08.07.2004	T-334/01	1218
Hofmag/HOFMAG	EuG	28.06.2023	T-452/22	1587
HOLLYWOOD/HOL-LYWOOD	BK	25.04.2001	R 283/99–3	335
HolzProf (Nikolajeva/ Multi Protect)	EuGH	22.06.2016	C-280/15	2121, 2192
Homezone	EuG	10.02.2010	T-344/07	223, 529
Homogener Körper (Gömböc Kutató)	EuGH	23.04.2020	C-237/19	566, 936, 948, 958, 959
HOOLIGAN/OLLY GAN	EuG	01.02.2005	T-57/03	279, 1401, 1918
Horizontale Linie	EuG	05.04.2006	T-388/04	756
Hörmarke	EuGH	27.11.2003	C-283/01	386, 557, 578
HOSPITAL LA LUZ/ Clinica LALUZ	EuG	30.05.2023	T-357/18 DEP	1989
HOT SOX	EuG	26.02.2016	T-543/14	738
HOUSE OF CARS	EuG	17.04.2018	T-364/17	736
HP	EuG	24.04.2018	T-208/17	622
HP (Hewlett Packard/ Senetic),	EuGH	18.01.2024	C-367/21	2142
HUGO BOSS Tester (Perfumesco/Procter & Gamble)	EuGH	13.10.2022	C-355/21	2195
HUBERT/SAINT HUBERT 41	EuGH	12.10.2004	C-106/03 P	1445, 1907
Huhn/Huhn	EuG	14.05.2013	T-249/11	1474, 1477
Huhn/Huhn	EuGH	08.05.2014	C-411/13 P	1474, 1477
Hummel Holding/Nike	EuGH	18.05.2017	C-617/15	2167
Hummer	EuG	06.10.2021	T-254/20	745
Hundebild II	EuG	20.04.2010	T-187/08	156
Hundebild	EuG	08.07.2010	T-385/08	683
Hunter	EuG	09.09.2010	T-505/08	510, 512, 626
HUSKY	EuG	13.02.2015	T-287/13	142, 1354, 1357, 1661, 1669
HYALSTYLE	EuG	18.01.2018	T-178/17	336
HydroComfort	EuG	30.11.2015	T-845/14	1963
I love	EuG	12.02.2021	T-19/20	1672

Entscheidungsname	Gericht	Datum	Aktenzeichen	Rdn
I love	EuGH	01.09.2021	C-236/21 P	1672
i.Beat jump	EuG	24.09.2019	T-746/17	1985
I.T.@MANPOWER	EuG	24.09.2008	T-248/05	655
IALO TSP/HYALO	EuG	02.03.2022	T-333/20	1903
IC4/ICE	EuG	09.09.2011	T-274/09	1132, 1975
Ice Tea	BK	15.10.2015	R 895/14–1	335
ICE WATCH/ICE STAR	BK	17.09.2012	R 993/12–2	1806
ICELAND	BK	09.09.2022	R 1613/19-G und R 1238/19-G	335, 668
ID SOLUTIONS	EuG	08.07.2010	T-211/10	1912
IDIRECT24	EuG	03.09.2015	T-225/14	737
iDrive/IDRIVE	EuG	03.12.2015	T-105/14	1310, 1952
Igama/GAMMA	EuG	12.04.2013	T-474/11	1692
ilink	EuG	16.12.2010	T-161/09	642
ILLUMINA/ILLINA	EuG	22.01.2018	T-157/17	1621
imaster.golf/MASTERS	EuG	15.11.2023	T-677/22	1536
in Insajderi/INSAJDERI	EuG	17.04.2024	T-119/23	293, 1206
INA (Yhtiö A)/B	EuGH	30.04.2020	C-772/18	2109
inderdit de me gronder IDMG/DMG	EuG	11.01.2013	T-568/11	1310
INFOSECURITY	EuG	23.09.2015	T-633/13	886, 889
Innocenti/i INNOCENTI	EuG	13.06.2019	T-392/18	305
INNOVATION FOR THE REAL WORLD	EuG	06.06.2013	T-515/11	723
InPost/INFOPOST	EuG	26.06.2018	T-537/15	1395
Inspired by efficiency	EuG	06.06.2013	T-126/12	723
INSPIRED BY ICE-LAND/ICELAND	EuGH	05.09.2019	C-162/19 P	1871
INSTASITE	EuG	18.05.2017	T-375/16	646
INSULATE FOR LIFE	EuG	08.02.2011	T-157/08	525, 1796, 1890
INTAS/indas	EuG	07.11.2019	T-380/18	263, 264, 1891
INTEL	EuGH	27.11.2008	C-252/07	1512, 1514, 1518, 1519, 1520, 1525, 1526, 1527, 1528, 1529

Entscheidungsname	Gericht	Datum	Aktenzeichen	Rdn
INTERFLORA	EuGH	22.09.2011	C-323/09	1369, 2038, 2100, 2102
INTERNATIONAL STAR REGISTRY	BK	04.04.2001	R 468/99–1	990
INTERTOPS	EuG	13.09.2005	T-140/02	984
INVESTING FOR A NEW WORLD	EuG	29.01.2015	T-609/13 – T-59/14	723
IOPSYS/OPSIS	BK	09.10.2015	R 938/15–4	1806
IP TRANSLATOR	EuGH	19.06.2012	C-307/10	403, 407, 409, 423
IPANEMA/Ipanema	EuG	13.05.2020	T-288/19	1535, 1539
IPSUM/IPSOS	BPatG	05.03.2013	27 W (pat) 43/12	496, 1225
IQ/EQ	EuG	07.12.2021	T-422/21	47, 1892
IQNet	BK	16.12.2009	R 178/08–4	1010
Ism ATEX INERIS EX Installation Service Maintenance	BK	11.03.2020	R 1364/19–2	1070, 1071
IT'S LIKE MILK BUT MADE FOR HUMANS	EuG	20.01.2021	T-253/20	730
IX	BK	11.03.1998	R 4/98–2	621
JACKSON SHOES/JACSON OF SCANDINAVIA AB	EuG	24.01.2013	T-474/09	1569
Jambo Afrika/JUMBO	EuG	18.11.2013	T-377/10	1490
James Jones/JACK & JONES	EuG	23.02.2010	T-11/09	1433
JAUME CODORNÍU/JAUME SERRA	EuG	08.05.2019	T-358/18	1433
JC JEAN CALL Champagne ROSÉ/Flaschenformen	EuG	09.12.2020	T-620/19	1442
JCE HOTTINGUER/HOTTINGER	EuG	16.12.2020	T-535/19	912, 1595
JCE HOTTINGUER/HOTTINGER	EuGH	02.06.2021	C-109/21 P	912, 1595
Jeep-Kühlergrill	EuG	06.03.2003	T-128/01	552, 743
JELLO SCHUHPARK/Schuhpark	EuG	08.03.2005	T-32/03	1435
jello SCHUHPARK/Schuhpark	EuG	13.05.2009	T-183/08	1352, 1435
JIMI HENDRIX	BK	12.01.2012	R 1087/11	1645

Entscheidungsname	Gericht	Datum	Aktenzeichen	Rdn
Jokers WILD Casino	EuG	15.03.2021	T-321/19 DEP	1989
Joro/JOKO	EuG	24.05.2023	T-68/22	1471
JOSE PADILLA/JOSE PADILLA	EuG	13.07.2009	T-255/08 AJ	1990
JOSE PADILLA/JOSE PADILLA	EuG	22.06.2010	T-255/08	1133, 1499, 1501, 1576
Josef Grund Gerüstbau/ grund	EuG	30.04.2024	T-749/21 DEP	1989
Joyful by Nature/JOY	EuG	24.04.2024	T-157/23	1510
Jukebox/JUKEBOX	EuG	04.07.2013	T-589/10	1954
Julián Murúa Entrena/ MURÚA	EuG	13.07.2005	T-40/03	1433
JUMBO	EuG	26.06.2018	T-78/17	629
JURADO	EuG	12.05.2009	T-410/07	152, 1632
JUST/just	BPatG	20.09.2005	27 W (pat) 106/04	496, 1225
justing	EuG	19.01.2012	T-103/11	492, 498, 1370
JUVEDERM	EuG	06.10.2021	T-372/20	398, 1680
JUVÉDERM	EuG	25.06.2020	T-104/19	395, 1297
JUVÉDERM	EuGH	03.12.2020	C-400/20 P	395, 1297
JUVEDERM ULTRA	EuG	18.11.2020	T-664/19	398
JUVEDERM ULTRA	EuGH	29.04.2021	C-41/21 P	398
JUVÉDERM VYB-RANCE	EuG	06.10.2021	T-635/20	139
K-7	EuG	17.03.2021	T-878/19	851
K9 PRODUCTS/K9	EuG	18.06.2013	T-338/12	223
KAAS KEYS AS A SER-VICE	EuG	10.05.2023	T-294/20 DEP	1989
KABELPLUS/CANAL PLUS	BK	13.02.2014	R 1260/13–2	1314
KAISERHOFF/KAISER-HOFF	EuG	25.11.2014	T-556/12	304
KARELIA	EuG	06.10.2017	T-878/16	670
Karomuster	EuG	19.09.2012	T-326/10	763
Karomuster (graublau, weiß)	EuG	03.12.2019	T-658/18	763

Entscheidungsname	Gericht	Datum	Aktenzeichen	Rdn
Karomuster (graublau, weiß)	EuGH	28.05.2020	C-74/20 P	763
Kartenspiel	EuG	11.05.2005	T-160/02 bis T-162/02	765
Käseschachtel	EuG	23.11.2004	T-360/03	795
KASTEEL/CASTEL BEER	EuG	25.11.2014	T-374/12	1344
keep it easy	EuG	20.07.2016	T-308/15	724
Keksverpackung	EuG	23.10.2017	T-404/16 und T-418/16	1265
KENWELL/KENWOOD	EuGH	26.08.2020	C-322/20 P	2001
KENZO ESTATE/ KENZO	EuG	02.12.2015	T-414/12, T-522/13 und T-528/13	1538
KENZO/KENZO	EuG	22.01.2015	T-322/13	1206, 1206, 1538
KERRY Spring/Gerri	EuGH	07.01.2004	C-100/02	2094
KERRYGOLD/KERRY-MAID (Ornua/Tindale & Stanton)	EuGH	20.07.2017	C-93/16	1232, 2075, 2076, 2077
Khadi	EuG	29.11.2018	T-681/17	995
kicktipp/KICKERS	EuG	05.02.2016	T-135/14	77, 83, 1158
Kids Vits/VITS4KIDS	EuGH	22.10.2010	C-84/10 P	1995
Kik	EuGH	09.09.2003	C-361/01 P	313, 315, 479
Kindertraum/Kinder	EuG	16.05.2012	T-580/10	1313, 1464
KINNJI/KINNIE	EuG	24.11.2005	T-3/04	1440
KIT, EL SABOR DE NAVARRA/Sabores de Navarra La Sabiduría del Sabor	EuG	21.01.2015	T-46/13	1276
KJ Kangoo Jumps XR (Sprungfederform)	EuG	26.11.2015	T-390/14	823
KK WATER/K	EuG	09.11.2022	T-610/21	1432
KK WATER/K	EuGH	11.05.2023	C-15/23 P	1432
Klang	BK	21.05.2020	R 2721/19–4	839
Klang von Bass	BK	23.07.2020	R 2821/19–1	839
Klang von elektronischer Sequenz	BK	12.12.2017	R 2059/16–4	839

Entscheidungsname	Gericht	Datum	Aktenzeichen	Rdn
Kreuzende Wellenlinien auf Schuhsohle (Birkenstock)	EuG	02.06.2021	T-365/20	823
Kreuzende Wellenlinien auf Schuhsohle (Birkenstock)	EuGH	22.11.2021	C-498/21 P	823
KRISTAL/MODAS CRISTAL	EuG	14.07.2016	T-345/15	1256
Krone/ROLEX	EuG	18.01.2023	T-726/21	1468
Kugelförmiger Behälter	EuG	08.09.2021	T-489/20	512, 795
Kugelförmiger Behälter	EuGH	04.02.2022	C-672/20 P	512, 795
Kühlergrills/Vier überlagerte Ringe (GQ/Audi)	EuGH	25.01.2024	C-334/22	2091
KW SURGICAL INSTRUMENTS/Ka We	EuG	26.09.2014	T-445/12	1833
L-förmige Rille (Pirelli)	EuG	24.10.2018	T-447/16	15, 948, 949
L-förmige Rille (Pirelli)	EuG	02.05.2023	T-447/16 DEP	1989
L-förmige Rille (Pirelli)	EuGH	03.06.2021	C-818/18 P und C-6/19 P	15, 948
L-förmige Rille (Pirelli)	EuGH	05.10.2023	C-818/18 P-DEP	2058
LA BARONNIE/BARONIA	EuG	10.07.2006	T-323/03	296
»la Caixa«/CAIXA	EuG	13.07.2012	T-391/06	1389
La Española/Carbonell	EuGH	16.05.2013	C-498/07 P-DEP	2058
La Española/Carbonell ACEITE DE OLIVA	EuG	12.09.2007	T-363/04	1440
La Española/Carbonell ACEITE DE OLIVA	EuGH	03.09.2009	C-498/07 P	1231, 1236, 1387, 1414, 2014
LA CRÈME LIBRE/LIBRE	EuG	21.02.2024	T-765/22	1492
La Irlandesa 1943	EuG	29.06.2022	T-306/20	988, 1720
La Irlandesa 1943	EuGH	08.03.2023	C-605/22 P	988, 1720
La Irlandesa 1943	EuG	07.09.2023	T-306/20 DEP	1989
La Mafia SE SIENTA A LA MESA	EuG	15.03.2018	T-1/17	979
La Mer	EuGH	27.01.2004	C-259/02	1253, 1278, 1681
La Milla de Oro	EuGH	06.07.2017	C-139/16	1041

Entscheidungsname	Gericht	Datum	Aktenzeichen	Rdn
la nana/NANA	EuG	16.07.2014	T-196/13	1343
La qualité est la meilleure des recettes	EuG	12.02.2014	T-570/11	536
LAGUIOLE	EuGH	05.04.2017	C-598/14 P	1924
LAGUIOLE/Forge de Laguiole	EuG	21.10.2014	T-453/11	1596
λ (Lambda)	EuG	15.07.2015	T-215/13	1218, 1266, 1345
LAMBRETTA	EuGH	16.02.2017	C-577/14 P	407, 415
LAMBRETTA I	EuG	30.09.2014	T-51/12	407
LAMBRETTA II	EuG	30.09.2014	T-132/12	1833
lambretta/LAMBRETTA	BK	22.03.2016	R 2005/15–1	180
L'Oréal	EuGH	18.06.2009	C-487/07	1377, 1516, 1519, 1521, 1523, 2097
LAPLANDIA Land of purity	EuG	22.11.2023	T-679/22	1784
LAST MINUTE TOUR/ LASTMINUTE.COM	EuG	11.06.2009	T-114/07	1565, 1595
LATINA	BK	28.02.2011	R 1568/10–2	1796
Lautsprecher (Bang & Olufsen)	EuG	10.10.2007	T-460/05	791
Lautsprecher II (Bang & Olufsen)	EuG	06.10.2011	T-508/08	791, 960, 1977
L'Wren Scott/LOREN SCOTT	EuG	27.02.2015	T-41/12	1281
Le Chef DE CUISINE (Armin Häupl/Lidl Stiftung)	EuGH	14.06.2007	C-246/05	1300
Le-Vel/LEVEL	EuG	15.09.2021	T-331/20	1472
Legea (VW)/Legea	EuGH	27.04.2023	C-686/21	1780
Lego-Stein	EuG	12.11.2008	T-270/06	940, 1922
Lego-Stein	EuG	02.12.2010	T-270/06 DEP	1989
Lego-Stein	EuGH	14.09.2010	C-48/09 P	4, 921, 925, 937–941
Leinfelder	EuG	10.06.2020	T-577/19	1664
Leinfelder	EuGH	19.01.2021	C-401/20 P	1664
Leistung aus Leidenschaft	EuG	25.03.2014	T-539/11	723
Lembergerland	EuG	14.07.2015	T-55/14	57, 1036

Entscheidungsname	Gericht	Datum	Aktenzeichen	Rdn
LEMON SYMPHONY	EuG	18.09.2012	T-133/08	339, 306, 1962, 1968
LEMON SYMPHONY	EuGH	21.05.2015	C-546/12 P	1849
LIBERTADOR	EuG	28.05.2020	T-564/19	1682
Libertel-Orange	EuGH	06.05.2003	C-104/01	6, 522, 557, 573, 807–812, 1852, 2129
LiBRO/LIBERO	EuG	18.06.2009	T-418/07	1800
LIDL express/LÍDL MUSIC	EuG	27.02.2014	T-225/12	1264
LIKE IT	EuG	14.03.2017	T-21/16	727
Limbic® Types II	EuG	01.09.2021	T-96/20	260, 1976
Limoncello/LIMON-CHELO I	EuG	15.06.2005	T-7/04	1444
Limoncello/LIMON-CHELO II	EuG	12.11.2008	T-210/05	1444, 1846
Limoncello/LIMON-CHELO	EuGH	12.06.2007	C-334/05 P	1444
LINDENHOF/LINDER-HOF TROCKEN	EuG	15.02.2005	T-296/02	277, 1471
Linea Natura/natura selection	EuGH	28.06.2012	C-306/11 P	1226
LÍNEAS AÉREAS DEL MEDITERRÁNEO LAM/LAN	EuG	08.02.2011	T-194/09	1414
LINEASUL/MANASUL	EuG	09.09.2011	T-598/10	1617
LINEX/LINES PERLA	EuG	16.10.2014	T-444/12	223
Linien auf einem Schuh/Zwei Balken an der Seite eines Schuhs	EuG	06.12.2018	T-638/16	1186
Linien in Schwarz und Weiß	EuG	05.10.2022	T-501/21 und T-502/21	758
Linkeez/Bunchems (Procureur-Generaal bij de Hoge Raad der Nederlanden)	EuGH	21.11.2019	C-678/18	2199
Lío	EuG	19.10.2022	T-466/21	1719
Lippenstift (länglich, kegelförmig, zylindrisch)	EuG	14.07.2021	T-488/20	805
LITHOFIX/LITHOFIN	EuG	03.06.2015	T-273/14	1193

Entscheidungsname	Gericht	Datum	Aktenzeichen	Rdn
LIVE RICHLY	EuG	15.09.2005	T-320/03	723
Lloyd Schuhfabrik	EuGH	22.06.1999	C-342/97	1384, 1386, 1399, 1416, 1418, 1419, 1424, 1484
LOPEZ DE HARO/ LOPEZ DE HEREDIA	EuG	10.05.2023	T-210/21 DEP	1989
Lottoland/LOTTO	EuG	11.11.2020	T-820/19	1473, 1545
LOULOU STUDIO/ LULU'S	EuG	11.06.2024	T-24/22 DEP	1989
LOVE TO LOUNGE	EuG	15.09.2017	T-305/16	730
Löwenkopf in einer Panzerkette	EuG	05.02.2020	T-331/19	763
Löwenkopf in einer Panzerkette	EuG	05.02.2020	T-332/19	763
Löwenkopf in einer Panzerkette/Löwenkopf, umgeben von Punkten	EuG	20.12.2023	T-564/22	1396
LUBELSKA/Lubeca	EuGH	16.01.2019	C-162/17 P	6, 1852
LUCEA LED/LUCEO	EuG	25.06.2015	T-186/12	285, 409, 487, 1227, 1365, 1637
LUCEA LED/LUCEO	EuGH	14.06.2016	C-43/16 P	2059
LUCEO	EuG	07.07.2016	T-82/14	1723, 1968
Luciano Sandrone/DON LUCIANO	EuG	27.06.2019	T-0268/18	1433
Lufterfrischer	EuG	20.01.2021	T-276/20	161
Luftreifen für Fahrzeugräder	EuG	23.02.2016	T-279/15 bis T-282/15	156
LURA FLEX/FLEX	EuG	11.07.2007	T-192/04	1211
Luxuskosmetika	EuGH	06.12.2017	C-230/16	2146
Lyco-A/LYCO PROTECT	EuG	16.11.2006	T-32/04	348
M PAY/MPAY24	EuG	07.07.2010	T-557/08	1390
MACCOFFEE/McDONALD'S	EuG	05.07.2016	T-518/13	1540
MAD	EuG	24.05.2012	T-152/11	1680, 1682
MADRIDEXPORTA	EuG	16.09.2009	T-180/07	740

Entscheidungsname	Gericht	Datum	Aktenzeichen	Rdn
Maestro de Oliva/MAE-STRO	EuG	05.12.2013	T-4/12	1263, 1265
Magic Butler/MAGIC BUTLER	EuG	02.09.2010	T-123/08	1895
MAGIC LIGHT/MAGIC LIFE	EuG	13.12.2012	T-34/10	1940
MAGNEXT/MAGNET 4	EuGH	19.03.2015	C-182/14 P	1407
MAIMAI MADE IN ITALY/YAMAMAY	EuG	09.02.2022	T-589/20	1857
Makro/Diesel	EuGH	15.10.2009	C-324/08	2140
makro/macros consult GmbH	EuG	07.05.2013	T-579/10	1560, 1563, 1571, 1580, 1587, 1589, 1592
MALLE	EuG	15.12.2021	T-188/21	1904
MALLE	EuGH	17.06.2022	C-145/22 P	1904
Mangiami/MANGINI	EuG	22.09.2011	T-250/09	1217
MANGO	EuG	23.02.2016	T-761/14	888
MANHATTAN (Svenskt Tenn/Textilis)	EuGH	14.03.2019	C-21/18	13, 952, 962
Mann in historischer Tracht	EuG	24.04.2018	T-183/17	1738
MÄNNERSPIELPLATZ	EuG	11.05.2017	T-372/16	647
MANPOWER	EuG	15.10.2008	T-405/05	876, 1698, 1930
MANSO DE VELASCO/ VELASCO	EuG	16.12.2008	T-259/06	1433, 1435
manufacturing score card	EuGH	06.02.2009	C-17/08 P	617
MANUKA HONEY	BK	27.10.2021	R 1410/19–5	1074
map&guide	EuG	10.10.2006	T-302/03	642
MARCOROSSI/MISS ROSSI und MARCO-ROSSI/SERGIO ROSSI	EuG	12.07.2006	T-97/05	1433
Marién/MARIN	EuG	23.02.2021	T-587/19	1692
MARINA YACHTING	EuG	22.09.2021	T-169/20	1616
MARINA YACHTING	EuGH	31.03.2022	C-743/21 P	1616
Лидер (Marktführer)	EuG	12.04.2018	T-386/17	542
Marlene-Dietrich-Bildnis II	BGH	31.03.2010	I ZB 62/09	699

Entscheidungsname	Gericht	Datum	Aktenzeichen	Rdn
Маска/Маска (Maske)	EuG	28.10.2015	T-96/13	1563, 1566, 1567, 1590
MASSI/MASI	EuG	03.05.2018	T-2/17	1670
Master/Coca-Cola	EuG	11.12.2014	T-480/12	1237, 1440, 1512, 1541
Master/Coca-Cola II	EuG	07.12.2017	T-61/16	1541
MATE MATE	EuG	31.03.2023	T-482/22	988, 989
MATE MATE	EuGH	11.10.2023	C-342/23 P	988, 989
MATE MATE II	EuG	26.02.2024	T-505/23	989
MATE MATE II	EuGH	04.07.2024	C-295/24 P	989
Matek/Länsförsäkringar	EuGH	21.12.2016	C-654/15	2067
MATRATZEN CONCORD/MATRATZEN	EuG	30.06.2010	T-351/08	209
Matratzen Concord/MATRATZEN	EuG	19.11.2015	T-526/14	1474
MATRATZEN markt CONCORD/Matratzen	EuGH	28.04.2004	C-3/03 P	1408, 1430
MATRATZEN markt CONCORD/Matratzen	EuGH	09.03.2006	C-421/04	1430
Matrix-Energertics	EuG	21.11.2013	T-313/11	552, 1096
MATRIXYL/MATRIX	BK	13.01.2010	R 1171/08–4	79
Mattierte weiße und mattschwarze Flaschen (Freixenet)	EuGH	20.10.2011	C-344/10 P und C-345/10 P	833, 819
MaxCom/MASCOM	EuG	08.05.2012	T-675/11	162
Maxigesic/OXIGESIC	EuGH	12.11.2015	C-699/13 P-DEP	2058
MAXUS (Maxxus/Globus)	EuGH	10.03.2022	C-183/21	1662
MB/MB&P	EuG	06.11.2014	T-463/12	1343, 1432
mbk (mk advokaten)/MBK Rechtsanwälte	EuGH	02.07.2020	C-684/19	2068
MBP/ip_law@mbp	EuG	19.09.2013	T-338/09	1432
Mc. Baby/Mc Kids. always quality	EuG	05.07.2012	T-466/09	1434, 1474
mc dreams hotels Träumen zum kleinen Preis!/McDONALD'S	EuG	10.10.2019	T-428/18	1381

Entscheidungsname	Gericht	Datum	Aktenzeichen	Rdn
McKENZIE/McKINLEY	EuG	18.05.2011	T-502/07	1434
me & lou MUNICH/ME	BK	30.05.2018	R 1935/17–4	172
MEBLO	EuGH	10.07.2019	C-359/19 P	2004
medex	EuG	07.06.2023	T-419/22	1241
medi	EuG	12.07.2012	T-470/09	707
medi	EuGH	16.10.2013	C-410/12 P	1955
mediaexpert/mediaexpert	EuG	20.07.2017	T-780/16	79, 1128, 1168
mediaexpert/mediaexpert	EuGH	13.03.2018	C-560/17 P	79, 1128, 1168
medialbo/MediaLB	EuG	17.01.2017	T-255/15	1103, 1770
medialbo/MediaLB	EuGH	25.07.2018	C-139/17 P	1103, 1770, 2028
mediFLEX easystep/ Stepeasy	EuG	08.07.2020	T-20/19	539, 1488
MEDINET	EuG	20.02.2013	T-378/11	336, 488, 498, 1370
MEDINET	EuGH	10.04.2014	C-412/13 P	336, 488, 498, 1370, 1914
Médis/MEDIS	EuG	15.03.2016	T-774/15	1886
Médis/MEDIS	EuGH	19.10.2016	C-313/16 P	1886
MEGO/TEGO	EuG	23.09.2014	T-11/13	1747
MEHR FÜR IHR GELD	EuG	30.06.2004	T-281/02	723
MEISSEN KERAMIK	EuG	18.10.2016	T-776/15	670
MELT WATER Original	EuG	14.01.2015	T-69/14	681
MEMBER OF €e euro experts	EuG	10.07.2013	T-3/12	1015, 1017, 1018
MEMORY	EuG	19.05.2010	T-108/09	626
MEN'Z/WENZ	EuG	14.09.2011	T-279/10	1343, 1569, 1585
Menschliche Figuren	EuG	14.11.2019	T-149/19	1441
Menstruationstampon	EuG	12.09.2013	T-492/11	766
Merck	EuGH	19.10.2017	C-231/16	2207, 2208
Merck Sharp & Dohme/ Abacus Medicine	EuGH	17.11.2022	C-224/20	2153
Messergriff	EuG	19.09.2012	T-164/11	942
MESSI/MASSI	EuG	26.04.2018	T-554/14	1425
MESSI/MASSI	EuGH	17.09.2020	C-449/18 P und C-478/18 P	1425

Entscheidungsname	Gericht	Datum	Aktenzeichen	Rdn
METABALANCE 44/ BALANCE	EuG	28.04.2004	T-156/02	1427
METABOL/METABOL-MG	EuG	16.09.2013	T-486/12	1886
Metallträger für Bauzwecke	EuG	26.06.2024	T-192/23	945
METRO KIDS COMPANY/METRO	EuGH	07.02.2013	T-50/12	1233
METRO/GRUPOMETROPOLIS	EuG	11.07.2013	T-197/12	1480, 1850, 1920
METRO/GRUPOMETROPOLIS	EuGH	04.09.2014	C-509/13 P	210, 1972, 2035
METRO/METRO	EuG	13.09.2006	T-191/04	40, 283, 1136
METROINVEST/ METRO	EuG	25.04.2013	T-284/11	1919
Metromeet/meeting metro	EuG	25.06.2010	T-407/08	1938
Mexikanische Corona-Bierflasche	EuG	29.04.2004	T-399/02	879, 882, 886
Mexikanische Corona-Bierflasche	EuGH	30.06.2005	C-286/04 P	700, 798, 879, 882, 886
MEZZOPANE/MEZZOMIX bzw MEZZO	EuG	18.06.2008	T-175/06	1471
MF 7/MAFRA	EuGH	14.11.2013	C-49/13	1849, 2047
MI PAD/IPAD	EuG	05.12.2017	T-893/16	1391
MicroGarden	EuG	23.05.2019	T-364/18	643
MIGHTY BRIGHT	EuG	08.09.2015	T-714/13	735
Mike's MEALS ON WHEELS/MIKE'S SANDWICH MARKET	EuG	12.07.2005	T-163/04	103, 160, 1390, 1927
Mikrofonkorb	EuG	12.09.2007	T-358/04	512, 785
MILEY CYRUS/CYRUS	EuG	16.06.2021	T-368/20	1425
MINERAL MAGIC/ MAGIC MINERALS BY JEROME ALEXANDER	EuG	15.10.2018	T-7/17	1551
MINERAL MAGIC/ MAGIC MINERALS BY JEROME ALEXANDER	EuGH	11.11.2020	C-809/18 P	57, 265, 1551, 1552
MINERAL SPA/SPA	EuG	19.06.2008	T-93/06	1537
Minimax/Ansul/Ajax	EuGH	11.03.2003	C-40/01	1253, 1277, 1278

Entscheidungsname	Gericht	Datum	Aktenzeichen	Rdn
MISS B/miss H.	EuG	17.10.2012	T-485/10	1436
MISS INTERCONTI-NENTAL	BK	11.12.2007	R 77/06–1	1307
Mitsubishimarken	EuGH	25.07.2018	C-129/17	2115
Miura/MIURA	EuG	25.10.2012	T-191/11	124, 249
mobile.de proMotor/ mobile	EuG	22.04.2015	T-337/14	37, 1732, 1745
mobile.de/mobile	EuG	12.05.2016	T-322/14 und T-325/14	1207, 1264, 902
mobile.de/mobile	EuGH	28.02.2018	C-418/16 P	902, 1207
mobile.ro/mobile	EuG	12.07.2019	T-412/18	1264
MOBILIX/OBELIX	EuG	27.10.2005	T-336/03	1938
MOBILIX/OBELIX	EuGH	18.12.2008	C-16/06 P	1462, 1917, 1942, 2011, 2034
MobiPACS	EuG	05.06.2019	T-072/18	710
MODULA/MODULLER	BK	29.05.2013	R 1480/12	283
MoMo Monsters/MONS-TER	EuG	28.10.2015	T-736/14	1469
MONACO	EuG	15.01.2015	T-197/13	370, 528, 668, 2047
monBeBé/bebe	EuG	21.04.2005	T-164/03	1402
MONOPOLY	BK	22.07.2019	R 1849/17–2	335
MONOPOLY	EuG	21.04.2021	T-663/19	1729
MONOPOLY	EuGH	01.12.2021	C-373/21 P	1729
MONSOON	EuG	07.09.2022	T-627/21	1723
MONSTER	EuG	10.11.2021	T-758/20	1241
MONTANA	EuG	02.06.2021	T-854/19 bis T-856/19	685
MONTANA	EuGH	08.12.2021	C-473/21 P bis C-475 P	685
MONTEBELLO RHUM AGRICOLE/MONTE-BELLO	EuG	29.04.2009	T-430/07	1471
MONTORSI F. & F./Casa Montorsi	EuG	13.07.2017	T-389/16	1743
Montres design	EuGH	22.09.2011	C-426/10 P	1886, 1897, 1946, 1948
MOOD MEDIA	EuG	02.03.2022	T-615/20	1265

Entscheidungsname	Gericht	Datum	Aktenzeichen	Rdn
Moon	EuG	04.02.2015	T-374/13	1894
MORTON'S/MORTON'S	EuG	15.05.2017	T-223/15	1595
Moser Grupo Media	EuG	16.09.2004	T-342/02	1881
MOTO B/MOTOBI	EuG	02.02.2016	T-169/13	207, 1494
Motorbetriebene Seilwinde	EuG	05.04.2017	T-621/15	942
MOTORTOWN/M MOTOR	EuG	18.03.2016	T-785/14	414, 1193, 1460
MOULDPRO	EuG	26.04.2023	T-794/21	396
MOULDPRO/MOULDPRO	EuG	14.02.2019	T-796/17	1555, 1557
Mozart	EuG	09.07.2008	T-304/06	512, 626, 1846
MPAY24	EuG	22.11.2011	T-275/10	1617, 1625, 1747
Multi Markets Fund MMF	EuGH	15.03.2012	C-90/11	650
MULTIMEDIA VAN EEN FILMPJE	BK	07.03.2023	R 1490/22-5	845
Multiselect (LM/KP)	EuGH	08.06.2023	C-654/21	2165
MUNDICOR/MUNDICOLOR	EuG	17.03.2004	T-183/02 und T-184/02	1431
MUNICH10A.T.M/ MUNICH	EuG	22.06.2022	T-502/20	1468, 1815
MUNICH10A.T.M/ MUNICH	EuGH	29.11.2022	C-577/22 P	1468, 1815
MunichFinancialServices	EuG	07.06.2005	T-316/03	666
Muresko	EuG	06.10.2021	T-32/21	492
Muresko	EuGH	28.03.2022	C-781/21 P	492
Muschelform	EuG	10.03.2009	T-8/08	777
Mushie/KUSHIES	EuG	10.04.2024	T-262/23	180
MUSIKISS/KISS	EuG	23.09.2020	T-421/18	39, 40, 1871
Mustang/MUSTANG	EuG	18.11.2015	T-606/13	1521
my baby/MYBABY	EuG	27.06.2012	T-523/10	77, 78, 79, 248, 249
MY BOYFRIEND IS OUT OF TOWN	EuG	07.09.2022	T-699/21	1286
myBaby/MAYBABY	EuG	13.07.2017	T-519/15	1891
MYBACON	EuG	29.11.2023	T-107/23	989

Entscheidungsname	Gericht	Datum	Aktenzeichen	Rdn
MyBeauty TV/BEAUTY TV	EuG	17.07.2012	T-240/11	352
myphotobook/MYPHO-TOBOOK	BK	22.07.2010	R 1205/09–1	1225, 1774
MySoda/SODASTREAM (Soda-Club)	EuGH	27.10.2022	C-197/21	2148
N & NF TRADING/NF ENVIRONMENT	EuG	13.01.2021	T-807/16 DEP	1989
Nachgeahmte Rolex-Uhr (Blomqvist/Rolex)	EuGH	06.02.2014	C-98/13	2106
Nähte auf einer Tasche	EuG	28.09.2010	T-388/09	825
NAI – Der Natur-Aktien-Index	EuGH	15.03.2012	C-91/11	650
NANA FINK/NANA	EuG	06.04.2017	T-39/16	328
NANU/NAMMU	EuG	09.07.2015	T-89/11	1476
nasdaq/NASDAQ	EuG	10.05.2007	T-47/06	1536
NATHAN BAUME/Nathan (Martin y Paz/Gauquie)	EuGH	19.09.2013	C-661/11	2092
NATIONAL GEOGRAPHIC/geographic	EuG	10.11.2021	T-517/20	1561
Natur-Aktien-Index	EuG	30.06.2009	T-285/08	1936
natur/natura	EuG	13.11.2014	T-549/10	1474
natural beauty	EuG	11.07.2012	T-559/10	680
Natural Instinct Dog and Cat food as nature intended/INSTINCT	EuG	15.02.2017	T-30/16	1344
NATURALLY ACTIVE	EuG	09.12.2010	T-307/09	876
NATURCAPS/NATURKAPS	EuG	30.11.2022	T-12/22	1241
NC NICKOL/NIKE	EuG	27.09.2011	T-207/09	1513
NECTARVITAE/VITAE	BK	30.06.2021	R 54/21–5	1477
NEGRA MODELO/ Modelo: dominierend MODELO für Bier	EuG	15.02.2005	T-169/02	1436
nehera	EuG	06.07.2022	T-250/21	1721
NEO	EuG	03.07.2013	T-236/12	543, 1835
Neofon/FON	EuG	28.04.2016	T-777/14	1226, 1391
neonart	EuG	14.11.2016	T-221/16	1892

Entscheidungsname	Gericht	Datum	Aktenzeichen	Rdn
Netto Marken-Discount	EuGH	10.07.2014	C-420/13	56, 425
Neurim/EURIM-PHARM	EuG	17.09.2008	T-218/06	150, 170
Neuschwanstein	BGH	08.03.2012	I ZB 13/11	699
NEUSCHWANSTEIN	EuG	05.07.2016	T-167/15	673
NEUSCHWANSTEIN	EuG	06.09.2022	T-167/15 DEP	1989
NEUSCHWANSTEIN	EuGH	06.09.2018	C-488/16	673
NEUSCHWANSTEIN	EuGH	04.10.2022	C-488/16 P-DEP	2058
NEW LOOK	EuG	26.11.2008	T-435/07	876
NEW MAX/MAX	EuG	03.09.2015	T-254/14	1476
NEYMAR	EuG	14.05.2019	T-795/17	1720
nfon/fon	EuGH	16.01.2014	C-193/13 P	2034
NIAGARA	EuG	27.04.2016	T-89/15	670
Nichols	EuGH	16.09.2004	C-404/02	557, 703, 2129
NICKY/noky	EuG	23.11.2005	T-396/04	1449
NIVEA SKIN IDENTI-CAL Q10/Skinident	EuG	08.11.2023	T-665/22	1563
NLSPORT, NLJEANS, NLACTIVE und NLCol-lection	EuG	06.10.2004	T-117/03 bis T-119/03 und T-171/03	1436
NN/NN	EuG	28.06.2017	T-333/15	1275
NO LIMITS	EuG	10.07.2017	T-43/17	1622
Nobel/NOBEL	EuG	19.06.2014	T-382/12	497
Nokia/Wärdell	EuGH	14.12.2006	C-316/05	2176
NOMAD	EuG	30.06.2021	T-285/20	654
NORWEGIAN BREAKA-WAY	EuG	23.01.2014	T-514/12	644
NORWEGIAN GETA-WAY	EuG	23.01.2014	T-513/12	644
NOTFALL	EuG	12.11.2014	T-188/13	626
NOVA/NOVA	EuGH	13.12.2021	C-589/21 P	2008
Novartis (Novartis Pharma)/Abacus Medicine	EuGH	17.11.2022	C-147/20	2153
now	EuG	30.01.2015	T-278/13	1288
NOxtreme/X-TREME	EuG	07.10.2015	T-186/14	1297
NSU/NSU	EuG	20.06.2017	T-541/15	1338
NU-TRIDE/TUFFTRIDE	EuG	09.04.2003	T-224/01	1097, 1231

Entscheidungsname	Gericht	Datum	Aktenzeichen	Rdn
NUEVA	EuG	21.05.2014	T-61/13	65, 267, 268, 269
Nutriskin Protection Complex	EuG	08.11.2012	T-415/11	644, 1901
O/O	EuG	07.02.2024	T-74/23	1351
O STORE/THE O STORE	EuG	24.09.2008	T-116/06	1474, 1930
O-live I/Olive line	EuG	14.09.2011	T-485/07	1475, 1593, 1929
O-LIVE II/Olive line	EuG	22.05.2012	T-273/10	1937
OASE LIVING WATER	BK	29.04.2010	R 437/09–4/	561
Oberfläche mit schwarzen Punkten	EuG	08.05.2012	T-331/10 und T-416/10	1697
Oberfläche mit schwarzen Punkten	EuGH	06.03.2014	C-337/12 P bis C-340/12 P	920, 1697
Oberfläche mit schwarzen Punkten II	EuG	21.05.2015	T-331/10 RENV und T-416/10 RENV	943, 952, 962
Oberfläche mit schwarzen Punkten II	EuGH	11.05.2017	C-421/15 P	943, 952, 962
ocean beach club ibiza/ OCEAN THE GROUP	EuG	25.05.2016	T-753/14	304
OCTASA/PENTASA	EuG	09.04.2014	T-501/12	223
Ofenform (Bullerjan)	EuGH	01.12.2016	C-642/15 P	1268, 2028
Ofenform II (Bullerjan)	EuGH	23.01.2019	C-698/17 P	1268
Ofenform (Bullerjan) und Herdform	EuG	24.09.2015	T-211/14 und T-317/14	1663
OFF-WHITE	EuG	25.06.2020	T-133/19	655
OFFSHORE LEGENDS/ OFFSHORE 1	EuG	16.09.2009	T-305/07 und T-306/07	1309
OFTAL CUSI/Ophtal	BK	03.02.2009	R-1471/07–1	1615
OKATECH	EuG	01.07.2009	T-419/07	1620, 1798
Oldenburger	EuG	15.10.2003	T-295/01	666
OLIVE LINE	EuG	11.04.2014	T-209/13	767
OMEL/ONEL (Leno Merken/Hagelkruis Beheer)	EuGH	19.12.2012	C-149/11	1240, 1279, 1288, 1330
OMNICARE CLINICAL RESEARCH/OMNI-CARE	EuG	09.09.2011	T-289/09	1291

Entscheidungsname	Gericht	Datum	Aktenzeichen	Rdn
OMNICARE CLINICAL RESEARCH/OMNI-CARE	EuGH	19.07.2012	C-587/11 P-R und C-588/11 P-R	1844
OMNICARE/OMNI-CARE	EuG	07.05.2009	T-277/06	166
ONE-OFF	EuG	10.06.2020	T-707/19	544
OOF/OOFOS	EuG	21.01.2021	T-453/18 DEP und T-454/18 DEP	1989
Opel Blitz II	BGH	14.01.2010	I ZR 88/08	2089
Opel-Blitz	EuGH	25.01.2007	C-48/05	2089
OPEN DATA SECURITY	EuG	25.02.2019	T-759/18	1899
Optima	BK	27.09.2006	R 331/06-G	504
OPTIMUM	EuG	20.01.2009	T-424/07	728
OPTIONS	EuG	30.03.2000	T-91/99	872
Orange	EuG	09.10.2002	T-173/00	813
Orange	EuGH	21.10.2004	C-447/02 P	209, 237, 813
Orange (Veuve Cliquot)	EuG	15.09.2021	T-274/20	1659
Orange (Veuve Cliquot) II	EuG	06.03.2024	T-652/22	883
Orange Einfärbung des Zehenbereichs einer Socke	EuG	15.06.2010	T-547/08	824
ORIBAY ORIginal Buttons for Automotive Yndustry	EuG	09.12.2014	T-307/13	1680
Original Eau de Cologne	EuG	25.11.2014	T-556/13	850, 1050
Original Eau de Cologne	EuGH	03.12.2015	C-29/15 P	1050
Ornamentales Muster	EuG	12.01.2022	T-259/21	843, 844
OSHO	EuG	11.10.2017	T-670/15	986
OUTBURST/OUT-BURST	EuG	28.03.2012	T-214/08	1218, 1348, 1349
Outsource 2 India	EuG	31.05.2018	T-340/16	1710
Outsource 2 India	EuGH	13.11.2019	C-528/18 P	1710
Ovale Form (Sweet Tec)	EuG	12.12.2013	T-156/12	777
Özlenen Gazete Vatan	EGMR	16.04.2019	No. 19965/06	41
p/p POLYPIPE	EuG	20.10.2011	T-189/09	1436
Pablo Escobar	EuG	17.04.2024	T-255/23	980
>packaging	EuG	08.09.2010	T-64/09	235, 680

Entscheidungsname	Gericht	Datum	Aktenzeichen	Rdn
Padrón AUTÉNTICO/ Pemento de Herbón	BK	16.07.2021	R 879/20–5	1604
PAGESJAUNES.COM/ LES PAGES JAUNES	EuG	13.12.2007	T-134/06	1486
Pagine Gialle	EuG	20.11.2012	T-589/11	874
Pago/Lattella	EuGH	06.10.2009	C-301/07	1505, 2069
Paint filter	EuG	10.09.2008	T-201/06	785
PAKI	EuG	05.10.2011	T-526/09	967, 973
PAL	EuG	14.12.2016	T-397/15	1265
PALLADIUM HOTELS & RESORTS	EuG	15.09.2021	T-207/20	1670, 1744
PALLADIUM HOTEL GARDEN BEACH/ GRAND HOTEL PALLA-DIUM	EuG	01.09.2021	T-566/20	1588
PALLADIUM HOTEL GARDEN BEACH/ GRAND HOTEL PALLA-DIUM	EuGH	22.02.2022	C-674/21 P	1588
PALLADIUM PALACE IBIZA RESORT & SPA/ GRAND HOTEL PALLA-DIUM	EuG	30.11.2016	T-217/15	1593
PALLADIUM PALACE IBIZA RESORT & SPA/ GRAND HOTEL PALLA-DIUM	EuGH	19.04.2018	C-75/17 P	1593
Pallas Halloumi/HAL-LOUMI	EuG	13.07.2018	T-825/16	1074, 1395, 1927
Pallas Halloumi/HAL-LOUMI	EuGH	30.04.2020	C-608/18 P	1074, 1395, 1927
PALMA MULATA	EuG	12.03.2014	T-381/12	1265, 1936
PAN & CO/PAN SPEZI-ALITÄTEN	EuG	19.04.2005	T-380/02	153
PAN AM	BK	14.05.2008	R 855/07–4	1307
Panorama	EuG	28.10.2009	T-339/07	626
PANTA RHEI/PANTA RHEI	EuG	30.06.2021	T-501/20	1472
PANTHÉ/PANTHER	EuG	10.02.2021	T-117/20	1903
pantys	EuG	13.05.2020	T-532/19	628

Entscheidungsname	Gericht	Datum	Aktenzeichen	Rdn
PAPAGAYO ORGANIC/ PAPAGAYO	BK	18.07.2013	R 233/12-G	1471
Parallelogramm	EuG	13.04.2011	T-159/10	758
PARAMETRICA/parameta	EuG	30.01.2014	T-495/11	77, 79
Parfummarken	BGH	09.11.2017	I ZR 164/16	2179
Parfümtestflaschen (Coty Prestige/Simex)	EuGH	03.06.2010	C-127/09	2143
Parfümtester (L'Oréal/ eBay)	EuGH	12.07.2011	C-324/09	2104, 2143, 2144
PARK REGIS/ST. REGIS	EuG	02.06.2016	T-510/14 und T-536/14	1479
PARKWAY	EuGH	06.06.2018	C-32/17 P	1958
PARMITALIA/PARMITAL	EuG	31.05.2005	T-373/03	153, 1798
PASSION FOR BETTER FOOD	EuG	23.09.2011	T-251/08	723
PASSIONATELY SWISS	EuG	15.12.2011	T-377/09	519, 534, 666, 1937
PAST PERFECT	EuG	23.10.2008	T-133/06	657
Patentconsult	EuG	16.12.2008	T-335/07	644
PATRIZIA ROCHA/ ROCHAS	EuGH	30.01.2014	C-324/13 P	135, 145, 146
PAX/SPAX	EuG	05.10.2020	T-847/19	16
Peak Holding	EuGH	30.11.2004	C-16/03	2140
PEAR/Apfelbild	EuG	31.01.2019	T-215/17	1512
PEAR/Apfelbild	EuGH	01.10.2019	C-295/19 P	1512
PEDRO/Pedro del Hierro	EuG	08.05.2014	T-38/13	1398, 1403
Peek & Cloppenburg/Peek & Cloppenburg	EuG	18.04.2013	T-506/11 und T-507/11	1569
Peek & Cloppenburg/Peek & Cloppenburg	EuGH	10.07.2014	C-325/13 P und C-326/13 P	1563, 1580, 1581
Peek & Cloppenburg/Peek & Cloppenburg	EuGH	13.07.2017	C-325/13 P-DEP und C-326/13 P-DEP	2058
Peek & Cloppenburg/Peek & Cloppenburg	EuGH	29.10.2020	C-307/20 P	2005
peerstorm/PETER STORM	EuG	08.07.2010	T-30/09	1350

Entscheidungsname	Gericht	Datum	Aktenzeichen	Rdn
Pelikan	EuG	13.12.2012	T-136/11	1727
Pelikan/Pelikan	EuG	17.04.2008	T-389/03	1912
PENSA PHARMA/PENTASA	EuG	03.06.2015	T-544/12 und T-546/12	1743
Pentagon (für Wein)	EuG	12.09.2007	T-304/05	758
PEPEQUILLO/PEPE	EuG	19.05.2011	T-580/08	163
PEPERO original/Keks, stabförmig (MIKADO)	EuG	28.02.2019	T-459/18	1268, 1529
PERFECT BAR	EuG	11.06.2020	T-553/19	260
PerfectRoast	EuG	25.09.2015	T-591/14	653
PERLE‹	EuG	01.02.2013	T-104/11	679
Perrier-Vittel-Mineralwasserflasche	EuG	03.12.2003	T-305/02	806
PETCO/PETCO	EuG	21.10.2015	T-664/13	304, 1939
Pfeil mit Flügel (Skoda)/ Pfeil mit Flügel	EuG	13.10.2021	T-712/20	1799
Pferdebild	EuG	08.07.2010	T-386/08	510
Pferdekopfsilhouette	EuG	26.09.2017	T-717/16	683
PharmaCheck	EuG	21.01.2009	T-296/07	512, 642
PharmaResearch	EuG	17.06.2009	T-464/07	642
PHILIBON/PHILICON	EuG	10.06.2020	T-717/18	1494, 1497
PHOTOS.COM	EuG	21.11.2012	T-338/11	734
Pi/Pi supply	BK	30.06.2021	R 461/19-5	40
Pianissimo	EuG	21.01.2015	T-11/14	705
PICARO/PICASSO	EuG	22.06.2004	T-185/02	1194
PICARO/PICASSO	EuGH	12.01.2006	C-361/04 P	1388, 1407, 1425, 1491
Pickwick COLOUR GROUP/PicK OuiC	EuG	12.06.2009	T-450/07	1308
PINE TREE	EuG	13.01.2011	T-28/09	113, 1254, 1297, 1343, 1355, 1669
Pinzette	EuG	11.06.2009	T-78/08	781
Pioneering for You	EuG	12.12.2014	T-601/13	724
PIPELINE	EuG	11.10.2011	T-87/10	626
PiraÑAM/PIRANHA	EuG	11.07.2007	T-443/05	1467
PL/PL	EuG	14.12.2022	T-530/21	1809

Entscheidungsname	Gericht	Datum	Aktenzeichen	Rdn
Plastikflaschenform (Malaysia Dairy Industries)	EuGH	27.06.2013	C-320/12	1702, 1707
PLOMBIR	EuG	13.12.2018	T-830/16	547, 1911, 1913
PLOMBIR	EuGH	18.06.2020	C-142/19 P	547, 1911
PM PROTON MOTOR/ PROTON	EuG	27.09.2011	T-581/08	1917
Pollo Tropical CHICKEN ON THE GRILL	EuG	01.02.2012	T-291/09	1705, 1709, 1711, 1715, 1922
POLO SANTA MARIA/ Polospielersilhouette	EuGH	18.05.2011	T-376/09	1233
Polospieler/Polospieler	EuG	02.06.2021	T-169/19	1737, 1738
POLYTETRAFLON/ TEFLON	EuG	16.06.2015	T-660/11	1337
Pom Alliance/ALLIANCE	BK	28.02.2011	R 275/10–2	1207
POMODORO	EuG	19.01.2022	T-76/21	127, 1206, 1280
popchrono	EuG	14.03.2017	T-132/15	181, 1255, 1917
PORT CHARLOTTE	EuG	18.11.2015	T-659/14	671, 994
PORT CHARLOTTE	EuGH	14.09.2017	C-56/16 P	671, 994, 1042, 1601, 1606
PORT LOUIS	EuG	15.10.2008	T-230/06	672
PORTAKABIN	EuGH	08.07.2010	C-558/08	2100, 2132, 2152
PORTWO GIN/Porto	EuG	06.10.2021	T-417/20	1042, 1601
Posthorn/Posthorn auf gelbem Grund	EuG	11.11.2020	T-25/20	1395
Posthorn/Posthorn auf gelbem Grund	EuGH	05.05.2021	C-5/21 P	1395
Postkantoor	EuGH	12.02.2004	C 363/99	532, 507, 610, 614, 620, 658, 696, 733
PostModern/POST	EuG	27.06.2017	T-13/15	1381, 1395
Powerball/POWERBALL	EuG	16.11.2011	T-484/09	1901
Praktiker	EuGH	07.07.2005	C-418/02	422, 423, 424, 672
PRANAHAUS	EuG	17.09.2008	T-226/07	534, 651
PRANAYUR/AYUR	EuG	04.03.2015	T-543/13	1448

Entscheidungsname	Gericht	Datum	Aktenzeichen	Rdn
PREKUNIL/PROKINYL L.P.	BK	23.11.2010	R 1736/08	1617
Premeno/Pramino	EuG	08.11.2013	T-536/10	1249
Premeno/Pramino	EuGH	11.12.2014	C-31/14 P	1466
Premeno/Pramino II	EuG	03.02.2017	T-509/15	233
Premiere	EuG	19.06.2019	T-479/18	705
Premium XL und Premium L	EuG	17.01.2013	T-582/11 und T-583/11	734
PRESSO/PRESSO	EuG	29.11.2016	T-545/15	1957
PRIMA KLIMA/PRIMA-GAZ	EuG	24.09.2015	T-195/14	1478
PRIMART Marek Lukasiewicz/PRIMA	EuGH	18.06.2020	C-702/18 P	280, 281, 1400, 1823, 1918
PRIMED/PRIM S.A.	EuG	20.03.2019	T-138/17	1207
PRIMED/PRIM S.A.	EuGH	16.09.2019	C-421/19 P	1207, 2005
PRIMUS/PRIMUS	EuG	09.09.2020	T-669/19	1540
PROCAPS/PROCAPTAN	EuG	02.06.2010	T-35/09	1475
PROFLEX/PROFEX	BK	14.06.2010	R 996/09–2	1207
PROFLEX/PROFEX	EuG	09.12.2014	T-278/12	1347, 1349
PROLACTAL/Prolàctea	EuG	13.09.2023	T-549/22	1219
Promed	EuG	09.12.2020	T-30/20	1669
PROSEPT/Pursept	EuG	16.09.2013	T-284/12	286
PROTI SNACK/PROTIPLUS	EuG	16.12.2011	T-62/09, T-109/09 und T-152/09	1210
PROTI SNACK/PROTIPLUS	EuGH	03.10.2013	C-120/11 P, C-121/11 P und C-122/11 P	1200, 1210
PROTICURT/PROTI	EuG	24.09.2015	T-382/14	1814
Protifit/PROTI	EuGH	25.10.2012	C-553/11	1264, 1269, 1274, 1381, 1730, 2049
PSVITA/VIETA	EuG	03.02.2015	T-708/14	1886
Publicare	EuG	28.04.2008	T-358/07	156, 1886, 1948
PUC (Peek & Cloppenburg)	EuGH	19.04.2018	C-148/17 P	501
PUCCI/Emidio Tucci	EuG	27.09.2012	T-39/10	1433
PUKKA/pukas	EuG	23.11.2011	T-483/10	1459

Entscheidungsname	Gericht	Datum	Aktenzeichen	Rdn
Puma/PUMA	EuG	07.12.2022	T-623/21	1545
Puma/PUMA	EuGH	17.07.2023	C-94/23 P	1545, 2007
PUMA/PUMA II	EuG	21.12.2022	T-4/22	1545
PUMA/PUMA II	EuGH	17.07.2023	C-145/23 P	1545
PUMA-System/PUMA	EuG	10.03.2021	T-71/20	1545
puma soundproofing/ PUMA	EuG	25.01.2024	T-266/23	1545
puma soundproofing/ PUMA	EuGH	11.07.2024	C-248/24 P	1545
PURE DIGITAL	EuG	20.09.2007	T-461/04	642
PURE DIGITAL	EuGH	11.06.2009	C-542/07 P	869
PYROX/PYROT	EuG	08.05.2014	T-575/12	512, 1986
Q/Q quadrata	EuG	17.03.2011	T-455/09	135
Q10	EuG	07.09.2016	T-4/15	519
Quadrat, konvex und grün	EuG	09.12.2010	T-282/09	758
Quadratischer schwarzer Hintergrund mit sieben konzentrischen blauen Kreisen	EuG	24.09.2019	T-261/18	943
Quadratischer schwarzer Hintergrund mit sieben konzentrischen blauen Kreisen	EuGH	12.03.2020	C-893/19 P	943
Qualität hat Zukunft	EuG	11.12.2012	T-22/12	723
QUANTUM/Quantième	EuG	12.01.2006	T-147/03	1421
QUANTUM/Quantieme	EuGH	15.07.2007	C-171/06 P	1486
¡QUE BUENU YE! HIJO-PUTA	EuG	09.03.2012	T-417/10	974
QUICK	EuG	27.11.2003	T-348/02	630
QUICKY/QUICKIES	EuG	22.02.2006	T-74/04	1440, 1444
QUILAPAYÚN	EuG	11.12.2017	T-249/15	1495
QUILAPAYÚN/QUILA-PAYÚN	EuG	14.07.2021	T-197/20	1497
quis ut Deus	EuG	12.10.2022	T-752/21	1286
R2R	EuG	07.09.2022	T-353/21	1286
R10/R10	EuGH	19.01.2012	C-53/11 P	1801, 1809
R10/R10 II	EuG	12.06.2014	T-137/09 RENV	1809

Entscheidungsname	Gericht	Datum	Aktenzeichen	Rdn
Racing Syndicate/SYNDI-CATE	EuG	27.10.2021	T-356/20	1208
Radetzky	EuGH	09.12.2008	C-442/07	1290
RadioCom	EuG	22.05.2008	T-254/06	644
RAISE	EuG	03.05.2018	T-463/17	235
RAPPRESENTAZIONE D'UN FIORE STILIZZ-ATO	BK	04.12.2018	R 676/18–2	408
Rasierscherkopf (Philips/Remington)	EuGH	18.06.2002	C-299/99	533, 565, 771, 856, 861, 887, 925
Rauschbrille	EuG	16.04.2015	T-319/14	648
RAUTARUUKKI	EuG	19.11.2008	T-269/06	542, 874
RBS	BK	05.10.2011	R 81/09–2	1691
REACCIONA	EuG	30.06.2021	T-362/20	1302
REAL	EuG	30.11.2017	T-798/16	630
real nature	EuG	20.09.2019	T-458/18	739
real,- QUALITY/REAL	EuG	26.11.2012	T-548/11	1692, 1954
Rebella/SEMBELLA	EuG	23.01.2013	T-551/12	1265
RECARO	EuG	21.11.2013	T-524/12	1208, 1261, 1277
Rechteck in Purpur	EuG	13.07.2011	T-499/09	756
Rechteck mit drei farbigen Segmenten	EuGH	09.09.2020	T-81/20	756
Rechteck mit drei farbigen Segmenten	EuGH	11.02.2021	C-600/20 P	756
RED BRAND CHICKEN (weiß-rote Box)	EuG	06.09.2023	T-312/22	1708
RED BRAND CHICKEN (weiß-rote Box)	EuGH	08.05.2024	C-689/23 P	1708
RED BULL (Frisdanken Winters)	EuGH	15.12.2011	C-119/10	2149
RED RIDING HOOD/ Rotkäppchen	EuG	16.12.2015	T-128/15	1426
REDEFINING COM-MUNICATIONS	EuG	26.06.2006	T-453/05	1892
REDTUBE/Redtube	EuG	12.05.2011	T-488/09	203, 1102

Entscheidungsname	Gericht	Datum	Aktenzeichen	Rdn
REDTUBE/Redtube	EuGH	18.10.2012	C-402/11 P	203, 1138, 1146, 1148, 1796
REFLUXCONTROL	EuG	21.03.2011	T-139/10	1893
REHABILITATE	EuG	11.12.2014	T-712/13	644
Reinigungsvorrichtung/ Sprüheinrichtung	EuG	25.04.2013	T-55/12	2122
RELY-ABLE	EuG	30.04.2013	T-640/11	705
Rentierform aus Schokolade mit rotem Band	EuG	17.12.2010	T-337/08	795
REPOWER	EuG	21.02.2018	T-727/16	1625
REPOWER	EuGH	31.10.2019	C-281/18 P	1625
REPOWER II	EuG	28.04.2021	T-842/16	631
REPOWER III	EuG	28.04.2021	T-872/16	631
REPOWER III	EuGH	08.09.2021	C-417/21 P	631
RESPICUR/RESPICORT	EuG	13.02.2007	T-256/04	1249
RESTORE	EuG	15.11.2011	T-363/10	222, 626
RESTORE	EuGH	17.01.2013	C-21/12 P	2030
RESVEROL/LESTEROL	EuGH	08.03.2012	C-81/11 P	1310
ReValue	EuG	28.06.2011	T-487/09	680
REVIAN's/Evian	EuG	06.11.2007	T-407/05	1211
REVOLUTION	EuG	02.06.2016	T-654/14	728
revolutionary air pulse technology	EuG	17.09.2019	T-634/18	659
RIALTO	EuG	07.06.2023	T-239/22	240
RICH JOHN RICHMOND	EuG	14.07.2021	T-297/20	1276
RICH JOHN RICHMOND	EuGH	17.01.2022	C-599/21 P	1276, 2003
Riechmarke/Sieckmann	EuGH	12.12.2002	C-273/00	577, 592
Riegel mit vier Kreisen (Bimbo)	EuG	01.06.2016	T-240/15	777
Rilatine (PI Pharma)/ Novartis	EuGH	17.11.2022	C-254/20	2153
ring	EuG	19.12.2019	T-270/19	682
RIOJAVINA/RIOJA	EuG	09.06.2010	T-138/09	1475
RIPASSA/VINO DI RIPASSO	EuG	24.03.2014	T-595/10	1882

Entscheidungsname	Gericht	Datum	Aktenzeichen	Rdn
Riviera	EuG	29.11.2023	T-1034/23	2203
Riviera	EuGH	03.09.2024	C-83/24 P	2203
RIVIERA AIRPORTS	EuG	09.06.2021	T-396/20	1726
Rizo's/Rizo (Génesis)	EuGH	22.03.2012	C-190/10	3, 4, 5, 266, 268, 270, 441, 1365
ROCHER-Kugel	BGH	09.07.2009	I ZB 88/07	524
Rock & Rock/MASTER-ROCK, FIXROCK, FLEXIROCK, COVER-ROCK, CEILROCK	EuG	08.07.2015	T-436/12	1381
Rockbass	EuG	08.06.2005	T-315/03	1892
ROMANTIK	EuG	25.04.2018	T-213/17	706
ROMANTIK	EuGH	03.10.2018	C-411/18 P	706
Romuald Prinz Sobieski zu Schwarzenberg/JAN III SOBIESKI	EuG	15.09.2011	T-271/09	159, 199
Rosa Flasche (B)	EuG	08.05.2019	T-325/18	804
ROSALIA DE CASTRO/ ROSALIA	EuG	05.10.2011	T-421/10	1433, 1471
ROSALIA DE CASTRO/ ROSALIA	EuGH	03.10.2012	C-649/11 P	1471
ROSLAGSÖL (Hansson)/ ROSLAGS PUNSCH	EuGH	12.06.2019	C-705/17	519, 1415
Rot, Schwarz und Gelb auf Sämaschinen und auf Pflanzmaschinen	EuG	11.09.2024	T-361/23 bis T-364/23	832
Rot-Ton auf Schuhsohle/ my SHOES	EuG	16.07.2015	T-631/14	1448
Rot-weiß kariertes Muster	EuG	03.12.2015	T-327/14	751
Rote Flüssigkeit	BK	23.09.2010	R 443/10-2	582, 583, 845
Rote Schnürsenkelenden	EuG	11.07.2013	T-208/12	535, 825
ROYAL COUNTY OF BERKSHIRE POLO CLUB/POLO	EuG	25.01.2007	T-214/04 DEP	1988
ROYAL COUNTY OF BERKSHIRE POLO CLUB/Polospieler	EuG	21.02.2006	T-214/04	1440

Entscheidungsname	Gericht	Datum	Aktenzeichen	Rdn
ROYAL SHAKESPEARE/ RSC-ROYAL SHAKESPE-ARE COMPANY	EuG	06.07.2012	T-60/10	1475, 1529, 1538
RSTUDIO/ER/STUDIO	EuG	07.03.2018	T-230/17	1246
RT/RTH	EuG	22.05.2012	T-371/09	512
RUFFLES/RIFFELS	EuG	21.04.2005	T-269/02	1231
RUGGED	EuG	09.03.2022	T-204/21	853
RUXIMBLIS/RUXIMERA	EuG	13.12.2022	T-542/20 DEP	1989
S-HE/SHE	EuG	23.09.2009	T-391/06	1389
Sabèl/Springende Raub-katze	EuGH	11.11.1997	C-251/95	1378, 1384, 1386, 1388, 1399, 1407, 1419, 1484
Sac (Handtasche)	EuG	21.10.2008	T-73/06	763
Sac (Cabat-Tasche)	EuG	22.03.2013	T-410/10	785
Sac à main	EuG	22.03.2013	T-409/10	785
SAFELOAD	EuG	09.06.2010	T-315/09	680
SAFETY 1ST	EuG	24.01.2008	T-88/06	723
SAGA/SAGA	EuG	12.10.2018	T-313/18	1892
SAGA/SAGA	EuGH	12.06.2019	C-805/18 P	1892
Sakkattack/ATTACK	EuG	15.10.2020	T-788/19	1469, 1859
Salvita/SOLEVITA	EuG	07.06.2005	T-303/03	226, 1324, 1345
SALOSPIR/Aspirin	EuG	24.10.2018	T-261/17	1567
SAMSARA/SAMSARA	EuG	26.02.2015	T-388/13	1476
Sandra Pabst	BK	11.02.2020	R 2445/17-G	256
Sanity Group/SANYTOL	EuGH	15.12.2023	C-533/23 P	2008
SAT. 2	EuGH	16.09.2004	C-329/02 P	534, 617, 640, 694, 1487
Sativa/K KATIVA	EuG	16.01.2020	T-128/19	1880, 1882
SAVANT	EuG	18.07.2017	T-110/16	1264
Schachbrettmuster	EuG	10.06.2020	T-105/19	1659
Schachbrettmuster II	EuG	19.10.2022	T-275/21	883
Schachbrettmuster in Braun/Beige und in Grau	EuG	21.04.2015	T-359/12 und T-360/12	763, 881
Schalungsschloss	EuG	28.06.2016	T-656/14	938, 942
SCHEIBEL	EuG	25.01.2023	T-351/22	536

Entscheidungsname	Gericht	Datum	Aktenzeichen	Rdn
Schleswig-Holstein Der echte Norden	BK	08.09.2021	R 777/21–4	1047
Schließmechanismus	EuG	14.12.2011	T-237/10	769, 880, 1698
Schließmechanismus	EuGH	15.05.2014	C-97/12 P	2014
Schokoladenhase mit rotem Band	EuG	17.12.2010	T-336/08	795, 879, 882
Schokoladenhase mit rotem Band	EuGH	24.05.2012	C-98/11 P	795, 879, 881, 882
Schokoladenmaus	EuG	17.12.2010	T-13/09	777
Schokoladenmaus	EuGH	06.09.2012	C-96/11 P	208, 227, 777
Schokoladenstücke (Milano)	EuG	11.12.2014	T-440/13	777
Schokoladentafel, vierfach gerippt (Kit Kat)	EuG	15.12.2016	T-112/13	881, 883, 884
Schokoladentafel, vierfach gerippt (Kit Kat)	EuGH	25.07.2018	C-84/17 P, C-85/17 P und C/95/17 P	879, 881, 883, 1999, 2013
Schokoriegel Bounty	EuG	08.07.2009	T-28/08	777, 879, 882
Schreibinstrument-Design I	EuG	12.05.2010	T-148/08	1674, 1975, 2066, 2105
Schreibinstrument-Design II	EuG	27.06.2013	T-608/11	232, 1820, 1975
Schuh mit 2 Streifen/ Schuh mit 3 Streifen	EuG	29.09.2011	T-479/08	79
Schuhschnürsenkel	EuG	05.02.2020	T-573/18	782, 1913
Schuhsohle	EuG	29.03.2019	T-611/17	781
Schuhsohle	EuGH	30.09.2019	C-461/19 P	781, 2008
SCHUTZ	EuG	30.01.2019	T-256/18	629
Schwabenpost II	BPatG	19.12.2007	29 W (pat) 13/06	55
Schwarz-weiße Kuhhaut/ inex HALFVOLLE MELK	EuG	13.06.2006	T-153/03	1437
Schwarze Linie mit Steinen	EuG	24.11.2016	T-614/15	763
Schwarze Schleife	EuG	09.09.2015	T-530/14	760
Schwarzes Quadrat mit vier weißen Linien/Drei senkrechte Klauen	EuG	14.07.2016	T-567/15	1388, 1503
Schwarzes Rechteck mit weißem Kreis	EuG	03.12.2015	T-695/14	756
SCOMBER MIX	EuG	21.09.2011	T-201/09	652

Entscheidungsname	Gericht	Datum	Aktenzeichen	Rdn
SCOMBER MIX	EuG	26.01.2015	T-201/09 DEP	1989
SCOPE	EuG	16.03.2016	T-90/15	632
SCORIFY/SCOR	EuG	02.09.2021	T-328/19 DEP	1989
SCORPIONEXO/ ESCORPION	EuG	08.09.2010	T-152/08	1310
SCREW YOU	BK	06.07.2006	R 495/05-G	977
SCRUFFS	EuG	30.03.2022	T-720/20	636
SDC-554S/SDC-554S	EuG	12.10.2017	T-316/16	1219
Sebago	EuGH	01.07.1999	C-173/98	2140
SEDONIUM/PREDO-NIUM	EuG	03.07.2003	T-10/01	1183
see more/CMORE	EuG	23.09.2011	T-501/08	1422
See More. Reach More. Treat More.	EuG	03.04.2019	T-555/18	727
Seifenform	EuG	12.12.2002	T-63/01	1850
Seifenstück	EuGH	23.09.2004	C-107/03 P	565, 781
SEKURA/PaXsecura	EuG	28.02.2007	T-238/06	1896
Serviceplan	EuG	25.06.2020	T-379/19	736
SERVICEPOINT/Ser-vicePoint	EuG	02.10.2014	T-91/14	1486
SEVEN FOR ALL MAN-KIND/SEVEN	EuGH	21.02.2013	C-655/11 P	1391
Shoppi/SHOPIFY	EuG	12.10.2022	T-222/21	40, 1397, 1404
Shoppi/SHOPIFY	EuGH	18.04.2023	C-751/22 P	40, 1580
SHOWER Green/SHO-WER Green	EuGH	23.11.2017	C-381/16	1558, 2047
SHOWROOM/ SHOWROOM86	EuG	19.09.2019	T-679/18	1392
Sich kreuzende Wellenli-nien	EuG	09.11.2016	T-579/14	754
Sich kreuzende Wellenli-nien (Birkenstock)	EuGH	13.09.2018	C-26/17	754, 698
Sich wiederholende Kurven II	EuG	06.10.2021	T-124/20	567, 1933
SIENNA SELECTION	EuG	09.06.2021	T-130/20	656
Silhouette eines Wappens	EuG	10.12.2015	T-615/14	748, 749
SILKA/sikla	BK	20.10.2006	R 961/06–1	1183
Silverado	BK	15.10.2015	R 279/14–1	335

Entscheidungsname	Gericht	Datum	Aktenzeichen	Rdn
SIMCA	EuG	08.05.2014	T-327/12	1721
SISSI ROSSI/MISS ROSSI	EuG	01.03.2005	T-169/03	277, 1433
SISSI ROSSI/MISS ROSSI	EuGH	18.07.2006	C-214/05 P	1917, 2034
SK SKINTEGRA THE RARE MOLECULE/ SKINTEGRITY	EuG	11.05.2022	T-93/21	1472
SKILLTREE STUDIOS	EuG	14.09.2022	T-607/21	1958
Skinovea/SKINOREN	EuG	02.03.2022	T-715/20	1472
Sky BONUS/SKY	EuG	11.03.2016	T-840/14	512
SKY ENERGY/NRJ	EuG	06.10.2017	T-184/16	1424, 1930
Skyfire	BK	15.10.2015	R 894/14–1	1913
Skykick/Sky	EuGH	29.01.2020	C-371/18	983, 1694, 1714, 1731
SKYLEADER	EuG	04.05.2018	T-34/17	1207
skylife/SKY	EuG	27.01.2021	T-382/19	1651
skylife/SKY	EuGH	29.06.2021	C-185/21 P	1651
SKYLINERS/SKY	EuG	30.06.2021	T-15/20	1127
skylite/SKY	EuG	19.10.2017	T-736/16	1314
SkyTec/SKY	EuG	20.04.2016	T-77/15	1655
SMART WATER	EuG	18.03.2015	T-250/13	209, 1286, 1307
SMARTBOOK	EuG	11.12.2013	T-123/12	1836, 1935
SMARTER SCHEDU-LINC	EuG	05.02.2015	T-499/13	723
SMARTER TRAVEL	EuG	09.11.2016	T-290/15	1858
SMILECARD	EuG	25.09.2014	T-484/12	642
Smiley	EuG	14.12.2022	T-553/21	1268
Smiley mit herzförmigen Augen	EuG	07.10.2015	T-656/13	785
Smiley mit Zylinder/Fanta-siefigu	EuG	19.04.2023	T-491/22	1441
Smiley-Halbmund	EuG	29.09.2009	T-139/08	751
Smirnoff Ice (UDV North America/Brandtraders)	EuGH	19.02.2009	C-62/08	2083
SO WHAT DO I DO WITH MY MONEY	EuG	29.01.2015	T-609/13	723
SO'BiO ētic/SO…?	EuG	23.09.2014	T-341/13	253, 1323
SOCIAL.COM	EuG	28.06.2016	T-134/15	642

Entscheidungsname	Gericht	Datum	Aktenzeichen	Rdn
Sockel für Globus oder Lampe	EuG	26.03.2020	T-752/18	942
Solaria/SOLARTIA	EuGH	20.10.2011	C-67/11 P	1950
SOLVO/VOLVO II	EuG	05.12.2013	T-394/10	1421
SOLVO/VOLVO II	EuG	09.12.2014	T-394/10 DEP	1989
Sowjetisches Staatswappen	EuG	20.09.2011	T-232/10	965, 982
SÔ:UNIC/SO…?	EuG	03.04.2014	T-356/12	1129, 1380
SÔ:UNIC/SO…?	EuGH	15.10.2015	C-270/14 P	1129, 1380
SPA THERAPY/SPA	EuG	25.03.2009	T-109/07	1537
SPA VILLAGE/SPA	EuG	27.10.2016	T-625/15	1537
SPA WISDOM/SPA	EuG	16.03.2016	T-201/14	1505
SPA-FINDERS/SPA	EuG	25.05.2005	T-67/04	1512
SPALINE/SPA	EuG	25.03.2009	T-21/07	1537
Spanien und Italien/Rat	EuGH	16.04.2013	C-274/11 und C-295/11	4
Spannfutterteil mit 3 Rillen	EuG	21.04.2010	T-7/09	821, 879, 882
Spannschloss	EuG	25.09.2014	T-171/12	512, 774, 785
Sparkassen-Rot	EuGH	19.06.2014	C-217/13 und C-218/13	862, 867, 894, 1698
Specsavers/Asda	EuGH	18.07.2013	C-252/12	1272, 2072, 2073
SPEZOOMIX/Spezi	EuG	01.03.2016	T-557/14	1394
Spielbretter von Gesellschaftsspielen	EuG	03.03.2015	T-492/13 und T-493/15	765, 1958
Spielschachtel mit Holzblöcken	EuG	16.03.2016	T-363/15	783
Spielzeugfigur I und II	EuG	16.06.2015	T-395/14 und T-396/14	950
Spielzeugfigur III	EuG	06.12.2023	T-298/22	950, 951
Spielzeugfigur IV	EuG	24.10.2014	T-398/14	1806, 1903
Spielzeugfigur mit Noppe auf dem Kopf	EuG	06.12.2023	T-297/22	950, 951
SPINNING	EuG	08.11.2018	T-718/16	1680, 1686
SPINNING II	EuG	06.07.2022	T-246/20	1685
Spiralförmiger Haargummi	EuG	20.10.2021	T-823/19	258

Entscheidungsname	Gericht	Datum	Aktenzeichen	Rdn
Spiralschlauch-Set (Lidl)/ Bewässerungsspritze (Husqvarna)	EuGH	17.12.2020	C-607/19	2185
Spirit Sun (Hölterhoff/ Freiesleben)	EuGH	14.05.2002	C-2/00	2185, 2093
SPORT TV INTERNACIONAL/SPORTV	EuG	12.03.2014	T-348/12	1334
SportEYES/EYE	EuG	14.02.2017	T-333/14	1954
Springende Raubkatze/ Springende Raubkatze	EuG	09.09.2016	T-159/15	1508
Springende Raubkatze/ Springende Raubkatze	EuGH	28.06.2018	C-564/16 P	1508
Springschuh Aerower Jumper1 M	EuG	30.03.2022	T-264/21	945
SPÜRBAR ANDERS.	EuG	04.10.2017	T-126/16	727
SQUEEZE LIFE/ZUMIT SQUEEZE LIFE	EuG	27.08.2015	T-523/14	1615
ST ANDREWS	EuG	20.11.2018	T-790/17	674
St-Germain (Cooper International Spirits)/SAINT GERMAIN (AR)	EuGH	26.03.2020	C-622/18	1691
Stabtaschenlampen	EuGH	07.10.2004	C-136/02 P	565, 773, 783
Standardkessel	EuG	20.10.2021	T-617/20	631
Standbeutel	EuGH	12.01.2006	C-173/04 P	52, 792, 797
STAR	EuGH	18.10.2018	C-602/18 P	1996
star foods/STAR SNACKS	EuGH	08.05.2014	C-608/12 P	2011
STAYER	EuG	28.05.2020	T-681/18	1986
STAYER	EuG	27.11.2023	T-155/22 DEP	1989
STAYER	EuG	27.11.2023	T-85/22 DEP	1989
STAYER/STAYER	EuG	04.06.2015	T-254/13	1207, 1262, 1263, 1297, 1331
STEAM	EuG	14.09.2022	T-609/21	1265
STEAM GLIDE	EuG	16.01.2013	T-544/11	643
Stehkragen	EuG	23.03.2022	T-252/21	781
Stehkragen	EuGH	22.09.2022	C-338/22 P	781
Steirisches Kürbiskernöl	EuG	07.06.2018	T-17/17	1259
Steirisches Kürbiskernöl	EuGH	17.10.2019	C-514/18 P	1259
Steirisches Kürbiskernöl	EuGH	04.03.2021	C-514/18 P-DEP	2058

Entscheidungsname	Gericht	Datum	Aktenzeichen	Rdn
Steirisches Kürbiskernöl g. g. A GESCHÜTZTE GEOGRAFISCHE ANGABE	EuG	01.12.2021	T-700/20	1014, 1015, 1018
Stella	EuG	10.12.2009	T-27/09	1665
Stern im Kreis/Stern im Kreis	EuG	08.10.2014	T-342/12	1954
STICK MiniMINI Beretta/MINI WINI	EuG	04.02.2016	T-247/14	1814
Stiefelform	EuG	19.01.2022	T-483/20	781
Stöckelschuhe mit roter Sohle	EuGH	12.06.2018	C-163/16	962, 963
Stoffblume im Kragenknopfloch	EuG	14.03.2014	T-131/13	572, 827
Stofffähnchen (Colloseum/Levi Strauss)	EuGH	18.04.2013	C-12/12	1271
Stofffähnchen II	BGH	24.11.2011	I ZR 206/10	1271
STONE	EuG	31.05.2016	T-454/14	679
STONE BREWING/STONES	EuG	14.06.2023	T-200/20	1958
STONE BREWING/STONES	EuG	19.06.2024	T-200/20 DEP	1989
STONES	EuG	09.03.2022	T-766/20	1680
STONES	EuG	19.12.2022	T-766/20 DEP	1989
STRATEGI/Stratégies	EuG	05.10.2010	T-92/09	1350
STREAMSERVE	EuG	27.02.2002	T-106/00	1975
STREET	EuG	10.09.2015	T-321/14	626
STROMBERG/STORMBERG II	EuG	24.10.2013	T-457/12	1775, 1797
STYLO & KOTON	EuGH	12.09.2019	C-104/18 P	1703, 1717
Styriagra/VIAGRA	EuG	03.05.2018	T-662/16	1537
SUBSCRIBE	EuG	15.07.2014	T-404/13	708, 1851
Substance for Success	EuG	09.07.2008	T-58/07	724
suchen.de	EuG	12.12.2007	T-117/06	642
SUEDTIROL	EuG	20.07.2016	T-11/15	667, 1668
SUIMOX/ZYMOX	EuG	13.06.2019	T-366/18	109

Entscheidungsname	Gericht	Datum	Aktenzeichen	Rdn
Summerdaisy's Alexander/ Lemon Symphony (Jungpflanzen/Hansson)	EuGH	09.06.2016	C-481/14	2197
SUN CALI/CaLi co	EuG	22.09.2016	T-512/15	180
SUN FRESH/SUNNY FRESH	EuG	23.01.2014	T-221/12	398
Supeco/SUPER COR	EuG	24.05.2016	T-126/15	414, 1123, 1460
SUPER GLUE/SUPERG-LUE	EuG	11.12.2013	T-591/11	524, 1392, 1393, 1486
SUPERgirl	BGH	17.08.2010	I ZB 59/09	55
SUPERZINGS/ZiNG	EuG	19.02.2024	T-549/20 DEP	1569
Sustainability through Quality	EuG	01.02.2023	T-253/22	724
Sustainablel	EuG	16.10.2018	T-644/17	628
Sütat	EuG	26.07.2023	T-315/22	547
Sütat	EuGH	09.01.2024	C-611/23 P	547, 2005
Sw Sophienwald	EuG	03.07.2024	T-597/22	675
SWATCHBALL/ SWATCH	EuG	19.05.2015	T-71/14	1513
SWEMAC/SWEMAC Medical Appliances AB	EuG	07.02.2019		1716, 1748
SWIFT GTi/GTI	EuG	21.03.2012	T-63/09	1366
SWISS ARMY	BGH	21.09.2000	I ZB 35/98	699
Swisse	EuG	21.09.2021	T-486/20	1935
Swisse II	EuG	19.10.2022	T-486/20	1701
Sympathy Inside/INSIDE.	EuG	08.03.2023	T-372/21	1265
SYRENA	EuG	23.09.2020,	T-677/19	1248, 1253
SYRENA	EuGH	28.01.2021	C-626/20 P	1248, 1253
SYRENA II	EuGH	17.10.2023	C-406/23 P	2006
T.G.R. ENERGY DRINK	EuG	05.10.2016	T-456/15	1709
T/T	EuG	07.10.2014	T-531/12	1878, 1942
TABS	EuG	17.01.2006	T-398/04	763
Tabs I, II und III	EuGH	29.04.2004	C-456, 457, 468–474/01 P	690, 773, 781, 565
Tabs mit Blütenmuster	EuG	23.05.2007	T-241/05	781
Tabs, viereckig	EuG	19.09.2001	T-118/00	257, 1879

Entscheidungsname	Gericht	Datum	Aktenzeichen	Rdn
Tafel	EuG	18.09.2015	T-710/13	638
Tafel II	EuG	08.06.2017	T-326/16	260, 638
tagesschau	EuG	16.06.2022	T-83/20	1893
tagesschau	EuGH	30.01.2023	C-580/22 P	2000
tagesschau	EuGH	30.01.2024	C-580/22 P	1893
TALIS	EuG	13.07.2022	T-283/21	1717
TAME IT	EuG	15.09.2009	T-471/07	734
Tannenbaum Aire Limpio/ Tannenbaum	EuGH	17.07.2008	C-488/06 P	1399, 1405, 1437, 1440
TARGET VENTURES	EuG	28.10.2020	T-273/19	1718, 1730
TASER/TASER	EuG	28.05.2020	T-341/19 und T-342/19	1538
Tassen-, Untertassen- und Suppen-Design	EuG	13.10.2013	T-566/11 und T-567/11	1922
Tassenform II	EuG	17.11.2021	T-658/20	785
TasteSense/MultiSense	EuG	29.04.2020	T-109/19	546
Tastmarke	BK	27.05.2015	R 2588/14–2	591
TAXI MOTO/MOTO	BPatG	09.11.2004	27 W (pat) 172/02	1774
TAXMARC/TAXMAN	EuG	04.05.2022	T-619/21	304
TB/Castorama Polska	EuGH	27.04.2023	C-628/21	2198
TC Touring Club/TOU-RING CLUB ITALIANO	EuG	05.02.2020	T-44/19	1913
TDI	EuG	03.12.2003	T-16/02	623
TDI II	EuG	28.01.2009	T-174/07	623
TDI III	EuG	06.07.2011	T-318/09	623, 878
TDK/TDK	EuG	06.02.2007	T-477/04	1536
Team Beverage/TEAM	EuG	01.12.2021	T-359/20	512, 1310
TECALAN/TECADUR	EuG	30.04.2015	T-100/14	512, 1490, 1929
TecDocPower/TECDOC	EuG	07.02.2019	T-789/17	1251
tec.nicum/TECNIUM	EuG	21.11.2019	T-527/18	1264
tec.nicum/TECNIUM	EuGH	28.05.2020	C-52/20 P	1264
TEEN VOGUE/VOGUE	EuG	27.02.2014	T-37/12	1297
TEHA/tema	EuG	03.05.2023	T-60/22	1276
TEK	EuG	20.11.2007	T-458/05	512
Telemarkfest	EuG	07.06.2019	T-719/18	660

Entscheidungsname	Gericht	Datum	Aktenzeichen	Rdn
TELETECH GLOBAL VENTURES/TELETECH INTERNATIONAL	EuG	25.05.2005	T 288/03	276, 1231, 1666, 1667
TELETECH INTERNA-TIONAL/TELETECH	EuG	11.05.2006	T-194/05	1236
TELEYE	EuG	15.11.2001	T-128/99	375
TEMPOS VEGA SICILIA	EuG	09.02.2017	T-696/15	1033
TENNIS WAREHOUSE	EuG	22.11.2011	T-290/10	55
TEQUILA MATADOR HECHO EN MEXICO/ MATADOR	EuG	03.10.2012	T-584/10	1471
TERRAEFFEKT matt & gloss	EuG	15.06.2010	T-118/08	512
TERTIANUM/Tertianum WOHNEN UND LEBEN IM DRITTEN ALTER	EuG	04.09.2024	T-73/23	1241
testarossa (Ferrari)	EuGH	22.10.2020	C-720/18 und C-721/18	1243, 1277, 1329, 1662
Thai Silk/Vogelbild	EuG	21.04.2010	T-361/08	1448, 1882
The Bulldog/Red Bull Krating-Daeng (de Vries/ Leidseplein)	EuGH	06.02.2014	C-65/12	1500, 1530, 1534
THE CANNABIS CLUB SUD/CANNABIS	BPatG	11.10.2007	26 W (pat) 78/04	1774
THE COFFEE STORE	EuG	09.07.2008	T-323/05	644
The English Cut/El Corte Inglés	EuG	15.10.2014	T-515/12	1426
The English Cut/El Corte Inglés	EuGH	10.12.2015	C-603/14 P	1512
THE FEED	EuG	20.12.2023	T-27/23	1898
THE FEED	EuGH	24.04.2024	C-19/24 P	1898
THE FUTURE HAS ZERO EMISSIONS	EuG	20.02.2013	T-422/12	162
THE FUTURE IS PLANT BASED	EuG	15.03.2023	T-133/22	723
THE HOME STORE	BGH	13.09.2007	I ZR 33/05	2193
THE HUT/LA HUTTE	EuG	24.06.2014	T-330/12	1476
THE JOHN RITTER FOUNDATION FOR AORTIC HEALTH	BK	26.03.2007	R 130/07–2	117

Entscheidungsname	Gericht	Datum	Aktenzeichen	Rdn
The King of SOHO/ SOHO	EuG	28.04.2021	T-31/20	1265, 1814
The King of SOHO/ SOHO	EuG	23.11.2023	T-31/20 DEP	1989
The Kitchen Company	EuGH	15.02.2007	C-239/05	963
THE LEADERSHIP COMPANY	EuG	12.12.2014	T-43/13	659
THE MOST ADVAN- CED NAME IN WATER MANAGEMENT SOLU- TIONS	EuG	20.07.2016	T-19/16	1892
THE PLANET/ PLANÈTE +	EuGH	18.01.2024	C-500/23 P	2005
THE SCIENCE OF CARE	EuG	15.11.2023	T-97/23	724
The Specials	EuG	22.03.2017	T-336/15	1297, 1298
The Specials	EuGH	26.06.2018	C-325/17 P	1297, 1298
THE SPIRIT OF CUBA	EuG	24.06.2014	T-207/13	644
The Standard	EuG	13.07.2022	T-768/20	1253
THE TIME/TIME- HOUSE	EuG	14.10.2022	T-186/20 DEP	1989
THE TRAVEL EPISO- DES	EuG	17.05.2017	T-164/16	1936
THE YOUTH EXPERTS	EuG	18.11.2014	T-484/13	1836
THINK DIFFERENT	EuG	08.06.2022	T-26/21 bis T-28/21	1275
THINKING AHEAD	EuG	17.11.2009	T-473/08	724
THOMSON LIFE/LIFE	EuGH	06.10.2005	C-120/04	1412
Tila March/CARMEN MARCH	EuG	14.04.2011	T-433/09	1433
tigha/TAIGA	EuGH	16.07.2020	C-714/18 P	1244, 1245
TiMi KINDERJO- GHURT/KINDER	EuG	14.10.2009	T-140/08	1446, 1447, 1747
TiMi KINDERJO- GHURT/KINDER	EuGH	24.03.2011	C-552/09 P	1382, 1446, 1447, 1513, 1526, 1749
Tischmesser, Gabeln, Löf- fel	EuG	21.04.2021	T-382/20	154
TITAN	BK	13.09.2000	R 422/99–1	990
TOBBIA/Peppa Pig	EuGH	12.07.2019	C-412/19 P	2001

Entscheidungsname	Gericht	Datum	Aktenzeichen	Rdn
TOCQUEVILLE 13	EuG	09.07.2010	T-510/08	184
TOFUKING/Curry King	EuGH	28.06.2012	C-599/11 P	1431
TOGETHER. FOR-WARD.	EuG	05.10.2022	T-500/21	724
TOLPOSAN/TONOPAN	EuG	15.12.2010	T-331/09	1466
TOLTEC/TOMTEC	BPatG	14.04.2011	30 W (pat) 1/10	1288
TON JONES/Jones	EuG	17.09.2019	T-633/18	1343
TONY MONTANA	BK	31.10.2012	R 1163/11–1	1724
TOOR!	BGH	24.06.2010	I ZB 115/08	699
TOP	EuG	13.07.2005	T-242/02	237, 238, 728, 898
TOP CRAFT/Krafft	EuG	12.07.2011	T-374/08	1343
TOP-Logistics, Van Caem International/Bacardi	EuGH	16.07.2015	C-379/14	2108
Torre Albéníz/TORRES	EuG	18.12.2008	T-287/06	1380
TOSCA BLUE/TOSCA	EuG	11.07.2007	T-150/04	1468
tosca de FEDEOLIVA/ TOSCA	EuG	17.03.2010	T-63/07	1198
TOSCORO	EuG	02.02.2017	T-510/15	1040
TOUR DE X/TOUR DE FRANCE	EuG	12.06..2024	T-604/22	1436
TPG POST/POST	EuG	13.05.2015	T-102/14	1381, 1395
TRADICIÓN CZ, SL/ RIVERO CZ	EuG	21.12.2022	T-250/19	1434
Tragetasche I und II	EuG	08.11.2023	T-113/23 und T-114/23	785
TRAMOSA/TRAMO,SA TRANSPORTE MAQUI-NARIA Y OBRAS,S.A	EuG	06.04.2022	T-219/21	1265
TRANSCENDENTAL MEDITATION	EuG	06.02.2013	T-412/11	876, 877, 1839, 1879
Transdermales Pflaster	EuG	31.01.2018	T-44/15	943
TRAUMGEL/Traumeel	EuG	12.09.2022	T-130/22	1472
TRAVATAN/TRIVASTAN	EuGH	26.04.2007	C-412/05 P	515, 541, 1311, 1465, 1491, 1921
TRAVELNETTO/Net-to-Travel	EuG	16.07.2020	T-309/20	1899

Entscheidungsname	Gericht	Datum	Aktenzeichen	Rdn
TRENTON/LENTON	EuG	17.03.2009	T-171/06	516
TRES TOROS 3	EuG	28.09.2017	T-206/16	255, 1035
Triggerball	EuG	17.05.2018	T-760/16	783
Trigon/TRIGION	BPatG	02.08.2012	30 W (pat) 41/11	1319
TrinkFix/Drinkfit	EuG	12.12.2014	T-105/13	1265, 1335
TRIPLE BONUS	EuG	14.01.2016	T-318/15	680
TRIPLE TURBO/ZITRO TURBO 2	EuG	22.02.2018	T-210/17	1395
Tripp-Trapp-Kinderstuhl (Hauck/Stokke)	EuGH	18.09.2014	C-205/13	927, 930, 933, 953, 955, 957
Tropical/TROPICAL II	EuG	12.07.2019	T-276/17	1234
TRUBION/TriBion Harmonis	EuG	15.12.2009	T-412/08	512
TRUEWHITE	EuG	07.07.2011	T-208/10	512
TRUST IN PARTNERSHIP	EuG	09.12.2013	T-389/13	1892
TURBO DRILL	EuG	26.11.2015	T-50/14	608
TurboPerformance	EuG	11.07.2019	T-349/18	680
TurboPerformance	EuGH	19.12.2019	C-696/19 P	680
Turkish Power/POWER	EuGH	01.06.2006	C-324/05 P	2034
TVR ITALIA/TVR	EuG	15.07.2015	T-398/13	1282, 1288, 1747
TVR ITALIA/TVR	EuGH	14.01.2016	C-500/15 P	1996
TXAKOLI	EuG	17.05.2011	T-341/09	1050
υγεία	EuG	17.05.2011	T-7/10	542, 874
UGHI E NUNZIANTE	EuG	10.10.2022	T-389/22	1893
UGHI E NUNZIANTE	EuGH	08.05.2023	C-776/22 P	1893, 2000
uh (Rosa dels Vents/U Hostels)	EuGH	10.03.2015	C-491/14	2066
Uhr mit gezahntem Rand	EuG	06.07.2011	T-235/10	783
Uhrenziffernblatt	EuG	14.09.2009	T-152/07	765, 879, 882
ULTIMATE	EuG	30.09.2015	T-385/14	728
ULTIMATE FIGTHING CHAMPIONSHIP	EuG	02.04.2009	T-118/06	219
ULTIMATE GREENS/ ULTIMATE NUTRATION	BK	18.09.2013	R 1462/12-G	1395
ULTRA	EuG	12.06.2024	T-170/23	706

Entscheidungsname	Gericht	Datum	Aktenzeichen	Rdn
ultrafilter international	EuGH	19.06.2014	C-450/13 P	1664
ultrafilter international II	EuG	04.02.2022	T-67/21	1749
ULTRARANGE	EuG	15.10.2019	T-434/18	706
UM	EuG	08.06.2022	T-293/21	6, 144, 1264, 1680
UM	EuG	25.05.2023	T-293/21 DEP	1989
Umriss eines Bären	EuG	18.11.2022	T-591/21	1876
Umriss eines Bären I	EuG	26.07.2023	T-591/21	687, 688
Umriss eines Bären I	EuGH	02.02.2024	C-597/23 P	687, 688
Umriss eines Bären II	EuG	26.07.2023	T-638/21	1818
Umriss eines Bären II	EuGH	02.02.2024	C-598/23 P	779
Umschreibungsgebühr	BK	22.07.2005	R 650/05–4	252
uni	EuG	13.07.2022	T-369/21	710
unibanco/UniFLEXIO	EuG	27.04.2010	T-392/06	1216
UNIQUE	EuG	23.09.2009	T-396/07	728
UNITED STATES SEA-FOODS	EuG	17.10.2019	T-10/19	674
Universaltelefonbuch/ Universaltelekommunikationsverzeichnis	EuG	14.06.2001	T-357/99	642
UNIWEB/UNIFONDS	EuG	25.11.2014	T-303/06 RENV und T-337/06 RENV	1480
UNIWEB/UNIFONDS	EuGH	16.06.2011	C-317/10 P	2028
UNSTOPPABLE	EuG	06.10.2021	T-3/21	657
URB/URB	EuG	07.11.2014	T-506/13	1104, 1666
UUP'S/UP	EuG	28.06.2005	T-158/04	153
V (mit Polospielerbild)/ Polospieler	EuG	18.09.2014	T-90/13	1403, 1510
V/V	EuG	06.12.2018	T-848/16	1186
V/V II	EuG	06.12.2018	T-817/16	1814
V8	EuG	25.01.2023	T-320/22	878
VAKOMA/VACOM	EuG	13.01.2015	T-535/13	1912
Vakuumverpackung	BK	21.01.1998	R 4/97–2	561
VALORES DE FUTURO	EuG	06.12.2013	T-428/12	723
VDL E-POWER/e-POWER	EuG	10.11.2021	T-755/20	1395

Entscheidungsname	Gericht	Datum	Aktenzeichen	Rdn
VECCHIA FATTORIA VF/LA VIEJA FABRICA	BK	01.03.2011	R 1042/10–2	1207
VeGa one/Vegas	EuG	19.09.2019	T-176/17	1883
Vektor-Lycopin	EuG	09.07.2010	T-85/08	644
VENT ROLL	EuG	25.11.2015	T-223/14	1660
Vermögensmanufaktur	EuG	07.09.2017	T-374/15	648
Vermögensmanufaktur	EuGH	15.05.2019	C-653/17 P	415, 648, 1693
VERONESE/VERONESE	EuG	23.09.2020	T-608/19	1395
VERSACE 19.69 ABBIG-LIAMENTO SPORTIVO/ VERSACE	EuG	05.10.2017	T-336/16	1248
Verschmelzende Grüntöne I	EuG	12.11.2013	T-245/12	394
Verschmelzende Grüntöne I	EuGH	12.02.2015	C-35/14 P	1993
Verschmelzende Grüntöne II	EuG	03.05.2017	T-36/16	817
Verschmelzende Grüntöne II	EuGH	25.10.2018	C-433/17 P	817
VertiLight/VERTI	EuG	28.04.2021	T-644/19	1545
VIAGUARA/VIAGRA	EuG	25.01.2012	T-332/10	1537
VIAVITA/VILA VITA	EuG	14.07.2014	T-204/12	1275
Vibrator	EuG	18.01.2013	T-137/12	211, 234, 237, 789
VICTOR/victoria	EuG	07.09.2016	T-204/14	1252, 1265
VIDA/VIDA	BK	29.05.2015	R 3158/14–2	1806
VITROMED Germany/ VITROMED	EuG	18.06.2024	T-514/22 DEP	1989
Vieleck	EuG	13.09.2016	T-146/15	1265
Vier ausgefüllte Löcher in einem Lochbild	EuG	14.11.2019	T-669/18	821
Vier ausgefüllte Löcher in einem Lochbild	EuGH	23.04.2020	C-14/20 P	821
Vier gekreuzte gerade Linien/Vier gekreuzte gebogene Linien	EuG	16.10.2018	T-581/17	1441
Vier grüne Quadrate auf der Waagenunterseite	EuG	13.09.2018	T-184/17	827

Entscheidungsname	Gericht	Datum	Aktenzeichen	Rdn
Vierfach gerippter Schokoladenwaffelriegel Kit Kat (Nestlé/Cadbury)	EuGH	16.09.2015	C-215/14	864, 928, 935
Vieta	EuG	10.12.2015	T-690/14	419, 1264
Vieta II	EuG	08.02.2018	T-879/16	260, 261, 1974
Vigeland	EFTA	07.04.2017	E-5/16	985
VIGOR/VIGAR	EuG	18.11.2015	T-361/13	1218, 1264, 1340
VIMEO/meo	EuG	23.10.2015	T-96/14	1233
VIÑA ALBERDI/VILLA ALBERTI	EuG	30.06.2015	T-489/13	1233, 1247
VINATEX	BK	22.03.2011	R 1629/10–1	180
VIPS/VIPS	EuG	22.03.2007	T-215/03	1516, 1520, 1521, 1523
ViruProtect	EuG	11.02.2020	T-487/18	644
ViruProtect	EuGH	03.09.2020	C-174/20 P	644, 1883, 1992
viscover	EuG	05.10.2020	T-264/19	1740
VISTA/vistar	BK	14.10.2009	R 172/08-G	83, 171
vita	EuG	07.05.2019	T-423/18	607
Vita II	EuG	19.12.2019	T-690/18	260
VITACHRON MALE/VITATHION	EuG	15.04.2011	T-95/11	1798
VITACOAT/VITAKRAFT	EuG	12.07.2006	T-277/04	1402, 1922
VITAFRUIT/VITAFRUT	EuG	08.07.2004	T-203/02	1197, 1280, 1297
VITAFRUIT/VITAFRUT	EuGH	11.05.2006	C-416/04 P	1197, 1280, 1297
VITAKRAFT/Krafft	EuG	06.10.2004	T-356/02	1324, 1345
VITAKRAFT/Krafft	EuGH	01.06.2006	C-324/05 P	2034
VITAL&FIT/VITALFIT	EuG	25.10.2012	T-552/10	1453
Vitality	EuG	17.04.2008	T-294/06	630
vitaminaqua/VITAMIN-WATER	EuG	28.11.2013	T-410/12	1427
VITATASTE/VITAKRAFT	EuG	28.04.2004	T-124/02	346
Vivatrex/VIVARTEX	EuG	20.06.2017	T-346/16	1954
VOGUE	EuG	15.09.2016	T-453/15	633

Entscheidungsname	Gericht	Datum	Aktenzeichen	Rdn
VOGUE/VOGA	EuG	12.06.2019	T-346/18	305
VOGUE CAFÉ/Vogue und VOGUE studio	EuG	01.03.2016	T-40/09	304, 1183, 1925
VOGUE/VOGUE	EuG	27.02.2014	T-229/12	1455
VOGUE/VOGUE Portugal	EuG	04.10.2007	T-481/04	1211
VOGUE/VOGUE PORTUGAL II	EuG	18.01.2011	T-382/08	1324
Vogue Peek & Cloppenburg/Peek & Cloppenburg	EuG	26.07.2023	T-443/18 DEP	1989
VÖLKL/VÖLKL	EuG	14.12.2011	T-504/09	1294, 1325, 1836, 1881
Völkl/VÖLKL	EuG	07.09.2022	T-155/21	1469
Volks-Handy, Volks-Camcorder, Volks-Kredit	BPatG	19.12.2007	29 W (pat) 128/05	55
VOM URSPRUNG HER VOLLKOMMEN	EuG	06.11.2007	T-28/06	659
VOODOO	EuG	18.11.2014	T-50/13	636, 1727
Vorsprung durch Technik	EuG	09.07.2008	T-70/06	716
Vorsprung durch Technik	EuGH	21.01.2010	C-398/08 P	693, 716, 718
VORTEX/VORTEX	EuG	16.05.2013	T-104/12	409, 487, 1227, 1637, 1645
VSL#3	EuG	18.05.2018		1685, 1688
VR	EuG	19.09.2012	T-267/11	156
VROOM/POP & VROOM	EuG	24.02.2021	T-56/20	1455
W E (Wetterfahne)/WE	EuG	30.11.2015	T-718/14	1440, 1970
wallapop/wala w	EuGH	11.02.2021	C-763/18 P-INT	2021
Wallentin-Hermann	EuGH	22.12.2008	C-549/07	66
Walzer Traum/Walzertraum	EuG	17.01.2013	T-355/09	1284
Walzer Traum/Walzertraum	EuGH	17.07.2014	C-141/13 P	1247
Wappen (Ernst August Prinz von Hannover)	EuG	25.05.2011	T-397/09	1012
Wasabi	BK	15.10.2015	R 691/14–1	335
Waschball (Thomas Philipps/Grüne Welle)	EuGH	22.06.2016	C-419/15	1782, 1783
Wash & Coffee	EuG	14.07.2014	T-5/12	725

Entscheidungsname	Gericht	Datum	Aktenzeichen	Rdn
Wasserhahn	EuG	19.06.2019	T-213/18	783
WATERFORD	EuG	22.06.2022	T-39/20	1402
WATERFORD	EuGH	05.12.2022	C-571/22 P	1402
WATERFORD STEL-LENBOSCH/WATER-FORD	EuG	12.06.2007	T-105/05	1469
WATERFORD STEL-LENBOSCH/WATER-FORD	EuGH	07.05.2009	C 398/07 P	1456, 1469
WATERMASTER (Lännen)/Watermaster (Berky, Senwatec)	EuGH	27.04.2023	C-104/22	2180
WATT	EuG	04.12.2014	T-494/13 und T-495/13	627
Wave	EuG	23.09.2020	T-869/19	710
wax by Yuli's/wax	EuG	01.02.2017	T-19/15	232, 351
We do IP.	EuG	05.10.2017	T-345/17	1893
WE DO SUPPORT	EuG	13.07.2022	T-634/21	724
We IntelliGence the World/Zwei sich überschneidende Kreise	EuG	28.05.2020	T-84/19	304
we're on it	EuG	13.05.2020	T-156/19	727
WEB VIP/VIP	BPatG	08.08.2007	32 W (pat) 272/03	1774
WEBSHIPPING (DHL/Chronopost)	EuGH	12.04.2011	C-235/09	2193, 2196
WEISSE SEITEN	EuG	16.03.2006	T-322/03	642, 848
Weiße durchsichtige Henkel-Waschmittelflasche (Kopfflasche)	EuG	24.11.2004	T-393/02	806
Weiße Linie mit Steinen vor schwarzem Hintergrund	EuG	24.11.2016	T-578/15	763
Weiße Punkte	EuG	10.09.2015	T-77/14, T-94/14, T-143/14 und T-144/14	763
WELCO/WELCO	EuG	09.04.2024	T-513/23	1769
Wellenlinie	EuG	06.11.2014	T-53/13	213, 752, 904

Entscheidungsname	Gericht	Datum	Aktenzeichen	Rdn
Wellenlinie, schwarz/Wellenlinie	EuG	15.03.2012	T-379/08	1441
welmax/valmex	EuG	08.07.2020	T-305/19	113, 122
welmax/valmex	EuGH	30.10.2020	C-425/20 P	113
WELLNESS (Silberquelle/Maselli-Strickmode)	EuGH	15.01.2009	C-495/07	1292
Weniger Migräne. Mehr vom Leben.	EuG	08.07.2020	T-697/19	727
Werbeträgergeschmacksmuster (PepsiCo/Promer)	EuGH	20.10.2011	C-281/10 P	2028
WESTERN GOLD/WeserGold	EuG	24.11.2015	T-278/10 RENV	232, 1448
WESTERN GOLD/Wesergold	EuGH	23.01.2014	C-558/12 P	1445
WET DUST CAN'T FLY	EuG	22.01.2015	T-133/13	730
WIENER WERKSTÄTTE	EuG	12.10.2010	T-230/08 und T-231/08	643
Wi-Fi Powered by The Cloud	EuG	23.09.2020	T-738/19	686
WILD INSPIRED/INSPIRED	EuG	17.01.2024	T-47/23	1470
Winder Controls	EuG	30.01.2015	T-593/13	1958
WINDSOR-CASTLE	EuG	24.03.2021	T-93/20	676
WINE TALES RACCONTI DI VINO/WINE TALES	EuG	20.12.2023	T-655/22	1470
Winkel (Deichmann)	EuG	13.04.2011	T-202/09	60, 752
Winkel (Deichmann)	EuGH	26.04.2012	C-307/11 P	754, 748
WINNETOU	EuG	18.03.2016	T-501/13	53
WIR MACHEN DAS BESONDERE EINFACH	EuGH	12.07.2012	C-311/11 P	538, 721
Wischtuch	EuG	17.01.2007	T-283/04	781
WISENT/ZUBRÓWKA	EuG	12.11.2015	T-449/13	1440
WKU WORLD KICKBOXING AND KARATE UNION	EuG	15.07.2020	T-390/18 DEP	1989
Wolfgang Amadeus Mozart PREMIUM/W. Amadeus Mozart	EuG	16.05.2013	T-530/10	1343

Entscheidungsname	Gericht	Datum	Aktenzeichen	Rdn
Wolfgang Amadeus Mozart PREMIUM/W. Amadeus Mozart	EuGH	20.05.2014	C-414/13 P	2029
Wolfskopf/WOLF Jardin	EuG	22.05.2012	T-570/10	1246
Wolfskopf/WOLF Jardin	EuGH	14.11.2013	C-383/12 P	1520
WONDERLAND/WONDERMIX II	EuG	22.04.2021	T-616/19 REV	1981
WONDERLAND/WONDERMIX III	EuG	13.09.2021	T-616/19 REV	1981
Wong lo kat	BK	20.12.2022	R 2108/18–2	1727
WORLD CUP 2006, GERMANY 2006, WM 2006, WORLD CUP GERMANY, WORLD CUP 2006 GERMANY	BK	30.06.2008	R 1466 1470/05–1	661
WORLD OF BINGO	EuG	20.11.2015	T-203/15 und T-202/15	680
WORLDLINK/LINK	EuG	27.02.2008	T-325/04	512
Würfel mit Gitterstruktur (Rubik's Cube)	EuG	25.11.2014	T-450/09	946
Würfel mit Gitterstruktur (Rubik's Cube)	EuGH	10.11.2016	C-30/15 P	946
Würfel mit Gitterstruktur (Rubik's Cube)	EuGH	30.05.2018	C-30/15 P DEP und DEP2	2058
Würfel mit Gitterstruktur (Rubik's Cube)	EuG	24.02.2021	T-601/17 DEP	1989
Würfel mit Gitterstruktur (Rubik's Cube) II	EuG	25.10.2019	T-610/17	946
Würfel mit Gitterstruktur (Rubik's Cube) II	EuGH	23.04.2020	C-936/19	947
Wurstdarm	EuG	31.05.2006	T-15/05	534, 795
www.reifen.eu (Internetportal/Schlicht)	EuGH	03.06.2010	C-569/08	1722
X BV/Classic Coach	EuGH	02.06.2022	C-112/21	2131
X-Windwerk/Wind Werk	EuG	10.07.2017	T-649/14	1895
XBOXER BARCELONA/X	EuG	15.10.2019	T-582/18	1264
Xocolat/LUXOCOLAT	EuG	24.10.2019	T-58/18	1099, 1153
Хозяин/хозяюшка	EuG	08.12.2022	T-184/21 DEP	1989
Хозяйка/хозяюшка	EuG	23.02.2022	T-185/21	1674

Entscheidungsname	Gericht	Datum	Aktenzeichen	Rdn
XOXO	EuG	13.05.2020	T-503/19	709
XTG/GTX	EuG	26.04.2023	T-154/22	1432
YOGA ALLIANCE INDIA INTERNATIONAL/yoga ALLIANCE	EuG	18.01.2023	T-443/21	1397
Yogurt-Gums	EuG	15.05.2014	T-366/12	679
YOO/YO	EuG	04.06.2015	T-562/14	1475
Yorma Eberl/NORMA	EuG	16.06.2015	T-229/14	223, 1403, 1433, 1573
YORMA'S/NORMA	EuG	15.02.2011	T-213/09	1475
Yosaja/YOSOI	BPatG	15.01.2015	25 W (pat) 76, 11	407
YOUR PERFORMANCE PLUS	EuG	15.11.2023	T-35/23	724
Zahl 1000	EuG	19.11.2009	T-298/06	557, 624
Zahl 1000	EuGH	10.03.2011	C-51/10 P	51, 605, 615
Zahlen 350, 250, 150, 222, 333 und 555	EuG	19.11.2009	T-64/07 bis T-66/07 und T-200/07 bis T-202/07	624
Zahl 6000	EuG	29.05.2018	T-302/17	624
Zahnbürste	EuG	14.06.2016	T-385/15	781
ZAPPER-CLICK	EuG	03.10.2012	T-360/10	1886
ZARA	EuG	09.09.2015	T-584/14	1255
ZARA	BK	18.09.2023	R 1508/19-G	1777
ZARA (Inditex/Buongiorno Myalert)	EuGH	11.01.2024	C-361/22	2128
ZARA/LE DELIZIE ZARA	EuG	01.12.2021	T-467/20	40
ZARA/LE DELIZIE ZARA	EuGH	06.05.2022	C-65/22 P	40
ZEBEXIR/ZEBINIX	EuGH	17.10.2013	C-597/12 P	219
ZENSATIONS/ZEN	BK	01.06.2011	R 2212/10–1	120
ZENSATIONS/ZEN	EuG	05.03.2014	T-416/12	1476
ZENTYLOR/XENTRIOR	EuGH	21.09.2012	C-69/12 P	1887, 1888
Zerstäuberform	EuG	05.05.2009	T-104/08	795
Zigarettenpackung/Marlboro	EuG	21.12.2022	T-44/22	1512
Zigarettenschachtel	EuG	12.09.2007	T-140/06	795

Entscheidungsname	Gericht	Datum	Aktenzeichen	Rdn
Zino Davidoff/Levi Strauss	EuGH	20.11.2001	C-414/99 bis C-416/99	2140
ZIRH/SIR	EuGH	23.03.2006	C-206/04 P	1425, 2034
ZIRH/SIR	EuGH	12.06.2008	C-206/04 P-DEP	2058
Zitrusfruchtpresse II	EuG	29.07.2022	T-51/22	787, 788
ZORAYA/VIÑA ZORAYA	BK	13.04.2022	R-964/20-G	1471
Zubehör für kabellose Fernbedienungen	EuG	30.11.2022	T-611/21	1211
ZUFAL/ZURCAL	EuG	14.07.2011	T-222/10	508
ZUM wohl	EuG	22.06.2017	T-236/16	646, 1911
ZUMEX/JUMEX	EuG	09.12.2015	T-354/14	1289
ZUMEX/JUMEX	EuGH	17.12.2020	C-71/16 P-DEP	2058
Zwei gebogene Streifen auf Reifenseitenwand	EuG	04.07.2017	T-81/16	825
Zwei gespiegelte schräge rote Linien	EuG	28.03.2019	T-829/17	748, 750
Zwei ineinander geflochtene Sicheln/Zwei ineinander verflochtene Bänder	EuG	17.05.2013	T-502/11	278, 1441
Zwei parallele leuchtend gelbe Bänder	EuG	14.11.2023	T-801/22	945
Zwei parallele Streifen auf einem Schuh/Drei parallele Streifen auf Schuhen	EuGH	17.02.2016	C-396/15 P	1399
Zwei parallele Streifen auf einem Schuh/Drei parallele Streifen auf Schuhen	EuG	21.05.2015	T-145/14	1394, 1441
Zwei parallele Streifen auf einem Schuh/Drei parallele Streifen auf Schuhen II	EuG	01.03.2018	T-629/16	1543
Zwei parallele Streifen auf langen Hemdsärmeln	EuG	15.12.2015	T-63/15	825
Zwei parallele schräge Streifen auf Hosenbeinen	EuG	15.12.2015	T-64/15	825
Zwei schwarze geometrische Formen/mó	EuG	12.07.2023	T-487/22	1512
Zwei sich gegenüberliegende Bögen	EuG	04.04.2019	T-804/17	748, 750
Zwei sich gegenüberliegende Bögen	EuGH	01.10.2019	C-460/19 P	748, 750

Entscheidungsname	Gericht	Datum	Aktenzeichen	Rdn
Zwei verpackte Kelchgläser	EuG	25.09.2014	T-474/12	795
Zwei vertikale Wellenlinien/Eine vertikale Wellenlinie	EuG	25.11.2015	T-320/14	1441
ZYDUS/ZIMBUS	EuG	15.03.2012	T-288/08	1954
ZYDUS/ZIMBUS	EuGH	08.05.2013	C-268/12 P	1954
Zylindrische Flaschenform (Voss of Norway)	BK	16.11.2015	R 1649/11	1796, 525
Zylindrische Flaschenform (Voss of Norway)	EuG	28.05.2013	T-178/11	803
Zylindrische Flaschenform (Voss of Norway)	EuGH	25.03.2014	C-445/13 P	2019
Zylindrische Flaschenform mit sechseckiger Spitze	EuG	14.01.2015	T-70/14	803
Zylindrischer Behälter aus Wellenlinien	EuG	29.03.2023	T-199/22	767
Zylindrisches Sanitärteil (Strahlregler)	EuG	07.12.2022	T-487/21	590
Zylindrisches Sanitärteil (Strahlregler)	EuGH	11.07.2023	C-93/23 P und C-64/23 P	590, 2000, 2002
Zylindrisches, weiß-rotes Gefäß	EuG	16.06.2015	T-654/23	795
ZYTeL/ZYTEL	EuG	09.04.2014	T-288/12	1469

Stichwortverzeichnis

Die Ziffern verweisen auf die Randnummern.